Peter-André Alt
SCHILLER

Peter-André Alt

SCHILLER

Leben – Werk – Zeit

Zweiter Band

Verlag C. H. Beck

2., durchgesehene Auflage. 2004

© Verlag C. H. Beck oHG, München 2000
Gesamtherstellung: fgb · freiburger graphische betriebe
Gedruckt auf säurefreiem, alterungsbeständigem Papier
(hergestellt aus chlorfrei gebleichtem Zellstoff)
Printed in Germany
ISBN 3 406 53128 8

www.beck.de

Inhalt

Einleitung 9

SECHSTES KAPITEL
Aufstrebende Entwürfe. Schriften zur Ästhetik und publizistische Arbeit (1791–1799)

1. Kunsttheoretische Grundzüge der Weimarer Klassik 27
   Der klassische Nationalautor. Facetten eines Begriffs 27
   Abschied von den Schulmeistern. Autonomie des Schönen 37
   Verheißungen der Sinnlichkeit. Objektivität als Darstellungsideal 41
   Ethos künstlerischer Formen. Die Ästhetik der Balance 44

2. Unter dem Diktat der Krankheit. Jena, Ludwigsburg,
   Stuttgart 1791–1794 48
   In schwieriger Lage. Physische Krise, ungesicherte Existenz 48
   Mäzenatentum und Politik. Baggesen, Prinz von Schleswig-Holstein-
   Augustenburg 55
   Bekannte Gesichter, neue Anregungen. Die schwäbische Reise 64
   Der Verleger als Freund. Porträt Cottas 71

3. Nachdenken über die Tragödie 78
   Das Abenteuer einer neuen Philosophie. Impulse durch die
   Kant-Studien 78
   Vergnügen an tragischen Gegenständen. Versuch einer Theorie
   der Form (1792–1793) 85
   Dramaturgie der sittlichen Selbständigkeit. Pathos und Erhabenes
   (1793) 92

4. Theorie des Schönen 100
   ‹Freiheit in der Erscheinung›. *Kallias*-Briefe (1793) und Kant-Revision . 100
   Schöne Humanität durch Grazie. Die Abhandlung *Ueber Anmuth und
   Würde* (1793) 104
   Antworten auf die Französische Revolution. Briefe an den
   Augustenburger (1793) 111
   Visionen der Kunstautonomie. *Ueber die ästhetische Erziehung des
   Menschen* (1795) 129

5. Auf der Suche nach stabilen Koalitionen. Jena 1794–1799 153
   Übereinstimmende Kreise. Mit Goethe zu neuen Aufgaben 153
   Gelehrte Gesprächskultur. Wilhelm von Humboldt 172
   Dissonanzen. Schwierige Beziehungen zu Fichte und Schelling 180

6. Zeitschriften mit klassischem Programmanspruch 191
   Bildung des Geschmacks. Die *Neue Thalia* (1792–1795) 191
   ‹Der vertrauliche Zirkel›. *Die Horen* als Organ der Weimarer Klassik
   (1795–1797) 197

7. Antike und Neuzeit 208
   Geschichtsphilosophische Gattungslehre. *Ueber naive und
   sentimentalische Dichtung* (1795–1796) 208
   Theorie der Moderne. Schiller und die *Querelle*-Problematik 219
   Gegenbilder. Abweichende Entwürfe der frühromantischen Ästhetik .. 224

SIEBENTES KAPITEL

Abgekühltes Feuer. Lyrik und Epigrammatik der klassischen Periode
(1788–1804)

1. Horizonte von Schillers klassischer Lyrik 231
   Idealisierungskunst. Die Rezensionen über Bürger (1791) und Matthisson
   (1794) 231
   ‹Eroberte Provinz› und finanzielles Kalkül. Grundlinien des lyrischen
   Werkes seit 1788 241
   Geist in schöner Form. Anatomie der Sprache 252

2. Philosophische Lyrik (1788–1800) 261
   Arbeit am Ideal. Von *Die Götter Griechenlandes* (1788) zur *Nänie* (1799) 261
   Sentimentalische Landschaftsdichtung und Kulturgeschichte der Natur.
   Die *Elegie* (1795) 283
   Ansichten mit festem Umriß. Klassische Lieder (1795–1799) 293

3. Gespannte Verhältnisse. Jena 1795–1799 304
   Der unglücklichste Schüler. Hölderlin im Schatten 304
   Unüberwindliche Gräben. Konflikte mit August Wilhelm und Friedrich
   Schlegel 313
   Fremde Welten. Das Gastspiel Jean Pauls 323

4. Weimarer Literaturpolitik. Die Xenien (1797) 329
   Streitkultur. Anlässe und Hintergründe der *Xenien*-Aktion 329
   Polemische Zeitkritik. Tendenzen der *Xenien* und *Tabulae votivae* 336

Inhalt 7

5. Balladen, Romanzen und späte Lyrik (1797–1804) 344
Inszenierung der klassischen Lebenslehre. Die Einheit von Schillers
Erzählgedichten 344
Ernste Botschaft. Individuum, Natur und Bewußtsein im Horizont der
Balladen 351
Ausklang. Lieder, Rätsel und Parabeln (1800–1804) 360

ACHTES KAPITEL
Zeit der hohen Kunst. Das klassische dramatische Werk (1796–1805)

1. Aspekte der klassischen Bühnenarbeiten Schillers 365
Erfolgreich auf dem literarischen Markt. Die Rückkehr ins
dramatische Fach 365
‹Weltgeschichte als Weltgericht›? Konturen des historischen Schauspiels 372
Weimarische Dramaturgie. Wirkungsästhetische Elemente der klassischen
Tragödien 380

2. Konzentration der Kräfte. Jena, Weimar 1796–1803 388
Engagement für ein verwöhntes Publikum. Mit Goethe am Theater . . . 388
Der kritische Förderer. Herzog Carl August 402
Gesellschaftlicher Aufstieg. Geadelt und bei Hof 412

3. Die Wallenstein-Trilogie (1800) 420
Die ‹unversuchte Bahn›. Mühevolle Arbeit an einem schwierigen Sujet . . 420
Bewältigtes Material. Die Architektur der Trilogie 428
«Die Tat *vollbringen*, weil ich sie *gedacht*». Wallenstein zwischen
Realismus und Idealismus 438
Politik als Schicksal. Transformationen der antiken Tragödie 455

4. Dramatische Fragmente, Bühnenbearbeitungen, Übersetzungen . 464
Blick in die Werkstatt. Vermischte Fragmente von den *Malthesern* zum
Warbeck (1788–1803) 464
Kreativer Dienst am Text. Übersetzungen und Versuche (1788–1803) . . 479
Praktisches Wirkungskalkül. Bühnenbearbeitungen für das Weimarer
Hoftheater (1796–1802) 484

5. Maria Stuart (1801) 492
Ein reizvolles Vorhaben in unruhigen Tagen. Geschichtliche Quellen und
Entstehung 492
Herrschaft und Öffentlichkeit. Elemente politischen Handelns 498
Kontrollierte Affekte? Das Schauspiel der schönen Seele 505

6. Die Jungfrau von Orleans (1801) 510
   «In hohem Grade rührend». Gefangen von einem üppigen Stoff 510
   Schwierige Balance der Kräfte. Romantisches in klassischer Form . . . 515
   Der leere Himmel der Transzendenz. Johannas Tod und Verklärung . . 525

7. Die Braut von Messina (1803) 528
   Attisches Drama und moderne Kultur. Freier Wettstreit mit den
   Griechen 528
   Schuldbegriffe. Die ‹Tragödie im Sittlichen› 536
   Ratgeber ohne Autorität. Dramaturgische Zwecke des Chors 542

8. Die letzten Jahre. Berlin, Weimar 1804–1805 548
   Ein anstrengender Gast. Madame de Staël am Hof der Musen 548
   Aussicht auf einen Wechsel. Besuch in Preußen 554
   Begrenzte Aktivitäten. Leben im Zeichen unheilbarer Krankheit 561

9. Wilhelm Tell (1804) 565
   Niederschrift unter Zeitdruck. Das historische Festspiel in
   republikanischem Geist 565
   Keine Verteidigung der Jakobiner. Rechtsperspektiven des
   eidgenössischen Widerstands 572
   Der Familienvater als Attentäter. Tell auf dem Weg nach Elysium? . . . 580

10. Kleine Dramen, Übersetzungen und späte Fragmente 586
    Höfisches Theater für Feiertage. *Die Huldigung der Künste*; Racine-
    Übertragungen (1804–1805) 586
    Blick in die Abgründe der Macht. *Die Prinzessin von Zelle* und
    Agrippina (1804–1805) 593
    Die letzte Arbeit. *Demetrius* (1805) als Tragödie des Bewußtseins . . . 596

Schlußszenen. Weimar, Mai 1805 607

ANHANG

Anmerkungen 613
Bibliographie 625
Abbildungsnachweis 657
Zeittafel 659
Inhaltsverzeichnis des ersten Bandes 665
Register (Personen, Schillers Werke) 671

Einleitung

Schillers Weg zum künstlerischen Ruhm war beschwerlich. Am Beginn seiner literarischen Laufbahn standen persönliche Konflikte und private Enttäuschungen, Rückschläge und Katastrophen. Zwischen seinem 23. und 31. Lebensjahr mußte er in der Rolle des ungesicherten Autors ohne mäzenatische Unterstützung und besoldetes Amt den täglichen Unterhalt aus dem finanziellen Ertrag seiner schriftstellerischen Produktion bestreiten. Die Spielräume, die ihm seine ungebundene Stellung verschaffte, nahm er in dieser Phase weniger wahr als den Druck, der aus der Abhängigkeit vom Markt erwuchs. Seine individuelle Freiheit war stets ein gefährdetes Gut: knapp bemessen, oft bedroht. Bereits Schillers Jugend stand im Zeichen der Einschließung, Beschränkung und Kontrolle. Der Eleve, der knapp acht Jahre lang (1773–1780) unter dem strengen Regiment der Hohen Karlsschule aufwuchs, fühlte sich nicht selten als Gefangener einer Bildungskaserne, deren strikter Disziplinanspruch für private Neigungen kaum Platz ließ. In den Ordnungslabyrinthen dieser Anstalt bot allein die Welt des Geistes einen Ausweg, der unbekannte Freiheiten ahnen ließ. Die Literatur im breiten Spektrum zwischen Shakespeare und Rousseau, vor allem aber die durch Jakob Friedrich Abel geförderten philosophischen Interessen erschlossen imaginäre Erfahrungsräume, in denen nicht die Schraubzwingen des von Herzog Carl Eugen ersonnenen Schulreglements, sondern die Mächte der Einbildungskraft herrschten.

Grenzen und Widerstände bestimmten später auch den Alltag des examinierten Militärarztes, der den Regelungsdruck der Akademie gegen ein materiell dürftiges Leben in begrenzter bürgerlicher Freiheit eintauschte. Zwar gab sich der junge Schiller, der zwischen Mitte Dezember 1780 und September 1782 in Stuttgart beim Regiment Augé diente, den Anstrich des Libertins mit unbürgerlicher Genußfreude, doch verbarg das nur notdürftig die Enge seiner halbmilitärischen Rollenexistenz. Daß ihn Carl Eugen nach einem Verstoß gegen die strenge Urlaubsregelung in einem symbolischen Ritual mit einer Haftstrafe, später mit Schreibverbot belegte, empfand er als tiefe persönliche Kränkung. Die Flucht aus Stuttgart freilich, zu der er sich Ende September 1782 unter dem wachsenden Druck der herzöglichen Willkür entschloß, erzeugte neue Zwänge und Barrieren. Als Deserteur mußte er fortan befürchten, vom Bannfluch seines früheren Förderers getroffen zu werden, sobald er schwäbischen Boden betrat; das

Schicksal Schubarts, der seit dem Januar 1777 ohne rechtliche Grundlage auf der Festung Hohenasperg eingekerkert war, stand ihm drohend vor Augen. Der ehemalige Lieblingsschüler des Herzogs bezahlte seine Entscheidung für die ungebundene Künstlerexistenz mit einem hohen Preis: die Mutter sah er erst zehn, den Vater elf Jahre nach der Trennung wieder. Nicht die glänzende akademische Karriere, die man dem brillanten Mediziner vorausgesagt hatte, sondern die Risiken einer ungesicherten Lebensform als freier Autor und Publizist bestimmten Schillers künftigen Weg.

Das Zerwürfnis mit dem Herzog, der während der Karlsschulzeit als anmaßender Ersatzvater in autoritärem Habitus aufgetreten war, nahm Schiller bewußt in Kauf, als er am Abend des 22. September 1782, begleitet vom Musiker Andreas Streicher, heimlich aus Stuttgart abreiste. Der Verlust seiner Familie wog schwerer, bedeutete er doch zunächst private Isolation und Einsamkeit. Im urbanen Mannheim, der ersten Station nach der Flucht, warteten beträchtliche Enttäuschungen auf ihn. Der Freiherr von Dalberg, Intendant des Nationaltheaters, mochte den jungen Autor aus Gründen der Loyalität gegenüber dem württembergischen Herzog zunächst nicht an sein Haus binden. Erst nach Monaten des inneren Exils in Bauerbach auf dem Gut Henriette von Wolzogens erhielt Schiller im Spätsommer 1783 das Angebot zur Zusammenarbeit. Die einjährige Tätigkeit als Bühnenautor am Nationaltheater blieb jedoch von Konflikten überschattet: der windige Diplomat Dalberg mißtraute Schiller, die Schauspieler rebellierten gegen seinen künstlerischen Purismus, eine schwere Malariaerkrankung beeinträchtigte seine Leistungskraft. Den gewaltigen Erfolg der *Räuber*, die Dalberg im Januar 1782 hatte uraufführen lassen, konnte die *Fiesko*-Premiere zu Beginn des Jahres 1784 nicht wiederholen; *Kabale und Liebe* fand zwar drei Monate später die Gunst des Publikums, wurde jedoch zur großen Verärgerung des Autors durch eine ungenau gearbeitete Einstudierung an entscheidenden Punkten in seiner sozialkritischen Wirkung abgeschwächt. Private Enttäuschungen – so der Bruch mit dem ehrgeizigen Iffland und die scheiternde Annäherung an die umschwärmte Schauspielerin Katharina Baumann – sorgten dafür, daß die Mannheimer Zeit von einem tiefen Grauton überzogen wurde: sie gehörte zu den unglücklichsten Perioden in Schillers Leben.

«Wo aber Gefahr ist, wächst | Das Rettende auch.» Der vielzitierte Vers aus Hölderlins *Patmos*-Hymne läßt sich durchaus auf Schillers Biographie anwenden. In dürftigen Zeiten zeigten sich ihm stets tatkräftige Freunde, die ihn mit neuen Anregungen versorgten und, wo nötig, aus Verstrickungen befreiten. An der Karlsschule übernahm im Sommer 1778, inmitten einer Phase der Depression, der Feuerkopf Albrecht Friedrich Lempp den

Status des engsten Vertrauten, den der frühere Intimus Scharffenstein durch seine spöttische Kritik an Schillers lyrischen Versuchen verscherzt hatte. Während der Fluchtmonate im Herbst 1782 war es der großartige Helfer Andreas Streicher, der den niedergeschlagenen Deserteur bis an die Grenzen der Aufopferung unterstützte. Gegen Ende des erfolglosen Mannheimer Theaterjahrs boten Christian Gottfried Körner und Ludwig Ferdinand Huber die Hand zu einer neuen Allianz. Nach einer Zwischenstation in Gohlis bei Leipzig fand Schiller in Loschwitz und Dresden bis zum Juli 1787 im geselligen Kreis des kultivierten Körner die innere Ruhe, die ihm während der Mannheimer Zeit gefehlt hatte. Der Lebensfreund Körner blieb stets ein gesprächswilliger Vertrauter, der Schiller in sämtlichen künstlerischen Fragen mit Geschmack und Gespür für das Wesentliche beriet; nicht zuletzt erwies er sich als dezent auftretender Mäzen, dem es zur angenehmen Verpflichtung wurde, Schillers prekäre finanzielle Lage durch regelmäßige Zuschüsse zu verbessern.

Ein solcher Freundschaftsdienst schien notwendig, weil Schiller seit 1781 aufgrund mangelnder Geschäftserfahrung in eine kaum zu durchbrechende Kette von Geldabhängigkeiten geraten war. An deren Beginn stand die unheilvolle Publikationsgeschichte der *Räuber*. Für den Druck des Debütdramas hatte Schiller dem umtriebigen Johann Philipp Erhard in Stuttgart 150 Gulden Zuschuß auf der Basis eines Darlehens zahlen müssen. Bei seinem Vater und Henriette von Wolzogen, die ihrerseits den Bankier Israel in Bauerbach belieh, nahm er später Kredite auf, um seine Stuttgarter Gläubiger zu befriedigen. In Mannheim entging er Ende Juli 1784 nur durch die finanzielle Hilfe seines einsatzfreudigen Vermieters, des Maurermeisters Hölzel, der entwürdigenden Schuldhaft. Auch in Leipzig und Dresden mußte er regelmäßig Geld borgen, um seine Unkosten zu decken. Die drückenden Lasten dieser Jahre verfolgten ihn noch 1788 in Weimar, als er mit dem Verleger Crusius über die Publikation seiner ersten großen Geschichtsschrift verhandelte: wie so oft drohte deren Honorar durch die überfällige Rückzahlung älterer Darlehen aufgebraucht zu werden. Schillers finanzielle Situation konsolidierte sich erst, als der Weimarer Herzog Carl August ihm im Januar 1790 ein Hofratssalär von jährlich 200 Talern aussetzte. Da zur selben Zeit auch die Autorenhonorare üppiger zu fließen begannen, gestalteten sich Schillers wirtschaftliche Verhältnisse fortan stabiler. Der stets besorgte Vater, der ein überaus geschickter Haushälter war, verfolgte diese Entwicklung erleichtert. Seine Briefe an den risikofreudigen Sohn blieben stets durchzogen von Ermahnungen zu Sparsamkeit und Vorsicht. In seinen frühen Jahren ließ sich Schiller freilich wenig von den ökonomischen Ratschlägen des Vaters beeindrucken. Insbesondere seine Neigung zu überzogenen Honorarerwartungen erwies sich als fatal, weil sie verhängnisvolle Fehlspekulationen förderte. Der Freund Körner suchte ihn daher nicht nur finanziell zu unterstützen, sondern zugleich zu einer vernünftigen Ausgabenpolitik mit größerem Augenmaß zu bewegen.

Der Schiller der 90er Jahre, von dem in diesem Band ausführlich erzählt wird, tritt in der Rolle des Geschäftsmannes weitaus souveräner auf als der junge Autor. Er ist ein zäher, um seinen Vorteil ringender Verhandlungspartner, der vom Bewußtsein seiner künstlerischen Bedeutung überzeugt bleibt. Er nimmt Einfluß auf die drucktechnische Ausstattung der eigenen Bücher, überwacht ihren Vertrieb, verlangt beträchtliche Honorare, beweist, wo es ihm geboten scheint, Härte und Konsequenz. Begünstigt wurde dieses neue wirtschaftliche Denken freilich auch durch Verlegerpersönlichkeiten, die Schillers Werk mit der gebührenden Sorgfalt betreuten. An den Platz des patriarchalischen Schwan, der die frühen Dramen ohne größeres Engagement publiziert hatte, trat in Dresden Georg Joachim Göschen. Er übernahm 1785 Schillers Zeitschrift, die *Thalia*, und 1787 den *Don Karlos*; für die historischen Studien wurde 1786 der mächtige Leipziger Buchhändler Crusius gewonnen, dem der Autor später auch die Veröffentlichung seiner gesammelten Prosaschriften und Gedichte anvertraute. Bereits vor der Allianz mit dem ehrgeizigen Cotta, der nach 1795 zum wichtigsten Geschäftspartner avanciert, standen also zwei Verleger an Schillers Seite, die sein Werk mit passionierter Geduld förderten und vertrieben.

Spätestens in der zweiten Hälfte der 80er Jahre besaß Schiller den Status eines öffentlich bekannten Autors, dessen Weg das gebildete Lesepublikum Deutschlands gespannt verfolgte. Auf keinem anderen Terrain kultureller Aktivität konnte man am Ende des 18. Jahrhunderts größere Reputation erringen als im Bereich der Literatur. Schrift ist das zu dieser Zeit attraktivste Medium, das unter dem Einfluß einer zunehmenden Alphabetisierungsbewegung die Bedingungen für eine neue Form der sozialen Kommunikation eröffnet. Der wachsende Buchmarkt mit seinen rasant steigenden Produktionszahlen verschafft dem Bürgertum ein effektives und zugleich ökonomisches Erprobungsfeld, auf dem es seine gesellschaftliche Identität durch imaginäre – erlesene – Erfahrungen sichern konnte. Der Zirkulation von Büchern tritt die private, häufig intime Kommunikation im Medium des Briefes zur Seite. Beide Sektoren erweisen die Macht der Schrift, indem sie eine eigene diskursive Praxis mit bisher unbekannten Rollenerwartungen hervorbringen. Das bürgerliche Individuum entwirft sich über die Rituale der Lektüre und des Schreibens, die in Gegensatz zu den älteren Repräsentationstechniken der höfischen Öffentlichkeit rücken. Die mediale Erzeugung seiner bevorzugten Interaktionsmodelle entspringt dem Bedürfnis, private Selbstbestimmung durch sprachlichen Austausch zu ermöglichen. Tugend, Empfindsamkeit, Altruismus, Philanthropie, Naturschwärmerei und Liebesfähigkeit bilden die bürgerlichen Verständigungsnormen, die ihre Wirklichkeit zunächst nur im Schriftverkehr auf der Grundlage von Büchern und Briefen ausprägen dürfen. Die poetische Ordnung der Texte entfaltet hier eine kulturelle Geltungsmacht, deren wesentliche Aufgabe darin besteht, daß sie soziale Regeln neu bestimmt und die privaten wie öffentlichen Kommunikationsbedingungen im Rahmen einer bürgerlichen Gefühlskultur umgestaltet. Als aufstrebender Autor profitiert auch Schiller vom Aufmerksamkeitszuwachs, den die Literatur gegen Ende des 18. Jahrhunderts im Bereich gesellschaftlicher Repräsentationsmuster gewinnt.

Die einseitige Orientierung am Medium der Schrift bestimmt zeitlebens Schillers intellektuelles Profil. Gerade darin ist er – anders als der universelle Praktiker Goethe – ein moderner Autor. Seine Bildung vermittelt sich durch die Ordnung der Bücher und die Welt der Sprache. Auf den heterogenen Feldern der Medizin, Anthropologie und Historiographie bleibt er dieser Ausrichtung mit ihrer Distanz zum Erfahrungswissen stets treu. Die empirische Naturwissenschaft hat ihn so wenig fasziniert wie die vieldiskutierte Physiognomik, der Okkultismus, die Musik und die bildende Kunst. Seine Beschäftigung mit geschichtlichen Fakten und geographischen Zusammenhängen bleibt gebunden an die Rezeption schriftlicher Quellen. Die unmittelbare Anschauung von Landschaft und Natur gewinnt für ihn keinen Eigenwert. An ihren Platz tritt der schriftliche Austausch über Arbeitsvorhaben, gesellschaftliche Erfahrungen und den Literaturbetrieb der Zeit. Die Macht des Buchstabens beschwört auch der Briefautor Schiller, der seinen Freunden Einfälle und Beobachtungen in gänzlich unökonomischer Verschwendung mitzuteilen liebt.

Dresden: das war für Schiller zwischen Herbst 1785 und Sommer 1787 ein Ort der Ruhe, der Gelegenheit zu einem ausführlichen Moratorium bot. Zugleich schien diese Periode aber von ambivalenten Einflüssen bestimmt. Unter der Oberfläche der Idylle drohte ein Abgrund von Langeweile. Die Freundschaft zu Huber entbehrte der dauerhaften Substanz; zahlreiche dramatische und historische Projekte blieben auf dem Schreibtisch liegen, die Niederschrift des *Don Karlos* stockte. Schiller verachtete den bürgerlichen Dünkel der Dresdner, beklagte die fehlende Verbindung zum Theater, den Mangel an Diskussionsgelegenheiten und sozialen Kontakten. Lethargie und, für ihn ungewöhnlich, depressive Anwandlungen regierten schubweise seinen Alltag. Unter dem Eindruck der unglücklich verlaufenden Liebesbeziehung zu Henriette von Arnim beschloß er im Sommer 1787 die Abreise aus Dresden. Hamburg war das Ziel; in der Hansestadt wartete der Intendant Schröder auf den Autor des *Don Karlos*, der hier Ende August seine Uraufführung erlebte. Aber der Weg sollte nicht in den Norden führen. Kurzfristig änderte Schiller seine Pläne, fuhr nach Weimar und blieb dort bis zum Frühsommer 1789; Hamburg hat er auch in späteren Jahren nie besucht.

Weimar, die Stadt der Musen, lockte Schiller mit zahlreichen Reizen. *Cherchez la femme*: eingeladen hatte ihn Charlotte von Kalb, mit der er erstmals im Mai 1784 in Mannheim zusammengekommen war. Das Liebesverhältnis mit der verheirateten Frau, das Schiller ohne größere Skrupel auslebte, wurde von dem in amourösen Angelegenheiten liberalen Weimarer Hof ganz selbstverständlich toleriert. Fraglos zogen ihn aber auch die literarischen Altmeister an, die hier versammelt waren: Wieland, Herder, Musäus; Goethe, seit 1776 in den Diensten des Herzogs Carl August, weilte noch in Italien. Der Souverän selbst, der Schiller Ende Dezember 1784 in Darmstadt als Zeichen des Dankes für seine Lesung des ersten *Karlos*-Akts mit dem Titel eines Weimarischen Rates beschenkt hatte, war auf Reisen und blieb auch später für ihn meist unsichtbar. Gleichwohl fand der neugierige Ankömmling in Weimar, was er suchte: literarische Aufgeschlossenheit, anregende Diskussionszirkel und intellektuelle Partner, mit denen er über seine Projekte sprechen konnte. Die Einladungen bei der bisweilen preziösen Herzoginmutter Anna Amalia und die Einführung in den bürgerlichen Club der Residenz bestätigten ihm, daß er für die Weimarer Gesellschaft eine gefragte Persönlichkeit war.

Inspirierende Gesprächsrunden hat Schiller zeitlebens gesucht, Einsamkeit nur in Phasen größter Arbeitsbelastung benötigt. Ohne ständige Kommunikation konnte er seine künstlerischen Ziele nicht verfolgen. Das Geheimnis der späteren Freundschaft zu Goethe liegt darin, daß Schiller den zehn Jahre Älteren gegen dessen Naturell davon zu überzeugen vermochte, daß auch er von der gemeinsamen Erörterung seiner literarischen Vorhaben profitierte. In Weimar fand Schiller erstmals ideale äußere Bedingungen für seine Arbeit vor. Der Wechsel zwischen Schreibtisch und geselliger Runde funktionierte hier reibungsfrei. Das inspirierende Geistesklima regte seine Einbildungskraft an und förderte die Lust zu großen Entwürfen. Stets war Schiller ein Projektmacher, den zumeist mehrere Pläne gleichzeitig umtrieben; Phasen geminderter Erfindungslust erlebte er als Krisenperioden, die seine sonst ausgeglichene Gemütsverfassung aus der Balance brachten. Während der Weimarer Monate blieben solche verstörenden Momente jedoch aus. Schillers Schreibpensum wuchs jetzt beträchtlich an. Historische Studien und Redaktionsarbeiten für die *Thalia* beschäftigten ihn zwölf Stunden täglich. Das hier ausgebildete Arbeitsethos wird er in den folgenden Lebensjahren nicht mehr aufgeben. Selbst in den (häufiger werdenden) Phasen gesundheitlicher Beeinträchtigung verläßt er seinen Schreibtisch nur selten.

Die Auseinandersetzung mit der Geschichte war fraglos auch eine Flucht vor den Risiken ungeschützter Phantasieproduktion: eine erste Weichenstellung im Vorfeld der klassischen Periode. Gegenüber dem skeptischen Körner verteidigte Schiller die Bedeutung der Geschichtsstudien mit dem Hinweis auf ihren finanziell ergiebigen Ertrag. Die Entscheidung für die Arbeit im Weinberg der Wissenschaften schien jedoch nicht allein von materiellen Erwägungen diktiert. Sie wurde beeinflußt durch die wachsenden Vorbehalte, die Schiller seiner früheren literarischen Produktion entgegenbrachte. Weder die lyrischen Texte der *Anthologie auf das Jahr 1782* noch die Dramen von den *Räubern* bis zum *Don Karlos* konnten jetzt vor seinem strengen Urteil bestehen. Die erzählerischen Arbeiten, die er zur *Thalia* beisteuerte, betrachtete er letzthin als Unterhaltungsware ohne höheren Anspruch; das galt zumal für den kolportageartigen *Geisterseher*, der, zwischen 1787 und 1789 in Fortsetzungen publiziert, die Herzen der Leser im Sturm erobert hatte. Mit den Geschichtsschriften hoffte Schiller die Anerkennung auch des wissenschaftlichen Publikums zu finden. Unüberhörbar meldete sich hier der Ehrgeiz des bürgerlichen Autors, dessen vorzügliche Akademieausbildung ihm zunächst die Chance auf eine gelehrte Laufbahn eröffnet hatte, ehe der Bruch mit Carl Eugen zur Kurskorrektur nötigte. Auf dem Feld der Geschichtswissenschaft verfolgte Schiller jedoch zugleich Ziele, die schon die Niederschrift des *Don Karlos* bestimmten: die Beschäftigung mit der historischen Krisenperiode des Konfessionalismus sollte dazu beitragen, die zentralen Muster politischer Herrschaftstypen und die gesellschaftlichen Bedingungen ihrer Ordnungsansprüche aufzudecken. Der Historiker fühlte damit auch der eigenen Zeit den Puls; am Vorabend der Französischen Revolution befaßte sich Schiller, kaum zufällig, mit den großen Staatsumwälzungen und sozialen Erosionen des 16. und 17. Jahrhunderts, die dem Aufbruch in die Moderne vorausgingen.

Der Lohn für die schriftstellerische Leistung des Geschichtsdenkers war die Berufung auf eine außerordentliche philosophische Professur an der Universität Jena im Dezember 1788. Angeregt wurde sie durch Goethe, der Schiller, trotz massiver Vorbehalte gegenüber seinem dramatischen Frühwerk, als originellen Denker betrachtete, den er an die thüringische

Elitehochschule binden wollte. Die gesellschaftliche Anerkennung, die das neue Amt mit sich brachte, hat der knapp Dreißigjährige durchaus genossen, auch wenn er in seinen Briefen sein fehlendes Interesse an akademischen Ehren ostentativ zur Schau stellt. Die ersehnte materielle Sicherheit schuf der Wechsel an die Universität freilich nicht. Als Extraordinarius war Schiller auf die Hörergebühren angewiesen, die nur dann reichlicher flossen, wenn die Themen seines Kollegs populär wirkten. Nach dem großen Erfolg der universalhistorischen Antrittsvorlesung, die Ende Mai 1789 stattfand, litten die von ihm angebotenen Veranstaltungen unter rasch schwindendem Interesse, so daß die finanziellen Vorzüge des akademischen Amtes begrenzt blieben. Der Umzug nach Jena erschloß jedoch neue persönliche Kontakte, die für solche Enttäuschungen entschädigten. Die Universität gehörte zu den modernsten Hochschulen Deutschlands; sie galt als Hort liberalen Denkens und avancierte in den folgenden Jahren zum Zentrum des Kantianismus. In den akademischen Zirkeln Jenas traf Schiller aufgeklärte Geister wie den Theologen Griesbach, den Juristen Hufeland, den Philologen Schütz und den Philosophen Reinhold – markante Köpfe, die seine intellektuelle Neugier befriedigten und ihn bereitwillig an ihrem ausgedehnten Wissen teilhaben ließen.

Der gesellschaftlichen Anerkennung folgte wenig später die private Etablierung. Im Spätsommer 1789 verlobte sich Schiller mit Charlotte von Lengefeld, Ende Februar 1790 heiratete das Paar in Wenigenjena. Zu den nicht unwichtigen Nebenaspekten dieser Ehe gehörte Schillers freundschaftliche Bindung an Charlottes ältere Schwester Caroline. Sie, die ein künstlerisches Temperament mit exzentrischen Zügen besaß, zog ihn erotisch stark an, doch fürchtete er ihre vorbehaltlose Leidenschaftlichkeit und das von depressiven Stimmungen begleitete Spiel ihrer Launen. Sinnliche Passionen kannte auch der junge Schiller kaum. Seine wechselnden amourösen Neigungen besaßen zumeist den Charakter des Zufälligen; Koketterie reizte ihn zwar, wie er Körner noch Ende 1787 gestand, doch mied er nach der heiklen Erfahrung mit Henriette von Arnim Beziehungen, die sein inneres Gleichgewicht störten. Die Entscheidung für Charlotte bedeutete auch ein Votum für die bürgerliche Stabilität auf der Grundlage konventioneller Arbeitsteilung; die literarisch begabte Ehefrau begnügte sich künftig mit der Rolle der familiären Harmoniestifterin, ohne ihre eigenen künstlerischen Interessen konsequent zu verfolgen.

Im Winter 1789/90 gelang Schiller alles, was er unternahm. Ende Dezember ersuchte er den Herzog von Meiningen um die Erteilung eines höfischen Rangs, der es ihm erlauben sollte, Charlotte für ihren durch die Heirat verlorenen Adelstitel zu entschädigen. Mit Beginn des neuen Jahres gewährte ihm Herzog Carl August die ersehnten 200 Taler jährlich als ständiges Salär, zwei Wochen später erhielt er aus Meiningen das Diplom, das seine Ernennung zum Hofrat beurkundete. Nach der Heirat führten Schiller und Charlotte in Jena ein offenes Haus, das bald berühmt war für seine Gastfreundlichkeit und die temperamentvollen Diskussionsrunden, die man hier, oft bis tief in die Nacht, versammelt finden konnte. Jenaer Studenten und akademische Kollegen, Freunde aus Württemberg, Reisende und Verwandte waren in der keineswegs geräumigen Wohnung des jungen Paars unter dem Dach der Schrammei gleichermaßen willkommen. Obwohl Schiller sein tägliches Arbeitspensum auf 14 Stunden steigern mußte, um universitäre und publizistische Verpflichtungen zu erfüllen, fand er stets Zeit zur geselligen Kommunikation. Das Studierzimmer war für ihn ein offener Raum, in dem nicht nur die stumme Schrift, sondern auch die Rede zu ihrem Recht kommen durfte.

Das Jahr 1790 verschafft Schiller ein ungetrübtes, aber kurzes Glück. Durch den Ausbruch der schweren Krankheit, die im Januar 1791 in Erfurt ihre ersten Vorboten schickt, wird es abrupt zerstört. Es ist die Tragödie dieses Lebens, daß es in dem Moment, da künstlerischer Erfolg, bürgerliche Reputation und private Erfüllung zusammentreten, den Bedrohungen einer fast tödlichen Krise ausgesetzt wird. In den 14 Jahren, die Schiller bis zu seinem Ende noch bleiben, begleitet ihn die Krankheit nahezu ohne Unterbrechung. Regelmäßige Fieberanfälle, Darmkoliken, Erkältungen und Infektionen gehören fortan zum Alltag. Die schmerzfreien Perioden, wie sie zumal der Sommer bietet, werden mit doppeltem Fleiß für die literarische Arbeit genutzt. Das Schreiben verlegt Schiller vorwiegend in die Nacht, weil er allein in den Morgenstunden und am Vormittag ohne Beschwerden schlafen kann. Aus Furcht vor Ansteckung verläßt er in der kalten Jahreszeit oft monatelang nicht das Haus. Während des Winters meidet er Spaziergänge; ist er zu unaufschiebbaren Besuchen genötigt, so benutzt er eine geschlossene Sänfte oder den Schlitten. Der gesamte Freundeskreis nimmt Rücksicht auf seine eigentümliche Lebensorganisation; Goethe bewirtet ihn bei seinen seltenen Visiten in Weimar mit äußerster Liebenswürdigkeit, Humboldt steht an den Abenden regelmäßig für Beratungen über literarische Fragen zur Verfügung, der Schwager Wolzogen versieht die Organisation lebenspraktischer Fragen (so die vorbereitenden Planungen zum Umbau des Jenaer Gartenhauses im Herbst 1797).

Das imponierende schriftstellerische Werk dieser Periode, die im folgenden ausführlich betrachtet wird, ist buchstäblich am Rande des Grabes entstanden. Ein eiserner Wille, Ehrgeiz und intellektuelle Vitalität kompensieren die Schwäche des Körpers. Es kann kein Zufall sein, daß Schiller in den ersten beiden Krankheitsjahren die Theorie des Erhabenen, die auf dem Studium Kants fußt, als Grundlage seiner klassischen Ästhetik entwickelt hat. Das Programm einer moralischen Autonomie des Menschen, die dort ihre eigentliche Erprobung findet, wo sie äußerster Gefährdung unterliegt, bildet auch das Nervenzentrum von Schillers literarischem Wirkungsanspruch. Was er einem fragilen physischen Zustand abgerungen hat, bleibt das Resultat einer intellektuellen Unabhängigkeit, die sich durch die Gesetze des Körpers nicht bezwingen lassen möchte. Die Theorie des Erhabenen ist folglich die versteckte Selbstbegründung von Schillers Künstlerpsychologie unter den Bedingungen der Krankheit.

Gleichwohl wäre es falsch, im pathetischen Bild vom todgeweihten Klassiker das Deutungsmodell zu erblicken, mit dessen Hilfe Schillers Œuvre der Jahre zwischen 1791 und 1805 erschlossen werden kann. Als Autor bleibt er auch nach der großen lebensgeschichtlichen Zäsur seinen früheren Neigungen und Interessen treu. Wer in Schillers literarischen Reflexionen über die Beschädigung des Menschen durch die Politik allein die Spur eines ästhetischen Sublimierungswillens erkennt, verfehlt die besondere Ökonomie seines Werkes. Wo immer Schiller die Landschaften der Geschichte und das Terrain der modernen Gesellschaft erkundet, entspringt das der Absicht, Gefahren und Gefährdungen jenes wirklichkeitsfernen Freiheitsversprechens auszuloten, das seit der Aufklärung den Erwartungshorizont des Individuums hell ausleuchtet. Das klassische Werk schließt nicht nur hier überraschend bruchlos an die Konstruktion der früheren Arbeiten an. Indem es den aktiv handelnden Menschen in Extremsituationen psychischer wie physischer Bedrohung vorführt, hebt es das moderne Ideal der Selbstbestimmung auf den Prüfstand. Daß Schiller seine literarischen Autonomieexperimente vor dem Hintergrund einer tödlichen Krankheit anstellt, besitzt freilich eine eigene Dämonie. Die Diktatur des Körpers, der den Geist in bedrückende Abhängigkeiten treibt, und die Unfreiheit des Menschen in den politischen Wirkungszusammenhängen des absolutistischen Zeitalters hat er gleichermaßen zu bekämpfen gesucht. Nur unter diesem Gesichtspunkt spiegelt sich in der Krankheit mehr als ein biographisches Krisenphänomen wider: der Anspruch, mit den Mitteln der Kunst jene Erdenschwere zu überwinden, die, wie es im *Reich der Schatten* heißt, einem «Traumbild» gleich zu Boden sinken muß, damit das Vollkommene «in Kronions Saal» seine dauerhafte Heimat (und Verjüngung) erfahren darf (NA 1, 251, v.176 ff.).

Die eigene Krankheit bedingt auch die Distanz zum Leib, die Schillers klassische Ästhetik unterhält. In den großen Weimarer Dramen ist die eruptive Körpersprache der frühen Texte einer maßvollen Inszenierung menschlicher Physis gewichen. Gewiß wäre es falsch, den Klassizismus des Hoftheaters als Mortifikation des Leibes zu begreifen, wie dieses zuweilen geschieht. Von der französischen Bühne des *grand siècle* unterscheiden sich Goethes und Schillers Schauspielkonzepte gerade durch den Anspruch, die Sinnlichkeit des Individuums zu bewahren und im Medium der Kunst zu verfeinern. Doch ist zugleich unübersehbar, daß Schillers klassische Dramen die Ausstellung des Körpers, welche die frühen Arbeiten im zeichenhaften Einsatz einer physiognomischen und gestischen Figurensprache vollzogen, systematisch rückgängig machen. Der Blankvers spiegelt auf der Ebene der Rede jenes Maß der relativen Einschränkung, das auch die Physis der Akteure begrenzt: zwischen metrischer Ordnung und freiem Rhythmus sucht er eine klassische Mitte zu finden, wie sie die Bühnenkunst des Weimarer Hoftheaters gleichzeitig in der kultivierten Balance von Körpersprache und intellektuellem Reflexionsniveau anstrebt. Der kranke Autor, der das lästige Diktat des Leibes zu bezwingen sucht, erschließt sein zentrales Arbeitsfeld in einer ästhetischen Welt, die das Gesetz der Sinnlichkeit nur dort akzeptiert, wo es den Geist bereichert.

Jenseits der literarischen Tätigkeit bleibt in Schillers letzten 15 Lebensjahren keine Zeit für neue Erfahrungen. Große Reisen, begeisternde Naturerlebnisse, die Entdeckung fremder Länder und Städte spielen im Rahmen dieser vom Werk beherrschten Biographie keine Rolle. Schiller hat niemals vor einem Meer gestanden; er sah weder die Alpen noch die Pyrenäen. Die Metropolen Europas blieben ihm verschlossen; lediglich Berlin erkundet er, ein Jahr vor seinem Tod, ein wenig näher. Die Schweiz, Frankreich oder Italien hat er nie bereist. Eindrücke von der antiken Bildkunst vermittelten sich ihm über Berichte Humboldts, Goethes und Meyers, nicht aber durch eigene Anschauung. Das Venedig des *Geistersehers*, Wallensteins Eger, das London Maria Stuarts, Johannas Reims, Tells Vierwaldstätter See und Demetrius' Moskau kennt Schiller allein aus historischen Erzählungen und Quellenzeugnissen. Seine Welt ist die Phantasie, sein Lebenszentrum das Arbeitszimmer. Hier, im Schutzraum der Einbildungskraft, entwirft er seine eigene literarische Wirklichkeit. «Es kommt mir oft wunderlich vor», so schreibt er am 16. Oktober 1795 an den nach Eisenach gereisten Goethe, «mir Sie so in die Welt hinein geworfen zu denken, indem ich zwischen meinen Papiernen Fensterscheiben sitze, und auch nur Papier vor mir habe; und daß wir uns doch nahe seyn und einander verstehen können.» (NA 28, 78)

Zu den leeren Feldern in Schillers Leben gehört die Natur. Die intensiven Landschaftseindrücke, die sich ihm während seiner Jugendjahre in

Lorch und Ludwigsburg erschlossen, hinterlassen kaum unmittelbare Spuren. Liest man seine Briefe, so fällt auf, wie selten in ihnen von Naturimpressionen die Rede ist. Schiller war, anders als Herder, Goethe und Hölderlin, auch vor dem Ausbruch der Krankheit kein leidenschaftlicher Spaziergänger; seine Promenaden beschränkten sich in Weimar und Jena zumeist auf einen innerstädtischen Radius. Der unterkühlte Reflexionsgestus, in dem seine klassische Lyrik die Natur zum Code einer kulturellen Erfahrung bestimmt, entspricht derartigen Beobachtungen. Schillers Gedichte verhüllen ihre Inszenierungsmuster nicht, sondern legen sie bereitwillig bloß. Dieser Umstand hat ihnen zu Zeiten, da man Literatur und Leben zu verwechseln liebte, schlechte Noten eingetragen. Nach einem gängigen Textverständnis, dem selbst neuere wissenschaftliche Arbeiten noch folgen, verfehlt Schillers klassische Naturlyrik das Gebot der Authentizität. Ihr Vorzug gegenüber einer auf die Erzeugung von Stimmungseffekten bedachten poetischen Technik, die ihre ästhetische Ökonomie gern verdeckt, besteht jedoch darin, daß sie keine Illusionen über den künstlichen Charakter der durch sie beschworenen Paradiese vermittelt. Die Natur, von der die Literatur spricht, ist immer zweite, kulturell aufgehobene Natur; ihre konkrete Erscheinung bildet einen Ursprungsmythos, der abwesend bleiben muß, damit die Poesie ihn im Medium der Schrift reflektieren darf. Die Klage über den zivilisationsbedingten Verlust dieses Mythos, wie ihn die Elegie *Der Spaziergang* (1795, 1800) beispielhaft anstimmt, organisiert sich nur unter der Bedingung, daß die Literatur das vermeintlich Verlorene als ein kulturelles Objekt hervorbringen kann. Schillers innere Naturferne, die sich biographisch belegen läßt, kommt den operationalen Notwendigkeiten der Poesie entgegen, insofern sie die Beschränkung auf das sprachliche Medium jenseits sinnlicher Anschauungsdaten erlaubt. Sie aber setzt die einzige ‹Wahrheit› frei, die Literatur mitzuführen pflegt: die einer ästhetischen Vergegenwärtigung des empirischen Materials, das im Kunstwerk ausgelöscht und neu erzeugt wird.

Das klassische Œuvre Schillers gedeiht zwar unter der Bedingung des Erfahrungsverzichts, jedoch im Milieu einer anspruchsvollen Gesprächskultur. Die großen Freundschaften bestimmen sein Leben auch in der Zeit des Ruhms. Neben Körner treten jetzt zumal Goethe und Humboldt, die Schiller die Gelegenheit zur intellektuellen Kommunikation bieten, ohne welche er seine literarische Arbeit nicht hätte bewältigen können. Der Austausch umfaßt die großen Werkpläne und die minuziösen Detailprobleme des Tagesgeschäfts gleichermaßen. Er ermöglicht eine Steigerung der kreativen Kräfte, die für Schiller stets eine soziale Komponente besitzen; die Einsamkeit der nächtlichen Schreibtischarbeit findet ihr Gegenge-

wicht im kontinuierlichen Freundesgespräch. Eine wesentliche Bedingung für seine klassische Periode ist die Konzentration der geistigen Energien. Er, der in jüngeren Jahren höchst verschwenderisch mit den eigenen Talenten umgegangen war, muß jetzt unter dem Diktat der Krankheit genauer auswählen und bündeln, was ihn literarisch beschäftigt. Die Besinnung auf die Forderungen des Tages bestimmt seit dem Beginn der 90er Jahre sein künstlerisches Ethos. «Wer etwas Trefliches leisten will», so heißt es 1797, «Der sammle still, und unerschlafft | Im kleinsten Punkte die höchste Kraft.» (NA 1, 384, v.9 ff.).
Zu Schillers Arbeitsökonomie gehört es, daß er sich nicht wiederholt. Auch darin läßt sich eine Auswirkung der Krankheit erkennen. Seit 1791 weiß er, daß die ihm noch zur Verfügung stehende Lebenszeit äußerst begrenzt ist. Es entspricht dieser Erkenntnis, wenn er Anknüpfungen an ältere Arbeiten umgeht und sich permanent Neuland erschließt. Stillstand ist ihm verhaßt, Reprisen meidet er aus Furcht vor innerer Monotonie. Geradezu gehetzt schließt er innerhalb von wenigen Jahren seine komplexen ästhetischen Studien ab; wie unter dem Diktat der Uhr treibt er seit 1795 seine lyrische Produktion voran; die großen klassischen Arbeiten entstehen in sich steigerndem Tempo zwischen 1800 und 1805. Die Kehrseite dieses dynamischen Arbeitsverständnisses sind freilich Ungeduld und Unruhe. Als Zeitschriftenherausgeber mußte Schiller auch deshalb scheitern, weil ihm die nötige Gelassenheit zur kontinuierlichen Planung fehlte; die endgültige Einstellung der universitären Vorlesungstätigkeit ist im Sommer 1794 nicht nur der Krankheit geschuldet, sondern entspringt ebenso dem Unbehagen an Regelmaß und Routine im alltäglichen Lebensprozeß. Einzig die Freundschaften bilden Momente der Dauer und des Beständigen aus, wie sie Schiller im privaten Milieu als Gegenstück zur produktiven Nervosität seines Arbeitsalltags benötigte.

Von den glücklichen Allianzen wird in diesem Band ebenso die Rede sein wie von den Zerwürfnissen und Konflikten. Gerade an den gespannten Disputen, denen er sich immer wieder aussetzt, ist der Preis des Erfolgs abzulesen, den auch Schiller entrichten muß. Der Streit mit Bürger, den Schlegel-Brüdern und Fichte zeigt ihn in der Rolle des machtbewußten Publizisten, der energisch die eigenen ästhetischen Positionen verteidigt. Die schwierigen Beziehungen zu Hölderlin und Jean Paul wiederum beleuchten tiefgreifende kunstphilosophische Differenzen, die Schiller nicht ohne Empfindlichkeit auf das Feld der persönlichen Verhältnisse zu übertragen pflegte. Der gut etablierte Autor, der seine Interessen mit strategischen Mitteln zu verfolgen weiß, wird keineswegs von sämtlichen seiner Kollegen geschätzt. Das literarische Deutschland teilt sich bereits am Ende des

18. Jahrhunderts auffällig in Schiller-Anhänger und Schiller-Kritiker. Zwischen bedingungsloser Verklärung und offener Ablehnung klafft ein Abgrund; Jubelhymnen und Polemik mischen sich zu einem dissonanten Klang der Stimmen, die Schillers Œuvre begleiten. Eine solche Polarisierung wird die spätere Wirkungsgeschichte seines Werkes bis auf den heutigen Tag bestimmen.

Ihre Ursache findet diese uneinheitliche Rezeption fraglos auch in unterschiedlichen Auffassungen über literarische Grundsatzfragen. Am Beginn der 90er Jahre löst sich Schiller entschieden von der nervösen Formkultur seiner früheren Arbeiten. Die Lektüre Kants verschafft ihm ein breites theoretisches Fundament, das gerade seine ab 1795 verstärkt einsetzende lyrische Produktion bestimmen wird. Die Hinwendung zur Transzendentalphilosophie erscheint zahlreichen Kritikern jedoch als Kapitulationserklärung des Künstlers Schiller, der sich vermeintlich vom Ungeist der Abstraktion auf Abwege führen läßt. Progressive Publizisten wie Campe und Reichardt sehen wiederum in seinen neuen ästhetischen Bildungsideen die Flucht vor den Forderungen des Tages vollzogen. Die jüngere Generation um die Brüder Schlegel bemängelt dagegen Schillers Vorliebe für glatte anthropologische Entwürfe von sterilem Zuschnitt, denen aus ihrer Sicht ein allzu geschlossener Formbegriff ohne innere Spannkraft entspricht. Am Ende der 90er Jahre benötigt Schiller die Arbeitsfreundschaft mit Goethe auch deshalb, weil er zwischen allen Stühlen sitzt. Sein kunstphilosophisches Gebäude errichtet er auf den Schultern der Aufklärung, aber gegen deren zweckfixierten Geist; seine Antike-Rezeption diszipliniert die heiß überschießende Phantasie, die das eigene Jugendwerk kennzeichnete; seine öffentlichen Strategien verwickeln ihn gleichermaßen in Konflikte mit konservativen Gralshütern vernünftiger Literaturpädagogik, progressiven Jakobinern, Kantianern und Anti-Kantianern, mit Vertretern der Genieperiode und Repräsentanten der jungen Romantik. Schillers künstlerische Individualität bestätigt sich gerade durch die unbestechliche Urteilsfähigkeit, auf die er sich in den Fehden der 90er Jahre zu stützen vermag. Sie entspringt der Verbindung von ehrgeizigem Wirkungswillen, Reflexionskraft und Geistesgegenwart, die in der Geschichte der deutschen Literatur ein Sonderfall geblieben ist.

Die Faszination, die bis heute von Schillers Werk ausgeht, läßt sich aus dieser Allianz ableiten. Die angespannte Intellektualität, die seine Arbeiten beherrscht, erzeugt eine offene literarische Reflexionskultur, in der jede Epoche bisher ihre eigenen Problemhorizonte gespiegelt fand. Nichts wäre verfehlter, als diesen Umstand durch den Hinweis auf den klassischen Charakter seiner Texte abzubuchen und damit kategorial zu entschärfen. Die dynamische Veränderlichkeit seines Œuvres erweist gerade die verstörende Macht eines ästhetischen Anspruchs, der nie vollständig abgegolten wurde, weil er die soziale Wirklichkeit immer überforderte. Schillers Modernität liegt in der Kompromißlosigkeit, mit der er die Ordnung der Kunst als freies Spiel des Scheins gegen die Regelungsdichte einer auf Zweckrationalität eingeschworenen Gesellschaft stellt. Seine Hoffnung freilich, daß die ästhetische Erfahrung den Terror inhumaner politischer Praxis zu überwinden vermöge, ist spätestens im 20. Jahrhundert selbst geschichtlich geworden. Das zwingt den heutigen Leser dazu, Schillers Werk nicht zum unbeweglichen Monument zu verklären, sondern in das kulturelle Beziehungsgeflecht zurückzuführen, das es historisch begründet.

Der zweite Band dieser Biographie behandelt Schillers klassische Periode: die 14 Jahre vom Beginn der schweren Erkrankung im Winter 1791 bis zu seinem Tod im Mai 1805. Er gehorcht dabei den methodischen Vorgaben, die in der Einleitung des ersten Bandes näher erläutert wurden. Leben, Werk und Zeit bilden in ihm ein Dreieck, dessen gemeinsamer Richtpunkt die Welt der Literatur bleibt, die für Schillers alltägliche Wahrnehmung die entscheidende Bedeutung besaß. Die Untersuchung rückt folglich die poetischen Texte ins Zentrum der Aufmerksamkeit, weil sich in ihnen allein intellektuelles Selbstverständnis und geistige Physiognomie des Künstlers Schiller hinreichend deutlich abzeichnen. Ihre konstruktive Leistung kann eine Biographie nur dort erbringen, wo sie sich auf das Werk konzentriert und der Versuchung widersteht, das Alltägliche zum Mythos zu erheben. Der verbreiteten Trivialität eines nur am Intimen interessierten Voyeurismus, hinter dem letzthin ein banales Entlarvungsbedürfnis steckt, muß sie daher ein mit wissenschaftlichen Methoden begründetes Verständnis ihres Objekts entgegenstellen.

Die erzählerische Beschreibung von Schillers Erfahrungswelt bleibt dem Bewußtsein geschuldet, daß auch das lebensgeschichtliche Material im Medium der Sprache gespeichert und in Form von Texten überliefert ist. Geburts- und Heiratsurkunden, Briefe, Tagebücher und poetische Entwürfe bilden das Magazin, aus dem sich das Wissen des Biographen speist. Eine saubere Trennung von Leben und Werk läßt sich folglich im Blick auf die Techniken ihrer Überlieferung kaum ziehen. Geboten ist sie gleichwohl, weil sie die Bedingung für die nähere Bestimmung der literarischen Produktion eines Autors bleibt. Gerade Schiller hat stets mit Nachdruck die Überzeugung vertreten, daß sich ein poetischer Text von privaten Belangen fernhalten und gleichsam durch die eigene Form objektivieren müsse. Die Forderung nach der ‹Vertilgung› des Stoffs in der literarischen Struktur, der die Abhandlung *Ueber naive und sentimentalische Dichtung* (1795/96) eine mächtige Stimme leiht, läßt sich auch als Votum gegen eine ästhetisch unzureichende Verarbeitung der biographischen Erfahrung im poetischen Werk betrachten.

Wer Schillers schriftstellerisches Selbstverständnis begreifen möchte, hat sich folglich vor einer eilfertigen Vermischung von Leben und Kunst zu hüten. Nicht als Ferment der Literatur ist seine Erfahrungswelt dem Biographen interessant, sondern als äußerer Rahmen für die innere Organisation einer sehr bewußt gestalteten Bildungsgeschichte, deren Materialien wiederum die poetische Arbeit bestimmen. Den übergreifenden Zusammenhang von intellektueller Prägung und literarischer Tätigkeit aber schafft, was Schiller nicht zu steuern vermochte: die politisch-soziale Wirklichkeit seiner Zeit. Von ihr muß daher erneut, wie im ersten Band, detaillierter die Rede sein. Als Augenzeuge eines Übergangsprozesses, der vom Zerfall des Ancien Régime zur modernen europäischen Staatenordnung des 19. Jahrhunderts führt, hat Schiller die gewaltigen Umbrüche der Epoche mit den Mitteln der Literatur zu erfassen gesucht. In den blühenden Landschaften der Imagination, die seine klassische Lyrik und die großen Geschichtsdramen gleichermaßen sprachmächtig bestellen, findet damit auch die dynamische Ordnung der Gesellschaft, wenngleich vermittelt, ihren ästhetischen Reflex. Die Voraussetzung für die Fähigkeit zur literarischen Verarbeitung sozialer wie historischer Veränderungsprozesse bildet Schillers psychologisches Interesse, das wiederum die Triebfeder seiner intellektuellen Aneignungskraft darstellt. Klar wie kaum ein anderer hat diesen Zusammenhang Hugo von Hofmannsthal erschlossen, als er 1905 zum hundertsten Todestag Schillers erklärte: «Die Welt Kants, die Welt der Alten, die Welt des Katholizismus: er wohnte in jeder von ihnen, wie Napoleon in jeder Hauptstadt Europas residiert hat: fremd und doch gebietend. Seine Heimat war immer woanders, sein Dasein Fortschreiten. Wenn man in ihm ist, ist man im Freien; im gewaltigen Feld, wo geistige Ströme sich kreuzen.» [1]

Schillers Werke werden nach der von Norbert Oellers herausgegebenen Nationalausgabe zitiert und fortlaufend unter Angabe der Sigle «NA» mit der jeweiligen Band- und Seitenzahl belegt. Auf die Frankfurter Ausgabe des Klassikerverlags (FA), die Schillers Schriften in der problematischen Gestalt der ‹gemäßigten Modernisierung› bietet, wird hier nur in Einzelfällen zurückgegriffen, wenn der Kommentar Hintergrundinformationen zu einzelnen Werken bietet, die über das in der Nationalausgabe Dokumentierte hinausgehen. Alle weiteren Hinweise auf Quellen oder Forschungstexte erfolgen im Anmerkungsteil unter Angabe von Autornamen und Seitenzahl. Die römischen Ziffern vor den Namen (I–VIII) beziehen sich auf deren Zugehörigkeit zu den am Ende des Buches abgedruckten Einzelbibliographien, die den insgesamt acht Kapiteln der beiden Teilbände zugeordnet sind (Band I enthält die Kapitel I–V; der vorliegende Band II die Kapitel VI–VIII). Literarische Texte bzw. Quellen und Forschungsbeiträge werden dabei jeweils in zwei gesonderten Gruppen aufgeführt. Bei mehreren Werken eines Autors innerhalb einer Teilbibliographie sind Siglen verwendet worden. Bei Sammelwerken der Schiller-Forschung nennt die Bibliographie nur den Haupttitel, Hinweise auf die jeweiligen Einzelbeiträge finden sich dann im Anmerkungsteil. Eine kommentierende Auseinandersetzung mit der Sekundärliteratur mußte wie im ersten Band aus Platzgründen unterbleiben. Reichhaltige Informationen bietet hier der neueste Forschungsbericht von Helmut Koopmann.[2]

Bochum, am 10. November 1999　　　　　　　　　　　　Peter-André Alt

SECHSTES KAPITEL

Aufstrebende Entwürfe.
Schriften zur Ästhetik und publizistische Arbeit
(1791–1799)

1. Kunsttheoretische Grundzüge der Weimarer Klassik

Der klassische Nationalautor. Facetten eines Begriffs

Im Juli 1787 war Schiller erstmals nach Weimar gekommen, um der literarischen Hauptstadt Deutschlands eine kurze Visite abzustatten. Abweichend von seinen ursprünglichen Plänen blieb er 22 Monate; als er im Mai 1789 die außerordentliche Professur für Philosophie an der Universität Jena antrat, hatte er in Weimar bereits mächtige Bündnisgenossen gewonnen, die seine künftigen Unternehmungen mit Sympathie begleiteten: Wieland zumal, Herder und den Geheimrat Voigt. Einzig die Annäherung an Goethe war, wie noch zu erzählen ist, gescheitert. Die sporadischen Begegnungen, die sie seit dem Herbst 1788 zusammenführten, blieben folgenlos. Sie nahmen aufmerksam Kenntnis voneinander, aber ließen keine Nähe zu; Argwohn und Konkurrenzdenken versagten es ihnen, den persönlichen Abstand, der sie trennte, entschlossen zu überwinden. Es gehört zu den Eigentümlichkeiten der deutschen Literaturgeschichte, daß das Projekt der Weimarer Klassik, mit dem die Namen Goethe und Schiller untrennbar verbunden sind, zunächst im Zeichen verweigerter Kommunikation begann. Die programmatische Grundlegung der klassischen Periode leisteten beide Autoren auf getrennten Wegen, ohne engeren Kontakt zueinander zu suchen. Schillers Aufsätze zur Theorie der Tragödie (1791–93), seine *Kallias*-Briefe (1793) und der Essay *Ueber Anmuth und Würde*, die Lehre vom Erhabenen und die Vorstudien zur ästhetischen Erziehung (1793) entstanden in Jena unabhängig von Goethe. Dessen große klassische Dramen – *Iphigenie auf Tauris, Egmont, Torquato Tasso* (1787–1789) – wiederum waren eine Frucht der italienischen Reise und ihrer ästhetischen Anregungen; von den lyrischen Arbeiten, die er seit der Rückkehr nach Weimar im Juni 1788 verfaßte, blieb Schiller ebenso ausgeschlossen wie vom Beginn des revidierten *Wilhelm Meister*-Projekts und von den Studien zur Farbenlehre. Erst spät, im Sommer 1794, löste sich die andauernde Spannung, die beide Autoren über viele Jahre trotz ähnlicher künstlerischer Ambitionen getrennt hatte.

Den Begriff des ‹Klassischen› nutzten Schiller und Goethe selbst mit größter Vorsicht. Zeitlebens hat Schiller ‹Classizität› als besonderes Merkmal antiker Kunst verstanden. Jenseits der Grenzlinie, die das griechischrömische Altertum von der Moderne trennt, vermochte er sich klassische Werke nur in eingeschränktem Rahmen vorzustellen: als Produkte einer freien Nachahmung antiker Vorlagen, die im Idealfall einen neuen Blick auf die Kultur der Gegenwart ermöglichen konnten. Schon Ende August 1788 schreibt er Körner: «Du wirst finden, daß mir ein Vertrauter Umgang mit den Alten äusert wohl thun – vielleicht Classicität geben wird.» (NA 25, 97) Das ist ein klar umrissenes Erziehungsprogramm. Es zielt auf die Entwicklung formaler Fertigkeiten, die die literarische Arbeit steuern und die Phantasie disziplinieren soll. Das Klassische erscheint bei Schiller als Ordnungsfigur, mit deren Hilfe eine wild überschießende Einbildungskraft gebändigt, Kunst auf den Kurs der Objektivität gebracht werden kann.

Am 25. Dezember 1807 erklärt Catharina Elisabeth Goethe ihrem Sohn Johann Wolfgang mit unüberhörbar lakonischem Unterton: «(...) wenn das Ding so fortgeht; so wird in 50 Jahren kein Deusch (!) mehr weder geredet noch geschrieben – und du und Schiller ihr seid hernach Classische Schrieftsteller – wie Horaz Lifius – Ovid u wie sie alle heißen, denn wo keine Sprache mehr ist, da ist auch kein Volck – was werden alsdann die Professoren Euch zergliedern – auslegen – und der Jugend einpleuen (...)»[1] Mit ganz ähnlichen Worten hatte bereits Herder 1767 in der zweiten Sammlung seiner Fragmente *Ueber die neuere Deutsche Litteratur* grundsätzlich gegen die akademische Einordnung des antiken Kanons und die pedantische Erfassung seiner Werke Stellung bezogen: «O das verwünschte Wort: Classisch! es hat uns den Cicero zum Classischen Schulredner; Horaz und Virgil zu Classischen Schulpoeten; Cäsar zum Pedanten, und Livius zum Wortkrämer gemacht.»[2] Das besondere Merkmal des Klassikbegriffs liegt hier in seiner negativen Bedeutung begründet. Das Wort bezeichnet ein Phänomen ästhetischer Erstarrung, die Symptomatik lebloser Kunstwerke, von denen die Philologen Besitz ergreifen, um sie als Elemente des Kanons vor ihren Schülern zu zergliedern: literarische Leichen im Seziersaal der Kulturgeschichte.

Friedrich Nietzsche hat die Vorbehalte gegen die Kategorie des Klassischen 1873 im ersten Stück der *Unzeitgemäßen Betrachtungen* mit einer entschiedenen Kritik der bürgerlichen Kunstauffassung verbunden. Deren Voraussetzung ist die «Philisterbildung», die Antike und Moderne als statische Kulturlandschaften betrachtet, ohne die innere Dynamik ihrer ästhetischen Produkte wahrzunehmen. Neben die Autoren des Altertums läßt sie die «neuen deutschen Klassiker» treten, die sie als «Musterschriftsteller» preist, um die Beunruhigung, die von ihnen ausgehen könnte, durch ihre Eingliederung in einen festen Kanon zu unterdrücken. Nietzsches Angriff gilt zumal der Goethe- und Schiller-Verehrung des Bürgertums, hinter der er die Spuren eines Verdrängungsprozesses zu erkennen glaubt: «Dagegen ihnen das so nachdenkliche Wort ‹Klassiker› anzuhängen und sich von Zeit zu Zeit einmal an ihnen zu ‹erbauen›, das heißt, sich jenen matten und egoistischen Regungen überlassen, die unsere Konzertsäle und Theaterräume jedem Bezahlenden versprechen; aber auch wohl Bildsäulen stiften und mit ihrem Namen Feste und Vereine bezeichnen – das alles sind nur klingende Abzahlungen, durch die der Bildungsphilister sich mit ihnen auseinandersetzt, um im übrigen sie nicht mehr zu kennen, und vor allem nicht nachfolgen und weiter suchen zu müssen.»[3] Gegen den Kult der gedankenlosen Bewunderung setzt Nietzsche die Idee der produktiven Aneignung, wie sie im 1880 entstandenen 125. Aphorismus des Zyklus *Der Wanderer und sein Schatten*, der 1886 in den zweiten Band von *Menschliches, Allzumenschliches* eingeht, ausführlicher erörtert wird. Unter verdecktem Bezug auf eine reiche Tradition, die von Goethe über Friedrich Schlegel und Germaine de Staël bis zu Heine und Georg Gottfried Gervinus reicht, durchdenkt er hier die Bedeutungsnuancen eines bereinigten Klassikbegriffs jenseits philiströser Bildungsvorstellungen. Zu seinen wesentlichen Voraussetzungen zählt, daß er gegen nationalen Chauvinismus und politische Aneignungsversuche jeglicher Art immun bleibt. Die Wirkung klassischer Kunst kann, so erklärt Nietzsche mit Anspielung auf französische Kritiker wie de Staël und Saint-Beuve, niemals an engere kulturgeschichtliche oder staatliche Grenzen gebunden sein. Dem strengeren Maßstab echter Klassizität genüge in der deutschen Literatur nur Goethe («ein Zwischenfall ohne Folgen»), weil sein Werk durch Themen und Formen nicht mehr einer einzelnen Nation, sondern dem Arsenal europäischer Traditionen zugehöre.[4]

Die Kategorie des ‹klassischen Schriftstellers› beschwört allgemeines Einverständnis, obgleich ihre historischen und systematischen Gesichtspunkte kaum widerspruchsfrei aufeinander zu beziehen sind. Der Begriff, in den stil- und wirkungsgeschichtliche Bedeutungsaspekte eingehen, besitzt eine beträchtliche Reichweite mit unterschiedlichen Assoziationsfeldern. Die im 19. Jahrhundert gängige Bestimmung des Klassischen wird getragen durch das Vertrauen in die zeitenthobene Geltung künstlerischer Werke jenseits von Konvenienz, Historizität und nationalen Grenzen.[5] Es handelt sich hier um einen Wertmaßstab, der selbst das Ergebnis ästhetischer Urteile und Normen bildet. Die klassische Signatur literarischer Texte läßt sich einzig für den Leser späterer Epochen erkennen, der die notwendigen Vergleichskriterien verfügbar hält, welche es ihm gestatten, die über längere Zeit bewährte Substanz künstlerischer Werke von der Vorläufigkeit des unter dem Diktat aktueller Moden stehenden Tagesprodukts zu unterscheiden. ‹Klassisch› wäre jene Kultur zu nennen, die, auf der Höhe der eigenen Möglichkeiten stehend, einheitlichen Bildungsprinzipien gehorcht, mit ihren ästhetischen Hervorbringungen noch spätere Generationen unter stets veränderten Gesichtspunkten anspricht und die Haltbarkeit ihrer Werke nicht nur behauptet, sondern auch im geschichtlichen Prozeß, vor dem Hintergrund wechselvoller Bedeutungszuschreibungen, bewiesen hat. Das Wort ‹klassisch› kann daher, wie bereits Goethe und Friedrich Schlegel vermuteten, niemals zur Selbstbezeichnung einer kulturellen Epoche geraten, bleibt vielmehr eine aus zeitlichem Abstand gewonnene Fremdbestimmung, die unter dem Gesetz der historischen Perspektive steht. Es ist ein Qualitätssiegel, mit dem die Nachgeborenen kulturelle Phasen oder ästhetische Werke versehen, die sich im wechselvollen Prozeß ihrer Wirkung als vorbildlich und beispielgebend erwiesen haben.[6] Daß die künstlerischen Produkte der Antike wiederum Bedeutungsveränderungen unterliegen, die durch die Logik ihrer geschichtlichen Aneignung gesteuert werden, entzieht sich jedoch der bei Gervinus und den nachfolgenden Germanisten der Bismarckzeit unumstrittenen Auffassung vom Klassischen als Gipfelpunkt einer organologisch entworfenen Kulturhistorie.[7] Deren konventionelle Ordnungsmuster wiederholt auch Nietzsche, wenn er erklärt, das Werk Goethes bilde die ‹Lichtspitze› einer Entwicklung, die, bei Lessing einsetzend, über Klopstock und Herder zum Weimarer Olympier geführt habe.[8]

Nietzsches Überzeugung, daß Goethes Werk einen organischen Prozeß krönend vollende, erschließt eine erste von insgesamt vier Bedeutungsnuancen, die der Klassikbegriff – gemäß einem Vorschlag Borchmeyers – auf sich vereinigt.[9] Zunächst bezeichnet er, wie es Thomas Mann in seiner Lessing-Rede von 1929 erklärt, die «Gründung einer geistigen Lebensform»[10] mit Vorbildcharakter für künftige Generationen, das Wesen eines ästhetischen Mythos, in dem sich Leser verschiedener Epochen wiedererkennen können. Neben den rezeptionsspezifischen Aspekt – das Merkmal der Wertstabilität als Ergebnis einer sinnstiftenden Wirkungsgeschichte – tritt der historische Gesichtspunkt. Die Kategorie des Klassischen bezeichnet hier den Höhenkamm antiker Kunst von der Periode des hellenistischen Zeitalters (Herrschaft Alexanders des Großen, 4. Jh. v. Chr.) bis zur römischen Kultur der augusteischen Epoche (Regierung des Augustus: 31 v. Chr.–14 n. Chr; Livius, Vergil, Ovid, Horaz). Ihre Werke bilden die bevorzugten Gegenstände produktiver Nachahmung, nicht zuletzt Objekte jener ‹klassischen› Studien, die in den unterschiedlichsten Phasen europäischer Gelehrsamkeit seit dem italienischen Renaissancehumanismus des Cinquecento ein zentrales wissenschaftliches Arbeitsfeld darstellen – für die frühe Neuzeit ebenso wie für das 18. Jahrhundert von Lessing über Johann Joachim Winckelmann bis zu Herder und die philologisch-kulturgeschichtlichen Projekte des 19. Jahrhunderts, deren Anreger Wilhelm von Humboldt, deren Vollender Jacob Burckhardt gewesen ist.

Einen dritten Distrikt, den der Klassikbegriff eröffnet, bildet jener der Stiltypologie. Als ‹klassisch› bezeichnet man Werke, die den Mustern der in sich geschlossenen, präzis balancierten Form, einer strengen Ordnung und gefälligen Verfugung der sie tragenden Kompositionselemente entsprechen. Der ‹klassische› Stil verkörpert das Synonym für harmonische Abrundung und moderate, jegliches Extrem meidende künstlerische Darstellungstechnik. In diesem Sinne nutzt man das Attribut des ‹Klassischen› zur Bezeichnung allgemeiner Stilqualitäten jenseits von geschichtlich konkreten Werkbezügen und besonderen Epochentendenzen. Ansätze zu einer solchen Perspektive finden sich bereits in den 1803 gehaltenen Berliner Vorlesungen August Wilhelm Schlegels, die die Literatur des Altertums nach einem streng festgelegten Katalog spezifischer Formmerkmale diskutieren und von der ‹romantischen› Moderne abgrenzen. Nachfolger hat Schlegel in Madame de Staëls *De l'Allemagne* (1810) und Friedrich Bouterweks *Geschichte der Poesie und Beredsamkeit* (1819) gefunden. Schulbildend für die stiltypologische Methodik werden Heinrich Wölfflins *Kunstgeschichtliche Grundbegriffe*, die 1915 in erster Auflage erscheinen. Bei Wölfflin erzeugen die Formkategorien des Barocken und des Klassischen den systematischen Gegensatz, der seinerseits den methodischen Ausgangspunkt für die stilanalytische Verfahrensweise abgibt. Zum ‹barocken› Formethos gehören ‹Tiefe› der Bilddarstellung, Offenheit der Komposition, dekorativer Charakter einzelner Werkelemente, Tendenz zum Ornamentalen, Spiel mit Gegensätzen innerhalb einer spannungsvollen Struktureinheit; Merkmale der klassischen Ordnungsstruktur repräsentieren hingegen ‹Flächigkeit› der Raumästhetik, Geschlossenheit des Aufbaus, bedeutungstragende Funktion sämtlicher Elemente, Verzicht auf schmückende Arabesken, Vielfalt und Individualität der Teile. Der ‹klassische› Stil erfüllt im typologischen System Wölfflins eine normative Aufgabe, die es gestattet, jedes Kunstwerk unabhängig von seinen geschichtlichen Entstehungsbedingungen an überzeitlichen Maßstäben zu messen.[11] Im frühen 20. Jahrhundert hat es nicht an Versuchen gefehlt, diese stiltypologische Ausrichtung auf literaturwissenschaftliche Fragestellungen zu übertragen. Die Auseinandersetzung mit kanonischen Werken zwischen Antike, Renaissance und Moderne blieb dabei häufig geprägt von einem ahistorischen Klassikbegriff mit normativem Charakter, dessen kritiklose Anwendung die Einsicht in die sinnstiftende Funktion verschiedener Aneignungsphasen und damit eine sachliche Beurteilung literarischer Evolutionsvorgänge zu unterbinden vermochte.[12]

Neben wertungsgeschichtlicher, historischer und stiltypologischer Dimension wäre schließlich der epochenspezifische Aspekt des Klassikbegriffs anzuführen. Im engeren Rahmen umfaßt der Terminus jene Zeiträume, die sich programmatisch an den Werken antiker Kunst orientieren, mithin von den Prinzipien einer klassizistischen Ästhetik ihre maßgeblichen Impulse empfangen. Der Epochenbegriff ‹Klassizismus› meint hier nicht allein ein Stilideal, das sich durch die Ausrichtung an der Autorität der *auctores* zur Geltung bringt – in diesem Sinne folgen der Renaissancehumanismus ebenso wie das 17. Jahrhundert (zumindest jenseits seiner manieristisch-concettistischen Strömungen) oder die Gottsched-Ära den Mustern des Altertums. Gewichtiger bleibt die umfassende programmatische Orientierung, die den Epochenstatus des Klassizismus begründet. Sie schließt die Absicht ein, mit dem Spektrum kanonischer Formen auch den ideellen Charakter antiker Kultur produktiv aufzugreifen und umzusetzen. Zu ihm gehören die vermeintliche Naivität der Menschendarstellung, die Heroisierung des sich selbst verantwortlichen Individuums, die ganzheitliche Anthropologie, die mythopoetische Inszenierung der Natur, nicht zuletzt das Modell einer bewußtseinsbildenden Theatertradition unter der Regie öffentlicher Kunstförderung, wie sie für die griechische Polis leitend war. Vereinzelte Rückgriffe auf die Antike, die seit Beginn der frühen Neuzeit in der europäischen Literaturgeschichte immer wieder begegnen, begründen freilich noch keinen Epochenstatus. Er läßt sich nur dort geltend machen, wo eine kunsthistorische Periode geschlossen unter dem konzeptionellen Diktat einer am Muster des Altertums ausgerichteten Werkästhetik steht. Dieser Bestimmung entspricht der französische Klassizismus des 17. Jahrhunderts, dessen durch Corneille und Boileau geprägtes Antikebild stark normativen Charakter trägt, aber ebenso die Weimarer Klassik, die während ihrer fruchtbarsten Zeit, in der Dekade zwischen 1794 und 1805, die Idolisierung der griechisch-römischen Kultur zum tragenden Element der sie leitenden kunstphilosophischen Programmatik erklärt.

Daß die Repräsentanten der Weimarer Klassik – Goethe wie Schiller, Herder und Wieland – ihre Werke nicht als ‹klassisch› einstuften, ist bekannt. Zurückhaltung gegenüber systematischen Zuordnungen bestimmt den Tenor ihrer Kommentare. «Wir sind überzeugt, daß kein deutscher Autor sich selbst für klassisch hält», so erklärt Goethe lapidar in seinem Aufsatz *Literarischer Sansculottismus*, der im Mai 1795 in den *Horen* erscheint.[13] Der polemische Essay bildet die Replik auf einen wenige Monate zuvor im *Berlinischen Archiv der Zeit und ihres Geschmacks* abgedruckten Beitrag des poetisch ambitionierten Pastors Daniel Jenisch, der beklagt, daß die gegenwärtige deutsche Literatur arm an klassischen Werken und traditionsstiftenden Vorbildern sei. Goethe sieht sich, offenkundig provoziert durch die eilfertige Verwendung des Attributs ‹klassisch›, zu einer energischen Reaktion veranlaßt, die ihm Gelegenheit bietet, sein eigenes Verständnis des Begriffs näher darzulegen.

Goethes besondere Aufmerksamkeit gilt der Frage, unter welchen historischen und sozialen Bedingungen «ein klassischer Nationalautor»[14] geboren werde. Die Antwort soll verdeutlichen, daß Jenischs Vorstoß in die Irre führt, weil er den Eindruck erweckt, das ‹Klassische› bleibe unabhängig von den gesellschaftlichen Einflüssen, denen die Geschichte der Literatur unterliegt. Klassische Werke, so vermutet Goethe, können nur dort entstehen, wo sich eine Nation im Zustand «einer glücklichen und bedeutenden Einheit»[15] befindet, ein hohes Niveau ihrer kulturellen Entwicklung erreicht hat und über jenen Fundus an vertrauten künstlerischen Stoffen verfügt, die es einem Autor ermöglichen, Arbeiten mit breiter sozialer Akzeptanz ohne gleichzeitigen ästhetischen Qualitätsverlust hervorzubringen. Goethe erklärt mit Nachdruck, daß er im aufgeklärten Absolutismus des späten 18. Jahrhunderts keine dieser Bedingungen erfüllt findet, ihre Verwirklichung jedoch kaum für erstrebenswert hält: «Wir wollen die Umwälzungen nicht wünschen, die in Deutschland klassische Werke vorbereiten könnten.»[16] Diese skeptische Anmerkung läßt sich als Votum für die Vielfalt des literarischen Spektrums verstehen. Sie schließt das Wissen ein, daß die künstlerischen Aufgaben, die die Gegenwart stellt, mit unterschiedlichen Strategien zu bewältigen wären. Gegen die ‹glückliche und bedeutende Einheit›, die der Aufsatz als Bedingung klassischer Ästhetik bezeichnet, tritt in nicht-klassischen Perioden die gebrochene Vielfalt der Lebenswelt und, ihr entsprechend, eine große Zahl literarischer Formen in individueller Ausprägung. So beklagenswert es sein mag, daß die deutsche Literatur keinem geschlossenen Programmanspruch folgt, so zweifelhaft wäre es für Goethe, diesen Umstand ohne Rücksicht auf die äußeren Bedingungen, denen die literarische Produktion der Gegenwart unterliegt, gelöst von geschichtlichen und sozialen Bewertungskriterien zu verurteilen. Nicht zuletzt dürften es politische Optionen sein, die Goethes Einschätzung steuern. Die kulturelle ‹Einheit›, die Geschäftsgrundlage klassischer Werke bleibt, läßt sich für ihn ohne die zentralistische Organisation des Staates nicht denken. Ein homogenes staatliches Gebilde freilich entsprach kaum den politischen Vorstellungen des Ministers im Dienst des Herzogtums Sachsen-Weimar. Der funktionalen Ordnungsidee des modern gegliederten, arbeitsteiligen Staates, wie er von Friedrich II. ausgebaut wurde, stand Goethe skeptisch gegenüber. Gerade der deutsche Partikularismus galt ihm als Garantie für friedlichen Ausgleich der Interessen und stabile Sozialverhältnisse. Sein theoretischer Gewährsmann blieb hier der Osnabrücker Publizist und Verwaltungsjurist Justus Möser, der in den ab 1774 in mehreren Folgen erscheinenden *Patriotischen Phantasien* die Idee des politischen Dezentralismus als tragendes Element einer ständisch-konservativen Staatsphilosophie zur Geltung gebracht hatte. Den von Carl August unterstützten, nach mehrjährigen Bemühungen jedoch gescheiterten deutschen Fürstenbund hat Goethe ebenso wie die seit dem Tod Friedrichs II. (1786) aufflackernden Reichsreformpläne mit Zurückhaltung betrachtet. Die überschaubare Hierarchie des Duodezstaates hielt er für die äußere Voraussetzung einer unentfremdeten Sozialordnung im Zeichen von individueller Würde und Humanität. Weil der konservative Politiker Goethe den modernen Zentralstaat ablehnte, mußte er notwendig jene Tendenzen bekämpfen, die eine Vereinheitlichung der öffentlichen Lebensverhältnisse zu fördern schienen.

Goethes Aufsatz zum *Literarischen Sansculottismus* relativiert den Begriff des Klassischen, indem er ihn in einen historischen Rahmen einordnet und auf das Einflußfeld konkreter gesellschaftlicher Bedingungen bezieht. Das Klassische bleibt als Attribut jenen Werken vorbehalten, die vor dem Hintergrund einer im Deutschland des ausgehenden 18. Jahrhunderts noch nicht existenten kulturellen und politischen Einheit entstanden. Man darf aus dieser illusionslosen Analyse freilich keine falschen Schlüsse ziehen. Wenn Goethe die Geltungsgrenzen des Begriffs des Klassischen markiert, so vertritt er damit eine historische Perspektive, ohne seine eigene ästhetische Programmatik näher zu bezeichnen. Die künstlerischen Vorsätze, die Goethes Arbeit leiten, werden in seinem Aufsatz nicht thematisch. Das Plädoyer für eine vorsichtige Verwendung des Attributs ‹klassisch› wäre schwerlich gleichzusetzen mit einer Distanzierung von den ästhetischen Normen, die aus der Betrachtung klassischer Werke gewonnen werden können. Die Kulturwelt der griechischen Antike bildet für

Goethe, wie seine nach 1795 verfaßten theoretischen Studien erkennen lassen, durchaus den Maßstab, an dem sich der kreative Künstler zu orientieren hat. Jedoch führt diese Ausrichtung nicht folgerichtig zur Entstehung klassischer Werke oder zur Etablierung einer Kultur, die ihrerseits vorbildlichen Charakter zu entfalten vermag. Ästhetisches Ideal und literarische Realität bleiben zunächst geschieden.

Eine davon abweichend begründete Skepsis gegenüber dem Begriff des Klassischen formuliert Friedrich Schlegel. Betrafen Goethes Einwände vornehmlich die zentralistischen Tendenzen, die der Ausbildung klassischer Werke förderlich sein würden, so bezweifelt Schlegel den grundsätzlichen Wert eines Begriffs, der ihm als Symptom für die Immobilität kultureller Gemeinschaften gilt. In seinem Aufsatz über den kritischen Publizisten Georg Forster, der 1797 im Berliner *Lyceum der schönen Künste* erscheint, erklärt er entschieden: «Zwar in einem gewissen Sinne, der wohl der eigentliche und ursprüngliche sein mag, haben alle Europäer keine klassischen Schriftsteller zu befürchten. Ich sage, befürchten: denn schlechthin unübertreffliche Urbilder beweisen unübersteigliche Grenzen der Vervollkommnung. In dieser Rücksicht könnte man wohl sagen: der Himmel behüte uns vor ewigen Werken.»[17] Schlegels Überzeugung, daß eine dynamische Kulturgeschichte veränderlichen Vorgaben gehorchen muß, veranlaßt ihn zur Distanz gegenüber der Norm des Klassischen. Wo die je aktuelle Literatur Wirkung erzielen kann, ist mit dem raschen Altern der Vorbilder zu rechnen; ein Übermaß als klassisch geltender Autoren wäre daher nur das Indiz für die mangelnde Regenerationsfähigkeit der gegenwärtigen Kultur. «Es kann fernerhin kein schriftstellerischer Künstler so nachahmungswürdig werden, daß er nicht einmal veralten, und überschritten werden müßte. Der reine Wert jedes Einzelnen wirkt ewig mit fort: aber die Eigentümlichkeit auch des Größten verliert sich in dem Strome des Ganzen.»[18]

Die organologische Metaphorik, mit der Schlegel aufwartet, verrät die grundlegende Tendenz des hier formulierten Kunstverständnisses. Es scheint ausgerichtet an der veränderbaren Ordnung der Natur, die den Gesetzescharakter der ästhetischen Entwicklung modellhaft abbildet. Wie ein Strom treibt die Kulturgeschichte vorwärts, unaufhörlich scheidet sie an ihren Ufern das Strandgut vergangener Zeitalter aus, permanent bleibt sie in Bewegung, ewig ruhelos von einem unsichtbaren Gesetz beherrscht, das Stillstand grundlegend ausschließt. Das Klassische ist in Schlegels Perspektive nur als relativer Maßstab gültig; Klassizität bildet keine zeitlose Norm, sondern einzig ein selbst veränderliches Orientierungssystem, das sich den Umbrüchen des ästhetischen Diskurses anzupassen hat. Wird der kulturelle Prozeß als progressiver Vorgang betrachtet, so kann die Ausrichtung an den Kunstformen der Antike nur dann kreative Möglichkeiten freisetzen, wenn sie sich im Zeichen ständigen Wandels vollzieht. Das bedeutet jedoch, daß die Antike selbst unter dem Gesetz unterschiedlichster Aneignungsakte ihr einheitliches Bild verliert: das Gesicht, das sie auszeichnet, wandelt sich im reißenden Strom der Zeit.

In seinen 1798 entstandenen Notizen zu einem Goethe-Aufsatz hat Novalis den verbindlichen Charakter des Antikebegriffs, wie er seit der Renaissance bis zu Perrault, Winckelmann und Herder unumstritten schien, grundsätzlich in Frage gestellt. Das Bild des Altertums kann nicht festliegen, weil es in verschiedenen Perioden der Geschichte stets neu entworfen wird. «Natur und Natureinsicht entstehn zugleich, wie Antike, und Antikenkenntniß; denn man irrt sehr, wenn man glaubt, daß es Antiken giebt.» [19] Schlegel und Novalis entsprechend, jedoch mit anderer Konsequenz formuliert auch Schiller Zweifel an der inneren Einheit der griechisch-römischen Kultur. In einem aufschlußreichen Brief an Johann Wilhelm Süvern vom 26. Juli 1800 heißt es über die attische Tragödie sophokleischer Prägung: «(...) sie war eine Erscheinung ihrer Zeit, die nicht wiederkommen kann, und das lebendige Produkt einer individuellen bestimmten Gegenwart einer ganz heterogenen Zeit zum Maaßstab und Muster aufdringen, hiesse die Kunst, die immer dynamisch und lebendig entstehen und wirken muß, eher tödten als beleben.» (NA 30, 177) Die Begeisterung für die Antike darf, folgt man Schiller, niemals zur sklavischen Nachahmung führen, weil die ästhetische Produktion ‹dynamisch› und ‹lebendig› bleiben muß, mithin keine Festlegung auf verbindliche Normen verträgt, die sie nur ‹töten› würde. Entscheidend ist nicht zuletzt die Differenz der Zeitbedingungen, die Antike und Moderne voneinander trennt. Deren Erkenntnis schließt für Schiller im Sommer 1800 noch jene normative Auffassung des Altertums ein, die Schlegel und Novalis bereits verabschiedet hatten. Der ‹bestimmten›, also einheitlich gegliederten griechischen Welt steht bei ihm die ‹heterogene› Struktur der modernen Lebenssphäre entgegen. Man kann in dieser Charakteristik einen Widerschein seiner eigenen Kulturtheorie erkennen, die sich der Begriffe des ‹Naiven› und des ‹Sentimentalischen› bedient, um die künstlerische, mentale und ideelle Distanz zu kennzeichnen, welche die Epochen voneinander trennt. In gedrängter Form verknüpft Schillers Briefäußerung die Argumentation Goethes, die das Problem der Epochendifferenz betont hatte, mit Schlegels Furcht vor dem im Klassizismus angelegten Verlust geschichtlichen Bewußtseins. Noch energischer wenden sich Formulierungen aus einem Schreiben an Körner vom 21. Januar 1802 gegen die Versteinerung kultureller Normen und die durch falsche Erwartungen beförderte Kanonisierung literarischer Werke: «Es ist aber im Character der Deutschen, daß ihnen alles gleich fest wird, und daß sie die unendliche Kunst so wie sie es bei der Reformation mit der Theologie gemacht, gleich in ein Symbolum hinein bannen müssen. Deßwegen gereichen ihnen selbst trefliche Werke zum Verderben, weil sie gleich für heilig und ewig erklärt werden, und der strebende Künstler immer darauf zurückgewiesen wird.» (NA 31, 90) Für Schiller bilden die ästhetischen Produkte der Antike nur dort ein sinnvolles Muster, wo sie sich nicht zum Bild unübertrefflicher Vollkommenheit verklärt finden. Eine am Geist der Griechen ausgerichtete Literatur muß ihre Aktualität zu erweisen suchen, indem sie das Bewußtsein ihrer eigenen Zeitgebundenheit reflektiert. Unter dem Marmor des Klassizismus sollen die Nervenbahnen der modernen Kultur zutage treten.

Abschied von den Schulmeistern.
Autonomie des Schönen

Zu den wesentlichen theoretischen Prinzipien der Weimarer Klassik gehört die Überzeugung, daß Kunst autonom, frei von ihr äußerlichen Zwecken und vorgeordneten Begriffen sei. Die autonomieästhetische Bestimmung des idealen Artefakts begegnet zunächst in den Schriften von Karl Philipp Moritz, den Goethe seit dem gemeinsamen Aufenthalt in Rom (1786–87) als Anreger und Gesprächspartner schätzte. In der gewichtigen Abhandlung *Über die bildende Nachahmung des Schönen* (1788) formuliert Moritz erstmals in der Geschichte der europäischen Kunsttheorie die Grundsätze jener zweckfreien Ästhetik, die für Goethes und Schillers klassische Periode programmatischen Charakter gewinnen wird: «Das Schöne will eben sowohl bloß um sein selbst willen betrachtet und empfunden werden, als hervorgebracht sein.»[20] Diese knappe Anmerkung richtet sich zumal gegen die Funktionsbindung des Kunstwerks, wie sie den Poetiken und Ästhetiken der Aufklärung von Dubos und Gottsched über Pope, Young, Baumgarten und Meier bis zu Lessing und Diderot selbstverständlich war. Daß, gemäß der horazischen Maxime, Poesie idealiter nutzen und erfreuen solle, gehörte bis zum Ende des 18. Jahrhunderts zu den unveräußerlichen Grundüberzeugungen der europäischen Literaturtheorie. Die Zweckbindung des Kunstschönen, das der Rationalismus einzig als Transportmittel für die Beförderung außerästhetischer Lehrsätze, Ideen, Handlungsanweisungen und Prinzipien betrachtet hatte, findet Moritz in hohem Maße bedenklich. Im *Versuch einer Vereinigung aller schönen Künste und Wissenschaften unter dem Begriff des in sich selbst Vollendeten* (1785) heißt es: «Bei der Betrachtung des Schönen aber wälze ich den Zweck aus mir in den Gegenstand selbst zurück: ich betrachte ihn, als etwas, nicht in mir, sondern in sich selbst Vollendetes, das also in sich ein Ganzes ausmacht, und mir um sein selbst willen Vergnügen gewährt.»[21]

Zu einer ähnlichen Quintessenz treibt auch Kant seine berühmte «Analytik des Schönen» in der *Kritik der Urteilskraft* (1790). Daß das Schöne ohne Begriffe allgemein gefalle und das ihm geltende Geschmacksurteil interesselos, also frei von Erkenntnisgründen bleibe, gehört zu den zentralen Bestimmungen der Schrift.[22] Über diese rezeptionsästhetische Erläuterung führt der Weg bei Kant zur allgemeinen Definition des Schönen, das er durch eine verbindlich festliegende Ordnung geprägt findet, welche zwar einer inneren Regelhaftigkeit, jedoch keinem praktischen Nutzen gehorcht: «Schönheit ist Form der Zweckmäßigkeit eines Gegenstandes, sofern sie, ohne Vorstellung eines Zwecks, an ihm wahrgenommen wird.»[23] Eine solche Formel schließt die für die Aufklärung bezeichnenden Funktionsbestimmungen des Kunstwerks sogleich aus. Weil das Schöne zweckfrei bleibt, kann es keinen teleologischen Maßgaben gehorchen, die es auf einen allgemeinen oder besonderen Nutzen verpflichten. Belehrung und Erbauung bilden notwendig Zielsetzungen, die dem Bereich der ästhetischen Erfahrung fremd sind, da sie seine Autonomie verletzen.

Die von Kant und Moritz auf verschiedenen Wegen dargelegte Ansicht, daß die Schönheit von Natur und Kunst sich nicht unter die Herrschaft von Zwecken bringen lasse, sondern als selbständige Kategorie autonom bleiben müsse, gehört auch zu den Grundüberzeugungen der Weimarer Klassik. Für Schiller wird sie zum Dreh- und Angelpunkt, von dem aus er seine kritische Revision der Kantschen Ästhetik zu unternehmen sucht. In den an Körner adressierten *Kallias*-Briefen vom Winter 1793, der wenig später entstandenen Theorie der Anmut und der zwei Jahre später verfaßten *Horen*-Abhandlung über die ästhetische Erziehung erweitert er den Autonomiegedanken zu einer Kunstpädagogik mit umfassendem sozialem Anspruch, die Kants Theorie des Geschmacksurteils aus dem übermächtigen Schatten der Erkenntnislehre befreien und auf neue Grundlagen stellen soll. Auch Goethe läßt sich von der Überzeugung leiten, daß dem literarischen oder bildnerischen Werk jede Einbindung in ein Ensemble von außerästhetischen Zwecken schädlich sei. In einer vom 27. April 1789 stammenden Notiz heißt es unverwechselbar lakonisch: «Die höchste Absicht der Kunst ist, menschliche Formen zu zeigen, so sinnlich bedeutend und so schön, als es möglich ist.»[24] An die Stelle des älteren Nachahmungsgebots tritt der Grundsatz der verfeinerten Darstellung; das Werk bietet eine idealisierte Ansicht der Realität, die mit dieser nicht mehr identisch ist, sondern sie auf qualitativ anderem Niveau neu erzeugt. Ästhetische Praxis erschließt Bilder von Mensch und Natur in ihren vielgestaltigen Erscheinungsformen, ohne dabei Lehren, Zwecke, Instruktionen, Prinzipien und Ideen zu vermitteln. Vermerkt Goethes Gespräch *Über Wahrheit und Wahrscheinlichkeit* (1798), die Oper sei eine Kunst, «die nach ihren eigenen Gesetzen beurteilt, nach ihren eignen Eigenschaften gefühlt sein will»,[25] so bezeichnet das eine Regel, die auch für Malerei und Literatur Geltung beanspruchen darf. Daß die hier umrissene Idee der Selbständigkeit ästhetischer Erfahrung für die Weimarer Klassik die Beschränkung des Schönen auf einen in sich reinen und geschlossenen Wirkungskreis einschließt, ist gern übersehen worden. Nicht die von der Frühromantik geforderte Entgrenzung und Universalisierung der Kunst bildet das Ziel der klassischen Autonomielehre, sondern die selbst wieder funktionale (d. h.: kulturpädagogisch anwendbare) Besinnung auf ihre internen Prinzipien und Gesetze. Gerade Schillers Theorie der ästhetischen Erziehung bekräftigt dieses Gebot der inneren Konzentration nachdrücklich, indem sie stets neu den Abstand von Literatur und Leben einschärft, der Bedingung künstlerischer Freiheit bleibt. So gesehen läßt sich der Autonomiegedanke mit Niklas Luhmann als «Vollzug von Selbstreferentialität»[26] beschreiben – als theoretischer Ansatz, der die um 1800 bereits hervortretende Eigendynamik des ‹Sozialsystems› Kunst erstmals folgerichtig zu würdigen sucht.[27]

Die Bestimmung einer zweckfreien Ästhetik folgt damit aus den Bedingungen des zeitgenössischen Kunstbetriebs und der fortgeschrittenen Differenzierung seiner Sparten, die eine zunehmende Emanzipation von externen Ordnungsinstanzen oder Wissenssystemen ermöglicht. Historisch gesehen bedeutet sie aber auch die unmittelbare Konsequenz der Desillusionserfahrungen, die das Versagen der aufgeklärten Geschichtsutopie herbeigeführt hat. Wenn das Projekt der innerweltlichen Vervollkommnung des Menschen, das die Hoffnung auf die politische Veränderung bestehender Machtverhältnisse einschloß, vor dem Hintergrund der Französischen Revolution als gescheitert angesehen werden mußte, so bot die Kunst einen Bereich, wo die Autonomieansprüche des modernen Individuums, gelöst von ihren aktuellen Verwirklichungsmöglichkeiten, in der Zone des Scheins erprobt und beglaubigt werden konnten. Derart hat die Weimarer Klassik, gelegentlich in erklärtem Gegensatz zu Positionen der Frühromantik, die ästhetische Erfahrung als Medium einer zwangsfreien Subjektivität begriffen, die die gesellschaftliche Praxis der Zeit nicht zur Entfaltung zu bringen vermochte. Wie stark diese Perspektive, die den

Verzicht auf einen unmittelbaren sozialen Wirkungsanspruch der Kunst einschließt, in die Moderne hineinwirkt, erkennt man an der Bedeutung, die autonomieästhetische Optionen für Adorno, den späten Marcuse oder Jürgen Habermas besitzen. Wenn Habermas in seiner *Theorie des kommunikativen Handelns* (1981) nicht ohne Pathos vermerkt, in der Auseinandersetzung mit künstlerischen Werken «befreie» sich die Subjektivität «von den Konventionen der täglichen Wahrnehmung und der Zwecktätigkeit, von den Imperativen der Arbeit und des Nützlichen»,[28] so wird hier dieselbe Erwartung formuliert, die auch die Entwürfe Goethes und Schillers trägt. Die selbständige Bestimmung des Schönen bildet den Versuch, die spezifisch andere Qualität der Kunst gegen die Zumutungen des ständigen ökonomischen Reproduktionsprozesses und die Zurüstungen der Vernunft zur Geltung zu bringen. Gerade diese Festlegung mag wiederum ihr *fait social* bilden: noch in der Geste der Protests, die das ästhetische Werk in eine (vermeintliche) Opposition zur je aktuellen Wirklichkeit treten läßt, begründet sich sein gesellschaftlicher Status.

Die Radikalisierung des Autonomiegedankens, wie sie sich in Schillers Modell der ästhetischen Erziehung spiegelt, ruft bereits seit der Mitte der 90er Jahre kritische Gegenstimmen auf den Plan. Herders *Kalligone* (1800), angelegt als gallige Verurteilung von Kants Kritizismus, setzt die Annahme einer aus jeder Zweckbindung entlassenen Kunstform mit der ruinösen Rechtfertigung zirkulärer Selbstreflexion im Medium sinnlicher Erfahrung gleich und bringt statt dessen den Gedanken einer metaphysisch gefärbten Genieästhetik auf der Grundlage nationalkultureller Differenzen zur Sprache. Denselben Wegen folgt Jean Paul, der den «poetischen Nihilisten» der Moderne vorwirft, sie zerstörten ihre Bindungen an die soziale Wirklichkeit, «um sich nur freien Spiel-Raum im Nichts auszuleeren (…)»[29] Vorbehalte gegen Grundsätze der Autonomieästhetik klingen auch in der *Horen*-Rezension Friedrich Nicolais und Johann Friedrich Reichardts, in Briefäußerungen Jacobis und Garves, nicht zuletzt in Wielands skeptischer Anzeige des Schillerschen Musenalmanachs für das Jahr 1797 an. Daß ihre Argumente Gewicht besaßen, erkennt man an der Empfindlichkeit, mit der Schiller die aus diesem Lager vernehmbare Kritik seiner Briefe *Ueber die ästhetische Erziehung* quittierte. Sie verdeutlichen nicht zuletzt den öffentlichen Widerstand, den Goethe und er durch ihre gemeinsame Literaturpolitik ab der Mitte der 90er Jahre hervorgerufen hatten.

Verheißungen der Sinnlichkeit.
Objektivität als Darstellungsideal

Maßgeblich für die Weimarer Ästhetik bleibt der Begriff der Objektivität – der Gedanke, daß Kunst zu ihren ganzen Möglichkeiten nur dort findet, wo sie anschaulich und konkret bleibt, sich nicht in haltlosem Subjektivismus verliert, sondern die Darstellung äußerer Wirklichkeit mit der Technik der Idealisierung verbindet. Ästhetische Gestaltung darf, wie zumal Goethe zu betonen pflegt, weder naturwidrig ausfallen noch ausschließlich auf die Reflexion sinnlicher Erfahrung gestützt sein, muß vielmehr die Einheit von Realitätsnähe und Verklärung am anschaubaren Detail stets neu bekräftigen. Zum beispielhaften Muster, das eine solche Auffassung stützt, gerät die antike Plastik, an deren Werken gerade Goethe und Herder immer wieder ihre theoretischen Überzeugungen zu beleuchten suchen; die Zahl der im Umkreis der Weimarer Klassik entstandenen literaturtheoretischen Abhandlungen bleibt demgegenüber überraschend gering. Entscheidender Vorläufer dieses spezifisch an der bildenden Kunst ausgerichteten Kulturbewußtseins ist Johann Joachim Winckelmann, dessen Arbeiten Schiller bereits als Karlsschüler kennenlernte. In seinen *Gedanken über die Nachahmung der griechischen Werke in der Malerei und Bildhauerkunst* (1755) und der zweibändigen *Geschichte der Kunst des Alterthums* (1764–66) hatte er dem Zeitalter des Rationalismus das genaue Studium der Antike empfohlen, das den Sinn für den idealen Menschen, für Körperschönheit und geistige Größe neu freizulegen vermöge. Winckelmann betont unermüdlich, daß gerade die handfeste Gegenständlichkeit der griechischen Kunst ihre ästhetische Würde begründe. Beispielhaften Charakter für diese Annahme besitzt die berühmte Formulierung aus den *Gedanken über die Nachahmung*, welche die sinnliche Evidenz und Objektivität der antiken Bildhauerei zu erfassen sucht: «Das allgemeine vorzügliche Kennzeichen der griechischen Meisterstücke ist endlich eine edle Einfalt, und eine stille Größe, sowohl in der Stellung als im Ausdrucke. So wie die Tiefe des Meers allezeit ruhig bleibt, die Oberfläche mag noch so wüten, ebenso zeiget der Ausdruck in den Figuren der Griechen bei allen Leidenschaften eine große und gesetzte Seele.»[30]

Herder hat, unter erklärtem Bezug auf Winckelmann, in seinem *Plastik*-Essay von 1778 eine Phänomenologie der bildenden Künste geliefert, deren Grundlage die Theorie menschlicher Wahrnehmung darstellt. Als besondere Leistung von Malerei und Plastik gilt die Stimulation des Auges, das durch den sinnlichen Charakter der künstlerisch erfaßten Gegenstände in den Bann geschlagen und permanent angeregt wird. «Schönheit», so heißt es, «hat von Schein den Namen, und am leichtesten wird sie auch durchs Schauen, durch schönen Schein erkannt und geschätzet.»[31] Weil die «Mahlerei» als «Bildertafel» funktioniert, «auf der die Schöpfung des Künstlers wie Traum da steht»,[32] verkörpert sie neben der Plastik mit ihrer den Tast- und Augensinn gleichermaßen ansprechenden Wirkung das Idealmodell ästhetischer Darstellungskraft. Ermöglicht wird die Effektivität der nicht-literarischen Künste durch einen strengen Objektbezug, der ihr sinnliche Prägnanz auf höchster Stufe zueignet. Selbst wenn er die von Lessings *Laokoon* (1766) nachdrücklich in Erinnerung gerufene Differenz der ästhetischen Genres nicht anzuzweifeln gedenkt, hält es Herder doch für fraglos, daß der Blick des literarischen Autors durch die intensive Auseinandersetzung mit Plastik und Malerei geschult werden kann. Das Gebot, auch spröde Materien gegenständlich zu gestalten, betrifft sämtliche Künste: «Eine Epopee, worinn Allegorien handeln, und ein Drama, worinn Abstraktionen agiren, und eine Geschichte, worinn sie Pragmatisch tanzen, und ein Staat, worinn sie Idealisch ordnen, sind herrliche Meisterstücke; kaum aber herrlicher, als eine bildende Kunst, die sie in Fels gehauen, hinstellt, damit sie doch ja nicht aus der Welt verschwinden.»[33]

Goethes Essay *Über die Gegenstände der bildenden Kunst*, verfaßt auf der dritten Schweizreise im Oktober 1797, umreißt den bereits von Winckelmann und Herder beleuchteten Begriff der ‹Objektivität› näher. Nur dort findet Kunst laut Goethe zu ihren Freiheiten, wo sie sich von Abstraktionen fernhält und die sinnlichen Erscheinungsformen der Natur anschaulich darstellt. Ihr grundlegendes Verfahren wäre, wie Goethe bereits 1789 in einem Aufsatz für Wielands *Teutschen Merkur* vermerkt, der Akt der «einfachen Nachahmung», der nicht die Reproduktion der Natur, sondern ihre Repräsentation mit ästhetischen Mitteln bedeutet. Zu verfeinerten Ergebnissen führt demgegenüber ein Darstellungsprozeß, der die Individualität des jeweiligen Gegenstands durch die Selektion zufälliger und die modellhafte Verdeutlichung typischer Merkmale zu erfassen vermag (die «Manier»). Als Ideal der künstlerischen Produktion bezeichnet Goethe zuletzt jenes Vorgehen, das das «Charakteristische»[34] der Naturerscheinung prägnant festhält. Jenseits von ‹einfacher Nachahmung› und ‹Manier› bringt es eine Ebene hervor, auf der die Phänomene der Wirklichkeit in ihrer symbolischen Bedeutung Gestalt gewinnen, insofern hier sinnliche Gegenwart und intelligibler Sinn zu einer Einheit verschmelzen können, wie sie der sensible Betrachter auch in der Natur antrifft: eine derartige Prägnanz erreicht allein der – Nachahmung und Manier überlegene – ‹Stil›. «Reine Objektivität der Darstellung», so schreibt Schiller in einem Brief an Körner vom 1. März 1793, «ist das Wesen des guten Stils: der höchste Grundsatz der Künste.» (NA 26, 225)

In Goethes *Einleitung in die Propyläen* heißt es 1798, es sei entscheidend, «daß ein Künstler sowohl in die Tiefe seines eignen Gemüts zu dringen vermag, um in seinen Werken nicht bloß etwas leicht- und oberflächlich Wirkendes, sondern, wetteifernd mit der Natur, etwas geistig Organisches hervorzubringen.»[35] Der von Goethe geforderte Gegenstandsbezug schließt dabei die ästhetische Darstellung übersinnlicher Erscheinungen aus. Metaphysische Axiome, irrationale Spekulationen und romantische Phantasmagorien werden als Auswüchse mystischer Schwärmerei mit pathologischer Tendenz bezeichnet. Wo der Künstler sich auf den Flügeln der Einbildung aus der Wirklichkeit entfernt, droht die Gefahr, daß sein Intellekt, weil er der Anregung durch die äußere Natur enträt, «gleichsam in sich selbst zurücktreiben»[36] und zum Opfer melancholischer Einkapselung werden muß. Korrektiv für solche Risiken der Phantasieproduktion bleibt der Maßstab der Objektivität, wie ihn laut Goethe zumal die griechische Antike durch ihre künstlerischen Werke aufgerichtet hat. Friedrich Schlegel erklärt in seinem *Studium*-Aufsatz von 1795 die ‹Objektivität› für das besondere Kennzeichen antiker Kunst und grenzt von ihr das Kriterium des ‹Interessanten› als Merkmal der Moderne ab. Wilhelm von Humboldt nutzt dasselbe Attribut in seinen *Ästhetischen Versuchen* von 1797/98, um die Qualität des gelungenen Kunstwerks zu beschreiben. Jean Paul hält in seiner *Vorschule der Ästhetik* (1804) das ‹Objektive› für ein entscheidendes Kennzeichen griechischer Literatur, das durch deren Ursprung aus dem Geist des Mythos verbürgt werde. Auch Schellings *Philosophie der Kunst* (1802–03) sieht in der sinnlichen Gegenständlichkeit ein wesentliches Merkmal antiker Werke. Noch Hegels Ästhetik-Vorlesungen (1817ff.) greifen diese Einschätzung auf, wenn sie das Kriterium des Objektiven als Eigenschaft des gelungenen Artefakts und seiner ganzheitlichen Wirkung zu erweisen suchen.

Der objektive Charakter des Schönen soll sich, wie schon Herders *Plastik*-Aufsatz betont, gegen Zwecksetzungen oder Abstraktionen gemäß dem Autonomiegebot als selbständige Größe behaupten. In Goethes *Laokoon*-Abhandlung von 1798 heißt es: «Jedes Kunstwerk muß sich als ein solches anzeigen, und das kann es allein durch das, was wir sinnliche Schönheit oder Anmut nennen.»[37] Dieses Programm schließt freilich Vorbehalte gegenüber einer hedonistischen Ästhetik ein, wie sie in Heinses Briefroman *Ardinghello* (1786) zutage tritt. Die begeisterte Wirkung, die der Text kurz nach seinem Erscheinen in Weimarer Hofkreisen auslöste, hat auch Schiller skeptisch wahrgenommen (NA 24, 172). Die stets beschworene Sinnlichkeit der Kunst darf nicht auf den äußeren Reiz beschränkt bleiben, sondern muß eine intellektuell stimulierende Kraft entfalten. Keine Einigkeit vermögen Goethe und Schiller darüber zu erzielen, mit welchen Mitteln die sensuelle Evidenz des Schönen im Akt der ästhetischen Darstellung vergegenwärtigt werden kann: durch idealisierende Überhöhung des Gegenstands, wie Schiller betont, oder, gemäß Goethes Ansicht, durch anschauliche Nachbildung, die die Individualität der Erfahrung erschließt. Entscheidend bleibt jedoch in beiden Fällen, daß das Schöne als Gegenstand der Kunst im Blick auf seine sinnliche Prägnanz, niemals nur als abstraktes Ideal gefaßt wird.[38] Die bei Goethe und Schiller verschieden begründete Auseinandersetzung mit der Anschaulichkeit des Artefakts gehört zu den wesentlichen Elementen der klassizistischen Weimarer Ästhetik.

Ethos künstlerischer Formen.
Die Ästhetik der Balance

Goethes und Schillers Schönheitsbegriff scheint nicht denkbar ohne das Ideal der Harmonie, an dem sich die klassische Kunstproduktion stets auszurichten hat. Der Begriff bezeichnet das ausgewogene Verhältnis, in dem sämtliche Elemente eines Werkes aufeinander bezogen sind, die symmetrische Anordnung seiner Teile, das Gleichmaß der Organisation, welches jeder künstlerischen Darstellung ein inneres Strukturgesetz und sichtbare Formsubstanz verschafft. Harmonie bildet dabei kein Merkmal einer geometrisch-mathematischen, letzthin abstrakten Ordnung, vielmehr soll sie als zentrales Kennzeichen des Schönen, wie Goethes *Propyläen*-Aufsätze betonen, natürlichen Charakter besitzen. Nur dort, wo die kompositorische Architektur des Werkes organische Qualität behauptet, gewinnt sie künstlerisches Gewicht. Die ästhetische Darstellung muß auch hier die schwierige Aufgabe erfüllen, einerseits den ständigen Bezug auf die anschauliche Kontur der Phänomene zu wahren, andererseits ihr jeweiliges Objekt so zu zeigen, daß es, von zufälligen Merkmalen gereinigt, in seiner charakteristischen Individualität hervortritt (eine Zielsetzung, die sich vergleichbar noch in den Ästhetiken Schellings und Hegels formuliert findet). Ergänzend zu diesem Gestaltungsprinzip tritt der subjektive Erfahrungsschatz des Künstlers, der, wie Goethes Winckelmann-Aufsatz von 1804 vermerkt, «in der äußeren Welt die antwortenden Gegenbilder»[39] sucht, um mit ihrer Hilfe seine innere Wirklichkeit anzuregen und zu ordnen. Phantasie und Realitätsbezug, Vorstellungskraft und empirisches Wissen bestimmen gleichermaßen die individuell gefaßte Qualität des klassischen Kunstwerks.

Das harmonische Ordnungsprinzip der Natur kommt nur dort in ganzer Klarheit zu Gesicht, wo der mit eigenen Erfahrungen ausgestattete Artist ihre bedeutenden – nach Goethe ‹symbolischen› – Züge herausarbeitet. Die *Propyläen*-Einleitung erklärt zu diesem Punkt genauer: «Indem der Künstler irgendeinen Gegenstand der Natur ergreift, so gehört dieser schon nicht mehr der Natur an, ja man kann sagen, daß der Künstler ihn in diesem Augenblick erschaffe, indem er ihm das Bedeutende, Charakteristische, Interessante abgewinnt, oder vielmehr erst den höheren Wert hineinlegt. – Auf diese Weise werden der menschlichen Gestalt die schönern Proportionen, die edlern Formen, die höhern Charaktere gleichsam erst aufgedrungen, der Kreis der Regelmäßigkeit, Vollkommenheit, Bedeutsamkeit und Vollendung wird gezogen, in welchem die Natur ihr Bestes gerne niederlegt, wenn sie übrigens, in ihrer großen Breite, leicht in Häßlichkeit ausartet und sich ins Gleichgültige verliert.»[40] Dem Akt der ästhetischen Selektion fällt die Aufgabe zu, die Merkmale der Harmonie und Kräftebalance als besondere Qualitäten der gegenständlichen Naturerscheinungen in den Vordergrund treten zu lassen. Dieses Verfahren schließt zwangsläufig eine Serie künstlerischer Themen und Formen aus: das Häßliche, Verzerrte und Groteske zumal (wie es in der von Goethe wenig geschätzten Malerei des Mittelalters, in Totentanzbildern und allegorischen Personifikationen auftaucht), die vagierenden Spielarten des Extremen, Überspannten, Exzentrischen – Grausamkeit, Krankheit, Entstellung –, aber auch okkulte Spekulationen, sinnliche Phantasmagorien, erotische Exzesse. Das klassische Gebot der Harmonie verlangt künstlerische Distanz gegenüber den Nacht- und Schattenseiten der menschlichen Natur. Mit ihm verbindet sich nicht nur das Modell einer gefällig geordneten Wirklichkeit, sondern zugleich ein anthropologisches Wunschbild, wie es beispielhaft in der gereinigten Lebensluft von Goethes *Lehrjahren* (1796) zur Geltung kommt: das Ideal des aktiven, weltzugewandten Menschen, dessen moderates Temperament durch maßvollen Realitätssinn und Gemütsruhe regiert wird. Daß das Wissen über die trüben Quellen literarischer Tätigkeit freilich auch dem klassischen Goethe nicht verlorengegangen ist, verrät ein *Sprichwort* von 1815, dessen Tenor sich schon zu Beginn des siebenten Buchs der *Lehrjahre* artikuliert findet: «Zart Gedicht, wie Regenbogen, | Wird nur auf dunklen Grund gezogen; | Darum behagt dem Dichtergenie | Das Element der Melancholie.»[41]

Das produktionsästhetische Gebot der Harmonie bleibt unmittelbar mit einer anthropologischen Sichtweise verknüpft, wie sie durch das Ideal der schönen Humanität bezeichnet scheint. Den Ausgangspunkt bildet wiederum Winckelmanns Gräkomanie und der sie tragende kulturpädagogische Anspruch: musterhafte Züge gewinnt die Kunst der Griechen gemäß den *Gedanken über die Nachahmung* nicht zuletzt durch den exemplarischen Charakter ihrer Menschenbilder, deren körperlicher Reiz mit der in ihnen zum Ausdruck gelangenden seelischen Würde in Übereinstimmung tritt. Der Kunst fällt es laut Winckelmann zu, die im Prozeß der Entfaltung moderner Reflexionskultur verlorengegangene Einheit sinnlicher und sittlicher Strebungen im Individuum in Anlehnung an die Muster der Antike wiederherzustellen, zumindest ihre Möglichkeit in Erinnerung zu rufen. Herders unvollendete *Ideen zur Philosophie der Geschichte der Menschheit* (1784–91) und die ihnen folgenden *Briefe zu Beförderung der Humanität* (1793–97) kreisen beständig um die Frage, wie der Mensch zum ganzheitlichen, seine Kräfte ausgewogen balancierenden Wesen gebildet werden könne. Geschichte erscheint hier als naturhafter, organisch (damit notwendig sprunghaft) verlaufender Prozeß der Annäherung an dieses Stadium einer exemplarischen Entfaltung von, wie Herder formuliert, «Vernunft», «Billigkeit» und «Güte», in dem das Individuum die sinnliche Energie des Gefühls mit den Abstraktionsleistungen der Verstandeskultur vereinigt.[42]

Programmatisch erläutert Schiller in seiner Rezension *Ueber Bürgers Gedichte* (1791), daß Literatur die Aufgabe zu versehen habe, der «Vereinzelung und getrennten Wirksamkeit unsrer Geisteskräfte» entgegenzuarbeiten, um das moderne Individuum zu seiner ursprünglichen Einheit zurückzuführen (NA 22, 245). Verknüpft wird hier die aus den Karlsschulschriften geläufige Idee des psychophysischen Zusammenhangs mit einer Bildungsidee, die davon ausgeht, daß die Zersplitterung der das Individuum prägenden Strebensrichtungen durch die Kunst überwunden, die Schäden einer einseitig, im Zeichen des Verstandes beschleunigt betriebenen Modernisierung im Medium ästhetischer Erfahrung behoben werden können. Auf ganz andere Weise, jedoch mit vergleichbarer Tendenz umreißt Goethe das Ideal des ‹ganzen Menschen› in seinen nach der Rückkehr aus Italien unter dem Titel *Erotica Romana* begonnenen, 1790 abgeschlossenen und 1795 in den *Horen* veröffentlichten *Römischen Elegien*. Nirgendwo tritt die anthropologische Dimension von Goethes klassischer Ästhetik klarer, zugleich spielerischer zutage als in den berühmten Versen der fünften Elegie: «Froh empfind ich mich nun auf klassischem Boden begeistert; | Vor- und Mitwelt spricht lauter und reizender mir. | Hier befolg ich den Rat, durchblättre die Werke der Alten | Mit geschäftiger Hand, täglich mit neuem Genuß. | Aber die Nächte hindurch hält Amor mich anders beschäftigt; | Werd ich auch halb nur gelehrt, bin ich doch doppelt beglückt. | Und belehr ich mich nicht, indem ich des lieblichen Busens | For-

men spähe, die Hand leite die Hüften hinab? | Dann versteh ich den Marmor erst recht; ich denk und vergleiche, | Sehe mit fühlendem Aug, fühle mit sehender Hand.»[43]
In ungezwungen wirkender Weise beschreiben diese Verse das Ideal des «ganzen Menschen» (NA 22, 245), das Schiller in seiner Rezension von Bürgers Gedichten 1791 exponiert hat. Die Macht des Schönen erweist sich für die klassizistische Ästhetik beispielhaft an Erscheinung, Erfahrungswelt und Lebenskultur des unverwechselbaren Individuums. Goethes Elegie verdeutlicht, was zur idealen Anthropologie der Epoche gehört: die Versöhnung zwischen Gefühl und Verstand, wie sie die Verse durch die – seinerzeit als frivol betrachtete – Parallelisierung von Liebesakt und Antike-Studium, von Beischlaf und Kunstbetrachtung beleuchten; vielfältig ausgebildete Sinnlichkeit bis hin zur synästhetischen Verschmelzung der Wahrnehmungsvorgänge, unter deren Regie Tasten und Sehen zusammentreten; unverbildetes Empfindungsvermögen, Tätigkeit und Glücksfähigkeit, Heiterkeit und innere Ruhe, die aus der Verteilung der Interessen, aus dem Wechsel von Aktivität und Kontemplation erwächst; Geistesgegenwart und Reflexionskultur, die, ausgewogen balanciert, den Weltkontakt der Erfahrung wie die Gedächtnisarbeit der Erinnerung ermöglichen.

Goethes Elegie zeigt, analog zu den Merksätzen des Wilhelm Meister zugedachten ‹Lehrbriefs›, den Menschen als vollkommenes Wesen in der selbständigen Beherrschung seiner Kräfte. Was die innere Harmonie seiner Vermögen stört, gehört Goethe zufolge nicht in den Darstellungsbereich der Kunst: Exzentrizität, Melancholie, Häßlichkeit, Krankheit, Haß, Grausamkeit, Zynismus. Schillers Bürger-Rezension überträgt dieses Verfahren der Ausgrenzung extremer Affekte auf eine Theorie der klassischen Künstlerpsychologie: «Nur die heitre, die ruhige Seele gebiert das Vollkommene. Kampf mit äußern Lagen und Hypochondrie, welche überhaupt jede Geisteskraft lähmen, dürfen am allerwenigsten das Gemüt des Dichters belasten, der sich von der Gegenwart loswickeln und frei und kühn in die Welt der Ideale emporschweben soll.» (NA 22, 258) In einem Brief an Herder vom 4. November 1795 formuliert Schiller das Gebot der Idealisierung noch entschiedener, jetzt in Verbindung mit dem Hinweis auf das heitere Exil, das die griechische Kulturwelt bereitzuhalten verheißt. Es handelt sich um eine Replik auf Herders *Iduna*-Gespräch, das, im Januar 1796 in den *Horen* abgedruckt, eine Erneuerung des poetischen Geistes aus einer nationalen, «unser Leben» beeinflussenden Mythologie gefordert hatte.[44] Schillers Kommentar des Textes entspringt der unbegründeten Auffassung, Herder beschreibe hier einen künstlerischen Mythos, der sich an den Zerrbildern patriotischer Moden ausrichtete, wie sie

Klopstock in den Bardenliedern und der Hermann-Trilogie gepflegt hatte. Seine Antwort betont demgegenüber das Ideal der Zeitlosigkeit literarischer Arbeit: «Es läßt sich, wie ich denke, beweisen, daß unser Denken und Treiben, unser bürgerliches, politisches, religiöses, wissenschaftliches Leben und Wirken wie die Prosa der Poesie entgegengesetzt ist. Diese Uebermacht der Prosa in dem Ganzen unsres Zustandes ist, meines Bedünkens, so groß und so entschieden, daß der poetische Geist, anstatt darüber Meister zu werden, nothwendig davon angesteckt und also zu Grunde gerichtet werden müßte. Daher weiß ich für den poetischen Genius kein Heil, als daß er sich aus dem Gebiet der wirklichen Welt zurückzieht und anstatt jener Coalition, die ihm gefährlich sein würde, auf die strengste Separation sein Bestreben richtet. Daher scheint es mir gerade ein Gewinn für ihn zu sein, daß er seine eigne Welt formiret und durch die Griechischen Mythen der Verwandte eines fernen, fremden und idealischen Zeitalters bleibt, da ihn die Wirklichkeit nur beschmutzen würde.» (NA 28, 98)

Das Wort vom ‹Rückzug› müßte mißverstehen, wer hier das Programm einer kulturellen Emigration ins Reich der klassischen Kunst bezeichnet fände. Die Ausrichtung an der Antike erfolgt in der Absicht, der eigenen Zeit neue Bildungsperspektiven und erweiterte Erfahrungsräume zu erschließen. Sie trägt keine konservativen Züge, sondern den Charakter eines zukunftsorientierten Projekts, dessen Zielvorgaben aus der Einsicht in das Scheitern der politischen Aufklärung resultieren. Die klassische Ästhetik versteht sich nicht als restauratives Unternehmen, das die Kultur der Griechen unter möglichst identischen Bedingungen wiederherstellen möchte. Gerade weil ihr Entwurf der abgewogenen Reflexion über die gesellschaftlichen Mängel der Zeit entspringt, bleibt auch sie den sozialen und geschichtlichen Verhältnissen der eigenen Gegenwart zugeordnet – in einem erweiterten Sinn freilich, der den Sklavendienst am Götzen der Aktualität ausschließen mußte.

2. Unter dem Diktat der Krankheit.
Jena, Ludwigsburg, Stuttgart 1791–1794

In schwieriger Lage.
Physische Krise, ungesicherte Existenz

Anfang Januar 1791 ereilt Schiller eine lebensbedrohliche Erkrankung, an deren Folgen er in den verbleibenden 14 Jahren bis zu seinem Tod massiv leidet. Bereits in früheren Lebensphasen war sein Gesundheitszustand äußerst labil. Fiebrige Erkältungen, Infektionen, Entzündungen, Drüsenschwellungen, Brustkatarrhe, Kopf- und Zahnschmerzen gehören zu den ständigen Begleitern des Alltags. Schon die für den Herzog verfaßte Selbstcharakterisierung von 1774 entschuldigt die gelegentlich fehlende intellektuelle Disziplin durch «Leibesschwachheiten» (NA 22, 15). In den ersten beiden Akademiejahren zählt man sieben schwere Erkrankungen, die das kontinuierliche Studium verhindern. Nach vorübergehender Stabilisierung häufen sich Perioden körperlicher Anfälligkeit in der Zeit des Examens, vor allem seit Dezember 1779. Im Laufe des Jahres 1780 verbringt Schiller mehrere Wochen arbeitsunfähig mit unterschiedlichsten Symptomen, zumeist fiebrigen Infekten, auf der Krankenstube. Psychische Ursachen mögen hier nach der enttäuschenden Begutachtung der ersten Dissertation ihre somatische Wirkung entfaltet haben.

Regelmäßige Fieberperioden bestimmen auch die Zeit nach dem Austritt aus der Akademie. In einem Brief an Wolfgang von Dalberg vom 4. Juni 1782 entschuldigt sich Schiller mit dem Hinweis auf eine «epidemische Krankheit», die ihn nach der Rückkehr aus Mannheim betroffen hatte, für die fortdauernde literarische Untätigkeit (NA 23, 35). Im September 1783 ereilt ihn, kurz nach der Übernahme des Theaterpostens, die in der Rheinpfalz grassierende Malaria. Henriette von Wolzogen gegenüber beklagt er am 13. November 1783, daß die Epidemie («böses kaltes Fieber»), die ihn schon seit Wochen plage, die Arbeitslust einschränke (NA 23, 117). Die selbstverordnete Diätkur sowie die überdosierte Einnahme von Chinarinde, mit deren Hilfe die Malaria in den folgenden Monaten geheilt wird, schädigen wiederum Magen und Verdauungssystem. Der rücksichtslose Umgang mit den körperlichen Ressourcen gehört schon in frühen Jahren zu den Charakteristika von Schillers Lebensorganisation. Chronische Überarbeitung, extreme Belastung einer kaum sonderlich robusten Physis, nicht zuletzt unkomfortable äußere Verhältnisse fördern die zahlreichen Erkrankungen, wie sie Schillers Vita in dieser Periode beherrschen. Tabak und Kaffee gehören zu den selbstverständlichen Stimulanzien, derer er sich während des Schreibens, nicht zum Vorteil seiner Gesundheit, bedient. Ausgedehnte Fußmärsche in dünner Kleidung (zumal in den Monaten nach der Flucht aus Stuttgart), durchwachte Nächte (in Mannheim, wo er nach abendlichen Gesprächen mit Iffland und Böck bis zum Morgen zu schreiben pflegt), kaum durch Spaziergänge unterbrochener Aufenthalt in schlecht belüfteten Zimmern (zumeist in der Endphase eines Projekts) fördern die physische Anfälligkeit. Karl August Böttiger bemerkt 1791 über Schillers ruinöse Lebensführung: «Er arbeitet periodisch mit erschöpfender Anstrengung Tag und Nacht, wo er sich durch Kaffee munter erhält. Bei einem ihm stets vorschwebenden Ideal von Vollkommenheit arbeitet er auch sehr mühsam und muß Alles gleichsam erst aus sich herauspumpen.»[45]

Größere physische Zusammenbrüche scheinen nach der Malaria-Infektion zunächst auszubleiben. Die Dresdner Zeit zwischen Herbst 1785 und Juli 1787 verschafft Schiller vorübergehende körperliche Gesundheit; problematisch bleibt freilich die seelische Stimmung, die zwischen Enthusiasmus und Schwermut schwankt: immer wieder ist, für ihn sonst untypisch, vom Ungeist der Hypochondrie die Rede, der die Tage beschwere. Die Übersiedlung nach Weimar und die mit ihr verbundene zunehmende Unruhe des äußeren Lebens befördert erneut die körperliche Anfälligkeit. Bereits im Herbst 1787 durchziehen Hinweise auf sporadische Abspannung und Ermüdung die an den Freund Körner adressierten Briefe. Im Sommer 1788 halten Schiller wechselnde Infektionen von kontinuierlicher Tätigkeit ab («Mein Kopf ist ganz hin. Ein heilloser Zustand», bemerkt ein Schreiben an Charlotte von Lengefeld [NA 25, 64]). Im Herbst 1788 befällt ihn ein rheumatisches Fieber mit Zahnschmerzen: «Ich weiss nicht, was ich lieber ausstehen möchte, als das leztere – es hat mir alle Freude und Lust zum Leben gestohlen und meinen ganzen Kopf verwüstet.» (NA 25, 111) Die anstrengende akademische Tätigkeit in Jena, zu der sich die Arbeit an der *Geschichte des Dreyßigjährigen Kriegs* gesellt, fordert rasch Tribut. Immer wieder begegnen nun briefliche Klagen über lästige Erkältungen und Nervenschmerzen. «Mein Kopf ist von Schnupfen ganz zerstört», heißt es im Februar 1790 (NA 25, 379).

Die erste Phase der schwersten physischen Krise, die Schiller zu durchleiden hat, beginnt in Erfurt, wo er über die Jahreswende 1790/91 Karl Theodor von Dalberg, den älteren Bruder des Mannheimer Theaterintendanten, besucht. Mit dem katholischen Freiherrn, der seit 1787 Koadjutor (Vertreter) des Kurfürsten des Erzbistums Mainz in Erfurt ist, hatte er Anfang November 1789 Kontakt aufgenommen, um seine Aussichten auf die Übernahme eines Lehrstuhls an der Landesuniversität zu erkunden. Dalberg verwies Schiller unter Kompetenzvorbehalt an den Kurfürsten selbst, jedoch unterblieb zunächst eine weitere Initiative. Einige Wochen später traf er den Koadjutor erstmals persönlich; den gesellschaftlichen Rahmen der Begegnung bildete ein Empfang für die Professoren der Jenaer Universität, den Herzog Carl August am 4. Dezember 1789 ausrichten ließ. Im Februar 1790, kurz vor der Hochzeit, besuchten Schiller und Charlotte Dalberg in Erfurt, begleitet von Caroline, die, inzwischen von Beulwitz getrennt, eine kurzlebige Liaison mit dem Koadjutor eingegangen war. Der

Kontakt gestaltet sich anregend; der ehemalige Illuminat Dalberg, der sich Hoffnungen auf eine rasante politische Karriere macht, eröffnet Schiller reizvolle akademische Perspektiven und verspricht, ihn nach Kräften zu fördern. Zur erhofften Unterstützung im Kurfürstentum kommt es nach der Besetzung von Mainz durch die französischen Revolutionstruppen am 21. Oktober 1792 nicht mehr, jedoch bleibt Dalberg, dessen politisches Selbstverständnis von opportunistischen Zügen geprägt ist, in den folgenden Krisenjahren ein großzügiger Mäzen mit Gespür für die Probleme des freischwebenden Autors.[46] Regelmäßige finanzielle Zuwendungen – noch im Januar und Oktober 1803 fließen jeweils knapp 650 Taler – werden ergänzt durch persönliche Geschenke für den Haushalt, etwa die Übersendung kostbaren Weins oder Champagners. In einem Brief an Körner vom 1. März 1790 beschreibt Schiller den Koadjutor als inspirierenden Kopf, «mit dem man einen herrlichen Ideenwechsel hat» (NA 26, 2). Da die Zeit für ausgedehntere Gespräche fehlt, verabredet man im Februar 1790 einen längeren Besuch zum Ende des Jahres.

Der zweite Erfurter Aufenthalt in den ersten Januartagen 1791 steht zunächst unter einem günstigen Stern. Schiller genießt die Gelegenheit zum geselligen Austausch, besucht eine Liebhaberaufführung von Heinrich Zschokkes Tragödie *Graf Monaldeschi* und nimmt an einer Sitzung der *Kurfürstlichen Akademie nützlicher Wissenschaften* teil, die ihn auf Vorschlag Dalbergs zu ihrem Mitglied wählt. Während des anschließenden Konzerts im Redoutensaal der Statthalterei zu Erfurt, wo der Koadjutor den Geburtstag des Mainzer Kurfürsten feiert, überfällt Schiller ein derart starkes Katarrhfieber, daß er in einer Sänfte zu seinem Quartier getragen werden muß. Wenige Wochen später gesteht er in kleiner Runde, er habe unter dem Eindruck des ihn überfallenden Schwindelgefühls Todesangst empfunden.[47] Die notdürftige ärztliche Versorgung reicht jedoch hin, seine Gesundheit innerhalb weniger Tage wieder zu stabilisieren. Als das Fieber abgeklungen ist, reist er am 9. Januar bei feucht-nebliger Witterung mit der Kutsche nach Weimar, von dort ohne seine Frau, die für einige Tage bei ihrer Förderin Charlotte von Stein logiert, allein nach Jena. Schon am 12. Januar beginnt Schiller wieder mit seinen Vorlesungen, da er annimmt, die «ordentlichere Lebensart» werde ihn in Kürze «völlig gesund machen» (NA 26, 69). Durch die Vortragstätigkeit im großen Hörsaal kommt es jedoch zu einer neuerlichen Überanstrengung der Lunge, die eine rasche Verschlechterung des Gesamtzustands herbeiführt. Ab dem 13. Januar treten Hustenanfälle mit eitrigem Blutausstoß auf, begleitet von hohem Fieber, Atemnot, Erbrechen und Magenkrämpfen. Offenbar handelt es sich um eine schwere Lungenentzündung (kruppöse Pneumonie) als Folge des kurz zuvor nicht ausgeheilten Katarrhs.[48] In seiner Not bittet Schiller Charlotte um eine schnelle Rückkehr aus Weimar. Der Arzt läßt ihn am 14. und 15. Januar zur Ader, um die akute Atemnot zu mildern.

Am 22. Februar 1791 berichtet Schiller dem Freund Körner in medizinisch-nüchterner Diktion über den Krankheitsverlauf. Die präzis vorgetragene Selbstdiagnose schließt Zweifel darüber ein, ob die Brustentzündung «durch eine vollkommene Crise gehoben ist.» (NA 26, 74) Den chronischen Charakter der Atemnot, der die Folge einer Rippenfelleiterung ist, bestätigt die künftige Entwicklung. Am 10. April deutet er gegenüber Körner an, was er der Familie kaum zu gestehen wagt: «(...) mir ist, als ob ich diese Beschwerden behalten müßte.» (NA 26, 81) Mitte März besucht der Herzog Schiller und gewährt ihm die am 2. März vorgetragene Bitte um Dispens von den Vorlesungsverpflichtungen des folgenden Semesters. Zudem beschließt Carl August, nicht zuletzt aus Sympathie für Charlotte, eine einmalige Erhöhung des Jahressalärs um 50 auf 250 Taler, erklärt sich jedoch außerstande, eine kontinuierliche Anhebung als Kompensation für den Ausfall der Kolleggelder zu garantieren. An eine Fortsetzung der Arbeit ist nicht zu denken; der Kranke vertreibt sich die Zeit mit Schachspiel und Lektüre, ohne die Kraft zum Schreiben zu finden.

Der harte thüringische Winter, der hohe Frostgrade mit sich bringt, zwingt Schiller dazu, auf Spaziergänge und die von ihm sonst geschätzten Schlittenfahrten zu verzichten. Führt ihn ein Besuch außer Haus, so läßt er sich in einer Sänfte tragen; noch während seiner späteren Weimarer Zeit wird er an dieser Gewohnheit festhalten, wenn er Goethe eine Visite abstattet. Bei Göschen in Leipzig bestellt er einen Winterpelz, den er auf Anweisung des Arztes mit Rücksicht auf seine angegriffenen Lungen tragen soll. Mitte März stabilisiert sich der Zustand des Patienten deutlich, so daß er wieder an seinen Schreibtisch zurückkehren kann. Anfang April 1791 reisen Schiller und Charlotte zur Erholung nach Rudolstadt. Der Aufenthalt in vertraut-familiärem Milieu scheint zunächst die Genesung zu fördern. Schiller unternimmt Spazierritte in die Umgebung und genießt die geselligen Besuche von Jenaer Freunden. Während der Phase der ersten Konsolidierung erfolgt jedoch am 8. Mai ein dritter Krankheitsschub mit schweren Krämpfen und Erstickungsanfällen. Ohnmachten, Bewußtseinstrübungen, fallender Puls und Fieberparoxysmen zeigen an, daß akute Lebensgefahr besteht. Allein regelmäßig eingenommenes Opium lindert die starken Schmerzen des Patienten. Schiller selbst scheint über den Ernst seines Zustands keine Zweifel zu hegen: am Krankenbett muß Caroline von Beulwitz dem nur sporadisch wachen Patienten «Stellen aus Kants *Kritik der Urtheilskraft*» vorlesen, «die auf Unsterblichkeit deuten».[49] Die Ursache der schweren Krise bildet ein nicht diagnostizierter Eiterherd, der durch das Zwerchfell in den Bauchraum gedrungen und dort nur eingeschränkt absorbiert worden war.⁵⁰ Den chronischen Charakter der großflächigen Entzündung, die ein nach damaligen Standards undurchführbarer operativer Eingriff unterbunden hätte, kann Schiller selbst so wenig diagnostizieren wie der behandelnde Hofarzt Johann Christian Stark (der auch von Goethe und Herder geschätzte Mediziner wird den Patienten bis zu dessen Tod betreuen). In einem Brief an Körner vom 24. Mai 1791 vermerkt Schiller irritiert, daß die von ihm gefürchtete Geschwulstbildung ausgeblieben und der Druck auf der Lunge abgeklungen sei, «der spannende Schmerz auf der rechten Seite der Brust» sich jedoch «unverändert erhalten» habe (NA 26, 88). Obgleich dieser Befund auf eine Wanderung des Eiterherdes verweist, hält Stark an seiner Vermutung fest, hier liege eine Lungenentzündung mit febrilen Krisen vor. Es gehört zur tragischen Ironie dieser Krankengeschichte, daß der Eleve Schiller in seiner zweiten Dissertation den kritischen Verlauf eines hitzigen Fiebers beschrieben hat, der aufs genaueste dem (späteren) eigenen Fall entspricht. Als besondere Gefahrenquelle hebt die Schrift den Durchbruch des aus den verdickten Blutmassen gebildeten Eiters in den Brustraum hervor: «Nun scheidet sich», so die deutsche Übersetzung des Passus, «die Entzündung in eine tödliche Brustfellerkrankung ab, die von Blut und Schleim verstopfte Lunge, unfähig diese Säfte auszuscheiden, wird den Menschen durch den Erstickungstod oder den Tod an Brand umbringen.»⁵¹ In geraffter Kürze charakterisiert dieser Befund den weiteren Verlauf von Schillers eigener Krankheit: eine bedrückende Koinzidenz.

Am 9. Juli reist Schiller für einen Monat in Begleitung Charlottes und Carolines nach Karlsbad, um die Heilkräfte des Egerbrunnens zu nutzen. Stark hat die Einnahme von täglich 18 Bechern Wasser verordnet, die die stockende Verdauung fördern sollen. Am 23. August schließt sich eine fünfwöchige Nachkur in Erfurt an. Man wohnt im Haus *Zum Bürgerstreit*, in unmittelbarer Nachbarschaft zur Statthalterei, wo Dalberg die Gäste regelmäßig empfängt. Seinem unruhigen Temperament gemäß nutzt Schiller die langsam zunehmenden Kräfte für die Arbeit am dritten Buch der *Geschichte des Dreyßigjährigen Kriegs*; ab Anfang September diktiert er täglich vier Stunden neu vorbereiteten Text. Für weitere Abwechslung sorgen Theaterbesuche: Ende des Monats zeigt das Weimarer Schauspielhaus, das in Erfurt gastiert, eine Aufführung des *Don Karlos* in einer wenige Tage zuvor von Schiller selbst erstellten verkürzten Fassung; am 26. September sieht er eine Liebhaberinszenierung des *Fiesko*, die ihn jedoch wenig erbaut. Als der Patient Anfang Oktober nach Jena zurückkehrt, fühlt er sich soweit geheilt, daß er seine historischen Studien beschleunigt fortsetzen kann.

Der subjektive Eindruck der Besserung verdeckt freilich das wahre Bild. Zwar ist die akute Bauchfellentzündung nach dem Rückfall im Mai abgeklungen, jedoch bleibt das Übel chronisch. In den folgenden Jahren kommt es immer wieder zu Atemnot, Krämpfen im Bauchraum und Behinderungen der Darmfunktion. Da sich der Eiterherd in Phasen der Krise ausbreitet, treten später Entzündungen des Herzbeutels und der Nieren hinzu. Behandelt wird, dem therapeutischen Standard der Zeit gemäß, ausschließlich medikamentös, bisweilen unterstützt durch Einläufe oder aggressiv wirkende Vomitive; der Atemnot sucht man durch regelmäßige Aderlässe, die vorübergehend Besserung schaffen, entgegenzuwirken. Daß Schiller mit derart bedrohlichen Symptomen noch 14 Jahre relativ kontinuierlich arbeiten kann, zeugt, wie Mediziner immer wieder betont haben, von eiserner Willensenergie. In dem durch den Herzog in Auftrag gegebenen Weimarer Sektionsprotokoll vom 19. Mai 1805, das die fortgeschrittene Zerstörung sämtlicher innerer Organe (mit Ausnahme des Magens) diagnostiziert, heißt es nüchtern: «Bei diesen Umständen muß man sich wundern, wie der arme Mann so lange hat leben können [.]»[52] Schillers literarische Leistung ist das Produkt disziplinierter Anstrengung und rücksichtsloser Ausbeutung des eigenen Körpers.

Die Krankheit treibt Schiller in einen Teufelskreis, den er bis zu seinem Tod nicht mehr verlassen wird. Im Bewußtsein knapp bemessener Lebenszeit forciert er eine unökonomische Ausnutzung sämtlicher verfügbarer Energien, die wiederum die physische Krisis verschärft. Der Raubbau, den Schiller in den folgenden Jahren betreibt, entspringt der Vermutung, daß der künstlerische Lebensplan nur unter fortdauernder Anspannung einzuhalten ist. Dieses Grundmuster beschreibt bereits ein Brief an Wieland vom 4. März 1791: «So gerne, wünschte ich, das noch zu erreichen, wozu eine dunkle Ahndung von Kräften mich zuweilen ermuntert, und wovon Ihr freundlicher Sehergeist mir das Ideal vorhält; wenigstens fühle ich, daß ich auf dem Wege dazu bin, und daß, wenn mein böses Schicksal mich jetzt schon abberufen hätte, der Nachruf der Welt mir sehr Unrecht gethan haben könnte. Ich gestehe, daß der Gedanke daran mich in den kritischen Augenblicken meiner Krankheit peinigte, und daß es mir künftig eine große Angelegenheit seyn wird, den Weg zu jenem Ziele zu beschleunigen.» (NA 26, 79) Das klare Wissen über die eigene Hinfälligkeit nötigt Schiller zur Konzentration auf die ihm wesentlichen Arbeitsvorhaben. Die merkwürdige Spannungsarmut, die seine psychische Biographie seit 1791 bestimmt, ist dieser Ökonomie der Kräfte geschuldet. Für große Seelenabenteuer und Lebensverstrickungen fand sich in seinem Pflichtalltag fortan kein Platz.

Mäzenatentum und Politik.
Baggesen, Prinz von Schleswig-Holstein-Augustenburg

Nach dem schweren Anfall vom Frühjahr 1791 zirkulieren in ganz Deutschland unterschiedliche Nachrichten über das Befinden Schillers. Am 12. Mai verbreitet sich in Jena und Weimar das Gerücht, er sei der schweren Krankheit erlegen. «Der Liebling der deutschen Musen, Hofrath Schiller ist hier gestorben», so meldet die *Oberdeutsche allgemeine Litteraturzeitung* in ihrer 68. Folge am Mittwoch, dem 8. Juni 1791. Das sechste Heft der *Fragmente über verschiedene Gegenstände der neuesten Geschichte* publiziert zur selben Zeit einen einfühlsamen Nachruf, in dem es heißt: «Seine Stärke war Enthusiasmus, der zum Enthusiasmus mit sich fortriß, wie ein Strom, der seine Dämme durchbrochen hat. Dramatischer Schwung war seine Methode, Geschichte sein eigenthümliches Fach: dafür interessirte er seine Leser, indem er trockne Thatsachen blühend und voll Verwikkelung darstellte – ihnen das Anziehende eines Romans gab. Convenienz waren nicht die Schranken seiner Laufbahn: der wildeste Ausbruch seines feuervollen Genies – das Schauspiel die Räuber genannt. Aus seinem Don Carlos, aus der niederländischen Geschichte und aus der Geschichte der Revolutionen athmet Sturm gegen Tyrannen, gegen die Altäre der Hierarchie und gegen Throne, die auf niedergedrückte Menschheit erbaut sind.»[53]

Ende Juni 1791 bereitet der Schriftsteller Jens Baggesen in Hellebæk bei Kopenhagen ein Fest zu Ehren des von ihm verehrten Schiller vor. Als Ort der Veranstaltung hat man den Landsitz des Grafen Schimmelmann gewählt; er ist Minister für Finanzen und Handelswesen, weltkundig und intellektuell aufgeschlossen: ein Freund aufgeklärter Reformideen, wie er sie durch das Werk Rousseaus kennengelernt hat. Kurz vor dem geplanten Termin trifft die Nachricht vom angeblichen Tod Schillers ein. Gemeinsam mit Schimmelmann, dem Grafen Schubert und deren Ehefrauen improvisiert Baggesen eine Gedenkstunde, in deren Zentrum die Rezitation der von ihm zur Trauerode umgearbeiteten Hymne *An die Freude* steht. Er selbst hatte Schiller im Sommer 1790 mit Reinhold in Jena besucht und ihm den Respekt gegenüber seiner Arbeit bekundet (NA 42, 129f.). Reinhold, der den Kontakt zu Baggesen hält, erzählt Schiller im August 1791, nach dessen Rückkehr aus Karlsbad, von der spontanen Trauerfeier, die die dänischen Freunde in Hellebæk durchgeführt hatten.

Baggesen wiederum wird wenige Tage nach dem denkwürdigen Totenfest über die tatsächlichen Verhältnisse ins Bild gesetzt. In einem Brief vom 17. Oktober 1791 berichtet Reinhold detailliert von Schillers Existenznot, die aus dem Fortfall der Kolleggelder aufgrund der unterbrochenen Vorlesungstätigkeit resultiert und durch die herzögliche Pension nur unvollkommen gemildert wird: «Schiller ist leidlich wohl; vielleicht könnt' er sich noch ganz erholen, wenn er eine Zeit lang sich aller eigentlichen Arbeiten enthalten könnte. Aber das erlaubt seine Lage nicht. Schiller hat nicht mehr als ich fixes Einkommen, d.h. 200 Thaler, von denen wir, wenn wir krank sind, nicht wissen, ob wir sie in die Apotheke oder Küche senden sollen.» (NA 26, 570) Baggesen leitet Reinholds Schreiben unverzüglich an Schimmelmann weiter, der seinerseits den einflußreichen Prinzen Friedrich Christian von Schleswig-Holstein-Sonderburg-Augustenburg über Schillers angespannte Lage informiert. Gemeinsam beschließt man, die materielle Not des Kranken durch Stiftung einer größeren Geldsumme zu lindern, um ihm derart die Basis für die Fortführung seiner publizistischen Arbeit zu schaffen.

Im Dezember 1791 erreicht Schiller die Nachricht Baggesens, daß der Prinz von Augustenburg ein auf drei Jahre befristetes Stipendium von 3000 Talern für ihn ausgesetzt habe. In einem parallel abgefaßten Brief vom 27. November 1791, den er zur selben Zeit erhält, erklären der Prinz und Graf Schimmelmann nicht ohne aufklärerisches Pathos: «Zwey Freunde, durch Weltbürgersinn mit einander verbunden, erlassen dieses Schreiben an Sie, edler Mann! Beyde sind Ihnen unbekant, aber beyde verehren und lieben Sie. Beyde bewundern den hohen Flug Ihres Genius der verschiedene Ihrer neuern Werke zu den erhabensten unter allen menschlichen Zwecken stempeln konte. Sie finden in diesen Werken die Denkart, den Sinn, den Enthusiasmus, der das Band der Freundschaft knüpfte, und gewöhnten sich bey ihrer Lesung an die Idee den Verfasser derselben als Mitglied ihres freundschaftlichen Bundes anzusehen.» (NA 34/I, 113 f.) Der Vermittler Baggesen fügt diesem Anerbieten seinen nicht weniger hochfliegenden Kommentar hinzu: «Zwei Ihnen ganz unbekannte Weltbürger, die der Schuzengel meines Vaterlandes in Coppenhagen zusammengebracht hat, deren Geister-Rang über ihren Titeln: Prinz und Graf ebenso erhaben ist als der Ihrige über den Titel Hofrath, vereinigen Ihre für die Menschheit brennende Herzen, Sie um Erlaubniß zu bitten, Ihr oeconomisches Schicksal Ihren Verdiensten, unserm Jahrhundert und der veredelten Menschheit um etwas gemäßer [!] machen zu dürfen.» (NA 34/I, 115)

Wer ist dieser Prinz, der ein derart großzügiges mäzenatisches Angebot unterbreitet? Der junge, politisch bereits einflußreiche Mann zählt zum Zeitpunkt des Briefes 26 Jahre. Er stammt aus einer direkt mit dem dänischen Königshaus verwandten Familie, der sogenannten jüngeren («son-

Friedrich Christian, Herzog von Schleswig-Holstein-Sonderburg-Augustenburg.
Radierung von Gerhard Ludwig Lahde, 1796, nach einem 1791
entstandenen Gemälde von Anton Graff

derburgischen›) Linie. Weltkenntnis und Bildung hat er sich durch das Studium in Deutschland verschafft. 1783–84 hört er in Leipzig rechtswissenschaftliche und philosophische Vorlesungen, wobei ihn vor allem Ernst Platner fasziniert, der damals den Höhepunkt seines akademischen Ruhms erreicht hatte. Nach der Rückkehr wird der Prinz 1786 in Kopenhagen Geheimer Staatsminister bei Friedrich VI., der seit 1784 als Repräsentant der deutschfreundlichen Partei am dänischen Hof regiert. Im Juni 1788 überträgt man ihm das Amt des Patrons der Universität, was die Leitung der königlichen Bibliothek einschließt und dem jungen Minister maßgeblichen Einfluß auf die akademische Berufungspolitik verschafft. 1790 avanciert Friedrich Christian zum Vorsitzenden einer Kommission, die Universität und Schulwesen im Geist der aufgeklärten Pädagogik reformieren soll.

Der Prinz ist kein Enthusiast ohne Bodenhaftung, wie gern behauptet wurde, sondern ein gestaltungswilliger Politiker mit kulturellem und intellektuellem Anspruch, ein umtriebiger Parteigänger der Revolution und aktiver Anhänger des Illuminatenordens; in seiner Denkschrift für Kaiser Leopold stuft ihn Johann Georg Zimmermann 1791 als ‹gefährlichen› Demokraten mit agitatorischem Talent ein.[54] Angeregt durch den Kopenhagener Theologieprofessor Daniel Gotthelf Moldenhawer und den agilen Frederik Münter, der ganz Europa bereist, um dem seit 1785 offiziell verbotenen Orden Mitglieder zu gewinnen, gerät Friedrich Christian im Jahr 1787 an Texte Adam Weishaupts, die er mit größter Zustimmung liest. «Mich hat das System des Illuminatenordens in Feuer und Flamme gesetzt», gesteht ein Brief aus dieser Zeit, der jedoch zugleich verordnet: «Nur keine Einmischung in politische Sachen, wenigstens fürs erste noch nicht.»[55] Zur wichtigsten Kontaktperson, die Beziehungen zu deutschen Illuminaten herstellt, avanciert in den folgenden Jahren der Schriftsteller Jens Baggesen.

Der 1764 geborene Baggesen stammt aus beengten Verhältnissen. Sein Kopenhagener Philosophiestudium finanziert er aus den kargen Einnahmen, die ihm die Erteilung von Privatstunden verschafft. Schillers prekäre Situation dürfte er zutreffend eingeschätzt haben, wußte er doch durch eigene Erfahrung, was materielle Not bedeutet. 1788 gewinnt er als Vorleser in Privatzirkeln Kontakt zum Kreis des Ministers Schimmelmann, der ihn dem Prinzen vorstellt. Dieser möchte ihn zum Studium nach Leipzig und Dresden entsenden, wo er sich auf die Übernahme einer ihm zugedachten Kopenhagener Professur vorbereiten soll. Der für die deutsche Literatur, insbesondere die Werke Kleists, Klopstocks und Wielands begeisterte Baggesen, der zu diesem Zeitpunkt bereits mit lyrischen Arbeiten an die Öffentlichkeit getreten ist, begibt sich statt dessen im Jahr 1789 auf eine ausgedehnte Reise, die ihn von Kiel über Hamburg nach Celle, Hannover und Bad Pyrmont, von dort weiter nach Göttingen, Frankfurt bis ins Rheinland, nach Mainz, Mannheim und Straßburg führt. Er trifft in Eutin mit Johann Heinrich Voß, dem berühmten Homer-Übersetzer und Idyllenautor zusammen, begegnet in Hamburg dem verehrten Klopstock und Gerstenberg, dem Verfasser des *Ugolino*, stößt zum Kreis um die Gebrüder Stolberg, lernt schließlich in Hannover den ehemaligen Illuminaten Knigge kennen. Die gesamte Route steht im Zeichen schwärmerischen Freundschaftskults; ihr Strukturmuster empfängt sie durch das poetische Vorbild Laurence Sternes, dessen 1768 veröffentlichte, von Bode im selben Jahr übersetzte *Sentimental Journey through France and Italy* in ganz Europa Nachahmungen provozierte (so etwa Moritz August von Thümmels *Reise in die mittäglichen Provinzen von Frankreich*, 1785/86). Baggesen hat den inspirierenden Deutschlandaufenthalt literarisch festgehalten in seiner Beschreibung *Labyrinten eller Reise giennem Tydskland, Schweitz og Frankerig* (1792/93), die schon im Titel Sterne imitiert.

Im Sommer 1790 folgt ein Besuch in Weimar und Jena, wo Baggesen Wieland begegnet, der ihm seinen Schwiegersohn Reinhold vorstellt. In den rasch sich entfaltenden Austausch mit dem Philosophen wird in den folgenden Jahren der Prinz einbezogen, der Reinhold als Repräsentanten illuminatischer Politik und radikaler Aufklärung schätzt. Durch ihn, dem Friedrich Christian in den nächsten Monaten erfolglos einen Kopenhagener Lehrstuhl zu verschaffen sucht, gerät Baggesen auch an Bode, der wiederum im August 1790 in Gotha die Bekanntschaft mit dem Ordensgründer Weishaupt vermittelt.[56] Am 5. August kommt es in Jena zur bereits erwähnten Begegnung zwischen Baggesen und Schiller, die Reinhold anbahnt. Die Begeisterung für den bewunderten Autor sucht der leicht entflammbare Enthusiast Baggesen nach der Rückkehr wiederum dem eigenen Förderer nahezubringen. Ohne seine Initiative hätte sich der Kopenhagener Mäzen ein Jahr später kaum zur Unterstützung des kranken deutschen Schriftstellers entschlossen.

In einem Brief an seine Schwester vom Januar 1796 charakterisiert der Prinz seinen Vertrauten Baggesen als Künstler ohne politischen Instinkt und intellektuelle Begabung: «Er kann große Talente besizen, große Dinge leisten, allein nie wird er ein weiser Mann, ein Philosophischer Gelehrter und ein Geschäftsmann seyn, denn Ordnung und Zwang, ohne welche keine wahre Gelehrsamkeit, keine eigentliche Wissenschaft, keine Tauglichkeit zum wissenschaftl. Philosophiren und zu Geschäften, so wie keine wahre Moralität und Weisheit möglich ist, sind diesen Leuten eine uner-

Jens Baggesen.
Lithographie von Edvard Lehmann

trägliche Last, unter welcher sie sich nie beugen können.»⁵⁷ Daß der Prinz seinen Protegé trotz dieser Einschätzung mit Sondierungsreisen beauftragt, die dem Aufbau illuminatischer Geheimverbindungen dienen, darf als gewiß gelten. Immer wieder entsendet er Baggesen in den folgenden Jahren nach Deutschland, um neue Kontakte herstellen und alte Beziehungen pflegen zu lassen. Es steht außer Frage, daß er auch Schiller für sein Geheimbundprojekt und dessen im Geist der Kosmopolitenidee gefaßte Politik der geistigen Aufklärungselite zu gewinnen suchte.⁵⁸ Die Initiative des Prinzen verschafft Schiller materielle Absicherung und Arbeitsruhe. Das für 36 Monate ausgesetzte Stipendium beläuft sich auf 3000 Reichstaler; da der Herzog jährlich weiterhin 200 Reichstaler zuschießt, sind der Ausfall der Kolleggelder und die aufgrund verminderter publizistischer Aktivitäten zu erwartende Einbuße gesonderter Honorare hinreichend kompensiert. Dennoch findet Schiller nur langsam zur gewohnt regelmäßigen Tätigkeit zurück. Der Abschluß der großen historischen Abhandlung verzögert sich bis zum September 1792. Die gegen Ende des Jahres 1791 intensivierten Kant-Studien schreiten stockend vorwärts, ohne zunächst publizistischen Ertrag zu erbringen. Die schon im April 1789 mit Gottfried August Bürger anläßlich seines Weimar-Besuchs verabredete Arbeit an einer Übersetzung aus dem zweiten und vierten Buch der *Aeneis* (*Die Zerstörung von Troja, Dido*) muß mit Rücksicht auf den labilen Gesundheitszustand immer wieder unterbrochen werden. Erst Anfang November 1791 schließt Schiller die 672 Verse umfassende Übertragung des *Troja*-Stücks ab, im Januar 1792 folgt die Vollendung der *Dido*, die 1080 Verse aufweist; die Texte werden in den ersten drei Heften der ab Beginn des Jahres 1792 aufgelegten *Neuen Thalia* veröffentlicht. Die forcierte Niederschrift zweier tragödientheoretischer Studien aus dem Umfeld der Vorlesungstätigkeit des Sommersemesters 1790 (*Ueber den Grund des Vergnügens an tragischen Gegenständen* und *Ueber die tragische Kunst*), die im Januar- bzw. Märzheft des Journals erscheinen, schwächt erneut die körperliche Verfassung. Mehrere schwere Fieberanfälle mit fortdauernden Unterleibskrämpfen, die eine Folge der chronischen Bauchfellentzündung sind, verhindern im Januar und Februar 1792 kontinuierliche Tätigkeit.

Anfang April reist Schiller in Begleitung des dänischen Studenten und Reinhold-Schülers Christian Hornemann über Leipzig, wo er Göschen trifft, zu Körner nach Dresden. Der einmonatige Aufenthalt intensiviert den Kontakt der Freunde, die sich nach viereinhalbjähriger Unterbrechung erstmals wieder persönlich beggenen. Man diskutiert Schillers künftige künstlerische Arbeitsvorhaben, vornehmlich den Plan eines Wallenstein-

Dramas, und berät sich über die Koordination weiterer Zeitschriftenprojekte. Ausführlich erörtert man die elektromagnetischen Versuche, wie sie der württembergische Arzt Eberhard Gmelin im Anschluß an Mesmer unternimmt – ein Thema, das Körner seit geraumer Zeit fasziniert. Der physische Zustand des Gastes ist bedauernswert; nachts wird er regelmäßig von Krämpfen geplagt, so daß er, um ausreichend Schlaf zu finden, bis zum Vormittag das Bett hüten muß. Die Freunde zeigen sich feinfühlig um den Kranken besorgt und nehmen jede nur erdenkliche Rücksicht, obgleich ihre kleinen Kinder – die vierjährige Tochter Emma und der sechs Monate alte Sohn Theodor – ganze Aufmerksamkeit verlangen. Die auch geistig anregende Atmosphäre im gastfreundlichen Haus Körners entfaltet erneut ihren Reiz. «So grosse Intervallen, wie bißher», vermerkt Schiller nach der Rückkehr aus Dresden Ende Mai 1792, «dürfen nicht mehr vorfallen, biß wir einander wieder sehen.» (NA 26, 142)

Der Dresden-Besuch, dem sich eine kurze Visite bei Göschen in Leipzig angeschlossen hatte, fördert Schillers Lust zu schriftstellerischer Tätigkeit. Im Juni beschleunigt er die Arbeit am letzten Buch der Geschichtsabhandlung und überwacht Crusius' Vorbereitungen zur Veröffentlichung des ersten Bandes seiner *Kleineren prosaischen Schriften*, einer Sammlung älterer Erzählungen, aber auch theoretischer Studien, der zwischen 1800 und 1802 drei weitere Teile folgen werden. Mit Crusius plant er wenige Monate später die Publikation seiner Gedichte, Göschen unterbreitet er ein neues Zeitschriftenprojekt – den ersten *Horen*-Entwurf –, ohne aber auf Resonanz zu stoßen. Am 5. November 1792 erfolgt die Wiederaufnahme der Lehrtätigkeit vor 25 Hörern in der eigenen Wohnung mit einem Kolleg über Ästhetik. Diese Privatstunden werden freilich die einzigen akademischen Übungen bleiben, die Schiller noch abhält. Im Verzeichnis der Universität Jena kündigt er bis zum Wintersemester 1799/1800 aus Formgründen, um die *venia legendi* zu sichern, regelmäßig Vorlesungen zumeist zu ästhetischen Themen an, führt diese Veranstaltungen jedoch nicht mehr durch; das Podium hat er seit der schweren Erkrankung nie wieder betreten.[59]

Bis zum Spätherbst 1792 hofft Schiller auf eine künftige Unterstützung durch den Mainzer Kurfürsten Friedrich Carl Joseph, die ihm Dalberg in Aussicht gestellt hatte. Um so enttäuschter kommentiert er die politischen Vorgänge der letzten Monate des Jahres. Am 21. Oktober war Mainz von französischen Revolutionstruppen unter Führung des Generals Custine erobert worden; der Kurfürst hatte sich bereits zwei Wochen zuvor ins nahegelegene Würzburg abgesetzt. Wenige Tage nach der Okkupation bildete sich unter maßgeblicher Initiative Georg Forsters in der Stadt ein deutscher Jakobinerclub, der den Anschluß an Frankreich forderte (und später die Republik ausrief). In einem Brief an Körner vom 26. November erzählt Schiller auf der Grundlage eines ihm übermittelten Augenzeugenberichts von der rasanten Entwicklung, die sein eigenes Vertrauen in eine kurpfälzische Protektion zerstört und zur Anpassung an die Politik der Besatzer nötigt: «Die Maynzischen Aspecten werden sehr zweifelhaft für mich, aber in Gottes Nahmen. Wenn die Franzosen mich um meine Hofnungen bringen, so kann es mir einfallen, mir bey den Franzosen selbst beßere zu schaffen.» (NA 26, 170) Nur einen Monat später heißt es kritisch über den politischen Kurs der deutschen Jakobiner, ihre Schritte zeugten «mehr von einer lächerlichen Sucht sich zu signalisiren, als von gesunden Grundsätzen, mit denen sich ihr Betragen gegen die Andersdenkenden gar nicht reimt.» (NA 26, 171)

Auch die instabile Gesundheit verhindert, daß Schiller die immerhin denkmögliche Aussicht auf eine Tätigkeit im französischen Mainz weiter verfolgt. Ausgedehnte Reisen verbieten sich nach erneuten gesundheitlichen Rückschlägen von selbst. Mitte Juni 1792 entschließt er sich zu einem kurzen Abstecher nach Erfurt, wo er Dalberg, Humboldts und Caroline von Beulwitz trifft. Als das Stuttgarter Residenztheater Ende Dezember 1792 erstmals *Kabale und Liebe* auf die Bühne bringt, gehören Schillers Schwestern Louise und Nanette zu den Zuschauern, während der Autor selbst abwesend bleibt (der Herzog untersagte nach Intervention des düpierten Hofadels unverzüglich weitere Vorführungen). Im Frühjahr 1793 häufen sich erneute Krankheitsphasen, die Schiller zur Unterbrechung seiner ästhetischen Studien zwingen. «Ich hatte wieder eine Zeitlang Anfälle meines Uebels und bin jetzt noch gar nicht recht im Stande», heißt es am 15. März. «Der Eintritt des Frühjahrs hat meine Umstände wieder verschlimmert, und die ganze Litaney der fatalen Zufälle herbeygeführt», vermerkt fünf Tage später ein Brief an Fischenich (NA 26, 234).

Als sich im Hochsommer des Jahres 1793 der dänische Emissär Jens Baggesen zu einem Besuch bei Schiller in Jena anmeldet, dürfte das auch Ausdruck der Irritation darüber gewesen sein, daß der mäzenatisch geförderte Autor nach der Anfang Februar erfolgten Ankündigung einer Studie «über die Philosophe des Schönen» im Kontext «einer Reihe von Briefen» (NA 26, 186) fünf Monate lang geschwiegen und nichts zur Umsetzung seines Versprechens unternommen hatte. Der Austausch zwischen Baggesen und Schiller kreist jedoch nicht zuletzt um weltanschauliche Fragen. Das entspricht dem Auftrag des dänischen Autors, der im Dienste des Prinzen sondieren soll, ob Schiller, den man in Kopenhagen bereits unter dem fiktiven Ordensnamen ‹Enceladus› führt, bereit wäre, dem als ‹Phönix› firmierenden Kopenhagener Illuminatenclub beizutreten.⁶⁰ Eine auf den 27. Juni 1793 datierte Tagebuchnotiz Baggesens vermerkt: «Des Morgens mit meiner Frau in Schillers Garten. Er las uns seine neuen ‹Götter Griechenlands› vor. Wir legten einander unser Glaubensbekenntnis ab. Er A- ich th- durch Glauben.» (NA 42, 162) Die Verwendung der kryptischen Abkürzungen läßt verschiedene Mutmaßungen über die hier offenbarten Geheimbotschaften zu. Schillers Votum könnte der ‹Antike› ebenso wie dem ‹Atheismus› gelten, Baggesen scheint auf die ‹theistische› Konfession zu setzen. Daß auch politische Fragen, nicht zuletzt die Perspektiven des Illuminatenbundes diskutiert wurden, erweist Baggesens Tagebuchnotiz über ein Gespräch vom 16. Juli, die mit der Abbreviatur ‹Ill.› aufwartet.⁶¹ Schiller dürfte sich, ähnlich wie bei den Werbungsversuchen Lempps und Bodes, den Offerten des Ordens entzogen haben. Bereits drei Tage zuvor, am 13. Juli, verfaßt er einen ausführlichen Brief an seinen Kopenhagener Mäzen, in dem er den Weg vorzeichnet, der nach seiner Überzeugung zur wahren Vollendung der Aufklärung führt. Es ist jener der ästhetischen Erfahrung, nicht die Bahn der Politik.

Bekannte Gesichter, neue Anregungen.
Die schwäbische Reise

Anfang August 1793 bricht Schiller in Jena, begleitet von der hochschwangeren Charlotte, zu einem ausgedehnten Besuch Württembergs auf. Die lange entbehrte Begegnung mit Eltern, Schwestern und Jugendfreunden weckt ungeahnte Kräfte. Als er im Mai 1794, nach neunmonatigem Aufenthalt in der alten Heimat, in sein Jenaer Domizil zurückkehrt, ist er erfüllt von Anregungen und Plänen, Tatkraft und Projektlust. Die wesentlich zum Zweck der Stabilisierung der angeschlagenen Gesundheit unternommene Reise wird zur Quelle von Inspirationen, nicht zuletzt zum Ausgangspunkt beflügelnder Kontakte und entscheidender persönlicher Beziehungen. Sie stellt die Weichen für Schillers künftige Jenaer Literaturpolitik, die von mächtigen Bündnissen gestützt wird.

Bereits im Frühjahr 1793 hatte man eine Württembergreise geplant, mußte das Unternehmen jedoch mit Rücksicht auf Schillers schlechten Gesamtzustand verschieben. Am 7. April wurde die Wohnung in der Schrammei aufgegeben und ein kleineres Domizil im Leistschen Garten gemietet, wo man einen eigenen Haushalt ohne auswärtigen Mittagstisch führte (hier absolvierte Lavater Ende Mai einen Kurzbesuch). Eine weitere Verzögerung der Abfahrt ergab sich Mitte des Sommers, als Charlotte von häufigen

Schwächeanfällen heimgesucht wurde, deren Ursache eine spät erkannte Schwangerschaft bildete. Ende Juni kommen Reinwald und Christophine in Jena an, um für einige Wochen Station zu machen, so daß die Reisepläne erneut verschoben werden müssen. Erst am 1. August bricht man in Begleitung des Ehepaars Baggesen auf. Aus Gründen der Vorsicht fährt Schiller mit regulären Postwagen, die sein umfangreiches Gepäck kaum aufnehmen können, zunächst über Nürnberg und Ansbach nach Heilbronn, wo er die Freizügigkeit der unabhängigen Reichsstadt genießen möchte. Zuerst mietet man sich im Gasthof *Zur Sonne* ein, wechselt jedoch schon wenige Tage später ins Haus des Kaufmanns Wilhelm Gottlieb Ruoff am *Unteren Viertel*, in dem man eine eigene Wohnung bezieht. Am 9. August kommt der Vater, begleitet von Schillers damals 27jähriger Schwester Louise, aus Ludwigsburg zu Besuch; die noch unverheiratete Louise bleibt während der folgenden Wochen in Heilbronn, um den Haushalt von Bruder und Schwägerin zu führen. Durch Vermittlung des Vaters lernt Schiller den Mediziner Eberhard Gmelin kennen, der in der Reichsstadt als Oberamtsarzt wirkt. Mit Gmelin tauscht er sich ausführlich über Fragen des tierischen Magnetismus aus, ohne jedoch, wie sich Caroline von Wolzogen erinnert, seine frühere Skepsis überwinden zu können.[62] Die therapeutischen Möglichkeiten elektrischer Heilkuren, zu deren Anwendung ihm Gmelin rät, bezweifelt er weiterhin entschieden. Trotz solcher Vorbehalte scheint er die wissenschaftliche Seriosität des Mediziners nicht in Frage gestellt zu haben; am 2. Februar 1794 beschreibt er Gmelin in einem Brief an den Jenaer Naturkundler Karl Batsch als «gründlichen Gelehrten» und «gesunden Kopf», dessen persönliches Auftreten die «vortheilhafte Meinung», welche seine Schriften vermittelten, noch unterstützt habe (NA 26, 341). Überraschend begegnet Schiller Anfang August auch seiner Mannheimer Jugendliebe Margaretha Schwan wieder, die seit einem Monat als frischvermählte Gattin eines angesehenen Rechtsanwalts in Heilbronn lebt (sie scheint ihn nicht mehr fasziniert zu haben). Mit Hilfe des Senators Christian Ludwig Schübler sucht er in den folgenden Wochen zu eruieren, ob das Betreten württembergischen Bodens für ihn, den ehemaligen Flüchtling, ohne Gefahr möglich ist. Ende August bittet er den Herzog schriftlich um Erlaubnis der Übersiedlung nach Ludwigsburg, erhält jedoch keine Antwort, da Carl Eugen seinerseits einen Besuch am Rhein abstattet. Nach den Erinnerungen seiner Schwägerin vernahm Schiller wenig später, der Landesherr habe, als er von seinen Plänen erfuhr, in desinteressiertem Ton erklärt, er werde den früheren Deserteur «ignorieren».[63]

Am 8. September reist Schiller mit Charlotte, begleitet von Caroline von Beulwitz und deren Schwägerin, in die Residenzstadt. Er sieht regelmäßig die Eltern und trifft alte Bekannte, etwa Karl Philipp Conz, den Bildhauer Dannecker sowie seinen früheren Lateinlehrer Johann Friedrich Jahn, den er im Unterricht besucht. Besonders intensiv gestaltet sich der Austausch mit dem ehemaligen Kommilitonen Friedrich von Hoven, der zum intimen Gesprächspartner der Ludwigsburger Monate wird. Überrascht scheint der Jugendfreund das gewandelte Auftreten zu vermerken, das Schiller jetzt an den Tag legt: «Er war ein ganz anderer Mann geworden; sein jugendliches Feuer war gemildert, er hatte weit mehr Anstand in seinem Betragen, an die Stelle seiner ehemaligen Nachlässigkeit in seinem Anzuge war eine anständige Eleganz getreten, und seine hagere Gestalt, sein blasses kränkliches Aussehen vollendeten das Interesse seines Anblicks bei mir und allen, die ihn näher gekannt hatten.»[64] Unter Hovens ärztlicher Aufsicht wird Charlotte am 14. September 1793 von einem gesunden Jungen entbunden, den man auf den Namen Karl Friedrich Ludwig taufen läßt. Die kleine Familie richtet sich in einer eigenen Wohnung im ‹Haus Leiss› an der späteren Wilhelmstraße ein. Während der ersten Wochen nach der Geburt, in denen sich Charlotte allein dem Kind widmet, helfen Schillers 16jährige Schwester Nanette und Caroline von Beulwitz bei den alltäglichen Geschäften und Aufgaben.

Am 24. Oktober stirbt der Herzog, der von seiner strapaziösen Rheinreise gesundheitlich angegriffen zurückgekehrt war, in Hohenheim an den Folgen eines Infarkts. Schiller, den der Tod des ‹alten Herodes› nach Erinnerungen Hovens zu grüblerischen Gedanken veranlaßt, bewegt sich fortan mit größerer Sicherheit auf schwäbischem Boden. Anfang November besucht er in Begleitung des noch amtierenden Intendanten von Seeger und der leitenden Offiziere die Karlsschule, deren 400 Eleven ihm im Speisesaal einen enthusiastischen Empfang bereiten. «Vor jeder Tafel, zu 50 Couverts jede», erinnert sich Johann Christoph Friedrich Mayer, «empfing er mit Huld und sichtbarer Rührung unser lautes klingendes Hoch!» (NA 42, 177) Zu diesem Zeitpunkt konnte noch niemand ahnen, daß sich die Tore des Instituts wenige Monate später auf Anordnung des neuen Herzogs Ludwig Eugen, der um eine Konsolidierung der zerrütteten Staatsfinanzen bemüht war, endgültig schließen würden.

Nach anfänglicher Stagnation bessert sich in den Wintermonaten Schillers Gesundheitszustand erheblich. Für Irritationen sorgt Anfang März 1794 die Ankündigung der bevorstehenden Verlegung eines Lazaretts der kaiserlichen Rheinarmee nach Ludwigsburg, durch die dem Land Seuchengefahr droht. Um dem unmittelbaren Ansteckungsrisiko zu entgehen, reist Schiller am 11. März für einige Tage mit Hoven nach Tübingen und übersiedelt anschließend nach Stuttgart, wo er durch Vermittlung des

Staatsrats Johann Georg Hartmann das Hofküchengartenhaus an der Augustenstraße bezieht. In Tübingen trifft er Abel, den Mediziner Wilhelm Gottfried Ploucquet – einen Sohn des Philosophen – und seinen früheren Kommilitonen Friedrich Haug. Schiller logiert in Abels Domizil, das im Stipendiatengebäude der Universität liegt, und nimmt an mehreren Mahlzeiten mit dessen Studenten teil. Die intellektuell beflügelnde Atmosphäre läßt ihn neue akademische Pläne schmieden. In seinen Notizen, die er für eine spätere Autobiographie angelegt hat, erinnert sich Abel an die Stimmung dieser Tage: «(...) so entstand jetzt plötzlich in ihm der Gedanke: Wäre er hier, so würde es ihm Freude sein, abends 6–8 Uhr Studierende um sich zu sammeln und sich mit ihnen über Wissenschaft und Kunst zu unterreden, wodurch er auf Geist, Geschmack und Sitten derselben mehr und kräftiger als durch Vorlesungen einzuwirken hoffe; doch würde er auch, sobald sein Gesundheitszustand es ihm gestatten würde, Vorlesungen sich nicht entziehen; nur gegenwärtig sei er nicht fähig, zusammenhängende Vorlesungen zu halten.» (NA 42, 185) Schon zu Beginn des Jahres hatte Charlotte von Stein in einem Brief aus Weimar angedeutet, daß der politische Wetterwechsel, der sich unter dem neuen Herzog abzeichnete, Schiller interessante Tätigkeitsfelder würde erschließen können.[65] Abel befreundet sich mit der Idee, eine offizielle Berufung seines Schülers an die Tübinger Universität anzubahnen, und betreibt diesen Plan in den nächsten Monaten hartnäckig, letzthin jedoch ohne Erfolg. Im Sommer 1794 wird von Ludwig Eugen eine unter Leitung des Staatsrechtsprofessors Johann Daniel Hoffmann stehende Kommission einberufen, die die Neuordnung des akademischen Stellenplans vorantreiben soll. Am 29. Januar 1795 teilt Abel seinem früheren Eleven im Rahmen einer vertraulichen Darstellung die Konditionen für den Wechsel auf einen philologischen Lehrstuhl mit. Nachdem Schiller unter Hinweis auf seine Bindung an den Weimarer Herzog abschlägig geantwortet hat, bietet ihm Abel am 6. März eine flexible Lösung an, die vorsieht, daß er bei regulärer Besoldung ein Ordinariat für Geschichte mit der Erlaubnis zu fachlichen Exkursen in die Gebiete der Ästhetik und Ideenhistorie übernehmen solle. Auch dieser Vorschlag stößt jedoch auf geringe Gegenliebe; Schiller fürchtet die Zwänge dienstlicher Verpflichtungen, denen er sich gesundheitlich nicht gewachsen fühlt. Zudem schreckt ihn der Gedanke einer dauerhaften Rückkehr in die schwäbische Heimat ab; dem württembergischen Geistesklima zieht er die anregendere Atmosphäre Jenas und Weimars vor.

In Stuttgart, der letzten Reiseetappe, stellen sich ab Mitte März intensive gesellschaftliche Kontakte her. Schiller besucht regelmäßig den früheren Karlsschüler Johann Heinrich Dannecker, der inzwischen eine Akade-

Friedrich Schiller.
Gewandbüste von Johann Heinrich Dannecker, 1794

*Friedrich Schiller.
Gemälde von Ludovike Simanowiz, 1793/94*

mieprofessur für Bildhauerei innehat, und lernt durch dessen Vermittlung seinen Schwager, den vermögenden Mäzen Gottlob Heinrich Rapp, kennen. Im Haus des Bankiers, das in der Altstadt nahe der Stiftskirche liegt, treffen sich anerkannte zeitgenössische Künstler – der Maler Philipp Friedrich Hetsch, der Bildhauer Philipp Jakob Scheffauer und der Musiker Johann Rudolf Zumsteeg (der seinerzeit die Liedeinlagen der *Räuber* vertont hatte) –, um den geselligen Austausch über ästhetische Fragen zu pflegen. Der Gastgeber, der selbst nie eine Universität besucht hat, sorgt durch seinen unprätentiösen Stil dafür, daß der Ton der Gespräche frei von akademischem Dünkel bleibt. Schiller beteiligt sich engagiert an der Erörterung von Problemen der klassizistischen Kunst, zu der, wie er erfreut vermerkt, «Köpfe aller Art und Handthierung sich zusammenfinden.» (NA 26, 349)

In den Stuttgarter Monaten entstehen zwei der bedeutsamsten Bildporträts, die die Nachwelt von Schiller besitzt. Zur Jahreswende 1793/94 hatte Ludovike Simanowiz, die Schwester des früheren Kommilitonen Karl Ludwig Reichenbach, ein Ölgemälde begonnen, das erst Ende Juni abgeschlossen wird. Bereits im Frühjahr 1794 zeigt sich Schiller nach der Ansicht einer Vorstudie durch die Leistung der Künstlerin beeindruckt und bittet sie, von Charlotte ein ähnlich formatiertes Porträt zu fertigen. Dannecker wiederum entwirft im März eine Büste, über deren Modellierung ein Brief an Körner vom 17. März nicht ohne Stolz berichtet. Sie zeigt ein scharf geschnittenes Gesicht in klassizistischer Linienführung mit deutlich antikisierendem Charakter. Eine zweite Büste gestaltet Dannecker elf Jahre später, in den Monaten nach Schillers Tod, aufgrund der älteren Vorlage. Sie ist geprägt vom entschiedenen Willen zur Monumentalisierung und wirkt wie ein steingewordenes Zeichen der nunmehr einsetzenden Mythenbildung. «Den andern Morgen bei'm Erwachen», so schreibt Dannecker im Mai 1805 an Wilhelm von Wolzogen, «war der göttliche Mann vor meinen Augen, da kam mir's in den Sinn, ich will Schiller lebig [!] machen, aber der kann nicht anders lebig sein, als colossal. Schiller muß colossal in der Bildhauerei leben, ich will eine Apotheose.»[66]

Der Stuttgarter Aufenthalt, der nur gelegentlich von Krankheitsschüben belastet wird, wirkt inspirierend, weil er interessante Zukunftsaussichten erschließt. Zwei folgenreiche Begegnungen, deren Bedeutung Schiller zumindest erahnt haben dürfte, bestimmen die württembergischen Frühjahrswochen. Am 3. Mai stattet ihm Johann Gottlieb Fichte, der auf der Durchreise ist, einen kurzen Anstandsbesuch ab. Ende 1793 war der 31jährige Philosoph als Nachfolger Reinholds, der durch Vermittlung des Augustenburgers auf einen Kieler Lehrstuhl wechselte, an die Universität

Jena berufen worden; zu Beginn des Sommersemesters soll er sein neues Amt antreten. Schiller erkennt rasch, daß sich hier Möglichkeiten einer produktiven Zusammenarbeit ergeben, und verabredet mit Fichte die Fortsetzung des persönlichen Austauschs nach seiner Ankunft in Jena. Weitaus folgenreicher gestaltet sich eine zweite Begegnung, die handfeste Konsequenzen für die Arbeitsorganisation der nächsten Monate zeitigt: durch Vermittlung Haugs hatte Schiller in den Frühjahrsmonaten den Verleger Johann Friedrich Cotta kennengelernt. Am 4. Mai, kurz vor Schillers Abreise, trifft man sich nochmals in Stuttgart und unternimmt einen gemeinsamen Kutschausflug nach Untertürkheim, um künftige Projekte zu erörtern. Damit ist der Grundstein für eine bis zu Schillers Tod währende Zusammenarbeit gelegt, die sämtliche älteren Verlegerbeziehungen in den Schatten stellt.

Erst am 6. Mai, später als zunächst geplant, tritt Schiller mit Charlotte die Rückreise an. Den Vater und die Schwester Nanette wird er nicht mehr wiedersehen; beide sterben im Jahr 1796, ohne daß er ihr Krankenlager hätte aufsuchen können. Als er am 15. Mai nach neunmonatiger Abwesenheit wieder in Jena eintrifft, haben sich die Voraussetzungen für neue Aktivitäten entschieden verbessert, die personellen Konstellationen verändert. Das akademische Amt belastet nicht mehr: Schillers Professur wird Mitte April neu durch den Göttinger Karl Ludwig Woltmann besetzt, der später auch zu den Mitarbeitern der *Horen* zählt. Reinhold hat Jena im März bereits verlassen, um einen Lehrstuhl in Kiel zu übernehmen. Seit dem 18. Mai hält sich Fichte in der Stadt auf; Wilhelm von Humboldt ist wenige Wochen zuvor hier angekommen und wohnt in unmittelbarer Nachbarschaft Schillers, der im Blick auf die gewachsene Familie ein größeres Domizil am *Untern Markt* gemietet hat. Die Basis für neue Bündnisse ist gelegt. Bereits am 20. November 1793 hatte die Jenaer *Naturforschende Gesellschaft* Schiller die Ehrenmitgliedschaft angetragen. Wie bedeutsam diese Sozietät für seine künftigen Lebensverhältnisse wird, kann er zu diesem Zeitpunkt freilich noch nicht ahnen.

Der Verleger als Freund.
Porträt Cottas

Bereits im Januar 1790 scheint der damals 25jährige Johann Friedrich Cotta Kontakt zu Schiller gesucht zu haben. Über Caspar Schiller läßt er anfragen, ob er mit einem Manuskript für sein neues Verlagsunternehmen rechnen dürfe. Die Antwort zeugt vom Selbstbewußtsein des erfolgreichen Autors: «Wegen des jungen Buchhändlers in Stuttgardt ließe sich schon noch etwas machen. Fragen Sie ihn aber gelegenheitlich, ob er im Stande ist 3 Louidors für den Bogen zu geben, wenn ich ihm Mscrpt von Wert anbiete. Um weniger thue ich es nicht, da mir andere Buchhändler für wichtige Arbeiten soviel bezahlen.» (NA 25, 408) Ob Cotta zu diesem Zeitpunkt eine derartige Honorarforderung – immerhin 15 Reichstaler pro Bogen – hätte erfüllen können, scheint fraglich, zumal er sich erst am Beginn seiner geschäftlichen Laufbahn befand. Nach dem Studium der Rechtswissenschaften und Mathematik, dem eine kurze Anwaltstätigkeit folgte, hatte er 1787 die wirtschaftlich marode Buchhandlung seines Vaters in Tübingen übernommen, einen seit 1659 bestehenden Familienbetrieb, der modernisiert und neu gegliedert werden mußte (hier ließ man 1780 Schillers Dissertation drucken). In den ersten Jahren seiner unternehmerischen Tätigkeit baut Cotta behutsam das Verlagsgeschäft auf und sucht gezielt den Kontakt mit jungen Künstlern und Intellektuellen. Solides Grundkapital, haushälterische Finanzpolitik und geschickte Werbefeldzüge sorgen rasch für Erfolg. Innerhalb kurzer Zeit gelingt es ihm, die führenden Schriftsteller Deutschlands unter Vertrag zu nehmen; das Spektrum seiner Hausautoren reicht bald von Schiller und Goethe über Humboldt, Fichte und Hegel bis zu Jean Paul, Hölderlin, August Wilhelm Schlegel und Tieck. Bereits um 1800 trägt der Verlag die Züge eines modernen Medienunternehmens, in dem Einzelschriften, Werkausgaben, Tageszeitungen, wissenschaftliche Periodika und Journale gedruckt und vertrieben werden.

Im Oktober 1793 stellt Johann Christoph Friedrich Haug die Verbindung zwischen Cotta und Schiller her. Am 30. Oktober schreibt er dem früheren Kommilitonen, der ihm den jungen Verleger empfohlen hat: «Wie sehr wünschte ich, auch schon Ihrentwegen, Herrn Cotta willfahren zu können, sey es durch welche Schrift es wolle. Aber ob ich gleich an Göschen nicht gebunden bin, so ist derselbe doch mein Freund, und hat ein freundschaftliches Recht wenigstens an die erste Anfrage von mir.» (NA 26, 291 f.) Während sich die Geschäftsbeziehungen zu Metzler, Schwan und Crusius vorwiegend auf sachlicher Basis entwickelt hatten, bildete das persönlich motivierte Vertrauen das stabile Fundament im Verhältnis zu Göschen. Daß Cotta in diese erfolgreiche Allianz eindringen und den Autor Schiller für sich gewinnen konnte, hatte zunächst allein merkantile Gründe. Mit Christian Jakob Zahn besaß der junge Unternehmer einen kapitalstarken Kompagnon, der den Aufbau seiner Verlagsbuchhandlung kräftig unterstützte und die nötige wirtschaftliche Absicherung auch gewagterer geschäftlicher Vorhaben garantierte. Schiller eröffnet die sich anbahnende Bekanntschaft mit dem experimentierfreudigen Verleger die Möglichkeit, ein Zeitschriftenprojekt zu fördern, für das er bereits im Oktober 1792 Göschen zu gewinnen gesucht hatte: «Ich meyne immer, daß Sie bey meiner alten Idee, ein großes vierzehntägiges Journal, an dem dreißig oder vierzig der beßten Schriftsteller Deutschlands arbeiteten, herauszugeben am beßten fahren und ein Werk für Ihr Lebenlang dann haben würden. Sie würden und müßten dadurch der Erste und Respectierteste Buchhändler in Deutschland werden (...)» (NA 26, 159). Angesichts des geschäftlichen Mißerfolgs, den ihm die *Thalia* eingetragen hatte, mochte sich Göschen jedoch trotz solcher Avancen nicht auf ein neues Journal einlassen. Cotta wiederum signalisiert unverzüglich Interesse an dem ihm unterbreiteten Zeitschriftenkonzept. Nach der persönlichen Begegnung im Frühjahr 1794 bietet Schiller dem Verleger zunächst die Publikation einer Reihe von Übersetzungen antiker Dramen unter dem Titel *Griechisches Theater* an, ohne das Vorhaben freilich genauer zu umreißen. Im Vordergrund steht dabei seine Absicht, den entschiedenen Willen zur künftigen Zusammenarbeit zu bekunden. Am 4. Mai besucht Cotta Schiller in Stuttgart und bespricht mit ihm während des Ausflugs nach Untertürkheim mit Rast auf dem Kahlenberg bei Cannstatt auch den alten Zeitschriftenplan. Man verabredet, gemeinsam ein politisches Tagesblatt und ein ästhetisches Journal auf den Markt zu bringen, wobei Schiller jeweils als verantwortlicher Herausgeber firmieren soll.

Kurz nach der Ankunft in Jena rückt Schiller zwar mit Rücksicht auf seine Gesundheit vom Projekt der Tageszeitung ab, schlägt Cotta statt dessen jedoch die Publikation einer politischen Vierteljahresschrift vor, die ihn «nicht aus Neigung sondern aus Speculation» interessieren würde (NA 27, 2). Wenige Wochen später setzt man zwei Vertragsentwürfe über die Veröffentlichung einer *Allgemeinen Europäischen Staatenzeitung* und eines ästhetischen Periodikums mit dem Titel *Die Horen* auf, die am 28. Mai unterzeichnet werden. Ein solches Verfahren schien auch am Ende des 18. Jahrhunderts ungewöhnlich; zumeist bekräftigte man Verabredungen durch Handschlag oder entsprechende Briefäußerungen, während die Vertragsform eine Ausnahme darstellte. Die nur aus finanziellem Kalkül geplante politische Quartalsschrift bleibt, wie sich bald abzeichnet, im Projektstadium stecken. Am 14. Juni teilt Schiller dem Verleger mit, daß er sich aus Gründen fehlender Sachkompetenz nicht geeignet fühle, ein politisches Journal herauszugeben. Statt an einer «so äuserst risquanten Unternehmung» festzuhalten, ziehe er es vor, seine Kräfte gänzlich auf die Veröffentlichung des ästhetischen Periodikums zu konzentrieren, weil er «in diesem Fache anerkannt» und «hinreichend mit Materialien versehen» sei (NA 27, 15). Cotta hat das politische Journal unter einem anderen

Herausgeber später gleichwohl realisiert. Ab dem Januar 1795 erscheint in der Verantwortung des Historikers Ernst Ludwig Posselt die Monatsschrift *Europäische Annalen*, zwei Jahre später folgt im eigenen Haus auch eine Tageszeitung, zunächst als *Allgemeine Weltkunde*, seit 1799 unter dem Titel *Allgemeine Zeitung*. Mit dem 1807 ins Leben gerufenen *Morgenblatt für gebildete Stände* gelingt es Cotta schließlich, ein Journal auf den Markt zu bringen, das kulturelle Ambitionen verfolgt, ohne tagespolitische Perspektiven preiszugeben.

Cotta gewinnt durch die bereitwillige Übernahme der geschäftlich nicht eben verheißungsvollen *Horen* das Vertrauen seines neuen Partners. Zwar erfüllt Schiller auch künftig seine vertraglichen Verpflichtungen gegenüber Göschen und Crusius, jedoch geht er mit beiden keine neuen Bindungen ein. Die erst im Jahr 1802 abgeschlossene Publikation der *Kleineren prosaischen Schriften* sowie die folgende Veröffentlichung der gesammelten Gedichte in zwei Bänden bleibt Crusius, die Edition der *Thalia* Göschen vorbehalten; die aktuell entstehenden Arbeiten aber vertraut Schiller ab 1794 bevorzugt Cotta an. Nach enttäuschenden Erfahrungen mit dem ineffizienten Vertriebssystem des Neustrelitzer Hofbuchhändlers Michaelis überantwortet er ihm seinen 1795 gegründeten *Musen-Almanach*, dessen Verbreitung beträchtlich ist. Die in den folgenden Jahren vollendeten Dramen erscheinen mit Ausnahme der *Jungfrau von Orleans*, die Goethes Verleger Unger übernimmt, im Hause Cottas. Dasselbe gilt für die Übersetzungen und Bühnenbearbeitungen von Texten Shakespeares, Gozzis und Racines, die Schiller zumal in den Jahren nach 1800 zum Druck bringt. Bereits im März 1795 deutet er an, daß er seinen neuen Geschäftspartner gern mit der lukrativen Publikation seiner gesammelten Dramen betrauen möchte: «Da Sie Lust haben auch meine übrigen Werke zu verlegen, so wollen wir das nächste Jahr, wenns irgend möglich ist, mit einer verbeßerten Auflage meiner Schauspiele den Anfang machen, vorausgesetzt, daß Göschen des Carlos wegen darein willigt.» (NA 27, 161 f.) Es dauerte freilich noch neun Jahre, ehe es zur Verwirklichung dieses von Cotta stets nachdrücklich unterstützten Planes kam. Erst 1805, bereits postum, erschien der Eröffnungsband der gesammelten Dramen unter dem Titel *Theater von Schiller*.

Göschen betrachtet die sich anbahnende Geschäftsbeziehung zwischen Schiller und Cotta mit Sorge. Zu einem Eklat kommt es auf der Leipziger Frühjahrsmesse 1795, als die Verleger in einen heftigen Wortwechsel geraten. Göschen wirft Cotta niederträchtiges Geschäftsgebaren vor und spricht vom «schändlichen Abspannen der Autoren». Nicht allein die Zusammenarbeit mit Schiller sei verwerflich, sondern die Tatsache, daß sich Cotta «zwischen zwei Freunde eingeschlichen» habe (NA 35, 198). Der

*Johann Friedrich Cotta.
Lithographie von unbekannter Hand*

solchermaßen Beschuldigte sucht zu vermitteln und eine Lösung im Streit um die bei Göschen liegenden Rechte für den *Don Karlos* herbeizuführen, kann jedoch gegen den aufgebrachten Konkurrenten wenig ausrichten. Der Ton der Briefe, die Schiller in den folgenden Jahren an Göschen richtet, wirkt spürbar unterkühlt.

Mit Cotta scheint endlich ein finanzstarker Förderer gefunden, der die letzte Dekade von Schillers Leben jenseits geschäftlicher Interessen auch als Freund begleitet. In entscheidenden Phasen unterstützt der Verleger seinen Autor durch Vorschüsse auf überaus großzügige Weise. Schon am 11. September 1795 hatte Cotta Schiller die Möglichkeit eingeräumt, über Vorauszahlungen verabredeter Honorare in nicht näher begrenzter Höhe zu verfügen: «(…) überhaupt rechne ich darauf, daß Sie in jedem Fall annemen, offene Casse bei mir zu haben, ohne die mindeste Rüksicht, denn ich neme diß als einen Beweiß Ihrer mir so schäzbaren Freundschaft an.» (NA 35, 332) In den folgenden Jahren arbeitet Schiller regelmäßig mit den großzügig gewährten Vorschüssen des Verlegers. Als er sich Ende des Jahres 1801 zum Erwerb eines Hauses entschließt, ersucht er Cotta um größere finanzielle Hilfe. Unverzüglich läßt dieser darauf von der fürstlichen Kammer in Weimar 2600 Gulden (nach damaligem Kurswert 1733 Taler) überweisen; das entspricht immerhin einem guten Drittel des sich auf 4200 Taler belaufenden Kaufpreises und bedeutet einen wesentlichen Beitrag zur Absicherung der durch unterschiedlichste Quellen gestützten Transaktion. In seinem Dankesbrief für den beträchtlichen Vorschuß bemerkt Schiller am 10. September 1802 nicht ohne Enthusiasmus: «Warlich, ich darf mich eines Freundes rühmen, wie ihn wenige besitzen, der meine Angelegenheiten völlig zu den seinigen macht und in deßen Händen sich alles, was er übernimmt, zu meinem Besten wendet.» (NA 31, 161)

Cotta handelte freilich in einem solchen Fall nicht uneigennützig. Er versteht die geliehene Summe als Anzahlung auf die von ihm dringend gewünschte Publikation der gesammelten Dramen und möchte seinen Autor derart fester an sich binden. Bereits am 27. Oktober 1801, kurz nach der Veröffentlichung der *Jungfrau von Orleans* durch Unger, hatte er Schiller die Forderung bewilligt, für jedes seiner künftigen Theaterstücke stattliche 300 Dukaten (950 Taler) Honorar zu zahlen, und grundsätzlich erklärt: «Sie werden dabei immerhin finden, daß Sie es mit einem Mann zu thun haben, der neben der Überzeugung, daß bei Schriftstellern wie Sie das Honorar nie ein ÄquiValent für die Arbeit seyn könne und daß mithin ein Accord nie die Verbindlichkeiten des Buchhändlers in einem solchen Falle erschöpfe, sobald der Erfolg ihm noch mehr zu thun erlaubt, auch Ihre Freundschaft zu schäzen weißt. In dieser letztern Hinsicht darf ich Ihnen auch wiederholen, daß es mich tief schmerzen würde, wenn ich nicht stets der einzige bliebe, der Ihre Werke verlegte und daß es mich freut, Ihre bisherigen Zusagen nun erfüllt zu sehen.» (NA 39/I, 121) Der Ton dieses Briefes ist bezeichnend für das Verhältnis zwischen Verleger und Autor. Cottas vorrangiges Anliegen bleibt es, sich zum Schutz gegen die stets drohende Konkurrenz Göschens, Crusius' oder Ungers exklusive Publikationsrechte zu sichern. Für die Durchsetzung dieses Ziels bringt er finanzielle Opfer, die es Schiller wiederum erleichtern, dem Verlagshaus die Treue zu halten. Honorarforderungen werden daher ohne umständliche Verhandlungen akzeptiert, Publikationspläne stetig gefördert, Ausstattungswünsche bereitwillig unterstützt. So bleibt Schillers Briefwechsel mit seinem Tübinger Geschäftspartner, anders als jener Goethes, von Mißtönen und Meinungsverschiedenheiten frei. Cotta, der gegenüber jüngeren Hausautoren weniger konziliant aufzutreten pflegt, versteht sich als solidarischer Anwalt von Schillers literarischen Plänen. Bewundert der Verleger die künstlerische Souveränität des viereinhalb Jahre Älteren, so schätzt dieser Cottas Organisationskraft und den Weitblick seiner geschäftlichen Unternehmungen. In einem Brief vom 29. Mai 1798 bemerkt Schiller, man fühle sich durch ein «Vertrauen» gebunden, das «auf eine wechselseitige Hochschätzung gegründet» sei: «die höchste Sicherheit, deren ein menschliches Verhältniß bedarf.» (NA 29, 240)

Wie stark solche ‹Sicherheit› durch das großzügige Finanzgebaren Cottas bestimmt wird, verrät ein Blick in die Geschäftsbücher.[67] Zwischen 1795 und 1805 ließ der Verleger eine Honorarsumme von mehr als 32000 Gulden an seinen Autor fließen (Goethe bezog bis zu seinem Tod aus Cottas Kasse mehr als das Achtfache, nämlich 270937 Gulden). Daß die merkantilen Interessen des expandierenden Verlages bei diesem Bündnis nicht zu kurz kamen, darf als zweifellos gelten. Schillers Dramen erzielten seit dem *Wallenstein* beträchtliche Auflagen, zumal sie sich auf dem Theater durchsetzten und ein für die damalige Zeit breites Publikum erreichten. Auch der Musenalmanach, den Schiller bis 1800 publizierte, blieb eine für Cotta lohnende geschäftliche Acquisition. Verständlich war es da, daß dem Verleger das Wohlergehen seines Autors am Herzen lag. Als Cotta nach einem Besuch in Schillers Jenaer Gartenhaus im Mai 1798 auf der Weiterreise durch ein heftiges Gewitter überrascht wird, erfaßt ihn die Sorge um die Sicherheitsverhältnisse des kleinen Anwesens: «(...) ich konte keinen Augenblick schlafen, als ich mir Ihre isolirte und hoch gelegene Wonung und Sie und Ihre schäzbare Familie dem nächsten Bliz ausgesetzt dachte: mein erster freier Augenblick war also einem Brief an Ihren Herren Schwager, Wollzogen gewidmet, in dem ich ihn bat, einen BlizAbleiter auf Ihre Wonung zu errichten, von dem Sie mir die Kosten zu tragen erlauben werden, da ich dises Instrument gerne als ein kleines Zeichen meiner ewigen Dankbarkeit für Ihre Sicherheit errichten möchte.» (NA 37 I, 297.) Schiller hat Cottas Rat ernstgenommen und sein Jenaer Gartenhaus tatsächlich mit einem Blitzableiter ausgestattet; die Kosten übernahm, wie versprochen, der Verleger.

3. Nachdenken über die Tragödie

Das Abenteuer einer neuen Philosophie. Impulse durch die Kant-Studien

Noch auf dem Krankenlager beginnt Schiller Ende Februar 1791 die Lektüre von Kants im Jahr zuvor erschienener *Kritik der Urteilskraft*. Bis zu diesem Zeitpunkt hatte er sich nur mit dessen geschichtsphilosophischen Artikeln aus der *Berlinischen Monatsschrift* auseinandergesetzt, von einem Studium der Erkenntnistheorie (*Kritik der reinen Vernunft*, 1781) bzw. der Ethik (*Kritik der praktischen Vernunft*, 1788) trotz nachdrücklicher Empfehlungen Körners und Reinholds jedoch abgesehen. Die Begegnung mit Kants Ästhetik, deren Fundament die Theorie des Urteils bildet, erschließt nunmehr neue Perspektiven. Sie verschafft Schiller die Überzeugung, daß das Wesen des Schönen, wiewohl zweckmäßig, d. h. auf innere Ordnungsbeziehungen zurückführbar, prinzipiell frei von Zwecken ist. Zwar bleibt das Schöne – in Kunst und Natur – gebunden an eine ideale Form, jedoch gehorcht es keiner festen Funktion; es repräsentiert eine autonome Größe, ohne sich vorgeschalteten Anwendungsgesetzen jenseits seiner internen Organisation zu unterwerfen. Kant leitet damit auch die systematische Abkehr von der älteren, auf die antike Literaturtheorie des Aristoteles und Horaz zurückreichenden, noch in der Aufklärung, bei Gottsched und Lessing vorherrschenden Wirkungspoetik ein.

Vorgezeichnet war diese ‹kopernikanische Wende› der Ästhetik, wie bereits angedeutet, bei Karl Philipp Moritz, der 1788 in seiner Abhandlung *Über die bildende Nachahmung des Schönen* erklärt hatte, daß das gelungene Werk allein aus sich heraus wirke und frei von jeglicher Zweckbindung zu bleiben habe. Produktion und Rezeption unterliegen jeweils ähnlichen Bedingungen, auf deren innere Verknüpfung Moritz prononciert hinweist: «Was uns daher allein zum wahren Genuß des Schönen bilden kann, ist das, wodurch das Schöne selbst entstand; vorhergegangne ruhige Betrachtung der Natur und Kunst, als eines einzigen großen Ganzen, das

Immanuel Kant.
Radierung von Karl Barth nach Johann Heinrich Stobbe

in allen seinen Theilen sich in sich selber spiegelnd, da den reinsten Abdruck läßt, wo alle Beziehung aufhört, in dem echten Kunstwerke, das, so wie sie, in sich selbst vollendet, den Endzweck und die Absicht seines Daseins in sich selber hat.»[68] Die von Moritz formulierte Auffassung, daß, was schön sei, durch eigene Kraft zu wirken habe, wird bei Schiller, Goethe, bei Friedrich Schlegel und Novalis, bei Hölderlin und Schelling in ähnlicher, nur in der Begründung abweichender Tendenz wiederkehren.

Kants Bestimmung des Schönen als autonome Kraft stützt sich auf eine Deduktion der menschlichen Urteilsfertigkeit, sie erfolgt in rezeptionsästhetischer Hinsicht. Die vielzitierte Formel vom Schönen als Form der ‹Zweckmäßigkeit ohne Zweck› gewinnt Kant aus einer Theorie des Geschmacks und seiner beziehungsreichen Ordnungsmuster.[69] Hatte die *Kritik der reinen Vernunft* das Erkenntnisvermögen des Menschen, die *Kritik der praktischen Vernunft* seine Befähigung zum sittlichen Handeln aus Prinzipien a priori abgeleitet, so zielt nun der dritte große Systementwurf auf die theoretische Bestimmung der Urteilskraft, die im Wege der Analyse allgemeiner Gesetzmäßigkeiten vollzogen werden soll. Kant selbst äußert sich über den inneren Zusammenhang der drei Bücher in einem Brief an Reinhold vom 28. Dezember 1787, veranlaßt durch dessen Prognose, die Verbreitung der kritischen Philosophie bewirke eine «der allgemeinsten, merkwürdigsten und wohlthätigsten Revolutionen», die «sich je im menschlichen Geiste ereignet» hätten.[70] In seinem Schreiben vermerkt Kant, die Arbeit an der Analytik des Geschmacksurteils habe ihm selbst verdeutlicht, welche systematische Konsequenz seine folgerichtige Herleitung transzendentaler (vor aller Erfahrung bereitliegender) Erkenntnisbedingungen für die Theorie menschlicher Vermögen insgesamt nach sich ziehe. Die methodische Basis des hier eingeschlagenen Weges sei, stellt Kant befriedigt fest, so außerordentlich breit, «daß ich jetzt drey Theile der Philosophie erkenne, deren jede ihre Prinzipien a priori hat die man abzählen und den Umfang der auf solche Art möglichen Erkenntnis sicher bestimmen kan – theoretische Philosophie Teleologie und practische Philosophie von denen freilich die mittlere als die ärmste an Bestimmungsgründen a priori befunden wird. Ich hoffe gegen Ostern mit dieser, unter dem Titel der Kritik des Geschmacks, ein [recte: im] Mscpt. obgleich nicht im Drucke fertig zu seyn.»[71]

In der 1790 publizierten dritten Kritik grenzt Kant grundsätzlich das auf schöne Gegenstände bezogene Geschmacksurteil gegenüber teleologischen Urteilen ab, die die Gesetzmäßigkeit von Erscheinungen und Verlaufsmechanismen der Natur nach regulativen Gesichtspunkten erschließen. Das durch Gefühle der Lust bzw. Unlust angeregte, im Bann der

Intuition stehende Geschmacksurteil (auch ‹ästhetisches Urteil› genannt) erfaßt die subjektive Zweckmäßigkeit des Schönen. Es unterscheidet sich damit vom teleologischen Urteil, das die objektive Zweckmäßigkeit einer Naturerscheinung ergründet und die Basis des wissenschaftlichen Verstehensaktes bildet.[72] Wesentlich bleibt, daß das Urteil über das Schöne stets subjektiv, das teleologische Urteil jedoch objektiv fundiert ist. Aus dieser prinzipiellen Differenzierung, die auch für die innere Gliederung von Kants Schrift verantwortlich zeichnet, leitet sich die Bestimmung der Kunst ab. Ihr besonderer Doppelcharakter besteht darin, daß ihre Werke zwar allein subjektiv wahrnehmbar sind, zugleich aber durch die von ihnen ausgehende Wirkung – die ästhetische Vergegenwärtigung des Objekts im individuellen Geschmacksurteil – den Anspruch auf verbindliche Allgemeinheit erheben.

Mit Kategorien, die bereits die *Kritik der reinen Vernunft* erprobt, unterscheidet Kant «Qualität», «Quantität», «Relation» und «Modalität» des Geschmacksurteils.[73] Das interesselose, von äußeren Zwecken unabhängige Wohlgefallen bildet sein besonderes Merkmal, insofern es die Freiheit eines Betrachtungsaktes bezeichnet, der allein dem schönen Gegenstand, nicht aber externen Absichten oder Bedürfnissen Geltung verschaffen soll. Die ‹Quantität› des Geschmacksurteils erschließt seinen Allgemeincharakter, der darin besteht, daß es sich auf die Kräfte der Einbildung und des Verstandes gleichermaßen stützt. Der schöne Gegenstand kann nur mit Hilfe von Imagination und verstandesgelenkter Erkenntnis vom Subjekt vorgestellt werden; das Zusammenwirken beider Vermögen trägt dabei, wie Kant vermerkt, den Zuschnitt eines «freien Spiels»,[74] insofern es keiner Steuerung durch das Regelwerk der Begriffe gehorcht. Unter dem Stichwort ‹Relation› behandelt die Schrift die Fertigkeit des Geschmacksurteils, das zweckmäßige Wesen des Schönen als seine innere Ordnungsstruktur wahrzunehmen. In ihr bekundet sich die Unabhängigkeit gegenüber außerästhetischen Geltungsansprüchen, die durch die besondere (begrifflich nicht faßbare) Organisation seiner Form gewährleistet wird. Die Verbindlichkeit des Geschmacksurteils stützt schließlich der «Gemeinsinn», der den Normen entspringt, welche aus dem freien Spiel der Erkenntniskräfte ableitbar sind. Die hier bezeichnete ‹Modalität› des ästhetischen Urteils entstammt nicht der faktischen Macht sozialer Konventionen, die Kant «äußern Sinn»[75] nennt, sondern erschließt die für jedes Individuum gültigen Gesetze, denen es unterliegt.

Von der Konstitution des Urteils wird bei Kant auf die ästhetische Erscheinung zurückgeschlossen, vom Geschmack führt der Weg zur Bestimmung des Schönen selbst. Ist das auf Gefühle der Lust bzw. Unlust gestützte Geschmacksurteil notwendig subjektiv, so liegt das darin begründet, daß das Schöne, dem es gilt, ebenfalls nicht objektiv, sondern subjektiv – im je individuellen Vorstellungsbezirk des Betrachters – existiert. Zwar besteht in jeder Kulturgesellschaft ein Ensemble von Normen, das den ‹Gemeinsinn› begründet, jedoch sorgt dieser nur für eine grobe Differenzierung der Beurteilungskriterien nach allgemein gültigen Maßstäben. Entscheidend bleibt, daß das Geschmacksurteil subjektive Züge trägt und seinerseits das Schöne als zweckfreie Erscheinung erfaßt, deren besonderes Wesen vom teleologischen Urteil nicht zu erschließen wäre. «Schönheit», so definiert Paragraph 17, «ist Form der Zweckmäßigkeit eines Gegenstandes, sofern sie, ohne Vorstellung eines Zwecks, an ihm wahrgenommen wird.»[76]

Kants Analytik des Schönen bestimmt die ästhetische Erscheinung als autonom, indem sie ihre Wirkung von den Bereichen der wissenschaftlichen Erkenntnis und praktischen Sittlichkeit gleichermaßen löst. Das «interesselose Wohlgefallen»,[77] das das Urteil über die schöne Kunst begleiten muß, bildet zwar das Produkt eines freien, von externen Rücksichten gereinigten Anspruchs auf vorbehaltlos-unparteiische Wahrnehmung, kann jedoch keine moralische Wertigkeit für sich reklamieren.[78] Ebenso ist die Verbindlichkeit des Gemeinsinns, der das Geschmacksurteil steuert, unabhängig von allgemeinen Begriffen der Vernunft, insofern er allein das Gefühl des Gefallens oder Mißfallens jenseits rationaler Erkenntniskategorien beeinflussen darf. Eine unmittelbare Einwirkung auf das Reich der vernünftigen Sittlichkeit bleibt dem Kunstschönen in Kants System verwehrt, weil die Bedingung der Zweckresistenz ästhetischer Erfahrung gerade deren Absonderung vom Feld der Ethik ist. Zur Freiheit kann der Mensch bei Kant nur finden, wenn er, wie es in der *Kritik der praktischen Vernunft* heißt, die Maximen seines Handelns so anlegt, daß sie die Basis eines allgemeinen sittlichen Prinzips bilden können.[79] Autonomie als Grund freier Entfaltung ist nicht erreichbar durch die Kunst, sondern durch Verhaltensweisen, die sich in Übereinstimmung mit ethischen Gesetzen befinden, welche ihrerseits vernunftkonform bleiben müssen. An diesem Punkt werden sich Schillers Bemühungen entzünden, Kants Ästhetik zu revidieren und ihre Prämissen umzuschreiben. Seine Auseinandersetzung mit der *Kritik der Urteilskraft*, die die theoretischen Schriften der Jahre zwischen 1791 und 1796 leitet, bleibt vom Versuch beherrscht, das Schöne als autonom zu denken, ohne es von der moralischen Welt zu trennen. Schönheit soll, so Schillers Vorhaben, objektiv, nicht vorwiegend subjektiv (wie in der *Kritik der Urteilskraft*) bestimmbar sein. Das ist nur möglich, wenn sie für eine sinnliche Erscheinungsform jener ethischen

Freiheit gehalten wird, die bei Kant aus systematischen Gründen von der Welt der Kunst geschieden bleibt. Hatte die *Kritik der Urteilskraft* im Paragraphen 59 Schönheit als «Symbol der Sittlichkeit»[80] definiert und damit den Gegensatz festgeschrieben, der beide Bereiche voneinander trennen mußte, so betonen Schillers spätere ästhetische Entwürfe gerade die Möglichkeit, sie auf produktive Weise zusammenzuführen.
Der erste Eindruck, den die Kant-Lektüre bei Schiller hinterläßt, ist überaus nachhaltig. An Körner schreibt er am 3. März 1791: «Du erräthst wohl nicht, was ich jetzt lese und studiere? Nichts schlechteres als – Kant. Seine Critik der Urtheilskraft, die ich mir selbst angeschafft habe, reißt mich hin durch ihren neuen lichtvollen geistreichen Inhalt und hat mir das größte Verlangen beygebracht, mich nach und nach in seine Philosophie hinein zu arbeiten. Bei meiner wenigen Bekanntschaft mit philosophischen Systemen würde mir die Critik der Vernunft und selbst einige Reinholdische Schriften für jetzt noch zu schwer seyn und zuviel Zeit wegnehmen. Weil ich aber über Aesthetik schon selbst viel gedacht habe und empirisch noch mehr darin bewandert bin, so komme ich in der Critik der Urteilskraft weit leichter fort, und lerne gelegentlich viele Kantische Vorstellungsarten kennen, weil er sich in diesem Werke darauf bezieht und viele Ideen aus der Critik der Vernunft in der Critik der Urteilskraft anwendet. Kurz ich ahnde, daß Kant für mich kein so unübersteiglicher Berg ist, und ich werde mich gewiß noch genauer mit ihm einlassen.» (NA 26, 77f.)
Das ganze Jahr 1791 hindurch studiert Schiller, sofern es seine schwankende Gesundheit gestattet, die *Kritik der Urteilskraft*. Die unerwartete Förderung durch den Prinzen von Schleswig-Holstein-Augustenburg versetzt ihn ab Dezember 1791 in die Lage, seine theoretischen Kenntnisse frei von akademischen Verpflichtungen zu vertiefen. Immerhin fünf Jahre, bis Ende 1795, dauert die kunstphilosophische Phase an. Erst danach wendet sich Schiller wieder stärker der literarischen Arbeit zu – dem *Wallenstein*-Projekt zumal, nicht zuletzt der Lyrik (eine Reihe von Ideengedichten entsteht bereits während der letzten Periode der theoretischen Studien, ab dem Sommer 1795).
Ehe Schiller sich an eigene ästhetische Entwürfe wagt, vertieft er zunächst seine Lektüre. Im Winter 1791/92 liest er endlich auch die gefürchtete *Kritik der reinen Vernunft*. Körner schreibt er am 1. Januar 1792 tief befriedigt: «Ich treibe jetzt mit grossem Eifer Kantische Philosophie und gäbe viel darum, wenn ich jeden Abend mit Dir darüber verplaudern könnte. Mein Entschluß ist unwiderruflich gefaßt, sie nicht eher zu verlaßen, biss ich sie ergründet habe, wenn mich dieses auch 3 Jahre kosten könnte.» (NA 26, 127) Zunächst unterbricht Ende Januar ein Krankheits-

schub mit schweren Krämpfen und hohem Fieber das theoretische Studium. Die Weimarer Aufführung des *Karlos*, die am 28. Februar auf der Grundlage der Erfurter Bühnenfassung gezeigt wird, kann Schiller in seinem geschwächten Zustand nicht besuchen. Frühjahr und Sommer werden bei leichter Besserung der Gesundheit für den Abschluß der großen Geschichtsschrift genutzt. Mitte September erhält er einen mehrwöchigen Besuch seiner Mutter und der Schwester Nanette, die er Ende des Monats zu einer kurzen Visite bei Frau von Lengefeld in Rudolstadt begleitet (es ist das erste Treffen nach zehn Jahren). Im Oktober 1792 nimmt er nochmals die *Kritik der Urteilskraft* vor, die er nunmehr, in einem zweiten gründlichen Durchgang, zum Zweck der Vorbereitung auf die Fragen der Ästhetik gewidmeten Privatvorlesungen des Wintersemesters studiert. Die Marginalien, mit denen er seine Ausgabe von Kants Schrift versieht, bezeugen eine wiederholte, vermutlich zweifache Lektüre. Besonders intensiv hat er sich, wie die Tinten- und Bleistiftanstreichungen des im Marbacher Archiv aufbewahrten Exemplars zeigen, mit der «Kritik der ästhetischen Urteilskraft» und der darin exponierten «Analytik des Schönen» befaßt; die zweite Abteilung von Kants Schrift, die eine Theorie des teleologischen, auf das Prinzip der Kausalität gestützten Urteilsvermögens vorträgt, weist hingegen nur eine einzige Randglosse auf.[81] Schillers Anmerkungen verraten damit eine klare Interessengewichtung zugunsten der ästhetischen Fragen, die Kants dritte Kritik erörtert.

Selbst wenn Schiller zunehmend skeptischer über Kant denken, später sogar sein fünfjähriges theoretisches Studium insgesamt als Zeitvergeudung ohne fruchtbare Konsequenzen für die eigene künstlerische Entwicklung beurteilen wird, bleibt doch die hohe Schätzung des Königsberger Philosophen gewahrt. Am 18. Februar 1793 heißt es, wiederum in einem Brief an den Freund Körner: «Es ist gewiß von keinem Sterblichen Menschen kein größeres Wort noch gesprochen worden, als dieses Kantische, was zugleich der Innhalt seiner ganzen Philosophie ist: Bestimme dich aus dir selbst: So wie das in der theoretischen Philosophie: Die Natur steht unter dem Verstandesgesetze.» In sehr individueller Ergänzung, ganz gemäß der eigenen Position, derzufolge das Schöne und die sittliche Welt nicht, wie Kant vermutet, geschieden, sondern vereint sind, fügt er hinzu: «Diese große Idee der Selbstbestimmung strahlt uns aus gewißen Erscheinungen der Natur zurük, und diese nennen wir Schönheit.» (NA 26, 191) In einem Brief an Goethe vom 22. September 1797 lobt Schiller Kants in der *Berlinischen Monatsschrift* publizierte *Verkündigung des nahen Abschlusses eines Tractats zum ewigen Frieden in der Philosophie* und betont die Frische seiner Gedankenarbeit, deren «wahrhaft jugendliches» Erscheinungsbild freilich durch einen «philosophischen Canzleystil» entschieden eingeschränkt werde (NA 29, 137). Daß gerade im Fall Kants intellektuelles Selbstverständnis und sprachliche Form nicht trennbar waren, hatte demgegenüber schon Reinhold in seinen *Briefen* von 1786/87 hervorgehoben: die «Verzierungen» der «darstellenden Phantasie», wie sie popularphilosophische Schriften kennzeichneten, müßten in dem Maße an Gewicht verlieren, in dem «die Feinheit des zergliedernden Scharfsinns» die Argumentation beherrsche.[82]

Höchst skeptisch äußert sich Schiller später zu Kants *Anthropologie* (1798), deren methodischer Purismus ihn als Schüler Abels verärgern mußte. Tadelnswert erscheint ihm vor allem die systematische Unterscheidung zwischen medizinischem und philosophischem Interesse, die Absonderung der Spezialgebiete und die damit verbundene Kritik einer interdisziplinär operierenden Erfahrungswissenschaft, wie sie Schiller in der Akademiezeit durch seinen Lehrer kennen- und schätzengelernt hatte. Distanziert vermerkt er in einem Brief an Goethe vom 21. Dezember 1798 über Kants intellektuellen Haushalt: «Es ist immer noch etwas in ihm, was einen, wie bei Luthern, an einen Mönch erinnert, der sich zwar sein Kloster geöffnet hat, aber die Spuren deßelben nicht ganz vertilgen konnte.» (NA 30, 15) Aus dieser Einschätzung spricht die wachsende Distanz, die den Lyriker und Dramatiker Schiller von der eigenen theoretischen Periode trennt. Daß ihr Ertrag, der auch in das literarische Werk einfließt, ohne die Begegnung mit Kant geringer ausgefallen wäre, hat er jedoch nie geleugnet.

Vergnügen an tragischen Gegenständen.
Versuch einer Theorie der Form (1792–1793)

Die Tragödienpoetik der Weimarer Klassik, deren zeitliches Spektrum von Wielands Einsatz für das Trauerspiel in Versen (*Briefe an einen jungen Dichter*, 1782–84) bis zu Goethes zweitem Shakespeare-Essay (1815) reicht, steht unter verschiedenen geschmacksgeschichtlichen Einflüssen. Bedeutsam bleiben die erneuerte Ausrichtung am klassizistischen Drama Frankreichs, die Abkehr vom Realismus des bürgerlich-melodramatischen Trauerspiels und die von der Autonomieästhetik vorbereitete Revision der gattungspoetischen Systematik, die zu einer (bei Schelling und Hegel später verfeinerten) Bestimmung des Ideengehalts literarischer Genres führt. Damit verbinden sich die programmatische Abgrenzung gegen realistische dramatische Darstellungsformen, die Ausrichtung an der Sprachästhetik des von Corneille und Racine vertretenen Klassizismus und das Streben nach einer Anhebung des artifiziellen Niveaus der zeitgenössischen Theaterkultur, wie sie Goethes *Regeln für Schauspieler* (1803) fordern. In einem 1797 verfaßten Aufsatz *Über die gegenwärtige französische tragische Bühne* hat Wilhelm von Humboldt sich vor diesem Hintergrund ausführlicher mit den aktuellen Pariser Inszenierungsstandards und ihrer für die deutschen Verhältnisse vorbildhaften Qualität beschäftigt.[83] Wesentliche Prämisse der hier anklingenden Theaterauffassung ist die Annahme, daß die Wirkung zumal der Tragödie nicht in deren zweckhaftem, sondern im ideellen Charakter der Gattung fundiert sei, der es gestattet, die Bühne zur «Kultstätte der schönen Öffentlichkeit»[84] zu erheben.

Schillers in den frühen 90er Jahren entworfene Theorie des ‹Pathetischerhabenen›, fraglos der Glanzpunkt der klassischen Tragödienästhetik, bildet den Versuch, die mit Kants *Kritik der Urteilskraft* angenommene Zweckmäßigkeit der tragischen Kunst aus der Idee ihrer Wirkung – der Demonstration unveräußerlicher individueller Freiheit – zu begründen. Diese wiederum strahlt, anders als in der funktionsbezogenen Dramenpoetik Lessings, auf die Formstruktur der Tragödie ab, welche als selbständiges künstlerisches Gefüge mit internen Wirkungsgesetzen bestimmt wird. Schillers Trauerspieltheorie bleibt getragen vom Anspruch auf eine strikte Unterscheidung der Gattungen, wie ihn auch der gemeinsam mit Goethe entworfene Versuch *Ueber epische und dramatische Dichtung* (1797) umreißt. Zugleich bahnt sie jedoch durch die Einsicht in den autonomen Zuschnitt poetischer Genres, von der bereits der im Winter 1791/92 entstehende Essay *Ueber die tragische Kunst* ausgeht, die geschichtsphilosophisch begründete Aufhebung der Normpoetik an, die der deutsche Idealismus mit seiner historischen Betrachtung des literarischen Formenkanons endgültig vollziehen wird.[85]

Trotz ihrer theoretischen Schwerpunkte suchen Schillers tragödienästhetische Schriften entschieden den Kontakt mit der dramaturgischen Praxis. Verstehbar sind sie nicht zuletzt als wirkungspsychologisch ausgerichtete Beiträge zur Lösung literarisch-technischer Problemkonstellationen. Vorherrschend bleibt für sie die Frage, in welcher Weise das Modell der attischen Schicksalstragödie auf eine unter veränderten historischen Bedingungen stehende Zeitsituation übertragbar sei. Die von Goethe im *Egmont* (1788) und in der *Natürlichen Tochter* (1803), von Schiller in der *Wallenstein*-Trilogie (1800) erprobte Lösung – die Überführung der antiken Metaphysik ins Feld der Politik – kommt hier jedoch nicht näher zur Sprache. Erst Goethes Shakespeare-Aufsatz von 1815 läßt sich auch als Versuch zur Bestimmung des Verhältnisses von attischer und moderner Tragödie im Horizont jener unterschiedlichen Wertdimensionen auffassen, wie sie durch den Gegensatz von Metaphysik und Politik ausgemessen scheinen. Derart bildet die klassische Tragödientheorie Schillers trotz ihres Anspruchs, auf die zeitgenössische Bühnenwelt einzuwirken, ein geschlossenes ästhetisches System, das man zunächst unabhängig von seinen praktischen Bezügen würdigen sollte.

Schillers publizistische Aktivitäten setzen nach der von der Kant-Lektüre bestimmten Krankheitsperiode verstärkt im Herbst 1791 ein. In rascher Folge entstehen jetzt die Abhandlungen *Ueber den Grund des Vergnügens an tragischen Gegenständen* und *Ueber die tragische Kunst*; sie werden im Januar bzw. März 1792 in der *Neuen Thalia* veröffentlicht. Im Laufe des Sommers 1793 tritt, als Zwischenbilanz der tragödientheoretischen Versuche, die Schrift *Vom Erhabenen* hinzu, die auf zwei Hefte verteilt in der *Neuen Thalia* erscheint. Acht Jahre später hat Schiller den zweiten Abschnitt der Studie separat unter dem Titel *Ueber das Pathetische* im dritten Band seiner *Kleineren prosaischen Schriften* publiziert. Die Reihe der Essays über die Tragödie wird abgeschlossen durch den erst 1801 veröffentlichten, vermutlich zwischen 1793 und 1796 entstandenen Aufsatz *Ueber das Erhabene*. Sämtliche der hier genannten Texte umspielen die Doppelformel vom ‹Pathetischerhabenen›, in der sich die Idee der tragischen Wirkung, wie Schiller sie versteht, knapp zusammenfassen läßt: das Leid (Pathos) des Helden wird zum Ernstfall für die Erprobung seiner sittlichen Freiheit, die in der Erhabenheit seiner Gesinnung ihren unmittelbaren Ausdruck findet.

Den ersten Versuch einer Bestimmung der Tragödie unternimmt Schiller in der im Herbst 1791 entstandenen Abhandlung *Ueber den Grund des Vergnügens an tragischen Gegenständen*, die sich ihrerseits auf die im Sommersemester 1790 gehaltene Vorlesung zur Tragödientheorie stützen kann (*Artis tragicae theoriam publicae illustrabit*,[86] so hatte die Ankündigung gelautet). Ausgangspunkt der Schrift ist die Frage, aus welcher Ursache die theatralische Darstellung von Unglück erfreuliche Wirkungen beim Zuschauer zeitigen könne. Da es der Zweck aller Handlungen des Menschen bleibt, Leid von sich fern zu halten, muß die Inszenierung des leidenden Menschen generell zweckwidrig erscheinen. Andererseits bestätigt die Erfahrung, daß auch die Tragödie Vergnügen freizusetzen vermag. Ihre kathartische Wirkung, wie sie bereits das sechste Kapitel der aristotelischen Poetik umreißt, beruht notwendig auf einer inneren Antinomie, die theoretisch erfaßt werden muß: es ist das eigentümliche Gegenspiel von Zweckwidrigkeit der Leidensdarstellung und Zweckmäßigkeit der moralischen Erbauung, welches die tragische Wirkung beherrscht. Schiller bezieht hier den Begriff der objektiven Zweckmäßigkeit, den Kant für die

Sphäre des teleologischen Urteils reserviert hatte, auf den Bereich der schönen Kunst. ‹Zweckmäßig› bleibt die Tragödie für ihn deshalb, weil sie dem Zuschauer vorführen kann, daß der Mensch auch im Leiden unbeirrt an seinen ethischen Maßstäben festzuhalten weiß. In der Wirkung der Rührung, die die Tragödie beim Betrachter auslösen kann, vollzieht sich der entscheidende Akt der Überführung von Mitgefühl in Freiheitsbewußtsein, der das angesichts einer tragischen Konfliktlage empfundene körperlich-seelische Unbehagen ins Bedürfnis nach moralischer Aktivität umschlagen läßt: «Aber dieses Wehethun der Zweckwidrigkeit ist zweckmäßig für unsere vernünftige Natur überhaupt und in so fern es uns zur Thätigkeit auffordert, zweckmäßig für die menschliche Gesellschaft.» (NA 20, 138)

Die tragische Gattung erweist ihre moralische Zweckmäßigkeit dort, wo sie den Widerstand des Helden gegen das über ihn verhängte Leid mit erhabenen Zügen ausstattet. Schiller hat den Begriff des Erhabenen später in Beziehung auf die aristotelische Kategorie des ‹Pathos› (des schweren Leids) für seine tragödientheoretischen Zwecke gesondert definiert. Er soll die Ebene der moralischen Freiheit beschreiben helfen, die durch das Schicksal des Tragödienhelden beleuchtet wird. Der Terminus besitzt eine bewegte Vorgeschichte. Die aus dem ersten nachchristlichen Jahrhundert stammende (fälschlich Longin zugeordnete) Schrift *Peri hypsous* (*Über das Erhabene*) erörtert ihn unter Bezug auf Rhetorik und Naturästhetik. ‹Erhaben› ist ein besonderer Stil, der – dem *genus grande* zugehörig – bildreich und getragen ausfällt, das Ziel der Gemütserregung verfolgt, in hohem Maße die Leidenschaften der Zuhörer mobilisieren möchte; als ‹erhaben› gelten in der pseudolonginschen Schrift aber zugleich die Reize einer Gebirgslandschaft, die Weite des Himmels, große Flüsse und das Panorama des Meeres.[87] Diese Doppelung des Begriffs – die Geltung für Naturästhetik und Rhetorik – bestimmt auch seine frühneuzeitliche Wirkungsgeschichte, die durch Francesco Robortellos lateinische Übersetzung der pseudolonginschen Abhandlung im Jahr 1554 initiiert wird, sich mit Nicolas Boileaus *Traité du sublime* (1674) fortsetzt und in den Poetiken bzw. Ästhetiken der europäischen Aufklärung – von den Schriften Addisons, Bodmers und Breitingers über Mendelssohn und Burke bis zu Kant – ihren Höhepunkt findet. Der Terminus des Erhabenen gerät im 18. Jahrhundert Zug um Zug zum Komplementärbegriff des Schönen. Er bezeichnet jene Erscheinungen der Natur, die im Gemüt des Menschen wechselvolle Empfindungen freisetzen. Die Majestät der Gebirgswelt, die Schatten der Nacht, die bedrohlichen Wirkungen von Weite und Größe des Horizonts wecken das gemischte Gefühl des «delightfull horrour», das der Engländer John Dennis bereits 1692 im Bericht einer Alpenüberquerung einprägsam beschrieben hatte.⁸⁸ Derart avanciert das Erhabene in Ergänzung des Schönen zur zweiten bedeutenden Kategorie der modernen Ästhetik, deren systematische Begründung die Kunsttheorie der Aufklärung geleistet hat.⁸⁹ Schillers Ansatz besteht darin, daß er den Begriff des Erhabenen von seiner rhetorischen bzw. naturästhetischen Bedeutung, die man ihm seit dem französischen Klassizismus zugeordnet hatte, entschieden löst und auf menschliche Geisteshaltungen überträgt. Die Rechtfertigung für eine solche Deutung lieferte bereits Ps.Longins Traktat mit dem Hinweis, daß es dem Individuum selbst gegeben sei, durch eine «große Gesinnung»⁹⁰ Charakter zu zeigen. Erhaben ist Schiller zufolge die Gemütsverfassung des moralisch überlegenen Menschen, der den äußeren Fährnissen des Lebens im Zeichen sittlicher Überlegenheit trotzt. «Das Gefühl des Erhabenen», so vermerkt die Schrift, «besteht einerseits aus dem Gefühl unsrer Ohnmacht und Begrenzung, einen Gegenstand zu umfassen, anderseits aber aus dem Gefühl unsrer Uebermacht, welche vor keinen Grenzen erschrickt, und dasjenige sich geistig unterwirft, dem unsre sinnlichen Kräfte unterliegen.» (NA 20, 137) Die lustvolle Unterhaltung, die die Tragödie gewährt, entspringt dem Vergnügen am erhabenen Charakter eines auch in höchster Not moralisch unabhängig bleibenden Helden, durch dessen selbstbestimmte Gesinnung die physische Zweckwidrigkeit des Leidens die Züge einer moralisch zweckmäßigen Demonstration gewinnt.

Schillers Abhandlung krankt daran, daß sie zur Bestimmung der Tragödienwirkung auf eine außerästhetische Kategorie zurückgreift, mithin also den Gedanken der Autonomie des Kunstwerks preisgibt, der doch für den Kantianer unantastbar hätte sein müssen. Die ‹Zweckmäßigkeit› der Tragödie bleibt gebunden an die moralische Botschaft, die sie übermittelt. Das Vergnügen, das die Gattung stiftet, läßt sich mit Schillers analytischem Instrumentarium noch nicht als Leistung der ästhetischen Form der Tragödie, sondern einzig unter Bezug auf außerkünstlerische, nämlich moralische Kategorien erfassen. Somit beschreibt der Aufsatz nur die allgemeine Problemlage, die sich aus den inneren Widersprüchen der Tragödie ergibt, ohne sie im Sinne der methodischen Vorgaben der Autonomieästhetik auch schon überwinden zu können.

Die Studie *Ueber die tragische Kunst* führt die Überlegungen der noch stark von Kants *Kritik der Urteilskraft* angeregten Debütschrift fort. Der Essay argumentiert nicht mehr wirkungs*poetisch* (im Sinne einer möglichen Ableitung der Tragödienform aus ihren Zweckbegriffen, wie sie noch bei Gottsched, Breitinger und Lessing begegnet), sondern wirkungs*ästhe*-

tisch, also im Rahmen einer Theorie der Rezeption dramatischer Kunstwerke und der aus ihr zu gewinnenden Einsichten in den emotionalen Haushalt des Zuschauers. Er geht damit auch über die allgemein gehaltenen Bestimmungen der Schaubühnenrede hinaus, indem er deren aufklärerisch getönten Erziehungsoptimismus durch eine differenzierte Psychologie des tragischen Mitleids auf der Grundlage eines anthropologischen Ansatzes unterstützt, der die leibseelische Doppelnatur des Menschen ins Zentrum der Betrachtung rückt. Sinnliche Empfindung und moralisches Bewußtsein finden sich, so Schillers Überzeugung, durch die Tragödie gleichermaßen angesprochen. Die von ihr ausstrahlende ästhetische Wirkung kann daher nur im Schnittpunkt dieser beiden Bereiche zureichend beschrieben werden.

Schillers zentrale Definition der Gattung, vorgetragen in der Mitte des Aufsatzes, scheint Aristoteles' Tragödiensatz zu folgen,[91] verzichtet jedoch auf eine nähere Erwähnung der strukturellen Elemente der Dramenform und beleuchtet allein deren ideale Wirkung: «Die Tragödie wäre demnach dichterische Nachahmung einer zusammenhängenden Reihe von Begebenheiten (einer vollständigen Handlung) welche uns Menschen in einem Zustand des Leidens zeigt, und zur Absicht hat, unser Mitleid zu erregen.» (NA 20, 164) Diese Bestimmung bildet das Scharnier, das die beiden Teile des Aufsatzes verbindet. Beschreibt der erste Abschnitt die allgemeinen anthropologischen Bedingungen der Mitleidswirkung, so der zweite die Techniken der dramatischen Gestaltung, die in Anschlag kommen müssen, um den Zuschauer emotional zu bewegen. Angestrebt wird dabei die nähere Charakterisierung der Formidee der Tragödie und die Vermessung ihres intellektuellen Horizonts.

Schiller beginnt mit einer Analyse des Mitleidsgefühls, die erheblich über die grundlegenden Bestimmungen des Begriffs hinausgeht, welche Lessing 1756 im Briefwechsel mit Mendelssohn und Nicolai sowie im 74.–80. Stück seiner *Hamburgischen Dramaturgie* (1767–69) geboten hatte. Mitleid ist bei Schiller zunächst, wie bei Lessing, empfindsame Anteilnahme am traurigen Schicksal anderer Menschen, damit als tragische Wirkungskategorie zugleich eine moralische Fertigkeit, die andere Tugenden wie Altruismus und Philanthropie einschließt. Der Essay greift auf diese Bestimmungen zurück, weitet aber ihren Geltungskreis entscheidend aus. Zum Mitleid ist, so heißt es, nur derjenige befähigt, der über das Vermögen verfügt, den im tragischen Unglücksfall eines Bühnenhelden veranschaulichten Verlust der persönlichen Freiheit hinreichend abzuschätzen. Schiller läßt sich, anders als Lessing, von der Hypothese leiten, daß die Mitleidsempfindung neben der sinnlichen eine moralisch-vernünftige Komponente enthalte, insofern sich in ihr affektive Betroffenheit und Reflexion der Bedingungen sittlicher Freiheit (deren Möglichkeit im Unglück des Bühnenhelden gefährdet scheint) produktiv mischen. Ihre besondere wirkungsästhetische Erfüllung findet die Kategorie des Mitleids dort, wo sie in die Aktivierung eines Tätigkeitstriebs umschlägt. Idealiter löst die Wahrnehmung des Leidens, dem der Protagonist ausgesetzt ist, nicht allein Sympathie, sondern auch geistige Widerstandskräfte aus. Die im Unglück notwendig beschränkte Freiheit erkennt der moralisch veranlagte Zuschauer als höchstes und schützenswertes Gut des Menschen an, das er fortan mit den ihm zu Gebote stehenden sittlichen Mitteln entschieden verteidigen wird. Das Ziel der Tragödie beruht folglich auch bei Schiller, ähnlich wie bei Lessing, in der moralischen Wirkung; ihr Anspruchsprofil aber ist deutlich breiter gefaßt, das ihr eingeräumte geistige Potential ausgeweitet worden.

Den ersten Schritt zur moralischen Erkenntnis bildet in Schillers Tragödienkonzept die sinnliche Anregung des Publikums. Die Schrift folgt an diesem Punkt der schon von Aristoteles geforderten Festlegung des tragischen Helden auf einen mittleren Typus,[92] der weder Märtyrer (die «reine Intelligenz» im Zustand der Leidensimmunität) noch Weichling (als nur sinnlich disponierte Figur) sein darf, sondern die Doppelnatur des Zuschauers gerade deshalb anspricht, weil er im Zeichen moralischer Überlegenheit, womöglich erst aufgrund seiner konsequenten sittlichen Überzeugungen, in ein sensibel durchlebtes Unglück gerät (NA 20, 168). Läßt das Leiden des sinnlich unempfindlichen Charakters den Zuschauer kalt, so stoßen ihn die Zusammenbrüche des schwachen Gemüts ab. Ideal bleibt jener Held, der, schmerzfähig und zugleich prinzipientreu, durch seine moralische Konsequenz in eine Notlage gelangt, deren ganzes Ausmaß er qualvoll erfährt, ohne sich gegen äußere Zumutungen intellektuell schützen zu können. Daß Schiller an diesem Punkt den Don Rodrigo aus Corneilles *Le Cid* (1636), dem Musterstück des *grand siècle*, als herausragendes Beispiel für das Zusammenwirken von Treue zur Pflicht und Leiden an der Neigung anführt, wirft ein bezeichnendes Licht auf den literarischen Geschmackswandel, der sich im Übergang von der Genieperiode zum Klassizismus vollzogen hat.

Der Schlußteil des Essays sucht die praktischen Folgen des hier beschriebenen Ansatzes zu erfassen. Neben die Figurenpsychologie tritt das Problem des szenischen Aufbaus, mit ihm verbunden die Frage der angemessenen Dosierung der Mitleidswirkung vermöge der Darbietung einer spannenden, vollständigen, konsequent zu Ende geführten, durch Ruhepunkte gelegentlich verlangsamten Handlungsfolge. Schillers Ansicht bleibt es dabei, daß die Tragödie nicht aufgrund des von ihr gewählten Stoffs, sondern durch das dramaturgische Arrangement ihres Materials Wirkung zeitige. Im Hintergrund steht der Versuch, die Gesetzmäßigkeiten der Gattung anhand ihrer idealen Struktur zu beschreiben und damit, abweichend von Kant, die Möglichkeit einer streng sachbezogenen Analyse des Schönen unter Beweis zu stellen. Den Vorrang der Formkultur gegenüber dem Stoff betonen noch die Briefe *Ueber die ästhetische Erziehung* – auch hier im Bestreben, Kants kunsttheoretischen Subjektivismus durch eine objektive Bestimmung des Schönen zu überwinden.

Dramaturgie der sittlichen Selbständigkeit.
Pathos und Erhabenes (1793)

Nicht überzeugend gelöst hat Schiller in seinen ersten tragödientheoretischen Versuchen das Problem der systematisch gegliederten Beschreibung des Kunstschönen, dessen Bewältigung er erst in der Schrift *Ueber das Pathetische* näherrückt. Der Essay bildet ursprünglich den zweiten Teil einer umfangreicheren Studie, die unter dem Titel *Vom Erhabenen* im September 1793 bzw. August 1794 in der *Neuen Thalia* veröffentlicht wird. Ihren Ausgangspunkt markieren die theoretischen Versuche des im Wintersemester 1792/93 abgehaltenen Privatkollegs, aus dessen Umfeld auch die *Gedanken über den Gebrauch des Gemeinen und Niedrigen in der Kunst* sowie die von der *Neuen Thalia* im November 1794 publizierten *Zerstreuten Betrachtungen über verschiedene ästhetische Gegenstände* stammen – kürzere Beiträge, die in enger Anlehnung an Kant Probleme menschlicher Naturwahrnehmung unter kunsttheoretischer Perspektive traktieren. In den dritten Band seiner *Kleineren prosaischen Schriften* nimmt Schiller 1801 nur den zweiten Teil der Schrift *Vom Erhabenen* auf, der unter dem Titel *Ueber das Pathetische* selbständig abgedruckt wird. Es handelt sich hier um die in sich folgerichtigste Darstellung des pathetischerhabenen Wirkungsmechanismus, der das Herzstück von Schillers Theorie der Tragödie bildet.

Beide Begriffe, Pathos und Erhabenes, bedingen sich und bleiben funktional aufeinander angewiesen. Um den günstigsten tragischen Effekt zu erzielen, muß der Dramatiker zunächst ein hohes Maß an Leidenserfahrung veranschaulichen, zugleich aber seinen Helden mit jener erhabenen Widerstandskraft ausstatten, die es ihm erlaubt, auch in äußerster Not seine sittliche Freiheit zu bewahren. Ohne die ‹Independenz› des Moralischen bliebe das Leid nackte Zweckwidrigkeit, ohne das Leid wiederum wäre das Erhabene, das sich einzig in der Reaktion auf Unglücksfälle mit ganzer Intensität zeigt, nicht überzeugend zu demonstrieren. Aus diesem Dualismus ergeben sich die beiden Grundgesetze der tragischen Kunst, welche darauf verpflichtet wird, die «Darstellung der leidenden Natur» zu verbinden mit der «Darstellung des moralischen Widerstandes gegen das Leiden» (NA 20, 199). Es versteht sich, daß Schillers Pathosbegriff nicht mehr mit der Kategorie rhetorischer Affekterregung zur Deckung kommt, die bis zu Lessing in den Bereich der Poetik und das Repertoire ihrer wirkungstechnischen Bestimmungen hineinspielt.[93] Vielmehr bezeichnet er die heftige Wucht einer sinnlich erfahrbaren Bedrohung, die das Individuum an die ungesicherten Grenzen seiner Freiheit führt.

Ein längerer Exkurs über die antike Laokoon-Gruppe dient Schiller nach dem Muster von Winckelmanns *Geschichte der Kunst des Alterthums* (1764–66) dazu, die Merkmale erhabenen Widerstands gegen das physische Leid an einem Bildbeispiel nachzuzeichnen (eine Reproduktion des Ensembles hatte er im Mai 1784 im Mannheimer Antikensaal gesehen). Übernommen wird dabei die Differenzierung zwischen den stärker räumlichen Darstellungsleistungen der Bildkunst und der zeitlichen Dynamik literarischer Erfindungen, die Lessings *Laokoon*-Studie (1766) aufgebracht hatte. Im Blick auf die tragödienspezifischen Varianten seines Leitbegriffs unterscheidet der Essay schließlich zwei Modelle des Erhabenen: jenes der Fassung, das sich im passiven Widerstand erschöpft, insofern es den Einfluß äußerer Notlagen auf das Gemüt einzuschränken sucht, und das der Handlung, das dem Leid selbst ein sittliches Gesetz aufzwingt (vgl. NA 20, 211 ff.). Das Erhabene der Handlung kann wiederum in zwei Erscheinungsformen begegnen, entweder im moralischen Zusammenhang – hier bleibt das Unglück verursacht durch konsequente Pflichterfüllung –, oder aber im ästhetischen Zustand, wo Leid gerade von einer Pflichtverletzung bei sonst untadeliger ethischer Haltung des Helden hervorgerufen wird. Besonderes Interesse zieht das zweite Muster auf sich, weil es die Notwendigkeit eines allgemeinen sittlichen Gesetzes ex negativo, im Moment seiner Verletzung einschärft und derart in stärkstem Maße die Einbildungskraft des Zuschauers mobilisiert (eine Kategorie, mit der sich Lessing noch nicht näher befaßt hatte). Die Grundfrage, die hier im Hintergrund steht, lautet, inwiefern die Tragödie die Aufgabe versehen könne, die Idee der moralischen Freiheit des Menschen darzustellen. Das Modell, das zur Umsetzung dieses Auftrags tauglich scheint, hatte Schiller schon in seinen früheren Abhandlungen zur Tragödientheorie beschrieben: es ist jenes der Demonstration von sinnlicher Leidenserfahrung und übersinnlicher, d.h. aus Vernunftideen gespeister Widerstandskraft. In der Veranschaulichung der unter den Bedingungen des Zwangs erprobten Autonomie findet die Tragödie die ihr zugedachte Idee: die Beglaubigung der Möglichkeit sittlicher Freiheit durch den Nachweis ihrer Resistenz gegen äußeren und inneren Druck. Kaum auszuschließen ist, daß Schillers Auffassung des Erhabenen an diesem Punkt auch durch die Erinnerung an Abels Lehre von der Seelenstärke angeregt wird. Die 1777 gehaltene Karlsschulrede hatte immerhin einen Abriß über die Möglichkeiten menschlicher Autonomie geliefert, der sich als Beitrag zu einer Theorie der psychischen Widerstandskraft betrachten ließ. Berührungspunkte mit der Theorie der erhabenen Tragödienwirkung kommen zumal dort zu Gesicht, wo Abel das Ideal der Affektkontrolle als Bedingung menschlicher Freiheit bestimmt. Die an Cicero ausgerichtete Lehre von der Pflichtethik, welche die Rede entfaltet, hat Schiller jedoch durch eine hochdifferenzierte Anthropologie ersetzt, die zu gewährleisten vermag, daß seine Tragödientheorie keinen Rückfall in neostoische Denkmuster vollzieht.[94]

Von besonderer Bedeutung für den gegen Kant erhobenen Anspruch, das Kunstschöne objektiv zu bestimmen, bleibt die Unterscheidung zwischen moralischem und ästhetischem Interesse. Wo die Leidensdramaturgie der Tragödie von moralischen Urteilskriterien gelenkt wird, bietet es sich laut Schiller an, einen Helden vorzuführen, der, wie Corneilles Rodrigo, aufgrund seiner sittlichen Konsequenz ins Unglück gerät. Behauptet man jedoch das – in diesem Fall gewichtigere – ästhetische Interesse, dann empfiehlt sich die Darstellung eines Protagonisten, der, obwohl prinzipiell pflichtbewußt, durch momentane Pflichtvergessenheit ins Leid gerät und gegen dieses mit moralischer Kraft angeht (verwiesen wird auf die euripideische Medea). Bezeichnet der erste Fall die Geltungsmacht *moralischer Prinzipien*, so der zweite die Möglichkeit zur *moralischen Praxis*, deren durchgängige Umsetzung jedoch scheitert. Das Erhabene stellt sich bevorzugt in jenem Zusammenhang ein, wo der zur Selbstbestimmung befähigte Mensch gerade nicht aus folgerichtiger Vernunft, sondern inkonsequent gehandelt hat, unter den Auswirkungen dieses Sachverhalts leidet, zugleich aber Widerstand gegen die ihn beherrschenden Zwänge ausübt.[95]

Hatte Schiller zu Beginn seiner Abhandlung noch erklärt, alles Erhabene stamme «nur aus der Vernunft» (NA 20, 201), so heißt es nun, davon abweichend: «Die ästhetische Kraft, womit uns das Erhabene der Gesinnung und Handlung ergreift, beruht also keineswegs auf dem Interesse der Vernunft, daß recht gehandelt werde, sondern auf dem Interesse der Einbildungskraft, daß recht Handeln möglich sey, d. h. daß keine Empfindung, wie mächtig sie auch sey, die Freiheit des Gemüths zu unterdrücken vermöge.» (NA 20, 220) Hier ist die objektive Kategorie gefunden, die das Kunstschöne am Beispiel der Ästhetik der Tragödie zu erfassen hilft.

Kunst leistet die Darstellung von moralischer Freiheit, nicht von moralischer Wirklichkeit: bedeutsamer als das bekräftigte Sittengesetz bleibt das Vertrauen in die Möglichkeit autonomer Konfliktbewältigung. Mit der nachdrücklichen Unterscheidung zwischen Freiheit und Moralität grenzt sich Schiller auch von Kant ab, der in der *Kritik der praktischen Vernunft* Unabhängigkeit gerade als Folge des Handelns nach allgemeinen Prinzipien bezeichnet hatte: «Also drückt das moralische Gesetz nichts anders aus, als die Autonomie der reinen praktischen Vernunft, d. i. der Freiheit, und diese ist selbst die formale Bedingung aller Maximen, unter der sie allein mit dem obersten praktischen Gesetze zusammenstimmen können.»[96]

Die Verknüpfung des Erhabenen mit dem ästhetischen Zustand, in dem der Mensch keine gefühllose Maschine, sondern moralisch anfechtbar bleibt, bedeutet nicht zuletzt den Versuch, die durch Edmund Burkes *Philosophical Enquiry into the Origin of our Ideas of the Sublime and Beautiful* (1757, dt. 1773) und Kants *Kritik der Urteilskraft* festgeschriebene Trennung zwischen Erhabenem und Schönem aufzuheben. Hatte Kant noch erklärt, das Erhabene entspringe einer Anschauung von der «Idee» der «Unendlichkeit» der Naturerscheinungen, die durch die freie Kooperation von Einbildungskraft und Vernunft gestützt werde,[97] so schreibt Schiller ihm eine streng synthetische Leistung zu. Sein besonderes Gewicht gewinnt der Begriff dadurch, daß in ihm moralische Wertmaßstäbe und sinnliches Interesse modellhaft zusammentreten. Die erhabene Wirkung der Tragödie bezeichnet nicht nur die unter den Bedingungen des Leidens gegebene Möglichkeit der sittlichen Autonomie, sondern zugleich die besondere Funktion des künstlerischen Mediums, das Freiheit in ihrer konkreten Erscheinung vor Augen führt. Die darin sich offenbarende Hochschätzung der ästhetischen Erfahrung bildet die eigene Signatur der klassischen Kunstlehre Schillers.[98]

Welche Bedeutung der Abstand zwischen moralischem und ästhetischem Interesse für die ab Mitte der 90er Jahre verstärkt betriebene dramenpraktische Arbeit Schillers besitzt, verraten zumal die Äußerungen zur seit 1796 entstehenden *Wallenstein*-Trilogie. Am 27. Februar 1798 heißt es über die Niederschrift der Szene II,2 von *Wallensteins Tod*, in der sich Untreue und Prinzipienlosigkeit des Titelhelden im Kontrast zur moralischen Konsequenz Max Piccolominis enthüllen: «Besonders bin ich froh, eine Situation hinter mir zu haben, wo die Aufgabe war, das ganz gemeine moralische Urtheil über das Wallensteinische Verbrechen auszusprechen und eine solche an sich triviale und unpoetische Materie poetisch und geistreich zu behandeln, ohne die Natur des moralischen zu vertilgen. (...) Bei dieser Gelegenheit habe ich aber recht gefühlt, wie leer das eigentlich moralische ist, und wieviel daher das Subjekt leisten mußte, um das Objekt in der poetischen Höhe zu erhalten.» (NA 29, 211)

Schillers letzte größere Abhandlung zur Tragödientheorie, die den Titel *Ueber das Erhabene* trägt, entstand vermutlich zwischen 1793 und 1796, wurde jedoch erst 1801 im dritten Band der *Kleineren prosaischen Schriften* publiziert. Sie entfaltet zunächst, ohne unmittelbaren Bezug auf die tragische Gattung, eine prägnante Bestimmung des Erhabenen, das, hier noch in enger Anknüpfung an Burke und Kant, gegen das Wesen des Schönen abgegrenzt wird. Die entscheidende Differenz beider Bereiche kommt, wie die Schrift ausführt, anhand des Verhältnisses zwischen Sinnlichkeit und Vernunft zutage, das beim Schönen harmonisch ausfällt, beim Erhabenen jedoch durch eine deutliche Gegensatzspannung geprägt scheint, unter deren Einfluß Erfahrung und moralische Freiheit auseinandertreten. Erst am Schluß sucht der Essay die Möglichkeit einer Vermittlung beider Begriffe, wenn er betont, auch das Erhabene müsse im Programm der ästhetischen Erziehung des Menschen als dem Schönen komplementäres Element seinen festen Platz erhalten (aus diesem Hinweis wird gern abgeleitet, daß Schillers Aufsatz nach dem Abschluß der *Briefe* entstand): «Das Schöne macht sich bloß verdient um den Menschen, das Erhabene um den reinen Dämon in ihm; und weil es einmal unsre Bestimmung ist, auch bey allen sinnlichen Schranken uns nach dem Gesetzbuch reiner Geister zu richten, so muß das Erhabene zu dem Schönen hinzukommen, um die ästhetische Erziehung zu einem vollständigen Ganzen zu machen, und die Empfindungsfähigkeit des menschlichen Herzens nach dem ganzen Umfang unsrer Bestimmung, und also auch über die Sinnenwelt hinaus, zu erweitern.» (NA 21, 52)

Innerhalb der Tragödie liegt die Funktion des Erhabenen darin, daß es dem Publikum modellhaft die auch unter den Bedingungen physischen Leids gegebene Möglichkeit sittlicher Freiheit vor Augen führt und derart die nötige Widerstandskraft gegenüber äußeren Notfällen entwickeln hilft – ein Ansatz, der die aus dem 17. Jahrhundert geläufige neostoizistische Vorstellung, das Trauerspiel ermögliche die Einübung von geistigen Überlebensstrategien, auf das Modell individueller Autonomie überträgt. An der nur fiktiven Leidenssituation des Helden lernt der Zuschauer, wie bereits Schillers frühere Theaterschriften betont hatten, Techniken der Immunisierung gegen Schicksalsschläge kennen, stellt derart die eigene moralische Unabhängigkeit experimentell auf die Probe und übt Strategien des vernunftautonomen Widerstands ein: «Je öfter nun der Geist diesen Akt von Selbstthätigkeit erneuert, desto mehr wird ihm derselbe zur Fertigkeit, einen desto größern Vorsprung gewinnt er vor dem sinnlichen Trieb, daß er endlich auch dann, wenn aus dem eingebildeten und künstlichen Unglück ein ernsthaftes wird, im Stande ist, es als ein künstliches zu behandeln, und, der höchste Schwung der Menschennatur! das wirkliche Leiden in eine erhabene Rührung aufzulösen. Das Pathetische, kann man daher sagen, ist eine Inokulation des unvermeidlichen Schicksals, wodurch es seiner Bösartigkeit beraubt, und der Angriff desselben auf die starke Seite des Menschen hingeleitet wird.» (NA 21, 51) Schillers Theorie des Erhabenen umreißt eine Ästhetik des Widerstands gegen die unbeherrschbar scheinenden Kräfte der äußeren Wirklichkeit. Als Willenswesen bleibt das Individuum aufgerufen, den Gesetzen des Zwangs zu trotzen: «Eben deswegen ist des Menschen nichts so unwürdig, als Gewalt zu erleiden, denn Gewalt hebt ihn auf. Wer sie uns anthut, macht uns nichts geringeres als die Menschheit streitig; wer sie feigerweise erleidet, wirft seine Menschheit hinweg.» (NA 21, 38) Ernst Bloch bezeichnet Schillers Entwurf eines moralisch begründeten Widerstandshandelns im Vorwort zu seiner Schrift *Naturrecht und menschliche Würde* (1961) als «Perspektivplan, der sich hören lassen kann».[99] Nicht zu übersehen ist dabei, daß die Verhaltenslehre des Erhabenen auch ein Rückzugsangebot einschließt. An den Platz der Konfrontation mit der sozialen Wirklichkeit tritt die Psychologie der Leidensabdämpfung. Zu ihr gehört die Unterdrückung der sinnlichen Kräfte des Menschen, aber auch der Verzicht auf eine direkte Auseinandersetzung mit den gesellschaftlichen Herausforderungen der Gegenwart. Das vom Erhabenen gespiegelte «Wissen, daß man ein großer Herr ist, weil man ein Mensch ist»,[100] das Hugo von Hofmannsthal für den psychologischen Kern der Schillerschen Anthropologie gehalten hat, bedeutet zugleich das Überwintern im apolitischen Humanismus. Erst die spätere literarische Praxis hebt diese Tendenz zur theoretischen Abstraktion gesellschaftlicher Freiheit wieder auf. Schillers große Dramen der Weimarer Periode ab 1800 weichen den sozialen Konflikten der Zeit nicht aus, sondern erschließen ihre verwirrenden Linien im Licht der Geschichte.

Im imperatorischen Gestus geistiger Unabhängigkeit, den das Konzept des Erhabenen bezeichnet, suchten Zeitgenossen ein Merkmal von Schillers Persönlichkeit wiederzufinden. Der Mut, mit dem er seiner Krankheit trotzte, die Arbeitsdisziplin, die es ihm erlaubte, durchgehend zu produzieren, die Unbestechlichkeit des Urteils, die ihm Distanz zu Schulen und Sekten nahelegte, wurden anerkennend gewürdigt, bisweilen aber auch als Zeichen mangelnder Sensibilität gewertet. Als Jean Paul im Sommer 1795 Schreyers Schiller-Bildnis nach der Vorlage von Dora Stocks Zeichnung in Nicolais *Neuer Bibliothek der schönen Wissenschaft* abgedruckt sieht, meint er darin die physiognomischen Spuren intellektueller Gewaltsam-

Friedrich Schiller.
Radierung von Johann Friedrich Moritz Schreyer
nach der 1787 entstandenen Silberstiftzeichnung von Dora Stock

keit zu erkennen. In seine Beschreibung, die er Charlotte von Kalb übermittelt, mischt sich zugleich das Gefühl des Unbehagens, das durch den majestätischen Gesamteindruck nicht zerstreut werden kann: «Schillers Portrait oder vielmehr seine Nase daran schlug wie ein Blitz in mich ein: es stellet einen Cherubim mit dem Keime des Abfals vor und es scheint sich über alles zu erheben, über die Menschen, über das Unglück und über die – Moral. Ich konte das erhabene Angesicht, dem es einerlei zu sein schien, welches Blut fliesse, fremdes oder eignes, gar nicht sat bekommen.»[101]

In Jean Pauls großem *Titan*-Roman (1800–1803), der auch ein ironisch gebrochenes Bildnis der Weimarer Literaturgrößen liefert, begegnet diese physiognomische Charakteristik wieder. Albanos Ziehvater Gaspard ist es, der im Roman die Züge Schillers tragen darf; über ihn bemerkt der Erzähler: «Aus einem vertrockneten hageren Angesicht erhob sich zwischen Augen, die halb unter den Augenknochen fortbrannten, eine verachtende Nase mit stolzem Wurf – ein Cherub mit dem Keime des Abfalls, ein verschmähender gebietender Geist stand da, der nichts lieben konnte, nicht sein eignes Herz, kaum ein höheres, einer von jenen Fürchterlichen, die sich über die Menschen, über das Unglück, über die Erde und über das – Gewissen erheben, und denen es gleich ist, welches Menschenblut sie hingießen, ob fremdes oder ihres.»[102] Die Ähnlichkeit der Diagnosen, die beide Porträts vermitteln, ist offenkundig: erhabene Kälte der Ausstrahlung, unbedingte Rücksichtslosigkeit und ungehemmte Bereitschaft zur Selbstzerstörung gehören einem Charakter an, der, dem gefallenen Engel gleich, zu Rebellion und Vermessenheit neigt. In mancher Hinsicht läßt sich Jean Pauls Skizze auch als persönlich gefärbte Anmerkung zu Schillers Konzept des Erhabenen verstehen. Sie bildet den zwiespältigen Versuch, dessen Ästhetik des Widerstands als Produkt eines kaltsinnigen Intellekts zu entlarven. Daß sich im Inneren des erhabenen Helden die Bereitschaft zum Terror zeige, hat später auch Adorno vermutet.[103] Übersehen muß, wer so argumentiert, was schon die *Karlos*-Briefe an den Tag legen: Schillers Fähigkeit zur selbstkritischen Distanz gegenüber den eigenen Texten und Entwürfen. Die Verwandtschaft zwischen Idealisten und Gewaltmenschen hat er selbst, ehe seine Kritiker sie ihm kleinlich vorrechneten, mit der Souveränität des geschulten Psychologen erkannt.

4. Theorie des Schönen

‹Freiheit in der Erscheinung›. Kallias-Briefe (1793) und Kant-Revision

Ende Februar 1792 hatte Schiller das erste Drittel des vom Augustenburger in Aussicht gestellten Stipendiums empfangen; genau waren es 1035 Taler, die als erster Abschlag an ihn flossen. Die Stiftung ermöglicht es ihm immerhin, seine Existenz auf bescheidener Basis zu sichern und sich den geplanten theoretischen Studien zu widmen. Die Lektüre der Schriften Kants, die im Mittelpunkt der vorwiegend rezeptiven Tätigkeit der Jahre 1791 und 1792 steht, wird freilich immer wieder von Krankheitsschüben unterbrochen. Nach den tragödientheoretischen Bilanzierungsversuchen bemüht sich Schiller im Winter 1792/93 erstmals um eine allgemeine Darstellung der ästhetischen Einsichten, die er aus der Kant-Lektüre gewonnen hatte. An Körner schreibt er am 21. Dezember 1792: «Den objectiven Begriff des Schönen, der sich eo ipso auch zu einem objectiven Grundsatz des Geschmacks qualificirt, und an welchem Kant verzweifelt, glaube ich gefunden zu haben. Ich werde meine Gedanken darüber ordnen, und in einem Gespräch: Kallias, oder über die Schönheit, auf die kommenden Ostern herausgeben.» (NA 26, 170f.) Fischenich gesteht er am 11. Februar 1793, seine Vorlesungen über Ästhetik hätten ihn zur kritischen Auseinandersetzung mit Kants Theorie genötigt: «Wirklich bin ich auf dem Weg, ihn durch die That zu widerlegen, und seine Behauptung, daß kein objectives Princip des Geschmacks möglich sey, dadurch anzugreifen, daß ich ein solches aufstelle.» (NA 26, 188)

In den an Körner gerichteten *Kallias*-Briefen, die im Januar und Februar 1793 entstehen (die Publikation erfolgt erst 1847 im Rahmen der Veröffentlichung der gesamten Korrespondenz), versucht sich Schiller, wie angekündigt, an einer objektiven Bestimmung des Schönen, die transzendentalphilosophisch entwickelt, zugleich aber durch empirische Grundsätze aus dem Bannkreis des Subjektivismus befreit werden soll. Nach dem Muster Kants betrachtet er seinen Gegenstand durch die rezeptionsästhetische Perspektive, die bei ihm jedoch eine Definition des Schönen als sinnlichobjektive Erscheinung anzubahnen hat. Das Verfahren hebt sich, wie der Brief vom 25. Januar 1793 erklärt, von der Bestimmung des Schönen nach subjektiven Wahrnehmungskriterien ab, die die Vertreter sensualistischer Ästhetik – etwa Edmund Burke – unter Bezug auf die individuell-affektive Dimension der Geschmackserfahrung vorgelegt hatten; ebenso unterscheidet es sich von der urteilstheoretischen Erfassung des Schönen als Gegenstand interesselosen Wohlgefallens bei Kant, aber auch von der rationalistisch-systematischen Definition des Phänomens, wie sie die Ästhetiken Alexander Gottlieb Baumgartens (1750–58) und Georg Friedrich Meiers (1749) aus vorwiegend wirkungstechnischer Perspektive anstreben. Mit seiner Hypothese, daß das Schöne sinnlich objektiv beschreibbar sei, nähert sich Schiller auf den ersten Blick dem frühaufklärerischen Rationalismus Christian Wolffs, dessen *Deutsche Metaphysik* (1720) das Ästhetische als Ausdruck sinnlicher Perfektion betrachtet hatte. Die wesentliche Differenz liegt jedoch dort, wo Schiller die Erfahrung des Schönen zum Medium einer innerweltlichen Freiheit des Menschen erklärt, die bei Wolff allein metaphysisch, in Übereinstimmung mit der göttlichen Naturordnung, denkmöglich schien.

Auf das Wesen des Schönen läßt sich schließen durch die Auseinandersetzung mit den Urteilen, die darüber gefällt werden. Schiller unterscheidet, partiell angelehnt an Kant, vier Kategorien: auf Begriffe bezogene Urteile der Erkenntnis (nach den Prinzipien der reinen Vernunft), teleologische Urteile im Hinblick auf Anschauungskategorien (die Kants dritte Kritik allein für zweckmäßige, der Kausalität unterworfene Erscheinungen reserviert hatte), moralische Urteile über das aktive Tun des Individuums (gemäß den Vorgaben der praktischen Vernunft) und ästhetische Urteile, die sinnliche Phänomene nach Kriterien des Willens, also sittlich bewerten (was Kants Theorie des subjektiven Geschmacksurteils um eine objektive Komponente ergänzen soll). Das Schöne, so die leitende Definition der *Kallias*-Briefe, entspricht durch seinen ungezwungenen Scheincharakter der autonomen Wirkung moralischer Freiheit. Schiller sucht auf diese Weise das Ästhetische aus seinem formalen Wesen zu bestimmen, das er, ähnlich wie Kant, als anschaubares Abbild eines begrifflich nicht erfaßbaren Kräftespiels betrachtet (NA 26, 182 f.).

Im Gegensatz zu seinem Königsberger Lehrmeister versteht er diese Abbildfunktion jedoch nicht als vom wahrnehmenden Subjekt geprägte, vielmehr sieht er in ihr ein sachbezogenes Kriterium ästhetischer Gegenstände. Es bleibt gerade die Eigenart des Schönen, daß es scheinhaft wirkt und erst auf diese Weise zum Ausdruck menschlicher Freiheit avancieren darf. Das ungehinderte Spiel der ästhetischen Formen im Medium des Scheins bedeutet für Schiller das objektive Pendant individueller Autonomie. Mit ihr verbindet das Schöne, anders als bei Kant (und gegen die Aussage des Briefes vom 8. Februar 1793), kein Verhältnis der Analogie, sondern eines der Identität (NA 26, 183).[104] Diese besondere Relation wird zwei Jahre später ausführlicher die Schrift zur ästhetischen Erziehung erörtern, dann jedoch mit dem Anspruch, die Objektivität des Schönen nicht nur über seinen Scheincharakter, sondern durch den Nachweis der in ihm wirkenden Verbindung zwischen sinnlicher Sphäre und dem Reich der Vernunftfreiheit zu begründen.[105]

Ist das Schöne als «sinnliche Selbstdarstellung der Vernunft»[106] im Medium von Natur oder Kunst definiert, so bedeutet das auch, daß es zur Erscheinung der praktischen, nicht aber, wie bei Kant, der theoretischen Vernunft gerät. Die methodische Funktion der Bestimmung der Urteilskraft innerhalb der transzendentalphilosophischen Systematik bestand gerade darin, die praktischen Seiten der theoretischen Vernunft – ihren Bezug zum Feld der sensuellen Erfahrung – als Zeichen der Unteilbarkeit der Ratio zu erweisen. Schiller verändert diese Aufgabenstellung, indem er dem Schönen zubilligt, nicht allein das Symbol – also das Analogon – des Sittlichen, sondern dessen sinnliche Erscheinungsform selbst zu verkörpern. Die Einheit der Vernunft, die Schiller wie Kant am Modell des Schönen erläutert, wird gewährt durch die Einheit im ästhetischen Gegenstand. «Ich vermuthe», so heißt es im Brief vom 8. Februar 1793 gegenüber Körner, «Du wirst aufgucken, daß Du die Schönheit unter der Rubrike der theoretischen Vernunft nicht findest, und daß Dir ordentlich dafür bange wird. Aber ich kann Dir einmal nicht helfen, sie ist gewiß nicht bey der theoretischen Vernunft anzutreffen, weil sie von Begriffen schlechterdings unabhängig ist (...)» (NA 26, 180f.). An die Stelle des von Kant verfolgten Vorhabens, die Einheit der Ratio a priori aus Begriffen zu erweisen, tritt bei Schiller die Absicht, die Identität von sinnlicher Erscheinung und Intelligiblem im Schönen zu demonstrieren. Methodisch bleibt dieses Verfahren dem transzendentalphilosophischen Ansatz Kants verpflichtet, jedoch sprengt es dessen strenge dualistische Ordnung auf, indem es das Schöne allein als Gegenstand der praktischen Vernunft verhandelt. In späteren Schriften wird Schiller den Versuch, Kant auf dem Boden seiner eigenen Lehre zu revidieren, mit Hilfe einer heiklen Allianz aus transzendentalphilosophischer und erfahrungswissenschaftlicher Methodik zu befördern suchen – ein Vorgehen, dessen strategisches Doppelgesicht die Widersprüche der hier gegebenen Interessenlage spiegelt.[107]

Ausdrücklich bemühen sich Schillers Briefe um eine genaue Erklärung dessen, was das ästhetische Modell der Freiheit in der Erscheinung faktisch kennzeichnet. Hinter diesem Ansatz steht die Absicht, die Konsequenzen der zunächst nur theoretisch formulierten Bestimmung des Schönen als Element der praktischen Vernunft beispielhaft zu erweisen. Wesentlich ist, daß das Kunstschöne durch Zweckresistenz (Autonomie) und innere Selbstorganisation (Heautonomie) gekennzeichnet bleibt – ein

Gedanke, den Moritz bereits 1785 in seinem *Versuch einer Vereinigung aller schönen Künste unter dem Begriff des in sich selbst Vollendeten* vorgetragen hatte. Im letzten Brief der Reihe, der vom 28. Februar 1793 stammt, befaßt sich Schiller mit der Frage nach dem Verhältnis zwischen Form und Stoff im autonomen Kunstwerk. Freiheit erlangt das Kunstschöne nur dort, wo es seinen Stoff in eine angemessene ästhetische Struktur überführt. Die Idee der Form bildet, wie bereits der Essay *Ueber das Pathetische* angedeutet hatte, das Zentrum des Autonomiegedankens. Sie weist den Weg zur berühmten Bestimmung aus der Schrift über die ästhetische Erziehung, die von der ‹Vertilgung› des Materials im Akt der Darstellung sprechen wird. In den *Kallias*-Briefen heißt es: «Bei einem Kunstwerk also muß sich der Stoff (die Natur des Nachahmenden) in der Form (des Nachgeahmten) [,] der Körper in der Idee, die Wirklichkeit in der Erscheinung verlieren.» (NA 26, 224) Als vollkommen gilt Schiller nur dasjenige Artefakt, das die Anstrengung verbirgt, die in den Prozeß seiner Entstehung investiert wurde. Modell sozialer Autonomie ist die Kunst einzig dort, wo sie die Zwänge besiegt, die ihre Produktionsbedingungen bestimmen.[108]

Immer wieder kreist Schillers Nachdenken schon hier um die Frage, wie sich die Regelhaftigkeit, der schöne Kunst notwendig unterliegen muß, mit dem Gedanken ihrer Freiheit verbinden, also Autonomie im Gefüge ästhetischer Ordnung möglich sein könne. Definitorisch heißt es am Ende: «Die Schönheit der poetischen Darstellung ist ‹freie Selbsthandlung der Natur in den Feßeln der Sprache›» (NA 26, 229). Schiller führt an diesem Punkt die kunsttheoretischen Diskussionen der Spätaufklärung fort, die, angeregt durch den Geniebegriff Lessings (17. Literaturbrief, 1759), dem Verhältnis von Regelbindung und ungezwungener künstlerischer Kreativität gegolten hatten. Anders als Sulzer, Mendelssohn und Garve bedient sich der Autor der *Kallias*-Schrift jedoch des Instrumentariums der kritischen Philosophie Kants, mit dessen Hilfe eine neue Basis für die Untersuchung der vom ästhetischen Schein geleisteten Vermittlung zwischen Freiheit und Ordnung gelegt werden kann.

Leitend bleibt für Schillers Briefe der (gescheiterte) Versuch, Kants Definition des Schönen als Form einer Zweckmäßigkeit ohne Zweck in die Gedankenfigur von der ‹Freiheit in der Erscheinung› zu überführen. Die Zweckunabhängigkeit des Schönen, auf die Moritz und Kant verwiesen hatten, wird hier zur maßgeblichen Qualität des ästhetischen Gebildes, dessen Spezifikum darin besteht, daß es einzig über seine Form zureichend erfaßt und beschrieben werden kann. Stoff und Funktion des Artefakts bleiben demgegenüber nachrangig und leisten keinen eigenen Beitrag zur

Charakterisierung seiner je individuellen Beschaffenheit. Es gehört dabei zu den unübersehbaren methodischen Widersprüchen der *Kallias*-Schrift, daß sie die transzendentalphilosophische Bestimmung des Scheinbegriffs nicht durch eine Darstellung der immanenten Merkmale des autonomen Kunstwerks ergänzt.[109] An den Platz der erforderlichen Begründung aus vorab gewonnenen Prinzipien rückt vielmehr die vage Beschreibung empirischer Eigenschaften, die das Wesen des Schönen regieren. Sie wird getragen von der Absicht, das Regelmaß der ästhetischen Erfahrung durch die Analyse der Ordnung der sie hervorrufenden Produkte zu begründen. Sehr treffend hat Wilhelm von Humboldt in seinem Porträt von 1830 die auch für die *Kallias*-Briefe beherrschende Suche nach der intellektuellen Einheit der sinnlichen Wahrnehmung als Triebfeder von Schillers Reflexionstätigkeit bezeichnet: «Der Endpunkt, an den er Alles knüpfte, war die Totalität in der menschlichen Natur durch das Zusammenstimmen ihrer verschiedenen Kräfte ihrer absoluten Freiheit.»[110]

Schöne Humanität durch Grazie.
Die Abhandlung Ueber Anmuth und Würde (1793)

Um das Juniheft der *Neuen Thalia* mit ausreichendem Material füllen zu können, schreibt Schiller im Mai 1793 unter beträchtlichem Zeitdruck die Abhandlung *Ueber Anmuth und Würde*. Der Essay setzt die Überlegungen der *Kallias*-Briefe auf prägnante Weise fort. Ins Zentrum rückt die analytische Arbeit an den beiden Leitbegriffen des Titels, die das Verhältnis von sinnlichen und sittlichen Antrieben menschlichen Handelns veranschaulichen sollen. Seinen Beitrag zur Bestimmung ästhetischer Probleme leistet der Aufsatz vor allem im ersten Teil, der die Beziehung zwischen naturhaft-körperlicher Schönheit und Vernunft zu erfassen sucht. Die beiden Kategorien «Anmuth» und «Würde» erscheinen bereits in Meinhards zwischen 1763 und 1766 veröffentlichter Übersetzung von Henry Homes *Elements of Criticism* (1762), einer Schrift, die Schiller erstmals durch den Karlsschulunterricht kennengelernt, spätestens aber im Bauerbacher Winter 1782/83 genauer studiert hat. Das Verhältnis der Leitbegriffe wird hier sehr statisch gefaßt, ohne daß es zur systematischen Einordnung in einen weiteren Bezugsrahmen kommt. Während Würde (‹Dignity›) vornehmlich den Charakter geistiger Souveränität bezeichnet, meint Anmut (‹Grace›) eine Form körperlicher Schönheit, in die nicht näher definierte moralische Qualitäten einfließen.[111] Letzthin bilden beide Kategorien bei Home einen unüberbrückbaren Gegensatz im Spannungsfeld von Sinnlichkeit und Vernunft, während der *Thalia*-Essay am Ende gerade versucht, eine methodische Annäherung zwischen ihnen zu vollziehen. Größere Berührungspunkte ergeben sich mit Wielands Erzählfragment *Theages* (1758), das Schiller im Sommer 1788 gelesen haben dürfte. Der Text läßt die kultivierte Aspasia, die Vertreterin eines urbanen Kunstsinns, über das Wesen der Grazie als Verkörperung moralischer Schönheit dozieren. Der Bestimmung, daß es sich hier um einen Ausdruck «der innerlichen Güte einer menschlichen Seele»[112] handele, wird der *Thalia*-Aufsatz konsequent folgen. In einem vermutlich von Wieland verfaßten Artikel über das Stichwort «Reitz» hatte auch Johann George Sulzers *Allgemeine Theorie der Schönen Künste* (1771–74) eine der Grazie vergleichbare Kategorie erörtert. Ihre das Wesen des Schönen verstärkende Macht suchte der Beitrag mit einer Episode aus dem 14. Gesang der *Ilias* (XIV, 110ff.) zu belegen, in der davon erzählt wird, wie sich Hera von Aphrodite den Gürtel der Anmut leiht, weil sie glaubt, mit dessen Hilfe Zeus verführen zu können.[113] Schiller greift auf dasselbe Beispiel zurück, um die Beziehung von Anmut und Schönheit, die sein Aufsatz am Beginn diskutiert, näher zu beleuchten. Den von Wieland vertretenen Rokoko-Klassizismus wird er jedoch durch das Kühlbad einer an Kant geschulten Methodik führen, welche das Wesen der Grazie als Ausdruck der Freiheit in der sinnlichen Erscheinung erschließen soll.

Das besondere Wesen der Anmut liegt Schiller zufolge darin, daß sie ein äußeres, frei bewegliches Attribut des Schönen vorstellt, an dem sichtbar wird, welchen Einfluß die sittliche Vernunftkultur des Menschen auf die Erzeugung ästhetischer Wirkungen nimmt. Ist insbesondere die «Schönheit des Baues» – die «architektonische Schönheit» (NA 20, 255) – Ergebnis physischer Eigenschaften, mithin der Geltung vernünftiger Mächte entzogen, so steht die Anmut unter dem Patronat der Sittlichkeit. Die Naturkräfte, die das Schöne hervorbringen, finden sich bei der anmutigen Bewegung durch die Einwirkung der Vernunft unterstützt. Anmut vermag nur dort aufzutreten, wo der pure sinnliche Reiz eines Phänomens von einer moralischen Anlage ergänzt wird. Ein Tier kann, wie Schiller betont, schön, aber nie anmutig erscheinen; zur Anmut bedarf es der Regie intelligibler Mächte, die die Bewegungen des Körpers in einer Weise steuern, welche Regelmaß und Freiheit harmonisch zusammenspielen läßt. Diesem Gedanken entspricht sehr genau die Beschreibung der tanzenden Huldgöttinnen in Wielands Gedicht *Die Grazien* (1769), das Schiller vermutlich im Weimarer Spätsommer 1787 gelesen hat.[114]

Als natürliche Eigenschaft, die ein Wesen durch seine Geburt empfängt, bleibt das Schöne frei vom Einfluß der Vernunft. Im Sinne einer ordnenden Macht wirkt die Ratio sich jedoch als kultivierende Lehrmeisterin aus, die durch das Attribut der Anmut die besondere Qualität einer schönen Naturanlage gesteigert zur Geltung bringt. Betrachtet man die anmutige Wirkung unter diesem Gesichtspunkt, so wird ihre diplomatische Fähigkeit, sinnliche und sittliche Kräfte in der ästhetischen Erscheinung zu vereinbaren, vollends sichtbar. Schiller bemerkt im Hinblick auf das Harmonisierungsvermögen der Grazie: «Die Schönheit ist daher als die Bürgerin zwoer Welten anzusehen, deren einer sie durch Geburt, der andern durch Adoption angehört; sie empfängt ihre Existenz in der sinnlichen Natur, und erlangt in der Vernunftwelt das Bürgerrecht.» (NA 20, 260) Das Phänomen der Anmut erweist für Schiller die Evidenz dieses Sachverhalts, insofern es das Walten jener rationalen Kräfte widerspiegelt, die sich der Naturanlage des Schönen annehmen, um sie zu verfeinern und auszubauen. Konträr dazu wird 17 Jahre später Heinrich von Kleists Aufsatz *Über das Marionettentheater* (1810) argumentieren, der die Grazie allein dort zur Entfaltung kommen sieht, wo die Macht des Bewußtseins gänzlich ausgeschaltet ist – bei der leblosen Puppe als Kronzeugin einer die Grundlagen des klassischen Humanitätsideals in Frage stellenden subversiven Ästhetik.

Die Bedeutung der Vernunft erweist sich für Schiller (anders als in Kleists Dialog) gerade dort, wo die graziöse Bewegung mißlingt, weil der körperliche Ausdruck von Gefallsucht bestimmt wird. Die ‹nachgeahmte oder gelernte Anmuth›, die mit einem Begriff aus Lessings *Hamburgischer Dramaturgie* «Tanzmeistergrazie» heißt, gilt dem Essay als verachtenswertes Produkt der Ziererei (NA 20, 269).[115] In ihr bekundet sich der mechanische Zwang der Eitelkeit und Künstelei, der die allein vernunftgestützte Harmonie von Regelmaß und Freiheit notwendig ausschließen muß. Die hier anklingende Reserve gegenüber «derjenigen Schönheit, die am Putztisch aus Karmin und Bleyweiß, falschen Locken, Fausses Gorges, und Wallfischrippen hervorgeht», birgt ein dezidiert antihöfisches Element. Schiller wußte, wovon er sprach; in Dresden und Weimar hatte er hinreichend Gelegenheit, adligen Tanzvergnügungen beizuwohnen und die kunstvoll inszenierte Rokokoästhetik der Redouten aus unmittelbarer Nähe zu erleben. Bereits die Jugenddramen setzen gegen die Künstelei der «Toiletten-Schönheit» (NA 20, 269), wie sie Julia Imperiali oder die Lady Milford pflegen, das Ideal der ungebrochenen weiblichen Natürlichkeit, das in Leonore und Louise Miller zu Gesicht kommt – ein Reflex auch der von Noverre vertretenen Ästhetik des idealen Körperausdrucks, deren Grundzüge in der 1769 von Lessing und Bode übersetzten, Schiller vertrauten Abhandlung *Lettres sur la Danse, et sur les Ballets* formuliert worden waren.[116] Sinnbild für die der höfischen Kultur fehlende sittliche Inte-

Die Abhandlung Ueber Anmuth und Würde (1793) 107

grität in der anmutigen Erscheinung ist gemäß der klassizistischen Anthropologie der Schrift die ‹schöne Seele›, die Pflicht mit Neigung, Moral mit Sinnlichkeit verbindet und derart die ideale Einheit von Naturanlage und Vernunftkultur bezeichnet (einen lyrischen Kommentar zu dieser These liefert 1798 die Elegie *Das Glück*).

Schiller setzt sich hier von seinem Lehrmeister Kant ab, dessen *Kritik der praktischen Vernunft* an einer unüberbrückbaren Differenz zwischen Pflicht und Neigung festhält. Im Zeichen der moralischen Willensfreiheit kann laut Kant nur der handeln, der sich in Übereinstimmung mit einem anerkannten allgemeinen Sittengesetz weiß, ohne dabei seinen Leidenschaften zu folgen; altruistische Verhaltensweisen, die aus dem Lustgefühl des Mitleids, mithin aus einer sinnlichen Quelle hervorgehen, sind für Kant nicht geeignet, den strengen Kategorien seiner Pflichtethik zu entsprechen.[117] Ein wenig vorsichtiger hatte Reinholds Kommentar der transzendentalphilosophischen Morallehre erklärt, daß zwar sinnlich geprägte Glücksgefühle die sittliche Praxis des Menschen begleiten, jedoch idealiter nicht deren Motivation bilden dürften.[118] Gegen Kant und Reinhold betont Schiller die Vereinbarkeit des Handelns aus Neigung mit den Maßstäben der Sittlichkeit. Den Leitbegriff für diese Synthese bildet die Kategorie, die das Nervenzentrum seiner klassischen Anthropologie ausmacht: «In einer schönen Seele ist es also, wo Sinnlichkeit und Vernunft, Pflicht und Neigung harmonieren, und Grazie ist ihr Ausdruck in der Erscheinung.» (NA 20, 288) Die Verknüpfung von Ethik und Ästhetik vollzieht sich programmatisch in einem anthropologischen Idealbild, wie es zwei Jahre zuvor bereits die Bürger-Rezension bezeichnete. Die schöne Seele vereint ohne Anstrengung sinnlichen Antrieb (Neigung) und sittliche Ausrichtung (Pflicht). Daß sie in besonderer Weise zu anmutigen Wirkungen befähigt ist, entspricht Schillers Überzeugung, derzufolge die Grazie in der Einheit von Naturanlage und moralischer Selbstbindung das Produkt aus Regelmaß und Freiheit bildet. Goethe wird drei Jahre später im sechsten Buch der *Lehrjahre* davon abweichend das schattigere Porträt einer ‹schönen Seele› entwerfen, zu deren widersprüchlichen Merkmalen weltflüchtige Zurückgezogenheit und Einkapselung gehören. Daß die christliche Religion vom Ideal der ‹freyen Neigung› getragen und damit durch einen ästhetischen Grundzug gekennzeichnet sei, betont Schiller selbst, unter Bezug auf das sechste Buch des Romans, im August 1795 in einem Brief an Goethe (NA 28, 28).

Kant hat Schiller die kritische Anmerkung zu seiner Sittenlehre nicht verübelt, vielmehr in der zweiten Auflage der Schrift *Die Religion innerhalb der Grenzen der bloßen Vernunft* (1794) die «Meisterhand» des Verfassers gerühmt, den inhaltlichen Gegensatz, der ihre Positionen trenne, als nicht prinzipieller Art bezeichnet, im übrigen aber an der Überzeugung festgehalten, daß Neigung und Pflicht unmöglich zusammenfallen könnten.[119] In einem Brief vom 13. Juni 1794 bedankt sich Schiller bei Kant für die lobende Charakteristik seiner Schrift und verteidigt seine Ausführungen als Versuch, die «Strenge» des von der *Kritik der praktischen Vernunft* entworfenen Systems der Sittenlehre zu mildern, um diese einem «nicht unwürdigen Theil der Menschheit» nahezubringen (NA 27, 13). Schillers Vorbehalte gegen Kants rigorose Trennung von Pflicht und Neigung speisen sich auch aus den Überzeugungen der Moral-sense-Philosophie, deren Einfluß auf den Gedankenhaushalt schon des Karlsschülers beträchtlich war. Bei Hutcheson und Ferguson hatte er lesen können, daß nicht allein die Selbsterhaltung den Antrieb menschlicher Handlungen bilde, sondern ebenso ein sich in sinnlichen Impulsen bekundendes moralisches Begehrungsvermögen. Mitleid und Menschenfreundlichkeit verkörpern die Kräfte, die gemäß den Bestimmungen der aufgeklärten Moral-sense-Philosophie das Individuum zur sittlichen Bindung anhalten. Wenn noch der Schiller der 90er Jahre gegen Kants starren Pflichtbegriff votiert und seinerseits auf die Möglichkeit einer emotional geprägten Anlage zum ethischen Handeln verweist, so bewegt er sich damit in den Argumentationsbahnen der britischen Moralphilosophie. Unabhängig von seiner Skepsis gegenüber deren spekulativen Tendenzen hält er am Vertrauen in die Möglichkeit der Synthese zwischen Moralität und Sinnlichkeit fest – eine gegen Kant gerichtete Option, die den Begriff der Anmut ebenso berührt wie die spätere Lehre vom Naiven mit ihrer Idee des moralischen Naturzustands.[120] Genauen Ausdruck gibt diesem Programm das vierte Distichon der *Tabulae votivae* von 1796: «Wirke Gutes, du nährst der Menschheit göttliche Pflanze, | Bilde Schönes, du streust Keime der göttlichen aus.» (NA 1, 291) In einem unpubliziert gebliebenen Fragment eines ursprünglich für die *Horen* geplanten Beitrags reflektiert Goethe, offenbar unter dem Eindruck von Schillers Konzept der Anmut, die hier beleuchteten ästhetischen Maximen einer Anthropologie, die das Schöne allein in Verbindung mit sittlicher Autonomie zu denken bereit ist (*In wiefern die Idee: Schönheit sey Vollkommenheit mit Freyheit, auf organische Naturen angewendet werden könne*). «Schön nennen wir», heißt es da, «ein vollkommen organisirtes Wesen, wenn wir uns bey seinem Anblicke denken können, daß ihm ein mannichfaltiger freyer Gebrauch aller seiner Glieder möglich sey, sobald es wolle (...)»[121]

Erweist die Anmut die Einheit von sinnlichem und sittlichem Charakter des Schönen, so bildet der Begriff der Würde deren überwiegend rationales Gegengewicht. In ihm bleibt der Gesichtspunkt der Moralität beherrschend, die Bedeutung des Willens als jene Kraft, die den sensuellen Antrieb des Menschen dominiert: «So wie die Anmuth der Ausdruck einer schönen Seele ist, so ist Würde der Ausdruck einer erhabenen Gesinnung.» (NA 20, 289) Daß beide Begriffe einander systematisch ergänzen, ergibt sich aus dem zweiten (kürzeren) Teil von Schillers Abhandlung. Während die Anmut den sinnlichen Reiz moralisch begründeter Schönheit verkörpert, bezeichnet die Würde jene sittliche Überlegenheit, deren Anziehungskraft auf der ethischen Größe einer integeren Haltung beruht (Schiller wird diesen Gegensatz in den Briefen zur ästhetischen Erziehung durch die Differenz von ‹schmelzender› und ‹energischer› Schönheit zu erfassen suchen). Im Wesen der Anmut herrscht die Freiheit der Erscheinung, in jenem der Würde hingegen das sittliche Prinzip. Während der Widerspruch zwischen sinnlichem Empfinden und moralischem Gesetz, den auch die tragödientheoretischen Schriften immer wieder reflektieren, im Bild der anmutigen Erscheinung versöhnt ist, wird er in der würdigen Haltung ertragen. «Anmuth liegt also in der Freyheit der willkührlichen Bewegungen; Würde in der Beherrschung der unwillkührlichen. Die Anmuth läßt der Natur da, wo sie die Befehle des Geistes ausrichtet, einen Schein von Freywilligkeit; die Würde hingegen unterwirft sie da, wo sie herrschen will, dem Geist.» (NA 20, 297)

Die Anmut bildet das Produkt eines freien Spiels der Kräfte, das im Zeichen der Harmonie von Naturanlage und Vernunftmaß steht. Demgegenüber ist die Würde das Ergebnis eines willentlichen Beherrschens der Natur, vergleichbar der Haltung des erhabenen Widerstands gegen die Leiden der Sinnlichkeit. Schiller betont an mehreren Stellen, daß er die Anmut zumal für die Tugend femininer Schönheit, Würde hingegen für ein Attribut des Mannes hält; «Ermanne dich, weise zu seyn», so übersetzt er demgemäß im November 1793 das von Kant zum Wahlspruch der Aufklärung erhobene ‹Sapere aude› (NA 26, 298). In den Distichen, die unter dem Titel *Macht des Weibes* im Musenalmanach für das Jahr 1797 erscheinen, wird der Dualismus der Geschlechter bekräftigt, wenn es heißt: «Kraft erwart' ich vom Mann, des Gesetzes Würde behaupt' er, | Aber durch Anmuth allein herrschet und herrsche das Weib.» (NA 1, 286) Man mag darin eine Fixierung auf traditionelle Geschlechterrollen erkennen, die gerade in Schillers Lyrik immer wieder begegnet (sie hat bereits den Widerspruch der Romantikergeneration geweckt). Betrachtet man die Argumente der Abhandlung genauer, läßt sich jedoch bemerken, daß es hier in letzter Instanz nicht um die machtvolle Bewahrung einer dualistisch gefaßten männlich-weiblichen Ästhetik geht. Idealiter müssen beide Attribute als Komplemente arbeiten, die sich gegenseitig in ihrer Wirkung unterstützen. Der Anmut fällt es zu, die strenge Pflichtethik moralischer Souveränität mit einer gewissen Freiheit auszufüllen, der Würde bleibt es aufgetragen, die sinnliche Kraft der Neigung vernunftmoralisch zu begründen. Denkbar wäre, so führt Schiller abschließend aus, ein Charakter, der beide Qualitäten in sich vereint, indem er Vernunftfreiheit und Sinnlichkeit verknüpft, Sittlichkeit und Schönheit als Gesetzgeber verbindet. Im Zielpunkt der Abhandlung steht damit erneut ein anthropologisches Ideal – das Bild vom Menschen, der gegenstrebige Tendenzen in sich aufzunehmen vermag und damit Herrscher ist im «Reiche des Geschmacks», wo die politische Macht so wenig zählt wie gesellschaftliche Reputation (NA 20, 300).

Spätestens hier treten die Gegensätze ins Licht, die Schillers Schönheitsidee von Kants System trennen. An drei Punkten stellt der Schüler die Prinzipien des Lehrmeisters in Frage, ohne dabei dessen methodisches Fundament preiszugeben (was wiederum erhebliche Widersprüche begründet). Sein kunsttheoretischer Entwurf schließt den Bereich der Sittenlehre ein, insofern er auf dem Gedanken beruht, ästhetische Erfahrung ermögliche verfeinerte moralische Empfindung; damit sucht Schiller den Weg zu einer Synthese zwischen Ästhetik und Moral zu bahnen, die für Kant undenkbar schien, weil subjektives Interesse (als Triebfeder des Geschmacksurteils) und objektive Prinzipien (als Gesetze der ethischen Welt) in seiner systematischen Ordnung nicht zu vereinbaren waren.[122] Zum zweiten erstrebt er eine genaue Bestimmung des Schönen, die die autonomieästhetische Begründung nicht ausschließen, sondern neu bekräftigen soll. In Kants *Urteilskraft* war die Idee der Zweckfreiheit nur dort haltbar, wo dem Schönen ein objektives, das heißt in normativen Regeln analog zur Vernunft verankertes Geltungsrecht verwehrt, wo es auf die subjektive Kategorie der Lust als Quelle des Geschmacksurteils zurückgeführt wurde. Schiller möchte das Schöne hingegen zur unabhängigen Größe jenseits von Prinzipien und Gesetzen erklären; seine Autonomie ist daher in den *Kallias*-Briefen ebenso wie in *Anmuth und Würde* gebunden an die Freiheit der Erscheinung, wobei ungeklärt bleibt, an welchem Punkt diese durch die Zwänge der ihr konfrontierten äußeren Wirklichkeit eingeschränkt wird. Zum dritten entfernt sich Schiller von Kant, wenn er im Anschluß an die oben umrissene Fragestellung eine produktionsästhetische Begründung des Schönen erarbeitet, die die Theorie der künstlerischen Form aus dem Bannkreis der von der *Urteilskraft* entfalteten Geschmackslehre löst, ohne dabei jene Systemzwänge zu erzeugen, die Regelpoetik und Sensualismus hervorzubringen pflegten. Besonders entschieden tritt dieser Vorsatz in der

Theorie der tragischen Form zutage, wie sie der Entwurf des ‹Pathetischerhabenen› enthält. Daß die Idee einer literarischen Gattung jenseits normativer Gesetze liegt, bildet dabei Schillers prinzipielle Überzeugung. Dieses Modell stößt jedoch dort an seine Grenzen, wo es historisiert und damit in systemüberschreitenden Zusammenhängen durchleuchtet wird. Erst der Ästhetik Hegels gelingt es, idealistisches Gattungskonzept und geschichtliches Denken methodisch überzeugend aufeinander zu beziehen.

Antworten auf die Französische Revolution.
Briefe an den Augustenburger (1793)

Am 9. Februar 1793 eröffnet Schiller, inmitten der Arbeit an den *Kallias*-Ausführungen, eine Reihe von Briefen an seinen Gönner, den Prinzen von Augustenburg. Dieser hatte sich zu Beginn des Jahres in einem Schreiben an Reinhold besorgt über das lange Stillschweigen seines Protegés geäußert. Schiller reagiert sofort, nachdem ihn Reinhold von der irritierten Anfrage des Mäzens in Kenntnis gesetzt hat. In seinem Brief vom 9. Februar verweist er auf den ihn niederdrückenden schlechten Gesundheitszustand («Opfer der Hypochondrie», NA 26, 184), kündigt aber nunmehr eine ausführliche Darstellung seiner kunstphilosophischen Gedanken an, die Rechenschaft über die Studien der letzten zwölf Monate ablegen soll. Bis zum Ende des Jahres 1793 schickt Schiller dem Prinzen fünf weitere Briefe (vom 13. Juli, 11. und 21. November sowie 3. und [ca.] 10. Dezember), die den im *Kallias*-Konvolut unternommenen Versuch einer Bestimmung der Möglichkeiten ästhetischer Bildung fortsetzen. Am 26. Februar 1794 werden die Manuskripte bei einem Brand des Kopenhagener Stadtschlosses vernichtet. Veranlaßt durch die Bitte des Prinzen, ihm die Kopien der Briefe zu überlassen, entschließt sich Schiller zu einer grundlegenden Überarbeitung der Texte, deren Resultate im Laufe des Jahres 1795, auf drei Folgen verteilt, unter dem Titel *Ueber die ästhetische Erziehung des Menschen* in den *Horen* erscheinen. Einzelne Züge der Geschmackstheorie, die das Schreiben vom 3. Dezember ergänzend zum Begriff der Anmut vorgetragen hatte, werden von der Abhandlung *Ueber den moralischen Nutzen ästhetischer Sitten* adaptiert, die wiederum im dritten Stück des zweiten *Horen*-Jahrgangs 1796 erscheint.[123]

Methodischer Ausgangspunkt der sechs Originalbriefe von 1793 ist die Reflexion über den aktuellen Gehalt kunsttheoretischer Publikationen, die sich angesichts der dramatischen Entwicklung im revolutionären Frankreich dem Verdacht aussetzen müssen, die Flucht vor den Forderungen des Tages als Strategie der Verdrängung sozialer Probleme zu kultivieren. «Ist es nicht ausser der Zeit», so fragt Schiller rhetorisch, «sich um die Bedürfniße der aesthetischen Welt zu bekümmern, wo die Angelegenheiten der politischen ein so viel näheres Interesse darbieten?» (NA 26, 259) Er schreibt seine Briefe, so muß man sich vergegenwärtigen, zwischen Februar und Dezember 1793, vor dem Hintergrund einer unerhörten Verwirrung und Beschleunigung der Pariser Revolutionsereignisse. Am 21. Januar war Ludwig XVI., am 16. Oktober Marie Antoinette hingerichtet worden; nach der Ausschaltung des Nationalkonvents begann am 6. April 1793 die bis zum Sommer 1794 währende Herrschaft des jakobinisch dominierten Wohlfahrtsausschusses (*Comité du salut public*) unter Robespierre, Saint-Just, Desmoulins und Hébert, die zu einer Flut von Bluturteilen und Massenexekutionen führte. Die Verfassung vom Juni 1793 hatte zwar die Grundzüge einer demokratischen Staatsordnung umrissen, jedoch war sie mit Rücksicht auf die instabile außenpolitische Lage nicht in Kraft gesetzt worden. Die faktische Aufhebung der Gewaltenteilung, wie sie sogar die neue Konstitution festschrieb, die Einparteiendiktatur, die Zentralisierung von Regierung, Verwaltung und Justiz und die lückenlose Überwachung der Bürger durch Geheimausschüsse begründeten nach dem Zusammenbruch der Gironde ab August 1793 eine jakobinische Alleinherrschaft mit menschenverachtenden Zügen. Bis zum Sommer 1794 erfolgten unter Berufung auf die ‹volonté générale› 1250 Hinrichtungen. Die neue Linie war auch eine Konsequenz des unerhörten außenpolitischen Drucks, der auf dem jungen Staat lastete. In einem Aufruf zur Verteidigung der Nation vom 23. August 1793 verglich Bertrand Baière de Vinzac die Republik mit einer ringsum belagerten Stadt.[124] Der Übergang in die Gewaltherrschaft vollzog sich nicht aufgrund programmatischer Absichten, sondern unter dem Einfluß militärischer Zwänge und innerer Instabilität. Der zunächst von 14 Mitgliedern gesteuerte Wohlfahrtsausschuß suchte durch einen harten Kurs die Auswirkungen der europäischen Isolation, in die Frankreich geraten war, auszugleichen und die Errungenschaften der Revolution kompromißlos zu verteidigen.

Die politischen Wirkungen der im Namen eines atheistischen ‹Kultes der Vernunft› vollzogenen ‹Terreur› veranlassen Schiller zu der Frage, wie die hier sichtbaren Tendenzen der Brutalisierung überwunden, die sich in Massenhysterie äußernden, von der Sache her berechtigten Bekundungen des Volkszorns gesteuert werden könnten. Die Anfänge der Revolution, über die er sich zunächst durch das von Wieland empfohlene *Journal de Paris* informierte, hatte er mit einiger Sympathie verfolgt. Die von Beulwitz und Schulz stammenden Nachrichten über die Ausschreitungen, die bereits Anfang Oktober 1789 während des Marschs auf Versailles und der

Eskortierung des Königs stattfanden, nahm er zwar aus kritischer Distanz zur Kenntnis. Doch zeigte er grundlegendes Einverständnis mit den Entscheidungen der am 17. Juni 1789 konstituierten Nationalversammlung, über deren verfassungsrechtliche Diskussionen er sich durch die französische Presse ins Bild setzte. Weder die antiklerikale Tendenz dieses Gremiums, das den Verkauf von Kirchengütern und die Aufhebung geistlicher Privilegien unterstützte, noch den als Kompromiß zwischen bürgerlichen Radikaldemokraten und konservativen Aristokraten (*Feuillants*) im September 1791 zustande gekommenen Verfassungsentwurf, der den Weg zur parlamentarischen Monarchie ebnen sollte, dürfte er mißbilligt haben. Nach seinen eigenen württembergischen Erfahrungen mußte er die durch die Konstitution festgeschriebene Einschränkung der absoluten Macht Ludwigs XVI. als legitime Maßnahme begrüßen, auch wenn ihm nicht entgangen sein konnte, daß die widersprüchlichen Absichten der aus verschiedensten sozialen Lagern stammenden Frondeure keine Gewähr für eine einheitliche Gestaltung der neuen staatlichen Ordnung boten. Selbst seine Einschätzung der antiklerikalen, privilegienfeindlichen Politik des im September 1792 gewählten Konvents und der ihn tragenden Verfassungskonzeption war zunächst, trotz mancher Bedenken, von Zustimmung geprägt. Rückblickend auf diese Phase schreibt Frau von Stein am 6. Dezember 1793 vor dem Hintergrund der vom Wohlfahrtsausschuß angebahnten Schreckensherrschaft an die konservativ denkende Charlotte: «Ist denn Schiller wohl jetzt ganz über die französische Revolution bekehrt, und darf ich wohl jetzt den Nationalconvent Räuber nennen, ohne daß er sich wie schon einmal darüber entsetzt?»[125]

In Distanz zu den Pariser Ereignissen rückt Schiller Ende des Jahres 1792, als der Konvent unter das Diktat der radikalen Jakobinerfraktion gerät und die französische Außenpolitik expansive Züge annimmt (mit der Konsequenz des bis 1797 dauernden ersten Koalitionskriegs, an dem als preußischer General auch der Herzog Carl August mitwirkte). Die gewaltsame Gefangensetzung des Königs, der Sturm auf die Tuilerien am 10. August 1792 und die drei Wochen vor der Ausrufung der Republik Anfang September von entfesselten Volksmassen verübten Massaker, die zahllose Opfer vor allem unter Adel und Klerus forderten, veranlaßten nicht nur bei Schiller, sondern auch bei Klopstock, Wieland und Herder Äußerungen der Abwehr und Verstörung. Noch ehe im April 1793 das Diktat des Wohlfahrtsausschusses und die kurze, bereits im Juli 1794 wieder beendete Phase der jakobinisch dominierten Schreckensherrschaft mit Personenkult, Unrechtsjustiz und Massenexekutionen beginnt, regt sich unter deutschen Intellektuellen breiter Widerstand gegen die Vorgänge im

Nachbarland. Am 6. November 1792 schlägt Schiller Körner vor, für Göschens Damenkalender in der Nachfolge der Schrift über den Dreißigjährigen Krieg eine Darstellung der englischen Revolution von 1649 zu verfassen, wobei er ausdrücklich auf die aktuellen Aspekte des Themas verweist: «Es ist sehr interessant, gerade in der jetzigen Zeit ein gesundes Glaubensbekenntniß über Revolutionen abzulegen, und da es schlechterdings zum Vortheil der RevolutionsFeinde ausfallen muß, so können die Wahrheiten die den Regierungen nothwendig darinn gesagt werden müssen, keinen gehäßigen Eindruck machen.» (NA 26, 164) Schiller umreißt hier nicht allein eine historisch begründete Kritik revolutionärer Gewalt, sondern ebenso das Konzept der taktisch möglichst geschickt abgesicherten Fürstenerziehung – eine mittlere Linie, die im Schatten der entschieden vorgetragenen Ablehnung von Jakobinerwillkür und plebiszitärer Macht eine konstitutionell gestützte Neubegründung der Politik des Ancien Régime anzubahnen sucht.[126]

Die revolutionären Ereignisse in Frankreich hatten unter deutschen Schriftstellern und Intellektuellen gemischte Reaktionen ausgelöst. Dominierend wirkte zunächst ein ungebremster Enthusiasmus, mit dem der Bastillesturm, die Festsetzung des Königs und das Engagement der Nationalversammlung aufgenommen wurden. Progressive Publizisten wie Joachim Heinrich Campe, Georg Forster, Georg Friedrich Rebmann, Johann Friedrich Reichardt, Karl Friedrich Reinhard, Johann Heinrich Merck und Georg Kerner reisten selbst nach Paris und wurden Augenzeugen der rasanten politischen Entwicklung, die sich hier seit dem Juli 1789 zutrug. «Frankreich schuf sich frei», so jubiliert der 65jährige Klopstock unter dem spontanen Eindruck des Bastillesturms: «Des Jahrhunderts edelste Tat hub | Da sich zu dem Olympus empor!»[127] In Weimar gehört einzig Goethe zu den Skeptikern der ersten Stunde. Das «Unheil der französischen Staatsumwälzung», das er noch 1823 als das «schrecklichste aller Ereignisse»[128] apostrophiert, bleibt für ihn eine immer wieder neu wahrgenommene Herausforderung, die ihn «fast unnützerweise aufgezehrt» hätte.[129] Bereits frühzeitig verspottet er in seinen literarisch mißratenen Komödien *Der Gross-Cophta* (1791), *Der Bürgergeneral* und *Die Aufgeregten* (jeweils 1793) das grassierende Revolutionsfieber als pathologisches Phänomen; noch in späteren Lebensjahren bezeichnet er die Pariser Ereignisse als ihn tief erschütternde Vorgänge, auf die er erst allmählich künstlerisch angemessen zu antworten vermocht habe.[130]

Im Gegensatz zu Goethe zeigen sich Wieland und Herder zunächst als Sympathisanten der großen Umwälzung. 1790 publiziert Wieland im *Teutschen Merkur* seine *Unparteiischen Betrachtungen über die dermalige*

Staatsrevolution in Frankreich, die eine abgewogene Einschätzung der aktuellen Ereignisse formulieren. Verständlich findet Wieland jene zustimmenden öffentlichen Verlautbarungen, die die Erhebung gegen «den unleidlichsten» Absolutismus als ein Werk der «edelsten Männer»[131] unterstützen. Zu prüfen bleibe freilich, ob die gegenwärtig sich vorbereitende Staatsverfassung nicht altes durch neues Unrecht ersetzte, einen «demokratischen Despotismus» an die Stelle des «aristokratischen und monarchischen»[132] treten lasse. Für wünschenswert hält es Wieland, daß die Nationalversammlung ihre Tätigkeit geschlossen fortführe, die zerrütteten Finanzen konsolidiere, eine konstitutionelle Staatsform erarbeite und die politische Ordnung fortan auf die Wirksamkeit eines Parlaments mit genau umrissenen Kontrollfunktionen stütze. Die uneingeschränkte Herrschaft des Volkes fürchtet Wieland, wenngleich er zunächst noch Verständnis für die «Ungeduld» der «Bürger und Bauern»[133] an den Tag legt. Unter dem Einfluß der Terreur-Phase nimmt auch er jedoch eine Haltung der Distanz gegenüber der Revolution ein. Ansatzweise war sie bereits 1791 zur Sprache gekommen, als er erklärte, das französische Volk zeige durch seine mangelnde politische Disziplin, daß es zur Freiheit noch nicht reif sei.[134] Ähnlich hatte es Goethe 1790 im 53. der *Venezianischen Epigramme* formuliert: «Frankreichs traurig Geschick, die Großen mögen's bedenken! | Aber bedenken fürwahr sollen es Kleine noch mehr. | Große gingen zu Grunde: doch wer beschützte die Menge | Gegen die Menge? da war Menge der Menge Tyrann.»[135] Solche Verse richteten sich auch gegen jene Zeitbeobachter, die die Ausschreitungen auf den Straßen der französischen Metropole für ein notwendiges Übel ohne politische Folgen hielten und, wie Campe, Forster und Schlözer, die Exzesse von Versailles als Versuch werteten, die «Krebsschäden» des alten Staates mit radikalen Mitteln vor Augen zu führen.[136]

Recht genau begründet Herder sein Verhältnis zu den Grundsätzen der Revolution. In den Pariser Ereignissen sieht er eine organische Kraft wirksam, die die Individualität des Menschen zu voller Blüte bringt. Erste Bedingung für eine solche Perspektive ist die bei Herder frühzeitig ausgeprägte Bereitschaft, die Epoche der Aufklärung als Produkt eines in sich dynamischen, historisch eigenen Gesetzmäßigkeiten unterliegenden Prozesses, nicht aber als Abschluß einer fortschreitenden Entwicklung zu betrachten. Dieses gestattet es ihm, offen auf die neuen politischen Ereignisse zu reagieren und in ihnen Vorboten auch einer intellektuellen Auffrischung des Menschen zu sehen.[137] Bereits zu Beginn der *Ideen* (1784) erinnert Herder ausdrücklich an die astronomische Bedeutung des Begriffs «revolutio» (Umwälzung) mit seinen naturgeschichtlichen Hintergründen.[138] In der frühen, später aus Zensurrücksichten revidierten Fassung der ab 1793 publizierten *Briefe zur Beförderung der Humanität* behauptet er, «seit Einführung des Christenthums und seit Einrichtung der Barbaren in Europa» habe sich «außer der Wiederauflebung der Wißenschaften und der Reformation» nichts zugetragen, das dem «Ereigniß» der Revolution in Frankreich «gleich wäre».[139] In Übereinstimmung mit seinem eigenen organologischen Entwicklungsgedanken begreift Herder die Vorgänge in Paris jedoch nicht als gewalttätige, vielmehr als evolutionär notwendige Akte – so erklärt es die Abhandlung *Tithon und Aurore* noch 1792, im unmittelbaren Vorfeld der Jakobinerherrschaft. Derart verstanden ist die französische Staatsumwälzung trotz ihrer aggressiven Züge kein willkürlicher Eingriff in eine unumkehrbare Ordnung, sondern ein naturhafter Veränderungsvorgang mit innerer Folgerichtigkeit.[140] Grundsätzlich hat Herder später die prekäre Praxis der jakobinischen Politik nur als Intermezzo auf einem insgesamt vielversprechenden Weg in die Freiheit der Vernunft eingestuft. Nicht ohne methodische Konsequenz ist es, wenn er in der siebenten Sammlung der *Humanitätsbriefe* (1796) verkündet: «Mein Wahlspruch bleibt also fortgehende, natürliche, vernünftige Evolution der Dinge; keine Revolution. Durch jene, wenn sie ungehindert fortgeht, kommt man dieser am sichersten zuvor; durch jene wird diese unnütz und zuletzt unmöglich.»[141]

Weniger moderat als Wieland und Herder vertritt Fichte 1793 in seinem anonym publizierten *Beitrag zur Berichtigung der Urteile des Publikums über die französische Revolution* die Position des Sympathisanten, der zwar jegliche Form der politisch motivierten Gewalt ablehnt, die Pariser Vorgänge jedoch nach den Erkenntnissen der durch Montesquieu und Rousseau begründeten neueren Staatstheorie zu rechtfertigen sucht, indem er sie als Akte der Auflösung älterer Vertragsverhältnisse deutet. Edmund Burke hatte bereits 1790 in seinen *Reflections on the Revolution in France* die eisige Kritik an einer durch Vernunftgründe legitimierten Verfassungsänderung mit dem Votum für den langsamen Umbau des Staates auf reformkonservativer Basis verbunden. Im Blick auf das theoretische Niveau seiner Überlegungen wird Friedrich von Hardenberg Burke später bescheinigen, ihm sei «ein revolutionaires Buch gegen die Revolution»[142] gelungen. Abweichend davon verteidigt Fichte den politischen Umsturz gerade in der Fluchtlinie einer (die älteren Positionen von Hobbes und Locke überbietenden) naturrechtlich-vertragstheoretischen Argumentation. Die aktuellen Staatsverhältnisse seien, so heißt es, niemals absolut verbindlich, könnten vielmehr durch die Begründung veränderter Formen juristischer Vereinbarung ersetzt werden.[143] Die französischen Ereignisse betrachtet

Fichte als einen solchen Vorgang der Modifikation bestehender Vertragsbedingungen, dessen politische Basis nicht rechtswidrig sei, solange das Gewaltmonopol der Obrigkeit unangetastet bleibe. War die seit Hobbes' *Leviathan* (1651) für den europäischen Absolutismus verbindliche Ordnungsidee von einem negativen Verständnis des (allein durch den *status civilis* kontrollierbaren) menschlichen Naturzustands ausgegangen, so hält Fichte an der Überzeugung fest, daß der Staat den qua Geburt jedem Individuum zugeeigneten Anspruch auf Selbstbestimmung nicht durch Gesetze unterbinden dürfe, sondern verfassungsrechtlich hinreichend zur Geltung bringen müsse. Die Revolution vollende derart einen Prozeß, zu dem «eine andere ungleich wichtigere (...) uns den Stoff gesichert habe», nämlich die intellektuelle Neuorientierung, die Kants Transzendentalphilosophie veranlaßte.[144] In einem vermutlich für Jens Baggesen bestimmten Briefentwurf vom April 1795 betont Fichte einen unmittelbaren Zusammenhang zwischen den Ereignissen in Paris und den spekulativen Vorgaben seiner eigenen Theorie des Subjekts: «Wie jene Nation von den äußern Ketten den Menschen losreis't, reist mein System ihn von den Feßeln der Dinge an sich, des äußern Einflußes los, und stellt ihn in seinem ersten Grundsatze als selbständiges Wesen hin.»[145]

Daß zumal deutsche Intellektuelle in den Entwicklungen der französischen Politik zunächst eine Bestätigung erfahrungsunabhängig hergeleiteter Grundsätze der Morallehre erkennen wollten, zeigt auch eine Äußerung des Kant-Schülers Friedrich Gentz, der am 5. Dezember 1790 an Christian Garve über die Revolution schreibt: «Sie ist der erste praktische Triumph der Philosophie, das erste Beispiel einer Regierungsform, die auf Prinzipien und auf ein zusammenhängendes, konsequentes System gegründet wird.»[146] In der Einleitung zu seiner *Kritik der Hegelschen Rechtsphilosophie* (1844) wird der junge Marx diesen Vergleich fortführen und Kants Denksystem unumwunden als «die deutsche Theorie der französischen Revolution» charakterisieren.[147] Gentz selbst verschrieb sich seit Beginn der 90er Jahre einer empiristisch gestützten Staatslehre reformkonservativer Prägung, die ihn zur Opposition gegenüber der Politik des Wohlfahrtsausschusses und des von ihm verkündeten Tugendrigorismus veranlaßte. Er folgte hier Argumentationsbahnen, wie sie in Deutschland zumal der Burke-Schüler Ernst Brandes mit den *Politischen Betrachtungen über die Französische Revolution* (1790) und August Rehberg durch seine Rezensionen aktueller politischer Schriften zur Staatstheorie beschritten hatten. Als «aristokratische» Bücher bezeichnet Christian Felix Weiße in einem Anfang April 1793 verfaßten Brief an den Prinzen von Augustenburg diese Arbeiten,[148] die vorwiegend aus dem intellektuellen Umfeld der Universität Göttingen stammen. Rehbergs *Untersuchungen über die französische Revolution* ziehen 1793, vor dem Hintergrund der jakobinischen Schreckensherrschaft, eine umfassende Bilanz der Verfassungsdiskussion, die von Vorbehalten gegen das rousseauistische Modell des Gesellschaftsvertrags und die Idee einer politischen Konstitution als Mittel zur Verwirklichung sozialer Gleichheit getragen wird.[149] Auf den durch englische Vorbilder angeregten staatsphilosophischen Konservatismus der Schriften von Brandes, Gentz und Rehberg konnte sich später die Metternichsche Reaktion ebenso berufen wie der preußische Reformliberalismus, der mit den Namen des Freiherrn vom Stein und Wilhelm von Humboldts verbunden bleibt.

Bemerkenswert ist, daß die Pariser Ereignisse von zahlreichen deutschen Beobachtern als praktische Elemente eines übergreifenden intellektuellen Umbruchs aufgefaßt wurden. Schon 1786 hatte Reinhold in seinen *Briefen über die Kantische Philosophie* erklärt, die Revolution der gegenwärtigen Zeit werde sich im Bewußtsein des selbständig denkenden Menschen vollziehen.[150] Für ihn schloß das die Geringschätzung der gegenwärtigen sozialen Wirklichkeit ein; weniger auf dem Boden der Realität als im Medium des Geistes sollte die wahre Aufklärung sich vollziehen. Noch in einer Ende Mai 1794, nach dem Wechsel auf das Kieler Ordinariat formulierten Grußadresse an seine Jenaer Schüler erklärt er, daß die Entwicklung der neueren Philosophie «alle gewaltsamen» Umwälzungen des Staates überflüssig mache.[151] «Ich sah in der französischen Revolution», schreibt der Augenzeuge Karl Friedrich Reinhard am 16. November 1791 an Schiller, «nicht die Angelegenheit einer Nation, mit der ich vielleicht niemals ganz sympathisiren werde, sondern einen Riesenschritt in den Fortgängen des menschlichen Geistes überhaupt, und eine glückliche Aussicht auf die Veredelung des ganzen Schicksals der Menschheit.» (NA 34/I, 107) Daß sogar Kant, der den politisch motivierten Widerstand gegen die bestehende Staatsordnung aus juristischen wie ethischen Gründen ablehnt, die geistig mobilisierenden Wirkungen der Revolution anerkennt, belegt ein Diktum aus dem *Streit der Fakultäten* von 1798, das bei sämtlichen «wohldenkenden» Menschen der Epoche gegenüber der französischen Entwicklung eine «Teilnehmung dem Wunsche nach» konstatiert, die «nahe an Enthusiasmus grenzt».[152]

Für den progressiven Fichte, den die fortschrittliche politische Gesinnung im Zusammenhang mit dem ‹Atheismusstreit› des Jahres 1798 seine Jenaer Professur kosten wird, bleibt die Revolution ein Lehrstück der Emanzipation des Menschen. Vollendbar scheint diese ihm freilich erst dort, wo das Individuum sich von den Zwängen des Staates dauerhaft befreit hat. Das vermutlich von Schelling 1796 verfaßte *Älteste Systemprogramm des deutschen Idealismus*, das fragmentarisch in einer Niederschrift Hegels vorliegt, wird in diesem Sinne erklären: «Wir müssen also über den Staat hinaus! – Denn jeder Staat muß freie Menschen als mechanisches Räderwerk behandeln; und das soll er nicht; also soll er aufhören.»[153] An der Überzeugung, daß sich in der Revolution die Freiheit des Menschen als höchstes Prinzip des historischen Prozesses gezeigt habe, hält Hegel auch später fest. Noch in seinen Berliner *Vorlesungen über die Philosophie der Geschichte*, die er ab 1822/23 regelmäßig vortrug, vermerkt er emphatisch: «Es war dieses somit ein herrlicher Sonnenaufgang. Alle denkenden Wesen haben diese Epoche mitgefeiert. Eine erhabene Rührung hat in jener Zeit geherrscht, ein Enthusiasmus des Geistes hat die Welt durchschauert, als sei es zur wirklichen Versöhnung des Göttlichen mit der Welt nun erst gekommen.»[154] Gerade aus dem Scheitern des politischen Vollzugs der Revolution leitet Hegel die sein Denken bestimmende geschichtsphilosophische Überzeugung ab, daß das hier noch wirksame Gesetz der Entzweiung eines Tages im Erscheinen des den Menschen zur wahren Freiheit führenden Geistprinzips besiegt werde. Anders als Fichtes *Beitrag* von 1793, der mit seinem erweiterten Naturrechtsbegriff eine theoretische Legitimation gesellschaftlichen Widerstandshandelns formuliert hatte, begründet Hegels letzthin metaphysische Deutung der Revolution einen im Vorfeld des dialektischen Materialismus prominenten Geschichtsspiritualismus von latent theologischem Charakter. Sozialer Fortschritt wird denkbar als Logik eines durch geistige Gesetzmäßigkeiten gesteuerten historischen Prozesses, die die Auseinandersetzung mit Rechtskonstruktionen, gesellschaftlichen Ordnungsmodellen und politischer Ethik – zu Beginn des 19. Jahrhunderts vorwiegend Themen konservativer Staatsphilosophie – in den Hintergrund treten läßt.[155]

Fichtes und Hegels unterschiedlich motivierte Sympathie für die Revolution konnte Schiller nur bis zu einem bestimmten Punkt teilen. Noch im November 1792 verfolgt er die Verhandlungen der Nationalversammlung mit einer gewissen Sympathie. Seine wesentliche Informationsquelle bildet in dieser Phase die 1789 gegründete *Gazette nationale ou le Moniteur universel*, ein politisches Tagesjournal, das ihn gründlich über die Beratungen der Deputierten und den Streit um die verfassungsrechtliche Stellung des Königs unterrichtet. «Wenn du diese Zeitung nicht ließt», erklärt er Körner, «so will ich sie Dir sehr empfohlen haben. Man hat darinn alle Verhandlungen in der NationalConvention im Detail vor sich und lernt die Franzosen in ihrer Stärke und Schwäche kennen.» Die nähere Auseinandersetzung mit den Pariser Debatten begründet, wie Schiller betont, gewisse «Erwartungen» in eine maßvolle, die Möglichkeiten der konstitutionellen Monarchie ausschöpfende Politik, die den radikalen Optionen der Jakobiner entgegenwirkt (NA 26, 170). Daß er selbst moderaten Reformpositionen nahesteht, verrät sein Interesse an Mirabeaus Schrift *Sur l'éducation nationale* (1790), die er Körner in einem Brief vom 15. Oktober 1792 zur Übersetzung vorschlägt. Mirabeau hatte hier ein Votum für die konstitutionell gestützte, parlamentarisch überwachte Monarchie vorgetragen, das die Forderung nach einem kirchenunabhängigen Schulsystem auf der Grundlage einer Stärkung der Rechte des Individuums einschloß.[156] Deutlich sprach sich Mirabeau jedoch gegen die bereits im Februar 1790 von der Nationalversammlung als Element der Verfassung beschlossene Idee gänzlicher Religionsfreiheit, die Enteignung der Kirche und die Abschaffung des Adels aus. Schiller lobt Mirabeaus Abhandlung ausdrücklich als Beitrag zu einer weitsichtigen politischen Konzeption, die «noch im Tumult des Gebährens der Französischen Constitution» die Möglichkeit eröffnet, den Errungenschaften der verfassungsgebenden Versammlung, soweit sie nicht radikale Extreme festschreiben, «den Keim der ewigen Dauer durch eine Zweckmäßige Einrichtung der Erziehung zu geben.» (NA 26, 160)

Die Nachrichten über die unter Verantwortung des Justizministers Danton erfolgten Ausschreitungen vom September, denen mehr als 3000 Royalisten zum Opfer fielen, steigern Schillers Skepsis gegenüber der neuen Regierung. «Wollte Gott», so schreibt Charlotte von Stein am 15. Oktober 1792, «die Franzosen hätten es nur bei ridicules bewenden lassen und nicht bei Scenen, wovor der Menschheit schaudert.»[157] Spätestens nach dem Beginn des Prozesses gegen den König am 11. Dezember 1792, dem Saint-Justs öffentliches Plädoyer für die Todesstrafe vorausgegangen war, schlägt Schillers zunächst wohlwollendes Urteil über die Politik der Deputierten in dezidierte Ablehnung um. Ausdrücklich bekennt er in einem Brief an Körner vom 21. Dezember 1792, daß er an einer Verteidigungsrede für Ludwig XVI. arbeite: «Kaum kann ich der Versuchung widerstehen, mich in die Streitsache wegen des Königs einzumischen, und ein Memoire darüber zu schreiben. Mir scheint diese Unternehmung wichtig genug, um die Feder eines Vernünftigen zu beschäftigen; und ein deutscher Schriftsteller, der sich mit Freiheit und Beredsamkeit über diese Streitfrage erklärt, dürfte wahrscheinlich auf diese richtungslosen Köpfe einigen Eindruck machen.» (NA 26, 171 f.) Schiller ergänzt, daß er den Einfluß ausländischer Intellektueller auf die Franzosen hoch veranschlage – ein naiv anmutendes Fehlurteil, das von harmonischen Beziehungen zwischen Geist und Macht ausgeht, wie sie einzig im Reich des Ideals bestehen. Immerhin scheint er sich im Dezember 1792 ernsthaft mit dem Gedanken getragen zu haben, selbst nach Paris zu reisen und durch einen Auftritt vor der Nationalversammlung die Position des Königs zu stärken.[158] Daß die von ihm ausgearbeitete Verteidigungsrede, deren Entwurf als verloren gelten muß, nicht auf dem Postweg überstellt, sondern öffentlich verlesen werden sollte, kann man aus einem Brief Wilhelm von Humboldts vom 7. Dezember 1792 schließen, der Schiller seine Bereitschaft signalisiert, ihn mit seiner Frau, sofern es die äußeren Umstände zulassen, auf der geplanten Fahrt in die französische Hauptstadt zu begleiten: «Wenn es Friede ist, und Sie uns mitnehmen wollen; so sind wir augenbliklich von der Parthie. Ich wünschte auch sehr Paris wiederzusehen, um zu bemerken, wie sich die Nation seit dem Anfange der Revolution verändert hat, und die Reisekosten verminderten sich für uns beide, wenn wir gemeinschaftlich reisten.» (NA 34/I, 204)

Mit der Übersetzung seiner Verteidigungsschrift möchte Schiller den Publizisten Rudolf Zacharias Becker betrauen, dem er 1788 in Rudolstadt durch Vermittlung der Familie Lengefeld begegnet war. Becker, der in Gotha Anfang der 80er Jahre zum Zirkel der Illuminaten stieß, besaß die für eine solche Aufgabe nötigen Sprachkenntnisse, zudem detaillierte Informationen über die politischen Zusammenhänge. In einem Brief vom 30. Dezember 1792 bittet ihn Caroline von Beulwitz um möglichst rasche Unterstützung: «Schiller ist eben dabei, ein Memoire zu schreiben daß als défension des Königs von Franckreich dienen kann, und in disen Moment so äußerst wichtig ist, und mit der größten Schnelligkeit und Treue in die französische Sprache übersezt werden muß. Da Sie sie so besitzen, und auch als französischer Schriftsteller bekannt sind, so fiel mir ein, daß Sie vielleicht die Güte haben würden die Uebersezung zu übernehmen.» (NA 26, 657) Fraglich ist, ob dem kosmopolitisch denkenden Illuminaten Becker die inhaltliche Tendenz der Schillerschen Intervention zusagen konnte; in welcher Weise er auf die Anfrage reagiert hat, läßt sich nicht mehr ermitteln.

Im Januar 1793 erkennt Schiller selbst allmählich, daß sein Vorhaben Zeugnis von Illusionen ist, die durch die Wirklichkeit widerlegt werden. Die Nachrichten des *Moniteur universel* verraten ihm, welche Richtung die Politik der Deputierten einschlägt. Die Position des Königs wird Zug um Zug geschwächt, die Stimmung der Abgeordneten läßt die zunächst geplante Intervention nicht mehr zu. Die detaillierten Berichte über die parlamentarische Beratung des Todesurteils, die der *Moniteur* lieferte, hat Schiller aufmerksam gelesen. Ihnen konnte er entnehmen, daß der Konvent am 17. Januar mit 387 gegen 334 Stimmen die Hinrichtung beschlossen, einen Tag später mit 70 Stimmen Mehrheit eine zunächst erwogene Aussetzung der Vollstreckung abgelehnt und damit den Weg zur am 21. Januar erfolgenden Exekution Ludwigs XVI. geebnet hatte. In einem Brief vom 8. Februar 1793, der zum *Kallias*-Konvolut gehört, formuliert er abschließend, im Ton verbitterter Resignation, Abscheu gegenüber der Entscheidung der Nationalversammlung, die in seinen Augen politische Freiheit zum Instrument eines Willküraktes degradierte. «Ich habe wirklich», erklärt er Körner, «eine Schrift für den König schon angefangen gehabt, aber es wurde mir nicht wohl darüber, und da ligt sie mir nun noch da. Ich kann seit 14 Tagen keine französischen Zeitungen mehr lesen, so ekeln diese elenden Schindersknechte mich an.» (NA 26, 183) Schiller nähert sich hier den Positionen an, die Edmund Burke schon drei Jahre zuvor in den *Reflections on the Revolution in France* vertrat. Burke, dessen sensualistische Ästhetik Schiller zeitlebens schätzte, hatte die Revolution als «monstrous tragi-comic scene»[159] charakterisiert, ihre rechtliche Basis aus streng legalistischer Sicht fundamental bezweifelt und vor allem die Gewaltakte verworfen, die sie begleiteten. Die Ausschreitungen, die während des Marschs der Frauen nach Versailles am 6. Oktober 1789 vorfielen, veranlaßten Schiller, der über die konkreten Ereignisse durch Augenzeugenberichte des vielgereisten Wilhelm von Beulwitz informiert war, noch zehn Jahre später zu deutlichen Worten der Ablehnung; im *Lied von der Glocke*, das Mitte September 1799 entstand, heißt es über die zerstörerischen Prozesse revolutionärer Gärung: «Da werden Weiber zu Hyänen | Und treiben mit Entsetzen Scherz, | Noch zuckend, mit des Panthers Zähnen, | Zerreissen sie des Feindes Herz.» (NA 2/I, 237)

Daß das Thema aktuellen Zündstoff barg, demonstriert Ifflands Trauerspiel *Die Kokarden* (1791), das sich kritisch mit der Rolle der Frauen im Zusammenhang der französischen Straßenunruhen auseinanderzusetzen sucht.[160] Weniger die öffentlichen Exzesse der zurückliegenden Jahre als die Hinrichtung des Königs waren es freilich, die Schiller entrüsteten. «Welche Greuelszenen werden wir noch erleben! Alles Gute geht rückwärts!» schrieb der alte Gleim diesbezüglich an Herder.[161] Bei zahlreichen Intellektuellen schien hier der Punkt gegeben, an dem die Sympathie für die revolutionären Ereignisse in Kritik umschlug. Deren Fundament bildete eine legalistische Position, wie sie Kant, stellvertretend für das Rechtsgefühl der meisten Zeitgenossen, 1797 in seiner *Metaphysik der Sitten* formuliert hat: «Der Grund des Schauderhaften, bei dem Gedanken von der förmlichen Hinrichtung eines Monarchen durch sein Volk, ist also der, daß der Mord nur als Ausnahme von der Regel, welche diese sich zur Maxime machte, die Hinrichtung aber als eine völlige Umkehrung der Prinzipien des Verhältnisses zwischen Souverän und Volk (...) gedacht werden muß, und so die Gewalttätigkeit mit dreuster Stirn und nach Grundsätzen über das heilige Recht erhoben wird; welches, wie ein alles ohne Wiederkehr verschlingender Abgrund, als ein vom Staat an ihm verübter Selbstmord, ein keiner Entsündigung fähiges Verbrechen zu sein scheint.»[162] Einer gewalttätigen Politik der Straße ist Schiller stets mit Widerwillen begegnet. Als die revolutionsfreundlichen Vertreter der Jenaer Burschenschaften im Sommer 1792 zu nächtlichen Demonstrationszügen aufmarschieren, in deren Verlauf Fensterscheiben zu Bruch gehen und das Haus des konservativen Prorektors Ulrich verwüstet wird, nimmt er das entsetzt zur Kenntnis. Ein von Paulus verfaßtes Protestschreiben, das den Herzog um militärische Hilfe gegen die rebellischen Studenten ersucht, unterzeichnet er gemeinsam mit Schütz, Hufeland, Reinhold, Batsch, Mereau und Göttling am 8. Juli 1792.[163] Daß sich Schiller auch nach den Enttäuschungen des Winters 1792/93 weiterhin mit zeitgeschichtlichen Fragen befaßt, wird an diversen Zeugnissen sichtbar. Am 6. Juni 1793 schreibt der Rittmeister von Funck unter dem Eindruck eines Jenabesuchs an Körner, Schiller habe sich im Gespräch allein für politische Themen erwärmt. Der Freund Hoven weiß von intensiven Diskussionen zu berichten, die man Ende des Jahres 1793 in Stuttgart über die französische Verfassung geführt habe.[164] In zwei Punkten vertritt Schiller dabei entschiedene Positionen: er erwartet das Scheitern der Republik, weil er der Bevölkerung die für eine demokratische Willensbildung nötige Reife nicht zugesteht; und er lehnt eine schriftstellerische Auseinandersetzung mit Fragen der Tagespolitik ab, insofern er der Literatur nur einen allgemeinen, nicht auf aktuelle Themen beziehbaren Bildungsauftrag einräumt. Als der Berliner Kapellmeister Johann Friedrich Reichardt ihm im Sommer 1795 seine neue Zeitschrift *Frankreich im Jahr 1795* zusendet, deren Beiträge sich durch kritische Distanz gegenüber der vom Directoire eingeführten antijakobinischen Linie des ‹weißen Terrors› auszeichnen, schreibt Schiller zurückhaltend: «Für die überschickten Stücke Ihres Journals sage ich Ihnen den verbindlichsten Dank. Beynahe hätte es mich anfangs verdroßen, einen Künstler (der noch das einzige ganz freye Wesen auf dieser sublunarischen Welt ist) an dieser schwerfälligen politischen Diligence der neuen Welthistorie ziehen zu sehen; aber der Reichthum von Materialien und die interessante Auswahl derselben, wodurch Ihr Journal sich offenbar auszeichnen, entscheiden Ihren Beruf zu dieser Art von Schriftstellerey. Aber von mir werthester Freund, verlangen Sie ja in diesem Gebiete weder Urtheil noch Rath, denn ich bin herzlich schlecht darinn bewandert, und es ist im buchstäblichsten Sinne wahr, daß ich gar nicht in meinem Jahrhundert lebe; und ob ich gleich mir habe sagen lassen, daß in Frankreich eine Revolution vorgefallen, so ist dieß ohngefehr, das wichtigste, was ich davon weiß.» (NA 28, 17f.) Es wäre falsch, derartige Formulierungen als Zeichen einer unpolitischen Haltung zu werten. Sie verraten lediglich Distanz gegenüber dem Selbstverständnis des zeitkritischen Publizisten, wie es Reichardt, Forster und Rebmann kultivieren. Engagement für aktuelle Fragen darf nach Schillers Überzeugung keine Triebfeder der literarischen Arbeit bilden; die Diskussion politischer Themen soll sich auf den inneren Zirkel beschränken, nicht aber das öffentliche Geschäft der Kunst bestimmen. Angesichts solcher Auffassungen besaß es einige Pikanterie, daß die Pariser Nationalversammlung Schiller bereits am 26. August 1792 gemeinsam mit 16 anderen Ausländern – darunter Klopstock, Campe, Pestalozzi und George Washington – auf Vorschlag des Schriftstellers Marie Joseph Chénier zum Ehrenbürger ernannt hatte. Durch diesen Akt wollte sie den Autor der *Räuber*, des *Fiesko* und *Don Karlos* würdigen, bei dem sie revolutionäre Gesinnungen und Sympathie mit den aktuellen politischen Tendenzen voraussetzen zu dürfen glaubte. Breiteren französischen Kreisen bekannt wurde Schiller im Jahr 1792 durch die *Räuber*-Bearbeitung des Elsässers Jean Henri Lamarteliere, die unter dem Titel *Robert chef de Brigands* im *Théâtre du Marais* in Paris mit großem Erfolg zur Aufführung gelangte.[165] Das auf den Namen «Gille» ausgestellte Ehrendiplom galt ihm als «Publiciste allemand», der nach Auffassung des Komitees zum Kreis jener Menschen gehörte, «qui, par leurs écrits & par leur courage, ont servi la cause de la liberté, et préparé l'affranchissement des peuples» («die durch ihre Schriften und ihren Mut der Sache der Freiheit gedient und die Befreiung der Völker vorbereitet haben») (NA 37/II, 316f.). Das mit Staatssiegel versehene Schriftstück hatten der damalige Finanzminister Etienne Clavière und sein für die Justiz zuständiger Ressortkollege Georges Danton unterzeichnet; der vom 10. Oktober 1792 datierte Begleitbrief stammte aus der Feder des Innenministers Roland de la Platière. Von der Ernennung erfuhr Schiller zunächst nur durch die Lektüre des *Moniteur*, der am 28. August 1792 über die Auswahlentscheidung der Nationalversammlung berichtete. Bedingt durch die politischen Wirren dieser Jahre, erhielt er sein Ehrenbürgerdiplom persönlich jedoch erst am 1. März 1798 über die Vermittlung Joachim Heinrich Campes. Der generelle Tenor der an Campe gerichteten Antwort vom 2. März 1798 ist vorsichtig-zurückhaltend: «Die Ehre, die mir durch das ertheilte fränkische Bürgerrecht widerfährt, kann ich durch nichts als meine Gesinnung verdienen, welche den Wahlspruch der Franken von Herzen adoptiert; und wenn unsre Mitbürger über dem

Rhein diesem Wahlspruch immer gemäß handeln, so weiß ich keinen schöneren Titel, als einer der ihrigen zu seyn.» (NA 29, 212) Bereits im Juli 1794 (am 9. bzw. 10. Thermidor nach der Zeitrechnung des Revolutionskalenders) waren Robespierre und seine Mitstreiter, die Leitfiguren des Wohlfahrtsausschusses, zum Opfer der von ihnen vertretenen Gewaltherrschaft geworden und hatten ihr Leben unter der Guillotine gelassen. So zeugt denn die Reaktion des Geehrten von einer gewissen Ratlosigkeit: «Der lange Zeitraum, der zwischen Ausfertigung meines BürgerDiploms und dem gegenwärtigen Momente verstrichen ist, setzt mich in einige Verlegenheit, gegen wen ich eigentlich meinen Dank darüber bezeugen soll, da keiner von denen, die das Gesetz und die Ausfertigung unterschrieben haben, mehr zu finden ist.» (NA 29, 212 f.) In den Ohren des progressiven Campe, der im August 1789 nach Paris gereist war, «um dem Leichenbegängnis des französischen Despotismus beizuwohnen»,[166] mochte diese verhaltene Reaktion befremdlich geklungen haben. Wie ernst Schiller die Ernennung gleichwohl nimmt, verrät der heikle Umstand, daß er nach seiner Nobilitierung den Rang als französischer Citoyen zur Verärgerung des Herzogs in den Adelskalender von 1803 aufnehmen läßt, wo zu lesen steht: «Herr D. F. v. Schiller, Bürger von Frankreich, Herzoglich Großmeiningischer Hofrat».

Die im Revolutionsjahr 1793 verfaßten Briefe an den Augustenburger setzen bei der Einschätzung der aktuellen politischen Lage an. Gerade die inhumanen Ausschreitungen der Pariser Volksmassen nötigten, heißt es am 13. Juli, zum Nachdenken über die Erziehung des Menschen. Dieser habe sich zwar im Zeitalter der Aufklärung auf ein hohes Niveau der theoretischen Leistung emporgearbeitet, lasse jedoch die praktische Kultur vermissen – den Sinn für das Schöne, ohne welches moralisches Handeln, wie Schiller darzulegen plant, nicht denkbar ist (NA 26, 266). Ihren Ausgangspunkt findet die an diese Diagnose geknüpfte kunsttheoretische Reflexion damit im gesellschaftlichen Zusammenhang der eigenen Gegenwart: «Wäre das Faktum wahr, – wäre der ausserordentliche Fall wirklich eingetreten, daß die politische Gesetzgebung der Vernunft übertragen, der Mensch als Selbstzweck respektiert und behandelt, das Gesetz auf den Thron erhoben, und wahre Freiheit zur Grundlage des Staatsgebäudes gemacht worden, so wollte ich auf ewig von den Musen Abschied nehmen, und dem herrlichsten aller Kunstwerke, der Monarchie der Vernunft, alle meine Tätigkeit widmen.» (NA 26, 261 f.) Schiller scheut sich an diesem Punkt nicht, dem Prinzen von Augustenburg, dessen prorevolutionäre Gesinnungen ihm keineswegs unbekannt sind,[167] die Schuldenlasten der Pariser Ereignisse vorzurechnen: «Der Versuch des Französischen Volks, sich in seine heiligen Menschenrechte einzusetzen, und eine politische Freiheit zu erringen, hat bloß das Unvermögen und die Unwürdigkeit desselben an den Tag gebracht, und nicht nur dieses unglückliche Volk, sondern mit ihm auch einen beträchtlichen Theil Europens, und ein ganzes Jahrhundert, in Barbarey und Knechtschaft zurückgeschleudert.» (NA 26, 262) Grund für die politischen Defizite, die der Umschlag des Freiheitsanspruchs in diktatorische Willkür verrät, ist laut Schiller der Mangel an ästhetischer Sensibilität. Hier gilt es anzusetzen, sollen die Gedankenoperationen der Kunstphilosophie soziale Wirkung zeitigen. Der Weg zur vollendeten theoretischen Kultur (die Schiller, anders als der Prinz, bereits durch die Aufklärung vorbereitet, partiell sogar entfaltet findet) führt über die Ausbildung des individuellen Geschmacks – eine Kategorie, die in der *Horen*-Fassung der Briefe nicht mehr aufgegriffen wird. Mit grundlegender Skepsis sucht Hölderlin vier Jahre später im ersten Teil seines *Hyperion*-Romans gerade die hochgespannten Erwartungen der politischen Erziehung, wie sie Schillers Entwurf tragen, als mögliche Ursache ihres Scheiterns zu kennzeichnen: «Immerhin hat das den Staat zur Hölle gemacht», darf der Titelheld räsonieren, «daß ihn der Mensch zu seinem Himmel machen wollte.»[168]

Schillers schonungslose Analyse des Zeitalters geht von einem doppelten Verfallsbefund aus: «In seinen Thaten malt sich der Mensch – und was für ein Bild ist das, das sich im Spiegel der jetzigen Zeit uns darstellt? Hier die empörendste Verwilderung, dort das entgegengesetzte Extrem der Erschlaffung: die zwey traurigsten Verirrungen, in die der Menschencharakter versincken kann, in einer Epoche vereint.» Gegen diese gesellschaftlich manifesten Zustandsformen, die Barbarei der «niedern» und die Verweichlichung der «civilisierten Klassen» (NA 26, 263), setzt Schiller das Heilmittel der Kunst, die Erziehung zum Geschmack. Die Therapie fällt notwendig vielschichtig aus; wirkt gegen die fehlende Sensibilität unkultivierter Triebenthemmung vornehmlich die sublime Energie des Schönen, so bekämpft die Kraft des Erhabenen die Dekadenzerscheinungen der Zivilisation. Hinter diesem arbeitsteilig organisierten Modell steht das Programm einer «doppelten Ästhetik» auf der Grundlage anthropologischer Bildungsideen mit umfassendem Anspruch.[169] Ihr Ziel ist die Überwindung des defizitären Zustands, dem das moderne Individuum unterliegt, und die daraus ableitbare Emanzipation des Menschen von den sozialen Zwängen, die seine Autonomie beschränken. Ansatzpunkt bleibt der Befund, daß die eigene Epoche zwar aufgeklärt sei («Das Magazin ist gefüllt und aller Welt geöffnet»), jedoch die ihr verfügbaren «Kenntnisse» nicht zureichend nutze, um sich umfassend auszubilden (NA 26, 297). Die Idee der ästhetischen Erziehung verknüpft sich mit einer Prognose, die die politische Regeneration für denkbar hält, zugleich aber die düsteren Eindrücke berücksichtigen muß, die zur selben Zeit die Schreckensherrschaft der entfesselten französischen Revolutionäre bot.[170] Die Erziehung zum Geschmack, die Schillers Brief vom 11. November 1793 – nach viermonatiger Pause – skizziert, geht von einer therapeutischen Strategie aus, die die doppelten Wirkungsmöglichkeiten menschlicher Kultur nutzen soll: «Vermittelst des Schönen arbeitet sie der Verwilderung vermittelst des Erhabnen der Erschlaffung entgegen, und nur das genaueste Gleichgewicht beider Empfindungsarten vollendet den Geschmack.» (NA 26, 305) Der kulturellen Erfahrung wächst hier eine Regulierungsaufgabe mit großer Reichweite zu; ausgeglichen werden durch sie die Defizite und Modernisierungsschäden einer nur eingeschränkt aufgeklärten Gesellschaft, der die Plattform für die Politik der sozialen Evolution fehlt. Seine Bedingung findet dieses Programm zunächst in der Beseitigung materiellen Mangels. Das «Aufklärungswerk» hat, so weiß Schiller, bei der «Verbesserung» des «physischen Zustandes» einer Nation (NA 26, 299) zu beginnen: «Der Mensch ist noch sehr wenig, wenn er warm wohnt und sich satt gegeßen hat, aber er muß warm wohnen, und satt zu essen haben, wenn sich die beßre Natur in ihm regen soll.» (NA 26, 299)

Schiller zeigt sich überzeugt, daß die Entwicklung des aufgeklärten Zeitalters die prekäre Einseitigkeit des modernen Individuums befördert habe. Nicht allein der Mangel, sondern ebenso – im Fall der ‹zivilisierten Klassen› – ein Übermaß an intellektueller Verfeinerung führe den gegenwärtigen Zustand der defizitären Ausbildung des Menschen herbei (eine These, der der Augustenburger in einem Brief vom 2. September 1793 die Auffassung entgegensetzt, «daß es unsern Zeitgenossen auch an theoretischer Cultur» fehle [NA 34/I, 309]). Das pädagogische Programm, das Schiller seinem Mäzen offeriert, sieht eine tiefgreifende Korrektur der hier angedeuteten Ungleichgewichte mit Hilfe differenzierter Geschmackserziehung vor. Dieser therapeutischen Zielsetzung hat man kritisch unterstellt, sie führe zur Entlastung von politischem Druck und begünstige die Entfaltung einer selbstgenügsamen Kultur der Innerlichkeit. Dagegen wäre zur Geltung zu bringen, daß die ästhetische Erziehung durch die ihr aufgetragene Funktion, im zwangsfreien Raum der Kunst die Möglichkeit von Freiheit, Selbstbestimmung und Selbstgesetzgebung vorzuzeichnen, Mustercharakter für die Ausbildung der gesellschaftlichen Autonomie des Menschen gewinnen kann.[171] Insofern dürfte es falsch sein, Schillers Konzept als «‹Ersatzhandlung›» mit apolitischer Tendenz zu beschreiben.[172] Im Gegensatz zu den Restriktionen, Verwerfungen und Beschädigungen, denen das moderne Individuum im Vollzug seiner sozialen Rolle unterliegt, ermöglicht das Programm der ästhetischen Erziehung die Einübung von Freiheit jenseits der Zweckbindungen einer instrumentell gewordenen Vernunft. Der Entwurf des durch die Erfahrung des Kunstschönen zu sich selbst kommenden Menschen wird getragen vom Gedanken einer weitreichenden Neubegründung individueller Autonomie, dessen gesellschaftliche Perspektive verkennt, wer Schillers Erziehungskonzept als Beitrag zur Kompensation sozialer Ohnmacht versteht.[173]

Die Briefe an den Augustenburger umgehen die Frage, wie das ästhetische Erziehungsprojekt praktisch ins Werk zu setzen sei. Das berührt das Problem, auf welche Weise die Verfeinerung des Sinns für das Schöne zu einem höheren moralischen Standard jedes einzelnen Menschen führen kann, wenn doch zugleich mit Kant davon auszugehen wäre, daß sinnliche Begehrungskräfte keinen Einfluß auf die sittlichen Beweggründe des Handelns nehmen dürfen. Schiller versucht die hier gegebene methodische Schwierigkeit zu umschiffen, indem er das Schöne als Mittelphänomen zwischen Sinnlichem und Sittlichem ansiedelt. Außer Frage bleibt für ihn, daß das Subjekt dort, wo es allein seinem sinnlichen Trieb folgt, niemals zu konsequenter Moralität finden könne. Andere Perspektiven eröffnet der Geschmack; das Gespür für das Schöne ist laut Schiller eine maßgebliche Instanz, die den Menschen zum ethischen Tun anleitet, weil sie ihm das Gefühl für die abstoßenden Seiten unmoralischen Verhaltens vermittelt. Wirkt das Bewußtsein des Menschen handlungsbestimmend allein durch die vernunftgestützte Ausrichtung an sittlichen Imperativen, die als gültig erkannt worden sind, so verschafft der Sinn für das Schöne dem Menschen über die Schaltstelle der Imagination die Einsicht in die Verbindlichkeit ethischer Prinzipien. «Der Geschmack ist also als der erste Kämpfer anzusehen, der in einem aesthetischverfeinerten Gemüth gegen die rohe Natur heraustritt, und, ehe die Vernunft noch nötig hat, sich als Gesetzgeberin ins Mittel zu schlagen, und in Forma zu sprechen, diesen Angriff zurück treibt.» (NA 26, 326)

Schiller ist Kantianer genug, um die Risiken seines Ansatzes zu erkennen. Allzu häufig, so weiß er, dominiert im Geschmack des Menschen das enthemmte Genußstreben, das eine gefährliche Fessel darstellt, weil es die Freiheit auf ähnliche Weise einschränkt wie das sensuelle Begehrungsvermögen. Zwar verhilft der Geschmack zur Einsicht in die Häßlichkeit des Bösen, doch schützt er nicht vor neuer, sinnlich begründeter Unfreiheit, die Schillers Konzept durch die Bereitstellung von Möglichkeiten ästhetischer Erfahrung gerade ausschließen möchte. Die Argumentation der Augustenburger-Briefe bleibt an diesem Brennpunkt stehen, ohne Lösungen anzubieten. Auf welche Weise die kulturelle Bildung den Entwurf des ausbalancierten Menschen praktisch stützen kann, vermag erst die *Horen*-Fassung der hier umrissenen Skizze zu demonstrieren. Sie nutzt freilich nicht mehr den Geschmacksbegriff, sondern die Kategorie des Spiels, die zum Skandalon der gesamten Abhandlung gerät. Die dualistische Anthropologie, von der auch sie getragen wird, beleuchtet bereits das aus Rousseaus *Julie*-Roman (1761) stammende Motto, mit dem Schiller die erste Folge eröffnet: «Si c'est la raison, qui fait l'homme, c'est le sentiment, qui le conduit.» («Wenn es die Vernunft ist, die den Menschen ausmacht, so ist es das Gefühl, das ihn leitet.») [174]

Visionen der Kunstautonomie.
Ueber die ästhetische Erziehung des Menschen (1795)

Die *Horen*-Version der Briefe wird im Laufe des Jahres 1795 unter dem Titel *Ueber die ästhetische Erziehung des Menschen* in drei Folgen publiziert; eine zweite, begrifflich leicht überarbeitete Fassung erscheint 1801 im dritten Band der *Kleineren prosaischen Schriften*. Die drei Teile entsprechen recht genau den inhaltlichen Gliederungsmerkmalen des Textes: der erste Abschnitt (1.–9. Brief) erläutert die allgemeine Zeitstimmung, analysiert menschliche Entfremdung und Arbeitsteilung, kennzeichnet die soziale Situation des aufgeklärten Individuums und umreißt einen kulturpädagogischen Erneuerungsanspruch, von dem das Programm der ästhetischen Erziehung seinen Ausgang nimmt. Der zweite Teil (10.–16. Brief) bietet das anthropologische Herzstück der Schrift, die (methodisch Kant verpflichtete) Beschreibung der Triebstruktur des Menschen und die aus ihr (gegen die transzendentalphilosophische Ethik) abgeleitete Definition des Schönen als vermittelnde Kraft, welche die widerstreitenden Energien des Individuums auszugleichen vermag. Der letzte Abschnitt (17.–27. Brief) durchleuchtet schließlich den ästhetischen Zustand des Subjekts, seine integrative Leistung und dessen Funktion innerhalb der menschlichen Entwicklungsgeschichte.

Schillers Ausgangspunkt bildet, ähnlich wie bereits in den Augustenburger-Briefen, eine weitreichende Diagnose über das Erscheinungsbild der modernen Lebenswelt. Die Entfaltung aufgeklärter Arbeitsteilung bewirkt nicht nur einen Fortschritt von Wissenschaft und Geisteskultur, die ihrerseits Aberglaube und Vorurteile beseitigen helfen, sondern ebenso die «Zerrüttung» des «innern Menschen», die «Zerstückelung» seines Wesens (NA 20, 323, 326). Schillers entwicklungsgeschichtliche Skizze gipfelt in einer souveränen Analyse des Entfremdungszustands, dem das moderne Individuum unterliegt. Dessen unmittelbarer Ausdruck ist die Verkümmerung universeller Fähigkeiten, die freiwillige Beschränkung auf Partikularität: «Ewig nur an ein einzelnes kleines Bruchstück des Ganzen gefesselt, bildet sich der Mensch selbst nur als Bruchstück aus, ewig nur das eintönige Geräusch des Rades, das er umtreibt, im Ohre, entwickelt er nie die Harmonie seines Wesens, und anstatt die Menschheit in seiner Natur auszuprägen, wird er bloß zu einem Abdruck seines Geschäfts, seiner Wissenschaft.» (NA 20, 323) Peter Weiss hat Schiller in der zweiten Auflage seines *Hölderlin*-Dramas (1972) eine prämarxistisch zugespitzte Fassung dieser Diagnose in den Mund gelegt: «Geistig verarmt im Merkantilismus | betäubt und zerrissen | vom Getriebe der Räder | an Bruchstüke gefesselt und | selbst nur ein Bruchstük | ist der Mensch.» [175]

Gegen die von der ‹theoretischen Kultur› der Aufklärung geförderte Dissoziation menschlicher Verrichtungen und Fertigkeiten setzt Schiller, inspiriert durch Winckelmann und Moritz, den Anspruch, die «Totalität» (NA 20, 328) des Individuums wiederherzustellen. Von Staat, Wissenschaft und Politik in ihrem aktuellen Zustand können, so betont der siebente Brief, die notwendigen Impulse nicht ausgehen, die zur Erneuerung jenes einheitlichen Individuums führen, welches die griechische Polis, zumindest nach klassizistischem Idealbild, noch hervorzubringen vermocht hatte. Die für die moderne Gesellschaft bestimmende Spezialisierung der rationalen und affektiven Vermögen des Subjekts hat Moritz in seinem (wiederum durch Winckelmann angeregten) Aufsatz *Das Edelste in der Natur* (1786) auf ähnliche Weise beschrieben wie Schiller, wenn er erklärt, der Mensch sei ursprünglich ein Wesen, das seinen Wert «in sich selbst hat»: «Der Staat kann eine Weile seine Arme, seine Hände brauchen, daß sie wie ein untergeordnetes Rad in diese Maschine eingreifen – aber der Geist des Menschen kann durch nichts untergeordnet werden, er ist ein in sich selbst vollendetes Ganze.» [176]

Zur dauerhaften Wiederherstellung dieser Totalität führt die Entwicklung praktischer, das heißt hier: ästhetischer Kultur. Schon der zweite Brief betont, daß es «die Schönheit ist, durch welche man zu der Freyheit wandert.» (NA 20, 312) Der Künstler allein sei befähigt, so bemerkt Schiller im neunten Brief, die sinnliche Ausbildung des Individuums auf eine Stufe zu heben, die es ihm gestatte, sich fühlend und denkend gleichermaßen wahrzunehmen. Wesentlich bleibt dabei die Überzeugung, daß er weder «Zögling» noch «Günstling» seiner Zeit (NA 20, 333) bleiben dürfe, sondern unbeirrt von Publikumsgeschmack und Wirkungskalkül auf dem Weg konsequenter Verfeinerung der ihm verliehenen Talente fortzuschreiten habe. Nur dort wird ästhetische Kultur zur Lehrmeisterin des vereinzelten, seiner Welt entfremdeten modernen Menschen, wo sie Ideale, Muster und Vorbilder zu beleuchten vermag. Über den Künstler heißt es: «Gleich frey von der eiteln Geschäftigkeit, die in den flüchtigen Augenblick gern ihre Spur drücken möchte, und von dem ungeduldigen Schwärmergeist, der auf die dürftige Geburt der Zeit den Maßstab des Unbedingten anwendet, überlasse er dem Verstande, der hier einheimisch ist, die Sphäre des Wirklichen; er aber strebe, aus dem Bunde des Möglichen mit dem Nothwendigen das Ideal zu erzeugen. Dieses präge er aus in Täuschung und Wahrheit, präge es in die Spiele seiner Einbildungskraft, und in den Ernst seiner Thaten, präge es aus in allen sinnlichen und geistigen Formen und werfe es schweigend in die unendliche Zeit.» (NA 20, 334) Schillers Künstlerpsychologie lebt vom Wunschtraum intellektueller Autonomie, dem auch Goethes spätere *Propyläen*-Aufsätze folgen. Allein dort, wo Kunst sich den Forderungen des Tages verschließt, vermag sie die ihr zugedachte Bildungsvision praktisch umzusetzen.

Daß der Entwurf der ästhetischen Erziehung freilich auch mit einer gesellschaftlichen Perspektive vermittelt ist, erhellt die Argumentation der ersten vier Briefe. Der ideale Staat wäre, heißt es unter verstecktem Bezug auf Wielands *Betrachtungen* (1790), der Spiegel des Individuums ebenso wie der menschlichen Gattung (NA 20, 313 ff.). Voraussetzung dieser Idealität bleibt aber die Überwindung der Einseitigkeit, die das moderne Subjekt im Zuge der Rationalisierung ausgeprägt hat. Der Staat kann nur so vollkommen sein wie der Citoyen, der ihn trägt. Vier Jahre zuvor hatte der Essay über Solon und Lykurg sich noch mit der Forderung begnügt, daß die ideale Regierung dem Bürger dienen müsse, ohne ihn zum Werkzeug ihrer Politik zu degradieren. Notwendig scheint jetzt die Veredelung der physischen Kultur des Menschen als Element einer sozialen Ordnung, die nicht nur von moralischen Grundsätzen bestimmt sein soll, sondern auch die sinnlichen Bedürfnisse des nach ökonomischer Sicherheit und persönlichem Glück strebenden Individuums zu befriedigen hat (eine Auffassung, die Schiller mit dem sonst bekämpften Helvétius teilt). Erst der praktisch und moralisch gleichermaßen verfeinerte Mensch vermag die ihm von der Epoche gestellten gesellschaftlichen Aufgaben erfolgreich zu lösen; weder der fanatische Intellektuelle Robespierre noch der Genußfreund Danton konnten einer solchen Bedingung genügen. Ausdrücklich verweist Schiller in diesem Kontext auf Fichtes *Vorlesungen über die Bestimmung des Gelehrten*, die im Sommer 1794 als Frucht des ersten Kollegs, das der frisch berufene Ordinarius an der Universität Jena gehalten hatte, publiziert worden waren (NA 20, 316). Bei Fichte fand Schiller ähnliche Überzeugungen bezeichnet: die Bildung absoluter Identität knüpfte auch er an den Gedanken einer Kultivierung menschlicher Sinnlichkeit; die «Gründung einer vollkommen Gesellschaft» [177] schien vermittelbar mit der naturrechtlich begründeten Freiheit des Individuums; die im Anschluß an Thomas Hobbes' *Leviathan* (1651) für das Ancien Régime verbindliche Konstruktion des Herrschaftsvertrags galt nicht mehr als geeignetes Modell, das die Ansprüche des modernen Subjekts auf öffentlichem Terrain angemessen zur Entfaltung brachte. Daß Fichtes Entwurf im Horizont eines identitätsphilosophischen Ansatzes entstand und demzufolge von der methodischen Synthese aus transzendentaler und empirisch-psychologischer Bestimmung menschlicher Individualität, wie sie die *Briefe* vorlegten, entscheidend abwich, erkannte Schiller erst später.

Wer die *Briefe* für das Zeugnis eines weltfremden Idealismus hält, sollte ihre Metaphorik beachten. Immer wieder ist von ‹Staat›, ‹Republik›, ‹Verfassung›, vom «politischen Künstler» (NA 20, 317), von Gemeinwesen und praktischem ‹Weltzweck› die Rede. Die Sache des Schönen wird hier verhandelt im Horizont der aktuellen sozialen Umbruchprozesse, denen gegenüber sie ihr eigenes Gewicht zu erweisen hat. Das revolutionäre Geschehen in Frankreich bildet die Bühne, auf der das Gerichtsverfahren über den modernen Menschen und seine Handlungsperspektiven vonstatten geht. Die wirkungssichere Rhetorik gemahnt zugleich an die publizistische Funktion, die Schillers Schrift versieht. Verfaßt im Jahr des Scheiterns der politischen Ansprüche des Wohlfahrtsausschusses, ist sie nicht zuletzt ein durchgängiger Kommentar zu den aktuellen Zeitereignissen und ihren rechts- wie staatsphilosophischen Hintergründen, in Form und Inhalt ein Zeugnis kritischen Engagements, keineswegs Ausdruck der Flucht vor der sozialen Realität der Gegenwart – eine der ersten europäischen Theorien der Moderne, freilich im methodischen Gefüge aufklärerischen Denkens. [178]

Der zweite Teil der Erziehungsschrift liefert eine psychologisch gefaßte Lehre menschlicher Triebstrukturen, die den anthropologischen Horizont für die ästhetische Bildungsidee zu umreißen hat. Die beiden Grundbegriffe, denen sich die verschiedenen Strebensrichtungen des Individuums zuordnen lassen, lauten «Person» und «Zustand». Steht die «Person» für den Bereich der Identität, der Stabilität, Zeitlosigkeit und Ruhe, so markiert der «Zustand» gerade Temporalität, Dynamik, Wandel, stetige Veränderlichkeit und Aktivität in der Zeit (eine Definition, die Schiller aus der Erläuterung zum siebenten Paragraphen von Kants *Kritik der reinen Vernunft* übernommen hat) (NA 20, 341). Beiden Kategorien entsprechen bestimmte Triebstrukturen, die jeden Menschen in individueller Ausprägung beherrschen. Schiller unterscheidet mit einer begrifflichen Systematik, deren Herleitung auf Reinholds Briefe über die Kantische Philosophie zurückverweist, einen «sinnlichen Trieb» («Stofftrieb») (die Horen-Fassung spricht von «Sachtrieb») und einen «Formtrieb»; erstrebt der sinnliche Trieb die Verwirklichung der dem Individuum gegebenen Anlagen, so der Formtrieb die Verinnerlichung der äußeren Wirklichkeitssubstanz. Der Stofftrieb geht von den ursprünglichen Möglichkeiten des Menschen aus, überführt sie in eine zeitabhängige, dynamische Form und erzeugt daraus im Akt der Expansion die Mannigfaltigkeit materieller Realitätserfahrung. Der Formtrieb setzt ein bei den Eindrücken des spontanen Erlebens, macht dessen Gegenstände im Vorgang der Konzentration dem Bewußtsein des Subjekts zugänglich und sucht mit Hilfe der Reflexion die Einheit der verwirrenden externen Wirklichkeitsgehalte herzustellen. Schiller bezeichnet die Logik, der beide Triebe gehorchen, als «Fundamentalgesetze der sinnlich-vernünftigen Natur». Das Prinzip des sensuellen Triebs und dasjenige des Formtriebs schreiben dem Menschen je verschiedene Ziele vor: «Das erste dringt auf absolute Realität: er soll alles zur Welt machen, was bloß Form ist, und alle seine Anlagen zur Erscheinung bringen: das zweyte dringt auf absolute Formalität: er soll alles in sich vertilgen, was bloß Welt ist, und Uebereinstimmung in alle seine Veränderungen bringen; mit andern Worten: er soll alles innre veräußern und alles äussere formen.» (NA 20, 344)

Beeinflußt wird Schillers Trieblehre durch Reinholds 1786/87 im *Teutschen Merkur* veröffentlichte *Briefe über die Kantische Philosophie* und den ihnen nachfolgenden *Versuch einer neuen Theorie des menschlichen Vorstellungsvermögens* (1789). Daß Schiller als gründlicher *Merkur*-Leser mit den von Kant selbst gelobten *Briefen* vertraut war, zeigen Hinweise aus einem Schreiben an Körner vom 24. Juni 1789, in dem er dem Freund durch Vermittlung Hufelands eine Rezension der letzten drei Jahrgänge von Wielands Zeitschrift für die ALZ anträgt und ihm empfiehlt, Reinholds Beitrag gebührend zu würdigen (NA 25, 266); auch Caroline von Wolzogen berichtet, daß Schiller Reinholds *Briefe* gelesen und im Jenaer Freundeskreis diskutiert habe.[179] Den *Versuch* wiederum erhielt Schiller von Reinhold persönlich im Oktober 1789 als Gegengabe für die Übersendung der Druckfassung seiner Jenaer Antrittsvorlesung (NA 25, 311). Es ist anzunehmen, daß er der Schrift zunächst keine größere Aufmerksamkeit gewidmet, sie jedoch ab Beginn des Jahres 1792 als fortlaufenden Kommentar zu seiner Lektüre von Kants *Kritik der reinen Vernunft* konsultiert hat. Am 9. Januar 1792 berichtet er Baggesen, «Kants und Reinholds Philosophie» verschaffe ihm «in vollem Maaß» intellektuelle Anregung, wie er sie nach den Monaten der Krankheit wieder verstärkt benötige (NA 26, 130). Über die Widerstände, die bei Schiller ein gründliches Studium des schwierigen Textes ausschlossen, hat sich Reinhold selbst keinen Illusionen hingegeben. Am 2. Januar 1792 erklärt er Baggesen, indem er zugleich die Mentalitätsunterschiede bilanziert, die eine engere persönliche Beziehung verhindern: «Ich kenne Schiller'n, wie er mich nicht kennt, genieße seine Schriften, während ihm die meinigen, auch selbst wenn er sie liest, durch ihre Trockenheit kaum genießbar sein dürften (...)» (NA 26, 640). Tatsächlich hat Schiller in einem Brief an Körner vom 4. Juli 1794 eingeräumt, an «Reinhold und Consorten» störe ihn die Tendenz, «die philosophierende Vernunft» von der intellektuellen «Individualität» abzusondern (NA 27, 19). Daß er aber, obgleich ihm der letzte Zugang zum abstrakten Systemdenken verschlossen blieb, durchaus Ideenmotive von Reinholds Kant-Kommentaren übernahm, läßt sich anhand der Trieblehre der Erziehungsschrift erweisen.

In seinen *Briefen* erklärt Reinhold über die Abgrenzung der den Menschen regierenden Antriebe: «1. Daß das menschliche Begehrungsvermögen (in weiterer Bedeutung des Wortes) zwei ursprüngliche, wesentlich verschiedene und wesentlich vereinigte Triebe enthalte, wovon der eine, in der Sinnlichkeit gegründet, das Vergnügen überhaupt zum Objekt hat, der andere in der persönlichen Selbsttätigkeit vorhanden, ein lediglich durch sich selbst notwendiges Gesetz aufstellt.»[180] Schon hier wird kenntlich, daß Reinholds Trennung zwischen einem im sinnlichen Bedürfnis verankerten Stofftrieb mit seinem Streben nach wechselnden Zuständen und dem auf Autonomie und Identität drängenden Formtrieb Schillers dualistisches Denkmodell beeinflußt. Zu beachten ist jedoch auch der methodische Abstand, der Reinholds Trieblehre vom Ansatz der Erziehungsschrift sondert. Während Schiller beide Impulse für gleichberechtigte Kräfte hält, deren Vermittlung denkmöglich scheint, betrachtet der getreue Kantianer den sittlichen («uneigennützigen») Trieb als privilegiertes Element der praktischen Vernunft, die der sinnlichen Erfahrung des Menschen notwendig eine nachrangige Stellung im Ensemble der ihn steuernden Handlungsfaktoren zuweisen muß. Der Triebdualismus wird auf diese Weise von einer gestuften Ordnungsstruktur überlagert, wie sie den Prioritäten der Kantschen Sittenlehre entspricht.

Klarer treten die Gemeinsamkeiten zutage, wenn man den *Versuch einer neuen Theorie des menschlichen Vorstellungsvermögens* hinzuzieht, in dem Reinhold sich bemüht, Kants Bestimmung der Möglichkeit menschlicher Erkenntnis durch eine breiter fundierte Lehre des Bewußtseins zu ergänzen, die sowohl theoretische als auch praktisch-ethische Bedeutung besitzen soll. Aus der Konstruktion des Bewußtseins, dem im Bereich des philosophischen Diskurses die erkenntnisstützende Einheit von Anschauung und Begriff entspricht, entwickelt Reinholds Schrift eine Lehre der auf «Receptivität» und «Spontaneität» gegründeten Vorstellungsfähigkeit. Diese bildet als übergeordnete Kategorie die Grundlage für eine jeweils transzendentale Analyse der Vermögen der sinnlichen Empfindung (Anschauung), des Verstandes (Urteil), der Vernunft (Erkenntnis) und des Begehrungsvermögens (Feld des sittlichen Handelns). Wesentlich für Schillers Briefe bleiben Reinholds abschließende Anmerkungen zum letzten Bereich, zur Lehre vom Begehrungsvermögen. Unterschieden werden zwei Varianten: eine Spielart der dynamischen Inbesitznahme der empirischen Welt, die sich in Akten expansiver Willensproduktion vollzieht (Stofftrieb), und die Fähigkeit zum vernünftigen, auf sittliche Prinzipien gegründeten reflexiven Verarbeiten äußerer Erfahrung (Formtrieb).[181]

Vergleicht man diese von Kants Ethik abweichende Differenzierung mit Schillers Triebmodell, so kommen die Berührungspunkte deutlich zu Gesicht. In beiden Fällen bleibt der Stofftrieb der sinnlichen Dimension, damit dem Feld der Wirklichkeit zugeordnet, während der Formtrieb das sittliche Gesetz des Menschen zur Geltung bringt, insofern er den Akt der Übertragung von Realität in Bewußtseinsinhalte nach Vernunftgründen ordnet. Auch die Vorstellung der idealen Vermittlung der jeweiligen Triebbereiche, wie sie Schillers Spielkategorie reflektiert, begegnet bereits bei Reinhold: «(...) so machen der Trieb nach Glückseligkeit und der Trieb nach Sittlichkeit verbunden, das ganze höchste Gut des Menschen aus.»[182] Für Reinhold steht außer Frage, daß die Vereinigung beider Impulse sich nur unter der Herrschaft des Formtriebs, im Reich des moralischen Gesetzes vollziehen kann. Schiller hat die transzendentalphilosophisch abgeleitete Trieblehre Reinholds dagegen ins Feld der Ästhetik hinübergespielt, wo, seinen eigenen methodischen Vorgaben gemäß, Fragen der anthropologischen Bestimmung bedeutsamer werden als Probleme der Erkenntnistheorie.

Eine weitere philosophische Quelle für die Trieblehre der Erziehungsschrift bildet Fichtes *Grundlage der gesamten Wissenschaftslehre*, auf deren Einfluß Schiller in einer Anmerkung zum 13. Brief selbst hinweist (NA 20, 347f.). Ihr zweigliedriger theoretischer Teil wurde ab Mitte Juni 1794 in mehreren Bögen als Kommentar zu Fichtes Jenaer Kolleg veröffentlicht und im Herbst beim Leipziger Verleger Christian Ernst Gabler als Buch publiziert. Mit ihm hat sich Schiller zum Zeitpunkt der Ausarbeitung der *Briefe* intensiver befaßt; den im Sommer 1795 gedruckten praktischen Teil lernt er ebenfalls durch den Auszug für Hörer der Vorlesung kennen, ohne ihn aber vertieft zu studieren. Erste Einblicke in Fichtes Denken gewinnt Schiller Ende Mai 1794, als er gemeinsam mit Humboldt neugierig dessen Jenaer Kolleg besucht. Die einzeln veröffentlichten Druckbögen des Vortragstextes, der zur Herbstmesse unter dem Titel *Einige Vorlesungen über die Bestimmung des Gelehrten* geschlossen erscheint, hat er aufmerksam zur Kenntnis genommen.[183] Körner erklärt er am 4. Juli 1794, die «neue Ansicht, welche Fichte dem Kantischen Systeme» verleihe, verhelfe ihm zu tieferen Einblicken in die spekulative Philosophie (NA 27, 20). Gemeint ist damit die Radikalisierung der transzendental gefaßten Idee menschlicher Freiheit, wie sie die Jenaer Vorlesungen des Sommersemesters andeuten. Die im Herbst gedruckte *Wissenschaftslehre* wird diesen Ansatz auf der Ebene eines identitätsphilosophischen Denkens systematisch fortführen. Fichte sucht das Subjekt über die Anlage zur Autonomie und die gleichzeitige Disposition zur Abhängigkeit zu kennzeichnen.[184] Entscheidend bleibt für ihn jedoch die Annahme, daß beide Formen wechselnd aufeinander einwirken und eine Balance der Kräfte erzeugen: «(…) das Ich bestimmt durch Tätigkeit sein Leiden; oder durch Leiden seine Tätigkeit. Dann wäre es in einem und ebendemselben Zustande tätig und leidend zugleich.»[185] Die so gewonnene Unterscheidung zweier sich ergänzender Impulse übernimmt Schiller aus dem theoretischen Teil der *Wissenschaftslehre*, den er Ende des Jahres 1794 genauer studiert. Wesentlich bleibt für ihn Fichtes Gedanke, daß die Welt des Subjekts durch dessen freie Tätigkeit umfassend konstituiert, sowohl in ihrer unbedingten als auch in ihrer eingeschränkten Geltung autonom hervorgebracht wird. Selbst wenn Schiller, anders als Fichte, kein philosophisches System der Subjektivität, sondern allein eine Theorie des Schönen anstrebt, gehen doch in seine Lehre die inhaltlichen Prämissen der von der *Wissenschaftslehre* begründeten Identitätsvorstellung ein. Das frei im Akt der Setzung über sich und seine Welt verfügende Subjekt bildet bei ihm das Ideal, das auf den Boden der Ästhetik übertragen wird.

Maßgeblich weicht Schiller von Fichte ab, wo er der Kategorie der Subjektivität eine objektiv gültige Erfahrungswelt entgegensetzt und die Beziehung zwischen Ich und Wirklichkeit dualistisch auffaßt. Dieser Dualismus bleibt die Bedingung für die theoretische Begründung des Schönen als vermittelnde Kraft, ohne die der Mensch zur Identität im Erleben der Differenz nicht fähig wäre. Demgegenüber denkt Fichte das Verhältnis zwischen Subjekt und Objekt als dialektisches im Prozeß wechselseitiger Bestimmung, jedoch auf der Basis der unbedingten Freiheit des Ich, das nicht nur seine eigene Autonomie, sondern ebenso Heteronomie qua Setzung der Widerstände, die es begrenzen, ungehindert hervorzubringen vermag. Für Schiller bleibt wiederum die objektive Geltung des «Zustands» – der dem Ich äußerlichen Welt – der Ermöglichungsgrund für die versöhnende Wirkung des Schönen. Wäre es dem Menschen gegeben, stets frei über diesen ‹Zustand› zu verfügen, hätte der autonomieästhetische Entwurf des Schönen seinen vermittelnden Charakter verloren. «Wir sind, weil wir sind», vermerkt der elfte Brief; «wir empfinden, denken und wollen, weil ausser uns noch etwas anderes ist.» (NA 20, 342)

In letzter Konsequenz trennt Schillers Ästhetik von Fichtes *Wissenschaftslehre* und den ihr vorausgehenden *Vorlesungen über die Bestimmung des Gelehrten* das methodische Selbstverständnis und damit auch die Anlage der leitenden theoretischen Terminologie. Fichtes System bildet den Versuch einer identitätsphilosophischen Begründung der Möglichkeit subjektiver Freiheit im Rahmen einer dialektischen Herleitung des Verhältnisses von Ich und Wirklichkeit. Schillers Gedankenmodell, das systematischen Zuschnitt kaum erreicht, gehorcht hingegen dem Anspruch, die Wirkung des Schönen auf die Doppelnatur des Menschen empirisch *und* transzendentalphilosophisch zu erklären, um daraus ein bildungstechnisches Programm mit praktischem Wirkungskalkül abzuleiten. Während Fichtes System allein theoretischen Geltungsanspruch erhebt, denkt Schiller stets im Hinblick auf eine objektiv angenommene Realität, die das Bezugsfeld für den Begriff der ästhetischen Erfahrung bildet. Das transzendentalphilosophische Vorgehen wird hier durch eine empirische Sichtweise ergänzt, unter deren Einfluß wissenschaftliche Terminologien als dienende Instrumente zum besseren Verständnis wirklich gegebener Verhältnisse aufgefaßt werden. Vorrangig bleibt dabei das praktische Interesse am Individuum und seiner Doppelnatur im Spannungsfeld von Bestimmungstrieb und Abhängigkeit.[186]

Die abstrakt wirkenden Zuordnungen, die Schillers Trieblehre im Anschluß an Reinhold und Fichte trifft, besitzen eine umfassende anthropologische Grundlage. Aus der Arbeit der beiden Haupttriebe leitet sich ein kompliziertes Geflecht handlungsbestimmender Faktoren, nicht zuletzt die Produktivkraft des Bewußtseins im Spannungsfeld innerer und äußerer Erfahrung ab. Der Stofftrieb gehorcht der externen Wirklichkeit, daher notwendig dem Gesetz des Zufalls und der von ihm gesteuerten sinnlichen Erlebnisfähigkeit: er zielt auf Glückserlebnisse durch Kommunikation, Zeitwahrnehmung und Weltbezug. Dagegen bleiben dem Formtrieb das Reich der Gesetzmäßigkeit, das Streben nach Vollkommenheit, das Prinzip der Freiheit durch subjektive Selbstbestimmung vorbehalten. Die jeweiligen Triebimpulse verkörpern die dem Menschen anlagebedingt verliehene Möglichkeit, sich entweder über Expansion und Anhäufung

äußerer Erfahrung zu verwirklichen oder durch Konzentration und Verarbeitung der externen Welt Identität zu bilden.[187]
In der Mitte zwischen beiden Trieben steht das Wesen des Schönen, das gleichermaßen durch die stoffliche Ebene des Weltbezugs wie durch Verinnerlichung, durch Produktion und Rezeption, Extensität und Intensität, durch Aktivität und Passivität gekennzeichnet ist. Das Schöne wird über den Spieltrieb hergestellt, der die besonderen Impulse der beiden Grundtriebe aufgreift und zueinander in Beziehung setzt, folglich das Medium abgibt, welches geeignet scheint, den Menschen auf dem Weg der Vermittlung zwischen Wirklichkeit und Innerlichkeit zur Totalität seiner Anlagen zu führen. Weder allein «Materie» noch «ausschließend Geist», bleibt das Individuum bestrebt, ein mittleres Stadium zu erreichen, in dem «Gesetz» und «Bedürfniß» verbunden bleiben – eine anthropologische Bestimmung, die entschieden von der Denklogik der Subjektphilosophie Fichtes abweicht (NA 20, 356). Dem medialen Zustand fällt die schwierige Funktion zu, die Selbstheilung des Menschen so zu bewirken, daß der Akt der Therapie nicht von der Zirkelstruktur in sich kreisender Einzelantriebe behindert wird. Im ästhetischen Stadium soll möglich sein, was Schiller selbst, angeregt durch die zivilisationskritische Perspektive von Rousseaus *Discours sur les sciences et les arts* (1750), als methodisches Problem beschreibt: die Kultivierung natürlicher Anlagen unter den Bedingungen der Entfremdung. Vor dem Hintergrund der nicht näher reflektierten Auseinandersetzung mit Rousseau gewinnen die in ihrem systematischen Zuschnitt Kant und Reinhold verpflichteten Überlegungen zur Trieblehre ein pädagogisches Profil, beleuchten sie doch die unterschiedlichen intellektuellen Fertigkeiten, die das Individuum auf dem Weg zur Wiederherstellung seiner natürlichen Freiheit nutzen kann.

In jenem mittleren (erst später «ästhetisch» genannten) Zustand, der durch die Erfahrung des Schönen hervorgebracht wird, findet der Mensch idealiter zu einem spielerischen Ausgleich der ihn regierenden Extreme. Allein hier, wo aktive Aneignung sinnlicher Wirklichkeit und passive Wahrnehmung äußerer Reize zusammentreten, vermag Schiller die Versöhnung der das Individuum isolierenden, von der Totalität der Lebensunmittelbarkeit abschneidenden Partialtriebe zu denken. Der Mensch, so heißt es in einer eingängigen Formulierung, ist «nur da ganz Mensch, wo er spielt.» (NA 20, 359) Die Vermittlung von Verwirklichungs- und Identitätsbildungstrieb, die Fichtes *Wissenschaftslehre* für a priori gegeben hält, geschieht bei Schiller in der harmonisierenden Erfahrung der Kunst. Als Medium unbeschränkter Freiheit ist der Spieltrieb das Werk des Beziehungssinns, der zwischen Form- und Stofftrieb mit ihren unterschiedlichen

Aktivitäten zutage tritt.[188] Vorgezeichnet scheint seine Funktion bereits bei Kant, wo das Geschmacksurteil über das Schöne als Produkt eines ausgeglichenen «freien Spiels» der intellektuellen Fähigkeiten – Einbildungskraft und Verstand – beschrieben wird.[189] Im Gegensatz zu Schiller nutzt Kant die Spielkategorie jedoch nur, um die im interesselosen Wohlgefallen beschlossene, durch das Urteilsvermögen zur Geltung gebrachte Energie zu veranschaulichen, die er für das besondere Merkmal ästhetischer Wahrnehmung hält; weder bezeichnet der Begriff hier eine schöpferische Kraft noch anthropologische Grundanlagen (Niklas Luhmanns systemtheoretische Zauberformel, nach der die Kunst eine «‹spielende Realitätsverdoppelung›»[190] darstellt, scheint sich auf Kants Perspektive insofern noch zu stützen, als sie deren Distanz zur traditionellen Mimesislehre übernimmt).

Der mit dem 17. Brief einsetzende letzte Teil der Schrift bemüht sich um die nähere Beschreibung der Vermittlungsarbeit des Spieltriebs, damit auch um die Darstellung der ästhetischen Erfahrung als Medium der Versöhnung widerstreitender Kräfte. Geboten wird nunmehr eine Funktionsanalyse der Formen des Schönen selbst, die ihrerseits auf die Triebstruktur des Menschen Einfluß nehmen. Zu unterscheiden ist die schmelzende (auflösende) von der energischen (aufbauenden) Schönheit. Fällt es der ersten Variante zu, die beiden Grundtriebe «in ihren Grenzen zu halten» (NA 20, 360), so bleibt es der zweiten aufgetragen, «sie in ihrer Kraft» zu bewahren (NA 20, 361). Idealiter wirken wiederum beide Formen des Schönen einheitlich zusammen – eine Bestimmung, die Kritiker wie Herder und Jean Paul mißachteten, wenn sie Schillers Entwurf wirklichkeitsfernen Charakter vorhielten.

Das Ergebnis der verbindenden Leistung des Schönen ist ein doppelter Ausgleich der Extreme, der die Funktion versieht, die angestrebte Totalität des Individuums herzustellen – eine gegen Kant zur Geltung gebrachte anthropologische Option der Schillerschen Ästhetik. Zum einen findet Vermittlung zwischen den beiden Grundtrieben selbst statt, insofern diese aufeinander bezogen werden. Veräußerlichung und Verinnerlichung, Materie und Form, Mannigfaltigkeit und Identität wirken in der ästhetischen Erfahrung komplementär, sie bleiben keine Gegensätze, sondern erscheinen als heimliche Einheit: nur das Schöne verbindet Stoff und Form, Weltbezug und Introversion auf spielerische Weise. Zum anderen vollzieht sich der Akt der Vermittlung zwischen den unterschiedlichen Intensitätsgraden der Triebe selbst. Das Schöne mildert allzu heftige Extreme, schränkt unbedingten Verwirklichungsdrang ebenso ein wie weltfremde Verinnerlichung, gestaltet mithin Stoff- und Formtrieb in sich harmonisch und ausgewogen (eine Vorstellung, die Schiller bei Reinhold nicht hatte antreffen können).

Diese zweite Funktion der ästhetischen Erfahrung analysieren die *Briefe* anhand der beiden Begriffe der schmelzenden und der energischen Schönheit. Auch hier begegnet man einer Darstellung, die ganz davon bestimmt scheint, die ausgleichenden Qualitäten des Schönen zu erweisen. Der schmelzenden Schönheit fällt es zu, Verhärtungen zu überwinden, den unzivilisierten Menschen zu sensibilisieren, ihm den Sinn für Form und Geschmack einzupflanzen; der energischen Schönheit, die sich mit dem Konzept des Erhabenen bzw. dem Begriff der Würde berührt, bleibt es aufgetragen, den ermüdeten Charakter aufzurichten und zu stärkerer Aktivität anzufeuern. Auch hier ist Schillers Einsatzpunkt die an Rousseau geschulte Diagnose, daß die moderne Arbeitsteilung den Menschen in eine Vereinzelung seiner Vermögen treibe, welche zu extremen Amplituden des individuellen Energiehaushalts, dem Wechsel zwischen Zuständen der Anspannung und Abspannung bei Fehlen der Mittellage führe (ganz ähnliche Befunde hatte schon die Schaubühnenrede von 1784 formuliert). Aufgabe des Schönen bleibt es, solche Schwankungen auszugleichen: «Beyde entgegengesetzte Schranken werden, wie nun bewiesen werden soll, durch die Schönheit gehoben, die in dem angespannten Menschen die Harmonie, in dem abgespannten die Energie wieder herstellt, und auf diese Art, ihrer Natur gemäß, den eingeschränkten Zustand auf einen absoluten zurückführt, und den Menschen zu einem in sich selbst vollendeten Ganzen macht.» (NA 20, 364)

Schillers Argumentation verlegt sich im folgenden auf die vertiefende Analyse der Funktionsweisen schmelzender Schönheit. Erneut herrscht dabei die abstrahierende Methodik vor, die die vermögenspsychologische Wirkung des Schönen in den Mittelpunkt rückt, es an praktischen Beispielen aber fehlen läßt – eine Strategie, die zahlreiche Kritiker der *Briefe*, unter ihnen Nicolai, Garve und Herder, später entschieden monierten; daß Schiller hier «auf die Entstehung und Wirkung der Kunst, nicht auf die Struktur ihrer Werke» [191] ziele, hat Walter Benjamin dagegen zur Verteidigung seines Ansatzes nachdrücklich betont. Schmelzende und energische Schönheit gehorchen zwar speziellen Funktionen, können jedoch umfassend wirken. Die schmelzende Schönheit überwindet nicht allein die Gewaltsamkeit des unzivilisierten Subjekts, sondern vermag ebenso den Abstraktionsgeist des theoretischen Kopfes in realitätsbezogene Tätigkeit zu überführen (NA 20, 365 ff.). Ähnlich wäre die Ausgleichsfunktion der energischen Schönheit denkbar, die der Text nicht näher beschreibt: im Fall des Triebmenschen festigt sie die sittliche Kraft, beim Intellektuellen steigert sie das äußere Widerstandsvermögen (eine Aufgabe, die die Ethik Kants allein der Vernunft zugewiesen hatte). Idealiter, so läßt Schiller verlauten, treten freilich beide Spielarten des Schönen zusammen, um, einander ergänzend, jenen Spannungsausgleich herzustellen, den allein die ästhetische Erfahrung herbeiführen kann.

Der dritte Teil der Schrift verfolgt die Absicht, die von den *Kallias*-Briefen gegen Kant zur Geltung gebrachte objektive Bestimmung des Schönen mit den kulturanthropologischen Befunden, wie sie die Studie *Ueber Anmuth und Würde* formuliert hatte, systematisch zu verbinden. Schillers Absicht ist es hier, über die Beschreibung der im Spieltrieb angelegten Vermittlungskraft hinaus die dialektische Energie des Schönen zu verdeutlichen. Das Pensum, das der dritte Teil erledigt, trägt dem auf doppelte Weise Rechnung; zunächst unternimmt er eine anthropologische Definition des Schönen im Hinblick auf die ihm innewohnende Qualität der Freiheit, sodann eine geschichtsphilosophische Begründung, die in den beiden letzten Briefen die Bestimmung des künstlerischen Scheins und die Vision des ästhetischen Staates einschließt. Die Argumentation verfährt dabei auf für Schiller charakteristische Weise zweigleisig, transzendentalphilosophisch zuerst, dann erfahrungsgestützt – damit wiederum gegen die Methodik Kants.

Den Ausgangspunkt der zunächst auf der Basis von Kants Transzendentalphilosophie und Fichtes Subjekttheorie arbeitenden Darstellung bilden Vermutungen über die Gemütsdisposition des Menschen, die an die Stelle der von Schiller in den Briefen 10–16 eingeführten Triebbegriffe treten. Unterschieden werden jeweils zwei Formen der Rezeptivität und Produktivität des psychischen Haushalts, die sich in eine entwicklungstheoretische Argumentation eingebunden finden. Der Mensch vor jeglicher Erfahrung bleibt, heißt es im 19. Brief, gekennzeichnet durch ‹passive Bestimmbarkeit›. In ihm liegt eine Unendlichkeit der Möglichkeiten bereit, die aber, da sie noch nicht mit Wirklichkeit hinreichend konfrontiert worden ist, leer und unerfüllt wirkt (NA 20, 368 f.). Durch den Eintritt in die Welt der Erfahrung gelangt das Gemüt zur passiven Bestimmung; es setzt sich der Realität im Medium der Empfindung aus, entfaltet jedoch keine unmittelbare Tätigkeit. Diese findet sich als Form aktiver Determination, wie auch Fichtes *Wissenschaftslehre* betont, erst durch den Vorgang des Denkens, der reflexiv-verstandesgestützten Aneignung von konkreter Erlebnissubstanz ermöglicht.[192] Die Vermittlung zwischen Gefühl und Vernunfttätigkeit ist ausgeschlossen, da es sich um absolute Entgegensetzungen handelt; möchte der Mensch eine Instanz finden, die diese Opposition in höherer Ebene aufzuheben vermag, so muß er in das Stadium der Bestimmbarkeit zurücktreten, dieses nunmehr aber mit Erfahrungsgehalt füllen. Auf solche Weise entsteht, was Schiller den «ästhetischen» Zustand nennt (und Reinhold allein im Akt der Bewußtseinsproduktion angetroffen hatte): eine Form der «aktiven» (erfüllten) Bestimmbarkeit, die als vierte Variante im anthropologischen Modell der Gemütstheorie Empfindung und Denken verbindet (NA 20, 375).

Die Wirkung des ästhetischen Zustands ermöglicht die Vervollkommnung des Menschen zum unbedingt freien Wesen, insofern sie eine ungebundene Entfaltung seiner sinnlichen und geistigen Kräfte veranlaßt, wie sie Fichtes *Wissenschaftslehre* im Gedanken der ständigen Produktivität des Subjekts zu bezeichnen sucht. Als Pendant zum Spielbegriff erfaßt die Kategorie die Funktionsgesetze des Schönen, die in den folgenden Briefen näher erläutert werden. Aus der Idee der Freiheit des ästhetischen Zustands ergibt sich die Forderung, daß die Kunst nicht einseitig festlegend wirken, auf Ausgleich der in ihr arbeitenden Kräfte zielen und unabhängig von Zwecken bleiben müsse (was eine überraschend reservierte Anmerkung zur Kunst der Tragödie provoziert) (NA 20, 382). Methodischer Status und Anspruch der zunächst an Fichte geschulten, in ihrer kunsttheoretischen Tendenz jedoch gegen die *Wissenschaftslehre* gerichteten Hypothese von der doppelten Bestimmung bzw. Bestimmbarkeit des Menschen werden erst im 23. Brief vollends kenntlich. Sein dialektischer Charakter gestattet es dem ästhetischen Zustand idealiter, die notwendige Verbindung zwischen Sinnlichkeit und Geistkultur des modernen Menschen herzustellen. Bedingung der Erziehung zum Schönen bleibt die Erwartung, daß er beide Bereiche in einer übergreifenden Perspektive aufhebt, damit ihre Entgegensetzung überwunden, ihr energetisches Potential aber zugleich festgehalten werden kann. Anders als der ihm untergeordnete Spieltrieb, der die *Mechanik* des ungezwungenen Kräfteausgleichs illustrierte, ist der ästhetische Zustand ein *Medium* der Freiheit, das dem Anspruch, den Menschen zu seiner idealen Ganzheit zu führen, das notwendige Erprobungsfeld verschafft. Auch hier tritt die – ähnlich schon von Herders *Plastik*-Aufsatz (1778) analysierte – Vermittlungsfunktion des Schönen ans Licht, deren Leistung wesentlich darin besteht, die unteilbare Energie des organischen Naturtriebs und die zergliedernde Macht des Geistes harmonisch aufeinander zu beziehen.[193] Der ästhetische Zustand versöhnt beide Formen, indem er Erfahrungslust und Urteilskultur des Menschen verknüpft: «Diese mittlere Stimmung, in welcher das Gemüth weder physisch noch moralisch genöthigt und doch auf beyde Art thätig ist, verdient vorzugsweise eine freye Stimmung zu heißen, und wenn man den Zustand sinnlicher Bestimmung den physischen, den Zustand vernünftiger Bestimmung aber den logischen und moralischen nennt, so muß man diesen Zustand der realen und aktiven Bestimmbarkeit den ästhetischen heißen.» (NA 20, 375)

Ihre größte Leistung vollbringt die Kunst dort, wo sie die Herrschaft der Form gegen das Diktat des Stoffs verwirklicht. Das ästhetische Werk, so werden es später auch die Theorien Schellings und Hegels fordern, kann dann vollkommen sein, wenn es nicht durch die Wahl seiner Materie, sondern aufgrund seiner kompositorischen Besonderheit auf den Betrachter wirkt. Führt die Konzentration auf das Sujet den Betrachter in jene sinnliche Welt zurück, aus deren physischem Bann ihn die Kunst doch gerade Zug um Zug lösen sollte, so vermag ihn die Form des idealen Werkes mit dem Gedanken der Freiheit vertraut zu machen. Der kreative Mensch triumphiert im vollendeten Produkt seiner Anstrengung über die gewählte Materie und beweist derart die Unabhängigkeit von äußeren Zwängen. «In einem wahrhaft schönen Kunstwerk», vermerkt der 22. Brief in Anlehnung an Formulierungen des *Kallias*-Konvoluts (NA 26, 224), «soll der Inhalt nichts, die Form aber alles thun; denn durch die Form allein wird auf das Ganze des Menschen, durch den Inhalt hingegen nur auf einzelne Kräfte gewirkt. Der Inhalt, wie erhaben und weitumfassend er auch sey, wirkt also jederzeit einschränkend auf den Geist, und nur von der Form ist wahre ästhetische Freyheit zu erwarten. Darinn also besteht das Kunstgeheimniß des Meisters, daß er durch den Stoff die Form vertilgt; und je imposanter, anmaßender, verführerischer der Stoff an sich selbst ist, je eigenmächtiger derselbe mit seiner Wirkung sich vordrängt, oder je mehr der Betrachter geneigt ist, sich unmittelbar mit dem Stoff einzulassen, desto triumphirender ist die Kunst, welche jenen zurückzwingt und über diesen die Herrschaft behauptet.» (NA 20, 382) Es versteht sich, daß Schiller mit dieser Überzeugung ins Zentrum der spätaufklärerischen Kunsttheorie eines Mendelssohn, Engel oder Garve traf, die vorwiegend die materielle Grundlage eines Werkes, nicht aber die Leistung seiner Form zum Objekt des Nachdenkens zu erheben pflegte.

Die Analyse des ästhetischen Zustands, die Schiller am Schluß seiner Briefe vorlegt, verdeutlicht hinreichend, daß die Erfahrung des Kunstschönen nicht allein formale Voraussetzung einer erhöhten theoretischen Kultur ist, deren Anbahnung zum Zweck umfassender Ausbildung des Menschen die Schrift gefordert hatte. Vielmehr schließt das Schöne schon erweiterte sittliche Wertigkeiten ein; der ästhetische bleibt zugleich ein unbedingt freier, moralisch vollkommener Zustand, wie ihn Kant allein durch die Ablösung von sensuellen Handlungsantrieben ermöglicht findet. Im Gegensatz zu jener rigorosen Aneignung ethischer Gebote, die die

Kritik der praktischen Vernunft fordert, vermittelt das Schöne dem Menschen die Notwendigkeit zum sittlichen Engagement auf spielerische, damit zugleich nachdrücklichere Weise. Die höchste Form der Vernunftfreiheit ist laut Schiller dann erreicht, wenn das Individuum den Weg der Verfeinerung seiner sinnlichen Kultur im Zusammenhang der Auseinandersetzung mit der Kunst vollendet hat und über die Erfahrung des Schönen zur Erkenntnis der in ihm beschlossenen moralischen Wertigkeit gelangt ist.[194]

Diese Perspektive bildet, anders als gern behauptet wird, keinen Widerspruch zur Eröffnung der Abhandlung, wo Schiller erklärt hatte, daß die Reise zur Freiheit über die Schönheit führe. Der von Kant und Moritz angeregte Hinweis auf die Autonomie des ästhetischen Zustands unterstreicht diese Bemerkung lediglich, insofern er die Einheit von Weg und Ziel veranschaulicht. Vor solchem Hintergrund ist die Metaphorik der Exposition zu verstehen; wenn der ‹Weg› zur Freiheit über das Schöne geht, kann das im Kontext von Schillers System nur bedeuten, daß in der ästhetischen Erfahrung bereits die Verheißung der Freiheit beschlossen liegt (vergleichbar werden später Hölderlin und Novalis argumentieren). Frei ist das Schöne vornehmlich durch seine Form, die Struktur des Spiels, die ihm eingezeichnet ist, und die Unendlichkeit des Scheinens, die ihm zugehört. Nur wer die soziale Bedeutung dieser Definition erkennt, kann die Spannweite von Schillers Entwurf ermessen. Der bereits in den *Kallias-Briefen* unternommene Versuch, die Kantsche Idee der Vernunftautonomie des Menschen auf die Formen des Schönen zu übertragen, bildet die Konsequenz aus der an der politischen Entwicklung Frankreichs geschulten Einsicht, daß eine freie Gesellschaft durch eine freie Kunst möglich wird.[195]

Das einprägsame Bild vom Radwechsel unter den Bedingungen fortlaufender Bewegung, das der dritte Brief für die Ablösung des ‹Naturstaates› absolutistischen Zuschnitts findet (NA 20, 314), trägt auch der Aufgabe Rechnung, welche die ästhetische Erfahrung in Schillers Modell der sozialen Evolution erfüllt. Der durch die Kunst verfeinerte Mensch bringt andere Voraussetzungen für das politische Geschäft mit als der theoretisch geschulte, jedoch phantasiearme Intellektuelle. Ihm ist es möglich, die Veränderung der bestehenden Ordnung auf einen tiefgreifenden kulturellen Wandel zu stützen, wie er auch Hölderlin Mitte der 90er Jahre, freilich im Horizont eines plötzlichen Umbruchs, vorschwebt.[196] Kunst erscheint Schiller nicht als Exil des enttäuschten politischen Kopfes, sondern als Instanz, die den Umbau der gegebenen Gesellschaft zu fördern vermag. Wer das übersieht, weil er die Erziehungskonzeption der Briefe für einen Beitrag zur psychischen Entlastung des unmündigen Bürgers hält, unterläuft das theoretische Niveau, auf dem die Schrift operiert.[197] Wie der Übergang vom ästhetischen zum höchsten moralischen Zustand denkbar ist, beschreibt Schiller im 23. Brief. Vollzieht sich der Weg von der physischen Lebensform des unzivilisierten Menschen im Akt der Ausbildung sinnlicher Erfahrung Schritt für Schritt, so scheint der anschließende Übertritt vom ästhetischen zum moralischen Stadium den Charakter eines spielerisch gleitenden Prozesses zu besitzen. Die drei Stufen menschlicher Entwicklung, von der Schillers Programm ausgeht, beleuchtet der 24. Brief: «Der Mensch in seinem physischen Zustand erleidet bloß die Macht der Natur; er entledigt sich dieser Macht in dem ästhetischen Zustand, und er beherrscht sie in dem moralischen.» (NA 20, 388) Im Hintergrund steht hier das ideale Individuum der griechischen Antike, das schon der sechste Brief, geschult an Winckelmann, als Vertreter der Einheit von Sinnlichkeit und Vernunftfreiheit denkt. Bei seiner entwicklungsgeschichtlichen Argumentation folgt Schiller jetzt den Spuren eines knappen Entwurfs, den ihm Johann Benjamin Erhard in einem Brief vom 31. Oktober 1794 ohne Kenntnis des zu dieser Zeit entstehenden *Horen*-Manuskripts vorgelegt hatte. Laut Erhard ist Erziehung allein möglich im Medium der ästhetischen Erfahrung, die wiederum die Überführung von «Individualität in allgemeine Humanität» anstreben müsse. Deren Kennzeichen bildet eine freiheitliche Kultur, wo «Moralität als verdienstlose Neigung, die Wissenschaft als geselliges Spiel und die Kunst als zwecklose Unterhaltung» erscheint (NA 35, 82 f.). Es ist offenkundig, daß der antikantianische Charakter der Skizze, die pikanterweise aus der Feder eines erklärten Kant-Schülers stammt, auf Schillers Erziehungskonzept abgefärbt hat. Mit Erhards Entwurf einer in den Möglichkeiten der ästhetischen Erfahrung gegründeten Pädagogik, der entschiedene Skepsis gegenüber der Evidenz einer aus Prinzipien a priori abgeleiteten Morallehre einschließt, teilt Schiller die methodischen Voraussetzungen wie die historische Perspektive. Nicht ohne Interesse wird er im Winter 1795 Erhards Schrift *Über das Recht des Volks zu einer Revolution* studiert haben, die Sympathie für ein durch akute politische Ungleichheit und sozialen Druck herausgefordertes Widerstandshandeln an den Tag legt.

Eingebettet ist Schillers Skizze der Erziehung zur moralischen Freiheit in eine Entwicklungsstudie, die, wie es 1780 schon die dritte Karlsschuldissertation unternimmt (NA 20, 50 ff.), Individual- und Gattungsentwicklung (Onto- und Phylogenese) ineinander spiegelt. Die Wanderung, die den einzelnen Menschen aus der Gefangenschaft in der physischen Welt zur ästhetischen Erfahrung, schließlich zur moralischen Freiheit führt, entspricht dem Weg, den die Menschheit von der wilden Vorzeit über die theoriebelastete Epoche der Aufklärung zur kulturellen Selbstbestimmung beschreitet. Zu verstehen wäre diese Entwicklung auch als Prozeß der Entfaltung intuitiver Vermögen: Phantasie und Vorstellungsfähigkeit des Individuums bilden sich im Rahmen ästhetischer Erziehung aus, fördern seine Sensibilisierung und damit wiederum die durch die Begegnung mit dem Kunstschönen vermittelte Verfeinerung der Gemütskräfte, die Bedingung moralischer Vollkommenheit ist. Ausdrücklich rechtfertigt Schiller in diesem Zusammenhang den künstlerischen Schein, der nicht mit dem Begriff der Täuschung gleichzusetzen, sondern als Element einer Kultur der Phantasie zu verstehen sei, welche den Menschen zur ästhetischen Erfahrung befähige. Schiller grenzt sich hier auch von Rousseau ab, dessen im *Lettre à M. d'Alembert sur les spectacles* (1758) formulierte Kritik des Theaters durch die These gestützt wird, Kunstgenuß bilde ein Medium seelischer Entspannung ohne erzieherische Dimension und schaffe damit die Voraussetzung für die uneingeschränkte Fortdauer des sozialen Egoismus. Im zehnten Brief hatte Schiller Rousseaus Theorie der ästhetischen Kompensation als «achtungswürdige(s)» Votum (NA 20, 338) bezeichnet, dem Kritiker jedoch die Überzeugung entgegengesetzt, daß es möglich sei, auf transzendentalphilosophischem Wege den reinen «Vernunftbegriff der Schönheit» (NA 20, 340) herzuleiten, welcher es gestatte, die ästhetische Erfahrung nicht als Form der Entlastung, sondern als Triebfeder einer die Spezialisierung des Einzelmenschen überwindenden Erziehungspraxis zu begreifen.[198]

Methodischer Ansatzpunkt des 23. und 24. Briefs ist der Versuch, mit Kant und gegen Rousseau die synthetisierende Kraft des Scheins unter Beweis zu stellen. Gerade weil dieser das Produkt des Menschen, nicht der Natur ist, ermöglicht seine Hervorbringung, die sich über den Akt der Einbildungskraft vollzieht, die Befreiung von der unmittelbaren sinnlichen Welt. Während das Individuum im physischen Zustand durch die Natur beherrscht wird, löst es sich in dem Moment, da es das Reich der Erscheinungen mit ästhetischem Wohlgefallen wahrnimmt, unversehens aus deren Bann, insofern es sich nicht mehr als Element, sondern als äußeren Betrachter der Wirklichkeit versteht. Gelangt es schließlich zur Kultur der Imagination, die es ihm gestattet, sich konkrete Erscheinungen vorzustellen, ohne ihrer Erfahrung ausgeliefert zu sein, dann hat das Subjekt einen ästhetischen Zustand erreicht, der es von der physischen Welt unabhängig macht. Zum Wesen dieses Zustands gehört freilich, daß er stets nur kurzfristig, nie dauerhaft zu befestigen ist. Eine solche Einschränkung teilt er mit dem Spieltrieb, dessen Vermittlungsleistung zeitlich begrenzt bleiben muß. Anders als das selbständige Subjekt der Philosophie Fichtes, das seine Freiheit durch dauerhafte Tätigkeit gewinnt, ist das Individuum in Schillers Theorie der ästhetischen Erfahrung immer nur vorübergehend autonom: die Kunst trägt in sich das Versprechen sozialer Unabhängigkeit, ohne diese verbindlich zu ermöglichen. Die Aufwertung der Kategorie des Scheins vollzieht sich vor dem Hintergrund der Konzeption des ästhetischen Zustands. Das Reich des Schönen bleibt getrennt von sinnlicher und intelligibler Welt, enthält jedoch Merkmale beider Sphären, die es, im Status der Unabhängigkeit von ihnen, nach seinen Gesetzen vermitteln kann. Maßgeblich für die reine Wirkung des ästhetischen Werks ist dabei, daß der Künstler die Grenzen akzeptiert, die Realität und Idee ihm ziehen (ein Gebot, das bereits Kant in Paragraph 49 der *Kritik der Urteilskraft* formuliert hatte). Das Schöne kann seine Vermittlungsleistung einzig vollbringen, wenn es, beschränkt auf die Dimension des Scheins, die Demarkationslinie zwischen Sinnlichkeit und Geist unangetastet gelten läßt. Das souveräne Recht der Verfügung über beide Sphären empfängt der Künstler allein in «dem wesenlosen Reich der Einbildungskraft, und nur, solange er sich im theoretischen gewissenhaft enthält, Existenz davon auszusagen, und solange er im praktischen darauf Verzicht thut, Existenz dadurch zu ertheilen.» (NA 20, 401) Diese bedächtig formulierte Verteidigung des Scheins hebt die frühere Kritik des Begriffs, wie sie der *Geisterseher* formuliert hatte, prinzipiell auf.[199] Sie betreibt jedoch keine Revision der dualistischen Grundanlage, die Schillers Theorie bestimmt, sondern schreibt sie letzthin fest. Erst Hegel wird im ersten Teil seiner *Vorlesungen über die Ästhetik* das Kunstschöne als ‹sinnliches Scheinen der Idee› definieren und derart Schillers Ansatz auf neuer Basis, im Wege einer dialektischen Durchdringung seiner dualistischen Begriffsstruktur fortführen.[200] Die besondere Leistung der Kunst besteht bei Hegel darin, daß sie die Idee, indem sie diese zur Anschauung bringt, gleichzeitig aufbewahrt und zerstört, mithin ihre Identität unter den Bedingungen der Differenz begründet. Eine derart geschlossene Bestimmung des Ästhetischen lag jedoch nicht in der Reichweite von Schillers theoretischer Perspektive. Deren Programmatik stützt sich auf den empirischen Anspruch einer konkrete Erfahrungsmomente beschreibenden Schönheitslehre, die dem Kantschen Dualismus von Sinnlichkeit und Verstand entgegentritt, ohne ihn methodisch preiszugeben.[201]

Blickt man auf die Bestimmung des Schönen, wie sie Hegels Ästhetik leistet, so wird auch sichtbar, daß die wesentliche methodische Differenz zwischen Schillers Entwurf und der idealistischen Systemkonstruktion in der geschichtsphilosophischen Perspektive begründet liegt. Während Schiller vom Glauben geprägt scheint, daß der Fortschritt des Menschen durch die Kultivierung seiner sinnlichen Anlagen teleologisch zu fassen sei, verleiht Hegel der Kunst einzig den Zweck, dem Intellekt des Menschen auf dem Weg zu seiner absoluten Selbsterkenntnis im Medium des Scheins das Moment der Wahrheit kurzzeitig vor Augen zu bringen. Ästhetische Werke, so heißt es im ersten Teil der *Vorlesungen*, bilden das Produkt einer Arbeit am Ideal, die die neue Geisteswirklichkeit vorbereiten, aber nicht in ihr selbst aufgehen darf.[202] Durch Hegels dialektisches Entwicklungsmodell sieht sich das Schöne beschränkt auf die Funktion der Begleitmusik, die den Prozeß der Selbstentfaltung menschlichen Bewußtseins kommentiert, ohne dessen Zielpunkt darzustellen. Die *Ästhetik* erklärt diesbezüglich mit Entschiedenheit: «Uns gilt die Kunst nicht mehr als die höchste Weise, in welcher die Wahrheit sich Existenz verschafft.»[203] Die Vervollkommnung der Kultur bereitet keine Befreiung des Menschen vor, wie dieses Schiller annimmt, sondern vollzieht sich in einem isolierten Bereich jenseits des geschichtsphilosophischen Schauplatzes, auf dem der Sieg des absoluten Selbstbewußtseins erfolgen wird: «Man kann wohl hoffen, daß die Kunst immer mehr steigen und sich vollenden werde, aber ihre Form hat aufgehört, das höchste Bedürfnis des Geistes zu sein.»[204]

Der deutsche Idealismus vermochte seiner Denklogik auch deshalb systematische Geschlossenheit zu verschaffen, weil er die Geltung des Schönen vorab begrenzte und auf Hilfsfunktionen beschränkte. Schillers Ästhetik bleibt hingegen durch andere Akzente geprägt; sie wirkt methodisch unstimmig, findet aber dadurch Wege zu einer facettenreichen Analyse des Schönen, in die psychologisch-empirische ebenso wie geschichtsphilosophisch-systematische Ansatzpunkte eingehen.[205] Die Inkonsistenz von Schillers Kunsttheorie läßt sich nur um den Preis ihrer Verkennung als Schwachpunkt betrachten. Im begrifflich uneinheitlichen Charakter der Darstellung findet sich die Unzugänglichkeit des zu erfassenden Phänomens selbst gespiegelt: die fehlende Geschlossenheit der Argumentation bildet eine Funktion des von Schiller beschriebenen Denkmodells. Die ihm angemessene Darstellungsform ist der Essay, nicht die systematische Abhandlung.

Die Erziehungsschrift schließt mit der Vision vom ästhetischen Staat, der zum Idealbild einer auf der Grundlage der Erziehung zur Kunst gewonnenen Egalität und unbedingten Freiheit aller Menschen gerät. Anders als der aufgeklärte ‹ethische› Staat, dessen durch Montesquieu, Rousseau und Kant formulierte Grundkonzeption im Gedanken der moralischen Selbstverpflichtung der Subjekte besteht, ist der ästhetische Staat ein nicht mehr politischer, sondern anthropologischer Entwurf ohne Realitätsgehalt: ein schönes Gedankenbild, das die Parole der Revolution – ‹liberté, egalité, fraternité› – allein durch das Programm der Erziehung zur Kunst erfüllt zeigt: «Kein Vorzug, keine Alleinherrschaft wird geduldet, so weit der Geschmack regiert, und das Reich des schönen Scheins sich verbreitet.» (NA 20, 411) Schiller hat gewußt, daß er hier ein Phantom beschrieb; der Vergleich mit den frühneuzeitlichen Utopien eines Morus, Campanella, Andreae oder Bacon verbietet sich auch deshalb, weil die Vision des ästhetischen Staates kein fest umrissenes soziales Modell, sondern einen gedanklichen Zielpunkt bildet, auf den kunsttheoretische Reflexion ihre Arbeit annäherungsweise zu beziehen hat: ein anthropologisch fundiertes Programmziel im Zeichen des Totalitätsideals.[206] Nach den Enttäuschungen, die ihm die Welt der Politik bereitete, scheint Schiller die Emigration ins Reich der ästhetischen Erfahrung die einzig verbleibende Option, um den Anspruch auf die Verwirklichung jener Universalität einzulösen, die den modernen Menschen aus seiner entfremdeten Lebenswelt befreien, die Zerrüttungen, in denen er existiert, heilen, die Entzweiungen, die ihn regieren, überwinden kann.

Ein sehr eigenständiges Komplement findet Schillers Gedankenbild des ästhetischen Staates im Modell der Idealmonarchie, wie es Novalis' Abhandlung *Glauben und Liebe* von 1798 entwirft. Nicht die Egalität der Geister, sondern stabile Hierarchien, nicht Republikanismus, sondern Herrschaftsstrukturen auf der Basis traditioneller Autorität bestimmen die hier skizzierte Gesellschaftsvision. Mit Schillers Entwurf teilt Novalis' Fragmentensammlung allein das Vertrauen in die Macht des Schönen, das dazu veranlaßt, die reale durch eine symbolische Ordnung im Zeichen der Repräsentation zu ersetzen: «Ein wahrhafter Fürst ist der Künstler der Künstler; das ist, der Director der Künstler. Jeder Mensch sollte Künstler seyn. Alles kann zur schönen Kunst werden. Der Stoff des Fürsten sind die Künstler; sein Wille ist sein Meißel: er erzieht, stellt und weist die Künstler an, weil nur er das Bild im Ganzen aus dem rechten Standpunkte übersieht, weil ihm nur die große Idee, die durch vereinigte Kräfte und Ideen dargestellt, exekutirt werden soll, vollkommen gegenwärtig ist.»[207] Die konservative Revolution, die den Zielpunkt von Novalis' Geschichtsphilosophie markiert, wird in einer ästhetischen Monarchie vollendet, die mit Schillers Staat freilich nur die öffentliche Aktivierung der Totalitätsfunktion der Kunst gemein hat. An den Platz der Freiheitshoffnung, die Schillers Modell trägt, ist in der frühromantischen Utopie die Ordnungsstruktur des hierarchischen Staates getreten, dessen Inszenierung Ausdruck einer Kunstfrömmigkeit bleibt, für deren religiöses Pathos die *Briefe* schwerlich zu beanspruchen wären.

Schillers Abhandlung erlebte eine durchaus gemischte Rezeption. Der Augustenburger äußerte sich in einem Brief vom 19. März 1795 über das erste Drittel der Schrift reserviert. Getadelt werden «manche Dunkelheiten» des Stils, die die Lektüre erschwerten; die Idee der ästhetischen Erziehung wiederum findet sich in ihrem Herzstück in Frage gestellt, wenn es abschließend heißt: «Die Verbesserung des Zustandes der Menschheit muß vom inren Menschen ausgehn. Geschieht dies nicht, so wird jedes politische Gebäude, sey es auch noch so schön in kurzem verfallen, und ungezähmten rohen Leidenschaften vielleicht zu einer noch bequemern Behausung dienen. Es komt beynahe nicht auf die Form, es komt auf den Geist an durch welchen diese Form Leben erhält. Ist dieser Geist, der Geist der Humanität, dann wird die gewünschte Verbesserung erfolgen, die Form mag beschaffen seyn wie sie will.» (NA 35, 174) Die politischen Erwartungen des weltbürgerlich denkenden Prinzen schlossen eine deutliche Distanz zu Schillers Kritik der theoretischen Kultur der Aufklärung ein. Im innersten Zirkel soll sich der Augustenburger über die ihm gewidmeten Briefe sogar mit unverhohlener Skepsis geäußert haben.

Verbreitet finden sich Äußerungen des Ärgers über den vermeintlich dunklen Stil von Schillers Abhandlung. Christian Garve erklärt in einem Brief an Christian Felix Weiße, die Schrift hätte gute, «aber nicht tiefsinnige Ideen in einem tiefsinnigen Gewande vorgetragen: das Umgekehrte würde mir besser gefallen. Suaviter in modo, sed fortiter in re.»[208] Auch Wilhelm von Humboldt, selbst ein loyaler Kommentator und voll des Lobes für die *Briefe*, berichtet von Stimmen, die den Bildertaumel der Darstellung und die «Undeutlichkeit» der Argumentation beklagen (NA 35, 282 f.). Zu den kritischen Lesern gehört Herder, der Schillers Kantianismus mit wenig Sympathie begegnet. Der wachsende Abstand, der die beiden trennt, bekundet sich im Streit über die mythopoetischen Visionen von Herders *Iduna*-Artikel für die *Horen*, denen Schiller Anpassung an den Zeitgeist und Fixierung auf nationalliterarische Perspektiven unterstellt. Herder wiederum mißfällt die autonomieästhetische Position der *Briefe*, weil er hier die metaphysische Leistung der Kunst, von der er selbst stets überzeugt war, nicht hinreichend gewürdigt findet. In der *Kalligone*-Schrift (1800) heißt es ebenso dezidiert wie vereinfachend: «Nichts schadet dem schlaffen oder unreifen und verwirrten Geschmack einer Nation mehr, als wenn man ihm alles zum Spiel macht, und dies Geschmacksspiel sogar auf seynsollende Grundsätze desselben, auf Wortspiele gründet.»[209] Herder, der in der *Kalligone* gegen Kants Bestimmung des Schönen Front macht, versteht Schillers Zentralbegriff als Rechtfertigungsformel für die amoralische Unverbindlichkeit selbstbezüglicher Artistik. Ein Spiel «ohne Begriffe und Empfindungen» sei jedoch äffischer, nicht menschlicher Natur, so heißt es polemisch am Schluß des dritten Teils der *Kalligone*, die das Niveau von Schillers Abhandlung entschieden unterbietet.[210]

Als Sympathisant Herders hat auch Jean Paul, angedeutet bereits in der Vorrede des *Quintus Fixlein* (1796), explizit in der *Vorschule der Ästhetik*[211], Schillers Spielbegriff für das Produkt eines die moralische Selbstverpflichtung künstlerischer Praxis verleugnenden Hedonismus gehalten. Daß dem Terminus auf diese Weise kaum Gerechtigkeit widerfährt, ist offenkundig. Herder und Jean Paul übersehen vor allem die durchdachte methodische Allianz von ästhetischer Konzeption und Bewußtseinstheorie, die leitend für die gesamte Schrift bleibt. Schiller selbst hat sie zeitlebens als Kernstück seiner Kunstphilosophie aufgefaßt und ihr damit jenen Rang zuerkannt, den sie in ihrer späteren Wirkungsgeschichte unter Beweis stellen wird. Freilich konnte er auch die Grenzen zur Kenntnis nehmen, die sein ästhetisches Denken bestimmten. Der Rückzug aus dem Feld der abstrakten Spekulation, den er im Jahr 1795 antritt, bedeutet nicht zuletzt das Eingeständnis des Scheiterns in der Theorie. Weder systematisch noch terminologisch – so lautete der Vorwurf Fichtes (NA 35, 229 ff.) – vermögen die kunstphilosophischen Abhandlungen vollauf zu überzeugen. Schiller ist es nicht gelungen, die objektive Bestimmung des Schönen zu leisten, die er geplant hatte. Die angestrebte Überbietung Kants und die Entwicklung einer produktionsästhetisch fundierten Theorie der Kunst blieben in Ansätzen stecken. Als Beitrag zur Revision des Kantschen Systems kann Schillers Modell keine methodische Geschlossenheit gewinnen, weil es dessen innere Einheit (mit der prinzipiellen Differenz zwischen Erkenntnistheorie, Ethik und Geschmackslehre) nicht antastet; als ästhetischer Entwurf trägt es widersprüchliche Züge, insofern die der Kunst vorgeschriebene Vermittlungsaufgabe im Bann einer dualistischen Grundstruktur von Individuum und Gesellschaft steht, die denklogisch kaum zureichend aufgelöst wird. Der vielbeschworene Universalcharakter des Schönen entbehrt bei Schiller jener dialektischen Begründung, wie sie später Hegel im Kontext seiner geschichtsphilosophisch gestützten Ästhetik anzubahnen sucht.[212] Ist Kunst imstande, die Versöhnung des Menschen mit der sozialen Wirklichkeit herbeizuführen, so müßte ihre Theorie die Differenz, die ihn von der erfüllten Selbstbestimmung scheidet, ebenso wie die Identität, zu der er durch den Genuß des Schönen gelangt, in ihrer dialektischen Einheit zu Bewußtsein bringen. Den ästhetischen Weg zur Heilung der entfremdeten Gesellschaft kann Schiller jedoch nur umreißen, kaum logisch befriedigend erläutern, weil sein Entwurf ohne methodisch strenge Begründung bleibt.

Maßgeblich für diesen Mangel ist der unaufgelöste Dualismus von Schönem und Erhabenem, von Versöhnung und Streit, Autonomie und Heteronomie – Kategorien, die im System der ‹doppelten Ästhetik› jeweils unvermittelt parallelisiert werden.[213] Daß Schiller diesen zweiteiligen Charakter seines theoretischen Modells zuläßt, eröffnet der von ihm vertretenen Kunstphilosophie eine moderne Perspektive jenseits klassizistischer Harmonisierung; wenn er Identität und Differenz als spannungsvolle Elemente seines ästhetischen Erziehungsplans sichtbar macht, so kennzeichnet ihn das als Vorläufer Hegels im Horizont systematischen geschichtsphilosophischen Denkens.[214] Mit der frühromantischen Ästhetik, wie sie Schlegels Athenäumsbeiträge und die Fragmente des Novalis umreißen, teilt Schillers Lehre des Schönen das Bewußtsein ihrer Unabschließbarkeit – die Ahnung, daß die Annäherung an das Ideal von der Logik eines unendlichen Prozesses geprägt sei. Vom Totalitätsanspruch ihrer Kunsttheorien bleibt Schillers Diskurs über das Schöne wiederum dort geschieden, wo er die Autonomiekonzeption unterläuft, indem er die Auffassung bekundet, die ästhetische Erfahrung des Individuums bilde die Prämisse für den Gewinn sozialer Freiheit. Die Reflexion der gesellschaftlichen Bedingungen, denen der Mensch unterliegt, begleitet Schillers Theorie auf ostinate Weise. Ebenso wie die staatsphilosophische Metaphorik, die ihre Verlautbarungen stützt, zeugt sie von der Erwartung, daß das Schöne, wenngleich zweckfrei, doch sozial zu verorten sei. Wenn Schiller am 25. Januar 1795 in einem Brief an Christian Garve davon spricht, die *Briefe* formulierten sein «politische(s) Glaubensbekenntniß» (NA 27, 125), dann beleuchtet das die gesellschaftliche Zielsetzung des ästhetischen Programms auf hinreichende Weise.[215]

Es scheint offenkundig, daß Schillers synthetische Konzeption des Kunstschönen einzig um den Preis methodischer Inkonsequenz zu gewinnen war. Seine wesentliche theoretische Leistung liegt im Versuch, die sinnliche Kultur des Menschen als Manövriermasse in das Projekt seiner Selbstbestimmung einzubringen. Daß die angestrebte Überwindung des durch Kant festgeschriebenen Dualismus letzthin zu einer Vertiefung des Gegensatzes zwischen beiden Bereichen, kaum aber zu seiner Aufhebung beiträgt, begründet die unbeabsichtigte Modernität der Ästhetik Schillers. Die Annäherung von theoretischer und ästhetischer Kultur blieb jedoch nicht allein für ihn ein unabgegoltener Programmanspruch. Im *System des transcendentalen Idealismus* (1800) spricht auch Schelling die Hoffnung aus, «daß die Philosophie, so wie sie in der Kindheit der Wissenschaft von der Poesie geboren und genährt worden ist, und mit ihr alle diejenigen Wissenschaften, welche durch sie der Vollkommenheit entgegengeführt werden, nach ihrer Vollendung als ebenso viel einzelne Ströme in den allgemeinen Ocean der Poesie zurückfließen, von welchem sie ausgegangen waren.»[216] Ohne Schillers Vorstoß wäre dieses Projekt der geschichtsphilosophisch fundierten Annäherung zwischen den beiden getrennten Kulturen kaum denkbar gewesen. Auf der Basis des Kantschen Dualismus vollzieht sich die spekulative Überbietung einer Erkenntnistheorie, die den Menschen gelehrt hatte, die Möglichkeit seiner Freiheit kritisch, vor aller Erfahrung als Element seiner Individualität zu denken. Hegel, der das intellektuelle Erbe dieses Lösungsangebots übernimmt, hat Schiller die Anerkennung für die selbstbewußte Beschäftigung mit Kant nicht versagt und mit wohlgesetzten Worten seine Revision der subjektiven Ästhetik der *Kritik der Urteilskraft* gewürdigt. Überzeugender als die Vorschläge des Theoretikers scheinen Hegel freilich die Leistungen des poetischen Werkes, das die Widersprüche einer unsystematischen Kunstlehre zwar nicht auflösen, aber immerhin ins Feld der Anschauung hinüberspielen und damit einer kritischen Durchleuchtung unterziehen kann: «Es muß Schiller das große Verdienst zugestanden werden, die Kantische Subjektivität und Abstraktion des Denkens durchbrochen und den Versuch gewagt zu haben, über sie hinaus die Einheit und Versöhnung denkend als das Wahre zu fassen und künstlerisch zu verwirklichen.»[217] Daß die von Schiller vertretene Vision der ästhetischen Versöhnung für ihn wiederum den Vorschein des wahren Ideals absoluten Selbstbewußtseins in der Geschichte bildet, verrät Hegels Aussage, die Kunsttheorie des ausgehenden 18. Jahrhunderts habe ihre wesentliche Funktion darin besessen, die «Einheit» des «Allgemeinen und Besonderen, der Freiheit und Notwendigkeit (...) ins wirkliche Leben zu rufen»,[218] ehe die philosophische Wissenschaft sie systematisch vorzeichnen konnte.

5. Auf der Suche nach stabilen Koalitionen.
Jena 1794–1799

Übereinstimmende Kreise.
Mit Goethe zu neuen Aufgaben

Die Württembergreise des Jahres 1793/94 führt Schiller letztmals für längere Zeit über die Landesgrenzen Thüringens. Lediglich noch im Herbst 1801, anläßlich eines Besuchs bei Körner in Dresden, und im Frühjahr 1804, während der Sondierungsgespräche in Berlin, hält er sich für mehrere Wochen außerhalb des Herzogtums auf. Seit dem Mai 1794 spielt sich

Schillers Leben wesentlich in Jena und Weimar ab. Die Kreise der *vita activa* geraten nun enger; Freundschaften festigen sich, zugleich treten deutlichere Fraktionen und spürbare Interessengegensätze hervor. Der Koalition mit Goethe und Humboldt steht die gespannte Beziehung zur jüngeren Generation, zu den Schlegels, Jean Paul und Schelling, entgegen. Wer Schillers Schriftstellerleben, wie es sich ab 1794 gestaltet, angemessen erfassen möchte, muß die persönlichen Verhältnisse und Arbeitsallianzen betrachten, die sich in dieser Periode bilden.

An erster Stelle ist hier, wie immer die Bewertung im Detail ausfallen mag, das Bündnis mit Goethe zu nennen, das fraglos eine der entscheidenden äußeren Voraussetzungen der Weimarer Klassik darstellt. Die von beiden Autoren praktizierte Literaturpolitik, die gemeinsame publizistische Arbeit zum Zweck der ästhetischen Geschmacksbildung der Leserschaft, der seit 1795 fast täglich geführte Briefwechsel (der ab 1800 gegenüber dem mündlichen Gespräch ein wenig in den Hintergrund tritt), die Diskussion literarischer Pläne, die Debatten über Lektüren und Manuskripte belegen eine eindrucksvolle Intensität des künstlerischen Austauschs, die für die deutsche Literaturgeschichte einzigartigen Charakter besitzt. Die freundschaftlichen Allianzen zwischen Bodmer und Breitinger, Lessing und Mendelssohn, Hagedorn und Uz, Herder und Hamann, Schlegel und Novalis, Hölderlin und Hegel mögen zuweilen im Gesprächston persönlicher ausgefallen sein, doch zeichnet sie kein vergleichbares Maß der Konzentration der kreativen Kräfte, der wechselseitigen Aufmerksamkeit und Geistesgegenwart aus, wie es hier gegeben ist.

Das Bündnis zwischen Schiller und Goethe ist aus unterschiedlichsten Perspektiven charakterisiert worden: als harmonische Verbindung im Zeichen zwischenmenschlicher Toleranz oder asymmetrisches Verhältnis unter dem Diktat der Autorität des Älteren, als Vereinigung jenseits der Forderungen des Tages oder ökonomisch motivierte Arbeitsbeziehung nach dem Gesetz des Publikationsmarktes, als lebensgeschichtliches Kunstwerk mythischer Prägung oder unerfreulicher Zwischenfall mit hemmenden Folgen für die deutsche Literatur.[219] Wer die vor allem in den ersten Jahren, zwischen August 1794 und Dezember 1799, fast täglich geführte Korrespondenz der beiden Autoren mit ihren am Ende knapp über 1000 Briefen unvoreingenommen studiert, wird zu einer die Extrempositionen vermittelnden Bewertung gelangen.[220] In der ersten Phase des schwierigen Annäherungsprozesses lassen sich fraglos asymmetrische Verhältnisse feststellen; August Wilhelm Schlegel sieht hier sogar – so formuliert es 1830 ein gehässiger Kommentar – das Verhältnis von Faust und Wagner wiederholt.[221] Tatsächlich übernimmt Schiller zunächst den Part des Werben-

Mit Goethe zu neuen Aufgaben 155

den, dem Goethe wiederum die Rolle des weltkundigen Ratgebers und Anregers entgegenzusetzen sucht. Deutlich ist der Gestus der höflichen Unterordnung, mit dem er den Briefwechsel im Juni 1794 auf diplomatischer Grundlage beginnt. Aber die persönlichen Beziehungen kommen rasch ins Gleichgewicht und lassen bald keine Hierarchie mehr zu. Spätestens mit Schillers *Horen*-Aktivitäten und im Zusammenhang der Diskussion über den Fortgang der *Lehrjahre* stellt sich eine Balance der Kräfte ein, die dauerhaft Bestand haben wird.

Auch die äußeren Gegensätze verlieren an Gewicht, betrachtet man sie näher. Zwar ist der um eine Dekade ältere, an Lebenserfahrung reichere Goethe in Weimar als hochdotierter Minister ohne fest umgrenzten Geschäftsbereich ökonomisch bestens etabliert (mit knapp 2000 Talern Jahressalär gehört er zu den Spitzenverdienern), doch weiß er sich gerade zum Zeitpunkt der Annäherung an Schiller gesellschaftlich stark isoliert. Noch steht er unter dem Eindruck der Enttäuschung, die ihm im Juni 1788 der frostige Empfang nach der Rückkehr aus Italien bereitet hat. Seine als skandalös betrachteten häuslichen Lebensumstände im Zeichen der unehelichen Verbindung mit Christiane Vulpius fördern in den frühen 90er Jahren die soziale Vereinsamung – eine Konstellation, die für Schiller, der in den Adel eingeheiratet und sich mit einflußreichen Persönlichkeiten wie Körner, Wieland, Reinhold oder Bode vereinigt hatte, gerade nicht galt. Gravierend bleibt auch, daß man Goethe Anfang der 90er Jahre für künstlerisch erledigt und ausgebrannt hält. Seine Dramen werden nicht mehr gespielt, die seit 1787 erscheinenden *Schriften* versammeln zunächst nur altbekannte Texte. Dem gerühmten *Götz*-Drama (1773) und dem als Epochenereignis gefeierten *Werther* (1774), Musterstück einer literarischen Psychopathographie im Geist kritischer Selbstwahrnehmung, folgten für annähernd zehn Jahre keine gleichrangigen Arbeiten. Hatte Goethe noch im Mai 1775 Herder gegenüber die Ziellosigkeit beklagt, die seine persönliche Entwicklung bestimme («Ich tanze auf dem Drate: Fatum congenitum genannt: mein Leben so weg!»),[222] so sorgte die wenige Monate später eingegangene Bindung an die Weimarer Hofpolitik, die schon im Juni 1776 durch die Ernennung zum Legationsrat mit Sitz und Stimme im Geheimen Conseil ein offizielles Gesicht erhielt, für eine gewisse Ordnung und Stabilisierung eines zuvor unsteten, oft willkürlichen Impulsen folgenden Charakters. Innerhalb weniger Jahre zog Goethe auf Wunsch des jungen Herzogs – zumeist gegen den Willen der älteren Minister von Fritsch und Schnauß – die zentralen Positionen der Staatsverwaltung an sich: die Leitung der Kriegskommission, die mit steuerpolitischen Kompetenzen verbundene Oberaufsicht über das Straßenbauwesen, ab 1782 in der

Nachfolge des gescheiterten Carl Alexander von Kalb auch die Direktion der herzöglichen Kammer, zu der die Koordination von Finanzentscheidungen wie deren praktischer Vollzug gleichermaßen gehörten. Mit der Übernahme der vielfältigen Amtsgeschäfte, deren gesellschaftliche Bedeutung durch die 1782 erfolgte Erhebung in den Adelsstand bekräftigt wurde, verband sich zwangsläufig die Einschränkung der literarischen Aktivitäten, nicht zuletzt die Notwendigkeit, sich an neuen Publikumsinteressen zu orientieren, wie sie Goethe durch die ihm bisher fremde höfische Welt vor Augen geführt wurden.[223] Die Reise nach Italien, auch eine Flucht des überlasteten Ministers vor den beengenden Forderungen des Tages, sollte die künstlerischen Entfaltungsräume wieder erweitern helfen und jenes kreative Vermögen fördern, das unter dem Druck der alltäglichen Amtsgeschäfte kaum zur Wirkung gekommen war. Vor allem galt es die Einsicht in die Individualität der eigenen Fähigkeiten zu vertiefen, worüber Goethe am 29. Dezember 1786 aus Rom an Charlotte von Stein schreibt: «Ich bin wie ein Baumeister der einen Thurm aufführen wollte und ein schlechtes Fundament gelegt hatte; er wird es noch bey Zeiten gewahr und bricht gerne wieder ab, was er schon aus der Erde gebracht hat, um sich seines Grundes mehr zu versichern und freut sich schon im Voraus der gewissern Fertigkeit seines Baues.»[224] Daß in den 21 Monaten der Abwesenheit von Weimar neben zahlreichen literarischen Arbeiten knapp 850 Zeichnungen entstehen, verrät, wie stark sich Goethe zu diesem Zeitpunkt als bildender Künstler verstand, der seine kreativen Möglichkeiten nicht auf das Medium der Sprache beschränkt sehen mochte.

Der ‹Wiedergeburt› des Autors (so Goethe selbst in seinen Briefen an Herder, Knebel und Charlotte von Stein), die in Italien, unabhängig von den mannigfaltigen Berührungen mit der Malerei im Kreis Angelica Kauffmanns, machtvoll erfolgte, entsprach nach der Rückkehr im Juni 1788 keine angemessene äußere Anerkennung. Die während des Weimarer Sommers entstandenen *Römischen Elegien* hielt Goethe selbst unter Verschluß, ebenso seine Reisenotizen, die er aus großem Zeitabstand ab 1813 zu publizieren begann. Eine weitreichende Wirkung der bereits in Italien vollendeten Dramen blieb zunächst aus. Die versifizierte *Iphigenie*, das mühsam geborene «Schmerzenskind»,[225] stieß bei den Weimarer Freunden auf Unverständnis und wurde, ebenso wie der *Egmont*, erst Jahre später in einer bearbeiteten Fassung Schillers auf die Bühne gebracht. Auch der 1790 abgeschlossene *Torquato Tasso*, literarischer Reflex der Rollenkonflikte des sozial problematisch gestellten Künstlers, fand nur mit großer Verzögerung, im Februar 1807, seine Uraufführung. Zwar leitete Goe-

*Johann Wolfgang von Goethe.
Radierung von Johann Heinrich Lips,
nach dessen 1791 entstandener Zeichnung*

the, nun von den drückendsten Amtspflichten befreit, seit Januar 1791 das Weimarer Hoftheater, doch traute er seinen früheren Arbeiten keinen Publikumserfolg zu und zog ihnen als praktisch denkender Intendant die populären Dramen eines Iffland oder Kotzebue vor. Bezeichnend blieb, daß er 1800 zwar Glucks *Iphigenie auf Tauris* ins Programm aufnahm, nicht aber seine eigene Bearbeitung des Stoffs, deren Theatertauglichkeit ihm zweifelhaft schien.

Nicht sonderlich wirksam zeigten sich zunächst auch Goethes naturwissenschaftliche Studien, zu denen ihn nach der Rückkehr aus Italien, wie er am 9. Juli 1790 in einem Brief an den ‹Urfreund› Knebel gestand, sein ganzes «Gemüth» mit Macht zog.[226] Der *Versuch die Metamorphose der Pflanzen zu erklären*, der die botanische Formenwelt auf die Existenz eines ursprünglichen, virtuell sämtliche Erscheinungsstrukturen enthaltenden Organs zurückzuführen suchte, wurde von Göschen für die Veröffentlichung abgelehnt, erschien dann 1790 bei Ettinger in Gotha, erlebte jedoch nur geringe Resonanz. Die im folgenden Jahr publizierten kurzen *Beiträge zur Optik*, deren Fortsetzung später die *Farbenlehre* (1810) bildete, erhielten zwar zustimmende Rezensionen in Fachzeitschriften, blieben aber dem breiteren Publikum unbekannt. Zu den enttäuschenden Erfahrungen mit der Aufnahme der eigenen Arbeiten gesellen sich in diesen Jahren widrige äußere Umstände. Dem privaten Glück, das er seit Juli 1788 bei der 16 Jahre jüngeren Christiane Vulpius findet, steht das Zerwürfnis mit der Seelenfreundin Charlotte von Stein entgegen. Die offene Ablehnung, die man der aus kleinbürgerlichen Verhältnissen stammenden Lebensgefährtin in Weimar entgegenbringt, hat er nur schwer verwinden können. Auch seine auswärtigen Schritte stehen unter einem schlechten Stern: die intensiven Eindrücke des Romaufenthalts mögen sich auf der zweiten italienischen Reise, die Goethe 1790 unternimmt, um die Herzoginmutter Anna Amalia bei ihrer Rückkehr von Venedig zu begleiten, nicht wieder einstellen. Zum künstlerischen Reflex der ernüchternden Stimmung geraten die *Epigramme* desselben Jahres, die bilanzieren, «daß», wie es in einem Brief an Carl August vom 3. April 1790 heißt, «meiner Liebe für Italien durch diese Reise ein tödtlicher Stos versetzt wird»: «Nur ein zerstreutes Gebein ehren wir gläubig und froh.»[227] In der ihm vom Herzog aufgezwungenen Rolle als Kriegsbeobachter bei der Kanonade von Valmy macht Goethe im Herbst 1792 eine ebenso unglückliche Figur wie ein halbes Jahr später während der Belagerung der Stadt Mainz im Gefolge der Koalitionstruppen, wo er sich dem häßlichen Alltag durch die Flucht in seine anatomischen und optischen Studien entzieht (die 1824 veröffentlichten autobiographischen Berichte über die Zeit glätten hier manchen inneren Konflikt). Die Grunderfahrung, die Goethes gesellschaftliches Leben, damit verbunden sein künstlerisches Selbstbild in dieser Phase regiert, ist jene der unüberwindlichen Isolation und fortschreitenden Vereinsamung, die sich durch den Eindruck der zunehmenden Entfremdung von früheren Vertrauten wie Herder und Charlotte von Stein noch steigert.

Im Gegensatz dazu hat Schiller am Beginn der 90er Jahre als Autor einen vorläufigen Höhepunkt seiner publizistischen Wirkung erreicht, was sich nicht nur in den Aufführungserfolgen des *Don Karlos*, sondern auch in den hohen Auflagen des *Geistersehers* und der historischen Schriften dokumentiert. Nach der Übernahme der Professur und der Gründung des eigenen Hausstands gestalten sich die sozialen Lebensverhältnisse, selbst unter den Bedingungen der Krankheit, durchaus angenehm. Schiller umgibt sich in Jena mit einem anregenden Kreis akademischer Kollegen und Autoren, die an seinen Projekten teilhaben und ihm Gelegenheit zu gesellschaftlicher Kommunikation auf hohem Niveau verschaffen. Die württembergische Reise erschließt ihm eine Vielzahl neuer Kontakte, nicht zuletzt günstige Geschäftsbeziehungen, die den angestrebten publizistischen Projekten förderlich sind. Das Erfahrungsübergewicht des zehn Jahre älteren Goethe wird mithin durch äußere Umstände hinreichend ausgeglichen. Als man sich im Juli 1794 persönlich annähert, hat Schiller gute Gründe für ein selbstbewußtes und souveränes Auftreten.

Die erste Begegnung zwischen Goethe und Schiller fand unter Bedingungen statt, die es verhinderten, daß beide miteinander ins Gespräch kamen. Der junge Herzog Carl August von Sachsen-Weimar-Eisenach, der seit dem 3. September 1775 die Regierungsgeschäfte führte, reiste im Dezember 1779 in Begleitung des damals 30jährigen Goethe, der drei Monate zuvor zum Geheimrat ernannt worden war, auf dem Rückweg von der Schweiz nach Thüringen inkognito durch Württemberg. Am 12. Dezember besichtigte er die Karlsschule, um sich einen Eindruck vom hier praktizierten Unterrichtssystem zu verschaffen. Zwei Tage später nahmen der Herzog und Goethe an der Preisverleihung für die Eleven teil, in deren Verlauf Schiller Auszeichnungen für seine Leistungen in praktischer Medizin, Arzneimittellehre und Chirurgie erhielt. Goethe wird den Studenten bei dieser Gelegenheit kaum näher registriert haben: die Zöglinge erschienen uniformiert und bildeten im Rahmen der präzis festgelegten Choreographie der akademischen Festveranstaltung nur eine anonym bleibende Masse ohne individuelles Profil.

Es dauert annähernd eineinhalb Jahrzehnte, ehe sich ein fruchtbarer Austausch zwischen beiden Autoren herstellt. Immer wieder kommt es zu

Annäherungsversuchen, die jedoch zunächst erfolglos bleiben. Als Schiller im Juli 1787 in Weimar eintrifft, weilt Goethe bereits seit zehn Monaten in Italien – ein Umstand, der dem Neuankömmling nicht unangenehm scheint, wie Andeutungen aus Briefen dieser Zeit verraten. Mit spürbarer Ironie berichtet er Körner am 29. August 1787 von einer Geburtstagsfeier für den abwesenden Geheimrat, an der er am Tag zuvor in Gesellschaft Herders, Knebels, Voigts und Charlotte von Kalbs teilgenommen hat: «Wir fraßen herzhaft und Göthens Gesundheit wurde von mir in Rheinwein getrunken. Schwerlich vermuthete er in Italien, daß er mich unter seinen Hausgästen habe, aber das Schicksal fügt die Dinge gar wunderbar.» (NA 24, 149) Die merkliche Distanz gegenüber dem etablierten Weimarer Minister wird nicht zuletzt von Empfindungen des Neides getragen: im Kontrast zur eigenen, ökonomisch unsicheren Existenz wirkt Goethes Lebensstil luxuriös. Daß der Reisende auch während seiner Abwesenheit das volle Geheimratsalär bezieht, verärgert Schiller offenkundig (und veranlaßt ihn zu einer bezeichnenden Fehlleistung): «Während er in Italien mahlt, müssen die Vogts und Schmidts für ihn wie die Lastthiere schwitzen. Er verzehrt in Italien für nichtsthun eine Besoldung von 18 000 [recte: 1800!] thal. und sie müssen für die Hälfte des Gelds doppelte Lasten tragen.» (NA 24, 185 f.)

Ein gutes Jahr später, am 7. September 1788, kommt es in Rudolstadt zu einem ersten Kontakt der beiden Autoren. Die Schwestern von Lengefeld arrangieren das Zusammentreffen im größeren Kreis, um der lange erwarteten Begegnung die Spannung zu nehmen. Die wechselseitigen Erwartungen werden jedoch nicht erfüllt; man findet inmitten der lebhaften Gesellschaft keine Gelegenheit zum ruhigeren Gespräch und beläßt es beim Austausch von Förmlichkeiten. Der erste Eindruck veranlaßt Schiller zu einer skeptischen Prognose: «(...) ich zweifle, ob wir einander je sehr nahe rücken werden. Vieles was mir jezt noch interessant ist, was ich noch zu wünschen und zu hoffen habe, hat seine Epoche bei ihm durchlebt, er ist mir, (an Jahren weniger als an Lebenserfahrungen und Selbstentwicklung) so weit voraus, daß wir unterwegs nie mehr zusammen kommen werden, und sein ganzes Wesen ist schon von anfang her anders angelegt als das meinige, seine Welt ist nicht die meinige, unsere Vorstellungsarten scheinen wesentlich verschieden.» (NA 25, 107) Ein halbes Jahr später heißt es, wiederum an Körner, mit fast erotisch eingefärbter Empfindlichkeit und latentem Unterwerfungswunsch über Goethes Egomanie: «Ein solches Wesen sollten die Menschen nicht um sich herum aufkommen lassen. Mir ist er dadurch verhaßt, ob ich gleich seinen Geist von ganzem Herzen liebe und groß von ihm denke. Ich betrachte ihn wie eine stolze

Prude, der man ein Kind machen muß, um sie vor der Welt zu demüthigen (...)» (NA 25, 193)

Goethe erinnert sich in einer um 1824 entstandenen autobiographischen Notiz an einen ähnlichen Eindruck, den ihm die erste Begegnung vermittelte. Auch er erkennt die Differenz des Temperaments, ebenso den Gegensatz der künstlerischen Konzeptionen. Er, der seinen Geschmack in Italien von den Outriertheiten der Genieperiode zu befreien und durch das Kühlbad einer klassizistischen Formkultur zu führen gesucht hatte, trifft bei dem noch nicht 30jährigen Schiller jene Spurenelemente des ungestümen künstlerischen Geltungstriebs an, den er selbst abzulegen trachtet. Vollends «verhaßt» sei ihm der Autor der *Räuber* gewesen, weil sein «kraftvolles, aber unreifes Talent gerade die ethischen und theatralischen Paradoxen, von denen ich mich zu reinigen gestrebt, recht im vollen hinreißenden Strome über das Vaterland ausgegossen hatte.»[228] Das ungebändigte literarische Temperament, das Goethe aus Schillers Jugendwerk entgegenschlägt, wirkt wenig anziehend auf ihn, der sich bereits dem Programm der klassizistischen Ästhetik des Ausgleichs unterworfen hat. Die leidenschaftlichen Ausbrüche entfesselter Affekte, das ungebremste Pathos, die vagierende Bildsprache, wie sie noch den *Karlos* regieren, mißfallen ihm, weil er in ihnen nur die Relikte einer für ihn selbst abgeschlossenen Periode erblickt, die er später, im Schema zum 15. Buch von *Dichtung und Wahrheit*, die Epoche der «genialen Anmaßung» nennen wird.[229]

Goethe empfiehlt Schiller seinem Herzog gleichwohl für höhere Aufgaben und bahnt Anfang Dezember 1788 die Berufung auf die Jenaer Professur an.[230] Der äußere Anlaß für seine ministerielle Initiative liegt im dunkeln; die Publikation der im Tenor gebrochenen *Egmont*-Rezension in der *ALZ* vom 20. September hat er zwar trotz einiger Abstriche im Detail «mit sehr viel Achtung und Zufriedenheit» (NA 25, 121) aufgenommen, jedoch wußte er zu diesem Zeitpunkt kaum, von welchem Verfasser der anonym veröffentlichte Text stammte. Vermuten kann man, daß er die Geschichte der niederländischen Rebellion mit Zustimmung las, bestätigte sie doch sein eigenes Egmont-Bild, wie es das Trauerspiel entwarf, an den wesentlichen Punkten. Nachdem das akademische Ernennungsverfahren in Gang gekommen ist, stattet Schiller Goethe am 15. Dezember den erforderlichen Dankesbesuch ab, doch bleibt die Visite zunächst ohne Folgen. Auch in den letzten Monaten seines Weimarer Aufenthalts bevorzugt er die förmliche Distanz, weil er den Eindruck gewinnt, daß die jeweiligen Lebens- und Wirkungskreise kaum zur Deckung kommen. Mit entschiedenen Wendungen, die er drei Tage später gegenüber Caroline von Beulwitz wiederholt, erklärt er Körner am 2. Februar 1789: «Oefters um Goethe zu seyn, würde mich unglücklich machen: er hat auch gegen seine nächsten Freunde kein Moment der Ergießung, er ist an nichts zu fassen; ich glaube in der That, er ist ein Egoist in ungewöhnlichem Grade. Er besitzt das Talent, die Menschen zu fesseln, und durch kleine sowohl als große Attentionen sich verbindlich zu machen; aber sich selbst weiß er immer frei zu behalten.» (NA 25, 193) In ganz ähnlichen Worten wird sieben Jahre später der befremdete Weimar-Besucher Jean Paul seinem Freund Christian Otto die gravitätische Strenge des sich selbst zelebrierenden Goethe beschreiben.[231]

Noch entschiedener begründet ein an Körner adressierter Brief vom 9. März 1789 Schillers Reserve aus der Differenz der persönlichen Lebenskonstellationen. Goethe erscheint als Günstling der Fortuna, dem das Glück zufällt, während er selbst, was er besitzen möchte, mit Anspannung aller Kräfte zu erringen hat, weil ihm die äußeren Verhältnisse permanenten Widerstand entgegensetzen: «Dieser Mensch, dieser Göthe ist mir einmal im Wege, und er erinnert mich so oft, daß das Schicksal mich hart behandelt hat. Wie leicht ward sein Genie von seinem Schicksal getragen, und wie muß ich biss auf diese Minute noch kämpfen!» (NA 25, 222) Erheblich abgeschwächt begegnet eine solche Einschätzung auch in Schillers Brief an Goethe vom 23. August 1794 und, vor dem Hintergrund systematischer Überlegungen, in der Abhandlung *Ueber naive und sentimentalische Dichtung*. Goethe gewinnt dort Kontur als der begünstigte Musensohn, dessen natürliche Anlagen es ihm gestatten, den widrigen Tendenzen des modernen Zeitalters zu trotzen und die eigenen künstlerischen Talente unter günstigen äußeren Verhältnissen spannungsfrei zu entwickeln. Im Brief an Körner gilt Schillers neidvolle Betrachtung zunächst der gesicherten Lebenssituation des Konkurrenten, die materielle Stabilität und soziale Reputation einschließt. Daß gerade Goethes konsolidierte ökonomische Existenz um den Preis erdrückender amtlicher Sitzungstermine und prosaischen Aktenstudiums erkauft war, wird Schiller nicht völlig bewußt gewesen sein. Für ihn, der auch als Jenaer Extraordinarius nur über spärlich fließende Einnahmen verfügt, ist die Tatsache, daß Goethe bei der Verfolgung seiner künstlerischen Vorhaben keine Rücksichten auf Marktgesetze und Publikumsgeschmack nehmen mußte, verlockend genug.

Am 31. Oktober 1790 stattet Goethe, der gemeinsam mit dem Maler Johann Heinrich Lips für eine Woche nach Jena gekommen ist, einen kurzen Besuch bei Schiller in der Schrammei ab. Man tauscht sich über die neuesten Tendenzen des Kantschen Kritizismus aus, ohne jedoch Einigkeit in der Sache erzielen zu können. Schiller befremden die kritischen Vorbehalte, mit denen der Gesprächspartner spekulativen Denkformen begegnet. An Körner, den Goethe Ende September in Dresden getroffen hatte, schreibt er wenige Tage später mißmutig: «Seine Philosophie mag ich auch nicht ganz. Sie hohlt zu viel aus der Sinnenwelt, wo ich aus der Seele hohle. Ueberhaupt ist seine Vorstellungsart zu sinnlich und betastet mir zu viel.» (NA 26, 55) Fast vier Jahre vergehen, ehe es zu einer erneuten persönlichen Begegnung kommt. Ihren äußeren Anlaß bildet eine vom 20.–23. Juli in Jena stattfindende Tagung der *Naturforschenden Gesellschaft*, die zwölf Monate zuvor durch den Botaniker Karl Batsch ins Leben gerufen worden war. Goethe und Schiller nehmen an dieser Veranstaltung, zu der Batsch in seine Privatwohnung lädt, als Ehrenmitglieder teil. Im Anschluß an die ersten Sitzungsdiskussionen, die am Nachmittag des 20. Juli begannen, bricht man gegen Abend, als die drückende Sommerhitze ihren Höhepunkt überschritten hat, gemeinsam zu einem Spaziergang auf. Er führt über einige Umwege entlang des Rathauses zu Schillers Wohnung am *Untern Markt*, wo man das anregende Gespräch im abgedunkelten Arbeitszimmer, das auf dem zweiten Obergeschoß gelegen ist, weiter fortsetzt. Erörtert wird Goethes Theorie der Urpflanze, die davon ausgeht, daß sämtliche Formbildungen der botanischen Welt nur Metamorphosen eines ursprünglich vorhandenen Organs mit einer Vielzahl verschiedener Anlagen darstellen. Auch wenn die Gesprächspartner über ihr Thema keine Einigung erzielen können, weil das methodische Selbstverständnis des kantianisch geschulten Schiller von der erfahrungswissenschaftlichen Perspektive Goethes entschieden abweicht, beschließt man am Ende die Fortsetzung der Diskussion. Goethe erinnert sich in einer autobiographischen Notiz aus dem Jahre 1817, die den bezeichnenden Titel *Glückliches Ereignis* trägt, an die denkwürdige Begegnung vom 20. Juli 1794. Aus der Sicht des zurückblickenden Partners betrachtet, besiegelte sie «einen Bund, der ununterbrochen gedauert und für uns und andere manches Gute gewirkt hat.»[232]

Die Unterredung, der wenige Tage später ein gemeinsames Abendessen im Haus Wilhelm von Humboldts folgt, beweist zwar den Gegensatz der intellektuellen Temperamente, wirkt jedoch spannungslösend und baut Reserven ab. Das Eis ist gebrochen, man wagt es nunmehr, die fremden Ansichten näher zu inspizieren. Dabei ist das Gefälle, das beide Autoren trennt, durchaus beträchtlich: Goethe, der praktische Naturforscher und Empiriker, der induktive Denker, dessen intuitiv funktionierendem Verstand lebensferne Spekulationen fremd bleiben, und Schiller, der «gebildete Kantianer»,[233] der transzendentalphilosophisch geschulte Kopf, dem die unmittelbare Erfahrung weniger bedeutet als die durch sie verkörperte Idee, passen, betrachtet man ihren geistigen Haushalt und den sehr unterschiedlichen Lebenshintergrund, kaum zueinander. Wie fruchtbar jedoch der Gegensatz intellektueller Anlagen wirken konnte, demonstriert der im August 1794 einsetzende Briefwechsel. Schiller fällt hier die Rolle desjenigen zu, der Barrieren abbaut und den Weg ebnet. Er möchte Goethe für eine kontinuierliche Mitarbeit an den *Horen* gewinnen, nachdem dieser die Einladung zur Teilnahme Ende Juni freundlich, jedoch nicht ohne Förmlichkeit beantwortet hatte (seine Zusage dürfte auch durch den Wunsch des Herzogs motiviert worden sein, direkten Einfluß auf die als politisch unberechenbar geltenden Jenaer Intellektuellen zu gewinnen).[234]

Am 23. August 1794 schreibt Schiller ihm einen ausführlichen Geburtstagsbrief, den eine Analyse der künstlerischen Entwicklung krönt, wie sie Goethe nach seiner Ansicht bisher durchlaufen hat. Deren Ausgangspunkt bildet die Fähigkeit, die eigenen Kräfte intuitiv und nicht planend einzusetzen; mit ihr verknüpft sich die Neigung, die Natur umfassend kennenzulernen, ihre, wie Schiller schreibt, «Allheit» (NA 27, 25) vollständig zu ergründen, um von dort den Weg zum Individuum zurückzufinden und dieses nunmehr aus seinem Bezug zur gesellschaftlichen Ordnung besser beurteilen zu können. Natur, Mensch und soziale Umwelt werden dabei im Medium der sinnlichen Erfahrung vermöge unmittelbarer Auseinandersetzung mit den Phänomenen selbst erschlossen, nicht aber durch eine vorgeordnete Systematik, wie sie die zeitgenössische Ästhetik anstrebt. Die Problematik dieser Anlage besteht für Schiller darin, daß sie zwar einen unvoreingenommenen Umgang mit den Erscheinungen, künstlerische Intuition und Spontaneität begünstigt, in modernen Zeiten jedoch durch das unter dem Diktat der zergliedernden Vernunft stehende Klima der Abstraktion fremd und isoliert bleiben muß. Als Sinnesmensch sieht sich Goethe der Aufgabe ausgesetzt, seine zwanglosen Wahrnehmungseindrücke zunächst den «leitenden Begriffen» der Epoche (NA 27, 26) anzuvertrauen und von diesen wiederum zur konkreten Darstellung zu finden, möchte er sich dem Publikum verständlich machen: «Wären Sie als ein Grieche, ja nur als ein Italiener gebohren worden, und hätte schon von der Wiege an eine auserlesene Natur und eine idealisierende Kunst Sie umgeben, so wäre Ihr Weg unendlich verkürzt, vielleicht ganz überflüßig gemacht worden.» (NA 27, 25) Der schwierige Prozeß ästhetischer Selbsterziehung, den Schillers Brief beschreibt, wird in der ein Jahr später begonnenen Abhandlung *Ueber naive und sentimentalische Dichtung* im Horizont einer kulturgeschichtlichen Ordnung begrifflich genauer analysiert.

Das hier entworfene Gemälde wäre unvollständig, würde es nicht auch ein Selbstporträt einschließen, das jene kritischen Züge trägt, die die Reverenz gegenüber Goethe unterstreichen. Er entbehre, so formuliert Schiller zu Beginn, das Vermögen, poetische Gegenstände aus der reinen Anschauung hervorzubringen – die kurz zuvor abgeschlossene Matthisson-Rezension hatte dieses Verfahren noch als unkünstlerisch abqualifiziert –, und sei daher genötigt, seine Zuflucht zu Spekulationen, Ideen und Verstandesabstraktionen zu nehmen, die ihm das Fehlen sinnlicher Erfahrung ersetzten. Die verbreitete Auffassung vom ‹Gedankendichter› Schiller scheint durch diese Einschätzung Gewicht zu erhalten. Kaum übersehen kann man freilich, daß die Argumentation auch taktischem Kalkül folgt; der Brief vom 23. August ist nicht zuletzt ein Werbungsschreiben, das Goethe als publizistischen Mitstreiter und Gesprächspartner zu gewinnen sucht. So bleibt die selbstkritische Einschätzung der eigenen literarischen Möglichkeiten Element einer übergeordneten Darstellungsstrategie, ohne daß sie ausschließlich Bekenntnischarakter tragen muß.

Deutlicher wird Schiller in einem Schreiben vom 31. August 1794, das mit seinem detaillierteren Selbstbildnis das Gegenstück zum Geburtstagsbrief bildet: «Mein Verstand wirkt eigentlich mehr symbolisierend, und so schwebe ich als eine ZwitterArt, zwischen dem Begriff und der Anschauung, zwischen der Regel und der Empfindung, zwischen dem technischen Kopf und dem Genie. Dieß ist es, was mir, besonders in frühern Jahren, sowohl auf dem Felde der Speculation als der Dichtkunst ein ziemlich linkisches Ansehen gegeben; denn gewöhnlich übereilte mich der Poet, wo ich philosophieren sollte, und der philosophische Geist, wo ich dichten wollte.» (NA 27, 32) Das Terrain der Gegensätze ist damit ausgeleuchtet – man kann sich auf ihm niederlassen, um den Austausch im Zeichen der hinreichend markierten Mentalitätsunterschiede zu beginnen. Der Zweck der selbstkritischen Einschätzung, die Schiller an diesem Punkt vorträgt, ist offenkundig; wo frühzeitig der Gegensatz der Temperamente festgehalten, die Differenz der ästhetischen Verfahrensweisen fixiert ist, bleibt die Gefahr unfruchtbaren Konkurrenzdenkens ausgeschaltet. Die Rollen scheinen verteilt: hier steht der ‹spätgeborene Grieche› Goethe, der zur Anpassung an die Gegenwart genötigte Erfahrungsmensch, das kreative Künstlernaturell mit seiner umfassenden sinnlichen Weltsicht; dort die Zwitterexistenz Schillers, die, zwischen Reflexion und Anschauung pendelnd, die Zerrissenheit der Moderne in sich trägt, ohne sie aus eigener Kraft überwinden zu können. Nicht frei von strategischem Kalkül heißt es, auch in Bezug auf den persönlichen Temperamentsunterschied: «Beym ersten Anblicke zwar scheint es, als könnte es keine größern Opposita geben, als den speculativen Geist, der von der Einheit, und den intuitiven, der von der Mannichfaltigkeit ausgeht. Sucht aber der erste mit keuschem und treuem Sinn die Erfahrung und sucht der letzte mit selbstthätiger freier Denkkraft das Gesetz, so kann es gar nicht fehlen, daß nicht beide einander auf halbem Wege begegnen werden.» (NA 27, 26) Auf diesen Unterschied der Mentalitäten und die daraus ableitbaren Folgerungen für das ästhetische Urteil hat hellsichtig Friedrich Schlegel in seiner Rezension des Musenalmanachs für 1796 hingewiesen: «Schiller und Goethe nebeneinander zu stellen, kann so lehrreich wie unterhaltend werden, wenn man nicht bloß nach Antithesen hascht, sondern nur zur bestimmtern Würdigung eines großen Mannes auch in die andre Schale der Waage, ein mächtiges Gewicht legt.»[235]

Schillers Brief vom 23. August 1794, der die Charakterdifferenz zum Kunstwerk verklärt, löst die langjährige Spannung, die eine Annäherung der beiden Autoren verhindert hatte. Er erweist sich als Initialzündung für ein produktives Arbeitsverhältnis im Zeichen intellektuellen Austauschs auf der Grundlage gegenseitiger Hochschätzung und weitreichender Toleranz. Sehr rasch beschließt man, sich über die eigenen Projekte zu verständigen, Vorhaben kritisch zu prüfen und gemeinsam die literarisch-publizistische Landschaft der Zeit zu beobachten. Bereits am 30. August schickt Goethe ein Manuskript über die Verknüpfung von Naturphilosophie und Ästhetik (*In wiefern die Idee: Schönheit sey Vollkommenheit mit Freyheit, auf organische Naturen angewendet werden könne*). Die Argumentation der erst 1952 publizierten Skizze verrät, daß man sich in Jena nicht nur über naturwissenschaftliche Fragen ausgetauscht hat. Goethes Abhandlung trägt deutliche Spuren von Schillers ungedruckten *Kallias*-Briefen, was auf einen direkten Einfluß durch das zehn Tage zurückliegende Gespräch schließen läßt.[236]

Schiller wiederum revanchiert sich, indem er Goethe Einblick in seine theoretische Arbeit verschafft. Er übersendet Auszüge des *Kallias*-Manuskripts, den zweiten Teil der *Thalia*-Abhandlung *Vom Erhabenen*, später die handschriftliche Fassung der ersten neun Briefe über die ästhetische Erziehung. Zwischen dem 14. und 27. September logiert er bei Goethe in Weimar, das zu dieser Zeit aufgrund der Abwesenheit des in Eisenach versammelten Hofes die nötige Ruhe für ungestörte Kommunikation bietet. Da Charlotte am 1. September mit dem einjährigen Sohn zum Besuch ihrer Mutter nach Rudolstadt gereist ist, darf Schiller frei über seine Zeit verfügen. Die Sorge, er könne den Gastgeber dadurch abschrecken, daß er krankheitsbedingt «den ganzen Morgen dem Schlaf zu widmen» pflegt, erweist sich als überflüssig (NA 27, 38f.). Das großzügig geschnittene

Haus am Frauenplan erlaubt es ihm, seinen Lebensrhythmus unverändert beizubehalten, ohne den Alltag des neuen Freundes zu stören. Die anregende literarische «Conferenz», in die bisweilen auch Wilhelm von Humboldt einbezogen wird, verdeutlicht Goethe, daß «die Kreise unsers Empfindens, Denckens und Wirckens theils coincidiren, theils sich berühren» (NA 35, 67). Rasch ist jetzt der Plan zu jener publizistischen Kooperation gefaßt, die Schiller seit seiner Rückkehr aus Württemberg entschieden angestrebt hatte. Goethe steuert erste Beiträge für die *Horen* bei, unter anderem die kurz nach der Rückkehr aus Rom entstandenen *Elegien* und die ersten Seiten der *Unterhaltungen deutscher Ausgewanderten,* zudem für den geplanten Musenalmanach die *Epigramme* – den literarischen Reflex der gebrochenen Erfahrungen, die die venezianische Reise mit sich gebracht hatte. Schiller scheut sich nicht, die ihm zur Verfügung gestellten Manuskripte kritisch zu kommentieren. An den *Unterhaltungen* mißfällt ihm, wie er am 29. November vermerkt, die Tendenz, jene politischen Tagesfragen zu reflektieren, die die Ankündigung der *Horen* aus dem Themenkreis der Zeitschrift gerade ausgeschlossen hatte. Goethe, keineswegs gekränkt, verspricht umgehend, die heiklen Passagen zu dämpfen und aktuelle Bezüge, wie sie in der vom Geheimrat geführten Rede über die gegenwärtigen französischen Zustände anklingen, hinreichend abzuschwächen.

Schillers kritische, dabei stets loyale Auseinandersetzung mit den *Unterhaltungen* ermuntert den sonst wenig mitteilungsfreudigen Goethe, den neu gewonnenen Gesprächspartner an der Entstehung einer weitaus ‹inkommensurableren› Produktion teilhaben zu lassen.[237] Im Dezember 1794 übersendet er einen Manuskriptauszug der *Lehrjahre:* «Endlich kommt das erste Buch von Wilhelm Schüler, der, ich weiß nicht wie, den Nahmen Meister erwischt hat.» (NA 35, 101) Schiller übernimmt fortan die Rolle des kritischen Lesers von Goethes Roman, der zwischen Januar 1795 und Oktober 1796 in vier Bänden zu jeweils zwei Büchern erscheint. Ab Dezember 1794 erhält er regelmäßige Manuskriptlieferungen, die er postwendend zu kommentieren, bisweilen auch mit Änderungsvorschlägen zu begleiten pflegt. Am 5. Dezember erreicht ihn die Handschrift des ersten Buchs, das er vier Tage später würdigt (‹mit wahrer Herzenslust durchlesen› und «verschlungen» [NA 27, 102]); das zweite Buch lernt er im Rahmen des Anfang Januar veröffentlichten ersten Bandes in der Druckfassung kennen. Schon am 7. Januar 1795 folgt das dritte, am 11. Februar das vierte Buch im Manuskript, welches Schiller nach gründlicher Lektüre mit kritischen Anmerkungen zu psychologischen Widersprüchen (im Verhältnis Wilhelms zur Gräfin) bzw. Ungleichgewichten des

Handlungsaufbaus (bei der Darstellung der *Hamlet*-Aufführung) versieht, die von Goethe bereitwillig akzeptiert und praktisch umgesetzt werden (der zweite Band erscheint im April). Ab dem Frühjahr 1795 laufen Produktion und Lektüre annähernd parallel. Goethe berichtet von der Fortführung des fünften Buchs in der Annahme, daß der Abschluß nahe sei; Schiller erhält am 11. Juni die erste Hälfte dieses Buchs mit der frohgemuten Ankündigung «sie macht Epoche» (NA 35, 218). Die Reaktion gerät vier Tage später fast enthusiastisch, schließt jedoch vorsichtigen Tadel an der Redundanz der (aus der *Theatralischen Sendung* übernommenen) Exkurse über den Schauspielerstand ein, der Goethe dazu veranlaßt, «bey einigen Stellen die Schere wirken» zu lassen (NA 35, 222). Im August erhält Schiller die Handschrift des sechsten Buchs, die er ausführlich kommentiert, nicht frei von Kritik an der allzu ‹leisen› Andeutung der leitenden Idee, die das fiktive Selbstporträt der schönen Seele bestimmt (NA 28, 27).

Noch bevor im November der dritte Band erschienen ist, gerät Goethe in eine Arbeitskrise, aus der ihn jedoch im Winter eine intensive «poetische Stimmung» befreit, um die ihn Schiller ausdrücklich beneidet: «der lange zusammengetragene und gestellte Holzstoß fängt endlich an zu brennen» (NA 28, 132; 36/I, 50). Im Februar kündigt er die Übersendung des frisch diktierten siebenten Buchs an, über das man sich mündlich austauscht. Am 25. Juni 1796 empfängt Schiller das abgeschlossene achte Buch, dem Goethe zur besseren Überprüfung der Komposition wenige Tage später nochmals das siebente folgen läßt. In drei ausführlichen Briefen vom 2., 3. und 5. Juli liefert Schiller eine umfassende Würdigung des Romans, die Zurückhaltung gegenüber dem Arabeskencharakter der Handlung und der theoretischen Unverbindlichkeit des Bildungsgedankens mit enthusiastischer Bewunderung für die überragende literarische Originalität des Manuskripts verbindet: «Leben Sie jetzt wohl, mein geliebter mein verehrter Freund. Wie rührt es mich, wenn ich denke, was wir sonst nur in der weiten Ferne eines begünstigten Alterthums suchen und kaum finden, mir in Ihnen so nahe ist.» (NA 28, 239) In einem vierten Schreiben vom 8. Juli folgt eine kritische Summe, die entschiedene Skepsis gegenüber dem ideellen Gehalt des am Schluß dargebotenen Lehrbriefs zum Ausdruck bringt. Goethes unverzügliche Antwort signalisiert anhand einer Liste mit sieben Stichworten die Bereitschaft, auf die Monita des scharfsinnigen Lesers einzugehen, überschneidet sich jedoch mit Schillers letzter Würdigung vom 11. Juli, die, gegen den selbst eingestandenen «realistischen Tic» (NA 36/I, 260) des Autors, «den philosophischen Gehalt des Werkes» durch eine schärfere Konturierung des Wilhelm zugedachten Erfahrungswissens deutlicher herausgearbeitet wünscht: «Es fragt sich jetzt: ist er Realist genug, um nie nöthig zu haben, sich an der reinen Vernunft zu halten? Ist er es aber nicht – sollte für die Bedürfniße des Idealisten nicht etwas mehr gesorgt seyn?» (NA 28, 259) Goethe, der bis zu diesem Moment Änderungsvorschläge bereitwillig umgesetzt hatte, reagiert nunmehr zurückhaltend, womöglich verschreckt durch den imperatorischen Ton, den Schiller anschlägt. Ausdrücklich erhebt der kritische Leser die Forderung, daß Wilhelm den Weg durch die Irrungen der Metaphysik machen müsse, um das Gewicht der abgerundeten Persönlichkeit zu gewinnen. Vorbilder mögen hier der Julius aus den *Philosophischen Briefen*, der Prinz des *Geistersehers* oder Moritz' Anton Reiser abgeben – Beispiele der literarischen Inszenierung des Individuums in seiner Auseinandersetzung mit verschiedenen intellektuellen Optionen vor dem Hintergrund von Anlage, Neigung und Lebenserfahrung. Umrissen wird damit das Ideal einer sentimentalischen Erziehung: die naive Einheit der Persönlichkeit unter den Bedingungen der Reflexion. Noch am 19. Oktober bemängelt Schiller die fehlende «Pronunciation der HauptIdee» (NA 28, 314), die er im Lehrbrief nicht zureichend entwickelt findet.[238]

Goethe hält es für angemessen, wie er Mitte Juli erklärt, weitere Erörterungen dem mündlichen Austausch vorzubehalten. Kleinere Änderungen nimmt er nach Gesprächen mit Schiller Ende Juli vor («ob Sie jene geistigen Wesen in ihrer irrdischen Gestalt wieder kennen werden, weiß ich nicht»), entscheidet sich dann jedoch, das Werk, ohne es nochmals zur Diskussion zu stellen, zum Drucker zu geben: «Es liegt in der Verschiedenheit unserer Naturen daß es Ihre Forderungen niemals ganz befriedigen kann (...)» (NA 36/I, 300) Am 26. August 1796 schickt Goethe die beiden letzten Bücher des Romans nach Berlin an den Verleger Unger, im November erscheint der vierte Band, der zugleich als sechster Teil der 1792 begonnenen neuen Gesamtausgabe seiner Werke firmiert. Gerade die Freiheit, mit der beide Autoren in der Debatte über das Manuskript eigene Grenzen markieren, ist das Indiz für die Souveränität, die sie sich jeweils zugestehen dürfen. Verrät Schillers Kritik der *Lehrjahre* analytische Geistesgegenwart, so Goethes Bereitschaft zur Korrektur seines Textes den Respekt vor der Urteilskompetenz der Jüngeren. Im Wechselspiel von Kritik und Anerkennung bekundet sich die spezifische Qualität einer Künstlerfreundschaft, deren Nährboden die Achtung gegenüber der intellektuellen Selbständigkeit des Partners bildet.

Für Goethe wird sich die Balance zwischen Loyalität und Widerspruchsgeist auch im Fall der Diskussion über das im Frühherbst 1796 begonnene Epos *Hermann und Dorothea*, nicht zuletzt aber im Rahmen seiner schwierigen Arbeit am *Faust* bewähren. Gerade zur Fortführung dieses Projekts hat Schiller ihn immer wieder ermuntert, zuerst, erfolglos, Anfang Dezember 1794 («ich wage nicht das Packet aufzuschnüren das ihn gefangen hält» [NA 35, 97]), dann im Juni 1797, nachdem Goethe mit einer metaphorischen Wendung, die typischen Charakter trägt, um ein Urteil im Geist der Sympathie gebeten hatte: «Nun wünschte ich aber daß Sie die Güte hätten die Sache einmal, in schlafloser Nacht, durchzudenken, mir die Forderungen, die Sie an das Ganze machen würden, vorzulegen, und so mir meine eignen Träume, als ein wahrer Prophet, zu erzählen und zu deuten.» (NA 37/I, 45)

Schiller selbst entfaltet in der Periode der sich vertiefenden Annäherung poetische Energien, die in den vergangenen Jahren kaum genutzt worden waren. Seit dem Sommer 1795 gedeihen wichtige lyrische Arbeiten, 1796 beginnt die langwierige Auseinandersetzung mit dem *Wallenstein*-Projekt, 1797 folgt die ergiebige Erschließung des Balladengenres. In der nahezu ununterbrochenen Korrespondenz mit Goethe spiegeln sich Entstehungsprozesse, Stationen der Textrevision, Reflexe jener Veränderungen und Verwerfungen, die die literarische Tätigkeit begleiten. Zu den Mythen einer nationalen Kulturgeschichte gehört die Behauptung, daß Schiller ohne das Vorbild der produktiven Intelligenz Goethes den Weg zum höchsten künstlerischen Niveau so rasch nicht gefunden hätte. Bedeutsamer scheint demgegenüber die für die literarische Aktivität beider Autoren stimulierende Konkurrenzsituation, in der ein fruchtbarer Wettbewerb der Ideen und Entwürfe möglich wurde. Er erzeugte jenen sanften Zwang zur ständigen Kreativität, ohne den die ertragreiche literarische Tätigkeit nicht denkbar ist. Die besondere Bedingung dieser pulsierenden Arbeitsfreundschaft bildet, wie Schiller am 21. Juli 1797 vermerkt, ein «auf wechselseitige Perfectibilität gebautes Verhältniß», ein ‹Commercium› von «Mittheilungen», die «productif» in die individuelle Tätigkeit umgesetzt werden (NA 29, 104): ein Werkstattgespräch in Permanenz, das bei beiden Autoren unerhörte künstlerische Triebkräfte freilegt.

Selbst dort, wo Gegensätze beherrschend wirken, bleibt Respekt gegenüber der artistischen Individualität des Partners die vorherrschende Einstellung. Daß es «dem Vortrefflichen gegenüber keine Freyheit giebt als die Liebe» (NA 28, 235), erklärt Schiller am 2. Juli 1796 unter dem Eindruck der Schlußlektüre der *Lehrjahre*. Welche Bedeutung trotz künstlerischer Abweichungen gerade die persönlichen Berührungspunkte besitzen, verrät Goethes Diktum aus einem Brief vom 12. Januar 1796, das angesichts der zu erwartenden Kritik der *Xenien* die Position des Rückzugs auf den inneren Zirkel der Vertrauten beschwört: «So muß man die allgemeine Aufmerksamkeit für das Resultat nehmen und sich ganz im Stillen mit denjenigen freuen die uns Neigung und Einsicht endlich am reinsten nähert; so habe ich Ihnen das nähere Verhältniß zu Körnern und Humbold zu verdanken, welches mir in meiner Lage höchst erquicklich ist.» (NA 36/I, 380) Genau zwei Jahre später formuliert Goethe eine Zwischenbilanz der produktiven Freundschaft, die auch die Einsicht in den komplementären Charakter unterschiedlicher Temperamente und Interessen einschließt: «Das günstige Zusammentreffen unserer beyden Naturen hat uns schon manchen Vortheil verschafft und ich hoffe dieses Verhältniß wird immer gleich fortwirken. Wenn ich Ihnen zum Repräsentanten mancher Objecte diente, so haben Sie mich von der allzustrengen Beobachtung der äußern Dinge und ihrer Verhältnisse auf mich selbst zurückgeführt, Sie haben mich die Vielseitigkeit des innern Menschen mit mehr Billigkeit anzuschauen gelehrt, Sie haben mir eine zweyte Jugend verschafft und mich wieder zum Dichter gemacht, welches zu seyn ich so gut als aufgehört hatte.» (NA 37/I, 213) Betrachtet es Goethe als Schillers Verdienst, daß er ihm in Auseinandersetzung mit «der millionfachen Hydra der Empirie» (NA 37/I, 103) Wege der strengeren Ordnung und Bewältigung der Wirklichkeit vorgezeichnet habe, so sieht er sich selbst als Anreger auf dem Feld der ‹objektiven› Erfahrung, der sinnlichen Urteilsbildung und Wahrnehmungskultur. Eine ähnliche Perspektive bezieht Goethes verklärende Erinnerung von 1817, die das ‹glückliche Ereignis› des ersten tieferen Gedankenaustauschs im Juli 1794 als nachgerade naturhaften Vorgang kennzeichnet: «(...) und so besiegelten wir, durch den größten, vielleicht nie ganz zu schlichtenden Wettkampf zwischen Objekt und Subjekt, einen Bund, der ununterbrochen gedauert und für uns und andere manches Gute gewirkt hat. Für mich insbesondere war es ein neuer Frühling, in welchem alles froh nebeneinander keimte und aus aufgeschlossenen Samen und Zweigen hervorging. Unsere beiderseitigen Briefe geben davon das unmittelbarste, reinste und vollständigste Zeugnis.»[239]

Wenn Goethe am 1. Juni 1805, drei Wochen nach Schillers Tod, an Zelter schreibt, er habe «die Hälfte» seines «Daseyns»[240] verloren, so spiegelt das die Überzeugung, daß der Dualismus der beiden unterschiedlichen Künstlertemperamente in Wahrheit eine Ergänzung mit fruchtbaren Auswirkungen bedeutete. Die Wirksamkeit dieser Allianz erfaßt nur, wer in ihr die persönliche Substanz und die praktische Dimension gleichermaßen zu erkennen vermag. Schiller hat beide Gesichtspunkte vor Augen, wenn er am 23. November 1800 gegenüber Charlotte von Schimmelmann die Begegnung mit Goethe als «das wohlthätigste Ereigniß» seines «ganzen Lebens» charakterisiert (NA 30, 213). In die private Freundschaft bleiben stets strategische Gesichtspunkte einbezogen – das Wissen, daß es der Hilfe des Partners bedurfte, um die (auch von wirtschaftlichem Kalkül gesteuerte) Geschmackserziehung des Publikums, die Organisation des literarischen Marktes, die Neuordnung der Zeitschriftenlandschaft und die dramaturgische Gestaltung des höfischen Theaters effektiv ins Werk zu setzen. Die Verbindung künstlerisch-praktischer und persönlicher Antriebe begründet das Geheimnis einer Konjunktion der Interessen, die Epoche gemacht hat.

Gelehrte Gesprächskultur.
Wilhelm von Humboldt

Nach der Übernahme der Jenaer Professur und der folgenden Phase der akuten Erkrankung sucht Schiller verstärkt die Berührung mit Vertretern der jüngeren Generation. Sieht man von der Verbindung zu Goethe ab, entfalten sich harmonische Kontakte zunächst mit später Geborenen, während die Verhältnisse zu Gleichaltrigen in wachsendem Maße gestört scheinen. Nicht allein Anregung, wie sie der Austausch mit Wieland, Herder, Reinhold und Moritz gewährt hatte, sondern auch Bestätigung der eigenen Positionen sucht Schiller in den Jenaer Jahren. Deutlich wird dabei seine Tendenz, sich auf überschaubare Lebensverhältnisse zu beschränken. Reisefreudig war er niemals, hat Ortswechsel zumeist unter Zwang, selten freiwillig vollzogen. Das Ausland scheint ihn auch jetzt nicht zu reizen, obgleich die insgesamt verbesserte Gesundheit durchaus einen Schweiz- oder Italienaufenthalt erlaubt hätte. Statt dessen richtet sich Schiller in einem familiären Zirkel der geregelten Vertrautheit ein, wo unangenehme Überraschungen, wie sie ein Reiseleben mit sich bringt, ausgeschlossen bleiben. Dem intimen Kreis gehört neben den Lengefelds und Charlotte von Stein nicht zuletzt Wilhelm von Wolzogen an, der am 27. September 1794 die frisch geschiedene Schwägerin Caroline geheiratet hatte. Die junge Familie, die 1795 durch die Geburt des Sohnes Adolf erweitert wird, läßt sich in der Residenz nieder, wo man ein offenes Haus mit vielfältigem Gesellschaftsverkehr führt. Die Verbindung blieb bis zu Wolzogens frühem Tod im Jahr 1809 stabil, auch wenn Caroline sich zuweilen in heftige Affären mit älteren Männern verstrickte (so ging sie 1802 in Paris eine leidenschaftliche Liaison mit dem Grafen Gustav von Schlabrendorf ein). Schiller hat seine aus einer gewissen Eifersucht geborene Verstimmung darüber, daß die Eheschließung ohne Anstandsfrist unverzüglich nach Carolines Scheidung von Beulwitz erfolgte, sehr rasch überwunden. Mit Wolzogen, der im Dezember 1797 zum Weimarer Kammerrat im diplomatischen Dienst aufsteigt, verbindet ihn eine stabile Freundschaft. Länger unterbrochen wird der persönliche Austausch lediglich zwischen Herbst 1788 und Frühling 1791, als sich Wolzogen im Auftrag des württembergischen Herzogs in Paris aufhält, wo er seine Architekturstudien fortsetzt und zugleich die unruhige politische Szenerie beobachtet. Das Verhältnis zu ihm bleibt über viele Jahre hinweg vertraut und von Krisen jeder Art verschont. ‹Der Alte›, wie ihn die Familie liebevoll nennt, ist gewiß kein begeisterungsfähiger Schöngeist, doch macht er seinen Mangel an ästhetischer Sensibilität durch beständige Zuverlässigkeit und jenen praktischen Lebenssinn wett, den Schiller stets an anderen Menschen geschätzt hat.

Zu den wichtigsten Freunden aus dem Kreis der jüngeren Generation gehört Wilhelm von Humboldt. Der 1767 Geborene, Sprößling einer spät geadelten Familie – der Großvater war 1738 von Friedrich Wilhelm I. nobilitiert worden – hatte in Berlin durch Hauslehrer, zu denen Joachim Heinrich Campe und Johann Jakob Engel gehörten, eine glänzende Ausbildung erhalten. Vor allem erwarb er profunde Kenntnisse der alten Sprachen, die auch in späteren Jahren das Fundament seiner gediegenen Gelehrsamkeit bildeten. Das Studium der Rechtswissenschaften, 1788 in Frankfurt an der Oder begonnen, wurde in Göttingen 1790 abgeschlossen. Hinzu traten philosophische Lektüren, etwa der ersten beiden Kritiken Kants, und philologische Interessen, die durch den Gräzisten Christian Gottlob Heyne gefördert wurden. Über Heyne lernt Humboldt in Göttingen Georg Forster kennen, der ihn seinerseits im Sommer 1788 in Düsseldorf mit Friedrich Heinrich Jacobi zusammenführt. In Begleitung Campes und seines zwei Jahre jüngeren Bruders Alexander hält er sich im August 1789 in Paris auf und wird Augenzeuge der gegen das Ancien Régime gerichteten Straßenunruhen, ohne freilich die Begeisterung anderer deutscher Beobachter zu teilen. «Was soll ich in dem schmutzigen Paris, in dem ungeheuren Gewimmel von Menschen?» heißt es bereits kurz nach der Ankunft.[241] Seine Aufmerksamkeit gilt weniger den politischen Diskussionen der öffentlichen Zirkel als den Kurtisanen und Freudenmädchen, über deren wohlfeile Dienste er in seinem Journal penibel Buch führt.

Humboldts Verhältnis zur Revolution und ihren Rechtsperspektiven bleibt zwiespältig. In seinen Anfang des Jahres 1792 von der *Berlinischen Monatsschrift* publizierten *Ideen über Staatsverfassung, durch die neue französische Constitution veranlasst* spricht er sich gegen allein prinzipiengestützte, von a priori festgesetzten Maximen gesteuerte politische Konzeptionen aus und skizziert statt dessen eine erfahrungsbezogene Strategie öffentlichen Handelns, «welche aus dem Kampf des mächtigen Zufalls mit der entgegenstehenden Vernunft hervorgeht.»²⁴² Ähnlich wie der später als reaktionärer Vertreter des Metternich-Systems von ihm befehdete Friedrich Gentz und August Rehberg in seinen auf Burke gestützten *Untersuchungen über die französische Revolution* (1793) vertritt der junge Humboldt einen zeitgeschichtlichen Empirismus, dessen Fundamente bereits der von Goethe hochgeschätzte Justus Möser mit seinen kritischen Studien über den modernen Staatsbürokratismus gelegt hatte (*Der jetzige Hang zu allgemeinen Gesetzen und Verordnungen ist der gemeinen Freiheit gefährlich* [1772]; *Sollte man nicht jedem Städtchen seine besondre politische Verfasung geben?* [1777]). Humboldts spezifische Überzeugung, nachwirkend noch in zwei 1813 bzw. 1819 gedruckten verfassungstheoretischen Denkschriften an den Freiherrn vom Stein, schließt die liberale Skepsis gegenüber dem starken Staat ein, der, sei es als Kind des Absolutismus, sei es als Ausgeburt revolutionärer Prinzipien, die persönlichen Freiräume des Menschen stets massiv einengt. Ähnlich spricht schon Möser vom «schädlichen Einfluß unsrer einförmigen philosophischen Theorien auf die heutige Gesetzgebung», die dem individuellen Streben nach ungehinderter Selbstentfaltung künstliche Schranken entgegenstelle.²⁴³ Humboldts *Ideen zu einem Versuch, die Gränzen der Wirksamkeit des Staats zu bestimmen*, die 1792 entstanden, jedoch erst postum, 1851 publiziert wurden, bringen denselben Gedanken zur Geltung. Zu den Fürsorgepflichten von Regierung und Bürokratie gehöre, so heißt es mit Hobbes, die «Sicherstellung» gegen Bürgerkrieg und «auswärtige Feinde», keinesfalls jedoch die «Sorgfalt für den positiven Wohlstand» der Untertanen, den diese infolge ihrer individuellen Freiheit aus sich selbst zu schöpfen hätten.²⁴⁴

Nach einer kurzen Tätigkeit als preußischer Legationsrat im Referendariats- bzw. Assessordienst tritt Humboldt, der durch Familienvermögen finanziell gesichert ist, kurz vor seiner Eheschließung mit Caroline von Dacheröden – im Juni 1791 – in den Privatstand. Die erste Begegnung mit Schiller war bereits am Weihnachtstag 1789 bei von Lengefelds in Weimar erfolgt. Gemeinsam reiste man zu Beginn des neuen Jahres nach Jena, wo sich Humboldt einige Tage aufhält, ehe er nach Erfurt aufbricht, um dort den ihm wohlgesonnenen Koadjutor von Dalberg zu treffen. «In Schiller fand ich sehr viel», vermerkt ein Brief vom Januar 1790, «und doch waren unsre Gespräche meist scherzend und nicht wenig leer, oder doch von sehr kaltem Interesse.» ²⁴⁵ Der Gedankenaustausch, dessen distanzierter Ton auch durch den gemeinhin als kühl beschriebenen Habitus Humboldts erzwungen wird, findet zunächst keine Fortsetzung. Anfang Juni 1792 trifft man sich in Erfurt im Kreis Dalbergs kurz wieder, ohne daß eine tiefschür-

Wilhelm von Humboldt.
Gipsrelief von Gottlieb Martin Klauer, 1796

fende Unterredung zustande kommt. Im März 1793 empfängt Schiller ein Manuskript der vom Hallenser Altphilologen Friedrich August Wolf (dem späteren Antipoden Herders) inspirierten Abhandlung *Ueber das Studium des Alterthums und des Griechischen insbesondere*, an der Humboldt während seiner Zeit als Privatier gearbeitet hat. Er versieht die konventionell argumentierende Schrift, die in der griechischen Polis das Stadium einer kulturgeschichtlichen Kindheit des Menschengeschlechts gespiegelt findet, mit kritischen Randbemerkungen, deren Ertrag zweieinhalb Jahre später in seine Theorie des ‹Naiven› eingeht. Anfang April 1793 nutzt man ein Treffen in Jena, um Probleme der Kunstphilosophie und des zeitgenössischen Antikeverständnisses zu erörtern. Schiller spürt, daß ihm der Jüngere durch seine soliden Altertumskenntnisse wichtige Anregungen für die eigenen ästhetischen Fragestellungen vermitteln könnte. Er befindet sich auf der Suche nach einem Gesprächspartner, dem er intellektuelles Vertrauen entgegenzubringen vermag. Wenige Wochen zuvor hatte er Ludwig Ferdinand Huber, der für einige Tage in Jena Station machte, wiedergetroffen und dabei die Entfremdung bemerkt, die an die Stelle früherer Vertrautheit getreten war. Der ehemalige Freund stand im Begriff, seinen Mainzer Posten als sächsischer Legationssekretär aufzugeben, um sich ganz der publizistischen Arbeit widmen zu können. Nach der Trennung von Dora Stock, die im September 1792 auf Intervention Körners (zur großen Verärgerung Minnas) sehr abrupt erfolgt war, hatte Huber in Mainz mit der verheirateten Therese Forster, der Tochter von Humboldts Göttinger Lehrer Heyne, eine heftige Liaison begonnen. Als Sympathisant der Revolution fand er in diesen Jahren keinen Zugang zu einem fest besoldeten Amt; ohne mäzenatische Unterstützung mußte er sich in der Rolle des freien Autors auf dem Markt durchsetzen. Als man sich im März in Jena wiedersieht, ist Schiller von der nervösen Unruhe Hubers unangenehm berührt. Dessen sprunghafte Laune schreibt er dem negativen Einfluß Therese Forsters zu, die er, ähnlich wie Körner, für eine männerverschlingende *Femme fatale* hält (die Ehe, die die beiden nach dem Tod Georg Forsters 1794 eingehen, hat er stets als Mesalliance eingestuft). Nicht zuletzt die Erkenntnis, daß die Freundschaft zu Huber zerbrochen ist, weckt in Schiller im Frühjahr 1793 den Wunsch nach einer Regeneration seines Bekanntenkreises.

Unter dem Eindruck der höchst anregenden Gespräche, die man miteinander führt, schlägt Schiller Humboldt im April die Übersiedlung nach Jena vor. Der Umzug erfolgt jedoch erst zu Beginn des Jahres 1794, als er selbst in Ludwigsburg weilt. Ab Mai 1794 kommt es zum regen geselligen Verkehr, an dem auch die miteinander befreundeten Ehefrauen teilhaben.

Kurz nach der Rückkehr aus Stuttgart schreibt Schiller an Körner über den täglichen Kontakt: «Humbold [!] ist mir eine unendlich angenehme und zugleich nützliche Bekanntschaft; denn im Gespräch mit ihm entwikkeln sich alle meine Ideen glücklicher und schneller. Es ist eine Totalität in seinem Wesen, die man äuserst selten sieht, und die ich außer ihm nur in Dir gefunden habe.» (NA 27, 1) Durch Schillers Vermittlung schließt Humboldt die Bekanntschaft Goethes, den er seit Juli 1794 regelmäßig in Jena zu gemeinsamen Essen lädt. Intensiver gestaltet sich auch der Kontakt zum allseits geschätzten Paulus, zu Schillers Nachfolger Woltmann, zum Mediziner Christoph Wilhelm Hufeland und dessen Namensvetter Gottlieb Hufeland, der als kantianisch geschulter Jurist für die Universität Jena wie als Herausgeber der *ALZ* gleichermaßen bedeutsam ist. Am 2. Oktober 1794 bezieht das Ehepaar Humboldt am *Untern Markt* eine Wohnung im Hellfeldschen Haus, das gegenüber von Schillers Domizil liegt, so daß der tägliche Austausch erleichtert wird. Vor allem während der Abendstunden, zwischen acht und zehn Uhr, trifft man sich regelmäßig in Schillers Arbeitszimmer, um die laufenden Projekte zu erörtern.

Humboldt hält sich zunächst bis zum 1. Juli 1795 in Jena auf. Nach einem längeren Berlinbesuch, der durch die (letzthin tödliche) Erkrankung seiner Mutter erzwungen wird, kehrt er am 1. November 1796, begleitet von seinem jüngeren Bruder Alexander, in die thüringische Universitätsstadt zurück. Ende April 1797 verläßt er Jena endgültig, um über Berlin, Dresden und Wien nach Paris zu reisen. Für Schiller avanciert er rasch zum unverzichtbaren Gesprächspartner und Ratgeber in poetologischen, zumal metrischen Fragen. Unübersehbar ist Humboldts Einfluß auf die im Jahr 1795 verfaßten Lehrgedichte und die Balladen von 1797, deren Entstehung er mit akribischen Anmerkungen, kritischen Kommentaren und diplomatisch vorgetragenen Korrekturvorschlägen begleitet. Welche gewichtige Rolle er hier übernimmt, verrät ein Briefdiktum Caroline von Humboldts vom November 1794, das Schillers Neigung zu Regelmaß und gleichbleibendem Kontakt mit engen Vertrauten als festen Bestandteil seiner alltäglichen Arbeitsruhe beschreibt (NA 42, 201).

Humboldt besitzt kein künstlerisches Temperament und nur in geringem Maße darstellerisch-stilistische Fähigkeiten. Seine Beiträge zu den *Horen* leiden ebenso wie spätere Aufsätze an der trockenen juristischen Diktion und fehlender Anschaulichkeit. In einem Brief vom 11. Juni 1796 klagt er über die Schwierigkeiten, die ihm die Abfassung publizistischer Arbeiten bereite. Schillers Antwort vom 22. Juli äußert die Vermutung, daß die intellektuelle Anlage des Freundes durch eine einseitige Ausprägung seiner Talente bestimmt sei: «(...) ich bin überzeugt, was Ihrem schriftstellerischen Gelingen vorzüglich im Wege steht, ist sicherlich nur ein Uebergewicht des urtheilenden Vermögens über das frey bildende, und der zu voreilende Einfluß der Critik über die Erfindung, welcher für die letztere immer zerstörend ist.» (NA 28, 268) Mit dieser Bemerkung berührt Schiller das Geheimnis der Harmonie, die das Verhältnis zu Humboldt bestimmt. Gerade dessen mangelndes produktives Vermögen und die Dominanz theoretischer Interessen ermöglichen eine konkurrenzfreie Annäherung, wie sie sonst kaum denkbar war. In Jena hat Humboldt, dem Schiller «individuelle Vollkommenheit» allein im Bereich «des Urtheils und des Genusses» attestiert (NA 28, 268), keine größeren Studien abgeschlossen. Er arbeitet an einer Übersetzung von Aischylos' *Agamemnon*, verfaßt eine Rezension über Jacobis *Woldemar*, die 1794 in der *ALZ* erscheint, und steuert für die *Horen* im Februar und März 1795 zwei Essays zum Verhältnis der Geschlechter bei, die wegen ihrer unklaren Argumentation nur auf geringe oder, wie im Fall Kants, sogar kritische Resonanz stoßen (*Ueber den Geschlechtsunterschied und dessen Einfluß auf die organische Natur*; *Ueber die männliche und weibliche Form*) (NA 35, 181). Eine 1793 begonnene Schrift zur *Theorie der Bildung des Menschen* bleibt Fragment, erste Pindar-Übersetzungen werden gleichfalls noch nicht abgeschlossen.

Humboldt akzeptiert Schillers Führungsrolle unbedingt und beschränkt sich seinerseits auf den Part des Urteilenden, dessen philologisch kompetenter Rat gerade in der Zeit der verstärkten lyrischen Produktivität, zwischen 1795 und 1797, höchst willkommen scheint. Kritik an formalen Versehen poetischer Texte trägt er moderat vor, ohne je die Grenze zum schulmeisterlichen Tadel zu überschreiten. Änderungsvorschläge finden sich gewöhnlich von Formeln der Zustimmung gegenüber dem allgemeinen künstlerischen Wert eines zur Prüfung übersendeten Manuskripts begleitet. Die grundsätzliche Loyalität bleibt ebenso wie die Bewunderung auch dort fraglos, wo formale, zumeist metrische Eingriffe angemahnt werden. Während seines 15monatigen Berlin-Aufenthalts, der ihn zwischen Juli 1795 und November 1796 von Jena fernhält, verfaßt Humboldt mehr als 50 zumeist ausführliche Briefe an Schiller, erhält aber von ihm nur 16 Antwortschreiben – ein Ausdruck der nicht gänzlich symmetrischen Beziehung, die hier herrscht. Gegenüber Jacobi äußert er im Oktober 1796, Schillers Persönlichkeit sei ein ideales Objekt seines «Studiums», weil sie eine ‹geniale› Einheit von theoretischem Verstand und künstlerischer Phantasie ausbilde.[246]

Als man am 25. April 1797 Abschied voneinander nimmt, ahnt Schiller, daß es sich um eine längere Trennung handelt. An Goethe schreibt er am selben Tag in elegischem Ton: «Humboldt ist heute fort, ich sehe ihn mehrere Jahre nicht wieder, und überhaupt läßt sich nicht erwarten, daß wir einander noch einmal so wiedersehen, wie wir uns jetzt verlaßen.» (NA 29, 69) Die Prognose erwies sich als zutreffend; Humboldts Lebenskreise weiten sich nun: über Dresden und Berlin reist er nach Wien und Rom, tritt in Paris in den diplomatischen Dienst, der ab September 1802 erneut in Italien fortgesetzt wird. Im Ausland entstehen lediglich sporadisch schriftstellerische Arbeiten, so die *Ästhetischen Versuche* (1798) – eine mißglückte Abhandlung über Goethes *Hermann und Dorothea* –, die Schiller wenig schätzt: «Es ist doch eine sonderbare Erscheinung, daß er, indem er der Flachheit und dilettantischen Leichtigkeit, welche sonst die autores nobiles charakterisiert zu entgehen suchte, in diese trockne Manier verfallen mußte.» (NA 30, 32) Im August 1801 begegnet man sich, kurz vor Schillers Aufbruch nach Dresden, in Jena wieder, wo der weltläufige Diplomat, der eben aus Paris zurückkehrt, Station macht. Ende September 1802 besucht Humboldt Schiller für einige Tage in dessen neuem Weimarer Domizil an der Esplanade, danach versiegt der persönliche Kontakt. Die Lebensbahnen der früheren Gesprächsfreunde paßten nicht mehr zusammen. Der unstete Expansionsdrang, der Humboldt immer wieder nach Frankreich, Österreich und Italien führte, entsprach kaum den Rückzugsbestrebungen, die Schiller in seinen letzten Jahren an den Tag legte. Noch wenige Wochen vor seinem Tod erweist er dem jüngeren Freund die Reverenz, indem er sich an die gemeinsame Jenaer Zeit erinnert: «Der Rathgeber und Richter, der Sie mir so oft in der Wirklichkeit waren, sind Sie mir, in Gedanken, auch noch jezt, und wenn ich mich, um aus meinem Subjekt herauszukommen, mir selbst gegenüber zu stellen versuche, so geschieht es gerne in Ihrer Person und aus Ihrer Seele.» (NA 32, 206)

Wie bedeutsam das durch den Kontakt mit Humboldt bestimmte Jenaer Geistesklima für Schiller lange Zeit war, belegt seine Reaktion auf Abels Anfrage vom 29. Januar 1795, ob er bereit wäre, eine ordentliche Professur an der Universität Tübingen anzunehmen. Es ist nicht nur der instabile Gesundheitszustand, der ihn dazu veranlaßt, das finanziell lukrative Angebot abzulehnen, sondern auch das Bewußtsein, eine vergleichbare Atmosphäre intellektueller Konzentration in Württemberg nicht aufbauen zu können. Als die Tübinger Offerte am 25. März 1795 erneuert wird, begründet Schiller seine Absage mit dem Hinweis auf die für ihn günstigen Thüringer Verhältnisse (NA 27, 169). Noch ein Jahr zuvor hatte Charlotte von Stein in einem Brief an Charlotte Schiller im Blick auf die haushälterische Personalpolitik des Herzogs daran erinnert, daß die Perspektiven in Schwaben nach dem Tod Carl Eugens auch unter wirtschaftlichen Gesichtspunkten interessanter geworden seien.[247] Die ökonomischen Vorzüge des Tübinger Angebots vermögen Schiller Ende März 1795 dennoch nicht zu locken. Im Zusammenhang mit seinen Verhandlungen nutzt er lediglich die Gelegenheit, sich mit Hilfe des Geheimrats Voigt vom weimarischen Herzog die Zusage zu sichern, daß dieser für den Fall dauernder Erwerbsunfähigkeit das Gehalt, das seit dem Jahr 1790 konstant 200 Reichstaler betrug, verdoppeln werde; den Ruf auf die Tübinger Professur erhält vier Monate später David Christoph Seybold. Bekräftigt hat Schiller seine Loyalität zu Carl August, als er im März 1797 für 1150 Taler ein Gartengrundstück mit mehrgeschossigem Haus am Jenaer Leutrabach erwirbt, das er bereits zwei Monate später bezieht. Das stimmungsvoll gelegene Anwesen, dessen Vorbesitzer der 1792 verstorbene Rechtsprofessor Johann Ludwig Schmidt war, bildet das ländliche Gegenmodell zur Wohnung in der feudalen Stadtvilla des Theologen Griesbach in der Schloßgasse 17, wo man seit Mitte April 1795 residiert. Es wird für die folgenden dreieinhalb Jahre das Sommerdomizil der Familie, ehe der Umzug nach Weimar die letzte große Veränderung im ruhiger gewordenen Lebensrhythmus mit sich bringt.

Dissonanzen.
Schwierige Beziehungen zu Fichte und Schelling

Aufschlußreiche Perspektiven verheißt zunächst auch die Begegnung mit Fichte, der im Mai 1794 als Honorarprofessor die Nachfolge Reinholds übernommen hatte. Der Wechsel nach Jena, der ihm ein Jahreseinkommen von 200 Talern einbringt, bedeutet für den 32jährigen Philosophen den vorläufigen Höhepunkt einer rasanten Karriere. Nach Tätigkeiten als Hauslehrer in Zürich und Warschau war Fichte zur Ostermesse 1792 mit einem anonym publizierten *Versuch einer Kritik aller Offenbarung* hervorgetreten, der das Ergebnis seiner Leipziger Kant-Studien bildete. Die vielbeachtete Abhandlung, die eine säkularisierte Ethik auf der Grundlage deistischer Positionen vertritt, wurde zunächst dem Königsberger Lehrmeister selbst zugeschrieben, ehe dieser im *Intelligenzblatt* der *ALZ* vom August 1792 auf den wahren Verfasser verwies. Anders als Kant, der Fichtes Text nur oberflächlich zur Kenntnis nahm, hat Schiller die Schrift im Herbst gründlicher studiert und ihre respektlose Zergliederung theologischer Dogmen mit Zustimmung verfolgt.

Nach der ersten Begegnung in Stuttgart gewinnt Schiller den Eindruck, daß Fichte für seine eigenen publizistischen Unternehmungen attraktiv sein könnte, und wirbt ihn als Mitarbeiter für die *Horen* an. Fichtes unkonventionelle Vorlesungen *Über die Bestimmung des Gelehrten*, die, noch auf der Basis der modernen Naturrechtsidee, zentrale Thesen der späteren *Wissenschaftslehre* berühren, finden in den ersten Monaten seiner akademischen Tätigkeit begeisterte Resonanz bei den Studenten. Sein Antrittsvortrag versammelt am 23. Mai 1794 im Griesbachschen Auditorium eine ähnlich große Zahl von Hörern wie Schillers glanzvolles akademisches Debüt fünf Jahre zuvor. «Fichte ist jetzt die Seele von Jena!» vermerkt Hölderlin in einem Brief an Neuffer vom November 1794.[248] Am 8. September 1794 meldet Schiller Johann Benjamin Erhard: «In einem Publicum, das Fichte zu gleicher Zeit ließt, hat er sehr herrliche Ideen ausgestreut, die eine Anwendung seiner höchsten Grundsätze auf die Menschen in der Gesellschaft enthalten.» (NA 27, 41) Wilhelm von Humboldt sitzt bis zum Semesterende unter den Hörern, während Schiller, der nur die ersten beiden Vorlesungen besucht hat, dazu übergeht, die in wöchentlicher Folge gedruckten Kollegfassungen zu studieren. Rasch meldet sich freilich auch Skepsis gegenüber dem spekulativen Treibgut der von Fichte vorgetragenen Theorie des produktiven, unbedingt freien Subjekts: «Ich bin überzeugt, daß es nur bey ihm stehen wird, in der Philosophie eine Gesetzgebende Rolle zu spielen, und sie um einen ziemlich großen Schritt vorwärts zu bringen. Aber der Schritt geht an einem Abgrund hin, und alle Wachsamkeit wird nötig seyn, nicht in diesen zu stürzen. Die reinste Speculation gränzt so nahe an eine leere Speculation, und der Scharfsinn an Spitzfindigkeit. Was ich biß jetzt von seinem System begreife, hat meinen ganzen Beyfall, aber noch ist mir sehr vieles dunkel, und es geht nicht bloß mir, sondern jedem so, den ich darüber frage.» (NA 27, 41) Gegenüber Hoven räumt Schiller im November 1794 ein, daß ihn Fichte stark anziehe; sein «überlegenes Genie» werde «alles zu Boden schlagen, denn nach Kant ist er gewiß der größte Speculative Kopf in diesem Jahrhundert.» (NA 27, 92 f.)

Im Januar 1795 gerät Fichte in einen ernsthaften Konflikt mit den Studenten, weil er sich für die Aufhebung der seit 1764 offiziell verbotenen, als Geheimorganisationen aber weiter wirksamen Ordensverbindungen engagiert, in denen er die Restposten eines ritualisierten Standesdenkens ohne modernes politisches Bewußtsein bewahrt findet.[249] Während sich die ‹schwarzen Brüder› und die progressiveren Constantisten, zu denen auch jakobinisch gesinnte Studenten gehören, zur Selbstauflösung verpflichten, rebellieren die Unitisten gegen ein solches Verfahren. Nachdem erboste Anhänger des Ordens in nächtlichen Aktionen mehrfach die Fenster seiner Wohnung einwarfen, sieht sich Fichte gezwungen, Jena für eini-

*Johann Gottlieb Fichte.
Kreidezeichnung von Friedrich Bury, 1800*

ge Zeit zu verlassen und im naheliegenden Oßmannstedt Schutz vor den wachsenden Aggressionen der Burschenschaften zu suchen. Der Akademische Senat, dessen Repräsentanten die Vorlesungserfolge des Philosophen eifersüchtig registrieren, verweigert in diesem Punkt jegliche öffentliche Unterstützung. Statt die gewalttätigen Studenten zur Vernunft zu rufen, bietet man dem persönlich bedrohten Honorarprofessor lediglich den Schutz des Universitätspedells an. Auch der Herzog, der die Berufung des politisch progressiven Fichte mit Argwohn betrachtet hatte, schreitet nicht ein. Höhnisch schreibt Goethe am 10. April 1795 seinem Ministerialkollegen Voigt: «Sie haben also das absolute Ich in großer Verlegenheit gesehen und freylich ist es von den Nicht Ichs, die man doch gesetzt hat, sehr unhöflich durch die Scheiben zu fliegen.»[250]

Für das erste *Horen*-Heft hatte Fichte eine kurze Abhandlung *Ueber Belebung und Erhöhung des reinen Interesse für Wahrheit* geliefert. Sein zweiter Beitrag *Ueber Geist und Buchstab in der Philosophie* stößt jedoch auf entschiedene Ablehnung Schillers und bleibt unpubliziert. Die Kritik des Herausgebers gilt nicht nur, wie häufig behauptet wird, der mangelnden Verständlichkeit des Textes, sondern zumal der hier gebotenen Einschätzung ästhetischer Fragestellungen. Der in drei Briefe gegliederte Aufsatz erörtert nochmals Probleme der Triebtheorie, erweitert jedoch, was Schillers Mißfallen erregen mußte, die dualistische Perspektive, die die *Wissenschaftslehre*, wenngleich auf der Basis dialektischer Vermittlung, bewahrt zu haben schien. Zu einem «Erkenntnistrieb», der die Wirklichkeit nach Maßgabe a priori fixierter Bestimmungsgründe erfaßt, mithin unter der Dominanz des Subjekts steht, gesellen sich ein «praktischer Trieb», dem das Eindringen in die sinnliche Welt obliegt, und ein «ästhetischer Trieb», der als letzthin objektlose Begehrungskraft ohne Realitätsbesitz betrachtet wird.[251] Da von dieser begrenzten Wirkungsmacht des ästhetischen Vermögens kein unmittelbarer Weg zur Bestimmung des Schönen führt, muß Fichte im dritten Brief neu ausholen, um die von ihm angestrebte Theorie der künstlerischen Produktivität überzeugend zu skizzieren. Unterschieden wird der «Buchstabe» des Kunstwerks als die rein formal-technische Grundlage seines Erscheinungsbildes vom «Geist», dem Werk der Inspiration und regelfreien Einbildungskraft.[252] Es ist offenkundig, daß Fichte hier Goethes sechs Jahre ältere Differenzierung zwischen Nachahmung, Manier und Stil wiederholt, die ihrerseits ein Modell der Gradstufen ästhetischer Darstellungskunst zu begründen gesucht hatte.[253] Schillers schroff gehaltener Brief vom 24. Juni 1795, der Fichtes Manuskript zurückweist, bemängelt die «schielend und unsicher» ausfallende Konstruktion der dreigliedrigen Trieblehre ebenso wie die mehrdeutige

Definition des Geistbegriffs, die ästhetisches und erkenntnistheoretisches Interesse vermische. Unerfreulich scheint ihm zudem die sperrige Vortragsform des Textes, die, zwischen «abstrusesten Abstraktionen» und derben «Tiraden» mit konkretem Gegenstandsbezug (NA 27, 202 f.) beständig schwankend, für das Publikum unzumutbar bleibe. Wie stark ihn das Manuskript beschäftigt hat, erkennt man daran, daß er drei Anläufe mit unterschiedlichen Fassungen benötigt, ehe er eine befriedigende Form für die Antwort gefunden hat.

Fichtes souverän gefaßte Erwiderung vom 27. Juni weist zunächst die Vorwürfe gegen die Methodik seiner Darstellung zurück. Der Geistbegriff falle notwendig synthetisch aus, weil er frei von empirischen Rücksichten bleibe (die Schillers Denken auch dort, wo er als Kantianer auftritt, stets beherrschen). Der Geltungsbereich des ästhetischen Triebes, den der Kritiker durch seine Reduktion auf das reine Begehrungsvermögen zu stark eingeschränkt fand, erfasse die Möglichkeiten individueller Wahrnehmung des Schönen in angemessener Weise. Beiläufig deutet Fichte an, daß Schillers Trieblehre allein auf Probleme der ästhetischen Erfahrung bezogen, daher auch nicht mit seinem eigenen triadischen System einer komplexen Theorie des Urteils vergleichbar sei (NA 35, 231). Aufschlußreich wird die Antwort zumal dort, wo sie jenseits der sachlichen Kontroverse Fragen des philosophischen Stils berührt. Fichte betont ausdrücklich, daß für sein Systemdenken die terminologische Ordnung unbedingt leitend, der Einsatz metaphorischer Mittel gegenüber dem abstrakten Charakter der Abhandlung nachrangig bleibe. Im Gegenzug hält er Schiller eine unzulängliche Darbietungsform vor, die in verwerflicher Weise Bilder an den Platz von Begriffen treten lasse, statt zunächst einen zuverlässigen terminologischen Apparat aufzubauen und danach dessen Elemente durch Beispiele zu veranschaulichen. So entstehe eine «Popularität» der Darstellung, die sich aus einem «unermeßlichen Vorrath von Bildern» speise, aber nicht in der nachvollziehbaren Argumentation begründet, sondern allein Werk der Suggestion sei. «Sie feßeln die Einbildungskraft, welche nur frei seyn kann, und wollen dieselbe zwingen, zu denken. Das kann sie nicht; daher, glaube ich, entsteht die ermüdende Anstrengung, die mir Ihre philosophischen Schriften verursachen; und die sie Mehrern verursacht haben.» (NA 35, 231 f.)

Zu beobachten ist hier der Streit zweier Intellektueller, deren Denkmuster von unterschiedlichen methodischen Verfahrensweisen bestimmt werden. Die Kontroverse über Fichtes *Horen*-Beitrag bleibt aufschlußreich, weil sie Schillers kunsttheoretisches Interesse im Kontrast zu ausschließlich philosophischen Lösungsmustern zeigt. Der prinzipienfeste Fichte hält ihm die fahrlässige Annäherung von Anschaulichkeit und Begriff vor, die er selbst als Produkt eines um beispielhafte Prägnanz bemühten Darstellungsstils betrachtet. Umgekehrt bemängelt Schiller an Fichtes Reflexionstechnik den abstrakten Verstandesbezug und einen fehlenden Sinn für künstlerische Fragen. Nicht zuletzt sind es verschiedene Auffassungen von der Leistung philosophischer Sprachkultur, die den Disput befeuern. Während für Fichte Terminologien vornehmlich theoretische Verhältnisse zum Ausdruck bringen, faßt Schiller sie als Werkzeuge zur Erschließung empirischer Sachverhalte. Der Begriffsrealismus steuert seine Arbeiten auch dort, wo er das Verfahren der transzendentalen Deduktion wählt, um erfahrungsunabhängige Grundsätze der Vermögenspsychologie zu erörtern. Bereits Anfang Januar 1789 hatte er Moritz' Nachahmungsschrift vorgehalten, sie besitze «keine feste Sprache», weil sie abstrakte Terminologien nicht konsequent genug in Bilder übertrage (NA 25, 177).

Schiller zeigt sich über Fichtes entschiedene Replik tief verletzt und bricht den Kontakt mit ihm ab. Nicht auszuschließen ist, daß hinter seiner Kritik am *Horen*-Beitrag des Jenaer Philosophen persönliche Beweggründe standen. Fichtes Versuch, eine dem Muster der Briefe über die ästhetische Erziehung folgende theoretische Darstellung kunstphilosophischer Grundlagen zu bieten, mußte er notwendig auch als Konkurrenzunternehmen bewerten, das die Wirkung seiner eigenen Abhandlung einschränken konnte. Nicht zuletzt mochte es Schiller mißfallen, daß Fichte deutlich um die Gunst Goethes warb, den er selbst nach mühsamem Annäherungsprozeß eben erst in seinen Kreis gezogen hatte.[254] Es wäre jedoch falsch, wollte man allein solche privaten Motive für den im Sommer 1795 erfolgenden Bruch verantwortlich machen. Sein Auslöser bleibt die tiefgreifende Differenz der intellektuellen Temperamente, die ein spannungsfreies persönliches Verhältnis verhinderte.

Im Spätsommer 1795 beginnt Schiller die Ausarbeitung eines kürzeren Textes, der die Kontroverse mit Fichte produktiv zu bewältigen sucht. Unter dem Titel *Von den nothwendigen Grenzen des Schönen besonders im Vortrag philosophischer Wahrheiten* erscheint er im September 1795 im neunten Stück der *Horen*. Gemeinsam mit der zwei Monate später publizierten Fortsetzung (*Ueber die Gefahr ästhetischer Sitten*) veröffentlicht Schiller den Essay 1800 im zweiten Band der *Kleineren prosaischen Schriften*, nun unter dem Titel *Ueber die nothwendigen Grenzen beim Gebrauch schöner Formen*. Die disparate Abhandlung durchleuchtet Probleme des philosophischen Darstellungsstils, diskutiert Fragen des ästhetischen Dilettantismus und schwenkt am Ende auf eine Erörterung des möglichen Zusammenhangs von sittlicher Würde und Schönheit ein. Unter dem Einfluß des Streits mit Fichte steht der erste Teil der Schrift, der sich auch als behutsame Verteidigung jenes gemischten Stils lesen läßt, den Schillers eigene Studien pflegen. An der grundsätzlichen Notwendigkeit der Trennung von philosophischer und poetischer Diktion läßt der Text keinen Zweifel, betont jedoch, daß die sensible Balance von Anschaulichkeit und Begriffsarbeit aus wirkungstechnischen Gründen auch bei theoretischen Abhandlungen erstrebenswert sei. Zwar bleibe die Einbildungskraft am Geschäft intellektuellen Verstehens unbeteiligt, insofern sie allein auf sinnliche Eindrücke reagiere und kein logisches Gesetz dulde, jedoch bedürfe es der gelegentlichen Stimulation der Phantasie des Lesers, damit dieser bereit sei, abstrakten Argumentationsketten für längere Zeit zu folgen (NA 21, 8 f.). Bewußt schreibt Schiller den anschaulichen Elementen keine spezifische Funktion für das analytische Pensum des philosophischen Stils zu. Während Fichtes Brief vom 27. Juni 1795 tropischen Sprachformen die der Begriffsarbeit nachgeordnete Aufgabe der Illustration angewiesen hatte, diskutiert Schiller die Leistung einer plastischen Diktion einzig auf psychologischer Ebene. Die «Freyheit der Einbildungskraft» (NA 21, 9) muß auch dem Leser abstrakter Abhandlungen gewährt werden, damit sein Aufmerksamkeitspotential sich nicht vorzeitig erschöpft. Die Dramaturgie der idealen theoretischen Darstellung erfährt dabei jedoch keine nähere Festlegung. Die spielerische Begriffssprache Schillers findet sich hier durch ein praktisches Wirkungsinteresse gerechtfertigt, ohne daß zum Ausdruck kommt, welche sachliche Leistung sie im Rahmen philosophischer Argumentationskultur zu erbringen vermag.[255]

Erst Ende August 1798 kommt es nach einem Besuch Fichtes bei Schiller im frisch umgebauten Gartenhaus zu einer erneuten persönlichen Annäherung, auf die bereits Körner mehrfach gedrängt hatte. Am 29. August 1798 empfiehlt Goethe diplomatisch: «Nutzen Sie das neue Verhältniß zu Fichten für sich soviel als möglich und lassen es auch ihm heilsam werden. An eine engere Verbindung mit ihm ist nicht zu denken, aber es ist immer sehr interessant ihn in der Nähe zu haben.» (NA 37/I, 345) Als Fichte Ende des Jahres in massive Konflikte mit dem Herzog gerät, sind jedoch weder Goethe noch Schiller bereit, den bedrängten Philosophen zu stützen. Ausgangspunkt des Disputs, den man später mit zweifelhaftem Recht als ‹Atheismusstreit› kennzeichnete, war Fichtes Publikation von Friedrich Karl Forbergs Aufsatz *Entwicklung des Begriffs der Religion* in seinem gemeinsam mit dem Jenaer Theologen Immanuel Niethammer seit 1795 herausgegebenen *Philosophischen Journal*, dem er wiederum einen eigenen Versuch *Ueber den Grund unsers Glaubens an eine göttliche WeltRegierung* folgen ließ. Beide Texte konnte man als Plädoyer für die Subordination des Offenbarungsgedankens unter eine säkularisierte Moralphilosophie, damit auch als Kritik am ethischen Monopolanspruch theologischer Deutungsmuster lesen.

Nachdem es zu scharfen publizistischen Reaktionen auf die Beiträge gekommen war, ließ der sächsische Kurfürst Friedrich August durch Intervention des Dresdner Oberkonsistoriums das betreffende Heft des *Philosophischen Journals* konfiszieren, unterrichtete in einem Rundschreiben zahlreiche auswärtige Höfe über sein Vorgehen und verlangte beim Herzog in Weimar eine förmliche Bestrafung der Verfasser; da Jena auf die Kolleggelder der zahlreichen sächsischen Studenten angewiesen war, bedeutete dieses Verfahren ein bedrohliches Signal.

Der stets streitlustige Fichte antwortete mit zwei Repliken (*Appellation an das Publikum, Der Herausgeber des philosophischen Journals gerichtliche Verantwortungsschriften gegen die Anklage des Atheismus*), denen Schiller bescheinigte, daß sie «auch dem unverständigen» Leser den «Mund» gestopft hätten (NA 30, 26). Fichte, dem an einer öffentlichen Kontroverse über die von ihm berührten Fragen des Verhältnisses von Offenbarungsreligion und Ethik gelegen ist, verspielt seine vorteilhafte Position jedoch durch einen aggressiv gehaltenen Brief an Voigt (22. März 1799), in dem er erklärt, er werde ebenso wie mehrere angesehene Kollegen, falls es zu seiner öffentlichen Maßregelung komme, unverzüglich aus dem Amt scheiden. Verbunden ist diese Androhung mit einer scharfen Attacke gegen Herder, die der Minister in solcher Form nicht hinnehmen konnte; unverständlich sei, so bemerkt Fichte, «warum man einen Professor der Philosophie, der weit entfernt ist, Atheismus zu lehren, zur Verantwortung zieht, und den GeneralSuperintendent dieses Herzogthums, dessen publicirte Philosopheme über Gott dem Atheismus so ähnlich sehen, als ein Ey dem anderen, nicht zur Verantwortung zieht.» (NA 30, 252 f.) Auf einer Sitzung des Staatsrats, die Ende März stattfindet, empfiehlt Goethe angesichts der unzumutbaren Erpressung des Ministers die Entlassung Fichtes. Das Reskript, das der Herzog schon am 29. März unterzeichnet hatte, erreicht den Philosophen am 1. April. Die erhoffte Solidarität der Kollegen bleibt aus; der Akademische Senat der Universität reagiert nicht, Nahestehende wie Paulus und Niethammer ziehen keine persönlichen Konsequenzen. Fichte muß resigniert erkennen, daß die Zivilcourage der Jenaer Professoren geringer ist, als er zunächst erwartet hatte. Im folgenden Semester wechselt er auf einen Lehrstuhl nach Berlin, wo er schnell die von ihm selbstbewußt beanspruchte akademische Wirkung erzielt.

Es steht zu vermuten, daß Schiller Goethes Votum für eine Entlassung Fichtes gestützt hat, zumal aus Gründen der Staatsraison, die die Erpressung eines Ministers nicht zulassen durfte (Heine hat noch 35 Jahre später

Verständnis für die Position des Geheimen Rats geäußert: Fichtes Schrift sei das Risiko der Amtsenthebung nicht wert gewesen, das er durch eine offizielle Unterstützung des Bedrängten in Kauf genommen hätte).[256] Schillers zwiespältiges Verhältnis zum gesamten Konflikt zeichnet sich bereits in einem Brief vom 26. Januar ab. An Fichtes Verteidigungsschrift lobt er den sachlich klärenden Charakter, kritisiert jedoch die bewußte Verknüpfung der philosophischen Kontroverse mit Fragen seines persönlichen Selbstverständnisses als Gelehrter. Wäre der Disput «in ein allgemeines Feld» überführt worden, hätte Fichte, so lautet Schillers Ansicht, auf breiteres Verständnis für seine Überzeugungen hoffen dürfen. Zwar bestreitet er der sächsischen Regierung das Recht, eine «theoretische Meinung» (NA 30, 26) zu verbieten und sich zugleich in fremde Universitätsangelegenheiten zu mischen, jedoch findet er das Junktim problematisch, das Fichte zwischen dem öffentlichen Konflikt und seinem persönlichen Ehrgefühl herstellt. Wenn Schiller Goethes Entlassungsvorschlag für angemessen hält, so ist das in seiner Ablehnung der arroganten Strategie Fichtes begründet, die Streitobjekt und Rollenselbstbild verknüpft.

Nur stockend entwickelt sich nach dem Bruch mit Fichte in den letzten Jenaer Jahren das Verhältnis zu Schelling. Der hochbegabte junge Philosoph hatte 1795 sein Studium am Tübinger Stift abgeschlossen und war zunächst als Hauslehrer der Söhne des Barons von Riedesel nach Leipzig gegangen. Ende April 1796 besucht er während eines kurzen Jenaaufenthalts auch Schiller, ohne daß es jedoch zu einem inspirierenden Gespräch kommt. Enttäuscht schreibt Schelling am 24. April an seine Eltern: «Es ist erstaunend, wie dieser berühmte Schriftsteller im Sprechen so furchtsam sein kann. Er ist blöde und schlägt die Augen unter, was soll da ein anderer neben ihm? Seine Furchtsamkeit macht den, mit dem er spricht, noch furchtsamer. Derselbe Mann, der, wenn er schreibt, mit der Sprache despotisch schaltet und waltet, ist, indem er spricht, oft um das geringste Wort verlegen, und muß zu einem französischen seine Zuflucht nehmen, wenn das deutsche ausbleibt.»[257] Schillers erste Eindrücke scheinen hingegen positiv zu sein. Nach einer erneuten Begegnung, die mehr als zwei Jahre später erfolgt, findet er Schelling anregend und umgänglich (ein «trefflicher Kopf», heißt es im August 1798 [NA 29, 270]). Er unterstützt Goethes Initiative, den jungen Mann an die Universität zu binden; im Herbst 1798 wird er, erst 23jährig, auf ein philosophisches Extraordinariat nach Jena berufen. «Schelling ist mit sehr viel Ernst und Lust zurückgekehrt», vermerkt Schiller zu Beginn des Wintersemesters 1798, «er besuchte mich gleich in der ersten Stunde seines Hierseyns, und zeigt überaus viel Wärme.» (NA 29, 285) Jedoch muß er bald feststellen, daß die Basis

*Friedrich Wilhelm Joseph Schelling.
Pastellgemälde von Friedrich Tieck, 1801
(Original in Privatbesitz)*

für einen intensiveren Kontakt kaum gegeben scheint. «Schelling», so heißt es am 21. Dezember 1798, «sehe ich wöchentlich nur einmal, und, zur Schande der Philosophie sei es gesagt, meistens l'hombre mit ihm zu spielen.» Als «wenig mittheilend und problematisch» (NA 30, 15) empfindet er den 15 Jahre Jüngeren, was Goethe zu einer resignativen Stellungnahme veranlaßt: «Es ist so ein unendlich seltner Fall daß man sich mit und an einander bildet daß es mich nicht mehr wundert wenn eine Hoffnung, wie die auf eine nähere Communication mit Schelling, auch fehl schlägt.» (NA 38/I, 20)

Das Scheitern der durch Goethe vorbereiteten Allianz hatte nicht zuletzt sachliche Gründe. Der organologisch-pantheistische Einschlag von Schellings Naturphilosophie, die eine Verknüpfung zwischen hermetischen und modernen wissenschaftlichen Strömungen anstrebt, war kaum nach dem Geschmack des Kantianers Schiller. In der Abhandlung *Von der Weltseele* (1798), die er nach Schellings Jenaer Berufung zunächst angeregt studierte, findet er spekulative Ansätze, die ihm mißfallen müssen. Die von Schelling angestrebte Darstellung einer polaren, letzthin aber gleichursprünglichen Wirkungsstruktur der Naturkräfte, die sich mit den physikalischen Theorien Goethes, zumal der *Farbenlehre* eng berührte, entspricht kaum Schillers eigenem Ideal der dauerhaften Balance der sinnlichen Erscheinungswelt. Die durch die Schrift vertretene Auffassung einer beständig produktiven Natur, die Subjekt und Objekt in ihrer wechselseitigen Bestimmung zur Totalität zusammenführt, betrachtet Schiller zu Recht als Vorstoß gegen den kantischen Dualismus, den er auch dort, wo er ihn kritisch beleuchtet, als unverletzliche Rechtsgrundlage philosophischer Erkenntnis voraussetzt. Dem «Spinozismus der Physik», den Schellings *Einleitung zu dem Entwurf eines Systems der Naturphilosophie* 1799 für den methodischen Königsweg zur Überwindung der kantischen Antinomien hält, bringt Schiller jenes Mißtrauen entgegen, mit dem er seit Ende der 8oer Jahre spekulatives Denken mit hermetischem Grundzug generell betrachtet.[258]

Anders als Goethe zeigt Schiller für die Annäherung von theoretischer und empirischer Naturforschung, wie sie um 1800 neben Schelling auch Novalis und der Physiker Johann Wilhelm Ritter anpeilten, kein sonderliches Interesse. Naturwissenschaftliches Denken ist ihm fremd, so daß folgerichtig das Problempensum, das sich Goethe und Schelling im engsten persönlichen Austausch vorsetzen, für ihn unattraktiv bleibt; an ihren Diskussionen über Galvanismus und Elektrizität, Magnetismus, Farbenlehre und Morphologie der Pflanzen nimmt er kaum Anteil. Auch über das *System des transcendentalen Idealismus* (1800) kann Schiller mit Goethe, der das Werk außerordentlich schätzt, keine Einigung erzielen. Skeptisch betrachten mußte er nicht zuletzt die Bestimmung der künstlerischen Produktivität als entgrenzenden Akt, der die nur ästhetisch erfaßbare Einheit der Natur erschließt, damit aber erneut jenen Dualismus, von dem sein eigenes Denken auszugehen pflegt, grundlegend in Frage stellt. So bleibt bis zu Schellings Abwanderung nach Würzburg im Jahr 1803 ein lockerer Kontakt bestehen, der kaum das Normalmaß gesellschaftlicher Förmlichkeiten überschreitet. Als Schiller sich im März 1801 in sein einsames Jenaer Gartenhaus zurückzieht, um den Abschluß der *Jungfrau von Orleans* voranzutreiben, zeigt er sich vornehmlich an Schellings Berichten über die neuesten Universitätsintrigen interessiert. Nicht ohne Schadenfreude hört er von den Schikanen, mit denen die philosophische Fakultät Friedrich Schlegels Habilitationsverfahren aufzuhalten sucht. Für die sachkundige Erörterung theoretischer Fragen lassen solche höheren Klatschgeschichten jedoch wenig Raum. Der Schiller der späten 90er Jahre hat die Grenzen des eigenen Wirkungsfeldes so genau umrissen, daß die unbefangene Auseinandersetzung mit den fremden Ansichten und Vorstellungen der idealistischen Meisterdenker nicht mehr möglich scheint.

6. Zeitschriften mit klassischem Programmanspruch

Bildung des Geschmacks.
Die Neue Thalia (1792–1795)

Im skeptischen Rückblick auf seine publizistische Tätigkeit vermerkt Schiller am 24. August 1799 verbittert gegenüber Hölderlin: «Die Erfahrungen, die ich als Herausgeber von periodischen Schriften seit 16 Jahren gemacht, da ich nicht weniger als 5 verschiedene Fahrzeuge auf das klippenvolle Meer der Literatur geführt habe, sind so wenig tröstlich, daß ich Ihnen als ein aufrichtiger Freund nicht rathen kann, ein Aehnliches zu thun.» (NA 30, 89) Die mißmutige Bilanz zieht die Summe aus den desillusionierenden Einsichten in die Gesetze des Publikationsmarktes, die Schiller Ende der 90er Jahre dazu veranlassen, seine Aktivitäten als Zeitschriftenherausgeber einzustellen und sämtliche Kräfte auf die eigene literarische Produktion zu konzentrieren.

Noch wenige Jahre zuvor, ehe das dänische Stipendium vorübergehende Sicherheit schafft, hatte er im Bereich der publizistischen Tätigkeit vitale Interessen an den Tag gelegt. Im von Krankheit geprägten Herbst 1791 gedeiht der Plan, die seit 1785 bestehende *Thalia* auch aus finanziellen Gründen in abgewandelter Ausstattung ab Januar 1792 als neue Folge aufzulegen. Mit Göschen verabredet Schiller, daß die drucktechnische Gestaltung des beim Publikum gut eingeführten Periodikums verändert wird; fortan erscheint das Journal in Antiqua-Schrift, nicht mehr in der verbreiteten Fraktur, was den Charakter klassizistischer Geschmacksorientierung im Zeichen einer gewissen ästhetischen Exklusivität unterstützen soll. Zum programmatischen Prinzip der redaktionellen Arbeit erhebt Schiller die Förderung junger Talente, die sich bisher keinem größeren Leserkreis präsentieren konnten. Das hat auch finanzielle Gründe, die der Herausgeber in einem Brief an Göschen vom 29. Juni 1792 unumwunden offenlegt, wenn er erklärt, daß er «Anfängersaufsätze (...) nicht zu bezahlen» pflege (NA 26, 146). Der Zirkel der Beiträger bleibt, wie zu Zeiten der älteren *Thalia*, klein und überschaubar. Für die Mitarbeit gewinnt Schiller zwei Autorinnen, Caroline von Wolzogen und die noch unbekannte Sophie Schubert. Daß er das Talent der von zahlreichen Männern angeschwärmten Schubert, die später mit dem Jenaer Rechtsprofessor Carl Mereau, nach ihrer Scheidung mit Clemens Brentano verheiratet ist, besonders hoch einschätzt, verrät der offene Ton seiner Briefe, in denen er sie berät und zur Kultivierung ihrer Begabungen ermuntert. Als sie ihn Mitte Oktober 1796 unter dem Eindruck einer schwelenden Ehekrise um Rat fragt, lädt er sie bereitwillig zu einem vertraulichen Gespräch nach Jena ein. Auch in späteren Jahren ist der Kontakt zu ihr nie ganz abgerissen; die erzählerischen Schriften der philosophisch beschlagenen Autorin, die Fichtes Jenaer Kollegmanuskripte studierte, hat er stets mit Respekt gewürdigt, ohne sie chauvinistisch, wie Friedrich Schlegel, auf den Status von bloßen Talentproben einer schönen Muse zu beschränken.[259] Zu den beiden Mitarbeiterinnen treten der Jenaer Theologiestudent Karl Graß (ein Landschaftsmaler mit «viel Genie» [NA 26, 82]), der aus dem Freundeskreis Körners stammende Gelegenheitsschriftsteller Karl Wilhelm Ferdinand von Funck, der Historiker Woltmann, der Lyriker Friedrich Matthisson, der junge Hölderlin, dessen früherer Tübinger Kommilitone Neuffer, Johann Benjamin Erhard («der reichste vielumfaßendste Kopf, den ich noch je habe kennenlernen» [NA 26, 82]), der als Autor bis dahin kaum hervorgetretene Humboldt und der Stuttgarter Jugendfreund Conz. In der lyrischen Rubrik steuert der Leipziger Johann Gottfried Seume, der, obwohl erst knapp 30jährig, bereits auf ein abenteuerliches Reiseleben zurückblickt, sein empfindsames *Abschiedsschreiben* bei; von Carl Ludwig Fernow, dem Kunstschriftsteller und späteren Herausgeber der Schriften Winckelmanns, stammt ein elegisches Gedicht im Ton Klopstocks.

Der Charakter der hier versammelten literarischen Arbeiten zeugt von Ehrgeiz. Routinierte Gelegenheitsdichtung, exzentrische Selbstdarstellung oder spröde Didaxe bleiben ausgeschlossen; das Geschmacksprofil bestimmen antike Vorbilder und klassizistische Formen, wie sie zumal in der Auswahl der Übersetzungen zur Geltung kommen. Am Rande begegnen empfindsame Stilelemente, so in den an Matthias Claudius gemahnenden Gedichten Sophie Schuberts oder einem Szenenentwurf Caroline von Wolzogens. Gelegentlich treten Züge einer kunstgewerblichen Attitüde auf, die mit ihrer gelehrten mythopoetischen Bildersprache verkrampft, auf sterile Weise antikisierend wirkt (das gilt vor allem für die lyrischen Beiträge des zweiten Jahrgangs). Gerade die ersten Hefte beeindrucken jedoch durch das hohe Niveau der literarischen und theoretischen Artikel, deren stilistische Vielfalt zudem für die notwendige Abwechslung sorgt. Auch wenn programmatische Verlautbarungen, wie sie Schiller später den *Horen* voranstellen wird, konsequent unterbleiben, ist gleichwohl spürbar, daß die *Neue Thalia* mit ihren Texten einen markanten Beitrag zur Verbreitung klassizistischer Stilmaßstäbe auf der Grundlage eines ästhetisch fundierten Antikeverständnisses zu leisten sucht.

Der Erscheinungsrhythmus der *Neuen Thalia* ist unregelmäßig; die Publikation der beiden Jahrgänge, die die Zeitschrift erlebt, erstreckt sich über 48 Monate. Vom Januar 1792 bis zum Januar 1795 werden zwölf Hefte gedruckt, ohne daß Schiller dabei die ursprünglich angestrebte zweimonatige Veröffentlichungsfrequenz erreicht. Von den sechs Stücken des Jahrgangs 1792 erscheinen immerhin bis zum November fünf, ein weiteres kommt im Januar 1793 auf den Markt. Die zweite Serie kann bis zum dritten Heft innerhalb des Jahres 1793 gedruckt werden, dann unterbricht Schillers Württembergreise ab September die kontinuierliche Folge; die verbleibenden drei Hefte gelangen mit großer Verspätung erst im August und November 1794 bzw. im Januar 1795 zu den Buchhändlern. Die redaktionelle Arbeit trägt Schiller nahezu uneingeschränkt allein. Er besorgt die Auswahl der Beiträge, prüft die Manuskripte für den Druck und sendet sie an Göschen nach Leipzig. Unterstützung erhält er bei dieser Tätigkeit, nicht immer zu seiner Zufriedenheit, durch Immanuel Niethammer, der, seit 1792 Lehrbeauftragter an der philosophischen Fakultät der Universität Jena, die Korrektur der publikationsfertigen Texte und die letzte Durchsicht der Bögen übernimmt. Niethammer, der zu Schillers Jenaer Tischgesellschaft in der Schrammei gehört, bezieht für diese Redaktionsarbeiten von Göschen 8 Louisdor Honorar pro Jahr – ein karges Zubrot, das der auf Kolleggelder angewiesene Privatdozent und spätere Extraordinarius dankbar empfängt (erst 1803 wechselt er im

Gefolge von Schelling, Paulus und Hufeland auf einen Würzburger Lehrstuhl). Für literarische Zeitschriften herrschten am Beginn der 90er Jahre schwierige Verhältnisse. Zwar existierte ein interessiertes, relativ breites Publikum, jedoch war der Markt weitgehend gesättigt, so daß die umlaufenden Periodika in starke Konkurrenz zueinander traten. Nach Schätzungen des konservativen Popularphilosophen und Mediziners Johann Georg Zimmermann stritten im Jahr 1791 mehr als 500 verschiedene Journale um die Gunst der Leser.[260] Erschwerend kam hinzu, daß als Reaktion auf die Französische Revolution in zahlreichen Ländern erhebliche Zensurrestriktionen beschlossen wurden, die die im Zeitalter der friderizianischen und josephinischen Aufklärung gewonnenen publizistischen Freiheiten Zug um Zug rückgängig machten. Solche Restriktionen galten vornehmlich den jakobinerfreundlichen Zeitschriften Rebmanns, die einen progressiven Kurs vertraten und durch bissige Beiträge zur österreichisch-preußischen Koalitionspolitik auffielen (*Argos*, 1792–94, *Patriot*, 1792–93, *Das Neue Graue Ungeheuer*, 1795–97, *Die Schildwache*, 1796–97); auch Forsters *Neue Mainzer Zeitung* (1793) und Würzers *Der patriotische Volksredner* (1796), die republikanisches Gedankengut verbreiteten, mußten um ihr Überleben kämpfen. Es bleibt bemerkenswert, daß gerade zu dem Zeitpunkt, da sich Schiller zur Fortführung der *Thalia* entschloß, zahlreiche Journalprojekte anderer Autoren scheiterten. In Göttingen mußte der keineswegs radikale Schlözer 1793 die Veröffentlichung seiner *Staats-Anzeigen* einstellen, Campes *Braunschweigisches Journal* wurde nach nur vierjährigem Erscheinen 1792 von der Obrigkeit verboten, ebenso erging es Rebmanns *Allgemeinem Sächsischem Annalisten*, der 1793 vom Markt verschwand. Vor diesem Hintergrund ist es verständlich, wenn Schiller Göschen am 7. November 1791 unter Anspielung auf die strikteren sächsischen Publikationsbestimmungen empfiehlt, die neue Folge seines Periodikums (ebenso wie die drei letzten Hefte seiner früheren Ausgabe) im liberalen Thüringen zu produzieren: «Das erste Stück der Thalia enthält nichts, was die Leipziger Censur zu fürchten hat, aber schon das zweyte, und in der Folge dürfte der Fall sehr oft vorkommen. Ich bin also sehr dafür, daß die Continuation hier gedruckt wird, da doch soviele andere Zwecke dabey zugleich erreicht werden.» (NA 26, 109) Der Leipziger Herstellungsort der Zeitschrift stand trotz dieses Vorschlags für Göschen nicht ernsthaft zur Diskussion – womöglich auch deshalb, weil Schillers Journal durch seine Konzentration auf ästhetische Themen die hier geäußerten Bedenken zerstreute.

Kollisionen mit der Zensur unterblieben in den beiden folgenden Jahren, ebenso Konflikte mit der sächsischen Obrigkeit, die gerade bei Religionsfragen wenig Toleranz zeigte, wie der Atheismusstreit um Fichte wenig später demonstrieren sollte. Der Einfluß der Landeskirche auf die staatlichen Organe war hier beträchtlich, stärker als in Thüringen oder Württemberg. Bereits die Publikation eines anonymen Beitrags über den Propheten Samuel, der im August 1792 zum Abschluß des vierten Stücks des ersten Jahrgangs erschien, mobilisierte hellhörige Zensoren, die den Text nach heterodoxem Ideengut durchsuchten. Der Verfasser hatte in der Vorrede angekündigt, er werde «Samuels Geist in dem Spiegel der Geschichte ohne blendenden Heiligenschein»[261] betrachten, und auf diese Weise Sympathien für eine textkritische, den Offenbarungsgedanken preisgebende Bibellektüre bekundet, was den Kirchenoberen als Attacke gegen das Dogma der Verbalinspiration galt. Im November 1792 muß Körner, der weiterhin finanziell am Verlag beteiligt ist, Göschen unter Bezug auf diesen Artikel besorgt berichten, daß die Zeitschrift in Dresden «nicht in dem besten Rufe» stehe: «Fahren Sie in diesem Ton fort, so wundern Sie sich nicht, wenn nächstens eine Confiscation erfolgt.» (NA 26, 551) Die *Neue Thalia* verzichtet jedoch künftig auf eine Auseinandersetzung mit brisanten Themen, so daß weitere Konflikte nicht auftreten. Tagesaktualitäten werden, ebenso wie später in den *Horen*, systematisch ausgeblendet, politische Fragen konsequent ignoriert. Die Ausnahme bildet hier ein Beitrag Humboldts über die Fürsorgepflicht des Staates (1792, 5. Stück), den Schiller, weil er ihn auf «gutes philosophisches Fundament gebaut» fand, nicht für ein Zensurrisiko hielt («da der Verfaßer immer im Allgemeinen bleibt, so ist von den Aristokraten nichts zu besorgen» [NA 26, 166]).

Die literarische Vielfalt der im Journal vertretenen Gattungen wirkt eindrucksvoll, das Verhältnis der Themen und Gegenstände in den einzelnen Heften – abgesehen von den gedankenlos redigierten letzten Nummern des Jahrgangs 1793 – überzeugend balanciert. Versammelt sind historische Abhandlungen (Funck über Gustav Adolf von Schweden, Woltmann zu Otto dem Dritten, Kalchberg über Heinrich IV.), Übersetzungen (Schillers Übertragungen aus dem zweiten und vierten Buch der *Aeneis*, weitere Vergil-Partien aus der Feder von Hölderlins Jugendfreund Neuffer, Ausschnitte aus Platons *Symposion*, Sonetten Petrarcas, Ariosts *Orlando furioso* und Richard Glovers *Leonidas*-Epos von 1737) sowie theoretische Studien (Schillers Tragödienschriften, der Essay *Ueber Anmuth und Würde*, die *Zerstreuten Betrachtungen über verschiedene ästhetische Gegenstände*, Körners *Ideen über Deklamation*, der genannte staatsphilosophische Aufsatz Humboldts). Hinzu treten lyrische Texte im breiten

Spektrum zwischen Sonett, Lehrgedicht und Hymne (von Sophie Schubert, Hölderlin, Conz, Fink, Matthisson, Werthing), ein empfindsam getöntes Antikenschauspiel Caroline von Wolzogens (*Der leukadische Fels*), dramatische Szenen (aus der Feder wenig bekannter *poetae minores* wie Paul Friedrich Hinze und Joseph Schreyvogel), eine von Geniepathos durchrauschte Übersetzung von Aischylos' *Prometheus* («Die Grösse des Gegenstandes, das Wunderbare der Handlung dieses Stücks erfordert grosse Charakterzüge, kühne Darstellung»),[262] erzählerische Versuche (an der Spitze Hölderlins *Hyperion*-Fragment) und philosophische Dialoge mit narrativem Einschlag (von Johann Benjamin Erhard).

Den ersten Jahrgang der *Neuen Thalia* betreut Schiller geduldig, nicht zuletzt aus Eigeninteresse, weil er bestrebt bleibt, seinen tragödientheoretischen Versuchen ein öffentliches Forum zu verschaffen. Nachdem die Württembergreise für eine längere Unterbrechung der Publikationsfolge gesorgt hat, führt der Herausgeber seine Geschäfte jedoch nur noch lustlos fort. Die Bekanntschaft mit Cotta hat neue Perspektiven erschlossen, die Konzeption der *Horen* verdrängt jetzt das aktuelle Unternehmen. Bezeichnend ist, daß Schiller zu den drei nachgereichten Folgen des Jahrgangs 1793, die zwischen August 1794 und Januar 1795 erscheinen, nur seine stark von Kants Theorie der erhabenen Naturwahrnehmung inspirierten *Zerstreuten Betrachtungen über verschiedene ästhetische Gegenstände* beisteuert. Dem Eindruck des Niveauverlusts, den die Zusammenstellung der letzten drei Hefte erweckt, wirken einzig Hölderlins Beiträge entgegen, vor allem das Fragment seines *Hyperion*-Romans. Während die sechs Nummern des Jahrgangs 1792 durch inhaltliche Ausgewogenheit und ein klug harmonisiertes Gefüge verschiedener literarischer Formen geprägt blieben, fehlt es jetzt spürbar an der Bereitschaft zur redaktionellen Ordnung der vorliegenden Materialien.

Bereits am 16. Juni 1794 hatte Schiller gegenüber Göschen sein Desinteresse an einer Fortführung der Zeitschrift artikuliert, ohne jedoch die neuen Pläne mit Cotta zu erwähnen. Zwei Tage zuvor war zahlreichen potentiellen Beiträgern eine gedruckte Einladung zur Mitarbeit an den frisch gegründeten *Horen* zugesendet worden. Es versteht sich, daß Schiller angesichts des aktuellen Projekts, das gewaltige Arbeitslasten bedeutete, an einer raschen Auflösung des Kontrakts mit Göschen gelegen sein mußte: «Wieviel Stücke Thalia sollen noch erscheinen? Ich bin dafür, daß wir außer dem welches jetzt in der Arbeit ist, (das Vierte aus dem vorigen Jahrgang) allerhöchstens noch 2 nach liefern, und dann die Thalia begraben. Der Abgang ist nicht so, daß Sie mehr dafür thun können, und mir trägt sie zu wenig Vortheile, besonders wenn ich eingesandte Stücke bezahlen und die meisten selbst machen muß.» (NA 27, 17) Da Göschen diesem Vorschlag offenbar nicht widersprechen mochte, leitet Schiller ab dem Herbst 1794 die Auflösung der *Thalia* ein. Daß das Periodikum seit seiner Gründung Respekt und Anerkennung gefunden hatte, belegt eine Bemerkung Christian Garves, der am 28. Juni 1794, nachdem ihm Schiller sein neues Journalprojekt vorgestellt hat, dazu rät, den Namen *Thalia* beizubehalten, da dieser «beym Publicum, durch meisterhafte Producte mit Ehren bekannt» sei (NA 35, 24). Der Boden für eine Konzentration der publizistischen Kräfte schien angesichts des Renommees, das die alte Zeitschrift erworben hatte, vorzüglich bereitet.

Der ‹vertrauliche Zirkel›.
Die Horen als Organ der Weimarer Klassik (1795–1797)

Bereits im Oktober 1792, kurz vor dem Erscheinen des fünften Stücks der *Neuen Thalia*, schlägt Schiller Göschen vor, in seinem Haus ein breit angelegtes Periodikum zu publizieren, das die «dreißig oder vierzig beßten Schriftsteller Deutschlands» als Mitarbeiter versammeln sollte (NA 26, 159). Nachdem der in wirtschaftliche Bedrängnis geratene Göschen abgelehnt hat, ruht der Plan zunächst eineinhalb Jahre, ehe ihn die Begegnung mit Cotta im Frühjahr 1794 reaktiviert. Ein längeres Gespräch in Stuttgart besiegelt am 4. Mai die neue geschäftliche Verbindung, die schon Ende Mai durch den Vertrag über eine «litterarische Monathsschrift» mit dem Titel *Die Horen* (nach den drei die Himmelstore bewachenden Zeustöchtern) in eine juristisch verbindliche Form gekleidet wird. Die Konditionen, die Schiller ausgehandelt hatte, waren günstig; die vereinbarten Honorare für die Mitarbeiter lagen zwischen drei und fünf Louisdor (das entsprach 15–25 Talern) pro Beitrag, wobei die Fixierung einer Untergrenze dem Schutz der Autoren diente (NA 27, 208 f.). Goethe erhielt Sonderbedingungen – 40 Taler für den Bogen –, weil man ihn dem Projekt dauerhaft zu verpflichten suchte («eine zu kostbare Acquisition, als daß man ihn nicht, um welchen Preiß es auch sey, erkaufen sollte» [NA 27, 118]). Der Herausgeber selbst ließ sich die redaktionelle Betreuung des Unternehmens mit einem Jahressalär von 300 Reichstalern vergüten. Über die Annahme der Artikel sollte ein fünf Mitglieder umfassender Ausschuß entscheiden, zu dem neben Schiller zunächst Fichte, Humboldt und Woltmann, später auch Goethe gehörten. In der alltäglichen Praxis freilich hat dieses Gremium keine bestimmende Rolle übernommen, weil Schiller es vorzog, die Qualität der eingesendeten Manuskripte im Rahmen von Einzelgesprächen oder im Briefwechsel mit Körner zu diskutieren. Nach wenigen Monaten schon entschied er zumeist ohne vorherige Konsultation des Ausschusses allein über die Zusammenstellung der Hefte, zumal Fichte bereits im Juni 1795 aus der Redaktion ausgeschieden war und sich Woltmann durch seine dürftigen Beiträge selbst disqualifiziert hatte. In den sieben Monaten zwischen Vertragsabschluß und Publikation der Ankündigung einer neuen Zeitschrift (am 10. Dezember 1794) zeigt sich Schiller zuversichtlich, daß das Projekt Erfolg erzielen werde. Ab Juni wirbt er mit einer gedruckten Einladung um Mitarbeiter. Der Kreis der potentiellen Beiträger, die das spätere Avertissement im *Intelligenzblatt* der *ALZ* nennt, schließt Vertreter der älteren Generation wie Engel, Garve, Gleim und Pfeffel, etablierte Repräsentanten des nachaufklärerischen literarischen Deutschland (darunter Herder, Goethe, Jacobi und Hirt), Publizisten und Historiker – so Archenholtz, Erhard, Hufeland, Schütz und Woltmann –, aber auch jüngere Autoren wie Fichte, Gentz, die Brüder Humboldt, Matthisson und August Wilhelm Schlegel ein. Der Bitte um Mitarbeit entziehen sich nur wenige; zu ihnen gehört Kant, der im März 1795 ausweichend antwortet, von ihm sei angesichts der «Ungemächlichkeit des Altwerdens» keine größere publizistische Aktivität mehr zu erwarten (NA 35, 182). Auch Lichtenberg, von Cotta angesprochen, mag sich nicht zur Kooperation entschließen; Wieland, ohnehin an die eigene Zeitschrift gebunden, wird nur halbherzig geworben («Soviel als der Merkur ihm einträgt, kann er bey uns nicht verdienen, ohne sich weit mehr anzustrengen» [NA 27, 21]); Klopstock, dem Schiller einer Tagebuchnotiz Humboldts zufolge «verhasst» ist («Die ästhetischen Briefe wären non sens, seine Praetensionen fürchterlich»),[263] bleibt dem Unternehmen ebenso fern wie der – später geworbene, aber untätige – Jean Paul, der in Kiel frisch etablierte Reinhold und der mit der Herausgabe der *Historischen Memoires* überlastete Eichhorn-Nachfolger Paulus. Von den 25 Beiträgern, die die Ankündigung anführt, haben lediglich sechs keine Artikel beigesteuert (zu ihnen zählen der schwerkranke Garve, Gentz, der den selbstgesetzten Ansprüchen nicht gerecht wird, der kaum noch produktive Gleim und Schütz, der Interessenkollisionen mit seiner Rolle als Herausgeber der *ALZ* befürchtet). Schillers Mitarbeiterliste verrät in jedem Fall taktisches Geschick und den Anspruch, eine Balance der Generationen herzustellen, durch die sich unterschiedliche Überzeugungen zur Geltung bringen durften.

Zum Meisterwerk rhetorischer Souveränität gerät die von Schiller selbst fünfhundertfach verschickte Ankündigung der *Horen*, die am 10. Dezember im *Intelligenzblatt* der *ALZ*, in verkürzter Fassung – finanziert durch

Cotta – bis Ende des Monats auch in diversen anderen Zeitungen erscheint. Programmatisch bleibt für das «herrliche Stück Prosa»,[264] wie es Thomas Mann genannt hat, das Postulat politischer Abstinenz, das sich aus der Skepsis gegenüber «dem jetzigen Weltlauf» und den «nächsten Erwartungen der Menschheit» speist. Als ‹vertraulicher Zirkel› verzichtet der Kreis der ausgewählten Autoren, so heißt es in der mit dem Redaktionsausschuß abgestimmten Erklärung, auf die Erörterung von Fragen der Tagespolitik, um statt dessen «über die vergangene Welt die Geschichte und über die kommende die Philosophie» (NA 22, 106) zu konsultieren. Gemäß dem von Schiller schon in den Briefen an den Augustenburger skizzierten Konzept einer kunsttheoretisch erweiterten Aufklärung heißt es, man wolle «an dem stillen Bau besserer Begriffe, reinerer Grundsätze und edlerer Sitten, von dem zuletzt alle wahre Verbesserung des gesellschaftlichen Zustandes abhängt, nach Vermögen geschäftig sein.» (NA 22, 106 f.) Bereits die gedruckte *Einladung zur Mitarbeit* vom Juni 1794 hatte erklärt, die Zeitschrift werde «sich alles verbieten, was sich auf Staatsreligion und politische Verfassung bezieht.» (NA 22, 103) Dem angesichts der restriktiven Tendenzen dieser Ankündigung irritierten Jacobi erklärt Schiller am 25. Januar 1795, man suche Distanz zu Tagesereignissen, ohne jedoch Themen von öffentlichem Interesse auszublenden: «Sie finden, daß wir dem philosophischen Geist keineswegs verbieten, diese Materie zu berühren: nur soll er in den jetzigen Welthändeln nicht Parthey nehmen, und sich jeder bestimmten Beziehung auf irgend einen particulären Staat und eine bestimmte Zeitbegebenheit enthalten.» Daß die Autoren nur physisch «Bürger» ihrer Epoche, jedoch «dem Geiste nach» (NA 27, 129) den unterschiedlichsten Perioden der Weltgeschichte verbunden seien, bleibt Schillers Credo, wobei diese Überzeugung kaum den Ansichten sämtlicher Mitarbeiter entsprochen haben dürfte.

Schillers Zurückhaltung gegenüber politischen Fragen mag nicht nur von eigenen Überzeugungen getragen, sondern auch durch den Blick auf die Entwicklung in den Nachbarländern veranlaßt worden sein. Die im Gefolge des Religionsedikts von 1788 unter Friedrich Wilhelm II. verschärften Zensurbestimmungen erschwerten es den in Preußen publizierten Periodika zunehmend, kritisch zu politischen, sozialen und theologischen Fragen Stellung zu nehmen. Vor allem die *Berlinische Monatsschrift*, die in ihren ersten Jahrgängen von öffentlichen Restriktionen weitgehend verschont blieb, geriet jetzt verstärkt unter Druck. In einem Brief vom 30. März 1795 vermerkt Kant, der ein Jahr zuvor durch eine königliche Kabinettsorder wegen «Entstellung und Herabwürdigung mancher Haupt- und Grundlehren der heiligen Schrift und des Christentums» gemaßregelt worden war,²⁶⁵ daß «Staats- und Religionsmaterien jetzt einer gewissen Handelssperre unterworfen» seien. Man müsse, so rät Kant, den politischen «Wetterwechsel» genau «beobachten», um sich «klüglich in die Zeit zu schicken» (NA 35, 182); eine Provokation der Obrigkeit, wie er sie mit seiner Abhandlung über *Die Religion innerhalb der Grenzen der bloßen Vernunft* (1793) ausgelöst hatte, erscheint ihm zum jetzigen Augenblick gefährlich. Selbst wenn das öffentliche Klima im provinziellen Thüringen von größerer Liberalität gekennzeichnet blieb, war Schiller als Publizist gehalten, Kollisionen mit dem Staat zu meiden. Der vorsichtige Tenor seiner *Horen*-Ankündigung dürfte auch der Einsicht in die Macht der Zensurbehörden, nicht allein apolitischen Einstellungen geschuldet sein.²⁶⁶

Zur spezifischen Konzeption der neuen Zeitschrift gehört die Anonymität der Beiträge, die gewährleisten soll, daß der Leser «auf den Gehalt und nicht auf den Stempel» der Texte achtet (NA 22, 109). Gerade das Verfahren, die Namen der Autoren erst am Ende eines jeden Jahrgangs abzudrucken, stößt freilich auf Bedenken, weil es, wie Kant bemerkt, der Wirkung des Journals «Abbruch thun dürfte» (NA 35, 182); ebenso äußert sich der Hamburger Historiker Archenholtz, der sogar maßgebliche Umsatzeinbußen befürchtet, da das Interesse an Personen beim Publikum oftmals ausgeprägter sei als sachlich gegründete Neugier (NA 35, 120). Trotz solcher Einwände verbucht der erste Jahrgang immerhin 1743 Anmeldungen zur Subskription. Die Druckauflage liegt am Ende bei 2300 Exemplaren – eine stattliche Zahl, wenn man bedenkt, daß von Wielands *Merkur*, der kurz nach seiner Gründung 1774 ebenfalls 2000 Käufer pro Heft fand, im Jahr 1798 nur noch 800 Exemplare einer jeden Nummer veräußert wurden.²⁶⁷

Schiller nimmt die anfallenden Redaktionsarbeiten zunächst sehr ernst. Er überwacht den Druck, bestimmt Papier und Titelei, wirbt Subskribenten, prüft und redigiert Beiträge, führt eine ausufernde Korrespondenz und stellt seine gesamten Aktivitäten in den Dienst der Zeitschrift.²⁶⁸ «Fürchten Sie nicht», schreibt er am 30. Januar 1795 Cotta, «daß ich durch NebenUnternehmungen den Horen Abbruch thun werde. Vom ganzen Jahre ist alle meine Zeit biß auf etwa 6 Wochen Ihnen gewidmet.» (NA 27, 133) Nicht allein die elitäre Programmatik, sondern auch eine bunte Mischung der Themen, Gattungen und Formen, die einzelne Hefte zu ‹Centauren› macht (NA 27, 129), bestimmt den Umriß des Periodikums. Charlotte von Stein schreibt am 27. Juli 1795 in einem Brief an Charlotte Schiller im Blick auf das sechste Stück, das die letzte Folge von Schillers Abhandlung zur ästhetischen Erziehung und Goethes *Erotica ro-*

mana publiziert hatte, über diese Mixtur: «Des Schillers ernsthafte Briefe neben den leichtfertigen Elegien machen einen sonderbaren Kontrast.»[269] Die vom Avertissement beschworene Harmonie der publizistischen Arbeit mag sich trotz der Anrufung der drei Horen Eunomia (Ordnung), Dike (Gerechtigkeit) und Irene (Friede) nicht immer einstellen. Die innere Abstimmung der thematisch gemischten Beiträge bleibt für Schiller die schwierigste redaktionelle Aufgabe, die er nur im ersten Jahrgang ohne gleichzeitige Qualitätseinbuße gelöst hat. Dominant bleiben hier theoretische Abhandlungen; zu ihnen zählen neben den Arbeiten des Herausgebers Fichtes Versuch *Ueber Belebung und Erhöhung des reinen Interesses für Wahrheit*, Herders Schrift *Das eigene Schicksal* und sein altphilologischer Beitrag *Homer, ein Günstling seiner Zeit* (den Friedrich August Wolf in der *ALZ* als Plagiat seiner eigenen *Prolegomena ad Homerum* disqualifiziert), Jacobis *Zufällige Ergießungen eines einsamen Denkers*, Humboldts Analyse der Geschlechtercharaktere und Erhards kantianisch geschulte Studie zur *Idee der Gerechtigkeit*. Im Kontrast zu diesen abstrakt argumentierenden Beiträgen bleiben Goethes polemische Ausführungen über den *Literarischen Sansculottismus* ebenso wie die kunstgeschichtlichen Aufsätze Johann Heinrich Meyers in der Tonlage anschaulicher, im intellektuellen Duktus anspruchsloser. Für das thematische Gegengewicht sorgen historische Essays (neben Schillers kurzer Darstellung der Belagerung Antwerpens im Jahr 1584/85 Woltmanns Schrift zum französischen Nationalcharakter), Übersetzungen Schlegels (aus Dantes *Inferno*) und vor allem literarische Arbeiten wie Goethes *Unterhaltungen deutscher Ausgewanderten*, das *Mährchen* und die *Elegien*, lyrische Texte Schillers (an der Spitze *Das Reich der Schatten*), Gedichte Herders und erste Auszüge aus Engels publikumswirksamem Roman *Herr Lorenz Stark*, zu denen sich unvermeidlich auch weniger bedeutende Beiträge wie Pfeffels Fabeln und poetische Versuche von Voß gesellen.

In den beiden folgenden Jahrgängen verschieben sich die Gewichte. Der Umfang der *Horen* wird jetzt geringer (den 88 Texten der ersten Serie folgen 1796 nur noch 58, 1797 wiederum 67 Beiträge). In der Vordergrund treten die Übersetzungen und poetischen Arbeiten. 1796 sind allein Schillers *Beschluß* der Abhandlung zur naiven und sentimentalischen Dichtung, sein Beitrag *Ueber den moralischen Nutzen ästhetischer Sitten*, Herders umstrittener *Iduna*-Dialog und Schlegels Essay *Ueber Poesie, Sylbenmaaß und Sprache* im strengen Sinn zu den theoretischen Studien zu rechnen. Vorherrschend werden Übertragungen fremdsprachiger Texte, an der Spitze Goethes langatmiger *Benvenuto Cellini* (die Selbstbiographie des italienischen Renaissancebildhauers), ferner Übersetzungen aus Theokrit (Voß), Properz (Knebel) und Shakespeare (A. W. Schlegel). Der Anteil der historischen Studien bleibt unverändert (neben Woltmanns dubioser Darstellung zum Gotenkönig Theoderich erscheint Reinwalds Abhandlung über die englische Verschwörung des Jahres 1605), jedoch treten jetzt die poetischen Arbeiten entschieden ins Zentrum. Ihr Niveau ist solide, ohne daß freilich Herausragendes geliefert wird: weder Herders lyrische Texte noch Matthissons Elegien heben sich vom Durchschnitt der zeitgenössischen Gedichtproduktion ab; Caroline von Wolzogens *Agnes von Lilien*, die wilde Spekulationen über die Verfasserschaft nährt, unterhält das Publikum auf ambitionierte Weise, ein Ritterroman des dem Freundeskreis um Kotzebue entstammenden Gerichtssekretärs Gerber aus Reval liegt hingegen unterhalb des ursprünglich angestrebten Niveaus (und gehört gerade deshalb zu den Erfolgstexten der Serie).

Nach den Anstrengungen, die die redaktionelle Arbeit des ersten Jahres mit sich gebracht hatten, überläßt Schiller immer häufiger Cottas Kompagnon Christian Jakob Zahn die Zusammenstellung der einzelnen Hefte. Daß er die zweite Folge unaufmerksamer betreut, erkennt man an der Sorglosigkeit, mit der er Woltmanns Aufsatz zur Regierungszeit des ostgotischen Herrschers Theoderich publiziert. Wie Friedrich Schlegels Rezension in ironischem Ton nachwies,[270] bildete der Text ein Plagiat der entsprechenden Passagen aus Edward Gibbons monumentaler *History of the Decline and Fall of the Roman Empire* (1776–88), was dem Herausgeber offenbar entgangen war. Schiller, der die qualitätsarme publizistische Produktion seines akademischen Nachfolgers später mit Skepsis betrachtete – Woltmanns historischen *Grundriß* (1797) nennt er «ein Greuel von einem Geschichtsbuch» (NA 29, 64) –, hat hier die redaktionelle Sorgfaltspflicht verletzt, nicht zuletzt den eigenen Fachkenntnissen ein bedenkliches Zeugnis ausgestellt; die übersetzten Teile von Gibbons Werk zog er immerhin zur Vorbereitung seiner Jenaer Antrittsvorlesung heran, so daß er ihre unlautere Verwendung bei Woltmann hätte wahrnehmen müssen.[271]

Der letzte Jahrgang versammelt Arbeiten vorwiegend jüngerer weiblicher Autorinnen, aus der Feder von Louise Brachmann, Friederike Brun, Amalie von Imhoff, Sophie Mereau, Elisa von der Recke und Caroline von Wolzogen. Bevorzugte Gattung bleibt die Lyrik, nicht zuletzt die fiktive Brieferzählung, wie sie die Mereau in elegantem Stil präsentiert. Die Auszüge ihres empfindsamen Romans *Amanda und Eduard*, der erst 1803 in Buchform erscheint, stoßen auf große Resonanz und entlocken auch Schiller ein wohlwollendes Kompliment. Die meisten dieser Texte beweisen, entgegen einer verbreiteten Ansicht, künstlerisches Format, ohne jedoch den Exklusivitätsansprüchen des Avertissements genügen zu können:

sie unterschieden sich kaum von dem, was in den gehobeneren Musenalmanachen, Taschenkalendern und Jahrbüchern der Zeit geboten wurde.

Da dem Herausgeber zunehmend Schwierigkeiten erwachsen, das quantitative Pensum, das er sich auferlegt hatte, zu erfüllen, sieht er sich zudem genötigt, Nachlaßtexte von Lenz und Gotter (dem früheren Mannheimer Intimfeind) zu publizieren. Lenz' Erzählung *Der Waldbruder*, eine literarische Parallelaktion zum *Werther*, bildet neben den Gedichten Hölderlins (*Der Wanderer*, *Die Eichbäume*) einen künstlerischen Höhepunkt des letzten Jahrgangs, zu dem Schiller nur zwei uninspirierte lyrische Gelegenheitsprodukte (*Hofnung*, *Die Begegnung*) beisteuert. Die Anzeichen für eine Erschöpfung der organisatorischen Kräfte lassen sich jetzt kaum noch übersehen.

Schiller bemüht sich frühzeitig um eine massive Einflußnahme auf die publizistische Resonanz. In einem Brief an Schütz vom 30. September 1794 schlägt er vor, die mit 2400 Abonnenten höchst einflußreiche *ALZ* solle «die einzelnen Monathsstücke unsers Journals durch Mitglieder unsrer Societät recensieren» lassen, wobei als einzige Bedingung gelten müsse, daß der Kritiker an der Folge, die er anzeige, «nicht mitgearbeitet haben dürfte» (eine Prämisse, die im Fall Schlegels grob verletzt wurde) (NA 27, 55). Wie weit die Manipulation der öffentlichen Meinung an diesem Punkt gehen sollte, verrät die Tatsache, daß Cotta die Honorarzahlung der bestellten Besprechungen zu übernehmen hatte. Sogar die Frequenz der Kritiken wird generalstabsmäßig festgelegt und mit dem überraschend kooperationswilligen Schütz inoffiziell verabredet. Befriedigt meldet Schiller Goethe am 6. Dezember 1794: «In Ansehung der Recensionen des Journals in der Litteratur Zeitung ist nunmehr arrangiert, daß alle 3 Monate eine ausführliche Recension davon gemacht wird. Das erste Stück wird jedoch in der ersten Woche des Januar weitläufig angezeigt. Cotta wird die Kosten der Recensionen tragen, und die Recensenten werden Mitglieder unsrer Societät seyn.» (NA 27, 100)

Der gewünschte Erfolg dieser präzis gesteuerten Kampagne stellte sich jedoch nicht ein. Zwar konnte Schiller neben Schütz August Wilhelm Schlegel als Rezensenten für die *ALZ* gewinnen, jedoch blieb dessen Anzeige der ersten zehn Stücke des Jahrgangs 1795 allzu temperamentlos, als daß sie größere Werbewirkung hätte zeitigen können. Vernehmbarer klingen hingegen jene skeptischen Stimmen, die das Mißverhältnis von elitärer Programmatik und mittelmäßiger Qualität der Beiträge tadeln. Johann Kaspar Friedrich Manso kritisiert im September 1795 in Johann Gottfried Dycks *Neuer Bibliothek der schönen Wissenschaften und der freyen Künste* Schillers *Briefe* massiv, wobei er ihre dunkle Terminologie ebenso wie die Kontamination der abstrakten Begrifflichkeit mit bildhaften Sprachelementen verwirft und übellaunig die Übersetzung der Abhandlung «ins Deutsche» fordert.[272] Ähnlich äußert sich einen Monat später der Kieler Wilhelm Friedrich August Mackensen in den von Ludwig Heinrich von Jakob herausgegebenen *Annalen der Philosophie und des philosophischen Geistes* über die *Briefe*, denen er mangelnde Konsequenz der philosophischen Methodik sowie terminologische Unsauberkeit vorhält; auch andere Beiträge des ersten Jahrgangs, so Schlegels Dante-Übertragung und Humboldts Aufsatz *Ueber die männliche und weibliche Form*, werden von Mackensens scharfer Kritik getroffen. Grundsätzlich zweifelt der Autor daran, daß es den *Horen* gelingen werde, «für die deutsche Bildung» förderlich zu wirken und das eigene Programm einer Geschmackserziehung auf höchstem Niveau umzusetzen.[273] Johann Friedrich Reichardt attakkiert in seiner Rezension des ersten Jahrgangs die politisch konservative Tendenz der *Horen* und deren Neigung, entgegen der öffentlichen Ankündigung durchaus ‹Beziehungen auf den jetzigen Weltlauf›, jedoch vorwiegend mit revolutionskritischem Grundton, herzustellen.[274] Spekulativen Tenor und überlasteten theoretischen Anspruch zahlreicher Artikel bemängelt schließlich Friedrich Nicolai im zu Beginn des Jahres 1796 veröffentlichten elften Band seiner *Reise durch Deutschland und die Schweiz*. Besonders schroffe Ablehnung ziehen wiederum Schillers *Briefe* auf sich, die als geschwätziges Produkt platter Kantnachahmung ohne Erkenntnisgewinn für ästhetische Fragen abgekanzelt werden. Gegen den angestrengten theoretischen Ehrgeiz der *Horen* setzt Nicolai lobend die intellektuelle Eleganz des *Teutschen Merkur* und die Urbanität von Boies *Deutschem Museum* – Zeitschriften, die ein weites Publikum erreichen, weil sie frei vom Geschmacksdiktat einzelner Schulen blieben: «Die Unterhaltung in guten Gesellschaften ist nicht einseitig, nicht schulmäßig, nicht gebietend. Man hütet sich da Prätension zu zeigen oder in den Lehrerton zu verfallen. So müßten wohl die Aufsätze in einem Journale beschaffen seyn, das in ganz Deutschland von den gebildeten Ständen und in guter Gesellschaft gelesen zu werden verlangt.»[275]

Schiller reagiert auf die unfreundliche Kritik, die ihm aus unterschiedlichsten Zeitschriften entgegenklingt, mit großer Gereiztheit. Am 1. November 1795 erklärt er Goethe verärgert: «Wir leben jetzt recht in Zeiten der Fehde. Es ist eine wahre Ecclesia militans – die Horen meyne ich. Ausser den Völkern, die Herr Jacob in Halle commandiert und die Herr Manso in der Bibliothek der Schönen Wissenschaften hat ausrücken lassen, und außer Wolfs schwerer Cavallerie haben wir auch nächstens vom Berliner Nicolai einen derben Angriff zu erwarten.» (NA 28, 93) Das Bild von der ‹ecclesia militans› findet sich, leicht modifiziert, ebenso in einem Brief Hölderlins, der am 4. Juni 1799 an seinen Bruder schreibt, die Zeit verlange nach der philosophischen «Darstellung des Ideals aller menschlichen Gesellschaft, der ästhetischen Kirche»;[276] für ihn verkörpert diese ‹ecclesia› jedoch nicht die Wirksamkeit publizistischer Kräfte, sondern den Geltungsanspruch idealistischer Kunstlehren. Schillers Reaktionen auf die scharfe Kritik der *Horen* zeugen von größerer Betroffenheit als die lakonischen Kommentare Goethes, der zumeist zu Ruhe und Zurückhaltung rät, vor raschen Reaktionen warnt, Mäßigung empfiehlt, bisweilen sogar negative Urteile toleriert. Seine Gelassenheit ist Folge der Distanz des ökonomisch gesicherten Autors, dessen privilegierte Rolle eine gewisse Unabhängigkeit gegenüber der öffentlichen Meinung einschließt. Schiller hingegen bleibt stets auch von finanziellen Interessen geleitet, wenn er die Wirkung seines Journals abzuschätzen und mögliche Verkaufsperspektiven zu kalkulieren sucht.[277] Ihn mußte es daher in besonderem Maße treffen, daß die Auflage der Zeitschrift von durchschnittlich 2000 Stück im ersten Jahrgang über 1500 am Ende auf 1000 Exemplare sank; zahlreiche Abbestellungen des Abonnements waren vor allem 1797 im Gefolge der *Xenien*-Publikation zu verschmerzen (NA 27, 273).

Das wachsende Desinteresse am zunächst enthusiastisch vorbereiteten Projekt äußert sich bereits nach dem ersten Jahr der Herausgebertätigkeit. Schon am 18. Januar 1796 heißt es gegenüber Körner: «Da ich auf lange Zeit von der Theorie Abschied genommen, und meinen Antheil an den Horen auf das Minimum zu reduciren entschloßen bin, so lebe ich jezt und die nächsten Monate in einer angenehmen Freyheit, die nicht ganz leer an Productiver Thätigkeit ist.» (NA 28, 167) Nachdem die zunächst vergnügliche Organisationsarbeit zum alltäglichen Pensum geworden war, ließ Schillers Motivation rasch nach. Die unaufhörliche Planung neuer Vorhaben gestattete keinen Stillstand; Routine und Gleichmaß der Redaktionstätigkeit wirkten lähmend auf ihn. Schon zur Zeit seiner Geschichtsstudien hatte er erkannt, daß er «im Maschinengang eines soliden Geschäfts» nur kurzfristig «verharren» konnte (NA 25, 16). Nicht ohne Erleichterung heißt es am 5. Januar 1798 gegenüber Cotta: «Ich bins recht wohl zufrieden, daß die Horen aufhören (...)» Sein Wunsch, «bloß allen Eclat zu vermeiden» (NA 29, 181), findet sich auch in einem Brief an Goethe vom 26. Januar 1798 gespiegelt: «Eben habe ich das Todesurtheil der drei Göttinnen Eunomia, Dice und Irene förmlich unterschrieben. Weihen Sie diesen edeln Todten eine fromme christliche Thräne, die Condolenz aber wird verbeten.» (NA 29, 195) Die Buchhandlungen wies man wortkarg an, das Ende der Zeitschrift ohne nähere Erklärung zu akzeptieren; eine öffentliche Notiz unterblieb, ebenso ein Hinweis auf mögliche Nachfolgeprojekte.

Den wahren Verhältnissen entspricht weder die Behauptung, die *Horen* hätten «das imponierende Dokument klassischen Denkens in der Vereinigung der gegensätzlichen großen Geister» repräsentiert[278] noch die These, hier sei unter dem Diktat der «Illiberalität»[279] eine ‹Verschwörung gegen das Publikum› (so Bertolt Brecht) organisiert worden. Zutreffend ist vielmehr, daß Schillers persönliche literaturpolitische Interessen die zunächst angestrebte Konzentration unterschiedlichster Kräfte ausschlossen. Fehlende Diplomatie im Umgang mit der jüngeren Generation, wie sie vor allem das spätere Verhältnis zum Schlegelkreis, zu Fichte und Jean Paul bestimmte, verhinderte frühzeitig eine Allianz mit der intellektuellen Avantgarde der Zeit. Goethes Mitarbeit blieb ein produktiver Faktor, jedoch konnten ihre Ressourcen kaum ausgeschöpft werden, weil es Schiller nicht gelang, die bereits an Unger vergebenen *Lehrjahre* oder das nach Auffassung des Autors unteilbare Epos *Hermann und Dorothea* für die Zeitschrift zu gewinnen. Die Mitwirkung Herders trug problematische Züge, gerade im Hinblick auf die fehlende sachliche Übereinstimmung, die der *Iduna*-Streit hell beleuchtete; die Beiträge Humboldts und Woltmanns wiederum boten kaum jene Qualität, die der Herausgeber erwartet hatte. Die Chance, Hölderlins Talent energisch zu nutzen, hat Schiller aufgrund unüberbrückbarer künstlerischer Gegensätze nicht wahrzunehmen vermocht. So blieb ein unabgegoltener geistiger Anspruch, der, annähernd noch in der zweiten Hälfte des ersten Jahrgangs eingelöst, die Zeitschrift erdrückte und dauerhaft nicht existenzfähig ließ.

Nach dem Scheitern der *Horen* verzichtet Schiller weitgehend auf publizistische Tagesarbeiten und die Veröffentlichung von Rezensionen. Goethes *Propyläen*, die zwischen 1798 und 1800 erscheinen, hat er aktiv kaum unterstützt – nicht zuletzt, weil ihm deren Ausrichtung an Themen der Malerei und Plastik fremd gewesen sein dürfte. Der einzige Beitrag, den er beigesteuert hat, gilt den Einsendungen auf ein Preisausschreiben, das im ersten Stück des dritten Bandes ausgelobt worden war.[280] Verlangt wurden Bilddarstellungen zu zwei Szenen aus der *Ilias* (VI, 395 ff.: Hektors Abschied von Andromache; X, 377 ff.: Ulysses' und Diomeds Überfall auf das trojanische Lager), über deren Qualität sich Schiller grundsätzlich, ohne eine spezifische Rangabstufung vorzunehmen, äußerte. Goethe, der ihn um die Expertise gebeten hatte, erklärt er am 29. September im Begleitbrief zu seinem kurzen Beitrag entschuldigend: «(...) ich war hier nicht auf meinem Felde und worauf es hier eigentlich ankommt, die Proprietät der Sache ist von mir nicht zu erwarten.» (NA 30, 202) Der Herausgeber fand den Text gleichwohl «schön, gut und zweckmäsig» (NA 38/I, 355) und druckte ihn im zweiten Stück des dritten Bandes ab. Schiller befaßt sich mit den motivischen Aspekten der eingereichten Bilder und Problemen der Themenwahl, nicht zuletzt – hier *ist* er fraglos ‹auf seinem Feld› – mit der Darstellung des Schmerzes im Zusammenhang der Abschiedsszene. Am Ende der kurzen Durchsicht verrät er, welche Kriterien für ihn über die ästhetische Qualität eines Werkes der bildenden Kunst entscheiden. Idealiter wirke dieses auf Auge, Phantasie, Geist und Herz gleichermaßen (NA 22, 308). Mit ähnlicher Gewichtung hatte der 15. der Briefe *Ueber die ästhetische Erziehung des Menschen* die Schönheit des gemeißelten Frauenkopfes aus dem römischen Palazzo des Kardinals Ludovisi (1595–1631) gerühmt (die Büste, von der Goethe in späteren Jahren einen Abguß im Haus am Frauenplan besaß, hielt man damals für eine Darstellung der Venus, obgleich sie die Gesichtszüge einer Patrizierfrau aus der Kaiserzeit zeigte). Auch hier steht im Mittelpunkt die Übereinstimmung intellektueller und sinnlicher Wirkung als Ideal plastischer Kunst, deren grundlegende Funktion, wie der stärker beispielgebundene *Propyläen*-Beitrag verrät, wesentlich in der Bereitstellung von Anschauungsmaterial jenseits begrifflicher Ordnungsmuster besteht (NA 20, 359f.). Diese Erkenntnis schließt eine gewisse Unsicherheit bei der Bewertung von plastischen oder malerischen Werken nicht aus. In einem Brief vom März 1803 gesteht Schiller gegenüber dem früheren Leipziger Freund Johann Christian Reinhart, den es mittlerweile nach Rom verschlagen hat, in Fragen der bildenden Kunst sei er ein «Barbar» (NA 32, 22). Zu einer Italienreise, die seinem Erfahrungsmangel auf diesem Feld hätte abhelfen können, verspüre er jedoch wenig Lust, weil sie für die Poesie keinen Gewinn bringe und allein diese sein Interesse wecke. Die Werke der Bildkunst besitzen für Schiller nur den Status anschaulicher Beispiele, an denen sich ästhetische Idealwirkungen studieren lassen. Fasziniert, gefesselt haben sie ihn auch in Mannheim nie; die Perspektive des imaginären Betrachters in Rilkes Gedicht *Archaïscher Torso Apollos* (1907), den die Wahrnehmung der antiken Skulptur ins Nervenzentrum eines neuen Lebensgefühls führt, wäre ihm fremd gewesen.

Ab dem Ende der 90er Jahre wächst Schillers Reserve gegenüber den Möglichkeiten der Zeitschriftenpolitik. Frühere publizistische Unternehmungen betrachtet er, wie er Hölderlin in seinem Brief vom 24. August 1799 (NA 30, 89) verrät, als gescheitert. Die gemeinsam mit Goethe entworfene schematische Skizze zum künstlerischen Dilettantismus bezeugt zunehmende Verärgerung über die intellektuelle und kulturelle Trägheit jener breiten Publikumsmasse, die die hochgemute Ankündigung der

Rheinischen Thalia 15 Jahre zuvor noch als ‹Souverän› und ‹Vertrauten› tituliert hatte. In einem Brief an Goethe vom 25. Juni 1799 heißt es übellaunig: «Das einzige Verhältniß gegen das Publicum, das einen nicht reuen kann, ist der Krieg, und ich bin sehr dafür, daß auch der Dilettantism mit allen Waffen angegriffen wird.» (NA 30, 64) Nicht mehr als ‹Tribunal› gilt die breite Leserschaft, wie es das Avertissement der Rheinischen Thalia formulierte, sondern als feindliche Macht, die es mit den Zurüstungen eines exklusiven Kunstverstands zu bezwingen gilt. Die klassizistische Ästhetik gedeiht in Zeiten der Kälte, jenseits der aufgeklärten Hoffnungen erweiterter Publikumserziehung.

7. Antike und Neuzeit

Geschichtsphilosophische Gattungslehre.
Ueber naive und sentimentalische Dichtung (1795–1796)

Seine letzte große Abhandlung zu Fragen der Kunsttheorie veröffentlicht Schiller, verteilt auf drei Folgen, zwischen November 1795 und Januar 1796 in den Horen. Ende August 1800 publiziert er die Studie zusammenhängend unter dem Titel Ueber naive und sentimentalische Dichtung im zweiten Band der Kleineren prosaischen Schriften, wobei er Korrekturen des Textes vornimmt, die jedoch keinen schwerwiegenden Charakter besitzen. Der Essay bildet den Versuch, die maßgebliche Differenz zwischen antiker und moderner Literatur im Horizont eines dreigliedrigen geschichtsphilosophischen Schemas zu erfassen, das zugleich den Blick für die individuelle Veranlagung künstlerischer Temperamente schärfen soll. Erste Vorüberlegungen für die Abhandlung liefert der Geburtstagsbrief vom 23. August 1794, der Goethes literarische Entwicklung als Musterfall des in moderner Zeit lebenden intuitiven Menschen skizziert (NA 27, 25 f.).[281] Der neugewonnene Bündnispartner erscheint hier, ohne daß der Begriff selbst begegnet, als Autor von naivem Naturell, der modernen Reflexionsformen ausgesetzt ist, weil er nicht unter dem klaren Himmel des antiken Griechenland, sondern in einer Welt der Abstraktion und Entfremdung geboren wurde. Unerörtert bleibt dabei die Frage, ob die gegen den Zeitgeist behauptete Erneuerung der poetischen Intuition, die der Brief Goethe als Merkmal seiner ästhetischen Originalität bescheinigt, ihrerseits das Produkt einer vernunftgestützten, letzthin modernen Bewußtseinswelt ist. Schillers Aufsatz folgt jetzt dem Anspruch, das hier bezeichnete Problem im Zusammenhang einer kulturgeschichtlichen Perspektive zu erörtern. Goethe selbst unterschätzte vermutlich das theoretische Niveau der Fragestellung, wenn er sich durch die Charakterisierung als naiver Autor «gut behandelt» und in seiner «allzugroßen Vorliebe für die alte Dichtung» bestätigt fand (NA 36/I, 38).

Den Überlegungen des Essays liegt Schillers Vorsatz zugrunde, eine Typologie literarischer Individualität zu erarbeiten, die zugleich geeignet sein soll, die Differenz der künstlerischen Anlagen und ästhetischen Verfahrensweisen zu charakterisieren, die ihn von Goethe trennt. Die Leitbegriffe der Schrift, denen Herder «edle Präcision» zugestand (NA 35, 390), weisen daher unterschiedliche Schattierungen und Bedeutungsnuancen auf, die eine analytische Annäherung nicht eben erleichtern. Von ‹berüchtigten Antinomien und Äquivokationen› sowie einem Mangel an terminologischer Klarheit spricht, treffender als Herder, Peter Szondi.[282] Zumindest drei verschiedenen Reflexionsbereichen hat Schiller sein zentrales Begriffspaar zugeordnet. Grundlegend ist das Feld der Epochentypologie, der Gegensatz von Antike und Moderne, der jedoch, anders als dieses frühere Kommentatoren betonten,[283] nicht vollends in der Differenz von Naivem und Sentimentalischem aufgeht; Schiller selbst erklärt ausdrücklich, daß schon die Antike sentimentalische Dichter – so Horaz, Properz, Vergil – gekannt habe (NA 20, 432, 437 f.). Zum zweiten beggnen beide Termini als Bezeichnungsformen poetischer «Empfindungsweisen» (NA 20, 473), was zwar eine Systematik der literarischen Genres einschließt, die Schrift jedoch zugleich von gängigen theoretischen Ansätzen abhebt: an die Stelle der Unterscheidung nach formalen Kriterien tritt die Diskussion von ideellen Gattungskonzeptionen. Drittens greift die Studie auf den Sektor der Anthropologie aus, insofern sie intellektuelle Temperamente und Einstellungen vorführt, denen die Leitkategorien des Titels zugerechnet werden können. Die realistische Weltsicht, die der *Beschluß* der Abhandlung zergliedert, entspricht dem naiven Typus, die idealistische Perspektive korrespondiert dem sentimentalischen Charakter.[284]

Ihre besondere Originalität gewinnt Schillers Schrift dadurch, daß sie Naives und Sentimentalisches nicht isoliert, sondern in ihrer Beziehung zueinander untersucht. Derart empfängt die Abhandlung geschichtsphilosophische Tiefenschärfe aus der Zeitperspektive, in die sie ihre poetologisch-ästhetischen Überlegungen stellt. Beschrieben findet sich das Selbstverständnis moderner Literatur unter den Bedingungen einer kreativen Antikenachahmung, die getragen ist vom Bewußtsein, daß die vergangene Kultur der Griechen nicht klassizistisch wiederholt, sondern vermittels eines qualitativen Sprungs neu geschaffen werden sollte. Die methodische Grundlage, die es dem Theoretiker Schiller gestattet, diese Aneignung der

Antike zu denken, ist ein dialektisches Verfahren, das jedoch nicht mit letzter Entschiedenheit zur Anwendung gelangt.

Die Schrift formuliert damit einen eigenen Beitrag zu jener *Querelle*-Debatte, die durch Charles Perraults vierbändige *Parallèle des Anciens et des Modernes* (1688–97) in Gang gesetzt und seit der Mitte des 18. Jahrhunderts mit wachsender Intensität geführt worden war. Indem sie jedoch die Spannung zwischen klassizistischer Griechenbegeisterung (*beau absolue*) und modernem ästhetischen Pluralismus (*beau relatif*) zugunsten einer vermittelnden Position aufhebt, schafft sie die Möglichkeit, die jeweilige Perspektive zu durchleuchten, aus der sich Antike und Moderne betrachten lassen. Seit Schillers Abhandlung hat sich das Bewußtsein dafür gebildet, daß die Schönheit der griechisch-römischen Literatur stets auch das Produkt einer kulturellen Aneignung unter den Bedingungen zeitgenössischen Bewußtseins vorstellt. Insofern wäre es falsch, der Schrift einen Mangel an historischem Unterscheidungsvermögen vorzuhalten, den schon Wilhelm von Humboldt bei seiner kritischen Lektüre des Manuskripts im Spätherbst 1795 wahrnehmen zu müssen glaubte. Nicht zuletzt ist es die Analyse einer modernen kulturellen Mentalität, durch die Schillers Studie ihre grundlegende Anregungskraft gewinnt. Sie entwirft keine Ästhetik der klassischen Versöhnung, sondern gesteht der Gegenwart ein gewisses Maß an Zerrissenheit und innerer Spannung zu – jene Dispersion der Kräfte, die die Erblast bildet, an der sie sich abzuarbeiten hat.[285]

Die Schrift setzt ein mit einer klaren Bestimmung des Naiven als Merkmal unberührter Naturschönheit, die den Betrachter durch ihre Unschuld reizt und in ihren Bann zieht. «Es giebt Augenblicke in unserm Leben, wo wir der Natur in Pflanzen, Mineralen, Thieren, Landschaften, so wie der menschlichen Natur in Kindern, in den Sitten des Landvolks und der Urwelt, nicht weil sie unsern Sinnen wohlthut, auch nicht weil sie unsern Verstand oder Geschmack befriedigt (von beyden kann oft das gerade Gegenteil statt finden) sondern bloß weil sie Natur ist, eine Art von Liebe und von rührender Achtung widmen.» (NA 20, 413) Der Begriff des Naiven, den Schiller wenig später zur Charakterisierung solcher ‹einfältigen Natur› heranzieht, begegnet in zahlreichen poetologisch-ästhetischen Schriften des 18. Jahrhunderts. Die ältere Stiltheorie zumal der französischen Aufklärung nutzt ihn für die Kennzeichnung einer knappen, unprätentiösen Darstellungsform, die sich vom höfisch-künstlichen Sprachduktus weitreichend unterscheidet. In dem aus der Feder Louis Chevalier de Jaucourts stammenden Artikel *naïveté* der *Encyclopédie* d'Alemberts und Diderots (1751–80) wird ausdrücklich von der intellektuellen Simplizität die edle Einfalt einer natürlichen Gemütsverfassung abgegrenzt.

Die geschmackspolitische Tendenz solcher Definitionen richtet sich gegen die klassizistische Hofkultur mit ihren lebensfernen Inszenierungstechniken.[286] Auch die deutschen Begriffsbestimmungen, die Schiller zumeist kannte, betonen das Moment der nicht-künstlichen Naturnähe als wesentlichen Indikator naiver Einstellungsmuster. Ihre methodische Grundlage bildet zumeist der ästhetische Sensualismus, dessen antiklassizistische Tendenz hier geschmacksbildenden Charakter besitzt. In seiner 1753 entstandenen, zunächst ungedruckt gebliebenen *Abhandlung vom Naiven* ordnet der junge Wieland der Kategorie primär die Qualität einer Stilhaltung zu, die von fehlender Prätention und Zwanglosigkeit geprägt wird. Wielands Schrift lernt Schiller durch Johann George Sulzers *Allgemeine Theorie der schönen Künste* (1771–74) kennen, die den Text im Rahmen ihres Artikels zum Naiven veröffentlicht. Sulzer beginnt mit einem eigenen Klärungsversuch, der das Naive als Gegenbegriff zur Künstelei charakterisiert. Wielands Beitrag, von Sulzer unter vagem Hinweis auf den «itzt berühmte(n) Verfasser» eingeführt, folgt derselben Auffassung. Das Naive erschöpft sich hier, anders als es die Poetiken des französischen Klassizismus definierten, nicht in einer spezifisch stilistischen Ausprägung, sondern bezeichnet eine individuelle, letzthin idealtypische Mentalität. Es besitzt antihöfische Kontur, insofern es sich gegen die streng normative Regulierung des Schönen unter dem Diktat von verfeinertem Geschmack und «conduite» (Betragen) abgrenzt. Als «Wiederschein eines schönen Herzens»[287] gewinnt das Naive das Profil kindlich-naturhafter Unschuld; daß die ihm zugeordnete Stilform notwendig auf den Einsatz pathetischer oder manierierter Sprachmittel verzichtet, versteht sich für Wieland wie Sulzer von selbst. Noch entschiedener faßt Moses Mendelssohn in seinen *Betrachtungen über das Erhabene und das Naive* (1758, 1771) das moralische Potential des Begriffs. Erhaben ist, so definiert der Text mit einer Wendung Baumgartens, was als Ausdruck einer sinnlichen Vollkommenheit die Bewunderung des Betrachters erregt.[288] Das Naive unterstützt den ungekünstelten Effekt erhabener Erscheinungen, insofern es unprätentiös auftritt, für sich steht und ‹einfältig› bleibt.[289] Auch Mendelssohn betont damit die jenseits stiltheoretischer Erwägungen liegende Dimension der Kategorie als Ausdruck ungezwungener Übereinstimmung mit sich selbst.

Neben Jaucourt, Wieland und Mendelssohn dürfte vornehmlich Kant auf Schillers Begriffsverwendung Einfluß genommen haben. In Paragraph 54 der *Kritik der Urteilskraft* erörtert er das Naive im Kontext seiner Analyse der Formen des Komischen als unvermutetes Hervorbrechen natürlicher «Aufrichtigkeit»,[290] die der Ziererei kontrastiert bleibe und daher

Überraschungsreaktionen hervorrufe. Wesentlich ist, daß Kant das Naive im Gegensatz zu Schillers späterer Definition weder als poetische Empfindungsart noch als Epochenbegriff oder durchgehenden Ausdruck künstlerischer Mentalität verhandelt, sondern einzig als Naturanlage, die in einem Charakter kurzfristig zum Vorschein kommen kann, ohne dabei Dauerhaftigkeit zu gewinnen. Schiller unterscheidet nun, offenbar von Kant inspiriert, das ‹Naive der Überraschung› vom ‹Naiven der Gesinnung›. Der erste Begriff geht auf die *Kritik der Urteilskraft* zurück, die hervorgehoben hatte, daß das Lachen über das Naive durch die in ihm wirksame Bekundung unerwarteter natürlicher Kräfte veranlaßt werde (§ 54). Bei Kant unerwähnt bleibt der zweite Typus, das Naive als Ausdruck moralischer Unschuld im Rahmen einer Willensäußerung. Hier dominiert nicht mehr der unwillkürliche Charakter, sondern die Bereitschaft des Individuums, zweckfrei und allein nach Maßgabe der Gemütsfreiheit zu handeln (NA 20, 418 ff.). Grundlegend ist für Schiller die Bestimmung, daß in der Erscheinungsform des Naiven die Natur den Sieg über die Kunst davongetragen habe (NA 20, 417 f.). Der Begriff bezeichnet damit eine nicht manipulierbare Unschuld und Kindlichkeit jenseits taktischer Verhaltensmuster – ein Sehnsuchtsmotiv, das in Schillers Werk seit den *Räubern* herausragende Bedeutung besitzt. Merkmal dieser grundlegenden Definition bleibt, daß sie vom Standpunkt eines nicht-naiven, reflektierten Betrachters gewonnen wird; das Naive bedarf eines Gegenpols, um seine besondere Charakteristik entfalten zu können. Als Ausdruck des Verhältnisdenkens «‹moderner› Subjektivität» hat schon Jean Paul, wenngleich mit kritischem Widerwillen gegen Schillers dogmatische Tendenz, die Ausführungen der Schrift aufgefaßt.[291]

Die reine, unberührte Natur in ihrer unbedingten Einheit und Geschlossenheit verkörpert, wie Schiller zu Beginn seiner Abhandlung vermerkt, die ‹Idee› des Naiven, von der wir uns als nicht-naive Betrachter angezogen fühlen. Hinzu tritt als ein zweiter Bestimmungsbereich der Gegensatz von Antike und Modernität, welcher jenem zwischen Unschuld und Bewußtsein, Kindheit und Erwachsenenstatus zur Seite zu stellen ist. Bereits die *Thalia*-Studie *Etwas über die erste Menschengesellschaft* hatte die vorzivilisierte Naturerfahrung der «Wiegenzeit» (NA 17, 399) des *Homo sapiens* zugerechnet und damit einen Zusammenhang der Kulturgeschichte mit der Phylogenese behauptet. Die gesamte Definition besitzt typologischen Charakter, ohne daß aber individuelle Unterschiede gänzlich mißachtet werden. Zwar ist nicht jede antike Kunstform naiv, nicht jede moderne sentimentalisch, doch gilt diese Zuordnung annäherungsweise und mit hoher Wahrscheinlichkeit. Was Schiller über die Formen naiver Naturgegenstände anmerkt, läßt sich daher mit fast uneingeschränkter Geltung auch auf die Werke antiker Kunst übertragen: «Sie sind, was wir waren; sie sind, was wir wieder werden sollen. Wir waren Natur, wie sie, und unsere Kultur soll uns, auf dem Wege der Vernunft und der Freyheit, zur Natur zurückführen.» (NA 20, 414) Die Wiederherstellung der in der Natur wirksamen Naivität, die sich dem modernen Betrachter nicht direkt, sondern nur als Idee mitteilt, scheint auf der Bahn ‹der Vernunft und der Freyheit› immerhin denkmöglich. Beide Begriffe dienen der Abgrenzung gegen die von Rousseau vertretene schwärmerische Natursehnsucht, der später der Baron d'Holbach das Leitwort «Retour à la nature» zugrunde gelegt hat. Während Rousseau, dessen Philosophie einen ausdrücklich kritischen Kommentar provoziert (NA 20, 451 f.), den Weg in die Naivität des vorzivilisatorischen Zustands für einen freiwilligen Rückzug im Zeichen der Selbstbeschränkung kulturellen Bewußtseins hält, vertritt Schiller die Überzeugung, daß die Wiederherstellung des Naiven nur als Akt der schöpferischen Vergegenwärtigung einer Idee denkbar sei, die die Errungenschaften der Neuzeit zwangsläufig einschließen müsse.

Gebunden bleibt die Wahrnehmung des Naiven an das moderne – sentimentalische – Bewußtsein. Nicht das Vertraute, in dessen Besitz der Mensch ist, sondern das ihm Fremdgewordene, das er verloren hat, übt magische Anziehungskraft auf ihn aus. Zur Bedingung des Genusses am Naiven wird folglich der kulturbedingte Verlust ursprünglicher Formen natürlicher Unschuld. Während die Griechen einen unsentimentalen Umgang mit den Erscheinungen der Natur pflegten – so auch Humboldts Befund in einem Brief vom 6. November 1795 –, sieht sich der Zeitgenosse der Moderne durch sie emotional gerührt, weil sie ihn an die Einbuße seiner naiven Unschuld gemahnen: «Sie empfanden natürlich; wir empfinden das natürliche.» (NA 20, 431) Mit vergleichbarem Tenor hatte Christian Garve bereits 1770 in seiner *Betrachtung einiger Verschiedenheiten in den Werken der ältesten und neuern Schriftsteller* die Naturwahrnehmung der *auctores* vom Landschaftsbild moderner Literatur abgegrenzt: «Der alte Dichter sah die Natur, ohne zu wissen, daß er diese Betrachtung als seine Bestimmung, oder als das Mittel zu gewissen Absichten zu betrachten hätte. Sie malte sich also in seiner Seele ab, ohne daß er einen einzigen Pinselstrich beygetragen, oder sie in ihrer Zeichnung geleitet hätte. Unsere Dichter, wenn sie die Natur beobachten, thun es schon immer in der Absicht, sie zu schildern, sie wollen sie gern schön sehen, oder wenigstens so, wie sie sich schön ausdrücken läßt; und dadurch wird das Gemälde ein Gemische von wahren Eindrücken, von bloß eingebildeten Zügen ihrer

Einbildungskraft, und von abstrakten Begriffen, die sie durch Unterricht und Ueberlieferung bekommen haben.»²⁹² Während sich die Griechen ganz auf das Reservoir der sinnlichen Erfahrung stützen, vermitteln die Autoren der Gegenwart ihre Landschaftsbilder als künstliche Produkte aus konkreter Anschauung und Phantasie. Es ist offenkundig, daß Schiller in den Spuren Garves wandelt, wenn er die Beziehung zwischen Antike und Moderne über den Gegensatz dieser auseinanderstrebenden Formen der Naturwahrnehmung bestimmt.

Anhand des jeweiligen Verhältnisses zu den Gegenständen der Natur erschließt Schiller eine grundlegende Differenz der poetischen Empfindungsarten, die durch Beispiele aus Homers *Ilias* und Ariosts *Orlando furioso* (1516) belegt wird. Der naive Typus befähigt zur ästhetischen Bewahrung der Natur, der sentimentalische bringt den Anspruch hervor, deren verlorene Qualität wiederzugewinnen und die ihr anhaftende Unschuld neuerlich zu erobern (NA 20, 432 f.). Bleibt die naive Dichtungsart gekennzeichnet durch eine für die meisten antiken Werke angeblich typische Nähe zur unberührten Natur, so entzündet sich die sentimentalische Literatur am Bewußtsein des Verlusts solcher Ursprünglichkeit und am daraus folgenden Begehren, die Schönheiten eines goldenen Zeitalters der Zweckfreiheit unter den Bedingungen der Vernunftkultur neu zu gewinnen. Dieser Akt bedeutet keinen Vorgang der Wiederholung, sondern einen qualitativen Sprung, der am Ende nicht die (sachlich unmögliche) Identität von naiver und sentimentalischer Perspektive herbeiführt, sondern, dialektisch, ihre jeweilige Ergänzung befördert (mit dem logischen Problem der methodisch zureichenden Vermittlung entgegengesetzter Kategorien wird sich auch die Kunstphilosophie Hölderlins und Schellings immer wieder befassen).

Schiller selbst betont ausdrücklich, daß sich eine klare Zuordnung der beiden Leitbegriffe nach Prinzipien eines geschichtlichen Schematismus von selbst verbiete. Als Beispiele nennt er die Satiren des Horaz, ferner Werke von Properz und Vergil, die, obgleich vom Geist des Altertums beherrscht, bereits repräsentative Züge der «sentimentalischen Dichtungsart» (NA 20, 432) aufweisen. Die griechisch-römische Literatur tendiert zwar zur naiven Beschreibung der Natur, scheint jedoch nicht durchgängig von ihr geprägt. Noch weiter als Schiller hat an diesem Punkt Novalis gedacht, der 1798 in seinem unpublizierten Porträt *Über Goethe* bemerkt: «Erst jezt fängt die Antike an zu entstehen. Sie wird unter den Augen und der Seele des Künstlers. Die Reste des Alterthums sind nur die spezifischen Reitze zur Bildung der Antike.»²⁹³ Umgekehrt gehört Shakespeare, der überragende Musterautor neuzeitlicher Dramatik, bei Schiller zu den nai-

Ueber naive und sentimentalische Dichtung (1795–1796) 215

ven Genies, auch wenn er sich mit seinem Œuvre formal weit von der Antike entfernt hat. Ist modernes Bewußtsein schon in klassischen Zeiten, naive Mentalität wiederum in der Moderne möglich, so schließt das Distanz gegenüber einer normierenden Abgrenzung der Epochen ein. Die antike Kunst, an deren Maß sich die Ästhetik um 1800 verstärkt orientiert, bildet nicht zuletzt das Produkt einer Idealisierung, wie sie schon bei Winckelmann begegnet. Das Altertum erscheint den Modernen als Epoche der Erfüllung jener Vorstellung idealer Humanität, von der ihre Kunstphilosophie systematisch auszugehen sucht. Weniger die geschichtsbewußte Wahrnehmung griechischer Kulturleistungen steht dabei im Vordergrund als der Entwurf eines ästhetischen Arkadien, das schon Goethes Iphigenie ‹mit der Seele sucht›. Trotz derartiger Idealisierung hat Schiller erkannt, daß die antike Poesie nicht ausschließlich von jener Naivität beherrscht wird, die man ihr in der Moderne zuschreibt; in einer Anmerkung räumt er ein: «Es ist vielleicht nicht überflüssig zu erinnern, daß, wenn hier die neuen Dichter den alten entgegengesetzt werden, nicht sowohl der Unterschied der Zeit, als der Unterschied der Manier zu verstehen ist.» (NA 20, 437f.) Bereits Garve hatte, prägend für die hier vorgelegte Argumentation, nachdrücklich erklärt: «Die Werke unsrer Zeit sind Denkmäler von dem, was der menschliche Geist nach Absicht, mit Bewußtseyn und durch sich selbst hervorzubringen im Stande ist.»[294]

Der zweite Teil der Abhandlung beschreibt den Typus des sentimentalischen Dichters, der die Merkmale kultureller Verfeinerung trägt. Seine Voraussetzung findet er in der Entfaltung einer Vernunftordnung, die den Menschen moralisch ausbildet, seine Handlungsmaximen schärft und ihm den Weg zur Selbstreflexion ebnet – ein Zeitporträt, das Argumente der *Briefe* aufgreift. Einerseits schafft die Ordnung der Vernunft die Bedingung dafür, daß der moderne Mensch den unmittelbaren Kontakt zur Natur – damit die naive Gesinnung – verliert, andererseits ermöglicht sie die Erprobung von Idealen, die ihrerseits die Rückkehr zur neuen Einheit der Natur, freilich auf qualitativ anderem Niveau, anbahnt. Unter Abwandlung von Thesen seiner akademischen Antrittsrede betont Schiller, daß eine solche triadische Entwicklung der evolutionären Logik entspreche, die den Gang von Individuum und Menschheit, die Dynamik von Onto- und Phylogenese bestimme (womit er zugleich seine Doppelperspektive bezeichnet, die durch die Begriffe ‹naiv› und ‹sentimentalisch› besondere Künstlertypen ebenso wie Epochentendenzen charakterisiert): «Dieser Weg, den die neueren Dichter gehen, ist übrigens derselbe, den der Mensch überhaupt sowohl im Einzelnen als im Ganzen einschlagen muß. Die Natur macht ihn mit sich Eins, die Kunst trennt und entzweyet ihn, durch das Ideal kehrt er zur Einheit zurück.» (NA 20, 438) Hier leuchtet jene triadische Denkform auf, wie sie für den geschichtsphilosophisch begründeten deutschen Idealismus der Zeit um 1800 generell kennzeichnend scheint. Novalis und Hölderlin, Schelling und Hegel stützen sich gleichermaßen auf die Logik des Dreischritts, demzufolge der geschlossenen Kulturordnung (als Kennzeichen von Antike oder Mittelalter) eine Periode der Zersplitterung der Kräfte mit gleichzeitiger Vertiefung der Vernunftvermögen, dieser wiederum die (erwartbare) Neugewinnung der Unschuld unter den veränderten Bedingungen ästhetischer Modernität folge. Für Schiller steht außer Frage, daß das vom sentimentalischen Dichter angestrebte Ziel letzthin entrückt bleiben muß: «Weil aber das Ideal ein unendliches ist, das er niemals erreicht, so kann der kultivirte Mensch in seiner Art niemals vollkommen werden, wie doch der natürliche Mensch es in der seinigen zu werden vermag.» (NA 20, 438) Es bildet eine Grundanlage moderner Literatur, daß sie zu der von ihr angestrebten Naivität der Naturnähe nicht zurückzufinden vermag; unaufgehobene Spannung, fehlender Ausgleich der Kräfte, Verharren im Stadium des Möglichen kennzeichnen die Arbeiten des sentimentalischen Autors als Produkte unvollendbarer künstlerischer Anstrengung. Die frühromantische Ästhetik wird dieses Moment in ihrer programmatischen Kultur des literarischen Fragments bewußt ausbilden.

Die unaufgelöste Spannung von Ideal und Wirklichkeit beherrscht auch zwei der drei Hauptgattungen sentimentalischer Poesie. Schiller beschreibt sie nicht mit den Mitteln der älteren Normpoetik, sondern skizziert die ihnen zugrunde liegende Idee und überschreitet damit den engen Rahmen der aufgeklärten Literaturtheorie.[295] Weniger die Bestimmung formaler Kriterien als die Charakterisierung der poetischen «Empfindungsweise» (NA 20, 449), der besonderen künstlerischen Mentalität, leitet seine Definitionen. Satire, Elegie und Idylle verkörpern die für die sentimentalische Literatur maßgeblichen Gattungen, deren nähere Konturen durch die jeweils unterschiedliche Beziehung von Wunschbild und Wirklichkeit gestaltet werden. Die Satire geht von der mangelhaften Gegenwart aus und beklagt (teils scherzhaft, teils strafend-pathetisch) deren fehlende Idealität; die Elegie setzt bei der Darstellung des Ideals ein und betrauert dessen nicht gegebene Realität; die Idylle beschreibt die weltferne Einheit beider in einem hoffnungsvoll stimmenden Tableau der Versöhnung.

Von besonderer Aufschlußkraft für das Verständnis der sentimentalischen Poesie ist die elegische Gattung. Ihre Inszenierung trauriger Gemütsstimmung entspringt der Einsicht in die fehlende Wirklichkeit einer idealischen Weltsubstanz: «Der elegische Dichter sucht die Natur, aber in ihrer

Schönheit, nicht bloß in ihrer Annehmlichkeit, in ihrer Übereinstimmung mit Ideen, nicht bloß in ihrer Nachgiebigkeit gegen das Bedürfnis. Die Trauer über verlorne Freuden, über das aus der Welt verschwundene goldene Alter, über das entflohene Glück der Jugend, der Liebe u.s.w. kann nur alsdann der Stoff einer elegischen Dichtung werden, wenn jene Zustände sinnlichen Friedens zugleich als Gegenstände moralischer Harmonie sich vorstellen lassen.» (NA 20, 450) Scheint an der Elegie die Organisation des modernen Bewußtseins ablesbar, das durch die unerfüllte Sehnsucht nach dem Ideal der Unschuld geprägt bleibt, so spiegelt sich in den Beispielen der Gattung auch die besondere Problematik der sentimentalischen Poesie, die Naturgefühl meist nur im Medium der Reflexion, selten aber auf sinnliche Weise – damit anregend für die Einbildungskraft – zu beschreiben vermag.

Als charakteristische Elegiker bezeichnet Schiller Albrecht von Haller, Ewald Christian von Kleist und Friedrich Gottlieb Klopstock, ferner Rousseau. An den Werken dieser Autoren läßt sich die Zerrissenheit erkennen, die die Texte der sentimentalischen Literatur kennzeichnet: zwischen Empfindung und Abstraktion zerrieben, fehlt ihr das Vermögen, unmittelbar auf das Gemüt des Lesers einzuwirken. Die didaktische Naturpoesie Hallers und die Idealisierungskunst Klopstocks beleuchten dieses Dilemma. Wenn Schiller die pädagogische Absicht von Hallers Texten und die damit verbundene Vorliebe für die Ausrichtung an abstrakten Gedankeninhalten erläutert (NA 20, 454), so beschreibt er damit auch die Tendenz seiner eigenen lyrischen Arbeiten, die, wie er selbst im Brief an Goethe vom 31. August 1794 einräumt, zwischen «Begriff» und «Anschauung» (NA 27, 32) pendeln. Im dritten Teil wird die Abhandlung die Neigung zu schwärmerischer «Überspannung» (NA 20, 481) als Folgerisiko dieser Anlage kennzeichnen. Die Exaltationen des modernen Gemüts, das, von der Natur getrennt, deren Einfalt ersehnt, erkennt Schiller deutlich bei Klopstock und Rousseau; ihnen ist im Feld des Naiven die Neigung zu Derbheiten und «Trivialitäten» kontrastiert, der bereits die antiken Komödiendichter, zumal Aristophanes und Plautus, nicht immer zureichend entgegengewirkt hätten (NA 20, 479).

Die Frage, auf welche Weise die sentimentalische Sehnsucht nach der Wiedergewinnung einer unbeschädigten Natur sinnvoll zu verfeinern und in ein produktives Vermögen umzusetzen sei, erörtert Schiller erstmals im Zusammenhang seiner Kritik an Rousseau. Zum sentimentalischen Autor wird der Schweizer, weil er in seinen poetischen Werken stets als ‹Rächer› der Natur auftritt, der ihre Wiederherstellung im Stadium der schönen Einfalt erstrebt. Bedenklich bleibt laut Schiller jedoch, daß Rousseau die

Mitte zwischen Empfindelei und Abstraktion nur selten findet. Die poetische Dürftigkeit mancher seiner Texte führt der Kritiker auf die Inkonsequenz der ihn leitenden Zielvorgaben zurück: Rousseau neige dazu, die Rückkehr zur Epoche der Unschuld als einfachen Regreß, als Flucht aus den Zwängen der Moderne zu denken, ohne zu berücksichtigen, daß die Erneuerung des ursprünglichen Zustandes nur gelingen kann, wenn man sie unter den Bedingungen der Gegenwart anstrebt. Nicht die Aufhebung unserer Identität als Vernunftwesen, sondern deren Umwandlung zum Zweck der Erfüllung des Ideals naiver Lebensformen müsse der Mensch sich vorsetzen. Über Rousseaus undialektisches Programm des ‹Retour à la nature› bemerkt Schiller entschieden: «Seine leidenschaftliche Empfindlichkeit ist Schuld, daß er die Menschheit, um nur des Streits in derselben recht bald los zu werden, lieber zu der geistlosen Einförmigkeit des ersten Standes zurückgeführt, als jenen Streit in der geistreichen Harmonie einer völlig durchgeführten Bildung geendigt sehen, daß er die Kunst lieber gar nicht anfangen lassen, als ihre Vollendung erwarten will (...)» (NA 20, 452)

Im Gegensatz zu den beiden ersten Gattungen, die im Zeichen der unerfüllten Versöhnung von Natur und Kunst stehen, lebt die Idylle aus der Substanz eines poetischen Hoffnungsbildes. Ihr großes Thema – sichtbar in den aufgeklärten Gattungsmustern eines Geßner oder Voß – ist die Beschwörung des intakten Naturzustandes im Rahmen der Darstellung bukolischen Lebens, die auf beschränktem Raum sich vollziehende Beschreibung der Einheit von Mensch und Schöpfung. Die Problematik der Idylle liegt darin, daß ihre Motivwelt durch Verarbeitung traditioneller Topoi ein harmonisches Tableau entwirft, das mit der gegenwärtigen Wirklichkeit nichts zu schaffen hat. Die Gefahr der anspruchslosen Verklärung sieht Schiller nur dort überwunden, wo in die Idylle moderne Bewußtseinselemente eingebaut werden, die den Abstand von antiker Natur und aktueller Vernunftkultur zu bezeichnen vermögen (vgl. NA 20, 472f.). Aus dieser Differenz leitet er die Forderung ab, daß die sentimentalische Idylle zu einer veränderten Naturdarstellung im Zeichen skeptischer Selbstreflexion finden müsse. Weil kein Weg zum Arkadien der Antike führt, ist dessen poetische Beschwörung mit neuen Mitteln ins Werk zu setzen. Der moderne Idylliker soll die Rückwendung in die Vergangenheit, deren unbedachte Verherrlichung einem «reaktionären Selbstbetrug»[296] gleichkäme, zur Arbeit an der eigenen Zeit nutzen. Er muß das Kunststück vollbringen, die naive Natur im Licht gegenwärtiger Gedankenkultur als neues Paradies erscheinen zu lassen: «Er mache sich die Aufgabe einer Idylle, welche jene Hirtenunschuld auch in Subjekten der Kultur und unter allen Bedingungen

des rüstigsten feurigsten Lebens, des ausgebreitetsten Denkens, der raffinirtesten Kunst, der höchsten gesellschaftlichen Verfeinerung ausführt, welche mit einem Wort, den Menschen, der nun einmal nicht mehr nach Arkadien zurückkann, bis nach Elisium führt.» (NA 20, 472)
Die Formel ‹von Arkadien nach Elysium› wird zum Zielprogramm der sentimentalischen Idylle. Ist Arkadien, die Landschaft auf dem Peloponnes, das exemplarische Reich der Naturschönheit, so Elysium die Insel der Seligen, die der Mensch dem antiken Mythos zufolge erst nach seinem Tod erreicht. Die sentimentalische Idylle bietet ein Idealbild, das die Aufhebung früherer Naturnähe voraussetzt – ein Tableau des Friedens unter den Bedingungen der Erfahrung des Unfriedens. In ihr bekundet sich, was August Wilhelm Schlegel im kritischen Blick auf Schillers Abhandlung über deren «Verhältnißbegriffe» angemerkt hat – die Tatsache, daß die Leitkategorien der Schrift ihre Substanz letzthin nur aus den Erwartungen modernen Bewußtseins, nicht durch eine geschichtlich objektive Sichtweise gewinnen.[297]

Schiller selbst hat sich im Jahr der Entstehung seines Aufsatzes um die praktische Umsetzung des hier bezeichneten Idyllenentwurfs bemüht. In der nicht realisierten Fortführung des Lehrgedichts *Das Reich der Schatten* plante er, wie ein Brief an Wilhelm von Humboldt vom 29. November 1795 verrät, eine beispielhafte Darstellung jenes ‹objektivierten Ideals der Schönheit› zu bieten, das im Mittelpunkt der Gattungskonzeption steht. Als besonders reine Form der Idylle betrachtete er später Goethes Epos *Hermann und Dorothea* (1797), in dem er jene Technik der poetischen Sublimierung wirksam fand, die es gestattete, auch die bürgerliche Lebenswelt idealisch in Szene zu setzen – freilich um den Preis der Ausblendung ihrer spannungsvollen Züge. Humboldt hat in seinen *Ästhetischen Versuchen* von 1797/98 die literarische Organisation profaner Gegenstände als besondere Leistung der Goetheschen Idylle und Folge ihrer letzthin sentimentalischen Anlage bezeichnet.

Theorie der Moderne.
Schiller und die Querelle-Problematik

Der dritte Teil der Abhandlung – der *Beschluß* – bietet dem Leser zwei neue Perspektiven. Zum einen bemüht sich Schiller nun um eine Klärung des Verhältnisses seiner beiden Leitbegriffe, zum anderen strebt er eine Ausweitung seiner Überlegungen in die Sphäre der intellektuellen Mentalitäten an; aus dem Gegensatz zwischen Naivem und Sentimentalischem tritt jener zwischen Realismus und Idealismus hervor. Er bezeichnet keine poetischen Einstellungen mehr, sondern spezifische Beziehungen des Menschen zur ihn umgebenden Wirklichkeit. Der Geburtstagsbrief an Goethe hatte eine Analyse des möglichen Verhältnisses zwischen naiver und moderner Empfindungsart vorgelegt, ohne aber ausdrücklich die Kategorien des späteren Aufsatzes zu nutzen. Er vermutete eine grundsätzliche Antinomie zwischen dem (Goethe angeborenen) «griechischen Geist» und der «nordischen Schöpfung», in der man gemeinhin die Differenz von antiker Naivität und moderner Sentimentalität wiederzuerkennen glaubte. Goethes Bildungsweg vollzog sich Schiller zufolge vor diesem Hintergrund in zwei Schüben. Nach dem Eintritt in die seinem Naturell fremde Verstandeswelt der Moderne, der zum Gewinn reflexiver Fähigkeiten, jedoch ebenso zum Verlust konkreter Anschauungskraft führte, mußte er die «Begriffe», die ihm die moderne Kultur vermittelt hatte, «wieder in Intuitionen umsetzen, und Gedanken in Gefühle verwandeln, weil nur durch diese das Genie hervorbringen kann.» (NA 27, 26) Die sentimentalische Bewußtseinsordnung (‹nordische Schöpfung›) wird hier von Schiller noch als Zwischenstadium gekennzeichnet, das der zur naiven Empfindung (‹griechischer Geist›) geborene Künstler Goethe durchlaufen muß, um am Ende die Stufe der vernunftgestützten Abstraktion zu überwinden und zu einer qualitativ anderen Form der intuitiv bestimmten literarischen Bildung zu gelangen.

Gegenüber dieser Auffassung bietet der *Beschluß* von Schillers Abhandlung eine deutliche Revision, die zur Aufwertung des Sentimentalischen führt. In einer Fußnote, die erst von Peter Szondi gründlich analysiert worden ist, äußert sich Schiller über das Verhältnis von naiver und sentimentalischer Disposition (NA 20, 473).[298] Er verweist dabei auf Kants *Kritik der reinen Vernunft*, die in der zweiten Anmerkung zu Paragraph 11 die Tafel ihrer Kategorien näher erläutert und prinzipiell erklärt hatte, daß die erfahrungsjenseitige Bestimmung der Tätigkeit des menschlichen Verstandes Begriffe finden müsse, die in ein triadisches System eingebaut seien, wobei «die dritte Kategorie allenthalben aus der Verbindung der zweiten mit der ersten ihrer Klasse entspringt.»[299] Die denklogische Begründung für dieses allgemeine Ordnungsmodell lautet, daß man allein dort die Totalität menschlicher Handlungsweisen zu beschreiben vermöge, wo deren unterschiedliche Strebensrichtungen dialektisch in einer übergreifenden Kategorie zusammengefaßt werden könnten (eine solche Synthese wäre, wie Kant vermerkt, mit einem simplen Begriffsdualismus nicht zu gewinnen).

Wenn Schiller das Verhältnis von Naivem und Sentimentalischem zu erklären sucht, stützt er sich auf Kants Kategorientafel. «Das Gegentheil der naiven Empfindung», so heißt es, «ist nehmlich der reflektirende Verstand, und die sentimentalische Stimmung ist das Resultat des Bestrebens, auch unter den Bedingungen der Reflexion die naive Empfindung, dem Innhalt nach, wieder herzustellen.» Die hier umrissene Entwicklung verläuft deutlich anders, als es der im Jahr zuvor verfaßte Geburtstagsbrief an Goethe beschreibt. Weiterhin bildet das Naive – das Naturell griechischer Prägung – den Ausgangspunkt, dem nun jedoch die Denkkultur der Moderne (‹unter den Bedingungen der Reflexion›) entgegentritt, während das Sentimentalische, in die Spitzenposition der Begriffstrias rückend, das «Resultat» des Versuchs bildet, das Naive vor dem Hintergrund der gegenwärtigen Bewußtseinslage «dem Innhalt nach, wieder herzustellen.» (NA 20, 473) Liest man den Begriff «Resultat» wie Szondi als Synonym für «Ergebnis», so erweist sich das Naive, sofern es in der Moderne begegnet, als Produkt einer sentimentalischen Kulturleistung im Zeichen der Überwindung der Schranken, die die moderne Abstraktionswelt aufgerichtet hat. Nicht mehr das Sentimentalische bildet das zu überspringende zweite Element, sondern die Vernunftsphäre moderner Prägung. Auch Goethes naives Künstlertum wäre, im Licht der Anmerkung besehen, allein die Folge einer sentimentalischen Tendenz.[300] Es versteht sich, daß eine solche Gewichtung die entschiedene Aufwertung der sentimentalischen Bewußtseinsstruktur bedeutet, bezeichnet diese doch in der neuen Sicht Schillers das verbindliche Modell, innerhalb dessen sich moderne Literatur einzig entfalten kann.

Das Sentimentalische bildet gleichwohl nicht den Endzustand der von der Studie umschriebenen Entwicklungsidee, sondern nur eine Station auf dem unabschließbaren Weg zur Vergegenwärtigung Arkadiens in dürftiger Zeit.[301] Den unerfüllbaren Charakter des Projekts betont auch Schillers Anmerkung, wenn sie vom «Bestreben», spricht, die naive Wahrnehmungsstruktur «unter den Bedingungen der Reflexion wieder herzustellen». Der zivilisationsgeschichtliche Optimismus der drei *Thalia*-Abhandlungen von 1790 ist jetzt der Einsicht in die begrenzte Selbstergänzungsfähigkeit moderner Bewußtseinskulturen gewichen. Die Schrift beschreitet an diesem Punkt jedoch andere Wege als Schellings wenige Jahre später aus den Jenaer und Würzburger Vorlesungen hervorgehende *Philosophie der Kunst* (1802–03), die die Annäherung von Antike und Moderne in einer Synthesis zu denken sucht. Die von Schiller umrissene Beziehung der Epochen trägt dialektische Züge und ermöglicht keine endgültige Aufhebung ihrer Differenz in einer identitätsstiftenden Vereinigung. Vielmehr gehört es zur besonderen Erblast der sentimentalischen Gedankentätigkeit, daß ihre Sehnsucht nach Verschmelzung mit der Natur unerfüllbar und dauerhaft unbefriedigt zu sein scheint. Gerade hier enthüllt sich die Originalität von Schillers Studie, die mit der Beschreibung des modernen Bewußtseins einen eigenen Beitrag zur Bestimmung neuzeitlicher Kultur leistet, ohne die von ihr ausgehende Beunruhigung theoretisch zum Stillstand zu bringen. Wenn Schillers Ästhetik eine Versöhnung von Widersprüchen, wie sie Hegels Geschichtsphilosophie reflektieren wird, überhaupt denkt, dann einzig unter Vergegenwärtigung des Preises, um den sie erkauft wurde – im Hinweis auf die Verluste, die die heikle Vermittlungsleistung moderner Kunst herbeiführt.

Wie bedeutsam die dialektische Methode für Schillers ästhetisches Denken ist, beweisen die Randbemerkungen, mit denen er Wilhelm von Humboldts zu Beginn des Jahres 1793 entstandenen Aufsatz *Ueber das Studium des Alterthums* kommentiert. Humboldt greift diese Annotationen in einem Brief an Friedrich August Wolf vom 31. März 1793 auf und zitiert sie ausführlich. Schiller umreißt hier eine kurze Theorie menschlicher Kulturgeschichte, die bereits die Bestimmungen der späteren Abhandlungen vorwegnimmt. Das Individuum sei, so heißt es, im Fortschreiten seiner Kultur durch zwei Stadien gegangen, deren Aufhebung in einer dritten Stufe ausstehe. Die erste Phase entspricht der naiven Wahrnehmungspraxis im Zeichen einer sinnlich erschließbaren Einheit der Wirklichkeit: «Der Gegenstand steht ganz vor uns, aber verworren und ineinander fließend.» Das zweite Stadium bleibt geprägt durch den Gewinn reflexiver Vermögen bei gleichzeitigem Verlust einer ganzheitlichen Erfahrungsperspektive: «Wir trennen einzelne Merkmale und unterscheiden. Unsere Erkenntniß ist deutlich aber vereinzelt und borniert.» Die angestrebte letzte Stufe ermöglicht schließlich die Synthese: «Wir verbinden das Getrennte und das Ganze steht abermals vor uns, aber jetzt nicht mehr verworren sondern von allen Seiten beleuchtet.» (NA 21, 63) Schon in den Anmerkungen zu Humboldts Aufsatz bekundet sich damit Schillers Ehrgeiz, seine ästhetischen Grundsätze in ein Entwicklungsmodell zu überführen, das Fortschritt dialektisch zu erfassen vermag. Günstigenfalls verbindet sich in ihm der Optimismus teleologischen Denkens mit der Skepsis gegenüber theoretisch folgerichtigen, aber erfahrungswidrigen Prognosen.

Schiller legt in *Ueber naive und sentimentalische Dichtung* seinen Maßstäbe setzenden Beitrag zur Bestimmung des Verhältnisses zwischen Antike und Moderne sowie eine eigene Theorie literarischer Gattungen vor, die unter der Regie einer entschiedenen Kritik der älteren Normpoetik aus der sie beherrschenden ästhetischen Idee charakterisiert werden. Ebenso wie im Fall der *Briefe* bemängelten zeitgenössische Leser an der Abhandlung die Unklarheit ihres Aufbaus, die Dunkelheit der Terminologie und die metaphernreiche Bildsprache, die man für das Indiz unsauberer Arbeit am Begriff hielt. In seinem Grundsatzbrief vom 27. Juni 1795 hatte schon Fichte mit verletzender Härte an Schiller geschrieben: «Ihre philosophischen Schriften sind gekauft, bewundert, angestaunt, aber so viel ich merke, weniger gelesen und gar nicht verstanden worden; und ich habe im größern Publikum keine Meinung, keine Stelle, kein Resultat daraus anführen hören. Jeder lobt, so sehr er kann; aber er hütet sich wohl vor der Frage: was denn eigentlich darin stehe?» (NA 35, 232)

Im Laufe des Jahres 1796 kehrt Schiller zur literarischen Arbeit zurück, ohne später die theoretischen Studien mit vergleichbarer Intensität nochmals aufzunehmen. Bereits im August 1794 hatte er sich vorsichtig über die Fruchtbarkeit seiner philosophischen Bemühungen geäußert: «Eine große und allgemeine Geistesrevolution werde ich schwerlich Zeit haben, in mir zu vollenden aber ich werde thun was ich kann, und wenn endlich das Gebäude zusammenfällt, so habe ich doch vielleicht das Erhaltungswerthe aus dem Brande geflüchtet.» (NA 27, 32) Am 17. Dezember 1795 schreibt er an Goethe: «(...) es ist hohe Zeit, daß ich für eine Weile die philosophische Bude schließe. Das Herz schmachtet nach einem betastlichen Objekt.» (NA 28, 132) Dieses Objekt bietet im folgenden Jahr, 1796, der Wallenstein-Stoff; daß die Entstehung der Trilogie ohne die durch die eigene Tragödienästhetik erreichte Reflexionshöhe nicht denkbar gewesen wäre, belegen die Briefe an Goethe, die die praktischen Schwierigkeiten der dramatischen Arbeit immer wieder aus gattungstheoretischer Sicht zu kommentieren suchen. Welche Vorbehalte Schiller später seinen ästhetischen Schriften gleichwohl entgegenbringt, verrät eine Selbstcharakteristik aus einem Brief an den Leipziger Musikkritiker Johann Friedrich Rochlitz vom November 1801: «Der Gang unsers Geistes wird oft durch zufällige Verkettungen bestimmt. Die Metaphysisch-critische Zeitepoche, welche besonders in Jena herrschte, ergriff auch mich, es regte sich das Bedürfnis nach den letzten Principien der Kunst und so entstanden jene Versuche, denen ich keinen höheren Werth geben kann und will, als daß sie ein Stück meines Nachdenkens und Forschens bezeichnen, und eine vielleicht nothwendige Entladung der metaphysischen Materie sind, die wie das Blatterngift in uns allen steckt, und heraus muß.» (NA 31, 72) Eine letzthin zwiespältige Einschätzung idealistischer Kunsttheorie bekundet noch der letzte Brief, den Schiller sechs Wochen vor seinem Tod, am 2. April 1805, an Wilhelm von Humboldt schreibt: «Die speculative Philosophie, wenn sie mich je gehabt hat, hat mich durch ihre hohle Formeln verscheucht, ich habe auf diesem kahlen Gefild keine lebendige Quelle und keine Nahrung für mich gefunden; aber die tiefen

Grundideen der Idealphilosophie bleiben ein ewiger Schatz und schon allein um ihretwillen muß man sich glücklich preisen in dieser Zeit gelebt zu haben.» (NA 32, 208)

Gegenbilder.
Abweichende Entwürfe der frühromantischen Ästhetik

Im Januar 1797, zwölf Monate nach der letzten Folge von Schillers großer Abhandlung, erscheint Friedrich Schlegels bereits knapp eineinhalb Jahre zuvor abgeschlossener Versuch *Über das Studium der griechischen Poesie* innerhalb der Aufsatzsammlung *Die Griechen und Römer*. Nur ein Jahr später kennzeichnet Schlegel selbst seinen Text als «manierierten Hymnus in Prosa».[302] Die kritische Bezeichnung gilt der ungebrochenen Begeisterung, mit der der Essay das Bildnis einer unbedingt nachahmenswerten Altertumskultur entwirft. Während Schiller eine dialektisch fundierte Systematik des seit Perrault zumeist statisch gedachten Gegensatzes von Antike und Moderne bietet, hält sich der junge Schlegel, der, wie er im Vorwort einräumt, die *Horen*-Abhandlung erst nach Vollendung seines eigenen Aufsatzes kennengelernt hat,[303] an eine stärker typisierende Epochenunterscheidung, die jedoch durch das Bewußtsein für geschichtliche Nuancen aufgelockert wird. Zeigt sich die starre Differenzierung zwischen antiker und gegenwärtiger Kultur der gelenkigen Dialektik Schillers methodisch unterlegen, so besticht der *Studium*-Aufsatz andererseits durch souveränes historisches Urteilsvermögen und solide philologische Kenntnisse, wie sie bereits die 1794 in der *Berlinischen Monatsschrift* veröffentlichte Abhandlung *Von den Schulen der griechischen Poesie* eindrucksvoll bewiesen hatte.

Im Gegensatz zu Schillers ungeschichtlichem Klassizismus stützt Schlegel sein Antike-Bild durch die Untersuchung der Phasendifferenzen, sozialen Bildungsbedingungen und lokalen Besonderheiten, denen die griechische Kunst gehorchte. Neben diese methodischen Abweichungen tritt der gewaltige Abstand, der die hier vermittelten Theorien der Moderne trennt. Aus Schlegels Sicht erscheint die Gegenwart als Stadium eines fortgeschrittenen Bildungsverfalls, der für ein Symptom der «Entartung» gehalten und damit unter Krankheitsverdacht gestellt wird.[304] Andererseits verknüpft sich mit diesem düsteren Porträt die Erwartung einer ästhetischen Umwälzung, in deren Gefolge die Moderne die Qualitäten der antiken Kunst neu in sich aufzunehmen vermag. Es versteht sich, daß Schiller weder die übermäßig kritische Beschreibung gegenwärtiger poetischer Tendenzen noch die Perspektive auf deren revolutionäre Veränderung im Handstreich sympathisch finden konnte.

Abweichende Entwürfe der frühromantischen Ästhetik 225

Die Unterscheidung der Epochenbegriffe schließt bei Schlegel deutliche Wertungen, mit ihnen den Gedanken einer tiefgreifenden Kulturdifferenz ein. Die moderne Literatur wirkt nicht schön, sondern einzig interessant; ihren Nährboden bildet der Geist der Künstlichkeit, dem die Tendenz zum Häßlichen wie zum Exzentrisch-Überspannten innewohnen kann (das entspricht überraschend Schillers Befund über die Gefahren sentimentalischer Bewußtseinshaltungen). Schroff grenzt sich vom «ästhetischen Kriminalkodex»[305] der Gegenwart das Porträt der griechischen Literatur mit der gegenständlichen Kraft ihrer Werke und der Objektivität ihres Schönheitsideals ab. Das Griechenbild des jungen Schlegel, das maßgeblich durch die kunsttheoretischen Kategorien Winckelmanns geprägt bleibt, läßt sich mit den von ihm ausgemachten Modernitätstendenzen schwerlich vermitteln. Schlegel versäumt nicht, in der 1797 verfaßten Vorrede seiner Abhandlung zu betonen, daß Schillers Charakteristik der sentimentalischen Gattungen «das Merkmal eines *Interesse* an der *Realität* des Idealen» einschließe, welches mit seinem eigenen Begriff des Interessanten zur Deckung komme; im Gegensatz zur antiken Poesie werde die moderne angetrieben durch einen intentionalen Impuls, der ihren Wirkungsansprüchen Ausdruck verleihe.[306] Ihm selbst dürfte aber nicht entgangen sein, daß Schillers Kategorie bereits den Charakter eines Endprodukts besitzt, das jene Spannungen, die dem *Studium*-Aufsatz zufolge die Moderne bestimmen, auf höherer Ebene zu überwinden sucht: das Sentimentalische erweist sich als das überholte Interessante.[307]

Für geboten hält Schlegel eine «ästhetische Revolution»,[308] die den Zugang zur Objektivität der Griechen wiederherstellt, die «künstliche» Bildung des Menschen fördert, sich ausrichtet an der sinnlichen Erfahrungswelt der Antike, die «Herrschaft des Interessanten» als Form der «Heteronomie» überwinden und jene höhere «Moralität»[309] ausfalten hilft, die ihrerseits Bedingung schöner Kunst ist. «Der Augenblick scheint in der Tat für eine ästhetische Revolution reif zu sein, durch welche das Objektive in der ästhetischen Bildung der Moderne herrschend werden könnte.»[310] Vollzogen sieht Schlegel diesen Prozeß der Annäherung zwischen antiker und neuer Kunst im Werk Goethes. «Er», so heißt es rühmend, «steht zwischen dem Interessanten und dem Schönen, zwischen dem Manirierten und dem Objektiven.»[311] Goethes künstlerische Individualität, die die angestrebte Vermittlung zwischen Antike und Moderne einlöst, bezeichnet jedoch einen Sonderfall mit einzigartigen Zügen, aus dem keine allgemeinen Schlußfolgerungen abgeleitet werden dürfen.

Die Überblendung von antiker und moderner Kunst bleibt auch für Schlegels Denken ein verführerisches Ziel. Anders als Schiller setzt er freilich nicht auf eine bildungstheoretisch begründete Evolution der dem Menschen verliehenen ästhetischen Vermögen, sondern auf jene «Revolution der Gesinnungen und Vorstellungsarten»,[312] von der im Januar 1797 Friedrich Hölderlin in einem Brief an Johann Gottfried Ebel spricht. Der Vorgang, der die verlorene Einheit des Menschen wiederherzustellen vermag, ist für Schlegel nur als gewaltsamer Tigersprung denkbar, nicht aber als vernunftgestützter Prozeß im Zeichen der Idee schöner Bildung, wie sie zur selben Zeit neben Schiller auch Herder in seinen *Humanitätsbriefen*, freilich auf der Basis einer zyklisch gefaßten Geschichtskonzeption, vertritt.

Mutet Schlegels Programm der ästhetischen Revolution als Beitrag zur theoretischen Neubegründung der Moderne aus antikem Geist überaus progressiv an, so bleibt dagegen die Forderung, man müsse die Objektivität der griechischen Kunst wiedergewinnen, um die gegenwärtige Herrschaft des Interessanten zu unterbinden, konservativ und ohne originellen Zuschnitt. Hier scheint Schlegel weit von der Idee der dialektischen Vermittlung zwischen Antike und Moderne entfernt, die Schiller im Gedanken der Aufbewahrung des Naiven durch das Sentimentalische formuliert. Der methodische Gegensatz, der den *Studium*-Aufsatz von der *Horen*-Abhandlung trennt, könnte bezeichnender kaum sein. Schillers zumeist logisch gegliederter Systematik steht Schlegels sprunghafter Darstellungsduktus gegenüber; dem aus der Perspektive eines Evolutionskonzepts vorgetragenen Bildungsgedanken widerstreitet wiederum die revolutionäre Ungeduld, die den theoretischen Kopf der Jenaer Frühromantik prägt. Diese unverminderte Spannung auf ein Fernziel grenzt auch die Reflexionsstrategie von Novalis' geschichtsphilosophischen Abhandlungen gegen Schillers Ansatz ab. In *Die Christenheit oder Europa* (1799) zeigt sich die gesamte Argumentation durch eine chiliastische Zeiterwartung bestimmt; *Glauben und Liebe*, ein Jahr zuvor als Athenäumsbeitrag veröffentlicht, entwirft, gleichfalls im Rahmen einer utopischen Perspektive, die Vision der neuen Staatskultur, deren Grundlage die Weltsprache des Gefühls ist. Noch Schellings *Philosophie der Kunst* wird an dieser Option festhalten, wenn sie die Idee einer neuen Mythologie ausleuchtet, die die Vereinigung von realer (griechisch-antiker) und idealer (christlicher) Symbolik der schönen Formen ermöglichen und damit die Überlegenheit der ästhetischen Erfahrung als Medium der intellektuellen Anschauung gegenüber der theoretischen Abstraktion erweisen soll.

Es bedurfte nur einer Drehung innerhalb des ästhetischen Wertsystems, das Schlegels *Studium*-Aufsatz von 1795 gebiert, um zur Position der Athenäumsfragmente und großen Charakteristiken über Forster, Lessing und

Jacobi zu gelangen – der Aufwertung jener Kategorie des Interessanten, mit der Schlegel seine Theorie der (romantischen) Moderne begründet. An den Platz von Schillers Konzept der sentimentalischen Reflexionskunst rückt dann das Modell der ästhetischen Subjektivität ohne die Schubkraft der Idealisierung: der Anspruch, künstlerischen Sinn allein über den ‹interessanten› Charakter des künstlerischen Darstellungsakts hervorzubringen.[313] In einem 1797 entstandenen Fragment vermerkt Schlegel, daß die Kategorie des Sentimentalischen dynamische Züge annehmen müsse, um die klassizistische Prägung zu überwinden, die sie bei Schiller besitzt: «Nur durch absolute Progressivität (Streben nach dem Unendlichen) wird das Sentimentalische sentimental und ästhetisch interessant. Sonst ist es bloß psychologisch interessant oder moralisch als Theil einer würdigen Individualität.»[314] Während Schiller das entschlossene Bekenntnis zur Moderne durch ein klassizistisches Kunstprogramm ergänzt, verbindet Schlegel mit der konservativen Analyse der gegenwärtigen kulturellen Situation einen progressiven ästhetischen Entwurf. Dem letzthin noch auf den Entwicklungsgedanken der Aufklärung zurückverweisenden Bildungsanspruch der klassischen Kunsttheorie treten damit die Absage an eine zweckgebundene Geschichtsidee und die Anerkennung der Unberechenbarkeit literarischer Veränderungsprozesse entgegen.

Nicht allein die unterschiedliche Ausgestaltung der geschichtsphilosophischen Fernerwartung, sondern auch die abweichende Funktionsbestimmung der ästhetischen Erfahrung trennt Schillers Kunsttheorie von den Entwürfen der Frühromantik. Programmatisch hat Schelling im *System des transcendentalen Idealismus* (1800) auf die entgrenzende Wirksamkeit des Schönen hingewiesen, das hier, anders als bei Schiller, keine Modellfunktion, sondern ontologischen Charakter gewinnt: «Die Kunst ist eben deßwegen dem Philosophen das Höchste, weil sie ihm das Allerheiligste gleichsam öffnet, wo in ewiger und ursprünglicher Vereinigung gleichsam in Einer Flamme brennt, was in der Natur und Geschichte gesondert ist, und was im Leben und Handeln, ebenso wie im Denken, ewig sich fliehen muß.»[315] Auch Schlegel und Novalis gehen in ihren Entwürfen von einer Universalform des Schönen aus, die die Markierungslinien zwischen Literatur und historisch-sozialer Wirklichkeit verschwinden lassen soll. Dieses Wunschbild beleuchtet bereits Schlegels Aufsatz *Über die Grenzen des Schönen*, der 1795 in Wielands *Merkur* erscheint. Er diagnostiziert die Absonderung der ästhetischen von der gesellschaftlichen Erfahrung als Krisensymptom der Gegenwart und knüpft daran die Erwartung, daß dieser Zustand im Zuge der Entfaltung einer progressiven künstlerischen Bildungsidee überwindbar sei: «Trostlos und ungeheur steht die Lücke vor uns: der Mensch ist zerrissen, die Kunst und das Leben sind getrennt.» Im Gegensatz zu den Zerfallstendenzen der jetzigen Epoche profiliert sich eine griechische Antike, die die Einheit der Kultur verwirklicht zeigte: «Es gab eine Zeit, es gab ein Volk, wo das himmlische Feuer der Kunst, wie die sanfte Glut des Lebens beseelte Leiber durchdringt, das All der regen Menschheit durchströmte.»[316]

Den Perspektivplan einer neuen «Lebenskunst»,[317] die die Grenze zwischen sozialer und ästhetischer Ordnung einreißt, hat Schiller entschieden abgelehnt. In einem Schreiben an Körner, der den jungen Autor protegiert, heißt es tadelnd: «Vor einiger Zeit las ich im Teutschen Merkur einen Aufsatz von Deinem Schlegel über die Grenzen des Schönen. Welche Verworrenheit des Begriffs und welche Härte der Darstellung herrschte darinn. So etwas mußt Du ihm nicht schenken, wenn Du ihm die Wahrheit sagen darfst.» (NA 28, 2) Gegen die Idee einer Vereinigung künstlerischer und gesellschaftlicher Erfahrung bringt der 26. Brief über die ästhetische Erziehung die strikte Trennung beider Bereiche als unbedingtes Gesetz moderner Kultur zur Geltung. Wo die festgelegte Grenze zwischen ihnen überschritten wird, sieht Schiller eine ruinöse Verunreinigung der Kunst durch die Realität, der Wirklichkeit durch den Schein wirksam werden. Ästhetische Erfahrung kann für ihn nur dann zum Modell einer sinnliche und theoretische Bedürfnisse versöhnenden gesellschaftlichen Praxis werden, wenn sie sich prinzipiell von der sozialen Sphäre absondert und ihren autonomen Charakter ohne Einschränkung bewahrt.[318] Der Preis für diese vermittelnde Strategie ist die methodische Inkonsequenz einer Ästhetik, die gegen Kant die Identität von Sinnlichkeit und Vernunft im Schönen behaupten, mit Kant aber deren Selbständigkeit nicht preisgeben möchte.

Ebenso wie Schlegel hat Novalis die Annäherung zwischen literarischem und wissenschaftlichem Diskurs zum entscheidenden Projekt der Moderne erklärt. Die wechselseitige Durchdringung von Reflexion und Anschauung, die auch Schelling als ideales Merkmal künstlerischer Formen betrachtet,[319] wird zum Zielpunkt der durch die Fragmente bezeichneten theoretischen Gedankenbewegung. «Die vollendete Form der Wissenschaften muß poetisch seyn», so lautet in den *Logologischen Fragmenten* von 1798 die methodische Generalformel für diesen Konvergenzprozeß, den die frühromantische Reflexionskultur praktisch umzusetzen sucht.[320] Die Ästhetisierung der außerkünstlerischen Wirklichkeit findet ihre Grundlage in der Annahme, daß die «Poesie» die «Basis der Gesellschaft»[321] bilde. Folgerichtig gerät daher auch die Charakterisierung politischer Verhältnisse zur Beschreibung von Artefakten, deren Erscheinungsform den Ordnungsmustern literarischer Gattungen entspricht. Bei Schlegel heißt es im 424. Athenäumsfragment über die Französische Revolution, sie wirke «als die furchtbarste Groteske des Zeitalters, wo die tiefsinnigsten Vorurteile und die gewaltsamsten Ahndungen desselben in ein grauses Chaos gemischt, zu einer ungeheuren Tragikomödie der Menschhheit so bizarr als möglich verwebt sind.»[322] Mit vergleichbaren literarischen Metaphern bezeichnet Novalis in den Aphorismen von *Glauben und Liebe* den idealen Feudalstaat. Wo der «Roman» ein ganzes «Leben» nicht nur erzählt, sondern selbst vorstellt, wie es die *Teplitzer Fragmente* (1798) fordern, gerät die äußere Wirklichkeit zum «Universaltropus des Geistes», zum symbolischen Bild der Kunst.[323]

Getragen wird dieses Denkmodell durch eine spiritualistische Naturauffassung, die den spekulativen Horizont des hier formulierten Entgrenzungsprogramms abgibt. Novalis faßt Natur nicht allein, wie Schiller, als Modell ästhetischer Erfahrung im Medium sinnlicher Wahrnehmung, sondern als auratischen Raum, in dem intellektuelle Kräfte energetische Wirkung entfalten. Großen Einfluß gewinnen hier Franz von Baaders *Beiträge zur Elementar-Physiologie* (1797) mit ihrem Plotin entstammenden Leitgedanken der Analogie zwischen materiellen und immateriellen Kräften sowie Schellings pantheistisch grundierte Naturkonzeption, wie sie sich in seiner Abhandlung *Von der Weltseele* (1798) abzeichnet. Beide Schriften hat Novalis zwischen Herbst 1797 und Winter 1799 intensiv studiert und ausführlich exzerpiert. Ihre prägende Bedeutung wird in zahlreichen Notizen zur Naturphilosophie und zum Organismusproblem kenntlich, die Vorstellungen aus dem geistigen Umfeld beider Autoren widerspiegeln: die Theorie der Komplementarität sämtlicher Naturkräfte, die auf Plotin verweisende Lehre von der sinnlichen Emanation immaterieller Energien, das Modell der psychophysischen Einheit des Menschen, die spinozistisch getönte Idee der aktiven *natura naturans*. Bei Novalis bildet die spekulativ-organologische Philosophie der Zeit den maßgeblichen Gedankenhintergrund für die theoretische Reflexion einer grenzüberschreitenden Ästhetik, die Phantasie und Naturgeschichte zusammenführen soll.[324] Verkörpert die künstlerische Form mit ihrer kreativen Dynamik bei ihm das Medium der Annäherung an die Wirklichkeit der *natura naturans*, so hat Schiller die schöne Gestalt des poetischen Werks einzig als deren Modell verstanden, das von seinem Vorbild durch einen unverzichtbaren Abstand geschieden bleiben muß. Erst die Demarkationslinie zwischen Natur und Artefakt, Lebenswelt und Kunst gewährt ihm die Möglichkeit der ästhetischen Erziehung und die Aussicht auf eine Vervollkommnung menschlicher Sozialverhältnisse.

Gegen die systematische Annäherung von Realität und Schein, die Schlegels und Novalis' Kunstkonzeption betreibt, erhebt Schiller den Anspruch, die ästhetische Erfahrung als Modell einer von dieser getrennt gedachten gesellschaftlichen Praxis zu entwerfen. Politisches und soziales Handeln können für Schiller nur dann durch das Vorbild der Kunst korrigiert, das heißt: auf den Kurs universeller Aufklärung gebracht werden, wenn sie als selbständige Bereiche erhalten bleiben. Die Usurpation der Wirklichkeit durch das Schöne wäre ebenso wie ihre kulturelle Verarmung Symptom des Versagens der programmatisch verfaßten ästhetischen Erziehung. Auf die grenzüberschreitenden Projekte der frühromantischen Kunsttheorie muß Schiller daher schauen wie auf das Haupt der Medusa: sie zeigen das Schreckbild seiner eigenen geistigen Physiognomie im Porträt des schön gewordenen, dadurch aber erstarrten Lebens.

SIEBENTES KAPITEL

Abgekühltes Feuer.
Lyrik und Epigrammatik der klassischen Periode (1788–1804)

1. Horizonte von Schillers klassischer Lyrik

*Idealisierungskunst.
Die Rezensionen über Bürger (1791) und Matthisson (1794)*
Schillers literarische Arbeit schließt die ununterbrochene Verständigung über seine ästhetischen Zielsetzungen und Entwürfe ein. Nicht nur im Bereich der Tragödie, sondern auch auf dem Feld der Lyrik artikulieren sich programmatische Neigungen, die die eigene Tätigkeit entscheidend bestimmen. Künstlerisches Credo und handwerkliches Interesse lassen sich hier kaum voneinander trennen. Das bemerkenswerteste Beispiel für den Bezug zur poetischen Praxis, der Schillers kritische Schriften begleitet, bilden die Rezensionen über die Gedichte Gottfried August Bürgers und Friedrich Matthissons, die im Januar 1791 bzw. im September 1794 von der *Allgemeinen Literaturzeitung* veröffentlicht werden. In ihnen vermittelt Schiller dem Publikum Vorstellungen über Formanspruch und Selbstverständnis lyrischer Werke, die mit einigem Recht auch auf seine eigenen Arbeiten der Zeit zwischen 1795 und 1800 Anwendung finden dürfen.

Beide Besprechungen betonen in prinzipieller Absicht unterschiedliche Aspekte poetischer Darstellungskunst. Während die Bürger-Rezension vornehmlich das artistische Rollenverständnis des Lyrikers thematisiert, behandelt die Matthisson-Besprechung Grundmuster der literarischen Inszenierung von Natur und Landschaft. Im ersten Fall entwirft Schiller eine klassizistische Künstlerpsychologie, im zweiten eine klassizistische Theorie der lyrischen Form; ihre gemeinsame methodische Basis ist die Begründung von poetologischen Maßstäben durch den Vorgang literarkritischen Urteilens. Ein solcher Ansatz verrät Distanz gegenüber einem normativ verengten Begriff des Lyrischen, wie ihn noch die neoaristotelische Poetik Charles Batteux' (1746), Mendelssohns Abhandlung *Von der lyrischen Poesie* (1777) oder Johann Jakob Engels *Anfangsgründe einer*

Theorie der Dichtungsarten (1783) nutzen. Wer an diesem Punkt kritisch zu bedenken gibt, daß Schillers Rezensionen nicht als Äußerungen über gattungspoetische Fragen, sondern als Beiträge zu allgemeinen ästhetischen Problemen zu lesen seien,[1] verkennt deren programmatische Originalität – ihre Absicht, Literaturtheorie gerade als tragendes Element einer grundlegenden klassizistischen Kunstauffassung auszuweisen.

Die Rezension über Bürgers Gedichte, deren Gesamtausgabe 1789 publiziert worden war, erschien in zwei Teilen am 15. und 17. Januar 1791 in der *Allgemeinen Literatur-Zeitung*. Den Lesern der anonym veröffentlichten Besprechung kam rasch zu Bewußtsein, daß hier nicht die Würdigung eines einzelnen Autors, vielmehr die Grundsatzdiskussion über das Leistungsvermögen lyrischer Darstellungstechniken im Zentrum stand. Der gekränkte Bürger, der sich noch im Vorwort seiner Gedichtausgabe «unverdiente Schonung» verbeten hatte,[2] protestierte in einer am 5. März in der *ALZ* publizierten Replik gegen die Ansprüche, mit denen seine um Popularität und Eingängigkeit bemühten Texte durch den ihm unbekannten Rezensenten konfrontiert worden waren. Schiller, der trotz Bürgers Forderung nach einem offenen Bekenntnis seine Anonymität nicht lüftete, antwortete am 6. April mit einer *Verteidigung des Rezensenten gegen obige Antikritik*, in der er nochmals die ästhetischen Maßstäbe erläuterte, unter deren Einfluß er die in seinen Augen anbiedernde Volkstümlichkeit, die fehlende Geschmackssicherheit und den allzu persönlich gehaltenen Ton mancher Gedichte der Sammlung bewertet hatte. Zur Diskussion stellte er dabei die Frage, ob sämtliche von Bürgers Texten zu Recht nach den hier zugrunde gelegten Kriterien beurteilt werden könnten, nicht aber den Kriterienkatalog selbst.

Bürger hat von Schillers Verfasserschaft erst spät erfahren und sich enttäuscht über das Verhalten des ihm persönlich bekannten Autors gezeigt. Ende April 1789 war man sich in Weimar begegnet, wo Schiller eben seinen Umzug nach Jena vorbereitete. Körner gegenüber schildert Schiller den Besucher als geradlinigen, zugleich aber «plan» und «gemein» wirkenden Menschen (NA 25, 252). Auch der Bericht an Charlotte von Lengefeld verrät deutliche Spuren der Reserve: «Der Karakter von Popularität, der in seinen Gedichten herrscht, verläugnet sich auch nicht in seinem persönlichen Umgang, und hier, wie dort, verliert er sich zuweilen in das Platte. Das Feuer der Begeisterung scheint in ihm zu einer ruhigen Arbeitslampe herabgekommen zu seyn.» (NA 25, 251) Nicht ohne Pikanterie ist es, daß Bürger dem von ihm verehrten Schiller im Mai 1789 ein Exemplar der Gesamtausgabe seiner Gedichte mit huldigender Widmung übersandt hat («dem Manne, der meiner Seele neue Flügel und einen kühnen Taumel schafft» [NA 22, 410]). Die persönliche Kränkung, die der Autor durch die kompromißlose Rezension erleiden mußte, spielte später bei der Bewertung der sachlichen Substanz der Kontroverse eine gewichtige Rolle. Immer wieder wurde festgehalten, daß Schiller den Kern von Bürgers Gedichten verfehlt, ihre formale Simplizität durch seine hochgesteckten programmatischen Maßstäbe nicht zureichend erfaßt habe. Gegen solche Urteile ist zunächst die prinzipielle Differenz der poetologischen Konzeption zu betonen, die beiden Autoren eine Einigung über Grundsatzfragen auch deshalb unmöglich machte, weil sie literarische Veränderungsprozesse von allgemeiner Bedeutung widerspiegelt.[3]

Schiller beginnt seine Rezension mit einer Erläuterung der ihn leitenden kunsttheoretischen Kategorien, die er vor dem Hintergrund einer kritischen Zeitdiagnose gewinnt. Grundsätzlich – im Vorgriff auf Forderungen der vier Jahre später entstandenen Briefe zur ästhetischen Erziehung – wird der Poesie die Aufgabe zugeschrieben, die unter den Bedingungen von Arbeitsteilung und Entfremdung diversifizierten Vermögen des Menschen zusammenzuführen und die gesellschaftlich nicht verwirklichte Einheit des Individuums durch die Versöhnung seiner auseinanderstrebenden Antriebe zu gewährleisten: «Aus noch so divergierenden Bahnen würde sich der Geist bei der Dichtkunst wieder zurechtfinden und in ihrem verjüngenden Licht der Erstarrung eines frühzeitigen Alters entgehen. Sie wäre die jugendlichblühende Hebe, welche in Jovis Saal die unsterblichen Götter bedient.» (NA 22, 245 f.) Die ehrgeizige Zielformel des hier formulierten Wirkungsideals bildet das Konzept der lyrischen Individualität, das wiederum eine verfeinerte Psychologie des literarischen Künstlertums einschließt. Wahre Popularität, wie sie Bürger selbstbewußt für sich beansprucht hatte, entspringe, so heißt es, einem souveränen Umgang mit den poetischen Materialien. Hinter ihm verberge sich eine durch die Idealisierung des Stoffes und die Verfeinerung der Sujets vermittelte Originalität, die ihrerseits die «höchste Simplizität» der «Behandlung» (NA 22, 248) voraussetze.

Die klassische Einfachheit der lyrischen Form, die Schiller fordert, wird möglich durch den Verzicht auf intim-persönliche Färbung des Ausdrucks und ein hohes Maß an Verallgemeinerung, welche es erst gestattet, jenen generischen Aspekt der Darstellung hervortreten zu lassen, der das Interesse des Publikums dauerhaft bindet. ‹Popularität›, ‹Individualität› und ‹Bildung des Geistes› erweisen sich als Programmwerte, die auf unterschiedliche Weise das Ideal der poetischen Überhöhung subjektiver Erfahrung durch die Modellierungsarbeit einer objektiv gültigen Kunstform bezeichnen. Das Geheimnis der wahren lyrischen Individualität besteht darin, spezifisches Profil, wie es sich in der Wahl von Themen und Stoffen bekundet, mit einer die idealtypischen Züge im Menschen ansprechenden und bildhaft konzentrierenden Darstellungstechnik zu verknüpfen. Erst diese Verbindung erlaubt es nach Schiller, jene «Simplizität» zu erreichen, die wiederum wahre Popularität begründen dürfe (NA 22, 248). Während Bürgers Vorrede dem «Volksdichter» vorschreibt, «sogleich alles unverschleyert, blank und bar, ohne Verwirrung, in das Auge der Fantasie springen»[4] zu lassen, arbeitet der Kritiker mit einem vielschichtigen Formbegriff jenseits eingängiger Rezepte. In ihn geht nicht zuletzt der vorkritische Klassizismus Wielandscher Prägung ein, dessen Vorbild Schiller im Sommer 1788 zum intensiveren Studium der Antike veranlaßt hatte. Der Anspruch auf eine sublime Sprachkultur, den die Kritik geltend macht, verrät deutlich die Spuren der von Wieland angeregten ästhetischen Neuorientierung an den formstrengen Mustern des klassischen Altertums.[5]

Eine breite Leserkreise erfassende Wirksamkeit lyrischer Texte, wie sie erstmals die für Bürgers Balladenstil prägende Spätaufklärung, zumal Herder forderte, läßt sich laut Schiller nur dort erreichen, wo der Königsweg zwischen Unterhaltungs- und Erziehungsanspruch beschritten wird. «Ein Volksdichter für unsre Zeiten hätte also bloß zwischen dem Allerleichtesten und dem Allerschweresten die Wahl: entweder sich ausschließend der Fassungskraft des großen Haufens zu bequemen und auf den Beifall der gebildeten Klasse Verzicht zu tun – oder den ungeheuren Abstand, der zwischen beiden sich befindet, durch die Größe seiner Kunst aufzuheben und beide Zwecke vereinigt zu verfolgen.» (NA 22, 248)[6] Das ideale Maß einer kultivierten Popularität habe Bürger, so lautet die Bilanz der Rezension, zumeist verfehlt (wobei eine kritische Auseinandersetzung mit dem anerkannten Balladenwerk unterbleibt). Die Derbheit seiner Formulierungen, der platte Charakter der Sentenzen, die groben Manifestationen der «sinnlichen, oft gemeinsinnlichen» Phantasie (NA 22, 253), die anbiedernde Volkstümlichkeit seiner Bilder, die banalen Interjektionen und onomatopoetischen Stilmuster, die allzu subjektiv gefaßten Gefühlsäußerungen, die sich vom unmittelbaren Anlaß der Darstellung nicht hinreichend gelöst hätten, stellen Bürgers lyrischem Œuvre laut Schiller ein bedenkliches Zeugnis aus. Ihm fehlt jene Kunst der Sublimierung des Stoffs, wie sie die Rezension in prinzipieller Absicht fordert. Daß deren Voraussetzung wiederum die strenge Selbsterziehung des Autors bildet, steht für Schiller außer Frage: «Alle Ideale, die er auf diese Art im einzelnen bildet, sind gleichsam nur Ausflüsse eines innern Ideals von Vollkommenheit, das in der Seele des Dichters wohnt.» (NA 22, 253) An diesem Punkt verknüpft sich die Kritik des ästhetischen Gehalts mit einer persönlichen Tendenz: Bürgers künstlerische Mängel werden jetzt als Ausdruck eines niedrigen intellektuellen Anspruchsniveaus und Produkt fehlenden Bildungswillens betrachtet. Lyrische Individualität kann Schiller zufolge allein durch das Übertragungsverfahren der Idealisierung herbeigeführt werden. Es schließt inneren Abstand gegenüber dem gewählten Sujet ein, verlangt persönlichen Vorbehalt, Reinigung von autobiographischen Elementen, Verfeinerung subjektiver Erfahrung, die nur als ästhetisch organisiertes Material in den poetischen Text eingehen sollte. Nicht die gefühlsgestützte «Theilnehmung» des Autors am Prozeß der Selbstverständigung, die Mendelssohns Aufsatz *Von der lyrischen Poesie* (1777) zum tragenden Element literarischer Stimmungsproduktion erklärt hatte,[7] sondern das Zurücktreten des schreibenden Subjekts hinter die Inszenierungsmuster des Gedichts bildet die entscheidende Bedingung seiner ästhetischen Qualität. Schiller wendet sich hier gegen die vorgetäuschte Unmittelbarkeit einer später so genannten ‹Erlebnislyrik›, zugleich aber auch gegen die mangelhafte Durchbildung des Stoffs, die die Reste subjektiver Empfindungen mit sich führt und derart das Absinken von der verlangten «idealischen Allgemeinheit zu einer unvollkommenen Individualität» (NA 22, 256) provoziert. Weder das Feuer der lyrischen Begeisterung noch die niedergeschlagene Gemütsverfassung melancholischer Schwermut bilden geeignete Fermente für jene poetische Eigenständigkeit, die erst dann, wenn sie durch den Vorgang bewußter Reflexion geläutert, damit objektiviert erscheint, dem Maßstab der Idealität genügt, der in letzter Instanz über die Wirkung eines Werkes entscheidet. Deutlich bezieht die Bürger-Rezension hier gegen die literarische Inszenierung enthusiastischer Stimmungen und Gefühle Stellung, wie sie die für Bürger maßgeblichen poetologischen Abhandlungen Herders seit dem frühen *Fragment über die Ode* (1764/65) immer wieder als Kennzeichen lyrischen Stils und seiner «Logik des Affekts»[8] betont hatten.

Schillers Rezension formuliert ein Plädoyer für die Arbeit an der literarischen Form und die Selbstdisziplinierung des Lyrikers, der seinerseits keine Kompromisse mit banalen Publikumsinteressen schließen darf, will er sich nicht dem Verdacht des falschen Populismus aussetzen. Das Konzept der Idealisierung, häufig als theoretische Lizenz zur Emigration ins wohlfeile Reich des schönen Scheins mißverstanden, muß dabei in seiner wirkungsästhetischen und formalen Dimension begriffen werden. Element einer fraglos elitären Künstlerpsychologie ist es dort, wo es die Maßgabe des Abstands von Stimmungen und Publikumsbedürfnissen zum leitenden Prinzip poetischer Produktivität erklärt. Der daraus abgeleitete Verzicht auf die Darstellung sozialer Fragen und aktueller politischer Themen, wie sie die *Anthologie*-Gedichte noch bieten, entspricht dem einige Jahre später entwickelten Konzept der *Horen*. Nicht die gegebene Wirklichkeit des Ancien Régime mit ihren gesellschaftlichen Zumutungen und Restriktionen, sondern die Kulturwelt der griechisch-römischen Antike bildet den Bezugspunkt für die Arbeit des Lyrikers. Zugleich bezeichnet der Begriff der Idealisierung das schon vom jungen Schiller geschätzte Verfahren einer kunstvollen Überhöhung des gewählten literarischen Gegenstandes, jene Dynamik der lyrischen Form, der Verfeinerungswillen und Verallgemeinerungsfähigkeit als treibende Kräfte gleichermaßen zugehören. Die klassische Künstlerpsychologie, die die Rezension formuliert, gedeiht in der dünnen Luft der glättenden Idealisierung. Diese ist der Preis für das literaturpolitische Programm der Balance, das hier gegen die subjektiv gefärbte Gefühlskultur und die drastische Selbstdarstellung des populären Autors ins Feld geführt wird.

In einem Brief an Körner äußert sich Schiller am 3. März 1791, noch ganz unter dem Eindruck der schweren Erkrankung des Winters, zufrieden über die Wirkung seiner Kritik: «In Weimar habe ich durch die Bürgerische Recension viel Redens von mir gemacht; in allen Zirkeln las man sie vor und es war guter Ton, sie vortrefflich zu finden, nachdem Göthe öffentlich erklärt hatte, er wünschte, Verfasser davon zu seyn.» (NA 26, 77) Bürgers Antwort auf Schillers in der Sache kompromißloses Urteil setzt sich weniger mit den Maßstäben des Kritikers als mit der Frage auseinander, ob dessen ästhetischer Rigorismus auf seine Texte anwendbar sei. Bürger tituliert seinen Rezensenten als «Astralgeist» und «Metaphysikus» (NA 22, 419f.), dessen überzogene Forderungen frei von hinreichendem Praxisbezug, mithin kunstfern und abstrakt blieben. Schillers einen Monat später publizierte Replik hält wiederum an den Prinzipien der Rezension fest, räumt jedoch ein, daß deren Anwendbarkeit auf Bürgers Gedichte diskutabel sei. Der Vorwurf falscher Volkstümlichkeit, der nochmals das Gefälle beleuchtet, das zwischen dem theoretisch nur mangelhaft ausgebildeten Realisten Bürger und dem philosophisch argumentierenden Ästhetiker Schiller besteht, wird wiederholt. Bürgers handfestem Konzept einer breitenwirksamen Poesie, das auf Herders differenzierteren Begriff populärer Kultur (als Ausdruck je zeitgebundener Mentalität im Spannungsfeld von Geistes-, Kunst- und Naturgeschichte) zurückgeht, setzt Schiller das Postulat der intellektuellen Selbstverpflichtung des Künstlers sowie, freilich skizzenhaft, das Programm einer ästhetischen Bildungsidee entgegen.[9] Der Forderung, daß die Maßstäbe der sittlichen Welt auch im Reich der Musen gelten müßten (NA 22, 262f.), entspricht jedoch noch keine eigene Formtheorie, die die strukturelle Vermittlung beider Sphären methodisch zu erfassen vermöchte. Schiller kann sie erst nach der Auseinandersetzung mit Kants Ästhetik erarbeiten, die im Spätwinter 1791 begonnen wird.

Auf das lyrische Genre angewendet hat er die Einsichten der Kant-Studien drei Jahre später in seiner Rezension über die 1791 zuerst veröffentlichte Ausgabe der Gedichte des Klopstock-Epigonen Friedrich Matthisson. Die im Sommer 1794 nach der Rückkehr aus Württemberg entstandene Besprechung wurde am 11./12. September wiederum in der *Allgemeinen Literatur-Zeitung* publiziert. Der auf Geltung bedachte Matthisson hatte Schiller am 2. Februar in Ludwigsburg, am 26. Mai nochmals in Jena besucht und trotz seines offenkundigen Hangs zur eitlen Selbstdarstellung nicht unvorteilhaft auf ihn gewirkt. Der Kritiker scheint die poetische Begabung des zwei Jahre jüngeren Autors freilich zu überschätzen, wenn er sein Œuvre nunmehr zum vorbildlichen Musterstück moderner Landschaftsdichtung erklärt. Besondere Bedeutung besitzt erneut die Verständigung über die Leistungskraft der lyrischen Gattung, die als Prüfstein für die Möglichkeiten künstlerischer Wirkung schlechthin betrachtet wird. Deren Problematik beruht laut Schiller darin, daß sie beim Leser die *freie* Imagination durch *bestimmte* Gegenstände auszulösen sucht, mithin in einem spezifischen Konflikt befangen bleibt: dem Anspruch auf die Stimulation ungehindert ausschweifender Vorstellungen steht die notwendige Bindung an überschaubare Themen und Stoffe entgegen. Von besonderer Brisanz sei ein solcher Kontrast, so heißt es, im Bereich der Landschaftspoesie, wo die Darstellung der an sich beliebigen Elemente der Natur das Risiko berge, daß diese die Phantasie des Lesers in einer vom Autor nicht steuerbaren Weise beeinflussen. Die durch das lyrische Werk hervorgerufenen Vorstellungen dürfen aber gerade nicht willkürlich und subjektiv, sie müssen mit moralischen Maßstäben übereinstimmend, das heißt: objektiv nachprüfbar bleiben. Lenken läßt sich die Wirkung literarischer Naturbilder allein durch die kunstvolle Behandlung des Stoffs, der in seiner sichtbaren Erscheinung erfaßt, zugleich aber im Medium einer idealisierenden, seinen typischen Charakter erschließenden Form wiedergegeben werden soll.

Gegenstandsbezug und Arbeit der Form haben, zusammentretend, dafür zu sorgen, daß die Darstellung der Natur realistisch und idealistisch gleichermaßen ausfällt. Schillers Definition sucht diese doppelte Strategie näher zu umreißen: «In einem Gedicht muß alles wahre Natur sein, denn die Einbildungskraft gehorcht keinem andern Gesetze und erträgt keinen andern Zwang, als den die Natur der Dinge ihr vorschreibt; in einem Gedicht darf aber nichts wirkliche (historische) Natur sein, denn alle Wirklichkeit ist mehr oder weniger Beschränkung jener allgemeinen Naturwahrheit.» (NA 22, 269) Im Fall der Landschaftsdichtung, wie sie Matthissons Werk bietet, gilt es, die hier beschriebene Annäherung von empirischem Gegenstandsbezug und ideeller Überhöhung der konkreten Erscheinung durch eine «symbolische Operation» (NA 22, 271) herbeizuführen. Diese soll es gestatten, dem Leser Bilder der Natur zu übermitteln, die nicht allein sinnliche Überzeugungskraft, sondern auch exemplarisch-modellhaften Charakter besitzen. Ziel muß es bleiben, die Zufälligkeiten einer nur auf die empirische Naturerscheinung bezogenen Darstellung zu vermeiden und der literarisch eingefangenen Realität einen universellen Zuschnitt zu verleihen, ohne die sie nicht poetisch wirken kann.

Schiller unterscheidet zwei denkbare Verfahrensweisen, die diese Vorgabe umzusetzen vermögen: zum einen kann der Landschaftsdichter die Empfindungen beschreiben, die ein Naturerlebnis auslöst, zum anderen kann er die Ideen charakterisieren, die es anregt. Recht einfach und in der Sache nachvollziehbar ist das erste Verfahren. Da jede Wahrnehmung der Natur bestimmte emotionale Reaktionen beim Menschen freisetzt, besteht eine Möglichkeit der symbolischen Naturdarstellung darin, die Empfindungen, die Landschaftsreize hervorrufen können, selbst zur Anschauung zu bringen. Die hier bezeichnete Übertragung bewirkt zugleich, daß die Elemente der äußeren Natur die sie beherrschende Zufälligkeit verlieren und in ihrer je besonderen Bedeutung für das Individuum charakterisiert werden können. Mit vergleichbarem Ansatz hat Herder in seiner 1795 verfaßten Abhandlung über die «Lyra» (*Von Natur und Wirkung der lyrischen Dichtkunst*) auf die affektiven Nuancen des poetisch vermittelten Naturgenusses verwiesen, sich dabei jedoch ausschließlich mit der Darstellung der empfindsamen Aspekte der Lyrik begnügt, wie sie schon seine ältere, aus den späten 60er Jahren stammende Odentheorie hervorhob.[10] Auch in Sulzers Artikel zu Formen und Funktionen des «Lyrischen», der 1775 im zweiten, verbesserten Band der *Allgemeinen Theorie der schönen Künste* erschienen war, konnte man nachlesen, daß die «Aeußerung einer Empfindung» unter Bezug auf einen «angemessenen» Gegenstand das Wesen der Gattung kennzeichne.[11] Von solchen Generalformeln aus der Tradition der Rhetorik hebt sich Schillers Theorie durch die Einsicht in das Gefälle ab, das poetischen Darstellungsakt und psychische Wahrnehmung voneinander trennt.

Komplizierter scheint der zweite Ansatzpunkt der ‹symbolischen Operation› zu sein, die poetisch-darstellerische Überführung der Naturphänomene in Ideen. Deren Prämisse ist erneut die Vorstellung, daß das Reich der sinnlichen Erscheinungen eine feste Beziehung zur inneren Gefühls-

und Gedankenwelt des Menschen unterhalte. Dabei verwandelt die produktiv wirksame Vernunft mit Hilfe einer geschulten Phantasie jedes empirische Phänomen in «ein Sinnbild ihrer eigenen Handlungen, der tote Buchstabe der Natur wird zu einer lebendigen Geistersprache, und das äußere und innre Auge lesen dieselbe Schrift der Erscheinungen auf ganz verschiedene Weise.» (NA 22, 273) Man mag sich an das Idealisierungsgebot der Bürger-Rezension erinnert fühlen, dessen Objektivitätsanspruch nunmehr genauere formtheoretische Umrisse erhält. Idealisierung bedeutet hier symbolisierende Darstellung von Naturreizen in Empfindungen oder Ideen. Natur begegnet im Gedicht als Sinnbild universeller Ordnungsmuster – der Harmonie, der Sympathie, der Balance, der Differenz. Nur dort, wo der Verweisungscharakter der gegenständlichen Erscheinung ans Licht gebracht wird, gewinnt Landschaftsdichtung eigene poetische Kraft.

Zu erinnern ist daran, daß Schiller hier Überzeugungen der *Theosophie* aufgreift, die bereits acht Jahre zuvor im Rahmen der *Philosophischen Briefe* (1786) ihre skeptische Verabschiedung erfuhren. Auch in der *Theosophie* begegnet die Auffassung, daß die gesamte Natur das Alphabet einer Geistersprache repräsentiere, deren Sinn sich allein dem Blick des eingeweihten Betrachters erschließe. Entkleidet man diesen Gedanken seiner metaphysischen Nuancen, so erweist sich die Nähe zu Positionen der Matthisson-Rezension: das Spiel einer im Zeichen intellektuellen Interesses kultivierten Einbildungskraft offenbart, so erklärt der Schiller der 90er Jahre, die ideellen Signaturen der wahrnehmbaren Erscheinungen und fügt die ‹toten Buchstaben der Natur› zu jener ‹lebendigen Geistersprache› zusammen, die das Medium transzendentaler Erkenntnis abgibt. Hatte der Schwärmer Julius die Macht der sämtliche Wesen verbindenden Sympathie als Grundgesetz der empirischen Wirklichkeit beschworen, so wird dieser nun die Ordnung idealistischer Modellvorstellungen eingeschrieben, die in den Gegenständen konkret zutage treten. Die poetisch überformte Landschaft gerät auf solche Weise unter der Regie der ‹symbolischen Operation› zum Geistesschauplatz, wo die Objekte der äußeren Welt einzig den Charakter von Gedankenbildern besitzen, in denen sich ideeller Gehalt mit der diskreten Evidenz der Erscheinung verknüpft hat. Daß es sich dabei um eine für die moderne Literatur kennzeichnende Technik handelt, bestätigt Schiller ein Jahr später in seiner großen *Horen*-Abhandlung, wenn er, was die Matthisson-Rezension ‹symbolisch› nennt, mit Blick auf das Verfahren der Idealisierung des Stoffs als «sentimentalische Operation» kennzeichnet (NA 20, 478).

Der Symbolbegriff der Rezension beschreibt allein einen literarischen Übertragungsvorgang, nicht jedoch eine spezifische Form der Bildlichkeit selbst. Das entspricht der Verwendung der Kategorie bei Kant, auf die Schiller selbst indirekt verweist, wenn er, um die Darstellungstechnik der Landschaftslyrik zu verdeutlichen, an das Verfahren der Musik erinnert, das «die innern Bewegungen des Gemüts durch analogische äußere zu begleiten und zu versinnlichen» suche (NA 22, 272). Für Kants *Kritik der Urteilskraft* bildet, vergleichbar dieser Bestimmung, das Symbol den sprachlichen Ausdruck einer Analogie zwischen dem empirischen Phänomen und der Idee, die es bezeichnet. Daß es sich hier einzig um einen sprachlichen Akt handelt, der konkrete Erscheinung und gedankliche Abstraktion zueinander in Beziehung setzt, lassen Kants Beispiele erkennen: «So wird ein monarchistischer Staat durch einen beseelten Körper, wenn er nach inneren Volksgesetzen, durch eine bloße Maschine aber (wie etwa eine Handmühle), wenn er durch einen einzelnen absoluten Willen beherrscht wird, in beiden Fällen aber nur symbolisch vorgestellt.»[12] Entprechend den Bestimmungen Kants faßt Schiller unter dem Begriff des ‹Symbolischen› eine Technik der auf Analogiebeziehungen begründeten Übertragung. Lediglich die Richtung des von der Rezension beschriebenen Verfahrens bleibt eine andere als bei Kant; bezeichnet dieser den Akt der Überführung des Abstrakten ins Konkrete, so Schiller die Transposition der Erscheinung ins Reich der intelligiblen Ideen.

Die Matthisson-Rezension formuliert ein deutliches Votum gegen die unmittelbare poetische Umsetzung von Materialien der Erfahrung. Die Naturerscheinung ist nur dann geeigneter Gegenstand lyrischer Darstellung, wenn sie ihrer Beliebigkeit enthoben und in jene Objektivität überführt wird, die der exemplarischen Dimension menschlicher Empfindung oder dem Repräsentationscharakter der Idee anzuhaften pflegt. In Matthissons Landschaftsgedichten findet Schiller beide Formen der ‹symbolischen Operation› überzeugend vertreten. Sie bilden ihm gültige Beispiele dafür, daß der poetisch vermittelte Genuß an der «Simplizität der Natur» (NA 22, 281) ästhetisches Profil nur dort gewinnt, wo er indirekt – über die Beschreibung von Empfindungen oder Ideen – in Szene gesetzt wird (ein Merkmal, das er ein Jahr später ähnlich an den Arbeiten Sophie Mereaus lobt [NA 27, 199]). Daß sich hinter diesem Befund auch eine Standortbestimmung für Schillers eigene lyrische Produktion verbirgt, zeigen die wenig später verfaßten klassischen Landschaftsgedichte, vor allem die *Elegie* von 1795, mit großer Deutlichkeit.

Nicht zuletzt liefert Schillers Matthisson-Rezension ein Konzept der poetischen Einbildungskraft, das sich Theorien anschließt, wie sie in Deutschland zumal, angeregt durch Addisons *Essay on the Pleasures of Imagination* (1712), Bodmer und Breitinger, ihnen nachfolgend die sensualistischen Ästhetiken Baumgartens und Georg Friedrich Meiers, freilich noch unter strenger Regie des Rationalismus, vorgezeichnet hatten. Die Leistung von Schillers Ansatz besteht darin, daß er die mit dem Verfahren der ‹symbolischen Operation› verbundenen Techniken poetischer Modellierungskunst genauer als seine Vorgänger beschreibt und dabei die Vermittlungskraft der Phantasie umreißt, die bereits Kants *Kritik der reinen Vernunft* auf transzendentalphilosophischer Grundlage erschlossen hatte.[13] Ähnlich wie Kant betont Schiller die produktiven und reproduktiven Fertigkeiten der Imagination, die als wahrnehmendes und hervorbringendes Vermögen die mediale Vermittlungsinstanz zwischen Erfahrungs- und Vorstellungswelt abgibt. Während jedoch Kant später in seiner von Schiller kritisch bewerteten *Anthropologie in pragmatischer Hinsicht* (1798) die Grenzen der Einbildungskraft markiert, indem er deren realitätsflüchtige Neigungen in Übereinstimmung mit älteren theologischen Vorbehalten skeptisch durchleuchtet,[14] interessiert sich die Matthisson-Rezension einzig für das poetische Leistungsvermögen der Imagination, wie sie zumal durch die Praxis der symbolischen Operation entfaltet wird.

In einem Brief an Humboldt vom 27. Juni 1798, der sich mit dessen Aufsatz über Goethes Epos *Hermann und Dorothea* befaßt, räumt Schiller selbstkritisch ein, er habe in früheren Jahren die abstrakte Kunstphilosophie zu weit getrieben, fremde Werke an ihr gemessen und auf diese Weise falsch beurteilt: «Wirklich hat uns beide unser gemeinschaftliches Streben nach Elementarbegriffen in aesthetischen Dingen dahin geführt, daß wir die Metaphysic der Kunst zu unmittelbar auf die Gegenstände anwenden, und sie als ein praktisches Werkzeug wozu sie doch nicht gut geschickt ist, handhaben. Mir ist dieß vis a vis von Bürger und Matthisson, besonders aber in den HorenAufsätzen öfters begegnet. Unsere solidesten Ideen haben dadurch an Mittheilbarkeit und Ausbreitung verloren.» (NA 29, 248) Schillers Selbstkritik ist formuliert aus dem Abstand nur weniger Jahre, in denen er den Weg von der Literaturtheorie zur erneuerten poetischen Praxis ging. Deren Erfahrungen erlaubten es ihm, die kunstrichterliche Schlüssigkeit seiner auf der Grundlage allgemeiner ästhetischer Überzeugungen formulierten Urteile skeptisch in Zweifel zu ziehen; an ihrer programmatischen Substanz ändert das nichts.

‹Eroberte Provinz› und finanzielles Kalkül.
Grundlinien des lyrischen Werkes seit 1788

Mit der Abhandlung *Ueber naive und sentimentalische Dichtung* schließt Schiller den Reigen der großen theoretischen Schriften ab. Das Jahr

1795 markiert in mancher Hinsicht einen Wendepunkt seiner künstlerischen Biographie. Die Akzente beginnen sich allmählich wieder auf das Feld der poetischen Tätigkeit zu verlagern, nachdem zwischen 1788 und 1794 Geschichte, Dramentheorie und Ästhetik seine Interessen imperatorisch regieren durften – seit dem *Don Karlos* hatte er kein Drama vollendet, kaum einen lyrischen Text abgeschlossen; die in den 80er Jahren so intensive Erzählproduktion war nach der Veröffentlichung des *Geisterseher*-Fragments von 1789 zum Erliegen gekommen.

Im Sommer 1795 erwacht, so scheint es, Schillers poetisches Interesse neu. Parallel zur Schrift *Ueber naive und sentimentalische Dichtung* entstehen innerhalb weniger Monate bedeutende lyrische Texte wie *Der Tanz, Die Ideale, Würde der Frauen, Das Reich der Schatten, Das verschleierte Bild zu Sais* und die *Elegie*. Schiller druckt sie in den *Horen* oder dem neu gegründeten *Musen-Almanach*, der erstmals am 15. Dezember 1795 erscheint (ihm werden bis zum Oktober 1799 vier weitere Bände folgen). Die verbreitete These, daß der Einfluß Goethes diese gesteigerte literarische Aktivität und die damit verbundene Distanzierung vom theoretischen Geschäft ausgelöst habe, entstammt einer biographischen Mythenbildung, die den Blick auf maßgeblichere Hintergründe verstellt. Schillers Rückweg zur poetischen Praxis wird veranlaßt durch die ökonomische Notwendigkeit, unter den fortdauernden Einwirkungen der Krankheit, die eine regelmäßige akademische Tätigkeit verhinderten, mit Hilfe einkömmlicher schriftstellerischer Arbeit die inzwischen vierköpfige Familie zu versorgen.[15] Am 30. Oktober 1795 schlug Carl August ihn für eine Honorarprofessur an der Universität Jena vor, jedoch war dieses Amt mit keinem Besoldungsanspruch verbunden. Die Ernennung erfolgte, weil die Zustimmung der übrigen Erhalterstaaten verzögert eintraf, erst am 3. März 1798. Sie blieb faktisch bedeutungslos, da Schiller niemals Vorlesungen hielt und kein Salär bezog. Am 30. Januar 1796 hatte der Augustenburger das auslaufende Stipendium kurzfristig verlängert und nochmals 667 Reichstaler überweisen lassen, denen am 23. November desselben Jahres eine letzte Zahlung von 100 Dukaten (333 Reichstalern) folgte. Berücksichtigt man, daß der Weimarer Herzog jährlich eine Pension von nur 200 Reichstalern beisteuerte, so erkennt man die finanzielle Notlage, in der sich Schiller bis zum Ende der 90er Jahre befand. Wenn er durch marktgängige Publikationen für zusätzliche Einkünfte zu sorgen suchte, dann entsprach das dem Sicherheitsdenken des entpflichteten Extraordinarius, der den Ausfall der Kolleggelder kompensieren mußte.

Gefördert wird die poetisch ertragreiche Tätigkeit der mittleren 90er Jahre durch Schillers publizistische Unternehmungen, die ihrerseits finanziellem Kalkül entsprangen. Die Familie hatte sich vergrößert: dem ältesten Sohn Karl Friedrich Ludwig war am 11. Juli 1796 Ernst Friedrich Wilhelm gefolgt. Die Lebenshaltungskosten für Ehefrau, Kinder und Dienerschaft erreichten bald ein erhebliches Niveau. Neben Charlottes Kammerzofe und dem Leibburschen beschäftigte man jetzt eine Kindermagd, die auch die Küchenwirtschaft ordnete. Für seine persönliche Bequemlichkeit stellte Schiller im Sommer 1797 den 19jährigen Georg Gottfried Rudolph ein, der bis 1805 bei ihm blieb. Daß er im Alltag – bei der Ordnung seiner Zimmer, Botengängen, kleinen Erledigungen und Einkäufen – durch einen Burschen unterstützt wurde, gehörte für ihn, nach den Konventionen der Zeit, zur Selbstverständlichkeit; sogar in den finanziell ungesicherten Stuttgarter und Mannheimer Jahren hat er auf Bedienung nicht verzichten mögen. Nach Schillers Tod übernahm die Erbprinzessin Maria Paulowna den zuverlässigen Rudolph in herzögliche Dienste, ehe ihn die Stadt Weimar in den Jahren vor seinem Lebensende (1827) als Registrator anstellte. Er versah im Haushalt nicht nur die Aufgaben des Leibburschen, sondern erfüllte auch die Pflichten des Sekretärs, der Manuskripte fertigte und, häufig unter Zeitdruck, Abschriften für Verleger oder Theaterdirektionen herstellte. Zur Entlohnung von Zofe und Küchenmagd mußte Schiller jährlich 40 Taler erübrigen, der Diener erhielt dieselbe Summe. Die Ausgaben für Tabak, Wein, Bier, Kaffee und Tee beliefen sich nach Notizen seines Kalenders aus dem Jahr 1802 auf annähernd 230 Taler (insbesondere auf die gute Bestückung des Weinkellers, der zumeist mehr als hundert Flaschen enthielt, hat er Wert gelegt); die Schneiderkosten, die die Anfertigung von Charlottes Kleidern und Schillers Feiertagsröcken einschlossen, betrugen 225 Taler; der private Unterricht der Kinder, den zumeist Kandidaten der Theologie übernahmen, kostete 20 Taler; Schreibwerkzeug, Porto, Wäscherlohn, Seife, Kerzen und Apothekergebühren machten nochmals 140 Taler aus. Bibliotheksanschaffungen vermerkt die Liste nicht gesondert; der private Buchbestand umfaßte kaum 800 Bände, wobei diese Quote durch ein ausgeglichenes Verhältnis von An- und Verkäufen über Jahre stabil gehalten wurde.[16] Insgesamt beliefen sich die von Schiller für zwölf Monate festgehaltenen Haushaltskosten auf 1525 Taler.[17] Selbst wenn man für die Zeit um 1795 eine niedrigere Summe – knapp 1000 Taler – veranschlagt, wird deutlich, daß das herzögliche Salär von 200 Talern nur einen Bruchteil der notwendigsten Aufwendungen deckte. Die veränderten Lebensumstände verlangten in dieser Phase besondere materielle Anstrengungen. Mitte April 1795 bezog die Familie eine geräumige Wohnung im Griesbachschen Palais in der Schloßgasse 17, die angenehmen Komfort bot, aber auch eine erhebliche

Mietbelastung bedeutete (das neue Arbeitszimmer lag in unmittelbarer Nähe zu jenem Auditorium, wo sechs Jahre zuvor die denkwürdige Antrittsvorlesung stattgefunden hatte). Im Herbst 1796 verzichtete Schiller zugunsten der Mutter auf das ihm zustehende Erbe des am 7. September verstorbenen Vaters, so daß drohende finanzielle Engpässe aus eigenen Kräften überwunden werden mußten. Die erneuerte literarische Tätigkeit, die 1796 verstärkt einsetzt, bildet daher keineswegs die Folge der beginnenden Arbeitsfreundschaft mit Goethe, sondern die Konsequenz des merkantilen Interesses, dem der freie Autor unterworfen war. Es bleibt wieder das Gesetz des literarischen Marktes, das Schillers klassisches lyrisches Werk wesentlich bedingt und gefördert hat.[18]

Neben die rasch als geschäftlicher Mißerfolg erkennbare Gründung der *Horen* trat ab Dezember 1795 der zunächst von Michaelis, später von Cotta verlegte Musenalmanach. Er versammelte, wie dieses auch für die *Horen* vorgesehen war, lyrische Texte – der Vertrag spricht von einer «poetische(n) Blumenlese» (NA 27, 211) –, die nicht allein aus Schillers eigener Feder stammten, und richtete sich an eine breitgefächerte Leserschaft mit literarischen Neigungen, wobei zumal auf das Interesse des weiblichen Publikums gerechnet wurde. Als großes Vorbild des Unternehmens dürfte der *Göttinger Musenalmanach* gegolten haben, der seit 1770 (bis 1804) unter wechselnden Herausgebern – von Boie über Voß bis zu Goeckingk, Bürger und Reinhard – in hoher Auflage erschien. Dessen Muster wiederum war der 1765 in Paris publizierte *Almanach des Muses ou Choix de Poésies fugitives*, ein im Duodezformat erscheinendes Handbuch der Lyrik, das sich beim Publikum rasch durchsetzte. Dem in hoher Auflage veröffentlichten Göttinger Almanach folgten in Deutschland seit 1776 zahlreiche vergleichbare Sammlungen. Vor allem in Schwaben, Hessen und Bayern avancierte das neue Genre schnell zu einem literarischen Erfolgstypus, dessen große Verbreitung Herausgebern und Autoren einträgliche Honorare bescherte.

So war es verständlich, daß Schiller sich zumal aus finanziellen Gründen um einen eigenen Anteil am Almanach-Geschäft bemühte. Im Juli 1794 hatte er beim Verleger Johann Christian Dieterich die Aussichten für die Übernahme des lukrativen Göttinger Editorenpostens sondiert, der nach dem wenige Wochen zuvor erfolgten Tod Bürgers vakant zu sein schien. Der betagte Dieterich, der seit 1749 im Buchhandel tätig war, zeigte sich durch die Anfrage geehrt, mußte jedoch vermelden, daß bereits ein fester Vertrag mit dem – Schiller durch seinen drei Jahre älteren *Thalia*-Beitrag über die *Ursachen der französischen Staatsveränderung* bekannten – Diplomaten Karl Friedrich Reinhard bestand, der nicht ohne Grund aufgelöst werden konnte (NA 35, 36).[19] Nicht auszuschließen schien, trotz des freundlichen Tons der Absage, eine prinzipielle Reserve des Verlegers, der die von Schiller so scharf verrissenen Gedichte Bürgers publiziert hatte und an der nur drei Jahre zurückliegenden Kontroverse als enger Freund des Kritisierten zumindest indirekt beteiligt war.

Nach dem Scheitern des Göttinger Plans bleibt Schiller nur der Weg zur Gründung eines eigenen Almanachs. Über die Vermittlung Humboldts lernt er den 26jährigen Neustrelitzer Verleger Salomon Michaelis kennen, der daran interessiert ist, sein junges Unternehmen durch ein hochkarätiges Projekt anzukurbeln. Bereits am 15. August 1794 kommt es in Jena zu einem Vertragsabschluß, der Schiller günstige Konditionen sichert. Daß das Vorhaben primär durch finanzielle Erwägungen gesteuert wird, zeigt sein Brief an Goethe vom 20. Oktober, welcher den Kontrakt mit dem abschätzig als «Juden Buchhändler» titulierten Michaelis näher erläutert: «Mir ist diese Entreprise, dem Geschäfte nach, eine sehr unbedeutende Vermehrung der Last, aber für meine oeconomischen Zwecke desto glücklicher, weil ich sie auch bey einer schwachen Gesundheit fortführen, und dadurch meine Unabhängigkeit sichern kann.» (NA 27, 68) Als ‹Redakteur› fallen Schiller pro Band vertragsgemäß 300 Reichstaler Honorar zu – eine stattliche Summe, wenn man zum Vergleich das herzögliche Jahressalär heranzieht. Zudem garantiert ihm der Kontrakt die Möglichkeit, einen Gesamtposten von jährlich 150 Reichstalern für die Mitarbeiter des Almanachs auszusetzen, was wiederum die Anwerbung renommierter Beiträger fördern soll. Daß das Jahrbuch als Publikationsort für deutsche Autoren rasch Attraktivität gewann, verrät Schillers Brief an August Wilhelm Schlegel vom August 1797, der die «Zudringlichkeit» mancher unerbetener Interessenten beklagt, «die sich im Almanach aufpakten» (NA 29, 121). Kalkuliert wird mit einem starken Leserinteresse; vom ersten Jahrgang druckt man im Dezember 1795 3000 Exemplare – allein der erfolgreiche *Xenien*-Almanach von 1797 erreicht jedoch auch den kompletten Verkauf einer derart hohen Auflage. Das handliche Duodezformat der Bände und der überschaubare Umfang von höchstens zwölf Bogen sollen die Verbreitung fördern. Musikbeilagen, für die im ersten Jahrgang Johann Friedrich Reichardt, später der Berliner Komponist (und Goethe-Freund) Karl Friedrich Zelter sorgen, zielen auf ein nicht nur literarisch interessiertes Publikum. Wie geschäftstüchtig Schiller zu rechnen versteht, beweist auch der Umstand, daß er sich nach einem Jahr ohne weitere Erklärung von Michaelis trennt und das Unternehmen Cotta anvertraut, weil er von diesem eine effizientere Vertriebsorganisation mit größerer Werbewirkung erwartet. Da Michaelis' Liquidität, wie er von

Humboldt erfuhr, durch betrügerische Unterschlagungen eines Kompagnons erheblich vermindert war, dürfte ihm dieser Wechsel nicht schwergefallen sein. Trotz gewisser Abstriche haben sich seine finanziellen Spekulationen bestätigt. Der Almanach erreichte hohe Verkaufsumsätze, die Schiller nach den Erfolgen mit Göschens Damenkalender endgültig zu einem der wenigen Spitzenverdiener unter Deutschlands Autoren aufsteigen ließen.

Sowohl die Musenalmanache als auch die *Horen* erfordern regelmäßig eine höhere Zahl eigener Beiträge. Da gerade die Jahrbücher auf einen größeren Umfang zugeschnitten sind, sieht sich Schiller veranlaßt, seine lyrische Produktivität zu steigern. Das Genre verlangte nach überschaubaren poetischen Arbeiten, die durch Vielfalt der Formen und Sujets einen möglichst breiten Leserkreis erreichten. Unterstützung findet der Herausgeber zunächst bei Herder, der zum ersten, im Dezember 1795 publizierten Jahrgang 25 Gedichte beisteuert; Schiller selbst legt 24 Texte vor, Goethe liefert seine venezianischen *Epigramme* (der Gesamtumfang liegt bei 260 Seiten). Besonderen Erfolg, auch unter geschäftlichen Aspekten, konnte der Almanach für 1797 erzielen. Vor allem die *Xenien* waren es, die hier die Neugier des Publikums provozierten und für eine dreifache Verkaufsauflage mit knapp 3000 veräußerten Exemplaren sorgten. Nachdem der folgende Almanach, der die Balladenproduktion des Jahres 1797 enthielt, geringeren Absatz fand, erkaltete Schillers Interesse an seinem Periodikum in wachsendem Maße. Gegenüber Körner beklagt er am 15. August 1798, daß ihn die Zusammenstellung der neuen Texte für 1799 «aus dem beßten Arbeiten am Wallenstein wegrief.» Die mangelnde «Lust zum lyrischen» begründet den Entschluß, «daß der Almanach außer dieser nur noch eine einzige Fortsetzung erleben und dann aufhören soll.» (NA 29, 262) Tatsächlich legt Schiller im Oktober 1799 eine letzte Ausgabe vor, die neben drei seiner eigenen Arbeiten – darunter dem *Lied von der Glokke* – zumeist die wenig erfreulichen Elaborate mittelmäßiger Autoren versammelte. Um 1800 hatte die Produktion von Jahrbüchern, poetischen Taschenkalendern, lyrischen Florilegien und Kompendien ein Ausmaß erreicht, bei dem die künstlerische Qualität auf der Strecke bleiben mußte. Das gemeinsam mit Goethe im Frühjahr 1799 erarbeitete Schema über den Dilettantismus führt die Vorherrschaft der «Musenalmanache» und «Journale» ausdrücklich als Merkmal literarischer Mediokrität an.[20] «Diese Calendermacherey», so heißt es am 25. September 1800 in einem Brief an Cotta, «ist jezt auf einer so übertriebenen Höhe, daß sie sinken muß, und ich läugne nicht, daß ich mich mit einer gewißen innern Zufriedenheit aus diesem Felde zurückziehe.» (NA 30, 200) Erneut bestimmt hier die ökonomische Interessenlage das künstlerische Werturteil. Nicht allein konzeptionelle Erwägungen, sondern auch die wachsenden Vertriebsschwierigkeiten, denen sich der Almanach ausgesetzt sah, erleichtern Schiller den Entschluß, seine Konzentration auf das finanziell einträglichere dramatische Fach zu richten.

Mit den formalen Problemen, die das lyrische Genre stellte, mußte sich Schiller 1795 wieder neu arrangieren, hatte er sich doch seit seiner Dresdner Zeit ganz auf die Prosa verlegt. Die gewichtigen Ausnahmen bilden das 1788 in Wielands *Teutschem Merkur* veröffentlichte große Lehrgedicht *Die Götter Griechenlandes* und die ein Jahr später am selben Ort publizierten *Künstler*, die exemplarisch Schillers vorkantische Philosophie des Schönen vortragen. Diese beiden Programmtexte mit intellektuellem Anspruch bleiben jedoch in der mittleren Schaffensperiode Werke solitären Charakters. Wie wenig souverän er gegen Ende der 80er Jahre über seine literarisch-technischen Möglichkeiten verfügt, verrät die gern zitierte Formulierung aus einem Brief an Körner vom 25. Februar 1789, er betrachte das lyrische Fach als «Exilium», kaum aber als «eroberte Provinz» (NA 25, 211).

Die anfängliche Unsicherheit, die die Rückkehr ins ‹Exil› mit sich bringt, wird erst nach dem Abschluß der theoretischen Phase überwunden. Vor allem zwischen 1795 und 1799 verfaßt Schiller in eindrucksvollem Arbeitstempo bedeutsame lyrische Texte, die seinen späteren Ruhm begründen werden. An erster Stelle wären hier die Ideengedichte zu nennen, denen man im weiteren Sinne auch die Hymnen und Elegien mit stark reflexiver Tendenz zurechnen darf: *Die Macht des Gesanges, Der Tanz, Die Ideale, Das Reich der Schatten, Poesie des Lebens, Natur und Schule, Elegie, Die Dichter der alten und neuen Welt* (jeweils 1795), *Klage der Ceres, Pompeji und Herkulanum, Die Geschlechter* (1796), *Die Worte des Glaubens* (1797), *Das Glück* (1798), *Die Worte des Wahns* und die *Nänie* (1799). Publiziert werden diese Texte als jeweilige Herausgeberbeiträge ausschließlich in den *Horen* oder in den Musenalmanachen.

Neben die Arbeit an den Ideengedichten tritt die Balladenproduktion Schillers, die sich in der nicht völlig spannungsfreien Konkurrenz mit Goethe entfaltet. Die großen Balladen entstehen zumal in den Jahren 1797 und 1798: *Der Ring des Polykrates, Der Handschuh, Ritter Toggenburg, Der Taucher, Die Kraniche des Ibycus, Der Gang nach dem Eisenhammer, Der Kampf mit dem Drachen, Die Bürgschaft*. 1804 beschließt *Der Alpenjäger*, der ebenso wie der genreverwandte *Graf von Habsburg* (1803) aus dem stofflichen Umkreis der Studien zum *Wilhelm Tell* stammt, die Balladenarbeit Schillers und damit jenen Gattungszyklus, der wie kein zweiter den populären Nachruhm des Autors begründet hat. Zumindest balladeske Züge trägt eine kleinere Zahl weiterer Gedichte, die gemeinhin der sogenannten ‹philosophischen Lyrik› zugeschlagen werden: *Die Theilung der Erde, Pegasus in der Dienstbarkeit* und, unter Bezug auf die ägyptologischen Spekulationen von 1790, *Das verschleierte Bild zu Sais* (1795) – Texte, die ihre Gedankenarbeit erzählerisch einkleiden und derart in einen dynamischen Prozeß einbinden.

Einen dritten Bereich neben Ideengedichten und Balladen repräsentieren die Lieder, die eine ausgeprägte Reflexionstendenz mit stärker lyrisch-musikalischen Grundstrukturen – durch Variation von Strophenformen, Refraintechnik oder Leserappelle – zu verbinden suchen. Zu diesem Genre zählen Texte wie *Würde der Frauen* (1795), *Das Mädchen aus der Fremde, Der Besuch* (1796), *Das Geheimniss* (1797), *Bürgerlied, Des Mädchens Klage* (1798), das berühmte *Lied von der Glocke* (1799), aber auch die anlaßbedingt entstandenen geselligen Gesänge, so *An die Freunde* (1802), *Punschlied, Das Siegesfest* (1803) oder das *Berglied* (1803/4). Im weiteren Sinne zur Gelegenheitsdichtung rechnen die Parabeln und Rätsel, die Schiller im zeitlichen Umfeld seiner Arbeit an der modernisierten Bühnenfassung von Gozzis *Turandot* (1762) aus Anlaß der Weimarer Aufführung des Dramas schrieb, welche am 30. Januar 1802 stattfand. Für die folgenden Ansetzungen des Stücks erfand er jeweils neue Rätsel, die Turandot den um sie werbenden Freiern zu stellen hatte. Insgesamt sind 13 solcher Rätsel aus Schillers Feder überliefert (ein weiteres stammte von Gozzi, einen Kurztext steuerte Goethe bei); sie tragen den Charakter gefälliger Epigramme, die ihren Reiz aus den hier inszenierten Gedankenspielen und Andeutungen beziehen, weniger aus der lyrischen Konzentration oder der strengen intellektuellen Ordnung ihres Aufbaus. Mit dieser Technik knüpfen sie an die sentenziösen Spruchgedichte an, die Schiller zumal zwischen 1795 und 1797 zu den Horen und den Musenalmanachen beigesteuert hatte.

Auffällig bleibt das rasche Arbeitstempo, in dem Schiller seine lyrischen Texte bis zum Stadium der Publikationsreife bringt. Für Gedichte wie *Nänie, Würde der Frauen, Der Taucher* oder *Die Bürgschaft* benötigt er in der Regel nicht länger als drei Tage. Die Rohfassung wird häufig an enge Freunde – Körner, Wilhelm von Humboldt oder Goethe – verschickt und unter metrischen, bisweilen auch grundsätzlich thematischen Gesichtspunkten zur Diskussion gestellt. Korrekturvorschläge pflegt Schiller häufig aufzunehmen, vor allem, wenn sie formalen Aspekten gelten. Ohne Scheu streicht er ganze Strophen, wandelt deren Chronologie ab oder verleiht dem Gedicht durch den Austausch einzelner Wendungen eine neue

Tendenz. Weitreichende Eingriffe, wie im Fall der 1793 überarbeiteten *Götter Griechenlandes*, oder Änderungsvorgänge, in deren Verlauf ganze Strophenfolgen aus älteren Texten übernommen werden (so bei *Die Macht des Gesanges*), gehören zum Arbeitsalltag des praktisch denkenden Lyrikers Schiller. Abgeschlossene Gedichte trägt er gern mündlich im Freundeskreis vor, obgleich er über kein sonderliches Deklamationstalent verfügt. Zwar dämpft er in späteren Jahren seine Neigung zum Pathetischen, mit der er noch in Mannheim so schmählich gescheitert war, doch bleibt eine Vorliebe für den getragenen Gestus; den «widerlich singenden Schulton»[21] tadelt zu Beginn der 90er Jahre Ludwig Friedrich Göritz an Schillers Vortragsstil. Erst die theaterpraktische Arbeit in Weimar scheint ihm den künstlerischen Wert einer ruhigen Diktion verdeutlicht zu haben.

Die jeweiligen Endfassungen werden zumeist rasch zum Druck gegeben, während die Varianten, die die Entstehung des Textes dokumentieren könnten, der Vernichtung anheimfallen (so bleiben Aussagen über die Genese häufig spekulativ). Bemerkenswert ist die unprätentiöse Manier, in der Schiller mit seinen Texten verfährt. Zwar akzeptiert er Kritik in der Regel nur, wenn sie von grundsätzlicher Sympathie für das betreffende Gedicht getragen wird, doch zeigt er sich im Detail nüchtern und flexibel. Schiller hat seine lyrischen Arbeiten als Werkstatterzeugnisse verstanden, deren Entstehung, so stark sie auch auf die ‹Lust zum lyrischen› angewiesen war, praktischen Erwägungen und strategischem Kalkül entspringt. Damit verbindet sich die Einsicht in die Eigenmacht des literarischen Produktionsprozesses, wie er sie in einem Brief an Körner vom 25. Mai 1792 gekennzeichnet hat. Die Vorbereitung seiner Texte, heißt es hier, bleibe oftmals durch Assoziationen und vage Gedankeninhalte geprägt. Nicht die präzise Ausführung eines thematischen Zusammenhangs, sondern die Ahnung von Rhythmus und sprachlicher Modulation bilde den Beginn der Auseinandersetzung mit einem Sujet: «Wie ist es aber nun möglich, daß bei einem so unpoetischen Verfahren doch etwas vortrefliches entsteht? Ich glaube, es ist nicht immer die lebhafte Vorstellung seines Stoffes, sondern oft nur ein Bedürfniß nach Stoff, ein unbestimmter Drang, nach Ergießung strebende Gefühle, was Werke der Begeisterung erzeugt. Das Musikalische eines Gedichts schwebt mir weit öfter vor der Seele, wenn ich mich hinsetze es zu machen, als der klare Begriff vom Innhalt, über den ich oft kaum mit mir einig bin.» (NA 26, 142)

Lange Inkubationszeiten, wie sie Goethe benötigte, über Jahrzehnte sich erstreckende Annäherungen an poetische Vorhaben sind Schillers Sache in der Regel nicht (eine Ausnahme bilden die Arbeit am *Don Karlos* und das vergleichbar langwierige *Wallenstein*-Projekt). Er, der in Briefen immer wieder andeutet, daß er sich über die Gebrechlichkeit seines physischen Zustands keinen Illusionen hingibt, scheint aus der früh aufkeimenden Befürchtung, ihm sei nur eine kurze Lebensspanne zugemessen, die Konsequenz raschen Arbeitstempos gezogen zu haben. Umgekehrt ist nicht zu bestreiten, daß der damit verbundene Raubbau die körperlichen Kräfte minderte: gerade weil Schiller, wenn irgend es seine gesundheitliche Verfassung zuließ, ununterbrochen am Schreibtisch saß, konnte er physisch nicht genesen, hatte er immer wieder Krankheitsschübe hinzunehmen, mit denen er seine unökonomische Lebensweise bezahlte.[22] In einem Brief an Goethe vom 8. Dezember 1797 erklärt er, mitten in der Arbeit am *Wallenstein*: «Gewöhnlich muss ich daher Einen Tag der glücklichen Stimmung mit fünf oder sechs Tagen des Drucks und des Leidens büßen.» (NA 29, 165) Bereits im Januar 1796 prophezeit der Rittmeister von Funck, nachdem er Schiller in Jena besucht hat: «Bei seiner Lebensart wird er so lange fortwirken, bis einmal am Schreibpult der letzte Tropfen Öl verzehrt ist, und dann auslöschen wie ein Licht.»[23]

Nicht vollständig wäre die Darstellung der im weiteren Sinne lyrischen Produktion der klassischen Periode ohne den Hinweis auf die *Xenien*, die Schiller gemeinsam mit Goethe verfaßte. Die Zahl der seit Ende Dezember 1795 produzierten Spottverse nach dem Muster Martials belief sich annähernd auf 900, wobei Schiller der größere Arbeitsanteil zufiel. Daß bisweilen eine individuelle Verfasserschaft nicht zu ermitteln und die Textentstehung auf gemeinsame Formulierungsvorschläge zurückgegangen sei, haben beide Autoren mehrfach versichert. Die gegen die gesamte literarische Intelligenz der Zeit gerichteten *Xenien* erschienen Ende 1796 in einer Auswahl von 414 Epigrammen im *Musen-Almanach für das Jahr 1797*. Hinzu kamen 103 *Tabulae votivae*, die ‹zahmen› Denksprüche, die Schiller erst im Rahmen der Gesamtausgabe seiner lyrischen Werke streng von ihren pointierteren Varianten trennte.

Zu lesen sind die Spottverse gewiß nicht allein im Zusammenhang ihrer geschmackspolitischen Absichten. Manche Epigramme gelten zudem zeitgeschichtlichen Zuständen und Vorgängen, insbesondere der Stimmungslage der zersplitterten deutschen Nation vor dem Hintergrund der seit April 1792 tobenden kriegerischen Auseinandersetzungen mit dem revolutionären Frankreich. Deren wechselvoller Verlauf hat fraglos auch Gesprächsstoff für die politischen Diskussionen Goethes und Schillers gebildet. Die Berufsarmeen der österreichisch-preußischen Allianz waren im Spätsommer 1792 zunächst auf den geringen Widerstand schlecht organisierter Freiwilligenheere gestoßen. Am 2. September 1792 fiel Verdun, am 8. September standen die Verbündeten am Ardennerwald, so daß der Weg nach Paris geebnet schien. Die erfolglose Kanonade von Valmy, bei der die französischen Truppen keinen Boden preisgaben, bedeutete die entscheidende Wende (von diesem Ereignis werde eine neue Epoche der Weltgeschichte ausgehen, hat der Augenzeuge Goethe gegenüber den deprimierten preußischen Offizieren vermerkt).[24] Die französische Armee wechselte nun ihrerseits in die Offensive und nahm innerhalb weniger Wochen Speyer, Worms, Mainz und Frankfurt ein. Angesichts dieser Konstellation zeigte das von Preußen zusammengehaltene Bündnis zunächst keine Bereitschaft, dem expansiven Drang des Nachbarn weiterhin mit militärischen Mitteln zu begegnen. Die französische Außenpolitik ließ rasch ihr aggressives Gesicht erkennen; im Anschluß an die Einnahme von Mainz und Brüssel Ende Oktober bzw. Anfang November 1792 dehnten die Revolutionstruppen ihren Einfluß auf die Niederlande aus, deren Annexion im März 1793 durch den Nationalkonvent beschlossen wurde. Die Antwort darauf war im Frühjahr 1793 die Bildung der ersten Koalition gegen Frankreich, in der sich neben dem Deutschen Reich Spanien, England, Holland und die italienischen Einzelstaaten zusammenschlossen. Die von der Allianz geführte militärische Auseinandersetzung konnte den erfolgreichen Vormarsch der unkonventionell operierenden Revolutionsarmee freilich nicht verhindern. Der Friedensschluß von Campo Formio, dem bereits das wirkungslose Baseler Abkommen vom 5. April 1795 vorausgegangen war, schrieb am 17. Oktober 1797 die bestehenden Grenzverläufe in Westeuropa fest, indem er den linksrheinischen Gebietsbesitz Frankreichs bestätigte und die deutschen Fürsten durch wenig befriedigende Ausgleichsregelungen entschädigte. Im Horizont dieser politischen Entwicklung am Vorabend des napoleonischen Zeitalters führen die *Xenien* auch eine hellsichtige Auseinandersetzung mit jenen aufbrechenden patriotischen Tendenzen, die zu den besonderen Kennzeichen der deutsch-französischen Konflikte des 19. Jahrhunderts gehören werden. Eine direkte öffentliche Bewertung der politischen Zeitereignisse hat Schiller jedoch stets abgelehnt. Im November 1794 weigert er sich, ein von Cotta erbetenes Lobgedicht auf den bevorstehenden Baseler Frieden zu schreiben; drei Jahre später entzieht er sich dem Wunsch des Verlegers, den Vertrag von Campo Formio zu würdigen; als ihn Göschen am 16. Februar 1801 um die Abfassung einer Ode über die Abmachungen von Lunéville bittet, widersetzt er sich diesem Ansinnen erneut, jetzt mit dem Hinweis auf die fatalen politischen Folgen, die der Verlust der linksrheinischen Gebiete für das Reich zeitigen würde (NA 31, 10).

Den ersten Band seiner gesammelten Gedichte publizierte Schiller Ende August 1800. Er erschien wie auch der folgende bei Crusius in Leipzig, der seit Beginn der 90er Jahre die *Kleineren prosaischen Schriften* betreute und gegenüber dem sonst bevorzugten Cotta die älteren Rechte besaß, da er mit Schiller bereits im Frühjahr 1789 eine Edition lyrischer Texte verabredet hatte. Der erste Band, der ursprünglich schon zur Ostermesse 1797 vorliegen sollte, bot die großen Ideengedichte und die Balladen aus der Zeit zwischen 1795 und 1800; das nach einer Zeichnung von Johann Heinrich Meyer gestochene Titelkupfer illustrierte den *Handschuh*, der damals schon zu Schillers bekanntesten lyrischen Arbeiten gehörte. Zahlreiche Texte waren gründlich berarbeitet, gekürzt, oftmals ‹bereinigt›, im Tenor gedämpft worden; besonders auffällig ist diese harmonisierende Tendenz im Fall der *Götter Griechenlandes*, die gegenüber der Erstfassung neun Strophen einbüßen und ihre Thesen weniger pointiert formulieren. Im Mai 1803 folgte der zweite Band, der nicht zuletzt die Aufgabe hatte, einen durch den Frankfurter Buchhändler Franz Behrens 1800/01 veröffentlichten Raubdruck von Schillers lyrischen Arbeiten vom Markt zu verdrängen.[25] Er litt spürbar unter einem Mangel an herausragenden Texten, bot nun auch einige der Originalfassungen der zunächst überarbeiteten älteren Gedichte und zahlreiche Frühwerke. «Die wilden Produkte eines jugendlichen Dilettantism» (NA 22, 112) fänden sich hier, so bemerkt Schiller in der Vorrede, mit Werken «einer reifern Einsicht» gemischt. «Daß Du Deine ältern Sachen unverändert gelassen hast», erklärt der stets wohlwollende Körner, «war Dir gar nicht zu verdenken.» (NA 40/I, 79) Trotz kritischer Stimmen mancher Rezensenten, die, wie Johann Friedrich Reichardt, Schillers «Knabenexercitia»[26] nicht für publikationswürdig erklären mochten, verkaufte sich die Sammlung vorzüglich – beide Bände erfuhren schon 1804 bzw. 1805 eine zweite Auflage. Die mit Crusius seit dem Januar 1803 geplante einbändige Prachtausgabe, für die man bereits die Illustrationen ausgewählt hatte, konnte zu Lebzeiten Schillers jedoch nicht mehr realisiert werden. Nach einem juristischen Streit mit Charlotte Schiller, die die Publikationsrechte exklusiv Cotta übertragen wollte, verzichtete der Verleger auf eine postume Veröffentlichung.

Geist in schöner Form.
Anatomie der Sprache

Die künstlerische Individualität von Schillers lyrischer Produktion hat schon Hegel erkannt: «Die Absichtlichkeit abstrakter Reflexionen und selbst das Interesse des philosophischen Begriffs sind in manchen seiner Gedichte bemerkbar.» Er fügt jedoch hinzu, es sei unbillig, Schillers Lyrik «gegen die stets sich gleichbleibende, vom Begriff ungetrübte Unbefangenheit Goethes» auszuspielen.²⁷ Hegel bedenkt damit die maßgebliche Differenz zwischen beiden Autoren, die im Prozeß ihrer Wirkungsgeschichte zumeist fahrlässig übersprungen wurde. Die ästhetische Qualität der lyrischen Texte Schillers hängt von der zuvor in sie investierten Gedankenarbeit ab. Die Tatsache, daß manche seiner Gedichte heute auf uns fremd, bisweilen sogar peinlich wirken – das *Lied von der Glocke* ist hier nur das bekannteste Beispiel – liegt nicht in deren fehlender künstlerischer Substanz begründet, sondern in der Tendenz zur Formulierung von banal klingenden Wahrheiten. Die mediokre wirkende bürgerliche Lebenslehre zahlreicher Balladen mag historisch erklärbar sein aus der Abneigung gegen die Französische Revolution; die Manier, in der sie vermittelt wird, bleibt jedoch unbefriedigend, weil ihr die Reflexionskraft fehlt, mit der Schiller in anderen Texten etwa das Verhältnis von Antike und Moderne oder die Psychologie des künstlerischen Darstellungsaktes beleuchtet. ‹Gedankenlyrik› ist in diesem Sinne ein zutreffender Begriff, bezeichnet er doch nicht nur den intellektuellen Anspruch von Schillers Texten, sondern auch die Bedingung ihres Gelingens; das Maß der geistigen Originalität entscheidet hier oftmals über die ästhetische Substanz.

Nichts wäre fataler, als die kanonbildende Orientierung an der Lyrik Goethes, sei es auch nur verdeckt, beizubehalten. Das geschieht zumal in jenen Arbeiten, die Schillers Entwicklung als Prozeß der Annäherung an die literarische Bildsprache Goethes fassen.²⁸ Seine Lyrik hat jedoch mit der symbolischen Darstellungstechnik, wie sie Goethe in den kunsttheoretischen Abhandlungen der 90er Jahre umreißt, wenig gemein. Wer das Wesen seiner lyrischen Texte erschließen möchte, muß erkennen, daß sie Profil gewinnen durch die poetische Leistung der Allegorie und die sie bestimmende wechselseitige Erhellung von Bild und Begriff. Die konkrete Veranschaulichung des Abstrakten erfolgt bei Schiller im Prozeß einer von Vernunftprinzipien gelenkten Selbstverständigung, damit in einem streng kantischen Sinn kritisch. Die Struktur seiner klassischen Lyrik prägt sich durch diskursive Muster aus, deren Umrisse nicht von vornherein festliegen. So ist die Bereitschaft des Autors Schiller erklärbar, Gedichtentwürfe – wie im Fall des *Tanzes* – anderweitig zu verarbeiten oder doch so massiv umzugestalten, daß die ursprüngliche Bedeutung kaum mehr kenntlich bleibt. Die Austauschbarkeit der Materialien verrät ihren für die poetischen Zwecke nachgeordneten Charakter. Nicht das Sujet, sondern die diskursive Leistung bestimmt die unverwechselbare Wirkung von Schillers lyrischen Texten.²⁹

Maßgeblich scheint für Schiller allein das geglückte Zusammenspiel von Gegenständlichkeit und Abstraktion, das in jedem Gedicht neu hergestellt werden muß. Auch die klassischen Texte lassen sich derart als allegorische Modelle lesen, in denen, anders als im Fall der Goetheschen Wahrnehmungskultur, nicht die unmittelbare Erscheinung, sondern zumeist eine These den Ausgangspunkt der poetischen Ordnung bildet. Im Akt der Veranschaulichung kann sich jedoch deren Aufbau verändern, ihre inhaltliche Substanz neue Akzente empfangen. Die Katarakte von Bildern, die Schiller zu entbinden pflegt, um seine Gedanken in Szene zu setzen, bestimmen den intellektuellen Anspruch der Texte. Insofern wäre es falsch, im metaphorisch-allegorischen Verfahren allein das Werkzeug zur Illustration festliegender Ansichten zu sehen; Bild und Begriff hängen voneinander ab und beleuchten sich wechselseitig, ohne dabei eine hierarchische Struktur auszuprägen. Wilhelm von Humboldt hat die Eigenheit dieser lyrischen Technik treffend charakterisiert, wenn er anmerkt: «Was ich von Schillers Stil sage, gilt in noch viel prägnanterem Sinne von denjenigen seiner Gedichte, welche vorzugsweise der Ausführung philosophischer Ideen gewidmet sind. Sie erzeugen die Idee, umkleiden sie nicht bloß mit einem dichterischen Schmuck.»[30]

Das Ergebnis dieses Verfahrens bleibt auch bei Schiller jene nervöse Beweglichkeit der modernen allegorischen Form, deren Wesen erst die Romantiker, namentlich Friedrich Creuzer, theoretisch durchschaut haben. Anders als im Fall der durch Normen und Traditionen geregelten Allegorik des Mittelalters oder der frühen Neuzeit beziehen Schillers lyrische Sinnbilder ihre künstlerische Spannung aus dem unvollendbaren Vorgang der Abstimmung von anschaulichem Zeichen und Gedankeninhalt. Im ersten Band der zweiten Auflage seiner Abhandlung über *Symbolik und Mythologie der alten Völker, besonders der Griechen* (1810) bemerkt Creuzer über die Differenz von symbolischer und allegorischer Darstellungsform: «Diese bedeutet blos einen allgemeinen Begriff, oder eine Idee, die von ihr selbst verschieden ist; jene ist die versinnlichte, verkörperte Idee selbst. Dort findet eine Stellvertretung statt. Es ist ein Bild gegeben, das, wenn wir es erblicken, uns hindeutet auf einen Begriff, den wir nun zu suchen haben. Hier ist dieser Begriff selbst in die Körperwelt herabgestiegen, und im Bilde sehen wir ihn selbst und unmittelbar.»[31] Gerade die Annäherung von Anschauung und Abstraktion hat Goethe 1825 im Rahmen des Vorworts zum ersten Band der Korrespondenz mit Schiller als Leistung symbolischer Kunst gegen die Prozeßlogik des allegorischen Verfahrens unter Bezug auf die «zarte Differenz» der sie jeweils steuernden künstlerischen Mentalität abzugrenzen gesucht: «Es ist ein großer Unterschied, ob der Dichter zum Allgemeinen das Besondere sucht oder im Besonderen das Allgemeine schaut. Aus jener Art entsteht Allegorie, wo das

Besondere als Beispiel, als Exempel des Allgemeinen gilt, die letztere aber ist eigentlich die Natur der Poesie, sie spricht ein Besonderes aus, ohne ans Allgemeine zu denken oder darauf hinzuweisen. Wer nun dieses Besondere lebendig erfaßt, erhält zugleich das Allgemeine mit, ohne es gewahr zu werden, oder erst spät.»[32]

Die ‹zarte Differenz›, an die sich Goethe bei der Edition des Briefwechsels gemahnt fühlte, dürfte sich auf einen Disput vom Spätsommer 1797 beziehen, der wesentliche Erkenntnisse über den Gegensatz der poetischen Grundkonzeptionen beider Autoren vermittelt. Am 16. und 17. August 1797 berichtet Goethe aus Frankfurt, wo er vor der Weiterreise in die Schweiz Station macht, von einem ihn beunruhigenden, zugleich auch beglückenden Wahrnehmungserlebnis. Beim Blick auf das geschäftige Treiben an der Hauptwache, das er vom Fenster der Wohnung seiner Mutter am Roßmarkt beobachtet, erkennt er, daß bestimmte «Gegenstände» in ihm eine «poetische Stimmung» freisetzen, die nicht durch die Einbildungskraft ausgelöst, sondern durch die Objekte selbst hervorgerufen worden ist. Diese Gegenstände lösen im Betrachter eine freudige Empfindung aus, weil sie «als Repräsentanten von vielen andern dastehen, eine gewisse Totalität in sich schließen, eine gewisse Reihe fordern, ähnliches und fremdes in meinem Geiste aufregen und so von außen wie von innen an eine gewisse Einheit und Allheit Anspruch machen.» (NA 37/I, 101) Schillers Antwort auf die von Goethe selbst als ‹glücklich› bezeichnete Entdeckung trägt lakonische Züge. Der hier betonte symbolische Charakter sei, so heißt es im Schreiben vom 7./8. September 1797, keineswegs eine natürliche Eigenschaft des Objekts, vielmehr Produkt des phantasiebegabten Kopfes und der Tätigkeit seiner sentimentalischen Einbildungskraft: «Ist der Gegenstand als Individuum leer und mithin in poetischer Hinsicht Gehaltlos, so wird sich das IdeenVermögen daran versuchen (...)» Nicht die Qualität des Phänomens, sondern die sentimentalische «Empfindungsweise» (NA 29, 127) schaffe den ästhetischen, von Goethe ‹symbolisch› genannten Effekt.

Der Unterschied der Wahrnehmungs- und Urteilsformen führt notwendig zu einem gravierenden Abstand der poetischen Verfahrensweisen. Maßgeblich für Goethes Symbolbegriff, wie ihn die auf der dritten Schweizer Reise gemeinsam mit Heinrich Meyer im Anschluß an die Bestimmungen des genannten Frankfurter Briefes verfaßte Skizze *Über die Gegenstände der bildenden Kunst* (1797) entwirft, bleibt die Annahme, daß die Erscheinungen der Natur «im Tiefsten bedeutend» seien «wegen des Idealen, das immer eine Allgemeinheit mit sich führt.»[33] Die aus den 90er Jahren stammenden Elegien Goethes – *Alexis und Dora* (1796),

Amyntas, Euphrosyne (je 1797), *Die Metamorphose der Pflanzen* (1798) – setzen die Hypothese, derzufolge die empirischen Erscheinungen eine bildhaft zu erfassende Sinnstruktur aufweisen, praktisch um. Verdankt sich das Symbol dem Vorrang einer verfeinerten Wahrnehmungskultur, so die Allegorie der Tätigkeit der Imagination, die den Erscheinungen einen intelligiblen Sinn erst zuzuschreiben sucht. Dem naturphilosophischen Horizont des Goetheschen Symbolbegriffs steht Schillers Grundlegung der Allegorie aus dem Vermögen der Phantasie entgegen.

Die Einheit von Sinnlichkeit und Intelligiblem bleibt für Schillers allegorische Lyrik ausgeschlossen, insofern sie danach strebt, beide Bereiche auch dort, wo sie ineinanderspielen, getrennt zu erhalten. Die wechselseitige Erhellung von Begriff und Anschauung, nicht deren Annäherung bildet das Ziel der allegorischen Gedichte der klassischen Periode. Aus der unaufgelösten Spannung zwischen beiden Sphären beziehen sie ihre poetische Qualität und die intellektuelle Energie ihrer Demonstrationskunst. Grundlegend wirkt dabei der Akt der phantasiegestützten Bedeutungsstiftung, ohne den der ‹Gegenstand›, wie Schiller bemerkt hatte, ‹leer› und ‹gehaltlos› erscheinen muß.

Wesentliche Antriebskraft für Schillers Allegorik ist, erprobt schon im Frühwerk, die antike Mythologie. Die Auseinandersetzung mit deren Stoffen, Figuren und Motiven schließt dabei den Vorgang der subjektiven Umformung ihrer traditionellen Bedeutungen ein. Schillers literarische Arbeit an den kulturellen Überlieferungen der Antike steht im Zeichen einer mythopoetischen Praxis, die wiederum auf den geschichtsphilosophischen Geist der Zeit um 1800 zu beziehen ist – auf die Bemühungen um eine ‹neue›, ästhetisch wirksame Mythologie, wie sie Hegels und Schellings *Systemprogramm* (um 1796), Novalis' *Blüthenstaub*-Fragmente (1798), Hölderlins Aufsatzfragment *Über Religion* (1798) und Schlegels *Gespräch über Poesie* (1799) skizziert haben. Diesen Versuchen ist die Überzeugung gemein, daß die Mythologie als «Kunstwerk der Natur»[34], als Produkt poetischen wie philosophischen Geistes[35] durch einen «Polytheismus der Einbildungskraft»[36] neu hervorgebracht werden müsse, um den Verirrungen des Zeitalters, auch vor dem Horizont der gescheiterten Revolutionshoffnungen, ein hinreichend komplexes ästhetisches Sinnangebot entgegenzustellen.[37] Die einheitsstiftende Leistung des Mythos ist es, die die gesamte Epoche fasziniert und dazu veranlaßt, seine künstlerischen Möglichkeiten systematisch zu durchdenken.

Wer Schillers klassische Lyrik mustert, begegnet den Spuren einer Ästhetisierung der antiken Mythologie auf verschiedenen Ebenen; die geschichtsphilosophische Bedeutung des Themas tritt dabei freilich nur als geistiges Hintergrundphänomen in Erscheinung. In Texten wie *Die Götter Griechenlandes* (1788), *Klage der Ceres* (1796), *Das eleusische Fest* (1798) oder *Nänie* (1799) zeichnet sich ein technisches Verfahren ab, das die poetische Kapazität des Mythos unter zwei Gesichtspunkten zu nutzen sucht. Zum einen begegnen mythische Figuren und Topoi bevorzugt in erzählerischem Zusammenhang. Der gelehrte Rückgriff auf die antiken Götternamen – von Körner mehrfach als leserfeindlich getadelt – erzeugt hier eine ästhetisch vermittelte Konzentration von Bedeutungen, insofern er die epischen Bezüge abruft, die mit der jeweiligen mythischen Gestalt verbunden sind.[38] Das zweite Verfahren ist jenes der Selektion, das die tradierten Stoffe individuell verformt, vereinfacht oder verfremdet, um sie den jeweils vorherrschenden Wirkungsabsichten zu unterwerfen. Der mythische Text wird derart zum Palimpsest, das unter der Oberfläche der poetischen Inszenierung ruht. Auf diese Weise vermeidet Schiller den Rückfall in jene routinierten Mechanismen einer gelehrten Antikerezeption, wie sie noch die anakreontische Lyrik der Aufklärung prägt. Die Individualisierung des Mythos gestattet den Gewinn von poetischen Freiheiten, ohne daß die ihm eigene kulturelle Verbindlichkeit vollkommen verlorengeht.

Ein Musterbeispiel für die Verknüpfung beider Verfahren bietet die *Klage der Ceres*, an der Goethe die Annäherung von «Einbildungskraft und Empfindung» (NA 36/I, 230) rühmt, welche auch die allegorische Konstruktion des Textes ins hinreichend poetische Licht setzen helfe. Die Elegie beschreibt die Schwermut der Göttin Ceres, die um ihre von Pluto in die Unterwelt entführte Tochter Proserpina trauert; Trost spendet ihr einzig der zyklische Wechsel der Natur, an dessen gesetzhaftem Charakter sie zugleich das beständige Spiel von Schwermut und Hoffnung abzulesen vermeint, das auch ihr Gemüt bestimmt. Das Austeilen der Samen, die sie als Göttin des Ackerbaus in die Tiefe der Erde senkt, verweist sie auf jene Unterwelt, die Proserpinas neue Heimstatt darstellt; aus ihnen, die auch Zeichen ihrer Sehnsucht nach der Tochter sind, keimen im Frühjahr neue Sprößlinge hervor. Der Naturprozeß gerät derart zum Spiegel der psychischen Verfassung, deren Wandel jener der Jahreszeiten entspricht: «In des Lenzes heiterm Glanze | Lese jede zarte Brust, | In des Herbstes welkem Kranze | Meinen Schmerz und meine Lust.» (NA 1, 282, v. 129 ff.) Die besondere Leistung des Textes liegt darin, daß er den Mythos unvollständig, damit selektiv verarbeitet. Schiller, der sich in Fragen der paganen Götterlehre an Benjamin Hederichs auch von Goethe und Hölderlin geschätztes *Gründliches mythologisches Lexicon* (zuerst 1724, zweite Auflage 1770) zu halten pflegte, vermeidet den Hinweis darauf, daß die Überlieferung von einem Vertrag spricht, der, nach Intervention Jupiters, zwischen Pluto und Ceres geschlossen wurde und es Proserpina gestattete, im Frühling und Sommer eines Jahres auf der Erde bei ihrer Mutter zu leben. Die Hoffnung, die Ceres aus dem Anblick der Natur zieht, erscheint in der Elegie als Produkt der Einbildungskraft, die dem Zyklus der Natur ein konkretes Sinnversprechen entnimmt, welches durch die tatsächliche Wirklichkeit nicht verbürgt ist. Indem sich Schiller von der mythischen Vorlage löst, stattet er sie mit allegorischen Potenzen aus; sie wird Element eines literarischen Verweisungsprozesses, der die Macht der Imagination am Bild naturhaften Wechsels beschwört. Bestimmt von den erzählerischen Elementen des Mythos, jedoch eigenständig über seine Regelungsfunktion hinausgehend, bietet die Elegie das Beispiel einer mythopoetischen Inszenierungskunst, die charakteristisch auch für andere Gedichte der klassischen Periode bleibt.[39]

In Briefen an Körner, Charlotte von Lengefeld und Wilhelm von Humboldt hat Schiller mehrfach die Tatsache beklagt, daß der sprachliche Ausdruck kein getreues Medium für die Darstellung authentischer Empfindungen bilde. Humboldt gegenüber vermerkt er am 1. Februar 1796 den Abstand, der Gefühl («Herz») und Wortkunst trenne (NA 28, 179; vgl. NA 24, 44, NA 25, 270). Wenn Schillers Lyrik trotz derart skeptischer Anmerkungen von durchgängigem Sprachvertrauen getragen wird, so hat das seinen Grund im Bewußtsein, daß der literarische Diskurs keine Abbildfunktion, sondern eine ordnungsstiftende Aufgabe jenseits mimetischer Impulse versieht. Der Zweifel an den Möglichkeiten des verbalen Ausdrucks, persönliche Wahrnehmungen ohne Authentizitätsverlust zur Anschauung zu bringen, weicht damit der Einsicht in die kreative Leistung der Sprache. Auf vertrackte Weise findet sie sich in einem Distichon von 1796 formuliert, das häufig als Zeugnis der Wortskepsis mißverstanden wurde: «Warum kann der lebendige Geist dem Geist nicht erscheinen! | *Spricht* die Seele so spricht ach! schon die *Seele* nicht mehr.» (NA 1, 302) Es wäre falsch, in diesen Versen den Vorschein jener ästhetisch produktiven Sprachkrise zu erkennen, wie sie für Kleist und zahlreiche Autoren des 19. Jahrhunderts von Grillparzer bis zum jungen Hofmannsthal als Element einer literarischen Selbstinszenierung bestimmende Züge annimmt; sie spielt in Schillers künstlerischer Welt keine entscheidende Rolle.[40] Die Skepsis gegenüber der Mitteilungsfunktion des Wortes wird bei ihm pointiert zum Ausdruck gebracht und damit in einer scharf formulierten Quintessenz stillgestellt. Mag er auch die Möglichkeiten der philosophischen Begriffssprache für begrenzt und je ergänzungsbedürftig halten, so bleibt ihm doch zweifellos, daß die poetische Rede die sinnlich-intellektuelle Doppelnatur des Menschen durchaus zu beschreiben und zu erfassen vermag. Der Essay *Ueber naive und sentimentalische Dichtung* nennt diejenige Diktion, welche das Resultat eines freien Zusammenspiels von Vorstellungsvermögen und Abstraktion verkörpert, «genialisch und geistreich» (NA 20, 426).[41] Sie bringt das Wesen von Gedanken oder Erscheinungen ohne umständliche Einkleidung zur Anschauung und genügt damit der dualistischen Bedürfnislage des Menschen, der von der Sprache reflexive Unterscheidungskraft wie sinnliche Fülle gleichermaßen verlangt.

Im ersten Entwurf eines Briefs an Fichte vom 3. August 1795 bemerkt Schiller über seine Sprachauffassung: «Ich will also nicht bloß meine Gedanken dem andern deutlich machen, sondern ihm zugleich meine ganze Seele übergeben, und auf seine sinnlichen Kräfte wie auf seine geistigen wirken.» (NA 28, 359) Es versteht sich, daß eine solche Bestimmung sprachlicher Vermittlungsarbeit nicht allein auf den philosophischen Diskurs zu beschränken ist. Auch im lyrischen Genre strebt Schiller das Zusammenspiel der anschaulichen und intelligiblen Ausdrucksform an, dessen Konzeption ein hohes Maß an Vertrauen in die kreative Eigenmacht der Sprache verrät. Es schließt das Bewußtsein ein, daß der Akt der Darstellung sein Objekt selbständig erschafft, ohne es dabei zu reproduzieren. Die zur Sprache gebrachte Seele *spricht* zwar nicht mehr, aber es handelt sich auch nicht mehr um die *Seele*, sondern um ein qualitativ Neues, das im Prozeß der Verbalisierung hervorgebracht wurde. Das Wissen, daß die Sprache ein Medium ist, welches Authentizität nur in künstlichen Ordnungen zu schaffen vermag, begründet hier ein modern anmutendes Verständnis literarischer Rede als Ort der Repräsentation dessen, was im Text selbst abwesend sein muß.[42]

Schillers lyrische Sprache bleibt geheimnislos und auraarm. Das paßt zum praktischen Wirkungskalkül, das sie trägt. Es erscheint, genuin aufklärerisch, bestimmt von der Absicht, Gedankeninhalte anschaulich zu bezeichnen, und steht derart unter der Vorherrschaft intellektueller Zielsetzungen. Schillers Lyrik zeigt keine Gemeinsamkeiten mit der suggestiv inszenierten atmosphärischen Dunkelheit romantischer Naturdichtung; Todesfaszination, sinnliche Lust, Erfahrungen des Extremen finden sich hier einzig im Zusammenhang pädagogischer Ansprüche thematisiert. Der Nervenkitzel, den die Balladen für ihre Leser bereithalten, bleibt das untergeordnete Element strenger Wirkungsorientierung – ein dramaturgischer Baustein innerhalb eines scharf ausgeleuchteten szenischen Arrangements, das vornehmlich didaktischen Demonstrationszwecken gehorcht. Das Sujet des Naturgenusses, das die Elegien bearbeiten, empfängt seinen poetischen Zuschnitt aus der Verknüpfung mit der Diskussion anthropologischer Entwicklungstheorien. Das Verhältnis der Geschlechter wird im Rahmen idealtypischer Zuordnungsmuster beleuchtet; seine spannungsarme, auf psychologische Nuancierungen verzichtende Darstellung dient der Veranschaulichung einer unbedingt akzeptierten Rollenteilung. Die Natur- und Menschenbilder, die Schillers Lyrik vorführt, besitzen konkrete Züge nur als Beispiele für die kulturhistorischen Überlegungen, die hier zur Anschauung gelangen. Die äußere Wirklichkeit gerät derart zum kulissenartigen Schauplatz, auf dem der klassische Anthropologe seine Demonstrationen nach folgerichtigem Muster ablaufen läßt. Wer diese Tendenz zur Abkehr von den Gegenständen der Erfahrung umstandslos feststellt, setzt Schillers Lyrik nicht zurück; vielmehr trägt er zu ihrer geschichtlichen Einordnung bei.

Schillers Gedichte weisen keine thematische, sondern primär eine formale Einheit auf.[43] Nicht allein die Überführung der sie bestimmenden Leitkategorien in eine für moderne Leser nachvollziehbare Begrifflichkeit sollte daher die Bedingung ihrer Lektüre bilden, vielmehr auch die Einsicht in die Leistung der diskursiven Form. Die aufklärerische Triebkraft, die Schillers Denken regiert, findet in den Strukturen seines lyrischen Œuvres keinen widerspruchsfreien Ausdruck. An die Stelle der überschaubaren Verhältnisse, die die Lehrdichtung der Jahrhundertmitte von Haller bis zu Klopstock auszeichnet, treten unaufgelöste Gegensätze: die Grundspannung, die den Menschen als dualistisches Wesen beherrscht, die Zerrissenheit zwischen sinnlicher Erfahrung und moralischem Imperativ, die Arbeit am fernen Ideal unter den Bedingungen einer dunklen Zeit. Die formprägende Macht, die Schillers spannungsvolle Reflexionskultur entfalten kann, zeigt sich in keiner Gattung deutlicher als in der Lyrik.[44] Deren rhetorische Muster – die Chiasmen und Amplifikationen, die mächtigen Sentenzen und Pathoslinien, die ihre Texte durchziehen – bilden den genauen Widerschein der unerhörten Spannung der Gegensätze, die Schillers Denken trägt. Den Ausgangspunkt dieses intellektuellen Künstlertemperaments hat niemand unter den zeitgenössischen Kritikern so hellsichtig erkannt wie Friedrich Schlegel. In seiner von Reichardts *Deutschland* veröffentlichten Rezension des *Musen-Almanachs für das Jahr* 1796, die mit skeptischen Kommentaren zu Gedichten wie *Würde der Frauen* und *Der Tanz* nicht spart, vermerkt er grundsätzlich: «Schillers Unvollendung entspringt zum Theil aus der Unendlichkeit seines Ziels. Es ist ihm unmöglich, sich selbst zu beschränken und unverrückt einem endlichen Ziele zu nähern. Mit einer, ich möchte fast sagen, erhabnen Unmäßigkeit, drängt sich sein rastlos kämpfender Geist immer vorwärts. Er kann nie vollenden, aber er ist auch in seinen Abweichungen groß.»[45] Daß es gerade Schlegel gelingt, die besondere Anlage von Schillers Geisteshaushalt derart scharfsinnig hervorzuheben, ist von einiger Pikanterie. Womöglich stand hier der später so kompromißlose Kritiker dem Kritisierten näher, als er sich hätte eingestehen mögen.

Nicht das Ziel, sondern der Weg – als Metapher intellektueller Selbstauslegung um 1800 auch Fichte, Friedrich Schlegel, Hölderlin und Hegel vertraut[46] – bestimmt die theoretischen Ambitionen Schillers wie deren künstlerische Umsetzung gleichermaßen. Vorherrschend ist hier das wache Bewußtsein für die provisorischen Züge jeglicher Reflexionsarbeit und die Unabschließbarkeit der sie leitenden Gedankenprozesse. Wer allein die Programminhalte zergliedert, die Schillers lyrisches Werk tragen, verfehlt sein ästhetisches Selbstverständnis, aber auch die intellektuelle Signatur der es voraussetzenden Wahrnehmungsformen. Die angespannte Nervosität ihres geistigen Temperaments bewirkt, daß Schillers Lyrik, trotz der Zumutungen, die sie für moderne Leser bereithält, immer noch Interesse auf sich zu ziehen vermag. Den Exaltationen des Frühwerks und den Harmonisierungstendenzen der klassischen Texte tritt jeweils die formale Selbstinszenierung eines in sich unvollendbaren künstlerischen Anspruchs zur Seite. Hinter den Eruptionen der Geniezeit und der Glätte des klassizistischen Marmors schlummert die Gewaltsamkeit eines unabgegoltenen Idealisierungswillens. Er verbürgt, nicht zuletzt, die Aufmerksamkeit, die Schillers Lyrik auch dort fordern darf, wo ihre optimistische Botschaft vom Terror der Geschichte längst widerlegt worden ist.

2. Philosophische Lyrik (1788–1800)

Arbeit am Ideal.
Von Die Götter Griechenlandes (1788) zur Nänie (1799)

Den frühen Auftakt zur klassischen Periode von Schillers Lyrik bilden *Die Götter Griechenlandes*. Der elegisch getönte Text erscheint im März 1788 in Wielands *Teutschem Merkur*. Wenige Tage nach dem Druck schreibt Schiller über die Entstehung an Körner: «Wieland rechnete auf mich bei dem neuen Merkurstück und da machte ich in der Angst – ein Gedicht. Du wirst es im März des Merkurs finden und Vergnügen daran haben, denn es ist doch ziemlich das Beste das ich neuerdings hervorgebracht habe (...)» (NA 25, 29). Eingängiger Rhythmus und gefällige Sprachmelodie gehören zu den besonderen Merkmalen der Elegie, die auch im symmetrischen Bau – 25 Strophen zu je acht Versen – die kunstvolle Balance hält. Bemerkenswert ist die Massierung mythologischer Motive und Figuren, die Körner in einem Brief vom 25. April 1788 zu dem kritischen Einwand veranlaßt, die «gelehrten Namen» störten bisweilen die Lektüre. Nach gebührendem Lob für die formalen Qualitäten des Textes tadelt der sonst so konziliante Freund zudem die polemischen Untertöne: «Einige Ausfälle wünschte ich weg, die nur die plumpe Dogmatik, nicht das verfeinerte Christenthum treffen. Sie tragen zum Werth des Gedichts nichts bey (...)» (NA 33/I, 180).

Schillers Elegie stellt den Gegensatz dar, der die intakte Welt des antiken Griechenland von der durch Verstandesabstraktionen, Nüchternheit und Kälte geprägten Moderne scheidet. Die griechischen Götter erscheinen als Sinnbilder einer geschlossenen Lebensrealität von anschaulicher Erfahrbarkeit, der die lutherische Lehre vom *Deus absconditus* mit ihrem erklärten Bilderverbot schroff gegenübersteht. In immer wieder neu abgewandelten Beispielen, die durch Hinweise auf mythologische Motive und Traditionen illustriert werden, führt das Gedicht die Schönheit und Harmonie der Griechenwelt vor. Zu ihr gehören die Einheit der Natur, die Wahrhaftigkeit von Gefühlen, Grazie, Lebenslust, Glück, die Entdämonisierung des Todes (im Zeichen der Aussicht auf ein Leben in Elysium), der Ruhm und die Freundschaft, nicht zuletzt, als wesentlichster Aspekt, die Nähe zwischen Göttern und Menschen, deren Konsequenz die vorletzte Strophe eingängig beleuchtet: «Da die Götter menschlicher noch waren, | waren Menschen göttlicher.» (NA 1, 195, v. 191 f.) Die Elegie hebt sich damit markant von dem gebrochenen Antike-Bild ab, das drei Jahre zuvor der *Brief eines reisenden Dänen* vermittelt hatte. Dessen Versuch, die Distanz gegenüber der griechischen Philosophie mit einer an Winckelmann und Herder ausgerichteten Verherrlichung der attischen Kunst zu verbinden, spiegelte die weltanschauliche Gemengelage, die Schillers Denken zwischen neuzeitlicher Metaphysik und Annäherung an Positionen klassizistischer Ästhetik noch 1785 bestimmte. Mit der Abkehr von der spekulativen Naturphilosophie, wie sie sich durch den Austausch mit Körner und die Weimarer Erfahrungen im Umfeld Wielands vollzieht, wächst bei Schiller Ende der 80er Jahre freilich das Bedürfnis nach einer neuen kulturgeschichtlichen Orientierung, die sowohl in den universalhistorischen Ordnungsmustern der zu dieser Zeit entstehenden akademischen Schriften als auch im Antikekonzept der *Götter Griechenlandes* gewichtigen Ausdruck gewinnt.[47]

Bewußt wählt Schillers Text, geschult durch den Klassizismus Wielands, Beispiele aus der griechischen Mythologie, die die Intaktheit der antiken Welt beschwören sollen. Dionysos und seine Satyrn stehen für die Freuden ungebrochenen Weltgenusses, Demeter bezeichnet den Schmerz der trauernden Mutter, Helios die lichtvolle Ordnung der Schöpfung, Dryaden und Nymphen versinnbildlichen deren natürliche Schönheit, Amor repräsentiert die Verbindung zwischen Himmel und Mensch, Alcestis veranschaulicht die Tugend, Orest Treue, Venus das Prinzip der reinen Schönheit. Wielands Gedicht *Die Grazien* (1769), dessen Einfluß hier offenkundig scheint, hatte ähnlich erklärt: «Die Götter eifern in der Wette, | Wer zur Begabung der Natur | Am meisten beyzutragen hätte.»[48] Die allegorisch aufgefaßten Himmelsgestalten, aus deren Geltungskreis Schiller absichtsvoll das Unmoralische und Verwerfliche ausscheidet, verkörpern jeweils individuelle Aspekte derselben Idee – die Vorstellung einer in der Antike gegebenen, unter modernen Bedingungen verlorenen Welttotalität. Die Elegie nähert sich damit der später für die sentimentalische Dichtung beanspruchten Reflexion über den vorbildhaften Modellcharakter der sinnlich erfahrbaren Schöpfung. Schillers große Abhandlung wird erklären, daß «in dem Zustande der Kultur, wo jenes harmonische Zusammenwirken seiner ganzen Natur bloß eine Idee ist, die Erhebung der Wirklichkeit zum Ideal (...) den Dichter machen muß.» (NA 20, 437) Indem der Text nicht allein die mythologischen Stoffe, sondern die von ihren Figuren allegorisch ausgedrückten Bedeutungen zur Anschauung bringt, leistet er die für die sentimentalische Dichtung bezeichnende Idealisierungsarbeit. Der Verlust der Objektivität der Antike bedingt die Bewußtseinspoesie der Moderne.

Ein in hohem Grade verklärtes Griechenland tritt dem Leser in Schillers Gedicht entgegen. Angeregt scheint sein Umriß durch Winckelmanns Antikeverständnis, wie es bereits die 1755 publizierten *Gedanken über die Nachahmung der griechischen Werke in der Malerei und Bildhauerkunst* andeuten. Von Winckelmanns Schrift nimmt die Antikeverehrung Schillers bekanntlich ihren Ausgang; ohne deren weiträumige kunsthistorische Erkundungen wäre die Apotheose des alten Griechenland, die sein Gedicht entwirft, kaum denkbar. Programmatisch heißt es in den *Gedanken*: «Der einzige Weg für uns, groß, ja, wenn es möglich ist, unnachahmlich zu werden, ist die Nachahmung der Alten, und was jemand vom Homer gesagt, daß derjenige ihn bewundern lernet, der ihn wohl verstehen gelernet, gilt auch von den Kunstwerken der Alten, sonderlich der Griechen.»[49] Während sich Winckelmann jedoch auf die Beschreibung der ästhetischen Orientierungsfunktion beschränkt, die den antiken Kunstwerken zufallen soll, entwickelt Schillers Elegie ihre Spannung aus der Darstellung des Abstands, der Antike und Moderne scheidet. Angeregt haben mag ihn hier ein Aufsatz seines Freundes Huber *Ueber moderne Größe*, den die *Thalia* im zweiten Heft des Jahres 1786 veröffentlichte. Auch Huber arbeitet mit der Hypothese vom Gegensatz zwischen antiker Kulturhöhe und moderner Entfremdung, wobei seine Überlegungen deutlich durch die plakative Vernunftkritik der Genieperiode bestimmt bleiben. Während es das Kennzeichen der griechischen Welt sei, daß sie den Menschen entflamme und zu heroischen Taten begeistere, herrsche in der Gegenwart der kalte Geist der Verstandesabstraktion: «Das ewige prometheische Feuer liegt nun unbenuzt; denn die Aufklärung hat iedem sein Lämpchen angestekt, das ihm durch das bischen Leben hilft.»[50]

Schillers Gedicht nimmt diese Argumentation auf; ein dogmatisch verzerrtes, gefühlsarmes Christentum und die theoretische Kultur der Aufklärung bilden die zentralen Gegenstände der Gegenwartskritik, die die Elegie vor dem Hintergrund ihrer Verherrlichung des antiken Griechenland vorträgt. Das «glücklichere Menschenalter», in dem die antiken Götter die Sterblichen an «leichtem Gängelband» (v. 2 f.) führten, wird konfrontiert mit einer Jetztzeit, die weder die sinnliche Intensität der Erfahrung noch jene Unmittelbarkeit göttlicher Mächte kennt, wie sie die Antike auszeichnet: «(...) näher war der Schöpfer dem Vergnügen, | das im Busen des Geschöpfes floß. | Nennt der Meinige sich dem Verstande? | Birgt ihn etwa der Gewölke Zelt? | Mühsam späh' ich im Ideenlande, | fruchtlos in der Sinnenwelt.» (v. 83 ff.) Diese (in der zweiten Fassung gestrichenen) Verse formulieren eine deutliche Kritik am protestantischen Purismus der aufgeklärten Vernunftreligion, wie sie Schiller immer wieder – am prägnantesten in *Maria Stuart* – vortragen wird. Nicht die sinnliche Präsenz einer in sich einheitlichen Schöpfung, die Himmlische und Menschen miteinander versöhnt, sondern die «entgötterte Natur» (v. 168) beherrscht die Moderne. Eine vergleichbare Diagnose wird sieben Jahre später das von Körner geschätzte («selten ist Göthen etwas ähnliches gelungen», NA 35, 323) Gedicht *Natur und Schule* formulieren. Das von höheren Mächten gesegnete Wissen, das die Antike durch ihre Nähe zu den Ursprüngen des Schöpfungsmythos aufweise, sei, so dessen Befund, in der Gegenwart unwiederbringlich verloren.

Mit seiner schroffen Abgrenzung zwischen antikem Polytheismus und christlichem Glauben gestattet Schillers Text keine wie immer begründete Annäherung beider Sphären. Nur wenige Jahre später werden Hegel (im *Eleusis*-Gedicht von 1796), Schelling (*Ideen zu einer Philosophie der Natur*, 1797), Novalis (*Die Lehrlinge zu Sais*, 1798) und Hölderlin (in der Elegie *Brod und Wein*, 1800) eine mythopoetisch veranschaulichte, geschichtsphilosophisch begründete Beziehung zwischen paganer Götterwelt und modernem Christentum zu reflektieren suchen. Ausgangspunkt ist die typologische Verwandtschaft des Weingotts Dionysos mit Christus, wie sie Hegels *Eleusis* und Hölderlins berühmte Elegie nachdrücklich beschwören. In den Feiern der eleusischen Mysterien scheint die Idee der christlichen Offenbarung angedeutet, im heidnischen Fest zu Ehren Demeters und ihres Sohnes Dionysos die Eucharistie mit Brot und Wein als deren symbolischen Zeichen vorweggenommen. Zwar geht auch Hegels Gedicht, das durch Schillers Text geprägt bleibt, von der Diagnose des Verlusts der paganen Naturreligion aus – «Geflohen ist der Götter Kreis zurück in den Olymp»[51] –, jedoch geschieht das nur, um im Rahmen einer geschichtsphilosophischen Skizze den Überbietungscharakter der christlichen Konfession zu betonen. Daß das heilige Wort der heidnischen Riten verstummt ist, gemahnt an die Eigenart der Offenbarung Jesu, die der Priester jenseits von Rede und Bild erfahren soll: «Dem Sohn der Weihe war der hohen Lehrern Fülle, | Des unaussprechlichen Gefühls Tiefe viel zu heilig, | Als daß er trockne Zeichen ihrer würdigte.»[52] Nicht die Klage über die Abstraktion der christlichen Lehren, sondern das typologisch begründete Vertrauen in die außersprachliche, durch die beredten Symbole des paganen Polytheismus angedeutete Sinnoffenbarung steht im Zentrum von Hegels Text, dessen Positionen später die *Phänomenologie des Geistes* (1807) vor dem Hintergrund ihrer Theorie der Kunstreligion systematischer ausbaut.[53] Mit ähnlicher Tendenz werden auch Hölderlins Elegien und Hymnen aus der Zeit um 1800 – neben *Brod und Wein* besonders prägnant *Stutgard* und *Der Einzige* – die mythopoetische Annäherung von Polytheismus und Christentum zu vollziehen suchen.

Seinen elegischen Charakter gewinnt Schillers Gedicht durch die Perspektive der Trauer über den Verlust der mythologisch verbürgten Einheit, die die griechische Welt zu kennzeichnen schien. Der Text hält die Erinnerung an sie fest und profiliert deren Reiz im Kontrast zur Gegenwart: «Schöne Welt, wo bist du? – Kehre wieder, | holdes Blüthenalter der Natur! | Ach! nur in dem Feenland der Lieder | lebt noch deine goldne Spur.» (v. 145 ff.) Existent ist die durch die Nähe von Göttern und Menschen begründete Schönheit der Antike allein im Reich der Kunst. Die elegische Form des Gedichts bildet zugleich die einzige Möglichkeit, das verlorene Griechenland und dessen mythische Welt gegenwärtig werden zu lassen. In der Trauerinszenierung des Textes tritt, so scheint es, die Antike neu geboren, jedoch als rein literarisches Artefakt hervor. Die Bedingung ihrer Wirksamkeit bleibt das ästhetische Arrangement, wie es, kunstvoller und plastischer, der 1796 entstandene Text *Pompeji und Herkulanum* im Zusammenhang einer fiktiven Rekonstruktion versunkener Städte vorführen wird.

Umgekehrt läßt sich festhalten, daß erst das Bild der intakten, unbeschädigten Antike und die literarische Klage über die unwiederbringlich verlorene Vergangenheit diejenige Vorstellung vom alten Griechenland begründen, die es dem elegischen Gedicht gestattet, dessen Verlust im Gestus der Trauer zu besingen. Die Umrisse der vollkommenen Welt, welche die Elegie beschreibt, besitzen jenseits ihrer poetischen Vergegenwärtigung keine geschichtlich objektivierbare Kontur. Die Götter Griechenlands und die von ihnen verkörperte Sphäre der Freundschaft, des Glücks und der Schönheit bilden das Produkt einer ästhetischen Inszenierung mit Idealisierungsfunktion, die ihrerseits die Selektion abweichender kulturhistorischer Details einschließt.[54] Zum Zentrum der literarischen Darstellungsleistung gerät damit die poetische Reflexion mythischer Verhältnisse, ohne daß freilich deren Funktionen näher bezeichnet wären. Schon Körner bemängelte in seinem Brief vom 25. April 1788: «Ueber die Wirkung der Mythologie auf Kunst hätte ich mehr erwartet.» (NA 33/I, 181)

Schillers Gedicht löste unmittelbar nach seinem Erscheinen eine heftige Kontroverse aus, die sich an der kritischen Darstellung des Christentums entzündete, welche der Text bot.[55] Friedrich Leopold Graf zu Stolberg veröffentlichte im August 1788 in Christian Boies *Deutschem Museum* eine Rezension, die Schiller Sympathien mit dem heidnischen Polytheismus, Verharmlosung der inhumanen Züge der Antike sowie antichristliche Tendenzen und atheistische Gotteslästerung vorwarf.[56] Das Gedicht habe es sich vorgesetzt, «den Himmel zu stürmen», so führt Stolberg aus; die hier gezeichnete Alternative von Glaube und Vernunft, Antike und Moderne bleibe zweifelhaft, falle hinter die Errungenschaften aufgeklärter Theologie zurück und verrate eine Nähe zu heidnischer «Abgötterei», die bei einem Autor dieses Ranges bedenklich sei.[57]

Schiller hat sich, trotz einer entsprechenden Bitte Wielands, gegen Stolbergs Vorwürfe nicht zur Wehr gesetzt. Für ihn antwortete Körner, der in einem im März 1789 von der *Thalia* gedruckten Aufsatz den ästhetischen Tagtraum der Elegie gegen eine religiös fundierte Kritik verteidigte. In Novalis' Nachlaß fand sich eine vergleichbar argumentierende *Apologie* des Textes; Georg Forster wiederum veröffentlichte Anfang Mai 1789 in Archenholtz' Zeitschrift *Neue Litteratur und Völkerkunde* ein nachdrückliches Plädoyer für das Gedicht. Schiller sah seine Interessen durch Körners Replik nur partiell vertreten und erklärte in einem kommentierenden Brief vom 25. Dezember 1788: «Der Gott den ich in den Göttern Griechenlands in Schatten stelle ist nicht der Gott der Philosophen, oder auch nur das wohlthätige Traumbild des großen Haufens, sondern es ist eine aus vielen gebrechlichen schiefen Vorstellungsarten zusammen gefloßene Mißgeburt –

Die Götter der Griechen, die ich ins Licht stelle sind nur die lieblichen Eigenschaften der Griechischen Mythologie in eine Vorstellungsart zusammen gefaßt.» Im übrigen gelte es, das Gedicht als Kunstprodukt, nicht als Pamphlet für oder gegen eine bestimmte religiöse Weltsicht zu lesen. Das schließe ein, daß man die «idealische» Perspektive würdige, die der Text, wie jedes literarische Werk, einnehme (NA 25, 167). Schiller betont damit den Zweck, den die Elegie als sentimentalische Gattung versieht. Nicht der Wirklichkeitscharakter der hier ausgeleuchteten griechischen Welt, sondern die visionäre Dimension, die mit der Vergegenwärtigung ihrer Schönheit berührt wird, steht im Zentrum des Gedichts. Das Antike-Bild, auf das die klassizistische Ästhetik zurückgreift, verkörpert das Ergebnis eines vorab erfolgten Selektionsprozesses, der ausscheidet, was erst ein Jahrhundert später im Gefolge Bachofens und Nietzsches verstärkt wahrgenommen wird: Gräßlichkeit und Inhumanität der in Blut getauchten griechischen Mythen.

Im Jahr 1793 hat Schiller die Elegie nochmals überarbeitet, sie um neun auf 16 Strophen gekürzt, die antithetische Anlage deutlicher betont und ihr einen neuen Schluß gegeben. Klarer tritt jetzt zutage, daß er keine Verherrlichung des paganen Polytheismus, sondern die ästhetische Vision einer intakten antiken Welt vorzuführen gedenkt. Die elegische Klage verlangt die Nichtexistenz ihres Gegenstandes, die Abwesenheit der antiken Götter, von der die letzte Strophe der neuen Fassung spricht: «Aus der Zeitfluth weggerissen schweben | Sie gerettet auf des Pindus Höhn, | Was unsterblich im Gesang soll leben | Muß im Leben untergehn.» (NA 2/I, 367, v. 124 ff.) Erst der Verlust der griechischen Welt gestattet die poetische Reflexion über eine mythische Wirklichkeit, die jetzt nur noch schattenhaft im Zusammenhang des lyrischen Kunstprodukts fortlebt. Mit souveräner Ironie hat Goethe im zweiten Teil des *Faust* (1831) diese elegische Haltung aufgehoben, wenn er erklärt, daß die Mythologie des Altertums «selbst in moderner Maske weder Charakter noch Gefälliges verliert.»[58]

Daß die antike Göttersozietät, als Verkörperung der Idee des Absoluten in sinnlicher Gestalt, einzig im Medium der ästhetischen Darstellung existent sei, hat einige Jahre nach Schillers Text Schellings *Philosophie der Kunst* (1802/03) ausdrücklich betont.[59] Während für Schelling die poetische Funktion der Götter jedoch eine ihnen eigene lebensvolle Präsenz begründet, sucht Hegels lakonische Interpretation des Gedichts die ausschließlich kunstimmanente Perspektive, die sich an die elegische Klage über den Untergang des Altertums knüpft, als Indiz für die – bereits von Jean Paul hervorgehobene – mangelnde Vitalität des paganen Polytheismus auszuweisen. Die *Vorlesungen über die Ästhetik*, die insgesamt ein freundliches Schiller-Bild zeichnen, sehen in der Schlußwendung der zweiten Fassung, die die hochgemute Formel vom göttlichen Status des antiken Individuums preisgibt, ihre eigene Position bestätigt, derzufolge die Welt der alten Mythen allein im Raum der Kunst fortleben dürfe: «(...) die griechischen Götter hätten ihren Sitz nur in der Vorstellung und Phantasie, sie könnten weder in der Wirklichkeit des Lebens ihren Platz behaupten noch dem endlichen Geist seine letztliche Befriedigung geben.»[60] Nur wenige Jahre später scheint freilich auch Hegels maßvolle Vorstellung eines ästhetischen Polytheismus keine Akzeptanz mehr zu besitzen. Wenn Heine in seinem *Buch der Lieder* (1827) erklärt, er habe die griechischen Olympier nie geliebt, ohne andererseits die «neuen, herrschenden, tristen Götter» vorzuziehen, bezeugt das die Skepsis des säkularisierten Zeitalters, das angesichts eines entvölkerten Himmels nurmehr auf die Erfahrung der unveränderlichen Natur verwiesen bleibt. Die «ewigen Sterne» treten bei Heine an den Platz der ästhetisch gebrochenen Mythologie, das empirisch Anschaubare verdrängt die aufstrebende Architektur der Idee.[61]

Während die *Götter Griechenlandes* ein skeptisches Bild der Gegenwart zeichnen, von dem sich die idealisierte Antike hell abhebt, formulieren die im folgenden Jahr veröffentlichten *Künstler* eine Huldigung der durch «Vernunft» und «Gesetze», durch Kultur und Erkenntnisleistungen aufgeklärten Zeit «an des Jahrhunderts Neige» (NA 1, 201 ff., v. 2 ff.) − ein Loblied auch der Moderne, die einen vorgeschobenen Punkt auf dem Weg zur Vervollkommnung des Menschengeschlechts markiert. Das Gedicht entstand unter erheblichen Schwierigkeiten in mehreren Arbeitsphasen zwischen Oktober 1788 und Februar 1789; kein lyrischer Text Schillers weist eine vergleichbar lange Inkubationszeit auf. Entwürfe wurden noch in Rudolstadt zu Papier gebracht, die Reinschrift erfolgte jedoch erst im Spätherbst und Winter in Weimar. Schillers Stimmung war nach dem Abschied von der ländlichen Idylle durch düstere Empfindungen geprägt, wie er sie sonst selten kannte. Über die Trennung von den Lengefeld-Schwestern hilft ihm allein die Arbeit hinweg. Er zwingt sich täglich zehn Stunden an den Schreibtisch, verzichtet auf gesellige Kontakte und führt das Leben eines Eremiten, der für Wochen sein Zimmer nicht verläßt. Die erste Fassung des Gedichts stößt auf die Kritik Wielands, deren Argumente Schiller in einem an Körner gerichteten Brief vom 25. Februar 1789 wiedergibt: «Er wollte es nicht für ein Gedicht erkennen, sondern für philosophische Poesie, von der Art, wie Youngs Nächte und dgl. Eine Allegorie die nicht gehalten sey, sich alle Augenblicke entweder in eine neue Allegorie verliere, oder gar in philosophische Wahrheit übergehe, das Durcheinanderwerfen poetisch wahrer und wörtlich wahrer Stellen incommodirte ihn. Er vermißte die Einheit der Form, die das Ganze macht.» (NA 25, 211) Wielands Einwände gelten jener spannungsvollen Konfrontation von Gedankenarbeit und unmittelbarer Anschauung, wie sie für die allegorische Struktur kennzeichnend ist, die Schillers Lyrik bewußt anstrebt.[62] Die absichtsvoll erhaltene Differenz von Bild und Begriff, die Friedrich Creuzers *Mythologie*-Schrift als Merkmal des allegorischen Verfahrens beschrieben hat, verhindert gerade die glatte Verschmelzung beider Bereiche, die Wielands wenig einfühlsame Kritik anmahnt.

Schiller selbst ist im Februar 1789, da er *Die Künstler* auf Wielands Anraten überarbeitet, keineswegs davon überzeugt, daß er zur für lyrische Texte in seinen Augen unabdingbaren «Leichtigkeit» (NA 25, 211) jemals zu gelangen vermöge. Die Anstrengung, die ihm die Tätigkeit im ‹Exilium› der Lyrik bereitet, erzwingt eine skeptische Prognose: «Zuweilen ein Gedicht lasse ich mir gefallen; wiewohl mich die Zeit und Mühe, die mir die Künstler gekostet haben, auf viele Jahre davon abschrecken.» (NA 25, 212) Der abgeschlossene Text erscheint im Märzheft des Jahres 1789 in Wielands *Merkur*. Der hohe Ton, den das aus 481 Versen bestehende Lehrgedicht anschlägt, entspricht der Würde der philosophisch-ästhetischen Materie. Leitendes Thema ist die Bedeutung und Funktion der Kunst für den Menschen, der sich auf dem Weg zur Wahrheit befindet: «Nur durch das Morgenthor des Schönen | drangst du in der Erkenntniß Land.» (v. 34 f.). Veranschaulicht wird dieser Gedanke mit den Allegorien der Venus Urania und der Venus Cypria, die Wahrheit und Schönheit verkörpern. Zu Beginn des Gedichts heißt es über deren Zusammenhang: «(...) die furchtbar herrliche Urania, | mit abgelegter Feuerkrone, | steht sie – als Schönheit vor uns da.» (v. 59 ff.) Der Schluß verkehrt diese Konstellation; enthüllt sich zunächst die Wahrheit als Schönheit, so schlagen die Verhältnisse jetzt um: «Sie selbst, die sanfte Cypria, | umleuchtet von der Feuerkrone | steht dann vor ihrem mündgen Sohne | entschleyert – als Urania (...)» (v. 433 ff.) Wahrheit und Schönheit befinden sich idealiter in einer engen Verbindung. Ihre endgültige Versöhnung im Zeichen dauerhafter Allianz bleibt freilich einer fernen Epoche vorbehalten, in der der Künstler mit Hilfe der von ihm hervorgebrachten Werke ins Reich der absoluten Wahrheit gelangt: «So führt ihn, in verborgnem Lauf, | durch immer reinre Formen, reinre Töne, | durch immer höh're Höhn und immer schön're Schöne | der Dichtung Blumenleiter still hinauf – | zuletzt, am reifen Ziel der Zeiten, | noch eine glückliche Begeisterung, | des jüngsten Menschenalters Dichterschwung, | und – in der Wahrheit Arme wird er gleiten.» (v. 425 ff.) In der Choreröffnung ihres Antikedramas *Der leukadische Fels*, das Ende November 1792 in der *Neuen Thalia* erscheint, hat

Caroline von Wolzogen die Sichtweise der *Künstler* aufgegriffen, wenn es dort über die einheitsstiftende Macht der Aphrodite heißt: «Mutter ew'ger Harmonien, | Wölbtest du das weite Rund! | Alle wilden Kräfte klangen | In der Schönheit ew'gem Bund.»[63]

Ausführlich behandelt Schillers Gedicht die kulturelle Evolution des Menschen – eines der zentralen Themen auch der theoretischen Schriften, entfaltet schon in den an Garve und Rousseau ausgerichteten entwicklungsgeschichtlichen Passagen der dritten Dissertation, fortgesponnen in der wenige Wochen nach den *Künstlern* entstandenen Jenaer Antrittsvorlesung, die ihrerseits Anregungen aus Herders *Ideen* (1784 ff.) und Kants geschichtsphilosophischen Beiträgen in der *Berlinischen Monatsschrift* aufgreifen kann. Zu bekräftigen ist die Überzeugung, daß das Individuum intellektuelles Erkenntnisvermögen nur gewinnt, nachdem es zunächst die Schönheit der Natur erschlossen, im Kunstwerk nachgeahmt und unter neuen Gesetzen hervorgebracht hat. In sämtlichen Phasen seiner Entwicklung wird das Menschengeschlecht durch die Erfahrung des Schönen in höhere Dimensionen der Einsicht geleitet. Die universellen Fragen, die das Geschick des Einzelnen bestimmen, finden sich zuerst im ästhetischen Medium vermittelt, ehe sie von philosophischer Reflexion aufgrund streng logischer Methoden systematisch ausgebreitet werden. Mit vergleichbarer Gewichtung betrachtet die Jenaer Antrittsvorlesung Kunst und Wissenschaft als Werkzeuge einer kulturgeschichtlich fortschreitenden Verfeinerung der im Menschen angelegten Naturtriebe.[64]

Metaphysik und Kosmologie, Leidenschaften und Politik – die Kunst behandelt diese Themen als erste der diskursiven Ordnungen, die sich ihrer anzunehmen vermögen. Sie ist es, welche den Progreß des Menschen zur größeren Vollkommenheit befördert; sie erweitert die Erkenntnisse über die Natur, die dem Individuum zunächst auf sinnlich anschaubare Weise in ihren Werken vermittelt werden, ehe es sie auf der Grundlage der Abstraktion systematisch zu ordnen trachtet: «Der fortgeschrittne Mensch trägt auf erhobnen Schwingen | dankbar die Kunst mit sich empor, | und neue Schönheitswelten springen | aus der bereicherten Natur hervor. ‖ Des Wissens Schranken gehen auf (...)» (v. 270 ff.). In einem Brief an Körner vom 30. März 1789 hat Schiller die hier ausgesprochene Erwartung, daß die Kultur den Menschen zur Freiheit führe, einem entwicklungsgeschichtlichen Abriß zugrunde gelegt, der die Argumentation der wenige Wochen später verfaßten Antrittsvorlesung vorwegnimmt.

Im Gegensatz zur Kritik der Moderne, die *Die Götter Griechenlandes* umreißen, bannen *Die Künstler* das Programm einer kunsttheoretisch erweiterten Aufklärung ins Bild.[65] Deren höhere Kultur wird durch das vorbereitet, was später bei Schiller ‹ästhetische Erziehung› heißt. Die entwicklungsgeschichtliche Skizze des Gedichts mündet in die Beschreibung des Prozesses, der vom christlichen Mittelalter in die Moderne führt. Bestimmt bleibt er durch die qualitativ neue Wiederholung der Antike im Zeichen einer ästhetischen Vernunft, die den Sprung in Freiheit und Selbstbestimmung des Menschen verheißt. Des «Lichtes große Göttin» (v. 374) – Sinnbild vorurteilsloser Geistesmacht – beginnt ihren Siegeszug unter der Regie des Kunstschönen (v. 363 ff.). Aus verschobener Perspektive, jedoch mit vergleichbarer Tendenz sucht die sechs Jahre später entstandene *Poesie des Lebens* die Einbuße – die «Versteinerung» – zu beschreiben, die der Mensch erleidet, wo ihm die Möglichkeit ästhetischer Erfahrung geraubt wird (NA I, 433, v. 35).

Am Vorabend der Französischen Revolution, genau vier Monate vor den Juliereignissen des Jahres 1789, formulieren *Die Künstler* eine Ansicht vom Bündnis zwischen Intellekt und Kunstschönheit, deren programmatische Substanz durch die politischen Prozesse der folgenden Jahre in Zweifel gezogen wird. Kein Zufall mag es sein, daß Wilhelm Raabes satirischer Roman *Der Dräumling* (1871), der eine scharfe Abrechnung mit dem nationalen Schiller-Enthusiasmus des Festjahres 1859 bietet, auch einen bürgerlichen Fortschrittsoptimismus kritisch ins Visier nimmt, dem die *Künstler* zum Monument seiner wirklichkeitsblinden Geschichtshoffnungen geraten. Schon 1795 hat Jens Baggesen, ohne sich als Autor zu nennen, in Paul Usteris *Beiträgen zur Geschichte der französischen Revolution* unter dem Titel *Die Krieger* eine düster gefärbte Persiflage von Schillers Text vorgelegt. «Wie scheußlich, Mensch, mit deinem Bajonette,» lauten die Eröffnungsverse, «Stehst du in der geschloßnen Mörderkette, | Mit eingefuchtelter Vermessenheit (...)» (NA 37/II, 248). Die aufklärerischen Erwartungen des ‹Lehrgedichts› (Schillers eigene Terminologie [NA 28, 118]), die der – von Baggesen bezweifelten – Vervollkommnungsfähigkeit des Menschen gelten, haben später auch die Briefe über die ästhetische Erziehung unter dem Eindruck der politischen Entwicklung in Frage gestellt. Festzuhalten suchen sie immerhin am Optimismus, der in den *Künstlern* die Charakterisierung des Schönen trägt: «Der Dichtung heilige Magie | dient einem weisen Weltenplane, | still lenke sie zum Ozeane | der großen Harmonie!» (v. 446 ff.) Dagegen dürfte Schiller den radikalen Enthusiasmus kaum geteilt haben, mit dem die Verfasser des um 1796 entstandenen *Ältesten Systemprogramms des deutschen Idealismus* in folgerichtiger Ausweitung seines eigenen Erziehungskonzepts der «Dichtkunst» die Prognose stellen, sie werde als «Lehrerin der Menschheit (...) alle übrigen Wissenschaften und Künste überleben.»[66]

Neben *Die Götter Griechenlandes* und *Die Künstler*, die in je verschiedener Weise die magische Kraft des Schönen beleuchten, tritt das Gedicht *Das Reich der Schatten*, das Schiller im September 1795 in den *Horen* veröffentlicht. Der Text entstand zwischen Juli und August in einer Situation erheblicher Beeinträchtigung durch ungünstige Lebensumstände. Bereits Ende Mai hatte Schiller mehrere Fieberanfälle erlitten, die ihn tagelang vom Schreibtisch fernhielten. In der ersten Juniwoche erkrankten Charlotte und der Sohn Karl an den Masern, die damals mit gefährlichen Symptomen verbunden waren. Die ersten drei Wochen des Juli wird Schiller von Krämpfen heimgesucht, die Produktivität und Stimmung erneut empfindlich stören. Erst Ende des Monats findet er allmählich zu geregelter Tätigkeit zurück und vollendet innerhalb kurzer Zeit sein 180 Verse umfassendes Gedicht. Eingearbeitet ist hier die ehrgeizige Kunstphilosophie, zu deren Begründung die Kant-Studien der 90er Jahre beitrugen. Stellenweise liest sich der Text wie eine Versifikation der Formenlehre, die sich in *Ueber naive und sentimentalische Dichtung* beleuchtet findet. Zur Darstellung kommt die durch die antike Götterwelt versinnbildlichte Welt des Schönen, die zuallererst eine Zone des Scheins, der fehlenden Erdenschwere, der leichten, ätherischen Umrisse ist. Die darauf gemünzte Wendung ‹Reich der Schatten› erwies sich jedoch mitsamt ihrer Leitmetaphorik rasch als mißverständlich und verführte sogar einen sensiblen Kritiker wie August Wilhelm Schlegel in seiner für die *ALZ* verfaßten Besprechung dazu, die Verherrlichung des Todes zur entscheidenden Botschaft des Textes zu erklären.[67] Schiller hat später die Konsequenz aus solchen Mißverständnissen gezogen und anläßlich des Wiederabdrucks im Rahmen der Gesamtausgabe den Titel in *Das Reich der Formen* umgeändert; in der 1804 veröffentlichten zweiten Auflage nennt er das Gedicht *Das Ideal und das Leben*.[68]

Daß das *Reich der Schatten* eine Illustration seiner an Kants Ästhetik geschulten Vorstellung von der Zweckfreiheit des Schönen vortrage, hat Schiller selbst in einem Brief an Körner vom 21. September 1795 eingeräumt: «Der Begriff des uninteressirten Interesse am reinen Schein, ohne alle Rücksicht auf physische oder moralische Resultate, der Begriff einer völligen Abwesenheit einschränkender Bestimmungen und des unendlichen Vermögens im Subjecte des Schönen u. dgl. leiten und herrschen durch das Ganze.» (NA 28, 60.) An Wilhelm von Humboldt schreibt er am 9. August 1795: «Hätte ich nicht den sauren Weg durch meine Aesthetik geendigt, so würde dieses Gedicht nimmermehr zu der Klarheit und Leichtigkeit in einer so difficilen Materie gelangt seyn, die es wirklich hat.» (NA 28, 23)

Der Text entwickelt eine versifizierte Theorie der ästhetischen Erfahrung, die als Möglichkeit begriffen wird, die allein in der Welt der griechischen Götter gegebene Idealeinheit von «Sinnenglück und Seelenfrieden» (NA 1, 247, v. 7) unmittelbar zu vergegenwärtigen und zugänglich zu halten. In stets abgewandelten Bildern beschwört das Gedicht die Macht des Schönen, seine den Niedrigkeiten und Banalitäten des Lebens entgegengesetzte Form, den – durch die Schattenmetaphorik illustrierten – Scheincharakter, den Abstand, der es von den Zwängen der Pflicht und Notwendigkeit trennt. Wer Schönheit erfahre, begegne einer Energie, die den Menschen, metaphysischen Kräften vergleichbar, über die Beschwernisse des irdischen Lebens hinweghebe: «Nur der Körper eignet jenen Mächten, | Die das dunkle Schicksal flechten, | Aber frey von jeder Zeitgewalt, | Die Gespielin seliger Naturen | Wandelt oben in des Lichtes Fluren, | Göttlich unter Göttern, die Gestalt.» (v. 31 ff.)

Schillers Gedicht arbeitet wesentlich mit motivischen Gegensätzen, die das Gefälle verdeutlichen, das die irdische Dimension des Stoffs von der mit der Göttersphäre verbundenen schwerelosen Qualität des Schönen trennt. So entsteht das Prinzip des Wechsels der Perspektiven; auf Strophen, die Mühe, Arbeit und Lasten des Menschen darstellen, folgen solche, in denen die Leichtigkeit jener Scheinwelt zur Anschauung gelangt, die, vermittelt durch die Metaphorik des Schattens, das Schöne bezeichnet. Ihren Höhepunkt findet die Illustration des schwerelosen Charakters der Form in der elften und zwölften Strophe, die die Tätigkeit des bildenden Künstlers vorführt, welcher sich, indem er die Materie beherrschen lernt, ins Reich der reinen Form emporarbeitet und derart die wahre Schönheit zu erzeugen vermag: «Nur dem Ernst, den keine Mühe bleichet, | Rauscht der Wahrheit tief versteckter Born, | Nur des Meisels schwerem Schlag erweichet | Sich des Marmors sprödes Korn. ‖ Aber dringt biß in der Schönheit Sphäre, | Und im Staube bleibt die Schwere | Mit dem Stoff, den sie beherrscht, zurück.» (v. 107 ff.) Aufs genaueste entspricht die Darstellung des Gedichts hier der Analyse des kreativen Schaffensvorgangs, wie sie, unter Rückgriff auf Formulierungen des *Kallias*-Briefes vom 1. März 1793 (NA 26, 224), die Abhandlung über die ästhetische Erziehung vorlegt: «Darinn also besteht das eigentliche Kunstgeheimniß des Meisters, daß er den Stoff durch die Form vertilgt; und je imposanter, anmaßender, verführerischer der Stoff an sich selbst ist, je eigenmächtiger derselbe mit seiner Wirkung sich vordrängt, oder je mehr der Betrachter geneigt ist, sich unmittelbar mit dem Stoff einzulassen, desto triumphirender ist die Kunst, welche jenen zurückzwingt und über diesen die Herrschaft behauptet.» (NA 20, 382) Erst wenn die Materie – der artistische Gegenstand – in den Hintergrund getreten ist, triumphiert die Schönheit, deren Besonderheit darin liegt, daß sie frei von Zwecken und Zwängen luftig und schwerelos ihren Reiz entfaltet.

Ihre Ergänzung finden die versifizierte Theorie des Schönen und die klassizistische Vorstellung von der Priorität der Form durch die Strophen 13–15, die den Gegensatz zwischen abstrakter Pflichtethik und sinnlicher Empfindung beschreiben. Der zuvor umrissenen Produktionsästhetik wird damit eine aus der Sicht der Kantkritik begründete Vision von der Übereinstimmung zwischen Moralität und Sinnlichkeit zur Seite gestellt. Bleibt der Mensch «vor des Gesetzes Größe» (v. 122) nackt, elend und mutlos, so vermag er in der «Freyheit der Gedanken» (v. 132), angeleitet durch die grenzüberschreitende Erfahrung des Schönen, dem ihn zuvor überfordernden moralischen Imperativ spielerisch zu genügen, weil er nunmehr die fremde Macht der Pflicht nicht nach «Sklavensinn» (v. 137f.) erlebt, sondern selbständig über die Prinzipien seines Handelns verfügt. Wahre moralische Freiheit ist nur dort zu gewinnen, wo die Geltung des absoluten sittlichen Gesetzes durch die unangestrengt vermittelte Sinnlichkeit ästhetischer Erfahrung auf eine erweiterte Grundlage gestellt wird.

Schiller greift damit auf seine Kant-Revision aus *Anmuth und Würde* zurück, die sich gegen die in der *Kritik der praktischen Vernunft* vorgenommene Differenzierung zwischen Pflicht und Neigung richtete. Hatte Kant die Freiheit des Willens «unabhängig von empirischer Bedingung» als Produkt der Ausrichtung an allgemeingültigen Gesetzen betrachtet,[69] so sieht Schiller sie nur dort gewährleistet, wo der Mensch durch die Begegnung mit dem Schönen die Möglichkeit einer auch sinnlich vermittelten Moralität erfährt. Die Einschränkung der Pflichtethik auf den Bereich einer letzthin nicht konkret erschließbaren Welt der Prinzipien und die metaphysische Begründung der Unabhängigkeit des Willens sucht das Gedicht durch sein Plädoyer für die ästhetische Erfahrung als Voraussetzung der wahren ‹Freyheit der Gedanken› zu überwinden. An die Stelle von Kants schroffem Diktum, demzufolge «die Triebfeder der sittlichen Gesinnung (…) von aller sinnlichen Bedingung frei sein» müsse,[70] rückt hier erneut das wegweisende Bildnis des sensiblen Kunstbetrachters, der sich im Reich des Schönen dem Gebot der moralischen Pflicht unterwirft und dabei unabhängig vom düsteren Diktat einer abstrakten Ethik bleiben darf. Das 388. Xenion wird zwei Jahre später mit mildem Spott angreifen, was Schopenhauer (unter Bezug auf Schiller) Kants «Pedanterei»[71] nennt: «Gerne dien ich den Freunden, doch thu ich es leider mit Neigung, | Und so wurmt es mir oft, daß ich nicht tugendhaft bin.» (NA 1, 357)

In einer für Schiller durchaus charakteristischen Weise treten Spuren von Kants Rigorismus freilich an einer späteren Stelle des Gedichts nochmals zutage. Während die 15. Strophe, in Einklang mit dem Gedanken einer sinnlich gegründeten Moralität, das Lob der «heilgen Sympathie» (v. 149) anstimmt, die sich in der empfindenden Teilnahme an fremdem Leiden jenseits der Ausrichtung auf starre Prinzipien als Exempel praktischer Moralität bekundet, entwirft die folgende ein Bild erhabener Gesinnung, deren Darstellung die wahre Aufgabe der Kunst bleibe. Nicht die Welt des Gefühls, sondern «des Geistes tapfrer Gegenwehr» (v. 156) verkörpert den Gegenstand ästhetischer Gestaltung; von hier führt ein direkter Weg zum Modell des meißelnden Bildhauers, der unter Kraftanstrengung den plastischen Stoff zur zwanglos scheinenden Form verwandelt. Schillers Künstlerpsychologie gerät an diesem Punkt in einen bezeichnenden Widerspruch, wie ihn bereits die Abhandlungen über das Erhabene erkennen lassen. Den «heitern Regionen» (v. 151) des Schönen, die das Gedicht beschwört, liegt nicht die Erfahrung des Glücks, sondern der schweißtreibende Akt mühevoller Bewältigung von physischen und psychischen Widerständen zugrunde. Wo immer Kunst anmutig, ihre Form schwerelos wirkt, geht ihr die Arbeit am harten Lebensstoff voraus. Die Harmonie des klassischen Werkes bildet das Ergebnis gespannter Geistesenergie, nicht der ungehindert Kreise ziehenden Inspiration.

Bleibt künstlerische Tätigkeit jedoch von den Zwängen intellektueller Disziplin entbunden, so sieht Schiller, wie das 1798 unter dem Eindruck eines *Horen*-Beitrags der Lyrikerin Louise Brachmann (*Die Gaben der Götter*) entstandene Gedicht *Das Glück* andeutet, der menschlichen Vernunft unzugängliche Kräfte wirken (ähnlich schon 1797 *Das Geheimniss*). Zu den mächtigsten Mythen der Rezeptionsgeschichte, die noch Thomas Manns Schiller-Essay von 1955 tradiert, gehört die Auffassung, mit dem «Liebling» der Götter (NA 1, 410, v. 47), der den Mühen der Ebenen enthoben sei, habe dieser Text Goethe beschrieben.[72] Daß dessen ästhetisches Credo von Schillers Imperativ so weit nicht entfernt liegt, zeigt sein Gedicht *Natur und Kunst* (1802), das den «Meister» in der «Beschränkung», «Größe» in der freiwilligen Konzentration, «Freiheit» allein durch das «Gesetz»[73] erfüllt findet. Die Fähigkeit zur Entfaltung kreativer Vermögen erscheint auch hier als Ergebnis mühevoller Selbstkontrolle – «Der sammle still, und unerschlafft | Im kleinsten Punkte die höchste Kraft», heißt es 1797 in *Breite und Tiefe* (NA 1, 384, v. 11 f.). Daß Schiller *Das Glück* Ende Juli 1798 verfaßt, während vor seinen Augen die seit dem Herbst geplanten Umbauarbeiten am Jenaer Gartenhaus fortschreiten, ist mehr als nur ein biographisches Detail. In mancher Hinsicht formuliert die Elegie auch ein kritisches Urteil über die Ungeduld, die er selbst immer wieder angesichts des noch Unfertigen empfindet (mit Mühe hatte ihn

Wolzogen im Juni 1797 von einer überstürzten Renovierung des Gebäudes durch unzulängliche Handwerker abgebracht). Wo die Götter ihren Günstlingen Wünsche erfüllen, ohne ihnen dabei Anstrengungen abzuverlangen, gedeihen dem normalen Sterblichen die eigenen Vorhaben nur unter Anspannung sämtlicher Kräfte: «Alles menschliche muß erst werden und wachsen und reifen | Und von Gestalt zu Gestalt führt es die bildende Zeit.» (NA 1, 410, v. 63 f.) Schiller schreibt diese Verse in jenen Tagen, da die Maurer unter der strengen Aufsicht Wolzogens das neue Stockwerk seines Sommerhauses ausbauen. Das Wort von den Mühen des Lebensgeschäfts dürfte er zu diesem Zeitpunkt nicht nur auf die künstlerische Arbeit bezogen haben.

Mit der gedrängten Darstellung der Apotheose des Herakles bringt das *Reich der Schatten* am Ende nochmals die Vision einer Annäherung von Leben und Schönheit zur Geltung. In skizzenhafter Kürze beschreibt der Text den Weg des Halbgottes Herakles, der, als Sohn des Zeus und der schönen Alkmene, von der eifersüchtigen Hera zur Erfüllung stets neuer Aufgaben genötigt wird. Nachdem der Held «Alle Plagen, alle Erdenlasten» (v. 167) ertragen hat, die ihm sein schweres Schicksal aufbürdete, findet er Aufnahme im Olymp. Sein von den Flammen verzehrter Leib steigt zum Himmel empor, wo er von Hebe, der Göttin der ewigen Jugend, empfangen wird: «Froh des neuen ungewohnten Schwebens | Fließt er aufwärts, und des Erdenlebens | Schweres Traumbild sinkt und sinkt und sinkt. | Des Olympus Harmonien empfangen | Den Verklärten in Kronions Saal, | Und die Göttin mit den Rosenwangen | Reicht ihm lächelnd den Pokal.» (v. 174 ff.) Die gesamte Szene, die sich an Motiven von Moritz' *Götterlehre* (1791) orientiert,[74] bietet einen Gegenentwurf zu Noverres Ballett *La Mort d'Hercule*, das Schiller knapp 17 Jahre zuvor, am 10. Januar 1779, zur Feier des Geburtstags der Franziska von Hohenheim in Stuttgart gesehen hatte. Während Noverre die Darstellung des sterbenden Helden zu einem pathetischen Tableau erweiterte,[75] legt das Gedicht die mythische Himmelfahrt als Allegorie der Schönheit aus, deren Bestimmung auf eine zentrale Passage der Briefe *Ueber die ästhetische Erziehung* verweist. Anspruchsvolle Kunst, so die These der Schlußverse, läßt sich allein dort hervorbringen, wo die Herrschaft der Form über den Stoff gegeben ist. Erst dann darf das Schöne umsetzen, was schon die Erziehungsschrift beleuchtet: die im Medium des Scheins vollziehbare Vergegenwärtigung jener Einheit widerstrebender Kräfte, die sich Schiller, abweichend von Kant, nicht ohne die sinnliche Kultur des Menschen zu denken vermag (NA 20, 382). Unübersehbar bleibt dabei freilich, daß das Gedicht die Verbindung von sensueller Erfahrung des Schönen und Idealwelt allein bildhaft beschwören, kaum aber im Detail veranschaulichen kann. Der lyrische Text spiegelt auf mehreren Ebenen die Unstimmigkeit von Schillers Kunsttheorie. Weder vermag er das Verhältnis zwischen Erhabenem und Schönem überzeugend zu beleuchten, noch gelingt es ihm, das Gefälle zwischen intelligibler Welt der Ideen und ästhetischer Sphäre zureichend zu reflektieren. Auch hier lebt der schmerzliche Dualismus, den Schiller zu beseitigen sich vorsetzt, mächtig fort – als der unheilbare Bruch, der das Denken in der Morgendämmerung der Moderne bestimmt.

Schiller plante ursprünglich, das Schlußmotiv durch die Variation der Herakles-Handlung im Kontext einer Idylle unter neuen Gesichtspunkten darzustellen. Die poetische Beschreibung der Vermählung des unter die Himmlischen erhobenen Helden mit Hebe sollte dabei den Punkt des vollendeten Übergangs des Menschen in den Gott bezeichnen. In einem Brief an Humboldt vom 29./30. November 1795 bemerkt er über dieses Projekt: «In der sentimentalischen Dichtkunst (und aus dieser heraus kann ich nicht) ist die Idylle das höchste aber auch das schwürigste Problem. Es wird nehmlich aufgegeben, ohne Beihülfe des Pathos einen hohen ja den höchsten poetischen Effekt hervorzubringen. Mein Reich der Schatten enthält dazu nur die Regeln; ihre Befolgung in einem einzelnen Falle würde die Idylle von der ich rede erzeugen. Ich habe ernstlich im Sinn, da fortzufahren, wo das Reich der Schatten aufhört, aber darstellend und nicht lehrend. Herkules ist in den Olymp eingetreten, hier endigt letzteres Gedicht. Die Vermählung des Herkules mit der Hebe würde der Inhalt meiner Idylle seyn. Ueber diesen Stoff hinaus giebt es keinen mehr für den Poeten, denn dieser darf die menschliche Natur nicht verlassen, und eben von diesem Uebertritt des Menschen in den Gott würde diese Idylle handeln.» (NA 28, 119)[76] Indem Schiller das hier skizzierte Tableau als äußersten Punkt kennzeichnet, zu dem die poetische Darstellung vordringen kann, umreißt er den hochgespannten Charakter seines Unternehmens. Der Übergang des Menschen in den Gott scheint identisch mit dem Hervortreten jener unbedingten Wahrheit, die allein in der reinsten künstlerischen Form nach der Loslösung von sämtlichen stofflichen Zwängen erfaßt werden kann; die Apotheose des Helden spiegelt damit die Idealisierung der Kunst. Die so verstandene Idylle bleibt freilich für Schiller ein unrealisierbares Projekt – die Darstellung des im Olymp lebenden Herakles hat er, entgegen seiner Ankündigung im Brief an Humboldt, niemals vorgelegt. Man darf annehmen, daß er die Risiken ihrer Konstruktion rasch überschaute – den Effekt der Überspanntheit, wie er der sentimentalischen Literatur generell droht, und die Gefahr der Erstarrung im sublimen Schein, der den toten Herkules zur Ikone einer letzthin leblosen Schönheit hätte werden lassen.[77]

Die Phase zwischen 1795 und 1799 bildet den Höhepunkt im lyrischen Œuvre Schillers. Die großen Gedankengedichte entstehen fast ausnahmslos in dieser Zeit, häufig im Zusammenhang intensiver brieflicher und mündlicher Diskussionen mit Goethe, Körner und Humboldt. Teils handelt es sich dabei um Elegien oder doch elegisch getönte Texte wie *Die Ideale*, *Der Tanz* (1795), *Klage der Ceres* (1796), *Nänie* (1799), teils bildet sich im Modus feierlicher Rede, wie ihn schon das lyrische Frühwerk kultivierte, eine hymnische Stillage aus, so in *Die Macht des Gesanges* (1795) oder *Das Glück* (1798). Kennzeichnend für diese Texte ist eine das Individuelle verallgemeinernde Haltung, die auf die Formulierung grundlegender Maximen über Leben, Kunst, Natur und Geschichte zielt. Bemerkenswert bleibt auch hier die allegorische Struktur, die, bisweilen gestützt durch mythologische Beispiele, eine offene, nicht in der Synthese aufzuhebende Beziehung zwischen anschaulichem Bild und abgezogener Idee zu stiften hat.

Charakteristisch für dieses Verfahren ist zumal die Elegie *Der Tanz*, die im *Musen-Almanach für das Jahr 1796* erscheint. Der Stoff mochte Schiller auch durch die Eindrücke geläufig gewesen sein, die er als Karlsschuleleve beim Besuch von Ballettaufführungen des Stuttgarter Hoftheaters empfangen hatte. Formal stützt sich das Gedicht auf eine reich entfaltete Tradition lyrischer Darstellungen zur choreographischen Kunst, die vornehmlich in England und Frankreich verankert war.[78] Anregungen im engeren Sinn dürfte Stäudlins *Der Tanz* aus dem *Schwäbischen Musenalmanach auf das Jahr 1782* vermittelt haben. Während die im Ton ähnliche Vorlage jedoch allein die Illumination eines Stimmungsbildes bietet, das ein im Walzertakt sich drehendes Paar zeigt, verknüpft Schiller sein Tanztableau mit kulturgeschichtlichen Ausführungen zum Verhältnis von Freiheit und Regelmaß, Wildheit und Zivilisation. In einem dem *Kallias*-Konvolut entstammenden Brief an Körner vom 23. Februar 1793 äußert er sich über die versteckte Bedeutung, die die Anschauung einer exakten Choreographie vermittle: «Ich weiß für das Ideal des schönen Umgangs kein paßenderes Bild als einen gut getanzten und aus vielen verwickelten Touren componierten englischen Tanz. Ein Zuschauer aus der Gallerie sieht unzählige Bewegungen, die sich aufs bunteste durchkreuzen, und ihre Richtung lebhaft und muthwillig verändern, und doch niemals zusammenstoßen.» (NA 26, 216f.)[79] Körner selbst wiederum hatte in seinem Anfang Mai 1795 publizierten *Horen*-Aufsatz *Ueber Charakterdarstellung in der Musik* gerade die entgrenzende Wirkung des Tanzes hervorgehoben: «In dem freien Schweben des Körpers, ohne vom Druck der Schwere beschränkt zu werden, fühlt auch der Geist sich gleichsam seiner Bande entledigt. Die irdische Masse, die ihn stets an die Abhängigkeit von der Aussenwelt erinnerte, scheint sich zu veredeln und es erweitern sich die Gränzen seines Daseyns.»[80] Gesellschaftliches Regelmaß, wie es der *Kallias*-Brief betont, und Erfahrung der Freiheit werden von Schillers Gedicht gleichermaßen als Merkmale tänzerischer Bewegung festgehalten.

In drei Stufen erfolgt die Annäherung an die allegorische Dimension des Tanzthemas. Die Exposition erfaßt den Eindruck, der von den Tänzern ausgeht: «Sieh, wie sie durcheinander in kühnen Schlangen sich winden, | Wie mit geflügeltem Schritt schweben auf schlüpfrigem Plan.» (NA 1, 228, v. 1 f.) Merkmal der tänzerischen Bewegung ist die Schwerelosigkeit der Körper, die natürlich anmutende Aufhebung der Gravitation. Angeregt scheint die Darstellung hier durch Goethes *Werther*, der seinen Helden berichten läßt, daß er und Lotte sich beim (in gehobenen Kreisen verpönten) Walzer «wie die Sphären umeinander herumrollten».[81] Mit einem «Sieh!» setzt dann ein zweiter Teil ein, der das einzelne Paar beschreibt, welches, als Muster der von Schillers Essay für die Anmut reklamierten freien Bewegung, die festgelegte Harmonie der Gruppe zu durchkreuzen scheint (v. 13). Es gehört jedoch zur Logik der choreographischen Ordnung, daß deren Regelhaftigkeit unter dem Einfluß der die Paare steuernden Musik stets neu wiederhergestellt werden kann: «Ewig zerstört und ewig erzeugt sich die drehende Schöpfung, | Und ein stilles Gesetz lenkt der Verwandlungen Spiel.» (v. 17 f.) Die Briefe *Ueber die ästhetische Erziehung*, auf die man sich in diesem Kontext gern beruft, hatten betont, daß die Tonkunst in höchster Stufe «Gestalt» werden solle, damit jedoch nicht deren Umsetzung in Choreographie, vielmehr ein gattungseigenes Ideal der Erfüllung musikalischer Ausdrucksmöglichkeiten bezeichnet (NA 20, 381).

Mit einem «Sprich» (v. 19) beginnt der dritte und letzte Teil, der nun nicht mehr an den für die Harmonien der Tanzbilder empfänglichen Augensinn des Lesers, sondern an dessen Verstehensvermögen appelliert. Zu ergründen steht das Geheimnis der choreographischen Ordnung, die Frage, in welcher Weise hier Freiheit und Zwang miteinander verknüpft bleiben. Es ist, so die Antwort, «des Wohllauts mächtige Gottheit», die «an des Rhythmus goldenem Zügel» (v. 23 ff.) die Paare in feste Bahnen zwingt, ohne ihnen dabei jedoch die individuelle Ungebundenheit zu nehmen. Der Tanz gerät derart zum Idealbild einer sozialen Ordnung, wo Gesetz und Regel («Nemesis», v. 25) mit individueller Selbstbestimmung harmonisch verknüpft bleiben. August Wilhelm Schlegel hat in seinen *Briefen über Poesie, Silbenmaaß und Sprache*, die zwischen November 1795 und Februar 1796 in den *Horen* erschienen, nachdrücklich auf diese disciplinierende Funktion des Rhythmus verwiesen, seinen denkbaren allegorischen Charakter als Sinnbild gesellschaftlichen Ausgleichs jedoch nicht näher betrachtet. Letzthin klingt auch in Schillers Text die Ahnung an, daß der Mensch, der im Zusammenhang seiner Vergnügungen die Regel willig akzeptiert, auf dem Feld sozialen Verhaltens vom Diktat subjektiver Willkür beherrscht werde: «Handelnd fliehst du das Maaß, das du im Spiele doch ehrst?» (v. 32)

Nur idealiter besitzt das Bild des Tanzes Modellfunktion für den Bereich gesellschaftlicher Praxis, vergleichbar der Vision der Vereinigung von Anmut und Würde, wie sie Schillers Essay anzudeuten sucht. Die Wirklichkeit, so weiß die Elegie, ist anders beschaffen; das Maß, dem sich der Mensch im Spiel bereitwillig unterwirft, vermag sich in der sozialen Ordnung nicht hinreichend zur Geltung zu bringen. Bezeichnend bleibt hier, daß das zum *Tanz* komplementäre Gedicht *Die Macht des Gesanges* (NA 1, 225 f.), das aus der auf Anregung Körners gestrichenen Exposition der *Künstler*-Erstfassung entstand, die Wirkung der Tonkunst nicht mit dem Modell gesellschaftlicher Balance in Verbindung bringt, sondern mit dem Spiel der Naturkräfte – eine konventionelle Allegorie, die dem auch bei Mendelssohn und Sulzer formulierten Gedanken entspricht, die Musik besitze unter sämtlichen Künsten die stärksten sinnlichen Qualitäten.[82]

Die um 1800 entstandene Zweitfassung des *Tanzes* scheint diese skeptische Pointe des Schlußverses nochmals zu betonen, indem sie die Perspektive wechselt: «Das du im Spiele doch ehrst, fliehst du im Handeln, das Maaß.» (NA 2/I, 299, v. 32) Der letzte Brief *Ueber die ästhetische Erziehung* formuliert im Zusammenhang mit der Vision eines idealen Staates die Vorstellung, daß allein die Erfahrung des Schönen dem Menschen jenen «geselligen Charakter ertheilen» könne, welcher «Harmonie» in die Sozietät aller Einzelwesen bringe (NA 20, 410). Demnach wäre der Rückgriff auf das Modell des Tanzes mehr als nur die allegorische Vergegenwärtigung eines Hoffnungsmotivs. Im Licht des Entwurfs des ästhetischen Staates ist gerade die Erfahrung der Kunst, wie sie im Tanz anschaulich begegnet, das Medium sozialer Freiheit. Die Allegorie enthüllt sich damit als machtvolles Bild, das nichts versteckt, sondern bezeichnet, was es selbst unmittelbar zur Anschauung bringt – das Ideal einer noch zu gestaltenden gesellschaftlichen Ordnung jenseits bedrückender Zwänge.

Schillers Plan einer Idylle, die Herkules' Vermählung mit Hebe darstellen sollte, blieb die praktische Ausführung verwehrt. Den skeptischen Kommentar zu diesem Vorhaben formuliert der wenige Wochen vor dem *Reich der Schatten* entstandene Text *Die Ideale* (1795), der am Schluß, gestützt auf Wendungen aus der Abhandlung *Ueber die nothwendigen*

Grenzen beim Gebrauch schöner Formen, der Nervosität aufgeklärten Wunschdenkens im Lob der Freundschaft das Ethos der Geduld entgegensetzt (NA 1, 236f., v. 88ff.). An den Platz des ungebrochenen Fortschrittsglaubens der *Künstler* tritt ab der Mitte der 90er Jahre, in Übereinstimmung mit der Evolutionstheorie des Erziehungskonzepts, eine vorsichtigere Zeiterwartung. Bevorzugtes Medium der Selbstreflexion bleibt die Elegie, jene Gattung, die die poetische Auseinandersetzung mit den Möglichkeiten und Grenzen moderner Literatur beispielhaft zu vermitteln vermag. Der im Spätherbst 1799, parallel zur Arbeit an *Maria Stuart* entstandenen *Nänie* fällt es zu, der veränderten künstlerischen Standortbestimmung nochmals Ausdruck zu verleihen. Schiller denkt in dieser Zeit intensiv über seine vielfältigen dramatischen Pläne nach, die er mit Goethe auf ausgedehnten Spazierfahrten durch das Saaletal erörtert (solche Partien hat er ebenso wie die winterlichen Schlittenausflüge stets geschätzt). Die *Nänie* bildet vor solchem Hintergrund auch den Abschluß der Hochphase lyrischer Kreativität, die 1795 begonnen hatte.

Das knappe, auf sieben Distichen beschränkte Klagegedicht knüpft an die römische Gattung der *naenia* an; es handelt sich um ein Trauerlied, das aus Anlaß des Todes herausragender Persönlichkeiten an öffentlichen Orten gesungen wurde. Schillers Text gliedert sich wiederum in drei Teile (NA 2/I, 326): das erste Distichon stellt die These von der Sterblichkeit des Schönen auf, die folgenden drei Verspaare belegen sie jeweils durch mythologische Exempel, die letzten drei beleuchten den spezifischen Charakter der Trauerbekundungen, welche die olympischen Götter anzustimmen pflegen, sowie deren Auswirkungen auf das Selbstverständnis der elegischen Gattung. Die *Nänie* wird derart, wie Norbert Oellers erklärt hat, zum «Klagelied in zweiter Potenz».[83] Das Gedicht thematisiert die Schwermut, die die Endlichkeit schöner Erscheinungen hervorruft, und hat zugleich teil an ihr, insofern es selbst die Gegenstände der Trauer im Akt erinnernder Reflexion festzuhalten sucht. Damit ist die *Nänie* nicht nur Spiegel elegischer Haltung, sondern ebenso ein Text, der über seine eigene gattungspoetische Disposition als Klagelied Auskunft gibt: ein Medium literarischer Selbstverständigung.

Die unerfreuliche Einsicht, daß, was schön ist, nicht notwendig ewiges Leben für sich beanspruchen darf, bildet den Ursprung der im Text literarisch inszenierten Klage. Die *Nänie* erinnert, im Rekurs auf Ovids *Metamorphosen* (X, v. 1–85f), an Orpheus, dessen Gesang den ‹stygischen Zeus›, den Unterweltgott Hades dazu bewegt hat, Eurydike, seine verstorbene Gemahlin, freizugeben und erneut unter die Lebenden zu versetzen, freilich mit der Bedingung, daß er sich während ihres gemeinsamen Weges in die Oberwelt nicht umsehe (eine Auflage, gegen die er verstößt, was Hades veranlaßt, ‹sein Geschenk streng zurückzurufen›). Vergegenwärtigt wird ferner Aphrodites Trauer über den Tod des von ihr geliebten Knaben Adonis, der an den Wunden starb, die ihm ein Eber zugefügt hatte (Ovid, *Metamorphosen*, X, v. 708–739), schließlich der Untergang des Achilles, der, gemäß der Darstellung im Schlußgesang von Homers *Odyssee*, am Westtor vor Troja tödlich getroffen wurde. Die letzte Episode ermöglicht den Übergang von den *exempla* zur *applicatio*, den Eintritt in die Reflexion über das Trauermotiv selbst. Auch die Götter, so lautet die erste Folgerung, leiden unter der Sterblichkeit des Schönen, auch sie können den Lauf der endlichen Existenz nicht aufhalten. Ihnen bleibt einzig die Klage über den Tod des Schönen, wie sie die Meergöttin Thetis, die Mutter des Halbgottes Achilles, mit den 49 Töchtern des Nereus – den Nereiden – angestimmt hat (nach der Überlieferung der *Odyssee*, XXIV, v. 47–64): «Siehe! Da weinen die Götter, es weinen die Göttinnen alle, | Daß das Schöne vergeht, daß das Vollkommene stirbt.» (v. 11 f.)

Hier liegt der Punkt, an dem die *Nänie* in die Selbstreflexion der elegischen Gattung einmündet. Der Trauergesang über den Tod des Schönen erweist sich als Medium neuer Schönheit: «Auch ein Klaglied zu seyn im Mund der Geliebten ist herrlich, | Denn das Gemeine geht klanglos zum Orkus hinab.» (v. 13 f.) Anregungen hat der Text an dieser Stelle durch Goethes *Euphrosyne* (1797) erhalten, die Elegie über den frühen Tod der Weimarer Schauspielerin Christiane Becker-Neumann, wo es heißt: «Nur die Muse gewährt einiges Leben dem Tod. | Denn gestaltlos schweben umher in Persefoneias | Reiche, massenweiß, Schatten von Nahmen, getrennt.»[84] Sichtbar wird die veränderte programmatische Perspektive, die über Schillers älteren Entwurf der Herakles-Idylle hinausführt, indem sie deren Grenzen aufzeigt. Das zeitenthobene Schöne bleibt ein Muster ohne Wirklichkeit; gerade weil es sterblich ist, kann es einzig im Trauergesang erinnernd vergegenwärtigt werden. Funktional betrachtet rückt die Kategorie damit an den Platz des Naturbegriffs der drei Jahre zuvor abgeschlossenen Abhandlung *Ueber naive und sentimentalische Dichtung*. War hier der Status der Natur jener des verlorenen Ideals, das es im Akt der Reminiszenz zumindest annäherungsweise wiederzugewinnen galt, so fällt es dem Klagelied jetzt zu, durch die Erinnerung an das Schöne dessen Rang und Charakter stets neu zu begründen. Bereits die Schlußverse der 1793 entstandenen Zweitfassung der *Götter Griechenlandes* hatten diese Funktion, freilich aus anderer Perspektive, mit dem Hinweis festgehalten, daß, was «unsterblich im Gesang» erscheinen solle, zunächst «im Leben untergehn» müsse (NA 2/I, 367, v. 127 f.). Die skeptische Bilanz, die das

Gedicht *Am Antritt des neuen Jahrhunderts* (so der Titel für die Prachtausgabe) im Sommer 1801 abweichend vom Optimismus der *Künstler* zieht, schließt dieselbe Erwartung ein: «Freiheit ist nur in dem Reich der Träume, | Und das Schöne blüht nur im Gesang.» (NA 2/I, 129, v. 35 f.)

Nicht Abschied von der ästhetischen Utopie,[85] sondern bewußte Bestimmung ihres fragilen Fundaments bildet das Thema der *Nänie*. Die Klage avanciert zum Medium der sentimentalischen Selbstreflexion, die dem Ideal – Schönheit und Natur – allein im Zustand seiner Abwesenheit Ausdruck verleihen kann. Verlusterfahrung ist die notwendige Bedingung der modernen Kultur – eine ebenso illusionslose wie entschiedene Botschaft, die Schiller hier für seine Leser bereithält. Sie schließt die Erkenntnis ein, daß die künstlerische Reflexion dieser Erfahrung stets nur die Ordnung schaffen kann, in der sich die letzthin unbeendbare Suche nach dem Ideal vollzieht.

Sentimentalische Landschaftsdichtung und Kulturgeschichte der Natur. Die Elegie (1795)

Schillers Lyrik bietet zahlreiche Angriffspunkte, die man kaum übersehen kann. Kritisch muß der heutige Leser ihre Neigung zu grundsätzlichen Urteilen und Stereotypen zumal dort bewerten, wo sie banal anmutenden Trivialisierungen Vorschub leistet, Konventionen bekräftigt und allgemeine Wahrheiten wiederholt. Falsch wäre es jedoch, aus einzelnen Entgleisungen grundsätzliche Schlußfolgerungen abzuleiten. Das verzerrte Urteil des Rezensenten Reichardt, der Ende Januar 1804 in der *Neuen Leipziger Litteraturzeitung* erklärte, Schiller habe «im eigentlichen lyrischen Fache nie etwas Vollendetes geleistet»,[86] fand bis zu unseren Tagen stets neue Bekräftigung. Noch immer läßt sich beobachten, daß die Auseinandersetzung mit seinen Gedichten von kritischen Klischees bestimmt wird, die ebenso bedenklich scheinen wie jene vorbehaltlose Verehrung, die für die frühe Wirkungsgeschichte seit Beginn des 19. Jahrhunderts charakteristisch blieb. Ein unbefangenes Verhältnis zum Lyriker Schiller vermag man auch heute kaum zu entwickeln; zumeist steht die Beschäftigung mit ihm im Zeichen der Kritik oder der Apologie, wie ein kundiger Leser zutreffend festgestellt hat.[87]

Wer Schillers klassisches lyrisches Werk lobt, der sieht sich genötigt, die Maßstäbe offenzulegen, nach denen er urteilt. Das ist, so scheint es, im Falle Goethes, Hölderlins oder Novalis' anders: es genügt bisweilen nur der Hinweis auf bestimmte Texte – *Willkomm und Abschied, Harzreise im Winter, Ilmenau, Die Wanderung, Der Rhein, Hymnen an die Nacht* –, um Einverständnis herzustellen über den hohen Grad ästhetischer Originalität, der hier Geltung zu beanspruchen hat. Schillers Lyrik findet hingegen nur als Beitrag zur Erörterung kunstphilosophischer oder anthropologischer Fragen Anerkennung – als Pflichtlektüre für «Bequemliche», die, wie Martin Walser spottet, den Kursus durch die theoretischen Schriften scheuen.[88] In solchem Sinne hat man auch die Naturgedichte bevorzugt mit dem Begriff der ‹Gedankenpoesie› versehen, ohne daraus jedoch die Möglichkeit abzuleiten, ihren modernen Charakter zu durchleuchten. Wo Schillers Texte wiederum die Ebene der Reflexion verlassen und den Zugang zur Beschreibung konkreter Erscheinungen freilegen, bescheinigte ihnen die ältere Forschung zumeist eine (positiv bewertete) Nähe zur Lyrik Goethes. In besonderer Weise gilt das für die Wirkung des umfangreichen Gedichts *Der Spaziergang* (1795, 1800), das als Zeugnis der Abhängigkeit von Goethes naturpoetischer Technik aufgefaßt, damit jedoch mißverstanden wurde.[89]

Schiller selbst betrachtete das Werk als Höhepunkt seiner lyrischen Versuche. Die *Elegie* – so der Titel der Erstfassung – entstand im August bzw. September 1795, während einer Phase schwerster gesundheitlicher Beeinträchtigung, die ihn zum Verzicht auf jegliche Form des Außenkontakts nötigte und für acht Wochen an das Haus fesselte. Nach der Niederschrift des Textes, die in den schmerzfreien Nachtstunden vor «Papiernen Fensterscheiben» erfolgte, verkündet er dem Freund Körner begeistert: «Die Elegie machte mir viel Freude. Unter allen meinen Sachen halte ich sie für diejenige, welche die meiste poetische Bewegung hat, und dabei dennoch nach strenger Zweckmäßigkeit fortschreitet.» (NA 28, 78, 60) Als Goethe am 5. Oktober zu einem kurzen Besuch nach Jena kommt, liest er ihm mittags im verdunkelten Arbeitszimmer das abgeschlossene Manuskript vor; wenige Tage später wird der Text innerhalb des zehnten Stücks des ersten *Horen*-Jahrgangs publiziert. In einem vom 29./30. November 1795 stammenden Brief an Wilhelm von Humboldt äußert sich Schiller zufrieden über die Architektur seines Werkes: «Mit der Elegie verglichen ist das Reich der Schatten bloß ein Lehrgedicht. Wäre der Innhalt des letztern so poetisch ausgeführt worden, wie der Inhalt der Elegie, so wäre es in gewissem Sinn ein Maximum gewesen.» (NA 28, 118)

In einer Rezension für die *Allgemeine Literatur-Zeitung* vom Januar 1796 lobt August Wilhelm Schlegel die poetische Intensität und gedankliche Strenge des Textes. Das Gedicht, so heißt es, «besingt einen großen, ja für uns Menschen den größesten aller Gegenstände: die Schicksale der gesammten Menschheit. In den kühnen Umrissen eines idealischen Gesichtes ziehen sie vor dem Geiste des Dichters vorüber.»[90] Schlegel tadelt jedoch metrische Schwächen der *Elegie*, die Schiller 1800 in der zweiten Fassung (für die große Lyrik-Ausgabe bei Crusius) zu beheben sucht. Zugleich ändert er den Titel in *Der Spaziergang* – womöglich um, nachdem die ursprünglich vorgesehene Verbindung der *Elegie* mit der geplanten Idylle nicht zustandegekommen war, den gattungstechnischen Anspruch des Textes zurückstellen, die thematische Zugehörigkeit zum Genre der Naturpoesie aber betonen zu können.[91] Festzuhalten bleibt, daß das Gedicht ebenso wie sein zunächst entworfenes idyllisches Gegenstück ins Feld der sentimentalischen Poesie gehört und seine besondere Aufgabe nach Schillers eigener Bestimmung darin finden müßte, der Klage über die verlorene Natur als Sinnbild von Einheit und Unschuld, damit zugleich einer spezifischen ‹Idee› der Natur Ausdruck zu verleihen.[92]

Schillers Gedicht weist in der ersten – für die folgende Interpretation herangezogenen – Fassung 108 reimlose Distichen auf (die zweite Ausgabe von 1800 wird um 16 Verse, also acht Distichen gekürzt). Seine Form entspricht damit den Prinzipien der klassischen Elegie, wie man sie zumal von Ovid, Properz und Horaz kennt. Weniger klar fällt die inhaltliche Zuordnung aus; der Text beschreibt zwar eine Wanderung durch eine teils wirkliche, teils imaginäre, um kulturhistorische Details erweiterte, zum Sinnbild der Menschheitsentwicklung erhobene Landschaft, äußert jedoch an zentraler Stelle keine Klage über den Verlust der Natur, sondern schließt mit der hoffnungsvoll getönten Vermutung, der ursprüngliche Schöpfungszusammenhang, in dem das Individuum geborgen sei, gewährleiste die Kontinuität von Vergangenheit, Gegenwart und Zukunft. Daß die «Sonne Homers» auch uns «lächelt» (NA 1, 266, v. 216), bildet wiederum die Voraussetzung für die Annahme, menschliches Handeln könne seinen Sinn aus dem identitätsstiftenden Charakter der Naturerfahrung beziehen. Den elegischen Charakter gewinnt Schillers Text über die von ihm festgehaltene Suchbewegung, die das lyrische Ich am Ende dazu führt, im Akt der Selbstvergewisserung die Bedeutung des natürlichen Lebenszusammenhangs als Einheit der Zeit zu erkennen, durch welche das Individuum gesichert und geschützt ist.

Das Gedicht inszeniert in mehreren Abschnitten einen Gang durch eine poetische Musterlandschaft, zu der sich wiederum Ansichten von unterschiedlichen Phasen der kulturellen Entwicklungsgeschichte gesellen. In einem Brief vom 10. Oktober 1795 hat Herder Schiller bescheinigt, der Text liefere «ein fortgehendes, geordnetes Gemählde aller Scenen der Welt und Menschheit.» (NA 35, 375) Tatsächlich intendiert die Elegie eine Verbindung zwischen Naturbeschreibung und anthropologisch-historischer Skizze, wie sie später auch das *Bürgerlied* (1798) und das *Lied von der Glocke* (1799) anstreben. In großen Zügen läßt sich eine dreigliedrige Struktur erkennen: die landschaftspoetische Exposition (v. 1–64) wird gefolgt von einer fiktiven Zeitreise durch die menschliche Kulturgeschichte (v. 65–188), der sich das Bildnis des in verlassener Natur erwachenden, mühsam sich sammelnden Beobachters anschließt (189–216). Die Elegie beginnt mit einem dichten Eingang, der die Erfahrung des Spaziergängers beschreibt, welcher, «endlich entflohen des Zimmers Gefängnis» (v. 7), seine Wanderung unter freiem Himmel aufnimmt. Eine ähnliche Szenerie entwarf auch Sophie Mereaus Gedicht *Schwarzburg*, das Schiller ins neunte Stück des *Horen*-Jahrgangs 1795 aufgenommen hatte; daß von ihm Anregungen für die idyllische Naturdarstellung der *Elegie* ausgingen, scheint offenkundig.[93] Ebenso wie die Mereau bedient sich Schiller bei der Landschaftsdarstellung zahlreicher toposgeschichtlicher Zitate; zur Anschauung kommt ein *locus amoenus* (‹Lustort›), dessen poetische Vergegenwärtigung nach antikem Muster durch sechs Elemente gestützt wird: schattenspendende Bäume («ein prächtiges Dach schattender Buchen», v. 24), Wiese («Frey, mit weithin verbreitetem Teppich empfängt mich die Wiese», v. 13), blühende Blumen («die wechselnden Farben», v. 11), Vogelgesang («Nur der Lerche Gesang wirbelt in heiterer Luft», v. 20), Windhauch («Deiner Lüfte balsamischer Strom», v. 9) und Bach («Wallet des grünlichten Stroms fliessender Spiegel vorbey», v. 34).[94] Bezeichnendes Licht auf diese Passagen wirft Schillers Rezension des *Gartenkalenders auf das Jahr 1795*, der mit einigen Beiträgen von Gottlob Heinrich Rapp bei Cotta erschienen war. Die im September 1794 verfaßte Besprechung, die von der *ALZ* am 11. Oktober publiziert wurde, beginnt mit einer prinzipiellen Kritik der modernen Gartenarchitektur französisch-klassizistischer wie englisch-romantischer Prägung, die, wie es heißt, unter dem Diktat der Künstelei je verschiedene Formen gewaltsamer Naturbearbeitung ausbildeten. Demgegenüber würdigt Schiller ausführlich Rapps Beschreibung der durch Herzog Carl Eugen 1780 erbauten Parkanlage von Hohenheim, in der er die schwierige Aufgabe der Vermittlung von «Ordnung und Freiheit» hinreichend umgesetzt findet: «Diese glückliche Mischung gießt durch die ganze Landschaft einen tiefen elegischen Ton aus, der den empfindenden Betrachter zwischen Ruhe und Bewegung, Nachdenken und Genuß schwankend erhält und noch lange nachhallet, wenn schon alles verschwunden ist.» (NA 22, 287, 290) Die Hohenheimer Anlagen, die Schiller während seiner Württembergreise 1793/94 mehrfach besucht hat, geraten derart zum gestalteten Ausdruck der Sehnsucht nach «Simplizität», wie sie auch den sentimentalischen Spaziergänger der *Elegie* beherrscht. Ideal für den Wanderer, so vermerkt er in Übereinstimmung mit der Perspektive seines Gedichts, sei der Ausgangspunkt am Stuttgarter Schloß, dessen «Pracht und Eleganz», kunstreiche Innenarchitektur und luxuriöses «Ameublement» das Bedürfnis nach Naturgenuß notwendig stimulieren müsse (NA 22, 290 f.). Nicht auszuschließen ist auch, daß Schiller die ansteigende Landschaft vor dem Jenaer Jenzig-Berg, die er von seinem Arbeitszimmerfenster in der Schloßgasse sehen konnte, vor Augen hatte, als er seine Exposition entwarf.[95] Entscheidender als ein solcher biographischer Bezug bleibt jedoch die allegorische Ordnung, die seine Naturdarstellung in den folgenden Passagen zum gewichtigen Element einer kulturphilosophischen Meditation erhebt.

Ein zweiter Abschnitt der *Elegie* beginnt nach dem harmonisch gezeichneten Natureingang in Vers 27: plötzlich, so heißt es, steht der Spaziergänger vor einem Abgrund «Tief an des Berges Fuß» (v. 33). Mit «Schaudern» blickt er in die Schlucht, «endlos» scheint unter und über ihm der «Aether» (v. 35 f.), die freie Weite des Himmels, die den Wanderer bedroht, weil er sie nunmehr als Zeichen für die Grenzenlosigkeit der Schöpfung und die eigene Verlorenheit betrachtet – ein Topos, wie man ihn bereits in der Himmelsdarstellung aufgeklärter Naturpoesie, zumal bei Barthold Heinrich Brockes (*Das Firmament*, 1721; *Die himmlische Schrift*, 1727) und Klopstock (*Landleben/Frühlingsfeyer*, 1759/1771) findet. Die Irritation angesichts des schwindelerregenden Abgrunds bleibt freilich nur vorübergehend; der Anblick eines «geländerte(n) Steig(s)» (v. 38) beruhigt den Wanderer und führt ihn zur Erkenntnis, daß die Pfade, die der Mensch in die unwegsame Landschaft gelegt hat, Sicherheit gegen physische Bedrohungen bieten.[96]

Die im Topos des *locus terribilis* bezeichnete Konfrontation mit der gefahrvollen Seite der Natur führt den Betrachter zu ausgedehnten Meditationen und Reflexionen. Er beginnt eine Gedankenreise durch die verschiedenen Stufen menschlicher Entwicklung: die Verse 40 bis 173, die das Herzstück der Elegie bilden, beleuchten den Weg fortschreitender Kultivierung der Natur, in den freilich auch Rückschläge eingezeichnet sind. Beschrieben werden Urbanisierung (v. 65 ff.), Landwirtschaft (v. 85 ff.), Kriegshandwerk (v. 99 ff.), Manufakturwesen, Handel, Verkehr, Schiffahrt (v. 105 ff.) und Wissenschaft (v. 133 ff.) als diejenigen Bereiche, unter deren Einfluß sich die Entfaltung des Menschen zu höheren Lebensformen vollzieht. Die imaginären Szenarien, die Schillers Gedicht entwirft, bleiben regiert von der Vorstellung stetigen Fortschreitens zu größeren Fertigkeiten, intensiver Nutzung der Natur, ertragreicher Ökonomie, tieferem Wissen. Einmünden darf die Skizze kulturgeschichtlicher Entwicklung, die wiederum mit dem Prozeßbild der Wanderung verknüpft ist, in den jedoch nur vorübergehenden Triumph der Aufklärung: «Da zerrinnt vor dem wundernden Blick der Nebel des Wahnes | Und die Gebilde der Nacht weichen dem tagenden Licht.» (v. 141 f.)[97]

Innerhalb des kulturhistorischen Entwicklungsmodells, das zunächst den Weg des Menschen als unaufhörlichen Fortschritt seiner Möglichkeiten bezeichnet, vollzieht sich jedoch an entscheidender Stelle ein Einschnitt. Dem lichtvollen Bild einer zur Verstandeserhellung führenden Aufklärung folgt unmittelbar ein Szenario der Gewalt. Die Emanzipation des Individuums, das, wie es heißt, seine «Feßeln zerbricht», mündet nicht allein in die «Freyheit» (v. 143 ff.) der Vernunft, sondern erzeugt auch einen Zustand der moralischen Bindungslosigkeit und Denaturierung. Der Mensch wird zum Feind des Menschen; Unwahrheit, Betrug und Täuschung bestimmen das Bild der sozialen Zerrüttung, das Schiller hier in enger Anlehnung an die Diagnostik von Rousseaus Akademiepreisschrift *Discours sur les sciences et les arts* (1750) beschreibt. Die Denkkultur der Aufklärung schafft, so heißt es beim Genfer Philosophen, keine freie Gesellschaft, sondern eine kalte Welt ohne menschliche Züge: «Les soupçons, les ombrages, les craintes, la froideur, la réserve, la haine, la trahison, se cacheront sans cesse sous ce voile uniforme et perfide de politesse, sous cette urbanité si vantée que nous devons aux lumières de notre siècle.» («Verdacht, Argwohn, Furcht, Kälte, Reserve, Haß, Verrat verbergen sich ständig unter dem gleichaussehenden und scheinheiligen Schleier der Höflichkeit – hinter jener so gepriesenen Urbanität, die wir der Aufklärung unseres Jahrhunderts verdanken.»)[98]

Die Kritik der moralischen Verwahrlosung kultivierter Entwicklungsformen, die die Elegie hier vorträgt, wird jedoch nicht erst von Rousseau begründet, sondern besitzt eine auf die Antike zurückweisende toposgeschichtliche Tradition. Berühmtes Beispiel für die Skepsis gegenüber der städtischen Dekadenz und die Verklärung ländlicher Freiheit ist Horaz' *Epodon liber*, wo es im ersten Buch heißt: «Beatus ille qui procul negotiis» («Glücklich, wer den Staatsgeschäften fern»). Bei Theokrit (in den Hirtenidyllen, 3. Jh. v. Chr.) und in den berühmten *Georgica* (1.Jh. v. Chr.) Vergils wird der prominente Topos fortgeführt; «O fortunatos (...) agricolas» (II, v.458 ff.) stimmen die Landlebengedichte an – auch hier ertönt das Preislied auf die Reize natürlicher Ruhe und Abgeschiedenheit, dem der Verfall der Sitten unter den Bedingungen fortgeschrittener Urbanisierung entgegengesetzt bleibt (in Vergils *Bucolica* gesellt sich die Idyllisierung des Hirtenstandes nach Theokrits Muster hinzu). Albrecht von Hallers Lehrgedicht *Die Alpen* (1729) und ihm folgend vor allem Ewald Christian von Kleist (in seiner *Landleben*-Ode, 1745) sowie Friedrich von Hagedorn greifen das Motiv der *laus ruris* auf und verbinden es mit einer grundlegenden Kritik zivilisierter Stadtkultur, die ein zentrales Gedankenmotiv aufklärerischer Poesie zu bezeichnen scheint. «Laß mich das fröhliche Landvolk in dicke Haine verfolgen | Und mit der Nachtigall singen, und mich beym seufzenden Gießbach | An Zephyrs Tönen ergötzen», so heißt es in Kleists Ode *Der Frühling* (1749), die zu den gefeierten Naturgedichten der Zeit gehört.[99] Bereits als Eleve hatte Schiller mit Enthusiasmus Rousseaus *Julie*-Roman (1761) gelesen, dessen malerische Weinernte-Szenen, ähnlich wie später die empfindsamen Naturmotive des *Werther*, der modernen Sehnsucht nach der Idylle das einprägsame Bildmaterial liefern.

Die Mängel einer unvollkommenen Aufklärung, die den Menschen der Natur entfremdet, beschreibt die Elegie, gestützt auf Rousseaus ersten *Discours*, mit großer Schärfe. Mißtrauen und Täuschung, Verstellungskunst und Intrige bestimmen eine Gesellschaft, die durch fortschreitende Bürokratisierung und juristische Zwänge gekennzeichnet scheint. In das Porträt der zivilisierten Ordnung, die dem Menschen die wirkliche Freiheit vorenthält, dringt bereits das Bild der Französischen Revolution, wie es sich Schiller ab dem Herbst 1792 vermittelt hat. Zu deren problematischen Seiten gehört die Herrschaft einer aus theoretischen Grundsätzen abgeleiteten Rechtspraxis, welche die Position des Souveräns in Zweifel zieht, ohne auf diese Weise jedoch umfassende soziale Egalität gewährleisten zu können. Die gesellschaftliche Neuordnung gerät zu einer Barbarei von Prinzipien, die die Textfassung von 1800 besonders prägnant beschreibt: «Auf der Tribune prahlt das Recht, in der Hütte die Eintracht, | Des Gesetzes Gespenst steht an der Könige Thron, | Jahre lang mag, Jahrhunderte lang die Mumie dauern, | Mag das trügende Bild lebender Fülle bestehn, | Bis die Natur erwacht, und mit schweren ehernen Händen | An das hohle Gebäu rühret die Noth und die Zeit, | Einer Tigerinn gleich, die das eiserne Gitter durchbrochen (...)» (NA 2/I, 313, v. 161 ff.).

Die Tigermetapher wird um 1800 zumeist zur Illustration revolutionärer Gewalt im Umfeld von Septembermorden und Schreckensherrschaft herangezogen; Klopstock und Bürger nutzen sie, um die brutale Tendenz der französischen Okkupationspolitik zu kennzeichnen. Einen «Haufen blutdurstige Tyger» nennt Christoph Girtanner die Jakobiner in Hermann August Reichards *Revolutions-Almanach* von 1795.[100] Schillers Verse operieren jedoch mit einer anderen Bedeutungsnuance, die auf die Naturkonzeption der Schriften zur Ästhetik verweist. Die Tigerin, die das eiserne Gitter durchbricht, erinnert an die Bedürfnisse des Individuums, dem die wahre Freiheit im Prozeß der Zivilisation vorenthalten wird: «Aufsteht mit des Verbrechens Wuth und des Elends die Menschheit, |

Und in der Asche der Stadt sucht die verlorne Natur.» (v. 181 f.) Der hier formulierte Befund bildet den Ausgangspunkt elegischer Reflexion, wie sie *Ueber naive und sentimentalische Dichtung* beschrieben hat. «Die moderne Welt beginnt», so erklärt Schellings *Philosophie der Kunst*, «indem sich der Mensch von der Natur losreißt, aber da er noch keine andere Heimath kennt, so fühlt er sich verlassen. Wo ein solches Gefühl sich über ein ganzes Geschlecht ausbreitet, wendet es sich freiwillig oder durch inneren Trieb gezwungen der ideellen Welt zu, um sich dort einheimisch zu machen.»[101]

Es scheint kein Zufall, daß die Gedanken des Wanderers in dem Moment, da seine ausschweifenden Assoziationen bei der Idee der Wiederherstellung der Natur angelangt sind, in die Gegenwart zurückkehren: «Aber wo bin ich? Es birgt sich der Pfad. Abschüßige Gründe | Hemmen mit gähnender Kluft vorwärts und rückwärts den Schritt.» (v. 189 f.) Die Natur, in die sich das lyrische Ich jetzt versetzt findet, hat mit der Ausgangslandschaft des Gedichts wenig gemein. Sie gleicht einem *locus desertus* eher als dem reizvollen Lustort der Exposition: «Wild ist es hier und schauerlich öd'. Im einsamen Luftraum | Hängt nur der Adler, und knüpft an das Gewölke die Welt.» (v. 197 f.) Trotz ihrer bedrohlichen Züge vermittelt die Natur jedoch nunmehr das Gefühl der Sicherheit, weil sie dem Betrachter Vertrauen in die Stabilität seiner subjektiven Erfahrungswelt einflößt – eine Perspektive, wie sie auch die Gebirgswahrnehmung in Goethes zu Lebzeiten ungedruckt gebliebenem Essay *Über den Granit* (1784) bestimmt, dessen Thesen Schiller womöglich gesprächsweise kennenlernte. Der kulturgeschichtliche Kursus, den er in Gedanken vollzogen hat, führt den Wanderer zurück zur Erkenntnis, daß die empirische Welt ein zeitliches Kontinuum bildet, das dem Menschen Identität durch die Begegnung mit ihren Erscheinungen verschafft: «Bin ich wirklich allein? In deinen Armen, an deinem | Herzen wieder, Natur, ach! und es war nur ein Traum, | Der mit des Lebens furchtbarem Bild mich schaudernd ergriffen, | Mit dem stürzenden Thal stürzte der finstre hinab. | Reiner von deinem reinen Altare nehm ich mein Leben, | Nehme den fröhlichen Muth hoffender Jugend zurück!» (v. 201 ff.) An diesem Punkt kündigt Schiller die Allianz mit der Position Rousseaus auf. Die kulturelle Verfeinerung der modernen Psyche schließt für ihn die Möglichkeit reinen Naturgenusses als Form gesteigerter Kontemplation nicht aus. Im Gegensatz zu Rousseau, der in seinen *Rêveries du promeneur solitaire* (1782) die sinnliche Erfahrung der Landschaft elegisch als Medium des Rückblicks auf vergangene Lebensfreuden kennzeichnet, äußert Schiller die Erwartung, daß die wie immer reflexiv gebrochene Freude an einer unberührten Natur auch «den fröhlichen Muth hoffender Jugend» (v. 206), den Willen zur Gestaltung von Gegenwart und Zukunft freisetze.[102]

Dem Spaziergänger wandelt sich die Natur zum Sinnbild der Beständigkeit und Kontinuität. Nach der gedankenvollen Zeitreise durch die Kulturgeschichte des Menschen, die die Dialektik von Fortschritt und Regression, von Freiheit und Unterdrückung, Vernunft und Barbarei hervortreten ließ, findet der Wanderer Beruhigung beim Anblick der sei es auch unwirtlichen Landschaft. Sie steht exemplarisch für die Übereinstimmung von Vergangenheit und Zukunft, die im erfüllten Augenblick der glückenden Annäherung an die sinnlichen Reize der Natur erlebbar wird. In einem Brief an Charlotte von Lengefeld und Caroline von Beulwitz hatte Schiller am 10./11. September 1789 auf ganz ähnliche Weise die Qualitäten bewußter Landschaftserfahrung beschrieben: «Und wie wohlthätig ist uns doch wieder diese Identität dieses gleichförmige Beharren der Natur. Wenn uns Leidenschaft, innrer und äussrer Tumult lang genug hin und her geworfen, wenn wir uns selbst verloren haben, so finden wir sie immer als die nehmliche wieder, und uns in ihr.» (NA 25, 292) Als Hymnus auf die Beständigkeit der Landschaft lassen sich auch die Schlußverse des Gedichts verstehen. Sie verkünden keineswegs das Programm der Abkehr von der unmittelbaren Erfahrung der Natur in der Beschwörung der Überlegenheit des Subjekts,[103] vielmehr das Lob ihrer identitätssichernden, den Menschen in ein zyklisch bestimmtes Zeitkontinuum aufnehmenden Kraft. Was hier als konkrete Erfahrung der Landschaft beschrieben wird, hält das überraschend rousseauistisch gefärbte Gedicht *Die Worte des Glaubens* (1797) zwei Jahre später für ein Produkt des ungebrochenen Vertrauens in die Einheit der Naturwirklichkeit, wie es sich nur jenseits der nervösen Anlage des aufgeklärten Intellekts behauptet: «Und ob alles in ewigem Wechsel kreißt | Es beharret im Wechsel ein ruhiger Geist.» (NA 1, 379, v. 23 f.)

Die Wildnis der schroffen Gebirgslandschaft verwandelt sich im Fortgang der *Elegie* für den Betrachter, gemäß den Bestimmungen der Schillerschen Geschichtsphilosophie, zur Idylle mit elysischen Zügen. Die Natur muß nicht erneuert, sie muß nur immer wieder neu in ihren gleichbleibenden Erscheinungsformen wahrgenommen werden: als Sinnbild der Identität unter den Bedingungen zyklisch begründeter Differenz. Insofern formuliert der Schluß der Elegie auch eine Botschaft für den sentimentalischen Künstler, der sich nicht im Gefängnis seiner Reflexionen einschließen darf, sondern der Erfahrung der Wirklichkeit aussetzen soll. Im Bewußtsein dieses Anspruchs kann er die moderne Sehnsucht nach der ‹Idee› stillen und seinen Lesern das Geheimnis des Reizes erklären, der stetig von der Natur ausgeht: «Unter demselben Blau, über dem nehmlichen Grün | Wandeln die nahen und wandeln vereint die fernen Geschlechter (...)» (v. 214f.). Derart avanciert die *Elegie*, wie es Herder in seinem Brief vom 10. Oktober 1795 vermerkt, zur «Landcharte» (NA 35, 375) für das moderne Bewußtsein, das den imaginären Wegweisern des Textes ins Elysium identitätsstiftender Erfahrung folgen soll.

Schillers Lob der Landschaft schließt die Erkenntnis ein, daß die Natur Vergangenheit und Zukunft durch die immergleichen Züge ihres Erscheinungsbildes zusammenführe. Die bewußte Begegnung mit ihr – laut Humboldt ein Akt unter Regie der «Vernunft» (NA 35, 393) – hebt vorübergehend die Entzweiungen auf, die das moderne Individuum bestimmen. Der Abstand zwischen Jetztzeit und Antike wird verringert, wenn man den zyklischen Charakter der Natur betrachtet. Homers Sonne bescheint auch den Menschen der Gegenwart; Elysium, das wiederzufindende Paradies, kann der erlangen, welcher das vermeintlich verlorene Arkadien im Akt des Landschaftsgenusses zumindest augenblickshaft sich vergegenwärtigt. An den Platz der geschichtsphilosophischen Differenz von Antike und Moderne tritt damit die Beschwörungskraft der erfüllten Gegenwart als Element ästhetisch modellierter Naturerfahrung. Deren Medium freilich ist der Schein, ihre geschichtliche Bedingung bleibt das sentimentalische Bewußtsein, ihr Erprobungsraum die sprachliche Form. Allein vermittelt durch die literarische Ordnung läßt Natur sich in Schillers Gedicht fassen. Die Erfahrung sinnlicher Reize kann ihre Spuren nur dort hinterlassen, wo sie den Charakter des mitteilbaren Zeichens annimmt. Die Naturgeschichte gewinnt Gestalt als Geschichte des Logos und der ihm eingeschriebenen Gesetze der Sprache, wie dieses Michel Foucault für die Denkstrukturen des klassischen Zeitalters am Übergang zur Moderne erläutert hat.[104] Schillers Gedicht zeigt sich geprägt von der Macht dieses Logos, indem es die Bilder der Natur in den überlieferten Mustern der poetischen Tradition beschwört.

Der Weg des Wanderers bezeichnet in seiner Abfolge von der sinnlich sichtbaren Erfahrungswelt über die kulturhistorische Bilanz bis zum Verlust konkreter Natur und deren Wiedergewinn unter den Bedingungen verfeinerten Bewußtseins aufs genaueste die idealisierte Entwicklungsgeschichte des modernen Menschen, die Schillers Gedicht im Medium der elegischen Selbstverständigung rekonstruiert. Vergleichbar ist die imaginäre Zeitreise, die der Text vorführt, jener Wanderschaft auf der «exzentrischen Bahn», die Hölderlins Vorrede zum im November 1794 publizierten *Thalia*-Fragment seines *Hyperion*-Romans als Metapher des Weges entwirft, den der Mensch von einem «Zustand der höchsten Einfalt» zu einem «der höchsten Bildung» idealiter durchlaufen soll.¹⁰⁵ Auch Schillers Text läßt die Problemlage ahnen, auf die die Bewußtseinsphilosophie Fichtes und, wenige Jahre später, angeregt wiederum durch Hölderlin, Hegels Geistmetaphysik zu antworten suchen. Die Auseinandersetzung mit dem organischen Charakter antiker Naturbindung bleibt nur möglich im Bewußtsein der Scheidelinie, die das moderne Subjekt im Stadium ‹höchster Bildung› von ihm trennt. Daß das scheinbar Verlorene jedoch im Prozeß des Verlusts auf veränderte Weise erhalten werden kann, ist die Einsicht eines dialektischen Denkverfahrens, wie es Hölderlins Homburger Fragmente (1798–1800), etwa die im Umfeld des *Empedokles*-Projekts entstandene Studie über *Das untergehende Vaterland* (*Das Werden im Vergehen*), praktizieren.¹⁰⁶ Die Geschichte des menschlichen Geistes wird hier beschrieben als Geschichte von Entzweiungen und Verletzungen eines vormals in sich geschlossenen Bewußtseins, die aber, im Vorgang der Trennung, die ursprünglich gegebene Einheit virtuell bewahrt und schließlich neu verwirklicht. Schiller hat solche Dialektik, die das Verhältnis von Identität und Differenz beherrscht, zwar bereits in seinen ästhetischen Schriften reflektiert, aber noch nicht selbst dialektisch bedacht.

Betrachtet man Schillers Darstellung des Verhältnisses zwischen Einheit und Bildung, Ursprung und Bewußtsein genauer, so wird kenntlich, daß das am Ende beschworene Tableau der Natur ein sentimentalisches Wunschbild bleibt. Nicht Wiederholung des Immergleichen, sondern erneuerte Erfahrung unter den Bedingungen der Moderne bildet den Zielpunkt, den der Gedichtschluß, nach ähnlichem Muster wie *Die Ideale* (1795), umreißt. Die Sonne Homers ist – darin liegt die elegische Botschaft des *Spaziergang* – gerade nicht jene Sonne, die Homer beschien; es ist die Sonne desjenigen, der die Strahlen genießt, weil er weiß, daß sie auch Homer erwärmten.¹⁰⁷ Die sentimentalisch empfundene Natur avanciert zum Sinnbild der Differenz, zum Zeichen modernen Verlusts, den die Poesie schwerlich überwinden, nur erfassen und in ihrem Verweis auf die Möglichkeit des geglückten Moments nochmals erfahrbarer Naturschönheit zumindest vorübergehend heilen kann: im Medium der Kunst, nicht mehr auf dem trostlosen Schauplatz der Geschichte, der Schädelstätte des aufgeklärten Optimismus.

Ansichten mit festem Umriß.
Klassische Lieder (1795–1799)

Zureichende Gattungsgrenzen, die liedhafte Texte wie *Würde der Frauen* (1795), *Das Mädchen aus der Fremde*, *Der Besuch* (1796), *Reiterlied* (aus

Wallensteins Lager), Das Geheimniss (1797), *Bürgerlied, Des Mädchens Klage* (1798), *Die Erwartung* oder *Das Lied von der Glocke* (1799) von den Ideengedichten trennen, lassen sich kaum ziehen. Das System der lyrischen Formen ist um 1800 außerordentlich vielfältig und durch die Lockerung normativer Bestimmungen gekennzeichnet. Man begegnet einem größeren Maß technischer Freiheiten als noch zur Zeit Gottscheds und Mendelssohns,[108] zugleich zeigen sich jedoch, angeregt durch Klopstock, bei Autoren wie Hölderlin Tendenzen zur Ausrichtung am antiken Versbau, etwa an der asklepiadeischen, sapphischen oder pindarischen Odenstrophe, die einen entschiedenen Ordnungsanspruch auf der Basis eines neuen, geschichtsphilosophisch erweiterten Poetikverständnisses verraten; seine Grundlage bildet die Vorstellung, daß zwischen griechischer und moderner Kunst ein dialektisches Verhältnis bestehe, das im Akt der Belebung älterer Modelle auf ästhetisch angemessene Weise vergegenwärtigt und ausgedrückt werden könne. Schillers Lieder folgen jedoch nur selten den antiken Odenmustern mit ihrer strengen Architektur und deren genau festliegenden verstechnischen Schemata. Womöglich verrät sich darin die Unsicherheit gegenüber den strikten metrischen Prinzipien der Antike – in formalen Fragen läßt sich Schiller immer wieder von Körner, dem altphilologisch ausgebildeten Humboldt, von Goethe, anfänglich auch durch den im Ton gern belehrenden Herder beraten. «Für den Versbau», so verrät ein Brief an Humboldt vom 29./30. November 1795, «will ich noch soviel als möglich zu thun suchen. Ich bin hierinn der roheste Empiriker, denn außer Moritz kleiner Schrift über Prosodie erinnere ich mich auch gar nichts, selbst nicht in Schulen, darüber gelesen zu haben.» (NA 28, 116)

Zumeist begegnet man in Schillers Liedern anderen Ordnungskriterien jenseits metrischer oder rhythmischer Kategorien. Hervorzuheben wären drei Merkmale, die Aufbau und Sprachgestus der Texte bestimmen. Im Gegensatz zu den formal freieren Ideengedichten können die – keineswegs reflexionsarmen – Lieder musikalische Strukturen annehmen; hier, etwa in *Würde der Frauen, Die Erwartung* und im *Reiterlied*, tauchen Techniken des Refrains und Gliederungsvariationen nach dem Prinzip der Folge von Strophe und Antistrophe auf, wobei die für die pindarische Ode vorgeschriebene, metrisch eigenständige Epode als Abschluß des Dreierschemas jedoch zumeist fehlt. Zu beobachten ist ferner die Neigung zur kunstvollen Simplizität der Sprachform, in der Herders Volksliedprogramm, nicht zuletzt das Muster Goethes seine Spuren hinterläßt – etwa in *Das Mädchen aus der Fremde* oder *Des Mädchens Klage* (die wenig charakteristische Handschrift dieser Texte verrät freilich, daß Schiller seine lyrische Originalität hier kaum erproben konnte). Schließlich wäre die Appellstruktur zu nennen, wie sie den *Besuch* oder das *Bürgerlied* kennzeichnet; die eingängige Anredeform erscheint dabei als Technik, die durch die kommunikative Leistung der Leseransprache den Eindruck von Authentizität und Unmittelbarkeit zu erzeugen sucht. Nach thematischen Gesichtspunkten lassen sich zwei Gruppen innerhalb der klassischen Liedtexte unterscheiden: jene, die stärker auf die Inszenierung einer individuellen Begebenheit beschränkt bleiben (wie *Das Mädchen aus der Fremde, Das Geheimniss, Des Mädchens Klage, Die Erwartung*) und solche, deren Perspektive auf die Darstellung kulturhistorisch-anthropologischer Themenkomplexe zielt (wie *Würde der Frauen, Bürgerlied, Lied von der Glocke*). Gemeinsam ist beiden Liedtypen die für Schiller bezeichnende Neigung zur mythopoetischen Überhöhung anschaubarer Gegenstände zum Zweck der Formulierung allgemein verbindlicher Befunde.

Es mag kaum verwunderlich sein, daß gerade die Liedtexte noch zu Lebzeiten Schillers regelmäßig vertont wurden; eingängiger Rhythmus und prägnante Diktion – stilistische Markenzeichen in positiver wie negativer Hinsicht – legten das nahe. 25 zeitgenössische musikalische Bearbeitungen erfährt *Des Mädchens Klage*, 20 sind es im Fall von *Würde der Frauen* (darunter auch eine aus der Kompositionsfabrik Reichardts, dem die *Xenien* wenig später übel mitspielen werden), kaum weniger beim *Mädchen aus der Fremde* (NA 2/II B, 360ff.). Schiller gehört damit zu den am häufigsten vertonten Autoren seiner Zeit. Bedenkt man noch die späteren Opernfassungen der klassischen Dramen von Rossini bis zu Tschaikowski, so wird man von einer eindrucksvollen musikalischen Karriere seines Œuvres sprechen dürfen.

Daß Schillers Lieder ebenso wie die Ideengedichte die kulturanthropologische Perspektive suchen, beweist das rasch umstrittene *Würde der Frauen*. Der im August 1795 abgeschlossene Text wirkt heute befremdlich durch die Betonung der Geschlechterrollendifferenz, die er in nachgerade programmatischer Absicht festschreibt. Ihn in den historischen Zusammenhang einzuordnen, dem er angehört, bedeutet nicht, die provozierenden (oder womöglich nur banalen) Effekte, die sein Frauenbild prägen, außer acht zu lassen. Die belustigten Reaktionen des in diesem Punkt fortschrittlichen Schlegel-Kreises galten der konservativen Botschaft des Gedichts, das die überkommenen Geschlechtermodelle der Zeit um 1800 unbefragt zu übernehmen schien. Gegenüber Charlotte Schiller erklärt Charlotte von Stein in einem Brief vom 7. September 1795, man spüre, daß die Ehefrau «der Gegenstand war», aus dem Schiller seinen Text «schöpfte», und fügt nicht frei von Indignation hinzu:

«(...) heimlich aber hat er doch nach der Kantschen Philosophie den Mann zum Tugendhaften gemacht».[109] Die übersichtliche Psychologie der Geschlechter, die der Text mit seinen simplen Rollenbildern illustriert, entsprach dem öffentlichen Bewußtsein der Zeit. Daß der Mann, wie es das Gedicht in einer logisch nicht ganz stimmigen Abfolge komplementärer Formeln betont, durch Fernweh, Leidenschaft, Gewaltsamkeit, Unruhe, Aktivität, Disharmonie, Hybris, Wille und Idealismus, die Frau hingegen durch Bindungsbereitschaft, Bescheidenheit, Gleichmaß, Intuition, Rezeptivität, Harmoniestreben, Schönheitssinn, Tugend und Naivität geprägt sei, gehört zu den um 1800 kaum strittigen Zuordnungsmustern, die das Gedicht, darin klischeehaft, durch die Einbindung in eine keineswegs originelle anthropologische Argumentation aufzuwerten sucht.

Zu den Errungenschaften der Französischen Revolution zählte die Gleichstellung der Frau fraglos nicht. Bereits die Naturrechtskonzepte der französischen Aufklärung hatten in diesem Punkt traditionelle Vorstellungsinhalte mit neuen Begründungen bekräftigt, statt sie entschlossen zu unterminieren. Die einschlägigen Artikel der von d'Alembert und Diderot herausgegebenen *Encyclopédie* (etwa der im 1756 veröffentlichten sechsten Band abgedruckte Beitrag zum Stichwort «femme» oder der neun Jahre später publizierte Text über die Rechte des Ehemanns [«marie»]) erschöpften sich in der Anerkennung der patriarchalisch bestimmten Rollenhierarchie der bürgerlichen Familienstruktur. In seinem Erziehungsroman *Emile ou De l'éducation* (1762) begründet Rousseau die Evidenz solcher konventionellen Ordnungsentwürfe (welche die Züchtigungsstrafe für die ungehorsame Ehefrau einschlossen) mit dem Hinweis auf die natürliche Anlage der Geschlechtercharaktere und die daraus ableitbare Notwendigkeit einer strikten Führungsrolle des vermeintlich mit größeren Vernunftkräften begabten Mannes. Auch bei Campe (*Väterlicher Rath für meine Tochter*, 1789) fanden sich die Stereotypen der tradierten Rollenteilung festgeschrieben und unkritisch ins Konzept der bürgerlichen Erziehung eingebunden. Der Religionshistoriker Christoph Meiners veröffentlichte zwischen 1788 und 1790 eine vierbändige *Geschichte des weiblichen Geschlechts*, die vergleichbare Muster wiederholte. Unter Bezug auf solche Relikte des Patriarchats verlangt Theodor Gottlieb Hippel in seiner 1792 anonym gedruckten Schrift *Über die bürgerliche Verbesserung der Weiber* eine Verfassung, die, anders als die durch die französische Nationalversammlung erarbeitete Konstitution, die Gleichstellung der Frau als Element einer freiheitlichen Gesellschaftsordnung zu regeln habe. Dieselbe Forderung hatte Condorcet bereits 1789 vorgetragen, ohne damit jedoch

Einfluß auf die Entscheidungen des Pariser Konvents nehmen zu können. Das preußische *Allgemeine Landrecht*, das im Juni 1794 in Kraft trat, legte durch seinen 24. Paragraphen zumindest die juristische Gleichheit von Mann und Frau fest.

Schillers Gedicht betrachtet den Gegensatz der Geschlechter im erweiterten Rahmen der Anthropologie und Naturphilosophie. Es adaptiert damit Argumente, die schon die Liebeskonzeption der *Theosophie* gestützt hatten, wo das Verhältnis zwischen Othello und Desdemona als Inbegriff des qualitativen Unterschieds von Mann und Frau, von Stärke und Empfindung, Aktivität und Passivität verhandelt worden war (NA 20, 121). Die Schrift *Ueber Anmut und Würde*, die dasselbe Beispiel heranzieht, ordnet ihre Leitbegriffe mit eindeutiger Konsequenz der weiblichen bzw. männlichen Sphäre zu.[110] Die Studie *Ueber die nothwendigen Grenzen beim Gebrauch schöner Formen*, deren erster, hier maßgeblicher Teil im Sommer 1795, kurz vor der Abfassung des Gedichts entsteht, nutzt das Modell der Geschlechterdifferenz im Zusammenhang einer Ordnung intellektueller Vermögen, die ihrerseits – gegen das Votum Fichtes – erweisen soll, daß der philosophischen Diktion der Einsatz kunstvoller Stilmuster jenseits der reinen Begriffsarbeit zuträglich sei. Weil der weibliche Verstand formorientiert, der männliche inhaltsbezogen arbeite, empfehle sich der Einsatz solcher Darstellungstechniken, die beiden Bedürfnissen entsprächen: «Das andre Geschlecht kann und darf, seiner Natur und seiner Bestimmung nach, mit dem Männlichen nie die Wissenschaft, aber durch das Medium der Darstellung kann es mit demselben die Wahrheit theilen.» (NA 21, 16)

Daß zwischen den Zuordnungen des Gedichts und den statischen Befunden der Schillerschen Kulturanthropologie Verbindungen bestehen, verrät nicht zuletzt die Charakterisierung der beiden Schlußstrophen. Dort heißt es: «Aus der Unschuld Schooß gerissen | Klimmt zum Ideal der Mann (...)», wozu sich als Antithese gesellt: «Aber in kindlich unschuldiger Hülle | Birgt sich der hohe geläuterte Wille | In des Weibes verklärter Gestalt.» (NA 1, 243, v. 105 ff.) Im Licht dieser Bestimmungen läßt sich das Finale der wenige Monate später vollendeten Abhandlung *Ueber naive und sentimentalische Dichtung* mit seiner Charakteristik von idealistischer und realistischer Geistesanlage auch als Widerschein der hier umrissenen Geschlechterantinomie verstehen. Nahezu sämtliche Merkmale, die das Gedicht dem männlichen Grundtypus zurechnet, begegnen bei der Bestimmung des Idealisten wieder: Expansivität und Aktionsdrang, Unruhe und Anspannung, Denaturierung und Dezentrierung. Demgegenüber entsprechen die Qualitäten des weiblichen Charakters, soweit sie das Gedicht kennzeichnet, jenen des Realisten: Rezeptivität und Phlegma, Ruhe und Entspanntheit, Naturnähe und Stetigkeit. Lieder wie *Das Mädchen aus der Fremde* und *Die Erwartung* bekräftigen solche Rollenzuweisungen auf beispielhafte Weise. Bereits die Ende Mai 1788 entstandene Satire *Die berühmte Frau*, die in Bertuchs *Pandora*-Kalender für das Jahr 1789 erschien, hatte dem traditionellen Geschlechterbild Schillers Ausdruck verliehen und mit markigen Wendungen gegen die weibliche Emanzipation Front gemacht.

Seine näheren Konturen gewinnt Schillers Text unter Bezug auf die eklektischen Überlegungen zur Rollendifferenz, die Wilhelm von Humboldt in zwei *Horen*-Beiträgen vom Februar bzw. März 1795 vorgetragen hat. Insbesondere der Aufsatz *Ueber den Geschlechtsunterschied und dessen Einfluß auf die organische Natur* verhandelt das Thema im Rahmen einer platonischen Fragestellung, wie sie, durch das *Symposion* aufgegeben, schon den jungen Schiller im Anschluß an Hemsterhuis und Herder gefesselt hat. Ihr Ausgangspunkt ist die Vermutung, daß der Gegensatz von Mann und Frau als Zeichen einer Komplementärbeziehung zu verstehen sei, hinter der sich die ursprüngliche Einheit des Gattungswesens verberge. Idealiter tritt in der erotisch veranlaßten Verschmelzung der Individuen der entzweite ganze Mensch zutage, der sonst isoliert und separiert erscheint (davon handelt Schillers Gedicht *Die Geschlechter*, das im Juli 1796 entstand). Weibliche und männliche Eigenschaften, die auch Humboldt auf die bereits vertrauten Grundformen zurückführt, gelten als Resultate organischer Energien, die einander wechselseitig ergänzen: «Die Natur, welche mit endlichen Mitteln unendliche Zwecke verfolgt, gründet ihr Gebäude auf den Widerstreit der Kräfte.»[111] Diese Konstellation ist es, die in Humboldts platonischem Modell den Unterschied von Mann und Frau naturphilosophisch begründet. Die Differenz der energetischen Vermögen – hier die (männlich chiffrierte) «zeugende», dort die (weiblich determinierte) «empfangende» Kraft – bedingt notwendig die Antinomie der Geschlechter, die sich idealiter als Widerspiel einander ergänzender Eigenschaften ausweist.[112]

Daß Humboldt in Schillers Gedicht, wie er am 11. September 1795 vermerkt, «Dinge, über die ich so oft gedacht habe (...), in einer so schönen und angemeßnen Diction ausgeprägt» (NA 35, 334f.) fand, ließ ihn den Abstand übersehen, der die Konzeptionen trennte. Nicht die aus der platonischen Begründung abzuleitende Überwindung der Geschlechtergegensätze, mit der Humboldts Aufsatz immerhin experimentiert, ist das Thema des Liedes, sondern deren Einbindung in das Modell reibungsfreier Arbeitsteilung. Weniger die Totalität des ‹ganzen Menschen›, der, wie es in

Goethes fünfter römischer Elegie heißt, den ‹Marmor versteht›, weil er sensuelle mit reflexiven Vermögen vereint, scheint hier angestrebt, vielmehr der Ausgleich des jeweiligen Defizits durch Differenzierung der Wirkungsfelder menschlicher Aktivität unter Maßgabe der Geschlechterrolle. Eine ähnliche Sichtweise bekundet Schiller in einer Reihe von Epigrammen und Spruchgedichten von 1796 (*Macht des Weibes, Tugend des Weibes, Weibliches Urtheil, Forum des Weibes, Das weibliche Ideal* [NA 1, 286f.]), die mit ihren Rollenfestlegungen gerade nicht die Möglichkeit der Grenzüberschreitung eröffnen, sondern, was naturphilosophisch begründet schien, in der Beschreibung einer sozial wirksamen Arbeitsteilung verbindlich fixieren. Bezeichnend wirkt hier die Anwendung der daraus ableitbaren Befunde auf das Modell des politischen Gemeinwesens, wie sie *Das Regiment* (1795/96) vollzieht: «Das Gesetz sey der Mann in des Staats geordnetem Haushalt, | Aber mit weiblicher Huld herrsche die Sitte darin.» (NA 1, 378)[113]

Kulturgeschichtliche Aspekte weist auch das *Bürgerlied* auf, das zwischen Ende August und Anfang September 1798 entstand. Schiller durchlief zu diesem Zeitpunkt trotz widriger äußerer Umstände eine Hochphase seiner lyrischen Produktivität. Die Ablenkungen, die Umbau und Einweihung des Gartenhauses mit sich geführt hatten, hinderten ihn nicht daran, im Sommer eine größere Zahl von Liedern und Balladen abzuschließen. Für die Niederschrift des *Bürgerliedes* benötigte er acht Tage, eine ungewöhnlich lange Zeit, die durch den erneut schlechten körperlichen Gesamtzustand bedingt wurde, in dem er sich im Spätsommer befand. Mehrere Fieberanfälle mit heftigen Erkältungen und Krämpfen hatten ihm seit Juli erheblich zugesetzt, so daß der Arbeitsrhythmus erneut empfindlich gestört war. Das *Bürgerlied* erschien im *Musenalmanach* für 1799; für den ersten Band der gesammelten Gedichte erhielt es eineinhalb Jahre später den unangemessen wirkenden Titel *Das eleusische Fest*. Nicht die Feier zu Ehren der Ackerbaugöttin Demeter und ihres Sohnes Dionysos, die jährlich im attischen Eleusis zum Dank für fruchtbare Ernte stattfand, steht im thematischen Mittelpunkt des Textes, sondern die Darstellung des Kultivierungsaktes, den, dem Mythos gemäß, die Zeusschwester im Reich des Königs Keleos vollbracht haben soll. Allein die erste und die letzte der 27 Strophen gelten, mit nur geringfügiger formaler Variation, der Beschreibung des eleusischen Festes; die übrigen bezeichnen Vorgänge des Zivilisationsprozesses im Medium mythologischer Allegorien: Aufbau der von Zeus gesegneten Pflanzungen durch Demeter selbst, Stiftung der Rechtsordnung durch Themis, Entwicklung von Werkzeugen mit Hilfe des Hephaistos, Organisation des Militärwesens unter Führung Minervas,

Erschließung von Wäldern durch die Oreaden, Stiftung von Wissenschaft und Kunst dank Apoll, eheliche Verbindung der Liebenden durch Hera. Den Höhepunkt dieser Skizze bildet die Gründung der *civitas* als differenzierter sozialer Organisationsform des bürgerlichen Gemeinwesens, das, auf der Basis der Selbstverpflichtung, das Individuum innerhalb der natürlichen Ordnung zur Kontrolle seiner Triebe anhält: «Doch der Mensch, in ihrer Mitte, | Soll sich an den Menschen reihn, | Und allein durch seine Sitte | Kann er frei und mächtig seyn.» (NA 1, 432, v. 205 ff.)

Anders als der *Spaziergang* und die Briefe *Ueber die ästhetische Erziehung* kennzeichnet Schillers Gedicht die Entwicklung zur Kultur keineswegs als Prozeß moralischen Verfalls und fortschreitender Entfremdung. In Übereinstimmung mit der acht Jahre älteren *Thalia*-Abhandlung über die erste Menschengesellschaft formuliert der Text vielmehr die Erwartung, daß das Individuum zur sozialen Autonomie im Rahmen bürgerlicher ‹Sitte› fähig sei. Das Ritual der Huldigung Demeters als «beglückende Mutter der Welt» (v. 216), das die letzte Strophe beschreibt, bleibt mithin ein Akt, der die Selbstfeier der Zivilisation in symbolischer Form zur Schau stellt. Mit dieser weltlichen Perspektive unterscheidet sich das *Bürgerlied* von jenen mythopoetischen Entwürfen der Zeit um 1800, die in den eleusischen Mysterien das Vorspiel einer Heilsoffenbarung sehen, welche durch das Opfer Christi bekräftigt und im Erscheinen des ‹kommenden Gottes› – so Hölderlins Elegie *Brod und Wein* – zur chiliastischen Wirklichkeit gerinnen werde.[114] Hegels bereits genanntes *Eleusis*-Gedicht, dessen Manuskript der Verfasser kurz nach der Entstehung im August 1796 aus Bern an Hölderlin nach Frankfurt schickt, beschwört, in enger Übereinstimmung wiederum mit Positionen von Schellings *Ideen zu einer Philosophie der Natur* (1797), die Offenbarungsqualität der antiken Rituale, ihren numinosen «Schauer» und den «hohen Sinn» geweihter Handlungen, die hier kein symbolisches Lob der Kulturgeschichte vorführen, sondern den Vorschein der Theophanie bezeichnen sollen. Die nächtlichen Mysterien, die der Text darstellt, erhellt ein «glänzendes Gestirn», das die Szenerie zu einem Modell der Christusgeburt im Stall von Bethlehem, Demeter selbst zur Präfiguration Marias geraten läßt.[115]

Im Gegensatz zu Schillers Lied, das mit Hilfe des Mythos ein überraschend ungebrochenes Lob der Zivilisation formuliert, hat auch Hölderlins Elegie das eleusische Fest als Urmodell der Eucharistie gedeutet: «Brod ist der Erde Frucht, doch ists vom Lichte geseegnet, | Und vom donnernden Gott kommet die Freude des Weins, | Darum denken wir auch dabei der Himmlischen, die sonst | Da gewesen und die kehren in richtiger Zeit (...)»[116] Die symbolischen Zeichen des Abendmahls gemahnen hier nicht allein an Leib und Blut Christi, sondern ebenso an Demeter und Dionysos, denen im Rahmen der eleusischen Mysterien gehuldigt wird. Weniger diese «Wahrheit der sinnlichen Dinge», wie sie später auch Hegels *Phänomenologie des Geistes* als Essenz der eleusischen wie eucharistischen Symbolik hervorhebt,[117] beleuchtet jedoch Schillers *Bürgerlied*, vielmehr die Einsicht in die sittliche Verpflichtung des Menschen, die, vom Festritual allegorisch untermalt, über die Reise durch den Mythos in Szene gesetzt wird.

Gerade der Anspruch auf die übergreifende kulturhistorische Perspektive ist es, der Schillers *Lied von der Glocke* eine heikle Wirkungsgeschichte im Spannungsfeld von Verklärung und Verwerfung beschert hat. Zumal die Zweigliedrigkeit des Gedichts, das der sachkundigen Darstellung des Vorgangs des Glockengießens die «gute(n) Reden» (NA 2/I, 227, v. 11) des Meisters zugesellt, erregte rasch die Gemüter. Das Gelächter der Jenaer Intimfeinde Schillers, über das Caroline Schlegel ihrer Tochter in einem Brief vom 21. Oktober 1799 zu berichten weiß, dürfte fraglos dem Hagel von Sentenzen gegolten haben, deren konservativer Gehalt den Text im 19. Jahrhundert zum «Vademekum»[118] bürgerlicher Hausvaterideologie und reaktionärer Gesellschaftsbilder absinken ließ. Daß die Massierung der Sinnsprüche – annähernd vierzig von ihnen wanderten später in Büchmanns Lexikon der geflügelten Worte – auch ein kompositorisches Ungleichgewicht des Textes berührt, läßt August Wilhelm Schlegels giftige Satire ahnen: «Der Dichter weiß ins Glockengießen | Das Loos der Menschheit einzuschließen. | Er bricht die schönen Reden, traun! | Vom Glockenthurm, und nicht vom Zaun.» (NA 2/II B, 166) Was noch Wilhelm von Humboldt als das geschlossene Bild «des gesellschaftlichen Lebens»[119] betrachtet und Caroline von Wolzogen für «das allgemeine Schicksal des Menschen»[120] hält, kann der an Adornos Kulturkritik geschulte Hans Magnus Enzensberger, der den Text 1966 in seine eigene Ausgabe von Schillers Lyrik nicht mehr aufnimmt, nur als «schlechte Universalität»[121] charakterisieren. Die in ihrer Tendenz konservativen Sinnsprüche befestigen, so scheint es heute, allein Klischees sozialer Ordnung und geschlechtspezifischer Arbeitsteilung, ohne die Substanz jener spannungsvollen Gedankenbilder zu erlangen, die andere Gedichte Schillers präsentieren. Bereits drei Jahre nach der Erstpublikation glaubt Friedrich Schlegel auf die Frage «Ach wie gefällt die ‹Glocke› dem Volk und die ‹Würde der Frauen›?» die entlarvende Antwort zu kennen: «Weil im Takte da klingt alles, was sittlich und platt.» (NA 2/II B, 167) Angesichts der Tatsache, daß jeder Vers hier handliche Wahrheiten über die Notwendigkeit eines gesellschaftlichen Ordnungsethos zu verkünden scheint, konnte sich, wie Jacob Burckhardt und Jacob Grimm, die prominenten Festredner des Schillerjahres 1859, unkritisch vermerkten, im Glockenlied das nach 1848 in partiell selbstauferlegter Beschränkung lebende deutsche «Bürgertum» mit seiner Orientierung an den Mustern häuslicher Rollenteilung trefflich «erkennen».[122]

Daß Schillers Text durch seine eigene Wirkungsgeschichte diskreditiert worden ist, läßt sich kaum bestreiten.[123] Zwar war, was zur Produktion bürgerlich-reaktionärer Ideologie geriet, nicht als deren Programmerklärung beabsichtigt, doch bietet das Gedicht genügend Ausgangspunkte für Lesarten, die seine problematischen Botschaften akzentuierten. Auch im Blick auf die literarische Qualität dürfte es schwerfallen, den Text gegen seine Anhänger zu verteidigen, wie schon Enzensberger demonstriert hat.[124] Mehrfach ist betont worden, daß die Parallelführung der beiden Darstellungsebenen die künstlerische Fehldisposition des Gedichts bedinge. Die zehn symmetrisch komponierten Liedstrophen mit ihrer exakten Beschreibung des Glockengießens rufen eine geschlossene Wirkung hervor. Sie beleuchten einen handwerklichen Arbeitsprozeß, über dessen technische Hintergründe Schiller sich Anfang Juli 1797, wie er Goethe verriet, durch das Studium des einschlägigen Artikels im 19. Band von Johann Georg Krünitz' *Oeconomischer Encyklopädie* (1788) informiert hat. Dagegen bleiben die um Einleitung und *applicatio* ergänzten zwanzig Restabschnitte formal ohne Einheit, gattungspoetisch zweideutig, schwankend zwischen Balladenton und Spruchweisheit, bisweilen geschwätzig und retardierend. Gerade die doppelt allegorische Sruktur des Textes bildet nun aber ein tragendes, keinesfalls beliebiges Element des Gedichts; ihre künstlerische Schwäche besitzt folglich symptomatische Züge, die man näher zu untersuchen hat.[125]

Die erste allegorische Ebene wird bezeichnet durch die Darstellung des Glockengießens, die Schiller so anlegt, daß, wie den Kommentatoren nicht entgangen ist, Bezüge zum poetischen Produktionsprozeß zutage treten. Die mühevolle Auseinandersetzung mit der widerständigen Materie («Ob das Spröde mit dem Weichen | Sich vereint zum guten Zeichen.» [v. 86 f.]) verweist auf die bildende Arbeit am literarischen Stoff, die bereits *Das Reich der Schatten* beschrieben hatte. In seinen Einzelstufen gleicht der Akt des Gießens dem künstlerischen Vorgang; Mischung der Zutaten, technische Vorbereitung, Formung unter Hitze, schließlich Abkühlung des gestalteten Materials und feierliche Einweihung des fortan öffentlich zugänglichen Werkes illustrieren hinreichend die Stationen des ästhetischen Produktionsprozesses. Auf einem zweiten Niveau findet man im Rahmen einer ‹symbolischen Operation›, gemäß den Bestimmungen der Matthisson-Rezension, die allegorische (d. h.: ‹idealische›) Bedeutung der Glocke selbst bezeichnet. Deren Klang kommentiert, wie das dem Vorbild des Schaffhausener Münsters entnommene lateinische Motto bereits signalisiert, die Wechselfälle menschlichen Lebens, Glück und Katastrophen, Idylle wie Rebellion gleichermaßen. Beide Ebenen verbindet das Element des Feuers, das für das Brennen des Glockenmantels hilfreich, im Zusammenhang der panoramatisch ausgespannten Geschichte des Individuums jedoch bedrohlich scheint: das Haus des Bürgers kann es ebenso zerstören wie «Städt' und Länder» (v. 380), die Ordnung des Staates und den gesellschaftlichen Frieden, den das Gedicht, konservativ, an die Immobilität der sozialen Hierarchie bindet: «Jeder freut sich seiner Stelle» (v. 315). Unter Rekurs auf die Argumentation des siebenten der Briefe *Ueber die ästhetische Erziehung*, der den Umschlag revolutionärer Energien in Gewaltakte als Produkt mangelnder Kultivierung der sinnlichen Vermögen des Individuums gewertet hatte, identifiziert das Gedicht im Prozeß der radikalen Aufklärung den Akt der Entfesselung ungehemmter Triebenergien: «Weh' denen, die dem Ewigblinden | Des Lichtes Himmelsfackel leihn! | Sie strahlt ihm nicht, sie kann nur zünden (...)» (v. 377 ff.). Daß Schiller die Darstellung des Glockengießens durch eine symbolische Operation ergänzt, mit deren Hilfe der konkrete Gegenstand des Gedichts idealisiert wird, verrät die Sorge, die poetische Auseinandersetzung mit der empirischen Welt könne in jene Simplizität umschlagen, die die Bürger-Rezension als Kennzeichen literarischen Mittelmaßes gewertet hatte. Gerade die allegorische Überblendung der Liedstrophen durch den sentenzenhaltigen Abriß einer Individual- und Gesellschaftsgeschichte bewirkt freilich, daß die reizvolle Analogie von handwerklicher und poetischer Tätigkeit, wie sie die Beschreibung des Glockengießens unaufdringlich veranschaulicht, auf Kosten der Gesamtwirkung des Textes in den Hintergrund tritt. Das Dilemma des Liedes entspringt dem entscheidenden Defekt der sentimentalischen Poesie, den Schiller selbst in deren Neigung zur ‹Überspannung› erblickt hat (NA 20, 481).

Die vorsichtige Gesellschaftsdiagnose des Gedichts, derzufolge die Freiheit des Menschen durch eine als naturgemäß betrachtete Kräftebalance auf der Grundlage des Status quo gewährleistet werde, hat auch wohlmeinende unter den zeitgenössischen Kritikern skeptisch gestimmt. Goethe freilich sah hier seinen ständepolitischen Konservatismus bekräftigt, wie er ihn in *Hermann und Dorothea* (1797), vermittelt durch die Rede des Hausvaters, formuliert hatte: «Denn wo nicht immer von oben die Ordnung und Reinlichkeit wirket, | Da gewöhnt sich leicht der Bürger zu schmutzigem Saumsal (...)».[126] Genau betrachtet bedeuten die Schlußverse des Glockenliedes eine nochmalige Revision jener evolutionären Perspektive, die vier Jahre zuvor die Gesellschaftsanalyse der *Ästhetischen Erziehung* getragen hatte: «Der Charakter der Zeit muß sich also von seiner tiefen Entwürdigung erst aufrichten, dort der blinden Gewalt der Natur sich entziehen, und hier zu ihrer Einfalt, Wahrheit und Fülle zurückkehren; eine Aufgabe für mehr als Ein Jahrhundert.» (NA 20, 329) Der «Friede», den die Schlußverse des Gedichts beschwören, ist hingegen denkbar nur auf der Basis sozialer Immobilität fern jeglicher Zukunftsperspektive. Die ängstlich-konservative Botschaft des Textes verkündet keine ‹Aufgabe für Jahrhunderte› mehr, sondern die Anpassung an die Bedingungen des Hier und Jetzt. Während die Glocke «mit ihrem Schwunge | Des Lebens wechselvolles Spiel» (v. 411 f.) begleitet, begnügt sich das klassische Lied damit, Kammertöne anzustimmen für eine Gesellschaftswirklichkeit ohne Aussicht auf Veränderung.

3. Gespannte Verhältnisse. Jena 1795–1799

Der unglücklichste Schüler.
Hölderlin im Schatten

In den letzten Jenaer Jahren vor dem Umzug nach Weimar bleiben Schillers schriftstellerische Aktivitäten geprägt von literaturpolitischen und publizistischen Strategien, die auf die Intensivierung seines öffentlichen Einflusses zielen. Das teils ökonomisch, teils programmatisch gefärbte Interesse an einer beherrschenden Rolle auf dem Literaturmarkt bestimmt auch seine Begegnungen mit jüngeren Autoren. Diese Kontakte entwickeln sich selten spannungsfrei, weil sie, oftmals gleichzeitig, durch Konkurrenzdenken, Geltungsansprüche und eine daraus ableitbare übersteigerte Empfindlichkeit regiert werden. In der Rolle des Anregers sucht Schiller entschieden auf Begabungen und Vorlieben einzuwirken, Strömungen, die ihm sympathisch sind, zu fördern, um derart Bundesgenossen für eigene publizistische Vorhaben zu gewinnen. Diese legitime Absicht schlägt jedoch dort in schroffe Zurückweisung um, wo Erwartungen enttäuscht und Urteilsdifferenzen deutlich markiert werden. Schillers Umgang mit öffentlicher Kritik ist Mitte der 90er Jahre, anders als zu Beginn seiner Laufbahn, durch Sensibilität und Dünnhäutigkeit gekennzeichnet (das ändert sich, unter dem Eindruck wachsenden Erfolges, erst nach 1800 wieder). Zur Tendenz, den eigenen Standpunkt unverrückbar zu befestigen, gesellen sich Verletzlichkeit und wachsende Intoleranz gegenüber abweichenden Denkinhalten – keine guten Voraussetzungen für die Begegnung mit der neuen Generation, die ein gewisses Maß an Offenheit und Flexibilität verlangte.

Von deutlichen Rollenfestlegungen scheint das Verhältnis zum elf Jahre jüngeren Hölderlin geprägt, der Schiller vorbehaltlos verehrt. Der erste Kontakt erfolgt Ende September 1793 in Ludwigsburg, initiiert durch Gotthold Friedrich Stäudlin, mit dem inzwischen, nach der zwölf Jahre zurückliegenden Kontroverse aus dem Umfeld der *Anthologie*-Produktion, ein konfliktfreier Austausch möglich ist. Am 1. Oktober 1793, wenige Tage nach diesem Treffen, gibt Schiller eine Empfehlung Stäudlins an Charlotte von Kalb weiter und rät ihr, Hölderlin als Hofmeister ihres neunjährigen Sohnes Fritz zu erproben. Der Brief an die Freundin entwirft ein schattiges Porträt des jungen Mannes, das schon künftige Komplikationen im Austausch ahnen läßt: «Ich habe ihn persönlich kennen lernen und glaube daß Ihnen sein Aeußres sehr wohl gefallen wird. Auch zeigt er vielen Anstand und Artigkeit. Seinen Sitten gibt man ein gutes Zeugniß; doch völlig gesetzt scheint er noch nicht, und viele Gründlichkeit erwarte ich weder von seinem Wißen noch von seinem Betragen. Ich könnte ihm vielleicht hierinn Unrecht thun, weil ich dieses Urtheil bloß auf die Bekanntschaft einer halben Stunde und eigentlich bloß auf seinen Anblick und Vortrag gründe; ich will ihn aber lieber härter als nachsichtiger beurtheilen, daß, wenn Ihre Erwartung ja getäuscht werden sollte, dieß zu seinem Vortheil geschehe.» (NA 26, 285)

Seine Ausbildung hatte Hölderlin zwischen 1788 und 1793 als Student der Theologie im Tübinger Stift erhalten. Diese Institution unterstand ursprünglich der Landeskirche, die hier eine Eliteschule auf höchstem Niveau zu begründen suchte. Die zunächst für das Stift bestimmende liberale Bildungskultur wurde massiv eingeschränkt, als zu Beginn der 90er Jahre das Gerücht aufkam, daß sich prorevolutionäre, jakobinische Tendenzen unter den sonst angepaßten Theologiestudenten entwickelt hätten. Der Herzog fühlte sich fortan zu gründlicher Überwachung der Konviktserziehung berechtigt; er nahm an den Prüfungen teil, verschärfte die disziplinarischen Statuten, griff in Konfliktfällen persönlich ein und verhängte bisweilen zu Abschreckungszwecken drakonische Strafen. Wie der Akademiezögling Schiller sah sich auch Hölderlin einem diktatorischen Regime mit fein ausgeklügelten Überwachungsmechanismen unterworfen, das beim jungen Theologiestudenten die Flucht in eine hermetisch abgeriegelte Geisteswelt, in das Studium Platons, der Renaissancephilosophie (vor allem Ficinos), Spinozas, Leibniz' und Kants veranlaßte. Im eigentümlichen Mischklima aus pietistischer Frömmigkeit, empfindsamem Freundschaftskult und revolutionärer Begeisterung, wie es das Bündnis mit Magenau und Neuffer, Hegel und dem jungen Schelling bestimmte, vollzog sich Hölderlins intellektuelle Sozialisation. Die Lektüre der Schriften Schillers gehörte, neben der obligaten Klopstock-Rezeption, zu den festen Bestandteilen seiner Bildungsgeschichte. So war es kein Zufall, daß seine frühen Gedichte, die in den Stiftsjahren zwischen 1788 und 1793 entstanden, Spuren von Schillers Hymnik tragen. Manche der Texte könnten auch vom Lehrmeister selbst stammen, so *Lied der Freundschaft* (1790) oder die deutlich durch *Die Künstler* angeregte *Hymne an die Schönheit* (1791/ 1793).

Zum Zeitpunkt der ersten Begegnung mit Schiller hatte Hölderlin bereits mehrere lyrische Arbeiten publiziert, die in Stäudlins *Musenalmanach fürs Jahr 1792* und seiner *Poetischen Blumenlese fürs Jahr 1793* erschienen waren: neben der charakteristischen *Hymne an die Göttin der Harmonie* und der *Hymne an die Muse* (1792) etwa die *Hymne an die Freiheit*, *Hymne an die Freundschaft* und *Kanton Schweiz* (1793). Schiller erwähnt diese Veröffentlichungen in seinem Empfehlungsschreiben an Charlotte von Kalb unter ausdrücklichem Bezug auf die *Blumenlese* mit einiger Reserve. Hölderlin zeige sich, so heißt es, «nicht ohne poetisches Talent», wobei er keineswegs sicher sei, ob er dieses «zu seiner Empfehlung oder zu seinem Nachtheil» anführe (NA 26, 285). Als aufmerksamer Leser der bei Stäudlin versammelten Texte wird Schiller erkannt haben, daß die hier begegnenden Bilder von Antike und Geschichte, aber auch die ihnen eingezeichneten Vorstellungen menschlicher Freiheit und individuellen Glücks mit seinen eigenen kulturhistorischen Modellen nicht zur Deckung kommen konnten. Die in Stäudlins *Musenalmanach* gedruckte *Hymne an die Göttin der Harmonie* umreißt ein Ideal der geistigen Erfahrung, dem Elemente der platonischen Enthusiasmuskonzeption wie der christlichen Inspirationslehre gleichermaßen eingeschrieben sind. Der Text thematisiert die Wirksamkeit einer göttlichen Kraft, die den Menschen, indem sie ihm die Begegnung mit Liebe, Glück und Freundschaft ermöglicht, zur Begeisterung als Medium eines sinnlich-metaphysischen Wirkungszusammenhangs führt.[127] Unter Bezug auf die ungedruckten Entwürfe der *Hymne an den Genius Griechenlands* formuliert die in der *Blumenlese* veröffentlichte *Hymne an die Freiheit* die Erwartung einer Rückkehr der antiken Götter in neuem Gewand. Ansatzweise findet sich hier bereits jene Geschichtstheologie bezeichnet, die später in Texten wie *Brod und Wein* oder *Der Einzige* die typologische Identität von Dionysos und Christus verkünden wird: «Aus den Himmeln steigt die Liebe nieder, | Männermuth, und hoher Sinn gedeiht, | Und du bringst die Göttertage

Friedrich Hölderlin.
Pastellgemälde von Franz Karl Hiemer, 1792

wieder, | Kind der Einfalt! süße Traulichkeit!»[128] Liebe und Freundschaft bilden in den frühen Hymnen Erfahrungsmodelle, die Medien enthusiastischer Wahrnehmung wie geschichtlicher Hoffnung darstellen – Widerschein der Erwartung, daß eine göttliche Kraft die Geschicke des Menschen auch unter den dürftigen Bedingungen der Gegenwart neu ordnen werde.

Bei der Lektüre dieser Texte dürfte Schiller nicht entgangen sein, daß sich Hölderlins chiliastische Theologie tiefgreifend von seiner eigenen Geschichtsphilosophie und der durch sie vorgezeichneten ‹Arbeit für Jahrhunderte› (NA 26, 264) unterschied. Wo er auf die Folgerichtigkeit der Evolution und die Kontinuität des Bildungsvorgangs setzt, erscheint bei Hölderlin als Zielpunkt idealistischen Denkens die Epiphanie, die Annahme einer plötzlichen Offenbarung in dunkler Zeit. Bleibt Schillers anthropologische Programmatik entschieden säkularisiert – was für die älteren Geschichtsschriften wie für den im Sommer 1793 ausgeführten Entwurf der ästhetischen Erziehung gleichermaßen gilt –, so zeigt sich Hölderlins Weltbild von theologischen Deutungsmustern und jenen chiliastischen Perspektiven beherrscht, die auch das Denken des jungen Hegel regieren. Wann immer Schiller künftig Distanz zu seinem selbsternannten Schüler an den Tag legt, ist sie bestimmt durch die Einsicht in den bereits hier zutage tretenden Gegensatz der Geschichtskonzeptionen, demgegenüber poetische Streitfragen nachgeordneten Charakter aufweisen.

Dem jungen Magister, der im Juni 1793 – nach den drei Jahre zuvor erfolgten Examina – sein akademisches Studium mit der theologischen Promotion abgeschlossen hat, bedeutet es ein Zeichen der Anerkennung, daß der verehrte Schiller ihn fördert. Hölderlin beginnt im Herbst 1793 seine Tätigkeit als Hofmeister bei der Familie von Kalb auf Schloß Waltershausen im unterfränkischen Grabfeld an der Südgrenze Thüringens. Hier entsteht, nach Tübinger Vorstudien, das *Fragment von Hyperion*, der erste Entwurf des 1797 in zwei Teilen veröffentlichten Romans. Schiller nimmt das Manuskript für die *Neue Thalia* an und publiziert es mitsamt einer dichten Vorrede, in der Hölderlin das Bild von der «exzentrischen Bahn»[129] verwendet, um den komplizierten Bildungsgang des modernen Menschen in seiner eigentümlichen Verlaufslogik zu beschreiben. Daß das Fragment im wenig glanzvollen vorletzten *Thalia*-Jahrgang erscheint, nicht aber für die *Horen* reserviert wird, zeugt von der skeptischen Einschätzung, die der Herausgeber dem Entwurf entgegenbringt.[130] Die geschichtsphilosophische Konstruktion der Vorrede, die nicht von einer teleologischen, sondern von einer kreisförmigen Bewegung der Individual- und Gattungsentwicklung ausgeht, dürfte Schiller dabei ebenso fremd gewesen sein wie die lyrische Tendenz des Erzählstils und die ihn bestimmende intellektuelle Ambition. Daß ein epischer Text sich nicht für den Transport theoretischer Denkinhalte eigne, hatte er selbst, womöglich im Blick auf die Konstruktionsprobleme des *Geistersehers*, in einer 1788 publizierten kritischen Rezension von Wilhelm Friedrich Meyerns Freimaurerroman *Dya-Na-Sore* (1787) vermerkt. Das Werk, das generell an der «Durcheinandermengung des Abstrakten mit dem Symbolischen, oder der Allegorie mit den philosophischen Begriffen» leide, findet sich charakterisiert als «Zwitter von Abhandlung und Erzählung, der durch eine fast durchaus metrische Prose womöglich noch ermüdender wird.» (NA 22, 196 f.) Es scheint offenkundig, daß Schillers frühere Vorbehalte gegen Meyerns Roman auch auf Anspruch und Stillage des *Hyperion*-Fragments übertragbar waren.[131]

Anfang November 1794 reist Hölderlin mit seinem schwierigen Zögling Fritz von Kalb ins nicht weit entfernte Jena. Schiller vermittelt ihm eine Wohnung in der Zwätzengasse am Rande der Stadtmauern, unweit des zuvor von Humboldt genutzten Quartiers im Vogtschen Garten. In den ersten Tagen stattet der Neuankömmling seinem Mentor eine Visite ab und begegnet dabei auch Goethe, dem er, weil er ihn zunächst nicht erkennt, unfreundlich gegenübertritt.[132] Schiller ermuntert seinen niedergeschlagenen Besucher zu weiteren literarischen Versuchen und bemüht sich um eine Vermittlung im angespannten Verhältnis zur Familie von Kalb. Im Dezember empfiehlt er ihm, er solle bis zum Frühjahr seine Verpflichtungen als Hofmeister erfüllen und dann endgültig entscheiden, ob er ein aus freier Autorschaft finanzierbares Selbststudium beginnen wolle.[133] Ende Januar 1795 fordert er ihn auf, Beiträge für das letzte Heft der *Neuen Thalia* zu liefern. Wenige Wochen später bricht Hölderlin das für ihn unerträglich gewordene Engagement in Waltershausen ab, reist nach Jena und nimmt dort Logis. Schiller regt ihn zu einer Übersetzung von Ovids *Phäton* in Stanzen an[134] und vermittelt dem auf Einnahmen angewiesenen jungen Autor für die Publikation des *Hyperion* im März den Kontakt zu Cotta; über seinen Protegé schreibt er durchaus wohlwollend, jedoch mit spürbarer Herablassung: «Er hat recht viel genialisches, und ich hoffe auch noch einigen Einfluß darauf zu haben. Ich rechne überhaupt auf Hölderlin für die Horen in Zukunft, denn er ist sehr fleißig und an Talent fehlt es ihm gar nicht, einmal in der litterarischen Welt etwas rechtes zu werden.» (NA 27, 160)

Nur zwei Monate später, Ende Mai, reist Hölderlin unangekündigt, geradezu fluchtartig, aus Jena ins heimatliche Württemberg ab, wo er, ehe er Ende des Jahres eine neue Hofmeisterstelle in Frankfurt beim Bankier Jacob Gontard übernimmt, die folgenden Monate verbringt. Die Gründe für diesen plötzlichen Ortswechsel liegen weithin im Dunkeln. Die Furcht vor allzu massiver Beeinflussung durch den übermächtigen Schiller, womöglich auch die Sorge, im sich anbahnenden Streit zwischen diesem und Fichte in einen Loyalitätskonflikt zu geraten, könnten hier auslösend gewirkt haben.[135] Schiller rückt trotz der Irritation angesichts der überstürzten Abreise im letzten Jahrgang der *Neuen Thalia* und im *Musen-Almanach für das Jahr 1796* mehrere von Hölderlins Gedichten ein, darunter die Texte *Griechenland* und *Der Gott der Jugend*.

Daß Schiller von Hölderlins lyrischem Talent nicht vollauf überzeugt zu sein scheint, zeigt sich erst in den nächsten Jahren. Die ihm für den folgenden Musenalmanach überlassenen Gedichte (*An eine Unerkannte, Diotima, An die klugen Ratgeber*) korrigiert er in der Handschrift, hält sie jedoch vom Druck zurück und verschweigt seine Einwände. Erst nach längerer Unterbrechung, die Hölderlin als Zeichen der Entfremdung wertet, erklärt er grundsätzlicher in einem Brief vom 24. November 1796: «Auch vor einem Erbfehler deutscher Dichter möchte ich Sie noch warnen, der Weitschweifigkeit nehmlich, die in einer endlosen Ausführung und unter einer Fluth von Strophen oft den glücklichsten Gedanken erdrückt.» Die Quintessenz dieser Empfehlung liegt im Rat, die dünne Luft der Abstraktion zu meiden: «Fliehen Sie wo möglich die philosophischen Stoffe, sie sind die undankbarsten, und in fruchtlosem Ringen mit denselben verzehrt sich oft die beßte Kraft, bleiben Sie der Sinnenwelt näher, so werden Sie weniger in Gefahr seyn, die Nüchternheit in der Begeisterung zu verliern oder in einen gekünstelten Ausdruck zu verirren.» (NA 29, 13 f.) Auch die revidierten Gedichtfassungen, die Hölderlin im August 1797 übersendet, finden keine Aufnahme in den Musenalmanach.

Schillers Kritik war vermutlich wohlwollend gemeint, wirkte jedoch durch ihren belehrenden Ton überaus kränkend auf Hölderlin. In einer Reihe von unpubliziert bleibenden Epigrammen, die Ende des Jahres 1796 entstanden (*Guter Rath, Die Vortreflichen, Die beschreibende Poesie, Falsche Popularität*), beantwortet er die präzeptorale Anmaßung Schillers, indem er, im Stil der *Xenien*, dessen Plädoyer für die poetische Darstellung des konkreten Gegenstands verspottet: «Hast du Verstand und ein Herz, so zeige nur eines von beiden, | Beides verdammen sie dir, zeigest du beides zugleich.»[136] Trotz solcher Angriffe, hinter denen persönliche Enttäuschung steht, betrachtet Hölderlin Schiller weiterhin als mächtige Autorität, deren Kompetenz er in freiwilliger Unterwerfung respektieren muß: «Ich habe Muth und eignes Urtheil genug», schreibt er ihm am 20. Jun 1797, «um mich von andern Kunstrichtern und Meistern unabhängig zu machen, und insofern mit der so nötigen Ruhe meinen Gang zu gehen, aber von Ihnen dependir' ich unüberwindlich (...)» (NA 37/I, 42).

Wie wenig Vertrauen Schiller freilich in Hölderlins Begabung setzt, zeigt sich daran, daß er die ihm für den folgenden Musenalmanach zur Verfügung gestellten Gedichte (*An den Aether*, *Der Wanderer*) Ende Juni 1797 durch Goethe, ohne diesem den Verfasser zu nennen, begutachten läßt, ehe er sie zur Publikation annimmt. Auch der Freund vertritt, bei insgesamt positivem Urteil, die Ansicht, daß die literarische Auseinandersetzung mit philosophischen Themen dem Autor nicht zuträglich sei: «Ich möchte sagen in beyden Gedichten sind gute Ingredienzchen zu einem Dichter, die aber allein keinen Dichter machen. Vielleicht thäte er am besten wenn er einmal ein ganz einfaches Idyllisches Factum wählte und es darstellte, so könnte man eher sehen wie es ihm mit der Menschenmahlerey gelänge, worauf doch am Ende alles ankommt.» (NA 37/I, 53) Als Hölderlin Goethe Ende August 1797 in Frankfurt besucht, wird diese Empfehlung wiederholt. Erneut heißt es jetzt, der junge Autor sei auf einem Irrweg, wenn er glaube, seine poetische Bestimmung im philosophischen Terrain zu finden. Ohne rechtes Verständnis für seine eigentlichen Talente rät ihm Goethe zur Darstellung idyllischer Szenen und erinnert ihn an das antike Ideal stilistischer Kürze. Schiller schreibt er am 23. August 1797: «Gestern ist auch Hölterlein bey mir gewesen, er sieht etwas gedrückt und kränklich aus, aber er ist wirklich liebenswürdig und mit Bescheidenheit, ja mit Aengstlichkeit offen. Er ging auf verschiedene Materien, auf eine Weise ein die Ihre Schule verriet, manche Hauptideen hatte er sich recht gut zu eigen gemacht, so daß er manches auch wieder leicht aufnehmen konnte. Ich habe ihm besonders gerathen kleine Gedichte zu machen und sich zu jedem einen menschlich interessanten Gegenstand zu wählen.» (NA 37/I, 109) Weder zum Idylliker noch zum Miniaturenmaler besitzt Hölderlin jedoch Talent oder Neigung. In seinen späteren Arbeiten tritt als unverwechselbarer Stilzug gerade die Tendenz zum großen Sujet, zur poetischen Tour durch Geschichte, Religion und Metaphysik hervor – die Gespanntheit der unabschließbaren, potentiell fragmentarischen, in stets neuen Anfängen und Versuchen zu sich selbst findenden Form. Hölderlins literarische Entwicklung verläuft damit konträr zur Diagnose Goethes und Schillers, die ihm Erfolg allein auf dem Boden der Idylle im Rahmen einer beschränkten Darstellungsperspektive verheißen hatten. Das eklatante Fehlurteil beweist, daß die Einschätzung der beiden Älteren von Vorbehalten getrübt war, die, zumal im Fall Schillers, nicht nur mangelndem Interesse an Hölderlins künstlerischer Individualität, sondern ebenso der Einsicht in die Unvereinbarkeit der geschichtsphilosophischen Entwürfe entsprangen. Peter Weiss' Hölderlin sucht diese Differenz zu fassen, indem er Schiller gegenüber einräumt: «Ich weiss es graust Sie | wenn ich zu meiner Welt auch | deren ununterbrochne | Auflösung mit nehme | wenn ich vom Fliessenden und | vom Veränderlichen ausgeh (...)»[137]

Hölderlin gelingt es nach der Abreise aus Jena Zug um Zug, sich aus der Abhängigkeit – «Bedürftigkeit» heißt es im Juli 1796 in einem Brief (NA 36/I, 285) – von Schillers Urteil zu befreien. Ein Schreiben vom 30. Juni 1798 umreißt die Konflikte, die aus dieser Lösung erwachsen: «Deßwegen darf ich Ihnen wohl gestehen, daß ich zuweilen in geheimem Kampfe mit Ihrem Genius bin, um meine Freiheit gegen ihn zu retten, und daß die Furcht, von Ihnen durch und durch beherrscht zu werden, mich schon oft verhindert hat, mit Heiterkeit mich Ihnen zu nähern. Aber nie kann ich mich ganz aus ihrer Sphäre entfernen; ich würde mir solch einen Abfall schwerlich vergeben.» (NA 37/I, 316) Zur mythopoetischen Personifikation dieses Spannungszustands gerät in einer Hymne vom Sommer 1796 die Figur des Herkules, aus deren Übermacht sich ein selbstbewußtes lyrisches Ich zu lösen sucht: «Sohn Kronions! an die Seite | Tret' ich nun erröthend dir, | Der Olymp ist deine Beute; | Komm und theile sie mit mir!»[138] Schiller, dem das Hymnenmanuskript mutmaßlich Ende Juni 1796 übersendet wurde, hat den Text zur Publikation nicht angenommen.

24 Monate später schickt Hölderlin nochmals fünf Gedichte für den Musenalmanach. Aus dem gesamten Konvolut druckt Schiller nur zwei kurze Texte (*Sokrates und Alcibiades*, *An unsre Dichter*), mit denen er drohende Lücken füllt, während er die gewichtigeren Beiträge, darunter die Ode *Dem Sonnengott*, für die Veröffentlichung nicht akzeptiert. Gegen Ende der 90er Jahre versiegt die Korrespondenz; von Hölderlins unruhigem Reiseleben erfährt Schiller nur sporadisch, über seine Projekte wird er in größeren Abständen unterrichtet. Anfang Juli 1799 bittet Hölderlin ihn um Beiträge für ein mit dem Stuttgarter Verleger Friedrich Steinkopf projektiertes Journal. Schiller schlägt das Ansinnen am 24. August konziliant aus und rät von einer Zeitschriftengründung im Hinblick auf eigene negative Erfahrungen generell ab (NA 30, 89). Der freundliche Ton des Briefs überspielt die gewaltige Reserve, die er Hölderlins publizistischen Unternehmungen entgegenbringt.[139] Wie massiv seine Widerstände ausgeprägt sind, beleuchtet eine genau zwei Jahre zurückliegende Bemerkung aus einem Schreiben an Goethe, die Hölderlin mit Jean Paul und dem jungen Dramatiker Siegfried Schmid in Verbindung bringt: «Ich möchte wißen ob diese Schmidt, diese Richter diese Hölderlins absolut und unter allen Umständen so subjectivisch, so überspannt, so einseitig geblieben wären, ob es an etwas primitivem liegt, oder ob nur der Mangel einer aes-

thetischen Nahrung und Einwirkung von aussen und die Opposition der empirischen Welt in der sie leben gegen ihren idealischen Hang diese unglückliche Wirkung hervorgebracht hat.» (NA 29, 118) Verständlich wird ein solcher Befund allein vor dem Hintergrund des Objektivitätsanspruchs der klassizistischen Ästhetik, die jegliche Formen einer exzentrischen Kunstanschauung als pathologisch ausgrenzen muß. Die empfindsame oder spekulative Inszenierung von Individualität gerät zum literarischen Reflex einer krankhaften Persönlichkeit, die in den heiligen Hallen der klassisch gereinigten Kunst kein Hausrecht beanspruchen darf.

Unüberwindliche Gräben.
Konflikte mit August Wilhelm und Friedrich Schlegel

Frei von Spannungen, im Zeichen der Gleichberechtigung und gegenseitigen Anerkennung gestaltet sich zunächst das Verhältnis zu August Wilhelm Schlegel. Die Harmonie sollte jedoch nur von kurzer Dauer sein. Der 1767 geborene Schlegel hatte das Studium der Theologie, zu dem ihn der auf Ordnung pochende Vater – Generalsuperintendent in Hannover – bestimmen wollte, rasch aufgegeben und sich dem philologischen Fach verschrieben. Mit eigenständigen altertumswissenschaftlichen Schriften (*De geographica Homerica*) und Editionsarbeiten verschaffte er sich in akademischen Kreisen bald einen Namen. Sein Lehrer war, wie im Fall Humboldts, der angesehene Gräzist Christian Gottlob Heyne. Bei ihm lernte Schlegel die Grundlagen antiker Literatur kennen, hier sammelte er seine gediegenen Sprach- und Stilistikkenntnisse, studierte er Metrik, Rhetorik und Literaturgeschichte. Das bei Heyne erworbene Wissen bildete die Basis seiner späteren Tätigkeit als polyglotter Kulturvermittler, Übersetzer und Historiker, dessen Arbeiten auch von Gegnern für ihre philologische Seriosität gerühmt wurden. Seine technisch glänzenden, von souveräner Formenkenntnis zeugenden Gelegenheitsgedichte trugen ihm zudem den Respekt Bürgers ein und öffneten einen Zugang zur Göttinger Literaturszene. Der Kontakt zu den *Horen*, als deren Mitarbeiter Schlegel seit Beginn firmierte, stellte sich durch die Intervention Körners her, der dem im Aufbau begriffenen Journal mit der Anwerbung interessanter jüngerer Autoren Profil verschaffen wollte.

Schillers positives Urteil über den weltläufig-gewandten Philologen und ästhetisch sensiblen Literaturkenner steht bald fest. Schlegel schickt Passagen seiner auf Anregung Herders begonnenen Übersetzung aus dem *Inferno* von Dantes *Commedia* und besticht den kritischen Leser durch die Souveränität der ihr eigenen Sprachkultur. Bereits im Frühjahr 1792 hatte

Schiller bei einem Treffen mit Friedrich Schlegel, das in Körners Dresdner Haus stattfand, gesprächsweise die Qualitäten der damals vorliegenden Teile der Dante-Übertragungen hervorgehoben.[140] In einem Schreiben vom 12. Juni 1795 rühmt er ausdrücklich den Wert der Übersetzungsproben für die *Horen* und betont, daß er eine weitere Zusammenarbeit mit Schlegel für wünschenswert halte: «Senden Sie uns was Sie nur irgend zum Druck bestimmt haben. Es wird dem Journal immer zur Zierde gereichen (...)» (NA 27, 194). Ende 1795 bzw. Anfang 1796 publiziert die Zeitschrift Schlegels *Briefe über Poesie, Silbenmaaß und Sprache* (11.-12. Stück 1795, 1.-2. Stück 1796), wenig später einen Shakespeare-Essay (3. Stück 1796) und Auszüge der zu diesem Zeitpunkt bereits begonnenen Shakespeare-Übersetzungen, zumal aus *Romeo and Juliet* und *The Tempest* (3.-6. Stück 1796). Seit Anfang Mai 1796 hält sich Schlegel für mehrere Wochen in Jena auf. Die größere räumliche Nähe sorgt für eine Intensivierung des zunächst harmonischen Austauschs. Im Griesbachschen Haus an der Schloßgasse trifft Schlegel mit Körner und dessen Reisebegleiter, dem preußischen Diplomaten Graf Geßler zusammen, die beide am 27. April aus Dresden angekommen waren. Schiller genießt die dreiwöchige Visite des Freundes, den er seit Anfang Mai 1792 nicht mehr gesehen hat, und zeigt sich als glänzender Gastgeber. Nach Körners Abreise finden im Juni regelmäßige Treffen mit Schlegel statt, der unter dem Eindruck der anregenden Gespräche beschließt, nach seiner Heirat mit Caroline Böhmer Anfang Juli endgültig von Braunschweig in die thüringische Universitätsstadt überzusiedeln. Schiller vermittelt ihm den Kontakt zu Christian Gottfried Schütz' *Literaturzeitung,* für die er fortan als Rezensent tätig ist. Daß die Protektion durchaus von eigenem Interesse beherrscht bleibt, erkennt man am Nachdruck, mit dem Schiller empfiehlt, Schlegel solle künftig auch aktuelle *Horen*-Hefte besprechen (NA 28, 88).

Schlegel folgt diesem – angesichts seiner eigenen Mitarbeiterrolle prekären Vorschlag – und zeigt für die *ALZ* die ersten zehn Stücke des *Horen*-Jahrgangs 1795 an, unter besonderer Würdigung der darin versammelten Elegien. Verstärkte Aufmerksamkeit findet *Das Reich der Schatten* (9. Stück), das Schlegel als lyrische Apotheose der antiken Elysiumvorstellung würdigt, wofür ihm Schiller, ohne ihn auf die Fehldeutung der Leitmotivik des Textes aufmerksam zu machen, am 29. Oktober 1795 ausdrücklich dankt (NA 28, 88). Das gute Einvernehmen wird erst gestört, nachdem Friedrich Schlegel Ende Juli 1796 in Reichardts Berliner Journal *Deutschland* eine stellenweise unfreundliche Rezension des *Musen-Almanachs für das Jahr 1796* publiziert, deren distanzierten Tenor Schiller zum Anlaß nimmt, auch an der Loyalität August Wilhelms zu zweifeln. Die ironisch getönte Kritik galt einzelnen Gedichten, insbesondere dem *Tanz*, den Schlegel als Epigramm «zu lang und gleichsam zu ernstlich», für eine Elegie «nicht poetisch genug» fand.[141] Noch härter fiel das Urteil über *Würde der Frauen* aus: «Diese im Einzelnen sehr ausgebildete und dichterische Beschreibung der Männlichkeit und Weiblichkeit ist im Ganzen monoton durch den Kunstgriff, der ihr Ausdruck geben soll. (...) Strenge genommen kann diese Schrift nicht für ein Gedicht gelten: weder der Stoff noch die Einheit sind poetisch. Doch gewinnt sie, wenn man die Rhythmen in Gedanken verwechselt und das Ganze strophenweise rückwärts liest. Auch hier ist die Darstellung idealisirt; nur in verkehrter Richtung, nicht aufwärts, sondern abwärts, ziemlich tief unter die Wahrheit hinab.»[142] Kaum weniger verletzend als solche Kritik wirkte die herablassende Attitüde, mit der Schlegel abschließend Schillers lyrische Begabung bewertet und ihm, sachlich gewiß zutreffend, eine «erhabne Unmäßigkeit» sowie ‹Größe› «auch in seinen Abweichungen» bescheinigt.[143]

Schiller kannte den Rezensenten persönlich: am 14. April 1792 war er dem zwanzigjährigen Friedrich Schlegel im Hause Körners begegnet. Der junge Mann besaß zu diesem Zeitpunkt weder Namen noch Reputation. Zwei Jahre zuvor hatte er, gegen den Willen des Vaters, der ihm den Kaufmannsberuf vorzuschreiben suchte, ein juristisches Studium in Göttingen begonnen, war dann aber nach Leipzig gewechselt, um dort die intensive Lektüre antiker und neuer Literatur zu betreiben, die ihn rasch von den Rechtswissenschaften abführte. Am 17. Mai 1792 berichtet Friedrich seinem Bruder August Wilhelm vom offenkundig negativen Eindruck, den er bei den Freunden Körner und Schiller hinterließ: «Solltest du glauben, daß ich ihnen ein unbescheidner, kalter Witzling geschienen? und auch Schillern? (...) Sie haben mein Herz ordentlich versteigert, wer den meisten Tadel darauf bieten möchte.»[144] Nach dem Erscheinen der Musenalmanach-Rezension versucht der um Vermittlung bemühte Körner, Schiller den Interessenstandpunkt des Kritikers Schlegel nahezubringen: «Du kannst fast keinen wärmeren Verehrer haben, als ihn, und wo er aus einem andern Tone zu sprechen scheint, so ists bloß Recensenten Costum, oder das Bedürfniß seinen Richterberuf durch strenge Foderungen zu beglaubigen.» (NA 36/I, 283f.) Körners diplomatische Intervention konnte sich freilich kaum auf die wahre Meinung Schlegels stützen. Bereits am 21. Juli 1791 schreibt dieser mißmutig an seinen Bruder: «An Schillers Werken habe ich viel gefunden. Doch auch mit unter fallen mir dabey die Zeilen ein ['] Mit Tugendsprüchen und großen Worten | gefällt man wohl an allen Orten: | Denn da denkt ein jeder bey sich allein: | So ein Mann magst Du auch wohl seyn. [']»[145]

August Wilhelm Friedrich Schlegel.
Gemälde von Johann Friedrich August Tischbein, 1793

Friedrich Schlegel.
Zeichnung von Caroline Rehberg, 1794

Dennoch scheint Körners Erklärungsangebot zunächst Wirkung zu zeitigen. Trotz seiner Verärgerung begegnet Schiller Friedrich Schlegel ohne Ressentiment, als dieser ihm in Jena einen Besuch abstattet; Goethe gegenüber bemerkt er am 8. August 1796: «Schlegels Bruder ist hier, er macht einen recht guten Eindruck und verspricht viel.» (NA 28, 280) Noch aus Dresden hatte Friedrich Möglichkeiten der Mitarbeit an Schillers Zeitschrift sondiert und August Wilhelm am 23. Dezember 1795 geschrieben: «Für die Horen habe ich sehr viel Kleines und Grosses in Bereitschaft liegen. Ich erwarte nur erst ein Kopfnicken des Gnädigsten, vorzüglich aber daß die Zeitalter und die Verhältnisse fort sind.»[146] Das gewünschte Zeichen Schillers bleibt freilich aus, eine Einladung zur *Horen*-Mitarbeit erfolgt nicht. Schlegel ahnt, daß man ihm in Jena seine Publikationstätigkeit für Reichardts *Deutschland* verübelt: «Es muß da etwas vorgefallen seyn, das wir nicht wissen», vermutet er in einem Brief an den Bruder vom 28. Juli 1796.[147] Die Vorbehalte gegen das Bündnis mit Reichardt sind zunächst durch dessen unfreundliche *Horen*-Kritik vom Januar 1796 veranlaßt, die vor allem Goethe verärgert («Wir kennen diesen falschen Freund schon lange [...]», NA 36/I, 100). Vor allem Friedrich Schlegel selbst ist jedoch für die fortschreitende Entfremdung verantwortlich, die ihn von Schiller trennt. In rascher Folge veröffentlicht das *Deutschland*-Journal ab September 1796 seine kühlen Rezensionen des aktuellen *Horen*-Jahrgangs; im Dezember schließt sich die Besprechung des neuen Musenalmanachs an, die zwar Lobendes über die «antike Frechheit»[148] der hier veröffentlichten *Xenien* anzumerken weiß, jedoch vom Gestus kunstrichterlicher Herablassung gekennzeichnet bleibt.

Die letzte Folge von Schlegels *Horen*-Rezension (über das neunte bis elfte Stück) erscheint erst zur Ostermesse 1797. Noch ehe Schiller sie Ende Mai zur Kenntnis nimmt, signalisiert er, daß seine Toleranz erschöpft ist. «Es wird doch zu arg mit diesem Herrn Friderich Schlegel», bemerkt er in einem Brief an Goethe vom 16. Mai 1797; «Unverschämtheit» verbinde sich in Schlegels Arbeiten mit «Unwißenheit und Oberflächlichkeit», wobei ihn vor allem die scharfe Kritik der in den *Horen* anonym publizierten *Agnes von Lilien* erregt (NA 29, 78). Goethe verzichtet darauf, diese Einschätzung zu bestätigen, ohne jedoch ausdrücklich zu widersprechen. Den Auslöser des irreparablen Bruchs bildet wenige Wochen später die Rezension der letzten *Horen*-Stücke des Jahrgangs 1796, die erneut unfreundliche Tendenz zeigt. Es sei, so Schlegel, ein Zeichen des Substanzverlusts, den das Journal erlitten habe, daß es anstelle von gewichtigen Artikeln bevorzugt Übersetzungen biete, die entstehende Lücken schließen müßten: «Von dieser Vernachlässigung, womit glänzend begonnene Unternehmungen, denen man nicht gewachsen ist, gewöhnlich endigen, enthalten die letzten Stücke der Horen, durch die Aufnahme so manches äußerst unbedeutenden oder durchaus schlechten Beitrages, vorzüglich viele Beweise.»[149] Die in der Sache nicht unbegründete Kritik veranlaßt Schiller zu einer eigenwilligen Entscheidung – er kündigt August Wilhelm Schlegel die Zusammenarbeit und erklärt dieses mit der fehlenden Loyalität des Bruders. «Es hat mir Vergnügen gemacht», so schreibt er am 31. Mai 1797, «Ihnen durch Einrückung Ihrer Uebersetzungen aus Dante und Shakespear in die Horen zu einer Einnahme Gelegenheit zu geben, wie man sie nicht immer haben kann, da ich aber annehmen muß, daß mich Herr Friderich Schlegel zu der nehmlichen Zeit, wo ich Ihnen diesen Vortheil verschaffe, öffentlich deßwegen schilt, und der Uebersetzungen zuviele in den Horen findet, so werden Sie mich für die Zukunft entschuldigen.» (NA 29, 80) Schlegel beteuert zwar in seiner umgehend formulierten Replik auf diese kühle Erklärung, daß er das kritische Urteil seines jüngeren Bruders nicht teile und auch fortan entschieden zu Schiller stehe, jedoch vermag er seinen früheren Förderer nicht umzustimmen. Die Bekundungen der Loyalität waren zudem nicht frei von taktischem Kalkül; in August Wilhelms Nachlaß fand sich eine zur selben Zeit entstandene Parodie der *Würde der Frauen*, die ganz dem Tenor der Kritik des Gedichts folgt, die Friedrich publiziert hatte, und das klischeeartige Rollenbild, mit dem Schillers Text aufwartet, einprägsam persifliert: «Ehret die Frauen! Sie stricken die Strümpfe, | Flicken zerrißene Pantalons aus; | Kochen dem Manne die kräftigen Suppen, | (...) Doch der Mann, der tölpelhafte | Find't am Garten nicht Geschmack | Zum gegohrnen Gerstensafte | raucht er immerfort Taback (...)»[150]

Jenseits der persönlichen Empfindlichkeiten, die das Verhältnis zwischen Schiller und Friedrich Schlegel belasteten, liegt der programmatische Dissens, der eine festere Verbindung ausschloß. Bereits im Sommer 1796 hatte Schiller durch Vermittlung August Wilhelms die ersten Druckbogen von Friedrichs *Studium*-Aufsatz zur Lektüre erhalten. Rasch muß ihm hier zu Bewußtsein gekommen sein, wie tiefgreifend sich seine eigenen Überlegungen zur *Querelle*-Problematik von den Lösungsmustern des Jüngeren unterschieden. Zweifellos erkannte er, daß hier theoretische Vorstellungen von Antike und Moderne, aber auch Auffassungen über den literarischen Kanon und das Spektrum der Gattungen formuliert wurden, die er nicht zu teilen vermochte. Schlegels spätere Beiträge für Reichardts *Lyceum* (1797) und die Essays für sein Hausorgan, das *Athenäum* (1798–1800), bezeichnen den abgründigen Gegensatz, den Schiller nach der Lektüre des im Januar 1797 publizierten *Studium*-Textes erahnt hat, mit großer Deutlichkeit. Besteht bereits bei der Einordnung Shakespeares, den Schlegel als Prototyp moderner Literatur verhandelt, Schiller aber zu den naiven (damit genuin antiken) Genies rechnet, Uneinigkeit, so tritt das Gefälle der Urteile bei der Bewertung zeitgenössischer Autoren vollends zutage: die am Schluß des *Studium*-Aufsatzes vorgetragene Würdigung Bürgers mußte herausfordernd auf ihn wirken; auch Jacobi und Forster konnte er schwerlich, wie Schlegel es in seiner *Woldemar*-Rezension (1796) und im *Fragment einer Charakteristik der deutschen Klassiker* (1797) tat, als unbedingte Vorbilder gelten lassen. Selbst das kongeniale Lessing-Porträt des *Lyceum* (1797) dürfte Schillers ästhetischen Maßstäben kaum genügt haben, zumal das Lob des Aufklärers an die Skizze einer Poetik des Fragments gebunden blieb, deren Exzentrität seinem eigenen Kunstideal formaler Harmonie widersprach. Das Lob Goethes schließlich, das, als gewichtigster Beitrag des ersten *Athenäum*-Bandes, Schlegels Essay über die *Lehrjahre* formulierte, mochte, durch die Hypertrophie des hier zugrunde gelegten Werkbegriffs und die Nonchalance, mit der die klassische Lebenslehre des Romans als «bescheidne Liebenswürdigkeit»[151] charakterisiert wird, Schiller ebenso wenig behagen wie die enthusiastische Huldigung, die das zwei Jahre später (1800) im letzten *Athenäum*-Band veröffentlichte *Gespräch über Poesie* dem Gesamtwerk des Freundes, unter ausdrücklichem Einschluß der Dramen, zuteil werden ließ. Daß Schlegel in Goethe seinen eigenen Heros der Moderne und idealen Künstler mit «progressiven Maximen»[152] aufzubauen gedachte, ihn selbst aber an keinem Punkt würdigte, mußte Schiller als Versuch deuten, das gemeinsame Arbeitsbündnis zu stören und einen Keil in die bisher gut funktionierende Allianz zu treiben. Das Mißfallen, das die zumal von den Athenäumsbeiträgen vorgetragenen ästhetischen Anschauungen bei Schiller hervorriefen, trat als Auslöser für die zunehmende Entfremdung hinzu. Die Theorie des Fragments, die spekulative Konzeption der Ironie, die Strategie des kombinatorischen Witzes, die Poetik der mäandernden Bildassoziationen, der Kultus des dunklen Stils, die Kompositionstechnik der ständigen Digressionen und Gedankensprünge ließen sich mit Schillers Formbegriff schwerlich zur Deckung bringen.

Zu den sachlichen treten persönliche Abneigungen, die vornehmlich Caroline Schlegel gelten. Die provokationsfreudige Schlegel hatte, bevor sie am 1. Juli 1796 den vier Jahre jüngeren August Wilhelm heiratete, bereits ein bewegtes Leben mit verschiedenen Rollen hinter sich – als Göttinger Professorentochter (ihr Vater war der einflußreiche Orientalist Johann David Michaelis), als früh verwitwete Gattin eines Clausthaler Arztes, Vertraute Georg Forsters und seiner in Mainzer Jakobinerkreisen aktiven

Frau Therese (der Tochter des Göttinger Philologen Heyne, die später Schillers Freund Huber heiratete), als Mutter eines unehelichen Kindes, das sie mit einem jungen französischen Offizier gezeugt hatte, Gefangene der kurfürstlich Mainzischen Regierung, die sie für eine deutsche Revolutionssympathisantin hielt, schließlich als Freundin des älteren Schlegel, der sie aus der Königsteiner Haft befreit und in Lucka bei Leipzig vor der Polizei versteckt. Noch im Juli 1796 scheint Schiller die umfassend gebildete, mit soliden Kenntnissen der französischen und deutschen Literatur ausgestattete Intellektuelle durchaus vorurteilsfrei zu bewerten (NA 28, 261). Nach dem Bruch im Sommer 1797 nehmen sich die Auslassungen zur ‹Dame Lucifer› – so Schillers mündliche Charakterisierung – hingegen gehässig und ungerecht aus;[153] daß Caroline Schlegel mit Luise Gotter, der Frau des alten Widersachers aus Mannheimer Zeiten befreundet war, mochte die Distanz noch steigern. In einem Schreiben an Goethe vom 28. Juni 1798 heißt es grundsätzlich: «Ich habe so wenig honnete Behandlung von dieser Familie erfahren, daß ich mich wirklich in Acht nehmen muß, ihnen keine Gelegenheit zu geben, sich bedeutend zu machen.» (NA 29, 249) Wesentlich bedingt wurde solche Ablehnung fraglos durch Schillers konventionelles weibliches Rollenbild: eine Frau, die sich am literarischen Tagesgespräch beteiligte, eigene Urteile fällte und zu polemischen Attacken fähig war, brach nach seinen Auffassungen soziale Tabus. Nicht ihre schriftstellerische Arbeit, die Schiller im Fall Charlottes und seiner Schwägerin selbst förderte, sondern die intellektuelle Souveränität, mit der sich Caroline Schlegel in die öffentlichen Dispute der Zeit einmischte, erregte sein tiefes Mißfallen.

Im Briefwechsel mit Goethe ist ab 1797 deutlich Schillers Absicht spürbar, eine publizistische Koalition gegen den Schlegelkreis zu organisieren. Nicht ohne taktisches Kalkül heißt am 22. Dezember 1797 unter Bezug auf August Wilhelms Rezension von *Hermann und Dorothea* für die *ALZ*, den Brüdern fehle das «Gemüth», das es ihnen gestatten könne, das Epos angemessen zu würdigen (NA 29, 172). Der ‹kalte Witzling›, als den Schiller den jungen Schlegel bereits 1792 beschrieben haben soll, legt eine intellektuelle Physiognomie an den Tag, die herausfordernd wirkt. «Was sagen Sie», heißt es am 23. Juli 1798 gegenüber Goethe, «zu dem neuen Schlegelischen Athenäum, und besonders zu den Fragmenten? Mir macht diese naseweise, entscheidende, schneidende und einseitige Manier physisch wehe.» (NA 29, 258) Goethes gelassene Antwort auf die rhetorische Frage widerspricht dem abwertenden Urteil und hebt umgekehrt den originellen Charakter der Zeitschrift lobend hervor: «Das Schlegelsche Ingrediens, in seiner ganzen Individualität scheint mir denn doch in der Olla potrida unsers deutschen Journalwesens nicht zu verachten. Diese allgemeine Nichtigkeit, Partheisucht fürs äußerst mittelmäßige, diese Augendienerey, diese Katzenbuckelgebärden, diese Leerheit und Lahmheit in der nur wenige gute Producte sich verliehren, hat an einem solchen Wespenneste wie die Fragmente sind einen fürchterlichen Gegner (...)» (NA 37/I, 331) Schiller läßt sich durch diesen offenen Affront nicht abschrecken und wiederholt seine giftigen Bemerkungen über das intellektuelle Temperament der Schlegels, den abstrakten Charakter ihrer literarischen Werte und die Sterilität ihrer Diktion: «Auch gestehe ich», schreibt er am 27. Juli 1798, «daß ich in den aesthetischen Urtheilen dieser beiden eine solche Dürre, Trockenheit und sachlose Wortstrenge finde, daß ich oft zweifelhaft bin, ob sie wirklich auch zuweilen einen Gegenstand darunter denken.» (NA 29, 258) Kasuistische Zergliederungskunst, zirkuläre Denkstrukturen und Beliebigkeit der Reflexionsinhalte betrachtet Schiller als die entscheidenden Merkmale der Schlegelschen Geisteskultur – Symptome jenes romantischen «Occasionalismus», wie ihn 125 Jahre später Carl Schmitt, der zwiespältige Vertreter einer autoritären Staatsphilosophie, kritisch als Inbegriff substanzloser intellektueller Produktivität beschreiben wird.[154]

Schillers negative Einstellung gegenüber den Arbeiten Friedrich Schlegels bekundet sich besonders markant im Fall der *Lucinde* (1798). Daß er die eingeschränkten literarischen Qualitäten des Romans tadeln, die Abhängigkeit seines Aufbaus von theoretischen Vorgaben, die unklassische Asymmetrie der Komposition verurteilen muß, scheint verständlich, wenn man an die ästhetischen Grundsätze der Matthisson-Rezension denkt. Für problematisch hält Schiller die «höchst seltsame Paarung des Nebulistischen mit dem Characteristischen», die Synthese von hermetischen und derben Passagen, die er als «Gipfel moderner Unform und Unnatur» bezeichnet. Beklagenswert sei vor allem, daß Schlegel nach der Gräkomanie des *Studium*-Aufsatzes nicht zur wahren «Simplicität und Naivetät der Alten» (NA 30, 73) gefunden, sondern einzig die Exzentrität eines Stils gepflegt habe, der subjektiv-überspannte Züge trage. In ihm begegnet Schiller Strukturen der ästhetischen Modernität, die weit von seinem klassischen Formbewußtsein entfernt scheinen, sich aber auch mit der theoretischen Konzeption einer sentimentalischen Reflexionskunst kaum decken konnten. Zwar hat er, begünstigt durch wachsenden zeitlichen Abstand, zumal der Rezensionskultur der Jenaer bescheinigt, daß sie «dem einreissenden Philosophie-Haß und einer gewißen kraftlosen seichten Kunstcritik» (NA 30, 214f.) entgegenwirke, jedoch zerstreut das kaum seinen grundlegenden Zweifel an der intellektuellen Seriosität ihrer auftrumpfenden Selbstinszenierung. Die Neigung, «unbedingt und gesetzlos sein zu wollen»,[155] bezeichnet noch 1799 das mit Goethe ausgearbeitete Schema *Über den Dilettantismus* als Merkmal einer modisch gewordenen künstlerischen Subjektivität romantischen Zuschnitts.

Goethe folgt Schillers Skepsis freilich nur unter Einschränkung und ringt sich immer wieder zu maßvollen Urteilen durch, die, bei unverkennbarer Distanz im Detail, Sympathie für die ästhetischen Konfessionen der frühromantischen Fragmentaristen durchscheinen lassen. Er habe, so erinnert er sich dreißig Jahre später in einem Brief an Karl Friedrich Zelter, «soziale Verhältnisse» im Netz der gespannten Beziehungen zu vermitteln gesucht.[156] Gegenüber Adele Schopenhauer, der Schwester des Philosophen, erklärt er am 16. Januar 1830: «So viel aber weiß ich recht gut: daß ich Schillern oft zu beschwichtigen hatte, wenn von den talentvollen Brüdern die Rede war; er wollte leben und wirken, deshalb nahm er es vielleicht zu empfindlich wenn ihm etwas in den Weg gelegt wurde, woran es denn die geistreichen jungen Männer mitunter nicht fehlen ließen.»[157] Der souveräne Altersrückblick erfaßt nicht mehr die programmatischen Differenzen zwischen klassischer und romantischer Kunsttheorie, die Goethe bereits in den *Noten und Abhandlungen* zum *West-östlichen Divan* (1819) als gleichberechtigte Antworten auf die Herausforderungen der Moderne betrachtet, sondern allein die persönlichen Widerstände im Zeichen des Konkurrenzdenkens, die Schiller vom Schlegelkreis ferngehalten hätten. Das aus zeitlicher Distanz vorgebrachte Urteil erschließt an diesem Punkt freilich nur die halbe Wahrheit, weil es die bisweilen aggressive Energie unterschätzt, mit der Schiller seine kunsttheoretischen Überzeugungen noch Ende der 90er Jahre als Glaubensartikel zu verteidigen pflegte.

Fremde Welten.
Das Gastspiel Jean Pauls

Mit ähnlichen Vorbehalten wie dem Schlegelkreis begegnet Schiller auch Jean Paul. Als dieser im Juni 1796 auf Einladung der Frau von Kalb nach Weimar reist, ist er in der literarischen Welt kein Unbekannter mehr. Durch seinen ein Jahr zuvor veröffentlichten *Hesperus*, der der *Unsichtbaren Loge* (1793) folgt, hat er sich einem breiten Publikum empfohlen; der seit Goethes *Werther* wirkungsvollste deutschsprachige Roman des Jahrhunderts erzielt Auflagenziffern, die weder Wieland noch Karl Philipp Moritz oder der populäre Spätaufklärer Theodor Gottlieb von Hippel mit ihren Büchern erreichen. Am 12. Juni 1795 schreibt Schiller anerkennend an Goethe: «Das ist ein prächtiger Patron der Hesperus, den Sie mir neu-

Jean Paul Friedrich Richter.
Radierung von Friedrich Wilhelm Nettling
nach Johann Heinrich Schröder, 1803/04

lich schickten. Er gehört ganz zum TragelaphenGeschlecht, ist aber dabey gar nicht ohne Imagination und Laune, und hat manchmal einen recht tollen Einfall, so daß er eine lustige Lecture für die langen Nächte ist.» (NA 27, 193) Mit dem Begriff ‹Tragelaph› – Bockshirsch –, den Schiller hier verwendet, pflegte Goethe kompositorisch verfehlte Kunstwerke ohne harmonische Struktur zu bezeichnen, denen der Rang formaler Klassizität abgesprochen werden mußte (NA 35, 218). Sogleich scheint Jean Pauls Roman damit die Diagnose gestellt: von unterhaltsamer Qualität, fraglos originell und phantasievoll, bleibt er dennoch vom inneren Zirkel der hohen Kunst ausgeschlossen.

Jean Pauls Weg zum literarischen Ruhm war beschwerlich. Als der dreiunddreißigjährige Autor im Juni 1796 beklommen das Tor zum Weimarer Olymp aufstößt, liegt ein Jahrzehnt der Mißerfolge hinter ihm. Seine frühen satirischen Arbeiten – die *Grönländischen Prozesse* (1783) und die *Auswahl aus des Teufels Papieren* (1789) – hatten sich nur schlecht verkauft. Ihre komplizierte Erzählform, das vertrackte Gefüge der Anspielungen und gelehrten Wortwitze mochte sich dem zeitgenössischen Lesepublikum kaum erschließen. Die großen Vorbilder des jungen Jean Paul waren der englische Satiriker Jonathan Swift, vor allem aber Lawrence Sterne, dessen *Tristram Shandy* (1759–1767) er die Kunst der Andeutung, die Technik der permanenten Abschweifungen und Selbstkommentare entlehnt hatte. Leben kann der aufstrebende Autor vom Ertrag seiner ersten Bücher nicht. Das Leipziger Theologiestudium, das er höchst unsystematisch betreibt, wird 1784 unter dem Druck wachsender Schuldenlasten abgebrochen. Bis zum Beginn der 90er Jahre muß sich Jean Paul mit wechselnden Hofmeisterstellen in Töpen und Schwarzenbach am Rande des bayerischen Fichtelgebirges über Wasser halten. In diesen Jahren verschafft er sich das enzyklopädische Wissen, das später die Quelle seiner literarischen Phantasie bilden wird. Er legt Hunderte von Zettelkästen an, die mit Notizen und Exzerpten aus Werken sämtlicher Fakultäten im breiten Spektrum zwischen Theologie und Medizin gefüllt werden. Den Erfolg, den 1793 sein Romandebüt erzielt, hat er nach Jahren der Isolation hinreichend ausgekostet. Die Weimar-Reise, die er drei Jahre später unternimmt, bedeutet für ihn den vorläufigen Höhepunkt einer späten Karriere.

Kühl oder doch zumindest förmlich wirkt Schillers äußere Erscheinung auf den erwartungsvollen Besucher Jean Paul, der seinen Einzug in die Musenstadt gegenüber Charlotte von Kalb als Öffnung des «Himmelsthore(s)» charakterisiert hatte.[158] «Seine Gestalt», so schreibt er am 26. Juni 1796 nach einer kurzen Visite in Jena an den Freund Christian Otto, «ist verworren, hartkräftig, vol Eksteine, vol scharfer schneidender Kräfte, aber ohne Liebe. Er spricht beinahe so vortreflich als er schreibt. Er war ungewöhnlich gefällig und setzte mich (durch seinen Antrag) auf der Stelle zu einem Kollaborator der Horen um (...)»[159] Vergleichbare Metaphern verwendet Jean Paul wenige Jahre später in einer mündlichen Charakteristik, die Helmina von Chézy (ohne Kenntnis des Briefdiktums) in ihren Memoiren kolportiert: «Schiller ist Eis, er ist ein Gletscher, nie Sonnenstrahl mit göttlichem Farbenspiel, warmen Purpurtönen.»[160] Ähnlich scheint ihn Friederike Brun wahrgenommen zu haben, die am 9. Juni 1795 in ihrem Tagebuch über eine erste Begegnung vermerkt: «Etwas auf Stelzen, ganz wie ich ihn mir gedacht, Schwäche und Kraft wunderlich vereinigt. Schwäche der abgenutzten Organe und hervorblitzende Kraft des Genies. Nichts Liebe, noch viel weniger Zutrauen erweckendes.»[161] Daß Schiller in seinen Jenaer Jahren auf Fremde auch verbindlich wirken konnte, bestätigt wiederum die Erinnerung Lavaters, der ihn am 31. Mai 1793 im Leistschen Garten besucht hatte: «Ich sahe in dem zwar kränklichen, hageren Gesicht nicht den kraftgenialischen Schnitt, den ich erwartet hatte; nichts von der murrenden Verachtung, die ansteht, ob sie einen zünftigen oder unzünftigen Homme de Lettre, mit Sprechen oder Stillschweigen demütigen wolle. – Ich fand einen Weisen, einen ruhigen, scharfen, edeln, zwar in sich selbst sichern, aber nichts weniger als despotischen Denker, einen vielseitigen Prüfer.»[162]

Daß die (praktisch folgenlos bleibende) Einladung zur Mitarbeit an den *Horen* Jean Paul zwar als Zeichen der Anerkennung gelten darf, jedoch innere Reserven nicht ausschließt, beweist ein Brief Schillers an Goethe vom 28. Juni 1796, in dem er seinen eigenen Eindruck von der ersten Begegnung formuliert: «Ich habe ihn ziemlich gefunden, wie ich ihn erwartete; fremd wie einer der aus dem Mond gefallen ist, voll guten Willens und herzlich geneigt, die Dinge ausser sich zu sehen, nur nicht mit dem Organ, womit man sieht.» (NA 28, 234) Die exzentrischen Züge, die dieses Porträt ausdrücklich hervorhebt, irritieren Schiller auch an Jean Pauls erzählerischem Werk. Sein assoziativer, die Extreme verknüpfender Witz – der «verkleidete Priester, der jedes Paar kopuliert»[163] –, das Spiel der Andeutungen, Exkurse und Querverweise, nicht zuletzt die disharmonische Kompositionstechnik seiner Texte fallen aus dem Rahmen der klassischen Ordnung, wie sie Schiller vorschwebt. Selbst Friedrich Schlegel spricht in seinem 421. Athenäumsfragment, trotz grundlegender Sympathie für den Autor, von «den grotesken Porzellanfiguren seines wie Reichstruppen zusammengetrommelten Bilderwitzes» und dessen «bleiernen Arabesken im Nürnberger Styl».[164]

Daß Jean Paul Vertreter einer Literaturauffassung ist, die sich von metaphysischen Denkmustern leiten läßt, tritt nicht erst in der *Vorschule der Ästhetik* von 1804 deutlich zutage. Das Bündnis mit Herder, das im Zusammenhang des Weimar-Besuchs zustande kommt, bildet den Reflex gemeinsamer kunsttheoretischer Überzeugungen. Die in den *Humanitätsbriefen* skizzierte Vermittlung zwischen antikem Schönheitsideal, neuplatonischer Gefühlsphilosophie und christlicher Metaphysik entsprach Jean Pauls eigenem Programm eines Empfindsamkeit und übersinnliche Phantasmagorie verknüpfenden erzählerischen Perspektivismus. Dessen konzeptionellen Hintergrund hatte bereits Friedrich Heinrich Jacobi in seiner Abhandlung *David Hume, über den Glauben, oder Idealismus und Realismus* (1787) vorgezeichnet. «Alle Wirklichkeit», heißt es da, «sowohl die körperliche, welche sich den Sinnen, als die geistige, welche sich der Vernunft offenbart, wird dem Menschen allein durch das Gefühl bewährt; es giebt keine Bewährung außer und über dieser.»[165]

Betrachtet Schiller Jean Pauls Apotheose des ‹hohen›, emotionsgetragenen Menschen als Reflex eines überspannten Subjektivismus, so hält dieser Schillers Ästhetik für den Widerschein eines gefühlsarmen Formvirtuosentums ohne echte künstlerische Sensibilität. In der im Herbst 1796 entstandenen *Geschichte meiner Vorrede zur zweiten Auflage des Quintus Fixlein* sucht er durch das satirische Porträt des Kunstrats Fraischdörfer Grundpositionen von Schillers Erziehungsschrift der Lächerlichkeit preiszugeben. Fraischdörfer stellt mit seinen Ausführungen rasch klar, welches Credo hier verspottet werden soll: «Überhaupt müsse man aus der Form immer mehr alle Fülle auskernen und ausspelzen, wenn anders ein Kunstwerk jene Vollkommenheit erreichen solle, die Schiller fordere (...)»[166] Die Anspielung auf den 22. der Briefe *Ueber die ästhetische Erziehung* scheint offenkundig, die kritische Tendenz durch den Zusammenhang evident: wenn Fraischdörfer als Repräsentant eines künstlerischen Immoralismus, dem noch das Schreckliche zum schönen Ereignis gerät, Schillers Positionen vertritt, ist das geeignet, diese selbst als Produkt eines gefühlsarm-mechanistischen Reduktionismus zu entlarven. Noch in den Romkapiteln des *Titan*-Romans (1800–03) und der späteren *Vorschule* hat Jean Paul nicht verschwiegen, daß die Theorie der Autonomie der Kunst seinem eigenen Programm einer im Zeichen von Empfindsamkeit und religiösem Transzendenzbewußtsein doppelt gebundenen Ästhetik entschieden widerspricht.

Jean Pauls satirischer Vorstoß bildete fraglos auch eine Reaktion auf ein gegen ihn gerichtetes Xenion aus dem im Herbst 1796 veröffentlichten Musenalmanach, das, im Ton freilich moderater als zahlreiche andere Distichen, dem Romancier unökonomische Verschwendung von Einfällen und Motiven vorwirft: «Hieltest du deinen Reichthum nur halb so zu Rathe, wie jener | Seine Armuth [gemeint ist der Publizist Manso, P. A. A.], du wärst unsrer Bewunderung werth.» (NA 1, 314 [Nr. 41]) Zwei im Tenor unfreundlichere Xenien über Jean Paul, die vermutlich von Goethe stammen, blieben hingegen unpubliziert: «Nicht an Reitz noch an Kraft fehlts deinem Pinsel, das Schöne | Schön uns zu mahlen, du hast leider nur Fratzen gesehn.» (NA 2/I, 84 [Nr. 499]); «Richter in London! Was wär er geworden! Doch Richter in Hof ist | Halb nur gebildet, ein Mann dessen Talent euch ergötzt.» (NA 2/I, 85 [Nr. 502]) Anders als im Fall der Brüder Schlegel scheint Goethe die treibende Kraft der polemischen Attacken gegen Jean Paul gewesen zu sein. Die Anspielung auf den epischen ‹Fratzenmaler› und die genuin angelsächsische, an die Manier Swifts und Sternes gemahnende Erzählkultur signalisieren, ebenso wie das im *Musen-Almanach für das Jahr 1797* veröffentlichte Gedicht *Der Chinese in Rom*,[167] Goethes Vorbehalte gegen einen Romancier, den der Autor der *Lehrjahre* als unmittelbaren Konkurrenten auf dem literarischen Markt angesehen haben mag. In einem Brief an Charlotte von Kalb schreibt Jean Paul am 8. November 1796, enttäuscht über die ihm geltenden Unfreundlichkeiten: «Doch habe ich gegen Göthe und Schiller eben so viele Liebe als eigentliches Mitleid mit ihren eingeäscherten Herzen.»[168] Sieht man von der Fraischdörfer-Satire ab, so hat Jean Paul die Übellaunigkeit seiner Weimarer Kritiker gelassen toleriert. Die *Vorschule der Ästhetik* entwirft, trotz mancher Einwände im Detail, ein positives Schillerbild, das selbst dort von Sympathie bestimmt wird, wo der theoretische Dissens offen zutage tritt.[169]

Auch nachdem Jean Paul im August 1798 für längere Zeit nach Weimar übergesiedelt ist, um hier die Arbeit am *Titan* fortzuführen, ergibt sich keine Vertiefung der Kontakte. Lediglich im Januar 1799, als Schiller während der Proben zu den *Piccolomini* in der Residenz weilt, trifft man sich bisweilen zu geselligen Abendrunden bei Wilhelm von Wolzogen, Goethe oder Charlotte von Kalb. Dispute über Möglichkeiten und Grenzen des Theaters zeigen jedoch auch hier, daß der Gegensatz der Künstlertemperamente eine Annäherung notwendig unterbinden muß (NA 42, 254). Der Erzähler Jean Paul wählt wie die Brüder Schlegel einen Weg, der, abweichend von Schillers Konzept der Idealisierungskunst, ins Terrain einer subjektiv gefärbten Ästhetik führt, für die das in der Bürger-Rezension und den *Briefen* formulierte Objektivitätsgebot keine Verbindlichkeit mehr besitzt. Noch der *Titan*, Jean Pauls bedeutsamster Roman, der mit Elementen der klassischen Anthropologie – dem Modell des erhabenen Charakters, der Kritik des Schwärmertums, der Skepsis gegenüber Formen der Exzentrizität, dem Plädoyer für die Balance der Kräfte – auffällig sympathisiert, stellt seine Annäherung an deren Positionen durch eine Form in Frage, die, bezeichnend genug, Digressionen und Sprünge, Exkurse und Parallelisierungen, manierierte Wortschöpfungen und Kaskaden opulenter Bildfolgen als zentrale Strukturmerkmale ausprägt. Jean Paul, der ‹Chinese in Rom›, bleibt ein Fremder in Weimar, ein Außenseiter von hohem Originalitätsgrad – kein Partner für den Souverän Schiller.

4. Weimarer Literaturpolitik. Die Xenien (1797)

Streitkultur. Anlässe und Hintergründe der Xenien-Aktion

Das Bündnis mit Goethe bedeutete für Schiller die Möglichkeit, eine öffentliche Allianz gegen konkurrierende literarische Gruppen und Schulen zu schmieden. Zugleich schloß diese Koalition jedoch Momente des Rückzugs ein. Schiller suchte keine neuen Kooperationschancen, sondern grenzte sich entschiedener als zuvor von Auffassungen ab, die seinen programmatischen Absichten dezidiert widersprachen. Daß diese Beschränkung auf den eigenen, durch Goethe gespiegelten, verstärkten und bekräftigten Standpunkt ein wachsendes Maß an Isolation bedeutete, verrieten die giftigen Urteile über den ersten *Horen*-Jahrgang. Die zunehmende Absonderung der eigenen Geschmacksideale von dem, was Kant den *sensus communis* nannte, veranlaßte Goethe und Schiller dazu, diejenigen literarischen Tendenzen, die ihnen verderblich schienen oder unliebsame Konkurrenz bedeuteten, in öffentlicher Form schärfer als zuvor anzugreifen. Die Konzeption der *Xenien*, der nach antikem Muster – dem 13. Buch der Epigramme Martials (40 – ca. 104 n. Chr.) – verfaßten satirischen ‹Gastgeschenke›, die Goethe im Dezember 1795 entwickelte, war zunächst aus der unmittelbaren Verärgerung über die heftige Kritik an den *Horen* geboren worden. Bereits am 1. Oktober 1794 hatte Goethe erklärt, er sinne «auf Vehikel und Masken wodurch und unter welchen wir dem Publico manches zuschieben können.» (NA 35, 68) Als die ersten kritischen Kommentare das neue Journal wenig freundlich beurteilten, worin sich für Goethe nurmehr das «Possenspiel des deutschen Autorwesens» (NA 35, 206) dokumentierte, fand auch Schiller, «daß wir wohl daran thun würden, einen kritischen Fechtplatz in den Horen zu eröffnen.» (NA 27, 197)[170]

Den eigentlichen Auslöser für das *Xenien*-Unternehmen bildeten die mißmutigen *Horen*-Rezensionen, die Johann Kaspar Friedrich Manso im September 1795 in Johann Gottfried Dycks Leipziger *Neuer Bibliothek der schönen Wissenschaften und der freyen Künste* und, einen Monat später, Wilhelm Friedrich August Mackensen in Ludwig Heinrich von Jakobs hallensischen *Annalen der Philosophie und des philosophischen Geistes* veröffentlicht hatten. Beiden Besprechungen war schwerlich vorzuhalten, daß sie ohne Kompetenz geurteilt hätten. Gerade der kantianische Sachverstand, der Mackensens Einwürfe gegen die *Briefe* leitete, mußte Schiller treffen; hier konnte man dem Kritiker kaum, wie im Fall der unfreundlichen Anmerkungen Friedrich Nicolais, mangelnde theoretische Schulung in Fragen der transzendentalphilosophischen Methode unterstellen. Daß zu «Zeiten der Fehde» (so Schillers energische Formulierung vom 1. November 1795 [NA 28, 93]) mit kompromißloseren Methoden geantwortet werden mußte, schien beiden Autoren folgerichtig zu sein. Am 23. Dezember 1795 bemerkt Goethe fast beiläufig: «Den Einfall auf alle Zeitschriften Epigramme, iedes in einem einzigen Disticho, zu machen, wie die Xenia des Martials sind, der mir dieser Tagen gekommen ist, müssen wir cultiviren und eine solche Sammlung in Ihren Musenalmanach des nächsten Jahres bringen.» (NA 36/I, 63)

Schiller stimmt Goethes Vorschlag umgehend zu, empfiehlt die thematische Ausweitung auf verschiedene literarische Gegenstände jenseits der Konzentration auf den Zeitschriftenmarkt und gibt sogleich die Parole für die folgenden Arbeitswochen aus: «nulla dies sine Epigrammate.» (NA 28, 152) Daß sein Enthusiasmus erneut durch merkantile Motive gespeist wird, verrät ein Brief an Humboldt vom 4. Januar 1796, der den Spottversen eine große Wirkung voraussagt: «Man wird schrecklich darauf schimpfen, aber man wird sehr gierig darnach greifen, und an recht guten Einfällen kann es natürlicherweise unter einer Zahl von 100 nicht fehlen. Ich zweifle ob man mit Einem Bogen Papier, den sie etwa füllen, so viele Menschen zugleich in Bewegung setzen kann, als diese Xenien in Bewegung setzen werden.» (NA 28, 155) Mit Überraschung vermerkt man den Rollenwechsel vom vornehm-zurückhaltenden Journalherausgeber zum polemischen Epigrammatiker, den Schiller hier in kurzer Zeit vollzogen hat.[171]

Eine umfangreiche Serie von knapp zweihundert Distichen entsteht in den ersten beiden Januarwochen des Jahres, die Goethe in Jena zubringt. Die Kürze der einzelnen Verspaare erlaubt, wie Schiller am 1. Februar 1796 Körner gegenüber erklärt, keine Rückschlüsse auf die individuelle Autorschaft; die Vielzahl der zügig produzierten *Xenien* wiederum erwekke den Eindruck einer gewissen «Grenzenlosigkeit», so daß Einheit der Form und Pluralität der Themen in ein glückliches Balanceverhältnis zueinander träten. Die zunächst vorgesehene thematische Beschränkung auf das deutsche Journalwesen und die zeitgenössische Literaturszenerie läßt sich, wie man rasch erkennt, kaum konsequent durchhalten. «Das meiste», so gesteht Schiller, «ist wilde gottlose Satyre, besonders auf Schriftsteller und Schriftstellerische Produkte, untermischt mit einzelnen poetischen, auch philosophischen Gedankenblitzen.» (NA 28, 178)

Angesichts der Fülle des Materials stellt sich bald die Frage nach der Organisation der Distichen. Im Prozeß der Niederschrift tritt die strukturelle Zweigliedrigkeit des Unternehmens zutage: zu den satirischen *Xenien* mit bisweilen chiffriertem Bezug auf Einzelpersonen oder Institutionen gesellen sich solche, die, im Ton weniger aggressiv, wenngleich durchaus pointiert, anthropologisch-philosophische Fragen sowie Zeitumstände politischer und gesellschaftlicher Observanz beleuchten. Diese «lieblichen und gefälligen» Texte, die Schiller ein wenig euphemistisch «die philosophischen und rein poetischen, kurz die unschuldigen Xenien» nennt (NA 28, 228, 276), werden als *Tabulae votivae* apostrophiert (der schon in Horaz' *Carmina* [I 5, v. 13 f.] poetische Bedeutungsnuancen enthaltende Gattungsbegriff verweist auf die Weihetafeln, die die Römer zu Ehren ihrer Götter aufstellten). Noch im Juni 1796 erwägt Schiller, die ‹zahmen Xenien› an das Ende der für den Musenalmanach bestimmten Sammlung zu setzen, da «auf den Sturm» die «Klarheit folgen» müsse (NA 28, 228). Nachdem man das Arrangement – «eine schwere Art der Composition», wie sich auch Humboldt denken kann (NA 36/I, 264) – gründlich beraten hat, findet schließlich die umgekehrte Reihenfolge den Vorzug. Den Auftakt bilden jetzt die moderaten *Tabulae votivae*, denen die satirischen *Xenien* nach einer eigenen, thematisch geordneten Dramaturgie folgen. «Die Xenien laufen biß auf 415», vermerkt Schiller am 17. September 1796 gegenüber Cotta. «Sie werden sie etwas stark gesalzen finden, aber das Volk hat auch eine scharfe Lauge verdient, und das Publicum wird sich nur um so beßer dabey befinden.» (NA 28, 293)

In knapp neun Monaten haben Goethe und Schiller mehr als 900 *Xenien* produziert, von denen drei Viertel Aufnahme in den Musenalmanach finden. Die von Schiller so genannten ‹Monodistichen› verteilen sich auf 103 *Tabulae votivae* und 414 (anonym publizierte) satirische *Xenien*; 19 Distichen bilden den Zyklus *Einer*, 18 das epigrammatische Gedicht *Vielen* (Verfasser ist Goethe), 17 weitere werden zu Schillers Text *Die Geschlechter* zusammengefaßt. Daß die Urheberschaft im Einzelfall nicht mehr zu ermitteln, das jeweilige Xenion häufig gemeinsam erdacht worden sei, gehört zu den von beiden Verfassern gern tradierten Mythen der Entstehungsgeschichte, deren Wahrheitsgehalt kaum überprüfbar ist. Die Verwischung der Autoridentität bildet zugleich ein zentrales Element der Wirkungsstrategie der *Xenien*, die, wie Goethe noch in einem Gespräch mit Eckermann vom 16. Dezember 1828 betont hat, das Dokument einer mächtigen, durch Interessenharmonie bestimmten Personenallianz bilden sollen. Wer trotz dieses Bündnisses individuelle Motive und Stillagen ausmachen möchte, sieht sich sogleich als Kleingeist in seine Schranken gewiesen: «Wem die Verse gehören? Ihr werdet es schwerlich errathen, | Sondert, wenn ihr nun könnt, o Chorizonten, auch hier!» (NA 1, 320 [Nr. 91])

Angesichts dieses Wirkungskonzepts besitzt die Rekonstruktion der individuellen Verfasseranteile, soweit sie möglich scheint, nur geringe Bedeutung. Schillers weitreichende Identifikation mit den *Horen* mochte es bedingen, daß er auch an der Xenienproduktion stärker partizipierte als Goethe; gemeinhin rechnet man ihm knapp drei Viertel der Distichen zu, wobei die Verteilung bei den *Tabulae votivae* ähnlich ausfällt. Betont wird immer wieder die stilistische Differenz zwischen Goethes konzilianterer Manier und Schillers verletzender Schärfe (die sich insbesondere gegen Reichardt und Schlegel richtete).[172] Respektiert man jedoch die Kommentare der Autoren selbst, so verlieren solche Nuancen ihr Gewicht. Angestrebt wurde die Suggestion eines kollektiven Autorsubjekts, das seine kritischen Feldzüge zwar gegen Einzelpersonen richtete, selbst aber nicht individuell behaftbar sein mochte. Als Medien der polemischen Inszenierung heben die *Xenien* die Rolle des abgesondert arbeitenden Schriftstellers vorsätzlich auf. Wer das ignoriert, verkennt ihre literaturpolitische Funktion und die aggressive Sprengkraft, die von ihnen ausgeht.

Über die Wirkung der Spottverse urteilt sehr sachlich kurz nach der Publikation des Musenalmanachs Körner: «Was ich in diesen Produkten vorzüglich ehre, ist das Spiel im höhern Sinn. Spielend behandelt Ihr die fruchtbarsten Resultate des schärfsten Nachdenkens und der geprüftesten Erfahrung, die lieblichsten Bilder der Phantasie, die süßesten Empfindungen, die widerlichsten Albernheiten. Und gleichwohl verliert der Gedanke nichts an seinem Gehalt, der Stachel der Satire nichts an Schärfe. In dem polemischen Theile der Xenien ist vielleicht manchmal noch zuviel Ernst.» (NA 36/I, 345) Obgleich in der Tat der Witz der satirischen Verse zuweilen hinter einer pedantisch wirkenden Attitüde verschwand, der Unterhaltungswert mithin begrenzt blieb, erreichte der *Xenien*-Band einen beträchtlichen Absatz. Bereits am 17. Oktober, nur drei Wochen nach der Publikation, meldet Schiller dem Dresdner Freund den eindrucksvollen

Markterfolg, der sich in zahllosen Bestellungen bekundet: «Es sind jetzt von dem Almanach über 1400 Exemplarien auf die Leipziger Meße verschickt, gegen 400 sind roh an Cotta gelaufen. 108 sind bloß hier und in Weimar verkauft worden, obgleich in beyden Städten über 1 Dutzend verschenkter Exempl. circuliert.» (NA 28, 312) Ende des Monats hat Cotta knapp 1000 Almanache vertrieben und Schiller selbst 435 Stück in Kommission abgesetzt, so daß eine Neuauflage von nochmals 500 Exemplaren notwendig wird, die bis zum Januar ebenfalls ausverkauft ist. Einen vergleichbaren Umsatz wird auch der nachfolgende Balladen-Almanach nicht mehr erzielen. Offenkundig bedingte zumal die Spekulationslust des an den persönlichen Hintergründen der literarischen Fehde interessierten Publikums die große Wirkung der *Xenien*. Suchten sich die Vertreter des literarischen Deutschland in den Spottversen selbst wiederzufinden, so trieb die unbeteiligte Leserschaft die allgemeine Neugier zur Lektüre. «Die Xenien», so vermerkt Cotta schon Ende Oktober 1796, «machen grosses Aufsehen; es möchte nicht übel seyn alle Jahre das litterarische Bedlam so an Pranger zu stellen, – an Stoff wird's nie gebrechen[.]» (NA 36/I, 357) Auf eine wiederholte Publikation der Sammlung hat Schiller (ebenso wie Goethe) in späteren Jahren gleichwohl verzichtet. In die Gedichtbände von 1800 und 1803 gehen lediglich einzelne Texte aus dem Konvolut der Votivtafeln ein, nicht jedoch die aggressiveren Distichen. Die unpubliziert gebliebenen *Xenien* konnten Erich Schmidt und Bernhard Suphan erst 1893 nach der vorliegenden Sammelhandschrift, die Goethes Diener Geist im Juni 1796 angefertigt hatte, edieren. Das Manuskript umfaßte 676 Epigramme, die ursprünglich nicht für den Druck bestimmt waren.

Die Reaktionen der Zeitgenossen fallen nahezu uneingeschränkt kritisch, oftmals erregt, selten aber gleichgültig aus. Die *Xenien* wurden, so erinnert sich Goethe im Rückblick der *Tag- und Jahreshefte*, «als höchster Mißbrauch der Preßfreiheit, von dem Publikum verdammt.»[173] Der scharf angegriffene Manso veröffentlicht 1797 gemeinsam mit Johann Gottfried Dyck seine *Gegengeschenke an die Sudelköche in Jena und Weimar*: «Wie die Stimme der Wald empfängt, so gibt er sie wieder | Nehmet denn, wir bitten, ihr Herrn, nehmt mit dem Echo vorlieb.»[174] Wieland, den man persönlich geschont hatte, tadelt im *Teutschen Merkur* unter dem Deckmantel einer Gesprächsfiktion (in der Rolle des «Er») die Vermessenheit der *Xenien* und vermerkt, daß er mit den «vereinigten Stimmen des ganzen deutschen Publicums» übereinkomme, wenn er seine Kritik anmelde: «Der Unwille, den das widerliche Gemisch von Witz, Laune, Galle, Gift und Unrath, womit die Verfasser dieser Distichen so manche im Besitz der öffentlichen Achtung stehende (...) Männer übergießen, bei allen Arten von Lesern erregt hat, ist allgemein und spricht nur gar zu laut.»[175]

Der persönlich getroffene Friedrich Nicolai empört sich verbittert, die Spottverse seien «das schändlichste» Pasquill, «welches wir in der deutschen Literatur haben.»[176] Johann Friedrich Reichardt, neben Manso, Nicolai und Friedrich Schlegel Hauptgegner der *Xenien*-Autoren, druckt Anfang Dezember 1796 in seinem Journal *Deutschland* eine *Erklärung des Herausgebers an das Publikum*, in der er Schiller auffordert, «den Urheber» der gegen ihn und seine Zeitschrift gerichteten «Verleumdungen anzugeben», andernfalls «er für ehrlos zu achten» sei. Grundsätzlich betrachte er Schillers «nichtswürdiges und niedriges Betragen» als Indiz seines künstlerischen Mittelmaßes, «da desselben schriftstellerische Talente und Anstrengungen keineswegs auf derselben Stufe mit jenem echten Genie stehen, welches auch selbst dann, wenn es sich durch Unsittlichkeit befleckt, noch Ansprüche an Ehrfurcht behält.»[177] In seinen *Annalen der leidenden Menschheit* vermerkt August Adam Friedrich Hennings im Frühjahr 1797, das öffentliche Interesse an den *Xenien* verrate den Bildungsnotstand der Leserschaft: «Es ist schwer zu entscheiden, ob der Heißhunger, womit der Schillerische Musenalmanach bisher gesucht worden ist, mehr für die Verfasser, oder das Publicum entehrend sei; allemahl aber werfen Erscheinungen dieser Art ein nachtheiliges Licht auf die Geistescultur eines Volks, und gemeiniglich bezeichnen sie die sinkende Periode derselben.» (NA 29, 404)

Die gewichtigste Kritik der *Xenien* stammt von Christian Garve, der, veranlaßt durch die scharfe Attacke gegen seinen Freund Manso, die polemische Anlage der Distichen als Ausdruck kleingeistigen Revanchedenkens jenseits der von den Verfassern sonst für sich beanspruchten Souveränität verwirft: «Menschen geflissentlich zu kränken, von denen man nie ist beleidigt worden, Verdienste herabzusetzen, die man wirklich innerlich hochachtet, das Gute, welches in andrer Schriften und Charakter vorhanden ist, geflissentlich verkennen, und die Fehler über alle Wahrheit und über die innere Ueberzeugung vergrößern: wie können dieß Männer bey sich selbst entschuldigen, die selbst in der öffentlichen Achtung stehn, und deren höhere Geisteskräfte sie über alle solche Beleidigungen, oder Rivalitäten, durch welche Schriftsteller und Gelehrten von geringerm Range zu Ausbrüchen einer unedlen Rachsucht bewogen werden hinwegsetzen sollten.» (NA 37/I, 136) Auch Schillers Kopenhagener Gönner reagierten auf die *Xenien* mit Unverständnis. Die Gräfin Schimmelmann weiß zu berichten, daß Baggesen seinen Widerwillen deutlich artikuliert habe, und charakterisiert das Werk als «production toute monstrueuse» (NA 36/II,

387). In einem Brief an seine Schwester erklärt der Prinz von Augustenburg Ende Januar 1797: «Schiller hat wirklich beynahe meine ganze Achtung durch seine Xenien verlohren.» Wie weit der innere Widerwille reicht, erkennt man daran, daß er sogar Sanktionen gegen den unbotmäßigen ehemaligen Stipendiaten erwägt: «Die empfindlichste Strafe für Schillern wäre wohl ein gänzliches Stillschweigen aller von ihm Angegriffenen.»[178] Was bei Wieland und Reichardt anklingt, wird von Garve und dem Prinzen deutlicher zur Sprache gebracht: skandalisierend wirkte vornehmlich die auf Persönliches zielende Tendenz der *Xenien*, die das für die Aufklärungssatire von Gottsched bis zu Lichtenberg gültige Gebot der reinen Sachreferenz unterlief (aggressive Ausnahmen hatten hier die Spottschriften Liscows geliefert). Apodiktisch erklärt noch Gottlieb Wilhelm Rabener in seinem *Sendschreiben* (1742) über die Programmatik der Gattung: «Die Satyre soll die Laster tadeln, nicht aber die Personen.»[179]

Die gereizte Empfindlichkeit, mit der die Zeitgenossen auf die Spottverse reagierten – belegt sind über 30 Sammlungen von ‹Anti-Xenien› –, verriet eine gewisse Streitlust, zugleich aber einen eklatanten Mangel an Souveränität. Eine Ausnahme bildete Friedrich Schlegel, der die Ausfälle der gegen ihn gerichteten Distichen mit Nonchalance beantwortete und entschieden betonte, daß er scharf geführte Auseinandersetzungen, wo sie der Sache dienten, außerordentlich schätze. Nicht ohne Originalität war die Reaktion Daniel Jenischs, den Goethe im Jahr zuvor als ‹literarischen Sansculotten› scharf abgekanzelt hatte: er publizierte 1797 einen Ratgeber, der die neugierigen Zeitgenossen vorsätzlich mit fingierten Enthüllungen über die Anspielungen der *Xenien* düpierte und die Leser absichtsvoll auf falsche Spuren lockte. Die erregte Empörung, die sich in den Repliken der meisten Betroffenen äußerte, bewies jedoch, wie wenig selbstverständlich eine derart vergnügliche Inszenierung literarischer Fehden war. Andererseits gilt es zu bedenken, daß die «Illiberalität»,[180] mit der Goethe und Schiller fremden (dabei keineswegs nur unoriginellen) Kunstanschauungen begegneten, einen Ausdruck der Enttäuschung über die fundamentalen Mißverständnisse und Fehlinterpretationen bildete, die die eigenen ästhetischen Überzeugungen beim Publikum hervorgerufen hatten. Jene egozentrische Empfindlichkeit, die man später gern den Reaktionen der Betroffenen kritisch vorrechnete, bestimmte zuallererst die Motive der Satiriker selbst. Heroisierungen, wie sie in der martialischen Militärmetaphorik wilhelminischer Philologen – bei Schmidt und Suphan zumal – durch die Rede vom ‹Xenienkampf› zutage traten, verbieten sich daher von selbst.

Die gereizte Tonlage der *Xenien* demonstrierte fraglos auch, daß Goethe und Schiller mit ihrer klassizistischen, die geistige Elite Deutschlands avisierenden Kunstkonzeption in der literarischen Landschaft um 1800 relativ isoliert geblieben waren. Die hier sich formierende geschmackspolitische «Ecclesia militans» (so Schillers auf die *Horen* bezogenes Wort [NA 28, 93]) blieb ein individuell organisiertes Unternehmen, das eine verschwindend geringe Zahl von Bundesgenossen hinter sich bringen konnte – neben dem treuen Freund Körner zumal Humboldt, Heinrich Meyer, Woltmann, den loyalen Cotta. Daß man für diese programmatisch bedingte Absonderung, zu der sich rasch Enttäuschung über die fehlende Offenheit des Publikums gesellte, einen gewissen Preis zu entrichten hatte, war beiden Autoren einsichtig. Bereits am 26. Dezember 1795 erklärte Goethe, nachdem durch die öffentliche Kritik Schillers Gedicht *Die Theilung der Erde* ihm selbst, sein eigener Beitrag über den *Literarischen Sansculottismus* wiederum Schiller zugeschrieben worden war, mit grundsätzlichem Tenor: «Daß man uns in unsern Arbeiten verwechselt, ist mir sehr angenehm; es zeigt daß wir immer mehr die Manier los werden und ins allgemeine Gute übergehen. Und dann ist zu bedenken daß wir eine schöne Breite einnehmen können, wenn wir mit Einer Hand zusammenhalten und mit der andern so weit ausreichen als die Natur uns erlaubt hat.» (NA 36/I, 64) An die Stelle eines umfassenden Bündnisses für die Positionen klassizistischer Geschmackserziehung trat, ausgelöst durch die enttäuschende Wirkung der Horen, verstärkt die in gegenseitiger persönlicher Wertschätzung gegründete Publikationsallianz Goethes und Schillers. Was ihnen die Leserschaft vorenthielt, vermittelten sie sich selbst: die Bestätigung der Substanz ihrer individuellen Zielsetzungen, wo notwendig auch gegen die kühle Stimmung des Zeitgeists und seine abweichenden künstlerischen Ambitionen.

Polemische Zeitkritk.
Tendenzen der Xenien und Tabulae votivae

«Ich möchte Sie wol einmal bitten», so schreibt Cotta am 22. Dezember 1796 an Schiller, «wenn Sie Zeit und Musse haben, mir zu einigen Xenien einen Commentar zu geben: ich möchte gerne alle verstehen.» (NA 36/I, 410) Bedeutsamer als die Aufhellung sämtlicher Chiffren, die bis heute nicht vollends gelungen ist, bleiben die Architektur des *Xenien*-Konvoluts selbst, die mit ihr verbundene Wirkungsabsicht und der sie tragende literaturpolitische Anspruch. Die satirischen ‹Monodistichen› verfolgen eine doppelte Zielrichtung, indem sie den erstarrten, zu intellektueller wie künstlerischer Originalität unfähigen Konservatismus der eigenen Epoche ebenso attackieren wie das Engagement der deutschen Jakobiner und die

Exzentrizität des Schlegel-Kreises, der Mitte der 90er Jahre zu seinen wesentlichen programmatischen Leitideen freilich noch nicht vorgestoßen war. Nahezu sämtliche Richtungen der zeitgenössischen Literatur finden die kritische Aufmerksamkeit der *Xenien*. Wo den einzelnen Tendenzen mehr als nur beiläufige Bedeutung zuzufallen scheint, fassen sie die Autoren in Gruppen oder Blöcken zusammen. Angriffe provozieren die eklektischen Strömungen der Spätaufklärung, die durch Friedrich Nicolai – den «Märtyrer der Vernunft»,[181] wie ihn später Heine nannte –, durch Manso, den Ästhetiker Johann Joachim Eschenburg und den Sprachforscher Johann Christoph Adelung vertreten werden (Nr. 140–142, 184, 197, 353; 36–40; 139–140), der Populismus der Trivialliteratur (symptomatisch hier das Werk August von Kotzebues [Nr. 271]), die empfindsame Schwärmerei und ihr verwandte Formen religiös gefärbter Borniertheit (repräsentativ neben Friedrich Leopold zu Stolberg auch Matthias Claudius, Jung-Stilling und Lavater [Nr. 15–21]), die Revolutionsbegeisterung der (vermeintlichen) deutschen Jakobiner (an der Spitze Johann Friedrich Reichardt [Nr. 80, 208], ferner Georg Forster [Nr. 336–337]), nicht zuletzt der spitzfindige Kritizismus der jungen Autorengeneration (wobei Friedrich Schlegel in den Mittelpunkt des satirischen Interesses rückt [Nr. 301–308, 320–331]).

Selbst intellektuelle Autoritäten wie George Berkeley, David Hume oder Kant ziehen respektlose Charakteristiken auf sich (Nr. 377, 385, 388); ebenso gerät Klopstock, den Schiller zu Akademiezeiten hoch geschätzt hatte, ins Visier der *Xenien* (Nr. 11, 131). Auffällige Schonung wird demgegenüber Wieland zuteil, den man ohne Aggressivität fast liebevoll – unter Anspielung auf seine Neigung zum ausufernden Satzbau – porträtiert: «Möge dein Lebensfaden sich spinnen, wie in der Prosa | Dein Periode, bey dem leider die Lachesis schläft.» (NA 1, 343, [Nr. 280]) Ähnlich wie auch Johann Heinrich Voß und Garve spielen die *Xenien* Wieland gegen die kritisch gesehenen Tendenzen des Zeitgeists aus (Nr. 10, 129, 156); dasselbe widerfährt Lessing im Kontrast zu Nicolai (Nr. 196).[182] Jean Paul trifft eine harmlos anmutende Attacke (Nr. 41), während die beiden pointierteren Distichen, die sein outriertes Künstlertemperament verspotten, unpubliziert bleiben (NA 2/I, 84 f. [Nr. 499, 502]).[183] Gänzlich verschont wird einzig Herder, zumal aus Rücksicht auf seine übersteigerte Empfindlichkeit und die langjährige Freundschaft mit Goethe. Daß hinreichende Angriffspunkte bestanden, verriet die ablehnende Reaktion, mit der Schiller im Juni 1796 das Erscheinen der siebenten bzw. achten Sammlung der ihn langweilenden *Humanitätsbriefe* quittierte (NA 28, 227 f.).

Es ist festzustellen, daß die meisten Gegner, denen die *Xenien* die Stirn bieten, in früheren Jahren mit Goethe und Schiller in persönlichem Kontakt standen. Lediglich Manso, der als Direktor des traditionsreichen (einst von Christian Gryphius geleiteten) Breslauer Magdalenen-Gymnasiums amtierte, und der von Goethe seit seiner derben *Werther*-Parodie verachtete Nicolai, der in Berlin als Herausgeber der seit 1765 bestehenden *Allgemeinen deutschen Bibliothek* wirkte, waren den *Xenien*-Autoren nicht näher bekannt (der kurze Besuch, den Nicolai im Juli 1781 in Stuttgart bei Schiller absolviert hatte, hinterließ auf beiden Seiten keine Spuren). Anders verhielt es sich hingegen mit Stolberg, Reichardt und Friedrich Schlegel, die an verschiedenen Punkten die Lebensbahnen ihrer späteren Widersacher gekreuzt hatten. Friedrich Leopold Graf zu Stolberg, zum Zeitpunkt der Fehde Regierungspräsident in Eutin, war in Begleitung seines um zwei Jahre älteren Bruders Christian im Sommer 1775 gemeinsam mit Goethe zu einer Schweizreise aufgebrochen, die bis zum Gotthardt führte. Die freundschaftliche Verbindung der jungen Leute, die sich zeitgemäß als Genies in Werthertracht (mit gelber Hose und Weste, blauem Frack mit gelben Knöpfen und braunen Stulpenstiefeln sowie grauem Hut) zu präsentieren liebten, überdauerte jedoch die folgenden Jahre nicht. Der studierte Jurist Stolberg näherte sich den Konventikeln um Klopstock und Matthias Claudius, trat auch öffentlich – so in der Kritik der *Götter Griechenlandes* – als Verteidiger eines bigotten Christentums auf und verärgerte den früheren Weggefährten Goethe durch seine frömmelnde Attitüde. Stolbergs Vorrede zu seiner 1795 publizierten Auswahl von Übersetzungen aus Platons Dialogen, die die Übereinstimmung von antikem Polytheismus und christlicher Religion zu erweisen gesucht hatte, charakterisiert er in einem Brief vom 25. November 1795 verärgert als «neueste Sudeley des gräflichen Saalbaders» (NA 36/I, 29). Persönliche Enttäuschung über die intellektuelle Entwicklung des ehemaligen Freundes und, im Fall Schillers, Verärgerung angesichts der fahrlässigen Verknüpfung religiöser mit ästhetischen Wertmaßstäben, wie sie die Rezension im *Deutschen Museum* bestimmten, veranlaßten hier die Kaskaden von Spottversen gegen einen Gelegenheitspublizisten, der nur vier Jahre später mit seiner Konversion zum Katholizismus dem romantischen Zeitgeist vorauszueilen schien.

Mit Johann Friedrich Reichardt, dem kritischen Publizisten und Berliner Hofkapellmeister, waren beide Autoren persönlich bekannt. Reichardt hatte Gedichte Schillers (darunter *An die Freude*, *Des Mädchens Klage* und *Würde der Frauen*) sowie Singspiele und kleine Dramen Goethes (etwa *Claudine von Villa Bella*) vertont und sich als Opernkomponist durch die Bearbeitung literarischer Vorlagen (1787 u. a. eine Fassung von Shakespeares *Macbeth* nach der Übersetzung Bürgers) einen Namen gemacht. Ende der 8oer Jahre, nachdem sein Stern in Berlin bereits zu sinken begann, suchte er näheren Kontakt zu Goethe, um ihn für seine Opernprojekte zu gewinnen. Im April 1789 absolvierte er eine erste Anstandsvisite bei Schiller, der freilich ein negatives Urteil über ihn fällte: «Einen impertinentern Menschen findet man schwerlich. Der Himmel hat mich ihm auch in den Weg geführt und ich habe seine Bekanntschaft ausstehen müssen. Kein Papier im Zimmer ist vor ihm sicher. Er mischt sich in alles und wie ich höre muss man sehr gegen ihn mit Worten auf seiner Hut seyn.» (NA 25, 251) Daß Goethe zunächst geringere Reserven gegenüber Reichardt verspürte, geht aus einem freimütigen Brief vom 28. Februar 1790 hervor, in dem er ihm, was im Blick auf die spätere *Xenien*-Aktion pikant anmutet, den mangelnden Kunstsinn des nationalen Publikums vorhält: «Die Deutschen sind im Durchschnitt rechtliche, biedere Menschen aber von Originalität, Erfindung, Charackter, Einheit, und Ausführung eines Kunstwercks haben sie nicht den mindesten Begriff. Das heißt mit Einem Worte sie haben keinen Geschmack.»[184]

Daß sich mehr als 70 Epigramme des Originalkonvoluts gegen Reichardt richten, ist als Reaktion auf seine politisch engagierte Publizistik zu verstehen. Nicht als Revolutionstourist, sondern in der Rolle des sympathisierenden Zeitgenossen reiste er 1792, eine dreijährige Beurlaubung von seinem Berliner Amt nutzend, nach Paris. In den auf zwei Bände verteilten *Vertrauten Briefen aus Frankreich*, die wenig später unter dem sprechenden Pseudonym ‹J. Frei› erschienen, plädierte er, unter durchaus kritischer Einschätzung der jakobinischen Vernunftdiktatur, für eine gerechte Würdigung der Politik des Nationalkonvents und ein differenziertes Urteil über dessen staatsrechtliches Engagement. Nachdem er aufgrund von indiskreten Informanten, die ihn antimonarchischer und aufrührerischer Gesinnungen beschuldigten, im Herbst 1794 sein Amt als Hofkapellmeister verloren hatte, betätigte sich Reichardt in Berlin als Zeitschriftenherausgeber (was für Schiller fraglos auch unliebsame Konkurrenz zu den *Horen* bedeutete). In seinen Periodika *Frankreich* (1795–1805) und *Deutschland* (1796 vierbändig bei Unger) bezog er entschieden Stellung für republikanische Ideen, wobei er auch Kritik am unpolitischen Programm der *Horen* formulierte. Daß er sein *Deutschland*-Journal für Friedrich Schlegels Angriffe gegen Schillers Musenalmanach öffnete, bildete schließlich den Auslöser der kritischen *Xenien*-Bilanz. Zum sachlich begründeten Widerstand gegen die (gern überschätzten) progressiven Positionen des Revolutionsfreundes Reichardt traten auch hier, wie in anderen

Fällen, persönliche Kränkung und Wettbewerbsdenken als Triebfedern der satirischen Aktion.[185]

Der Aufbau der *Xenien*-Folge gehorcht dramaturgischen Ordnungsprinzipien. In ihm spiegelt sich eine kritische Zeitreise, die am Stadttor Leipzigs beginnt, zur dortigen Buchmesse, ihren Exponaten und herausragenden Autoren führt (Nr. 8–67), Werke, Gattungen, philosophische Texte und Zeitschriften – bisweilen mit Hilfe der Metaphorik von Tierkreiszeichen (Nr. 68–89) und Flüssen (Nr. 97–113) – durchleuchten hilft (Nr. 159–331), schließlich den Leser unter dem Signum eines *Aeneis*-Zitats («Acheronta movebo» [VII, v. 312]) nach dem Modell des elften Gesangs von Homers *Ilias* in die Unterwelt geleitet (Nr. 332–413), wo er mit den Meisterdenkern der Vergangenheit, aber auch zeitgenössischen Philosophen wie Kant und Fichte (Nr. 371–389), schließlich mit dem Schatten Shakespeares (Nr. 390–412) konfrontiert wird.

Betrachtet man die von den *Xenien* vertretene kritische Linie, so lassen sich Rückschlüsse auf die sie bedingenden ästhetischen Überzeugungen beider Verfasser ziehen. Grundlegend bleibt das Bewußtsein der Fortschrittlichkeit des eigenen Standpunkts, das die satirische Strategie der Texte steuert. In der Abgrenzung gegen die Spätaufklärung wie im Blick auf den Schlegelkreis profiliert sich dieses Bewußtsein als Reflex eines unangefochtenen Selbstbildes, das die Innovationskraft und Originalität der hier vertretenen Auffassungen für zweifellos erachtet. Deutlich tritt eine solche Haltung in den Rollenversen zutage, die die Sehnsucht der Aufklärer nach der Erneuerung der vernunftgestützten Moralistik der Jahrhundertmitte bezeichnen. Unter dem Titel *Alte deutsche Tragödie* heißt es: «Trauerspiele voll Salz, voll epigrammatischer Nadeln, | Und du Menuettschritt unsers geborgten Cothurns.» (NA 1, 347 [Nr. 315]) Der Angriff auf die Form der deutschen *tragédie classique*, wie sie Johann Elias Schlegel, Johann Friedrich von Cronegk und Christian Felix Weiße vertreten haben, bleibt nur verständlich, wenn man das hohe künstlerische Selbstbewußtsein der *Xenien*-Autoren berücksichtigt. Bedingung der Kritik scheint das Vertrauen in die überlegene Originalität einer aktuellen, Klassizismus und Geschichtsdenken versöhnenden Gattungskonzeption zu sein, als deren Vertreter sich Goethe und Schiller zweifellos betrachteten.

Konsequente Kritik richtet sich gegen die ungebrochene Antikebegeisterung, wie sie die Gräkomanie von Friedrich Schlegels *Studium*-Aufsatz kennzeichnete. Zu einem Zeitpunkt, da die Jenaer die Neuorientierung am Lager der ‹Modernes› noch nicht vollständig vollzogen und nur mit Einzelbewertungen (wie jener Shakespeares als Genie der gegenwärtigen Zeit) überrascht hatten, verlegten sich Goethe und Schiller darauf, die Antikeverehrung der jungen Generation als verkappten Konservatismus anzuprangern, von dem sich wiederum die eigene ästhetische Innovationskraft abheben konnte. Unter dem Motto *Neueste Behauptung* heißt es, abermals im Gewand der Rollenfiktion: «Völlig charakterlos ist die Poesie der Modernen, | Denn sie verstehen bloß charakteristisch zu seyn.» (NA 1, 349 [Nr. 324]) Die Verse beziehen sich auf Formulierungen aus Schlegels *Studium*-Essay. Dieser war zwar mit verlagstechnisch bedingter Verzögerung erst Anfang des Jahres 1797 im Rahmen des Aufsatzbandes *Die Griechen und Römer* erschienen, jedoch hatte Schiller durch August Wilhelm Schlegel bereits Mitte Mai 1796 zehn Druckbogen – knapp die Hälfte des Gesamtumfangs – zur Lektüre erhalten; dieselben Auszüge publizierte zwei Monate später das sechste Heft von Reichardts *Deutschland*, das bereits im Spätwinter das Goethe-Porträt des Essays veröffentlicht hatte. «Charakterlosigkeit», so heißt es bei Schlegel, «scheint der einzige Charakter der modernen Poesie, Verwirrung das Gemeinsame ihrer Masse, Gesetzlosigkeit der Geist ihrer Geschichte, und Skeptizismus das Resultat ihrer Theorie.»[186] Die hier formulierte Kritik ästhetischer Modernität – für Schlegel nur das Vorspiel ihrer systematischen Neubegründung – hatte Schiller als Angriff auf seine Konstruktion des Sentimentalischen verstanden. Durchleuchtet man die Schlegel geltenden Attacken näher, so fällt auf, daß sie von Ostentationen der Überlegenheit gegenüber einem vermeintlich dogmatischen Klassizismus getragen werden, den der *Studium*-Aufsatz in dieser Form nirgends vertritt. Daß die hier entfaltete Theorie der Antike mit der aufregenden Skizze einer «Wiedergeburt der neueren Poesie»[187] schloß, konnte Schiller, der nur die ersten zehn Druckbogen des Textes gelesen hatte, nicht wissen. Wie schnell die gesamte Antike-Begeisterung bei Schlegel nach 1796 in ein exzentrisches – Schiller wiederum höchst verdächtiges – Modernitätskonzept umschlagen würde, vermochten die Kritiker zu diesem Zeitpunkt ohnehin kaum zu ahnen.[188]

Zu den Inszenierungsformen der *Xenien* gehört es, daß die Autoren ihre eigenen Werke in den Prozeß der Reflexion über ästhetische Theorien und Kunstkritik einbeziehen. Explizite Hinweise auf Goethes *Märchen*, *Reineke Fuchs* und die *Lehrjahre* (Nr. 137, 270, 283) sowie auf Schillers *Geisterseher*, den *Musenalmanach*, die *Horen* und die *Würde der Frauen* (Nr. 138, 249, 260, 305) zeigen, welche Bedeutung das unbekümmerte Selbstzitat für den Akt der kritischen Auseinandersetzung besitzt. Die *Xenien* erfüllen derart auch eine identitätssichernde Funktion, insofern sie den künstlerischen Rang der eigenen Texte zum Maßstab der Bewertung anderer literarischer Arbeiten erheben. Das verschwiegene, insgeheim jedoch stets vorausgesetzte Kriterium des ästhetischen Urteils ist hier der

Modernitätsgrad der einzelnen Werke, der am Œuvre der Xenienautoren selbst abgeschätzt wird.

Neben die kritische Durchleuchtung des literarischen Deutschland tritt in den *Xenien* die Erörterung politischer Themen. Attackiert werden revolutionäre Unruhe und Umtriebigkeit einer Epoche, der das Vermögen stetiger Selbstbildung – die evolutionäre Perspektive – verlorengegangen sei (Nr. 93), utopisch-voluntaristisches Denken (Nr. 32) und Mittelmaß der Zeitgenossen (Nr. 31), Auflösung der als naturgegeben aufgefaßten sozialen Grenzen (Nr. 158), Tendenzen nationaler Borniertheit, die den Abstand von Bildung und Macht auszuweiten drohen, ohne deren Aufhebung Freiheit nicht denkbar scheint: «Deutschland? aber wo liegt es? Ich weiß das Land nicht zu finden, | Wo das gelehrte beginnt, hört das politische auf.» (NA 1, 320 [Nr. 95]) Gegen die als Irrweg betrachtete zentralistische Lösung, die schon Goethes Aufsatz über *Literarischen Sansculottismus* ein Jahr zuvor verwarf, setzt das vermutlich am häufigsten zitierte Distichon der *Xenien* den Anspruch auf die individuelle Ausformung anthropologischer Vermögen: «Zur Nation euch zu bilden, ihr hoffet es, Deutsche, vergebens, | Bildet, ihr könnt es, dafür freyer zu Menschen euch aus.» (NA 1, 321 [Nr. 96]) Noch Schillers Notizen zu einem im Spätsommer 1801 skizzierten Gedichtentwurf, der eine Reaktion auf den Frankreich begünstigenden Friedensvertrag von Lunéville darstellt, umreißen, ebenso wie Fichtes sechs Jahre später entstandene *Reden an die deutsche Nation*, das im 19. Jahrhundert ideologisch versteinerte Bildnis des gesamteuropäisch einflußlosen, intellektuell jedoch souveränen Kulturvolks: «Der Deutsche wohnt in einem alten sturzdrohenden Hauß aber er selbst ist ein edler Bewohner, und indem das politische Reich wankt hat sich das Geistige immer fester und vollkommener gebildet.» (NA 2/I, 431)

Die den *Xenien* vorgeschalteten *Tabulae votivae* nehmen auf derartige Zeitthemen nur am Rande Bezug. Die sentenziös-epigrammatisch gehaltenen Distichen der Sammlung behandeln zuvörderst Fragen aus anthropologischen, philosophischen und kunsttheoretischen Zusammenhängen. Entgegen einer verbreiteten Ansicht weisen auch sie den Mut zur witzigen Pointe, gelegentlich sogar aggressive Tendenzen auf; anders als die *Xenien* zielen sie jedoch niemals auf Einzelpersonen, sondern bleiben ganz der sachbezogenen Darstellungsperspektive mit lebenspraktischem Hintergrund verpflichtet. Durchgängig besitzen die Verse einen lehrhaften Zug, der sie mit Schillers Spruchgedichten für Musenalmanach und *Horen*, aber auch mit den späteren (freilich in Prosa gefaßten) *Maximen und Reflexionen* Goethes verbindet, wie sie zumeist aus den Sentenzenzyklen der *Wanderjahre* und Beiträgen zur 1816 gegründeten Zeitschrift *Ueber Kunst und*

Alterthum extrahiert wurden. Probleme der Anthropologie – Gemütshaltungen, intellektuelle Temperamente, Wahrnehmungsstrukturen und Urteilsbildung (Nr. 48, 64–65, 23–24) – finden sich neben Aspekten wissenschaftlicher Erkenntnis (Nr. 35–36), Konzepten der Moralistik und ihren Verhaltenslehren (Nr. 97), Fragen der ästhetischen Erfahrung (Nr. 63), des Dilettantismuskomplexes (Nr. 87), der Beziehung zwischen Regel und Genie (Nr. 67–68) und der Kunstkritik (Nr. 88, 92) erörtert. Goethes Vorbehalt gegen die analytische Optik Newtons, der sich bereits 1793 in der Schrift *Versuche die Elemente der Farbenlehre zu entdecken* artikuliert hatte, gelangt hier ebenso wie in den *Xenien* (Nr. 164–176) zum Ausdruck (Nr. 31). Auch die Publikumsschelte, die die Spottverse formulieren, wiederholen die Votivtafeln – in gemäßigterer Form, jedoch nicht weniger entschieden: «Glücklich nenn ich den Autor, der in der Höhe den Beyfall | Findet, der deutsche muß nieder sich bücken dazu.» (NA 1, 303 [Nr. 95])

Künstlerisches Mittelmaß und Dilettantismus bilden immer wieder zentrale Angriffspunkte auch der *Tabulae votivae*; drei Jahr später werden sie das Thema einer im Anschluß an Goethes *Der Sammler und die Seinigen* (1799) gemeinsam erarbeiteten Skizze von programmatischem Charakter darstellen. Daß der Zyklus durch eine umfangreichere Zahl von Distichen zu Fragen der ästhetischen Wirkung abgerundet wird, mag kein Zufall sein. Der Kampf gegen die ‹Unberufenen› und die ‹Schwätzer› weist am Ende den Weg von den Votivtafeln zu den derberen ‹Gastgeschenken›: «Gutes in Künsten verlangt ihr? Seid ihr denn würdig des Guten, | Das nur der ewige Krieg gegen euch selber erzeugt?» (NA 1, 304 [Nr. 99]) Deutlich ist der Auseinandersetzung mit dem borniertem Dilettantismus der Zeit das nationale Interesse eingeschrieben. Am 3. September 1796, kurz vor der Veröffentlichung des *Xenien*-Almanachs, hatte Erzherzog Karl von Österreich die Franzosen bei Amberg geschlagen und ihren süddeutschen Eroberungszug einstweilen unterbunden. Die vom Friedensvertrag zu Campo Formio ein Jahr später vollzogene Anerkennung der französischen Vorherrschaft in der Lombardei bedeutete jedoch die faktische Kontrolle großer Teile Italiens durch Bonaparte. Der nach Rastatt einberufene Kongreß der Reichsgesandten (1797–1799) mußte die neue Rheingrenze ebenso hinnehmen wie die entschädigungslose Enteignung der geistlichen Fürsten, die das französische Dekret über die Einziehung der Kirchengüter in den besetzten Gebieten (15. Dezember 1792) praktisch umsetzte. Vor dem Hintergrund der wachsenden Hegemonie des übermächtigen Nachbarn bildete sich bereits am Ende des Jahrhunderts eine patriotische Bewegung, die ihren Höhepunkt in der antinapoleonischen preußischen Bündnispolitik nach 1805 erlebte. Wenn die *Tabulae* auf *Deutsche Kunst*

(Nr. 100) und *Deutschen Genius* (Nr. 102) verweisen, so bleibt ihre Tonlage freilich immun gegen jede Form des Provinzialismus oder Chauvinismus. Moderate Empfehlungen zum Verfahren kultureller Bildung verbinden sich hier mit einer skeptischen Perspektive, die umsetzt, was Schiller «den Anspruch auf eine gewiße Universalität» (NA 28, 276) nannte: «Freunde, treibet nur alles mit Ernst und Liebe, die beyden | Stehen dem Deutschen so schön, den ach! so vieles entstellt.» (NA 1, 304 [Nr. 103])

5. Balladen, Romanzen und späte Lyrik (1797–1804)

Inszenierung der klassischen Lebenslehre.
Die Einheit von Schillers Erzählgedichten

Der Gymnasialprofessor Willibald Schmidt, der in Fontanes Roman *Frau Jenny Treibel* (1892) die durch den Hang zu klassischen Bildungsgütern bestimmte Jugendbiographie der Titelheldin zu charakterisieren sucht, weist ausdrücklich darauf hin, daß diese schon in frühen Jahren Schillers *Taucher* und den *Gang nach dem Eisenhammer* deklamiert habe.[189] Nicht zufällig nennt der Text Beispiele aus dem Balladenwerk, Exempel, die verdeutlichen, in welchem Maße die Kenntnis von Schillers Erzählgedichten als Inbegriff eines gehobenen literarischen Geschmacks auf durchaus populärer Grundlage gelten konnte. Der Befund bleibt repräsentativ für das gesamte 19. Jahrhundert, das Fontanes Roman bereits im bilanzierenden Rückblick mustert: Schillers Balladenœuvre erlebt zumal zwischen Märzrevolution und Gründerzeit eine kulturelle Anerkennung, die auch die sozial verfestigten Bildungsgrenzen übergreift. Moderne Zeitgenossen mögen freilich Schwierigkeiten mit den Lebenslehren der klassischen Erzählgedichte haben. Bereits Caroline Schlegel tadelte ihre typisierende Tendenz und die klischeehaft wirkenden Rollenbilder, die sie – ähnlich wie manche Lieder – entwerfen. Dem heutigen Leser erscheinen Schillers Balladen häufig trivialisierend, im Sprachduktus verstaubt, durch die geschichtliche Entrücktheit ihrer Problemkonstellationen anachronistisch (man denke an den Spott, mit dem Brecht die *Bürgschaft* überzogen hat). Dem stehen jedoch auch andere Lektüreeindrücke entgegen: die Spannung angesichts der geschickten Dramaturgie der Texte, die atmosphärische Dichte des szenischen Arrangements, die psychologische Prägnanz der in Extremsituationen Farbe gewinnenden Figuren.

Schillers Balladen, die noch heute kanonische Schullektüre bilden, entstanden wesentlich zwischen 1797 und 1804. Den produktiven Höhepunkt bezeichnet dabei das große «Balladenjahr» 1797 – so die Formulierung im Brief an Goethe vom 22. September (NA 29, 137) –, dessen Ertrag durch den Musenalmanach gesammelt publiziert wird. Das Arbeitstempo, das Schiller in dieser Zeit entfaltet, ist atemberaubend. Noch im März und April 1797 hatte er unter ungewöhnlichen Stimmungsschwankungen gelitten, aus deren Bann ihn auch die Nachricht über seine ehrenvolle Aufnahme in die Schwedische Akademie der Wissenschaften kaum befreien konnte. Am 12. April war der neun Monate alte Sohn Ernst an einem Blatternfieber erkrankt, von dem er sich nur langsam erholte. Humboldts Abreise aus Jena am 25. April steigerte die schwermütige Gemütsverfassung, in der sich Schiller befand. Mit Beginn der wärmeren Jahreszeit, die den Einzug in das (freilich noch nicht umgebaute) Gartenhaus erlaubte, wuchsen jedoch erneut die kreativen Energien. Zwischen Juni und September vollendet er sechs Balladen, darunter so wirkungsmächtige Texte wie *Der Handschuh*, *Der Taucher* und *Die Kraniche des Ibycus*. Zur selben Zeit arbeitet er an zwei Balladenentwürfen, die von Stoffen des Musiktheaters beeinflußt scheinen: der *Don Juan* geht zurück auf Lorenzo da Pontes Libretto zu Mozarts Oper, das sich Schiller am 2. Mai 1797 von Goethe auslieh, um seine Tauglichkeit für eine literarische Bearbeitung zu prüfen; *Orpheus in der Unterwelt* bildet eine (freilich vage) Reminiszenz an das gleichnamige Singspiel Glucks, wobei die Skizze thematisch stärker an Ovids *Metamorphosen* ausgerichtet bleibt. Wie sehr er das Werk Glucks schätzte, geht aus seinem Brief an Goethe vom 24. Dezember 1800 hervor, in dem er, unter dem Eindruck der Proben für *Iphigenie auf Tauris*, die ‹himmlische Musik› rühmt, die ihn «zu Thränen gerührt» habe (NA 30, 224). Beide Balladenversuche hat er rasch wieder in der Schublade verschlossen; das nervöse Ethos des Gelingens, das Schillers Arbeitsmoral bestimmte, erlaubte kein umständliches Experimentieren mit lyrischen Entwürfen. Zumeist benötigt er für Konzeption und Niederschrift nur wenige Tage; eine Entstehungszeit von einer Woche, wie im Fall der *Kraniche*, bildet bereits die Ausnahme – Indiz der energischen Anspannung kreativer Kräfte, die später auch bei der Arbeit an den großen Geschichtsdramen hervortritt. Gegen Ende des Jahres 1797 muß Schiller freilich den Belastungen der fortwährenden Schreibtischarbeit Tribut zollen. Im September leidet er erneut unter krampfartigem Husten und hohem Fieber. Am 18. Dezember trifft ihn ein Anfall von Cholera, der ihn für eine Woche ans Bett fesselt. Wie so oft hat er die Warnzeichen seines geschundenen Körpers mißachtet, um die literarischen Geschäfte ohne Zeitverzug voranzutreiben.

Das Balladengenre war seit den 70er Jahren, nicht zuletzt durch die Impulse der Geniebewegung, beim lesenden Publikum gut eingeführt. Die

Autoren des Göttinger Hainbundes – Bürger, Hölty, die Brüder Stolberg – hatten die Kunstballade im Gattungsspektrum heimisch werden lassen, zugleich aber den Typus der in festen Stofftraditionen gründenden Volksballade formal erneuert. Suggestion unmittelbarer Naturnähe, Verarbeitung authentisch wirkender Sujets, Darstellung unheimlicher Grenzerfahrungen, Vorliebe für Phantastisches, mitreißende Rhythmisierung, Dialogizität und spannungsvolle Diktion zählten zu den maßgeblichen Tendenzen ihrer Texte, die Herders Volksliedprogramm im epischen Rahmen des Erzählgedichts durch kunstvolle Simplizität umsetzten. Prominente Beispiele für die mit eingängigen Stoffen aufwartenden Balladen der 70er Jahre liefern Bürgers berühmte *Lenore* (1773) und sein Schauerstück *Des Pfarrers Tochter von Taubenhain* (1781), im weiteren Sinne Goethes *Der König von Thule* (1774) (der auch in den *Faust* Eingang findet), *Der untreue Knabe* (1774/75) und *Der Fischer* (1778).[190] Von der Volksballade und dem Typus der populären Kunstballade unterscheiden sich Schillers Arbeiten durch ihre Distanz gegenüber eingängigen Formen der Naturdarstellung sowie den idealisierenden Anspruch, der die Annäherung an breitenwirksame Stilmuster zunächst ausschließt. Ansätze zur Kunstballade zeigte vor Schiller primär August Wilhelm Schlegel, dessen artifiziell geprägte Erzählgedichte die poetologischen Maßstäbe seines Lehrers Bürger deutlich mißachteten. Goethe wiederum, einer Vorliebe für romantische Sujets folgend, ging mit seinen Balladen der 90er Jahre eigene Wege, die es ihm gestatteten, an das knapp zwei Dekaden zurückliegende Frühwerk anzuknüpfen. Wer von *der* ‹klassischen› Ballade spricht, sollte die Vielfalt der Techniken bedenken, die allein die Muster Schillers und Goethes aufweisen; eine homogene Tendenz läßt sich hier schwerlich erkennen.

Schillers Balladen verarbeiten antike Stoffe ebenso wie christlich-legendenhafte Sujets. Besonders markante Beispiele bilden hier *Die Kraniche des Ibycus* (1797), deren suggestive Bezüge zur Welt des griechischen Theaters die poetische Funktion des Mythos beleuchten, und *Der Graf von Habsburg* (1803), der die mittelalterliche Ordokonzeption, die zeittypische Herrscheridee und ihre leitenden Verhaltensgebote veranschaulicht.[191] Vielschichtiger wird die Perspektive, wenn man die verschiedenartigen Formstrukturen der Balladen betrachtet. Manche Texte nähern sich anekdotischen Mustern, so *Der Handschuh* (1797), den Schiller selbst im Untertitel jedoch ‹Erzählung› nennt; andere tragen einen elegischen Grundzug wie *Hero und Leander* (1801) oder *Kassandra* (1802): beide Formen finden sich weder bei Schlegel noch bei Goethe und werden auch durch die romantischen Erzählgedichte eines Brentano, Chamisso oder Eichendorff nicht fortgeführt. Gelegentlich tendieren Schillers Balladen zum Typus der Legende, einer aus dunklen Quellen gespeisten, episierenden Darstellung abenteuerlicher Lebensverstrickungen und Prüfungen christlicher Heldenfiguren (*Der Gang nach dem Eisenhammer* [1797], *Der Graf von Habsburg* oder der 1804 gehegte Plan zur *Herzogin Vanda*),[192] bisweilen entsprechen sie dem Modell der Romanze, das Wilhelm von Humboldt in einem Brief vom 9. Juli 1797 (NA 37/I, 61 f.) im Blick auf die Erneuerung der Gattung durch die Sammlungen Gleims (1756) und Löwens (1762) als kürzere, formal jedoch kunstvollere Variante zwischen Erzählung und Ballade charakterisiert hat (so *Der Kampf mit dem Drachen* [1798]). Besonders bezeichnend für Schillers Texte bleibt die von einem klaren Spannungsbogen beherrschte, mit Sinn für ein szenisches Arrangement ausgestaltete Erzählstruktur, die Elemente einer abenteuerlichen «Kurzgeschichte» in Versform aufweist.[193] Effektvoll umgesetzt scheint dieser Typus in Balladen wie *Der Taucher*, *Die Kraniche des Ibycus* (1797) oder *Die Bürgschaft* (1798).

Daß Schillers Vorliebe dem szenisch zugespitzten, dynamisch fortschreitenden Erzählgedicht gilt, erweist auch der Vergleich mit Goethe, der zum ‹Balladenjahr› 1797 Texte wie *Der Gott und die Bajadere*, *Die Braut von Corinth* und *Der Zauberlehrling* beisteuert. Bleiben Schillers versifizierte Kurzgeschichten stets dem «Aktionsethos»[194] einer auf packende Höhepunkte berechneten Dramaturgie verpflichtet, so neigt Goethes Balladenstil zur Ausbildung von detailgesättigten Arabesken und ausschmückenden Erzähllinien; während Schiller Konfliktsituationen mit idealtypischem Charakter bevorzugt, rückt Goethe seine Stoffe ins Dämmerlicht der Mehrdeutigkeit (charakteristisch tritt diese Tendenz in der *Braut von Corinth* zutage, die, zur Verärgerung des späteren Konvertiten Friedrich Schlegel, auf frivole Weise das spannungsvolle Verhältnis zwischen Antike und Christentum darstellt); wo Schiller schließlich das Moment des Wunderbaren mit nachgerade aufklärerischer Konsequenz aus seinen Texten fernhält, arbeitet Goethe, hier an frühere Werke (*Der Fischer*, *Erlkönig*) anknüpfend, mit Anspielungen auf Erscheinungsformen numinoser Naturkräfte und dunkler Elementarmächte.[195] Kennzeichnend für beide Autoren bleibt freilich, daß sie ihre Balladen nicht mehr mit den Motiven der heidnisch-germanischen Mythologie schmücken, welche die lyrische Produktion des Hainbunds durchziehen, sondern antike oder christliche Themenkomplexe bevorzugen (was, denkt man an Goethes *Der Gott und die Bajadere*, das Interesse an exotischen Stoffen einschließen konnte). Ein gemeinsames Merkmal der klassischen Erzählgedichte bildet ferner der Verzicht auf aktuelle gesellschaftskritische Sujets (etwa das Kindsmordthema), wie ihn bereits die *Horen*-Ankündigung durch ihr Verdikt gegen die öffentliche Aufarbeitung von Begebenheiten des «jetzigen Weltlauf(s)» (NA 22, 110) begründet hatte. An die Stelle einer engagierten Auseinandersetzung mit den Mißständen des Ancien Régime, die die *Anthologie*-Gedichte von 1782 zumindest punktuell boten, tritt jetzt die Darstellung lebenspraktischer Entwürfe für eine im kulturellen Interesse geeinte, nicht über ihre soziale Identität bestimmbare Leserschaft. Auch in seinen klassischen Balladen möchte Schiller folglich den Anspruch der Bürger-Rezension umsetzen, literarische Popularität ohne formale Mediokrität, Volkstümlichkeit ohne Geschmackszugeständnisse zu erreichen.

Fast stets zeichnet Schillers Erzählgedichte die Tendenz zur rasch fortschreitenden Darbietung einer mit dem Nervenkitzel der Leser spielenden, menschliche Grenzerfahrungen im Spannungsfeld von Leben und Tod vorführenden Handlung aus. Zu ihr gehört meist die überraschende Wendung, die auch für die Tragödie notwendige Peripetie, die unvermutete Wirkungen, häufig einen radikalen Umschwung der Verhältnisse im Zusammenhang mit psychischen Extremsituationen bewirkt. Bemerkenswert bleibt nicht zuletzt die dramaturgische Funktion der Redekonstellationen, die den Charakter von verbalen Handlungen gewinnen können. Daß Verabredungen, mündlich geschlossene Verträge und Aufforderungen, Schwüre, Eidesformeln und Gebote zu den leitenden Elementen von Schillers Balladen zählen, ist deutlich zu erkennen. Indem Sprache unmittelbar Geschehensrelevanz, damit pragmatische Qualität gewinnt, beschwören die Texte die – zuweilen katastrophisch wirksame – Magie des Wortes, die die Scheidewand zwischen Rede und Realität aufzuheben sucht.[196] Der mündliche Charakter einer zumeist fingierten Überlieferung, der zum inszenatorischen Bestand der Ballade gehört, schließt jedoch das Medium der Schrift von solchen Prozessen der Grenzüberschreitung aus. Wirkungsmacht erlangt Sprache hier nur in ihrer gesprochenen Form, nicht durch die buchstäbliche Fixierung. In nahezu sämtlichen Balladen Schillers läßt sich die Aktionsqualität des Dialogs, mit ihr die Tendenz zur pragmatischen Wirkung gesprochener Rede erkennen. Hinter den Gesetzen menschlicher Kommunikation aber tritt als das große Thema dieser Texte die bedrohliche Macht der äußeren Wirklichkeit hervor, die das Individuum in Grenz- und Experimentiersituationen zur Überspannung seiner Kräfte nötigt.

Der Ring des Polykrates (1797) erzählt die Geschichte vom scheinbar ungebrochenen Erfolg des Tyrannen, der seinem Gast, dem König Ägyptens, eine imposante Machtfülle präsentiert, jedoch dort an Schranken stößt, wo er sein Glück auf Dauer zu stellen und durch ein symbolisches

Opfer Schutzgarantien gegen mögliche Katastrophen zu erkaufen sucht. *Der Taucher* berichtet vom couragierten Kampf eines Edelknaben mit den vermeintlich unbezwingbaren Kräften der Natur, von Hybris und Scheitern des Protagonisten, der im Glanz seines Erfolgs die ihm zustehenden Handlungsspielräume überschreitet. *Die Kraniche des Ibycus* illustrieren die Macht unbewußter Vorstellungen, die den Mörder des Titelhelden im eindrucksvoll gefüllten Zuschauerrund des korinthischen Theaters unter dem Einfluß der ostentativ erscheinenden Zurüstungen auf der Bühne mit einer psychischen Fehlleistung sich selbst entlarven lassen.[197] Immer wieder sind es Extremsituationen, an denen Schillers Balladen die Notwendigkeit moralischer Selbstverpflichtung auch unter den Bedingungen physischer Bedrohung und seelischer Belastung einschärfen. *Der Handschuh* führt das Spiel von Eitelkeit, Stolz und Ehre vor, dessen Verlauf demonstriert, daß das Gefüge der öffentlichen Normen mit den Ansprüchen des subjektiven Gefühls auch dann nicht zwingend zur Deckung kommt, wenn die soziale Ordnung beide Bereiche gleichschalten möchte. *Der Gang nach dem Eisenhammer*, dessen lakonischer Darbietungsform Goethe «glücklichen Humor» attestiert (NA 37/I, 170), scheint zu erweisen, daß die naive Identität des Gläubigen, wie sie der Held an den Tag legt, den Menschen gegen die Intrigen des Neides schützen kann, ohne damit jedoch eine konkrete Lebenslehre zu verbinden. *Ritter Toggenburg* erzählt die empfindsame Geschichte des christlichen Ritters, den die Sehnsucht nach seiner Geliebten zur Treue bis in den Tod veranlaßt. *Die Bürgschaft* stimmt das sententiös getönte Lied der Freundschaft an, die die Macht des Tyrannen bezwingt und sämtlichen Gefahren des äußeren Lebens trotzt. *Der Kampf mit dem Drachen* inszeniert ein Lehrstück über den Mythos der Pflicht, an dessen Ende das christliche Toleranzgebot in helles Licht getaucht wird. *Hero und Leander* berichtet, ähnlich wie *Der Taucher*, von der Macht der Natur, die auch der unbedingte Glaube an den Schutz durch göttliche Kräfte dauerhaft nicht zu kontrollieren vermag. *Kassandra* bringt die elegische Selbstaussprache der Seherin zu Gehör, die sich von den Zwängen der sie beherrschenden, metaphysisch gefärbten Mächte befreien und, darin Schillers Jeanne d'Arc vergleichbar, zu unmittelbarer Lebensnähe jenseits der Verstrickungen des Bewußtseins gelangen möchte. Beide Balladen formulieren zugleich Zweifel an der Verbindlichkeit des Mythos, dessen Gesetzeskraft vom Menschen gerade dort, wo er in seiner persönlichen Selbstbestimmung eingeschränkt bleibt, nicht unreflektiert hingenommen werden darf.[198] *Der Graf von Habsburg* verdeutlicht Mitleidsvermögen und Altruismus als wahre Herrschertugenden, die die besten Garanten für stabile Regentschaft bilden. *Der Alpenjäger* (1804) zeigt

Schillers späten Versuch einer volkstümlichen Ballade, die nochmals die Lehre von der Übermacht der Naturgewalten in Szene setzt.

Gerade die schwächeren unter den genannten Texten provozieren kritische Fragen nach der Überzeugungskraft des ihnen zugrunde liegenden Gattungskonzepts. Gehören die klassischen Balladen Schillers ins Museum der Poesie oder ins moderne Lesebuch der Oberstufe? Repräsentieren sie ein zu Recht versunkenes Genre oder dürfen sie den Anspruch auf Modernität für sich erheben? In der Tat erscheint die ideelle Botschaft mancher dieser Texte heute überholt, streift ihre typisierende Tendenz die Grenze zum unfreiwillig Komischen.[199] Auf der anderen Seite sichern sich die Balladen ihre unverminderte Effektivität durch die Verknüpfung von genau abgetönter Erzähltechnik und pädagogischer Appellfunktion, deren Bündnis vom Leser nicht aufgelöst, sondern als strukturelle Einheit betrachtet werden soll. Die Konzentration auf eine spannende Fallgeschichte, die grundlegende Einsichten in die *conditio humana* zuläßt, und die Darstellung von Extremsituationen mit beispielhaftem Charakter bilden die individuellen Merkmale von Schillers Balladen. Man mißversteht sie, wenn man sie als Lehrstücke in moralischer Absicht, womöglich als Illustration jener dunklen Schicksalsmächte liest, die das Individuum vermeintlich unumkehrbar bestimmen. Zum entscheidenden Thema der Balladen gerät vielmehr die skeptische Auseinandersetzung mit den vielschichtigen Bedingungen menschlicher Autonomie – ein Umstand, der auch moderne Lesarten der keineswegs eindeutigen Texte gestattet. Bezieht man die metaphysischen Kategorien, die Schillers Balladen mit Begriffen wie ‹Götter›, ‹Schicksal› und ‹Glück› umspielen, auf die je besonderen Problemverhältnisse der Erzählungen, so verlieren sie ihren abstrakten Charakter; zur Darstellung kommen hier die vielschichtigen Zwänge, die äußeren Risiken und Hindernisse, zugleich aber auch die unbewußten Widerstände, denen das tätige Individuum ausgesetzt ist. Den Aktionen der handelnden Subjekte stehen die Reaktionen der von ihnen nur bedingt beherrschbaren Umwelt entgegen; sie schaffen die Barrieren und Schwellen, über die sich die Balladenhelden im Bewußtsein ihrer selbstverantworteten Wirkungsansprüche hinwegzusetzen haben. Weder Natur noch Glück, weder weltliche Macht noch Ansehen bewahren den Menschen vor der Notwendigkeit, die Verbindlichkeit der Prinzipien, denen er sein soziales Verhalten unterwirft, immer wieder neu unter Beweis zu stellen. Schillers Balladen sind derart, wie man treffend formuliert hat, «moralische Erprobungsspiele, in denen die Geltung von Handlungsnormen zur Diskussion steht».[200] Daß die Freiheit des Individuums dabei als gefährdetes und zugleich gefährliches Gut sichtbar wird, macht ihre gern unterschätzte Modernität aus.

Ernste Botschaft.
Individuum, Natur und Bewußtsein im Horizont der Balladen

Am 15. Juni 1797 schreibt Goethe in sein Tagebuch: «Abends zu Schiller, über naive und sentimentalische Dichtung, Verwandtschaft und Trennung. Anwendung auf unsere Individuen. Aussicht auf die nächsten Arbeiten.»[201] Entspricht die ‹Anwendung› der Kategorien auf die jeweilige Individualität des künstlerischen Naturells der auch von Schillers Abhandlung geleisteten Reflexion über die Phänomenologie poetischer ‹Empfindungsarten›, so bezeichnet der Bezug zu den aktuellen ‹Arbeiten› fraglos die Balladenproduktion des Sommers 1797.[202] Im Juni vollendete Schiller den *Taucher*, Goethe wiederum schloß *Der Gott und die Bajadere* und *Die Braut von Corinth* ab. Die unterschiedlichen Naturauffassungen, die diesen Texten zugrunde liegen, werfen helles Licht auch auf das poetische Temperament, das hier jeweils wirksam ist. Während Schillers Inszenierung numinoser Mächte, wie sie *Der Taucher* und die zwei Monate später entstandenen *Kraniche des Ibycus* bieten, verbindlichen psychologischen Perspektiven verpflichtet bleibt, spielen Goethes Balladen mit einem geheimnisumwitterten Naturbild, das sich nicht eindeutig auf moralische oder anthropologische Lehrsätze zurückführen läßt.

Der Text des *Tauchers* entstand im Juni 1797, parallel zur Arbeit am *Handschuh*.[203] Publiziert wurde er wie zahlreiche andere Balladen aus dieser Schaffensperiode im *Musen-Almanach für das Jahr 1798*. Eine nähere stoffliche Anregung scheint nicht vorgelegen zu haben. Vermuten darf man, daß Schiller Athanasius Kirchers naturphilosophisch-hermetische Schrift *Mundus subterraneus* (1665) kannte, die, hochspekulativ, auch die Topographie der unterirdischen Meereswelt mit ihren Pflanzen und Tieren erörtert (NA 2/II A, 609). Bei Kircher finden sich Grundzüge der Tauchergeschichte skizziert, die Schillers Text erzählt. Sie wird als authentische Begebenheit aus der Regierungszeit des in Sizilien residierenden Stauferkönigs Friedrich II. (1194–1250) ausgewiesen, der einen Einheimischen aus Messina beauftragt haben soll, ihn nach einem Tauchgang über die Geheimnisse des Wasserstrudels von Charybdis aufzuklären (Schiller selbst hatte das kulturelle Air des mittelalterlichen Süditalien 1790 in seiner *Universalhistorischen Übersicht der merkwürdigsten Staatsbegebenheiten zu den Zeiten Kaiser Friedrichs I.*, der Einleitung zum dritten Band der älteren Abteilung der *Sammlung historischer Memoires* ein wenig näher umrissen). In seiner ersten Reaktion vom 9. Juli 1797 lobt Körner den *Taucher* ebenso wie den kurz zuvor vollendeten *Handschuh* aufgrund der hier herrschenden empirischen Tendenz, die beide Texte von der überlasteten intellektuellen Konstruktion früherer Arbeiten abhebe: «Diese Gedichte sind wieder Bestätigungen meines Satzes, daß Du Dich nur Deiner Phantasie zu überlassen brauchst, ohne sie durch übersinnliche Ideen zu stören, um Dich von Deinem Dichterberuf zu überzeugen.» (NA 37/I, 63 f.)

Der Taucher gehorcht dem Aufbau einer griechischen Tragödie; fünf Akte bilden die Struktur seiner Handlung und gliedern deren Spannungsverlauf (NA 1, 372 ff.). Die zügige Exposition führt den Leser unvermittelt in den dynamischen Fluß der Ereignisse. Der König, der, den anderen Gestalten vergleichbar, als Figur mit Typencharakter keinen individuellen Namen trägt, wirft einen Becher ins Meer und fordert einen Mutigen heraus, ihn aus den Untiefen wieder emporzuholen – eine Erprobungsaufgabe von ähnlich sinistrem Anschein wie jene des *Handschuh*. Nach längerem Zögern der Ritter drängt sich aus den hinteren Reihen ein bisher noch nicht ausgezeichneter Edelknabe hervor und springt von den Klippen in die Tiefe, um die heikle Mission zu erfüllen (Strophe 1–8). Der Text beschreibt mit dem Rauschen des Meeres und seiner Strudel die bedrohliche Seite der Natur, die sich den angsterfüllt wartenden Betrachtern in elementarer Wucht offenbart (Strophe 9–12). Spät taucht der verlorengeglaubte Taucher aus den Fluten auf und weist stolz den Pokal vor, den er zufällig in einem Felsenriff bergen konnte. Er berichtet dem König mit seinem Gefolge vom glücklich überstandenen Abenteuer, von «des Meeres Hyäne» (v. 120), dem Hai, der ihn bedrohte, und warnt schließlich die Umstehenden vor vergleichbaren Unternehmungen: «Und der Mensch versuche die Götter nicht, | Und begehre nimmer und nimmer zu schauen | Was sie gnädig bedecken mit Nacht und Grauen.» (v. 94 ff.; Strophe 13–22)

Dem glücklichen Probestück folgt jedoch im vierten Abschnitt kein harmonischer Ausklang, sondern eine neuerliche Spannungssteigerung mit dem Charakter der Peripetie. Der König lobt den Mutigen, verspricht ihm den Besitz des Pokals und eines ansehnlichen Rings samt einem «köstlichsten Edelgestein» (v. 136), stellt ihm aber höhere Preise – die Verbindung mit seiner Tochter und die Ritterwürde – für den Fall in Aussicht, daß er nochmals den Sprung in die Tiefe wage, den Pokal ein zweites Mal rette und ihm ausführlicher vom Leben am Meeresgrund berichte (Strophe 23–25). Die Intervention der Königstochter kann den Gang der Ereignisse nicht aufhalten, der Knappe zeigt sich entschlossen, die Herausforderung anzunehmen, und springt erneut dem mutwillig vom König in die Tiefe geschleuderten Pokal hinterher. Der fünfte Abschnitt (Strophe 26–27) berichtet knapp, fast lakonisch von der Katastrophe, dem Untergang des

Tauchers in der Flut: «Es kommen, es kommen die Wasser all, | Sie rauschen herauf, sie rauschen nieder, | Den Jüngling bringt keines wieder.» (v. 160 ff.) Goethe, der die Entstehung des Textes aufmerksam verfolgt, stellt in einem Brief vom 10. Juni 1797 mit drastischen Formulierungen eine Parallele zu seinen gleichzeitig vollendeten Balladen *Die Braut von Corinth* und *Der Gott und die Bajadere* her: «Leben Sie recht wohl und lassen Ihren Taucher je eher je lieber ersaufen. Es ist nicht übel da ich meine Paare in das Feuer und aus dem Feuer bringe, daß Ihr Held sich das entgegengesetze Element aussucht.» (NA 37/I, 35)

Die Tragödienstruktur, die Schillers Ballade bestimmt, entspricht dem Problemhorizont, der hier umrissen wird. Das Drama des Edelknaben besteht darin, daß er durch den heimtückisch und egoistisch handelnden König, der die Mutprobe seines Untertanen als ästhetisch reizvolles Spektakel jenseits moralischer Bedenken betrachtet, wiederholt in eine letzthin tödliche Gefahrensituation getrieben wird. Es wäre jedoch falsch, im Untergang des Helden einzig die Konsequenz aus der unerfreulichen Charakteranlage des Königs zu sehen (dessen Gegenbild zeichnet 1803 die Ballade über den *Grafen von Habspurg* in der Gestalt des moralisch integeren Herrschers). Ebenso einseitig bleiben Kommentare, die in Schillers Text nur die unkontrollierbaren Kräfte der Natur illustriert finden, wie sie auch Goethes *Der Fischer* (1778) oder *Erlkönig* (1782) veranschaulichen. Gewiß tritt im dramatischen Geschehen der Ballade die Inkalkulabilität von Gewalten hervor, die der Verstand des Menschen nicht zu regieren vermag. Natur erscheint hier fraglos als das Andere der Vernunft, als unbeherrschbare Macht obskuren Charakters. Zur Katastrophe kommt es jedoch erst in dem Moment, da sich der Edelknabe den unerforschlichen Tiefen des Meeres aussetzt, um seinem persönlichen Ehrgeiz zu genügen. Nicht ‹erhaben› handelt er,[204] sondern eigennützig; er riskiert sein Leben nicht für die Bekräftigung einer unanfechtbaren Ideenordnung, was Unabhängigkeit und Freiheit des Intellekts gegenüber den Naturmächten erwiesen hätte, vielmehr folgt er seinen egoistischen Interessen, wenn er das Wagnis eines nochmaligen Sprungs neuerlich auf sich nimmt. Das davon abweichende Modell liefert *Der Handschuh*, der das Lehrstück eines nicht manipulierbaren Selbstbewußtseins vor Augen führt.[205]

Der Hinweis auf die «Himmelsgewalt» (v. 151), die den Taucher zu treiben scheint, darf hier nicht mißverstanden werden, bezeichnet er doch zunächst nur das Moment der erotischen Affizierung durch die Königstochter und das Movens des Ehrgeizes, der ihn machtvoll ergreift. Den Knappen leitet das fatale Streben nach öffentlicher Anerkennung; durchaus hätte für ihn, der seine Courage bereits bewies, die Möglichkeit bestanden, sich den zweifelhaften Wünschen des Königs zu verweigern.[206] Sein Scheitern in der Flut bedeutet folgerichtig die Strafe für die Hybris des Ruhmsüchtigen, der, statt sein Glück im Rahmen vernünftiger Beschränkung zu suchen, die eigenen Möglichkeiten überschätzt und die Natur dort zu zwingen sucht, wo sie mächtiger ist als der Mensch.[207] Der Selbsthelfer Tell hingegen, der zu Beginn des Dramas den flüchtigen Baumgarten über den vom Sturm aufgewühlten Vierwaldstätter See rudert, darf seinen riskanten Rettungsversuch glücklich vollenden, weil er aus menschenfreundlichem Antrieb handelt. Das Naturszenario bleibt im Drama wie in der Ballade der Spiegel des «Aktionsethos»,[208] das Schillers Helden trägt; im einen Fall zeigt er das Zerrbild des Egoisten, im anderen das Porträt des Altruisten.

Nichts wäre mißverständlicher als hier im Anschluß an ältere Deutungen die so gern für die Balladen bemühte Schicksalskategorie in Anschlag zu bringen. Der Begriff bleibt bei Schiller, wo immer er sich einstellt, ein Code, der selbst übersetzt werden muß. Zum einen entspricht der Verweis auf die metaphysisch beherrschten Hintergründe menschlichen Handelns den in den Balladen verarbeiteten historischen Sujets, bildet folglich ein Resultat der Anpassung an geschichtliche Wirkungszusammenhänge, wie sie durch die Stoffwelten der Texte vorgegeben scheinen. Zum zweiten steht er zumeist für jene unkontrollierbaren Mächte, die die Autonomie des Menschen einschränken – für Zufall, Abhängigkeit, Zwang. Dabei gilt es, die fein abgetönte Bedeutung des Schicksalsbegriffs von Fall zu Fall genau zu durchleuchten. Im *Taucher*, läßt sich folgern, bezeichnet er die Unbeherrschbarkeit der Natur ebenso wie die ehrgeizigen Antriebe des Individuums, das sich seinen eigenen Wünschen so wenig zu entziehen vermag, daß sie ihm als ‹Himmelsgewalt› erscheinen. Abweichende Akzentuierungen ergeben sich in anderen Texten: *Der Ring des Polykrates* reflektiert vor dem Horizont der Glücksprobe die Borniertheit des Erfolgreichen, *Die Kraniche des Ibycus* erweisen im Schicksalsbegriff die Logik der Schuld und deren psychische Fehlleistungen, *Die Bürgschaft* demonstriert, der späteren *Tell*-Exposition vergleichbar, die Balance von Zufall und Autonomie als Folge moralisch gelenkten Verhaltens, *Hero und Leander* beleuchtet umgekehrt die Widerständigkeit der Natur, die dem, der auf eigene Rechnung handelt, als vermeintlich göttliche Kraft begegnet. ‹Schicksal› besitzt hier nirgends den Charakter einer objektivierbaren Kategorie, sondern gewinnt Substanz nur im Sinne einer Chiffre für den Zusammenstoß des sich autonom wähnenden Subjekts mit der äußeren Wirklichkeit. Die *Wallenstein*-Trilogie setzt diese moderne Auslegung eines um 1800 anachronistisch gewordenen Begriffs eigenständig fort, indem sie seine Geltung auf das Feld der Politik überträgt. Anders als Autoren wie Jean Paul und Jacobi, der schon im *Woldemar*-Roman (1779) nach Friedrich Schlegels Auffassung einen «Salto mortale in den Abgrund der göttlichen Barmherzigkeit»[209] vollzogen hatte, betrachtet Schiller die Verheißungen der Metaphysik mit Skepsis. Schon die Kant-Lektüre und das Geschichtsstudium wirkten dem schwärmerischen Optimismus früherer Jahre entgegen; auch die Balladen beziehen eine realistische Perspektive, die metaphysische Kategorien nüchtern erfassen hilft, ohne daß sie als verbindliche Deutungsmuster genutzt werden. Dieser Tendenz folgend hat Franz Grillparzer in einer Tagebuchnotiz aus dem Jahr 1816 betont, die Griechen hätten kein Interesse besessen, «mit der Idee des Fatum einen bestimmten, abgeschlossenen Begriff zu verbinden»: «Es war ihnen wohl nichts, als der unerklärte Grund (das unbekannte Absolute), das allen Veränderungen, allem Wollen, Handeln, wohl auch Sein, zu Grunde liegt.»[210]

Der Edelknabe des *Tauchers* trägt die Züge des tragischen Helden, der, zunächst moralisch integer, in die Zone der Vermessenheit gerät und als unbedacht Handelnder untergeht. Die kathartische Lehre der Ballade lautet denn auch, daß das Individuum dort die Kontrolle über seine Vernunft verliert, wo es seine Handlungsspielräume falsch einschätzt und die ihm verliehenen Möglichkeiten der Selbstbestimmung im Zeichen der Hybris preisgibt. Für den, der seine Grenzen nicht kennt, wird die Natur zum Sinnbild der Heteronomie, zu einem bedrohlichen Raum, in dem nicht das Gesetz der Vernunft, sondern das gefahrvolle Spiel unbeherrschbarer Kräfte regiert. Goethe wird zwölf Jahre nach Schillers *Taucher* in seinen *Wahlverwandtschaften* (1809) eine ähnliche Konstellation inszenieren. Die Selbstanzeige des Romans bezeichnet jedoch ein anderes Spannungsfeld als jenes, das durch Schillers Ballade beleuchtet wird. Die Rede ist da von der *einen* Natur, die sogar im «Reich der heitern Vernunftfreiheit die Spuren trüber leidenschaftlicher Notwendigkeit»[211] hinterlasse. Hier erscheint die diffuse Erfahrungswelt nicht als dem Menschen Äußerliches, sondern als Sphäre, die auch sein Innenleben beherrschen kann – eine Zone der Triebe und des Unbewußten, die Goethes Romanfiguren zum folgenreichen Verhängnis wird. Für die subtilen psychischen Facetten dieses erweiterten Naturbegriffs ist in den überschaubaren Kulissen von Schillers Balladen freilich kaum Platz. Deren Handlungsexperimente gleichen Versuchsanordnungen, in denen das Spiel von Aktion und Reaktion, von Kraft und Widerstand vorgeführt wird; die innerseelische Individualität des Menschen tritt dabei hinter grundlegende Befunde zurück.

Zu den kanonisch gewordenen Balladen Schillers, die nur in wenigen Lesebüchern für den Deutschunterricht an höheren Schulen fehlen, rechnen *Die Kraniche des Ibycus*. Der Text entstand im Juli und August 1797; den Stoff lernte Schiller durch Goethe kennen, dem er seinerseits über eine Sammlung von griechischen Sprichwörtern vermittelt worden war, die Andreas Schottus 1612 in Antwerpen publiziert hatte (die Lektüre des Kompendiums belegt Goethes Tagebuch vom 21. Mai 1797).[212] Während eines einwöchigen Weimarbesuchs Mitte Juli wird der Plan der Ballade besprochen. Als sich Goethe im August 1797 in Frankfurt aufhält, tauscht man sich brieflich über den Fortgang des Textes aus. Nach der ersten Lektüre des Manuskripts rät Goethe Schiller zu zwei maßgeblichen Korrekturen. Er empfiehlt, die Kraniche als ‹Schwarm› zu beschreiben, um derart «das Zufällige» als das «ahndungsvolle und sonderbare in der Geschichte» zureichend zu konturieren; und er schlägt vor, nach der Chorstrophe die Gemütsverfassung der Zuschauer in ihrem Schwanken zwischen Ahnung und Furcht genauer zu bezeichnen (NA 37/I, 107).

Schiller greift beide Modifikationen auf und bedankt sich in einem Brief vom 30. August 1797 bei Goethe für den naturkundlichen Nachhilfeunterricht, den ihm dessen Bemerkungen über die ziehenden Kraniche vermittelt hätten. «Es ist mir bei dieser Gelegenheit wieder recht fühlbar, was eine lebendige Erkenntniß und Erfahrung doch beim Erfinden so viel thut. Mir sind die Kraniche nur aus wenigen Gleichnißen zu denen sie Gelegenheit gaben, bekannt und dieser Mangel einer lebendigen Anschauung machte mich hier den schönen Gebrauch übersehen, der sich von diesem Naturphænomen machen läßt.» (NA 29, 122 f.) Die vielbeschworene Differenz der poetischen Verfahrensweisen beider Autoren tritt anhand solcher Erwägungen nochmals klar zutage. Während Goethe als erfahrungsbezogen denkender Kopf seine literarische Phantasie durch die unmittelbare Anschauung der Natur nährt, empfängt der Schreibtischmensch Schiller seine Anregungen aus ‹Gleichnissen›, aus Produkten der poetischen Imagination jenseits empirischer Bezüge. Das lyrische Werk, das diesem Akt der literarisch stimulierten Einbildung entspringt, erweist sich als intellektuell anspruchsvolles Gebilde, bei dem es nicht um die Übereinstimmung mit der Erfahrung, sondern um die ideelle Verfeinerung des gewählten Materials geht.

Die Kraniche des Ibycus, die im *Musen-Almanach für das Jahr 1798* erscheinen, sind immer wieder als poetische Illustration jener Schicksalssemantik gelesen worden, die für das antike Weltbild bestimmend war. Man hat dabei jedoch die allegorische Funktion des Vogelmotivs und die Bedeutung des Theatersujets übersehen, deren Hintergrund erst neuere Arbeiten auszuleuchten suchen.[213] Die Exposition der Ballade beschreibt eine spannungsfreie Atmosphäre gelöster Erwartung. Der Sänger Ibycus, als Chorlyriker aus Rhegion eine historische Gestalt des sechsten vorchristlichen Jahrhunderts, zieht, heiter gestimmt, ein «Götterfreund» und selbst «des Gottes voll» (NA 1, 385, v. 4 ff.), nach Korinth zum Wettstreit «der Wagen und Gesänge» (v. 1). Erzeugt die erste Strophe gänzlich das Air der Idylle, so begegnet in der zweiten ein Moment der Irritation, wenn der Sänger in den Fichtenhain Poseidons «mit frommem Schauder» (v. 12) eintritt, indessen ein Schwarm Kraniche, der seine bisherige Reise begleitet hat, in «graulichtem Geschwader» (hier: graufarben; v. 16) über ihn hinwegzieht. Der ‹Schauder› und das düster wirkende Erscheinungsbild der Vögel verweisen auf eine bedrohliche Dimension, wie sie später auch durch den Theaterchor und die von ihm angestimmte ‹grause Melodie› (v. 96) als Signal bevorstehender Gefahr berührt wird.

Noch zeigt sich Ibycus erwartungsfroh, deutet er die ihn begleitenden Kraniche als «gute(s) Zeichen» (v. 19) für die künftige Reise – ein Moment der Selbsttäuschung, der an die tragische Ironie im antiken Drama zumal des Sophokles erinnern soll. Rasch erweist sich die Einschätzung des Helden als trügerisch, können doch die Vögel nicht helfen, als Ibycus zwei Räubern in die Hände fällt und von ihnen getötet wird. Die letzte Bitte des Sterbenden: «‹Von euch ihr Kraniche dort oben! | Wenn keine andre Stimme spricht, | Sey meines Mordes Klag erhoben!›» (v. 45 ff.) findet sich aber im Fortgang der Ballade zumindest indirekt erfüllt. Trotz der Trauer über den Tod des Ibycus kommen die Menschen zahlreich im Theater von Korinth zusammen, ein Chor tritt auf, der, die Erinnyen figurierend, unheimlich maskiert, mit suggestivem Unterton, ein Lied anstimmt, das von Schuld und Gewissensnot, vom Gegensatz zwischen «‹kindlich reine(r) Seele›» und des «‹Mordes schwere(r) That›» handelt (v. 121 ff.). Die Worte der Erinnyen hat Schiller angelehnt an Wilhelm von Humboldts 1793 in der *Berlinischen Monatsschrift* abgedruckte Übersetzung einer Chorpartie aus Aischylos' *Eumeniden* (v. 550–559), dem dritten und letzten Stück der *Orestie*;[214] auch dort, am Beginn der gegen den Muttermörder Orest geführten Gerichtsverhandlung, sucht der Chor dem reinen Gewissen die Angst des von schuldhaften Taten Beladenen zu kontrastieren. Der Weimarer Gymnasialdirektor Karl August Böttiger hat mit geschultem Philologensinn die tragödienästhetischen Hintergründe der Passage erkannt, sie jedoch zugleich mißverstanden, wenn er betont, daß durch die «Einführung des grausen Eumenidenchores, und des nach Aeschylus nachgeahmten, mit Aeschyleischer Sublimität einherschreitenden Rachegesangs (...) der Foderung des Uebernatürlichen volle Gnüge geleistet» worden sei (NA 37/I, 129).

Das Theater verwandelt sich zur Bühne, auf der die Schuld des Menschen illuminiert wird. Betroffen schweigen nach dem machtvollen Auftritt des Chors die Zuschauer; über dem «ganzen Hause» liegt der Eindruck, «Als ob die Gottheit nahe wär'.» (v. 139 f.) Gemeint ist Nemesis, die strafende Gerechtigkeit, deren Vergeltungsrecht vom Chor so entschieden in Erinnerung gerufen wird. Bleibt das Theater hier noch «Scene» mit freilich schon mahnenden Zügen, so kommt es bereits dem «Tribunal» nahe, wenn der Mörder sich, offenbar unter der Wirkung des Chorliedes, unwillkürlich verrät (v. 153–160). Sehr rasch wird einsichtig, daß der Täter selbst gesprochen hat, der sich durch den Anblick eines zufällig vorüberfliegenden Kranichheers an seine Untat gemahnt fühlt. Man macht ihn mit seinem Kumpan dingfest, zieht beide «vor den Richter» und veranlaßt das Schuldbekenntnis der Mörder: «Die Scene wird zum Tribunal, | Und es gestehn die Bösewichter, | Getroffen von der Rache Strahl.» (v. 181 ff.)

Vor zwei Fehldeutungen wäre in diesem Zusammenhang zu warnen. Es sind keineswegs die Kraniche, die die Entlarvung der Verbrecher bewirken. Auffällig bleibt, daß der Text an der entscheidenden Stelle von «ein(em) Kranichheer» (v. 160) berichtet, das über das Theater fliegt; betont wird dabei das ‹schwärzlichte› (schwarze) Gewimmel der Vögel (v. 159), das sich deutlich abgrenzt vom ‹graulichten› Geschwader» des den Ibycus begleitenden Schwarms. Daß eine Kranichschar über das Theater hinwegzieht, erweist sich als zufälliger Umstand, der zur Aufklärung des Verbrechens beiträgt, keineswegs aber als geheimnisvolle Bestätigung der letzten Bitte, die der sterbende Sänger ausgesprochen hatte. Was sich am Schluß ereignet, mag man, mit einer Formulierung aus Walter Benjamins Trauerspielbuch (1928), «die Entelechie des Geschehens im Felde der Schuld»[215] nennen – die folgerichtige Gesetzmäßigkeit einer unwillkürlichen Selbstbezichtigung, die sich unter dem Eindruck der mitreißenden ästhetischen Inszenierung des Chorspektakels entlädt.[216] Damit ist zugleich ein zweiter Punkt berührt; daß der Chor namentlich auf das Problem der Schuld und des schlechten Gewissens Bezug nimmt, setzt zwar beim Mörder, verstärkt durch den Anblick der vorüberziehenden Kraniche, die entscheidenden Assoziationen frei, wäre aber weniger effektvoll außerhalb des besonderen künstlerischen Rahmens, den das Theater herstellt. Es ist die – von Humboldt nachdrücklich gelobte – plastische Szenenwirkung des Chors mit der düsterroten Glut der Fackeln, den schlangengleichen Haaren und den giftgeschwollenen Bäuchen der Eumeniden (v. 105 ff.), die den Mörder zum ungewollten Eingeständnis seiner Schuld treibt.[217]

Auf beide Motive – die gerade nicht metaphysische, sondern kontingente Dimension des Vogelflugs und die ästhetische Macht der Bühne – verweist Schiller selbst in einem Brief an Goethe vom 7./8. September 1797: «Der bloße natürliche Zufall muß die Catastrophe erklären. Dieser

Individuum, Natur und Bewußtsein im Horizont der Balladen 359

Zufall führt den Kranichzug über dem Theater hin, der Mörder ist unter den Zuschauern, das Stück hat ihn zwar nicht eigentlich gerührt und zerknirscht, das ist meine Meinung nicht, aber es hat ihn an seine That und also auch an das, was dabey vorgekommen, erinnert, sein Gemüth ist davon frappirt, die Erscheinung der Kraniche muss also in diesem Augenblick ihn überraschen, er ist ein roher dummer Kerl, über den der momentane Eindruck alle Gewalt hat. Der laute Ausruf ist unter diesen Umständen natürlich.» (NA 29, 126) Nicht als moralische Instanz, die die Schuld des Menschen vergegenwärtigt, wirkt das antike Theater hier, sondern als Medium eines suggestiven ästhetischen Vorgangs, der die Mächte des Unbewußten entfesselt. Mit dieser Charakterisierung erfaßt Schiller die kultisch-rituelle Funktion der attischen Bühne genauer als die meisten Autoren der Zeit.[218] Erst Friedrich Nietzsche wird es in seiner Tragödienschrift von 1870/71 unternehmen, die antike Theaterkunst auf ihre archaischen – ‹dionysischen› – Energiepotentiale und deren mythischen Ursprung zurückzuführen. Ganz im Sinn von Nietzsches späterer Idee der kulturellen Wiedergeburt aus dem Geist der Musik formuliert Schiller in einem Brief an Goethe vom 29. Dezember 1797 die Erwartung, daß aus der Oper «wie aus den Chören des alten Bacchusfestes das Trauerspiel in einer edlern Gestalt sich loswickeln sollte.» (NA 29, 179) Gegen frühere Interpretationen gilt es die Akzente in Erinnerung zu rufen, die der Autor selbst bei der Bewertung der Ereignisse setzt. Nicht Metaphysik, sondern Psychologie, nicht moralische Belehrung, sondern dramaturgisch-musikalische Inszenierung bilden die zuständigen Instanzen, die in Schillers Text die Selbstoffenbarung des Schuldigen hervortreiben. Die von ihm beschriebene Überführung der ‹Scene› ins ‹Tribunal› wäre nicht, wie das oft geschieht, als praktischer Ausdruck der schon durch die Schaubühnenrede beschworenen moralischen Urteilsfunktion des Theaters zu verstehen. Vielmehr bekundet der Eumenidenchor der Ballade eine ästhetische Kraft, die keinen sittlichen Zwecken gehorcht. Daß die Kunst der Bühne zur Sühne des Verbrechens beiträgt, ist allein ihrer sinnlichen Wucht und der Dynamik pathetischer Wirkungen zuzuschreiben.

Das Naturbild, das die Balladen vermitteln, steht unter dem Diktat psychologischer Wirkungsintentionen. Weniger die reine Erscheinung als die zeichenhafte Beschaffenheit der Natur interessiert den Autor Schiller. Einzig in der modellhaften Darstellungsfunktion der poetischen Form gewinnen deren Phänomene für ihn zugängliche Bedeutung. Nicht den «empyrisch pathologischen» Zustand des Individuums im Zusammenhang konkreter, gelegentlich die Extreme berührender Erfahrung (so Goethe am 25. November 1797 [NA 37/I, 179]) gilt es für ihn zu erfassen, sondern den Grundbestand seines psychischen und materiellen Haushalts. Die ästhetisch vermittelte Wahrnehmung der Naturkräfte stützt derart nur die Demonstration anthropologischer Erkenntnisse, in die irrationale Erfahrungselemente einfließen dürfen, ohne jedoch, wie bei Goethe oder im Œuvre der Romantiker, eigenes Gewicht zu gewinnen.

Ausklang.
Lieder, Rätsel und Parabeln (1800–1804)

Auch nach 1800 verfaßt Schiller, zumeist anlaßbedingt, Liedertexte, die separat in verschiedenen Taschenbüchern, Damenkalendern und Jahrbüchern veröffentlicht werden. Manche von ihnen läßt er kurzfristig in die zweite Auflage seiner gesammelten Gedichte einrücken, andere sieht er für die Publikation im Rahmen der geplanten Prachtausgabe vor. Zu erwähnen sind hier zunächst ehrgeizigere Arbeiten, die auf die Inszenierung atmosphärischer Intensität setzen – *Sehnsucht* (1801/02), *Thekla. Eine Geisterstimme* (1802) – oder liedtypische Variationstechniken mit der Darbietung erzählerischer Elemente verknüpfen, so der an *Die Gröse der Welt* aus der *Anthologie* erinnernde *Pilgrim* (1803), das aus dem Umkreis des tendenziell opernhaften *Tell*-Dramas stammende *Berglied* (1803/04) (NA 2/I, 216 f.) oder *Das Siegesfest*, das Schiller in einem Brief an Körner vom 10. Juni 1803 ein «ernstes Gesellschaftslied» nennt (NA 32, 45).

Einen zweiten Bereich bilden die gelegenheitsbedingt entstandenen geselligen Lieder der Spätphase, wobei, wie Schillers eigene Zuordnung des stilistisch sublimeren *Siegesfests* deutlich markiert, eine strikte Abgrenzung gegenüber den stärker reflexiven Texten der ersten Gruppe unmöglich zu sein scheint. Die Gesellschaftslieder verdanken ihre Entstehung zumeist einem konkreten Anlaß, gehören mithin zum Genre der Kasualpoesie. Seit November 1801 versammelte Goethe in zweiwöchigem Turnus in seinem Weimarer Haus am Frauenplan annähernd zwanzig Gäste – unter ihnen den Herzog und den Erbprinzen, Schiller und Charlotte, Wolzogens, die Familie von Egloffstein, Geheimrat Einsiedel, Henriette von Wolfskeel und diverse Kammerherren sowie Hofdamen. Die illustre Gesellschaft – bieder als ‹Mittwochskränzchen› bezeichnet – verlangte nach literarisch-musikalischer Unterhaltung, für die der Hausherr und Schiller selbst zu sorgen hatten: «Wir laßen uns nicht stören», vermerkt ein Brief an Körner vom 16. November 1801, «es wird fleißig gesungen und poculiert. Auch soll dieser Anlaß allerlei lyrische Kleinigkeiten erzeugen, zu denen ich sonst bei meinen größern Arbeiten niemals kommen würde.» (NA 31, 71) Solche künstlerischen Darbietungen sollten die zeremoniöse Stimmung auflockern, die Goethe in größeren Runden durch sein förmliches Auftreten gern erzeugte. Auch der Mittwochszirkel litt, wie sich zahlreiche Augenzeugen später erinnern, unter den Zwängen des vom Gastgeber penibel erdachten Reglements. Schiller selbst steuerte als Vorlage für Gesellschaftslieder Texte wie *An die Freunde, Die vier Weltalter, Die Gunst des Augenblicks* und *Dem Erbprinzen von Weimar* (1802) bei; im weiteren Sinne entstand noch das lyrisch ehrgeizigere *Siegesfest* unter Bezug auf die Abende der Mittwochsrunde. Auch Goethe verfaßte eine größere Zahl geselliger Lieder und knüpfte damit an seine frühere Produktion aus den 70er Jahren an (die Gelegenheitsdichtung hat er zeitlebens geschätzt); zu seinen Beiträgen zählten das *Stiftungslied, Zum Neujahr, Frühlingsorakel, Generalbeichte, Tischlied* und eine Variation des schon 1775 entstandenen *Bundesliedes*.[219] Welche Schwierigkeiten Schiller bei der Bemühung um eine anspruchsvollere Tonlage jenseits trivialer Einfalt erwuchsen, reflektiert ein Brief an Körner vom 18. Februar 1802: «Es ist eine erstaunliche Klippe für die Poesie, Gesellschaftslieder zu verfertigen – die Prosa des wirklichen Lebens hängt sich bleischwer an die Phantasie und man ist immer in Gefahr in den Ton der FreyMäurerlieder zu fallen, der (mit Erlaubniß zu sagen) der heilloseste von allen ist.» Das unter Rücksicht auf Körners eigene Logenmitgliedschaft vorsichtig formulierte Diktum verrät eine deutliche Distanz gegenüber dem handfesteren Geschmack Goethes, der gerade die umstrittenen Freimaurerlieder als taugliche Muster für die angestrebte musikalische Vortragsform betrachtete. Schiller spricht in diesem Zusammenhang despektierlich über «einige platte Sachen» (NA 31, 105), die Goethe mit der ihm eigenen Lust am Trivialen zur gemeinsamen Runde beigesteuert hatte. Skepsis gegenüber banalen Sujets und populären Darstellungstechniken empfindet er selbst dort, wo der zweckgebundene Charakter der Liedproduktion eine gewisse Lockerung der strengen Formprinzipien klassizistischer Prägung zu rechtfertigen schien.

Die zumeist kurzfristig notwendige Vertonung der Texte besorgt im fernen Dresden der musikalische Körner, gelegentlich benutzt man auch bereits vorliegende Kompositionen. Die Publikation der Lieder erfolgt in den Damenkalendern und Jahrbüchern Cottas, Hubers oder Wilhelm Gottlieb Beckers – literarischen Medien, die sich auf die Verbreitung unterhaltsamer Texte verlegt hatten. Der Mittwochskreis stellte schon im Frühjahr 1802 seine Treffen ein, nachdem der um gesellschaftliche Anerkennung ringende August von Kotzebue einen Konkurrenzzirkel ins Leben gerufen hatte. Gesellschaftslieder verfaßt Schiller jedoch auch während seiner letzten Lebensjahre, so im Zusammenhang mit Feiern im Kreise der Weimarer

Schauspieler (*Punschlied, Punschlied. Im Norden zu singen* [1803]). Ein wesentliches Darstellungsideal der Liedkonstruktion bildet erneut die möglichst reibungsfreie Korrespondenz zwischen Text und Musik. Daß Schiller fast zur selben Zeit im *Wilhelm Tell* mit Stilelementen arbeitet, die die opernhafte Grundstruktur des Dramas unterstützen, mag nicht zufällig sein. Dominant tritt hier die für die letzten beiden Lebensjahre bestimmende Auffassung hervor, derzufolge literarische Werke gattungsübergreifende Wirkung zu entfalten hätten: eine Überzeugung, die die Ästhetik des späten Schiller, zumal auf dem Feld des Theaters, in überraschende Nähe zu Positionen der Romantik rückt.

Im Zusammenhang mit der Übersendung des *Siegesfests* – fraglos die gewichtigste Arbeit aus dem Umfeld der späten Lyrik – betont Schiller ausdrücklich, daß er seine Liederproduktion nicht als Gelegenheitsdichtung begreife. Der Text, so heißt es in einem Brief an Goethe vom 24. Mai 1803, sei bewußt als Versifizierung einer «Idee» konzipiert, «weil alle Gesellschaftlichen Lieder die nicht einen poetischen Stoff behandeln in den platten Ton der Freimäurerlieder verfallen.» (NA 32, 42) Noch prägnanter lautet die Formulierung in einem Schreiben an Humboldt vom 18. August 1803: da «das Leben keinen Stoff zur Poesie» gebe, sei für ein Lied, das höheres Niveau anstrebe, allein der «Boden der homerischen Zeit» eine fruchtbare Grundlage, auf der man die «Prosa» der alltäglichen Verhältnisse, die kein Material für sublime Kunstformen biete, hinter sich lassen könne (NA 32, 63). Man mag sich hier an die berühmte Wendung aus dem Brief an Herder vom 4. November 1795 erinnern, die bereits acht Jahre früher den Weg ins Exil der klassischen Antike als Rettung vor der ‹schmutzigen› Wirklichkeit auszuweisen gesucht hatte.

Nicht immer vermögen die Lieder diesem Programmanspruch gerecht zu werden. Die Beiträge für den Mittwochszirkel bleiben zumeist geprägt vom Charakter des Anlasses, dem sie sich verdanken. *An die Freunde* formuliert eine Verteidigung der provinziellen Weimarer Verhältnisse und setzt gegen die Kultur Roms wie die Urbanität Londons den Ehrgeiz des Hoftheaters, eine zwar auf überschaubaren Verhältnissen gründende, gleichwohl ambitionierte Bühnenkunst zu etablieren. Die Punschlieder begnügen sich mit einschlägigen Reflexionen über die Wirkung des Weins auf Geist und Phantasie; sie entsprechen in der Tonlage Goethes Liedern am stärksten, ohne dabei den konzeptionellen Prinzipien, wie sie Schillers Briefe andeuten, irgend zu entsprechen. Welche Möglichkeiten die Gattung besaß, erweist demgegenüber die themenverwandte Lyrik des jungen Novalis, etwa sein mit utopischen Motiven und kulturgeschichtlichen Projektionen aufwartendes *Lied beym Punsch* von 1795.[220]

Lieder, Rätsel und Parabeln (1800–1804) 363

Auch das *Berglied*, für dessen Abfassung Schiller seine im Zusammenhang der Vorstudien zum *Tell* angehäuften geographischen Kenntnisse über die Schweizer Alpenwelt nutzte, bietet kaum mehr als die gefällige Inszenierung eines Naturtableaus, wie sie auch das Drama selbst modellhaft zu entfalten sucht. Goethe nennt den Text am 26. Januar 1804 einen «artige(n) Stieg auf den Gotthardt» (NA 40/I, 169), läßt es aber an den sonst üblichen routinierten Lobesformeln fehlen. Das anspruchsvollere *Siegesfest*, das Schiller «ernstes Gesellschaftslied» genannt hat, sucht profane Themen gänzlich zu meiden und stellt, melancholisch gebrochen, die Feier der Griechen nach dem Triumph über Troja dar. Der Text präsentiert sich als Magazin gelehrten Wissens, als Medium literarischer Anspielungen auf Episoden aus Homers *Ilias*, Vergils *Aeneis*, auf Verse aus Horaz' *Carmina* und Ovids *Metamorphosen*. Die Botschaft des Liedes – die Vermittlung der Erkenntnis, daß auch im Triumph kein Grund zur ungebrochenen Heiterkeit gegeben sein könne – wird verhalten formuliert, eingefügt ins mythologische Szenario, dessen Sterilität unübersehbar bleibt. Körner vermerkt, nachdem er die mit gleicher Post übersendete Ballade *Der Graf von Habspur*g gerühmt hat, lapidar in seinem Brief vom 19. Juni 1803: «Das Siegesfest ist eine glückliche Idee, und hat viel poetischen Werth.» (NA 40/I, 79) Schillers Antwort versucht demgegenüber eine halbherzige Apologie: «Das Siegesfest kann euch nicht so interessieren, weil ihr weniger im Homer zu leben gewohnt seid.» (NA 32, 55) Die Emigration in die Welt der Mythen erweist sich aus dieser Perspektive als nurmehr durch die privaten Lektüren legitimierter Akt ohne Anspruch auf Verbindlichkeit. Es ist offenkundig, daß Schillers künstlerische Ambitionen in den Jahren nach 1800 der Lyrik den Charakter eines nebengeordneten Genres ohne entscheidendes Gewicht zuweisen. Die großen Fragen nach dem Verhältnis von Individuum, Geschichte und Gesellschaft finden sich jetzt ausschließlich im Medium des Dramas behandelt.

Einen letzten Bereich der späten Lyrik bilden die Rätsel. Bereits Mitte der 90er Jahre hatte Schiller eine größere Zahl von Epigrammen und Spruchgedichten produziert, die in die Musenalmanache und die *Horen* eingerückt wurden. Es handelte sich um Gelegenheitsarbeiten, die bisweilen nur die Funktion versahen, Lücken zu füllen und den Bestand der einzelnen Bände zu erweitern. Zugleich bekundete sich in diesen Texten Schillers Neigung zum scharfsinnigen Stil, zu Pointe und Sentenz mit ihrer den Intellekt anregenden Wirksamkeit. Unter die Rubrik der Spruchgedichte fallen *Das Kind in der Wiege, Das Unwandelbare, Zeus zu Herkules, Spruch des Confucius, Deutschland und seine Fürsten, Der Sämann, Der beste Staat, Das Höchste, Unsterblichkeit, Theophanie* (1795), *Politi-*

sche Lehre, *An die Gesetzgeber*, *Würde des Menschen*, *Der Obelisk*, *Der Triumphbogen*, *Die schöne Brücke*, *Das Thor*, *Die Peterskirche* (1796). Schiller greift die epigrammatische Technik in den Parabeln und Rätseln auf, die er für die Weimarer Aufführungen seiner auf der Grundlage von Friedrich August Clemens Werthes' Prosaübersetzung gefertigten *Turandot*-Fassung nach Gozzi zwischen November 1801 – die Premiere fand am 30. Januar 1802 statt – und dem 10. Januar 1804 schreibt. Die ersten drei Rätsel waren in der Buchausgabe der *Turandot*-Übertragung von 1802 enthalten; eines (*Das Jahr*) stammte von Gozzi selbst und wurde in Werthes' Übersetzung abgedruckt (NA 14, 139, Nr. 1). Die übrigen zwölf Kurzgedichte erschienen im Jahr 1803 unter der Rubrik *Parabeln und Räthsel* im zweiten Band der *Gedichte* sowie 1805 in dessen Zweitauflage; Teilpublikationen erfolgten auch im *Taschenbuch für das Jahr 1803* sowie, postum, im *Taschenbuch für Damen auf das Jahr 1806*. Spezifisch poetische Qualitäten, die jenseits des intellektuellen Zweckcharakters liegen, besitzen nur wenige Texte; eindringlich wirkt zumal das *Regenbogen*-Gedicht mit seinen an die Exposition des siebenten Buchs von Goethes *Lehrjahren* erinnernden Eingangsversen: «Aus Perlen baut sich eine Brücke | Hoch über einen grauen See. | Sie baut sich auf im Augenblicke, | Und glänzend steigt sie in die Höh'.» (NA 14/, 141, Nr. 4)

Da für jede Aufführung drei Rätsel benötigt wurden, die die Freier der Turandot lösen mußten, konnte Schiller, nachdem er sich im Laufe des Jahres 1802 einen größeren Fundus verschafft hatte, die Texte frei nach Wunsch kombinieren. Die Entstehung der höchstens dreistrophigen Gedichte wurde mithin wesentlich durch das Vergnügen am Überraschungseffekt veranlaßt; die Zuschauer sollten sich unvorbereitet mit stets neuen Rätseln konfrontiert sehen und auf diese Weise die Prüfungssituation der Freier nachvollziehen können (NA 14, 139 ff.). Die geistreiche *ars combinatoria*, die durch die Rätsel – mit gebremstem literarischen Aufwand – betrieben wird, erweist nochmals, worin Schillers Originalität als Lyriker besteht. Es ist die Dynamik einer in sich spannungsvollen Reflexionskunst, die hier ihre eigene poetische Kontur gewinnt. Das hat, im Urteil nicht frei von glättender Harmonisierung, kaum ein Zeitgenosse so genau erkannt wie Wilhelm von Humboldt, der 1830 in der *Vorerinnerung* zur Publikation seines Briefwechsels mit Schiller schreibt: «Was in ihm ist, ist nur durch Thätigkeit, was er in sich faßt, ist Eins, nur verschieden durch Spannung und Richtung, die oft durch den Impuls verschiedener, ja entgegengesetzter Kräfte gegeben wird. Der Gedanke jedes Augenblicks trägt den ganzen in diese Gestaltung gegossenen Geist.»[221]

ACHTES KAPITEL

Zeit der hohen Kunst.
Das klassische dramatische Werk
(1796–1805)

1. Aspekte der klassischen Bühnenarbeiten Schillers

Erfolgreich auf dem literarischen Markt.
Die Rückkehr ins dramatische Fach

Der eindrucksvolle Einzug in die ‹fremde Provinz› der Lyrik bedeutet für Schiller zwischen 1795 und 1797 auch den Gewinn neuen künstlerischen Selbstvertrauens. Als vorteilhaft erweist sich in dieser Phase, daß die Gedichtproduktion die Wahrnehmung anderer publizistischer Interessen nicht behindert; so vollzieht sich die Ablösung von den theoretischen Studien reibungsfreier, als es der Autor selbst erwartet hatte. Ungleich schwieriger gestaltet sich jedoch der Weg zurück ins Feld der dramatischen Arbeit. Die hier entstehenden Probleme folgen aus dem Leistungsdruck, dem sich Schiller selbst aussetzt. Nach dem theoretischen Moratorium der frühen 90er Jahre scheint zunächst eine Überprüfung der eigenen literarischen Erwartungen erforderlich. «Was ich je im Dramatischen zur Welt gebracht, ist nicht sehr geschickt mir Muth zu machen», klagt er Körner im September 1794 (NA 27, 38). 18 Monate später gesteht er dem Freund, daß er bei der Ausarbeitung des Wallenstein-Stoffs von seiner «alten Art und Kunst» nur «wenig dabey brauchen» könne (NA 28, 209).

Allein die tägliche Schreibpraxis verhilft dazu, die frühere Sicherheit im Umgang mit der dramatischen Technik zurückzugewinnen, ohne dabei die intellektuellen Standards preiszugeben, die die wirkungsästhetischen Konzepte der Tragödienschriften geschaffen hatten. Die produktiven Erfahrungen, die die Auseinandersetzung mit dem schwer handhabbaren Wallenstein-Material vermitteln, verdrängen wiederum nach 1800 die gattungstheoretischen Reflexionen. Bleibt in den Jahren der Arbeit an der Trilogie über den Friedländer, nicht zuletzt während der Beschäftigung mit den zahlreichen Projektideen dieser Periode, die Neigung zum abstrakt anmutenden Selbstkommentar beherrschend, so tritt nach der ungewöhnlich konzentrierten Vollendung der *Maria Stuart* eine pragmatische Perspektive in den Vordergrund. Bestimmend werden jetzt Fragen der Bühnenästhetik, der theatralischen Umsetzung und dramaturgischen Effektivität, während theoretische Überlegungen zumindest dem Briefwechsel nicht mehr anvertraut werden. Der Umzug nach Weimar Ende des Jahres 1799 führt ohnehin dazu, daß die Korrespondenz mit Goethe sich auf den Austausch alltäglicher Informationen, vornehmlich über die 1796 begonnene Arbeit für die Hofbühne konzentriert.

Charakteristisch für Schillers künstlerisches Selbstverständnis bleibt der kritische Blick auf früher Geleistetes. So heißt es Anfang September 1794, in der Phase der ersten Sondierung des Wallensteinstoffs, «ein Machwerk wie der Carlos ekelte» ihn angesichts seines neuen kunsttheoretischen Bewußtseins an (NA 27, 38). Zwei Jahre nach dem Abschluß der Trilogie erklärt er, längst auf der Suche nach neuen Vorhaben, seine Distanz gegenüber dem erfolgreich beendeten Unternehmen, das er, wie es heißt, beim aktuellen Stand seiner Selbsteinschätzung nicht mehr in Angriff genommen hätte (NA 31, 35). Über die *Maria Stuart* vermerkt er im Oktober 1801, ein halbes Jahr nach der Buchpublikation, sie lasse die stoffliche Plastizität vermissen, die das Publikum zumeist schätze (was auch Reserven gegenüber dem Zuschauergeschmack verrät) (NA 31, 61). Kaum frei von Resignation kündigt er nach dem Abschluß der *Braut von Messina* im April 1803 an, er werde einen ähnlichen «Wettstreit mit den alten Tragikern» nicht nochmals versuchen, weil er sich in seinen Bemühungen um eine objektive Kunstform allzu isoliert fühle (NA 32, 32). Solche Äußerungen bezeugen einen skrupulösen Umgang mit den Themen der eigenen Arbeit, nicht zuletzt den Drang, immer wieder neue Wege einzuschlagen, um lähmende Wiederholungen und die Erstarrung in Routine zu vermeiden. Generell heißt es im Mai 1801 in einem Brief an Körner, die «Wahl eines Gegenstands» für die dramatische Bearbeitung falle ihm zunehmend schwerer, weil «der Leichtsinn» fehle, mit dem er früher ein Sujet ausgewählt habe (NA 31, 35). Trotz Goethes nachdrücklicher Bitte gab Schiller in den knapp zehn Jahren der gemeinsamen Tätigkeit für das Weimarer Theater seine älteren Dramen nicht für die Aufführung frei. Eine Ausnahme bildete die überarbeitete *Karlos*-Version, die, einem Publikumswunsch folgend, im Sommer 1802 in Weimar, Lauchstädt und Rudolstadt gezeigt wurde. Zur redaktionellen Umgestaltung der übrigen Jugendarbeiten, wie sie Goethe empfahl, konnte sich Schiller jedoch nie durchringen. Die Liebhaberaufführung seines Debütdramas, die Jenaer Studenten am 20. November 1794 zeigten, hat er ignoriert. Ein Gastspiel der Berliner *Räuber*-Einstudierung, die Iffland nochmals als Franz Moor glänzen ließ, besuchte er im April 1796 ohne jeden Enthusiasmus; die mehr als drei Jahre ältere Stuttgarter Inszenierung von *Kabale und Liebe* hatte er selbst nicht gesehen, der *Fiesko* blieb aus Zensurgründen nach der Wiener Skandalaufführung des Jahres 1793 ungespielt (die Idee, eine versifizierte Version des Textes zu verfassen, verwirft er rasch).

Das Vergnügen an neuen künstlerischen Herausforderungen schließt für Schiller die intensive Beschäftigung mit früheren Arbeiten aus. In der Schublade seines Schreibtischs pflegt er zwar Listen über noch unvollendete Projekte, selten jedoch die Manuskripte älterer Texte aufzubewahren. Das entspricht dem Prinzip der ständig fortschreitenden intellektuellen Aktivität, wie es, ähnlich formuliert, Goethe und Humboldt als Merkmal seines Künstlertemperaments hervorgehoben haben. Mit zunehmender Intensität steigert sich Schiller während der ihm verbleibenden letzten zehn Jahre in einen Arbeitsrausch, der um so bemerkenswerter ist, als er durch Krankheitsschübe – vor allem Bauchkrämpfe, Brustentzündungen und Nervenfieber – regelmäßig zu tage- und wochenlangen Schreibpausen genötigt wird. Immer deutlicher erkennt er, daß Phasen der Ruhe und Entspannung für ihn nicht notwendig Erholung bedeuten, sondern allein die intellektuelle Agilität jenen eingeschränkten Lebensgenuß ermöglicht, der auch die physischen Übel in Grenzen hält. Bereits im Januar 1796 bemerkt der Rittmeister von Funck nach seinem Besuch in Jena gegenüber Körner: «Man sieht, in welcher ununterbrochenen Spannung er lebt und wie sehr sich der Geist bei ihm den Körper tyrannisirt, weil jeder Moment geistiger Erschlaffung bei ihm körperliche Krankheit hervorbringt.»[1] Charlottes junger Cousine Christiane von Wurmb soll Schiller im Februar 1801 erklärt haben, man müsse versuchen, «jeden Augenblick mit voller Kraft zu ergreifen, ihn so zu benutzen als wäre es der einzige letzte.» (NA 42, 306)

Nach der dreijährigen Arbeit am *Wallenstein*, der, Anfang 1799 vollendet, im Sommer 1800 bei Cotta vorliegt, entstehen die großen Dramen der letzten Lebensperiode wie unter wachsendem Zeitdruck: *Maria Stuart* in zwölf Monaten, die *Jungfrau von Orleans* in neun, die *Braut von Messina* in fünf, der umfangreichere *Wilhelm Tell* in sechs Monaten. Zu welchen Leistungen Schiller imstande war, wenn ihn seine Krankheit nicht behinderte, zeigt das Tempo, in dem er kleinere dramatische Arbeiten wie *Die Huldigung der Künste* abschloß (für das immerhin 250 Verse umfassende Spiel benötigte er im November 1804 lediglich fünf Tage). Um seine Kräfte für die großen Projekte zu schonen, befaßt er sich seit der Mitte der 90er Jahre in Perioden angeschlagener Gesundheit bevorzugt mit Bühnenbearbeitungen und Übersetzungen. Auch solche Gelegenheitsschriften werden jedoch meist innerhalb kurzer Zeit beendet. Die Einrichtung von Goethes *Egmont* kostet ihn im April 1796 trotz schlechter körperlicher Verfassung nur zwei Wochen, den *Nathan* redigiert er für die Bedürfnisse des Weimarer Theaters im April 1801 in einigen Tagen, die Übersetzung von Racines *Phèdre* ist, wenige Monate vor seinem Tod, wiederum unter dem Einfluß von Krankheitsschüben, in nur vier Wochen abgeschlossen. Hinter solchen Gewaltakten steht ein protestantisches Arbeitsethos, das Schiller weit über die Grenze des gesundheitlich Verantwortbaren führt. «Die Hauptsache ist der Fleiß», schreibt er am 15. November 1802 an Körner, «denn dieser giebt nicht nur die Mittel des Lebens, sondern er giebt ihm auch seinen alleinigen Werth.» (NA 31, 172)

Zu Schillers Selbstverständnis als Bühnenautor gehört, wie im Fall der lyrischen Arbeiten, die Anpassung an die Erfordernisse eines praktischen Wirkungskalküls. Ohne Umstände unterwirft er seine Texte, wenn die Situation es verlangt, rigiden Eingriffen und Änderungen. Den *Tell* kürzt er, nachdem die Weimarer Uraufführung im März 1804 fünfeinhalb Stunden gedauert hatte, bedenkenlos auf annähernd die Hälfte des ursprünglichen Manuskriptumfangs, um die Geduld der Zuschauer nicht über Gebühr zu beanspruchen. Die oft unsensiblen Korrekturwünsche auswärtiger Theater, die zumeist durch die Furcht vor Zusammenstößen mit den mächtigen Zensurbehörden veranlaßt werden, akzeptiert er geduldig und ohne Klage. Der Weimarer Hofschauspieler Anton Genast verweist in seinen (vom Sohn Eduard verfaßten) Memoiren nachdrücklich auf dieses unkomplizierte Verhältnis zu den eigenen Produkten: «Schiller war überhaupt, besonders wenn es seine Stücke betraf, darin schonungslos; man mußte ihm förmlich in den Arm fallen, um ihn in seiner chirurgischen Arbeit zu hemmen.»[2]

Nach den mühevollen Jahren der Auseinandersetzung mit dem Wallensteinstoff gewinnt Schiller das Bewußtsein, daß die Tätigkeit für das Theater seine ganze Konzentration verdient. Bereits im August 1799, inmitten der Arbeiten an der *Maria Stuart*, zeigt er sich entschieden, das Fach nicht mehr zu verlassen; «für die nächsten 6 Jahre», verrät er Körner, wolle er sich «ausschließend an das dramatische halten» (NA 30, 80). Der Vorsatz wird befolgt; bis zu seinem Tod hat Schiller dem Bühnengenre stets Vorrang gegenüber anderen Gattungen eingeräumt. Zu den sechs abgeschlossenen Originaldramen treten als Frucht der letzten Lebensdekade zahlreiche Bearbeitungen und Übersetzungen. Stets neue Projekte halten Schiller seit 1797 in Atem, von der früh erwogenen *Räuber*-Fortsetzung (*Die Braut in Trauer*) über den alten *Maltheser*-Plan, das Betrügersujet des *Warbeck* und der *Elfride*, die *Polizey*-Fragmente mit ihrem kriminalistischen Stoff und eine Komödienkonzeption nach dem Muster von Goethes *Bürgergeneral* bis zu großen Tragödienversuchen wie *Themistokles, Die Prinzessin von Zelle, Agrippina* und schließlich *Demetrius.* Die Liste, auf der Schiller seit 1797 seine Pläne notiert, umfaßt 32 Titel. Sie wird eröffnet durch das Stichwort «Die Malteser. Tragödie.» Ihm folgt der Eintrag «Wallenstein. Tragödie.», den Schiller, wie er es auch künftig bei erledigten Projekten halten wird, nach Vollendung des Manuskripts durchstreicht und um die Angabe der Entstehungszeit (in späteren Phasen zumeist des Abschlußjahrs) ergänzt. Die Liste dürfte bis zum Sommer 1804 geführt worden sein. Sie weist sieben fertiggestellte Arbeiten auf – die fünf großen Dramen der letzten Lebensperiode, ferner die Bühnenbearbeitungen von Shakespeares *Macbeth* und Gozzis *Turandot*; die erst im November 1804 verfaßte *Huldigung der Künste* ist dagegen nicht mehr vermerkt (NA 12, 623 f.).

Zu den eigenen Dramen tritt die Serie der Bühnenbearbeitungen, neben den genannten Einrichtungen von *Egmont* (1796), *Macbeth* (1800) und *Nathan* (1801) die auch von der Dramenliste angeführte *Turandot* (1802) sowie die knapp gehaltenen Revisionen von Goethes *Iphigenie* und *Stella* (1802, 1805) und des *Othello* nach Voß' Textfassung. Gerade in den letzten beiden Lebensjahren hat Schiller wieder zum Übersetzungsgeschäft zurückgefunden; die Übertragungen zweier leichtgewichtiger Komödien Picards (1803), von Racines *Phèdre* und (in Auszügen) des *Britannicus* (1805), sämtlich entstanden in Phasen der Krankheit, bezeugen seine produktive Unruhe, die auch durch physische Krisen nicht wesentlich eingeschränkt wird. Seit seiner Dresdner Zeit, der letzten Periode planlosen Lebensgenusses, ist es Schiller gewohnt, bis zur Grenze der Belastbarkeit zu arbeiten (eine Ausnahme bildete die erste Hälfte des Jahres 1791, die mit Rücksicht auf die akute Erkrankung Zurückhaltung erforderte). In besonderem Maße gilt das für die Phase nach 1800, die gänzlich unter dem Diktat der literarischen Projekte steht. Der Briefwechsel spiegelt zwar auch jetzt noch private Momente – vor allem in der Auseinandersetzung mit der eigenen Familie –, doch ist eine Konzentration der Kräfte auf die eigenen Arbeitsvorhaben deutlich zu erkennen. Seltener als früher wird von Lektüreerlebnissen berichtet, kaum begegnen uns verschwenderisch ausgeführte Porträts wie im ersten Weimarer Jahr oder literarische Skizzen, die in den frühen Briefen an Körner so selbstverständlich schienen. Die Korrespondenz bleibt auf den knappen Austausch von Informationen, ein erheblicher Teil auf Geschäftskontakte beschränkt.

Seit der *Wallenstein*-Trilogie ist Schiller der Theatererfolg treu, vor allem in Weimar und Lauchstädt. Anton Genast erinnert sich, daß Aufführungen seiner Dramen stets ausverkauft waren und die Abendkasse zur Freude des Autors entsprechend füllten (NA 42, 357). Die *Maria Stuart* wird nach der Hoftheater-Premiere von den führenden Bühnen in Berlin, Dresden, Köln, Stuttgart und Prag ins Repertoire aufgenommen. Ebenso ergeht es der *Jungfrau von Orleans*, die ihre theatralischen Qualitäten trotz oftmals unzureichender Darstellerleistungen mit großem Effekt entfaltet; Christiane Vulpius erwartet vor der Lauchstädter Aufführung ein ‹unmenschliches› Gedränge der Einlaß begehrenden Zuschauer (NA 42, 364). In Leipzig gehört die Tragödie rasch zum festen Repertoire, ihre Inszenierung wird einer der größten Erfolge der Zeit. Selbst die sprödere *Braut von Messina* findet nach der Weimarer Premiere im März 1803 innerhalb der nächsten zwei Jahre den Weg zu den Bühnen von Hamburg, Berlin, Erfurt, Magdeburg, Kassel und Stuttgart. Wie rasch sich Schillers Theatererfolg steigert, erkennt man daran, daß der *Wilhelm Tell* als letztes seiner großen Dramen in den verbleibenden 15 Lebensmonaten des Autors von neun deutschen Theatern zwischen Bremen und Mannheim auf den Spielplan gesetzt wird. Als Schiller starb, dürfte er neben Kotzebue der am häufigsten aufgeführte deutsche Gegenwartsdramatiker gewesen sein.

   Durch seine schriftstellerische Arbeit hat sich Schiller in den letzten Lebensjahren ein derart solides finanzielles Fundament geschaffen, daß er auf die Hofratspension des Herzogs, anders als in der ersten Jenaer Zeit, kaum mehr angewiesen ist. Seine Einnahmen bezieht er hauptsächlich über die mit Cotta vereinbarten Honorare, während die Tantiemen aus den Theateraufführungen ein unsicheres Geschäft bedeuten. Gezahlt wurde hier nur der Preis für ein noch ungedrucktes Bühnenmanuskript; nach der Publikation flossen jedoch keine weiteren Summen mehr, weil der Text dann als allgemein zugänglich galt (eine juristische Absicherung im heutigen Sinne gab es nicht). So war es verständlich, daß die meisten Autoren die Veröffentlichung ihrer Theaterarbeiten verzögerten, um die Handschriften möglichst gewinnbringend an die Bühnen verkaufen zu können (besonders geschäftstüchtig war hier Kotzebue). Für Schiller lohnte sich ein solches Verfahren kaum, da Cotta ihn exzellent bezahlte und der Aufschub der Publikation durch die Tantiemen nicht hinreichend aufgewogen wurde. Das höchste Honorar erzielte er in diesem Bereich mit dem *Wallenstein*-Manuskript, für das Iffland, der sich eine möglichst frühe Berliner Aufführung sichern wollte, im Frühjahr 1799 455 Gulden entrichtete (die finanziell schlechter gestellte Weimarer Hofbühne, die die Premierenrechte besaß, überwies wenige Wochen zuvor nur die Hälfte dieses Betrages). Niedrigere Summen flossen im Fall der *Maria Stuart*, deren unpublizierte

Die Rückkehr ins dramatische Fach 371

Handschrift von den Theatern in Weimar und Berlin mit jeweils 140, vom Leipziger Intendanten Opitz aber nur mit 70 Gulden honoriert wurde. Noch geringer waren die Tantiemen, die die kleineren Bühnen in Schwerin und Frankfurt im Sommer und Herbst 1801 für die *Jungfrau von Orleans* zahlten, während die Handschrift der *Turandot*-Bearbeitung vor den Aufführungen in Hamburg, Berlin und Leipzig zu Beginn des Jahres 1802 je 90 Gulden abwarf.

Im Buchhandel erreichen Schillers Dramen für damalige Verhältnisse imponierende Vertriebszahlen, was auch durch ihre starke Theaterpräsenz erklärbar sein dürfte. Vom *Wallenstein* werden in erster Auflage rasch 4000 Exemplare verkauft, die zweite, mit weiteren 1500 Stück, muß bereits im Herbst 1800 veranstaltet werden (auch um Raubdruckern in Bamberg und Wien entgegenzuwirken), 1802 folgt eine dritte mit nochmals 2500 Exemplaren. Bei diesen Zahlen handelt es sich lediglich um die offiziellen Erträge, die bei Cotta zu Buche stehen; die Nachdrucker, die zumal in Süddeutschland und Österreich ihr Wesen trieben, dürften erheblich höhere Quoten erzielt haben, da sie den Preis niedriger hielten. Auch die von Unger verlegte *Jungfrau* behauptet sich am Markt; die 4000 Exemplare der Erstauflage sind innerhalb eines Jahres veräußert, die zweite Serie erreicht 1500 Stück. Nahezu identische Zahlen liegen im Fall der *Maria Stuart* vor; von der *Braut von Messina* bringt Cotta im Juni 1803 bereits 6000 Exemplare in den Handel, um der erwartbaren Nachfrage entsprechen zu können. Einen Rekorderlös erzielt der *Tell*, von dem nach dem Erscheinen Anfang Oktober 1804 in den ersten Wochen 7000, bis zum Ende des Jahres 10000 Stück verkauft werden.[3] Schiller übertrifft damit sogar die Erfolge des jungen Goethe, dessen *Werther* ein Vierteljahrhundert zuvor in 24 Monaten den damals fast astronomischen Umsatz von 4500 Exemplaren erreichte.

Die Geschäftsbedingungen, die Schiller mit Cotta ausgehandelt hatte, verschafften ihm beträchtliche Gewinnmöglichkeiten. Zwischen 1800 und 1804 flossen aus der Kasse des Verlegers insgesamt 8200 Taler an ihn.[4] 650 Gulden wurden für die Erstauflage eines neuen Originaldramas gezahlt, 550 Gulden für Übersetzungen oder Bühnenbearbeitungen, aber auch bei sämtlichen Neuauflagen, was keineswegs den üblichen Gepflogenheiten entsprach. Cottas Rechnungsbücher zeigen zudem, daß der Verleger seinem Autor aus Dankbarkeit für das glänzende Verkaufsgeschäft unabhängig von den vereinbarten Honoraren regelmäßige Sonderzuwendungen überwies: aus Anlaß der Ostermesse 1801 als Geschenk für den Gewinn am *Wallenstein* 550 Gulden, im April des folgenden Jahres 558 Gulden aufgrund der zweiten Auflage der *Maria Stuart*, im Mai 1802 nochmals als Zusatzhonorar 1100 Gulden für die zweite und dritte Auflage des *Wallenstein*.[5] Bedenkt man, daß es sich hier um Gratifikationen handelt, die das jeweils verabredete Honorar ebenso wie die herzögliche Pension ergänzten, wird man den Weimarer Hofrat als glänzend verdienenden Autor einstufen dürfen, der die ökonomische Unsicherheit früherer Jahre gegen eine materiell gefestigte Schriftstellerexistenz im Licht öffentlichen Ruhms eingetauscht hat.

‹Weltgeschichte als Weltgericht›?
Konturen des historischen Schauspiels

«Niemand», vermerkt Jean Paul 1804, «hat nach Shakespeare so sehr als Schiller (...) die historische Auseinandersetzung der Menschen und Taten so kräftig zu einem tragischen Phalanx zusammengezogen, welcher gedrängt und keilförmig in die Herzen einbricht.»[6] Betrachtet man Schillers Dramenliste, so fällt in der Tat die Dominanz historischer Stoffe auf. Den thematischen Schwerpunkt bildet dabei die Zeit zwischen dem späten Mittelalter und der Epoche der Religionskriege, während antike Sujets kaum vertreten sind (einzig die *Agrippina* und der *Themistokles* gehören in diesen Bereich, die nach dem Muster der attischen Tragödie gearbeitete *Braut von Messina* trägt wiederum Spuren neuzeitlicher Geschichtsmomente). Schillers historisches Interesse konzentriert sich auf die Periode des europäischen Konfessionalismus zwischen dem späten 15. und 17. Jahrhundert. Die wichtigsten seiner Stoffe von den *Malthesern* und dem *Wallenstein* über die *Maria Stuart* bis zu *Warbeck* und *Demetrius* gehören dieser Phase zu (die *Jungfrau* und der *Tell* behandeln hingegen spätmittelalterliche Geschichtsereignisse, in deren Darstellung sich, passend genug, ein legendenhaft-phantastisches Element mischen darf). Der Gegenwart Schillers näher stehen die *Polizey*-Fragmente – als Gesellschaftsbilder des voraufklärerischen Paris in der Epoche Ludwigs XIV. – und die *Prinzessin von Zelle*, deren Geschehen am Hannoverschen Hof zu Beginn des 18. Jahrhunderts angesiedelt ist. Unmittelbare zeitgeschichtliche Aspekte weist nur der nicht ausgeführte Plan einer Tragödie über Charlotte Corday auf, die 1793 als Mörderin des jakobinischen Deputierten Jean Paul Marat in Paris guillotiniert worden war.

Schillers Vorliebe für geschichtliche Stoffe aus der Zeit des 15. bis 17. Jahrhunderts besitzt unterschiedliche Ursachen. Sie war folgerichtig, weil hier der Schwerpunkt seiner historiographischen Interessen lag; als Autor umfassender Arbeiten zu den großen Konflikten der konfessionalistischen Epoche konnte er auf eine fachliche Kompetenz zurückgreifen, die das Quellenstudium erheblich beschleunigte (was sich zumal im Fall des *Wallenstein* und der *Maria Stuart* bewährte). Hinzu kam, daß die machtpolitischen und gesellschaftlichen Spannungsfelder der vornapoleonischen Revolutionsära wesentlich durch die Entwicklungen des frühmodernen Europa von der spanischen Weltherrschaft zum französischen Absolutismus (1550–1700) bestimmt worden waren. Über konfessionelle Tendenzen verstärkte Interessengegensätze (so der jahrhundertealte dynastische Konflikt Englands mit Frankreich), territorial bedingte Auseinandersetzungen (zwischen Preußen, Österreich, Polen und Rußland) und militärstrategisch veranlaßte Krisen (etwa das von Spanien, den Niederlanden und England geführte Ringen um die Seehoheit) bildeten nicht selten dauerhafte Spannungsfelder, die noch für die europäische Staatenwelt um 1800 Bedeutung besaßen. Hinter Schillers Neigung zu Stoffen aus der Zeit zwischen Reformation und Aufklärung verbirgt sich mithin keine apolitische Haltung, sondern das Bewußtsein, daß sich die Machtverhältnisse der eigenen Epoche nur in Kenntnis ihrer historischen Voraussetzungen begreifen ließen.

Es ist frühzeitig bemerkt worden, daß Schillers klassische Geschichtsdramen bevorzugt Übergangs- und Umbruchphasen, politische und soziale Ausnahmezustände, Krieg und Revolte darstellen. In dieser Neigung bekundet sich die bereits beim *Fiesko* sichtbare Intention, das dramatische Individuum im Moment konkreter Gefährdung durch Interessenkollisionen, Rechtsunsicherheit und Gewalt an Extrempunkten seiner historischen Bewährung vor Augen zu führen. Neben diese auch psychologische Perspektive tritt erneut das Motiv des Geschichtsvergleichs; der Blick auf die Vorgänge im Umfeld der Französischen Revolution nötigt Schiller dazu, historische Urteilsmaßstäbe zu entwickeln, die eine genauere Einschätzung des großen Epochenereignisses ermöglichen. Anders als die Vertreter der aktuellen Publizistik von Burke über Rehberg bis zu Gentz und Reichardt, die bevorzugt die englische *Glorious Revolution* des Jahres 1688 als Modell der ersten modernen Staatsumwälzung auf europäischem Boden zum Vergleich heranziehen, sieht sich der Dramatiker veranlaßt, seine Diagnosen im weitläufigeren Gelände der neuzeitlichen Geschichte zu sichern. Weil Schiller mehr als nur die Erklärung konkreter sozialer Konstellationen anstrebt, muß er Stoffe finden, die typische Modelle politischen Handelns aufzeigen, ohne daß dabei das psychologische Interesse preisgegeben wird. Ausschlaggebend für die Wahl eines Sujets ist also nicht nur dessen historische Beispielhaftigkeit, sondern auch seine Qualifikation zur Darstellung herausragender Charaktere. «Savoire l'Histoire», so vermerkt bereits 1671 der von Schiller geschätzte Abbé Saint-Réal, «c'est connaître les hommes, qui en fournissent la matière, c'est juger de ces hommes sainement (...)» («Die Geschichte zu kennen», [...] «das heißt die Menschen zu kennen, die dafür den Stoff liefern, das heißt, diese Menschen vernünftig zu beurteilen.»)[7] Im günstigen Fall zeigt der Blick ins Magazin der Geschichte die Macht der äußeren Umstände, die auf dem historischen Subjekt lasten, ebenso wie die innere Souveränität des Individuums, deren Unverletzlichkeit sich gerade in Konfrontation mit sozialen Widerständen erweisen läßt. Daß die moralische Freiheit des Menschen oft genug erst unter dem Druck heteronomer Zwänge praktische Konsequenzen zeitigt, betont schon 1788 Schillers Einleitung der Schrift über die niederländische Rebellion. Das entspricht dem Konzept des Pathetischerhabenen, das sich idealiter im Medium des Geschichtsdramas, vermittelt über die Demonstration der moralischen Unabhängigkeit des Individuums unter den Bedingungen seines äußeren Notstands, realisieren läßt.

Während Schiller in früheren Jahren vornehmlich an der Psychologie des exzentrischen Ausnahmemenschen jenseits moralischer und sozialer Normen interessiert scheint – eine Vorliebe, die noch die wesentliche Motivation der im Sommer 1786 begonnenen Geschichtsstudien bildet –, rückt nunmehr die Auseinandersetzung mit den das Individuum formenden politischen Extremsituationen in den Vordergrund. Auf den Prüfstand tritt dabei das Ideal menschlicher Autonomie, das im Widerstreit von subjektivem Wirkungsanspruch und objektiven Zwängen Belastungsproben ausgesetzt wird, wie sie einzig historische Umbruchkonstellationen bereithalten. Schillers Geschichtshelden agieren in ungesicherten Verhältnissen, an der Schwelle zur plötzlichen Veränderung des Status quo, jenseits der Normalität. Ihre Funktion als tragische Subjekte gewinnen sie aus dem Spannungsverhältnis zwischen persönlichem Interesse und heteronomen Umständen: Wallensteins Entscheidungsnotstand inmitten des seit fast 16 Jahren tobenden militärischen Konflikts, Marias Martyrium für die vor dem Hintergrund unsicherer dynastischer Verhältnisse eilfertig beschworene Staatsraison, Johannas kriegerischer Einsatz im Horizont einer den Streit der verfeindeten Völker überwindenden Friedensutopie, Demetrius' illegitimer Griff nach der dynastisch begründeten Herrschaft bezeichnen jeweils Modelle für den unüberbrückbar scheinenden Gegensatz zwischen individuellem Interesse und historischer Prozeßlogik. Einzig Tells spontaner Widerstand gegen die willkürlichen Zurüstungen einer fremden Besatzungsmacht wird unterstützt vom Wind der Geschichte: ein Unternehmen, dessen Erfolg ihm den Ausnahmecharakter der bei Schiller sonst unerfüllten Utopie verschafft.

Die großen Geschichtsdramen vereint das Interesse an den Erscheinungsformen politischen Handelns. Ein «Experte der Macht»,[8] wie Elias Canetti Franz Kafka genannt hat, ist auch Schiller. Eigene Jugenderfahrungen mit den Fratzen des Despotismus dürften hier prägend gewirkt haben. Noch in Jena und Weimar lebt er unter dem Diktat einer engen politischen Ordnung, deren restriktiven Charakter er als Theaterautor im Bereich der wechselhaften Zensurpraxis spüren muß. Der Kontakt mit Goethe, Knebel und Voigt verschafft ihm Einblicke in die Winkelzüge der geheimen Kabinettspolitik und höfischen Diplomatie, wie sie nicht jedem gegeben waren. Frühzeitig hat Schiller die Welt der Herrscher als literarisches Thema fasziniert, weil sie Eindrücke von den Grenzen und Widerständen vermittelte, denen der Autonomie beanspruchende Mensch noch auf der Höhe seiner Macht unterliegt. Die Vorliebe für dieses Sujet verstärkt sich in der letzten Lebensdekade, auch wenn sie selbstkritisch, mit einer gewissen Reserve gegenüber den (von Lessing als unpoetisch abgewerteten) ‹Staatsaktionen›, kommentiert wird. In kaum überbietbarer Vielfalt führen die klassischen Dramen ihren Zuschauern Grundformen politischen Denkens und Handelns vor Augen. Kabinettsdiplomatie, Verstellungskunst und Hofintrige, Demagogie und Gewalt, Desinformation und Betrug, juristische Kasuistik und militärisches Kalkül treten dabei als Elemente eines oft bedrückend anmutenden Szenarios zutage. Schiller verzichtet jedoch darauf, diese Phänomenologie der Politik aus der Kathedersicht moralischer Belehrung vorzuführen. Seine Dramen inszenieren die unwegsame Welt der Macht, ohne daß sie die optimistischen Prognosen der Jenaer Antrittsvorlesung über die Perfektibilität der Universalgeschichte stützen (eine Ausnahme bildet hier der *Wallenstein*-Prolog mit seinem Hinweis auf die «Gegenwart», die sich gegen die «düstre Zeit» des Religionskrieges heller abzeichne [NA 8, 5, v. 76 f.]).

Anders als im *Karlos* sucht Schiller das Feld der Politik nicht mehr, wie es in Hölderlins *Hyperion* heißt, zur «Sittenschule»[9] zu erheben. Sein nüchterner Blick auf die Kette der Ereignisse entspricht der oft fehlgedeuteten Perspektive des Gedichts *Resignation* (1784): ‹Weltgericht› ist die Weltgeschichte für den Schiller der Weimarer Dramen in einem strikt historischen Sinn, insofern sie Konflikte immanent, ohne Einwirkung metaphysischer Kräfte nach eigenem Vermögen regelt. Dieser Befund, wie ihn sämtliche Texte vom *Wallenstein* bis zum *Demetrius* in freilich abweichender Gewichtung stützen, bedeutet weder die Absage an jegliche Geschichtsutopie noch deren systematische Erneuerung. In welche Richtung der historische Prozeß treibt, bleibt letzthin, wie das Exempel Tells zeigt, von Verantwortungsbereitschaft und Willen des vervollkommnungsfähigen Individuums abhängig. Es ist jedoch auffällig, daß Schiller nach 1800 die Erwartung einer gesellschaftlichen Regeneration kaum mehr formuliert. In seinem Gedicht auf die Jahrhundertwende, das vor dem Hintergrund des Friedens von Lunéville (9. Februar 1801) entstand, hat er angesichts der Zerrüttung der politischen Ordnung im nachrevolutionären Zeitalter allein noch eine skeptische Formel für den auf geschichtliche Veränderung hoffenden Leser parat: «Freiheit», so lauten die Schlußverse, «ist nur in dem Reich der Träume, | Und das Schöne blüht nur im Gesang.» (NA 2/I, 129, v. 35 f.)

Schillers Bewußtsein, daß die Politik stärker denn je die Geschicke des modernen Menschen bestimme, ist mit seinen Eindrücken von der Französischen Revolution gewachsen. Die Forderung nach einer dem Zeitgeist enthobenen literarischen Kultur, wie sie im Dezember 1794 die *Horen*-Ankündigung äußert, muß dem kaum widersprechen. Schillers Vorbehalte gelten nicht den politischen Stoffen schlechthin, sondern der künstlerischen Anpassung an das Gebot der Aktualität. Gerade in der Phase um 1800 entsteht eine Flut von Dramen, die direkt auf die französischen Zeitereignisse Bezug nehmen.[10] Autoren wie Buri, Henseler, Iffland, Kotzebue, Plümicke und Zschokke entdeckten die Revolution als wirkungsträchtiges Thema, das, sofern man die Zensurrisiken umschiffte, gut gefüllte Theater bescherte.[11] Überaus populär (und dabei der Obrigkeit genehm) waren Jakobinerkomödien, die sich darauf verlegten, die verbreiteten Vorurteile gegen den politischen Radikalismus nach vertrautem Gattungsmuster mit dem Spott über allgemeine menschliche Torheit zu verbinden (in diese Kategorie fallen auch Goethes schale Lustspiele über die Revolution). Ein Werk wie Kotzebues *Der weibliche Jakobiner-Clubb* erlebte zwischen 1791 und 1795 mehr als zwanzig Einstudierungen und gehörte damit zu den erfolgreichsten Theaterstücken der Zeit. Weniger trivial nahmen sich Arbeiten aus, die die Revolutionsereignisse aus der Sicht ihrer Opfer darstellten (was auch aus politischen Gründen opportun war). So legte Ludwig Ysenburg von Buri in den frühen 90er Jahren eine Trilogie über den Bastillesturm und das Schicksal des Königspaares vor, deren Teile mehrdeutig als ‹bürgerliche Trauerspiele› ausgewiesen waren. Zahlreiche anonym publizierte Dramen befaßten sich zumal mit dem Lebensweg Marie Antoinettes, die zur Ikone eines politisch indifferenten Mitleidskultes avancierte. Facettenreiche Darstellungen politischer Zeitprobleme waren hingegen selten; Ansätze bot Ifflands Trauerspiel *Die Kokarden* (1791), das die heftig diskutierte Rolle der Frauen in der Revolution behandelte, dabei freilich jene konventionelle Perspektive bewahrte, wie sie auch Kotzebues Komödie über die weiblichen Jakobiner vertrat.

Schiller hat dagegen die Distanz zu aktuellen Themen immer wieder als Bedingung seiner künstlerischen Souveränität bezeichnet. Goethe erklärt er am 19. Juli 1799 inmitten der Arbeit an der *Maria Stuart*, es sei für ihn unabdingbar, daß die «Phantasie eine Freiheit über die Geschichte» behaupte (NA 30, 73). Ende Dezember 1800 äußert er, zufrieden mit dem Fortgang des Johanna-Projekts, das historische Material werde jetzt «in seinem möglichsten Umfang benutzt», jedoch allein unter ästhetischen Gesichtspunkten organisiert (NA 30, 224). Während der Vorstudien zum *Tell* erläutert er Körner, er müsse die «Staatsaction», die der Stoff liefere, «aus dem historischen heraus und ins poetische» führen (NA 31, 160). Da die Möglichkeit der künstlerisch unabhängigen Verfügung über den Gegenstand mit dem Grad seiner Aktualität zu schwinden scheint, besteht für Schiller die Verpflichtung, historisch entlegene Sujets zu wählen. Diese Regel – angedeutet schon in der Schrift zur ästhetischen Erziehung – gilt auch deshalb, weil zeitgeschichtliche Themen das materielle Interesse des Publikums durch modische Sensationen zu fesseln drohen, ohne es, wie geboten, in der Form aufzuheben.

In Schillers Dramenliste findet sich ein einziges Projekt, das auf einen zeitgenössischen Stoff zurückgreift: ein vermutlich aus dem Jahr 1803 stammender Eintrag vermerkt «Charlotte Corday. Tragödie» (NA 12, 623). Inspiriert wurde dieser Plan, über den keine näheren Notizen vorliegen, womöglich durch einen Aufsatz Jean Pauls, der in dem von Friedrich Gentz und Johann Heinrich Voß herausgegebenen *Taschenbuch für 1801* erschien und ein feuriges Porträt der am 17. Juli 1793 hingerichteten Mörderin Marats liefert. Die Attentäterin (eine Urenkelin Corneilles) erscheint hier als «zweite Jeanne d'Arc», deren Idealismus sie «auf einer Freiheit-Höhe einheimisch» werden läßt, «daß sich plötzlich um sie her ihr ganzes Vaterland als eine geistige oder doppelte Schweiz aufrichtet und hohe Alpen voll Äther, Idyllenleben und Heimwehe der Freiheit in den Himmel stellt (...)»[12] Die Charakteristik der Corday als Mischwesen zwischen Jeanne d'Arc und Wilhelm Tell dürfte Schiller, sofern er den Text zur Kenntnis nahm, mit Sicherheit veranlaßt haben, über deren Tauglichkeit als Dramenheldin nachzudenken. Eine Tragödie über die Marat-Mörderin hätte ihn freilich in die Nähe des Zeitgeists gerückt; ein Erfolgsautor wie Heinrich Zschokke bemächtigte sich schon 1794 des Sujets (*Charlotte Corday oder die Rebellion von Calvados*), Carl von Senckenberg folgte 1797 mit einem bereits unter dem Eindruck der Zeitungsmeldungen vom Juli 1793 verfaßten Schauspiel (*Charlotte Corday oder die Ermordung Marats dramatisirt*).[13] Im Juli 1804 lernte Schiller die tragische Bearbeitung des Stoffs durch die Hamburger Schriftstellerin Christine Westphalen kennen, die ihn jedoch nicht sonderlich beeindruckt zu haben scheint. Es mag gerade die sichtbare Popularität des Themas gewesen sein, die ihn vor einer vertiefenden Bearbeitung zurückschrecken ließ. Solche Vorsicht entsprach auch der Überzeugung Goethes, daß man «ein für allemal den Klatsch des Tages»[14] auf der Bühne zu meiden habe.

Während Schiller zu Beginn der 90er Jahre aktuelle politische Ereignisse zumal in der Korrespondenz mit Körner detaillierter zu erörtern pflegt, erlahmt sein diesbezügliches Interesse mit Beginn der Kant-Studien spürbar. Die europäischen Konflikte der nachrevolutionären Periode – Koalitionskriege, scheiternde Friedensdiplomatie, französische Expansion – finden sich in seinen Briefen kaum reflektiert. Besonders überraschen mag, daß eine Auseinandersetzung mit Napoleon Bonaparte unterbleibt, obwohl dessen unaufhörlicher Aufstieg bereits vor Beginn des europäischen Eroberungsfeldzugs ein herausragendes Zeitthema bildete. Schon die einflußreiche Rolle, die er im Rahmen der Friedensverhandlungen von Campo Formio im Oktober 1797 spielte, zeigte seine innenpolitische Macht. Errungen hatte er sie durch die unter seiner Führung erzielten militärischen Erfolge während des Italienkrieges, die Frankreich die Kontrolle über die gesamte Lombardei verschafften und zur Gründung der Cisalpinischen bzw. Ligurischen Republik führten. Selbst das gescheiterte ägyptische Abenteuer, das infolge des Sieges von Admiral Nelson bei Abukir Anfang August 1798 die englische Vorherrschaft im Mittelmeerraum festigte, konnte den ehrgeizigen General nicht aufhalten. Seit dem 9. November 1799, der als Staatsstreich des 18. Brumaire in die Geschichte einging, regierte Bonaparte nach der gewaltsamen Entmachtung des Direktoriums als ‹Erster Konsul›, flankiert von Cambacérès und Lebrun, jedoch mit nahezu uneingeschränkter Befehlsgewalt, gestützt von einer ihm treu ergebenen Armee und weiten Kreisen des Volkes. Zu seinen entscheidenden innenpolitischen Initiativen gehörte die im Dekret vom Frühjahr 1800 festgeschriebene Zentralisierung der Verwaltung. Sie begründete den Aufbau eines Systems, das die Präfekten als Leiter der einzelnen Departements (Bezirke) des Landes unter die uneingeschränkte Oberaufsicht des Ersten Konsuls stellte. Gefördert wurde auf diese Weise die Entwicklung einer arbeitsteilig organisierten Bürokratie, deren Mitglieder Spezialaufgaben mit genau verteilten Kompetenzen zu übernehmen hatten. Mit seiner strikten Ausrichtung auf das administrative Zentrum Paris bestätigte dieser Verwaltungsapparat zugleich die Dominanz des Konsuls und die Verbindlichkeit seiner politischen Direktiven.

Legitimiert durch plebiszitäre Zustimmung, dabei stets unter Berufung auf die praktischen Rechtsgrundsätze der Revolution (die im *Code civil* Gestalt gewannen), ließ sich Bonaparte nach einer weitreichenden Verfassungsänderung am 2. August 1802 zum Konsul auf Lebenszeit ernennen und genau 28 Monate später, vom Papst gesalbt, in Notre-Dame zum erblichen Kaiser der Franzosen krönen. Das Lehrstück eines ‹kalten› Staatsstreichs der gleitenden Übergänge, in dessen Verlauf erst das Parlament, später auch die Exekutive (im Rahmen der zentralistischen Verwaltungsreform) zum willigen Werkzeug des charismatischen Machthabers degradiert wurde, hat Schiller selbst nicht genauer kommentiert. In einem Gespräch mit Cotta soll er Bonaparte angeblich als «erhabene Erscheinung» gewürdigt haben (NA 42, 355). Diesem ungesicherten Diktum wäre das kritische Urteil Caroline von Wolzogens entgegenzuhalten, die im Oktober 1802 nach der Rückkehr von einem längeren Parisaufenthalt ihrer Schwester berichtet: «Das Gouvernement ist schändlich, jetzt kann ich's schreiben. Frankreich ist gar kein Staat, sondern ein erobertes Land, wo der Eroberer despotisiert. Keine öffentliche legale Verwaltung, keine Spur von Rechtlichkeit; Alles stiehlt.»[15] Es ist unwahrscheinlich, daß Schiller von einer solchen Charakteristik gänzlich unbeeinflußt blieb. Berücksichtigt man zudem die zunehmende Bedeutung, die das Legalitätsprinzip für sein politisches Denken gewinnt, so wird man kaum an der inneren Distanz zweifeln dürfen, die er dem französischen Alleinherrscher entgegenbrachte. Gerade die Briefe an den Augustenburger beleuchten seine Überzeugung, daß die ‹Umwälzung› der Staatsverhältnisse einzig im Wege einer evolutionären Veränderung bei strenger Wahrung der bestehenden Gesetze legitim sein könne. Die eigenen Vorbehalte gegen Napoleon mögen schließlich durch Berichte Germaine de Staëls unterstützt worden sein, die Schiller während ihres Weimar-Aufenthalts im Winter 1803/1804 gewiß auch über die rigorose Ausweisungspraxis des Diktators informierte, deren Opfer sie als Tochter des früheren Finanzministers Jacques Necker – der Symbolfigur für die gescheiterte Haushaltspolitik unter Ludwig XVI. – ein Jahr zuvor geworden war. Caroline von Wolzogen berichtet in ihrer Biographie, Schiller habe Bonaparte kritisch gesehen: «dieser Charakter», so soll er nach dessen Staatsstreich gesagt haben, «ist mir durchaus zuwider – keine einzige heitere Äußerung, kein einziges Bonmot vernimmt man von ihm.»[16]

Selbst wenn sich Schiller gründlicher für Napoleon als geschichtliche Figur interessiert haben sollte, wäre ihm einzig eine perspektivisch gebrochene Darstellung jenseits direkter zeitgeschichtlicher Aspekte möglich gewesen. Die Materialien zu einer solchen Konzeption enthielt der lange aufgeschobene *Demetrius*-Plan, den er in den letzten Lebensmonaten voranzutreiben suchte. Das im frühen 17. Jahrhundert angesiedelte Sujet des charismatischen Thronprätendenten ohne dynastische Legitimität hätte ein literarisches Bild vom Spiel um die politische Herrschaft vermittelt, in dem auch die aktuellen Züge des napoleonischen Willens zur Macht zutage getreten wären. Die knapp gewordene Lebenszeit ließ den Abschluß des fulminanten Vorhabens jedoch nicht mehr zu: Schillers dramatischer Entwurf blieb ein Torso, ebenso wie die europäische Staatenordnung, die der Kopf des Eroberers Napoleon bald gebären sollte.

Weimarische Dramaturgie.
Wirkungsästhetische Elemente der klassischen Tragödien

«Schillers Talent», erklärt Goethe im Januar 1825 gegenüber Eckermann, «war recht fürs Theater geschaffen.» Er selbst habe sich hingegen mit der Neigung, «eine Kette von lauter Motiven»[17] durch seine Dramen zu führen, von den praktischen Anforderungen der Bühne zumeist entfernt. In der Tat besaß Schiller ein vitales Theatertemperament, das das Vergnügen an der szenischen Wirkung ebenso einschloß wie den Willen zur opernhaften Geste, zu Pointe und Pathos. Kolportagehafte Elemente, die zumal die frühen Dramen enthalten, treten dabei neben jenen kalkulierten «Sinn für das Grausame»,[18] den Goethe unter Hinweis auf die Gefängnisszene der *Egmont*-Bearbeitung nachdrücklich kritisiert hat. Schillers Dramen sind in hohem Maße auf den theatralischen Effekt zugeschnitten; Zeitdarstellung, Rauminszenierung, Aktaufteilung und Figurenpsychologie gehorchen den Prinzipien einer bis ins Detail ausgeklügelten Wirkungsästhetik. Deren bühnenpraktischer Charakter, den die Dramenschriften der 90er Jahre nur beiläufig beleuchten, tritt mit der Arbeit am *Wallenstein* in den Vordergrund. Der Einsatz der szenischen Mittel erfolgt dabei unter permanenter Reflexion über ihre Möglichkeiten, im Zusammenhang einer intellektuellen Selbstverständigung, die sich auf höchstem Niveau bewegt. Andererseits formuliert Schiller seit seiner Rückkehr zum Drama immer wieder Kritik an der verbreiteten Tendenz, die praktischen Erfordernisse der Bühne ohne Bezug zur aktuellen Theaterwirklichkeit zu erörtern. Nachdem ihm Christian Gottfried Schütz eine von Johann August Apel in der *ALZ* veröffentlichte Rezension der *Jungfrau von Orleans* übersendet hat, erklärt er, gegenwärtig erschienen ihm «die beyden Operationen, des poetischen Hervorbringens und der theoretischen Analysis, wie Nord- und Südpol von einander geschieden» (NA 31, 95).

Schillers dramaturgisches Selbstverständnis gehorcht wirkungsästhetischen Zielsetzungen, ohne daß es sich damit von den konkreten Inhalten seiner Texte löst.[19] Fraglos ist das Vergnügen am großen Theatereffekt: imposante Triumph- und Krönungszüge, Truppenaufmärsche, nächtliche

Verschwörungen, blutige Mordszenen, Teufelserscheinungen und Unheilszeichen, expressive Naturbilder und ausladende Massenspektakel gehören zu tragenden Elementen seiner Dramaturgie. In einem Brief an Goethe vom 29. Dezember 1797 erklärt er die frühzeitig ausgebildete Vorliebe für szenische Opulenz indirekt aus seiner Neigung zur Oper, der er als Kunstgattung sein «Vertrauen» schenke, weil sie «durch eine freiere harmonische Reizung der Sinnlichkeit das Gemüth zu einer schönern Empfängniß» vorbereite und aufgrund ihrer phantastischen Züge von vornherein jene artistische Dimension aufweise, die im Fall des Dramas so häufig durch die Dominanz stofflicher Interessen zugedeckt werde (NA 29, 179). Schillers Votum für die Oper findet sein Pendant in den musikalischen Tendenzen seiner klassischen Dramen. Vornehmlich die *Jungfrau* und der *Tell* arbeiten mit Orchestereinlagen, die in entscheidenden Momenten die szenische Wirkung steigern (so am Schluß des dritten Akts, als Johanna die Versöhnung mit Burgund bewirkt hat, oder zum Ende des *Tell*, da man dem Titelhelden, begleitet durch die schon in der Exposition ertönende «Musik vom Berge», die Reverenz erweist). Auch die Organisation des Chors in der *Braut von Messina* gehorcht musikalischen Prinzipien, insofern sie vom Wechsel der Stimmen getragen wird. Kein Zufall ist es, daß Schillers Dramen bis heute mehr als 40 Opernadaptionen, unter anderem aus der Feder von Rossini, Donizetti, Verdi und Tschaikowski erlebten. Auch Richard Wagner hat, trotz prinzipieller Vorbehalte gegen das Genre des Geschichtsschauspiels, Schillers Theatergenie seine Bewunderung nicht versagt und in regelmäßigen Abständen Pläne zur Aufführung seiner Dramen gehegt; noch 1870 trägt er sich mit dem Gedanken, den *Wallenstein* in Bayreuth zu inszenieren.[20]

Schiller nutzt das Theater als Medium, das es ihm erlaubt, sein Ideenmaterial auf einer sinnlichen Ebene mit großem Anschauungseffekt durchzuspielen und aus verschiedenen Blickwinkeln zu präsentieren. Das bedeutet keine Beschränkung auf die bloße Bühnenwirkung, schließt aber zugleich die blasse Abstraktion reiner Gedankenarbeit aus.[21] Befriedigt bemerkt er nach dem Abschluß der *Maria Stuart* am 16. Juni 1800, er beginne nun endlich, sich «des dramatischen Organs zu bemächtigen» und das «Handwerk zu verstehen.» (NA 30, 162) Daß er die «Bühnen von Deutschland erschüttern» möchte und «den Leuten den Kopf wieder warm zu machen denke», erklärt er unzweideutig während der Arbeit am *Tell* (NA 32, 68, 81). Die Abneigung gegen die Mittelmäßigkeit zeitgenössischer Theaterprodukte, der Verzicht auf eine Anpassung an deren Niveau, der Zweifel an der Bildungsfähigkeit des Publikums widersprechen dem keineswegs.

Die Inszenierung von Zeit, Raum und Individuum unterliegt der Absicht, theatralische Konstellationen zu schaffen, in denen der Mensch sich als autonomes Wesen zu bewähren hat. Das Medium der Bühne bietet die Möglichkeit, diese Erprobungssituationen anschaulich zu entfalten, ohne den Zuschauer sogleich mit moralischen Lehrsätzen zu konfrontieren. Wie stark die dramaturgischen Techniken Schillers von einer derart psychologisch-experimentellen Zielsetzung abhängen, verrät die Darstellung des szenischen Raums, in dem sich seine Figuren zu bewegen haben. An die Stelle der Plastizität, die die Naturbilder der *Räuber* oder des *Fiesko* aufweisen, tritt zwar seit dem *Wallenstein* ein zurückhaltenderer Umgang mit topographischen Motiven, doch meidet Schiller zugleich die szenische Einheit, wie sie Merkmal der klassizistischen Bühnenkonzeption von Goethes *Iphigenie* und *Torquato Tasso* ist. Bleiben *Wallenstein*, *Maria Stuart* und die *Braut von Messina* zumeist durch die Konzentration auf geschlossene Innenräume bestimmt, ohne deshalb einem sterilen Kunstcharakter zu verfallen, so zeigen die *Jungfrau* und der *Tell* die ausladenden, einander kontrastierten Landschaftspanoramen, mit denen schon das frühe Werk aufwartete.

Wiederentdeckt werden hier die dramaturgischen Möglichkeiten von Naturszenarien, die zu den tragenden Elementen beider Texte gehören. Die lothringischen Täler, die Bergwelt des Rütli – über die sich Schiller durch Kartenmaterial, das er an die Wände seines Arbeitszimmers heftete, genau informierte –, die Landschaft vor Orléans, die Bauernhäuser in Schwyz und Uri bilden nicht nur Stimmungskulissen für einen historischen Theaterprospekt. Ihr zeichenhafter Charakter liegt darin, daß sie sich einzelnen Figuren zuordnen und deren Position innerhalb des Geschehens verdeutlichen. Johannas ambivalente ‹Sendung› und Tells individueller Widerstand gegen die österreichische Besatzungsmacht gewinnen ihre psychologische Evidenz auch im Zusammenhang der szenischen Tableaus, die ihre Auftritte tragen. Zu solchen Raumbildern mit dramatischem Umriß gehören die Dorfkapelle in Domrémy mitsamt der neben ihr stehenden geheimnisvollen Eiche, in deren Schatten Jeanne ihre Marienerscheinung erlebt, der düstere Wald, der im fünften Akt Johannas Sturz in die Tiefen des Schuldbewußtseins veranschaulicht, der Vierwaldstätter See, der für Baumgarten die Grenze zwischen Rettung und Verhaftung bezeichnet, das vom Mondregenbogen beglänzte nächtliche Rütligebirge als zentral gelegener Ort der Verschwörung, die wetterleuchtenden Himmelsweiten, die den Sieg der Eidgenossen über die graue Fremdherrschaft illustrieren dürfen.

Szenische Räume erfüllen bei Schiller eine konkrete dramaturgische Funktion, indem sie Konflikte und Handlungsoptionen der Figuren andeuten: die dunklen Gemächer in Eger kündigen am Ende der Trilogie die Grauen der Mordnacht an, deren Opfer nicht nur Wallenstein wird; die hoch aufragende Kathedrale von Reims wächst im vierten Akt zum unheimlichen Sinnbild der Johanna beherrschenden Entfremdung, schließlich zum Vorzeichen des Glückswechsels, den die ärmliche Köhlerhütte zu Beginn des fünften Aufzugs wiederum topographisch verdeutlicht; die schmale Gasse bei Küßnacht wirkt wie ein symbolischer Ort der Gewalt, an dem keine Umkehr möglich ist, wo der Mensch in die Enge des unabänderlichen Handlungszwangs getrieben scheint. Die Weimarer Hofbühne, die Schiller mit Ausnahme der *Jungfrau* zur Uraufführung seiner klassischen Dramen bestimmte, bot für die Umsetzung solcher Raumbilder jedoch kaum die geeigneten Bedingungen. Mit einer Breite von elf und einer Tiefe von neun Metern genügte sie nicht entfernt den technischen Möglichkeiten, die Schiller in Stuttgart und Mannheim kennengelernt hatte. Vor allem der *Wallenstein* und der *Wilhelm Tell* ließen sich nur unter eingeschränktem Figurenaufwand in engen räumlichen Grenzen realisieren; so waren es auch theaterpraktische Gründe, die Schillers Kooperation mit Ifflands besser ausgerüsteter Berliner Bühne förderten.

In der gemeinsam mit Goethe Anfang Februar 1797 während der Arbeit am *Wallenstein* konzipierten Abhandlung *Ueber epische und dramatische Dichtung*, die erst 1827 in *Kunst und Alterthum* publiziert wird, heißt es, der Dramatiker stehe «meist auf Einem Puncte fest» (NA 21, 58), während der Epiker die «ganze Natur» auszuschreiten vermöge.[22] Dem Totalitätsanspruch erzählerischer Texte kann die Raumgestaltung des Dramas gerade deshalb nicht entsprechen, weil sie die ‹Vergegenwärtigung› ihres Stoffs anstrebt, wie bereits 1792 die Schrift *Ueber die tragische Kunst* vermerkt hatte. Der dramatische Raum lebt aus der beschränkten, aber plastischen Repräsentation des Moments. Seine zeichenhafte Funktion gewinnt er durch die Technik der Zusammenführung topographischer Elemente zum Tableau (so Diderots Formulierung in seiner 1760 von Lessing übersetzten Abhandlung *Dorval et moi* im Anhang zu *Le fils naturel* [1757]),[23] das die Darstellung jener «ineinandergedrungenen Realitäten» erlaubt, von denen schon die Vorrede der *Räuber* sprach. In diesem Sinne bilden unter Schillers klassischen Dramen vor allem die *Jungfrau* und der *Tell* Muster einer konzentrierten Dramaturgie, die Landschaftsbilder zu Bestandteilen jenes «prægnanten Moment(s)» werden läßt, in den das szenische Material zu überführen ist (NA 29, 132). Freilich genügen gerade die späteren Texte der klassizistischen Vorgabe, derzufolge «die Handlungen der ächten Tragödie» bloß «weniges Raums» bedürften (NA 21, 58), nur in eingeschränktem Maß. Zwar besitzt die Topographie von Schillers

Weimarer Dramen nicht jene Weitläufigkeit, mit der zur selben Zeit die an Shakespeare orientierten Bühnenlandschaften Tiecks und Brentanos aufwarten, doch trägt sie im Vergleich mit dem ökonomischen Raumkonzept Goethes einen deutlich ausgedehnteren Charakter, wie man insbesondere am *Tell* erkennen kann.

Neben Techniken der Raumdarstellung erörtert die Skizze *Ueber epische und dramatische Dichtung* auch Aspekte der Zeitregie, die Schiller vornehmlich im Umfeld des *Wallenstein*-Projekts reflektiert hat. Als genuin theatralisches Stilmittel gilt die Verwendung ‹vorwärtsschreitender Motive›; gemeint ist damit die Technik der Allusion, der beziehungsreichen Anspielung, die das Geschehen beschleunigt, indem sie es mit Spannungsmomenten durchsetzt. Verwirklicht wird das Verfahren in Schillers klassischen Dramen bevorzugt durch die Aktschlüsse mit ihrer Neigung zu Sentenz und Kasuistik, bisweilen auch durch stumme Gesten oder tragische Ironie, wie sie der *Wallenstein* bietet.[24] Max' Diktum «Und eh der Tag sich neigt, muß sichs erklären | Ob ich den Freund, ob ich den Vater soll entbehren.» (P v. 2650 f.) entwirft am Ende der *Piccolomini* gleichsam das Lösungspensum, das der folgende Teil der Tragödie zu leisten hat; Mortimers trotzige Ankündigung «Ich bleibe. Noch versuch ichs, sie zu retten, | Wo nicht, auf ihrem Sarge mir zu betten» (NA 9, 102, v. 2639 f.) ist schon von jenem erotisch gefärbten Untergangspathos getragen, das im vierten Akt die Katastrophe auslöst; Johannas Ohnmacht am Ende des vierten Aufzugs läßt im physischen Symptom den Bewußtseinskonflikt ahnen, der in späteren Szenen zum Ausbruch kommen wird; Melchthals entschlossener Aufruf zur Aktion «Und hell in deiner Nacht soll es dir tagen» (NA 10, 164, v. 751) erschließt, unter Bezug auf die Blendung seines Vaters, dasjenige Metaphernfeld, das künftig die Verschwörung der Eidgenossen als lichtvolles geschichtliches Unternehmen kennzeichnen wird. Die einzelne Szenen abschließenden Chorpartien der *Braut von Messina* erfüllen durchgängig die Funktion des Kommentars mit prophetischem Charakter; auch sie besitzen damit, gegen die Bestimmungen von Schillers Vorrede, eine nicht nur artistische, sondern zugleich wirkungspsychologische Dimension.

Zu den möglichen (wenngleich nicht genuin dramatischen) Techniken der Zeitinszenierung zählt für Goethes und Schillers Skizze auch das Verfahren der ‹Retardation›, das im Drama durch den Einsatz von Selbstgesprächen oder sentenzenhaltigen Dialogen ermöglicht wird. Mit ihrer Hilfe entstehen die das Pathos letzthin steigernden Ruhepunkte, die der Essay *Ueber das Pathetische* von der gelungenen Tragödie verlangt hatte. Wendungen wie «Nacht muß es sein, wo Friedlands Sterne strahlen» (T v. 1743),

«Auf blutge Schlachten folgt Gesang und Tanz» (NA 9, 268, v. 2519) oder «Wer gar zu viel bedenkt, wird wenig leisten» (NA 10, 196, v. 1532) sollen keine zeitenthobenen Wahrheiten artikulieren, sondern kommentierend das aktuelle Dramengeschehen beleuchten. Durch die Sentenz erfahren die szenischen Ereignisse eine Interpretation, die, gelöst von den individuellen Einstellungen der einzelnen Figuren, objektive Züge trägt. Zugleich entsteht ein retardierender Effekt, der das Geschehen kurzfristig aufstaut, letzthin jedoch die Energien steigert, die es nachfolgend vorantreiben. Die fortschreitende Handlung – Schiller redet von «Præcipitation» (NA 29, 141) – wird durch die verlangsamenden Elemente nicht dauerhaft, sondern nur kurzfristig aufgehalten, damit sie sich danach in beschleunigtem Tempo entfalten kann. Die zu Beginn des 19. Jahrhunderts rasch einsetzende Verselbständigung der Denksprüche zu ‹geflügelten Worten› löst mithin die szenische Bindung auf, die ihre Kommentarfunktion begründet (Otto Ludwigs bissige Bemerkung, Schillers Stücke glichen einem «Christbaum», an dem die Sentenzen hängen, «um leicht heruntergenommen zu werden», verwechselt hier Anspruch und Wirkung).[25]

Zeit versieht im dramaturgischen Kontext von Schillers klassischen Texten unterschiedlichste Funktionen. Sie vermag einen Antriebsfaktor für die tragische Aktion zu bilden, insofern sie durch ihr dynamisches Fortschreiten Handlungsoptionen einschränkt wie im *Wallenstein*, wo sie zur knapper werdenden Entscheidungszeit gerät, die Spielräume verengt, individuelle Freiheit reduziert, politische Maßnahmen unter den Druck äußerer Zwänge stellt. Ihr Ablauf kann aber auch durch Retardation oder Stillstand der Handlung verlangsamt werden, so in den ersten beiden Akten der *Maria Stuart* im Zeichen der lähmenden Erwartung eines königlichen Beschlusses über das Schicksal der Gefangenen oder in der Ruhe der *Tell*-Exposition, da die Zeit zum idyllischen Moment erstarrt, ehe sie, gespiegelt im Naturereignis des sich plötzlich entladenden Gewitters und der Rettungsaktion Tells, mit beschleunigtem Tempo zu verstreichen scheint. Als Instrument der dramaturgischen Inszenierung bildet die Zeit ein wesentliches Medium der Bühnenereignisse, deren katastrophischen oder versöhnlichen Charakter sie durch die unterschiedlich dosierte Dynamik ihres Fortschreitens stützt.

In seinen dramentheoretischen Schriften behandelt Schiller immer wieder die Frage, wie sich die Erzeugung von Leidenseffekten am besten arrangieren lasse. Im Essay *Ueber die tragische Kunst* werden verschiedene Formen der Pathos-Darstellung beschrieben und näher klassifiziert. Lebhaftigkeit, Wahrheit und Vollständigkeit bilden die Indikatoren einer tragisch wirksamen Präsentation individueller Leidenserfahrung; zu diesen primär psychologisch geprägten Elementen gesellt sich als viertes Merkmal das Kriterium der ‹Fortdauer›, das gerade nicht durch die Konsequenz ununterbrochener pathetischer Darstellung, sondern mit Hilfe der ‹Temporalisierung› umgesetzt werden soll. Die Psychologie der Leidensdosierung hängt, wie Schiller frühzeitig erkennt, von der klugen Variation des szenischen Verlaufstempos ab. Weil der Zuschauer nicht permanent Mitleid empfinden kann, muß man ihn durch kommentierende Passagen mit langsamerem Rhythmus beruhigen, ehe ihm die Dynamik weiterer Pathosszenen zugemutet werden darf. «Dieser Wechsel», so heißt es unter Bezug auf die nuancierte Zeitdramaturgie, «frischt die erschöpfte Sinnlichkeit wieder an, und die Gradation der Eindrücke weckt das selbstthätige Vermögen zum verhältnismäßigen Widerstand.» (NA 20, 163)

Wie stark Schillers klassische Dramen von bühnenpraktischen Aspekten getragen werden, verrät der gegenüber den Jugendarbeiten ökonomischer gewordene, aber noch immer auffallende Einsatz von Regieanweisungen. Anders als Goethe, der auf dieses Verfahren völlig verzichtet, nutzt Schiller die Gelegenheit, Dialoge durch Randbemerkungen zu stützen, die ihrerseits Aussagen über Gemütszustände und Einstellungen der sprechenden Personen vermitteln. Als interpretierende Erläuterungen bestimmter Textpassagen bedeuten solche Hinweise zunächst eine Arbeitserleichterung für die Schauspieler, denen sie wesentlich zugedacht sind. Eng verbunden mit dieser praktischen Funktion bleibt der psychologische Hintergrund, den die Regiebemerkungen als Mittel der Figurencharakterisierung bereits in den frühen Dramen bezeichneten. Daß eine streng klassizistische Dramaturgie diese Technik ausschließt, hat Schiller selbst gewußt, wie man an der Vorsicht erkennt, mit der er in der *Braut von Messina* Szenenhinweise verwendet.

Im Hinblick auf die Redehaltung der Sprecher erschließen Schillers Anmerkungen besondere Ausdrucksqualitäten des Dialogs. Ein Musterbeispiel dieser Technik bietet die *Piccolomini*-Exposition, wo Schiller das rhetorische Scharmützel zwischen Questenberg und Wallensteins Offizieren durch eine Skala verschiedener Tonlagen vom beiläufigen Parlando über Sarkasmus und Ironie bis zu Betroffenheit und Nachdenklichkeit führt. In einen Bereich jenseits der sprachlichen Artikulation deuten Hinweise, die physiognomischen, im weiteren Sinne physischen Erscheinungsformen bestimmter Gemütszustände gelten. Besonders expressiv gerät der nonverbale Ausdruck in der *Maria Stuart*, deren zentrale Szene, die Begegnung der beiden Königinnen in III, 4, nicht nur als Rededuell angelegt ist, sondern auch eine körpersprachliche Dimension aufweist, in der Macht und Ohnmacht, Hoffnung und Angst, Ehrgeiz und Verzweiflung auf unmittelbare Weise zur Anschauung kommen. Ihre Kräfte messen die Kombattantinnen nicht zuletzt durch den Wettstreit der Blicke, der strategisches Kalkül und Leidenschaft gleichermaßen zu spiegeln vermag. Zum Reflex psychischer Zustände wird die sinnliche Wahrnehmung auch in der *Jungfrau von Orleans*, wo bereits die Regieanweisungen die Aufmerksamkeit auf das Auge als Organ der sensuellen Erkenntnis und Gefühlserfahrung lenken. Indem der Herzog von Burgund «die Augen zu ihr» aufschlägt, erkennt er Johannas «Macht» und die «himmlische Gewalt», die ihn zur Versöhnung zwingt (NA 9, 235; v. 1802 f.). Der Blick aber ist es zugleich, der, wie die Heldin selbst erkennt (v. 2575 ff., v. 3165 ff.), ihre verhängnisvolle Leidenschaft für Lionel auslöst.[26] Schillers Regiebemerkung liest sich wie eine Zusammenfassung des künftigen Geschehens, das Johanna zunächst von widerstreitenden Gefühlen gelähmt, schließlich getroffen und entwaffnet zeigt: «In diesem Augenblicke sieht sie ihm ins Gesicht, sein Anblick ergreift sie, sie bleibt unbeweglich stehen und läßt dann langsam den Arm sinken» (NA 9, 263). Solche Szenenhinweise gehen über die technische Dimension einer Empfehlung für Schauspieler hinaus. Die stumme Rede des Körpers, die schon die *Räuber* zur Darstellung seelischer Prozesse nutzen, kann die Ausdrucksqualitäten des Dialogs übertreffen und das Innenleben der Figuren sichtbar hervortreten lassen. Anders als die Repräsentanten der französischen Tragödie und ihre deutschen Adepten möchte Schiller die Physis des dramatischen Individuums nicht in den engen Schnürleib der klassizistischen Theaterästhetik zwängen. In ökonomischer Dosierung lassen seine Dramen auch die Sprache von Gesicht und Körper zu Elementen einer Bühnenkunst werden, die stets den ‹ganzen Menschen› im Visier hat. Diese perspektivische Einheit grenzt sie gegen jenen theatralischen Neoklassizismus ab, dem Schiller in seinem Gedicht *An Göthe* im Januar 1800 aus Anlaß von dessen Bearbeitung des Voltaireschen *Mahomet* eine verhaltene Rechtfertigung hat zuteil werden lassen. Gerade weil, wie es hier heißt, «auf dem bretternen Gerüst der Scene» eine «Idealwelt aufgethan» werden soll, können Theaterarbeiten, aus denen «kein lebend'ger Geist» spricht, nicht zum «Muster» der Gegenwart (NA 2/I, 405 f., v. 49 ff.) avancieren. Zugedacht bleibt den Texten Corneilles, Racines und Voltaires nur die Funktion des Korrektivs gegen den Naturalismus des bürgerlichen Dramas, dem Schiller seit der Mitte der 90er Jahre den Kampf angesagt hat. Erst das Sinnlichkeit und Verstand gleichermaßen ansprechende Theater erfüllt in seinen Augen das Ideal einer Bühnenkunst, die den Vorgaben der ästhetischen Erziehung Genüge leistet, indem sie den

Zuschauer je nach Notwendigkeit von der Marmorkälte des Vernunftrigorismus oder den Launen seiner materiellen Bedürfnisse befreit.

2. Konzentration der Kräfte. Jena, Weimar 1796–1803

Engagement für ein verwöhntes Publikum. Mit Goethe am Theater

Ab dem Frühjahr 1796 sucht Schiller verstärkt den Austausch über Fragen seiner dramatischen Produktion. Die Wahl des Gesprächspartners hat auch pragmatische Gründe: da hier zumeist kurzfristig zu lösende Probleme anstehen, konsultiert er bevorzugt Goethe, der im benachbarten Weimar anders als Körner in Dresden oder der reiselustige Humboldt rasch erreichbar war. «Vom Jahre 1797 bis 1805», so erinnert sich Goethe rückblickend, «besuchten wir uns wöchentlich zwei- bis dreimal, schrieben uns auch gegenseitig. Schiller hatte die Gabe, daß er über seine Sachen, die er in Arbeit hatte, über Plan, Einteilung sprechen konnte, was aber mir nicht eigen war.» (NA 42, 379) Besonders eng wird die Kooperation in Theaterfragen, deren Erörterung frühzeitig ein überraschend hohes Maß an Übereinstimmung zeigt.

Im Januar 1791 hatte der Herzog Goethe die Direktion für das neu zu gründende Weimarer Hoftheater übertragen. Mehrere Jahre lang hatte hier die renommierte Ekhof-Seylersche Truppe gespielt, ehe am 6. Mai 1774 beim Brand des Residenzschlosses der alte Schauspielsaal zerstört wurde. Während die professionellen Akteure in Gotha ein neues Domizil erhielten, fanden in Weimar und Ettersburg vorerst nur Laienaufführungen, zumeist unter freiem Himmel statt. 1780 wurde die feste Bühne im Redoutensaal eröffnet, die ab 1784 Giuseppe Bellomo mit seiner Compagnie nutzte, ohne jedoch ein überzeugendes Programm auf die Beine stellen zu können. Goethe, der bereits vor seiner italienischen Reise Liebhaberaufführungen geleitet hatte und als Darsteller aktiv geworden war (etwa 1779 in der Prosafassung der *Iphigenie* als Orest), akzeptierte die neue Aufgabe nur zögerlich, weil er durch sie seine naturwissenschaftlichen Interessen – vor allem die damals intensiv betriebenen optischen Studien – eingeschränkt sah. Dem Jugendfreund Jacobi gegenüber erklärt er am 20. März 1791 zurückhaltend: «Ich gehe sehr piano zu Werke, vielleicht kommt doch fürs Publikum und für mich etwas heraus.» [27]

Schon zum Zeitpunkt seiner Ernennung war sich Goethe dessen bewußt, daß die neue Funktion auch die Verpflichtung einschloß, das Repertoire mit populären Dramen zu bestücken und selbst zugkräftige Texte unterhaltsamen Charakters beizusteuern. Als Theaterleiter hat Goethe dem öffentlichen Geschmack stets Tribut gezollt: zwischen 1791 und 1817, dem Jahr seiner Entlassung aus dem Direktorat, entfielen von den insgesamt 601 Inszenierungen allein 118 auf Dramen der zeitgenössischen Erfolgsautoren Kotzebue und Iffland, doch nur 37 auf eigene Arbeiten oder solche Schillers.[28] Trotz derartiger Anpassung an modische Tendenzen hat seine Bühnentätigkeit hohe Anerkennung gefunden. August Wilhelm Schlegel vermerkt im Jahr 1809 wohlwollend: «Was Goethe durch seine Leitung des weimarischen Theaters in einer kleinen Stadt und mit geringen Mitteln leistet, wissen alle Kenner. Seltne Talente kann er weder schaffen, noch belohnen, aber er gewöhnt die Schauspieler an Ordnung und Schule, wovon sie sonst meistens nichts wissen wollen, und gibt dadurch seinen Vorstellungen oft eine Einheit und Harmonie, die man auf größeren Theatern vermißt, wo jeder spielt, wie es ihm eben einfällt.»[29]

Gerade die Aufbauarbeit der ersten Jahre war jedoch geprägt von Krisen und Momenten des Selbstzweifels. Die 10000 Taler, die der Hof jährlich zuschoß, reichten für die Sicherung des Repertoirebetriebs kaum aus. Entsprechend niedrig fiel das Salär der Schauspieler aus, die sich im Durchschnitt mit fünf Talern wöchentlich begnügen mußten (was einem Domestikenlohn gleichkam).[30] Immerhin konnte man sich auf ehemalige Mitglieder der Truppe Giuseppe Bellomos stützen, die bereit waren, am Aufbau eines neuen Ensembles mitzuwirken. Möglichst hohe Abendeinnahmen mußten die Finanzlöcher stopfen, was die Weichen zugunsten eines breitenwirksamen Spielplans stellte. Bevorzugt zeigte man bürgerliche Dramen der Zeit, wie sie in den Schreibfabriken eines Kotzebue, Zschokke oder Schröder gefertigt wurden. Mit nur geringem Erfolg steuerte Goethe seine Revolutionskomödien bei. Der matte *Bürgergeneral* konnte sich nicht dauerhaft im Repertoire behaupten; *Der Groß-Cophta* wurde bereits nach drei Aufführungen abgesetzt, weil die Zuschauer, wie der Herzog rückblickend vermerkt, «lau dabey» geblieben waren.[31] Dem höfischen Geschmack entsprach hingegen die Vorliebe für die Oper, die im Spielplan stark vertreten war. Neben italienischen Komponisten wie Paisiello, Cimarosa und Guglielmi[32] dominierte Mozart, dessen wichtigste Arbeiten zwischen 1791 und 1794 in Weimar erstmals gezeigt wurden (Goethe selbst hat 1801 eine fragmentarisch gebliebene Fortsetzung der *Zauberflöte* publiziert).

Als der erfolgreiche Theaterdirektor nach vier Jahren erste Spuren der Amtsmüdigkeit zeigt, reagiert der Herzog unwillig, weil er fürchtet, daß ein Nachfolger die populären Bestandteile des bisherigen Spielplans nicht zu erhalten bereit wäre. Im Herbst 1795 schlägt Goethe, der eine neue Italienreise plant, Schiller ohne dessen Wissen für das Direktorat vor (eine Intervention, die nicht frei von Risiken ist, da der Empfohlene zu diesem Zeitpunkt keine aktuellen Bühnenerfahrungen besitzt). Gereizt antwortet Carl August am 1. November 1795: «Wenn du aufs Frühjahr weggehen soltest, wie du es im Willen zu seyn schienest, so ist freylich unser Theater im A – denn die Idee mit Schillern, die du einmal äusertest, möchte wohl schwerlich außführbar seyn.»[33] Die herzöglichen Vorbehalte gegen Schillers Bühnenkompetenz bleiben für mehrere Jahre unerschüttert (was zumal durch die Erinnerung an die Zeit der *Räuber*-Explosionen veranlaßt worden sein dürfte). Schiller bleibt bis zu seinem Tod ein offizielles Theateramt versagt; auch von der Kommission, die als beratendes Gremium Finanzierung und Organisation des Schauspielbetriebs erörtert, hält man ihn konsequent fern. Zunächst ohne Goethes Wissen erwägt der Herzog im Herbst 1795, den renommierten Iffland, der seine Mannheimer Intendantur aus Furcht vor dem bevorstehenden Einmarsch der Franzosen aufgeben möchte, als Nachfolger für das Direktorat zu gewinnen. Die Verhandlungen, die man mit ihm führt, gelangen jedoch zu keinem positiven Ergebnis, weil Carl August nur ein bescheidenes Salär offerieren kann; verabredet wird zumindest ein mehrwöchiges Weimarer Gastspiel Ifflands, das im März und April 1796 stattfindet. Noch im selben Jahr zieht es den Vielumworbenen nach Berlin, wo die finanziellen Verhältnisse günstiger lagen als im kleinen Weimar. Dort erhält der neuberufene Intendant die stattliche Summe von 3000 Talern jährlich – mehr als das Vierfache dessen, was zu dieser Zeit ein ordentlicher Professor, etwa Kant in Königsberg, bezog.[34] Im Juni 1796 bemerkt Schiller nicht ohne mokanten Unterton gegenüber Goethe: «Der Enthousiasmus für Iffland scheint sich noch einige Monate früher, als wir dachten, verloren zu haben.» (NA 28, 228)

Goethe, der seine Reisepläne begraben und auf Geheiß des Herzogs im Amt bleiben muß, sucht nunmehr die inoffizielle Kooperation mit Schiller, dessen Bühnentemperament ihn in Phasen der Resignation neu motivieren soll. «Schiller erweckte», so erinnert er sich im Juli 1826, «das schon erloschene Interesse, und ihm und seinen Sachen zuliebe nahm ich am Theater wieder Anteil.»[35] Der Auftakt der Zusammenarbeit fällt ins Frühjahr 1796. Ende März beginnt Schiller mit der szenischen Einrichtung des *Egmont*, um die ihn Goethe bereits im September 1794 während des ersten längeren Weimarer Austauschs gebeten hatte. Den äußeren Anlaß für die

Bearbeitung bildet das Gastspiel Ifflands, das die Möglichkeit bietet, die Titelrolle angemessen zu besetzen. Bereits in der ersten Aprilwoche hat Schiller seine Korrekturen, die er in die Buchausgabe von 1788 einträgt, vollendet. Die Proben erstrecken sich über drei Wochen und sprengen damit den damals gängigen Rahmen, der für Einstudierungen in der Regel kaum mehr als 14 Tage vorsah. Goethe läßt Schiller in dieser Zeit eine eigene Loge einrichten, die es ihm erlaubt, Aufführungen in bequemer Haltung ungestört von zudringlichen Blicken zu verfolgen (ein Komfort, der ihm aus Rücksicht auf seine Krankheit zugestanden wird). Am 25. April findet die mehrfach aufgeschobene Aufführung mit einem gut aufgelegten Iffland als Egmont statt; da der Gast noch am nächsten Tag abreisen muß, bleibt es bei dieser einen Vorstellung, die zu den Sternstunden des Weimarer Theaters gehört hat.

Erst zweieinhalb Jahre später setzt sich Goethes und Schillers Zusammenarbeit mit der Inszenierung von *Wallensteins Lager* fort, das aus Anlaß der Wiedereröffnung der Bühne am 12. Oktober 1798 gezeigt wird. Im Sommer und Herbst war der gesamte Theatersaal unter der Leitung des Stuttgarter Architekten Nikolaus Thouret neu gestaltet worden. Die Sitze für 500 Zuschauer finden sich jetzt von einem Kreis kostbarer Marmorsäulen und Granitpfeiler umrandet. Darüber erhebt sich eine Galerie, die vom Parterre nicht eingesehen werden kann. Sie ist dreigeteilt, wobei das Zentrum dem Herzog und seiner Familie vorbehalten bleibt. 18 bronzierte dorische Säulen trennen hier die einzelnen Plätze voneinander ab; die Simse sind mit Zeichnungen antiker Musikinstrumente geschmückt. Den Theatervorhang ziert eine von Thouret selbst gemalte Muse der Dichtkunst; Büsten der attischen Tragiker flankieren den Saal an den Seiten. Ein beweglicher, mit Öl betriebener Deckenleuchter, den man während der Aufführung in die Dachkuppel emporziehen kann, wirft Licht über den trotz seiner Größe intim anmutenden länglichen Raum. Mit befriedigter Kennerschaft bemerkt Goethe nach erster Prüfung, daß das kostbar ausgestaltete Haus «geschmackvoll», aber nicht «überladen» wirke.[36] Auch Böttiger, der den Neubau in seiner Rezension der Aufführung von *Wallensteins Lager* für das seit 1790 von ihm herausgegebene *Journal des Luxus und der Moden* beschreibt, äußert sich respektvoll über die Leistung Thourets.[37]

Zur Premiere des *Lagers* kommt Schiller am 11. Oktober, dem Tag der Hauptprobe, nach Weimar. Am Beginn der festlichen Aufführung steht die Deklamation des von Goethe überarbeiteten Prologs durch Heinrich Vohs, die das Publikum in gespannter Aufmerksamkeit anhört. Mit Rücksicht auf die Unterhaltungsbedürfnisse der Zuschauer läßt man der Darbietung des *Lagers* Kotzebues Schauspiel *Die Corsen* folgen. Der Abend der gefeierten Premiere endet im Gasthaus *Elephant*, wo ein Bankett mit den Darstellern stattfindet; der ausgelassene Autor soll hier zu später Stunde in breitem Schwäbisch die Kapuzinerpredigt rezitiert haben. Die angenehme Atmosphäre, die die Tage der Uraufführung umgibt, treibt Schiller zur rascheren Vollendung seines Manuskripts an. Nach dem Abschluß der *Piccolomini* nimmt er am 4. Januar 1799 in Begleitung von Frau und Söhnen für einen Monat im Weimarer Stadtschloß Quartier, weil er gemeinsam mit Goethe die dreiwöchigen Proben zur Aufführung des Dramas überwachen möchte. Um die Kräfte ökonomisch einzusetzen, beschließt man eine Arbeitsteilung, die sich auch in den folgenden Jahren weitgehend konfliktfrei bewähren wird: Schiller ist für das Textstudium, Goethe für das szenische Arrangement und dessen technische Details zuständig. Als Dramaturg fungiert bereits seit 1797 August Vulpius – Christianes älterer Bruder –, der durch seinen Posten als Bibliothekar in Weimar nicht hinreichend ausgelastet ist. Regieaufgaben versehen zuweilen auch Heinrich Becker und Anton Genast, die zu den Köpfen des Ensembles zählen.

Der *Piccolomini*-Aufführung am 30. Januar 1799 und der drei Monate später stattfindenden Premiere des Schlußteils (unter dem Titel *Wallenstein*) folgen in den nächsten Jahren weitere Projekte, die die bisherigen Formen der Kooperation verfeinern. Am 14. Mai 1800 sieht Weimar eine von den Stützen des Ensembles getragene Darbietung des *Macbeth* in der szenischen Bearbeitung Schillers, wobei die Regie wiederum ein Gemeinschaftswerk bildet. Im Juni findet die Uraufführung der *Maria Stuart* mit Caroline Jagemann in der Titelrolle und Friederike Vohs als Elisabeth statt, deren Erfolg gegen zahlreiche diplomatische Verwicklungen und die erbitterte Konkurrenz der Akteurinnen erkämpft werden muß. Am 28. November 1801 hat Schillers Einrichtung von Lessings *Nathan* am Hoftheater Premiere; der Effekt der Inszenierung erweist sich auch daran, daß sie in den folgenden Jahren immer wieder ins Repertoire aufgenommen wird. Am 30. Januar 1802 schließt sich Gozzis *Turandot* an, dessen durch Schillers Neufassung noch betonte tragikomische Komposition das Publikum zunächst zu überfordern schien. Der dürftige Aufführungserfolg änderte jedoch nichts daran, daß auch diese Arbeit regelmäßig im Spielplan auftauchte (ein Grund für das verstärkte Interesse waren die durch Schiller stets neu variierten, von den Zuschauern als Gesellschaftsspiel aufgefaßten Rätsel, die die Prinzessin ihren Freiern stellte).

Zu einem höfischen Ereignis ersten Ranges avancierte die lange erwartete Aufführung von Goethes italienischer *Iphigenie* in Schillers Überarbeitung, die am 15. Mai 1802 über die Bühne ging (die Prosafassung hatte man 23 Jahre zuvor mit Laiendarstellern im Hauptmannschen Redoutensaal gezeigt). Schillers behutsame Einrichtung des Textes, die anders als im Fall des *Egmont* auf tiefgreifende Veränderungen verzichtete, verschafft dem Drama einen beachtlichen Theatererfolg (das Manuskript gilt als verschollen). Goethes Skepsis, die ihn seit Italien davon abgehalten hatte, den Text der Bühne zu überlassen, zerstreut sich angesichts der überraschenden Zuschauerresonanz. Noch im Vorfeld der Aufführung hegt er Zweifel an der szenischen Effektivität des Dramas; den Proben bleibt er fern, nicht nur, weil ihn Geschäfte nach Jena ziehen (Schiller übernimmt inoffiziell in der ersten Maihälfte seine Direktoratsaufgaben). Die Anspannung, die ihn bestimmt, verrät sich in der Ungeduld, mit der er Schiller mehrfach um die genaue Angabe des Premierentermins bittet. Erst am Abend der Aufführung kehrt er aus Jena zurück und begibt sich sogleich ins Schauspielhaus, um bei der Begegnung mit dem eigenen Werk «einige der wunderbarsten Effecte zu erwarten», die er in seinem «Leben gehabt habe.» (NA 39/I, 250)

Zum Triumph Schillers gerät am 19. März 1803 die Erstaufführung der *Braut von Messina*, für die wiederum drei Wochen geprobt werden muß. Resonanz erzielt die Inszenierung vor allem beim jungen Publikum. Der Sohn des ALZ-Herausgebers Christian Gottfried Schütz läßt sich in der allgemeinen Begeisterung des Schlußbeifalls zu Vivat-Rufen auf Schiller hinreißen, die der Geehrte jedoch energisch abzuwehren sucht, weil eine solche Huldigung nach höfischem Gesetz allein dem Herzog erwiesen werden durfte. Goethe kam nicht umhin, den jugendlichen Enthusiasten durch den Jenaer Stadtkommandanten verwarnen zu lassen. Er selbst dürfte den großen Erfolg des Freundes nicht frei von unterschwelligen Konkurrenzgefühlen vermerkt haben; daß er sein neues Trauerspiel *Die natürliche Tochter*, das im Medium kunstvoll arrangierter Leitmotivik einen luziden Kommentar zur französischen Staatskrise von 1789 formuliert, nur zwei Wochen später gleichfalls in Weimar zeigte, bezeugt hinreichend, wie stark sich die Allianz der beiden Autoren weiterhin über das Wettbewerbsdenken bestimmte. Noch im selben Jahr folgen Aufführungen von Schillers Picard-Übersetzungen: am 18. Mai 1803 *Der Neffe als Onkel* in schlecht vorbereiteter Einstudierung mit zahlreichen Schauspielerimprovisationen, die jedoch den Effekt der Komödie nicht einschränkten, am 12. Oktober *Der Parasit*, der wiederum kein Glück machte, womöglich aufgrund des Mangels an überzeugenden weiblichen Rollen.

Im Frühjahr 1804 beginnt Schiller mit den Proben zum eben abgeschlossenen *Wilhelm Tell* sein letztes großes Theatervorhaben. Die Premiere findet am 17. März statt und erzielt, obgleich die Inszenierung über fünf

Stunden dauert, einen in dieser Form nie zuvor erreichten Erfolg. Weil man das Normalpublikum nicht über Gebühr strapazieren möchte, stellt Schiller zwei Tage später eine erheblich gekürzte Fassung für das Alltagsrepertoire her. Auch wenn die Raummaße der Weimarer Bühne kaum geeignet waren, den opernhaften Schwung des Dramas hinreichend zur Geltung zu bringen, muß seine Theaterenergie unmittelbar gewirkt haben. Goethe arbeitete dem breiteren Verständnis der Aufführung frühzeitig zu, indem er bereits im Oktober 1803 Shakespeares *Julius Cäsar* ins Programm nahm, um die Zuschauer auf das Verschwörungssujet des *Tell* einzustimmen (das entsprach, wie er im öffentlichen Rechenschaftsbericht anläßlich seines zehnjährigen Amtsjubiläums erklärte, einem Bildungsprogramm, das das Publikum zur intellektuellen Vorbereitung seiner Theaterbesuche führen sollte).[38]

In den letzten zwölf Lebensmonaten entschließt sich Schiller vorwiegend zu Gelegenheitsarbeiten. Am 12. November erfolgt die festliche Aufführung der *Huldigung der Künste* zu Ehren der russischen Großfürstin Maria Paulowna, die sich von dem ihr gewidmeten allegorischen Festspiel außerordentlich gefangen zeigt. Vier Monate vor seinem Tod überwacht Schiller zumindest sporadisch die Proben zur Premiere der von ihm übersetzten *Phèdre* Jean Racines, die am 30. Januar 1805, dem Geburtstag der Herzogin, stattfindet. Die Aufführung seiner letzten Bühnenbearbeitung – einer Neufassung von Shakespeares *Othello* auf der Basis von Voß' Übersetzung – hat er nicht mehr erlebt; sie fand am 8. Juni 1805 ohne nennenswerte Resonanz statt und erfuhr nur zwei Wiederholungen.

Schiller bestreitet zwischen 1800 und 1805 mit seinen Arbeiten große Teile des Weimarer Bühnenrepertoires. An der Spitze stehen *Wallensteins Tod*, der *Macbeth* und *Turandot*, die in diesen Jahren immer wieder aufgeführt werden. Insbesondere Schillers Bearbeitungen erweisen sich als günstige Acquisitionen für das Theater, weil sie gegen geringere Honorarforderungen erworben werden können. Daß das Weimarer Repertoire rasch stilprägend wirkt, erkennt man an der Häufigkeit, mit der auswärtige Häuser Stücke aus dem Spielplan übernehmen. Engere Geschäftsbeziehungen unterhält die Intendanz über den Vermittler Franz Kirms, der seit 1791 als Justitiar im Direktorium wirkt, zu den Bühnen in Berlin, Frankfurt, Mannheim und Stuttgart. Schiller selbst pflegt nicht nur den Kontakt zu Iffland, sondern korrespondiert auch mit Herzfeld in Hamburg und Opitz in Leipzig (NA 14, 268f.).

Goethe bleibt auf Schillers Mitarbeit angewiesen, weil er selbst nach seinem erfolgreichen Beginn keine ganz glückliche Hand bei der Repertoiregestaltung mehr zu haben scheint. Die Ende Januar 1800 bzw. 1801 ge-

Mit Goethe am Theater

zeigten Aufführungen von Voltaires Tragödien *Mahomet* und *Tancred* finden in seiner Bearbeitung nur geringe Resonanz. Bei der Förderung fremder Autoren fehlt dem diplomatischen Intendanten das Glück, aber auch der geschulte Theaterblick. Die Inszenierung von August Wilhelm Schlegels kaum bühnentauglichem *Ion*, für die er sich stark einsetzt, wird 1802 ein eklatanter Mißerfolg; Friedrich Schlegels *Alarcos*-Tragödie, die Schiller höchst widerwillig einstudieren läßt, gerät im selben Jahr zum öffentlich belachten Fiasko. Der Aufforderung, das seit 1790 liegengebliebene eigene Tragödienprojekt voranzutreiben («Sie müssen also», verlangt Schiller im September 1800, «in Ihrem Faust überal Ihr Faustrecht behaupten» [NA 30, 196]), kommt er nur zögerlich nach, weil er den Theaterqualitäten seines Manuskripts noch nicht trauen mag. Um den Spielplan zu konsolidieren, entschließt sich Goethe in Erinnerung an die früheren Berliner und Hamburger Wettbewerbe im November 1800 zu einem literarischen Preisausschreiben, das auf die beste Intrigenkomödie eine Summe von 30 Dukaten auslobt. Der größtenteils von Schiller verfaßte Text beklagt, darin Goethes Geschmacksvorlieben verpflichtet, den Mangel an witzigen deutschsprachigen Lustspielen und die Dominanz sentimentalischer Rührstücke. Von den 13 eingesendeten Dramen, unter ihnen Brentanos *Ponce de Leon*, wird jedoch keines der Aufführung für wert befunden. Der mäßige Erfolg des Unternehmens verhindert weitere Initiativen dieser Art.

Schiller selbst hat frühzeitig die Freiheiten zu nutzen gesucht, die ihm seine Rolle als dramaturgischer Berater verschaffte. Er müsse, schreibt er am 9. August 1799 an Körner, «den Winter in Weimar zubringen um die Anschauung des Theaters zu haben. Dadurch wird meine Arbeit um vieles erleichtert werden, und die Phantasie erhält eine zweckmäßige Anregung von aussen, da ich in meiner bisherigen isolierten Existenz alles, was ins Leben und in die sinnliche Welt treten sollte, nur durch die höchste innre Anstrengung und nicht ohne große faux frais zu Stande brachte.» (NA 30, 80) Zwei Monate später deutet er Cotta gegenüber die Erwartung an, die «Nähe des Theaters» werde nach seiner Übersiedlung «begeisternd» auf ihn wirken (NA 30, 103). Caroline von Wolzogen berichtet, daß Schiller sich in dieser Zeit an der Vorstellung erwärmt habe, selbst die Direktion der Hofbühne zu übernehmen (wobei er von den Vorbehalten des Herzogs nichts ahnte).[39] Eine ausführliche Besprechung der *Maria Stuart*, die 1800 anonym in Jena erscheint, vermerkt über die personelle Konstellation im Direktorat: «Wie sehr wäre es zu wünschen, da Goethe durch andere Geschäfte abgehalten wird, so wie er könnte, auf das Theater zu wirken, daß Schiller diesen Theil der Direction über-

Goethe und Schiller (?).
Druck nach einer Johann Christian Reinhart zugeschriebenen Zeichnung

nähm, denn so könnten wir in Weimar eins der ersten Theater Deutschlands erhalten.»[40]

Die Belastungen, die die Unterstützung des Intendanten mit sich brachte, waren erheblich, wenn man bedenkt, daß in der Regel drei Aufführungen pro Woche gegeben und Repertoirepläne für neun Monate ausgearbeitet werden mußten. Im Sommer veranstalteten die Weimarer Akteure Gastspiele in Lauchstädt bei Merseburg, um die Einnahmen aufzubessern (in der kleinen Residenz konnte man die meisten Inszenierungen mangels größerer Zuschauermassen nur selten länger als einen Monat im Programm halten). Das Lauchstädter Bad, das seit 1710 bestand, wurde nicht nur von Adligen, sondern auch vom Bürgertum frequentiert, so daß hier an Theaterinteressierten kein Mangel herrschte (hinzu kamen die Studenten aus dem benachbarten Halle). Im Frühjahr 1802 erfolgte eine umfassende Erneuerung des baufälligen Bühnenhauses, die Heinrich Gentz, der Bruder des Staatsphilosophen und Publizisten, gestaltete. Fortan zeigte die Lauchstädter Bühne nicht nur Weimarer Gastspiele, sondern auch Inszenierungen, die der an diesem Punkt heikle Herzog aus Gründen politischer Delikatesse in der Residenz nicht zu sehen wünschte. Schiller selbst hat den Weg dorthin nur selten gefunden, da die Kutschfahrt unter den schlechten Straßenverhältnissen, wie sie in Thüringen herrschten, 13 Stunden dauerte und seine Gesundheit allzu stark strapazierte.

Ab dem Jahr 1800 weist das Programm der Weimarer Bühne eine Tendenz zum Neoklassizismus auf, die sich in Goethes Voltaire-Bearbeitungen, der *Iphigenie*-Einstudierung, dem Festspiel *Paläophron und Neoterpe*, Schillers *Braut von Messina* und seiner Beschäftigung mit Racine besonders auffällig widerspiegelt. Die Hoftheaterkultur, die hier entsteht, möchte keine unbedenkliche Anknüpfung an die Traditionen des *grand siècle* anbahnen, sondern dem am dramatischen Realismus der Zeit geschulten modernen Publikum das Verständnis für den artistischen Charakter des Theaters neuerlich nahebringen, ohne dabei das moderne Ideal natürlicher Darstellungskunst preiszugeben.[41] Wilhelm von Humboldts Briefe über die französische Bühne, die Goethe 1799 in den *Propyläen* publiziert, bezeugen die auch in Weimar verbreitete Bewunderung für die von den Pariser Theatern gepflegte Sprechkultur, wie sie beispielhaft François-Joseph Talma, der damalige Kopf der *Comédie Française* repräsentierte. Daß die Neuorientierung am Klassizismus mit Widerständen zu rechnen hatte, verrät Schillers Gedicht *An Göthe*, das ursprünglich als Prolog zur *Mahomet*-Aufführung vom Januar 1800 dienen und dazu beitragen sollte, «das Publicum mit geladener Flinte» zu «erwarten»

(NA 30, 136). In diplomatischem Tenor erklärt der Text, die französische Theaterkunst müsse nicht «Muster», sondern «Führer nur zum Bessern» (NA 2/I, 406, v. 73 ff.) werden, wenn die Bühne dem Anspruch genügen solle, Ordnung und Phantasie miteinander zu verbinden.

Den klassizistischen Geschmacksvorlieben entsprechen die von Goethe und Schiller gemeinsam erarbeiteten Maßstäbe für Inszenierungskunst und Schauspielerführung. Erörtert werden sie seit 1798 zumeist auf ausgedehnten Spaziergängen oder Kutschfahrten, die in die Umgebung Weimars führen; während des Winters unternimmt man bevorzugt Schlittenpartien, die Zeit für das Gespräch über Theaterfragen bieten. Im Vordergrund steht die Absicht, Exaltationen und derbe Naturalismen zu meiden. Der Bühnenraum soll möglichst ökonomisch genutzt werden, was falsche Opulenz ebenso ausschließt wie karge Dekoration. Die traditionellen Rollenfächer, die die Darsteller auf Typen festlegen, besitzen kein Gewicht mehr, weil sie der Vielfalt theatralischer Kunstformen widerstreiten. Die Akteure haben sich derart zu bewegen, daß der natürliche Körperausdruck in idealisierter Form zur Geltung kommt, mithin weder steifer Formalismus klassizistischer Hofgesten noch outriertes Spiel die Oberhand gewinnen. Zu diesem Programm gehört auch die genaue Organisation der Bewegungsabläufe, die Goethe dadurch zu unterstützen suchte, daß er bei den Proben Schachbrettmuster auf den Boden zeichnen ließ, die den Akteuren beim Einstudieren ihrer Gänge und Stellungen helfen sollten. Ein wesentliches Anliegen war die Verbesserung der Sprechkultur, um die sich gerade Schiller immer wieder bemühte. Dialektfärbung, unverständliches *A-part*-Reden und mangelhafte Artikulation wurden unnachgiebig getadelt; besondere Schwierigkeiten bereitet den an die Prosadiktion zeitgenössischer Dramen gewöhnten Darstellern die korrekte Wiedergabe der klassischen Versmaße. Böttiger kolportiert eine Gesprächsäußerung Schillers, der während der Proben zu den *Piccolomini* Klage darüber geführt habe, die Schauspieler könnten «nicht einmal den Unterschied eines fünf- und sechsfüßigen Jambus fassen.» (NA 42, 255) Über den Gastauftritt der gefeierten Berliner Aktrice Friederike Unzelmann, die sich im September 1801 in Weimar als Maria Stuart präsentiert, vermerkt er unwillig, der Text sei in ihrem Mund «zu wirklich» geworden und habe derart seinen Kunstcharakter eingebüßt (NA 31, 59). Körner erklärt er in diesem Zusammenhang, die Darsteller besäßen grundsätzlich nicht die Fähigkeit, Verse richtig zu sprechen («Alles zieht zur Prosa hinab»), so daß er erwäge, seine künftigen Bühnenarbeiten wieder in ungebundener Rede zu verfassen, da die moderne «Declamation» ohnehin «die liebe bequeme Natur» bewahre und metrische Nuancen zudecke (NA 31, 61). Wo Schiller seine sprechtechnischen Vorstellungen energisch durchzusetzen sucht, gerät er nicht selten in offene Konflikte mit den Schauspielern. Fast zum Eklat kommt es bei den von ihm geleiteten Proben zum *Macbeth* im Mai 1800, als Heinrich Vohs, der die Titelrolle übernommen hatte, noch am Vortag der Premiere Textschwächen durch abenteuerliche Improvisationen in Prosa zu überspielen sucht.

Einige der in Weimar erarbeiteten theaterästhetischen Grundsätze finden sich in einem Kompendium gespiegelt, das Eckermann unter dem Titel *Regeln für Schauspieler* kurz nach Goethes Tod im vierten Nachlaßband der *Ausgabe letzter Hand* publiziert hat. Es handelt sich um Mitschriften von mündlichen Hinweisen, die Goethe im Jahr 1803 seinen Schauspielschülern Karl Franz Grüner und Pius Alexander Wolf zu Übungszwecken übermittelte.[42] Auch wenn der Text nur Anleitungen für Debütanten enthält, die in der publizierten Fassung allzu lehrhaft-dogmatischen Charakter tragen mögen, bleiben sie doch das Dokument eines künstlerischen Disziplinierungswillens, der fraglos die gesamte Weimarer Bühnenreform getragen hat. Die hier artikulierten Grundsätze führen ins anthropologische Zentrum der klassischen Ästhetik. Zwanglose Beherrschung des Körpers, freie Bewegung seiner Glieder, maßvoller Einsatz gestischer Stilmittel, künstliche Modulation der Stimme unter Wahrung von Versstruktur und Rhythmus, Vermeidung von Derbheit und Drastik (die der junge Goethe noch zu schätzen wußte), Annäherung an Verhaltensprinzipien höfischer Vornehmheit (*conduite*) in Auftreten und Habitus («Die neumodische Art, bei langen Unterkleidern die Hand in den Latz zu stecken, unterlassen sie gänzlich.»)[43] gehören zu den entscheidenden Prinzipien, die auch nach Schillers Ansicht den mangelhaft ausgebildeten Akteuren zu vermitteln waren. Beim Messebesuch in Leipzig verschafft sich Goethe im Mai 1800 einen Eindruck von der dortigen Theaterkultur, deren bodenständiger Charakter ihn in der Überzeugung bestärkt, daß eine Bühnenreform auf die Anhebung der Sprachästhetik und die Kontrolle des Körpers gleichermaßen zielen muß: «Der Naturalism und ein loses, unüberdachtes Betragen, im Ganzen wie im Einzelnen, kann nicht weiter gehen.» (NA 38/I, 254) Daß solche Grundsätze auch auf Widerspruch stießen, mag man an der Parodie erkennen, mit der der Publizist Carl August Wilhelm Reinhold unter dem barocken Titel *Saat von Göthe gesäet dem Tage der Garben zu reifen. Ein Handbuch für Ästhetiker und junge Schauspieler* im Jahr 1808 anonym gegen den vermeintlich elitären Charakter der Weimarer Bühnenkunst zu Felde zog.[44]

Die Ideale der gemeinsamen Theaterarbeit berühren zugleich Goethes und Schillers Auseinandersetzung mit dem Phänomen des Dilettantismus.

Ihr Ausgangspunkt ist Goethes Arbeit am Manuskript von *Der Sammler und die Seinigen*. Der Text, eine Mischung aus Dialogerzählung, Essay und aphoristischem Traktat, erscheint 1799 im zweiten Jahrgang der *Propyläen*. Goethe möchte hier einen empirischen Begriff des Kunstschönen gewinnen, der auch das Moment der ästhetischen Erfahrung einschließt. Die dabei vorgenommene Unterscheidung zwischen «Liebhaber» und «Künstler» bildet nicht zuletzt das Ergebnis gemeinsamer Gespräche vom Mai 1799, die um das Problem des Dilettantismus kreisen.[45] Schon Schillers viereinhalb Jahre zuvor entstandene Rezension des Cottaschen Gartenkalenders hatte die negative Bedeutungsnuance des ab 1770 durch Wieland und Sulzer in Deutschland eingeführten Begriffs aufgenommen, als sie den englischen Stil der modernen Landschaftsarchitektur zum Ausfluß des «Dilettantism» erklärte (NA 22, 285).[46] Der im Spätsommer 1795 verfaßte Aufsatz *Ueber die nothwendigen Grenzen beim Gebrauch schöner Formen* suchte in diesem Sinn «den bloßen Dilettanten von dem wahrhaften Kunstgenie» (NA 21, 20) abzugrenzen. Die Diskussionen mit Goethe führen nun zur Vorbereitung eines Schemas über die Ausprägungen dilettantischer Kunstpraxis in den unterschiedlichen Genres von Tanz und Theater über Musik, Malerei und Poesie bis zu Architektur und Gartenästhetik, das die Basis für die (nie erfolgte) Ausarbeitung eines Aufsatzes zum Thema bilden sollte (der überlieferte Text wird komplett erst 1896 im Rahmen der Weimarer Ausgabe von Goethes Werken publiziert). «Der Dilettant», so lautet die allgemeine Definition, «scheut allemal das Gründliche, überspringt die Erlernung notwendiger Kenntnisse, um zur Ausübung zu gelangen, verwechselt die Kunst mit dem Stoff.»[47] Das folgende Schema verdeutlicht dann die Symptomatik dilettantischer Kunstausübung, die ansatzweise bereits in Wielands *Briefen an einen jungen Dichter* (1782–84) und Moritz' Aufsatz *Über den Begriff des in sich selbst Vollendeten* (1785) reflektiert worden war. Von besonderer Bedeutung für Goethes und Schillers Skizze ist die anthropologische Dimension, die, ähnlich wie schon im Fall der achteinhalb Jahre älteren Bürger-Rezension, den ästhetischen Grundsätzen eigenen Charakter verleiht. Merkmal des Dilettantismus bleibt die Verfehlung jener harmonischen Synthese zwischen Talent und Übung, Genie und Technik, die den ‹ganzen Menschen› als idealen Vertreter klassischen Künstlertums beherrscht. Wie stark die psychologische Ebene das Problem des Dilettantischen berührt, verrät auch der Blick auf jene literarischen Figuren, die die hier formulierten Befunde durch ihren fiktiven Lebenslauf veranschaulichen: Werther und Wilhelm Meister, vor allem aber Moritz' Anton Reiser dürfen als charakteristische Vertreter dilettantischer Kunstpraxis und der ihr angehörenden

Symptomatik des Überspannten gelten, ohne daß der Begriff in den Romanen selbst fällt.

Besonders prekäre Konsequenzen zeitigt der Dilettantismus im Bereich der Schauspielkunst, weil hier der «Schaden fürs Subjekt»[48] unmittelbarer wirksam ist als in anderen Disziplinen. Da Körper und Psyche direkt an der theatralischen Vorführung beteiligt sind, ist der Mensch als ganzheitliches Wesen notwendig auch von den Versehen und Fehlleistungen betroffen, die ihm bei der Ausübung seiner bühnenkünstlerischen Tätigkeit unterlaufen (nicht zufällig haben Goethes und Moritz' Romane die bedenklichen Folgen des Dilettantismus gerade am Genre der Schauspielerei verdeutlicht). Wer auf der Bühne die angemessene Mischung aus Natürlichkeit und Technik verfehlt, scheitert auch im Leben, weil er jene umfassende Bildung vermissen läßt, die zu den Idealen der klassischen Anthropologie gehört. «Exaltierte Sprache bei gemeinen Empfindungen», «Reizung zu einem leidenschaftlichen Zustand», «Nahrung aller gehässigen Passionen» und «Abstumpfung des Gefühls gegen die Poesie»[49] bestimmen Charakter und Erscheinungsbild des unzureichend geschulten Schauspielers. Daß der ästhetische Dilettantismus unmittelbar auf die Lebenshaltung des Individuums abfärbt, gehört zu den wesentlichen Überzeugungen auch der modernen Künstlerpsychologie, wie sie ein Jahrhundert später bei Nietzsche, Bourget, Hofmannsthal und Thomas Mann zum Zuge kommen wird.[50]

Als man das Lauchstädter Theater am 26. Juni 1802 mit einer Aufführung von Mozarts *Titus* wiedereröffnet, beschwört Goethe in einem allegorischen Aufzug (*Was wir bringen*) das Wesen der Schauspielkunst, die als «phantastscher Riesengott» in wandelbarer Gestalt erscheint. Pathos, der Herr der Tragödie, darf den übrigen Theatermächten imperatorisch erklären: «Und wenn mein Geist das Wirkliche umschaffen könnte; so müßte dieser Raum zum Tempel werden.»[51] Im selben Tenor bezeichnen auch Schillers *Wallenstein*-Prolog und das Gedicht *An Göthe* die Bühne als ‹Tempel› mit kultischen Funktionen. Daß die feierliche Kunstform, der man hier metaphorisch das Wort redet, durchaus populäre Elemente aufweisen konnte, verrät Schillers Plan, das neue Jahrhundert festlich mit römischen Karnevalszügen oder einem szenischen Gastmahl zu begrüßen, um auf diese Weise die Macht des Theaters anschaulich zu demonstrieren (NA 42, 303) – ein Projekt, von dem man schließlich, wie der spätere Staatsminister Fritsch berichtet, mit Rücksicht auf die unsichere Witterung Abstand nahm.

Die Theaterarbeit bietet Schiller in den letzten Lebensjahren einen zumeist befriedigenden Wirkungskreis mit relativ großen Freiheiten. Dennoch konnten Enttäuschungen nicht ausbleiben, wie sie vor allem durch die Einsicht in die begrenzte Bildungsbereitschaft des Publikums vermittelt wurden. Mit einigem Mißtrauen hat Schiller den imposanten Theaterruhm betrachtet, der ihm seit dem *Wallenstein* vergönnt bleibt. Auch wenn ihn die Effekte seines souverän beherrschten Handwerks befriedigen, ist er sich bewußt darüber, daß in Zeiten des äußeren Erfolgs stets die Gefahr der Anpassung an die Bedürfnisse des Publikums droht. Im letzten Brief an Humboldt äußert er einen Monat vor seinem Tod nicht ohne melancholischen Unterton die Sorge vor dem Verlust der eigenen Originalität, die so häufig zum Opfer des modesüchtigen Theaterbetriebs gerate: «Die Werke des dramatischen Dichters werden schneller als alle andre von dem Zeitstrom ergriffen, er kommt selbst wider Willen mit der großen Masse in eine vielseitige Berührung, bei der man nicht immer rein bleibt. Anfangs gefällt es, den Herrscher zu machen über die Gemüther, aber welchem Herrscher begegnet es nicht, daß er auch wieder der Diener seiner Diener wird, um seine Herrschaft zu behaupten.» (NA 32, 206)

Der kritische Förderer.
Herzog Carl August

«Von Hertzen wünsche ich», so hatte der Weimarische Landesherr Schiller am 9. Februar 1785 über seine Ernennung zum Rat geschrieben, «daß es zu der zufriedenheit Ihres künftigen Lebens beytragen möge, geben Sie mir zuweilen von Ihnen Nachrichten, und von demjenigen was in der litterarisch und Mimischen Welt welche Sie bewohnen vorgeht.» (NA 33/I, 60) Zu einem weiteren Austausch kommt es in den folgenden Jahren freilich nicht. Während seines ersten Weimar-Aufenthalts hat Schiller den Herzog persönlich nie gesprochen; ein von Knebel Ende September 1787 übermitteltes Audienzgesuch läßt sich nicht erfüllen, angeblich aus Mangel an freien Terminen. Im Rahmen eines offiziellen Empfangs für die Professoren der Universität Jena ist Schiller Anfang Dezember 1789 am Hof zugegen, findet jedoch keine Gelegenheit zum intensiveren Austausch mit seinem obersten Dienstherren. Drei Wochen später, am 25. Dezember, läßt der Herzog ihn erneut zu sich bitten und teilt mit, daß er ihm die aus Anlaß seiner bevorstehenden Eheschließung beantragte Pension bewilligen werde. Mit «gesenkter Stimme und einem verlegenen Gesicht», so weiß Schiller Körner zu berichten, habe ihm Carl August unter Hinweis auf seine begrenzten finanziellen Spielräume eine jährliche Summe von 200 Reichstalern angeboten (NA 25, 381). Ausschlaggebend für die rasche Erfüllung der Petition dürfte das gute Verhältnis gewesen sein, das Carl August zur Familie von Lengefeld unterhielt. Vor allem Charlotte Schiller, die man gern als Hofdame bei Herzogin Louise gesehen hätte, bringt er zeitlebens größte Sympathie entgegen.

In den folgenden Jahren ändert sich nichts an der recht dürftigen Besoldung Schillers. Kurz nach der schweren Erkrankung, an der Carl August offenkundig Anteil nimmt, wird ein einmaliger Zuschuß von 250 Talern gewährt, ohne daß es zu einer dauerhaften Anhebung kommt. Das persönliche Verhältnis vertieft sich nicht, der Austausch bleibt formlos, aber zurückhaltend. Zu Schillers Geschichtsstudien und theoretischen Abhandlungen scheint der Herzog Distanz gewahrt zu haben; zumindest läßt er sich keine Äußerungen über die Arbeiten seines Jenaer Professors entlokken. Stärkeres Interesse bringt er Familienereignissen entgegen; so gratuliert er Schiller Ende Oktober 1793 in herzlichem Ton zur Geburt seines ersten Sohnes und bekundet ihm seine «freundschaftliche Werthschäzung» (NA 34/I, 328). Zur Taufpatin ernennt man die Herzogin Louise, was gewiß mehr als nur ein konventioneller Akt der Höflichkeit ist.

Erst mit Beginn seines Engagements für das Weimarer Theater nimmt Carl August auch von Schillers Arbeit wieder Notiz. Während der Proben der *Piccolomini* empfängt er ihn Anfang Februar 1799 mehrfach zu gemeinsamen Mahlzeiten, zu denen bisweilen auch Goethe geladen wird. Nach der erfolgreichen Aufführung von *Wallensteins Tod* am 20. April bittet er Schiller in seine Loge und schlägt ihm den dauerhaften Umzug nach Weimar vor, der ihm größere Nähe zu Theater und Hof verschaffen könne. Schiller antwortet offiziell auf dieses Ansinnen in einem Brief vom 1. September 1799, in dem er, taktisch geschickt, ankündigt, er werde den Winter künftig in Weimar verbringen, was ihm jedoch eine zweifache Haushaltsführung abverlange, die ihrerseits nur durch eine Erhöhung seines Jahressalärs zu finanzieren sei. Ein Meisterstück der Petitionsrhetorik sind jene Formulierungen, in denen Schiller erklärt, er suche seine «Thätigkeit» künftig zu «verdoppeln», was den wenig spendablen Herzog elf Tage später veranlaßt, dem Bittsteller eine Erhöhung der Hofratspension um 200 auf 400 Taler zuzugestehen (NA 30, 94).

Nach Schillers Umzug kommt es zu häufigen Begegnungen mit Carl August, die jedoch nicht frei von Mißverständnissen bleiben. Sie haben ihre Ursache vornehmlich in Temperamentsunterschieden und voneinander abweichenden Moralvorstellungen. Carl August hatte Ende der 90er Jahre die Phase seiner jugendlichen Ausschweifungen bereits hinter sich; in den schwierigen Jahren der Revolutionskriege legte er durchaus politische Reife und Weitblick an den Tag. Dennoch schlummerte in ihm die Gewaltsamkeit rasch wechselnder Leidenschaften, die er in den ersten Jahren

*Carl August, Herzog von Sachsen-Weimar-Eisenach.
Kupferstich von Johann Heinrich Lips, 1780*

nach seiner Regierungsübernahme ungestüm ausgelebt hatte. Eingezwängt in eine aus dynastischen Gründen geschlossene Konvenienzehe mit Louise von Hessen-Darmstadt, deren Verwandtschaftsverhältnisse politische Verbindungen zur preußischen Königsfamilie und zum russischen Zarenhaus eröffneten, frühzeitig auf die Verantwortung des Amtes und die Rolle des öffentlichen Repräsentanten verpflichtet, suchte der junge Herzog in den ersten Regierungsjahren immer wieder die Flucht aus der Enge der höfischen Welt. Die Zügellosigkeit seiner Neigungen, die sich in einer wilden Mätressenwirtschaft äußerte, die rücksichtslose Spontaneität der von ihm praktizierten Umgangsformen, das Unmaß seiner die Felderwirtschaft ruinierenden Jagdpassion erinnerten fatal an den Machtmißbrauch, den sein Großvater Ernst August in den drei Jahrzehnten seiner Regierung (1707–1748) als «brutal-skurriler Miniaturdespot»[52] getrieben hatte. Nach den Zeiten der Exzesse, die Goethe als enger Vertrauter und früh berufener Geheimrat entgegen den Auffassungen außenstehender Beobachter nicht förderte, sondern geschickt zu dämpfen suchte, findet Carl August seit Beginn der 8oer Jahre zunehmend den Weg zu einem verantwortungsvolleren Rollenverständnis. Zunächst verwirklicht er innenpolitische Umgestaltungspläne: eine Steuerreform wird angebahnt, die Erneuerung der Kupfer- und Silberbergwerke im Harz in Angriff genommen, die Qualität der unwegsamen Straßen und landwirtschaftlichen Bewässerungsanlagen Zug um Zug verbessert. Seit der Mitte der 8oer Jahre treten außenpolitische Aktivitäten in jenem begrenzten Rahmen, der dem Kleinstaat gezogen war, hinzu. Carl August verstärkt die Allianz mit Preußen, indem er sich 1785 dem von Friedrich II. begründeten Fürstenbund anschließt (Goethe hat dessen Unternehmungen aus der Perspektive des Möserschen Dezentralismus argwöhnisch verfolgt). Nach Friedrichs Tod entfaltet der Herzog eigene diplomatische Initiativen, die der Unterstützung der neuen Union gelten sollen; er verbindet sich mit dem Kurfürstentum Mainz, installiert den Freiherrn von Dalberg (der die Verbindung mit Louise angebahnt hatte) im Februar 1788 als Koadjutor in Erfurt und begründet auf diese Weise eine territoriale Achsenpolitik, die nicht zuletzt Sicherheiten gegenüber möglichen österreichischen Aggressionen gewähren soll. Als preußischer General beteiligt er sich an den Kanonade von Valmy und dem Feldzug gegen die französischen Truppen, die im Oktober 1792 unter General Custine Mainz erobert hatten. Das militärische Engagement erweist sich freilich auf die Dauer als zu kostspielig, weil es den Etat des kleinen Herzogtums über Gebühr belastet. Zudem werden die Truppen in den spannungsvollen Zeiten der Revolutionsära für innenpolitische Überwachungsaufgaben benötigt; die Studenten der Universität Jena, aber auch die zu Frondiensten genötigten Bauern gelten als rebellische Untertanen, die der absolutistische Staat in Schach zu halten wünscht. Nicht aus humanitären Gründen, sondern unter pragmatischem Blickwinkel betreibt Carl August daher nach 1795 eine aktive Friedensdiplomatie. Unterstützt wird er dabei vom durchsetzungsfähigen Voigt, der, seit 1791 im Consilium, seit 1794 als Geheimrat, nach Goethes langsamem Rückzug aus dem politischen Tagesgeschäft zum einflußreichsten Minister des Herzogtums avanciert. Aufgrund der erstarrten gesamteuropäischen Konfliktlage konnte den gemeinsamen Initiativen freilich kein dauerhafter Erfolg beschieden sein; spätestens mit dem Ausbruch des zweiten Koalitionskrieges am 1. März 1799 mußte der zentraleuropäische Friedenskurs als gescheitert gelten.

Während der Revolutionsära zeigt die Innenpolitik des Herzogs ein Gesicht mit widersprüchlichen Zügen, das keinen Anlaß gibt, Weimar als Hort des sozialen Friedens zu preisen.[53] Voller Argwohn beobachtet Carl August die demokratischen Kräfte, die sich an der Universität Jena sammeln; er bestätigt das ältere, bereits 1767 verhängte Verbot der studentischen Orden, die ihm als Keimzellen der republikanischen Bewegung gelten, und beauftragt den machtbewußten Voigt mit dem Aufbau eines fein verzweigten Spitzelsystems, durch dessen Hilfe man genaue Informationen über progressive Umtriebe zu gewinnen hofft. Daß die finanzielle Unterstützung der Universität nach 1800 eingeschränkt wird, hat fraglos auch politische Ursachen. Als offiziellen Grund für die Kürzungen nennt man den seit 1789 von einer Kommission vorbereiteten, unter Heinrich Gentz' Leitung zögerlich fortschreitenden Schloßbau, dessen bevorstehender Abschluß größere Summen verschlingt. Tatsächlich aber gilt dem Herzog gerade die Universität als Brutstätte revolutionärer Unruhen, für deren geistige Vorbereitung er Gelehrte wie Fichte, Schütz, Hufeland und Paulus verantwortlich macht. Die Sparmaßnahmen besitzen folglich auch den Charakter einer förmlichen Strafaktion, mit deren Hilfe die unbotmäßigen Professoren zur Ordnung gerufen werden sollen. Die finanzielle Vernachlässigung der Hochschule zeitigt im übrigen fatale Folgen; gerade die theologisch-philosophischen Fächer verlieren ihre herausragenden akademischen Vertreter, die Jena vor 1800 zum Olymp des modernen Geistes gemacht hatten, durch die Berufung an auswärtige Universitäten. Auf der anderen Seite besitzt die Politik des Herzogs neben ihren absolutistischen Elementen, die man bisher gern unterschätzte, durchaus liberale Züge. Die Publikationsfreiheit ist in Weimar relativ ungefährdet; eine rigorose Zensurpraxis, wie sie in Wien und Kursachsen, aber auch im Berlin Friedrich Wilhelms II. gängig bleibt, hat Carl August niemals vollziehen lassen.

Intellektuelle Rebellen vom Schlage eines Fichte werden zwar relegiert, aber nicht mit jener Willkür verfolgt, die Carl Eugen bei der Bestrafung seines Dissidenten Schubart an den Tag legte. Der Herzog ist ein sanfter Despot, bisweilen pedantisch in den Forderungen an seine Beamten, gelegentlich sprunghaft, im künstlerischen Geschmack durch den französischen Klassizismus geprägt, ohne daß solche ästhetischen Vorlieben jedoch von solidem Bildungswissen begründet wären. Carl Augusts immer wieder aufflackerndes Mißtrauen gegenüber Schiller hat unterschiedliche Gründe. Kaum unterdrücken kann er zunächst den Zweifel an der Loyalität des ehemaligen württembergischen Flüchtlings, der sich der fürsorglichen Tyrannei seines Landesvaters mit einem energischen Schritt entzogen hatte. Nachwirkungen zeitigen bei Carl August auch die Provokationen der *Räuber*, deren anarchischer Grundzug seine Skepsis gegenüber Schillers Theatergeschmack begründet. Auf Unwillen stößt schließlich sein moralischer Purismus, der den alltäglichen Umgang für einige Jahre belastet und dafür sorgt, daß der Herzog seinem Hofrat mit offenem Argwohn begegnet. Auslöser des Konflikts ist Carl Augusts Affäre mit der Schauspielerin Caroline Jagemann, die seit dem Jahr 1802 als seine offizielle Mätresse galt. Die Jagemann war 1797 zwanzigjährig, nach gründlicher Ausbildung in Mannheim, zum Weimarer Ensemble gestoßen und hatte das Publikum durch ihren wohltönenden Sopran vor allem als Sängerin in Mozart-Opern begeistert (zu ihren Lieblingsrollen gehörte die Constanze der *Entführung aus dem Serail*). Den immer nachdrücklicher vorgetragenen Avancen des Herzogs entzog sie sich zunächst mit Rücksicht auf die Herzogin und aus Sorge um mögliche soziale Konsequenzen. Erst 1802 gelingt es Carl August, die Jagemann zum Einlenken zu bewegen; das Verhältnis entwickelt sich rasch zu einer Form der Nebenehe, aus der drei Kinder hervorgehen, die 1806, 1810 und 1812 geboren werden. Die Schauspielerin erhält eine Wohnung im Deutschritterhaus, wo der Herzog regelmäßig seine Abende verbringt. Hier erfährt er die sinnliche Intimität, die er bei seiner Ehefrau nicht zu finden glaubt. Aus gesellschaftlichen Gründen wird er seine Geliebte später, zu ihrem 32. Geburtstag am 25. Januar 1809, in den Adelsstand erheben und ihr ein Gut in der Nähe von Allstedt überlassen.[54] In der ersten Phase des bald allgemein sanktionierten Verhältnisses bringt Schiller der Jagemann deutliche Geringschätzung entgegen. Bestärkt fühlt er sich hier durch den Moralismus der in Ehefragen prinzipienfesten Charlotte von Stein, die die skandalöse Liaison mißbilligt, und das Urteil seiner Schwägerin Caroline von Wolzogen, die die Schauspielerin in einem unzweideutig formulierten Brief vor den Folgen ihres Wechsels in die Mätressenrolle gewarnt hatte. Da beide den Umgang mit der Jagemann meiden, gehorcht auch das Haus Schiller dem Gebot der gesellschaftlichen Zurückhaltung.

Wie sehr es den Herzog trifft, daß Schiller die Jagemann ignoriert, erkennt man an einem Brief vom Februar 1803, in dem er Goethe darum bittet, unter Einsatz seines sozialen Renommees der Geliebten den Zugang zu den besseren Häusern zu ermöglichen. Der Jugendfreund schien Carl August die geeignete Mittlerperson, war er doch, wie man an seiner Beziehung zu Christiane Vulpius sah, in moralischen Fragen weniger heikel als die Familien Stein und Wolzogen. Goethes Intervention vermochte zumindest die Atmosphäre am Theater zu entspannen; zu engerem häuslichen Kontakt mit der herzöglichen Mätresse konnte sich Schiller freilich nicht durchringen. Die Position, die die Jagemann fortan an der Hofbühne innehatte, blieb in jedem Fall prekär, verstand sie es doch vorzüglich, ihre Rolle als Geliebte des Landesherrn nutzbringend einzusetzen. Gewiß war sie, wie der Herzog zeremoniös vermerkte, als Künstlerin «eintzig ihrer Art in Deutschland»,[55] doch rechtfertigte das noch nicht die Machtstellung, die sie durch Carl Augusts Hilfe am Weimarer Theater errang. In späteren Jahren, lange nach Schillers Tod, hat auch Goethe in zunehmendem Maße unter ihren Kapriolen gelitten; letzthin war es die Jagemann, die, nach einem Streit um eine Inszenierungsidee, seine Demission im April 1817 veranlaßt hat.

Unterschiedliche Auffassungen gab es nicht nur im Bereich der Moral, sondern auch in künstlerischen Fragen. Die im Ton oft schulmeisterlich klingenden Urteile über Schillers Bühnenarbeiten hat der Herzog jedoch nie dem Autor direkt, sondern meist nur Goethe übermittelt, der sie aus diplomatischen Gründen in abgemilderter Form weiterzugeben pflegte. Häufig setzen sich die kritischen Anmerkungen des Herzogs mit bühnenpraktischen Gesichtspunkten auseinander. So heißt es am Tag nach der gefeierten Aufführung der *Piccolomini*: «Über den gestrigen ‹Wallenstein›, – die außnehmend schöne Sprache abgerechnet, die wircklich vorzüglich, vortreflich ist –, aber über seine Fehler möchte ich ein ordentliches Programm schreiben; indeßen muß mann den zweyten Theil erst abwarten. Ich glaube wircklich, daß aus beyden Theilen ein schönes Ganze könnte außgeschieden werden; es müste aber mit vieler Herzhaftigkeit davon abgelöset und anderes eingeflickt werden.»[56] Ähnlich bedenkenlose Korrekturvorschläge ergehen auch in den folgenden Jahren. Kurz vor der Aufführung der *Maria Stuart* bittet der Herzog Goethe am 10. Juni 1800 darum, eine Änderung der Abendmahlsszene des fünften Akts zu veranlassen, weil sie das religiöse Empfinden protestantischer Kreise verletze. Schillers gesellschaftliches Gespür – seine «prudentia mimica externa» – sei nicht hinreichend ausgeprägt, um hier drohende Gefahren zu vermeiden: «So ein braver Mann er sonsten ist, so ist doch leider die göttliche Unverschämtheit oder die unverschämte Göttlichkeit, nach Schlegelscher Terminologie, dergestalt zum Tone geworden, daß mann sich mancherley poetische Auswüchse erwarten kan, wenn es bei neuern Dichtungen darauf ankommt, einen Effeckt, wenigstens einen sogenannten hervorzubringen, und der Gedancke, oder der poetische Schwung nicht ausreichen wollte, um durch Worte und Gedancken das Hertz des Zuhörers zu rühren.»[57] Daß die Empfehlung zur Änderung der Szene von Herder stammt, verschweigt der Herzog Goethe, weil er annimmt, der Rat des früheren Freundes werde beim Weimarer Theaterdirektor weniger bewirken als die Autorität des Landesherrn. Aufschlußreich sind zumal seine Vorbehalte gegen Schillers künstlerischen Rigorismus, dem er mangelnden Sinn für Konvenienz und soziale Spielregeln bescheinigt. Der absolut regierende Fürst muß den Anspruch auf unbedingte ästhetische Freiheit als anmaßend betrachten, weil er seinem eigenen Gestaltungswillen entgegensteht.

Auch auf Schillers *Jungfrau* hat Carl August zunächst mit Skepsis reagiert. Zur Geltung kommen hier vor allem privat begründete Bedenken, die im Sommer 1801 ein inoffizielles Aufführungsverbot für die Weimarer Bühne veranlassen. Der Herzog, der in Unkenntnis von Schillers Text eine nach dem Muster von Voltaires komischem Epos *La Pucelle d'Orléans* (1762) gearbeitete satirische Darstellung des Stoffs erwartete, mußte befürchten, daß die Jagemann, die den Anspruch auf die Titelrolle besaß, hier zum Gespött des Publikums werden würde; eine andere Akteurin mit dem Part zu betrauen, schien ihm wiederum nicht ratsam, weil ein solches Vorgehen die Privilegien seiner Mätresse hätte beschneiden können und letzthin als Zeichen der Furcht vor falschen Zuschauerreaktionen gedeutet worden wäre. Nach der Lektüre des Manuskripts bleiben immer noch Einwände, die der Herzog Ende April 1801 in einem Brief an Caroline von Wolzogen nicht ohne Gefühl für die Peinlichkeit der Situation auseinandersetzt. Sie gelten erklärtermaßen der künstlerischen Anlage des Dramas, dessen Stoff allein für «ein Heldengedicht» tauglich sei, bleiben aber letzthin von der persönlichen Angst vor einem Gesellschaftsskandal getragen. Daß es nicht um ästhetische, sondern einzig um private Gesichtspunkte geht, verrät das Postskriptum, in dem der Herzog einräumt, er fürchte, die Jagemann müsse sich kompromittieren, wenn «ihr schönes Talent und Bemühen so zwecklos und ihr nachtheilig» eingesetzt werde (NA 31, 266f.).

Schiller, der als eigentlicher Adressat des Briefes gelten muß, hat die gesamte Farce leicht amüsiert zur Kenntnis genommen und den Willen seines Landesherrn zwangsläufig akzeptiert. Nachdem die Entscheidung für eine auswärtige Uraufführung gefallen ist, bedankt sich Carl August nahezu überschwenglich bei Caroline von Wolzogen für ihre Vermittlertätigkeit: «(...) Sie haben mir ordentlich einen Stein vom Herzen gehoben. Die große Achtung, die ich für Schillers Genie und Talent hege, die persönliche Freundschaft zu seinem ausgezeichneten moralischen Charakter, und die wirklich bewunderungsvolle Liebe für seine neueste Schrift hatten freilich zusammen Gefühle in mir rege gemacht, die ich gerne ausdrücken mochte, aber wirklich mit großer Verlegenheit niederschrieb (...)» (NA 31, 267). Es ist offenkundig, daß der Souverän seine herzögliche Willkür nicht ohne nähere Erklärung walten lassen möchte. Als aufgeklärter Despot sucht er Verständnis für seine Maßnahmen, deren rein private Motive er hinter moralischen Argumenten versteckt. Goethe gelingt es ein Jahr später immerhin, den Herzog davon zu überzeugen, daß eine Aufführung des Dramas den Hof nicht diskreditiere. Die Weimarer Premiere der *Jungfrau* fand am 23. April 1803 statt; die Rolle der Titelheldin übernahm, in Schillers eigener Inszenierung, freilich nicht die Jagemann, sondern die frisch engagierte Anna Amalia Malcolmi.

Auch die *Braut von Messina*, die doch seinen klassizistischen Vorlieben entsprechen mußte, beurteilt Carl August zunächst negativ. Unter dem Eindruck der Lektüre des Bühnenmanuskripts heißt es am 11. Februar 1803 in einem Brief an Goethe, der durch seine Grammatikschnitzer und den anmaßendem Ton gleichermaßen typisch ist: «Schiller hat mir sein Stück Arbeit gegeben. Ich habe es mit großer Aufmercksamkeit – aber nicht mit wohlbehaglichen Gefühle gelesen; indeßen verschließe ich meinen Mund wohlbedächtig darüber. Über die Sache selbst ist ihn nichts zu sagen, er reitet auf einen Steckenpferde, von den ihn nur die Erfahrung wird absitzen helfen, aber eines sollte mann ihn doch einzureden suchen, das ist die Revision der Verse, in denen er sein Werck geschrieben hat; denn hie und da kommen mitten im Pathos comische Knittel Verse vor, dann unausstehnliche Härten, undeutsche Worte und endlich solche Wortversetzungen, die poetische Förmelchens bilden, deren Niederschreibung auf Pulverhörner gar nicht unpaßend gewesen wären.»[58] Der unfreundliche Tenor dieses Urteils, das auch vor der Kritik der gewählten künstlerischen Form nicht Halt machte, drang freilich kaum bis zu Schiller selbst durch. Im offiziellen Rahmen der Hofeinladungen, die er in seinen letzten Weimarer Jahren regelmäßig absolvierte, war für die ausführliche Diskussion literarischer Fragen kein Platz. Vorrang beanspruchten hier der aktuelle Theater- und Gesellschaftsklatsch und die Diskussion politischer Zeitprobleme, an denen er sich meist ohne Leidenschaft beteiligte.

Auch wenn das Verhältnis zum Herzog nicht spannungsfrei blieb, wußte Schiller das Weimarer Klima zu schätzen, das die Autoren vor massiven Zensurmaßnahmen bewahrte und ihnen zumindest eingeschränkte Freiheiten verschaffte. Im Deutschland der Zeit um 1800 bildete das keine Selbstverständlichkeit mehr. Unter dem Eindruck der Französischen Revolution war etwa in Österreich die von Joseph II. herbeigeführte Liberalisierung des Presserechts durch Leopold II. rückgängig gemacht und der theresianische Verbotskatalog, partiell sogar verschärft, erneuert worden. Das im Februar 1793 erlassene, im Mai 1795 per Gesetz nochmals zugespitzte Hofdekret über die Zensur bezog sich ausdrücklich auf die politischen Vorgänge in Frankreich. Es legte fest, «daß kein innländischer Druck, Nachdruck und keine Einfuhr solcher Bücher erlaubt werde, die von der französischen Revolution eine günstige Schilderung machen, oder von solchen Staatsveränderungen und Grundsätzen handeln, die den Grundsätzen einer wohleingerichteten Monarchie, und besonders der österreichischen Staaten, entgegen sind (...)»[59] Daß ein Drama wie der *Wilhelm Tell* in Wien nur auf der Grundlage einer redigierten Fassung (mit einem freundlicheren Geßler-Bild) gespielt und erst 1827 durch Initiative des damaligen Intendanten Schreyvogel ungekürzt gezeigt werden konnte, war symptomatisch. Auch in Preußen setzte mit der Restaurationspolitik unter Friedrich Wilhelm II. eine unduldsame Zensurpraxis ein. Im Oktober 1791 wurden Monatsjournale und andere Periodika politischen wie philosophischen Inhalts verboten, weil «durch diese Art Schriften der Religion, der Ruhe und guten Ordnung in Deutschland wie in Frankreich mehr als durch größere theologische und moralische Werke geschadet worden und in der Folge geschadet werden könne.»[60] Kennzeichnend für den allgemeinen Stimmungswandel ist die 1795 veröffentlichte Denkschrift des österreichischen Theaterzensors Franz von Hägelin, die im Sinne eines simplifizierten Aufklärungskonzepts sämtliche dramatischen Kunstformen zu Werkzeugen breitenwirksamer Volkserziehung jenseits politischer Interessenbildung zu erklären sucht: «Alle diese verschiedenen Gattungen müssen einen moralischen Zweck haben und entweder die Beförderungen der Tugenden des Willens oder auch des Verstandes, das ist die Schärfung des Witzes, der Klugheit etc. zum Zweck haben, wenn sie dem Staate nicht schädlich werden sollen.»[61] Vor dem Hintergrund solcher Normen blieb zumal Schillers frühen Dramen der Weg auf österreichische Bühnen zu Lebzeiten des Autors meist versperrt. Daß auch in Preußen die strikte Zensurpraxis Barrieren errichtete, beweist der Briefwechsel mit Iffland, gerade im Fall der Uraufführung des *Wilhelm Tell*.

Dagegen waren die Verhältnisse in Weimar zwangloser, wenngleich nie frei von Pressionen. Der Herzog nahm persönlich Einfluß auf die Theaterorganisation, mischte sich in die Spielplangestaltung und las für die Aufführung vorgesehene Texte im Manuskript. Wurde hier Zensur geübt, so geschah das auf der Grundlage inoffizieller Empfehlungen wie im Fall der *Jungfrau von Orleans*. Das minderte nicht den politischen Druck, der die Autoren zu Kompromissen zwang, vereinfachte jedoch gelegentlich die Anpassung an die herrschenden Regeln. Wenn Schiller seine Dramen in Weimar aufführen ließ, konnte er anders als bei den großen Premieren in Berlin und Wien sicher sein, daß die von der Zensur geforderten Änderungen punktueller Natur blieben. Die Macht des Souveräns wirkte sich hier nicht über einen anonymen Beamtenstab aus, sondern schien persönlich greifbar (ein Merkmal des dezentralen deutschen Staatswesens, das der an Mösers Ordnungsideen geschulte Goethe für vorbildlich hielt). Der Herzog sah sich dabei, ohne Sinn für die tatsächlichen Verhältnisse, in der dienenden Rolle des Förderers der Kultur, der über seine Künstler keine Gewalt hatte, weil sie selbst despotisch wirkten. «Die Herren Poeten und Autoren», so schreibt er in gekränktem Ton Ende April 1801 an Caroline von Wolzogen, «sind freilich schreckliche Tyrannen, vielleicht haben sie Recht es zu sein, da selbst Buonaparte neulich sagte, que le Peuple (l'auditoire) était fait pour faire des souliers» («daß das Volk [das Auditorium] gemacht wäre, um Schuhe zu fertigen»). (NA 31, 266) Daß der Regent und sein Hofrat die Verachtung für dieses Volk teilten, mag im Blick auf Schillers abfällige Äußerungen über die Bedürfnisse des Publikums kaum zu bestreiten sein. Wo die eigentliche Macht situiert war, wurde jedoch den Autoren auch in Weimar täglich vor Augen geführt: nicht im Reich der Musen, sondern im Haus der Politik, das durch den europäischen Siegeszug Bonapartes kaum wohnlicher wurde.

Gesellschaftlicher Aufstieg.
Geadelt und bei Hof

Seit dem März 1797 besaß Schiller das geräumige Gartendomizil am Jenaer Leutrabach, das er im Sommer aufgrund der hier gegebenen Arbeitsruhe bevorzugt zum Schreiben nutzte. Von hier aus gewann man einen weiten Ausblick auf das Tal und die Saale, den die häufig versammelten Gäste – neben Goethe zumal Wolzogen, Schelling und Cotta – an den von Schiller geschätzten geselligen Abenden genossen. Gartenhaus und Nebenanwesen waren für mehr als 600 Taler – die Hälfte des Kaufpreises – aufwendig restauriert und ausgebaut worden, so daß auch die Familie hinreichend Platz fand. Deren Kreis erweiterte sich stetig: den beiden Söhnen Karl und Ernst folgte am 11. Oktober 1799 Caroline Henriette Louise; am 25. Juli 1804 wurde als letztes Kind Emilie Henriette Louise geboren, zu deren Taufpatin man Carl Augusts einzige Tochter, die achtzehnjährige Prinzessin Caroline ernannte. Dem gehobenen bürgerlichen Hausstand der letzten Lebensdekade gehörten ferner das aus Württemberg stammende Kindermädchen Christine Wetzel, eine Kammerjungfer für Charlotte und der bewährte Sekretär Rudolph an. Da man die Kinder, wie in gehobenen Kreisen üblich, nicht auf die als dürftig geltende Elementarschule schickte, sondern durch Privatlehrer unterrichten ließ, herrschte im Alltag ein reger Besuchsverkehr. Die erforderliche Schreibruhe war inmitten dieses großen Zirkels kaum dauerhaft gegeben. Das dreigeschossige Jenaer Gartenhaus, später, während der Arbeit an der *Maria Stuart*, das Schloß Ettersburg boten immerhin Ausweichmöglichkeiten, die vorübergehend Abgeschiedenheit gewährleisteten. Immer wieder belasten Alltagssorgen die literarische Tätigkeit; in den Briefen ab 1796 liest man häufig von Krankheiten der Kinder, häuslicher Unruhe und störenden Verwandtenbesuchen (Charlottes Mutter stattet regelmäßige Kurzvisiten in Jena ab). Besondere Besorgnisse erregen die Schutzimpfungen gegen die Blattern, die Schiller als modern denkender Mediziner bei den Kindern durchführen läßt, auch wenn sie nicht immer risikofrei verlaufen. Trotz mancher Bedrückungen entzieht er sich dem familiären Leben nur ungern. Konzentrierte Lektüre ohne Ablenkung schätzt er nur dann, wenn er weiß, daß ihm in Ruhephasen Gesprächsmöglichkeiten offenstehen. Längere Abwesenheiten seiner Frau und der Kinder beklagt er, rasch fühlt er sich, da er Spaziergänge aus Sorge um seine Gesundheit nur bei bestem Wetter zu unternehmen pflegt, isoliert und einsam. Auf die Organisation eines möglichst reibungsfreien Familienalltags verwendet er einige Mühe. Er lege großen Wert darauf, so verrät er seiner Schwägerin im Sommer 1798, «‹daß die Hauswirtschaft ordentlich geht; aber ich mag das Knarren der Räder nicht hören.›»[62]

Nicht zuletzt gesellschaftliche Überlegungen sind es, die im Laufe des Jahres 1799 die Entscheidung zum Umzug nach Weimar reifen lassen. Im Brief an den Herzog vom 1. September 1799 beklagt Schiller die mangelnde künstlerische Ausstrahlungskraft Jenas, dessen akademisches Klima ihn zu Zeiten seiner philosophischen Studien angezogen habe, jetzt aber steril auf ihn wirke (NA 30, 93). In Weimar hofft er direkteren Zugang zum Theater, aber auch zu Goethe, Voigt und der Familie von Stein zu gewinnen. Zunächst scheint der Aufenthalt nur für die Wintermonate geplant, jedoch nimmt man von der Idee einer doppelten Haushaltsführung rasch Abstand. Am späten Morgen des 3. Dezember, drei Wochen nach seinem vierzigsten Geburtstag, reist Schiller aus Jena ab. Er und der Sohn Ernst beziehen sogleich die Wohnung in der Windischengasse A 71 bei Perückenmacher Müller, wo zuvor Charlotte von Kalb logiert hatte (den Abschluß des Mietvertrags konnte Goethe schon am 4. September vermelden). Als Arbeitsrefugium nutzt Schiller den Mansardenraum auf der Dachetage, wo man vor den Geräuschen der stark befahrenen Straße geschützt bleibt. Mit der neugeborenen Tochter und dem ältesten Sohn findet Charlotte für die ersten Tage Unterkunft im geräumigeren Haus der Familie von Stein, ehe sie am 16. Dezember ins neue Domizil wechselt. Die ursprünglich für den Spätherbst vorgesehene Übersiedlung hatte sich verzögert, weil Schillers Frau nach der Geburt der Tochter an einem sechs Wochen währenden Nervenfieber mit Absencen, Gedächtnis- und Sprachverlust litt. Die bedrohliche Krankheit, als «Wochenbettpsychose»[63] unzulänglich beschrieben, war fraglos das Resultat außerordentlicher nervlicher Überanstrengung. Die Medizin der Zeit besaß für derartige psychosomatische Erscheinungsformen noch keine diagnostischen Kategorien; aus heutiger Sicht wird man von einer schweren Depression mit körperlichen Symptomen sprechen dürfen. Zu ihren Ursachen gehörte auch, daß Schillers eigene Krankheit das Leben der Familie massiv beeinträchtigte und die Organisation des Alltags für die Ehefrau Lasten bedeutete, die ihrerseits erheblichen seelischen Druck erzeugten.

In Weimar wächst mit Beginn des Jahres 1800 nochmals die Intensität der Beziehung zu Goethe. An den Platz der gedankenreichen Korrespondenz tritt das persönliche Gespräch, in dessen Zentrum Schillers dramatische Pläne und Goethes Direktorat für das Hoftheater stehen. Der Briefwechsel verliert seine Brillanz und gewinnt den Charakter entspannten Austauschs, zumeist über Fragen der Lebensorganisation. Die Anerkennung, die man Schiller in Weimar zollt, bezeugt der Umstand, daß er am 18. Mai 1802 als Gast zu einer Sitzung des Geheimen Consiliums zugezogen wird. Der regelmäßige gesellschaftliche Verkehr mit Carl August und seiner Familie wird jedoch durch seinen bürgerlichen Stand erschwert. Als er im Februar 1802 Charlotte von Stein gegenüber nicht ohne Empfindlichkeit erklärt, er wünsche sich auch künftig keine Einladungen zu höfischen Gesellschaften, da man ihn bisher übergangen habe, zeigt sich die Herzogin alarmiert. Auf Betreiben Caroline von Wolzogens und des Geheimrats Voigt wird Carl August im Juni 1802 mit Unterstützung Goethes veranlaßt, Schillers Nobilitierung beim Kaiser zu erwirken. Voigts diplomatisch geschickte Begründung des Antrags hebt hervor, daß Schiller durch «seine vortrefflichen Gedichte» dem «Geiste der deutschen Sprache und des deutschen Patriotismus» maßgebliche Dienste geleistet habe (NA 31, 526). Das immer noch als provokant geltende dramatische Werk wird in Voigts Schreiben an keiner Stelle erwähnt, dagegen entschieden auf die breite Wirkung der historischen Schriften verwiesen. Schiller hat das taktisch kluge Vorgehen des Geheimrats gebilligt und ihm am 18. Juli «für das brillante diplomatische Testimonium» ausdrücklich gedankt (NA 31, 153).

Der Adelsbrief wird, nachdem der Hofkanzler Fürst Colloredo-Mansfeld auf Vermittlung des Reichsgrafen von Stadion dem Kaiser den Antrag des Herzogs übermittelt hat, am 7. September 1802 in Wien unterzeichnet. Mit postalisch bedingter Verzögerung kommt das Diplom, für das die weimarische Staatskasse 428 Gulden erlegen muß, am 16. November in der Residenz an. Ihm selbst, so versichert Schiller in einem Brief an Cotta, sei «die Sache ziemlich gleichgültig», jedoch sieht er, wie er Reinwald am 6. Dezember erklärt, als Vorteil der Rangerhöhung, daß die auf Etikette bedachte Charlotte mit ihrer Schwester erneut auf einer gesellschaftlichen Stufe stehe: «In Rücksicht auf meine Frau und ihre Familie ist mir das Ereigniß allerdings angenehm, weil meine Frau nun wieder in alles das restituiert ist, was sie durch ihre Heirath verloren hat [.]» (NA 31, 176, 178) Der Stolz über den neuen Status ist jedoch auch Schiller nicht fremd. Bereits am 12. Juli erörtert er mit Voigt die Gestaltung seines künftigen Familienwappens, dessen Entwurf dem Vortrag des Hofkanzlers beim Kaiser zugrunde gelegt werden muß. Es zeigt, wie es das Adelsdiplom beschreibt, einen «von Gold und Blau quergetheilten Schild mit einem wachsenden natürlich weißen Einhorne in der obern und einem goldenen Querstreife in der untern Hälfte; auf dem Schilde ruht rechts gekehrt ein mit einem natürlichen Lorberkranze geschmückter, goldgekrönter, frei adeliger, offener, blau angelofener und rothgefütterter, mit goldenem Halsschmucke und blau = und goldener Decke behängter Turnierhelm, auf dessen Krone das im Schilde beschriebene Einhorn wiederholt erscheint.»[64] Die Folge der Nobilitierung sind regelmäßige Teebesuche bei der herzöglichen Familie, in die nun auch Charlotte eingeschlossen werden kann. Ein Brief an Humboldt vom 3. März 1803 vermerkt süffisant über die gesellschaftlichen Aktivitäten der Ehefrau: «Lolo ist jezt recht in ihrem Element, da sie mit ihrer Schleppe am Hofe herumschwänzelt.» (NA 32, 13) Daß Charlotte Schiller kaum frei von Standesdünkel war, beweist ihr herablassendes Verhalten gegenüber Christiane Vulpius. Der Verkehr mit dem Haus Goethe beschränkt sich auf die Besuche Schillers und schließt den Kontakt der sozial nicht gleichrangigen Partnerinnen aus. In einem Brief an Fritz von Stein erklärt Charlotte am 17. Februar 1801 angesichts der unehelichen

Friedrich Schiller im «frac à la française».
Scherenschnitt, um 1790

Beziehung zwischen Goethe und Christiane: «Daß wir Frauen nicht sans façon in seinem Hause Eintritt haben können und wollen, hängt von seinen inneren Verhältnissen ab. Obgleich Schiller selbst nie die Dame des Hauses als Gesellschafterin sieht und sie nie bei Tisch erscheint, so könnten doch andere Menschen es nicht glauben, daß sie sich verbärge, wenn unser eins auch diese Gesellschaft teilte.»[65]

Die angenehmen Umstände des neuen Weimarer Lebens erleichtern Schiller die Entscheidung, sich dauerhaft in der Residenz niederzulassen. Die Wohnung in der Windischengasse möchte er jedoch bald gegen ein neues Domizil eintauschen, weil sie laut und unbequem ist. Am 19. März 1802 kauft er von dem englischen Diplomaten, Übersetzer und Schriftsteller Joseph Charles Mellish of Blythe für 4200 Taler ein geräumiges Haus, das zentral an der Esplanade liegt. Das im Jahr 1777 von Anton Georg Hauptmann für den Kaufmann Johann Christoph Schmidt errichtete Domizil bietet der fünfköpfigen Familie sowie den drei Dienstboten hinreichend Platz. Neben dem zwei Stockwerke und ein Dachgeschoß umfassenden Wohntrakt mit zehn Zimmern liegen ein Seitengebäude sowie Stallungen, die Platz für zwei Pferde lassen (noch wenige Monate vor seinem Tod hofft Schiller auf Ausritte in sommerlicher Wärme). Am 29. April wechselt die Familie in das neue Haus über; zum Arbeitszimmer wird der größte Raum unter dem Dach erwählt, der aus zwei Fenstern einen freien Ausblick über die Esplanade verschafft. Das herrschaftliche Domizil trägt dem sozialen Rang des Besitzers Rechnung: mit seinen hohen schriftstellerischen Honoraren und dem Hofratsgehalt gehört Schiller zu den zwölf am besten verdienenden Einwohnern der Stadt Weimar.[66] Die ersten Monate nach dem Umzug verschaffen jedoch keine behagliche Stimmung, weil im neuen Haus zahlreiche Reparaturen erforderlich werden. Die Handwerkerarbeiten, die nochmals 470 Taler verschlingen, erstrecken sich zu Schillers Leidwesen bis zum August und stören empfindlich die Schreibruhe. Wenige Tage nach dem Einzug erhält er zudem die Nachricht, daß seine Mutter in Cleversulzbach gestorben ist, «alt 68 Jahr 4 Monate», wie sein Kalender am 29. April wortkarg vermerkt.[67] An ihrer Beerdigung nimmt er nicht teil, weil er die strapaziöse Reise in die Heimat scheut. In einem Brief vom 24. Mai beschreibt er Christophine den Schmerz, der ihn beim Gedanken an die «liebevolle immer für ihre Kinder sorgsame Mutter» befällt (NA 31, 138). Die Trauer über den Verlust scheint er im Wortsinn ‹verarbeitet› zu haben; erdrückt von Alltagslasten und Geschäften, kommt er in den Frühlingstagen des Jahres 1802 kaum zur Ruhe. Hast und Anspannung bleiben auch in den folgenden Monaten die Begleiter seines Lebens.

Die schwierige Finanzierung des neuen Domizils wird durch unterschiedliche Transaktionen ermöglicht, über die Schillers *Arbeits- und Finanzplan* für die Jahre 1802 bis 1809, den er vermutlich Ende September 1801 aufstellte, genauere Auskunft gibt. Eine Quelle bildete der Verkauf des Jenaer Gartenhauses an den Juraprofessor Anton Friedrich Thibaut im Juni 1802. Ursprünglich hatte Schiller das kleine Anwesen Gottlieb Hufeland für 1650 Taler angeboten, der jedoch aufgrund des hohen Preises reserviert ablehnte; der letzten Endes erreichte Erlös von 1150 Talern entsprach der Summe, die er selbst im März 1797 hinterlegt hatte, deckte aber die später investierten Umbaukosten nicht ab. Weiterhin flossen Schiller 600 Taler Bürgschaft von seiner Schwiegermutter zu, daneben diverse Vorschüsse seiner Verleger – von Crusius für den zweiten Band der Gedichtausgabe, der 1803 erscheinen sollte (wobei das Honorar gegenüber dem ersten Band aufgrund des guten Verkaufs erhöht wurde), nicht zuletzt aber von Cotta, der ihm im Frühjahr 1802 2600 Gulden (1733 Taler), mithin ein knappes Drittel des Gesamtpreises lieh. Beim Pächter Weidner in Nieseroßla nahm Schiller am 5. Mai 1802 zusätzlich 2200 Taler mit 4% Zinsen auf.[68] Er konnte dabei hoffen, die Hypothekenschuld, die sein Haus belastete, in überschaubarer Zeit durch einlaufende Tantiemen und Honorare zu tilgen. Mit der Pension des Herzogs, die 1804 auf 800 Taler verdoppelt wurde, erzielte Schiller in den Weimarer Jahren nach dem Umzug Einkünfte von 2000 Talern jährlich. Diese Summe, die, wie er nicht ohne Stolz vermerkt, das Zehnfache des väterlichen Gehalts ausmachte (NA 32, 4), wurde zu großen Teilen durch die familiären Haushaltskosten aufgezehrt, jedoch boten regelmäßig fließende Sonderhonorare aus der Kasse Cottas Gelegenheit zur Bildung von Rücklagen. Dem detaillierten *Arbeits- und Finanzplan* läßt sich entnehmen, daß Schiller damit rechnete, bis zum Jahr 1809 jährlich ein Drama zu vollenden, für das er ein Honorar von 650 Talern veranschlagte. So durfte er erwarten, die Grundschuld innerhalb weniger Jahre auslösen zu können. Seine Hoffnung hat ihn kaum getrogen, auch wenn er die Früchte seiner Arbeit nicht mehr erlebte: nur wenige Wochen nach seinem Tod im Mai 1805 tilgte Charlotte aus der Summe des von Cotta für den ersten Band der Dramen gezahlten Honorars – immerhin 10 000 Gulden – die den Besitz belastende Hypothek.

Mit dem Einzug ins Haus an der Esplanade hat Schiller sein Domizil für die letzte Lebensphase gefunden. Größere Reisen unternimmt er, sieht man vom Berlinaufenthalt des Jahres 1804 ab, kaum mehr. Im Spätsommer 1801 fährt er für sechs Wochen über Naumburg und Leipzig nach Dresden zum letzten Besuch Körners. In Loschwitz trifft er Ludwig Tieck und Göschen, in Leipzig erlebt er die bald legendäre *Jungfrau*-Aufführung, nach der ihn das Publikum mit Vivat-Rufen feiert. Ein Wiedersehen der alten Freunde läßt sich in den folgenden Jahren nicht mehr verwirklichen. Mehrtägige Aufenthalte im Weimar unmittelbar benachbarten Tiefurt (Juli 1801 bzw. 1802) oder in Lauchstädt (Juli 1803), das eine Tagesreise entfernt liegt, bilden die Ausnahme im einförmigen Lebensrhythmus. Gelegentliche Teevisiten beim Herzog erhalten die gesellschaftlichen Kontakte, ebenso die wechselnden Zirkel bei Goethe, Wolzogen und Voigt. In der Wintersaison drängt die tanzfreudige Charlotte bisweilen zu Ballbesuchen, die Schiller freilich, wie schon früher in Dresden, ohne Leidenschaft absolviert. Die Redouten finden zumeist im 1798 erneuerten Theaterbau, seit 1801 im Stadthaus am Markt statt, wo die Zeremonienmeister penibel darüber wachen, daß nur Gäste gehobener Herkunft Einlaß erhalten.

Die Beteiligung an größeren publizistischen Unternehmen lehnt Schiller in seinen letzten Jahren kompromißlos ab. Für die Neugründung der *Jenaischen Allgemeinen Literatur-Zeitung*, die Goethe entschieden betreibt, nachdem Schütz im Herbst 1803 einen Ruf an die Universität Halle angenommen und die *ALZ* einem dortigen Verlag offeriert hatte, gibt er seinen Namen als Redaktionsmitglied, ohne jedoch eigene Beiträge zu liefern. Cotta gegenüber bemerkt er im Oktober 1803, er habe sich «jedes Antheils» an dem neuen Journal «ganz begeben» (NA 32, 82). Goethes Bitte, er möge ihm für die neue Zeitung «von Zeit zu Zeit eine geistreiche Mittheilung» zukommen lassen, ist er nicht gefolgt (NA 40/I, 166).[69] Bestimmend für den alltäglichen Ablauf wird in den letzten Jahren das Gesetz der regelmäßigen Schreibtischarbeit, das soziale Kontakte außerhalb der Familie kaum zuläßt. Anders als in den Dresdner und frühen Jenaer Zeiten tauscht sich Schiller über seine aktuellen Projekte nur sporadisch aus und bevorzugt die einsame Tätigkeit ohne gesellschaftliche Abwechslung. Die Ausflüge ins Reich der literarischen Phantasie ersetzen ihm andere Formen der Erfahrung und verschaffen jene enthusiastischen Momente, die er früher mit Freunden zu teilen pflegte. «Mein Leben ist so einförmig und leer an Begebenheiten», befindet ein Brief an Wolzogen vom 24. November 1803 (NA 32, 85). Von der «Abgeschiedenheit» ereignisarmer Stunden ist wenig später gegenüber Goethe die Rede (NA 32, 105); ein «Philisterleben» (NA 32, 169) jenseits öffentlichen Glanzes führe er, so berichtet ein Brief an Körner vom November 1804. Höfische Feste oder große Premieren bilden die Ausnahmen in der Reihe jener stillen Weimarer Tage und Nächte, an denen Schiller seinen Schreibtisch im Dachzimmer nicht mehr verläßt.

3. Die Wallenstein-Trilogie (1800)

Die ‹unversuchte Bahn›.
Mühevolle Arbeit an einem schwierigen Sujet

Der *Wallenstein* weist unter sämtlichen von Schillers literarischen Arbeiten die längste Inkubationszeit auf. Bedenkt man, daß ihn bereits zu Beginn der 90er Jahre erste Pläne zur Dramatisierung des Stoffs umtreiben, so kann man von einer annähernd zehnjährigen Entstehungsgeschichte sprechen. In sie sind die Spuren der Krankheit, permanente kreative Krisen und Momente der Resignation eingezeichnet. Nie zuvor hat Schiller eine Arbeit derart skrupulös und bis ins Detail reflektiert durchgeführt wie hier. Immer wieder werden Freunde und Bekannte zu Urteilen über das langsam vorrückende Werk genötigt. Zunächst mit Körner und Hoven, später mit Goethe und Humboldt, gegen Ende der letzten Arbeitsperiode mit Iffland in Berlin berät sich Schiller ausführlich über die Konstruktionsprobleme, die sein Projekt aufgibt. Die Kontinuität dieses Diskussionsprozesses bildet die äußere Voraussetzung dafür, daß er den ehrgeizigen Entwurf trotz bedrückender Krisen zu Ende führen kann.

Erste Pläne zum *Wallenstein* kommen im Umfeld der Arbeit an der Abhandlung zur *Geschichte des Dreyßigjährigen Kriegs* auf. Nach dem im September 1790 erfolgten Abschluß des umfangreichen zweiten Buchs der Schrift, das ein kräftig eingeschwärztes Bild von Wallensteins Rolle als Befehlshaber der größten Armee des Kaisers zeichnet, verfolgt Schiller den Gedanken, den Stoff dramatisch zu bearbeiten. Am 12. Januar 1791, kurz nach der Überwindung des in Erfurt erlittenen Fieberanfalls, schreibt er Körner, er habe die Idee «zu einem Trauerspiel» mit historischem Sujet im Kopf (NA 26, 71). Die wenig später ausbrechende Krankheit verhindert jedoch die aktuelle Ausführung. Im Laufe der folgenden zwölf Monate wird das Vorhaben durch das Projekt eines Epos über den Schwedenkönig Gustav Adolf verdrängt, das wiederum an die Stelle des zwei Jahre älteren Plans einer ‹Fridericiade› zu Ehren des Preußenkönigs tritt. Noch Ende November 1791 zeigt sich Schiller entschlossen, das ‹Heldengedicht› in Angriff zu nehmen, weil es «poëtisches Intereße» mit «politischen» Aspekten verbinde (NA 26, 114). Im folgenden Jahr flackern die alten Dramenpläne zumindest sporadisch auf; inmitten der Arbeit am vierten Buch der Geschichtsschrift, das Fall und Tod des Herzogs behandelt, heißt es Ende Mai 1792: «Ich bin jetzt voll Ungeduld, etwas poetisches vor die Hand zu nehmen, besonders jückt mir die Feder nach dem Wallenstein.» (NA 26, 141)

Erst während der Württembergreise fixiert Schiller jedoch sein Konzept und bringt Szenenentwürfe zu Papier; Körner meldet er am 17. März 1794, er sei entschlossen, den alten Dramenplan «weiter auszuarbeiten.» (NA 26, 350) Daß die Skizze nur zögerlich voranschreitet, findet seinen Grund auch in künstlerischen Identitätsproblemen. Nach den Jahren der literarischen Enthaltsamkeit und angesichts des Widerwillens gegen frühere Arbeiten fühlt er sich zur Umorientierung genötigt: «Im eigentlichsten Sinne des Worts betrete ich eine mir ganz unbekannte wenigstens unversuchte Bahn, denn im Poetischen habe ich seit 3, 4 Jahren einen völlig neuen Menschen angezogen.» (NA 27, 38) Der gewachsene Erfolgsdruck, dem sich Schiller unterwirft, führt zunächst zur Blockierung der kreativen Kräfte. Eine kontinuierliche Ausarbeitung kommt kaum zustande, erste Prosaszenen, die nach Hovens Bericht im Herbst 1793 in Ludwigsburg skizziert wurden, bleiben Bruchstücke; noch Ende März 1796 klingen die Körner und Humboldt übermittelten Werkstattberichte skeptisch und mutlos. Erst im Oktober 1796 sammelt Schiller neue Kräfte und ringt sich zur konkreten Textarbeit durch, nachdem das im Ganzen unergiebige Material der früheren Entwürfe durchgesehen ist. «An den Wallenstein gegangen», vermerkt er in seinem Kalender unter dem 22. Oktober 1796.[70] Die optimistische Prognose, daß für die Ausarbeitung ein Vierteljahr zu veranschlagen sei, muß jedoch rasch revidiert werden. Ende November erkennt Schiller die konkreten Schwierigkeiten, die sich dem Abschluß in den Weg stellen. Zwar bemerkt er zufrieden, daß ihn der spröde Charakter des Titelhelden zu jener inneren Distanz zwinge, die Prämisse der angestrebten Objektivität der Darstellung ist («ich habe nie eine solche Kälte für meinen Gegenstand mit einer solchen Wärme für die Arbeit in mir vereinigt»); doch ergeben sich mannigfaltige Probleme aus der Beschaffenheit des historischen Materials, das nur eingeschränkt tragödientauglich scheint. Der Stoff widersetzt sich der «Oeconomie» der Gattung (NA 29, 15), die eine nicht nur durch die persönliche Schuld des Helden motivierte Katastrophe verlangt. Der Untergang Wallensteins bleibt untragisch, solange in ihm nicht ein heteronomer, den Menschen beherrschender Wirkungszusammenhang zur Anschauung kommt. Der Realismus des Sujets, den Schiller noch im März Humboldt gegenüber als Bedingung der erforderlichen künstlerischen Distanz gerühmt hatte, erweist sich nunmehr als Barriere für die poetische Ausarbeitung. Hinzu kommen technische Schwierigkeiten, die daraus resultieren, daß Wallensteins Armee – die «Base», die seine Macht stützt – aus technischen Gründen, sein Gegenspieler, der Kaiser, wiederum mit Rücksicht auf die szenische Einheit nicht vorgeführt werden können. Im Spätherbst 1796 ist

Schiller damit zumindest in der Lage, das zentrale Aufgabenfeld seiner Arbeit genau zu kennzeichnen: die Notwendigkeit, «durch eine glückliche Form» (NA 29, 17) jene Tragödienqualitäten freizusetzen, die dem ‹ungeschmeidigen› Stoff fehlen.

Das vorliegende Textmaterial trägt wenig zur Überwindung der Kompositionsprobleme bei. Die lateinisch verfaßten *Wallenstein*-Dramen der Jesuiten – mit Aufführungen in Klagenfurt (1650) und Wien (1661) – dürften Schiller kaum interessiert haben; ob er Franz Xaver Markovitchs *Friedlandus Tragoediae*, das interessanteste Beispiel aus einer Serie von Bearbeitungen, überhaupt kannte, muß zweifelhaft bleiben. Den theoretisch erkannten Defiziten seines szenischen Arrangements versucht er in der ersten Hälfte des Jahres 1797 auf eigene Weise abzuhelfen. Er entschließt sich, den durch die Quellen verbürgten Sternenglauben Wallensteins zu einem Leitmotiv mit psychologischer Funktion auszubauen. Hier findet er eine reich entfaltete symbolisch-ikonographische Ordnung, die er entschlossen für die dramatischen Zwecke nutzt. Er versorgt sich bei Körner mit Grundlageninformationen (14. März 1797) und studiert auf dessen Empfehlung einige hochspekulative Traktate des 16. Jahrhunderts, die das seit den Chaldäern geläufige System der Sterndeutung in eine universelle Kosmologie integrieren – so Agrippa von Nettesheims *De occulta philosophia* (1531) und Leone Ebreos *Dialoghi d'amore* (1535).[71] Gegenüber Goethe, der bereits als knapp Zwanzigjähriger im Frankfurter Winter 1768/69, nach den unglücklichen Leipziger Studiensemestern, innerhalb des Privatzirkels der Susanna von Klettenberg intensiveren Kontakt zu hermetischen Schriften der Spätantike und Renaissancezeit gewann, beurteilt Schiller am 7. April 1797 das Analogiedenken von Leone Ebreos Schrift als epochenspezifischen Indikator einer fremd gewordenen Geistesperiode: «Die Vermischung der chemischen, mythologischen und astronomischen Dinge ist hier recht ins Große getrieben und liegt wirklich zum poetischen Gebrauche da.» (NA 29, 58)

Das astrologische Sujet berührt, wie Schiller am 24. August 1798 vermerkt, die allgemeine Dimension des politischen Konflikts, in den der Titelheld verstrickt ist – das Verhältnis zwischen Freiheit und Abhängigkeit, das auch Goethes zweiter Shakespeare-Aufsatz von 1815 später als (verschieden gewichtetes) Leitthema der antiken und modernen Tragödie ausmachen wird. Nachdrücklich formuliert Schiller die Überzeugung, «daß alle poetische Personen symbolische Wesen sind, daß sie, als poetische Gestalten, immer das allgemeine der Menschheit darzustellen und auszusprechen haben (...)» (NA 29, 266). Mit Hilfe der astrologischen Symbolik gelingt es ihm, das Feld der den Menschen regierenden äußeren Wirklichkeit in ihrer Ambivalenz und Zweideutigkeit bildhaft zu kennzeichnen. Die «Kunst Symbole zu gebrauchen, wo die Natur nicht kann dargestellt werden», die er an Shakespeares *Richard III.* rühmt, soll auf diese Weise auch im *Wallenstein* praktiziert werden (NA 29, 162).

Zu den astrologischen Studien tritt die intensive Aristoteles-Lektüre, wie sie Schiller auf Anregung Goethes betreibt. Ende April hatte Goethe die *Poetik* wiedergelesen und das geliehene Exemplar der von Michael Conrad Curtius stammenden deutschen Übersetzung an Schiller weitergereicht. Die Eindrücke, die die Auseinandersetzung mit dem Altmeister der Tragödientheorie vermitteln, sind äußerst intensiv. Schiller muß seine früheren, einzig durch fremde Auffassungen gestützten Vorurteile über die ‹allzuengen Pallisaden› der *Poetik* (so die Vorrede der *Räuber*) revidieren. Die Abhandlung sei arm an philosophischer Spekulation und unerfreulich strikt für den nachlässigen Künstler, so heißt es am 5. Mai 1797, biete jedoch tiefe Einsichten in die angemessene Architektur der Tragödie und eine Vielzahl von praktischen Anregungen für die dramentechnische Arbeit. Höchst bedeutsam findet Schiller vor dem Hintergrund seiner eigenen Bemühungen um eine prägnante Fabelführung den aristotelischen Hinweis auf die Präponderanz der Handlung gegenüber den Charakteren: «Daß er bei der Tragödie das Hauptgewicht in die Verknüpfung der Begebenheiten legt, heißt recht den Nagel auf den Kopf getroffen.» (NA 29, 74)

Die Architektur des Dramas bleibt fortan an Kategorien der *Poetik* ausgerichtet. Immer wieder ist von der Absicht zu hören, die äußeren Umstände der Handlung, nicht aber die Charakterdisposition des Helden zum Auslöser seiner Katastrophe zu machen, die Handlung im Sinne der aristotelischen Theorie der Peripetie wechselvoll zu halten, die Katastrophe zureichend vorzubereiten, das Pathos angemessen zu dosieren (wie es schon die Schrift *Ueber die tragische Kunst* gefordert hatte). Zum kompositorischen Kalkül tritt im Herbst 1797 die Auseinandersetzung mit der Sprachform. Schiller entschließt sich Anfang November 1797 zur Versifizierung; der Prosatext wird in Jamben überführt, deren artistischer Charakter noch größere Distanz zum Stoff schaffen soll, insofern der Dialog «durch den belebten und reichen Ausdruck poetische Dignität erhält.» (NA 29, 160) Die neue Technik hebt, wie Schiller befriedigt feststellt, grundsätzlich das künstlerische Niveau der Darstellung, weil sie dazu verhilft, profane Sujets auszuscheiden oder doch zu verfeinern: «(...) sie waren bloß gut für den gewöhnlichen Hausverstand, deßen Organ die Prosa zu seyn scheint, aber der Vers fodert schlechterdings Beziehungen auf die Einbildungskraft, und so mußte ich auch in mehreren meiner Motive poetischer werden.» NA 29, 159)[72]

Dem dramentheoretischen Moratorium des Jahres 1797 folgt nunmehr eine zügigere, wenngleich nicht konfliktfreie Ausarbeitung, die immer wieder durch krisenhafte Stimmungen und ungünstige äußere Einflüsse gestört wird. Die Zusammenstellung der Beiträge für den jeweils zur Herbstmesse erscheinenden Musenalmanach und die Redaktionstätigkeit für die *Horen* verschlingen Zeit. Im Frühjahr 1797 erkrankt der Sohn Ernst lebensgefährlich an den Blattern, so daß an unbelastetes Arbeiten nicht zu denken ist. Auch nach der Gesundung des Kindes fehlt bis zum Sommer die Stimmung zur vertiefenden Schreibtätigkeit. Am 14. Juli 1797 liest Schiller der Herzogin Louise und Charlotte von Stein Auszüge bereits abgeschlossener Szenen des geplanten Prologs vor. Im August 1797 verhindern die Redaktionsarbeiten für den Musenalmanach die Fortsetzung des Dramenmanuskripts. Immer wieder hat Schiller den *Wallenstein* in diesen Jahren zugunsten seiner lyrischen Produktion zurückgestellt. Nicht zuletzt erweist sich, wie so oft, die schwankende Gesundheit als Hemmnis. Krankheitsschübe verhindern vornehmlich im Spätwinter 1798 die gewünschte Beschleunigung des Arbeitstempos und erzeugen resignative Stimmungen: «Es ist ein Meer auszutrinken, und ich sehe manchmal das Ende nicht.» (NA 29, 194)

Zum besonderen Problem gerät die Bündelung des anwachsenden Materials. Bereits am 5. März 1798 schätzt Schiller den Umfang des Dramas auf 20 Druckbogen. Wenige Tage später zeigt er sich zuversichtlich, daß drei Viertel der Arbeit «absolviert» seien, auch wenn ihm die beträchtlichen «Lücken» nicht entgehen, die in den einzelnen Akten noch klaffen (NA 29, 217, 219). Das Ziel, den Abschluß zum Juni zu erreichen, verfehlt er auch deshalb, weil er ständig Ergänzungen seines Motivbestands vornimmt. Nach einer durch die Redaktion des Musenalmanachs im Spätsommer 1798 bedingten Unterbrechung revidiert er im September nochmals die Struktur des Dramas. Der ursprüngliche Prolog wird zum eigenständigen Vorspiel mit elf Auftritten ausgeweitet und um eine größere Zahl von Typenfiguren ergänzt. Als «sehr lebhaftes Gemählde eines Wallensteinischen Kriegslagers» (NA 29, 280) soll das Präludium atmosphärische Dichte und repräsentativen Charakter – im Sinne einer kunstvoll-realistischen Inszenierung der soldatischen Lebenswelt – miteinander verbinden. Der auch von Goethe geschätzte Knittelvers, vierhebig und in Paarreimen, erweist sich als angemessene Sprachform, die die banale Normalität des Alltags vor dem Hintergrund des militärischen Ausnahmezustands veranschaulichen hilft. Im Zusammenhang mit dem Plan, den ursprünglichen Prolog zu erweitern, entschließt sich Schiller zu einer Dreiteilung des Dramas, wie sie Goethe bereits in seinen Briefen vom

28. Mai und 2. Dezember 1797 empfohlen hatte. Für die (vor dem Druck nochmals geänderte) Bühnenfassung erarbeitet er zunächst ein ausgedehntes Mittelstück, das knapp 3900 Verse ausmacht. Der dritte Teil beginnt erst nach Max' Abschied von Octavio (in der Buchausgabe Ende des zweiten Akts des Schlußdramas) mit dem Gespräch zwischen Thekla und der Gräfin Terzky. Am 21. September 1798 unterrichtet Schiller Cotta von der Änderung und bittet ihn, die Umdisposition bei der Ankündigung des Werkes zu berücksichtigen.

Von Goethe zu gesteigertem Schreibtempo getrieben, vollendet Schiller im Herbst das *Lager*, das am 12. Oktober aus Anlaß der Wiedereröffnung des durch Thouret restaurierten Weimarer Hoftheaters aufgeführt wird. Noch wenige Tage vor der Premiere arbeitet er wie in Trance an seinem Text. Er verfaßt den später für die gesamte Trilogie reservierten Prolog, der der Weimarischen Bühnenkunst eine «neue Ära» prophezeit, sofern sie die Herausforderungen «an des Jahrhunderts ernstem Ende» annimmt und jenen «höhern Flug» (v. 50 ff.) versucht, wie er durch die Wahl des politisch-geschichtlichen Sujets vorgezeichnet ist. Daneben entsteht die Schimpf- und Strafrede des kaisertreuen Kapuziners, für deren derbe Rhetorik der bayerische Prediger Abraham a Sancta Clara das Vorbild abgab (Goethe hatte sich aus kollegial-uneigennützigen Motiven Anfang Oktober mit dessen zwischen 1687 und 1695 in drei Bänden publizierter Schriftensammlung *Judas, der Erzschelm* befaßt und nachdrücklich auf die reichen Anregungen verwiesen, die hier bereitlagen). Kurz vor der Aufführung schickt Schiller schließlich den revidierten Text des am Schluß plazierten ‹Soldatenliedes› nach Weimar, überzeugt davon, daß es seine theatralische Wirkung als Wechselgesang zwischen Einzelstimme und Chor nicht verfehlen werde. Der auch vom Herzog beifällig aufgenommenen Premiere widmet Goethe, ebenso wie später der des Mittelteils, eine detaillierte Rezension, die am 7. November in Cottas Stuttgarter *Allgemeiner Zeitung* erscheint. Daß der Weimarer Theaterdirektor den Prolog um zwölf Verse gekürzt und in seinen kunsttheoretischen Passagen abgeändert hat, verübelt ihm Schiller offenbar nicht.[73]

Die erfolgreiche Vorstellung des *Lagers*, an der man die besonnene Deklamation der Prologverse durch den Schauspieler Vohs lobt, motiviert Schiller zur Beschleunigung der weiteren Niederschrift. Neben Goethe drängt jetzt auch Iffland auf einen Abschluß, da er den *Wallenstein* möglichst rasch nach der für Weimar vorgesehenen Premiere aufführen möchte. Im November beginnt Schiller mit der Ausarbeitung der Liebesszenen im Kontext der Max-Thekla-Handlung, die nachträglich in das politische Bühnengeschehen integriert werden. Am 30. November 1798 geht eine erste Fassung der *Piccolomini* nach Berlin zum preußischen Hoftheater; unvollendet ist einstweilen die astrologische Szene (die die spätere Buchausgabe von *Wallensteins Tod* eröffnet). Am 4. Dezember konsultiert Schiller nochmals Goethe, um sich der dramatischen Qualitäten des Themas zu versichern und zu überprüfen, wie stark die spekulative Potenz des Sujets zur Geltung kommen sollte. Die ursprünglich geplante Präsentation eines magischen Pentagramms mit dem zweideutigen Buchstabenorakel des fünffachen ‹F› («Fidat Fortunae Friedlandus Fatae Favebunt»), das Wallenstein in der astrologischen Szene mit Seni als Vorbote eines vermeintlich glücklichen Schicksals erscheinen sollte, wird Mitte Dezember preisgegeben. Der in Fragen der hermetischen Naturphilosophie erfahrene Goethe hatte vor dem Einsatz von Elementen eines «moderne(n) Orakel-Aberglaube(ns)» gewarnt und empfohlen, die Szene auf die Diskussion astrologischer Befunde zu konzentrieren. Den spekulativen Grundzug des Pentagramm-Motivs findet er durch eine «incurable Trockenheit» geprägt, während die Sternenkunde «auf dem dunkeln Gefühl eines ungeheuren Weltganzen» (NA 38/I, 14) beruhe, das auch für die dramatische Aktion des Entwurfs nutzbringend verwendet werden könne.

Unter Anspannung sämtlicher Kräfte, getrieben von Iffland, der auf eine Berliner Aufführung im Spätwinter spekuliert, gelingt Schiller am Abend des 24. Dezember 1798 der Abschluß des umfangreichen Mittelteils der Trilogie. Er stellt für diesen Tag drei Schreiber ein, die gleichzeitig an die Arbeit gehen und das Manuskript in eine Reinschrift übertragen. «Eine recht glückliche Stimmung und eine wohl ausgeschlafene Nacht haben mich secundiert, und ich hoffe sagen zu können, daß diese Eile dem Geschäft nichts geschadet hat. So ist aber auch schwerlich ein heiliger Abend auf 30 Meilen in der Runde verbracht worden, so gehezt nehmlich und qualvoll über der Angst nicht fertig zu werden.» (NA 30, 18 f.) Beachtlich bleibt dabei die Leistung der Schreiber, die durch ihr Vermögen, noch unter dem Diktat der Uhr druck- und spielfertige Manuskripte herzustellen, den zeitgenössischen Literaturbetrieb lebensfähig halten. Schillers Diener Georg Gottfried Rudolph bringt später das Kunststück fertig, ein umfangreiches Drama wie den *Tell* innerhalb kurzer Zeit siebenfach zu kopieren, ohne daß ihm dabei Fehler unterlaufen.

Anfang Januar überwacht Schiller selbst in Weimar die Proben für die Uraufführung der *Piccolomini*, die am 30. des Monats, zu Ehren des Geburtstags der Herzogin, stattfindet. Das Drama hinterläßt beträchtliche Wirkung, auch wenn die Schauspieler noch nicht auf der Höhe des Textes agieren. Johann Jakob Graff, der die Titelrolle übernommen hat, ist in den Logen kaum zu verstehen, überzieht das Pathos der Monologe und neigt zu outrierten «Convulsionen», wie auch Carl August mißbilligend vermerkt. Grundsätzlich tadelt der Herzog am Tag nach der Aufführung den Umfang des bisher vorliegenden Dramas, aus dem «mit vieler Herzhaftigkeit» manche Passagen «abgelöset» werden könnten.[74] Bereits die zweite Aufführung vom 2. Februar fällt besser aus, weil Graff sein darstellerisches Temperament zügelt. «Sie haben mir», schreibt ihm Schiller am folgenden Tag, «durch Ihr gehaltenes Spiel und Ihre trefliche Recitation sowohl des Monologs als auch der übrigen schweren Stellen eine recht große Freude gemacht. Kein Wort ist auf die Erde gefallen, und das ganze Publicum gieng befriedigt von der Scene.» (NA 30, 27) Am 18. Februar findet auch in Berlin eine *Piccolomini*-Aufführung statt, in der Iffland die Rolle des Octavio übernimmt. Das Stück, so weiß der Intendant zu berichten, wurde «im Ganzen gut gegeben und mit aller der Verehrung aufgenommen, die dem Genie gebührt.» (NA 38/I, 45)

Am 17. März 1799 vermerkt Schillers Kalender den Abschluß des letzten Teils der Trilogie. Zwei Tage zuvor heißt es in einem Brief an Goethe über den Titelhelden: «Todt ist er schon und auch parentiert, ich habe nur noch zu beßern und zu feilen.» (NA 30, 37) Am 20. April findet die Weimarer, am 17. Mai die Berliner Uraufführung statt, jeweils mit großer Resonanz. Anfang Juni 1799 erläutert Schiller dem Übersetzer Georg Heinrich Nöhden, der den *Karlos* ins Englische übertragen hatte, er plane eine gekürzte, an einem Abend spielbare Fassung der Trilogie, die schließlich «ein sehr wirkungsreiches Theaterstück» darstellen werde; zu einer Verwirklichung des Projekts ist es später nicht gekommen (NA 30, 56). Auch die sperrige Originalversion findet jedoch ihr Publikum und wird auf der Hofbühne wiederholt gezeigt. Als Schiller am 13. September 1799 zu einem Kurzbesuch nach Weimar kommt, überreicht ihm Herzogin Louise zum Dank für die *Wallenstein*-Aufführung ein silbernes Kaffeeservice von beträchtlichem Wert.

Im August 1799 beginnt Schiller mit der Vorbereitung der Druckfassung der Trilogie. Cotta schlägt er die Verteilung auf zwei Bände vor, wobei der zweite neben *Wallensteins Tod* eine (nie geschriebene) theoretische Einführung und historische Anmerkungen enthalten sollte. Ende Juni 1800 erscheint das komplette Drama im Buchhandel, nunmehr auch mit einer neuen Zäsur zwischen zweitem und drittem Teil, die die Simultaneität der Szenen überdeckt. Die erste Auflage von 4000 Exemplaren ist rasch ausverkauft, so daß schon im September nachgedruckt werden muß. Bereits im April und Juni publiziert der Londoner Verleger John Bell die englische Übersetzung der beiden Hauptteile, die aus der Feder von Samuel Coleridge stammt (ein Honorar wird dem Autor vorenthalten).

Im Rückblick auf die mühevolle Entstehung der Trilogie fällt Schillers Bilanz trotz der großen öffentlichen Resonanz negativ aus, vor allem deshalb, weil er sich auch nachträglich nicht für das spröde Sujet erwärmen kann: «In meiner jetzigen Klarheit über mich selbst und über die Kunst die ich treibe», so heißt es am 13. Mai 1801, unmittelbar nach dem Abschluß der *Jungfrau von Orleans*, «hätte ich den Wallenstein nicht gewählt.» (NA 31, 35)

Bewältigtes Material.
Die Architektur der Trilogie

In einem Brief vom September 1800 rühmt Wilhelm von Humboldt nach der Lektüre der gesamten Trilogie die perfekte «poetische Ausbildung des Stoffs», deren besondere Qualität ihm darin zu bestehen scheint, daß die fortschreitende Handlung völlig zwanglos, als «durch sich selbst organisirtes Leben» wirke (NA 38/I, 325). Gerade diese Souveränität der Darstellung ist das Ergebnis eines mühevollen Prozesses. Für die schwierige Arbeit an der tragischen Form des *Wallenstein* wird zumal das Jahr 1797 bedeutsam. Die Problemlage, in die Schiller beim Versuch der Ordnung des unübersichtlichen Sujets geraten war, bezeichnet schon ein Brief an Goethe vom 28. November 1796, der beklagt, daß sich die Materie nicht den Grenzen der «Tragödien Oeconomie» unterwerfe und die Motivation der Katastrophe durch die strategischen Irrtümer des Helden («das Proton-Pseudos») der nötigen Objektivierung vermittels einer Wirkungskategorie jenseits persönlicher Schuld entrate: «Das eigentliche Schicksal thut noch zu wenig, und der eigne Fehler des Helden noch zuviel zu seinem Unglück.» (NA 29, 15) Gegenüber Körner beklagt er, daß sich das Sujet durch die komplizierte Verknüpfung der Handlungsstränge konzentrierter Organisation entziehe: «Es ist im Grund eine Staatsaction und hat, in Rücksicht auf den poetischen Gebrauch, alle Unarten an sich, die eine politische Handlung nur haben kann, ein unsichtbares abstractes Objekt, kleine und viele Mittel, zerstreute Handlungen, einen furchtsamen Schritt, eine (für den Vortheil des Poeten) viel zu kalte trockene Zweckmäßigkeit ohne doch diese biß zur Vollendung und dadurch zu einer poetischen Größe zu treiben; denn am Ende mislingt der Entwurf doch nur durch Ungeschicklichkeit.» (NA 29, 17)

Am 4. April 1797 heißt es in einem Brief an Goethe, unter dem Eindruck der Lektüre von Sophokles' *Trachinierinnen* und *Philoktet*, von den attischen Tragikern sei zu lernen, daß ein Drama durch das geschickte Arrangement der poetischen Fabel getragen werden müsse. Als «Cardo rei»

(NA 29, 55) der dramatischen Kunst gilt ihm nicht der triviale Realismus, dem die Erfolgsautoren der Zeit von Iffland über Kotzebue bis zu Zschokke folgen, sondern gerade die artifizielle Überformung des Stoffs und die das individuelle Moment transzendierende Gestaltung der tragischen Charaktere, wie er sie bei den attischen Vorbildern anzutreffen glaubt. Die genauere Aristoteles-Lektüre schärft das Bewußtsein für die Priorität der Handlung, bekräftigt aber zugleich den Eindruck, daß die Organisation der Fabel größtes Gewicht besitze (so am 5. Mai 1797 an Goethe). In einem Brief vom 14./15. September 1797 findet sich das Problem der Bewältigung künstlerischer Sujets nochmals grundsätzlich reflektiert. Wesentlich für die gelungene Komposition sei die ‹durchgängig bestimmte Darstellung›, die man am besten über die Konzentration des Materials auf den «prægnanten Moment» erreiche, wie sie Schiller in den Tragödien der Griechen, aber auch bei Shakespeare oder in Goethes Epos *Hermann und Dorothea* mustergültig vollzogen findet (NA 29, 132). Im April 1797 studiert er gemeinsam mit August Wilhelm Schlegel Shakespeares *Julius Cäsar*, an dem ihn die souveräne Organisation der Massenszenen beeindruckt. Besondere Schwierigkeiten bereitet ihm in dieser Phase der Ausarbeitung die szenische Vergegenwärtigung eines Kollektivs ohne individuelle Züge, dessen dramatische Funktion darin besteht, die realistischen Hintergründe der Handlung zur Anschauung zu bringen. Thomas Manns Skizze *Schwere Stunde*, für den Münchner *Simplicissimus* im Gedenkjahr 1905 geschrieben, porträtiert, ganz in diesem Sinne, den um die prägnante Darstellung der Wallensteinschen Armee bemühten Autor, dem es nicht gelingen mag, den sperrigen Gegenstand in eine geschmeidige Form zu zwingen.

Zum Muster der idealen Tragödienstruktur avanciert, so der Brief vom 2. Oktober 1797, der sophokleische *König Oidipus*, in dessen Licht der eigene Entwurf gemessen wird. Die «tragische Analysis», die Sophokles im Akt der Rekonstruktion vergangener Vorgänge leistet, hält Schiller für die ideale Technik der Wirkungssteuerung. Ihr bleibt eine Handlung zugeordnet, die als Ausfaltung von zurückliegenden, ihre tragische Potenz im ‹prägnanten Moment› des gegenwärtigen Bühnengeschehens erweisenden Ereignissen zu verstehen wäre: «Alles ist schon da, und es wird nur herausgewickelt.» Schiller weiß freilich, daß die attische Tragödie das Kind ihrer Zeit war: der *Oidipus* sei «seine eigene Gattung» (NA 29, 141), die vornehmlich durch die Bindung an den Orakel- und Schicksalsglauben der Griechen Profil gewinne. Die Wiederherstellung antiker Wertmaßstäbe wäre aber unter modernen Bedingungen deplaziert und ohne dramatischen Effekt, weil ihr die Rechtfertigung durch ein metaphysisches Äquivalent fehlt (ein Argument, das auch der berühmte Brief an Süvern im Juni 1800 zur Geltung bringt). Am 8. Januar 1798 heißt es über den eigenen Entwurf: «Aber freilich ist es keine griechische Tragödie und kann keine seyn; wie überhaupt das Zeitalter, wenn ich auch eine daraus hätte machen können, es mir nicht gedankt hätte.» (NA 29, 184). Als «‹König Ödipus in Böhmen›»[75] wandelt sich Wallenstein zu einem modernen Helden, dessen Untergang nach antikem Muster durch die Macht der äußeren Verhältnisse verursacht und beschleunigt wird.

Aus dieser Konstellation ergibt sich die Notwendigkeit, das szenische Geschehen auch formal in einen Gegensatz zum Protagonisten treten zu lassen. Während die Staatsaktion durch die sie bestimmende Triebfeder der «Præcipitation» in «steetiger und beschleunigter Bewegung zu ihrem Ende eilt», bleibt «der Hauptcharacter eigentlich retardierend», geprägt durch Passivität und Zögerlichkeit (NA 29, 141). Dieser Kontrast ermöglicht es, am klassizistischen Prinzip der geschlossenen Handlung festzuhalten, zugleich aber die von Aristoteles verlangte Subordination des Helden unter die Gesetze des dramatischen Geschehens zu gewährleisten. Entscheidendes Element der szenischen Aktion ist nicht zuletzt das «Punctum saliens» (15. Dezember 1797 [NA 29, 169]), jener Umschlagpunkt, der die Verhältnisse wendet, die klassische Peripetie, nach der Schiller die ihn fesselnden tragischen Stoffe zu durchsuchen pflegt (so auch im Fall des *Maltheser*-Plans, wie ein Brief an Körner vom 13. Mai 1801 verrät). Ihre entscheidende Schubkraft aber empfängt die tragische Handlung idealiter aus vergangenen Umständen, die erst im ‹prägnanten Moment› der dramatischen Inszenierung Wirkung zeigen. Sie bilden, gemäß dem Muster des von Sophokles geschaffenen analytischen Dramas, die Feder, die das Geschehen auf die Katastrophe hin spannen und jene «natürliche Gradation» ermöglichen kann, die bereits die Schrift *Ueber die tragische Kunst* als Kennzeichen der dynamischen Handlung hervorhebt (NA 20, 165 f.).

Auf zwei Wegen sucht Schiller die notwendige poetische Organisation des Textes zu erreichen. Zum einen strebt er ein kompositorisches Verfahren an, das, gestützt auf den Gegensatz von Idylle und Staatsaktion, kontrapunktische Wirkungen zu erzeugen trachtet (vom «Contrast» spricht diesbezüglich schon Humboldt [NA 38/I, 326]). Zweck einer solchen Technik ist der Versuch, die tragische Physiognomie der Handlung auch strukturell hervortreten zu lassen.[76] Charakteristisch dafür bleibt die Opposition zwischen der um Max und Thekla sich entspinnenden Liebeshandlung und den Motiven der Politik. Die empfindsamen Szenen, die Schiller erst im Spätherbst 1798 ausgearbeitet hat, unterstützen die retardierenden Züge der Handlung. Während die politische Intrige in ihrem «geschäftigen Wesen» (NA 30, 2) ungebremst fortschreitet, markieren sie Ruhepunkte, die jedoch die reißende Bewegung der Staatsaktion nicht aufhalten, lediglich deren destruktive Energie aufstauen können. Die Retardation erweist sich damit als Mittel, das die Triebkraft der Katastrophe steigert und in voller Wucht zur Entladung kommen läßt.

Das zweite Verfahren wendet Schiller auf der Ebene der Symbolik an. Die Metapher des Weges, die Allegorie der Gelegenheit, vor allem aber das Bildfeld des astrologischen Motivs konstituieren jene poetische Ökonomie der Tragödie, die immer wieder in Briefen und Gesprächen als Zielstruktur umrissen und durchleuchtet worden war. Hier findet Schiller literarische Formen, die es ihm erlauben, Distanz zum Stoff zu wahren, ohne dabei auf dessen bühnenträchtiges Arrangement zu verzichten. Die Bildersprache des Dramas schafft erst die dichte Vernetzung der Motive, mit ihr das feine Gewebe der ironischen Querverweise und Andeutungen, in dem sich die Mechanik des tragischen Untergangs sichtbar abzeichnet. Einleuchtend tritt deren Leistung in den Monologen Theklas hervor, die, elegisch einsetzend (P v. 1757 ff.), zu prophetischem Orakel (P v. 1887 ff.) und lyrisch ausschwingender Klage (T v. 3155 ff.) gesteigert werden – musikalisch anmutende Einlagen, die die kommenden Ereignisse in sprachmächtigem Gestus präludieren (daß Thekla bisweilen «im Ton einer Cassandra» spreche, hat Körner ausdrücklich gerühmt [NA 38/I, 67]).

Schillers Trilogie gehorcht dem Prinzip formaler Geschlossenheit, ohne den Makel der Sterilität aufzuweisen. Die Bühnenereignisse erstrecken sich über drei Tage, denen, historisch gesehen, die Zeit zwischen dem 23. und 25. Februar 1634 entspricht (wobei das Drama geschichtliche Details wie das Pilsener Treffen der Generale und die Geheimgespräche mit den Schweden zusammendrängt). Auffällig ist die Beschleunigung des Ablauftempos, in der sich Schillers Konzept der ‹Praecipitation› bekundet. Während das Geschehen der *Piccolomini* lediglich zwölf Stunden vom Mittag bis zum späten Abend umfaßt, erstreckt sich der Trilogie-Schlußteil über 48 Stunden, von der astrologischen Operation am frühen Morgen bis zu Wallensteins nächtlichem Tod am folgenden Tag. Das Kriterium der Geschlossenheit bestimmt auch die Wahl der szenischen Orte, die, anders als in früheren Dramen, keine Stimmungsfunktion für die Handlung besitzen, sondern von klassizistischer Nüchternheit geprägt bleiben. In den *Piccolomini* pendelt das Arrangement zwischen Pilsener Rathaus, Wallensteins Residenz und Octavios Wohnung; der Schlußteil vollzieht nach den ersten drei Akten den Wechsel nach Eger, wo das Geschehen zunächst im Haus des Bürgermeisters, später im herzöglichen Domizil angesiedelt ist. Auf schroffere Übergänge verzichtet Schiller: Impressionen vom Wiener Hof werden dem Zuschauer ebenso vorenthalten wie Einblicke in die schwedische Befehlszentrale; die Rezension Böttigers lobt ausdrücklich den Verzicht auf «Getümmel und leeres Schaugepränge»[77]. Naturszenen fehlen durchgängig – bezeichnend, daß sich auch die Liebeshandlung in den geschlossenen Räumen von Wallensteins Residenz zuträgt.

Die ersten beiden Teile der Trilogie besitzen Expositionscharakter, ohne dabei völlige szenische Selbständigkeit zu gewinnen (auch wenn das *Lager* als grobianisches «Lust- und Lärmspiel»[78] – so Goethe – eine gewisse Geschlossenheit aufweist). Ihre Energie beziehen sie aus der fortschreitenden Logik der Konfliktentfaltung, die wiederum auf die Techniken des analytischen Dramas gestützt bleibt: schon das Treffen der Generale enthüllt Spannungsfelder und Kollisionsflächen, die seit längerer Zeit Bestand haben. Octavios vertrauter Austausch mit Questenberg (P v. 276 ff.) wie Wallensteins Unterredung mit Terzky und Illo (P v. 796 ff.) demonstrieren die bestehenden Konfliktpotentiale, die nunmehr zur Wirkung kommen werden (Humboldt spricht vom ‹Zerschellen› der Kräfte [NA 38/I, 325]). Bis zum Schluß der *Piccolomini* bleibt dieser Expositionszug des Mittelteils erhalten; noch der große Disput zwischen Max und Octavio steht im Zeichen der Vorahnung, nicht der Entscheidung. Der allzu raschen ‹Praecipitation› der Ereignisse wirken zudem retardierende Momente entgegen, wie sie durch die Liebessequenzen des dritten Akts und durch die breit ausladende Bankettszene des vierten Aufzugs mit der – von zeitgenössischen Rezensenten als geschwätzig getadelten – Beschreibung des Pokalschmucks bewirkt wird.

Demgegenüber bleibt der dritte Teil durch höheres Tempo und Aktionsqualitäten bestimmt. Wallensteins Verhandlungen mit Wrangel, die Flucht Octavios, die Mobilisierung der Kaisertreuen, die Ächtung der illoyalen Offiziere, der Aufruhr im Lager, schließlich Max' Abzug, der Wechsel nach Eger, die Vorbereitung der Mordtat und Wallensteins Ende folgen zügig aufeinander, unterbrochen von den elegischen Szenen des Abschieds im Zeichen schwerer Trauer und gesteigerten Pathos (T v. 2355 ff., 2934 ff., 3199 ff.). Auf besonders prägnante Weise tritt das Gradationsprinzip in Wallensteins Monolog (I,4) zutage, der gerade nicht die ‹Achse› zwischen Exposition und Ausführung vorstellt, wie im Anschluß an Goethes Rezension gern behauptet wird, sondern selbst schon unter dem Gesetz der zwingend fortlaufenden Aktion und ihrer unkontrollierbaren Dynamik steht.[79] An den Platz der analytischen Tendenz des laut Böttiger «vorbereitenden»[80] Mittelteils tritt jetzt das Arrangement einer sukzessive offenbar werdenden Opposition der Mächte. Damit erfüllen *Piccolomini* und *Wallensteins Tod* auch unterschiedliche Funktionen für die Darstel-

Die Architektur der Trilogie 433

lung politischen Handelns, die das Drama jenseits von «des Bürgerlebens engem Kreis» (Prolog, v. 53) anstrebt. Während dem Mittelstück das Motiv der Intrige im Medium des diplomatisch-juristischen Diskurses zugeordnet ist, regiert im Schlußteil Mars «die Stunde» (T v. 2), mit ihm das Gesetz des gewalttätigen Handelns. Bleibt der Konflikt zunächst im Bereich der analytischen Rekonstruktion juristischer und strategischer Konfliktfelder angesiedelt, so spielt er am Ende in die unmittelbare Aktion der beteiligten Parteien hinüber. Was als Diskussion über Vertragstreue und Pflicht beginnt, endet mit Selbstzerstörung und Mordanschlägen. Diese tödliche Konsequenz der Ereignisse – Ludwig Tieck vergleicht sie mit dem Biß der Schlangen des Laokoon[81] – entspricht dem Ausnahmezustand des Krieges, unter dessen Gesetz das katastrophische Geschehen abrollt.

Den unterschiedlichen Funktionen der drei Teile korrespondiert auf anderer Ebene die Differenz der Stilformen. Schiller hat frühzeitig erkannt, daß er Perspektiven finden mußte, die es ihm erlaubten, Wallensteins Verhältnis zu Armee, Kaiser und Getreuen möglichst umfassend darzustellen, ohne das klassische Prinzip der Einheit des Ortes anzutasten. Als Lösung drängte sich ein Verfahren auf, das die unterschiedlichen Techniken literarischer Gattungen zum Zweck des Positionswechsels nutzen konnte. Vor allem die Szenen des *Lagers* verknüpfen virtuos erzählerische und komödiantische Elemente, die einen deutlichen Kontrast zur späteren Haupt- und Staatsaktion bilden. Ein epischer Charakter tritt im Präludium dort zutage, wo es seine sinnliche Illustrationskraft entfaltet, ohne dabei das dramatische Geschehen voranzutreiben (man denke an die knappen Lebensbeschreibungen und Kriegsberichte einzelner Figuren). In einem Brief an Goethe vom 26. Dezember 1797 hat Schiller gerade die anschauliche Qualität der Darstellung als ein Merkmal des erzählerischen Genres gekennzeichnet; idealiter, so betont er, müßten Drama und Epos einander befruchten und in einen produktiven Austausch treten. Die Wahl narrativer Mittel ist im Fall des *Lagers* bedingt durch die Absicht, eine möglichst große Vielfalt realistischer Eindrücke überschaubar und zugleich künstlerisch prägnant (damit wiederum idealtypisch) zur Darstellung zu bringen – eine Synthese, die schon Georg Lukács als besondere Leistung der Trilogie hervorgehoben hat.[82]

Dem entspricht die von der Skizze *Ueber epische und dramatische Dichtung* ausdrücklich betonte Eigenart der erzählerischen Form, Bilder menschlicher Lebenswirklichkeit «freyer in einem größern Local» zu veranschaulichen, anders als das auf breite Aktion gestützte Drama aber auch nur die «persönlich beschränkte Thätigkeit» zu erfassen (NA 21, 57 f.). Beiden Aspekten begegnet man im *Lager*, das die szenische Entfaltung eines breiten Panoramas soldatischer Rollenmuster mit der exemplarischen Darstellung individueller Lebenswege verbindet, wie sie in den Berichten der Marketenderin, der Jäger und des Wachtmeisters aufgehoben scheint. Bereits frühzeitig hat man erkannt, daß das sozial niedrigstehende Personal des *Lagers* in Grundzügen den Protagonisten der Staatsaktion entspricht und Konfliktfelder des dramatischen Geschehens vorzeichnet: Isolanis Kroaten, Terzkys Karabiner und Buttlers Dragoner stehen für die rauhe Welt der Haudegen ohne engere menschliche Bindungen, die Jäger spiegeln die Eitelkeit der borniertten Generalität, wie sie später Questenberg entgegenschlagen wird, die Arkebusiere des späteren Wallenstein-Gegners Tiefenbach repräsentieren unbedingte Kaisertreue, die Pappenheimer vertreten das uneingeschränkte Pflichtgefühl ihres Kommandanten Max Piccolomini, der Wachtmeister beleuchtet die Welt der Fortunamacht, unter deren Gesetz Wallenstein wie Buttler stehen, der Kapuziner verkörpert die katholische Bigotterie der Habsburger, die, ohne Verständnis für das Soldatenmilieu, die ihm eigene Verrohung letzthin in Kauf nehmen, um die eigene Macht zu sichern.[83] Hinter den Zurüstungen der Heiterkeit wird der Abgrund an Egoismus, Gewalt und Verrat sichtbar, vor dem die Soldateska Wallensteins steht. Der Krieg, der sich längst selbst ernährt, bewahrt seinen Fratzencharakter auch unter dem Gesetz der profanen Idylle, die in seiner Mitte zu gedeihen scheint. Indem Schiller das Lager-Panorama theaterwirksam konzentriert, verwandelt er das Vorspiel in einen ‹prägnanten Moment› mit der Evidenz des szenischen Modells, worin, nach einem treffenden Wort Goethes im Gespräch gegenüber Johann Heinrich Meyer, «die Masse der Armee, gleichsam wie das Chor der Alten, sich mit Gewalt und Gewicht darstellt».[84]

Ergänzt wird dieses Verfahren durch eine komödiantische Tendenz, die in der Neigung zu Wortspielen, Witzeleien und Unflätigkeiten hervortritt. Daß Schiller hier seine eigene Definition der Komödie als sentimentalische Gattung mit Leben füllt, bekundet sich zumal in der Distanzhaltung, aus der das Geschehen des *Lagers* vorgeführt wird (eine Perspektive, die der sonst kritische Leser Hebbel ausdrücklich gelobt hat).[85] An die Stelle der direkten Kritik tritt die Technik der Rollenironie, mit deren Hilfe das Mißverhältnis von Schein und Wirklichkeit zu Gesicht kommt, das die soziale Selbsteinschätzung der Militärs bestimmt. Wenn die Landsknechte und unteren Chargen sich als autonome Individuen bezeichnen – «Der dem Tod ins Angesicht schauen kann, | Der Soldat allein ist der freie Mann.» (L v. 1066f.) –, so erweisen sie dadurch Verblendung und Borniertheit, ohne daß der Text das hier vermittelte Bild in Frage stellt. Auch die Ostentationen der Überlegenheit, die die Rede der Kürassiere durchziehen, bleiben ohne kritische Antwort: «Aber so mag mirs keiner verdenken, | Daß ich mich lieber zum Schwert will lenken. | Kann ich im Krieg mich doch menschlich fassen, | Aber nicht auf mir trommeln lassen.» (L v. 963 ff.) Der Verzicht auf die ausdrückliche moralische Lenkung des Zuschauers entspricht Schillers eigener Definition der Komödie, die ihrem derben Stoff eine souveräne Formenergie entgegensetzen muß, um nicht bei materiellen Effekten stehenzubleiben, und idealiter durch die ihr eigene Kunstleistung beim Publikum jene völlige «Gemüthsfreyheit» zu evozieren hat, die allein die ästhetische Erfahrung stiften kann (NA 20, 445). Das Präludium bildet keineswegs, wie es eine Kritik des Herder-Schülers Garlieb Merkel im Jahr nach der Buchpublikation behauptet, ein ‹müßiges Hors d'œuvre›,[86] sondern öffnet einen repräsentativen Schauplatz, auf dem die Deformation menschlicher Autonomie, die sich unter den Bedingungen des Krieges beschleunigt vollzieht, prägnant sichtbar werden kann. Der erste Teil des Dramas gerät damit, angereichert durch epische Elemente, zur «Komödie der Freiheit»,[87] in der, wie es Schillers eigene Theorie verlangt, «mehr Zufall als Schicksal» regiert – das inkalkulable Gesetz des Lebens (NA 20, 446).

Demgegenüber tragen die *Piccolomini* die Aufgabe, die Konfliktspuren nachzuzeichnen, die schließlich zum Untergang des Helden führen. In dieser Funktion besitzt der Mittelteil den Charakter eines Schauspiels, das noch keine tragischen Valeurs empfängt, sondern zunächst nur andeutet, was sich später entwickelt.[88] Gestützt wird ein solcher dramaturgischer Zweck durch die Zeitreflexion der Figuren und präludierende Motive, die ihre Ahnungen oder Befürchtungen illustrieren. Bereits die geflügelt gewordenen Worte der Exposition: «Spät kommt Ihr – Doch Ihr kommt» (P v. 1) bezeichnen das Moment der subjektiv empfundenen Zeitverknappung, das auf anderer Ebene durch das Fortschreiten der von Octavio vorbereiteten Intrige dramatisch gesteigert und objektiviert wird.[89] Wiederholt finden sich Reflexionen über die Notwendigkeit unverzüglichen Handelns als Ausdruck der latent gegebenen Spannung, die sämtliche Akteure befallen hat (P v. 808, v. 1737). Der Knoten des Konflikts ist geschürzt und muß nur noch geöffnet werden; jede Partei lauert auf den günstigsten Moment zur entscheidenden Tat. Dem entspricht eine Reihe von Andeutungen und Vorahnungen, die sich aus unterschiedlichen Perspektiven formuliert finden: Buttlers «Ich fürchte, | Wir gehn nicht von hier, wie wir kamen» (P v. 81 f.), Wallensteins Prognose, es werde alles «Zu Trümmern» (P v. 1276) stürzen, was mühsam aufgebaut worden sei, und Theklas düstere Prophetie vom «finstre(n) Geist», der «durch unser Haus» zieht (P v. 1899), bezeichnen die untergründige Angst der Akteure vor einer sich nähernden Katastrophe. Körner dürfte auch diese Leitmotive gemeint haben, als er nach der ersten Lektüre der abgeschlossenen Trilogie die *Piccolomini* einen «Vorhof zum Tempel» (NA 38/I, 66) nannte.

Ehe der dritte Teil beginnt, ist die tragische Potenz des Geschehens hinreichend konzentriert und muß, wie es Schiller als Merkmal des sophokleischen *Oidipus* beschreibt, nur noch «herausgewickelt» werden (NA 29, 141). Im Gegensatz zu den *Piccolomini* bietet *Wallensteins Tod* eine dynamisch fortschreitende Handlung mit einer Vielzahl von Peripetien. Die Inszenierung von Umschlagpunkten, die den Titelhelden mit Beginn des Schlußteils dazu zwingen, seine Entscheidungen unter dem Druck der Verhältnisse zu fällen, entspricht Schillers Forderung, daß die äußeren Umstände, nicht allein die Fehlspekulationen seines taktischen Kalküls den Untergang Wallensteins befördern sollten. In entscheidenden Momenten muß er jetzt umdisponieren, weil seine Rechnungen nicht mehr aufgehen. Die Nachricht von der Gefangennahme Sesins (T v. 40 ff.), der heimliche Abzug Octavios (T v. 1557 ff., 1665 ff.), die Vereitelung der diplomatischen Unterredung mit den Pappenheimern durch Buttlers provokante Intervention (T v. 1994 ff.), Max' Tod im Moment neu keimender Hoffnung (T v. 2673 ff.) bilden Stationen auf der steil abfallenden Bahn, die Wallenstein durchläuft. Es gehört zur Tragödienstruktur des Schlußteils, daß die ‹Praecipitation› der Handlung den Protagonisten wie in einem reißenden Strom vorwärtstreibt, ohne ihm Auswege zu offerieren. Sehr genau hat Humboldt diese tödliche Konsequenz in seinem großen Würdigungsbrief vom September 1800 beschrieben.

Ähnlich wie im Fall der *Piccolomini* operiert Schiller mit Kontrasteffekten, die durch das Spiel von Aktion und Gegenaktion innerhalb des ersten und zweiten Aufzugs entstehen. So tritt die Information, daß Wallensteins Unterhändler gefangen sei (P V,2), in Gegensatz zu seiner hoffnungsvollen astrologischen Sitzung am Beginn des Schlußteils (T I,1); das diplomatische Gespräch, das der Titelheld mit dem schwedischen Obersten Wrangel führt (T I,5), wird im zweiten Akt gefolgt von Octavios Geheimunterredungen mit Isolani und Buttler, die sich für den Kaiser werben lassen (T II,5–6). Die Form der Tragödie strukturiert sich durch Spannungsfelder, an denen die Ambivalenz der politischen Sphäre, nicht zuletzt aber die Unvermeidlichkeit der ‹Kollision› «unterschiedener Verhältnisse und Mächte»[90] deutlich wird, die Hegel für das Spezifische jeder Tragödienhandlung gehalten hat.

Ergänzung finden Kontrasttechnik und Peripetien durch die mit ihnen häufig verbundenen Pathosszenen im Zeichen von Schwermut und Schmerz. Theklas Einsicht in die Unerfüllbarkeit ihrer Wünsche («Jetzt ist sie da, die kalte Schreckenshand | Die in mein fröhlich Hoffen schaudernd greift.» [T v. 1345.]), der belastende Abschied, den Max von Wallenstein (T v. 2160 ff.) und der Geliebten nimmt («Traure nicht um mich, mein Schicksal | Wird bald entschieden sein», [T v. 2358 f.]), die elegisch ausschwingende Klage des Protagonisten über den Tod des jüngeren Piccolomini («Die Blume ist hinweg aus meinem Leben», [T v. 3443]), seine zweideutigen Worte bei der Trennung von der Gräfin Terzky am Abend des Todes («Ich denke einen langen Schlaf zu tun» [T v. 3677]) bilden nur die prägnantesten Beispiele für die Serie der Pathoslinien, die den Schlußteil der Trilogie durchziehen. Nicht allein der letzte Akt, in seiner atmosphärischen Verdichtung und szenischen Konzentration fraglos ein Meisterwerk, zeigt sich dabei von Shakespeares *Macbeth* geprägt, den Schiller ein Jahr nach dem Abschluß des *Wallenstein* für die Weimarer Bühne bearbeiten wird.[91] Vom Vorbild erbt der Schlußteil der Trilogie die Neigung zu sprachlicher Ambivalenz (man denke an die zweideutige Schlafmetapher, mit der auch Macbeth operiert) und tragischer Ironie (Wallensteins Blindheit für Octavios Rolle erinnert an Duncans Wertschätzung für seinen späteren Mörder), die Affinität zur bildhaften Antizipation der Katastrophe (die am Mordabend zerspringende Kette Wallensteins hier, der Eulenschrei als Zeichen der blutigen Nacht dort), die kunstvolle Verknüpfung von persönlicher Schuld und heteronomen Umständen, die den Untergang des modernen Helden (im Sinne von Goethes späterem Shakespeare-Essay) motiviert, nicht zuletzt den Typus der machtorientierten Frau mit Einfluß, dem die Gräfin Terzky als dramatische Schwester der Lady Macbeth, wie schon Tieck in seiner Rezension von 1823 bemerkt hat, entspricht.[92]

Die drei Teile des Dramas spiegeln nicht nur unterschiedliche Phasen des Geschehens, sondern erfüllen auch getrennte Funktionen innerhalb der Gesamtstruktur der Tragödie.[93] Zeichnet das *Lager*, wie Schiller selbst an Iffland schreibt, den «Grund», auf dem «die Wallensteinische Unternehmung vorgeht» (NA 29, 289), so knüpfen die *Piccolomini* nach Goethes Worten die «Kette von Unfällen»[94], die den Untergang des Helden vorbereiten, wie er im Schlußteil mit voller pathetischer Wucht dargestellt wird. In klassischer Form inszeniert Schiller damit ein modernes politisches Drama, auf das die Maßstäbe der antiken Tragödie nur eingeschränkt anwendbar scheinen. Unzutreffend ist angesichts der souveränen Architektur der Trilogie August Wilhelm Schlegels ressentimentgeladene Bemerkung aus den *Vorlesungen über die dramatische Kunst und Literatur* (1809), Schiller habe «des Stoffs nicht ganz Meister werden» können und den *Wallenstein* unter dem Druck seiner strukturellen Sprengkraft «in zwei Schauspiele und einen gewissermaßen didaktischen Prolog» zerfallen lassen.[95] Ein derartiges Urteil – Tieck und Hebbel werden es später wiederholen – übersieht die Funktionsdifferenz, die die Teile der Trilogie trennt, nicht zuletzt die ausgeklügelte ‹poetische Oeconomie›, die ihre Organisation trägt.

«Die Tat vollbringen, weil ich sie gedacht». Wallenstein zwischen Realismus und Idealismus

Daß Schiller eine grundsätzliche Vorliebe für verschlossene Charaktere gehegt habe, behauptet Jean Paul in der Vorschule der Ästhetik.[96] Denkt man an Figuren wie Posa und Fiesko, so mag diese Einschätzung zutreffend sein. Im Fall Wallensteins, der fraglos in dieselbe Reihe gehört, erwies sich der durch die Geschichtsschreibung überlieferte Hang zum Introvertierten, Geheimnisvollen für die dramatische Ausarbeitung freilich als Hypothek. Schillers Briefe des Jahres 1796 beleuchten die literarische Problematik, die sich aus der besonderen Disposition der Hauptfigur ergab: undurchsichtig, zugleich aber, anders als seine Vorgänger, ohne idealistischen Ideenschwung, schien er kaum zum tragischen Protagonisten tauglich. «Und der Held war kein Held», so läßt Thomas Manns Erzählstudie von 1905 den im Wallenstein-Stoff steckenden Schiller räsonieren; «er war unedel und kalt!»[97] Schon die einschlägigen Passagen der 1792 beendeten Geschichtsschrift entwerfen, trotz am Schluß gemilderter Tendenz, ein düsteres Porträt des Friedländers. Immer wieder betonen sie die gewaltige Machtgier und das materielle Interesse des Herzogs: «Grenzenlos war sein Ehrgeiz, unbeugsam sein Stolz, sein gebietherischer Geist nicht fähig, eine Kränkung ungerochen zu erdulden.» (NA 18, 132) Das Epitaph, das der Historiker Schiller dem Feldherrn setzt, formuliert zwar ein vorsichtiges Urteil, bleibt jedoch trotz der Bemühung um Sachlichkeit überwiegend negativ: «Die Tugenden des Herrschers und Helden, Klugheit, Gerechtigkeit, Festigkeit und Muth, ragen in seinem Charakter kolossalisch hervor; aber ihm fehlten die sanftern Tugenden des Menschen, die den Helden zieren, und dem Herrscher Liebe erwerben.» (NA 18, 327 f.) Ein zeitgenössisches Epigramm auf Wallenstein, das Daniel von Czepko verfaßt hat, formuliert schon im Titel die Vermutung, daß «Ehrsucht» der «Todtengräber» des Friedländers gewesen sei.[98] Johannes Keplers Wallenstein-Horoskop von 1608, das Schiller nicht kennen konnte, da es erst 1852 veröffentlicht wurde, betont die Dominanz des planerischen Verstandes im Charakter des Feldherrn, nicht zuletzt jedoch Verschlossenheit, grüblerische Melancholie und Geheimniskrämerei («betrüglich, vngleich im verhalten») – Züge, die, wie Golo Mann vermerkt hat, das «Urbild» dessen ausmachen, «was in Jahrhunderten» über ihn geschrieben wurde.[99]

Zu den wenig einnehmenden Temperamentsqualitäten Wallensteins tritt als besondere Problematik für die dramatische Ausarbeitung der Umstand, daß er politisch-strategisch Schiffbruch erleidet. Als materiell ausgerichteter Charakter mit handfestem Wirklichkeitssinn muß er aber, wie die Abhandlung *Ueber naive und sentimentalische Dichtung* grundsätzlich betont hatte, am Erfolg seiner Vorhaben bewertet werden. In einem Brief an Humboldt vom 21. März 1796 beschreibt Schiller sehr prägnant die Widrigkeiten, die sich aus der dramatischen Darstellung eines scheiternden Helden ohne idealistisches Profil ergeben: «Seine Unternehmung ist moralisch schlecht, und sie verunglückt physisch. Er ist im Einzelnen nie groß, und im Ganzen kommt er um seinen Zweck. Er berechnet alles auf die Wirkung, und diese mißlingt. Er kann sich nicht, wie der Idealist, in sich selbst einhüllen, und sich über die Materie erheben, sondern er will die Materie sich unterwerfen, und erreicht es nicht.» (NA 28, 204.) Moralisch in seinem Handeln nicht salviert, aber zugleich ohne jenen praktischen Erfolg, der die problematischen Mittel – Verrat und Betrug – hätte decken können, bleibt Wallenstein ein Charakter, der sich für die tragische Gattung kaum empfiehlt. Schiller selbst betont immer wieder die Distanz und Kälte, die er der Figur gegenüber empfindet, sieht dieses jedoch mit fortschreitender Arbeit zunehmend als Voraussetzung der erforderlichen Objektivität seiner Darstellung.

Das Wallenstein-Bild der Trilogie weicht, anders als es gern behauptet wird, nur punktuell vom Porträt der Geschichtsschrift ab. Differenzen entstehen durch veränderte Perspektiven, wie sie im Rahmen des dramatischen Wirkungskalküls liegen. Die Notwendigkeit, für den Zuschauer Identifikationspunkte zu erzeugen, veranlaßt Schiller dazu, den Helden auch in privaten Zusammenhängen zu zeigen; Monologe (T I,4; II,1; III,13) und intime Unterredungen (P II,6; T I,6; III,18) beleuchten ein von Zerreißkräften geprägtes Innenleben, das die Geschichtsschrift ihren Lesern nur skizzenhaft präsentieren konnte. Indem das Drama Prozesse der Urteilsbildung und Entscheidung vorführt, schafft es psychologische Voraussetzungen für die Anteilnahme des Zuschauers am Schicksal des Helden. Gleichwohl wird Wallenstein nirgends zum uneingeschränkten Sympathieträger; die Ansicht vom Realisten ohne Fortüne, der, undurchschaubar und verschlossen, beständig an der Ausweitung seiner Macht arbeitet, bleibt in Kraft. Bereits die Meinungen, die die «Masse der Armee» (Goethe)[100] über ihn in Umlauf setzt, bestätigen solche historisch überlieferten Urteile. Die Rede ist von absoluter Herrschaft und unumschränkter Befehlsgewalt (L v. 848), vom Mythos der körperlichen Unangreifbarkeit durch geheimnisvolle Zauberkräfte und höllische Ingredienzen, von «Vatersorge für die Truppen» (P v. 193) bei gleichzeitig unbegrenzter Autorität, die auch das Verhältnis zum Kaiser auf schwankenden Grund stellen muß (P v. 255 f.). Das sind Einschätzungen, die, durch Wallensteins machtbewußtes Auftreten inmitten seiner Offiziere bald bestätigt (P II,7), die Geschichtsschrift auf identische Weise bot.

Auch dort, wo private Züge – im Verhältnis zu Thekla, Max und zur Ehefrau – die öffentliche Erscheinung des Feldherrn ergänzen, dominiert doch stets das politische Denken. Nicht als «weichherzger Vater», der «fein bürgerlich» der Stimme des Herzens folgt (T v. 1527f.), sondern im Habitus des Machtmenschen tritt er der Tochter entgegen, «auf deren «Haupt» er «den Kranz | Des kriegerischen Lebens niederlegen» (P v. 749 f.) möchte, indem er sie mit einem Anwärter auf einen von «Europens Thronen» verheiratet (T v. 1513). Das planende Kalkül des *Homo politicus* beherrscht sein Verhältnis zu Tochter und Ehefrau in jedem Moment. So zeigt sich auch hier die stofflich bedingte Ambivalenz des dramatischen Entwurfs, der den Helden dort, wo er dem Zuschauer Einblick in sein Privatleben geben möchte, wiederum als Machtmenschen vorführen muß.

Als Repräsentant einer ‹phantastischen Existenz›[101] (Goethe) und politischer Spekulant ist Wallenstein gleichwohl kein Idealist. Die sinistren Projekte, die ihn umtreiben, sollen seinen strategischen Vorteil sichern helfen; zur materiellen Dimension, die seine Intelligenz bestimmt, gehört bei ihm stets die Freiheit der Entscheidung, des ungehinderten Manövrierens auch in unübersichtlichen Zeitläuften. Das zerklüftete Terrain der politischen Machtkämpfe, das sich, wie schon der Prolog vermerkt, von «des Bürgerlebens engem Kreis» (v. 53) abhebt, ist Wallensteins Welt.[102] Sein handfester Ehrgeiz, so wissen es auch die Historiker, zielt bereits vor der Regensburger Entmachtung im August 1630 darauf, die Krone Böhmens zu erobern, um sich «bei des Reiches Fürsten niedersetzen» (P v. 837) zu können. Das pragmatische Credo, das ihn antreibt, legt er im Gespräch mit Max offen, nachdem er seinen Entschluß eingestanden hat, die Dienste des Kaisers zu verlassen und mit der gesamten Armee ins Lager der Schweden überzulaufen. Sein Ausgangspunkt bleibt die illusionslose Einschätzung des sozialen Lebens als «Kampfplatz» der Interessen (so hat Hegel später die bürgerliche Gesellschaft bezeichnet):[103] «Eng ist die Welt, und das Gehirn ist weit, | Leicht bei einander wohnen die Gedanken, Doch hart im Raume stoßen sich die Sachen, | Wo eines Platz nimmt, muß das andre rücken, | Wer nicht vertrieben sein will, muß vertreiben | Da herrscht der Streit, und nur die Stärke siegt.» (T v. 787 ff.). Mit dieser Überzeugung steht Wallenstein der materialistischen Lebensphilosophie des permanenten Kampfes erstaunlich nahe, die bereits Franz Moor vertritt. Als strategischer Denker hat Schillers Titelheld wenig gemein mit jenem jovialen Herzog von Friedland, den Conrad Ferdinand Meyers Erzählung *Gustav Adolfs Page* (1882) vorführt: weder «Wortheld» noch «Tugendschwätzer» (T v. 524), bleibt er beherrscht von düster-abweisenden Charakterzügen, hinter denen sich, wie es schon die Geschichtsschrift bemerkt, ein «von großen Entwürfen» (NA 18, 134) bewegter Verstand verbirgt. Nicht täuschen sollte hier die Leitmetaphorik des *Homo ludens*, die das Drama durchzieht, jedoch für Wallensteins Handlungsprinzipien nur nachrangige Bedeutung besitzt. Daß er mit Illo und Terzky sein ‹Spiel treibt›, wie diese verbittert feststellen (P v. 871), verrät ihn als Menschenfeind mit undurchsichtigen Seiten; wenn er selbst vom «Spiel» der Politik spricht (T v. 114, 259 f.), was wiederum an das Fortunamotiv des *Lagers* erinnern mag, so beleuchtet das weniger das Vergnügen an der (ästhetischen) Freiheit des Möglichkeitsdenkens, vielmehr die bemüht euphemistische Redeweise des Taktikers, der seine strategischen Optionen möglichst kaltblütig wahrnehmen möchte.[104]

Zentrales Element von Wallensteins politischem Handeln ist die Verstellung. Hier zeigt er sich als bedenkenloser Machtmensch, der Eidesformeln manipulieren läßt, Scheinverhandlungen führt, durch falsche Offenheit Vertrauen erschleicht, die Unwahrheit sagt, wo es seinem Vorteil zu dienen scheint (im für ihn verhängnisvollen Fall des Aufsteigers Buttler, dessen gesellschaftlichen Ehrgeiz er in Wien heimtückisch durchkreuzt, um seinen Haß auf das Kaiserhaus zu steigern). Daß er die Talente getreuer Helfer trefflich zu instrumentalisieren und im eigenen Interesse variabel für sich zu nutzen versteht, betont auch der junge Piccolomini (P v. 432). Max Kommerell hat dazu ergänzend bemerkt, Wallenstein finde im Dialog jedem gegenüber einen anderen Ton.[105] Schillers Held gehorcht nicht nur in diesem Punkt der moralisch skrupellosen Praxis des politischen Geschäfts, wie sie Niccolò Machiavellis *Il principe* beschreibt. Undurchsichtigkeit, Täuschung und Dissimulation gehören zu den Kernelementen seines Handelns. «Verschlagenheit»[106] empfiehlt Machiavelli als vorzügliches Verhaltensmuster gerade für Phasen der strategischen Bündnissuche zum Zweck der Machterweiterung. Mag ihn auch Schillers Held nicht gelesen haben, so ist zumindest die Gräfin Terzky eine glänzende Kennerin des *Il principe*, wie zumal das Gespräch im Anschluß an die geheime Unterredung mit Wrangel zeigt. Während Wallenstein sich durch die vertragliche Bindung an den Kaiser in seiner Bewegungsfreiheit moralisch noch eingeschränkt fühlt (T v. 109, 572 ff.), vertritt die Schwägerin eine Philosophie der unbedingten Interessenpolitik: «Gestehe denn, daß zwischen dir und ihm | Die Rede nicht kann sein von Pflicht und Recht, | Nur von der Macht und der Gelegenheit!» (T v. 624 ff.) Die Gräfin Terzky – «Frau Machiavelli» [107] – erscheint als zweite Lady Macbeth: eine politische Intelligenz, die die Erotik der Macht spürt und auskostet, so staatsklug wie fintenreich, von subtiler Menschenkenntnis, doch ohne Skrupel (Schillers spätere Shakespeare-Bearbeitung wird diese Züge des Vorbilds deutlich akzentuieren).

Wallensteins Verhaltenscredo bleibt gerade dann, wenn er von Gewissensbissen und Loyalitätskonflikten heimgesucht wird, am Prinzip der Undurchdringlichkeit und Verstellung ausgerichtet – «saturnische Politik» [108] hat Thomas Mann es genannt. Der Herzog zeigt sich damit der sozialen Anthropologie des Zeitalters der Religionskriege verpflichtet, wie sie, unter verdecktem Bezug auf Machiavelli, zumal in Graciáns *Oraculo manual* ihren prägnanten Ausdruck gefunden hat. Die hier formulierten «Verhaltenslehren der Kälte»,[109] die bereits im *Karlos* ihre Spuren zu hinterlassen schienen, entsprechen in zahlreichen Punkten dem Strategiedenken Wallensteins. Charakteristisch für dessen Neigung zum Abwarten ist Graciáns 55. Maxime, die Geduld und Gemütskontrolle als Bedingungen des klugen Handelns einschärft: «Erst sei man Herr über sich: so wird man es nachher über andere sein. Nur durch die weiten Räume der Zeit gelangt man zum Mittelpunkte der Gelegenheit.» [110] Wallenstein, der jedes seiner Vorhaben genau zu bedenken pflegt, darf als exemplarischer Vertreter einer zweckgebundenen Politik Graciánscher Prägung gelten. Die Fähigkeit, geduldig auf die Gunst der Stunde zu warten, zählt bereits der Historiker Schiller zu den besonderen Charaktermerkmalen des Friedländers (NA 18, 134). Um so bemerkenswerter bleibt es, daß er gerade die für ihn so folgenreiche Annäherung an die Schweden «planlos» (T v. 171) vollzieht («In dem Gedanken bloß gefiel ich mir», T v. 148). Wenn er hier, länger als sonst, vor dem entscheidenden Schritt zurückschreckt und die richtige ‹Gelegenheit› (P v. 928, T v. 626),[111] an die ihn Illo, Terzky und die Gräfin beständig gemahnen, zu verpassen droht, so liegt das in der schlechten Vorbereitung des gesamten Unternehmens begründet, das, aus Koketterie mit dem Verrat begonnen, plötzlich ernste Züge gewinnt. Wallenstein scheitert in der Rolle des Überläufers nicht deshalb, weil er seine politischen Maximen überspannt, sondern weil er sie für einen Moment, in der Phase des Taktierens, ignoriert.

Die mit den Grundsätzen der Klugheitslehre verbundene realistische Disposition, an der Schiller selbst keinen Zweifel gelassen hat, manifestiert sich auch am Wendepunkt des Dramas zu Beginn des dritten Teils, im Monolog der Szene I,4, den man zutreffend als Reflex der im Ausgang der Französischen Revolution aktuellen Problematik der Herrschaftslegitimation aufgefaßt hat.[112] Das Selbstgespräch beleuchtet zunächst die äußere Situation, in die sich der Friedländer nach dem Bekanntwerden seiner unbedachten Sondierungsangebote gegenüber den Schweden manövriert hat: «Ich müßte | Die Tat vollbringen, weil ich sie gedacht, | Nicht die Versuchung von mir wies – das Herz | Genährt mit diesem Traum, auf ungewisse | Erfüllung hin die Mittel mir gespart, | Die Wege bloß mir offen hab gehalten?» (T v. 140 ff.) Die Reflexion über die strategische Gemengelage, in der er durch eigenes Verschulden steckt, mündet unversehens in eine Attacke gegen die politische Ordnung des Status quo. Bleibt die Macht des Kaisers durch die ‹traditionale› Basis «in verjährt geheiligtem Besitz» gegründet, so reklamiert Wallenstein für sich den Anspruch auf die Überwindung des «ewig Gestrige(n)» (T v. 195 ff.), letzthin also die, mit Max Weber zu sprechen, ‹charismatische› Rechtfertigung von Herrschaft, wie sie der vielstimmig-dissonante Chor der subalternen Soldaten im *Lager* bereits beschwört («Auf des Friedländers Wort und Kredit allein | Haben wir Reitersdienst genommen» [L v. 710 f.]).[113] Es wäre jedoch falsch, die hier vorgetragenen Argumente gegen das positive Recht und seine gewohnheitsgestützte Macht als Programmerklärung für eine neue Ordnung zu deuten, auch wenn ihnen Spuren der von Schiller so aufmerksam verfolgten aktuellen französischen Verfassungsdiskussion über die juristische Begründung politischer Herrschaft eingezeichnet bleiben.[114] Bildet Wallensteins Annäherung an die Schweden das Resultat eines aus Überschätzung der eigenen Position folgenden Handlungszwangs ohne dezidiert politische Absicht, so dient die Attacke auf die traditionale Herrschaft einzig der moralischen Begründung des bevorstehenden Verrats. Zwar trägt den Monolog jener «Ideenschwung» (NA 30, 34), den Schiller in einem Brief an Böttiger vom 1. März 1799 als wesentliches Element der Tragödienqualifikation seines Helden anführt, doch darf man die hier formulierten Bemerkungen über die Kraft des Faktischen nicht als Plädoyer für eine politische Regeneration auffassen. Der Wechsel der Fronten bildet das Ergebnis persönlichen Machtinteresses, wie es sich zuerst im strategischen Gedankenspiel bekundet.[115] Ein politisches Programm findet sich dabei so wenig bezeichnet wie ein detaillierter Friedensplan, der doch das praktische Äquivalent zum Aufbruchspathos des Monologs wäre. Nicht auszuschließen ist, daß Schiller sein Porträt des Taktikers ohne echte Visionen am Beispiel des französischen Generals und Kriegsministers Charles-François Dumouriez ausgerichtet hat, der am 5. April 1793 nach einem Konflikt mit dem Direktorium über die jakobinische Politik in den Niederlanden, nicht zuletzt aber unter dem Eindruck seiner militärischen Mißerfolge zu den Österreichern übergelaufen war. Goethe spricht bereits am 6. Juni 1797 in einem Brief an Johann Heinrich Meyer davon, daß Schillers Drama «die Geschichte von Dumouriez» in einer «für die Kunst bedeutendern Manier»[116] spiegele. Ähnlich wie der Held der Trilogie gehorchte der Revolutionsgeneral, als er die Fronten wechselte, einzig seinem persönlichen Kalkül, ohne dabei einem übergeordneten Ziel zu folgen.

Auch im Disput mit Max unternimmt Wallenstein keinen Versuch, seinen Verrat inhaltlich, unter Bezug auf mögliche ordnungspolitische Visionen, zu begründen: er appelliert lediglich an die persönliche Loyalität, die er, als Produkt naturrechtlicher Bindung, über die Vertragstreue gegenüber dem Kaiser gestellt wissen möchte (T 2180ff.). Das einzig konkrete politische Ziel, von dem Wallenstein spricht, ist das Streben nach der böhmischen Krone und die dynastisch günstige Verheiratung seiner Tochter (P v. 835 ff., T v. 1516 ff.). Die gegenüber den Pappenheimern skizzierte Friedensdiplomatie, die «Europens Schicksal» wenden, den «Knäul entwirren» und «zerhauen» soll, trägt ambivalente Züge, weil sie von taktischem Kalkül und egomanischen Machtvisionen überlagert wird. «Zum Schein» möchte Wallenstein die Allianz mit den Schweden suchen, um letzthin seine eigene Herrscherrolle glanzvoll inszenieren zu können: «Ich fühls, daß ich der Mann des Schicksals bin, | Und hoffs mit eurer Hilfe zu vollführen.» (T v. 1965 ff.) Die Kraft, die solche Prognosen veranlaßt, ist die Liebe zur Macht, wie sie Helvétius in *De l'homme* (1773), gegen Montesquieus Differenzierung der drei Herrschaftssysteme, als Bedingung jeder Staatsordnung gekennzeichnet hat. Wenn Wallenstein vor Terzky die unbedingte Entscheidungsfreiheit des politischen Souveräns beansprucht, so darf sich darin die von Helvétius vertretene Philosophie des gesteigerten Eigennutzes spiegeln, mit der sich bereits der Karlsschüler kritisch befaßt hat: «Es macht mir Freude, meine Macht zu kennen; | Ob ich sie wirklich brauchen werde, davon, denk ich | Weißt du nicht mehr zu sagen als ein andrer.» (P v. 868 ff.)

Der politisch-militärische Verrat bleibt hier okkasionell bedingt; seine Triebfeder ist die gekränkte Ehre des seit der Regensburger Absetzung argwöhnischen Generals, sein unmittelbarer Auslöser die Entlarvung der ‹planlos› begonnenen Verhandlungen mit den Schweden. Zur Kollision der Interessen führt die bald nicht mehr geheime Aktion des Friedländers in dem Moment, da sie das Loyalitätsbewußtsein Octavios provoziert. Aus dem zunächst subjektiv motivierten Affront gegen die vertragliche

Bindung, den Wallenstein im Namen seiner persönlichen Freiheit riskiert, erwächst «der Konflikt der Naturkräfte unter einander selbst und mit der Freyheit des Menschen», den die Studie *Ueber das Erhabene* als weltgeschichtliches Prinzip bezeichnet hatte (NA 21, 49). Es wäre jedoch falsch, die Spannung zwischen Autonomieanspruch und Rechtsdenken auf einen Ideenkonflikt zurückzuführen, von dem das Drama keine Spuren zeigt. Zu Gesicht kommt statt dessen eine trostlose Landschaft der politischen Macht, in die die Zeichen von Haß und Gewalt eingegraben sind.

Wallensteins Fehler (Körner spricht euphemistisch von «liebenswürdiger Inconseqvenz» [NA 38/I, 66]) und die widrigen äußeren Umstände wirken, wie Schiller es beabsichtigt hatte, zur Vorbereitung der Katastrophe zusammen, ohne daß sich beides trennen läßt. Bilden Vermessenheit, Zögern und Fehldiagnosen in unheilvoller Kombination zunächst die Auslöser der Verstrickung, so beschleunigt sich der tragische Ablauf an entscheidenden Punkten durch für den Helden ungünstige Zwischenfälle wie die Verhaftung Sesinas oder die Festsetzung des Prager Boten, dessen Geheimnachrichten rasch im Lager zirkulieren und die Stimmung endgültig gegen den Friedländer umschlagen lassen. Daß Wallensteins Temporisieren am Wendepunkt der Staatsaktion durch keine Vernunftgründe mehr gerechtfertigt werden kann, liegt auf der Hand (die «Scheu vor dem Unrecht» [NA 38/I, 327], die ihm Humboldt zubilligt, spielt nicht die dominierende Rolle). Das mit großer Bühnenwirkung präsentierte Bild vom stets zurückweichenden Zauderer zeichnen bereits zeitgenössische Beobachter, auch wenn es nach Ansicht moderner Historiker zweifelhaften Wirklichkeitsgehalt besaß.[117] In einem 1634 anonym publizierten Epitaph auf Wallenstein heißt es, er habe «groß Kriegsmacht zusammen bracht | Doch nie geliefert recht ein Schlacht.»[118]

Die argwöhnische Verschlossenheit des Charakters schreibt Keplers Horoskop dem starken Einfluß des Saturn zu, der, gemeinsam mit Jupiter, in Wallensteins Geburtsstunde das erste Haus besetzt hielt und hier als ‹im Aufgang› befindlicher Planet seine lähmende Wirkung entfaltete – eine astrologische Spekulation, die Schiller indirekt, über die bei seinen historiographischen Gewährsleuten Schirach (1773) und Herchenhahn (1790) anzutreffende Darstellung Wallensteins als Melancholiker mit saturnischen Eigenschaften kennenlernte.[119] Questenbergs Vorwurf, daß der Herzog in günstiger Lage «vom Kriegesschauplatz schwand» (P v. 1067 f.), statt den bereits geschwächten Schweden energisch nachzusetzen, zielt in dieselbe Richtung. Folgenreicher noch für die Katastrophe ist die Kette der persönlichen Irrtümer, denen der Friedländer unterliegt. Er, der sich für einen Seelenkenner hält («Hab ich des Menschen Kern erst untersucht, | So weiß ich auch sein Wollen und sein Handeln.» [T v. 959 f.]), täuscht sich in Octavio und Buttler, obgleich ihm Warnungen zukommen, die er hätte ernstnehmen müssen (P v. 884 f., T v. 1440 ff.). Die Borniertheit des Feldherrn veranlaßt hier die falsche Einschätzung der militärischen Lage und begründet ihrerseits die unheilvolle äußere Konstellation, die ihn in den Tod treibt. Im 19. Jahrhundert haben kritische Leser wie Otto Ludwig und Karl Bleibtreu an solchen Motiven Indizien mangelnder historischer Figurentreue wahrzunehmen geglaubt, dabei aber die tragische Funktion der Wallensteinschen Strategiefehler unterschätzt. Auch da spielt das analytische Drama sophokleischer Prägung seine Valeurs aus: die vormals gesponnene Intrige gegen Buttler entfaltet im entscheidenden Moment ruinöse Konsequenzen, das unbedachte Vertrauen in Octavio zeigt jetzt böse Folgen (daß hier ein «schlechtes Herz» über ein «gerades» siegt [T v. 1683], bleibt ein Euphemismus Wallensteins).

Eng verbunden ist die Tragödie des Irrtums mit dem astrologischen Motiv, das Schiller vor allem verwendet, um dem ‹Proton-Pseudos› in der Katastrophe ein Gegengewicht objektiven Charakters zur Seite stellen zu können. Wallensteins Sternenglauben bildet weder den Reflex eines geheimnisvollen Schicksalswissens noch den Vorschein der in der Allianz von Max und Thekla beschworenen Friedenshoffnung.[120] Bestimmende dramaturgische Funktion entfaltet das Sujet vielmehr dort, wo die astrologische Spekulation zur Einschränkung persönlicher Entscheidungsfreiheit führt, wie es Goethes Rezension mit unübertrefflicher Prägnanz erläutert: «Wer die Sterne fragt, was er tun soll, ist gewiß nicht klar über das, was zu tun ist.»[121] Statt über seine künftigen Schritte allein im Licht der strategischen Lage zu entscheiden, unterwirft sich der Herzog den Lehren der Astrologie, denen er Hinweise auf den günstigsten Aktionsmoment zu entnehmen hofft, ohne dabei die gravierende Abhängigkeit zu durchschauen, in die er sich auf diese Weise begibt. Daß Wallensteins freiwillige Subordination unter die Gesetze der Sternendeutung dem Fluchtcharakter entspricht, den die Magie für Goethes Faust besitzt, ist wiederholt betont worden. Auffällig bleibt nicht zuletzt die Neigung zur praktischen Instrumentalisierung vermeintlich metaphysischer Prognosen; Faust wie Wallenstein verfolgen gleichermaßen die Absicht, aus geheimwissenschaftlichen Beobachtungen konkrete Rückschlüsse auf Perspektiven ihres Handelns abzuleiten.[122]

Erst an zweiter Stelle ist zu bedenken, daß Wallensteins Analyse der Gestirnskonstellation von falschen Prämissen ausgeht (wären sie zutreffend, würde sich am Umstand der Abhängigkeit nichts ändern).[123] In einseitiger Verkennung des eigenen (historisch überlieferten) Horoskops nimmt er an, daß die am Himmel zu beobachtende Verdrängung des «alten Schadensstifter(s)» Mars und die Schwächung des Saturn (sein «Reich ist aus» (T v. 14 ff.) den ‹Segensstern› Jupiter begünstige und damit seinem riskanten Vorhaben glückliche Hilfe verschaffe. Voraussetzung dieser optimistischen Auslegung bleibt die Überzeugung, er selbst sei, wie er gegenüber Illo und Terzky betont, ein im Zeichen von Licht und Heiterkeit (P v. 970 ff.) geborenes Kind des Jupiter, dessen Pläne durch die Stärkung dieses Planeten Unterstützung erfahren. Wallenstein übersieht dabei, daß, wie Keplers Berechnungen zeigen, sein Horoskop im starken ersten Haus die ungewöhnliche Doppelkonjunktion von Jupiter und Saturn (*Conjunctio Magna*) aufweist, folglich eine maßgebliche Beeinflussung seiner Vorhaben durch saturnische Tendenzen ebenfalls zu berücksichtigen wäre. Gemäß der im 17. Jahrhundert noch verbreiteten (auch bei Agrippa und Ebreo berührten) Temperamentenlehre, die, auf der Basis der antiken Humoralpathologie, vom Zusammenhang zwischen Gestirnskonstellation und Gemütsbeschaffenheit ausgeht, entsprach Wallensteins Mentalität nach Überzeugung zeitgenössischer Historiker den Charaktermerkmalen des unter saturnischer Dominanz geborenen Melancholikers mit introvertierten, düster-unfreundlichen Zügen.[124] Schillers Geschichtsschrift erfaßt, unter dem Einfluß der Abhandlungen von Herchenhahn und Murr (1790), eben diese Eigenschaften: «Finster, verschlossen, unergründlich, sparte er seine Worte mehr als seine Geschenke, und das wenige, was er sprach, wurde mit einem widrigen Ton ausgestoßen. Er lachte niemals, und den Verführungen der Sinne widerstand die Kälte seines Bluts.» (NA 18, 134)[125]

Im Disput mit Max, der zur weitläufigen Diskussion politischer Handlungsethik gerät, bezeichnet sich Wallenstein selbst zutreffend als saturnisch-tellurischen, das Materielle suchenden Menschen: «Mich schuf aus gröberm Stoffe die Natur, | Und zu der Erde zieht mich die Begierde.» (T v. 797 f.) Aus dieser Diagnose aber wäre die Konsequenz abzuleiten, daß der geschwächte Saturn mitsamt dem gefangenen Mars, der als Kriegsstern sein eigenes Handwerk symbolisiert, ein Warn- und kein Hoffnungszeichen ist.[126] Der Sternenglauben Wallensteins entspricht damit nicht allein, wie Schiller in einem Brief vom 4. Dezember 1798 betont, «dem Geist des Zeitalters» (NA 31, 9), sondern bildet zudem eines jener ‹retardierenden› Motive, das die Skizze *Ueber epische und dramatische Dichtung* beiden Gattungen als Mittel der subtilen Spannungssteigerung empfiehlt.[127] Goethes *Maskenzug* von 1818 erfaßt die Substanz des astrologischen Sujets, wenn er über Wallensteins Kalkül vermerkt: «Da soll nun Stern zum Sterne deutend winken | Ob dieses oder jenes wohlgetan; |

Dem Irrtum leuchten zur verworrnen Bahn | Gestirne falsch, die noch so herrlich blinken.»[128]

Indem der Titelheld seine politischen Ambitionen an das Geheimwissen der Sterndeutung bindet, verzögert er den Fortschritt der eigenen Unternehmung, deren Mißerfolg letzthin durch die Zeitverzögerung bedingt wird, die das astrologische Moratorium mit sich führt.[129] In welchem Maße subjektive Vorentscheidungen die vermeintlich objektive Aussagekraft übersinnlicher Wirkungsmächte bestimmen, verrät der Umstand, daß Wallenstein die Festnahme Sesinas als «Zufall» deklariert (T v. 92), gegenüber Illo jedoch unter Hinweis auf seine astrologisch begründete Gemütsverwandtschaft mit Octavio und dessen geheimnisvolle, für ihn selbst lebensrettende Ahnungen vor der Schlacht bei Lützen gerade diese Kategorie negiert: «Es gibt keinen Zufall; | Und was uns blindes Ohngefähr nur dünkt, | Gerade das steigt aus den tiefsten Quellen.» (T v. 943 ff.) Wo kluge Menschenkenntnis für vorsichtige Planung sorgt, so heißt es abschließend, könne «der Zufall gaukelnd» (T v. 958) nichts bewirken. Die Pointe dieses Aperçus liegt darin, daß Wallenstein sein eigenes Geschäft, wie er an anderer Stelle gesteht, schlecht vorbereitet und gerade dadurch den unbeherrschbaren Kräften der Kontingenz Raum gegeben hat (T v. 146 ff.).

Scheitert Wallenstein, weil er eine letzthin ‹planlose› (T v. 171) Aktion unentschlossen durchführt, so zeichnet sich sein Gegenspieler Octavio durch jene Voraussicht und Menschenkenntnis aus, die der Friedländer allein für sich zu reklamieren pflegt. Als «kluger Loyaler»,[130] wie ihn Thomas Mann genannt hat, hält er in unverbrüchlicher Zuverlässigkeit zum Kaiser. Die vom Habsburger auferlegte Vertragstreue gilt ihm als *conditio sine qua non* einer Realpolitik, deren Ethos sich darauf beschränkt, bestehende Verpflichtungen unabhängig von daraus ableitbaren moralischen Folgen zu erfüllen. Im Geist der durch Thomas Hobbes begründeten Ordnungsidee des frühneuzeitlichen Staatskonzepts bezeichnet er als zweites Ziel seiner Intervention neben dem Grundsatz der Bündnistreue die Vermeidung des Bürgerkriegs, der als «der unnatürlichste von allen» Konflikten (P v. 2365) dort drohe, wo man sich nicht geschlossen gegen Wallensteins Manöver stelle. Daß Octavio mit seiner Strategie der Bewahrung einer durch ‹traditionale› Herrschaft gesicherten Ordnung letzthin den Ausnahmezustand des Krieges fortschreibt, spielt für seine Loyalitätsauffassung keine Rolle (wobei offen bleiben muß, ob Wallensteins Bündniswechsel konkrete Friedensperspektiven erschlossen hätte).

Octavios Politikverständnis folgt inhaltlich dem konservativen Gedanken der Sicherung traditionaler Herrschaft, formaliter dem Prinzip diplomatischen Handelns, das taktische Manöver zum Zweck der Täuschung einschließt.¹³¹ Zur Leitmetapher für den Einsatz prekärer Mittel im Dienste eines juristisch korrekten Zwecks (so Schiller an Böttiger, 1. März 1799) wird das Bild des ‹krummen Wegs›, das Octavio selbst zur Charakterisierung seiner politischen Praxis verwendet. Bleibt das direkte Vorgehen häufig mit Gewaltsamkeit verbunden, so sieht er im Verfahren des vorsichtigen Abwägens eine Strategie, die den geschwungenen Bahnen der Natur – «Der Flüsse Lauf» (P v. 475) – nahekommt, folglich durch die gegebenen Verhältnisse salviert scheint: «Der Weg der Ordnung, ging er auch durch Krümmen, | Er ist kein Umweg. Grad aus geht des Blitzes, | Geht des Kanonballs fürchterlicher Pfad – | Schnell, auf dem nächsten Wege, langt er an, | Macht sich zermalmend Platz, um zu zermalmen.» (P v. 468 ff.) Die aktuellen Bezüge der bildhaft aufgeladenen Rede sind hier offenkundig: Octavio argumentiert gegen eine «speculative Politik» (August Rehberg)¹³² nach a priori gewonnenen Prinzipien, wie sie die Praxis der Jakobiner bestimmt. Der direkte Weg, der die Theorie unmittelbar in die gesellschaftliche Wirklichkeit überführt, mündet nach seiner Auffassung stets in die Gewalt. Octavios Votum für einen flexiblen Pragmatismus entspricht hier den Positionen der konservativen Revolutionskritiker, die im Gefolge Edmund Burkes ab Beginn der 90er Jahre ihre Stimme gegen die von Nationalversammlung und Konvent diskutierten progressiven Staatsrechtskonzepte erhoben hatten.

Wallenstein verbindet mit Octavio die Neigung zu den ‹krummen Wegen› (P v. 847), über die Kant angemerkt hat, sie seien in der Politik stets durch «Arglist oder Gewalt» vorgezeichnet.¹³³ Beide teilen die illusionslose Überzeugung, daß die Staatskunst nicht immer moralisch integere Lösungen begünstige. Bezeichend ist die Ähnlichkeit der Argumente, mit der sie Max zu den Prinzipien wirklichkeitsnahen Denkens zu bekehren suchen (wobei das Modell des Realisten Pate steht, wie es *Ueber naive und sentimentalische Dichtung* entwirft). Betont Octavio die Notwendigkeit, die Stimme des Herzens zu unterdrücken und, wo erforderlich, mit den Mitteln der Intrige zu arbeiten («Es ist nicht immer möglich, | Im Leben sich so kinderrein zu halten, | Wie's uns die Stimme lehrt im Innersten.» [P v. 2447 ff.]), so bemerkt Wallenstein bitter, die Jugend sei «schnell fertig [...] mit dem Wort», wenn sie sich den Zwängen entziehe, die die Welt der Zwecke mit sich bringe (T v. 779). «Den Edelstein, das allgeschätzte Gold», heißt es, unter Verwendung jener alchimistischen Metaphorik, die auch Goethes *Faust* regiert, «muß man den falschen Mächten abgevinnen, | Die unterm Tage schlimmgeartet hausen. | Nicht ohne Opfer macht man sie geneigt, | Und keiner lebt, der aus ihrem Dienst | Die Seele hätte rein zurückgezogen.» (T v. 804 ff.) Von der nüchternen Wirklichkeitssicht des Realpolitikers Octavio unterscheidet sich diese Auffassung einzig durch den spekulativen Treibsatz, der die Rechtfertigung strategischen Zweckdenkens in hermetisch-naturphilosophischen Zusammenhang rückt. Realpolitik erscheint derart als Element eines Teufelspakts, dessen Konsequenzen freilich nicht nur in der ‹Verunreinigung› des Gemüts bestehen dürften, die Wallenstein abweichend von Max' Urteil über ihn diagnostiziert (P v. 2553).

Gegen die wenig einfühlsame Kritik von Böttigers Rezension für das *Journal des Luxus und der Moden*, die Octavio als «Buben»[134] tituliert, hat Schiller die Position der Kaisertreue und Staatsloyalität ausdrücklich in Schutz genommen. Gewiß ist Piccolominis Gegenaktion «kein Heldenstück» (T v. 1681), doch steht sie auf politisch stabilerem Grund als Wallensteins Manöver. Die Intrige, die er vollzieht, erklärt Schiller Böttiger am 1. März 1799, «sehen wir auf jedem Welttheater von Personen wiederholt, die, so wie er, von Recht und Pflicht strenge Begriffe haben.» Daß er, was Max gerade tadelt (P v. 2463), «ein schlechtes Mittel» wählt, um sein Ziel zu erreichen, wird in Schillers Augen durch den «guten Zweck» aufgewogen, den er verfolgt (NA 30, 33). Iffland gegenüber lobt er am 25. Januar 1799, kurz vor der Berliner Aufführung der *Piccolomini*, ausdrücklich die ‹Würde› von Octavios Charakter (NA 30, 25). Es sind fraglos auch die Erfahrungen mit dem französischen Jakobinismus und den Krisen der Direktoriumsherrschaft, die Schillers Sympathien für den Vertreter des konservativen Ordnungsdenkens begründen. Andererseits hat er keinen Zweifel daran gelassen, daß mit Octavios realpolitischer Diplomatie zwar Staat zu machen, jedoch keine friedliche Lösung des schwelenden Parteienstreits anzubahnen war. Seine Aktion bleibt legal, aber, im Blick auf die alte Bindung an Wallenstein, moralisch illegitim, folglich auch nicht dazu geeignet, die Funktion eines sittlichen Strafgerichts zu erfüllen.[135] Schiller hält die Problematik des gesamten Unternehmens fest, wenn er es trotz seiner diplomatischen Rechtfertigungsversuche unumwunden als «Schändlichkeit» (NA 30, 33) kennzeichnet (Goethe attestiert sogar «laxe Weltmoral»).[136] Die dubiose Schlußwendung der Trilogie, die dem «Fürsten Piccolomini» gilt, desavouiert denn auch nachträglich die Strategie Octavios, indem sie sie mit dem Makel des – vom Sohn bereits prophezeiten – persönlichen Erfolgs überzieht (T v. 1210).

Auch Max zeigt sich beherrrscht von der Idee der Pflicht (T v. 814), der er jedoch, anders als sein Vater, die menschlich gegründete Loyalität gegenüber Wallenstein nicht preiszugeben bereit ist (P v. 451 ff., T v. 738 ff.). Von den Verhaltensprinzipien der beiden Älteren trennt ihn vornehmlich

Wallenstein zwischen Realismus und Idealismus 451

der Wille zur unbedingten Offenheit selbst in Fragen der machtstrategischen Diplomatie (P v. 2604 ff.). Wenn er zu Beginn der letzten Unterredung mit dem Vater klarstellt, daß er seine Aktion gegen den Friedländer nicht stützen könne, so greift er dessen Leitmetapher mit eigener Bewertung auf: «Dein Weg ist krumm, er ist der meine nicht.» (T v. 1192). Die von Max gegen die Überzeugungen der Staatsklugheit geforderte Einheit von Politik und Moral hat Kant in seiner Schrift *Zum ewigen Frieden* (1795) unter zeitgeschichtlichen Perspektiven, vor dem Hintergrund der Revolutionskriege, präzis reflektiert. Die Formulierungen, mit denen Kant daran zu erinnern sucht, daß der Gegensatz von Ethik und Politik nicht theoretisch gegeben, sondern durch die in der Epoche des Absolutismus gängige geheime Kabinettspolitik befestigt worden sei, erinnern unmittelbar an die Konfliktlage von Schillers Drama: «Der Grenzgott der Moral weicht nicht dem Jupiter (dem Grenzgott der Gewalt); denn dieser steht noch unter dem Schicksal, d.i. die Vernunft ist nicht erleuchtet genug, die Reihe der vorherbestimmten Ursachen zu übersehen, die den glücklichen oder schlimmen Erfolg aus dem Tun und Lassen der Menschen, nach dem Mechanismus der Natur, mit Sicherheit vorher verkündigen (...)»[137] Sucht die politische Klugheitslehre des 17. Jahrhunderts, wie sie für Wallenstein und Octavio gilt, die Moral den Maßgaben praktischen Erfolgs zu unterwerfen, so strebt Kant eine neue staatliche Ordnung an, die, als beste Garantin für dauerhaften Frieden, die «Publizität»[138] und Transparenz der sie tragenden Entscheidungsprozesse zur Grundlage ihrer Organisation erhebt. Dieser Position entspricht Max' Überzeugung, daß Loyalität und Pflicht im Verein mit schrankenloser Offenheit allein die ‹verwünschten› Winkelzüge der von Octavio gepriesenen «Staatskunst» (P v. 2631) durchkreuzen helfen. Schiller, der Kants Schrift vermutlich Ende Januar 1796 auf Drängen Körners gelesen hat (NA 28, 138, 156), versieht seinen jugendlichen Helden an diesem Punkt mit Ideen, die aus dem Zusammenhang der aktuellen rechtstheoretischen Diskussionen der Revolutionskriegsära stammen.

In Kontrast zur Staatskunst tritt das Reich der Gefühle, für das die massiv aufgebotene Leitmetapher vom ‹Herz› einsteht.[139] Das «neue Leben» jedoch, das Max und Thekla im Zeichen ihrer Liebe fühlen (P v. 1842), bleibt auf die private Ebene beschränkt und für die geschichtlich-politische Welt ohne Bedeutung; konfrontiert mit der rauhen Welt des Krieges, erweist es sich als Hoffnungsbild ohne realistische Tragfähigkeit. Im Rückblick erscheinen so die Tage der Reise von Kärnten nach Pilsen, die Thekla und die Herzogin unter Max' Begleitschutz zurücklegten, als Idylle jenseits der Bedrückungen des alltäglichen Ausnahmezustands. Piccolominis durch einschlägige Metaphern gestützte Erinnerung beschwört die Erfahrung «einer freyen Vereinigung der Neigungen mit dem Gesetze» (NA 20, 472), die Schiller zufolge poetischer Gegenstand der Idyllengattung ist: «O! goldne Zeit | Der Reise, wo uns jede neue Sonne | Vereinigte, die späte Nacht nur trennte! | Da rann kein Sand und keine Glocke schlug.» (P v. 1476 ff.) Der Eintritt in die Welt des Kriegslagers bedeutet auch, daß sich diese Liebeserfahrung akuten Gefährdungen ausgesetzt sieht. Die Aufhebung der Zeit in der Idylle wird unter den Bedingungen des Krieges widerrufen, der prägnante Moment des Glücks zurückgenommen in die alltägliche Sphäre der praktischen Gelegenheit, von der fortan das Arrangement der Liebesstunden abhängt. Thekla, wie Louise Miller illusionslos in der Einschätzung ihrer Lage, erkennt früh, daß den Versprechungen der Terzkys nicht zu glauben ist, weil sie den jungen Piccolomini allein für die Ranküne des Herzogs gewinnen möchten und den Liebenden eine Zukunft vorgaukeln, die Friedlands dynastischer Ehrgeiz a priori ausschließt: «Trau niemand hier als mir», so warnt sie Max. «Ich sah es gleich, | Sie haben einen Zweck.» (P v. 1685 f.)[140]

Theklas ahnungsvolle Monologe bilden das lyrische Präludium der Katastrophe, in die auch die Liebenden Zug um Zug gerissen werden. Den Auftakt macht, begleitet von der Gitarre, ein elegischer Abgesang auf die Liebeshoffnung (P v. 1757 ff.), die im Zeichen des ‹gestorbenen Herzens› begraben werden muß (Schiller hat die Verse für den Musenalmanach auf das Jahr 1799 zum Lied *Des Mädchens Klage* ausgebaut). Es folgt ein beschwörender Orakelmonolog, der das Geschehen unter dem Gesetz eines unvorgreiflichen Schicksals sieht (eine antikisierende Perspektive, die Humboldts Deutung später aufnehmen wird): «Das ist kein Schauplatz, wo die Hoffnung wohnt, | Nur dumpfes Kriegsgetöse rasselt hier, | Und selbst die Liebe, wie in Stahl gerüstet, | Zum Todeskampf gegürtet, tritt sie auf.» (P v. 1895 ff.) Im vierten Akt des Schlußteils schließt sich ein auf die *Nänie* vorausdeutender Monolog an, in dem Thekla das «Los des Schönen auf der Erde» (T v. 3180) beklagt und verkündet, sie werde Max' Selbstopfer nachahmen. Vollendet wird diese Reihe durch einen vierten Text, der nicht mehr zur Trilogie gehört; in dem Mitte 1802 verfaßten Lied *Thekla. Eine Geisterstimme* meldet sich die Dramenfigur nochmals zu Wort, nun aus einem imaginären Reich der Toten, wo «sich nicht mehr trennt, was sich verbunden» (NA 2/I, 198, v. 11).

Max, das «Kind des Lagers» (P v. 481), gerät durch die Liebeserfahrung unter den magischen Bann der Friedenssehnsucht (P v. 535 ff.). Wallenstein hält er für den Fürsten, der «den Ölzweig in den Lorbeer flechten» (P v. 1656) werde; in blumiger Rede – sie nimmt die Stereotypen der *Glocke* vorweg – beschreibt er den «schöne(n) Tag», an dem «endlich der Soldat | Ins Leben heimkehrt» (P v. 534 f.). Von vergleichbaren Wunschbildern ist auch seine Rechtfertigung des Sternenglaubens getragen, in dem er das Medium eines geheimen Wissens über die Geschicke des menschlichen Gefühls zu erkennen meint (P v. 1619 ff.).[141] Nicht der «politische Himmel»[142] der Handlungschancen und Zwecke, der, wie Goethe bemerkt, Wallensteins astrologische Operationen leitet, sondern die «Sprache» für das «Herz» (P v. 1637), das Reich der Kontemplation steht im Mittelpunkt seiner Aufmerksamkeit (von den Sternen rede er wie ein «Verliebter»,[143] hat Hegel bemerkt). Glücksempfindung, Friedenstraum und Naturschwärmerei gewähren Max zum Schein, was ihm in der politischen Welt niemand vorzuleben vermag: die Einheit von Identität, Autonomie und Pflichterfüllung. Die beiden Väter, denen er sich zuzuordnen pflegte, demonstrieren einzig die Unvereinbarkeit dieser Prinzipien. Octavio verrät, indem er seinem Kaiser die Treue hält, den Freund; der Herzog, der seine persönliche Freiheit zu sichern gedenkt, verletzt die Loyalität gegenüber dem Kaiser.[144] Beide aber verlieren am Ende den Sohn («Vater deiner Jugend» nennt sich Wallenstein vor Max [T v. 2174]), der den Tod als letzten Ausweg wählt, um die Einheit von Herz und Verstand jenseits einer Wirklichkeit zu wahren, wo, wie Thekla weiß, «blutger Haß entzweit auf ewge Tage | Die Häuser Friedland, Piccolomini» (T v. 2350 f.). Die zerstörerische Potenz, die in Max' verzweifeltem Angriff auf die Schweden begründet liegt, entspricht der Gewalt der von der Kanonenkugel vorgezeichneten geraden Bahn, vor der Octavio gewarnt hatte (P v. 470 f.). Der Bericht des schwedischen Hauptmanns zeigt die brutale Konsequenz des hier gewählten Weges, wenn er daran erinnert, daß keiner der von Max geführten Pappenheimer mit dem Leben davongekommen sei (T v. 3059 f.). An diesem Punkt des Geschehens erweist sich mit fataler Deutlichkeit, daß unter den Bedingungen des Krieges vernünftige Lösungen nicht gedeihen können; noch der Idealismus gerät im Zusammenhang der allgemein gestörten Ordnung zum Mittel der Destruktion.

Über die (umfangreichere) Bühnenfassung der *Piccolomini* hat Goethe anerkennend vermerkt, daß das Drama «in seinem Gemälde einen gewissen Kreis der Menschheit vollendet.»[145] Am Schluß der Trilogie konzentriert sich der agonale Charakter der Ereignisse in Szenen von nahezu privater Intimität. Wallensteins mit erhabenen Elementen gemischte Klage über den toten Max gewinnt die Züge eines Abschiedsmonologs, der den Verlust des jüngeren Freundes als Einbuße jener Hoffnungen faßt, wie sie, gemäß den Formulierungen der Ende Juli 1798 verfaßten Elegie *Das Glück*, allein durch den Günstling der Götter vermittelt werden. «Er machte mir das Wirkliche zum Traum, | Um die gemeine Deutlichkeit der Dinge | Den goldnen Duft der Morgenröte webend – | Im Feuer seines liebenden Gefühls | Erhoben sich, mir selber zum Erstaunen, | Des Lebens flach alltägliche Gestalten.» (T v. 3446 ff.) Die Trauer über Max' Tod verbindet sich mit Empfindungen der Schwermut: «Er ist der Glückliche. Er hat vollendet. | Für ihn ist keine Zukunft mehr, ihm spinnt | Das Schicksal keine Tücke mehr – sein Leben | Liegt faltenlos und leuchtend ausgebreitet, | Kein dunkler Flecken blieb darin zurück, | Und unglückbringend pocht ihm keine Stunde.» (T v. 3421 ff.) Hier treten jene Elemente der Tragödienökonomie zutage, die die Abhandlung *Ueber das Erhabene* als signifikante Bestandteile der Gattung hervorhebt; das Drama avanciert zum «Gemählde» der «unaufhaltsamen Flucht des Glücks» und «der betrogenen Sicherheit» (NA 21, 52), indem es den Helden am Ende seiner Hoffnungen zeigt. Nicht zufällig entfaltet Wallenstein an diesem Punkt erstmals jene erhabenen Charaktermerkmale, die ihn mit der Würde der moralischen Freiheit ausstatten.

Wallensteins Untergang findet sich im Schlußakt mit Hilfe traditioneller Leitmotive aus dem Fundus der Dramengeschichte angedeutet. Bleibt die Werbung der Mörder durch Buttler (T v. 323 ff.) als szenisches Gegenstück zu Wallensteins lyrischer Totenklage eine allzu redundant geratene Hommage an Shakespeares *Richard III.* und den *Macbeth* (was schon zeitgenössische Rezensionen tadeln), so besitzt das Leitbild des Fortunawandels («Sein Glücksstern ist gefallen» [T v. 3254]) eine für die Schlußszenen kennzeichnende poetische Intensität. Eindrucksvoll kommt hier die Dialektik von Aufstieg und Sturz zu Gesicht, deren aufmerksame Erkundung zur Denk- und Bewußtseinskultur des 17. Jahrhunderts gehört, die Schiller stets präzis nachzuzeichnen bemüht ist. Bildhaft präludieren einschlägige Sinnbilder und Symbole den drohenden Untergang des Helden, so der Traumbericht der Gräfin Terzky, der Wallensteins Tod als düsteres Liebesfest mit massiv erotischer Komponente erscheinen läßt, die Erinnerung an den von Visionen gequälten Heinrich IV., der in den Nächten vor seiner Ermordung sein Geschick erahnte, das Vorzeichen der zerspringenden Kette, die den Bruch mit dem Kaiser, aber auch den Verlust der alten Sicherheiten anzeigt (T v. 3483 ff.).

Konzentriert vermittelt sich das Fortuna-Motiv durch die historisch verbürgte Person Gordons, den Kommandanten von Eger, der, wie Schiller Iffland gegenüber eingeräumt hat, «die Moral des Stücks» (NA 30, 18) artikulieren darf (in Fontanes Roman *Cécile* [1887] heißt es, er «zähle zu den besten Figuren»[146] des Dramas). Gordon, der mit Wallenstein seine Laufbahn als Page am Hof des Markgrafen von Burgau begann, repräsentiert die Mediokrität des politisch Ehrgeizlosen («mehr Schwäche als Charakter», hat Schiller bemerkt [NA 30, 18]). Wenn er die Bahn des Friedländers nachzeichnet, so gerät dieses zu einem Lehrstück über die Logik des Glücks, wie sie noch die Geschicke des Titelhelden regiert: «(...) Er ging der Größe kühnen Weg, | Mit schnellem Schritt, ich sah ihn schwindelnd gehn, | Ward Graf und Fürst und Herzog und Diktator, | Und jetzt ist alles ihm zu klein, er streckt | Die Hände nach der Königskrone aus, | Und stürzt in unermeßliches Verderben!» (T v. 2572 ff.) Zweifelhaft muß bleiben, ob die konventionelle Denkwelt, auf die sich die Bildrequisiten dieser Rede beziehen, hinreichend qualifiziert ist, die Gesetze des Falls zu bezeichnen, den Wallenstein erleidet. Mag Gordon auch gemäß Körners Wort die «Stelle des Chors im griechischen Trauerspiel» (NA 38/I, 67) vertreten, wenn er auf die Konsequenzen politischer Hybris verweist, so bleibt doch die Frage, inwiefern die hier bezeichnete sittliche Dimension das Zentrum des Dramas bildet. Selbst Schillers Diktum besagt lediglich, daß moralische Werturteile für die Trilogie bedeutsam bleiben, verrät aber nichts über deren Gewichtung. Ebenso wie Octavio, wenngleich in subalterner Funktion, kann Gordon zwar die Stabilität des Status quo gewährleisten, jedoch kein politisches Programm mit hinreichender Leuchtkraft präsentieren. Zur besonderen Substanz der Tragödie gelangt nur, wer das eigentümliche Mißverhältnis reflektiert, das zwischen der fatalen Dürftigkeit der hier angebotenen Lösungen und der hoffnungsvollen Perspektive des Prologs besteht.

Politik als Schicksal.
Transformationen der antiken Tragödie

In einer Rede aus dem Jahr 1954 hat Friedrich Dürrenmatt Schillers Trilogie als vormodernes Geschichtsdrama bezeichnet, das dem Zuschauer eine versunkene Welt transparenter politischer Kräfteverhältnisse präsentiere: «Die Macht Wallensteins ist eine noch sichtbare Macht, die heutige Macht ist nur zum kleinsten Teil sichtbar, wie bei einem Eisberg ist der größte Teil im Gesichtslosen, Abstrakten versunken.»[147] Diese Diagnose übersieht den Umstand, daß die militärische und dynastische Ordnung bereits in der Zeit, die Schillers Drama zeigt, auf die Organisationsstrukturen von Verwaltungsapparaten und bürokratischen Führungsstäben gegründet ist. Die im 17. Jahrhundert reich verbreitete Literatur zur politischen Verhaltenslehre (von Lipsius über Gracián bis zu Weise und Thomasius) belegt das ebenso wie die Korrespondenz der zumeist recht schreibfreudigen Diplomaten, Minister und höheren Hofbeamten. Das charismatische Herrscherbild, das schon das *Lager* entwirft, kann nicht über die Bedeutung der anonymen politischen Funktionssysteme täuschen, die Wallensteins persönliche Macht je nach Konstellation stützen oder einschränken. Die Arroganz der Wiener Kabinettschargen, von der Isolani verbittert berichtet (P v. 166 ff.), bildet nur *ein* Indiz für die Macht der Verwaltungshierarchie, hinter die die persönliche Verantwortung zwangsläufig zurücktreten muß. Die undurchsichtigen Winkelzüge der für das Europa der frühen Neuzeit beherrschenden Geheimdiplomatie bestimmen das Feld des strategischen Handelns, wie es, illusionslos und realistisch, Schillers Drama in repräsentativer Breite vorführt. Wer die darin manifestierte politische Diagnostik unterschätzt, entschärft notwendig ihre Brisanz. Heiner Müller hat unter Bezug auf die – von Goethe eröffnete – Tradition der harmonisierenden *Wallenstein*-Deutung vermerkt: «Die Verwandlung von Sprengsätzen in TEEKANNENSPRÜCHE ist die Leistung der deutschen Misere in der Philologie.»[148]

Der Blick auf die Phänomenologie der Politik, die die Tragödie vorführt, wird häufig verstellt durch die metaphysischen Kategorien, mit denen die dramatis personae selbst ihr Handeln auslegen und kommentieren. Beide Felder wirken jedoch zusammen und sind keinesfalls isoliert zu betrachten. Schiller hat bereits in einer frühen Arbeitsphase Wert darauf gelegt, daß Wallensteins Untergang nicht ausschließlich als Resultat seiner taktischen Irrtümer erscheint; das «eigentliche Schicksal» (NA 29, 15), so hatte er Ende November 1796 betont, solle ebenso wie die subjektive Fehldisposition des Helden Einfluß auf den verhängnisvollen Verlauf des Geschehens nehmen. Zu bedenken bleibt, daß der Schicksalsbegriff hier primär eine dramenästhetische Funktion innerhalb der ‹Tragödienökonomie›, kaum aber metaphysische Bedeutungsnuancen aufweisen dürfte. Die Kategorie bezeichnet keine überirdische Verhängnismacht, wie sie das Trauerspiel des spanischen und deutschen Barock von Calderón bis Lohenstein darzustellen pflegt, sondern eine spezifische Reaktionsform der Geschichte, die auf die Impulse des Menschen antwortet, indem sie diese verstärkt oder schwächt.

Einen derartigen Wirkungszusammenhang charakterisiert Schillers früheres Werk (bis zu den Geschichtsschriften) bevorzugt als ‹Nemesis›. Theoretische Fundamente legt hier Herders gleichnamiger Aufsatz von 1786, den Schiller bereits zur Zeit seiner Arbeit an der niederländischen Geschichte studiert hatte. Er faßt den Begriff im Rahmen eines kulturgeschichtlichen Rekonstruktionsprozesses als Ordnungskategorie mit anthropologischen wie sozialen Regelungsfunktionen. Die im allegorischen Charakter der antiken Nemesisfigur beschlossene traditionelle Bedeutung der strafenden Gerechtigkeit und Rache, wie sie bereits Hesiods *Theogonia* (8. Jahrhundert v. Chr.) betonen, hat Herder psychologisch nuanciert. An die Stelle der metaphysisch bestimmten Vergeltungsfunktion tritt jetzt der Aspekt der Balance, unter dessen Einfluß die Nemesis zum Instrument der Selbstkorrektur des Menschen gerät, das seine Fähigkeit zu «Maas im Glück» kultivieren hilft.[149] Deutlich sind dem Begriff bei Herder zwei Aufgabenbereiche zugewiesen, die auch für Schillers Drama Gewicht besitzen: das Wirkungsfeld der persönlichen Entelechie, wo Nemesis idealiter eine Harmonisierung zwischen expansiver Aktivität und Selbstbeherrschung herstellt, und die soziale bzw. historische Ebene, auf der sie als «hohe Rechtvertheilerin»[150] die Disziplinierungspotenz der faktischen Wirklichkeit zur Geltung bringt, indem sie Extreme kontrolliert und das Spiel der Interessen im Sinne gesellschaftlichen Ausgleichs regelt. Die Nemesis bezeichnet die Sanktionsmacht der Geschichte gegenüber der hybriden Überdehnung individueller Herrschaftsansprüche, zugleich aber die «Selbstzerstörungskraft des Bösen»,[151] an der man erkennen kann, daß «wachsame, bescheidene Klugheit schützet», während «jeder Unverstand und Uebermuth» ins Verderben führt.[152] Auf diese Weise avanciert die Nemesis bei Herder zum weltimmanenten Sinnbild der klassischen Anthropologie und Sozialethik jenseits der metaphysischen Dimension, die ihr die Antike zuzuweisen suchte.[153]

Humboldt rühmt an Schillers Trilogie nicht ohne formelhaftes Pathos, sie habe «Wallensteins Familie zu einem Haus der Atriden gemacht», «wo das Schicksal haust, wo die Bewohner vertrieben sind» (NA 38/I, 323). Dieser Befund kann jedoch nicht davon ablenken, daß Schiller die metaphysischen Kategorien der attischen Tragödie konsequent auf die Immanenz der Geschichte übertragen hat. Die Logik, der sie im Zusammenhang innerweltlichen Handelns gehorchen, wird von den Dramenfiguren selbst aus verschiedenen Perspektiven reflektiert. Illo, der Wallensteins unbedingten Glauben an die Astrologie erschüttern möchte, erklärt nachdrücklich: «In deiner Brust sind deines Schicksals Sterne. | Vertrauen zu dir selbst, Entschlossenheit | Ist deine Venus!» (P v. 962 ff.) Dem energischen Plädoyer des Verbündeten setzt der Herzog später eine ambivalente Diagnose entgegen, die das unbewußte Eingeständnis der Eigenverantwortung des Menschen enthält. «Nicht hoffe, wer des Drachen Zähne sät | Erfreuliches zu ernten», so befindet der zum Verrat Entschlossene: «Jede Untat | Trägt ihren eignen Rache-Engel schon, | Die böse Hoffnung, unter ihrem Herzen.» (T v. 649 ff.) Was Wallenstein hier zur Sprache bringt, korrespondiert dem Gesetz der Selbstzerstörung, das Herders Nemesisbegriff bezeichnet. Ihren Ausgangspunkt findet die Sanktionslogik der Geschichte bereits in der inneren Ökonomie des vermessenen Individuums, das, wo es die zulässigen Grenzen überschreitet, vom Druck der ‹bösen Hoffnung› belastet scheint. Ist die Nemesis auch ein geschichtliches Ordnungsprinzip von geradezu naturhafter Folgerichtigkeit, wie es Schiller Ende November 1797 in Shakespeares *Richard III.* exemplarisch dargestellt findet, so bekräftigt sie zugleich die Vorstellung von der Autonomie des Menschen, der genötigt bleibt, die Konsequenzen seines Handelns selbst zu tragen (NA 29, 161 f.).[154]

Wenn Wallenstein erklärt, daß das vom ‹Herzen› vollzogene «Schicksal» am Ende stets «Recht» behalte (T v. 655), dann widerspricht das keineswegs dem Gedanken der Eigenverantwortlichkeit des Individuums. Mit bezeichnender Akzentverschiebung hatte auch Thekla behauptet, der «Zug des Herzens» sei «des Schicksals Stimme.» (P v. 1840) Beide Befunde sind sich darin einig, daß subjektive Interessen (politischer oder privater Observanz) und objektive Wirkungen menschlicher Aktivität aus Prinzip nicht getrennt betrachtet werden dürften. Das entspricht der Position von Herders *Horen*-Aufsatz *Das eigne Schicksal* (1795), der die Macht des Faktischen für ein Resultat individueller Taten hält. Definiert als «natürliche Folge»[155] unseres Denkens und Handelns, gewinnt die Kategorie des Schicksals den Charakter eines naturhaften Reaktionsmusters ohne transzendente Bedeutung. Seine Qualität und Dosierung hängen, wie Herder vermerkt, von der Beschaffenheit der Kraft ab, die zuvor in einen Gedanken oder eine Tat investiert wurde. Die Lizenz des Menschen, frei über sich zu entscheiden, wird hier nicht eingeschränkt, jedoch an definitive Konsequenzen gebunden. Wo das Individuum die ihm zufallende Freiheit der Selbstbestimmung überzieht, schlägt der Wirkungszusammenhang des Schicksals mit gesteigerter Intensität zurück. Wer Gewalt sät, so hatte Wallenstein geahnt, wird wenig ‹Erfreuliches› ernten.

Aufmerksamen Lesern ist nicht entgangen, daß bereits in Goethes *Lehrjahren* ein an Herders Bestimmungen erinnernder Schicksalsbegriff begegnet. Der Unwillen der Emissäre der Turmgesellschaft gegen Wilhelms leichtfertigen Umgang mit metaphysischen Kategorien entspricht der Dramaturgie des Romans: was wie Schicksal wirkt, erweist sich am Ende als Regie der allgegenwärtigen Sozietät, die die Schritte ihres Protegés genau überwacht. «Das Gewebe dieser Welt», so doziert der Unbekannte, dem Wilhelm nachts nach der Liebesstunde bei Mariane begegnet, «ist aus Notwendigkeit und Zufall gebildet; die Vernunft des Menschen stellt sich zwischen beide, und weiß sie zu beherrschen (…)»[156] Das hier formulierte Ideal der Balance kann freilich nur umsetzen, wer unter Bedingungen agiert, die eine ungehinderte Folgeabschätzung des eigenen Handelns gestatten. An ihre Grenze stößt die klassische Autonomiekonzeption, wo die Kollision der Interessen Zwänge erzeugt, die sich nicht überwinden lassen. Wenn sich ‹die Sachen hart im Raume stoßen›, verringern sich, wie Wallenstein weiß, auch die Lizenzen des Individuums, frei den richtigen Weg zur Durchsetzung seiner Ziele zu wählen. Der Notstand des Krieges, unter dessen Diktat ‹Streit herrscht› und «nur die Stärke siegt» (T v. 792), schränkt die Entscheidungssouveränität des Menschen notwendig ein; daß er aber für die Konsequenzen seines Handelns eine metaphysisch nicht mehr zu verrechnende Verantwortung trägt, läßt Schillers Drama außer Zweifel.[157]

Auch Theklas Klageverse: «– Da kommt das Schicksal – Roh und kalt | Faßt es des Freundes zärtliche Gestalt | Und wirft ihn unter den Hufschlag seiner Pferde –» (T v. 3177 ff.) bezeichnen im Sinne Herders keine überirdische Macht, sondern ein Reaktionsmuster von geschichtsimmanenter Qualität. Max stirbt schließlich auf dem selbstgewählten geraden Weg, der unter den Bedingungen des Ausnahmezustands zur Zerstörung führt, wie sie sich in der Gewalt der galoppierenden Pferde physisch manifestiert (die Ähnlichkeit mit der Beschreibung von Gustav Adolfs Tod in der Geschichtsschrift ist hier frappant). Es gehört zu den Gesetzen des Krieges, daß er die Selbstbestimmung des Menschen massiv einschränkt, indem er ihm die Ruhe zur freien Entscheidung raubt und ihn auf diese Weise unter den Druck heteronomer Zwänge treibt. So erklärt Buttler, er werde nicht vom «Haß» zum Mordkomplott gegen Wallenstein veranlaßt, sondern durch dessen «böses Schicksal»: «Es denkt der Mensch die freie Tat zu tun, | Umsonst! Er ist das Spielwerk nur der blinden | Gewalt, die aus der eignen Wahl ihm schnell | Die furchtbare Notwendigkeit erschafft.» (T v. 2873 ff) Auch wenn der politische Ausnahmezustand die Folgen autonomer Handlungen inkalkulabel erscheinen läßt, darf freilich an der Eigenverantwortung des Menschen kein Zweifel bestehen. Wo die Geschichte sich unter entvölkertem Himmel zuträgt, können überirdische Mächte nicht mehr zu Kronzeugen blutiger Vergeltungstaten berufen werden.

Das Kraftfeld, auf dem sich die Potenz des modernen, geschichtsimmanenten Schicksals entfalten kann, ist in Schillers Tragödie die Welt der Politik. Man hat in diesem Zusammenhang auf Goethes 1824 entstandene Notiz aus den *Biographischen Einzelheiten* verwiesen, die Eindrücke seiner am 2. Oktober 1808 in Erfurt geführten Unterredung mit Napoleon festhält. Im literarischen Teil des Gesprächs äußerte sich der Kaiser unwillig über Tragödien mit metaphysisch gefärbter Tendenz: «Was, sagte er, will man jetzt mit dem Schicksal? die Politik ist das Schicksal.»[158] Diese Begriffsverschiebung bildet die überspitzte Konsequenz aus der Säkularisierung des Schicksalsbegriffs, der, ohne die traditionell metaphysische Bindung, seine Funktion verliert. Wo die Weltseele ‹zu Pferde› ist, wie es Hegel in einem Brief an Niethammer vom 13. Oktober 1806, just auf Napoleon bezogen, formulieren wird, muß die alte Ordnung der Vorsehung der Dynamik des neuen Expansionsgeists weichen. Dem Gesetz der modernen Zeit, das in der Ära der Revolutionskriege hervortritt, zollt auch Schillers Tragödie Tribut. Von der Ranküne der Politik hängt das Geschick sämtlicher dramatis personae (einschließlich der Chargen des *Lagers*) zwangsläufig ab. Konflikträchtig wird dieser Umstand vor allem für die, die sich aus Sehnsucht nach privatem Glück, Furcht oder Mangel an Ehrgeiz gegen die Ordnungen der Macht zu schützen suchen. Auch sie werden in den Sog der Ereignisse gezogen und von jener Notwendigkeit regiert, die die autonome Entscheidung mit der Faktizität des Zwangs aufhebt. Max' und Theklas Idylle gedeiht nur dort, wo «der Krieg nicht hin[gekommen]» ist (P v. 508), wird aber am Ende durch das «Kommandowort» (P v. 529) der militärisch-politischen Welt vom Leben abgeschnitten; die Herzogin, die hofft, daß der Friedländer seine ehrgeizigen Projekte fallen läßt, muß schließlich die Dominanz seines Herrschaftswillens klaglos anerkennen; sogar Gordon, der stets auf die Maxime der Vorsicht gebaut hat («Mit leichtem Mute knüpft der arme Fischer | Den kleinen Nachen an im sichern Port» [T v. 3555 f.]), sieht sich am Ende in den blutigen Strom der Verbrechen gerissen, ohne dem die Kraft der selbständigen Entscheidung entgegensetzen zu können. In einem (später gestrichenen) Monolog räsoniert Buttler über den ‹glatten Grund der Welt›, die den, der «nicht in den Boden greift mit festem Fuß», notwendig stürzen und «im Strudel» der fortdrängenden Ereignisse untergehen läßt (NA 8, 472). Daß das Individuum zumal unter geschichtlichen Extrembedingungen der mit innerer Folgerichtigkeit ablaufenden Maschinerie von Mißtrauen, Verrat und Gewalt ausgeliefert bleibt, weiß auch Octavio, wenn er über den Herzog sagt, er ‹fasse› «sein bös geheimnisvolles Schicksal» (P v. 2474). Die unberechenbare Zerstörungskraft des auf Wallenstein zusteuernden Geschehens gemahnt nicht an die Wirkung metaphysischer Mächte, sondern resultiert aus den Winkelzügen der Diplomatie und den spezifischen Umständen des Krieges, die Heuchelei, Betrug, Verstellung und Meuchelmord zu selbstverständlichen Elementen der strategischen Praxis werden lassen. Unter dem Diktat des permanenten Argwohns – vom ‹Schlangenbiß› spricht der *Don Karlos*, vom «Gespenst» Kleists *Familie Schroffenstein*[159] – regiert der politische Ausnahmezustand, der eine unaufhörliche Folge von Mißtrauen, Dissimulation und Verbrechen begründet. «Das eben ist der Fluch der bösen Tat», so weiß Octavio, «Daß sie, fortzeugend, immer Böses muß gebären.» (P v. 2452 f.)

Am ernüchternden Bild machtpolitischer Brutalität, das die Trilogie zum Schluß vermittelt, haben zeitgenössische Leser wie Süvern und Hegel eine fatalistische Tendenz abgelesen. Johann Wilhelm Süvern, Berliner Gymnasiallehrer und später einer der bildungspolitischen Exponenten der preußischen Reformbewegung, verfaßt noch vor dem Erscheinen der Buchedition des Dramas auf der Grundlage des Bühnenmanuskripts eine ausführliche, im Tenor loyale Würdigung, die freilich die Kritik am Fehlen einer versöhnlichen Schlußperspektive mit kathartischen (das heißt hier: moralischen) Implikationen einschließt: «Jeder Widerstreit, in welchen der Mensch gesetzt wird, ist vergeblich und unnütz, wenn man ihn nicht in schönern Frieden auflöst.»[160] Süvern beklagt die «Verheerung», die am Ende des «grausigen Werkes» zurückbleibe, ohne daß dem Zuschauer, wie in der attischen Tragödie oder in Goethes *Egmont*, die sittliche Kraft zum Widerstand gegen die dargestellten Katastrophen vermittelt werde. Auch Hegels um 1800 geschriebene, erst 35 Jahre später postum publizierte Kritik sieht am Ende des Dramas allein den Sieg «des Nichts, des Todes», der, nicht «tragisch, sondern entsetzlich», eine fatalistische Stimmung erzeuge: «Dies zerreißt [das Herz], daraus kann man nicht mit erleichterter Brust springen!»[161] Hegels Diktum betont, wenn es das Fehlen der kathartischen Schlußwendung hervorhebt, ein Strukturmerkmal, das Schiller selbst für das Kennzeichen des neueren Trauerspiels gehalten hat. Seine pointierte Formulierung bezieht sich auf das 325. und 326. Xenion, die der Differenz von griechischer und moderner Tragödie gelten. Dort heißt es ohne die von Hegel vorgenommene Wertung, das attische Drama entlasse seine Zuschauer mit «erleichterter Brust», während seine aktuelle Spielart ‹das Herz zerreiße›, weil sie primär den Verstand anspreche, ohne für eine affektiv vermittelte moralische Erbauung zu sorgen (NA 1, 349).

Zwar billigt Hegel Schillers Tragödie zu, daß sie durch die Darstellung gescheiterter Autonomieansprüche («Erliegen der Unbestimmtheit unter die Bestimmtheit»)[162] tragischen Gehalt entfalte, doch bemängelt er den Verzicht auf jene «Theodizee»,[163] die die Möglichkeit geschichtlicher Hoffnung auch angesichts einer düsteren Realität beglaubigen könnte. Die *Phänomenologie des Geistes* (1807) wird nur wenige Jahre später den aus dem Scheitern des Individuums hervorgehenden Triumph des zuvor entzweiten sittlichen Prinzips als ideellen Kern der attischen Tragödie bezeichnen, die wiederum zum Modellbild für die dialektische Logik des auf den Sieg des absoluten Bewußtseins zutreibenden historischen Prozesses avancieren darf.[164] Vor dem Hintergrund dieser Konzeption, die noch Hegels Berliner Vorlesungen zur Ästhetik und Geschichtsphilosophie vertreten, bleibt der kritische Aplomb verständlich, mit dem die *Wallenstein*-Rezension gegen den vermeintlichen Fatalismus des Dramas zu Felde zieht und jene hoffnungsvolle Perspektive anmahnt, die Schillers Stoffarrangement dem Publikum vorenthält. Ähnlichen Tenor stimmt bereits ein Schreiben Goethes vom 18. März 1799 an, in dem es heißt: «Der Schluß des ganzen durch die Adresse des Briefs erschreckt eigentlich besonders in der weichen Stimmung in der man sich befindet. Der Fall ist auch wohl einzig daß man nachdem alles was Furcht und Mitleiden zu erregen fähig ist erschöpft war mit Schrecken schliessen konnte.» (NA 38/I, 54)

Auf Süverns Kritik hat Schiller selbst Ende Juli 1800 geantwortet, ohne jedoch zum Pessimismusvorwurf detailliert Stellung zu beziehen. Er bezweifelt, daß das Modell der attischen Tragödie ahistorische Geltung beanspruchen dürfe, und fordert von der neueren Gattungsform, sie müsse angesichts der «Charakterlosigkeit des Zeitgeistes» das «Gemüth zu erschüttern, zu erheben, aber nicht aufzulösen suchen.» (NA 30, 177) Auf den ersten Blick scheint diese Formulierung Süverns Einwand nachzuvollziehen, das *Wallenstein*-Drama zeige «in der allgemeinen Verwüstung keine Spur mehr des Lebens» und versage uns den Ausblick auf «das Gebiet der Freiheit».[165] Während jedoch Süverns Forderung auf die moralische Qualität des Tragödienstoffs abzielt, der einen konkreten Vorschein geschichtlicher Hoffnung vermitteln müsse, setzt Schiller allein auf die Leistung der Form, die dem Zuschauer die Souveränität des Bewußtseins als Bedingung für eine tiefere ideelle Wirkung jenseits der Zwänge direkter Belehrung verschafft. Bereits die Abhandlung *Ueber das Pathetische* hatte dazu vermerkt: «Daher läßt uns das ästhetische Urteil frey, und erhebt und begeistert uns, weil wir uns schon durch das bloße Vermögen, absolut zu wollen, schon durch die bloße Anlage zur Moralität, gegen die Sinnlichkeit in augenscheinlichem Vortheil befinden (...)» (NA 20, 216). Nur über diesen Effekt der Form, der keine konkrete moralische Perspektive eröffnet, kann die Tragödie ‹erhebend› wirken. Symptomatisch für die Differenz der Perspektiven ist hier die Einschätzung von Goethes *Egmont*; während Süvern die durch die Freiheitsallegorie getragene Schlußwirkung des Dramas rühmt, hat Schillers Rezension im Sinnbild des Finales Relikte einer «Opernwelt» erblickt (NA 22, 208), die seine Bühnenfassung des Textes vom Frühjahr 1796 entschlossen eliminiert. Für ihn ist ein versöhnlicher Gehalt der Tragödie undenkbar, weil er die ästhetische Freiheit des Zuschauers durch stoffliche Vorentscheidungen begrenzt, statt sein ideelles Bewußtsein mit Beispielen anzuregen, an denen die Unerfülltheit geschichtlicher Hoffnung kenntlich wird. Wie stark Schiller einer im Sujet begründeten Dramenwirkung mißtraut, verrät ein Xenion über die vermeintlich katharischen Effekte der sophokleischen Tragödie: «Oedipus reißt die Augen sich aus, Jokasta erhenkt sich, | Beide schuldlos; das Stück hat sich harmonisch gelößt.» (NA 1, 349 [Nr. 327])

Vor diesem Hintergrund ist auch die Argumentation des *Wallenstein*-Prologs verständlich, deren optimistische Tendenz zunächst wenig zum düsteren Charakter der Staatsaktion zu passen scheint. Betont wird, daß das Drama am Ende des Jahrhunderts die «große(n) Gegenstände» darstellen müsse, weil es nur so Fragen der eigenen Zeit reflektieren könne. Wo man um «Herrschaft und um Freiheit» ringt, gerät sogar die «Wirklichkeit zur Dichtung», tobt der Streit der Ideen, den sonst allein die Kunst vorführt, auch auf der politischen Bühne. Wenn das Theater die «düstre Zeit» des dreißigjährigen Religionskrieges noch einmal veranschaulicht, erschließt sich dem Zuschauer zugleich ein Blick «in die Gegenwart | Und in der Zukunft hoffnungsreiche Ferne» (v. 61 ff.). Indem das Drama auf die Schattenseiten der Geschichte verweist, vertieft es das Bewußtsein für ihre offene Struktur und jene teleologisch begründete Perfektibilität, die zur Arbeit an ihrem humaneren Erscheinungsbild verpflichtet.[166] Die selbstgewiß beschworene Heiterkeit der Kunst – Goethes skeptische Bühnenbearbeitung hat die Indikativform der Schlußverse in den Konjunktiv überführt – bekundet sich durch die im Medium des Scheins vermittelte Erfahrung der Freiheit, die dem Zuschauer zum Vorboten seiner sozialen Autonomie werden soll.[167] Der Prolog verknüpft hier den geschichtstheoretischen Optimismus, der die Jenaer Antrittsvorlesung getragen hatte, mit der Programmatik der ästhetischen Bildungsidee.

Die historische Perspektive der Argumentation findet sich vorgeprägt bei Herder, der in der vierten Sammlung der *Humanitätsbriefe* (1794) betont, daß die Epoche des Dreißigjährigen Krieges zwar zerstörerische Kräfte («dieses schleichende Fieber») entbunden, dadurch aber den Weg zur Ausbildung einer aufklärerischen Gedankenkultur geebnet habe: «Das menschliche Geschlecht ist ein Phönix; auch in seinen Gliedern, ganzen Nationen, verjüngt es sich, und steht aus der Asche wieder auf.»[168] Daß Schiller im Jahr 1798 eine solche Hoffnung auf politische Regeneration nicht ohne die Optionen der ästhetischen Erziehung denken kann, steht außer Frage. In Umwertung der Metaphorik Herders hatte Süvern erklärt, die Trilogie biete am Ende den «Anblick einer allgemeinen Verwüstung, aus der kein Phönix sich erhebt».[169] Einem solchen Befund wäre Schillers Konzeption der tragischen Form entgegenzuhalten. Nicht der Stoff des Dramas, sondern die ihm abgerungene ästhetische Freiheit verschafft dem Zuschauer die Möglichkeit, als ‹Phönix› aus dem Trümmerfeld der Gegenwart emporzusteigen und im historischen Moment des Zerfalls der alten Ordnungen sein Auge ‹in die Zukunft hoffnungsreiche Ferne› zu richten.

Dieser wirkungspoetische Optimismus, an dem Schiller auch in den folgenden Jahren festhalten wird, trennt die *Wallenstein*-Tragödie von den Geschichtsdramen Kleists und Büchners, deren skeptische Diagnosen sie freilich durch ihr illusionsarmes Bild von der Welt der Politik bereits vorwegnimmt.

4. Dramatische Fragmente, Bühnenbearbeitungen, Übersetzungen

Blick in die Werkstatt.
Vermischte Fragmente von den Malthesern zum Warbeck (1788–1803)

Die von 1797 bis 1804 geführte Dramenliste führt 32 Projekte an, von denen sieben vollendet wurden, darunter mit dem *Macbeth* und der *Turandot* zwei szenische Bearbeitungen (in der Regel nennt Schillers Aufstellung nur die Originalentwürfe). Zahlreiche Vorhaben – so die *Maltheser* und *Warbeck* – binden über einen Zeitraum von mehr als zehn Jahren stets neues Interesse, ohne daß jedoch ein Abschluß erfolgt. In einigen Fällen gedeihen die Vorstudien kaum über ein spärliches Dispositionsschema hinaus, in anderen kommt es zur Ausführung von einzelnen Szenen oder zu ausgedehnten Inhaltsangaben (die Skizze des *Polizey*-Dramas weitet sich 1799 zu einer epischen Darstellung der verwickelten Fabel). Augenfällig ist die Vielzahl der Themen, die Schiller erprobt. Die Stoffe stammen zumeist aus der mittelalterlichen und frühneuzeitlichen Geschichte. Bevorzugt werden tragische Sujets im Umfeld von dynastischen Interessenkollisionen, Rechtsstreitigkeiten, militärischen Auseinandersetzungen und großen Staatsaktionen. Selbst dort, wo familiäre Konflikte im Zentrum eines dramatischen Entwurfs stehen, spielen häufig politische Aspekte eine Rolle (so bei der *Gräfin von Flandern*). Wie stark Schillers diesbezügliches Interesse ist, erweisen die *Polizey*-Fragmente, die einen Kriminalfall behandeln, aus dem unmittelbare Konsequenzen für Hofwelt und Regierungsbürokratie folgen. Die private Verstrickung entwickelt ihre zerstörerische Wirkung erst auf dem Feld der Öffentlichkeit, wo die individuelle Schuld mit den Interessen der Macht in Verbindung tritt.

Das langlebigste dramatische Unternehmen Schillers ist fraglos *Die Braut in Trauer*, die die Liste nicht mehr anführt, weil das Projekt Mitte der 90er Jahre vorübergehend in Vergessenheit geraten war. Schon im August 1784 hatte ein Brief an Dalberg den Plan einer Fortsetzung der *Räuber* berührt, «worinn alle Immoralität in die erhabenste Moral sich auflösen muß.» (NA 23, 155) Ein Jahr später modifiziert Schiller das Vorhaben durch den Hinweis, vorgesehen sei eine Ergänzung um «einen Nachtrag in einem Akt» (NA 24, 11). Erst im März 1798 flackert das Interesse am *Räuber*-Stoff neu auf. Auslöser ist die Lektüre von Horace Walpoles Tragödie *The Mysterious Mother* (1768) und seines Schauerromans *The Castle of Otranto* (1765), von dem seit 1794 eine neue deutsche Übersetzung aus der Feder des Berliner Publizisten Friedrich Ludwig Wilhelm Meyer vorlag. Auf das Drama war Schiller vermutlich durch eine Rezension im *Intelligenzblatt* der *ALZ* verwiesen worden, die ihrerseits über einen Teilabdruck des Textes in der *Neuen Bibliothek* informierte (NA 12, 462). Von Walpole, dem Ahnherrn der *Gothic novel*, übernimmt Schiller die Grundstruktur seines Fragments; *The Castle of Otranto* stellt die düstere Geschichte einer Tochter dar, die mit einem ungeliebten Mann verheiratet werden soll, sich dem ihr drohenden Schicksal widersetzt, damit aber immer tiefer in geheimnisvolle Intrigen und das Spiel rätselhafter Mächte verstrickt wird. Daß der Roman für Schiller Gesprächsthema war, bezeugen Goethes Tagebuchnotizen vom November 1798.[170] Gerade in dieser Zeit gedeihen die Pläne zur *Braut in Trauer*, die sich im Zuge der Vertiefung des Stoffs deutlich von der Konzeption einer *Räuber*-Fortsetzung löst. Karl Moor, der später Graf Julian heißt, hat als Privatmann ein bescheidenes Glück gefunden, muß jedoch die vergangene Schuld mit dem Leid seiner Kinder büßen. Vor allem die zweite Stufe des Entwurfs zeichnet ein brisantes Konfliktmuster. Die von ihrem Bruder in inzestuöser Liebe begehrte Tochter des Grafen soll gegen ihren Willen verheiratet werden. Nächtliche Geistererscheinungen signalisieren Julian, daß ihm Unheil droht; die erste Skizze spricht hier von der ‹Nemesis› als Kraft, die alte Verbrechen straft (NA 12, 7). Ähnlich wie zur selben Zeit im *Polizey*-Entwurf möchte Schiller hier auf die Möglichkeiten einer Kriminalhandlung zurückgreifen, die mit den Schauereffekten der *Gothic novel* verknüpft werden soll. Noch in einem Brief vom 1. August 1800 erwähnt Goethe, er befasse sich selbst mit einer möglichen Fortführung des Projekts – ganz offenkundig reizen ihn die phantastischen Farben des Stoffs, ohne daß es jedoch zu einer vertieften Ausarbeitung kommt.

Zu den Langzeitprojekten, denen sich Schiller seit den 80er Jahren widmet, gehört vor allem die im Umfeld der *Karlos*-Arbeit aufgetauchte Idee eines *Maltheser*-Dramas. Im Zentrum steht eine markante Begebenheit aus der Geschichte des im 11. Jahrhundert gegründeten Johanniterordens, der zwischen 1530 und 1798 auf der Insel Malta residierte: die Verteidigung der Festung St. Elmo gegen eine Übermacht türkischer Seestreitkräfte im Jahr 1565. Schillers Entwurf zieht seine tragische Qualität zunächst aus der geschichtlich überlieferten militärischen Konstellation: der Ordensgroßmeister mußte ohne Unterstützung durch die verbündete spanische Armee mit einer verschwindend kleinen Schar von Rittern der türkischen Belagerung standhalten; die vierzig Verteidiger bezahlten ihre Loyalität mit dem Tod, bewirkten jedoch den Abzug der türkischen Truppen, die von den spät eingreifenden Spaniern vertrieben werden konnten. Schiller kannte die näheren Umstände der Schlacht von St. Elmo aus Watsons *Geschichte der Regierung Philipps des Zweyten*, die seit 1778 in deutscher Sprache vorlag, sowie aus Vertots siebenbändiger Darstellung der Ordenshistorie, die, erstmals 1726 publiziert, 1753 erweitert, von ihm gründlich konsultiert wurde. Auszüge des Vertot veröffentlichte die *Thalia* Anfang September 1790 in einer Übersetzung des Jenaer Studenten Thomas Berling. Schiller selbst regte die zwei Jahre später vorgelegte Übertragung Niethammers an und versah die Buchausgabe, die eine gestraffte Fassung des französischen Textes bot, mit einem einführenden Vorwort, in dem er den Heroismus des Ordens als Vorbild für «jede politische Gesellschaft»[171] der Gegenwart bezeichnete.

Die *Maltheser* (bis Ende 1793 unter dem Titel *Die Johanniter* firmierend) bilden ein Dauervorhaben, das immer wieder aufgeschoben und durch andere Arbeiten verdrängt wird. Zunächst kommt der Plan nach dem Abschluß des *Karlos* auf, wird jedoch zugunsten der historischen Projekte zurückgestellt. Im Herbst 1793 kündigt Schiller dem früheren Kommilitonen Haug als Manuskript für den ihm zu diesem Zeitpunkt persönlich noch nicht bekannten Cotta ein *Johanniter*-Drama an. Auf Goethes Rat wagt er sich Ende 1794 an die Ausarbeitung einzelner Szenen, die endgültig im Frühjahr 1796 durch den *Wallenstein* unterbrochen wird. Nach dem Abschluß der Trilogie taucht der alte Plan im Herbst 1799 wieder auf, ebenso im Frühsommer 1801, während die *Jungfrau von Orleans* zum Druck eingerichtet wird. Den aktuellen Anlaß für diese Anknüpfung bildete womöglich die unter Napoleons Stabführung stattfindende Okkupation der maltesischen Ordensanlagen durch französische Truppen im Juli 1798, die dem militärischen Sachverstand der Johanniterritter, anders als die Schlacht von St. Elmo, kein gutes Zeugnis ausgestellt hatte.[172] Am 13. Mai 1801 heißt es in einem Brief an Körner, das «Punctum saliens» der tragischen Konstruktion sei noch nicht gefunden, weil es an einer «dramatischen That» fehle, «auf welche die Handlung zueilt» (NA 31, 35 f.). Auch nach dem Abschluß der *Braut von Messina* im Februar 1803 flammt das Interesse am Stoff kurz auf, ohne daß Schiller sich entschließen kann, das Vorhaben systematisch in Angriff zu nehmen.

Die Pläne verraten die Anlage zur Tragödie mit antik anmutenden Chören, die ihre Botschaft vom Triumph der Pflicht auf sinnlich eindrucksvolle Weise präsentieren soll. Die politischen Aspekte der Ordensmoral, wie sie Schillers Vorrede zu Niethammers Vertot-Übersetzung hervorhebt, beleuchtet die Tragödie dort, wo sie den Heroismus der Ritter als sittliche Tugend auf der Grundlage der Freiwilligkeit preist. Das entspricht dem Ethos der sozialen Selbstorganisation, die, dem Vorwort zufolge, dem «mönchisch-ritterlichen Staat»[173] sein entscheidendes Gepräge gab. Versinnbildlicht wird dessen Autonomieanspruch, in dem Zeitgenossen auch die Gesellschaftsidee Rousseaus vorgezeichnet finden konnten, durch die Situation der Belagerung, die, wie Schiller am 8. Dezember 1797 an Goethe schreibt, den dramatischen Effekt des Stoffs steigert. La Valette, der Großmeister von Malta, wächst in die Rolle des allein seine Verantwortung tragenden Befehlshabers, der die Ritter, darunter seinen eigenen Sohn St. Priest, zu einer militärisch hoffnungslosen Widerstandsaktion nötigen muß, um den Geist des Ordens zu verteidigen: «Alle Communication mit der übrigen Welt ist durch die Blokade abgeschnitten, er ist bloß auf sich selbst, auf die Sorge für seine Existenz concentriert, und nur die Eigenschaften, die ihn zu dem Orden machen der er ist, können in diesem Moment seine Erhaltung bewirken.» (NA 29, 165) Schillers Notizen umreißen verschiedene Spannungsfelder, mit denen sich La Valette auseinandersetzen muß. Zu kämpfen hat er gegen den moralischen Verfall im Orden selbst: zwei Ritter streiten in der geplanten Exposition um die Gunst einer griechischen Sklavin; homoerotische Neigungen manifestieren sich in der leidenschaftlichen Freundschaft zwischen Crequi und St. Priest, die von «Symptomen der Geschlechtsliebe» getragen wird (NA 12, 47). Die Selbstopferung der Ritter, zu der der Großmeister auffordert, schließt die Preisgabe seines eigenen Sohnes und damit die Kollision mit der ‹Neigung› ein. Hinzu kommen pragmatische Widerstände, ausgelöst durch die Intrige eines Überläufers und den Konflikt unterschiedlicher Nationalcharaktere im Orden.

La Valettes Handeln wird dabei getragen vom Wunsch, das höhere Gesetz, das er als bedingungsloser Adept der Ordensprinzipien den Rittern vermitteln muß, nicht durch Zwang, sondern auf der Grundlage der Freiwilligkeit vollzogen zu sehen: «Die Aufgabe wäre also die Verwandlung einer strengen pflichtmäßigen Aufopferung in eine freiwillige, mit Liebe und Begeisterung vollführte.» (NA 12, 45) Dem variabel konzipierten Chor, der zuweilen in einen Wechselgesang mit dem Protagonisten treten sollte, hat Schiller die Funktion zugedacht, die Geschichte des Ordens, aber auch die Umrisse seines ethischen Selbstverständnisses in Erinnerung zu rufen. Als Medium einer streng didaktischen Reflexion muß er die heiklen Widersprüche der Handlung überbrücken und zugleich den ästhetischen Charakter des hier vorgeführten Lehrstücks gewährleisten. Dennoch bleibt zu fragen, ob die konsequente Verteidigungsstrategie der zunächst zweifelnden Ordensritter, die am Ende freiwillig und ohne Zwang ihren Untergang suchen, nicht primär zerstörerische Züge trägt und damit das an Rousseau erinnernde Ideal der autonomen sozialen Organisation verfälscht.[174] In keinem seiner abgeschlossenen Dramen hat Schiller die Unterwerfung des individuellen Lebensinteresses unter ein leitendes Prinzip mit ähnlicher Rigorosität wie hier gefordert. Auf der Strecke bleibt die psychologische Analyse, die schon im *Karlos* die Manipulierbarkeit des bedingungslosen politischen Idealismus erschließt. Die Ballade *Der Kampf mit dem Drachen* faßt 1798 das Problem der Ordensloyalität kritischer und akzentuiert die Möglichkeit individueller Freiheit gegenüber dem Zwang des Kollektivs. Fraglos beeinflussen auch die Erfahrungen mit der Rechtspolitik der französischen Republik eine solche Perspektive. Im Licht der Zwänge, die die Revolutionsorgane auf die Bürger ausübten, erschien Schiller der programmatische Wille zum Heroismus bedenklicher als noch zu Beginn der 90er Jahre.[175]

Die Ausarbeitung des *Wallenstein* führt 1797 zu einem dramentheoretischen Moratorium, das Schiller wesentliche Einsichten in sein Selbstverständnis als Bühnenautor vermittelt. Nicht zuletzt sind es Merkmale der dramatischen Handlung, die er in dieser Zeit, gefördert durch die Aristoteles-Lektüre, unter technischen Gesichtspunkten beleuchtet: bezeichnen ‹prägnanter Moment› und ‹Punctum saliens› Konzentration bzw. Umschlag des Geschehens, so steht die ‹Praecipitation› für das dynamische Fortschreiten der Aktion. Immer wieder reflektiert Schiller über das Verfahren der ‹tragischen Analysis›, das die Aufdeckung zurückliegender Ereignisse als detektivischen Prozeß der Spurensuche und Indiziensicherung mit dem Resultat der Selbstbestrafung des Schuldigen einschließt. Diese Kategorien werden auch in der Auseinandersetzung mit Stoffen angewendet, die Schiller nach dem Ende der *Wallenstein*-Arbeit prüft. Besondere Aufmerksamkeit verdienen hier *Die Polizey* und *Die Kinder des Hauses* – Entwürfe, die Ende der 90er Jahre das Interesse fesseln, ehe die Entscheidung zugunsten der *Maria Stuart* fällt.[176]

Im Zentrum des *Polizey*-Fragments, das zunächst als Trauerspiel, später als Komödie geplant wird, steht die Aufdeckung einer geheimnisvollen Serie von Verbrechen – Mordtaten und Schmuckdiebstähle – durch den Pariser Kriminalisten Argenson. Vorherrschend bleibt die Absicht, eine atmosphärisch dichte Darstellung der Metropole zur Zeit Ludwigs XIV. mit der szenischen Veranschaulichung der Strategien des allgegenwärtigen polizeilichen Überwachungsapparates zu verbinden und beide Aspekte in eine spannende, analytische Qualitäten freisetzende Kriminalhandlung zu integrieren. Anregungen hat Schiller an diesem Punkt aus Merciers zwölfbändigem *Tableau de Paris* (1781–88) bezogen. Vermutlich war er bereits in Dresden durch Huber auf die Ausgabe von 1782/83 verwiesen worden; spätestens im November 1788 hatte er Mercier gründlicher gelesen, wie ein Brief an Caroline von Beulwitz verrät (NA 25, 146). Im achten Band des *Tableau* konnte Schiller auch ein Porträt des einflußreichen Kriminalleutnants Marc-René d'Argenson finden, der zur Zeit Ludwigs XIV., zwischen 1697 und 1720, an der Spitze der Pariser Polizei stand. D'Argenson förderte den Aufbau eines modernen Überwachungsapparates mit effizienten Verzweigungen, der auf der Grundlage eines exakt arbeitenden Spitzelsystems das private wie politische Leben der französischen Metropole ausspionierte. Merciers Charakteristik des Pariser Polizeichefs stützt sich wörtlich auf Fontenelles *Eloge de Monsieur d'Argenson*, die 1729 in einer Reihe von Lobreden auf einflußreiche gesellschaftliche Persönlichkeiten erschienen war. Schiller übernimmt das positiv gehaltene Porträt des Textes weitgehend in seinen Entwurf, wenn er den Leutnant als mißtrauischen, im privaten Umgang aber jovialen Zeitgenossen kennzeichnet, der trotz seiner desillusionierenden Erfahrungen im menschlichen Umgang «das Gefühl für das Schöne nicht verloren» hat (NA 12, 92; vgl. 437).

Die Atmosphäre des Pariser Polizeistaates, den d'Argenson aufgebaut hat, bildet ein wesentliches Element der geheimnisvollen Kriminalhandlung, die der Text vorführt. Schiller skizziert eine soziale Ordnung der permanenten Überwachung und wechselseitigen Bespitzelung, in der sich gleichwohl eine Serie von bisher ungeklärten Kapitalverbrechen zutragen kann. Bei Mercier heißt es: «C'est une masse de corruptions, que la police divise & partage en deux: de l'une, elle en fait des espions, des mouchards; de l'autre, des satellites, des exempts, qu'elle lâche ensuite contre les filoux, les escrocs, les voleurs, &c. à peu près comme le chasseur ameute les chiens contre les renards & les loups.» («Das ergibt eine Masse an Korruptionen, die die Polizei in zwei Hälften aufteilt: aus der einen macht sie Spione, Spitzel; aus der anderen Satelliten, Steuerfreie, die sie dann ausschickt gegen die Gauner, die Betrüger, die Diebe, ähnlich dem Jäger, der die Hunde gegen die Füchse und Wölfe hetzt.»)[177] Ein Memorandum über die Arbeit der Pariser Kriminalisten, das aus der Feder des Verwaltungsjuristen Nicolas Delamare stammt, erklärt 1705: «Der Dienst der Polizeibeamten und -offiziere gehört zu den wichtigsten; seine Aufgabenbereiche sind gewissermaßen unbegrenzt und können nur in hinreichend detaillierter Prüfung wahrgenommen werden.»[178] Die umfassende Spionagetätigkeit, von der hier die Rede ist, beherrscht, wie Mercier berichtet, die gesamte Gesellschaft: «Il y a ensuite les espions de cour, les espions de ville, (...) les espions de filles, les espions de beaux-esprits; on les appele tous du nom de mouchards, nom de famille du premier espion de la cour de France.» («Es gibt folglich Hofspione, Stadtspione, (...) Spione für die Prostituierten, Spione für die Schöngeister; man faßt sie alle unter dem Namen ‹Mouchard› zusammen, dem Familiennamen des ersten Hofspions von Frankreich.»)[179]

Die moralische Indifferenz bildet in Schillers Entwurf das spezifische Merkmal dieses Überwachungssystems: «Auch die Nachtheile der Polizeiverfaßung sind darzustellen. Die Bosheit kann sie zum Werkzeug brauchen, der Unschuldige kann durch sie leiden, sie ist oft genöthigt schlimme Werkzeuge zu gebrauchen, schlimme Mittel anzuwenden –» (NA 12, 96). Gegen die anonyme Macht des Polizeiapparates, dem niemand auf Dauer entgeht, setzt Schillers Entwurf den mißtrauischen, im Kern jedoch heiteren Charakter d'Argensons. Indem er seinen Helden als kultivierten Menschen mit subtilem Schönheitssinn zeichnet, sucht er ihn von einer entfremdeten Gesellschaft abzugrenzen, deren Dekadenz und Denaturierung im ständigen Argwohn zutage treten, den die Bürger gegeneinander hegen. Zweifelhaft bleibt jedoch, ob gerade der Polizeichef selbst die nötige Statur besitzt, um sich durch menschliche Qualitäten von den Agenten eines Apparates abzuheben, den er selbst aufgebaut hat. Nicht als Charakterstudie überzeugt Schillers Entwurf, sondern als Soziogramm einer modernen Gesellschaft, die im Schatten des Mißtrauens steht. Neben Mercier vermitteln ihm hier die detaillierte Kenntnis des *Pitaval*, der Romane Laclos' und Diderots, nicht zuletzt die Reisebeschreibungen Bodes, Humboldts, Reinhards und der Wolzogens die nötigen Anregungen für das geplante Porträt der Pariser Gesellschaft. Dem Panorama der Typenfiguren – Adligen, Kurtisanen, Schmarotzern, Hochstaplern, Börsenspekulanten, Klerikern, Spionen, Bettlern und Kleinkriminellen – widmet die Skizze größere Aufmerksamkeit als den individueller ausgeleuchteten Hauptakteuren. Die beklemmende Atmosphäre der ständigen Spionage und geheimen Überwachung, die der Entwurf beschreibt, ist im Gegensatz zur verwickelten Kriminalhandlung sehr präzis festgehalten. Der Polizeiapparat – ein moderner Leviathan – gerät hier zum übermächtigen System, dessen Antriebskräfte für den Betrachter undurchschaubar wirken. Wie wenig spezifisch jedoch das dramatische Sujet selbst bleibt, erkennt man daran, daß Schiller, nachdem er im Frühjahr 1799 die Tragödiendisposition entworfen hat, wenig später eine Schauspielfassung erwägt und schließlich mit einem Komödienplan sympathisiert, in dessen Zentrum eine trivial anmutende Liebesintrige stehen soll.

Die Skizze *Die Kinder des Hauses* liefert, deutlicher erkennbar, das Grundmodell einer Tragödie. Die Ausführung des im März 1799 begonnenen Entwurfs, die Goethe mit vitalem Interesse begleitet, gewinnt im Gegensatz zur recht abstrakt wirkenden Disposition des *Polizey*-Fragments feste Umrisse; als Schiller im Dezember 1804 nach fünfeinhalbjähriger Unterbrechung an eine Fortführung des Projekts denkt, kann er auf eine mehraktige Gliederung mit detailliertem Verlaufsplan zurückgreifen. Die Handlung übernimmt das Kriminalschema der *Polizey* und verschafft ihm härtere dramatische Konturen. Louis Narbonne, der mit seiner Komplizin Madelon den eigenen Bruder tötete und dessen Sohn Charlot unter falschem Namen bei sich aufnahm, wird 15 Jahre nach der Tat von den Schatten der Vergangenheit eingeholt. Er steht im Begriff, die Ehe zu schließen, als er das Opfer eines geheimnisvollen Schmuckdiebstahls wird. Madelon, die inzwischen als Haushälterin bei Narbonne tätig ist, sucht ihren früheren Geliebten davon abzubringen, eine polizeiliche Untersuchung in Gang zu setzen. Tatsächlich führt diese zur Aufdeckung der Verbrechen des Narbonne; Adelaide, die Tochter des Ermordeten, taucht auf und verbindet sich in einem inzestuösen Verhältnis ahnungslos mit ihrem eigenen Bruder. Der Gang der Nachforschungen treibt den anfänglich souveränen Narbonne in die Enge; er tötet Madelon, sucht seine Schuld vor den Kindern zu verbergen, gerät aber am Ende in die selbstgelegten Schlingen und wird seiner Untaten überführt. Die mit Kolportageelementen durchsetzte Handlung hat Schiller als exemplarischen Stoff für ein analytisches Drama verstanden, in dem die Verstrickung des Helden als Folge seiner früheren Schuld erscheint. Die Fehlleistungen Narbonnes bilden den subjektiven Reflex einer Bestrafungslogik, die, auch wenn sie als Produkt übergeordneter Mächte erscheint, einzig vom Individuum ausgelöst wird: «Daß das einmal in Lauf gekommene Triebwerk wider seinen Willen und wenn er es gern wieder aufhalten möchte fort geht, ist von tragischem Effekt. Er selbst hohlt sich das Haupt der Gorgone herauf.» (NA 12, 139) Das Kriminalsujet, das erneut auf Walpoles *Castle of Otranto* und die Tragödie *The Mysterious Mother* zurückverweist, entfaltet für Schiller seine Qualitäten als Vorlage eines modernen analytischen Dramas. Die metaphysisch gefärbte Terminologie, mit der er seine Handlungsskizze kommentiert, darf nicht davon ablenken, daß er den Verfügungen des Individuums den maßgeblichen Einfluß auf die Logik der Selbstentlarvung einräumt, wie sie hier vollzogen wird.

Einen für die letzte Lebensphase zentralen Stoffbereich erschließt der *Warbeck*-Komplex, dem sich Schiller im August 1799 während der Arbeit an der *Maria Stuart* nähert. Beim Studium der historischen Quellenwerke – neben Rapins *Algemeiner Geschichte Englands* (1724) vornehmlich Arnauds *Suite des nouvelles historiques* von 1756 – stößt er auf die Vita des Belgiers Jean («Perkin») Warbek, den Margaretha von Burgund, eine Schwester Eduards IV., als Bruder des von Richard III. im Tower ermordeten Eduard V. und rechtmäßigen Kronprätendenten aus dem Hause York ausgab. Das Unternehmen wurde jedoch von dem seit 1485 regierenden Heinrich VII., den Margaretha verdrängen wollte, durchkreuzt; man entlarvte Warbeck als Betrüger und richtete ihn 1499 mit dem im Tower gefangenen Eduard von Warwick, dem letzten rechtmäßigen Erben aus dem Haus York, der sich den Umsturzplänen des falschen Prinzen angeschlossen hatte, öffentlich hin. In einem Brief an Goethe vom 20. August 1799 beleuchtet Schiller die dramaturgischen Möglichkeiten des vertrackten Sujets und definiert sein eigenes Interesse am Thema: «Was die Behandlung des erwähnten Stoffs betrifft, so müßte man däucht mir das Gegentheil von dem thun, was der Comödiendichter daraus machen würde. Dieser würde durch den Contrast des Betrügers mit seiner großen Rolle und seine Incompetenz zu derselben das Lächerliche hervorbringen. In der Tragödie müßte er als zu seiner Rolle gebohren erscheinen und er müßte sie sich so sehr zu eigen machen, daß mit denen, die ihn zu ihrem Werkzeug gebrauchen und als ihr Geschöpf behandeln wollten, interessante Kämpfe entstünden.» (NA 30, 86)

Schillers Kunstgriff besteht darin, Warbeck als Falschspieler mit noblem Charakterprofil zu zeichnen. In der Konsequenz bedeutet das, daß «der Betrug ihm nur den Platz» anweist, «zu dem die Natur selbst ihn bestimmt hatte.» (NA 30, 86f.) Schiller bedient sich dabei einer These des französischen Geschichtsschreibers Lizancour, der in seiner *Nouvelle Historique* von 1732 behauptet, Warbeck sei der uneheliche Sohn Eduards IV., damit zwar nicht erbberechtigt, aber doch königlichen Geblüts gewesen. Auf diese Weise erklärt sich der Widerspruch zwischen Rolle und Identität als Produkt des Scheins. Was wie Täuschung wirkt, enthüllt seinen echten Charakter, so daß schließlich auch der Gegensatz von Wahrheit und Betrug fiktiv bleibt. In der Schauspielfassung, die im letzten Entwurfsstadium den Tragödienplan ersetzt, bewirkt gerade die natürlich anmutende Souveränität, mit der Warbeck auftritt, daß man ihm verzeiht und ihn als Person anerkennt.

Eine intensivere Auseinandersetzung mit dem *Warbeck*-Sujet erfolgt im Sommer 1801, nach dem Abschluß der *Jungfrau*. Die ausführlicheren Szenenskizzen dürften jedoch erst ein knappes Jahr später im Anschluß an die *Turandot*-Bearbeitung entstanden sein. Weil ihm das Projekt allzu weitläufig erschien, stellte Schiller es im Sommer zugunsten der *Braut von Messina* zurück. Nicht zuletzt dürfte die Rollendiffusion des Titelhelden Gestaltungsprobleme aufgeworfen haben, denen er sich nicht gewachsen fühlte. Noch nachdem der Stoff im März 1804 ins *Demetrius*-Projekt überführt worden ist, hält Schiller in einer Liste, die zur Jahreswende 1804/05 entstand, Argumente für und gegen den *Warbeck* fest. Zu den problematischen Seiten des Vorhabens gehören demnach die Dialektik des Betrugsmotivs, der unwahrscheinliche Charakter der Handlung und die fehlenden Aktionsqualitäten; positiv lassen sich der populäre Zuschnitt des vertrauten Themas und die psychologisch interessante Anlage der Hauptpersonen vermerken (NA 12, 179).

Schillers Notizen vom Sommer 1802 beleuchten die Abgründe, vor die der Titelheld aufgrund seiner prekären Manöver geführt wird: «Seine Person ist mehr werth als seine Rolle», heißt es entschieden (NA 12, 160). Die «Synthese des Wahren u[nd] des Falschen» (NA 12, 199) soll seinen Charakter bestimmen und verdeutlichen, daß die Grenze zwischen moralischer Würde und Inferiorität in diesem Fall verschwimmt. Die dialektischen Konturen von Warbecks Rollenkonflikt treten dort zutage, wo öffentliche und private Sphäre einander auf spannungsvolle Weise entgegengesetzt sind. Demonstriert die Herzogin von Burgund vor großem Publikum ihre Zuneigung zum vermeintlichen Neffen, so behandelt sie ihn unter vier Augen entwürdigend wie einen subalternen Höfling, der ihren Befehlen zu folgen hat. Schillers Entwurf umreißt eine Reihe kritisch beobachtender Figuren – darunter Erich von Gothland –, die Warbecks Demütigung steigern, indem sie ihm deutlich zu verstehen geben, daß sie seine Betrügerrolle durchschaut haben. Die Liebe des Prätendenten zur Prinzessin Adelaide, um die auch Erich wirbt, überträgt den Konflikt auf die private Ebene; wo er die eigene Zuneigung erwidert findet, leidet Warbeck verstärkt unter den Täuschungsmanövern, die ihm seine falsche Identität aufnötigt. Erst die Konfrontation mit dem jungen Plantagenet, dem Sohn Eduards V. und letzten Thronprätendenten, löst diesen Widerspruch. Nachdem Warbeck Souveränität gezeigt und den Konkurrenten gegen zwei Attentäter geschützt hat, darf er seine echte Identität erfahren. Im Bewußtsein, als natürlicher Sohn Eduards IV. ebenfalls dem Haus York zu entstammen, kann er seine Maske abreißen und die eigene Person in die neue Rolle überführen. Erichs Diktum: «Man muß ein Fürst gebohren seyn, um es zu scheinen» (NA 12, 236) erweist sich, gegen die Intention des Sprechers, als angemessene Erklärung für Warbecks wirkungsvolles Auftreten. Der psychische Konflikt, in den der Held zuvor geriet, ist aufgehoben, weil die Differenz zwischen Identität und Falschspiel geringer bleibt, als es zunächst den Anschein hat. Die Wendung zum glücklichen Ausgang erzeugt freilich auch konzeptionelle Schwierigkeiten, die Schiller selbst gegenwärtig waren, wie man seinem Hinweis auf die widersprüchliche Seite des Betrugsmotivs entnehmen kann (NA 12, 179). Warbeck vermag weder als tragischer noch als geretteter Held zu überzeugen, weil ihn der Makel des Verbrechers bestimmt, der vorsätzlich nach der ihm nicht zustehenden Macht zu greifen suchte. Erst im *Demetrius* wird es Schiller gelingen, der hier aufscheinenden Rollenproblematik tragische Qualitäten zuzuschreiben, indem er den Betrüger vor die Abgründe des eigenen Bewußtseins führt.

In die Linie des *Warbeck* gehört der *Elfride*-Stoff, mit dem sich Schiller zunächst 1799, vertiefend aber erst 1804 auseinandersetzt. Es handelt sich um eine (bei Thoyras und Hume berichtete) Begebenheit aus der englischen Geschichte des 10. Jahrhunderts, die bereits durch Bertuch (1773) und Klinger (1787) dramatisiert worden war (zumindest Bertuchs Trauerspiel, das man in Weimar uraufgeführt hatte, dürfte Schiller gelesen haben). Auch hier begegnet der Typus des getäuschten Betrügers: Ethelwood, der Günstling König Edgars, soll in dessen Namen um die anziehende Elfride werben, gaukelt dem König unter Vorspiegelung falscher Tatsachen vor, sie habe sich seinem Anerbieten entzogen, und verheiratet sich selbst mit ihr. Der König stellt seine eigenen Interessen bereitwillig zurück, zeigt sich jedoch bei einer persönlichen Begegnung von Elfrides Schönheit fasziniert. Zur dramatischen Verwicklung kommt es in dem Moment, da die getäuschte Ehefrau von Ethelwoods Betrug erfährt. Sie beschließt, ihren Gatten zu töten und sich an Edgars Seite krönen zu lassen. Der Gegensatz zwischen ehelichem Recht und königlicher Macht, den die Skizze als Konfliktzentrum hervorhebt, trägt hier dialektische Züge, insofern der Anspruch Ethelwoods durch ein Täuschungsmanöver begründet wurde (NA 12, 325). Schillers Entwurf sah erneut die Konstruktion eines analytischen Dramas vor, in dessen Verlauf der Zuschauer allmählich erfahren sollte, daß die Verbindung Ethelwoods mit Elfride allein durch einen Betrug zustandegekommen war. Welche Attraktivität das Sujet besaß, konnte Schiller nicht nur an den beiden älteren Adaptionen, sondern auch an Johann Elias Schlegels *Canut* (1747) erkennen, der ein vergleichbares Täuschungsmotiv vorführte: Ulfos Heirat mit Estrithe, der Schwester des Königs, wird hier ermöglicht durch den Mißbrauch eines Briefes, dessen Inhalt der rücksichtslos seine Ziele verfolgende Held zu eigenen Zwecken instrumentalisiert. Womöglich war es gerade diese grobe Psychologie des nackten Machtinteresses, die Schiller von einer weiteren Bearbeitung des Stoffs abhielt.

Vermischte Fragmente von den Malthesern zum Warbeck (1788–1803)

Mehrere Entwürfe, mit denen sich Schiller nach dem *Wallenstein* befaßt, präsentieren zugespitzte, unter dem Gesetz des Zwangs stehende Entscheidungssituationen, wie sie schon das Konfliktmodell der *Maltheser* beherrschten. Zu ihnen gehören der *Themistokles* (nach 1800) und die *Seestücke* (1803–04), die drei kurze Dramenskizzen umfassen. Mit dem *Themistokles* greift Schiller auf einen Stoff zurück, den er durch Plutarchs *Biographien* kennengelernt haben dürfte: es handelt sich um die Geschichte eines athenischen Staatsmanns des fünften vorchristlichen Jahrhunderts, der, nach bedeutenden politischen Leistungen, aufgrund von Intrigen unter Hochverratsverdacht geriet und deshalb nach Persien floh, wo er versuchte, sich an einer Reform des Gemeinwesens zu beteiligen. Aus Furcht vor einem drohenden militärischen Konflikt, der den Exilanten zur kriegerischen Auseinandersetzung mit dem eigenen Vaterland genötigt hätte, gab sich Themistokles schließlich selbst den Tod. Schillers knappe Skizze, die vermutlich im Frühjahr 1803 entstand, betont zumal die politische Zwangslage des Helden, der «im Contrast mit dem sklavischen Zustand eines barbarisch erniedrigten Volks», wie er ihn in Persien kennenlernt, des «Bürgergefühls» (NA 12, 299) gewahr wird, das ihn in Athen zum freien Menschen machte.[180] Daß der Gegensatz zwischen der persischen Despotie und der griechischen Republik, den Plutarchs Lebensbeschreibung kaum thematisiert, als aktueller politischer Reflex zu verstehen ist, scheint offenkundig. Die Darstellung des athenischen Staates trägt in Schillers Entwurf Züge eines idealen Gemeinwesens, wie es auch die Briefe über die ästhetische Erziehung im kritischen Blick auf die französische Verfassungsdiskussion umrissen hatten. Ausdrücklich betonen die Arbeitsnotizen zum Drama jedoch, daß Themistokles nicht als Märtyrer für Griechenland stirbt. Sein Konflikt ergibt sich aus der Spannung zwischen persönlichem Ehrgeiz und nationaler Loyalität; vom Gefühl gekränkter Eitelkeit getrieben, erklärt er sich zunächst bereit, ein Heer gegen Athen zu führen, ehe ihm am Schluß, angesichts des ‹Contrasts› zwischen despotischer und freier Ordnung, die alte Bürgerpflicht zu Bewußtsein kommt. Die Kalamität der Exilsituation erzwingt schließlich den Freitod als einzig konsequente Reaktion auf eine politische Gemengelage, in der der Mensch seine Autonomie nur um den Preis der Selbstzerstörung bewahren kann.

Auch der eigenwillige Zyklus, den *Das Schiff*, *Die Flibustiers* und das *Seestück* bilden, folgt der hier skizzierten Grundsituation. Das Konvolut entstand vermutlich in den Jahren 1803 und 1804, wobei die Lektüre zeitgenössischer Reisebeschreibungen – von Cook, Forster, Niebuhr, Campe etwa – Anregungen für die exotische Motivwahl geliefert haben dürfte. Im Sinnbild der Gefangenschaft des Menschen auf hoher See, wie es die *Flibu-*

stiers skizzieren, sucht Schiller erneut eine Chiffre für den Konflikt zwischen Autonomie und Zwang zu finden. Das szenische Prinzip, das hier dominiert, erinnert an die Belagerungskonstellation der *Maltheser*, die in eine tragisch zugespitzte Katastrophe mündet.[181] Gegenüber dem Ordensdrama hat Schiller jedoch die Effektivität der szenischen Architektur zu steigern gesucht. Zur Darstellung kommt in den *Flibustiers* eine Verschwörung von Seeräubern, die sich während der Fahrt durch entlegene Gewässer gegen ihren tyrannischen Anführer auflehnen und die ihnen vorenthaltenen Freiheitsrechte zu erkämpfen suchen. An die Stelle des moralischen Konflikts der *Maltheser* tritt jetzt die Kolportagehandlung mit ernsten Zügen, der man freilich anmerkt, daß sie auf die Bedürfnisse eines von exotischen Abenteuerstoffen gefesselten Publikums zugeschnitten ist.

Das Schiff und das verwandte *Seestück* beleuchten hingegen ein dramatisches Modell, das mit einer aristotelischen Bühnenkonzeption kaum noch umzusetzen wäre. Schillers Skizzen umreißen ein breit gefächertes Theaterpanorama, das ständig wechselnde Kontinente, Städte und Landschaften, Naturkatastrophen und politische Umwälzungen, Verschwörungen und kriegerische Konflikte zur Anschauung bringen soll. Mit seiner Vielzahl von opulenten Motiven, der rasanten Technik des Ortswechsels, den Zeitsprüngen und kaleidoskopartigen Perspektiven ähnelt Schillers Plan einem Romanentwurf, der sich thematisch der Reiseliteratur der Spätaufklärung mit ihrer Vorliebe für exotische Sujets anschließt. Auffällig ist die kritische Sicht auf den Expansionsgeist der modernen Zivilisationsgesellschaft, die es erlaubt, den Stoff als «Symbol der europäischen Verbreitung, der ganzen Schiffarth u[nd] Weltumseglung» (NA 12, 307) zu fassen. Das verwickelte Abenteuerdrama gerät so zum Spiegel eines aggressiven Kolonialismus, dessen verheerende Auswirkungen Schiller illusionslos zur Kenntnis genommen hat. «Krieg in Europa», so lautet eine Notiz zum *Seestück*, «macht Krieg in Indien, hier weiß man noch nichts.» (NA 12, 319) Das kolportagehaft anmutende Sujet erweist sich als Medium für eine Perspektive, die es gestattet, die weltweiten Folgen der kolonialen Expansion mit kritisch geschärftem Bewußtsein wahrzunehmen.

Daß Schiller stets auch das Zuschauerinteresse im Visier hat, wenn er neue Themen prüft, zeigen der Plan zur *Gräfin von Flandern* (ab 1801) und der opernhaft anmutende *Rosamund*-Entwurf, mit dem er sich im Sommer 1801, nochmals dann 1804 näher befaßt hat. Beide Projekte stützen sich wie die *Jungfrau von Orleans* auf Stoffe aus der Romanzentradition. Schiller schätzte zeitlebens das Genre der Märchen und Rittererzählungen. Im Sommer 1795 lieh er sich durch Vermittlung Charlotte von

Steins aus der reich ausgestatteten Bibliothek Anna Amalias ein Exemplar der *Contes* des französischen Autors Louis Comte de Tressan; im Winter 1801 legte er sich eine Ausgabe von dessen gesammelten Werken zu. Wie sehr er Ariosts *Orlando furioso* (1532), das Musterstück des renaissancetypischen Ritterepos, schätzte, geht aus einem Brief an Körner vom 21. Januar 1802 hervor, in dem er über die Gattung grundsätzlich erklärt: «Hier ist Leben und Bewegung und Farbe und Fülle; man wird aus sich heraus ins volle Leben, und doch wieder von da zurück in sich selbst hinein geführt; man schwimmt in einem reichen unendlichen Element, und wird seines ewigen identischen Ichs los, und existiert eben deßwegen mehr, weil man aus sich selbst gerissen wird.» (NA 31, 90) Romanzencharakter trägt das Sujet der *Gräfin von Flandern*, das Schiller vermutlich aus dem ersten Band von Johann Gottfried Eichhorns *Allgemeiner Geschichte der Cultur und Litteratur des neueren Europa* (1796) gezogen hat. Das idyllisch endende Schauspiel vom Glück des Edelknaben Florisel, den die Liebe seiner Herrin zu Ruhm und Ansehen führt, verknüpft die legendenhafte Tendenz mit einer populären Note. Der dramatische Wettstreit der Freier, die sich um die Gunst der Gräfin bewerben, die tückische Intrige des Widersachers Montfort, das gewaltige Schlachtgetöse der militärischen Auseinandersetzung, die am Ende die Vereinigung der Liebenden ermöglicht, bilden Elemente einer Handlung aus, die deutlich auf den zeitgenössischen Publikumsgeschmack zugeschnitten ist. Die Charaktere gehorchen dabei dem Diktat eines festgelegten Typenschematismus, zu dem noble Untertanen und empfindsame Jünglinge ebenso gehören wie sadistische Verführer und triviale Landadelige. Spannungsvoller wirkt dagegen der Plan zu *Rosamund oder Die Braut der Hölle*. Die Geschichte der eitlen Frau, die die sie liebenden Männer ins Unglück stürzt und am Ende das Opfer des Teufels wird, trägt den Charakter einer ins Groteske spielenden Moritat (von ‹Ballade› spricht Schiller mehrfach im Entwurf [NA 12, 262f.]). Goethe, der, angeregt durch einen Bericht aus dem ersten Jahrgang von Ludwig Tiecks *Poetischem Journal* (1800), den Hinweis auf den Stoff geliefert hatte, charakterisiert das Sujet als «Gegenstück» zu *Faust* und *Don Juan* (NA 38/I, 311). Tiecks Anmerkung (aus den *Briefen über W. Shakespeare*) hatte der Puppenspieltradition gegolten, in der die Geschichte von der Höllenbraut überliefert ist (NA 12, 530). Daß zudem ein Einfluß durch Mozarts *Zauberflöte* und *Don Giovanni* vorlag, scheint evident, zumal beide Opern regelmäßig am Weimarer Theater inszeniert wurden. (Schiller hat am 18. Januar 1800, am 25. April 1801 und am 2. Mai 1804 die *Zauberflöte*, am 7. Juni 1802 den *Don Giovanni* gesehen). Aus der europäischen Don-Juan-Tradition, in die sich Mozart einreiht, übernimmt der

Entwurf das Verführungsmotiv und das damit verbundene Thema der Bestrafung menschlicher Eitelkeit durch höllische Mächte.

Das Interesse am Operngenre, das Schiller nach 1800 wiederholt bekundet, ist getragen von der früh geäußerten Sympathie für die sinnlichen Wirkungskapazitäten des Theaters. Es bildet fraglos auch den Ausdruck der marktstrategischen Überlegungen, die in die Werkstattpläne verstärkt einfließen. Entschieden suchte er daher die Zusammenarbeit mit Franz Seraph Destouches, der seit 1799 als Musikdirektor, ab 1804 als Konzertmeister am Weimarer Theater amtierte. Destouches, ein Schüler Glucks, der im Wiener Orchester des Fürsten Esterházy ausgebildet worden war, komponierte die Zwischenmusik für die Aufführungen von *Wallensteins Lager*, *Macbeth*, *Die Jungfrau von Orleans*, *Turandot* und *Wilhelm Tell*. Es ist kaum auszuschließen, daß der umtriebige Destouches ihm auch szenische Anregungen vermittelte, die den opernhaften Effekt seiner Texte steigerten.[182] Für Schiller selbst jedoch blieb die Konzentration auf das literarische Genre verbindlich: zur Abfassung eines Librettos mochte er sich, trotz entsprechender Anfragen durch seinen württembergischen Jugendfreund Zumsteeg, den Berliner Kapellmeister Bernhard Anselm Weber und Ifflands Theatersekretär Pauly, nicht durchringen (NA 12, 533). Dem Weimarer Kammermusiker Daniel Schlömilch erklärte er im Herbst 1803, die Abfassung von Operntexten falle in die Zuständigkeit Kotzebues und Goethes (NA 42, 368). Iffland gesteht er Mitte April 1804, daß ihn die große Abhängigkeit von der Qualität des Komponisten vor einer Tätigkeit für die Opernbühne zurückschrecken lasse (NA 32, 124).

Die während der Arbeit am *Wallenstein* vertiefte Auseinandersetzung mit tragödientechnischen Fragen schärfen Schillers Bewußtsein für die Probleme des dramatischen Handwerks. Das erlaubt es ihm auch, seine älteren Konzepte nochmals neu zu überdenken. So werden frühere Entwürfe gerade am Ende der 90er Jahre kritisch beleuchtet und aktualisiert. Einige Projekte – zumal der *Maltheser*-Stoff und der *Warbeck* – begleiten Schiller bis zum Ende seines Lebens. Der Blick in die reich gefüllte Werkstatt des Autors zeigt, daß er vor allem mit Modellen und Formen experimentiert, denen sich die jeweiligen Stoffe unterordnen müssen. Jeder Komplex steht für ein eigenes Konzept der dramaturgischen Arbeit. Repräsentieren die *Maltheser* das große, chorisch untermalte Geschichtsdrama, so *Die Kinder des Hauses* bzw. *Die Polizey* das analytische Schauspiel, *Warbeck* und *Elfride* das Betrugsstück, *Die Prinzessin von Flandern* und *Rosamund* die Romanze mit opernhaften Zügen. In dieser Vielfalt der formalen Optionen erweist sich Schillers kreative Beweglichkeit, deren produktiver Ertrag durch die Widrigkeiten seiner Krankengeschichte rigoros begrenzt worden ist.

Kreativer Dienst am Text.
Übersetzungen und Versuche (1788–1803)

Zeitlebens hat Schiller sich mit fremdsprachigen Texten antiker oder moderner Herkunft auseinandergesetzt. Seine vorzüglichen Französischkenntnisse, die ihm die Schulzeit vermittelt hatte, erlaubten die flüssige Lektüre von schöner Literatur und theoretischen Abhandlungen im Original. Auch lateinische Werke las Schiller insbesondere während seiner Studienjahre und der Stuttgarter Periode ohne Schwierigkeiten. Dagegen beherrschte er das Griechische und Englische nur sehr unvollkommen, was oberflächliches Textverstehen ohne feinere Nuancierung gestattete; historiographische Quellen aus dem angelsächsischen Sprachraum konsultierte er daher bevorzugt in der französischen oder deutschen Ausgabe. Mit Übersetzungsversuchen hat sich Schiller in größeren Abständen immer wieder befaßt. Im Fall antiker Werke handelt es sich dabei, sieht man von den Vergilübertragungen des Schülers ab, zumeist um Bearbeitungen älterer Vorlagen, kaum um die direkte Auseinandersetzung mit dem Original.

Als Frucht der Antike-Begeisterung des Volkstedter Sommers entstanden zwischen Oktober und Dezember 1788 zwei Übertragungen von Tragödien des Euripides, dessen Dramen Schiller neben Lukian (in Wielands Ausgabe), Homer und Vergil wenige Monate zuvor intensiv gelesen hatte. Das Vorhaben bildet eine Gelegenheitsarbeit, die nach den anstrengenden Geschichtsstudien ein gewisses Maß an Ruhe und Entspannung verschaffen sollte. Mitte Dezember bricht Schiller sein Projekt jedoch ab, um sich dem Schluß seiner Erzählung *Spiel des Schicksals* zuzuwenden; im neuen Jahr verhindert die Übernahme der Jenaer Professur die Fortsetzung der Antikestudien, deren vorläufig letzter Reflex die Ausarbeitung der Rezension von Goethes *Iphigenie* (mit Auszügen der euripideischen Fasssung) im Januar 1789 darstellt. Abgesehen von den zwei Jahre später entstandenen Übertragungen aus Vergils *Aeneis* hat Schiller sich danach nicht wieder auf ältere Texte eingelassen, vielmehr die Beschäftigung mit französischen Werken bevorzugt. Komplett übersetzt hat er 1788 zunächst die euripideische *Iphigenie in Aulis*. Noch während der Arbeit am letzten Akt nimmt er Ende November die *Phönizierinnen* vor, gelangt jedoch nur bis zur vierten Szene des zweiten Akts, in der sich Oidipus' Söhne Polyneikes und Eteokles den Kampf um die Macht in Theben erklären (die Parodos, das Einzugslied des Chors, hat er nicht übertragen). Die komplett vorliegende *Iphigenie* wird im März und Mai 1789 auf zwei Hälften verteilt im sechsten bzw. siebenten *Thalia*-Heft publiziert, die Szenen aus den *Phönizierinnen* erscheinen im November innerhalb des achten Hefts. Die beträchtliche Wirkung der *Iphigenie* ist daran zu erkennen, daß 1790 in Köln ein Raubdruck des Textes erscheint. Cotta publiziert die Übersetzung nochmals 1807 mit geringfügigen Korrekturen im vierten Band der *Theater*-Serie. An einer Fortführung seiner Arbeit war Schiller jedoch schon im Frühjahr 1789 kaum mehr interessiert; einen Vorschlag seines ehemaligen Griechischlehrers Nast, gemeinsam weitere Tragödien des Euripides für Wielands *Merkur* zu übersetzen, greift er nicht auf.

Den Entschluß zur Euripides-Übertragung, deren Tücken Schiller zunächst unterschätzte, begründet ein Brief an Körner vom 20. Oktober 1788: «Die Arbeit übt meine dramatische Feder, führt mich in den Geist der Griechen hinein, gibt mir wie ich hoffe unvermerkt ihre Manier – und zugleich liefert sie mir intereßante Ingredienzien zum Merkur und zur Thalia, welche leztere sonst umsonst ihren Nahmen führen würde.» (NA 25, 121) Daß die Beschäftigung mit Euripides Einsichten in das dramatische Handwerk vermittelte, fand Schiller auch deshalb bedeutsam, weil er zur selben Zeit an der Konzeption der *Maltheser* arbeitete, die nicht geringe Schwierigkeiten bei der Organisation der Szenenfolge mit sich brachte. Noch zwei Jahre später, im November 1790, heißt es apodiktisch: «Ehe ich der griechischen Tragödie durchaus mächtig bin und meine dunklen Ahnungen von Regel und Kunst in klare Begriffe verwandelt habe, lasse ich mich auf keine dramatische Ausarbeitung ein.» (NA 26, 58)

Schillers Übersetzungen leben aus der Substanz dreier älterer Vorlagen. Herangezogen hat er die lateinische Übertragung des Josua Barnes, die 1778 im Band *Euripidis Tragoediae Fragmenta Epistolae* erschienen war, Pierre Brumoys 1730 erstmals publizierte, von Pierre Prévost zwischen 1785–89 in veränderter Fassung neu herausgegebene Edition der Tragödien in französischer Sprache und Johann Jacob Steinbrüchels deutsche Übersetzung von 1763 (aus dem ersten Stück der Folge *Das tragische Theater der Griechen*), die wiederum durch Johann Bernhard Köhler 1778 nochmals revidiert worden war. Wie stark Schiller auf die Hilfe dieser Vorlagen angewiesen blieb, erkennt man daran, daß er offenbar die durch Prévost abgewandelte französische Übertragung der *Phönizierinnen* für die ältere Arbeit Brumoys hielt, weil er sie nicht mit dem griechischen Original verglich und deren größere philologische Genauigkeit übersah. Während er für die *Iphigenie* vor allem Brumoys Fassung nutzte, zog er im Fall der *Phönizierinnen* zumeist die deutsche Ausgabe Steinbrüchels, gelegentlich auch die (in den Anmerkungen nicht erwähnte) Revision Köhlers heran (NA 15/I, 216ff.). Den griechischen Originaltext hat Schiller nur am Rande konsultiert, um etymologische Verstehensfragen zu klären.

Die für zeitgenössische Verhältnisse detaillierten Kommentare zur *Iphigenie* erörtern primär Bedeutungsprobleme, was zuweilen auch Kritik an der dramaturgischen Konstruktion, der Monotonie des Chors und der in sich widersprüchlichen Gestaltung der Agamemnon-Figur einschließt.

Daß sich Schiller mit der aulischen Iphigenie so intensiv befaßte, findet seinen Grund in der für ihn evidenten thematischen Attraktivität des Stoffs. Aufschlußreich war zumal der tragische Konflikt Agamemnons, der, zwischen der Pflicht gegenüber dem Gemeinwohl und der Neigung zu seiner Tochter zerrissen, am Ende dem politischen Auftrag folgt und dafür den Preis der Opferung der (von Artemis später geretteten) Iphigenie zahlen muß. Zwar verzichtet Euripides darauf, seinem Helden erhabene Züge zu verleihen (was der Übersetzerkommentar ausdrücklich tadelt [NA 15/I, 75]), jedoch entspricht das ihn bestimmende Konfliktmuster sehr genau dem Widerstreit der Interessen, wie ihn auch Schillers Protagonisten ungeschützt ertragen müssen.

Erst Ende der 90er Jahre denkt Schiller wieder über Fragen der literarischen Übersetzung nach. Ins Zentrum der gemeinsamen Diskussionen mit Goethe tritt jetzt die französische Tragödie, deren theatralischen Reiz man neu entdeckt. Nach einer gründlichen Lektüre dreier Dramen Corneilles (*Rodogune, Pompée, Polyeucte*) klingt das Urteil im Mai 1799 noch recht kritisch. Gegen die «Kälte der Leidenschaften, die Lahmheit und Steifigkeit der Handlung», die ihm hier mißfällt, grenzt er jedoch Racine und, besonders nachdrücklich, Voltaire ab, der sich keinen Illusionen über die «Fehler» des älteren Klassizismus hingegeben habe (NA 30, 52). Im Oktober 1799 liest er Goethes *Mahomet*-Übersetzung für das Hoftheater, lobt deren sprachliche Qualitäten, warnt aber vor vergleichbaren Aneignungen: «Dem ohngeachtet würde ich Bedenken tragen, ähnliche Versuche mit andern französischen Stücken vorzunehmen, denn es giebt schwerlich noch ein Zweites, das dazu tüchtig ist. Wenn man in der Uebersetzung die Manier zerstört, so bleibt zu wenig poetisch menschliches übrig, und behält man die Manier bey und sucht die Vorzüge derselben auch in der Uebersetzung geltend zu machen, so wird man das Publicum verscheuchen.» (NA 30, 106) Noch am 11. Januar 1800 formuliert er während einer ausgedehnten Schlittenfahrt mit Goethe Bedenken gegen die Voltaire-Inszenierung, deren Proben tags zuvor begonnen hatten.

Schiller hat sich bis in sein letztes Lebensjahr an das eigene Verdikt gehalten, im Dezember 1804 jedoch eine Racine-Übersetzung versucht, die Goethes Adaption des *Mahomet* folgte. Dazwischen liegt die Beschäftigung mit zwei Komödien Louis Benoît Picards (*Der Parasit, Der Neffe als Onkel*), die er im Frühjahr 1803 auf Wunsch des Herzogs innerhalb weniger Wochen zur Erholung nach der erschöpfenden Arbeit an der *Braut von Messina* übersetzt. Bereits im Januar hatte Schiller durch Christian August Vulpius aus der Fürstlichen Bibliothek die ersten fünf Bände des *Recueil de diverses Pieces de Théâtre par divers auteurs* (1792–1803), einer Sammlung französischer Gegenwartsdramen entliehen, um nach geeigneten Vorlagen suchen zu können (NA 15/II, 501). Der 1769 geborene Picard, auf dessen Werk die Wahl fiel, war ein routinierter französischer Theatermann, Schauspieler zunächst, später Regisseur und Produzent leichtgängiger literarischer Salonware, dessen Texte Publikumsresonanz verbürgten und daher auch für die Weimarer Bühne attraktiv schienen. Seit 1791 schrieb der versatile Verfasser regelmäßig Lustspiele für das von ihm geleitete *Théâtre Louvois* in Paris. Bereits 1801 hatte Kotzebue eine Übertragung von Picards Komödie *La petite ville* vorgelegt, die in Berlin mit großem Erfolg aufgeführt wurde. Daß der Autor auch in Deutschland Reputation besaß, erkennt man an dem ausführlichen Kommentar, mit dem Körner in einem Brief vom 25. Juli 1803 auf sein Lustspiel *Le Mari ambitieux* eingeht (NA 40/I, 97).

Der Parasit, unter dem Titel *Médiocre et rampant ou le moyen de parvenir* 1797 publiziert, führt den Zuschauer ins Milieu der höfischen Beamten und Verwaltungsangestellten. Nach dem Muster der Lustspiele Molières wird der verlogene Intrigant Selicour – ein Heuchler aus der Familie Tartuffes – durch den jungen Firmin und seinen Mitstreiter La Roche dank eines ebenso simplen wie wirksamen Täuschungsmanövers bei seinem Dienstherrn, dem aufgeklärten Minister Narbonne, als Schwindler bloßgestellt. Firmin darf zur Belohnung Charlotte, die Tochter des Ministers ehelichen, La Roche seinen subalternen Posten, den er durch die Winkelzüge des ehrgeizigen Selicour verloren hatte, wieder besetzen und Firmins Vater, gemäß seinen Verdiensten, die begehrte Funktion des Gesandten übernehmen, die ursprünglich dem Intriganten zugedacht war. Dem intellektuell bescheidenen Zuschnitt des glücklichen Finales entspricht die wenig inspirierende Bürokratenwelt, in deren engen Grenzen sich das Lustpielgeschehen zuträgt. Schillers Übersetzung verwandelt die Alexandriner des Originals in eine flüssige Prosa und betont damit die Elemente des glatten, um sprachlichen Witz bemühten Konversationsstücks. Auf der Grundlage seiner Fassung wurde die Komödie nach der Weimarer Premiere am 18. Mai 1803 in mehreren deutschen Städten erfolgreich aufgeführt; in Berlin brillierte Iffland in der Rolle des Selicour.

Gegenüber dem *Parasiten* weist *Encore des Ménechmes* (entstanden 1791, gedruckt erst 1802) eine schmalere Handlung, jedoch die prägnanteren Charaktere auf. Der junge Dorsigny, der vor den rechtlichen Konsequenzen eines Duells nach Paris geflohen ist, beschließt, in der Rolle seines (zufällig abwesenden) Onkels aufzutreten, damit er vor den Nachstellungen der Polizei sicher bleibt. Die Verkleidung kommt ihm zugleich bei seinem Vorhaben zu Hilfe, sich mit seiner Cousine Sophie zu vermählen, die der Onkel dem jungen Lormeuil zugedacht hat. Da dieser jedoch in die Schwester Dorsignys verliebt ist, bahnt sich frühzeitig ein glücklicher Ausgang an. Verzögert wird er durch die ungeschickte Intrige des Dieners Champagne, der die vermeintlichen Konkurrenten zu trennen sucht, um die Pläne des Onkels zu durchkreuzen. Die doppelte Eheschließung, die das Finale krönt, bildet weniger das Resultat kluger Intrige als vielmehr das Produkt des Zufalls – Charakteristikum einer erschöpft auslaufenden Komödienmaschinerie, die auch in diesem Fall eine Handlungskonstruktion von nur mäßiger Intelligenz hervorbringt. Zur Arbeit an einem eigenen Lustspiel haben Schiller die Picard-Übersetzungen nicht angeregt, weil ihm das Genre letzthin verdächtig blieb.

Körner, der sonst mit Lob nicht geizt, reagiert zurückhaltend auf die Übersendung der beiden Picard-Manuskripte. Am 24. Oktober 1803 schreibt er Schiller skeptisch, er vermisse vor allem beim *Parasiten* die psychologische Plausibilität der Handlungsführung. Generell betont er die Notwendigkeit, die deutschen Zuschauer mit den gehobeneren Beispielen französischer oder englischer Komödien vertraut zu machen, um das bedenkliche Monopol Kotzebues und Schröders zu brechen. Offen läßt er freilich, ob er die Picard-Übertragungen bereits als erfolgreichen Beitrag zu diesem Programm gewertet wissen möchte. Fast beiläufig erwähnt er in diesem Zusammenhang «spanische Stücke» (NA 40/I, 143 f.), die in Deutschland gänzlich unbekannt seien. In der Tat stößt auch Schiller erst spät auf die – von ihm zunächst abgelehnte – Dramatik des *Siglo de oro*, deren Wiederentdeckung der jüngeren Autorengeneration um die Brüder Schlegel, Tieck und Brentano vorbehalten bleiben wird. Noch im Juli 1800 hatte er pauschal erklärt, die spanische Literatur sei «das Produkt eines anderen Himmels», das für die deutschen Leser, die «mehr Wahrheit des Gefühls als Phantasiespiele lieben», wenig «Ausbeute» verspreche (NA 30, 168). Drei Jahre später revidiert er dieses Urteil in einem Gespräch mit dem Übersetzer Johann Diederich Gries und bedauert, daß man die Theaterqualitäten Calderóns in Weimar nicht früher habe kennenlernen dürfen (NA 42, 352). Goethes intensive Beschäftigung mit dem Œuvre der Spanier setzt wiederum erst nach Schillers Tod ein, im Zeichen jenes ‹weltliterarischen› Interesses, das die engen Grenzen nationaler Kulturen zu überschreiten sucht.

Praktisches Wirkungskalkül.
Bühnenbearbeitungen für das Weimarer Hoftheater (1796–1802)

Die Textfassungen für die Bühne, die Schiller seit 1796 in regelmäßigen Abständen herstellte, gehorchen recht unterschiedlichen Ambitionen. Während im Fall von Goethes *Egmont* und Gozzis *Turandot* die konzeptionell bedingten Veränderungen der Vorlage sehr weit reichen, sind die Eingriffe in Lessings *Nathan*, Shakespeares *Macbeth* und *Othello* nur punktueller Natur. Schiller verstand diese Form der produktiven Rezeption fremder Werke als jeweils anlaßbedingten Beitrag zur Weimarer Hofkunst, dem er kein übermäßiges Gewicht zumessen mochte. Lediglich den *Macbeth* und die *Turandot*-Variation hat er bei Cotta publiziert. Die Manuskripte pflegte er nach Abschluß der Niederschrift zumeist dem Theater zu übergeben; zwei Bühnenfassungen – von Goethes *Stella* und *Iphigenie auf Tauris* – lassen sich nicht mehr auffinden, so daß hier nur Briefzeugnisse Eindrücke vermitteln können.

Erstmals hat Schiller im Frühjahr 1796 für das Weimarer Theater gearbeitet. Aus Anlaß eines Gastspiels von Iffland, dem Weimar mit Redouten, Banketten und Soupers huldigt, entschließt er sich Ende März zur Einrichtung des *Egmont* und kommt damit einer früheren Bitte Goethes nach. Den *Wallenstein*-Plan läßt er in diesen Wochen auch deshalb ruhen, weil der Tod seiner Schwester Karoline Christiane (Nanette), die am 23. März 18jährig auf der Solitude verstorben war, ihn zutiefst erschüttert hat. Die Aufführung des Dramas, die am 25. April 1796 stattfindet, erzielt einen überraschend starken Publikumserfolg. Schon im Januar bzw. Mai 1789 hatte die Kochsche Truppe den *Egmont* in Mainz und Weimar gezeigt, am 31. März 1791 folgte eine Inszenierung durch die Compagnie Bellomos. Beide Inszenierungen enttäuschten Goethe so sehr, daß er weitere Aufführungen zunächst untersagte. Auch Schillers Adaption empfand er als Zeugnis eines sehr eigenwilligen Umgangs mit der Vorlage. Gegenüber Eckermann betont er am 18. Januar 1825 den «Sinn für das Grausame», der die neue *Egmont*-Fassung ausgezeichnet habe; in Erinnerung war ihm dabei vermutlich jene eingefügte Szene, da Alba vermummt die Gefängniszelle des Helden betritt, um sich an dessen Reaktion auf die Verkündung des Todesurteils zu weiden.[183] Vier Jahre später, am 19. Februar 1829, heißt es grundsätzlich: «Aber Schiller hatte in seiner Natur etwas Gewaltsames; er handelte oft zu sehr nach einer vorgefaßten Idee, ohne hinlängliche Achtung vor dem Gegenstande, der zu behandeln war.»[184] Daß Schiller erst in seiner letzten Weimarer Zeit «dem Rohen, Übertriebenen, Gigantischen zu entsagen»[185] vermocht habe, bleibt Goethes feste Über-

zeugung. Als markantes Charakteristikum der *Egmont*-Bearbeitung hebt er schon 1815 in seinem bilanzierenden Essay *Über das deutsche Theater* die ‹Grausamkeit›, zugleich aber auch die «Konsequenz» der Eingriffe hervor.[186]
An drei wesentlichen Punkten hat Schiller die Vorlage verändert. Er zerstört das Prinzip des Milieuwechsels, das Goethes Text auszeichnet, indem er Szenenkomplexe bündelt. Sowohl die Versammlungen der Brüsseler Handwerker als auch die Sequenzen um Klärchen und Brackenburg werden jeweils isoliert vorgeführt. Die spanische Welt ist nurmehr durch Herzog Alba repräsentiert, während die Figur der Statthalterin Margarete von Parma entfällt (was die politische Dimension des Stücks erheblich einschränkt). Zum zweiten streicht Schiller aus Zensurgründen sämtliche Passagen, die als Anspielung auf die Französische Revolution zu verstehen wären; Äußerungen über die gärende Volksmasse, die Bilderstürmer und die Untätigkeit des Adels werden eliminiert. Besondere Bedeutung besitzt schließlich die Umgestaltung der Egmont-Figur, mit deren Hilfe Schiller die psychologische Motivierung des Konflikts zu vertiefen sucht. Während der Titelheld bei Goethe ein naiv anmutender Gefühlsmensch mit einer politisch prekären Sorglosigkeit ist, zeigt Schiller seine Bindung an die intakte ständische Ordnung und das daraus abgeleitete Vertrauen in die Rechtmäßigkeit der niederländischen Forderungen als Element einer verhängnisvollen Immobilität, die es Egmont im entscheidenden Moment verbietet, den Empfehlungen Oraniens zu folgen und die eigene Haut zu retten (NA 13, 41f.). Gerade weil er sich nicht den Gesetzen des politischen Machtspiels unterwerfen kann, sondern auch in bedrohlicher Lage an seinem ungebrochenen Lebensoptimismus festhält, gerät er am Ende in die Katastrophe. Schiller gelingt es auf diese Weise, die von Goethe typologisch gefaßte Differenz zwischen ständisch gebundener Ordnung und moderner Politik zu dynamisieren: Egmonts Agonie ist die Folge seines anachronistischen Vertrauens in die Würde des Menschen, die durch die spanische Eroberungspolitik und die Machttechnologie Albas mit Füßen getreten wird.

Im Januar 1800 entschließt sich Schiller zu einer Bearbeitung von Shakespeares *Macbeth*. Den Plan, die Tragödien des Engländers neu zu übersetzen, hegt er bereits während der Mannheimer Theaterzeit. Die Shakespeare-Lektüre, 1776 durch Abel angeregt, hatte dem Karlsschüler bekanntlich elementare Eindrücke vermittelt, deren Intensität auch in späteren Jahren nicht nachließ. Im November 1797 liest Schiller nochmals den Zyklus der Königsdramen, unter denen ihn *Richard III.* auf besondere Weise fasziniert. Rasch erwacht auch der alte Wunsch, eine komplette

Neubearbeitung der von Eschenburg und Wieland vorgelegten Prosaübersetzungen in Angriff zu nehmen, dessen Verwirklichung jedoch an den Forderungen des *Wallenstein*-Projekts scheitert. Als Schiller am 12. Januar 1800 mit dem *Macbeth*-Vorhaben beginnt, liegen die ersten drei Akte der *Maria Stuart* auf seinem Tisch. Neben der instabilen physischen Verfassung ist es auch eine akute Schreibkrise, die ihn dazu veranlaßt, das Hauptgeschäft zu unterbrechen und eine vermeintlich weniger anspannende Nebentätigkeit vorzuziehen.

Bis zum späten März dauert es, ehe die Bühnenfassung abgeschlossen ist. Das englische Original hat sich Schiller aus der Bibliothek Charlotte von Steins geliehen. Bei der Arbeit stützt er sich jedoch vor allem auf die Prosaübertragung Wielands, die er in Blankverse überführt, geringfügig rafft und an einigen Punkten durch Einschübe abwandelt. Folgt die Konzentration einzelner Szenen theatertechnischen Rücksichten, wie sie zumal durch die Enge der Weimarer Bühne bedingt wurden, so ist die Neigung zum erläuternden Kommentar der Ausdruck einer klassizistischen Glättungstendenz.[187] Besonders markant tritt sie in der Exposition der Tragödie zutage, wenn Schillers Hexen sich darüber verständigen, aus welchem Grund sie Macbeth ins Unglück zu stürzen suchen: «Strauchelt der Gute und fällt der Gerechte, | Dann jubilieren die höllischen Mächte.» (NA 13, 76, v. 22 f.) Der sensible Körner vermutet mit einiger Skepsis, daß die «Einschaltung in der ersten HexenScene» einem strengen «Shakespearianer» mißfallen dürfte (NA 38/I, 275). In der Tat wird man zweifeln müssen, ob die Aufhellung der Motivation, die die Hexen leitet, dem lakonischen Air von Shakespeares erklärungsarmer Darstellung entsprach.

Auffällig ist, daß Schillers Eingriff, den er selbst als pädagogische Maßnahme zum besseren Verständnis des Stücks deklariert (NA 30, 168), den dämonischen Charakter der Hexenszene entschärft, indem er einsichtig werden läßt, wie stark das Geschick des Individuums von seinem eigenen Willen abhängt. «Wir streuen in die Brust die böse Saat», so erklärt die dritte Hexe, «Aber dem Menschen gehört die Tat.» (v. 19 f.) Das entspricht der Logik des Nemesisbegriffs, wie ihn der *Wallenstein* unter Rekurs auf Herder entfaltet.[188] Erscheinen die Hexen der Hoftheaterfassung als Manifestation der zerstörerischen Energien, die im Inneren des Menschen wirken, so ist wiederum Lady Macbeth bei Schiller die wirkungsvolle Kraft, die den Titelhelden zur bösen Tat treibt. Ein elementarer Machtwille steuert die Figur, ohne daß sie mögliche Selbstzweifel, die ihr die Originalfassung zugesteht, vom unerbittlich verfolgten Ziel ablenken könnten. Macbeth erscheint auf diese Weise durch zwei Einflußfelder beherrscht: während die Hexen die in ihm schlummernden Instinkte wecken, hebt die Lady die moralischen Schranken beiseite, die seinen Ehrgeiz hemmen. Nicht naturhaft-dämonische Energien, sondern die Mächte des Unbewußten geraten damit zu Auslösern der Zerstörung.

In Schillers eigener Inszenierung wird der *Macbeth* am 14. Mai 1800 auf dem Hoftheater gezeigt. Trotz des großen Erfolgs lehnt Iffland die Übernahme der Fassung ab, weil sie ihm zu stark auf die beengten Weimarer Bühnenverhältnisse zugeschnitten scheint (erst 1809 wagt er eine Aufführung, über die ein stimmungsvoller Bericht Eichendorffs vorliegt [NA 13, 400f.]). Welche Vorbehalte der Bearbeitung im Kreis der Jenaer entgegenschlagen, verrät die Äußerung Caroline Schlegels, die kritisiert, daß Schiller «die Hexen moralisch consequent» wirken lasse und damit die Ökonomie des Dramas verändert habe (NA 13, 403). Indigniert vermerken August Wilhelm Schlegels Spottverse, die erst 1823 unter dem Titel *Trost bei einer schwierigen Unternehmung* publiziert werden, die mangelnden Sprachkenntnisse des Übersetzers: «Nur wenig englisch weiß ich zwar, | Und Shakespeare ist mir gar nicht klar. | Doch hilft der treue Eschenburg | Wohl bei dem ‹Macbeth› mir hindurch.»[189] Trotz ihrer nachweisbaren Mängel behauptet sich Schillers Fassung in den folgenden Jahren auf den Bühnen von Mannheim, Leipzig, Frankfurt und Stuttgart mit großem Erfolg.

Mitte April 1801 schließt sich die Beschäftigung mit Lessings *Nathan* an, den Goethe bereits einige Jahre zuvor ins Repertoire hatte aufnehmen wollen. Die Bearbeitung beschränkt sich wesentlich auf stilistische Eingriffe und Kürzungen, während die dramaturgische Architektur des Dramas unangetastet bleibt. Schiller beseitigt alltagssprachliche Wendungen, glättet den freien Rhythmus der Verse und streicht an einigen Punkten Anspielungen auf das Kaufmannsmilieu, die er als naturalistische Verfremdung der Parabelstruktur betrachtet. Zu Gesicht kommt auf diese Weise ein klassisch bereinigter, seiner Milieubezüge partiell enthobener Text, der die intellektuelle Vitalität des Originals nur eingeschränkt wiedergibt. Schiller schließt seine Bearbeitung zwar innerhalb von zehn Tagen ab, jedoch verzögert sich die Aufführung aufgrund von Besetzungsstreitigkeiten bis zum Herbst. Nachdem es noch vor der ersten Probe zum kräftigen Eklat gekommen war, schreibt er verärgert an Goethe, den die Tätigkeit für die Schloßbaukommission bis Mitte Mai von Weimar fernhält: «Ich will mit dem Schauspielervolk nichts mehr zu schaffen haben, denn durch Vernunft und Gefälligkeit ist nichts auszurichten, es giebt nur ein einziges Verhältniß zu ihnen, den kurzen Imperativ, den ich nicht auszuüben habe.» (NA 31, 32) Bedingt durch Goethes Abwesenheit und die folgende Sommerpause, die wie gewöhnlich für Gastspiele in Lauchstädt genutzt wird, verschiebt sich der Probenbeginn bis zum Herbst. Erst Ende November 1801 findet die Premiere statt, die, trotz großer Anstrengungen, nur eine unfertig wirkende Einstudierung präsentiert. Schiller bemüht sich in den folgenden Monaten um die Verbesserung ihres Standards und trägt wiederholt kleinere Textkorrekturen nach. Das Bühnenmanuskript verkauft er auch an das Hamburger Theater, das das dürftige Honorar von fünf Louisdor durch die Übersendung von 400 Austern wettzumachen sucht (NA 14, 270).

Im Oktober 1801, kurz nach der Rückkehr vom letzten Besuch bei Körner in Dresden, entschließt sich Schiller zur Bearbeitung von Gozzis *Turandot*. Die zunächst durch Pétis de La Croix nach einem persischen Märchen in französischer Sprache überlieferte Geschichte der chinesischen Prinzessin, die ihre Freier töten läßt, wenn sie die ihnen gestellten Rätsel nicht zu lösen vermögen, ist im 1762 uraufgeführten italienischen Original bereits deutlich als Tragikomödie angelegt. Düsteren Charakter trägt die Stimmung am chinesischen Hof, an dessen Spitze der despotische Kaiser Altoum steht; bedrohliche Zeichen wie die zur Abschreckung auf die Spitzen der Stadtmauern gesteckten Köpfe der hingerichteten Freier veranschaulichen eine Atmosphäre von Haß und Gewalt; die traditionellen Masken der *commedia dell'arte* – Pantalone und Truffaldino – gewinnen in den Rollen des höfischen Ministers und Aufsehers unheimlich-bizarre Züge; die Prinzessin Turandot erscheint als undurchsichtige *Femme fatale*, deren Absichten bis zum Schluß, noch im Moment des späten Geständnisses, ins Dunkel gehüllt bleiben; selbst Kalaf, dessen Werbung am Ende Erfolg zeitigt, ist als unbedingt Liebender mit schwermütigen Zügen in Gozzis Drama eine kaum psychologisch konturierte Figur auf dem Schachbrett der tragikomischen Wirkungsökonomie.

Schillers Entscheidung für den Stoff dürfte durch den Zeitgeist bestimmt worden sein. Schon Lessing und Klinger hatten Interesse an Gozzis Dramen gezeigt; in den 70er Jahren war eine Prosaübersetzung der *Turandot* erschienen, die aus der Feder des Stuttgarter Italianisten Werthes stammte. Schiller selbst zeigte sich für die Chinoiserien der Epoche aufgeschlossen, wie man an seinem Projekt einer Revision der veralteten Übersetzung des Romans *Hao-Kiöh-Tschuen* erkennen kann. Nicht zuletzt bildete die durch Goethes venezianisch-römische Erfahrungen geförderte Sympathie für das italienische Theater und dessen karnevaleske Bühnenopulenz eine wesentliche Triebfeder des Vorhabens. Am 27. Dezember, einen Monat vor der auf den Geburtstag der Herzogin terminierten Uraufführung, ist das Manuskript abgeschlossen. Zufrieden bemerkt Schiller in einem Brief an Körner vom 21. Januar 1802 «ein gewißes Gefühl von Selbstthätigkeit und Kunstfertigkeit», das seine Arbeit begleitet habe. (NA 31, 89) Der Weimarer Premiere folgen Inszenierungen in Berlin und Dresden, die jedoch nur eingeschränkte Resonanz erfahren. Iffland muß vermelden, daß sich trotz des hohen Etats von 1500 Talern, der für die Kostümierung aufgewendet wurde, kein rechter Publikumserfolg einstellen mochte. Wie spitzfindig die Zensoren selbst im Fall eines relativ unpolitischen Komödienstoffs blieben, zeigen die schwierigen Verhandlungen mit Christian Wilhelm Opitz, dem leitenden Regisseur der in Sachsen spielenden Theatergesellschaft Franz Secondas. In vorauseilendem Gehorsam erhob Opitz Einwände gegen die Besetzung der Ministerrollen durch Komödienfiguren und das Motiv der zur Abschreckung öffentlich präsentierten Köpfe, das man als verdeckte Anspielung auf die Lynchjustiz im revolutionären Frankreich hätte verstehen können. Nur nach zahlreichen Änderungen durfte hier eine Aufführung über die Bühne gehen, die jedoch, ebenso wie in Berlin, kaum reüssierte, weil das Publikum die tragikomische Konstruktion des Dramas nicht nachvollziehbar fand.

Schillers Fassung überführt Werthes' karge Prosa in Blankverse und hebt dadurch die Stilebene des Stückes. Die Tonlage mutet feierlicher, bisweilen pathetisch, selten jedoch derb komisch an. Die italienische Lustspielökonomie wird auf diese Weise klassisch abgewandelt: die Masken erscheinen als von ihrem traditionellen Typencharakter gelöste Chargen, die bei Gozzi improvisiert wirkenden Wortwitze treten in den Hintergrund. An die Stelle der physischen Präsenz der Narren rückt das Spiel der Differenz: Gelächter erzeugen Pantalone und Truffaldino bei Schiller einzig, weil sie das Amt, das sie vertreten, nicht überzeugend ausfüllen, während sie als Rollenfiguren kein eigenes Flair mehr gewinnen. Charakteristische Akzente setzt hingegen der präzis kalkulierte Sprachrhythmus mit seinen Wiederholungen und eingängig repetierten Leitmotiven. Körner nennt den klassisch gereinigten Gozzi am 19. November 1802 treffend eine «gesprochene Oper» (NA 39/I, 342).[190]

Wesentlicher noch bleiben die Korrekturen, die der Titelfigur gelten. Bei Schiller trägt sie die Züge einer freiheitsliebenden Amazone, welche die um sie werbenden Männer haßt, weil sie ihre Unabhängigkeit bedrohen. Lieben kann Turandot nur dort, wo sie autonom über sich selbst entscheiden darf. In einem erläuternden Passus, den Schiller gegenüber Werthes' Übersetzung stark abgewandelt hat, erklärt sie: «– Ich bin nicht grausam. Frei nur will ich leben. | Bloß keines andern will ich sein; dies Recht, | Das auch dem allerniedrigsten der Menschen | Im Leib der Mutter anerschaffen ist, | Will ich behaupten, eine Kaisertochter.» (NA 14, 41, v. 775 ff.) Turandots Autonomieanspruch kollidiert jedoch mit dem konventionellen Rollenmodell, dem sie nicht nur am Hof begegnet. Ihre scheinbare Grausamkeit ist vor allem Aufbegehren gegen die Ordnung der Geschlechterdifferenz, in deren Namen der Mann sich die ungezügelte Verfügung über die Frau anmaßt: «Ich hass' ihn, ich verachte seinen Stolz | Und Übermut – Nach allem Köstlichen | Steckt er begehrlich seine Hände aus; | Was seinem Sinn gefällt, will er besitzen. | Hat die Natur mit Reizen mich geschmückt, | Mit Geist begabt – warum ist's denn das Los | Des Edlen in der Welt, daß es allein | Des Jägers wilde Jagd nur reizt, wenn das Gemeine | In seinem Unwert ruhig sich verbirgt?» (v. 789 ff.) Abweichend von Gozzis Original und Werthes' Übersetzung hat Schiller diese auftrumpfenden Verse, die manche Stereotypen der klassischen Lyrik souverän hinter sich lassen, frei erfunden. Turandot gewinnt hier die Konturen einer Amazone, die aus derselben Familie wie später auch Kleists Penthesilea stammt. Anders als die Rosamund-Figur des fragmentarisch gebliebenen Höllenbraut-Komplexes ist die chinesische Prinzessin keine männerverschlingende Domina, sondern eine Frau, die ihre Freiheit gegen die konventionelle Ordnung der Geschlechter entschlossen verteidigt. Der dem Gesetz der Komödie verpflichtete Schluß kann daher auch bei Schiller nur eingeschränkt überzeugen. Daß Turandot Kalaf liebt, vermag der Verlauf des Dramas kaum zu beglaubigen. Ihre Entscheidung wirkt folglich wie ein Akt der Unterwerfung, mit dem sie den zuvor behaupteten Autonomieanspruch ohne überzeugendes Motiv preisgibt. Bezeichnend ist, daß Schiller auch Kalaf, im Unterschied zur Vorlage, nicht als unbedingt Liebenden präsentiert. Ihn treibt ein dunkles Gesetz «unwiderstehlich zwingend» (v. 747) zur heiklen Bewährungsprobe am Hof Altoums, weil er, vermeintlich vaterlos und exiliert, nichts mehr zu verlieren hat. Daß er auch in der Rolle des Verzweifelten letzthin Turandots Freiheit bedroht, bleibt ein Element jener Rollenökonomie, gegen die die Prinzessin zu Felde zieht. Auf diese Weise verlagert Schiller die Kraftprobe der Protagonisten vom Schauplatz der ialienischen Komödie mit exotischem Kulissenzauber auf ein düsteres Terrain, wo der Krieg der Geschlechter tobt. Der enge Rahmen der Vorlage erlaubt jedoch keinen psychologischen Spielraum, wie ihn Kleist, dessen *Penthesilea* hier vorgezeichnet scheint, später entschieden für seine szenische Anatomie der Rollendifferenz genutzt hat.

Zu den erfolgreichsten Aufführungen des Hoftheaters gehört in diesen Jahren die *Iphigenie*-Inszenierung vom Mai 1802. Schon früh war Goethe an einer wirksamen Einrichtung des Dramas interessiert, jedoch kam es nie zu einer offiziellen Verabredung. Erst im Januar 1802 entscheidet sich Schiller zur Bearbeitung, nachdem man im Winter zuvor längere Gespräche über die – generell bezweifelte – Bühnentauglichkeit des Textes geführt hat. Die Schwierigkeiten mit der Vorlage enthüllt ein Brief an Goethe vom 21. Januar 1802, der die wesentliche Aufgabe der Umgestaltung darin sieht, eine stärkere sinnliche Vergegenwärtigung der abgeschirmten, dem Zuschauer in ihrer psychischen Ambivalenz oft unzugänglichen Figuren zu erreichen. Da andererseits die schattige Zeichnung psychischer Prozesse zu den besonderen Qualitäten des Dramas zählt, muß hier, wie Schiller einräumt, äußerste Vorsicht walten: «Es gehört nun freilich zu dem eigenen Charakter dieses Stücks, daß dasjenige, was man eigentlich Handlung nennt, hinter den Koulißen vorgeht, und das Sittliche, was im Herzen vorgeht, die Gesinnung, darinn zur Handlung gemacht ist und gleichsam vor die Augen gebracht wird.» (NA 31, 93)

Goethe entzieht sich trotz nachdrücklicher Bitten der Mitarbeit am Projekt. Die Aussicht darauf, das alte ‹Schmerzenskind› erstmals seit der Aufführung der Prosafassung auf der Bühne zu erleben, weckt seine Neugier, ohne daß er sich aber imstande fühlt, zum theatralischen Gelingen des Vorhabens beizutragen. Während der Probenwochen hält er sich aus dienstlichen Gründen in Jena auf; erst zur Premiere kehrt er am 14. Mai nach Weimar zurück. Eine hochkarätige Besetzung – Graff als Thoas, Friederike Margarete Vohs als Iphigenie – garantiert den großen Erfolg der Aufführung (NA 14, 330 ff.). Da der Text von Schillers Bearbeitung nicht mehr vorliegt (überliefert wurde lediglich eine Berliner Bühnenhandschrift als Basis für die Einstudierung Ifflands), ist keine genaue Aussage über die Abweichungen vom Original möglich. Ebenso verhält es sich mit dem Manuskript der *Stella*-Bearbeitung, die im Mai 1803 auf der Grundlage der (versöhnlich endenden) Textfassung von 1776 entsteht. Die Weimarer Uraufführung erfolgte erst im Januar 1806, offenbar ohne größere Veränderungen der Schillerschen Handschrift, jedoch mit einem durch Goethe abgewandelten Finale, das, anstelle der von Zeitgenossen als skandalös empfundenen Ménage à trois, durch Fernandos Selbstmord einen düsteren Schlußakkord bot.

Schillers letzte Bühnenbearbeitung gilt Shakespeares *Othello*, mit dem sich schon der Karlsschüler näher befaßt hatte. Die Grundlage bildet die Übersetzung des Textes, die Johann Heinrich Voß auf Anregung Schillers im Winter 1804/05 erarbeitete. Das Theatermanuskript, das im Februar und März 1805 entstand, liefert eine Streichfassung der Vorlage und beschränkt sich auf technisch bedingte Eingriffe ohne konzeptionellen Charakter. In den letzten Monaten seines Lebens konzentriert Schiller seine versiegenden produktiven Energien auf das große *Demetrius*-Projekt, so daß für Nebengeschäfte kaum Kraft bleibt. Als das Hoftheater den *Othel-*

lo am 8. Juni 1805 zur Aufführung bringt, wird die Premiere zum Requiem für den vier Wochen zuvor Verstorbenen.

5. Maria Stuart (1801)

Ein reizvolles Vorhaben in unruhigen Tagen.
Geschichtliche Quellen und Entstehung

Nur eine knappe Woche nach der Uraufführung von *Wallensteins Tod* nimmt Schiller ein neues Projekt in Angriff. Mit dem Stoff der Maria Stuart, dessen historische Hintergründe er Ende April 1799 gründlicher zu studieren beginnt, hatte er sich bereits im Winter 1782/83 in Bauerbach beschäftigt. Von Reinwald lieh er sich damals William Robertsons *Geschichte von Schottland*, die seit 1762 in deutscher Übersetzung vorlag, ferner William Camdens *Annales rerum anglicarum et hibernicarum regnante Elisabetha* (1615). Der Plan einer dramatischen Behandlung wurde zwar nicht verwirklicht, doch scheint Schiller dem Sujet auch in den folgenden Jahren seine Aufmerksamkeit nicht entzogen zu haben. Ende März 1788 übersendet er ein aus der Weimarer Bibliothek stammendes Leihexemplar der deutschen Übersetzung von Robertsons Schrift an Charlotte von Lengefeld und fügt hinzu, sie möge sich «die Leiden der armen Königinn zu Herzen gehen» lassen (NA 25, 32).

In der europäischen Dramenliteratur der frühen Neuzeit ist der Stoff gut etabliert. Mehr als fünfzig Trauerspiele zum Thema liegen vor, als sich Schiller im Frühjahr 1799 zur Bearbeitung des Sujets entschließt.[191] Zunächst blieb der Gegenstand dem jesuitischen Ordensspiel mit konfessionell-propagandistischer Wirkungsabsicht vorbehalten. Zwischen 1593 und 1709 entstanden im Kreis der Societas Jesu sechs Schuldramen, die Schottlands Königin als Ikone vorbildlichen katholischen Märtyrertums vorführten. Für den Spiegel eines politischen Konflikts hielten hingegen die protestantischen Autoren in England das Thema, wenn sie am Schicksal Marias die Rechtsproblematik der späteren Bürgerkriegsära (1649–60) demonstrierten. Das Urteil der deutschen Bearbeiter prägt im 17. Jahrhundert der für Andreas Gryphius und Johann Christian Hallmann so einflußreiche niederländische Dramatiker Joost van den Vondel, der 1646 sein Trauerspiel *Maria Stuart of gemartelde Majesteit* veröffentlicht. Ihm folgen die ersten deutschsprachigen Bearbeitungen des Stoffs von Christoph Kormart (1673) und Johannes Riemer (1681). Kormart richtet sich stark an Vondels Märtyrerspiel aus, ergänzt es jedoch um ein Porträt der Elisabeth, die in der Vorlage noch nicht präsent war. Riemer faßt seine Dramatisierung als Beitrag zur zeitgenössischen Fürstenerziehung; die zweistufige Darstellung des Stoffs (*Von hohen Vermählungen*, *Von Staats = Eiffer*) ermöglicht es, zunächst die Jugend der Königin, danach ihre englische Gefangenschaft, Anklage und Hinrichtung zu zeigen. Stirbt Maria bei Riemer schuldlos (sogar vom Verdacht der Anstiftung zum Mord an ihrem zweiten Ehemann Darnley wird sie entlastet), so gewinnt Elisabeth die ambivalenten Züge einer Zauderin, die ihre Macht zu sichern sucht, ohne über die Entschlußkraft der souverän regierenden Fürstin zu verfügen. Die hier angedeutete Konstellation vertieft August Adolph von Haugwitz in seiner *Maria Stuarda* (1683), indem er an zentraler Stelle den Rollenkonflikt Elisabeths im Spannungsfeld zwischen Staatsvernunft und Gewissen beleuchtet. In kritischer Distanz zur frühneuzeitlichen Doktrin der Staatsräson (*Ratio status*) präsentiert Haugwitz' Trauerspiel eine psychologisch gestützte Fallstudie, die die einseitige Perspektive des Märtyrerdramas durch ein facettenreicheres Porträt der beiden Widersacherinnen ersetzt. Daß Schiller die Fassungen Riemers und Haugwitz' gekannt hat, dürfte angesichts ihrer geringen Verbreitung kaum wahrscheinlich sein. Näher vertraut war er hingegen mit John St. Johns Trauerspiel *Mary, queen of Scots* (1789), das durch klassisch-symmetrischen Aufbau und eine ausgeklügelte Figurenregie (mit der Begegnung der Königinnen auf dem Höhepunkt des Geschehens) seine eigene Komposition angeregt haben könnte. Ein Exemplar des Dramas fand sich in Schillers Bibliotheksbeständen, was die nähere Auseinandersetzung mit dem Text vermuten läßt.[192]

Das Quellenstudium mündet bereits im Mai 1799, rascher als sonst, in die Niederschrift von Expositionsszenen, deren Aufbau mit dem für vier Wochen in Jena wohnenden Goethe besprochen wird. Bei schönem Wetter unternimmt man gemeinsame Spazierfahrten in der Kutsche nach Dornburg und Lobeda, die hinreichend Gelegenheit zum Gespräch über die englische Geschichte bieten. Mitte Juni räsoniert Schiller über die Anlage seiner Protagonistin, die, wie er erklärt, keine «weiche Stimmung» erregen werde, da sie primär als «physisches Wesen» mit starken sinnlichen Neigungen gezeichnet sei. Weil Maria nicht nach vorgefaßten Prinzipien handelt und allein durch die Notsituation, in die sie gerät, menschliche Souveränität gewinnt, erweckt ihr Schicksal keine moralische Anteilnahme (wie sie Posa und Max Piccolomini sicher ist), sondern «allgemeine tiefe Rührung». Daß die schottische Königin als erotisch attraktive Frau mit starken Gefühlen selbst «heftige Paßionen» bei anderen hervorruft, wird, so Schiller, zur Voraussetzung ihrer unglücklichen Verstrickung. Die Bedingung der «tragischen Qualität» des Stoffs bleibt gerade die sinnliche Veranlagung Marias, die erst im Schlußakt von einer gefaßteren Gemütsstimmung bezwungen wird (NA 30, 61).[193]

Der Abschluß des ersten Akts gelingt Ende Juli 1799 unter widrigen äußeren Umständen. Die drückende Hitzeperiode schränkt Schillers Lebensgeister empfindlich ein. Eine Flut von neugierigen Gästen, die sich während des Sommers in Jena einfinden, stört zudem die alltägliche Arbeitsruhe. Am 23. Juli hatte Ludwig Tieck eine längere Visite abgestattet und dabei einen durchaus günstigen Eindruck hinterlassen, obwohl Schiller ihm als Freund Schlegels keinen großen Kredit einräumen mochte (ein «angenehmes Talent», im Ausdruck «verständig und bedeutend» [NA 30, 74]). Nur zwei Tage später suchen ihn Sophie Brentano, Clemens' ältere Schwester, und Hölderlins unglückliche Muse Susette Gontard auf, die im Zuge ihrer Tour durch die Salons der Weimarer Literaturgrößen schon bei Goethe soupiert haben; man unterhält sich dabei auch über die Großmutter der Brentano, die betagte Sophie von La Roche, mit der Schiller Anfang Oktober 1783 in Speyer zusammengetroffen war. Verlangsamt wird die Ausarbeitung der Tragödie nicht zuletzt durch stofflich bedingte Schwierigkeiten. Die Exposition erforderte es, den vertrackten juristischen Hintergrund aufzuhellen, der den Streit um das Todesurteil der über Maria zu Gericht sitzenden Geschworenen bestimmt. Die notwendigen Rechtskenntnisse verschafft sich Schiller durch die Lektüre von Thoyras de Rapins *Histoire d'Angleterre*, die, 1724 erstmals erschienen, 1757 ins Deutsche übersetzt worden war. Ausdrücklich beklagt er die «Tendenz zur Trockenheit» (NA 30, 71), die den Stoff an diesem Punkt bestimmt. Als er am 3. September die Niederschrift unterbricht, um die Redaktionsarbeiten für den neuen Musenalmanach zwischenzuschalten, ist das Manuskript trotz solcher Widerstände bereits bis zur Szene III,4 – der Begegnung der Königinnen im Park von Fotheringhay – fortgeschritten. Im Oktober nimmt er das Dramenprojekt wieder auf, findet jedoch nicht mehr zu kontinuierlicher Arbeit. Die Geburt Carolines, Charlottes schweres Nervenfieber und der Umzug nach Weimar unterbrechen ab der Mitte des Monats die Schreibtischtätigkeit für längere Zeit. Ende Dezember redigiert Schiller einzelne Szenen und schließt die Mortimer-Handlung ab. Am letzten Tag des Jahres schickt er Goethe ein kurzes Billett, in dem er um Verständnis für sein verspätetes Erscheinen bei der geplanten Silvesterfeier bittet: «Nach 6 Uhr stelle ich mich ein, zwischen jezt und dem Abend will ich suchen einen meiner Helden noch unter die Erde zu bringen, denn die Keren des Todes nahen sich ihm schon.» (NA 30, 132)

Als sich Anfang des Jahres die äußeren Lebensverhältnisse konsolidieren, unterbricht Schiller für zwei Monate die Niederschrift, um sich der Bühneneinrichtung des *Macbeth* zuzuwenden. Den Arbeitsplan für die folgenden Monate erörtert er am 11. Januar auf einer Schlittenfahrt mit Goethe, der ihm zu einer kürzeren Unterbrechung des stockenden Dramenprojekts rät. Erst Anfang April findet er den Weg zurück zu seinem Manuskript, das er aber nur zögerlich fortführt. Am 3. Mai wird bereits der Vertrag mit Cotta fixiert, obwohl der Schlußakt immer noch fehlt. Eine Woche später liest Schiller den Weimarer Hofschauspielern nach einem gemeinsamen Abendessen bis zum Morgengrauen die ersten vier Akte vor. Am 15. Mai zieht er sich in Begleitung seines Hausdieners Rudolph für eine Woche auf das herzögliche Schloß in Ettersburg zurück, um dort die nötige Ruhe für die Vollendung des Textes zu finden. Zwischen 1776 und 1780 hatte die Herzogin Anna Amalia in Begleitung des gesamten Hofstaats hier ihre Sommer verlebt; Goethe erinnert sich noch vier Jahrzehnte später an die geselligen Abende, die man mit Spielen, musikalischer Improvisation und Theatervorführungen zubrachte. Inzwischen ist das Schloß ausgestorben und menschenleer. Ohne Gesprächsablenkung, unterbrochen nur von Spaziergängen, sitzt Schiller in einem kühlen, hochgewölbten Arbeitszimmer und treibt sein Manuskript energisch dem Abschluß entgegen. Auch der Herzog, der am 19. Mai während eines Jagdausflugs in Ettersburg Station macht, überläßt ihn feinfühlig der selbstgewählten Einsamkeit.

Bereits am 23. und 29. Mai finden Leseproben mit den Darstellern statt, nachdem Caroline Jagemann sich bereitgefunden hatte, Friederike Vohs die Titelfigur zu überlassen und auf die Rolle der Elisabeth auszuweichen. Die umständliche Diskussion solcher Besetzungsfragen wurde durch Geschmacksrücksichten veranlaßt. Da Heinrich Vohs den Part des Mortimer versah, konnte man den für damalige Verhältnisse gewagten sexuellen Andeutungen im Auftritt III,7 die Spitze nehmen; die überhitzte Szene, in der die Königin mit den erotischen Phantasien ihres Befreiers konfrontiert wird, wirkte weniger herausfordernd, wenn ein Ehepaar die betreffenden Rollen spielte. Die Weimarer Uraufführung am 14. Juni scheint unter einem recht glücklichen Stern gestanden zu haben, obgleich die Zensur einschneidende Eingriffe in den Text verlangte. Aufgrund von Herders Intervention beim Herzog war die Abendmahlsszene (V,7) stark abgewandelt worden; Melvils Priesterfunktion und der Beichtcharakter des Gesprächs kamen in der Weimarer Bühnenfassung nicht mehr ausdrücklich zur Sprache. Böttigers Rezension für das *Journal des Luxus und der Moden* rühmt die geschmackvolle Vorführung, die selbst den pikanten Mortimer-Szenen eine gedämpfte Note verliehen habe. Schillers Drama, so heißt es, erfordere freilich ein bildungsfähiges Publikum, das die subtile Psychologie der Handlung angemessen würdigen könne.[194]

Die Buchfassung des Dramas wird zur Ostermesse 1801 publiziert, die von Mellish erarbeitete englische Übersetzung erscheint fast zeitgleich. Spätere Aufführungen litten immer wieder unter Zensurbeschränkungen. In Berlin mußte selbst die redigierte Beichtszene gestrichen werden, ebenso die wirksame Beschreibung der Hinrichtung durch den vom Geschehen ausgeschlossenen Leicester, deren emotionalen Effekt Friedrich Wilhelm III. psychisch unerträglich fand. In Österreich waren Aufführungen von Dramen, die den Vollzug politisch motivierter Todesurteile behandelten, nach der Exekution Marie Antoinettes – der Tante des regierenden Kaisers Franz II. – aufgrund des Hägelinschen Edikts generell verboten, so daß Schillers *Maria* hier nicht zum Zuge kommen konnte. Erst 1814 gelang es dem Burgtheaterintendanten Graf Palffy, den Kaiser umzustimmen und das Drama als festlichen Beitrag zum gleichzeitig stattfindenden Wiener Kongreß aufführen zu lassen.

Schillers Drama liegt erneut ein gründliches Quellenstudium zugrunde. Neben dem vertrauten Robertson, dessen Darstellung der Regierungszeit Karls V. sich auch für den *Karlos* bewährt hatte, und Camdens schon in Bauerbach konsultierten *Annales* zur britischen Geschichte liest er George Buchanans *Rerum Scoticarum historia* (1582) und seine *Detectio Mariae* (1568) (eine aus proelisabethanischer Sicht verfaßte Anklageschrift gegen die schottische Königin), Bourdeilles biographische Charakteristik, die seit 1795 in deutscher Sprache vorlag (*Nachrichten von erlauchten Damen Frankreichs*), du Chesnes *Histoire générale d'Angleterre* von 1614 (ein primär über geographische Details informierendes Standardwerk), Rapins mehrbändige Geschichte Englands (in Original wie Übersetzung) und, wenngleich nur auszugsweise, David Humes seit 1770/71 in deutscher Übertragung greifbare *Geschichte Englands*, die bei der Regierungsära Elisabeths endete. Flüchtig mustert Schiller auch aktuellere Arbeiten deutscher Publizisten, vornehmlich Archenholtz' *Geschichte der Königin Elisabeth von England* (1789) und Gentz' längeren Aufsatz *Maria Königin von Schottland*, der 1799 eben erst publiziert worden war.[195]

Gegenüber den Quellen hat sich Schiller die gewohnten Freiheiten gestattet. Maria und Elisabeth werden als Figuren verjüngt (beide zählten 1587 bereits 45 bzw. 54 Jahre), damit sie die erforderliche erotische Attraktivität ausstrahlen können, die den dramatischen Konflikt entscheidend bestimmt (so die Begründung im Brief an Iffland vom 22. Juni 1800). Mortimer ist als Gestalt frei erfunden (die von ihm geplante Befreiungsaktion hatte der Herzog von Norfolk 1571 erwogen), Leicesters Liebesbeziehung zur schottischen Königin bleibt das Produkt der Phantasie, ebenso der Widerruf des Schreibers Kurl, der die Heldin moralisch entlastet, und das Abendmahl des Schlußakts, von dem die Quellen nichts berichten. Während die historische Maria die Beteiligung an der Ermordung ihres zweiten Ehemanns Darnley stets geleugnet hat, gesteht Schillers Heldin eine diesbezügliche Mitschuld; dagegen ist sie im Drama, anders als es die Geschichtsschreibung darstellt, für das versuchte Attentat auf Elisabeth nicht verantwortlich. Schiller hat Maria damit einen Läuterungsprozeß zugeschrieben, den sie als historische Figur so ausgeprägt kaum durchlief – ein Umstand, der für die eingeschränkte Wirkung von Mellishs Übersetzung im proelisabethanischen England sorgte. Auch hier investiert er seine Energie in den Versuch, «der Phantasie eine Freiheit über die Geschichte zu verschaffen», die für das Drama «brauchbares» Material in «Besitz zu nehmen» und selektiv zu verarbeiten sucht. (NA 30, 73)[196]

Nicht zu übersehen ist der symmetrische Bau, in den Schiller seinen Stoff zwingt. Die Aktgliederung gehorcht dem Prinzip der Balance; werden Maria der erste und die Hälfte des fünften, so Elisabeth der zweite und die Schlußhälfte des fünften Aufzugs zugeordnet. Der Mittelakt wiederum bleibt als Medium der Konfrontation zwischen den Gegenspielerinnen aufgeteilt; zwar zeigt Maria hier die größere Bühnenpräsenz, doch steht im Zentrum die Auseinandersetzung mit Elisabeth, die die Szene III,4 breit vorführt. Auf die Titelheldin entfallen 16, auf Elisabeth 17 Auftritte; selbst die Dramaturgie innerhalb der Akte unterliegt symmetrischen Gesetzen: erscheint Maria in der zweiten Szene des Expositionsaufzugs erstmals auf der Bühne, so Elisabeth in der zweiten Szene des zweiten Akts. Die Unterredung mit den Vertrauten und das jeweilige Gespräch mit Mortimer sind an identischen Punkten der beiden einführenden Akte plaziert. Auch szenische Kontraste gehorchen dem Prinzip geometrischer Ordnung. Burleighs schroffe Unfreundlichkeit gegenüber Maria, wie sie im spitzfindigen juristischen Disput von I,7 hervortritt, ist seiner hoffärtigen Rede vor Elisabeth in II,3 entgegengesetzt; die bedenkenlose Offenheit, mit der Mortimer der Titelheldin im ersten Akt begegnet, verwandelt sich im Verhältnis zur englischen Königin in durchtriebene Verstellungskunst. Daß nahezu sämtliche Figuren mit zwei Zungen sprechen – das gilt selbst für den moralisch lauteren Paulet –, spiegelt sich im Dualismus der dramatischen Form, deren antithetische Struktur den Handlungsgesetzen der Politik korrespondiert, wo Wirklichkeit und Schein nicht mehr zur Deckung kommen. Der frühere Freund Huber hat 1802 in einem Aufsatz für Cottas *Taschenbuch* im Anschluß an ein Urteil Garlieb Merkels zutreffend von der «Lehre des Kontrasts» gesprochen, die den Bau des Trauerspiels bestimme.[197]

Bezeichnend sind die Anleihen bei der antiken Tragödie, die Schiller vornimmt. Als analytisches Drama entfaltet der Text seine Konfliktstrukturen, indem er vergangene Schuld und Verstrickung im Moment der szenischen Gegenwart zur Wirkung bringt. Fast durchgängig diskutieren die Figuren über länger zurückliegende Ereignisse (wobei sich Schillers Text primär auf die Darstellung Robertsons in der deutschen Fassung von 1762 stützt). Marias Vorleben als moralisch zweifelhafte Regentin, ihre Flucht aus Schottland, die Zeit der Gefangenschaft, die Gerichtsverhandlungen, die Aussagen der Zeugen, Mortimers Italienreise und Elisabeths Diplomatie gegenüber Frankreich bilden für das aktuelle Geschehen bedeutsame Elemente der Vergangenheit, die im Prozeß des Dialogs aktuelles Gewicht gewinnen. Der erste Akt entwirft derart die Topographie des Konflikts auf der Grundlage einer sprachmächtig vorgeführten Erinnerungsarbeit, der sich sämtliche Figuren ausgiebig unterziehen. Das fortschreitende Drama zeigt nur noch die Explosion der Mine, zu der bereits in der Vergangenheit zahlreiche Zündschnüre gelegt wurden. Dem Muster des analytischen Dramas entspricht der enthüllende Diskurs über juristische und strategische Gesichtspunkte des zentralen Herrschafts- und Rollenkonflikts. Grundlegendes Modell ist hier der Typus der Gerichtsverhandlung, wie er schon die attische Tragödie prägt.[198] Schiller selbst erklärt in einem Brief vom 26. April 1799, er bediene sich der «Euripidischen Methode», mit deren Hilfe der psychische ‹Zustand› des Helden ohne die Ablenkungen einer schwerfälligen Staatsaktion freigelegt werden könne (NA 30, 45). Die Neigung zum kasuistischen Streitgespräch, zu Strategiedebatte und spitzfindiger Zergliederung gegnerischer Argumente, der sämtliche Protagonisten unterliegen, tritt besonders klar im Disput zwischen Maria und Burleigh über die Rechtsgrundlagen des gerade beschlossenen Urteils zutage (I,7); klassische Beratungsszenen bieten auch der zweite und vierte Akt, der Elisabeth im Kokon der Macht zeigt. Daß Talbot als loyaler königlicher Minister mit seinen maßvollen Empfehlungen wiederum «die Stelle des griechischen Chors» vertrete, hat zutreffend schon Körner hervorgehoben (NA 38/I, 287).[199] Auch hier erweist sich das Muster der attischen Tragödie als produktives Prinzip, das Schiller aus psychologischer Perspektive, damit modernisiert in die Architektur seines Dramas einarbeitet.

Herrschaft und Öffentlichkeit.
Elemente politischen Handelns

«Das Politische darin», so vermerkt Caroline Schlegel im Mai 1801 kritisch über die *Maria Stuart*, «hat auch die Deutlichkeit einer Deduktion nicht los werden können.» (NA 9, 380) In der Tat präsentiert Schillers Drama, ähnlich wie schon der *Wallenstein*, eine Anatomie sozialen Han-

Elemente politischen Handelns 499

delns, die die Deformation des Individuums durch die Zwänge der Politik offenlegt. Sichtbar wird dabei, daß die Balance von Rolle und Individualität durchgängig mißlingt. Elisabeth kann weder als Regentin noch als Liebende erfolgreich sein, da sie stets von der Angst vor einem Gesichtsverlust gepeinigt wird, die sie echte Freiheit nirgends finden läßt.[200] Maria ist in der Rolle der Regentin gescheitert, nachdem sie der Staatsräson die erotische Leidenschaft überordnete; als Gefangener Englands bleibt es ihr wiederum versagt, einen möglichen Wandel ihrer Rollenauffassung praktisch unter Beweis zu stellen. Zu kurz greift jedoch die Selbstdiagnose Elisabeths, die die Dominanz des Amtes gegenüber dem Gefühl beklagt, wenn sie Leicester erklärt, sie dürfe dort ihr «Herz nicht fragen» (v. 1969), wo die Machtkunst die Strategien der Heiratspolitik vorzeichne. Wie stark emotionale Beweggründe die Politik beeinflussen können, erkennt man an Elisabeths Monolog in IV,10, der die persönlichen Motive für ihren Kampf gegen Maria offenlegt. Nicht nur Angst vor dem Umsturz, sondern auch private Antriebe nötigen sie, die Gegnerin auszuschalten: «Wo ich mir eine Freude, eine Hoffnung | Gepflanzt, da liegt die Höllenschlange mir | Im Wege. Sie entreißt mir den Geliebten, | Den Bräutigam raubt sie mir!» (v. 3232 ff.) Hinter dem Konflikt um die Rechte des Throns scheinen die Linien einer erotischen Konkurrenzsituation auf, die Goethe, wie Wilhelm Grimm 1827 berichtet, durch das banal-sarkastische Wort vom «Aventuren»-Streit der beiden «Huren» zu umreißen suchte (ein abwertendes Urteil, das fünf Jahre später ähnlich auch Grabbe formuliert hat) (NA 9, 371). Es wäre jedoch falsch, in der privaten Motivation eine Entschärfung der politischen Tragödie zu erkennen. Nicht die subjektiven Spiele der Leidenschaft, sondern deren objektive Folgen für den Staat bilden das Zentrum der Tragödie. Brecht hat diese Ebene des Konflikts absichtsvoll ignoriert, als er 1939 im Rahmen seiner *Übungsstücke für Schauspieler* die Begegnung der Königinnen als Streit zweier Fischweiber inszenierte.

Fatale Züge gewinnt die Dominanz der Politik, die Schillers Tragödie diagnostiziert, weil deren Geschicke von einer Person allein abhängen. Auch wenn die Souveränität Elisabeths im Drama bereits anders als in der historisch gegebenen Situation durch Prozesse öffentlicher Meinungsbildung eingeschränkt scheint, liegt die faktisch und juristisch ungeteilte Herrschaft fraglos bei der Regentin. Daß sie ihr Amt im entscheidenden Moment prinzipienlos ausübt, erkennt man an der Unentschlossenheit, die sie bei der internen Erörterung über das geeignete Vorgehen gegen ihre Rivalin demonstriert. Der Vollstreckung des Urteils möchte sie zuvorkommen, indem sie Mortimer zum Mord an Maria zu dingen sucht; später kann sie weder dem ‹Falken› Burleigh noch dem gemäßigten Shrewsbury folgen und überläßt mit ihrem zweideutigen «Tut, was Eures Amts ist» (v. 3323) dem unglücklichen Davison die Entscheidung über die Umsetzung des von den 42 Richtern gefällten Todesurteils. Schillers kritischer Befund hat hier eine doppelte Stoßrichtung; er gilt der prekären Dominanz des politischen Rollenbildes, dem die Regentin unterworfen bleibt, aber auch der mangelhaften Verwirklichung der aus ihm ableitbaren Ansprüche.

In vergleichbarer Weise, wenngleich weniger augenfällig, ist Maria an machttechnische Handlungsmuster gefesselt. Unter Anklage steht sie nicht, weil sie in jungen Jahren Anstifterin eines Mordes war, sondern weil man sie verdächtigt, ein Komplott gegen Elisabeth geschmiedet zu haben. Es bleibt völlig außer Zweifel, daß der Prozeß gegen Maria eine allein politische Dimension, nicht aber den Charakter des moralischen Strafgerichts besitzt. Bezeichnend ist, daß sie die Rolle der Usurpatorin, die ihr die Anklage aufzuzwingen scheint, bereitwillig annimmt. Burleigh gegenüber räumt sie ein, sie habe das Ziel einer Vereinigung Schottlands und Englands «unterm Schatten | Des Ölbaums» angestrebt (v. 830f.). Die friedvolle Gründung einer britischen Union schließt für Maria freilich die Vertreibung ihrer Rivalin und die Erfüllung eigener Thronrechte ein. Hinter der Versöhnungsvision steht der dynastische Anspruch – der Diskurs der Macht. Als Schiller Mitte September 1799 die ersten beiden Akte überarbeitet, erörtert er mit Goethe, der sich für einen Monat in Jena aufhält, die politischen Hintergründe seines Stoffs. Auf zahlreichen Spazierfahrten, die man an den warmen Herbsttagen in die Umgebung unternimmt, wird auch über Shakespeares *Macbeth* gesprochen, an dem Schiller die modellhafte Verbindung von Mythos, Geschichte und Privatkonflikt zu rühmen weiß.

Wie stark Maria von strategischen Motiven gelenkt wird, bezeugt die sachkundige Rede, mit der sie dem Großschatzmeister die fragwürdigen Seiten des gegen sie angestrengten Rechtsverfahrens vorhält. Schiller, der in der juristisch geprägten Streitszene die Gefahr der «Trockenheit» gegeben sah (NA 30, 71), hat seiner Titelheldin Argumente geliehen, die aus Robertsons *Geschichte von Schottland* stammen. Vornehmlich der Vorwurf, die Richter seien ihr gesellschaftlich nachgeordnet und daher außerstande, über sie als Königin zu urteilen, begegnet ähnlich formuliert schon im Quellentext. Maria begründet ihre Einwände gegen die Unbilligkeit des juristischen Vorgehens konsequent als Vertreterin eines auswärtigen Staates: das Hochverratsgesetz dürfe auf sie nicht angewendet werden, weil es allein in England existiere; die juristische Praxis sehe die strikte Trennung von Zeugen englischer und schottischer Herkunft vor, was mo-

Elemente politischen Handelns

dellhaft für ihren Prozeß gelten müsse. Nicht zuletzt bemängelt Maria die schwankende Rechtsbasis des Urteils, das sich bei der Begründung des Verratsvorwurfs auf ein Gesetz stütze, das erst nachträglich festgeschrieben worden sei (v. 695 ff.). Daß Maria im vollen Bewußtsein ihrer geschichtlichen Rolle, nicht aber als Privatperson argumentiert, erkennt man auch an der Vehemenz, mit der sie gerade die Unabhängigkeit der über sie zu Gericht sitzenden Lords in Zweifel zieht: «Ich sehe diese würdgen Peers mit schnell | Vertauschter Überzeugung unter vier | Regierungen den Glauben viermal ändern –» (v. 784 ff.). Eine aufgeklärte Rechtsauffassung bekundet sich schließlich in Marias Vermutung, daß sie zum Opfer fehlender Gewaltenteilung werde: «Wehe | Dem armen Opfer, wenn derselbe Mund, | Der das Gesetz gab, auch das Urteil spricht!» (v. 858 ff.) Die gefangene Königin erweist sich hier als Adeptin Montesquieus, wenn sie die Einheit von legislativer und judikativer Macht als Merkmal einer zweifelhaften Rechtsordnung beschreibt.

Selbst dort, wo sich Maria auf die Rolle der Bittstellerin beschränkt sieht, agiert sie als Anwältin politischer Interessen: «Ihr habt an mir gehandelt, wie nicht recht ist, | Denn ich bin eine Königin wie Ihr.» (v. 2295 f.) Konsequent hält Maria am Anspruch fest, ihr herrscherliches Selbstverständnis durch die öffentliche Rede zu unterstreichen: «Regierte Recht», läßt sie sich, von Elisabeth provoziert, vernehmen, «so läget Ihr vor mir | Im Staube jetzt, denn ich bin Euer König.» (v. 2450 f.) Elisabeth bestätigt zumindest das Rollenbild der Rivalin, indem sie deren Hinrichtung als von der Kirche sanktionierten «Königsmord» (v. 2355) kennzeichnet. Auch wenn Maria am Schluß den Part der entsagenden Märtyrerin übernimmt, gibt sie ihren früheren politischen Anspruch nicht preis. Noch als großmütig Verzeihende, die wie Lady Milford ihren weltlichen Besitz an die Bedienten verteilt, läßt sie das Selbstbewußtsein der Regentin aufscheinen: «Die Krone fühl ich wieder auf dem Haupt, | Den würdgen Stolz in meiner edeln Seele.» (3493 f.) Mag es auch als Symbol für moralische Größe und erhabene Charakterzüge gemeint sein, so verrät das Bild doch einen Geltungsanspruch, der eminent politisch bleibt. Wo immer Maria sich und ihr Handeln selbst auslegt, geschieht das im Rollenmodell der Herrscherin.

Bleibt Maria die aus politischen Gründen Internierte, so ist Elisabeth die Gefangene ihres Amtes. Die unbedingte Souveränität, wie sie die Sozialphilosophie der frühen Neuzeit von Bodin über Lipsius bis zu Hobbes als Geschäftsgrundlage des starken Staates begreift, tritt hier in ein höchst zweifelhaftes Licht. Auffällig ist die Ambivalenz der Urteile über Elisabeths Machtmonopol. Paulet betont im Gespräch mit Maria die Kontrollfunktion des Parlaments, dem die Königin juristisch unterworfen bleibt

(v. 247 ff.); sie selbst sieht sich durch die «allgewaltige Notwendigkeit» (v. 3209 f.), die zur Rücksicht auf die öffentliche Meinung verpflichtet, in ihrer politischen Handlungsfreiheit eingeschränkt. Burleigh, an dem man Züge des Kardinals Richelieu wahrgenommen hat,[201] hält «Des Volkes Wohlfahrt» (v. 3182) für das Idealziel von Elisabeths Entscheidungen, was an Hobbes' Bestimmung des Souveräns als Garanten innerer Ordnung erinnert. Talbot jedoch verweist die Königin ausdrücklich auf ihre absolute Machtfülle, wenn er sie zu bewegen sucht, Maria zu schonen: «Wer kann dich zwingen? Du bist Herrscherin, | Hier gilt es deine Majestät zu zeigen!» (v. 3083 f.) Ähnlich argumentiert schon Leicester, der das Gesetz des Sachzwangs nicht anerkennen mag und auch die Kontrollfunktion des Parlaments in Zweifel zieht. An die Stelle der «Stimmenmehrheit», die kaum zur politischen Entscheidungsbildung qualifiziere, möchte er den unbedingten Souveränitätsanspruch des freien Rechts treten lassen, das sich in den Handlungsoptionen der Herrscherin bekunde. «Sag nicht, du müssest der Notwendigkeit | Gehorchen und dem Dringen deines Volks.» (v. 1330 f.)

Talbot und Leicester beleuchten hier die Machtfunktionen des Souveräns, wie sie die Staatsphilosophie der frühen Neuzeit hervorzuheben pflegt. Bei Jean Bodin (*Six livres de la république*, 1583) findet sich der Herrscher weder durch Verträge noch durch andere Formen juristischer Vereinbarung gebunden. Den durch Gott gegebenen ‹natürlichen Gesetzen›, den menschlichen Tugenden der Friedfertigkeit und Rücksichtnahme verpflichtet, amtiert er als unbedingter Staatslenker, der auch durch die Interessen von Rat und Parlament nicht eingeschränkt werden darf. Die absolute Freiheit, nach Lage der Verhältnisse frühere juristische Bestimmungen aufzuheben, bleibt bei Bodin unangetastet: «Ist also der souveräne Fürst schon an die Gesetze seiner Vorgänger nicht gebunden, dann erst recht nicht an seine eigenen Gesetze und Anordnungen.»[202] Weder die öffentliche Meinung noch die Empfehlungen eines Kontrollgremiums – das englische Parlament sieht Bodin nur als symbolische Institution ohne Einfluß – können die Spielräume des Herrschers beengen: «Es zeigt sich also, daß das Wesen der souveränen Macht und absoluter Gewalt vor allem darin besteht, den Untertanen in ihrer Gesamtheit ohne ihre Zustimmung das Gesetz vorzuschreiben.»[203] Vom Souveränitätsideal der frühen Neuzeit, das Bodin ebenso wie Justus Lipsius (*Politicorum sive civilis doctrinae libri sex*, 1589) systematisch begründet, weicht das Herrschermodell, das Schillers Drama entwirft, deutlich ab. Elisabeth selbst sieht sich als Sklavin der allgemeinen Meinung, die keine Entscheidung ohne Rücksicht auf die Öffentlichkeit fällen kann: «O Sklaverei des Volksdiensts! Schmähliche | Knechtschaft – Wie bin ichs müde, diesem Götzen | Z

Elemente politischen Handelns   503

schmeicheln, den mein Innerstes verachtet!» (v. 3190 ff.) Der Druck der *opinio communis* prägt nicht zuletzt das Selbstbild der Monarchin. Allein der Umstand, daß die Königin die öffentliche Meinung als zentralen Faktor begreift, der ihre Politik bestimmt, begründet deren faktischen Einfluß. So scheint Talbots Schlußbemerkung nach der Hinrichtung Marias nicht nur im Blick auf Elisabeths Gewissensängste, vielmehr auch unter Bezug auf die Abhängigkeit des Souveräns unzutreffend: «Die Gegnerin ist tot. Du hast von nun an | Nichts mehr zu fürchten, brauchst nichts mehr zu achten.» (v. 4030 f.) Gerade weil Elisabeth die Sklavin der öffentlichen Stimmung ist, bleibt ihre Rolle prekär. Die absolute Macht erweist sich so als widersprüchlich gewordenes Privileg im Raum einer kompliziert strukturierten Ordnung modernen Zuschnitts.

Der Begriff der ‹Notwendigkeit› gerät zum Signalwort, das die Handlungszwänge der Herrscherin bezeichnet.[204] Zumal der unwillige Hinweis auf die Macht des Volkes und den Einfluß des Parlaments scheint dabei ein Reflex des aufgeklärten Zeitalters. Elisabeths eigenes Rollenbild der öffentlich überwachten Regentin entspricht dem legalistischen Gedanken der Kontrolle absoluter Herrschaft durch Gesetzgebungsinstitutionen und parlamentarische Gremien, folglich einem tragenden Element der von Montesquieu, Rousseau und Diderot im Vorfeld der Revolution formulierten modernen Staatsphilosophie (Grundzüge des hier angedeuteten Legalitätsprinzips finden sich bereits 1603 in Johannes Althusius' *Politica* beschrieben). Andererseits ist kaum zu übersehen, daß die Regentin aus den Zwängen, denen sie unterliegt, ihrerseits Argumente zur Entlastung vom Druck politischer Verantwortung ableitet. Im Gegensatz zu seinem Vorgänger Haugwitz hat Schiller die Königin kaum als von Skrupeln gepeinigte Zweiflerin porträtiert, vielmehr ihr politisches Interesse zum Ausgangspunkt des sie beherrschenden psychischen Konflikts bestimmt. Sieht sich Elisabeth bei Haugwitz nicht zuletzt durch moralische Argumente zur Aufschiebung der Hinrichtung genötigt («Hat wohl die grosse Welt was grausamers geschaut / | Als diese That wird seyn?»),[205] so läßt Schiller das taktische Kalkül in den Vordergrund treten. Elisabeth zögert mit der Anordnung der Exekution nicht, weil sie von Gewissensängsten beherrscht wird, sondern aus Furcht vor der öffentlichen Meinung, die ihr, gegen die innere Überzeugung, Milde aus «allgewaltige(r) Notwendigkeit» befiehlt. Weniger die «eigne freie Wahl | Gerecht zu sein» als die Sorge um die Reputation beim Volk haben Elisabeth zu ihrer Zurückhaltung gegenüber Maria veranlaßt (v. 3208 ff.).

Damit scheint ein Teufelskreis beschrieben; weil die Souveränität der Königin durch ein modernes Rollenmodell eingeschränkt wird, sieht sie sich am entscheidenden Punkt genötigt, ihre politische Sicherheit durch Gewalt zu garantieren. Daß es nicht zuletzt die fehlende persönliche Autorität ist, die Elisabeths Versagen begründet, erkennt man an der uneindeutigen Direktive, mit der sie am Ende die Verantwortung für die Exekution der Gegnerin in die Hände des überforderten Davison legt. Haugwitz' Königin, die vornehmlich moralische Bedenken gegenüber einer Hinrichtung umtreiben, ist hingegen das Opfer der Ranküne ihrer Berater. Obwohl sie mit klaren Worten ein Moratorium befohlen hat («Ich wil / man soll das Urtheil was verschieben»),[206] veranlassen diese die Hinrichtung Marias und handeln damit in höchstem Maße illoyal. Vor solchem Hintergrund wirkt der Opportunismus, mit dem Schillers Königin operiert, um so bedenklicher. Weil sie den uneingeschränkten Souveränitätsanspruch mit erzwungenen Rücksichten auf die öffentliche Meinung zu verbinden sucht, ohne die individuelle Autorität zur verantwortungsvollen Rollengestaltung zu besitzen, steht sie am Ende als politisch und menschlich Gescheiterte vor dem Tribunal des Publikums.[207] Bezeichnet scheint dadurch das Dilemma einer politischen Aufklärung, die, wie auch die *Briefe* fünf Jahre zuvor erklären, mißglücken muß, wo sie nicht von hinreichend profilierten Persönlichkeiten getragen wird. Elisabeths Versagen beleuchtet hier einen prekären Zustand des Ordnungsverlusts in Zeiten des Umbruchs. Weder das traditionell gestützte Rollenbild unbedingter Souveränität noch das moderne Konzept der öffentlichen Partizipation an staatlicher Herrschaft werden sinnvoll ausgefüllt.

Auch Leicester ist ein Opfer der Politik, die ihn dazu nötigt, ein bedenkliches Spiel zu spielen. Schon sein Hinweis auf die Doppelrolle, die er vor Gericht und im Staatsrat versah, belegt das zur Genüge. Während er im öffentlichen Gremium für das Todesurteil stimmt, plädiert er in geheimer Runde für taktische Vorsicht (v. 1438 ff.). Wenn Mortimer Leicester «zweierlei Gesichter zeigen» (v. 1703) sieht, so entspricht das seiner heiklen Täuschungsstrategie, die nicht mehr aus der Differenz von Wahrheit und Betrug allein herzuleiten ist. Weil Leicester sein Handeln vollkommen auf die jeweilige Situation abstellt, lassen sich Spiel und Ernst bei ihm kaum trennen. Mortimer hingegen, der Nachfolger Ferdinands und des jungen Piccolomini, verlangt von ihm eine eindeutige Entscheidung, die notwendig durch ‹Publizität› – Kants Zauberformel in der Auseinandersetzung mit der absolutistischen Kabinettspolitik – getragen werden sollte: «Weg mit Verstellung! Handelt öffentlich!» (v. 1923)[208]

Die Persönlichkeitsspaltung, die Leicester vollziehen muß, um seinen Kopf zu retten, ist der Tribut für seinen höfischen Rang, der ihm Einfluß auf die Regierungsgeschäfte verschafft. Nirgendwo sonst hat Schiller mit vergleichbarer Konsequenz die Deformation des Charakters durch die Politik gezeigt. Geradezu symptomatisch ist hier die Szene V,10, wo Leicester zum handlungsunfähigen Ohrenzeugen der Hinrichtung Marias wird. Vor einer verschlossenen Tür, an der optischen Teilhabe gehindert, ist der Lord genötigt, die akustischen Eindrücke von der Exekution aufzunehmen, ohne zu sehen, was geschieht. Er, der die politischen Ereignisse überlegt zu steuern suchte, ist am Schluß zur Passivität verdammt: als Marias Kopf fällt, stürzt er, von Schuldgefühlen gepeinigt, ohnmächtig zu Boden. Nicht das Bild der Hinrichtung, die Schiller mit Rücksicht auf das aristotelische Gräßlichkeitsverbot dem Publikum vorenthält, sondern der Zusammenbruch des moralisch versagenden Höflings steht damit am effektvollen Schluß der Szene. Der leblos wirkende Körper Leicesters aber erinnert an den Leichnam der Königin, deren Tod er durch seine politische Ohnmacht, die der physischen vorangeht, zu verantworten hat.

Kontrollierte Affekte?
Das Schauspiel der schönen Seele

Marias Qualifikation zur Tragödienheldin berührt die Frage nach dem Konflikt zwischen Leidenschaft und moralischer Selbstdisziplin, der sie, wie Schiller selbst betont, entscheidend prägt. Daß die sittliche Freiheit des Individuums nicht ohne die (notwendig zu sublimierende) sinnliche Kultur anzubahnen sei, war die Überzeugung, die die tragödienästhetischen Schriften der frühen 90er Jahre formuliert hatten. Wie stark Schiller seine Titelheldin als physisches Wesen ohne Hang zum dünnblütigen Märtyrertum anlegt, erweist die Begegnung mit Mortimer in der Mitte des ersten Akts. «Höret auf», so antwortet Maria auf dessen feurigen Bericht über die Stationen seiner italienischen Reise, «Den frischen Lebensteppich vor mir aus | Zu breiten – Ich bin elend und gefangen.» (v. 451 ff.) Nach dem desaströs endenden Gespräch mit Elisabeth (III,4) und dem durch Leicesters Intrige gegen Mortimer herbeigeführten großen Umschwung (IV,4) gewinnt Maria jedoch jene Kontrolle über ihre Leidenschaft, die sie im Schlußakt zur gefaßten Heldin von, wie man gern betont hat, erhabener Würde zu bestimmen scheint. Ist sie im Disput mit der Widersacherin, regiert durch heftig aufflackernde Emotionen, noch «ganz außer sich» (NA 9, 93), so beweist Maria im elegisch angelegten Abschied von ihren Vertrauten vor dem Gang zum Schafott eine überraschende Gemütsruhe. In der Beichtszene mit Melvil, wo sie ihre Schuld an der Ermordung Darnleys und ihre erotischen Exzesse mit Bothwell gesteht, läßt die Titelheldin die Schatten der Vergangenheit hinter sich: «Der Königin von England |

Bringt meinen schwesterlichen Gruß – Sagt ihr, | Daß ich ihr meinen Tod von ganzem Herzen | Vergebe, meine Heftigkeit von gestern | Ihr reuvoll abbitte – Gott erhalte sie, | Und schenk ihr eine glückliche Regierung!» (v. 3782 ff.)

Die in diesem Zusammenhang schon von zeitgenössischen Kritikern diskutierte Frage, ob Marias Wandlung die Folge einer Entwicklung oder eines plötzlichen, durch die Aussichtslosigkeit ihrer Lage verursachten Umschwungs bildet, unterstellt einen psychologischen Hintergrund, der hier kaum schattiert scheint.[209] Schiller motiviert Marias Entsagung nicht durch einen vorhergehenden Prozeß, vielmehr zeigt er dem überraschten Zuschauer einzig dessen Ergebnis – den Gestus des Verzichts im Horizont der Märtyrertradition, deren Requisiten den Inszenierungsrahmen des Schlußakts füllen. Erinnert die sinnlich empfindende Maria, die sich von Mortimers Italienbericht stimulieren läßt, an die *Femme fatale* der Vergangenheit, so zeigt die gelassen ihren Tod erwartende Königin des Schlußakts eine überraschend abgeklärte Haltung. Zwischen beiden Motivbereichen herrscht keine Verbindung, weil hier nicht die fiktive psychische Einheit des dramatischen Individuums, sondern dessen Funktion innerhalb der tragischen Wirkungsökonomie von Bedeutung zu sein scheint. Auch deshalb verzichtet Schiller auf die Ausarbeitung eines Monologs, der Marias Wandlung näher aus den Umständen und der Reflexion der Figur hätte begründen können (was Hubers Kritik ausdrücklich lobt).

Charakteristisch für diese Konzeption bleibt die Begegnung mit Leicester kurz vor der Hinrichtung. Verhöhnt Maria zunächst den Opportunisten der Macht, der sie aus dem Kerker zu «führen» versprach und diese Ankündigung nun auf prekäre Weise als Wegbereiter der Hinrichtung einlöst, so findet sie im Fortgang ihrer Rede die nötige Gelassenheit, mit der sie ihre «besiegte Schwachheit» (v. 3821 ff.) eingestehen kann. Die Leidenschaft der Wut und die Selbstdisziplin christlicher Toleranz stehen hier nebeneinander, ohne daß es zu einer echten Balance zwischen Affekt und Fassung kommt. Schiller selbst soll in einem Gespräch mit dem Schauspieler Heinrich Schmidt, der solche Inkonsequenz tadelte, darauf hingewiesen haben, daß «dieser Rückfall» auf das Niveau der ungezügelten Emotionalität im Charakter der Heldin begründet liege (NA 42, 300). Passend hat Huber später hervorgehoben, die Stuart zeige «mehr Reiz als Hoheit».[210]

Maria bietet damit kein Exempel für den erhabenen Widerstand gegen eine äußere Zwangslage.[211] Anders als Max Piccolomini (und später Johanna) verstrickt sie sich nicht aufgrund ihrer moralisch makellosen Haltung in einen unauflösbaren Konflikt, vielmehr gewinnt sie ihre Würde erst unter den Bedingungen des Leidens. Der Erprobungsfall des ethischen Prinzips ist die individuelle Krisensituation, in der sich Maria jedoch nicht als erhabener Charakter im Kampf mit den Widrigkeiten des Lebens, sondern als schöne Seele profiliert. Deren Erscheinungsbild entspricht es, daß die Heldin ohne sichtbar vorgeführte Entwicklung zur souveränen Kontrolle ihrer Affekte findet. Wenn sich Maria am Schluß mit großer Geste ihrem Schicksal fügt, so verweist das auf die Qualität der Anmut, wie sie Schillers Essay von 1793 mit recht konventioneller Argumentationslogik (und ohne Sinn für die Bedeutung sozialer Rollenklischees) als Merkmal des weiblichen Charakters hervorgehoben hat. Zu seinen Attributen gehört gerade nicht die Würde des erhabenen Widerstandsgeistes, sondern die in der individuellen Lebensäußerung wirksame Intuition: «Er wird der Sinnlichkeit oft mit heroischer Stärke, aber nur durch die Sinnlichkeit widerstehen. Weil nun die Sittlichkeit des Weibes gewöhnlich auf Seiten der Neigung ist, so wird es sich in der Erscheinung eben so ausnehmen, als wenn die Neigung auf Seiten der Sittlichkeit wäre.» (NA 20, 289) Während sich Schillers männliche Helden in einem dramatisch vorgeführten Entwicklungsprozeß zu erhabenen Charakteren formen, gewinnt Maria ihre Souveränität am Schluß ohne letzte psychologische Plausibilität als jene schöne Seele, die «das heldenmüthigste Opfer, das sie dem Naturtriebe abgewinnt» so zwanglos auf sich nimmt, daß es «wie eine freiwillige Wirkung eben dieses Triebes» (NA 20, 287) erscheint.

Von besonderer Bedeutung bleibt das religiöse Motiv, das die Weltsicht Marias beherrscht. Gegen ältere Interpretationen wäre die kritische Perspektive zu betonen, die Schiller hier einnimmt.[212] Marias Frömmigkeit bildet zwar am Schluß das Medium, das ihre Inszenierung als schöne Seele ermöglicht, doch repräsentiert sie zugleich ein Element ihres politischen Rollenverständnisses, das im Zeitalter des Konfessionalismus von religiösen Orientierungen nicht zu trennen ist. Maria erhebt ihren Anspruch auf den englischen Thron als strenggläubige Katholikin, was die Annäherung von Politik und Glaubensbekenntnis verdeutlicht. «Eiferer | Für Englands Wohl» nennt sie abschätzig die «Protestanten», die über sie zu Gericht sitzen (v. 801 f.). Im Licht solcher Äußerungen wäre es falsch, Marias religiöse Haltung im Schlußakt für das Indiz einer völligen Rollenkorrektur zu betrachten. Selbst wenn sie sich dem Gesetz des Glaubens unterwirft, bleibt die Heldin doch stets vom Bewußtsein einer politischen Sendung, damit auch von einem spezifisch sozialen Selbstverständnis beherrscht.

Ambivalente Züge nimmt schließlich die religiöse Dimension der Abendmahlsszene an. Sie zeigt Maria als schöne Seele im Gestus einer moralischen Überlegenheit, die nicht um den Preis ihrer sinnlichen Präsenz erkauft ist, sondern diese gemäß den Bestimmungen von *Anmuth und Würde* einschließt. Daß der eucharistische Akt mit den Requisiten einer pathetisch grundierten ästhetischen Inszenierung versehen ist, tritt deutlich zutage. Marias Auftritt in Szene V,6 strahlt einen erotischen Reiz aus, der die Märtyrerattitüde einschränkt, welche die Königin durch ihre Rhetorik des Verzichts im Schlußakt unterstreicht. Weiß gekleidet, mit einem Agnus Dei, Rosenkranz und Kruzifix geschmückt, den schwarzen Schleier zurückgeschlagen, so daß man das Diadem erkennen kann, das die Haare ziert, tritt Maria effektsicher in den Kreis ihrer Vertrauten. Auch die Dramaturgie der folgenden Beichtszene gehorcht einem kunstvollen Ritus mit markanter Schauwirkung. Die einzelnen Elemente des Vorgangs entsprechen den Regeln der Eucharistie: Melvil ergreift den Kelch, der den Wein enthält, entblößt das Haupt, zeigt Maria eine Hostie in einer goldenen Schale, läßt sie niederknien, hört ihre Beichte, segnet sie und reicht ihr Gefäß und Brot. Durch die Einbindung in einen Dialog von pathetischem Zuschnitt gewinnt die Abfolge des rituellen Akts jedoch eine eigene Spannkraft, weil sie die emotional bewegende Selbstdarstellung Marias unterstützt. «Mein Herz», so antwortet die Delinquentin auf Melvils Frage, ob sie «vor dem Gott der Wahrheit» ihre Schuld gestehen wolle, «liegt offen da vor dir und ihm.» (v. 3672 ff.) Die Beichte gerät zum Lebensrückblick, zur moralischen Bilanz, die nicht frei von melancholischen Momenten bleibt. Wenn Melvil Maria am Schluß segnet, dann ist der ästhetische Charakter des Szenarios kaum zu übersehen: «So wirst du dort in seinem Freudenreich, | Wo keine Schuld mehr sein wird, und kein Weinen, | Ein schön verklärter Engel, dich | Auf ewig mit dem Göttlichen vereinen.» (v. 3754 ff.) Die Beichte gewinnt die Züge einer symbolischen Verherrlichung der schönen Seele, die vor dem Hintergrund der Insignien weltlicher Macht (NA 9, 135) zur geschichtlichen Apotheose Marias gerät.[213] Daß die ästhetische Schauwirkung der Szene die Botschaft ihrer religiösen Sinnbilder übergreift, nahm Herder, wie erinnerlich, zum Anlaß, beim Herzog gegen die Darstellung des eucharistischen Ritus auf der Bühne zu protestieren.

Schiller hat gerade die hier manifeste sinnliche Prägnanz des Glaubensrituals für ein Merkmal religiöser Praxis gehalten. Bestätigt fühlt er sich in dieser Auffassung durch Schleiermachers Reden *Über die Religion*, die er Ende September 1799 kurz nach ihrer Veröffentlichung liest. Die gründliche Erörterung des Stückes, die er wenige Tage später mit Goethe und Schelling führt, dürfte die Überzeugung bekräftigt haben, daß Schleiermachers gegen die Theologie der Aufklärung gerichtetes Votum für eine den ganzen Menschen in seinen sinnlichen wie geistigen Bedürfnissen berücksichtigende Religion der eigenen Position recht nahe kam. Bereits in einem

Brief an Goethe vom August 1795 hatte er aus Anlaß der Diskussion über das subtile Schwärmerporträt des sechsten Buchs der *Lehrjahre* erklärt, der christliche Glaube sei für ihn nur akzeptabel, wo er im Gegenzug zum kategorischen Imperativ Kants die Verknüpfung von Neigung und Pflicht ermögliche. Daß eine solche Bestimmung religiöser Erfahrung zugleich die Reserve gegenüber dem kirchlichen Ritual einschloß, deutet Schiller nur an, weil er sich, wie es heißt, «über diese kitzlichte Materie» (NA 28, 28) nicht näher auslassen möchte. Die für zeitgenössische Kritiker problematischen Züge der Abendmahlsszene liegen dort, wo die religiöse Ebene einzig als Medium einer sinnlich gestützten Demonstration von Marias Anmut erscheint. Deren erotische Komponente ist im Moment der Beichte nicht unterdrückt, sondern vollends offenkundig. Das machte das Skandalon des üppigen Tableaus aus, das bei Aufführungen zu Lebzeiten Schillers meist der Zensur geopfert werden mußte.

Trotz seiner überzeugenden Komposition zeigt das Drama künstlerische Schwächen, die in der allzu starren Struktur des szenischen Aufbaus begründet liegen. Die analytische Qualität der Darstellung unterbindet eine dynamische Bühnenaktion, die klassizistische Symmetrie der Komposition wirkt leicht steril (das gilt für den Aktaufbau ebenso wie für die Organisation der großen Begegnungsszene in III,4). Hier ist Schiller nochmals der routinierte Maschinenmeister, der die Bühne zwar beherrscht, aber dem Zuschauer das Räderwerk nicht verbergen kann, das seine Zurüstungen antreibt. Bezeichnend bleibt der Verzicht auf eine politische Vision, die ganz der Auseinandersetzung mit der inneren Welt der Heldin geopfert scheint; dem analytischen Charakter der Konstruktion entspricht die Distanz gegenüber geschichtlichen Prognosen, wie sie der *Wallenstein*-Prolog umrissen hatte.[214] Die Anlage des dramatischen Personals trägt, der szenischen Ordnung vergleichbar, bisweilen schematische Züge. Wie ein Relikt aus früheren Arbeitsperioden wirkt die Mortimer-Figur, in deren ästhetisch gefärbtem Politikverständnis Körner zutreffend die Gedankenwelt der Helden des Jugendwerks gespiegelt fand. Burleigh, der ‹Falke› in einer höfischen Welt ohne echten Souverän, muß als uneinsichtiger Vertreter des unbedingten Machtdenkens das Klischee des dogmatischen Politikers in der Tradition Albas oder Domingos bedienen. Die Sentimentalität der Kennedy und die biedermännische Attitüde Paulets wirken angesichts der abgründigen Zweideutigkeit, die Charaktere wie Elisabeth oder Leicester an den Tag legen, belastet von den Zwängen eines konventionellen Rollenschematismus. Bereits mit seinem folgenden Projekt beschreitet Schiller jedoch neue Wege, die ihn von der formalen Routine des immer geübteren Praktikers entfernen.

6. Die Jungfrau von Orleans (1801)

«*In hohem Grade rührend*».
Gefangen von einem üppigen Stoff

An Göschen schreibt Schiller am 10. Februar 1802 über die *Jungfrau*: «Dieses Stück floß aus dem Herzen und zu dem Herzen soll es auch sprechen.» (NA 31, 101) Im Gedicht *Das Mädchen von Orleans* (1802/03) heißt es ähnlich: «Dich schuf das Herz! Du wirst unsterblich leben.» (NA 2/I, 129) Der Hinweis auf das Gefühl als Medium des kreativen Akts dient nicht zuletzt einer literaturpolitischen Strategie. Schiller sucht hier die Abgrenzung gegen Voltaires komisches Epos *La Pucelle d'Orléans* (1762), das vom Standpunkt aufgeklärter Skepsis Johannas Wunderglauben als Ausgeburt des Wahns entlarven möchte. Voltaires vernünftige Kontrafaktur des Jeanne-d'Arc-Mythos, die ihre Fortsetzung in George Bernard Shaws ironischer Bearbeitung des Sujets von 1924 findet, war nicht nach Schillers Geschmack. Daß ihn die Geschichte des Bauernmädchens, das einer religiösen Vision folgt, fasziniert hat, bekräftigt ein Brief an Iffland vom 5. August 1803, der rückblickend bemerkt, ein Stoff wie dieser finde sich «sobald nicht wieder, weil hier das weibliche, das heroische und das göttliche selbst vereinigt sind.» (NA 32, 58)

Die Arbeit an der *Jungfrau* beginnt Schiller schon Mitte Juni 1800, unmittelbar nach der Premiere der *Maria Stuart*. Gegenüber Körner erklärt er am 13. Juli 1800: «Mein neues Stück wird auch durch den Stoff großes Intereße erregen, hier ist eine Hauptperson und gegen die, was das Intereße betrifft, alle übrigen Personen, deren keine geringe Zahl ist, in keine Betrachtung kommen.» (NA 30, 173) Nach gewohntem Muster beginnt Schiller zunächst mit dem Studium einschlägiger Quellenschriften, erkennt jedoch rasch, daß historische Detailkenntnisse die Konzeption nicht derart stark beeinflussen wie im Fall des *Karlos* oder des *Wallenstein*. Neben den schon vertrauten Standardwerken Humes bzw. Rapins und einer rechtsgeschichtlichen Darstellung des renommierten Göttinger Historikers Eichhorn werden die von Charles de l'Averdy im Jahr 1790 edierten Verhörprotokolle und Akten des gegen Johanna geführten Prozesses konsultiert, über dessen juristische Hintergründe auch der vierte Band des *Pitaval* Auskunft gab. Hinzu treten die Lektüre einer Lebensgeschichte Karls VII. aus der Feder Catherine Bedaciers (1700) und das Studium der universalhistorischen Übersicht Claude Millots in der 1782 veröffentlichten deutschen Übersetzung Wilhelm Ernst Christianis. Auf Wunsch Schillers liefert Körner noch im Juli eine stattliche Literaturliste zum historischen Komplex der Hexenverfolgung, die 25 Titel anführt, darunter den berüchtigten *Malleus Maleficarum (Hexenhammer)* von 1487 und Benedict Carpzovs *Praxis criminalis* (die für das 17. Jahrhundert gültige Strafrechtsordnung auf der Basis des carolinischen Kriminalkodex), aber auch kritische Abhandlungen wie Friedrich von Spees *Cautio criminalis* (1631) und Christian Thomasius' Kampfschrift gegen die Hexeninquisition (1712) (NA 38/I, 301f.). Nach kritischer Durchsicht des in der Weimarer Bibliothek vorrätigen Materials – den *Malleus Maleficarum* hatte er bereits am 9. Juli entliehen – gewinnt Schiller den Eindruck, daß das Thema für sein Vorhaben nachgeordnete Bedeutung besitzt. «Auf das Hexenwesen», so schreibt er am 28. Juli an Körner, «werde ich mich nur wenig einlassen, und soweit ich es brauche, hoffe ich mit meiner eignen Phantasie auszureichen.» (NA 30, 181)

Besondere Bedeutung fällt erneut, wie Schiller schnell erkennt, der Arbeit an der Dramenstruktur zu. Auf zahlreichen Spazierfahrten, die nach Ettersburg und Tiefurt führen, bespricht er im Juni und Juli mit Goethe Fragen der Komposition. Der Text soll die eigentümliche Ambivalenz der Titelheldin, die zwischen Pflichterfüllung und Emotion schwankt, durch szenische Bilder von hoher Verdichtung veranschaulichen. Am 26. Juli 1800 schreibt er dem Freund: «Man muß, wie ich bei diesem Stück sehe, sich durch keinen allgemeinen Begriff feßeln, sondern es wagen, bei einem neuen Stoff die Form neu zu erfinden, und sich den Gattungsbegriff immer beweglich erhalten.» (NA 30, 176) Die «in hohem Grade rührend(e)» (NA 30, 181) Materie erhält die Struktur einer ›romantischen Tragödie‹, die die spannungsvolle dramatische Darstellung von Johannas Weg mit phantastisch-legendenhaften Elementen verbindet. Bedeutsamer als sonst wird dabei die Emanzipation vom geschichtlichen Faktengerüst, das starken Eingriffen unterliegt. Befriedigt heißt es am 24. Dezember 1800: «Das historische ist überwunden, und doch soviel ich urtheilen kann, in seinem möglichsten Umfang benutzt, die Motive sind alle poetisch und größtentheils von der naiven Gattung.» (NA 30, 224) Zu diesem Zeitpunkt hat Schiller seine Arbeit bis zum dritten Aufzug geführt. Im Januar ruht das Manuskript, weil er den an einer schweren Gesichtsrose bedrohlich erkrankten Goethe bei den Proben zu dessen *Tancred*-Übertragung ersetzen muß. Nachdem im Februar der dritte Akt überarbeitet worden ist, zieht sich Schiller ohne die Familie vom 5. März bis zum 1. April in die Stille des Jenaer Gartenhauses zurück, um den Abschluß zu fördern. In der Ruhe der einsamen Tage findet er neben der Schreibtischarbeit auch Zeit zu gründlicher Lektüre. Er liest die frisch publizierten ersten beiden Teile von

Herders *Adrastea*, deren Langatmigkeit ihn ermüdet, Tressans märchenhafte Erzählung *Histoire de Robert* (1800) und, nicht ohne unwillige Anerkennung, Dorothea Schlegels wenige Monate zuvor veröffentlichten Roman *Florentin*. Für Abwechslung sorgen gesellige Runden bei Niethammer und Griesbach, an denen gelegentlich auch einige Studenten der philosophischen Fakultät teilnehmen. Abends besucht ihn zuweilen Schelling, zu dem sich jedoch kein lebhafteres Verhältnis entwickelt. Nach anfänglichen Mühen beschleunigt Schiller sein Arbeitstempo; als er ins Weimarer Domizil zurückkehrt, hat er den fünften Akt annähernd beendet. Am 16. April ist das Manuskript druckfertig; der größte Teil war bereits eine Woche zuvor nach Leipzig zu Unger geschickt worden, der den Text im *Kalender auf das Jahr 1802* publiziert. Es blieben finanzielle Gründe, die Goethes Verleger in diesem Fall den Vorzug gegenüber Cotta verschafften. Schiller ließ sich von Unger zusichern, daß er nach drei Jahren über sein Drama frei verfügen und es im Rahmen der geplanten Werkausgabe veröffentlichen konnte, was innerhalb kurzer Zeit ein volles zweites Honorar, nicht nur die Vergütung einer Zweitauflage in Aussicht stellte.

Die Theaterkarriere des Dramas steht zunächst unter einem schlechten Stern. In einem Brief an Caroline von Wolzogen äußert der Herzog Mitte April 1801 die Befürchtung, daß das anstößige («scabrös[e]») Sujet der Jungfrau in Waffen die Erinnerung an Voltaires satirische *Pucelle* wachrufen und für Mißverständnisse beim Publikum sorgen werde (NA 31, 264). Da hinter dieser Skepsis die Sorge vor einer Blamage der auf Titelrollen abonnierten Caroline Jagemann stand, mußte man sich in Weimar entschließen, die Uraufführungsrechte nach Leipzig zu vergeben, wo am 11. September 1801 die Premiere stattfand. Schiller hatte die seit geraumer Zeit geplante Visite bei Körner in Dresden so terminiert, daß ein Abstecher zu einem Theaterbesuch in der sächsischen Metropole möglich war. Vom 9. August bis zum 1. September wohnte er mit Charlotte im Loschwitzer Weinberghaus, am selben Ort, an dem er 16 Jahre zuvor während der Arbeit am *Karlos* kärglich logiert hatte. Gemeinsam besuchte man die berühmte Gemäldegalerie und den Antikensaal, der Gipsabgüsse von Raphael Mengs versammelte. Mit Körner wurden neue literarische Vorhaben diskutiert, was auch einen Austausch über das stets gärende *Maltheser*-Projekt einschloß. Am 1. September zogen die Gäste unter Rücksicht auf die kühlere Witterung nach Dresden, wo sich ein lebhafter geselliger Verkehr mit Frau von Stein und deren Sohn Fritz im Haus Körners entwickelte. Am 15. September reisten Schiller und Charlotte in Begleitung der Freunde auf gut ausgebauter Wegstrecke über Hubertusburg und Hohnstädt, wo man bei Göschen übernachtete, nach Leipzig, von dort am 19. September allein weiter nach Weimar (es sollte ein Abschied für immer sein: Schiller und Körner sahen sich nicht wieder). Am 17. September besuchte man gemeinsam die dritte Aufführung der *Jungfrau* in der Inszenierung von Opitz, die im Theater am Rannstädter Tor gezeigt wurde. Nach der Vorstellung bildeten die Zuschauer ein Spalier und feierten den sichtbar berührten Autor mit lautstarken Ovationen. Das Publikum empfing ihn, wie das *Journal des Luxus und der Moden* berichtet, «unter dem Ertönen der Pauken und Trompeten, mit allgemeinem Klatschen, Vivat und Zuruf».[215] «Das ist freilich eine Ehre», so schreibt Schillers Mutter stolz an ihre Tochter Louise, «die nur einem Prinzen gemacht wird.»[216]

In Weimar begnügte man sich zunächst mit der privaten Aufführung einiger Szenen, die am Abend des 26. November 1801 im Haus Kotzebues stattfand. Den ausgewählten Text präsentierten keine professionellen Schauspieler, sondern mit Amalie von Imhoff und Henriette von Wolfskeel zwei Damen der Hofgesellschaft. Schiller nahm in Begleitung Böttigers an der kleinen Soiree teil und blieb bis zum anschließenden Souper, obgleich er sonst den Kontakt mit dem so selbstgefälligen wie ehrgeizigen Kotzebue vermied. Schwierigkeiten bereitete das Drama auch in Dresden und Wien, wo allein massive Eingriffe eine Bewilligung der Aufführung durch die Zensur ermöglichten. Der übervorsichtige Opitz wandelte sämtliche Passagen ab, die Johanna in die Rolle einer zweiten Jungfrau Maria rückten und als blasphemisch hätten mißverstanden werden können. In Wien veränderte man jene Stellen, die auf den militärischen Konflikt zwischen England und Frankreich verwiesen, weil man fürchtete, durch die Erinnerung an historische Auseinandersetzungen die aktuellen Friedensverhandlungen zwischen beiden Mächten zu stören, die kurze Zeit später, am 25. März 1802, zum Vertragsabschluß von Amiens führten.[217] Daß die *Jungfrau* auch in verfremdeter Form Effekt erzielte, erkennt man an der enthusiastischen Reaktion des Dresdner Publikums, über die Körner in einem Brief vom 10. Februar 1802 berichtet. Der nicht sonderlich kunstsinnige Kurfürst Friedrich August III. habe, so heißt es, die Inszenierung mit Begeisterung aufgenommen und als «‹sensation aussi profonde›» gerühmt (NA 39/I, 192).

Mit der *Jungfrau* gelingt Schiller nach dem Diktum Thomas Manns eine «Wort-Oper»,[218] ein Drama, das durch Musikalität, sinnliche Prägnanz und imposante szenische Panoramen gekennzeichnet bleibt. Niemals zuvor hat er in so großer Virtuosität und Variabilität die Möglichkeiten der Form genutzt; Blankvers, Reim, Volksliedstrophen, Stanzen und Trimeter – sechsfüßige Jamben – werden wechselnd eingesetzt.[219] Religiöse Symbolik, antike Mythologie, Kontrafakturen biblischer Motive und Allegorien beherrschen den Text. Die Sprache der Figuren bewegt sich zwischen hohem Pathos, elegischer Dichte und spitzfindigem Pointenstil. Immer wieder fällt auf, daß Schiller seine Protagonisten in Massenszenen führt und derart die Bedeutung des Kollektivs für die Rolle des Individuums erweist – so in I,10, III,4 und im gesamten vierten Akt.

Eigenmächtiger als sonst verfügt Schiller über den historischen Stoff. Mit trockener Lakonie hat George Bernard Shaw 1923, als er seine eigene Dramatisierung des Sujets vorlegte, solche Abweichungen vermerkt: «There is really nothing to be said of his play but that it is not about Joan at all, and can hardly be said to pretend to be.»[220] Schillers massive Eingriffe betreffen unterschiedliche Punkte: Johannas Familienverhältnisse werden, womöglich unter Bezug auf Shakespeares *Lear*, abgewandelt (de facto hatte sie drei Brüder, aber nur eine Schwester); an die Stelle der ärmlichen Lebenssituation der echten Jeanne läßt Schiller einen vermögenden ländlichen Hausstand treten (was satirische Effekte, wie sie Voltaire aus Johannas bäuerlicher Herkunft zieht, sogleich ausschließt); der im Drama thematisierte Friedenspakt Frankreichs mit Burgund und England gelingt erst 1435, vier Jahre nach Jeannes Tod, Karls Krönung in Reims wiederum findet nicht, wie hier, als Folge der Aussöhnung der Gegner, sondern bereits 1429 statt; das Johanna auferlegte Liebesverbot ist ebenso fiktiv wie die Gewalttätigkeit der zur Amazone verwandelten Heldin (im Prozeß von Rouen beteuerte Jeanne, stets nur Fahnenträgerin gewesen zu sein); kräftig dämonisiert hat Schiller den Charakter der Königin Isabeau, die historisch eine untergeordnete Rolle spielte; Agnes Sorel, die Mätresse des Königs, tritt am Hof erst ab 1442 in Erscheinung (der ihr zugeschriebene Altruismus wird gemeinhin als Eigenschaft von Karls Gemahlin hervorgehoben, deren Existenz die Tragödie völlig ignoriert); der britische Heerführer Talbot stirbt nicht im Kampf mit Johannas Truppen, sondern 1435, vier Jahre nach ihrem Tod, während der Earl of Salisbury, dem Schiller eine Nebenrolle gönnt, bereits 1428, also vor den hier dargestellten Ereignissen fällt; der Herzog von Burgund, im Drama durch Toleranz und Weitsicht gekennzeichnet, gehörte tatsächlich zu Johannas erbitterten Widersachern – für eine Summe von 6000 Gold-Livres kaufte er die gefangene Jeanne aus der Hand Johanns von Luxemburg und überließ sie gegen annähernd den doppelten Betrag ihren britischen Todfeinden. Auffällig wirken die Abweichungen zumal am Schluß, der die Befreiung und Apotheose Johannas an die Stelle von Inquisitionsprozeß und Hinrichtung treten läßt (Motive, mit denen sich Shaw besonders gründlich befaßt). Es sind die erfundenen Details, die den Stoff vollends in die Legende hinüberspielen: die Erscheinung des schwarzen Ritters und die Donnerschläge bei der Krönungszeremonie, Johannas prophetische Talente, ihre wundersame Flucht aus dem Lager der Engländer und der verklärte Tod der mit sich versöhnten Heldin, die den ‹schweren Panzer› zum «Flügelkleide» werden läßt, um in einen geschichtslosen Himmel aufzusteigen (v. 3542).

Schwierige Balance der Kräfte. Romantisches in klassischer Form

Als ‹romantische Tragödie› folgt Schillers Drama der zeitgenössischen Vorliebe für legendenhaft-mittelalterliche Stoffe, wie sie vornehmlich in Texten Wilhelm Heinrich Wackenroders (*Herzensergießungen eines kunstliebenden Klosterbruders*, 1797) und Ludwig Tiecks (*Franz Sternbalds Wanderungen*, 1798), aber ebenso im Œuvre Friedrich von Hardenbergs sichtbar wird. Besondere Bezüge weist die Tragödie zu Tiecks Trauerspiel *Leben und Tod der heiligen Genoveva* (1799) auf. Auch dort begegnet man einer künstlich anmutenden Welt der Wunder und Mysterien, der gesteigerten Frömmigkeit, des Aberglaubens und der geheimnisvoll wirkenden Naturgewalten. Johannas elegische Abschiedsverse in der vierten Szene des Prologs: «Lebt wohl, ihr Berge, ihr geliebten Triften, | Ihr traulich stillen Täler lebet wohl!» (v. 383 f.) erinnert an das Selbstgespräch des Köhlers Grimoald, der sich auf eine ziellose Wanderschaft begibt, um seine Erinnerungen an die unerfüllte Liebe zu Genoveva auszulöschen: «Leb wohl du Land, das du mich auferzogen, | Ihr Berge, Bäume, denen ich gewogen, | Ihr Linden, hohe Eichen, helle Buchen: | Ich muß eine fremde Heimat suchen.»[221] Genoveva wiederum erlebt eine Vision, die Johannas Marienoffenbarung vergleichbar scheint, wenn ihr Christus begegnet und erklärt, er werde sie «dereinst» in den Himmel aufnehmen.[222] Anders als Schiller aber präsentiert Tieck seinen melodramatischen Stoff, der zur Zeit Karl Martells spielt, ohne genuin theatralisches Interesse. An die Stelle einer linearen Szenenfolge treten locker verfugte, häufig von Gesangseinlagen und breitem epischem Bericht durchsetzte Tableaus. Wichtiger als die Erzeugung dramatischer Effekte bleibt hier der gewaltige historische Bilderbogen in exotischem Kolorit. Geistererscheinungen und mythische Gestalten, düstere Todesboten und Personifikationen der Naturmagie mischen sich daher in der *Genoveva* völlig selbstverständlich mit den Vertretern der Alltagswelt. Bei Tieck konnte Schiller den souveränen Einsatz phantastischer Motive studieren, wie ihn später auch das Werk E. T. A. Hoffmanns exemplarisch vorführte. Daß er die *Genoveva* zur Zeit der Arbeit an der *Jungfrau* gelesen hat, zeigt ein Brief vom 5. Januar

1801, in dem er Körners positives Urteil über das Drama bekräftigt. Tieck selbst freilich, der bei seinem Besuch am 23. Juli 1799 einen günstigen Eindruck hinterließ, bescheinigt er ein ungefestigtes Künstlertemperament, dessen «phantasiereiche und zarte Natur» gegen die Überspanntheit des Schlegel-Kreises nicht gefeit sei (NA 31, 1).

Im Gegensatz zu Tiecks suggestiven Bildern, die eine Welt jenseits der Vernunft zeigen, erfüllen die wunderbaren Elemente in der *Jungfrau* jedoch primär eine psychologische Funktion innerhalb der dramatischen Wirkungsökonomie. Der dreimalige Traum des Vaters, der Johannas Thronbesteigung beleuchtet, reflektiert die Furcht vor der Fremdheit der eigenen Tochter. Der im keltischen Ritus heilige ‹Druidenbaum› ist äußerlich das Relikt einer heidnischen Vergangenheit mit geheimnisvollem Naturkult, zugleich aber Zeichen der Zeitlosigkeit und Dauer; wenn Johanna in seinem Schutz die doppelte Prophezeiung – Gottes und der Jungfrau Maria – erfährt, so zeugt das nicht von den ‹gespenstischen› Mächten, an die der furchtsame Thibaut glaubt (v. 99 ff.), sondern schafft eine Stimmung der Konzentration, die die Empfänglichkeit der Heldin für das geheimnisvolle Spiel der Zeichen steigert. Die Fahne mit der Himmelskönigin und das von drei Lilien geschmückte Schwert als Insignien der bewaffneten Jungfrau illustrieren die Nähe zwischen geistlicher und weltlicher Macht, aber auch die Konsequenz einer Vision, die bald politisch-militärische Folgen zeitigt. Zwar bleibt zweifelhaft, ob Johanna der Einbildung oder einer objektiven Erscheinung gehorcht, doch steht außer Frage, daß sie unter dem Diktat einer verinnerlichten Überzeugung handelt.

Auch die dämonische Erscheinung des schwarzen Ritters – Schiller selbst nennt ihn ein «Gespenst» (NA 32, 72) – reflektiert letzthin Kräfte, die das Innere der Protagonistin steuern. In ihr bekundet sich die Angst Johannas, der ihr auferlegten Rolle nicht gerecht zu werden; kaum zufällig folgt seinem Auftritt die Begegnung mit Lionel, die sie in den Bann des zuvor unterdrückten Affekts zwingt (III,9–10). Das irritierende Schweigen Johannas vor der Kirche schließlich verrät den Selbstzweifel, in den sie geraten ist, nachdem sie ihren Auftrag preisgegeben zu haben glaubt, nicht aber die Macht unbewußter Kräfte, die die Heldinnen Kleists zum Verstummen zwingt (IV,11). Die Donnerschläge, die ihre Befragung durch den Vater begleiten, bilden nur die theatertechnisch wirkungsvollen Kommentare zu einem Verhörgeschehen, das aus der suggestiven Kraft des stummen Schuldbekenntnisses lebt. Die dramatische Funktion der ‹romantisch-legendenhaften› Leitmotive besteht darin, daß sie die psychische Energie der Heldin, die sie bestimmende Gemengelage zwischen Mission und Leidenschaft verdeutlichen. In ihnen bekundet sich die schmerzliche

Differenz, die Johannas individuelles Empfinden von ihrem Sendungsbewußtsein trennt. Deren Überwindung gelingt am Ende im Akt der klassischen Verklärung, der jedoch zugleich den Makel der Selbstauslöschung enthält.

Im Gegensatz zu den Phantasmagorien romantischer Texte, die eine mythische Gegenwart des Irrationalen beschwören, besitzt die szenische Darstellung des Wunderbaren bei Schiller stets einen zeichenhaften Charakter, der auf die psychischen Kräfte und Konflikte im Inneren des Individuums Bezug nimmt. Damit erfährt auch der Begriff des ‹Romantischen›, der den Untertitel der Tragödie schmückt, eine besondere Bedeutung. Er meint nicht allein die Ebene des phantastisch Erfundenen, das romangleich die Markierungen der Wirklichkeit überschreitet, sondern zugleich die Darstellung einer sich in symbolischen Bildern manifestierenden Grenzerfahrung, die Konsequenzen für den einzelnen Menschen wie für das ihn umgebende Kollektiv zeitigt.[223] Es ist wiederum die psychologische Dimension, die den ‹romantischen› Zuschnitt von Schillers Drama gegen die mythopoetischen Muster eines Tieck oder Wackenroder abgrenzt. Sie begründet die klassische Perspektive, aus der die Tragödie ihre wunderbaren Motive organisiert.

Seinen eigenen Entwurf einer sublim überhöhten Jeanne d'Arc erklärt Schiller gegenüber Wieland im Oktober 1801 aus der Absicht, ein Gegenmodell zu Voltaires abwertendem Porträt zu liefern: «Hat er seine Pucelle zu tief in den Schmutz herabgezogen, so habe ich die meinige vielleicht zu hoch gestellt. Aber hier war nicht anders zu helfen, wenn das Brandmal, das er seiner Schönen aufdrückte, sollte ausgelöscht werden.» (NA 31, 65) Eine solche Selbstdeutung verschweigt, daß hinter den religiösen Sinnbildern des Dramas psychologische Gesichtspunkte des Stoffs aufscheinen. Es ist kein Zufall, wenn gerade Kritiker wie August Wilhelm Schlegel oder Ludwig Tieck in Schillers Text allein eine – aus ihrer Sicht mißlungene – Imitation romantischer Formmuster zu erkennen glaubten, ohne das subtile Schauspiel der Emotionen wahrzunehmen, das hier inmitten einer eindrucksvollen Symbollandschaft abrollt (NA 9, 446f.). Schon in der Skizze *Ueber epische und dramatische Dichtung* hatte Schiller erklärt, literarische Texte müßten «die Welt der Phantasieen, Ahnungen, Erscheinungen, Zufälle und Schicksale» im Medium sinnlicher Darstellung erfassen und zur Anschauung bringen (NA 21, 58). Ihre Bedeutung gewinnt diese Dimension irrationaler Erfahrung in der Tragödie jedoch einzig unter Bezug auf das Individuum, dessen innere Spannungen hier symbolisch gespiegelt erschien. Wenn Schiller selbst im Dezember 1800, nach dem Abschluß der ersten beiden Akte, auf die Dominanz ‹naiver› Motive hinweist, so dürfte das den archaischen Bildrequisiten des Dramas, weniger dem psychologischen Profil Johannas gelten. Die legendenhafte Inszenierung einer Welt jenseits der Vernunft darf folglich nicht von den Bewußtseinskonflikten ablenken, denen die Titelheldin unterliegt.

Problematisch ist es daher, Schillers Geschichtsphilosophie auf die Konstruktion des Schauspiels abzubilden, ohne die Frage nach der politischen Substanz von Johannas Mission zu stellen. Weder als «parabolisch-legendäre(s) Drama von der Fremdheit des Transzendenten in einer eitlen, unreinen, herabziehenden Welt»[224] noch als Lehrstück über die Konkurrenz einander widerstreitender sittlicher Impulse oder die Eroberung Elysiums nach dem Verlust einer arkadischen Heimat ist die *Jungfrau* zu lesen.[225] Zu bedenken bleibt zunächst, daß Johanna ihren geschichtlichen Auftrag – die Versöhnung der französischen Kriegsparteien – zwar zu verwirklichen vermag, aber zur Repräsentantin eines klassischen anthropologischen Ideals kaum taugt, weil sie ihre historische Mission nur um den Preis der Selbstzerstörung erfüllt.[226] Dieser Umstand enthüllt keine elegische Perspektive, die die fehlende Einheit von Natur und Individuum beglaubigt,[227] sondern die Anatomie eines psychischen Konflikts.[228] Er wird bestimmt durch den Gegensatz von naiver Emotion und politisch-nationaler Fremdbestimmung, der die Heldin regiert. Schon das Erscheinungsbild der militärisch gewappneten Amazone – einer Vorläuferin von Kleists Penthesilea und Hebbels Judith – trägt aggressive Züge,[229] die das ursprüngliche Identitätsprofil Johannas verdecken, wie sie selbst es im Monolog von II,8 knapp umreißt: die Konturen der Mitleidigen, die ‹unkriegerisch› veranlagt, passiv bleibt und zu Tagträumen ohne Bodenhaftung neigt. Ihr entschlossenes Auftreten spiegelt zunächst den gewaltsamen Charakter des militärischen Unternehmens wider, das, gegen den «stolzen Überwinder» England gerichtet, «Reims befrein» (v. 421 ff.) und Karl auf den Thron führen soll. Johannas Sprache mutet, wo sie öffentlich redet, soldatisch knapp an. Aufforderungen, Anordnungen und Befehle gliedern ihre Diktion bei der ersten Begegnung mit dem Kronprätendenten; kurz angebunden gibt sie sich auch im Umgang mit dem Heer, das ihrem Kommando bereitwillig folgt. Daß sie daneben über eine geschmeidigere Stimmlage verfügt, zeigt die Szene II,10, in der sie den Herzog von Burgund mit «schmeichlerischem Ton» (v. 1742) zur Rückkehr ins Lager der Franzosen überredet. Die unterschiedlichen Sprechakte verweisen auf die Differenz der Verhaltensformen: während Johanna den um sein Leben bittenden Montgomery wie Achill den wehrlosen Lykaon in Homers *Ilias* (XXI, v. 34 f.) ohne Zögern tötet, sucht sie in Philipp von Burgund die «goldne Sonne des Gefühls» (v. 1809) zu wecken, um ihn auf die von ihr angestrebte Versöhnung einzustimmen.

Eine gemeinsame Grundlage finden diese beiden Verhaltensmuster im Bewußtsein der Fremdsteuerung.[230] Gelenkt von einer unbekannten Kraft, fühlt sich Johanna als patriotische Soldatin, die «vor des Eisens blanker Schneide» (v. 1683) nicht, wie sonst, zurückschreckt. Ebenso irritiert zeigt sie sich über die unverhofft gewonnene Sprachmacht, die es ihr erlaubt, die Rolle der eloquenten Diplomatin mit prophetischen Gaben zu spielen: «Ich bin vor hohen Fürsten nie gestanden, | Die Kunst der Rede ist dem Munde fremd. | Doch jetzt, da ichs bedarf dich zu bewegen, | Besitz ich Einsicht, hoher Dinge Kunde, | Der Länder und der Könige Geschick | Liegt sonnenhell vor meinem Kindesblick (...)» (v. 1792 ff.). Als kriegerische Heerführerin hält sich Johanna gleichermaßen für das Medium ihr unbekannter Kräfte. Aggression und Rede, militärisches und diplomatisches Handeln bilden die Wirkungen von Energien, deren übersinnliche Ursprünge sie selbst nicht in Zweifel zieht: «Höret und verehrt | Den Geist, der mich ergreift, der aus mir redet!» (v. 1722 f.) Mit einer aus der Mystik stammenden Metapher bezeichnet sich Johanna später als «Gefäß» (v. 2248), das empfängt, was ihr zugetragen wird. Es ist jedoch keine metaphysische Macht, sondern die Dynamik des, wie Körner es genannt hat, «religiösen Heroismus», die hier wirksam wird (NA 39/I, 67). Gerade die Überzeugung, einen christlich begründeten Auftrag zu erfüllen, verleiht Johanna die Fähigkeit, den Anforderungen, denen sie sich unterwirft, gerecht zu werden. Der Heldin kommt dieses Moment der Willenssteuerung zu Bewußtsein, wenn sie nach der Tötung Montgomerys «gedankenvoll» (NA 9, 231) über die «Unerbittlichkeit» reflektiert, mit der sie, von ungeahnter «Kraft» (v. 1679 ff.) gelenkt, den Gegner auszuschalten sucht.

Im Horizont der subtilen Charakterskizze, die Schillers Drama entwickelt, steht damit erneut die Diagnostik von David Humes *The Natural History of Religion* (1757), die die Ursprünge des Glaubens auf innerseelische Kräfte, Affekte und Einbildungen zurückführt. Wie schon im Fall der frühen Lyrik entfaltet diese Schrift, die der Karlsschüler durch Abels Prüfungsthesen kennenlernte, auch hier ihre Bedeutung für die Analyse menschlichen Handelns aus spekulativen Motiven. Der ‹religiöse Heroismus›, der Johanna antreibt, erinnert an Humes Hinweis auf die vernunftjenseitigen Mächte, die die konfessionellen Überzeugungen des Individuums steuern. Die Heldin beschreibt den Vorgang einer unbewußten Energieübertragung, der sich aus dem Glauben herleitet, mit großer Deutlichkeit: «Doch wenn es not tut, alsbald ist die Kraft mir da, | Und nimmer irrend in der zitternden Hand regiert | Das Schwert sich selbst, als wär es ein lebendger Geist.» (v. 1684 ff.) Es gehört zu Schillers Grundsätzen, daß er die religiösen Überzeugungen Johannas, wie es im Gedicht *Das Mädchen von Orleans* heißt, nicht als Produkte des «Wahns», sondern als Ausdruck ihres «Glaubens» darstellt (NA 2/I, 129, v. 6). Die Kritik an Voltaires polemischer Position schließt jedoch eine subtile psychologische Diagnose und den geschulten Blick auf den «‹Seelenkampf›»[231] der Heldin keineswegs aus.

Scheint die Energie, die Johannas Aktivität steuert, gemäß Humes Befunden religiösen Ursprungs zu sein, so tritt daneben das politische Motiv für ihr kriegerisches Engagement offen zutage.[232] Im Prolog legt die Heldin in flammender Rede ein aggressives Bekenntnis für die Freiheit Frankreichs ab. Die religiösen Sinnbilder des Textes können nicht vom nationalen Charakter der hier vorgetragenen Konfession ablenken: «Es geschehn noch Wunder – Eine weiße Taube | Wird fliegen und mit Adlerskühnheit diese Geier | Anfallen, die das Vaterland zerreißen.» (v. 315 ff.) An die Stelle von Englands Thronanspruch soll, so verkündet Johanna, die erneuerte Regentschaft der «eingebornen Herrn» (v. 345) treten, die dem Land Gerechtigkeit widerfahren lassen, weil sie seine vitalen Interessen kennen. Das ideale Herrscherbild der Rede trägt hier moderne Züge, die jene nationalen Motive ahnen lassen, denen sich Preußen später im napoleonischen Krieg verschreiben wird: einzig der mit den besonderen Verhältnissen seines Landes vertraute Souverän ist es, der «die Leibeignen in die Freiheit führt, | Der die Städte freudig stellt um seinen Thron» (v. 349 f.). Die Aufhebung der Erbuntertänigkeit – später Ziel der preußischen Reformpolitik unter der Ägide Steins – kann allein der ‹eingeborene› Regent gewährleisten. Der politische Ideengehalt der schwungvollen Rede verweist damit auf Schillers Gegenwart, die anbrechende Ära Napoleons und die sich formierende patriotische Bewegung, die in Frankreich, bald auch in Preußen zur Zeit der seit dem Sommer 1793 tobenden Koalitionskriege mächtig wirksam wird. Wie stark die revolutionäre Epoche von nationaler Identitätssuche beherrscht bleibt, zeigen die aktuellen Periodika zur Lage in Europa, so das *Patriotische Archiv für Deutschland* (1784–90) und die *Politischen Wahrheiten* (1796) Friedrich Carl von Mosers, Friedrich Gentz' kurzlebiges *Historisches Journal* (1799–1800) oder Archenholtz' von den *Xenien* verspottete *Minerva*, die in den Gründungsjahren (seit 1792) zeitweilig eine Auflage von 5000 Exemplaren erreichte. Schiller hat die Diskussion über die aktuelle politische Entwicklung nicht durchgängig, aber doch sporadisch verfolgt, zumal dann, wenn sie von Autoren geführt wurde, die er persönlich kannte und schätzte. Die patriotischen Untertöne, die um 1800 immer vernehmlicher den Chor der Meinungen bestimmten, dürften ihm kaum entgangen sein. Daß das Drama bereits im Jahr 1802 durch Mercier ins Französische übersetzt wurde, verwundert angesichts solcher Zeitbezüge nicht.

Die Vorstellung von der *grande nation* schließt in Johannas politischem Denken die Erwartung ein, daß der Souverän pflichtbewußt die Interessen seiner Landsleute zu vertreten habe. Folgerichtig muß sie Karl vor der Arroganz der Macht und den Einflüsterungen der Herrschlust warnen: «Dein Stamm wird blühn, so lang er sich die Liebe | Bewahrt im Herzen seines Volks, | Der Hochmut nur kann ihn zum Falle führen, | Und von den niedern Hütten, wo dir jetzt | Der Retter ausging, droht geheimnisvoll | Den schuldbefleckten Enkeln das Verderben!» (v. 2096 ff.) Schiller dürfte hier weniger an seine eigene Vision des ästhetischen Staates[233] als an das Lehrstück gedacht haben, das die politische Entwicklung in Frankreich vermittelte. Das Ende des Ancien Régime war, wie auch Revolutionsgegner einräumen mußten, durch die fehlende Popularität Ludwigs XVI. wesentlich gefördert worden. Ein Herrscher, der sich im Gewebe seiner Macht einnistete, entsprach den Erwartungen des aufgeklärten Bürgers am Ende des 18. Jahrhunderts nicht mehr. Die Warnung vor dem ‹Hochmut› zielte also auf aktuelle politische Erfahrungen im Zeitalter der großen Staatsumwälzungen.

Die nationale Begeisterung bleibt bis zum Ende der Tragödie das Leitmotiv für Johannas Handeln. Kaum zufällig stirbt sie, anders als Maria Stuart, ohne religiöse Requisiten, umgeben von den Siegeszeichen der Franzosen. Die Fahne Marias aber, die sie vor dem Thron Gottes «niederlegen» (v. 3533) möchte, reicht man ihr als Symbol mit christlicher und zugleich patriotischer Bedeutung. Nicht «in der Gloria der Märtyrerkrone»,[234] wie der Rezensent der *Neuen allgemeinen deutschen Bibliothek* pathetisch formuliert, sondern im Bewußtsein einer abgeschlossenen militärischen Mission darf die Heldin ihre Himmelfahrt antreten. Johannas «CharakterAnspruch auf die Prophetenrolle», den Schillers Brief vom 3. April 1801 ausdrücklich hervorhebt, begründet zugleich die «Selbstständigkeit», die sie zur Durchsetzung ihrer politisch-militärischen Ziele befähigt (NA 31, 27). Schon der Schwung, den die letzte Strophe der Abschiedsrede im Prolog trägt, erinnert an die mitreißende Dynamik von Rouget de l'Isles *Chant de guerre de l'armeé du Rhin*, an den Text der Marseillaise, die 1795 zur französischen Nationalhymne erklärt worden war: «Ins Kriegsgewühl hinein will es mich reißen, | Es treibt mich fort mit Sturmes Ungestüm, | Den Feldruf hör ich mächtig zu mir dringen, | Das Schlachtroß steigt und die Trompeten klingen.» (v. 429 ff.) Deutlicher noch kommt der Enthusiasmus für die eigene Nation im Gegensatz zu den Motiven der Engländer zutage, die ihre militärische Expansion unter das Patronat der ‹lichthellen Vernunft› (v. 2330) stellen. Weniger der religiös gefärbte Patriotismus Johannas als die Überzeugung, den politisch klügeren Herrscher zu besitzen, leitet die Aktionen Talbots. Die magisch anmutende Wirkung der Jungfrau erschüttert folgerichtig das Vernunftvertrauen des Feldherrn und bringt sein Weltbild ins Wanken: «Verflucht sei, wer sein Leben an das Große | Und Würdge wendet und bedachte Plane | Mit weisem Geist entwirft! Dem Narrenkönig | Gehört die Welt –» (v. 2327 ff.).

Johannas Vorgehen bleibt bis zum Ende des dritten Akts allein dem Bewußtsein verpflichtet, daß sie einen Auftrag konsequent umzusetzen habe. So bedeutet auch die spontane Geste, mit der sie Burgund in «leidenschaftlichem Ungestüm» (NA 9, 236) umarmt, keinen Verstoß gegen das überzeugt gewahrte Berührungsverbot, sondern die Erfüllung ihrer Sendung, zu der die Rettung von «Frankreichs Heldensöhnen» (v. 423), damit die Restitution der politischen Einheit gehört. Bis zur Szene III,9 handelt Johanna, ohne einen Gegensatz zwischen Person und Rolle wahrzunehmen, ganz im Sinne der ‹Haltung›, die Brentano als besonderes Merkmal von Schillers Heldenfiguren betrachtet, Böttigers Kritik an der *Jungfrau* jedoch gerade vermißt hat (NA 9, 444 ff.). Erst die Begegnung mit dem schwarzen Ritter am Wendepunkt des Geschehens verdeutlicht einen Vorgang der Diffusion von Subjektivität und Sendungsbewußtsein, der prekäre Konsequenzen zeitigt. Die unheimliche Ritterfigur ist nicht als Personifikation teuflischer Mächte,[235] Todesbote,[236] Inkarnation eines aufgeklärten Nihilismus[237] oder Figuration der göttlichen Vorsehung zu verstehen,[238] sondern als Sinnbild der aufsteigenden Skepsis, die Johanna angesichts ihrer Aufgabe befallen hat. Vor dem englischen Lager noch weist sie La Hire selbstbewußt in seine Schranken, als er versucht, ihre Aggression zu bändigen: «Wer darf mir Halt gebieten? Wer dem Geist | Vorschreiben, der mich führt? Der Pfeil muß fliegen, | Wohin die Hand ihn seines Schützen treibt.» (v. 1516 ff.) Der Ritter nun flößt Johanna den ersten Zweifel an der inneren Evidenz ihres Handelns ein, indem er sie vor den Folgen weiterer militärischer Schritte warnt. Absichtslos trifft sie selbst das entscheidende Moment des Auftritts, wenn sie die unheimliche Erscheinung als ‹widerspenstgen Geist› kennzeichnet, der ihr «Herz im Busen zu erschüttern» (v. 2447 ff.) gesucht habe. Als Personifikation der Furcht verdeutlicht der Ritter einen Widerstand im Inneren der Heldin, der bald Einfluß auf das äußere Geschehen gewinnen wird. Die phantastische Inszenierung dieser Begegnung mit der eigenen Angst kann die von Kritikern wie Schlegel, Tieck und Brentano unterschätzte psychologische Dimension, die hier im Spiel ist, nicht verdecken.[239]

Daß das Zusammentreffen mit dem Ritter die Veranschaulichung unterdrückter Affekte bedeutet, erkennt man an der nachfolgenden Lionel-Szene, die einem überraschend ähnlichen Ablauf gehorcht. Auch hier steht am Beginn die Auseinandersetzung im Zweikampf, aus der dann ein asymmetrisch bleibendes Gespräch hervorgeht. Verfolgt Johanna den Ritter, um ihn zum Duell zu nötigen, so ist es jetzt der Engländer, der die Jungfrau in die direkte Konfrontation zwingen möchte. Wie zuvor kommt es zu keiner echten Kampfsituation: Johanna reißt Lionel den Helm vom Kopf, sieht sein Gesicht und erstarrt. Zur Beschreibung ihrer Reaktion verwendet Schillers Regieanweisung dieselbe Formulierung wie im Fall der Begegnung mit dem schwarzen Ritter: «sie bleibt unbeweglich stehen» (NA 9, 262 f.). Hatte eben noch der dämonisch anmutende Widersacher den Kampf verweigert, so ist es jetzt die von Lionels Gesicht gefesselte Johanna, die das Schwert sinken läßt. Die Aufhebung der Distanz durch die sinnliche Wahrnehmung weckt in ihr Gefühle, die sie bisher unterdrückt hat. Im Bann des Augenblicks kann sie den Gegner nicht mehr töten; die Emotion, die die «gefrorene Empfindsamkeit»[240] auflöst, tritt an die Stelle des unbedingten Willens, der bisher die Leidenschaften in Schach hielt.

Daß die Liebesneigung, die diese Begegnung entfacht, nicht das Ergebnis eines psychologisch nachvollziehbaren Prozesses, sondern nur das Symbol für den Durchbruch der als strafbar empfundenen subjektiven Emotionen vorstellen kann, enthüllt Johannas Monolog am Beginn des vierten Akts: «Warum mußt ich ihm in die Augen sehn! | Die Züge schaun des edeln Angesichts! | Mit deinem Blick fing dein Verbrechen an, | Unglückliche! Ein blindes Werkzeug fodert Gott, | Mit blinden Augen mußtest dus vollbringen.» (v. 2575 ff.) Es entspricht den Geboten der christlichen Mystik, wie sie bei Tauler, Arndt und Böhme formuliert sind, daß das Medium die ihm vermittelte Inspiration ohne eigenen Willen weiterträgt. Der zunächst zufällige Blick, mit dem Johanna Lionel mustert, löst jedoch ein Begehren aus, das dem Prinzip der Abtötung persönlicher Leidenschaften widerstreitet. Hier wird deutlich, daß die Liebesneigung nur der Motor für die Entfaltung subjektiver Energien im Inneren der Heldin ist. Nicht die Emotion schlechthin, sondern deren individuelle, vom objektiven Auftrag ablenkende Tendenz bildet die Kraft, durch die Johanna ihr Vorhaben bedroht weiß.

Es gehört zu den sentimentalischen Zügen von Johannas Charakter, daß sie über ihre Gefühlslage verständig zu reflektieren vermag. Die Leidenschaft, die sie für Lionel empfindet, bildet daher auch nicht das Produkt einer naiven Gemütsverfassung, wie sie die Heldin in den Eröffnungsszenen von Domrémy beherrscht. Gerade die Triebunterdrückung, die Johanna praktiziert, um dem eigenen Sendungsbewußtsein Genüge zu tun, zeugt von einem vernunftgestützten Selbstbild, das nur scheinbar in

Konkurrenz zu den Phantasmen ihrer religiösen Visionen tritt. Die Erfüllung des militärischen Auftrags verlangt von Johanna jene Distanz zur eigenen Sinnlichkeit, die Schillers *Briefe* als Symptom der modernen Entfremdung interpretiert hatten. In dem Moment, da sie ins Geschehen eingreift, regiert das Prinzip der Arbeitsteilung ihre Pläne und Handlungsweisen. Der elegisch kommentierte Abschied von ‹Bergen›, ‹Triften› und ‹Tälern› (v. 383 f.) bedeutet für sie auch den Aufbruch in eine Bewußtseinswelt, die die persönliche Empfindung jenseits der politischen Mission ausschließt.

Zwar agiert Johanna als Medium wie unter Zwang, doch beobachtet sie, was mit ihr geschieht, aufmerksam und kontrolliert. In keinem Moment erscheint sie als somnambule Träumerin wie später ihre glücklichere Schwester, Kleists Käthchen von Heilbronn. Schillers Heldin ist mit einem modernen Bewußtsein ausgestattet, das sie dazu nötigt, über die Konflikte, die sie bestimmen, selbständig zu reflektieren. Wo sie schweigt, wie in der Kathedrale zu Reims vor ihrem Vater, tut sie das, weil die Sprache sie zur Lüge gezwungen hätte, insofern sie keine eindeutige Antwort zu formulieren vermag. Den sentimentalischen Zuschnitt von Johannas Konflikt hat Goethe übersehen, wenn er unter dem 27. Mai 1807 in seinem Tagebuch notiert: «Der Hauptfehler in dem Motiv der Jungfrau von Orleans, wo sie von Lionel ihr Herz getroffen fühlt, ist, daß sie sich dessen bewußt ist, und ihr Begehren ihr nicht aus einem Mißlingen oder sonst entgegen kommt.»[241] Nicht weit von Goethes Fehldeutung, aber unter deren Niveau ist August von Platens epigrammatische Sottise (1829) angesiedelt: «Eins doch find ich zu stark, daß selbst die begeisterte Jungfrau | Noch sich verliebt, furchtbar schnell, in den britischen Lord.» (NA 9, 448)

In dem Moment, da Johanna ihren Auftrag übernimmt, löscht sie ihre Persönlichkeit aus, um ihren Zweck als Werkzeug der französischen Befreiungspolitik zu erfüllen. Diese Auslöschung schließt die Unterdrückung des subjektiven Empfindens wesentlich ein. Die Identität, die Johanna in ihrer Rolle als armierte Jungfrau entwickelt, ist zerbrechlich, weil sie ohne sinnlichen Erfahrungsbezug gebildet wird. Gleich einer Feder, deren Kraft mit Gewalt zurückgehalten wurde, meldet sich jedoch das unterdrückte Gefühl nach der Begegnung mit Lionel in gesteigerter Intensität zurück. An diesem Punkt erlebt sich Johanna als Individuum gerade durch den Abstand, der sie plötzlich von ihrer Mission trennt. Erst wenn sie als Person nicht mehr in der militärischen Sendung aufgeht, sondern deren Gebote verletzt, gewinnt sie eine gültige Identität, deren Bedingung die zuvor vermiedene Erfahrung der Differenz bildet. Ihre fatale Konsequenz besteht darin, daß sie nicht zur Autonomie, sondern zum Rollenkonflikt führt. Johannas Subjektivität kollidiert mit einem Auftrag, der gerade die Tilgung persönlicher Wünsche verlangt hatte. Bezeichnend ist hier erneut, daß Johanna über ihren Zwiespalt nachdenkt (IV,1) und ihn bewußt zu bewältigen sucht. Darin tritt die sentimentalische Anlage der Heldin zutage, die sie von den somnambulen Heldinnen Kleists oder Tiecks abgrenzt. Wie andere Leser hat auch Friedrich Hebbel die Geistesgegenwart der Protagonistin für das Indiz einer künstlerisch verfehlten Darstellung gehalten, dabei aber den programmatischen Zuschnitt ihres Bewußtseinskonflikts nicht erfaßt: «Johanna durfte unter keiner Bedingung über sich selbst reflektieren, sie mußte wie eine Nachtwandlerin mit geschlossenen Augen in den Abgrund stürzen, der sich zuletzt unter ihr öffnet.» (NA 9, 449f.)

Die prekäre Aufgabe, die widerstreitenden Kräfte in ihrem Inneren wirklich zu harmonisieren, kann Johanna nicht erfüllen, weil sie am Ende ihrer historischen Mission den Vorzug gibt. Zu kurz greifen Kommentare, die in der opernhaften Verklärung der Heldin ein Symbol jener geschichtlichen Versöhnung erkennen, deren Andeutung Hegel der Tragödie zur Aufgabe bestimmte. Johanna stirbt als Opfer für ihre militärische Sendung, ohne die Übereinstimmung von Identität und Auftrag erreicht zu haben. Die Entschlossenheit, mit der sie Lionels Annäherung abwehrt und sich nochmals an die Spitze des französischen Heeres stellt, trägt die Spuren eines gewaltsamen Willensakts. Dem Gebot der klassischen Anthropologie, die Balance einander widerstreitender Impulse herbeizuführen, vermag die Heldin nicht zu genügen.[242] Der Abgrund zwischen Pflicht und Gefühl läßt sich im Rahmen der gegebenen Wirklichkeit, die die Tragödie vorführt, kaum überwinden. Als ‹ganzer Mensch› kann Johanna nur im Jenseits überleben.

Der leere Himmel der Transzendenz.
Johannas Tod und Verklärung

In den Rollen Achills (v. 1670 ff.) und der Pallas Athene (v. 2639) präsentiert sich Johanna als antike Heldin mit kriegerischem Anspruch, deren aggressives Selbstverständnis der christlichen Marienimitation entgegensteht, wie sie durch das Fahnenbild der «Himmelskönigin» (v. 1159) beschworen wird. Das Titelkupfer der Erstausgabe des Dramas zeigt einen oval geformten Pallaskopf in einer Zeichnung, die Goethes Freund Heinrich Meyer nach einem Steinschnitt des Aspasios entworfen hat. Vom «mythischen Palimpsest», das unter der Oberfläche des Textes schimmere, hat man zutreffend gesprochen und damit die heidnischen Motive bezeichnet, die dem Drama Kontur geben.[243]

Große Bedeutung besitzt in diesem Zusammenhang der Komplex der Gewalt, der die Tragödie maßgeblich bestimmt. Ihr Panzer, so erklärt Johanna in II,7 gegenüber Montgomery, ‹decke kein Herz› (v. 1611). Schon zeitgenössische Leser wie Clemens Brentano bemerkten, daß die Szene eine Begebenheit aus Homers *Ilias* (XXI, 33 ff.) wiederholt, wo der Trojaner Lykaon schutzlos auf den Knien vor Achill um sein Leben bittet, jedoch von diesem ohne Mitleid mit einem wuchtigen Schwerthieb getötet wird. Bereits kurz zuvor hatte Johanna ihre Soldaten aufgefordert, «Feuer in die Zelte» der Engländer zu werfen: «Der Flammen Wut vermehre das Entsetzen, | Und drohend rings umfange sie der Tod!» (v. 1503 ff.) Das «wunderbare Mädchen» (v. 1817), das Dunois und La Hire verliebt anschwärmen, trägt hier die Züge der reißenden Mänade, als die sie Montgomery treffend charakterisiert (v. 1570 ff.). Brecht hat dieses Motiv in seiner *Heiligen Johanna der Schlachthöfe* (1932) auf eigene Art fortgesponnen, indem er seine wehrlose Heldin im Kampf gegen die Gesetze des kapitalistischen Marktes erklären läßt: «Es hilft nur Gewalt, wo Gewalt herrscht, und | Es helfen nur Menschen, wo Menschen sind.» [244]

Wenn Johanna ihren militärischen Auftrag ohne Rücksicht durchführt, so beruft sie sich auf die Vision vom gottgesendeten Geist, der sie vermeintlich aufforderte, die «stolzen» Engländer niederzuschlagen «wie die rasche Schnitterin die Saat» (v. 420). Der martialische Charakter dieser Anweisung widerspricht ihrem christlichen Bedeutungsrahmen keineswegs. In der Form spielt sie auf Psalm 35 an, wo David Gottes Hilfe im Kampf gegen seine Feinde erbittet: «Ergreife Schild und Waffen | und mache dich auf, mir zu helfen.» Das Motiv der *armatura Dei*, das zahlreichen allegorischen Spielen der Spätantike und des frühen Mittelalters zugrunde liegt, hat Schiller durch einen Rollentausch abgewandelt, indem er jetzt den himmlischen Geist denselben Appell an Johanna richten läßt, den in der biblischen Vorlage David formuliert. Ein weiterer Kunstgriff besteht darin, daß die Heldin ihren kriegerischen Auftrag zwar als zweite Maria unter dem Schutz des (auch für Frankreichs Ruhm stehenden) Lilienzeichens vollzieht, jedoch zugleich in der Rolle des Achill ihre entfesselten Aggressionen vorleben darf. Die Pallas Athene des Titelkupfers ist eine armierte Enthusiastin, die ihre soldatische Pflicht mit barbarisch anmutender Grausamkeit erfüllt.

Beschwört die imaginäre Geisterstimme den weltlichen Ruhm, der Johanna winkt, wenn sie pflichttreu handelt (v. 415 ff.), so erklärt die Marienerscheinung zurückhaltender, sie solle das Schwert «umgürten» und sich durch «strengen Dienst» (v. 1080 ff.) zur himmlischen Glorie empfehlen. Es wäre jedoch falsch, beide Erscheinungen gegeneinander auszuspielen und in ihnen die Ursache für Johannas Zerrissenheit zu sehen.[245] Kurz nach der Tötung Montgomerys beruft sich die Heldin nicht auf den Geist, sondern auf Maria: «Erhabne Jungfrau, du wirkst Mächtiges in mir!» (v. 1677) Der beiläufige Hinweis verrät, daß sie sich auch dort, wo sie Gewalttaten verübt, in Übereinstimmung mit der heiligen Jungfrau fühlt. Das Liebesverbot, das den Weg der Heldin vorzeichnet, formulieren beide Erscheinungen mit Nachdruck. Wenn Johanna ihr Herz an Lionel verliert, handelt sie also gleichermaßen gegen den göttlichen Geist wie gegen Maria.

Johannas nationales Sendungsbewußtsein ist zwar religiös motiviert, doch stehen Glaubensfragen nicht im Zentrum der Tragödie. Als Vertreterin einer entschieden diesseitigen Lebensauffassung beschwört sie Agnes Sorel, zwischen sinnlichem Symbol und spiritueller Wahrheit zu unterscheiden. Nicht die Jungfrau Maria, sondern nur deren ästhetische Repräsentation durch täuschende Zeichen zeige die Fahne, die sie als Banner mit sich führt: «Erkenne dich, du siehst nichts Wirkliches! | Es ist ihr irdisch nachgeahmtes Bild, | Sie selber wandelt in den Himmels Chören!» (v. 2739 ff.) Agnes' Appell trifft ins Zentrum des Konflikts, den Johanna seit der Begegnung mit Lionel durchlebt: in dem Moment, da sie zu begreifen beginnt, daß zwischen ihrer individuellen Gefühlsrealität und der religiös begründeten Mission ein gewaltiger Abstand klafft, gerät sie in eine Krise, die einzig durch den Akt der Selbstpreisgabe überwunden werden kann.[246] Anders als Johanna kann Agnes, deren zuweilen rührselige Empfindsamkeit das Pendant zur hedonistischen Weltlust des im Grunde apolitischen Königs bildet, ihr ‹Herz aufschließen› (v. 2686 f.), weil sie nicht unter den Zwängen der Fremdbestimmung steht. In ihrem unkonventionell erscheinenden Altruismus wirkt sie wie eine Inkarnation der Moral-sense-Philosophie, die tugendhaftes Verhalten als Folge natürlicher Antriebe begreift. An diesem Punkt wird auch sichtbar, daß sich Johannas Konflikt aus politischen Motiven herleitet, die durch religiöse Rechtfertigungsformen verdeckt werden. Je weiter das Drama fortschreitet, desto stärker treten die nationalen Beweggründe für ihr militärisches Engagement in den Vordergrund. Wenn Johanna im Schlußakt, von den Engländern gefangen, zur Augenzeugin der großen Entscheidungsschlacht wird, deren Ausgang sie zunächst nicht beeinflussen kann, so bricht sich das Pathos ihrer patriotischen Begeisterung ungehindert Bahn: «Mut, Mut, mein Volk! Es ist der letzte Kampf! | Den einen Sieg noch, und der Feind liegt nieder.» (v. 3418 f.) Nicht übersinnliche Kraft, sondern der Wille zur Tat erlaubt es Johanna schließlich, die Fesseln zu sprengen und dem Bewußtsein ihrer kriegerischen Aufgabe gemäß ins Geschehen einzugreifen. «Von meinem lezten Act auguriere ich viel Gutes», schreibt Schiller am 3. April 1801 an

Goethe, «er erklärt den Ersten, und so beißt sich die Schlange in den Schwanz.» (NA 31, 27) Der militärische Gestus, mit dem Johanna im fünften Aufzug erneut auftritt, bedeutet auch, daß sie nach Überwindung ihrer Krise das eigene Rollenbild endgültig verinnerlicht hat. Diese Konsequenz schließt jedoch den unbedingten Verzicht auf das subjektive Gefühl ein, wie ihr trotziger Widerstand gegen Lionels Rettungsangebot zeigt. Leidenschaft darf Johanna nur als Enthusiastin für die Freiheit Frankreichs, nicht aber jenseits des nationalen Auftrags zeigen. Ihre individuelle Empfindung wird unter der Fahne begraben, mit der sie sich am Ende, tödlich verwundet, schmücken kann.

Weder als christliche Märtyrerin noch als schöne Seele stirbt Johanna, sondern in der Rolle des Opfers für die Geschichte. Dem entspricht die Funktion des Werkzeugs patriotischer Interessen, die sie mit der Übernahme der militärischen Mission zu erfüllen hat. In beiden Rollenbildern zwingt sich Johanna zur Disziplinierung der unmittelbaren Gefühlsregungen, die erst ihre Identität begründen. Die Entrückung der Heldin in einen ungenau konturierten Glaubenshimmel bleibt daher doppelt unbefriedigend. Weder kann Johannas geheimnisvolle Aura als Modell für das Handeln des Menschen im historischen Prozeß gelten noch vermag die opernhaft gefärbte Apotheose der Protagonistin die Hoffnung auf eine Transzendenz zu erwecken, deren aktueller religiöser Horizont in Schillers Tragödie leer bleiben muß. Der ‹romantische› Grundzug des klassischen Dramas schließt jedoch die Reflexion über die konkrete Situation des Individuums in der Geschichte keineswegs aus. Sie eröffnet den Blick auf die Macht des nationalen Interesses, das sich in Johannas Missionseifer mit erschreckender Konsequenz bekundet. Daß die Heldin des Dramas kein «Friedensengel» ist, der den ‹Oelzweig›[247] der Versöhnung mit sich führt, wie ein Rezensent in Nicolais *Bibliothek* beklagt, erscheint als Tribut Schillers an die aktuelle Geschichte. Er läßt die blutigen ‹vaterländischen› Kriege ahnen, in denen sich Europa am Beginn des neuen Jahrhunderts aufreiben wird.

7. Die Braut von Messina (1803)

Attisches Drama und moderne Kultur.
Freier Wettstreit mit den Griechen

«Man kann dieses Stück nicht lesen, ohne sich von einem gewissen Geiste des Altertums angeweht zu fühlen, der für eine bloße, auch die gelungenste Nachahmung viel zu wahr, viel zu lebendig ist.» Mit diesen Worten charakterisiert Schiller im Januar 1789 Goethes *Iphigenie auf Tauris*. Einschränkend heißt es jedoch an späterer Stelle, der Autor erwecke «durch den Geist der Sentenzen, durch eine Überladung des Dialogs mit Epitheten» zuweilen den Eindruck, «als wenn er sich mit den Griechen in ihrer ganzen Manier hätte messen wollen.» (NA 22, 212) Vergleichbar ambivalente Urteile lassen sich auch über Schillers eigenen Versuch fällen, mit der *Braut von Messina* das Modell der attischen Tragödie im Geist der Moderne zu reaktivieren.

Den Plan zu einem antikisierenden Drama in Chören faßt Schiller bereits im Frühjahr 1801. Ein Brief an Körner vom 13. Mai umreißt Grundzüge eines Schemas, das manche Formelemente des *Maltheser*-Entwurfs übernimmt, thematisch aber an die Überlegungen zur *Braut in Trauer* anknüpft. Noch scheint die letzte Motivation für das Vorhaben jedoch zu fehlen. Zunächst treten das *Warbeck*-Projekt und die *Turandot*-Übertragung in den Vordergrund. Erst im September 1802, nach der Veröffentlichung der Gozzi-Adaption, befaßt sich Schiller gründlicher mit dem Stoff. In einem Brief an Körner vom 9. September 1802 begründet er die Wahl des Sujets aus arbeitsökonomischen Rücksichten, die ein zeitraubendes Projekt wie den *Warbeck* aufgrund der stets angestrengten Physis nicht zulassen. Besonderen Reiz bietet die «Neuheit in der Form», die «ein Schritt näher zur antiken Tragödie wäre» (NA 31, 159). Bis zur Mitte des Oktober findet Schiller nur selten den nötigen Schreibrhythmus. Zwischen 19. und 22. September besucht ihn Humboldt, mit dem sich die alte Vertrautheit freilich nicht einstellen mag. In den folgenden Wochen beeinträchtigen ihn Krämpfe und Fieberanfälle. Am 15. November heißt es jedoch, er habe «mit Eifer und mit Succeß» an der Tragödie gearbeitet und bereits 1500 Verse zu Papier gebracht (NA 31, 172). Am 27. November äußert er die Hoffnung, das Manuskript sei «spätestens Anfang Februars» druckfertig (NA 31, 175). Eine gesundheitliche Krise zur Jahreswende, die ein Nervenfieber und sporadische Schlafstörungen mit sich führt, verzögert die Fortsetzung. Dennoch gelingt es Schiller, die eigene Prognose zu unterbieten. Am 26. Januar 1803 berichtet er Goethe, daß er trotz wechselnder Stimmungen in völliger Abgeschiedenheit arbeite. Sein Ziel ist es, die Tragödie bis zum 8. Februar, dem Geburtstag Karl Theodor von Dalbergs, abzuschließen, um sich mit dem Manuskript für dessen großzügige Unterstützung zu bedanken. Der seit 1802 als Erzbischof und Kurfürst in Mainz amtierende Förderer hatte ihm noch Anfang des Jahres anonym 650 Reichstaler überweisen lassen, wie ein Eintrag im Kalender bezeugt. Mitte Oktober wird eine weitere Zuwendung in vergleichbarer Höhe folgen, der sich Ende Juni 1804 nochmals 542 Reichstaler anschließen. Daß Dalberg aus Gründen der diplomatischen Rücksicht auf den Weimarer Herzog nicht als sein offizieller Mäzen gelten wollte, erkennt Schiller mit einiger Feinfühligkeit. «Der Schatz hat uns also doch in gutem Gedächtniß», schreibt er am 10. Oktober 1803 an die nach Rudolstadt gereiste Charlotte, «nur will er, wie es scheint, seinen eignen Weg einschlagen und sich an nichts bestimmtes binden.» (NA 32, 76)

Zwar gelingt der gewünschte Abschluß des Textes zu Beginn des Februar, jedoch verzichtet Schiller auf eine persönliche Widmung an Dalberg, weil er den Förderer nicht öffentlich nennen möchte (dem *Tell* stellt er ein Jahr später immerhin ein an ihn gerichtetes Gedicht voran). Am 4. Februar trägt er dem nach Weimar gereisten Herzog von Meiningen in festlicher Gesellschaft aus dem Manuskript vor und erzielt großen Effekt. Daß er selbst sich zunächst keineswegs erfolgssicher gefühlt hat, verrät einen Tag später der Bericht an Goethe: «Die gestrige Vorlesung von der ich mir eine sehr mäßige Erwartung machte, weil ich mir mein Publicum nicht dazu auswählen konnte, ist mir durch eine recht schöne Theilnahme belohnt worden und die heterogenen Bestandtheile meines Publicums fanden sich wirklich in einem gemeinsamen Zustande vereinigt.» (NA 32, 7) Dennoch bestehen bei den Zuhörern gewisse Vorbehalte gegenüber dem antikisierenden Zuschnitt der Tragödie. Henriette von Knebel beklagt den lastenden Ernst der Dialoge, der, wie sie vermutet, beim mündlichen Vortrag stärker ins Gewicht falle als bei der Lektüre. Weniger einfühlsam reagiert Carl August, der Goethe am 11. Februar über seine Leseeindrükke berichtet und mit derben Worten die Neigung zum Sentenziösen ebenso wie die ungleichmäßige metrische Organisation der Sprache beklagt (NA 10, 357f.). Am selben Tag hatte Schiller erneut vor größerer Runde bei der Herzogin Louise aus seinem Manuskript vorgelesen. Der regelmäßige Kontakt zu höfischen Kreisen gehörte nunmehr für ihn zu den Selbstverständlichkeiten seines Weimarer Lebens. Neben die Zirkel bei Anna Amalia traten im Laufe des Jahres 1802 die nähere Bekanntschaft mit der Herzogin Anna Charlotte Dorothea von Kurland, dem Fürsten Ludwig Friedrich von Schwarzburg-Rudolstadt, dem Kunstmäzen Graf Reuß und die erneuerte Beziehung zu Friedrich Hildebrand von Einsiedel, der, im Privatleben als Autor dilettierend, eben frisch zum Geheimrat ernannt worden war. Der gehobene gesellschaftliche Rahmen, in dem die Lesung des neuen Dramas stattfand, spiegelt Schillers gestiegenes soziales Ansehen wider, wie es sich auch in seinen Alltagsverhältnissen abzeichnet.

Um Fehldeutungen zu vermeiden, verfaßt Schiller Ende Mai 1803 für die Buchausgabe eine Vorrede *Ueber den Gebrauch des Chors in der Tra-*

gödie, die das Wirkungskonzept des Stückes genauer erläutern soll. Die Problematik der Einführung liegt jedoch darin, daß sie grundsätzliche ästhetische Fragen berührt, die unabhängig vom konkreten Zusammenhang des Dramas bleiben, mithin nicht unmittelbar zum Verständnis seiner Struktur beitragen. Am 27. Februar wird in Weimar die erste Leseprobe mit den Schauspielern arrangiert. Einen Tag später sucht Schiller Goethes Berliner Freund Zelter für die musikalische Übertragung des Chors in Liedsätze zu gewinnen; das Vorhaben scheitert jedoch an der Kürze der verfügbaren Zeit. Am 19. März 1803 erfolgt die Uraufführung, die zwar eine gute Presseresonanz findet, jedoch in den privaten Weimarer Zirkeln wegen ihres pathetisch-getragenen Charakters kritisch besprochen wird. Zu den Mitwirkenden gehört Schillers neunjähriger Sohn Karl, der nach langem Drängen die Rolle eines Pagen versehen darf; den Part der Isabella übernimmt die junge Anna Amalia Malcolmi. Für die schwierigen Chorpartien stand der Weimarer Hofbühne ein eigenes Sängerensemble zur Verfügung, das bei antiken Dramen und Opern eingesetzt wurde.[248] In einem Brief vom 28. März 1803 berichtet Schiller Körner von der Premiere, die ihm, wie er gesteht, «zum erstenmal den Eindruck einer wahren Tragödie» vermittelt habe: «Der Chor hielt das Ganze treflich zusammen und ein hoher furchtbarer Ernst waltete durch die ganze Handlung.» (NA 32, 25) Im Sommer folgt das obligate Gastspiel in Lauchstädt; Schiller besucht gemeinsam mit dem Prinzen Eugen von Württemberg am 3. Juli die zweite Aufführung und wird vom studentischen Publikum, das aus Halle und Jena angereist ist, enthusiastisch gefeiert. Ein kräftiges Gewitter, das sich während der Vorführung über dem dünnwandigen Theaterbau entlädt, stört die Akustik, steigert jedoch, wie Schiller am folgenden Tag Charlotte schreibt, den pathetischen Effekt der Inszenierung. Die begeisterten Studenten entführen den verehrten Autor am vorgerückten Abend zu einem Kommers, zu dessen Teilnehmern auch die Schriftsteller Friedrich Wilhelm Gubitz, Karl von Raumer und Friedrich de la Motte Fouqué gehören. «Fast eine Stunde», so erinnert sich eines der Mitglieder später, «blieb Schiller bei uns, wahrhaftig ein Bursche unter Burschen.» (NA 42, 364) Der zweifelhafte Geist der Männerbündelei, der die Klassiker-Verehrung des 19. Jahrhunderts beeinflussen wird, ist hier bereits deutlich spürbar. Schiller hat studentische Feierlichkeiten dieser Art durchaus geschätzt und gelegentlich sogar die Nähe zum gehobenen Militärmilieu gesucht. Anläßlich der zweiten Weimarer Aufführung der *Jungfrau* nimmt er am 30. April 1803 an einem Stiftungsfest mit 100 preußischen Offizieren teil; während seines Lauchstädter Erholungsurlaubs genießt er zwei Monate später die Gegenwart der höheren sächsischen

Chargen im Kohlhof, dem größten Hotel des Badeorts. Am 7. Juli reitet er von Lauchstädt aus in Begleitung zahlreicher Gäste nach Merseburg, um eine Truppenübung zu beobachten, die, wie er Charlotte schreibt, «ordentlich kriegerisch» ausfällt (NA 32, 52). Solche Äußerungen bekunden noch den Geist der Stuttgarter Akademie, nicht zuletzt den burschikosen Habitus der Männerrunden, die der junge Schiller so sehr liebte.

In einem Brief an Iffland, der die neue Tragödie im Juni zur Aufführung bringt, heißt es am 22. April 1803 grundsätzlich: «Bei der Braut von Messina habe ich, ich will es Ihnen aufrichtig gestehen, einen kleinen Wettstreit mit den alten Tragikern versucht, wobei ich mehr an mich selbst als an ein Publicum außer mir dachte, wiewohl ich innerlich überzeugt bin, daß bloß ein Dutzend lyrischer Stücke nöthig seyn würden, um auch diese Gattung, die uns jetzt fremd ist, bei den Deutschen in Aufnahme zu bringen, und ich würde dieses allerdings für einen großen Schritt zum Vollkommenen halten.» (NA 32, 32) Dem Dresdner Publizisten Wilhelm Gottlieb Becker schreibt Schiller am 2. Mai über das neue Drama: «Es ist freilich nicht im Geschmack der Zeit, aber ich habe den Wunsch nicht bezwingen können, mich auch einmal mit den alten Tragikern in ihrer eigenen Form zu meßen, und zugleich die dramatische Wirkung des alten Chors zu erproben.» (NA 32, 34) Daß bereits zeitgenössische Leser diesen Rückzug in die Antike kritisch aufnahmen, belegt das Zeugnis Böttigers, der wenige Tage nach der Weimarer Uraufführung an Knebel schreibt, die klassizistische Tendenz der Tragödie sei «ohne alle Barmherzigkeit verurheilt worden» (NA 10, 358).[249] Mit skeptischem Tenor äußern sich auch Friedrich Heinrich Jacobi, Sophie Reimarus und Clemens Brentano über die konservative Stillage in sophokleischer Manier. Man beklagt zumeist das vermeintlich fatalistische Schicksalsverständnis, das der Text in unkritischer Anlehnung an die antike Metaphysik demonstriere. Der massive Einsatz sentenziöser Wendungen, den schon der Herzog getadelt hatte, wird durchgängig verworfen. In Berlin, wo Iffland die Tragödie mit großem Aufwand inszeniert, bemängelt Karl Wilhelm Ferdinand Solger die Geschwätzigkeit zahlreicher Chorpartien und die fehlende Verbindung antiker mit modernen Elementen (NA 10, 359). Wenig Verständnis zeigen die Kritiker für die Funktion, die der Rückgriff auf ein attisches Tragödienmodell in Schillers Drama besitzt; zumeist wird er als Ausdruck einer konservativen künstlerischen Gesinnung ohne aktuelle Perspektiven aufgefaßt, damit jedoch in seiner widersprüchlichen Wirkung unterschätzt.

Es bleibt zu bedenken, daß Schillers eigene Charakterisierung eines ‹Wettstreits› mit den antiken Tragikern dem Vorhaben eine spielerische Nuance verleiht, die den Ernst überdeckt, mit dem er seine Tragödie auch als Beitrag zur Korrektur eines ihm bedenklich erscheinenden Zeitgeschmacks begreift. Wilhelm von Humboldt schreibt er am 17. Februar 1803: «Die Schlegel- und Tiekische Schule erscheint immer hohler und fratzenhafter, während daß sich ihre Antipoden immer platter und erbärmlicher zeigen, und zwischen diesen beiden Formen schwankt nun das Publicum.» (NA 32, 11 f.) Bei der Attacke auf die romantische Generation dürfte Schiller auch an August Wilhelm Schlegels *Ion* und den *Alarcos* seines Bruders Friedrich gedacht haben, die 1802 erfolglos in Weimar aufgeführt worden waren. Gegen die exzentrische Konzeption dieser Tragödien suchte er selbst einen Entwurf zu behaupten, der die Muster des antiken Dramas aus der Perspektive eines zeitgenössischen philosophischen Bewußtseins verarbeiten sollte. Das schloß auch ein kritisches Bild jener überspannten Formen moderner Subjektivität ein, die Schiller in den an Calderón und Lope de Vega geschulten Dramenversuchen jüngerer Autoren wahrzunehmen glaubte. Wer wie Böttiger einzig den klassischen Apparat des Textes betrachtete, konnte freilich diese Dimension der *Braut von Messina* kaum zureichend erfassen.

Anders als eine oberflächliche Lektüre vermuten läßt, ist die tragische Handlung geschichtlich recht genau zu verorten. Die Hintergründe des Geschehens verweisen auf das Sizilien des 11. und 12. Jahrhunderts, das unter staufischer Herrschaft stand. Die Verknüpfung antiker, christlicher und islamischer Traditionen, auf die Schiller in einem Brief an Körner vom 10. März 1803 hinweist, bezeichnet nicht nur das heterogene «Ideencostüme» (NA 32, 20) der Tragödie, sondern auch einen konkreteren kulturellen Horizont. In seiner *Universalhistorischen Übersicht der merkwürdigsten Staatsbegebenheiten zu den Zeiten Kaiser Friedrichs I.* hat Schiller 1790 die normannische (1051–1186) und die frühe staufische Regierungsperiode (1186–1190) auf Sizilien umrissen. Das drastische Porträt der Gewaltherrschaft, die Herzog Robert Guiscard gemeinsam mit seinen beiden jüngeren Brüdern zwischen 1051–1085 in Süditalien errichtete, legt eine Spur zur Tragödie. Die Darstellung des Familienkonflikts mag durch die hier gegebene Konstellation inspiriert worden sein, befand sich doch Robert in einem erbitterten Konkurrenzverhältnis zu seinem Bruder Roger (dessen Name ebenso wie jener des Guiscard-Sohns Bohemund den Chorführern des Dramas zugedacht ist). Der Bezug zwischen Geschichtsdarstellung und Tragödie läßt sich vornehmlich an zeithistorischen Details erweisen. Zur kulturellen Gemengelage, die noch im 12. Jahrhundert auf Sizilien herrschte, vermerkt die *Übersicht*, daß sie durch ein «barbarisches Gemisch von Sprachen und Sitten, von Trachten und Gebräuchen, von Gesetzen und Religionen» bestimmt worden sei.[250] Deuten die martialischen Züge im Verhalten Cesars und Manuels auf den brutalen Habitus der normannischen Eroberer, so gemahnt die christliche Symbolwelt des Textes auf die nachfolgende staufische Besetzung. Nähere Informationen über deren historische Hintergründe konnte Schiller Funcks Aufsatz über *Robert Guiscard* entnehmen, der 1797 stückweise in den ersten drei Jahrgangsheften der *Horen* erschienen war (und auch Kleist als Grundlage für seinen Dramenentwurf von 1802/03 diente).[251] Körner gesteht er am 10. März 1803, daß ihn die historisch verbürgte Verknüpfung unterschiedlichster Traditionen im mittelalterlichen Sizilien gereizt habe: «Das Christenthum war zwar die Basis und die herrschende Religion, aber das griechische Fabelwesen wirkte noch in der Sprache, in den alten Denkmälern, in dem Anblick der Städte, welche von Griechen gegründet waren, lebendig fort; und der Mährchenglaube so wie das Zauberwesen schloß sich an die Maurische Religion an.» (NA 32, 20) Der arabische Orakeldeuter und der christliche Mönch, die die Träume des Fürsten und Donna Isabellas auslegen sollen, bezeugen die «Vermischung» der «Mythologien» (NA 32, 20), wie sie für das mittelalterliche Sizilien prägend ist. Die Vorrede zur Tragödie betont wenig später, daß die vom Text vorgeführte Vielfalt der Konfessionen die hinter sämtlichen rituellen und dogmatischen Gegensätzen hervortretende Einheit der religiösen Idee erweisen solle (NA 10, 15).

Auch wenn Schiller zur näheren Charakterisierung des historischen Milieus auf Elemente des normannischen Herrscherkonflikts im Haus Guiscards zurückgegriffen hat, wird man seine Tragödie kaum als Geschichtsdrama ansehen dürfen. Überraschend mutet die Verwendung spanischer Namen und Titel an, die ein Moment der Verfremdung bezeichnet, begann doch die kastilische Periode auf Sizilien erst mit der Regierung Isabellas im Jahr 1476.[252] Die Überblendung unterschiedlicher historischer Phasen verrät Schillers Absicht, Geschichte als Medium sozialer Handlungsmuster unter den Bedingungen des Umbruchs oder Übergangs zu kennzeichnen. Sizilien gerät derart zum symbolischen Ort, an dem die Schnittstellen zwischen ungleichzeitigen kulturellen und politischen Milieus auf prägnante Weise vorgeführt werden können. Die Verwandlung Messinas zu einer theatralischen Kulisse von artifiziellem Charakter, die der Sachkenner Funck in einem Brief an Körner als problematisch bezeichnet hat,[253] hebt das historische Interesse nicht auf, löst es jedoch von einer Bindung an konkrete Fakten, damit es sich verstärkt den anthropologischen Hintergründen geschichtlicher Konflikte zuwenden kann.

Die formale Struktur der Tragödie gehorcht konsequent antiken Mustern, sieht man von den freizügigen Modifikationen ab, die Schiller im

Fall der Chorinszenierung vorgenommen hat. Die Schauplatzwechsel bleiben auf ein geringes Maß beschränkt, die Orte – vom Palast über den Klostergarten bis zur düsteren Säulenhalle des Schlußakts – besitzen wenig spezifischen Charakter, die Handlungszeit konzentriert sich, gemäß den aristotelischen Normen, auf wenige Stunden vom Nachmittag bis zum späten Abend. Den attischen Vorbildern Sophokles und Euripides entspricht die Abfolge des szenischen Geschehens, die Aufhellung vergangener Ereignisse mit Hilfe analytischer Techniken ebenso wie der Mechanismus des Glückswechsels im dritten Akt, aus dem nach der Ermordung Don Manuels der schmerzhafte Prozeß der objektiven Erkenntnis hervortritt.[254] Bezeichnend bleibt, daß ausgerechnet Don Cesar, der schwerste Schuld trägt, als letzter die vollen Konsequenzen seiner Handlungen im tückischen Dreieck von Selbstbetrug, Inzest und Brudermord durchschaut. Zur folgerichtigen Dramaturgie der einander fortzeugenden Fehlgriffe gehört nicht zuletzt die vermeintliche Zweideutigkeit des Orakels, ein Motiv, das Schiller in Sophokles' *Trachinierinnen* und *Philoktet* hatte finden können.[255]

Leistet der geschlossene Chor die nicht immer unparteiische Bewertung des Bühnengeschehens, so bleibt das Handeln der dramatis personae von Leidenschaft und Gedankenlosigkeit beherrscht. Geradezu aufdringlich mutet die Häufung tragischer Ironie an, die zumal das Inzestmotiv umspielt. So erklärt Isabella ihrem jüngeren Sohn in Unkenntnis der bedrohlichen Entwicklung, sie erwarte, daß er sich allein in eine «Königstochter» (v. 1457) verlieben werde. Ähnlich zweideutigen Charakter trägt es, wenn Cesar über den ersten Anblick Beatrices berichtet, er habe sich ihr fremd, aber zugleich «vertraut» (v. 1539) gefühlt, ohne zu ahnen, daß es sich um seine Schwester handelt. Ambivalent fiel bereits die Orakeldeutung des Mönchs aus, der Isabellas Traum von Löwe und Adler auszulegen suchte: die Tochter, von der die Donna entbunden werde, dürfe «der Söhne streitende Gemüther | In heißer Liebesglut vereinen» (v. 1350 f.). Daß diese Prognose nur scheinbar in Widerspruch zu den Warnungen des «Arabier(s)» steht, der dem Fürsten nach seinem Traum prophezeite, die Tochter werde die Söhne «tödten» (v. 1318 ff.), entgeht den Figuren, weil sie allein auf den Wortlaut, nicht aber auf den tieferen Sinn der zweideutigen Formulierung achten. Der Verlauf der Tragödie bekräftigt die Einheit beider Interpretationen, wenn die mit Hilfe der Mutter nach der Beerdigung des Fürsten herbeigeführte Versöhnung im Moment der plötzlich aufblitzenden Eifersucht in einen gewalttätigen Affekt umschlägt und die ‹heiße Liebesglut›, die die Brüder gleichermaßen mit der unerkannt gebliebenen Schwester verbindet, den rasenden Haß des Mörders Don Cesar schürt.

Die Ironie der beiden Orakel besteht darin, daß ihre Einheit dialektisch, damit für die Figuren aber kaum durchschaubar ist. Wenn die Liebe im Verlauf der Tragödie tödliche Konsequenzen zeitigt, so bedeutet dieses den Vollzug der von den Träumen bildhaft beschworenen Zerstörungskraft der Leidenschaft. Schillers Drama übernimmt hier eine Diagnose aus Hölderlins *Hyperion*-Fragment, das er 1794 in der *Thalia* veröffentlicht hatte. Im Vorgriff auf das Modell einer dialektisch gefaßten Vermittlung der den Menschen regierenden geistig-sinnlichen Strebungen, das die Endfassung des Romans genauer entwickelt, heißt es dort: «Es war mir, als sollte die Armuth unsers Wesens Reichtum werden, wenn nur ein Paar solcher Armen Ein Herz, Ein unzertrennbares Leben würden, als bestünde der ganze Schmerz unsers Daseyns nur in der Trennung von dem, was zusammengehörte.»[256] Die Tragödie geht von einem vergleichbaren Befund aus, kehrt ihn jedoch um. Nicht die von Hölderlin umrissene «Versöhnung», die «mitten im Streit»[257] aufscheint, ist ihr Thema, sondern die Zerreißkraft, die im Moment der Harmonie liegt. Indem die Liebe als Medium des neuen Konflikts erscheint, erweist sich die dialektische Einheit beider Begriffe. In praktischer Konsequenz aber bedeutet das, daß die tragische Ironie der mehrdeutigen Orakel die Figuren daran hindert, tiefere Einsicht in den Zusammenhang der verwirrenden Ereignisse zu gewinnen. Die an Sophokles ausgerichtete klassische Ökonomie der Tragödie berührt damit auch Aspekte der Geschichtsidee und der Schuldfrage, die ihrerseits das moderne Zentrum des Dramas bilden.[258]

Schuldbegriffe.
Die ‹Tragödie im Sittlichen›

Den von Schillers Text entfalteten Grundkonflikt erschließt Hegels Diktum, jede tragische Verstrickung werde gefördert durch die «Einseitigkeit» des sich im Individuum manifestierenden Willens, insofern dieser die Kollision der unterschiedliche Tendenzen verfolgenden Einzelinteressen bewirke.[259] Erst der Untergang des Helden aber, so führen die *Vorlesungen über die Ästhetik* aus, bezeichne die Möglichkeit einer sittlichen Einheit der Weltgeschichte, in der sich die Option auf eine Versöhnung der auseinandertreibenden Strebensrichtungen jenseits von individuellem Egoismus und sozialen Rollengrenzen abzeichne. So genau Hegels Charakteristik der Tragödie als Kollision der Interessen Schillers Drama erfaßt, so fraglich bleibt jedoch, ob dessen Schlußlösung die Spuren jener Versöhnung zeigt, in der die *Ästhetik* ein dialektisches Gesetz der historischen Entwicklung selbst erblickt. Zu prüfen bleibt, inwiefern Don Cesars Tod das Opfer für die Idee der Autonomie im Zusammenhang erhabener Selbstbestimmung oder die Fortschreibung von mythischen Gewaltverhältnissen als Bekräftigung eines problematischen Geschichtsprinzips bedeutet.

Das Konfliktmodell seiner Tragödie hat Schiller an Walpoles Drama *The Mysterious Mother* (1768) angelehnt, dessen Inhalt er durch eine 1798 im *Intelligenzblatt* der ALZ publizierte Anzeige der seit 1794 vorliegenden deutschen Übersetzung kannte. Die schuldbeladene Mutter verbirgt hier die Existenz der im Inzest mit dem eigenen Sohn gezeugten Tochter und bringt damit das düstere Geschehen in Gang (auch bei Schiller trägt die Verbindung Isabellas mit ihrem Mann illegitime Züge, war sie doch zunächst dem Vater ihres Mannes versprochen [v. 960 ff.]). In Walpoles romantischem Schauerstück, das dem Muster des analytischen Dramas folgt, begegnet die Tochter dem Bruder, der hier ihr eigener Vater ist, und erweckt dessen erotisches Begehren. Die Katastrophe, die aus dieser Leidenschaft folgt, bildet mithin das Ergebnis der schuldhaften älteren Verstrickung.[260] Wenn Schiller Walpoles Modell aufgreift, so bedeutet das, daß nicht das vom Chor beschworene Schicksal, sondern allein der Mensch für das Bühnengeschehen verantwortlich bleibt. Sichtbar wird derart die folgerichtige Logik der tragischen Kollision, die aus früheren Fehlgriffen ableitbar scheint. Isabellas erste Schuld, die mit dem Bruch des Eheversprechens verbunden ist, setzt sich in den Akten des Mißtrauens und der Verstellung fort, die die Ereignisse bestimmen. Daß sie und der Fürst Seher befragen, um den Sinn ihrer Träume zu ergründen, verrät die Unsicherheit der Herrscher, die nicht souverän über die Bezirke ihrer Imagination verfügen, sondern deren zweideutig erscheinenden Bildern verständnislos gegenüberstehen. Selbst dort, wo ihr Handeln von Vernunftgründen getragen wird, gerät es, ähnlich wie im Drama Walpoles, durch fehlende persönliche Offenheit in bedenkliche Zonen. Wenn Isabella Beatrice heimlich in einem Kloster verbirgt, um sie vor dem sicheren Tod zu schützen, ohne ihre Söhne rechtzeitig über diese Maßnahme aufzuklären, beschleunigt sie unbewußt die Katastrophe. Don Manuels Entführungsplan und Don Cesars unbedingte Leidenschaft wiederum treiben das düstere Geschehen voran, weil erneut Verstellung regiert, wo die Transparenz der freimütigen Aussprache geboten wäre. Beatrice beteiligt sich am verwickelten Spiel, indem sie, erfaßt von erotischer Sehnsucht, den Fluchtplänen ihres Bruders keinen ernsthaften Widerstand entgegensetzt. Schließlich trägt auch der Diener Diego zur Verstrickung bei, wenn er Beatrice gegen den Befehl der Herrscherin gestattet, an den Begräbnisfeierlichkeiten für den verstorbenen Fürsten teilzunehmen. Don Cesars ungestümes Werben um die Schwester, seine Eifersucht und die Ermordung des

Bruders im Affekt bilden nur die Schlußelemente in der Dramaturgie der persönlichen Schuld.[261] Sämtliche Handlungen der dramatis personae bleiben durch den Mangel an Erkenntnis und Einsicht geprägt. Das bedingt schließlich die Häufung tragischer Ironie, wie sie die Reden der Figuren durchzieht. An die Stelle der Reflexion tritt die Gewalt – im Verhältnis der Brüder, aber auch in Beziehung zu Beatrice. Daß die Tragödie die moralische Verantwortung des Individuums nicht leugnet, sondern gerade einschärft, haben Kritiker wie Böttiger und Jacobi, die Schiller Schicksalsgläubigkeit vorhielten, offenkundig übersehen.

Als Medium von Gewaltakten erscheint die Geschichte mythisch strukturiert, wobei das Handeln des Menschen vom Versuch beherrscht ist, deren magischen Bann zu brechen.[262] Die Naturmetaphorik, die das Drama bestimmt, trägt dem Rechnung. Mit der Macht der «Wetterbäche» (v. 242) aus «Wolkenbrüchen» (v. 244) nimmt, so der Chor, das Unheil seinen Lauf. Das wahre Glück, weiß Don Manuel, soll nicht «Blitzen gleich» aufflackern, sondern wie «des Baches Fließen» stetig bleiben (v. 664 ff.). Wenn am Ende aber der Schrecken als «Ungeheuer» des Meeres (v. 2206) über die Menschen hereinbricht und in «schwarzen Güssen» die «Bäche des Bluts» (v. 2434 f.) hervorstürzen, dann erweist sich, daß die Natur eben nicht, wie Isabella vermutet, «redlich» an dem «ewigen Ankergrunde» (v. 361 f.) festliegt, vielmehr bedrohlicher Bestandteil einer unbeherrschbaren Geschichte zu sein scheint. Die «sturmbewegten Wellen | Des Lebens» (v. 363 f.) verraten gerade den inkalkulablen Charakter des historischen Prozesses, dessen mächtiger Triebkraft das Individuum wie Holz in der Strömung ausgesetzt ist. Vor dem bedrohlichen Hintergrund von Meer und Vulkanlandschaft (v. 945 f.) bleibt der Status des Einzelnen gefährdet, seine Handlungsfreiheit durch äußere Zwänge eingeschränkt. Behauptet der Chor, die Natur sei «ewig gerecht» (v. 230), so schließt das ein, daß sie den Menschen nach festliegenden Gesetzen steuert. Ob diese Gesetze für das Individuum durchschaubar, womöglich auf einen höheren Willen zurückzuführen sind, scheint jedoch zweifelhaft. Das Muster für das düster getönte Bild einer fremdbestimmten sozialen Wirklichkeit fand Schiller in der attischen Tragödie. Im November 1802 las er während der Niederschrift der Exposition vier Tragödien des Aischylos in der Übersetzung Friedrich Leopold zu Stolbergs (*Prometheus, Sieben gegen Theben, Die Perser* und *Die Eumeniden*). Körner gesteht er am 15. November, daß ihn «seit vielen Jahren nichts so mit Respect durchdrungen» habe «als diese hochpoetischen Werke.» (NA 31, 173)

Bleibt die heteronome Ordnung der Geschichte eine naturhaft wirkende Kraft, mit der das handelnde Individuum stets rechnen muß, dann

Die ‹Tragödie im Sittlichen› 539

wäre zu fragen, inwiefern sich in ihr die Zwänge eines göttlich verhängten Schicksals manifestieren. Nicht auszuschließen ist, daß der Glaube an eine überirdische Macht, dem die dramatis personae folgen, ein Produkt der Einbildung vorstellt, das freilich das soziale Handeln entscheidend bestimmt. «Schicksal», vermerkt Walter Benjamin in einem Aufsatz von 1919, «ist der Schuldzusammenhang des Lebendigen.»[263] So betrachtet, bezeichnet der Rückgriff auf die Kategorien der Metaphysik, wie ihn der Chor vornimmt, keine Einschränkung der individuellen Verantwortung, sondern ein übergeordnetes Handlungsgefüge, in das der Mensch zwangsläufig eingelassen bleibt. Weniger die spezifische Interpretation dieses Zusammenhangs (die bei Benjamin wiederum religiöse Züge trägt) als seine funktionale Bedeutung für das Individuum gewinnt in Schillers Tragödie Gewicht. Maßgeblich scheint, daß der Mensch, wo er handelt, in schuldhafte Abhängigkeiten geraten kann, die unter den Bedingungen einer heteronomen geschichtlichen Ordnung das Gesetz seines Lebens bilden – eine Vorstellung, die Benjamins Trauerspielbuch in Schillers Chortragödie nach dem Muster des «romantischen Schicksalsdrama[s]»[264] entfaltet sieht.

Damit entsteht eine zirkuläre Struktur: die Logik der Geschichte bleibt deshalb undurchdringlich, weil der Mensch, der in sie eingespannt ist, ihre Prinzipien als göttlich geprägt begreift. Der Ausbruch aus einer das Individuum in die Enge treibenden Geschichte ist nicht möglich, da ihre Verlaufsform durch den Einzelnen selbst erzeugt wurde.[265] Daß die metaphysische Dimension vom Menschen gesetzt ist, bekräftigt Isabella am Schluß, wenn sie erklärt: «Was kümmerts Mich noch, ob die Götter sich | Als Lügner zeigen, oder sich als wahr | Bestätigen?» (v. 2490 ff.) Angesichts des äußersten Unglücks gewinnt die metaphysische Welt für das leidende Individuum zweideutige Züge. Ist die Psychologie des Zweifels, die hier anklingt, noch Relikt der antiken Tragödie, so dringen dort moderne Elemente in Isabellas Reflexion, wo sie die Götterwelt von der moralischen Selbstorganisation des Menschen trennt. Der Schmerz, den die sich ‹schuldlos› (v. 2507) fühlende Donna angesichts der sie ereilenden Familienkatastrophe empfindet, bleibt eine Erfahrung jenseits der vom Chor immer wieder beschworenen Macht der Vorsehung. Gerade weil am Ende die Autorität der Götter nur mühsam «gerettet» ist, wie Isabella im Blick auf die Erfüllung der Orakel betont, scheint deren Geltungsanspruch begrenzt. Dem «in Verzweiflung» sich zurückziehenden Menschen (v. 2506 ff.) bleibt das Fluchtziel seiner persönlichen Würde, die ihm weder die undurchdringliche Naturgeschichte noch die metaphysischen Mächte rauben können. Problematische Züge gewinnt diese Einsicht jedoch dadurch, daß die Autonomie, die sie als Recht des Individuums beansprucht, einzig einer Situation abgetrotzt ist, in der jede Hoffnung auf eine Veränderung der sozialen Verhältnisse zwischen den Menschen verloren, aber auch die von Hegel als zentrales Element der Tragödienstruktur aufgefaßte Versöhnung gegenstandslos geworden zu sein scheint.

Während Isabella keine individuelle Schuld anerkennen will, übernimmt Don Cesar am Ende die ganze Verantwortung für den Ausgang der Ereignisse. Zu fragen steht dabei, ob sein Selbstmord ein Akt der erhabenen Selbstbehauptung ist, durch den der Held nach dem Muster von Schillers Tragödientheorie seine persönliche Freiheit rettet.[266] Die innere Problematik des Suizids hat bereits Jacobi berührt, der am Ende der Tragödie keinen Ausweg, sondern nur Hoffnungslosigkeit bezeichnet fand (NA 10, 359). Zwar stirbt Cesar im Gestus des erhabenen Helden, der «Mit freiem Geist» (v. 2727) über sich selbst verfügt, jedoch kann kein Zweifel bestehen, daß sein Tod den Kreislauf der Gewalt, der das Geschehen bestimmt, nicht unterbricht, sondern fortzeugt. Als schwärmerisch-impulsiver Charakter scheint der Protagonist in keinem Moment des Geschehens von jenem idealistischen Gedankenschwung mit moralischer Widerstandskraft geprägt, der, wie Schiller in *Ueber das Pathetische* erklärt hatte, den erhabenen Helden zur optimalen Tragödienfigur qualifiziert. Cesars Unglück folgt nicht aus sittlichen Überzeugungen, bildet vielmehr das Ergebnis blinder Leidenschaft (ein Umstand, der zeitgenössischen Rezensenten wie Huber und Delbrück entgangen ist). Noch sein Freitod scheint die Konsequenz einer Kränkungserfahrung zu sein und bleibt damit dem Konkurrenzverhältnis geschuldet, das ihn mit dem Bruder verband: «Der Neid vergiftete mein Leben, | Da wir noch deine Liebe gleich getheilt. | Denkst du, daß ich den Vorzug werde tragen, | Den ihm dein Schmerz gegeben über mich?» (v. 2727 ff.)[267] Der Selbstmord des Helden ist kein Akt der Autonomie, sondern erfolgt im Bann des Bruderkonflikts, der sich nun auf anderer Ebene fortsetzt: «Weit wie die Sterne abstehn von der Erde, | Wird Er erhaben stehen über mir, | Und hat der alte Neid uns in dem Leben | Getrennt, da wir noch gleiche Brüder waren, | So wird er rastlos mir das Herz zernagen, | Nun Er das Ewige mir abgewann, | Und jenseits alles Wettstreits wie ein Gott | In der Erinnerung der Menschen wandelt.» (v. 2736 ff.) Die moralische Selbstbestrafung gerät zu einer Inszenierung, in der das moderne Subjekt seine absoluten Geltungsansprüche zum Ausdruck bringt.[268] Unter ihrem Diktat vollzieht sich die Verherrlichung des egoistischen Kalküls in der symbolischen Figur des Opfers: «Und friedlich werden wir zusammen ruhn, | Versöhnt auf ewig in dem Hauß des Todes.» (v. 2752 f.)

Die Anwendung der Kategorie des Erhabenen auf den hier sichtbaren Prozeß der Selbstverklärung verbietet sich auch deshalb, weil Don Cesars Suizid eine Maßnahme ist, die Schiller ausdrücklich als moralisch bedenkliche Lösung eines inneren Konflikts bezeichnet hat. Der Essay *Ueber das Erhabene* betont, daß das Individuum nur dort zwanglos handeln könne, wo es sich dem Kreislauf der Gewalt entziehe (NA 21, 38 ff.). Der Freitod Cesars bleibt ein Vorgang der Imitation moralischer Autonomie, insofern er diesen Kreislauf nicht durchbricht, sondern fortsetzt (das nimmt Argumente vorweg, mit denen später Hegels Rechtsphilosophie den Selbstmord kritisieren wird).[269] Statt die schmerzhafte Erkenntnis der eigenen Verstrickung in den Dienst sittlicher Verantwortung zu stellen, verabschiedet sich der Held aus der Geschichte, an deren Veränderung er nicht mitzuwirken imstande ist. Indem er die bestehenden Gewaltverhältnisse auf sich beruhen läßt, bekräftigt er ihre mythische Gestalt.[270] Bevorzugt Don Cesar die Lösung der Verherrlichung einer überspannten Subjektivität, wie sie Schiller in Schlegels *Alarcos* feierlich verklärt fand, so spricht ihm das ein eindeutiges Urteil. Als moderner Charakter geht er den Weg des geringeren Widerstands, der nicht zum Erhabenen, sondern zur exzentrischen Ich-Inszenierung führt. Gemäß einer Bemerkung von Johann Heinrich Voß verrät sich hier, daß der romantische Stoff sein Geltungsrecht gegen die antikisierende Darstellung behauptet (NA 42, 347). Die moderne Perspektive der Tragödie besteht darin, daß sie die im Medium der attischen Dramenform entfaltete Konfliktlage nicht auf metaphysische, sondern auf subjektive Antriebskräfte zurückführt. Dem entspricht das Schlußwort des Chors, das die Ambivalenz der von Cesar angestrebten Lösung ausleuchtet: «Das Leben ist der Güter höchstes nicht, | Der Uebel größtes aber ist die Schuld.» (v. 2838 f.) Was Cesar preisgibt, ist gerade nicht das ‹höchste Gut›. Er verfehlt damit die echte Sühne des ‹größten Übels›, die nur in der durchgreifenden Arbeit an der mythischen Struktur der Geschichte möglich gewesen wäre.

Während es den Figuren in Goethes *Iphigenie* gelingt, den auf dem Haus der Atriden lastenden Fluch zu durchbrechen und aus dem Kreislauf der Verbrechen auszutreten, schlägt, was immer Schillers Gestalten tun, in die Erzeugung neuer Gewaltverhältnisse um.[271] Damit ist die *Braut von Messina* weder das klassizistische Übungsstück des souveränen Bühnenhandwerkers noch die Apotheose des seiner selbst mächtigen Individuums, das sich den Weg in ein neues Paradies der Selbstbestimmung bahnt,[272] sondern der Reflex einer skeptischen Geschichtsauffassung. Die Option auf Freiheit, die im Medium des Bühnenspiels nur schattenhaft zutage tritt, bleibt jedoch als Hoffnungsbild in Kraft. Seine mögliche Wirklichkeit kann der Zuschauer reflektieren, indem er die ästhetische Potenz der Tragödie nutzt, um die eigenen Chancen auf eine soziale und persönliche Bewährung in der Geschichte zu durchleuchten. Schillers Vorrede zufolge soll ihn der Chor bei diesem Geschäft unterstützen.

Ratgeber ohne Autorität.
Dramaturgische Zwecke des Chors

Mit dem Einsatz des Chors greift Schiller nicht allein auf die antike Tragödienstruktur zurück. Bereits in der Mitte des 18. Jahrhunderts hatte man sporadische Versuche einer Erneuerung dieses Formelements unternommen, wie an Cronegks Märtyrerdrama *Olint und Sophronia* (1757) und Klopstocks *Hermann*-Trilogie (1769–1787) zu erkennen ist. Im Sommer 1800 trägt sich Goethe mit dem Gedanken, seine Übersetzung von Voltaires *Tancred* durch Chöre zu stützen, die das Geschehen als «öffentliche Begebenheit» (NA 38/I, 307) ausweisen sollen. Zur selben Zeit wie Schiller bemüht sich Kleist in seinem *Guiskard*-Entwurf um eine Tragödie mit chorischen Einlagen, wie sie die Auftritte des normannischen Volks vorzeichnen. Schillers Ansatz unterscheidet sich von solchen Versuchen, weil er die pathetische Diktion des Chors besonders eng an der Stillage der attischen Tragödie ausrichtet, zugleich aber durch die Teilung in zwei Einzelgruppen ein neues Strukturelement ins Spiel bringt. Daß das Thema um 1800 auch theoretisches Interesse findet, bezeugen die einschlägigen Passagen aus Schellings *Philosophie der Kunst* und August Wilhelm Schlegels Wiener Vorlesungen zur dramatischen Literatur. Bereits 1795 hatte Friedrich Schlegel in einem unveröffentlichten Aufsatz den politischen Charakter des antiken Chors hervorgehoben und ihn als Form einer «Repräsentation des Volks» gewürdigt, die den «Republikanismus der Tragödie» begründe.[273]

Im Mai 1803 entschließt sich Schiller, der Druckfassung seines Textes einige erläuternde Worte zum Verständnis des Chors voranzustellen. Bereits zwei Monate zuvor unterscheidet er in einem Brief an Körner den «allgemeinen menschlichen» Zustand des Chors von einem «specifischen» Erscheinungsbild, das ihn als handelnde «Person» zeige: «In der ersten Qualität ist er gleichsam außer dem Stück und bezieht sich also mehr auf den Zuschauer. Er hat, als solcher, eine Ueberlegenheit über die handelnden Personen, aber bloß diejenige, welche der ruhige über den paßionierten hat, er steht am sichern Ufer, wenn das Schiff mit den Wellen kämpft. In der zweiten Qualität, als selbsthandelnde Person, soll er die ganze Blindheit, Beschränktheit, dumpfe Leidenschaftlichkeit der Masse darstellen, und so hilft er die Hauptfiguren herausheben.» (NA 32, 19 f.) Als geschlossen auftretende Urteilsinstanz ist der Chor nach Schillers Verständnis ein Kollektiv ohne eigenen Tatwillen, in der Rolle des parteiischen Untergebenen ordnet er sich den beiden Protagonisten zu, deren Interessen er auch mit der Waffe zu schützen bereit ist. Für die Hamburger Bühnenfassung vom Mai 1803 hat Schiller den sechs Einzelchorführern Namen zugewiesen, die unterschiedlichen Nationalkulturen entstammen; auf Manuels Seite stehen Bohemund, Roger und Hippolyt, Cesar unterstützen hingegen Cajetan, Berengar und Manfred (eine Reminiszenz an Walpoles *Castle of Otranto*). Damit wird sichtbar, daß der Chor nicht nur reflektierendes Kollektiv, sondern zugleich ein Ensemble von tätigen Individuen ist. Idealiter, so erklärt Schillers Ende Mai 1803 verfaßte Vorrede *Ueber den Gebrauch des Chors in der Tragödie*, sollen beide Erscheinungsformen, wie «das Ideale und Sinnliche» sich ergänzend, «neben einander wirken» (NA 10, 13).

Die allgemeine Leistung des Chors sieht Schillers Abhandlung darin, daß er als «Kunstorgan» dazu beiträgt, die dargestellte Wirklichkeit zum «Symbol» zu verwandeln und ihr auf diese Weise poetisches Air zu verschaffen (NA 10, 10 f.). Ähnlich wie später Hegel betont Schiller den prosaischen Charakter der Moderne, der einzig durch Rückgriffe auf das Inventar der antiken Formen überwunden werden könne. Die lyrische Diktion des Chors, seine artistisch organisierte Redekunst und die theatralische Suggestionskraft seiner Auftritte fördern die sinnliche Bühnenwirkung, sollen aber zugleich beim Zuschauer die nötigen Reflexionskapazitäten freisetzen, die es gestatten, die Handlung aus der Distanz eines abgeklärten Urteils zu bewerten. Die Einsicht in die künstlerischen Qualitäten des Chors schließt nach dieser Argumentation seine Bestimmung als modernes Stilelement ein. Der Rekurs auf das Forminventar der Antike steht in einem funktionalen Zusammenhang mit der Moderne, insofern er deren ästhetische Defizite beseitigen hilft: «Der neuere Dichter findet den Chor nicht mehr in der Natur, er muß ihn poetisch erschaffen und einführen, das ist, er muß mit der Fabel, die er behandelt, eine solche Veränderung vornehmen, wodurch sie in jene kindliche Zeit und in jene einfache Form des Lebens zurück versetzt wird.» Die Wiederherstellung des Chors, mit dessen Hilfe «dem Naturalism in der Kunst» der «Krieg zu erklären» ist, bedeutet einen produktiven Akt, der das Bewußtsein der eigenen Zeit verändern und ihren Sinn für die «großen Resultate des Lebens» schärfen kann (NA 10, 11 ff.).

Die Modernität des Chors besteht nicht zuletzt in seiner Aufgabe, die gegebene Wirklichkeit mit ästhetischen Mitteln zu überhöhen. Anders als im Drama der Antike, wo die Chorpartien an den Ursprung des Theaters aus dem Ritual erinnern, ist die Kunst jetzt gehalten, die engen Grenzen einer unüberschaubar gewordenen Lebenswelt aufzuheben. Bildet der Chor der attischen Tragödie das feste Element einer Kultureinheit, die Wirklichkeit und Metaphysik organisch verbindet, so kann er sich in der Moderne nicht mehr durch eine rituelle Funktion rechtfertigen. Sein Zweck, wie Schillers Vorrede ihn faßt, besteht in der Überbietung einer banalen Realität, die der Poesie keine hinreichend feinen Stoffe mehr liefern kann: «Der Dichter muß die Palläste wieder aufthun, er muß die Gerichte unter freien Himmel herausführen, er muß die Götter wieder aufstellen, er muß alles Unmittelbare, das durch die künstliche Einrichtung des wirklichen Lebens aufgehoben ist, wieder herstellen, und alles künstliche Machwerk an dem Menschen und um denselben, das die Erscheinung seiner innern Natur und seines ursprünglichen Charakters hindert, wie der Bildhauer die modernen Gewänder, abwerfen, und von allen äussern Umgebungen desselben nichts aufnehmen, als was die Höchste der Formen, die menschliche, sichtbar macht.» (NA 10, 12) Hier geht es kaum um die Erneuerung der antiken Metaphysik, sondern um das Aufgabenprofil für eine Kunst, die, gegen den zeitgenössischen Realismus, «das Materielle durch Ideen» (NA 10, 9) beherrschen möchte. Das Ziel, die anthropologischen Konstanten zu verdeutlichen, die hinter den je besonderen sozialen und geschichtlichen Prägungen des Individuums liegen, setzt Schiller zufolge der Chor um, indem er auf sinnlich markante Weise die leitenden Konfliktlinien bezeichnet, die ein dramatisches Geschehen bestimmen. So zeigt er den ‹natürlichen› Menschen ohne gesellschaftliches Rollenkostüm, dessen spezifisches Bild durch eine präzise Kunstleistung der profanen Wirklichkeit abgerungen werden muß.

Es ist bemerkenswert, daß die politische Dimension des Chors, die Friedrich Schlegel ausdrücklich betont hatte, für die Vorrede keine Bedeutung besitzt. Auf die ideale Einheit von öffentlichem Bürger und privatem Individuum, die 1790 in der *Thalia*-Abhandlung über Solon und Lykurg als Merkmal der athenischen Staatsform näher zur Sprache gekommen war, wird jetzt nicht mehr verwiesen. Die Rechtfertigung des Chors erfolgt einzig unter ästhetischen Gesichtspunkten, kaum jedoch im Blick auf ein gesellschaftliches Idealbild, wie es auch Humboldt in der antiken Polis verwirklicht fand. Mit seinem Angriff gegen den ‹Naturalism› trifft Schiller nicht zuletzt Lessing, der im 59. Stück der *Hamburgischen Dramaturgie* den Chor für unzeitgemäß erklärt hatte, weil er nach seiner Ansicht die wirklichkeitsnahe Färbung des Dialogs störte. Ist der Charakter des ‹natürlichen Menschen› für Lessing durch seine gesellschaftliche Rolle im Medium der Sprache zu erfassen, so sieht die Vorrede in ihm den «Repräsentanten» der «Gattung» ohne besondere soziale Verankerung (NA 10, 14).[274] Die nachträglich formulierten Maßgaben der Abhandlung hat Schiller nur punktuell erfüllt. Seine Tragödie stellt die ‹Götter wieder auf›, indem sie die äußere Handlung mit einem metaphysischen Ereignishorizont zu verbinden sucht. In den Hintergrund rückt sie damit jedoch die individuelle Verantwortung, die die Schuld der Protagonisten begründet. Gerade die klassische Überhöhung des Stoffs entschärft seine Brisanz, indem sie vom geschichtlichen Versagen des Menschen ablenkt, das den Auslöser der hier vorgeführten Katastrophen bildet. Nicht umgesetzt hat Schiller vor allem die nachträglich geforderte Idealisierungsfunktion des Chors. Die Tragödie zeigt ihn entweder als engagierte Partei oder in der Rolle eines bemüht sachlich richtenden Kollektivs mit schwankenden Meinungen. Zwar verwendet schon Aischylos den ratlosen, in seinem Urteilsvermögen eingeschränkten Chor (so in den von Humboldt passagenweise übersetzten *Eumeniden*), jedoch scheint dieses Moment bei Schiller zu einer Form der Verunsicherung gesteigert, die klare Orientierungen ausschließt.[275] Die modern anmutende Ambivalenz des Chors verrät sich in der Nervosität seiner Meinungswechsel, die von einem ständigen Schwanken der Wahrnehmungsperspektive begleitet wird. Die sublime Ordnungsfunktion, die er durch seine lyrisch getönten Kommentare erfüllt, gewährt zwar die Überhöhung des Stoffs, führt aber zu keinen intellektuell verbindlichen Auskünften über das Geschehen. Der Chor ist gerade nicht «eine einzige ideale Person» (NA 10, 15), sondern eine zweideutige Instanz mit unterschiedlichen Positionen und Interessen. Die Forderung nach der objektiven Deutung des Geschehens durch ein souveränes ‹Kunstorgan› bleibt in der Tragödie uneingelöst.[276]

Der Hinweis auf die geistige Einheit des Chors führt an der gegebenen Struktur der Tragödie vorbei. Wenn Grillparzer 1817 in einer gegen Schiller gerichteten Notiz vermerkt, der Chor dürfe nicht «den Begriff des Ideals involvieren», weil dieses seine für die attische Tragödie unabdingbare «Mitverflochtenheit in der Handlung» aufhebe, so trifft er damit die Vorrede, nicht aber den Dramentext selbst.[277] Daß die Äußerungen der Einzelchöre durch Leidenschaften im breiten Spektrum zwischen Haß, Neid, Angst und Zuneigung regiert werden, läßt sich kaum bezweifeln. Auch nach dem Tod Don Manuels bleibt der Gegensatz der dissonanten Stimmen erhalten, obgleich jetzt die Fähigkeit zur abgeklärten Reflexion zunimmt. Beschränkt sich der dem älteren Bruder zugeordnete Chor auf die Rolle des Anklägers, dessen Trauerlied an die sophokleische *Elektra* (v. 1384 f.) erinnert («Brechet auf ihr Wunden, | Fließet, fließet!» [v. 2411 f.]), so begnügt sich der Anhang Don Cesars mit dem diplomatischen Part des Ratgebers, der seinen Herrn vom Selbstmord abhalten und an die ihm zugedachten herrscherlichen Aufgaben erinnern möchte. Auch wenn sich in den letzten Szenen die Teilchöre endgültig vereinen, schafft das keine verbindliche Urteilsperspektive, weil bis zum Schluß Irrtümer und Fehldeutungen bestimmend bleiben. Die durch die Vorrede geforderte Aufhebung des Individuellen in der objektiven Kommentarinstanz, die Grillparzer kritisiert, wird von Schiller praktisch nicht vollzogen. In dem Maße, in dem seine Abhandlung eine eigene Theorie des Chors entwickelt, entfernt sie sich von dessen Funktion in der abgeschlossenen Tragödie.[278] Es verbietet sich daher, die Beziehung zwischen beiden Texten zu eng zu fassen; poetologischer Traktat und dramatisches Lehrstück gehorchen je verschiedenen Funktionen, die kaum zur Deckung kommen.

Die auffälligen Schwankungen im Urteil des Chors haben schon zeitgenössische Leser bemerkt, zumeist jedoch als Ausdruck mangelnder künstlerischer Abstimmung bewertet. Wer hier eindeutige Formulierungen erwartet, findet sich in der Tat enttäuscht. Nahezu jedes Ereignis wird abwägend aus zwei unterschiedlichen Perspektiven ausgelegt. «Krieg oder Frieden», erklärt der Chor schon zu Beginn: «Wir sind bereit und gerüstet zu beiden.» (v. 324 ff.) «Laßt es genug seyn und endet die Fehde», heißt es wenig später, «Oder gefällts euch, so setzet sie fort.» (v. 435 f.) «Schön ist der Friede!», lautet das Resümee nach der Versöhnung der Brüder: «Aber der Krieg auch hat seine Ehre (...)» (v. 871 ff.). Symptomatisch ist das Bekenntnis zum Wechsel der Perspektiven: «Mir gefällt ein lebendiges Leben, | Mir ein ewiges Schwanken und Schwingen und Schweben | Auf der steigenden, fallenden Welle des Glücks.» (v. 881 ff.) Daß von diesem mit dem Wandel der Verhältnisse sympathisierenden Chor keine eindeutigen Auskünfte zu erwarten sind, liegt auf der Hand. Auch dort, wo er sich geschlossen zeigt, gewinnt er kaum jene souveränen Züge, die das als Botschafter der Ordensphilosophie erscheinende Kollektiv in den *Malthesern* trägt. Selbst kurz vor dem Ende der Tragödie gehen seine Prophezeiungen ins Leere, weil sie auf Täuschung beruhen. «Gieb Raum der Hofnung», so erklärt der Chor der trauernden Isabella unmittelbar vor dem Selbstmord Cesars, «Er erwählt das Leben, dir bleibt dein Sohn!» (v. 2820 f.) Noch die angesichts der Leiche des Helden formulierte Schlußsentenz ist bestimmt von Zweideutigkeit: «Erschüttert steh ich, weiß nicht, ob ich ihn | Bejammern oder preisen soll sein Loos.» (v. 2835 f.)

Die zeitgenössische Wirkungsgeschichte der Tragödie steht unter dem Diktat der Frage, inwiefern Schillers Chorkonzeption mit jener des antiken Dramas zur Deckung komme. Körner analysiert in einem Brief vom

28. Februar 1803 das hier gewählte Verfahren: «In dem IdeenCostum Deines Chors ist etwas gewagtes. Griechische Mythologie findet sich neben catholischen Religionsbegriffen. Wolltest Du vielleicht ein allgemeines poetisches Costum gebrauchen so wie es ein Mahlergewand giebt? Die Darstellung gewinnt dadurch an Reichthum in einzelnen Stellen, aber ich weiß nicht, ob die Gestalten des Chors im Ganzen nicht dadurch etwas an Bestimmtheit verlieren.» (NA 40/I, 27) Am 22. Oktober 1803 äußert sich Humboldt mit ähnlich kritischem Unterton über die subjektiven Tendenzen des Choreinsatzes. Der Hauptvorwurf gilt dem Umstand, daß er «den handelnden Personen zu nah» sei und die notwendige pathetische «Bewegung» vermissen lasse, die ihm ein objektiver Standort zueigne (NA 40/I, 136f.) Auch die verständnisvolle Rezension der *ALZ*, die vom Berliner Gymnasialprofessor Ferdinand Delbrück stammt, spart nicht mit Einwänden gegen die schwankenden Auffassungen des Chors.[279] Übersehen wird hier, daß seine moderne Funktion gerade im Wechsel der Positionen besteht, die den von ihm vorgetragenen Äußerungen subjektiven Charakter verschafft. Die Widersprüchlichkeit, die seine Kommentare kennzeichnet, besitzt programmatische Züge. Als reflektierende und handelnde Instanz ist der Chor Medium von Nähe und Abstand gleichermaßen. Es war Schillers Absicht, mit seiner Hilfe die prekäre Balance zu sichern, die der Zuschauer zwischen Identifikation und Distanz herstellen soll. Die dramaturgische Intention, dem Publikum über die ästhetische Erfahrung eine auch sozial wirksame Form der Freiheit zu vermitteln, soll durch den Chor verwirklicht werden.[280] Die Vorrede bestimmt den Wechsel von Handlung und Kommentar als Möglichkeit, den Zuschauer emotional anzuregen und zugleich zur Reflexion über das Geschehen zu veranlassen: «Dadurch, daß der Chor die Theile aus einander hält, und zwischen die Passionen mit seiner beruhigenden Betrachtung tritt, giebt er uns unsre Freiheit zurück, die im Sturm der Affekte verloren gehen würde.» (NA 10, 14) Was Schiller hier beschreibt, leisten im Text die Chorgruppen selbst, die durch ihr Pendeln zwischen individuellem Interesse und kollektivem Bewußtsein Handlungsbereitschaft mit distanzierter Reflexion wechseln lassen. Daß die von der Vorrede skizzierte Balancefunktion jedoch nur in Ansätzen erfüllt wird, liegt wesentlich in der mangelnden Konsistenz der vom Chor vorgetragenen Urteile begründet. Die Nervosität seiner stets veränderlichen Ansichten und die Unklarheit der Prognosen geben ihm eine innere Spannung, die dem verlangten Ausgleich zwischen Aktivität und Kontemplation entgegenwirkt. Die Modernität des Chors, die in der Mehrdeutigkeit seiner zerfahrenen Urteile aufgehoben ist, behauptet sich im literarischen Text gegen die idealisierenden Vorgaben des Theoretikers Schiller.

8. Die letzten Jahre.
Berlin, Weimar 1804–1805

Ein anstrengender Gast.
Madame de Staël am Hof der Musen

In den letzten beiden Lebensjahren sucht Schiller in stärkerem Maße die Arbeitsruhe am häuslichen Schreibtisch. Vom genau festliegenden Tagesrhythmus weicht er nur ungern ab. Er schläft bis gegen elf Uhr, erledigt bei einer Tasse Schokolade die Korrespondenz und beginnt die literarische Tätigkeit nach dem gemeinsam mit der Familie eingenommenen Mittagessen, das zumeist bescheidenen Charakters ist. Nicht selten setzt sich die Arbeit bis zur späten Nacht fort; bereits in Stuttgart und Mannheim schätzte Schiller die Ruhe des Abends, die seine Produktivität steigerte. Vor allem sind es die Ablenkungen durch die drei Kinder und das ausgedehnte Hauswesen, die ihn zum nächtlichen Schreiben zwingen. In Phasen der Krankheit verbringt er die Tage im Bett, erhebt sich zu späterer Stunde, wenn im Haus Ruhe eingekehrt ist, und sucht zumindest einen Teil seines Schreibpensums während der Nacht zu absolvieren. Da er wie in jungen Jahren den Aufwand des Ankleidens wenig schätzt, nutzt er solche Zeiten zur Kultivierung seines nachlässigen Habitus; zahlreiche Besucher wissen zu berichten, sie hätten Schiller unfrisiert im Schlafrock angetroffen. Spaziergänge und Ausfahrten beschränkt er auf die warmen Monate, um seine Lungen nicht zu gefährden. Auch zu den abendlichen Verabredungen mit Goethe kommt es in den letzten beiden Lebensjahren seltener. Der Austausch konzentriert sich vornehmlich auf Fragen der gemeinsamen Theaterarbeit und besitzt jetzt eine deutlich pragmatische Note, was jedoch Diskussionen über entstehende Manuskripte nie ausschließt.

Die enorme Schreibdisziplin Schillers begrenzt seine Reisetätigkeit erheblich. 1802, im Jahr des großen Umzugs, verläßt er Weimar nur zu Kurzbesuchen, die ihn ins benachbarte Tiefurt führen. 1803 hält er sich im Sommer knapp zwei Wochen lang ohne die Familie in Lauchstädt auf und unternimmt von dort aus einen kurzen Abstecher nach Halle, wo er das durch den Theologen August Hermann Niemeyer geleitete Pädagogium besucht. Anfang Oktober fährt er für fünf Tage nach Jena, verzichtet jedoch auf größere Vorhaben wie einen erneuten Aufenthalt bei Körner in Dresden. Immerhin unterzieht sich Schiller in seinen letzten Jahren auch gesellschaftlichen Verpflichtungen, sofern sie ihn nicht nötigen, die gerade beim Abschluß eines Projekts unabdingbare Arbeitsruhe preiszugeben.

Nach dem Erhalt des Adelsdiploms im November 1802 vermerkt der Kalender häufige Einladungen an den Hof, zu Teerunden, Diners oder Redouten, wie sie Charlotte liebt. Bevorzugt sucht er den familiären Kontakt mit Wolzogens oder das vertraute Gespräch mit Frau von Stein, Minister Voigt, dem Kunsthistoriker Meyer, den zum höfischen Milieu gehörenden Imhoffs. Daneben kommt es auch zu sporadischen Begegnungen mit neuen Bekannten, dem Hallenser Schulleiter Niemeyer, den er im September 1802 zur Visite empfängt, mit Friedrich de la Motte Fouqué, den er im Juli 1803 in Lauchstädt trifft, dem im Herbst 1803 durchreisenden Maler Friedrich Rehberg, mit Karl Ludwig Fernow und Friedrich August Wolf, die Ende des Jahres 1803 bei Goethe geladen sind.

Daß Schiller seine Arbeitsdisziplin im Zweifelsfall jedoch über die gesellschaftlichen Pflichten stellt, zeigt seine Begegnung mit Germaine de Staël. Die französisch-deutsche Kulturvermittlerin besucht Weimar im Dezember 1803 und bemüht sich sogleich um Kontakt zu Schiller, den sie später in ihrem Buch *De l'Allemagne* (1810) als Dramatiker mit geschultem Weltverstand porträtieren wird. Die 1766 geborene Französin stammt aus begüterten Verhältnissen. Jacques Necker, ihr Vater, amtierte, freilich ohne Fortune, zwischen 1777 und 1781 bzw. 1788 und 1789 als Finanzminister Ludwigs XVI. Seine politische Erfolglosigkeit spiegelte sich vornehmlich im Scheitern der dringend gebotenen Steuerreform, die er gegen die Interessen von Klerus und Adel durchzusetzen suchte. Der von der Mutter geführte Salon brachte die herausragenden Köpfe des intellektuellen Paris zusammen; hier traf man den Enzyklopädie-Herausgeber d'Alembert, den Naturforscher Buffon, den Publizisten Grimm, Schriftsteller wie Diderot und Marmontel. Die Tochter sympathisierte zunächst mit dem Modell einer verfassungsgestützten Monarchie, zog sich jedoch unter dem Eindruck der Ausschreitungen vom September 1792 aus der aktuellen politischen Diskussion zurück. Bis zur Entmachtung Robespierres nahm sie für die Dauer von knapp drei Jahren ihren Wohnsitz auf dem Familienanwesen Schloß Coppet am Genfer See. Nach ihrer Rückkehr aus dem Schweizer Exil bemühte sie sich um die Unterstützung eines gemäßigt republikanischen Kurses, was anfänglich auch das Arrangement mit Bonaparte einschloß. Im Anschluß an dessen Wahl zum Konsul kam es jedoch zu erheblichen Spannungen, da Germaine de Staël in der neuen politischen Linie einen Bruch mit den demokratischen Versprechen der Revolution erblickte. Napoleon verbannte seine couragiert auftretende Widersacherin 1802 aus Frankreich, weil er ihren nicht unerheblichen gesellschaftlichen Einfluß fürchtete. Nachdem ein Gnadengesuch nicht bewilligt worden war, brach Frau de Staël im Herbst 1803 gemeinsam mit ihren Kindern und ihrem Lebensgefährten Benjamin Constant zu einer ausgedehnten Deutschlandreise auf, die sie Mitte Dezember auch nach Weimar führte.

Ihr literarischer Ruf hatte sich zu diesem Zeitpunkt längst verbreitet. Schon 1796 übersetzte Goethe ihren romantheoretischen *Essai sur les fictions* (*Versuch über die Dichtungen*) für die *Horen*. Ein Jahr später erscheint die deutsche Übertragung der Schrift *De l'influence des passions sur le bonheur des individus et des nations* (*Über den Einfluß der Leidenschaften auf das Glück einzelner Menschen und ganzer Nationen*), die Goethe am 7. Dezember 1796 Schiller zur Lektüre schickt. Auch als belletristische Autorin tritt Madame de Staël hervor; ihr autobiographisch gefärbter Schlüsselroman *Delphine* (1802), der den tragischen Ausgang eines weiblichen Emanzipationskonflikts beschreibt, erfreut sich beim deutschen Publikum großer Beliebtheit, wie die Verfasserin bereits auf ihrer ersten Reisestation in den Frankfurter Salons erfährt. Ungewöhnlich wirkt der epigrammatisch-pointierte Stil, dessen Brillanz von der überlegenen Urbanität der Verfasserin zeugt. Charlotte von Schimmelmann charakterisiert die Französin im Frühjahr 1804 in einem Brief an Charlotte Schiller als umtriebige Intellektuelle, die, weltläufig und erfahren, von kühler Intelligenz und analytischem Verstand, zwar zu faszinieren, kaum aber das Herz zu erwärmen vermöge.[281] Germaine de Staël ist eine Frau, die durch unbequeme politische Überzeugungen ebenso auffällt wie durch ihr unruhiges, von wechselnden Liebschaften geprägtes Privatleben, das auch die Konventionen des in diesem Punkt liberalen Pariser Aristokratenmilieus verletzt. In Weimar, wo Liberalität und Provinzialismus miteinander wetteifern, erwartet man den Besuch der «interessanten Sansculotte»,[282] wie sie Kotzebue charakterisiert hatte, mit reservierter Neugier.

Am 30. November 1803 informiert Schiller Goethe, der in Jena die Neugründung der *Literaturzeitung* voranzutreiben sucht, über die bevorstehende Ankunft Madame de Staëls. Wie stark seine Erwartung von Konkurrenzdenken und Profilierungsangst geprägt ist, verrät der letzte Absatz seines Briefes: «Wenn sie nur deutsch versteht, so zweifle ich nicht, daß wir über sie Meister werden, aber unsre Religion in französischen Phrasen ihr vorzutragen und gegen ihre französische Volubilität aufzukommen ist eine harte Aufgabe.» (NA 32, 88) Am Abend des 15. Dezember 1803 begegnet Schiller Madame de Staël erstmals bei der Herzogin. Goethe hat es vorgezogen, seinen Aufenthalt in Jena zu verlängern, weil er die Auseinandersetzung mit der temperamentvollen Gesprächspartnerin fürchtet. In der Tat entstehen rasch Verständigungsprobleme: Schillers vorzügliche Französischkenntnisse gestatten es ihm, ihren Ausführungen genau zu fol-

Anne Louise Germaine de Staël-Holstein.
Lithographie von Ducarme

gen, jedoch fehlen ihm Erfahrung und Gewandtheit im eigenen Ausdruck. Der Gast erkennt diese Misere, ohne sie aber beheben zu können: «(...) il lisoit très-bien le français, mail il ne l'avoit jamais parlé.» («[...] er las sehr gut französisch, aber er hatte es niemals gesprochen.») (NA 42, 370f.) Trotz solcher Barrieren wagt man sich an schwierige Themen; diskutiert wird bereits am ersten Abend über die Philosophie Kants und die besondere Problematik, die sie tragende Terminologie in eine fremde Sprache zu übersetzen.

Schiller berichtet Goethe am 21. Dezember 1803 ausführlich vom Eindruck der ersten Begegnung. Ähnlich wie Wieland, der sich seiner Tochter Sophie gegenüber lobend über das einnehmende Temperament der prominenten Besucherin äußert, hebt er die Natürlichkeit ihres gesellschaftlichen Auftretens und die Genauigkeit des sie prägenden Denkstils hervor. Distanziert vermerkt er jedoch, daß der analytische Geist der Französin zuweilen einen Mangel an künstlerischer Sensibilität verrate: «Sie will alles erklären, einsehen, ausmeßen, sie statuiert nichts dunkles, unzugängliches, und wohin sie nicht mit ihrer Fackel leuchten kann, da ist nichts für sie vorhanden. Darum hat sie eine horrible Scheu vor der Idealphilosophie, welche nach ihrer Meinung zur Mystik, und zum Aberglauben führt, und das ist die Stickluft wo sie umkommt. Für das, was wir Poesie nennen ist kein Sinn in ihr, sie kann sich von solchen Werken nur das leidenschaftliche, rednerische und allgemeine zueignen, aber sie wird nichts falsches schätzen, nur das rechte nicht immer erkennen.» (NA 32, 94) Das Unbehagen, von dem diese Zeilen zeugen, gilt einem scharfen Intellekt, der kaum über intuitive Momente zu verfügen scheint.[283] Auf ähnliche Weise charakterisiert die Gräfin Schimmelmann in einem Brief an Charlotte Schiller die prekäre Balance im Geisteshaushalt Germaine de Staëls: «Ihr Zauberstil, ihre schöne Sprache hat mich oft hingerissen; auch ihre Gedanken sind kühn, oft neu, doch ist ihr die Venus Urania noch nicht, wie ich glaube, im reinen Glanz erschienen; die irdische, die französische hat oft die höhere verscheucht.»[284]

Germaine de Staël zeigt sich ihrerseits von Schillers intellektueller Präsenz beeindruckt, ohne jedoch die Gegensätze, die sie trennen, zu übersehen. Zunächst irritiert sie sein förmliches Auftreten, das dem höfischen Milieu geschuldet ist, in dem die erste Begegnung stattfindet. Die Aussprache über die ihr unzugängliche Philosophie Kants betrachtet sie auch als Experiment, das ihr zeigen soll, wie stark Schillers Denken dogmatischen Tendenzen unterworfen ist. Überraschend findet sie sein fehlendes Interesse an aktueller Politik; daß er und Goethe keine Tageszeitung lesen und über die neuesten Gesetzgebungsaktivitäten Napoleons kaum unterrichtet sind, erregt ihr Befremden. «Die Weimarer Welt», so vermerkt sie in einem Brief an Wieland, «bewegt sich ganz und gar im Sinne der Schellingschen Philosophie: es ist die Ruhe oder vielmehr der Schlaf des Idealen im Realen.»[285] Das umfassende Porträt der Geschichtsdramen, das *De l'Allemagne* entwirft, wird jedoch auch den Sinn für die Psychologie der Macht hervorheben, den Schiller besaß. Die Einsicht in die soziale Isolation der Weimarer verstellte Frau de Staël keineswegs den Blick auf die subtile Weltkenntnis, über die ihr Gesprächspartner trotz mangelnder politischer Erfahrung in ungewöhnlichem Maße verfügte.

Im Januar und Februar häufen sich die Verabredungen mit dem französischen Gast. Goethe, der am Weihnachtstag aus Jena zurückgekehrt ist, lädt Germaine de Staël regelmäßig zu Teerunden und Soupers ein, legt jedoch Wert darauf, daß Schiller die Runde ergänzt. Zumeist gesellt sich noch Benjamin Constant hinzu, auch er ein beweglicher Gesprächspartner mit starkem Interesse an der deutschen Kultur, ein politischer Denker nicht ohne diplomatische Talente (später wird er zum Kopf der französischen Liberalen avancieren). Schiller empfindet die sich häufenden Besuche freilich als belastend, weil er zu Jahresbeginn an den letzten beiden Akten des *Tell* arbeitet und zumal die Abendstunden ungern opfert. Unter dem massiven Termindruck, den er sich wie gewöhnlich vor dem Abschluß eines Manuskripts selbst setzt, sagt er am 16. Februar eine Verabredung mit Goethe und den französischen Gästen ab, weil er sich «dem Ziel» seiner Arbeit «nahe» fühle und sich vor Ablenkungen, die ihm «die nöthige lezte Stimmung rauben» können, hüten müsse (NA 32, 109). Daß er Frau de Staël, nachdem sich der Reiz der Überraschung verbraucht hat, kritischer beurteilt, ist jetzt offenkundig. Ihre ungezügelte Neugier, die vitale Lust am Streitgespräch, der fehlende Respekt vor Konventionen und Normen verstören Schiller zutiefst. Wie wenig die Französin seinem bürgerlichen Ideal weiblicher Zurückhaltung entsprach, hat er ein Jahr später Henriette Herz in Berlin gestanden (NA 42, 387).

Als Germaine de Staël am 29. Februar nach Preußen aufbricht, stellt Schiller ihr ein Empfehlungsschreiben an Iffland aus, in dem er den Freund um eine gefällige Aufnahme des Gastes bittet. «Ob wir uns gleich als schlichte Deutsche», so heißt es nicht ohne ironischen Unterton, «in einem radikalen und unauflöslichen Gegensatz mit ihrer französischen Sinnesweise befinden, so denkt sie doch würdiger von dem deutschen Genius, als alle ihre Landsleute, und hat ein ernstliches, ja leidenschaftliches Streben zu dem Guten und Rechten.» (NA 32, 114) Nur wenige Tage später offenbart ein Brief an Goethe unverhüllt die wahren Empfindungen, die Schiller zu diesem Zeitpunkt gegenüber Madame de Staël hegt: «(...) auch ist mir nach der Abreise unsrer Freundin nicht anders zu Muth, als wenn ich eine große Krankheit ausgestanden.» (NA 32, 114) Als die Französin am 25. April in Begleitung August Wilhelm Schlegels nach Weimar zurückkehrt, steckt Schiller in den Vorbereitungen zu einer längeren Reise, die ihn am nächsten Tag für längere Zeit nach Berlin führt.

Aussicht auf einen Wechsel. Besuch in Preußen

Das Frühjahr 1804 treibt Schiller nochmals in unerwartete Entscheidungszwänge, die durch seine Berlin-Visite ausgelöst werden. Bereits am 2. Juli 1799 hatte er aus Anlaß einer Weimarer Aufführung von *Wallensteins Tod* Bekanntschaft mit dem jungen preußischen Königspaar geschlossen. Man bat ihn in die Loge und tauschte sich mit ihm über die aktuelle Theaterszenerie aus, ohne dabei den steifen höfischen Konversationston zu pflegen. Caroline von Wolzogen erinnert sich an den angenehmen Eindruck, den die entspannte Gesprächsstimmung bei Schiller hinterließ; vor allem über die Königin weiß er zu berichten, «daß sie sehr geist- und gefühlvoll in den Sinn der Dichtungen eingegangen» sei.[286] Die 23jährige Luise von Preußen, die im November 1797 mit Friedrich Wilhelm III. den Thron bestiegen hatte, zeigt ein ausgeprägtes Interesse an Fragen der Kunst. Ausdrücklich erklärt sie Schiller, daß man den *Wallenstein* zuerst in Weimar habe sehen wollen, um ihn authentischer zu erleben (die Berliner Uraufführung besorgte Iffland am 17. Mai). Zwar verfügt die Königin, deren Erziehung nach dem frühen Tod ihrer Mutter vernachlässigt worden war, nur über eine höchst unvollkommene ästhetische Bildung, doch gleicht sie diesen Mangel durch weltoffene Neugier und unprätentiöses Auftreten aus. In einem Brief an Cotta vom 5. Juli erwähnt Schiller die Begegnung mit den hohen Gästen nur beiläufig. Gegenüber Körner äußert er sich am 9. August freilich entschiedener: «In Weimar war ich bei des Königs von Preußen Anwesenheit und habe mich dem königlichen Paar auch präsentieren müssen. Die Königin ist sehr graziös und von dem verbindlichsten Betragen.» (NA 30, 80)

Nachdem im März 1804 die Weimarer *Tell*-Premiere trotz ihrer Länge erfolgreich über die Bühne gegangen ist, melden sich bei Schiller überraschende Gefühle des Widerwillens gegen das höfische Gesellschaftsklima und die soziale Enge des Herzogtums. Das Bündnis mit Goethe besitzt für ihn zwar ungeminderte Bedeutung, schließt jedoch verstärkt Momente der Distanz ein. Die alltägliche Nachbarschaft in Weimar belastet das Verhältnis, weil man sich einander kaum entziehen kann. Zudem steckt Goe-

*Luise, Königin von Preußen.
Radierung von Alexandre Tardieu nach dem 1801 entstandenen
Gemälde von Elisabeth Vigée-Lebrun*

the seit geraumer Zeit in einer Schaffenskrise, der er als einzige Arbeit von Gewicht die *Natürliche Tochter* abzuringen vermag. In Phasen mangelnder Produktivität neigt er zu einer bleiernen Lethargie, die gerade die Theaterarbeit erschwert. Schon im Spätwinter 1803 hatte Schiller in einem Brief an Humboldt Goethes wachsende Bequemlichkeit beklagt und gestanden: «Allein kann ich nichts machen, oft treibt es mich mich in der Welt nach einem andern Wohnort und Wirkungskreis umzusehen; wenn es nur irgendwo leidlich wäre, ich gienge fort.» (NA 32, 12) Wilhelm von Wolzogen schreibt er am 20. März 1804 voller Mißmut: «Auch ich verliere hier zuweilen die Geduld, es gefällt mir hier mit jedem Tage schlechter, und ich bin nicht Willens in Weimar zu sterben. Nur in der Wahl des Orts, wo ich mich hinbegeben will, kann ich mir noch nicht einig werden.» (NA 32, 116)

Im April 1804 faßt Schiller angesichts seiner drückenden Unzufriedenheit den Entschluß zu einer Reise nach Berlin, hält diesen Plan jedoch vor den Weimarer Freunden geheim. Charlotte, die im Juli ihr viertes Kind erwartet, betrachtet das spontane Unternehmen mit erheblichem Widerwillen; Caroline von Wolzogen nennt es einen «argen Geniestreich», obgleich sie ahnt, daß hinter dem überstürzt anmutenden Aufbruch die schon länger gehegte Bereitschaft zu Verhandlungen über eine neue Tätigkeit in Preußen steht (NA 42, 382). Am 26. April besteigt Schiller mit Charlotte und den beiden Söhnen die Kutsche, ohne den Herzog über das Ziel seiner Reise zu informieren; in Weimar glaubt man, er begebe sich nach Sachsen, um dort Verlagskontakte zu pflegen. Am 27. April ist die kleine Gesellschaft nach zügiger Fahrt in Leipzig, wo am Rande der Buchmesse Gespräche mit Cotta, Göschen und Crusius geführt werden. Am 30. erreicht man gegen Mitternacht die Potsdamer Grenzgarnison. Ein Offizier des Wachkommandos erkennt Schiller und verwickelt ihn, während die Kutsche kontrolliert wird, in eine Unterredung über seine lyrischen Arbeiten. Nach der Ankunft in Berlin am folgenden Mittag überstürzen sich die Termine. Am Abend des 2. Mai sieht man Mozarts *Zauberflöte* in einer brillanten Inszenierung mit der gefeierten Josephine Lanz als Königin der Nacht. Mehrfach trifft sich Schiller mit Iffland, der den Überraschungsgast freundschaftlich empfängt und ihm zu Ehren am 4. Mai ein großes Essen veranstaltet. Auf Vorschlag Ifflands verläßt die Familie ihre erste Unterkunft, das auf dem Boulevard *Unter den Linden* gelegene *Hotel de Russie*, und zieht in die benachbarte Friedrichstraße, wo auch der Intendant sein luxuriöses Domizil hat. Kurzvisiten führen Schiller zum Mediziner Hufeland, den er aus gemeinsamen Jenaer Tagen kennt, zum Oberfinanzrat Wilhelm von Hagen (mit dessen Frau Charlotte befreundet ist), zu Zelter, zum Komponisten Romberg (einem früheren Bonner Musikerkollegen des jungen Beethoven) und zu dem mit Tiecks Schwester Sophie verheirateten Gymnasiallehrer August Ferdinand Bernhardi, der in Berlin der Fraktion der Fichte-Adepten angehört. Die Maler Johann Gottfried Schadow und Friedrich Georg Weitsch besuchen ihn, um Porträtbilder von ihm anzufertigen; über Schadows Zeichnung vermerkt Franz Kafka am 12. Januar 1911 in seinem Tagebuch: «Fester als bei dieser Nase kann man ein Gesicht nicht fassen.»[287] Am 5. Mai lädt Prinz Louis Ferdinand Schiller zu einem Diner in großer Runde, dessen Atmosphäre jedoch unter der gespannten Erwartung leidet, mit der man dem berühmten Autor begegnet.

Kurzfristig setzt Iffland sämtliche Schiller-Stücke seines Repertoires auf den Spielplan. Am 4. Mai sieht der Gast *Die Braut von Messina*, am 6. *Die Jungfrau von Orleans*, am 14. *Wallensteins Tod*. Vornehmlich der Besuch der *Jungfrau*-Inszenierung gerät wie in Dresden zum Triumph; man huldigt dem Verfasser mit Vivat-Chören und bildet auf dem Theatervorplatz eine Gasse, durch die er gemeinsam mit seinem ältesten Sohn, halb betäubt von Jubelrufen, laufen muß. Die bis zu 200 Komparsen mobilisierende Aufführung selbst erscheint ihm freilich zu opulent, geprägt durch opernhafte Massenszenen, die, wie er gegenüber der Schauspielerin Friederike Unzelmann äußert, die Individualität des dargestellten Konflikts, den Gegenstand der «inneren Anschauung» (NA 42, 386) zudecken.

Die sich drängenden gesellschaftlichen Verpflichtungen greifen bereits nach einer Woche Schillers Gesundheit an. Zwischen dem 6. und dem 9. Mai ist er wegen eines Katarrhfiebers, das durch die akute Erschöpfung ausgelöst wird, an das Zimmer gefesselt. Das feuchte Wetter und der kalte Wind zwingen ihn zu größter Vorsicht; er trifft in diesen Tagen keine Verabredung, unternimmt auch keine Spaziergänge. Erst am 10. Mai wagt er sich wieder in die Öffentlichkeit, um eine Inszenierung von Ifflands Schauspiel *Die Aussteuer* zu sehen; am folgenden Abend schließt sich der Besuch einer Aufführung von Glucks *Iphigenie*-Oper an. Nach einer weiteren Visite bei Hufeland, der ihn zum Souper geladen hat, nimmt er am 12. Mai im Schauspielhaus nochmals die Einstudierung seiner *Jungfrau* unter die Lupe.

Am 13. Mai bittet Königin Luise das Ehepaar Schiller zu einer Audienz ins Charlottenburger Schloß. Die Unterredung kreist um Fragen der Kunst, berührt aber auch die Zukunftspläne des Gastes. Unter dem Eindruck der entspannten Atmosphäre, den die Begegnung vermittelt, äußert Schiller am 15. Mai nach einem Besuch von Zelters Singakademie gegenüber Ifflands Theatersekretär Pauly sein Interesse an einem mehrjährigen Aufenthalt in Berlin. Das Gespräch, das Schiller offenbar genau geplant

*Friedrich Schiller.
Zeichnung von Johann Gottfried Schadow, 1804*

und vorbereitet hat, führt rasch zur Erörterung konkreter Details. Die ideale Lösung, so stellt man übereinstimmend fest, wäre eine Wahl in die Akademie mit entsprechender Bestallung und Pension, die die Aufgabe einschließen würde, dem Berliner Theater als Autor, Berater und Regisseur zur Verfügung zu stehen. Schiller läßt seine Bereitschaft erkennen, den Geschichtsunterricht des Kronprinzen zu übernehmen, sofern die Verpflichtung des für dieses Amt vorgesehenen Johannes von Müller scheitere. Auch an ein Arrangement mit dem Herzog in Weimar scheint er zu diesem Zeitpunkt bereits gedacht zu haben; er deutet an, daß er eine mögliche Übersiedlung nach Berlin als Maßnahme im Interesse seiner Kinder auslegen könne, für deren Zukunft er das erforderliche Kapital sammeln müsse. Iffland wird durch Pauly unverzüglich vom Inhalt des Gesprächs unterichtet und informiert seinerseits am folgenden Tag den geheimen Kabinettsrat Karl Friedrich von Beyme über Schillers Angebot.

Die Zeit für weitere Verhandlungen drängt, da Schiller seine Abreise bereits für den 18. Mai geplant hat. Am Morgen des 17. Mai ist er beim Königspaar in Sanssouci zum Frühstück geladen, ohne daß über mögliche berufliche Perspektiven gesprochen wird. Im Anschluß kommt es jedoch zu einer ausführlichen Unterredung mit von Beyme, der Schiller, durch den König autorisiert, ein handfestes Angebot unterbreiten kann. Er stellt ihm eine jährliche Pension von 3000 Reichstalern sowie den freien Gebrauch einer Hofequipage in Aussicht, falls er sich an Berlin binden möchte. Schiller bittet um einige Tage Bedenkzeit, signalisiert aber seine grundsätzliche Bereitschaft, den lukrativen Vorschlag anzunehmen. Am 18. Mai bricht er in Potsdam auf und reist über Wittenberg, Leipzig und Naumburg ohne längeren Zwischenaufenthalt zurück nach Weimar. Der Eindruck, den der Besuch hinterläßt, ist außerordentlich positiv. Die Königin hat ihm gegenüber eine entspannte Freundlichkeit an den Tag gelegt, die angenehm von der zeremoniösen Kälte des gängigen Hoftons absticht. Ihr Kunstsinn ist allgemein bekannt und scheint die Gewähr dafür zu bieten, daß die preußische Metropole mit einem finanziell abgesicherten kulturellen Programm höchster Qualität aufwarten kann. Auch die Honorarfrage spricht zunächst für die Berliner Lösung; der Weimarer Herzog vermag, so weiß Schiller, kein annähernd vergleichbares Gegenangebot zu unterbreiten.

Daß er neben der Sympathie für die preußischen Avancen auch Skepsis hegt, verrät sein Brief an Körner vom 28. Mai 1804. Unüberhörbar klingt jetzt die Furcht vor den äußeren Belastungen eines Ortswechsels an; die Unwägbarkeiten der Berliner Lösung wirken mit wachsendem räumlichen Abstand gewichtiger. Beträchtlich ist Schillers Sorge, daß ihn der Hof zu Repräsentationspflichten nötigen und von seiner schriftstellerischen Arbeit ablenken könnte: «Hier in Weimar bin ich freylich absolut frey und im eigentlichsten Sinn zu Hause. Ich habe gegen den Herzog Verbindlichkeiten und ob ich gleich mit ganz guter Art mich los zu machen hoffen kann, so würde mirs doch weh thun zu gehen.» (NA 32, 133) Solche Bedenken mögen auch durch die Einstellung Charlottes genährt worden sein, die einem möglichen Umzug nach Berlin äußerst reserviert gegenübersteht, weil er ihre thüringischen Familienbindungen auflösen würde.

Bereits kurz nach Schillers Rückkehr mobilisiert Goethe seine Überredungskraft, um den Freund von den Risiken des Metropolenlebens und dessen schädlichen Auswirkungen auf die künstlerische Arbeit zu überzeugen. Am 4. Juni berichtet Schiller Carl August schriftlich vom Berliner Angebot, signalisiert jedoch bereits seinen Wunsch, auch künftig dem Herzogtum die Treue zu halten: «Ich weiß, was ich der Gnade Eurer Durchlaucht schuldig bin, und ich glaube nicht, zu den feilen Menschen zu gehören, die aus Leichtsinn oder Gewinnsucht die heiligsten Bande auflösen. Nicht bloß die Pflichten der Dankbarkeit, auch Neigung und freundschaftliche Bande feßeln mich an Weimar. Die Aussicht auf eine glänzende Lage würde mich also nie in Versuchung führen.» (NA 32, 137) Schiller verzichtet bewußt auf eine Verhandlungsstrategie, die den Herzog unter Druck setzen könnte. In den Vordergrund rückt er die Sorge um Sicherheiten für die Familie, der Carl August, wie er weiß, in ungebrochener Sympathie gegenübersteht: «Ich bin 45 Jahr alt, meine Gesundheit ist schwach und ich muß auf die Zukunft denken.» (NA 32, 137)

Der Herzog, der selbst eben erst von einer Inspektionsreise aus Berlin zurückgekehrt ist, dankt Schiller zwei Tage später für seine grundsätzliche Loyalität und fordert ihn auf, seine finanziellen Wünsche offen zu äußern. Schiller bittet darauf Goethe um diplomatische Vermittlung und erläutert ihm brieflich die eigenen Honorarvorstellungen: «Ich brauche jährlich 2000 rth. um mit Anstand hier zu leben, davon habe ich bißher über zwey Drittheile, zwischen 14- und 1500 rth., mit meinen schriftstellerischen Einnahmen bestritten. 1000 rth. will ich also gern jährlich von dem meinigen zusetzen, wenn ich nur auf 1000 rth. fixe Einnahmen rechnen kann. Sollten es die Umstände nicht erlauben, meine bisherige Besoldung von 400 rth. sogleich auf 1000 zu erhöhen so hoffe ich von der gnädigen Gesinnung des Herzogs, daß er mir 800 für jezt bewilligen, und mir die Hofnung geben werde, in einigen Jahren das 1000 voll zu machen.» (NA 32, 138) Goethe leitet den Vorschlag unverzüglich an den Herzog weiter, der wiederum Voigt anweist, Schillers Hofratssalär auf 800 Taler jährlich zu verdoppeln und «bei schicklicher Gelegenheit noch 200 rth» zuzulegen. Nicht ohne Geschäftssinn rät er jedoch, die Angelegenheit verschwiegen zu behandeln, «damit Schiller vielleicht die Berliner um eine tüchtige Pension prellen könne» (NA 32, 480).

Mit dem Angebot des Herzogs, das auch den Versorgungsverpflichtungen des bald vierfachen Vaters Rechnung trägt, zeigt sich Schiller einverstanden. Am 8. Juni 1804 schreibt er Carl August: «Ihre Großmuth, gnädigster Herr, fixiert nun auf immer meinen Lebensplan. Jedem Gedanken an eine Veränderung kann ich mit frohem Herzen entsagen, ich kann mit freudiger Thätigkeit wirken, weil ich nunmehr im Stande bin, etwas für die meinigen zu thun.» (NA 32, 139) Am 18. Juni formuliert Schiller einen Absagebrief an Beyme, in dem er sich freilich einen Rückweg offenhalten möchte: er bietet an, jährlich mehrere Monate in Berlin zu verbringen, betont aber zugleich, daß er seinen Weimarer Wohnsitz nicht aufzugeben bereit sei. Als Vergütung für seine geteilte Arbeitskraft fordert er die stolze Summe von 2000 Talern – ein Salär, das ihn, wie es heißt, in die Lage bringen soll, «die nöthige Zeit des Jahrs in Berlin mit Anstand zu leben und ein Bürger des Staates zu seyn, den die ruhmvolle Regierung des vortrefflichen Königs beglückt.» (NA 32, 144) Wilhelm von Wolzogen gesteht er zwei Tage zuvor, daß ihn trotz der Bedenken gegenüber den Zerstreuungen Berlins auch eine gewisse Sehnsucht nach Urbanität beherrsche: «Ich habe ein Bedürfnis gefühlt, mich in einer fremden und größeren Stadt zu bewegen. Einmal ist es ja meine Bestimmung, für eine größere Welt zu schreiben, meine dramatischen Arbeiten sollen auf sie wirken, und ich sehe mich hier in so engen kleinen Verhältnissen, daß es ein Wunder ist, wie ich nur einiger maaßen etwas leisten kann, das für die größere Welt ist.» (NA 32, 142) Der Brief an Beyme in Berlin findet keine Antwort; die Entscheidung für Weimar ist damit endgültig gefallen. Im Sommer 1804 bleiben Schiller freilich nur noch wenige Monate, in denen er uneingeschränkt über seine Kräfte verfügen kann.

Begrenzte Aktivitäten.
Leben im Zeichen unheilbarer Krankheit

Seit dem Juli 1804 ist Schillers physischer Zustand desolater denn je. Immer wieder unterbrechen Infektionen, Katarrhe und Koliken die kürzer werdenden Phasen der uneingeschränkten Arbeitsfreude. Einzig das allegorische Festspiel *Die Huldigung der Künste* und die Übersetzung von Racines *Phèdre* kann er im letzten Lebensjahr abschließen. In den Briefen klingen jetzt häufiger resignative Töne an; auffällig ist die pessimistische Stimmung vor allem im Sommer und Herbst 1804, als er für Monate durch die Krankheit an jeglicher Schreibtätigkeit gehindert wird. Die unaufhörliche Folge von physischen Rückschlägen scheint ihn, dem depressive Gemütsverfassungen stets fremd waren, zunehmend zu zermürben. Am Jahresende erreicht ihn, inmitten seines psychischen Tiefs, die Nachricht vom Tod Hubers, der am Weihnachtstag 1804 gerade 40jährig in Ulm gestorben ist. Der frühere Freund hatte sein Leben in hektischer Betriebsamkeit aufgebraucht. Zuletzt veröffentlichte er unentwegt Kritiken und literarische Porträts, darunter von Goethe, Kleist (dessen Talent er schnell erkannte), Klopstock, Klinger, Bode, Merkel und de Sade. Er edierte Musenalmanache und Kalender, verfaßte politische Artikel und Streitschriften, ließ sich von wechselnden Plänen und Hoffnungen treiben, bis er unter dem Druck seiner Arbeitslasten zusammenbrach. Schiller, dem Cotta aufgrund der Lektüre des Nachrufs in der *Kaiserlich und Kurpfalzbairischen Zeitung* die Trauerbotschaft übermittelt hatte, gesteht am 6. Januar, er sei «innig betrübt ja erschreckt» über Hubers Tod (NA 32, 182). Niedergeschlagen erklärt er Körner am 20. Januar: «Wer hätte das erwartet, daß Er uns zuerst verlaßen müßte! Denn ob wir gleich außer Verbindung mit ihm waren, so lebte er doch nur für uns und war an zu schöne Zeiten unsres Lebens gebunden, um uns je gleichgültig zu seyn.» (NA 32, 187)

Am Beginn der letzten Krankheitsperiode steht der vorübergehende Umzug ins benachbarte Jena Ende Juli 1804. Die Familie quartiert sich an der Leutrastraße im Haus Niethammers ein, der zur selben Zeit seine Übersiedlung nach Würzburg vorbereitet, und erwartet dort, in unmittelbarer Nähe des bewährten Hofmediziners Stark, Charlottes Entbindung. Am Abend des 24. Juli, einen Tag vor der Geburt der Tochter Emilie, befallen Schiller schwere Koliken, deren Ursache vermutlich eine Darmverschlingung bildet. Stark, dem es gelingt, den ohnmächtigen Patienten zu stabilisieren, gesteht Charlotte später, daß er aufgrund des ersten Eindrucks nicht mehr an eine Rettung geglaubt habe. Schiller erholt sich nur äußerst langsam von seinem Anfall. Auch nach der Rückkehr aus Jena, die am 19. August erfolgt, beeinträchtigt ihn der schwache physische Gesamtzustand so maßgeblich, daß er kaum zur selbständigen Erledigung seiner Korrespondenz in der Lage ist. Körner verrät er am 4. September, ihm sei «nach der schwersten Krankheit nicht so übel zu Muth gewesen» wie jetzt (NA 32, 161). Am 16. Oktober meldet die *Fränkische Staats- und Gelehrte Zeitung* in Würzburg Schillers Tod; die Falschnachricht wird erst vier Tage später widerrufen. Anfang November kommt es zu einer kurzfristigen Genesung, die die Rückkehr zu regelmäßiger Tätigkeit erlaubt. Im Dezember und Januar tritt jedoch erneut ein schwerer Katarrh auf, dem Mitte Februar zwei gefährliche Fieberanfälle mit Halluzinationen und sporadischen Ohnmachten folgen. Am 22. Februar 1805 schreibt

Schiller dem zu diesem Zeitpunkt gleichfalls bettlägrigen, unter Nierenkoliken leidenden Goethe über sein Befinden: «Die zwey harten Stöße die ich nun in einem Zeitraum von 7 Monaten auszustehen gehabt, haben mich bis auf die Wurzeln erschüttert und ich werde Mühe haben, mich zu erhohlen.» (NA 32, 193) Caroline von Wolzogen deutet er in diesen Tagen an, daß er sich ohne Furcht mit dem Sterben befasse: «‹Der Tod kann kein Uebel seyn, da er etwas Allgemeines ist›».[288]

Angesichts der fortschreitenden Verschlechterung seines Zustands wächst Schillers Sorge um die materielle Zukunft der Familie. In seinem letzten Brief an Humboldt äußert er Anfang April 1805 die Hoffnung, er werde mit Cotta weiterhin gewinnbringende Verkaufsquoten erzielen, um in die Lage versetzt zu werden, «etwas für meine Kinder zu erwerben» und «ihnen die nöthige Unabhängigkeit zu verschaffen.» Als guter «Hausvater», wie er sich tituliert (NA 32, 208), sucht Schiller seiner Familie in der letzten Lebensphase verstärkt jene ökonomische Absicherung zu verschaffen, die er selbst lange Jahre vermissen mußte. Der handfeste Geschäftssinn, der aus den Verlegerbriefen der Zeit nach 1802 spricht, war bereits in der Periode der *Thalia*-Unternehmungen ansatzweise hervorgetreten. Er ist auch die späte Folge früherer Entbehrungen; Schiller, der bis zu seinem 30. Lebensjahr finanzielle Not gelitten hat, wußte die Vorzüge materieller Sicherheiten aus eigener Mangelerfahrung zu schätzen.

Seit dem Sommer 1804 entwickelt sich ein enger Kontakt zu Johann Heinrich Voß, dem 25jährigen Sohn des berühmten Homerübersetzers und Idyllenautors aus dem Umfeld des Göttinger Hainbunds. Voß hatte ein Jahr zuvor in Jena seine philologisch-theologischen Studien beendet. Persönlich war man sich erstmals Ende Dezember 1801 begegnet, als der junge Mann gemeinsam mit seinem Kommilitonen Bernhard Rudolf Abeken einen Höflichkeitsbesuch bei dem von ihm verehrten Autor abstattete. Im August 1803 empfahl ihn Schiller Humboldt als möglichen Hauslehrer seines Sohnes, ohne daß es zu einer Verwirklichung dieses Vorschlags kam, weil der junge Mann noch beim Grafen Reuß unter Vertrag stand (ein anderer Kandidat, den Schiller in diesem Zusammenhang nannte, war der mit einer Jenaer Privatdozentur versehene Hegel: «ein gründlicher philosophischer Kopf», jedoch «etwas kränklich und grämlich» [NA 32, 61]). Ende Februar 1804 zog Voß im Haus Goethes ein, so daß sich auch ein vertrauteres Verhältnis zu Schiller bilden konnte. Kurzfristig wurde Voß als Erzieher August Goethes engagiert, ehe er im Frühjahr bereitwillig die Rolle des Lehrers für Schillers Söhne übernahm. Am 30. April siedelte er endgültig von Jena nach Weimar über und trat eine Position als Professor am dortigen Gymnasium an.

In Schillers letztem Lebensjahr wird der junge Voß ein regelmäßiger Gast, der die Hochschätzung der gesamten Familie genießt. Die Berichte an seine Berliner Freunde Abeken und Solger vermitteln ein plastisches Bild der Monate vor Schillers Tod. Als Voß' Eltern im Februar 1804 Goethe besuchen, nutzt Schiller die Gelegenheit, die philologischen Talente des Sohnes zu rühmen. Die Sympathie, die er ihm entgegenbringt, wird fraglos von pädagogischen Zügen bestimmt. Wie früher schon im Fall Niethammers und Fischenichs zieht ihn hier ein unverstelltes intellektuelles Temperament an, das weder Prätention noch Exzentrizität kennt. An Voß schätzt er die naive geistige Offenheit, die er im von Konkurrenzgefühlen geprägten akademischen Gespräch empfindlich vermißt. Unter seinem Einfluß flackert im Herbst 1804 Schillers Lebensfreude neu auf. Er besucht die sonst gern gemiedenen Hofbälle und schließt sich dort den Zirkeln der Schauspieler an. Am 16. November verläßt er nach reichlichem Champagnergenuß in Begleitung von Voß erst gegen drei Uhr die Redoute, nachdem die sonst so tanzwütige Charlotte bereits Stunden früher gegangen ist. Daß der junge Mann Schiller wiederum rückhaltlos bewundert, erkennt man an der Selbstverständlichkeit, mit der er ihm Eingriffe in seine Ende 1804 entstehende *Othello*-Übersetzung gestattet. Geduldig wacht Voß im Februar 1805 Nächte hindurch am Bett des Kranken, unterbrochen nur von Visiten beim ebenfalls fiebernden Goethe, und unterstützt die überlastete Ehefrau bei der Einhaltung der medizinischen Vorschriften Starks. Er erfüllt damit eine ähnliche Rolle, wie sie 14 Jahre zuvor der junge Friedrich von Hardenberg in Jena versehen hatte.

Im Frühling 1805 stellt sich eine trügerische Phase der physischen Stabilisierung ein. Schiller gewinnt, wie er Humboldt und Körner in ausführlichen Briefen berichtet, neue Arbeitslust. Auf Vorschlag des Musikkritikers Rochlitz läßt er sich neben Wieland und Seume in das Herausgebergremium des seit Jahresbeginn erscheinenden *Journals für deutsche Frauen* wählen, das talentierte Autorinnen durch Auftragsarbeiten zu fördern sucht. Er freut sich mit Cotta über die geschmackvoll gesetzten Aushängebogen des ersten *Theater*-Bandes, der den nochmals revidierten *Don Karlos* und die *Jungfrau von Orleans* enthält (bis zum Jahr 1807 erscheinen vier weitere Folgen). Er treibt Quellenstudien zur russisch-polnischen Geschichte, verändert die Reichstagsszene der *Demetrius*-Exposition und liest mit kritischen Augen Goethes Übersetzung von Diderots *Le neveu de Rameau*. Im April kauft er beim Oberforstmeister von Stein ein Reitpferd, weil der Arzt ihm zu einer Bewegungstherapie rät, die die lästigen Koliken bekämpfen soll. In den ersten Frühlingswochen nimmt er häufiger als sonst an höfischen Zirkeln teil. Mehrfach besucht er die Teerunden der

Herzogin Louise und die Diners Anna Amalias; gelegentlich trifft man ihn auch bei der Erbprinzessin Maria Paulowna, die eine vergleichbare Sympathie für ihn hegt wie die preußische Königin. Am 25. April 1805, knapp drei Wochen vor seinem Tod, erklärt er in seinem letzten Brief an Körner: «Die beßre Jahreszeit läßt sich endlich auch bei uns fühlen und bringt wieder Muth und Stimmung; aber ich werde Mühe haben, die harten Stöße, seit neun Monaten, zu verwinden und ich fürchte, daß doch etwas davon zurückbleibt; die Natur hilft sich zwischen 40 und 50 nicht mehr so als im 30sten Jahr. Indeßen will ich mich ganz zufrieden geben, wenn mir nur Leben und leidliche Gesundheit bis zum 50 [.] Jahr aushält –» (NA 32, 217f.).

9. Wilhelm Tell (1804)

Niederschrift unter Zeitdruck.
Das historische Festspiel in republikanischem Geist

Kein Drama der klassischen Periode erfährt eine so eindrucksvolle Nachwirkung wie der *Tell*. An Schillers Bild vom Schweizer Freiheitskämpfer suchen die studentischen Patrioten im Krieg gegen Napoleon ebenso wie die bürgerlichen Demokraten des Vormärz Maß zu nehmen. Auch nach dem Scheitern der Revolution von 1848 bleibt das Schauspiel ein mythisch verehrtes Kultwerk, dem Intellektuelle und Künstler die Reverenz erweisen. Georg Herwegh, Franz Liszt und Richard Wagner besteigen im Juli 1853 den Rütli, um, im Andenken an Schiller, ihren Freundschaftsbund zu besiegeln.[289] Wie fest der Text im Kanon der Zeit verankert ist, demonstriert Gottfried Kellers *Grüner Heinrich* (1854/55) durch die Beschreibung einer Freiluftaufführung des *Tell*, die zu einem kulturellen Ereignis mit populärem Festspielcharakter gerät. Das Drama wird bei Keller von Laiendarstellern in einer gekürzten Fassung unter Verzicht auf die Liebeshandlung präsentiert; an den Platz der Bühnen-Liaison zwischen Berta von Bruneck und Ulrich von Rudenz tritt nach dem Theaterspektakel die heikle Verbindung, die der Romanheld Heinrich Lee mit Anna und Judith knüpft. Ein wesentliches Merkmal der Aufführung bildet der ständige Szenenwechsel, der die abwechslungsreiche Landschaft zur Naturbühne für das dramatische Geschehen werden läßt. Wie zufällig vereinigt sich die theatralische Aktion mit dem geselligen Treiben der Bürger; die Barriere zwischen Darstellern und Publikum sinkt, weil fiktive Handlung und Feier, Geschichte und Gegenwart sich durchdringen. Schillers Schauspiel erscheint hier als organischer Bestandteil einer rituellen Festordnung, die unterschiedlichste Gesellschaftsschichten in einem Akt der kollektiven Erfahrung zusammenführt (wobei jedoch die derben politischen Dispute der Zuschauer auf ironische Weise von den Bildern der Eintracht abstechen, die das Stück bietet).[290] Freilichtaufführungen des *Tell* gehören in der Tat zum Schiller-Kult des 19. Jahrhunderts. In ihnen wird das vitale Theaterkalkül gegenwärtig, das das Drama beherrscht.[291] Opernhafte Stilzüge bestimmen bereits die Exposition, die Fischerknaben, Hirten und Alpenjäger als singende Vertreter der bäuerlichen Lebensformen vorführt und damit auf die drei Elementarlandschaften der Schweiz verweist (nicht zuletzt dürfte ein Bezug zu den drei Kantonen im Spiel sein). Dient diese Szene wie auch der Gesang von Tells Sohn Walther in III,1 der Charakteristik idyllischer Naturverbundenheit, so erfüllt die Orchestermusik zum Ende des zweiten Akts die Funktion, die eindrucksvolle Vereinigung der Eidgenossen auf dem nächtlichen Rütli in ihrem theatralischen Effekt zu unterstreichen. Mit vergleichbarer Tendenz liefert die Musik am Schluß einen Kommentar zu Rudenz' Ankündigung, er werde im Sinne von Attinghausens Vision, der Adel schwöre dereinst «den Städten seinen Bürgereid» (v. 2431), die Leibeigenen in die Selbstbestimmung entlassen: «Und frei erklär' ich alle meine Knechte.» (v. 3290)

Neben solche Opernelemente treten die kunstvolle Präsentation von Massenszenen und die Darbietung üppiger Naturtableaus, deren Realisierung den zeitgenössischen Bühnentechnikern, wie Ifflands kritische Anmerkungen bezeugen, mancherlei Kopfzerbrechen bereitet hat. In keinem seiner sonstigen Dramen bietet Schiller eine derart große Figurenzahl auf – das Verzeichnis nennt mehr als 40 Namen. Allein die Rütliszene führt 30 Personen zusammen; die Apfelschuß-Sequenz und die Huldigung für Tell am Ende des Dramas verlangen ähnlichen Aufwand. Auch das Bühnenbild nötigt zu temporeichen Umbauten, die das zeitgenössische Theater an die Grenzen seiner Möglichkeiten führten. Mit jeder Szene verändert sich der Ort, wobei Innen- und Außenräume einander beständig abwechseln. Prospekte wie das Felsenufer mit Seelandschaft (I,1), die Bergwiese auf dem Rütli (II,2) oder die abschüssige Gasse bei Küßnacht (IV,3) forderten das plastische Geschick der Werkstätten und Techniker.

Der üppigen Dramaturgie für das Auge opfert Schiller bereitwillig klassizistische Grundsätze. Zum Ortswechsel tritt die perspektivische Öffnung der Handlung, die Tells Schicksal, den Weg der Eidgenossen und Rudenz' Entwicklungsgang erst am Schluß zusammenführt. Die Zeit des Geschehens erstreckt sich über eineinhalb Jahre. Die dargestellten Ereignisse beginnen am 28. Oktober 1306, dem Tag «Simons und Judä» zum Ende der Weideperiode (v. 146), mit dem Bericht über den historisch verbürgten Totschlag, den Baumgarten an Vogt Wolfenschießen verübt, und erstrekken sich bis zum Mai 1308, der Ermordung Kaiser Albrechts I. durch Johannes von Schwaben. Einen vergleichbar epischen Ablauf weisen einzig *Die Räuber* auf. Nach dem Experiment mit einem strikten Klassizismus kehrt Schiller zu jenem populäreren Weg zurück, den schon die *Jungfrau von Orleans* vorzeichnete. Wie sehr seine Stoffwahl dem Zeitgeist entspricht, beweist die große Zahl der Dramen über den helvetischen Geschichtsmythos, die um 1800 publiziert werden – etwa Ulysses von Salis-Marschlins' *Der Eidgenössische Bund* (1803) und Leonhard Wächters *Tell* (1804), den Schiller gegenüber Cotta abfällig als «Schmiererei» (NA 32, 151) bezeichnet. In einem Brief an Humboldt vom 2. April 1805 erklärt er, seine Bühnenarbeit sei keineswegs frei von Rücksichten auf den aktuellen Publikumsgeschmack und dessen Vorlieben für ‹romantische› Partituren geblieben: «Und so kann es leicht geschehen seyn, daß ich, indem ich die deutschen Bühnen mit dem Geräusch meiner Stücke erfüllte, auch von den deutschen Bühnen etwas angenommen habe.» (NA 32, 206f.)

Mit den Mythen der helvetischen Geschichte scheint Schiller sich bereits zur Zeit seiner historischen Studien befaßt zu haben, wie ein Brief an Charlotte von Lengefeld vom 26. März 1789 beweist. Von der dritten Schweiz-Reise bringt Goethe im Oktober 1797 den Plan eines Tell-Epos mit, den er ausführlich mit Schiller erörtert, aus Zweifel an der künstlerischen Potenz des Stoffs jedoch nicht verwirklicht. Gegenüber Eckermann erklärt er am 6. Mai 1827, er habe dem Freund den «Gegenstand» bereitwillig ‹abgetreten›, weil ihn andere Themen stärker anzogen.[292] In einem Brief vom 30. Oktober lobt Schiller die Überschaubarkeit des Sujets, die es dennoch erlaube, «den Blick in eine gewiße Weite des Menschengeschlechts» (NA 29, 153) zu richten. Zu einer intensiveren Auseinandersetzung mit der Materie kommt es freilich erst dreieinhalb Jahre später. Im Februar 1801 verbreitet sich in Jena und Hamburg das Gerücht, Schiller arbeite an einem *Tell*-Drama. Die falsche Nachricht, die nicht zuletzt durch den Schlegel-Kreis in Umlauf gesetzt wird, weckt wiederum das alte Interesse am Stoff. Als der Leipziger Bühnenautor und Musikkritiker Johann Friedrich Rochlitz, dessen Lustspiele seit dem Februar 1800 mehrfach am Hoftheater aufgeführt worden waren, im Juni 1801 nach Weimar kommt, unterhält man sich ausführlicher über den *Tell*-Plan. Im Dezember 1801 entleiht Schiller aus der Weimarer Bibliothek die ersten beiden Teile der *Geschichten schweizerischer Eidgenossenschaft* Johannes von

Müllers, im März ergänzend in Iselins Neuausgabe von 1734/36 Aegidius von Tschudis *Chronicon Helveticum*, dessen epischer Anlage er einige Monate später «homerischen Geist» nachrühmt (NA 31, 160). Zu diesen zentralen Quellen treten Johann Stumpffs *Schweytzer Chronick* (1606), Johann Conrad Fäsis historisch-geographische *Beschreibung der ganzen Helvetischen Eidgenossenschaft* (1768) und die aus dem frühen 18. Jahrhundert stammenden naturkundlichen Abhandlungen Johann Jacob Scheuchzers, die schon Barthold Heinrich Brockes als Anschauungsmaterial für seine lyrischen Alpenbilder gedient hatten. Weniger bedeutsam bleiben hingegen die zahlreichen literarischen Bearbeitungen, wie sie das Sujet seit dem 15. Jahrhundert fand. Die Tell-Spiele der Reformationszeit haben Schiller kaum beschäftigt; auch den von Samuel Henzi, Johann Jacob Bodmer, Joseph Ignaz Zimmermann und Johann Ludwig Ambuehl stammenden Lehrstücken der Aufklärung, die den Stoff didaktisch überhöhen, vermochte er kein größeres Interesse abzugewinnen. Nicht auszuschließen ist, daß er das 1803 aus dem Nachlaß von Salis-Marschlins publizierte Drama *Der eidgenössische Bund* kannte, das bezeichnende Streiflichter auf die für die Widerstandsaktion der Schweizer leitenden Rechtsprinzipien der Reichsunmittelbarkeit und Grundfreiheit wirft.

In der ersten Phase der eigentlichen Niederschrift, im Herbst 1803, hat Schiller vermutlich noch Heinrich Zschokkes *Geschichte vom Kampf und Untergang der schweizerischen Berg- und Waldkantone* (1801) sowie Johann Gottfried Ebels *Schilderung der Gebirgsvölker der Schweiz* (1798/ 1802) konsultiert. Beide Studien beschrieben ausführlich die politische Konzeption der helvetischen Republik, die, mit Unterstützung Frankreichs, 1798 ins Leben gerufen worden war. Sie suchte eine zentrale demokratische Ordnung auf der Grundlage von zwei einander kontrollierenden parlamentarischen Gremien zu errichten, zerrieb sich jedoch nach kurzer Zeit durch schwere Flügelkämpfe zwischen progressiven und altständischen Kräften selbst.[293] Im Jahr 1803 griff Napoleon in den schwelenden Bürgerkrieg ein, hob die Parlamente auf und stellte die alte Kantonatsstruktur wieder her. Daß Schiller mit seiner Darstellung des Rütlibundes auch auf die aktuelle helvetische Staatsumwälzung Bezug nahm, scheint evident. Die Schweizer Republik schmückte sich, wie ihm bekannt gewesen sein dürfte, mit einem Emblem, das Tell beim Apfelschuß zeigt und in der Unterschrift die Parole von ‹Freiheit und Gleichheit› anführt. Verständlich war es, daß der Tell-Stoff auch zu den prominenten Geschichtsmythen der Französischen Revolution gehörte. Man feierte den 29. September als Namenstag des Schweizer Nationalhelden, benannte Straßen nach ihm, errichtete ihm in Paris ein Denkmal und rief ihn zum Schutzpatron der Republik aus. Im August 1793 wurde durch den Nationalkonvent die regelmäßige Darbietung von Dramen angeordnet, die das Sujet darstellten. An erster Stelle rangierte hier Antoine-Marin Lemierres bereits 1767 veröffentlichter *Guillaume Tell* in einer aktualisierten Fassung, die die Eidgenossen am Ende unter den Klängen der Marseillaise mit einer Abordnung französischer Sansculotten zusammenführte.[294] Großer Beliebtheit erfreute sich auch eine von Michel Jean Sedaine hergestellte Operettenbearbeitung des Lemierreschen Dramas, die 1791 erfolgreich uraufgeführt worden war, wie der *Moniteur universel*, den Schiller in dieser Zeit las, detailliert zu berichten wußte.[295]

Im Sommer 1802, nachdem die Auseinandersetzung mit geschichtlichen und geographischen Details zunächst abgeschlossen ist, vertieft Schiller seine konzeptionellen Überlegungen. In einem Brief an Körner vom 9. September 1802 nennt er die Gliederung des Materials eine «verteufelte Aufgabe». Die Schwierigkeit besteht darin, die schon im Oktober 1797 betonte Verbindung der beiden Aspekte des Stoffs herzuzuführen, «ein ganzes, local = bedingtes Volk, ein ganzes und entferntes Zeitalter und, was die Hauptsache ist, ein ganz örtliches ja beinah individuelles und einziges Phänomen, mit dem Charakter der höchsten Nothwendigkeit und Wahrheit» zu vitaler Bühnenpräsenz zu erwecken. Auch wenn, wie Schiller bemerkt, die «Säulen des Gebäudes» (NA 31, 160) bereits aufgezogen sind, wird der *Tell*-Plan zunächst zurückgestellt, damit der Abschluß der *Braut von Messina* gelingen kann. Erst am 15. August 1803, sechs Wochen nach der Rückkehr aus dem Lauchstädter Erholungsurlaub, beginnt er die gründliche Ausarbeitung des *Tell*-Manuskripts. Anfänglich verzögert sich das Schreibtempo, weil neue Quellenstudien erforderlich werden, die das landschaftliche Kolorit der Schweiz besser erschließen helfen sollen. Daß er sich des populären Zuschnitts des Themas bewußt ist, verrät ein Brief an Wolzogen vom 27. Oktober 1803, in dem es heißt, das Publikum sei «auf solche Volksgegenstände ganz verteufelt erpicht» (NA 32, 81). Als Muster für die technisch schwierigen Massenszenen dient ihm Shakespeares *Julius Cäsar*, den er im Herbst gründlicher studiert. «Für meinen Tell», erläutert er Goethe, «ist mir das Stück von unschätzbarem Werth, mein Schifflein wird auch dadurch gehoben.» (NA 32, 74) Aus ökonomischen Gründen erarbeitet er in dieser Phase die einzelnen Handlungsstränge des Dramas offenbar getrennt, wie ein Brief an Iffland vom 5. Dezember andeutet: «Gern wollte ich Ihnen das Stück Aktenweise zuschicken, aber es entsteht nicht Aktenweise, sondern die Sache erfordert, daß ich gewisse Handlungen, die zusammen gehören, durch alle fünf Akte durchführe, und dann erst zu andern übergehe.» (NA 32, 89)

Wilhelm Tell (1804)

Trotz mancher Ablenkungen gelingt es Schiller, am 13. Januar 1804 den ersten Akt abzuschließen. Goethes rasch signalisierte Zustimmung scheint ihn zu beflügeln, denn das Arbeitstempo nimmt jetzt rapide zu. Bereits am 18. Januar liegt der zweite Aufzug mit der zentralen Rütliszene vor; am 23. Januar werden die ersten beiden Akte zu Iffland nach Berlin geschickt. Auftrieb erfährt das Projekt nicht zuletzt durch Johannes von Müller, dessen Weimar-Besuch Anfang Februar Schiller die Gelegenheit zum Gespräch über die historischen Aspekte des *Tell*-Mythos bietet. Müller, der sich auf der Durchreise nach Berlin befindet (wo er Verhandlungen über seine Anstellung als Geschichtslehrer des Prinzen führen wird), nimmt am 5. Februar die Reinschrift des dritten und Teile des vierten Aufzugs in Empfang, um sie Iffland zu übergeben. «Ein solcher Bote», vermerkt Schiller im Begleitbrief, «muss dem Werke selbst Segen bringen.» (NA 32, 106)

Am 18. Februar registriert Schiller in seinem Kalender den Abschluß des Manuskripts. Erste Lesungen vor Madame de Staël und Benjamin Constant verfehlen ihre Wirkung nicht. Am 1. März treffen sich die Schauspieler im Haus Goethes zur ersten gemeinsamen Lektüre des Dramas. Die Stellproben beginnen acht Tage später; schon am 17. März, nach ungewöhnlich kurzer Vorbereitungszeit, geht die Premiere des *Tell* über die Bühne. Die Uraufführung bringt Schiller den größten Erfolg, den er je mit einem Drama in Weimar erreicht hat. Innerhalb weniger Monate wird das Stück von Theatern in Berlin, Mannheim, Breslau, Hamburg, Bremen, Magdeburg und Braunschweig gezeigt. Mit Blick auf den erwartbaren buchhändlerischen Ertrag verzichtet Schiller in diesem Fall darauf, das Manuskript vor dem Druck zu Höchstpreisen zu vertreiben. Im Mai und Juni 1804 geht der Text in vier Teilen an Cotta, zur Herbstmesse liegt er öffentlich vor.

Den meisten zeitgenössischen Aufführungen gehen zensurbedingte Eingriffe voraus, die in der Regel die Rütlisequenz mit ihrem entschiedenen Votum für ein moralisch begründetes Widerstandsrecht betreffen. Selbst Iffland, der stets die Liberalität der preußischen Behörden zu loben pflegt, betont die «politische Bedencklichkeit» des Schauspiels und erbittet auf einem durch Sekretär Pauli persönlich übermittelten Fragebogen einen Kommentar zu den aus seiner Sicht bedenklichsten Passagen (NA 40/I, 196). Schiller gesteht die Kürzung der Szene V,1 zu, die den Bericht vom Attentat auf Albrecht I. enthält, möchte aber die Parricida-Figur keinesfalls preisgeben, wie er mit größtem Nachdruck betont: «Können die Stellen, wie sie jezt lauten, auf einem Theater nicht gesprochen werden, so kann auf diesem Theater der Tell überhaupt nicht gespielt werden, denn

Das historische Festspiel in republikanischem Geist 571

seine ganze Tendenz so unschuldig und rechtlich sie ist, müßte Anstoß nehmen.» (NA 32, 123 f.) Aus guten Gründen unerwähnt läßt er, daß er für die Weimarer Uraufführung freiwillig den kompletten fünften Akt geopfert hatte, um, wie er Körner am 10. Dezember 1804 schreibt, das anstößige Thema des Kaisermords zu umgehen. Aufgrund des ihr zu Gebote stehenden technischen Apparates vermittelte die Berliner Inszenierung, die erstmals am 4. Juli über die Bühne ging, einen besonders effektvollen Eindruck. Anders als im Fall der *Jungfrau* unterstützte Schiller selbst mit seinen Empfehlungen das Konzept der Aufführung, das die opulente Anlage des Dramas zur Geltung zu bringen suchte. Der Festspielcharakter des *Tell*, der die Garantie für seine rasche Bühnenkarriere bildete, besitzt keine ornamentale Funktion, sondern beleuchtet das Geschichtsverständnis, das die Handlung trägt. Dient die Einheit von Drama und Oper dazu, die sinnliche Präsenz der für die Eidgenossen gültigen Naturnähe im Medium des Gesamtkunstwerks zu verdeutlichen, so stiftet die Tendenz zum Epischen das historische Gedächtnis, von dem die im Schauspiel vorgeführte politische Aktion ihren Ausgang nimmt. Baumgartens Bericht über die Ermordung Wolfenschießens in der Expositionsszene (v. 90 ff.), Stauffachers Darstellung seiner Begegnung mit dem Vogt (v. 217 ff.), die Erzählung von der Blendung des alten Melchthal (v. 561 ff.), Tells Beschreibung des Zusammentreffens mit Geßler im Gebirge (v. 1548 ff.), die Schilderung seiner Flucht aus den Fängen der Häscher (v. 2223 ff.), der Rapport über den Sturm auf die Zwingburg (v. 2876 ff.) und die Nachricht von der Ermordung Albrechts I. (v. 2965 ff.) liefern jeweils prägnante Eindrücke unmittelbar zurückliegender Ereignisse, die den weiteren Verlauf des Bühnengeschehens entscheidend steuern werden. Der Blick in die Vergangenheit bildet die Bedingung für das Handeln der Eidgenossen; daß der neue Bund am alten seine Stütze finde, ist nach Winkelrieds Ansicht (v. 1165) die Essenz des Berichts, den Stauffacher über die Gründermythen der Schweiz abstattet. Beschreibt dieser die frühere Ordnung der Väter, so dient das einem genuin demokratischen Interesse: jeder Verschwörer soll auf dasselbe Wissen zurückgreifen, damit er frei entscheiden kann, ob er seine Tatkraft in den Dienst der gemeinsamen Sache stellen möchte. Stauffacher verkörpert derart den Typus des Rhapsoden, wie ihn die Skizze *Ueber epische und dramatische Dichtung* unter dem Einfluß von Überlegungen Goethes faßt: er ist ein «weiser Mann», der seine Geschichte als «vollkommen vergangen vorträgt» (NA 21, 59), jedoch in der Absicht, ihre Bedeutung für die Gegenwart zu erweisen.

Die Berichtform dient hier nicht allein der Information des Zuschauers, der von dem in Kenntnis gesetzt werden soll, was hinter der Bühne geschah. Ebenso maßgeblich bleibt die Absicht der Figuren selbst, ein gemeinsames Wissen über vergangene Ereignisse herzustellen, an dem das kollektive Bewußtsein teilhaben kann. Wie kein anderes Stück Schillers erfaßt der *Tell* den historischen Prozeß in einer besonderen Formstruktur, die durch den Wechsel der erzählerischen und dramatischen Elemente zustandekommt. In der epischen Anlage des Festspiels zeichnet sich der glückliche Augenblick einer Geschichte ab, die Neues gebiert, indem sie Altes auf qualitativ andere Weise wiederholt. Ihr organischer Grund ist die Gemeinschaft der Individuen, die durch den Akt des Erzählens zusammengeschlossen und mit jenem kollektiven Wissen ausgestattet werden, das sie zur Korrektur politischen Unrechts führt. Schiller selbst war der Überzeugung, daß sich dieses Modell aus einem ‹entfernten Zeitalter› (NA 31, 160) nicht den Verhältnissen der napoleonischen Epoche anpassen ließ, sondern nur auf dem Boden des idyllischen Naturzustands der mittelalterlichen Schweiz Wirklichkeit gewinnen konnte. Seine optimistische Darstellung der glückenden Revolution ist daher kein Zeichen für eine Annäherung an die organologische Geschichtskonzeption Herders, sondern eine Momentaufnahme aus der Distanz, deren elegische Perspektiven man nicht übersehen darf.

Keine Verteidigung der Jakobiner.
Rechtsperspektiven des eidgenössischen Widerstands

Die Szene II,2 bildet den Mittelpunkt des politischen Diskurses, den das Drama vorführt. Sie gehorcht einer strengen Ordnung, in der sich wiederum die Sache, die hier verhandelt wird, spiegeln kann. Auf mehrere Phasen verteilt erfolgt die Verständigung der Rebellen, die, wie Garlieb Merkel 1804 schreibt, in den «Bund der Nothwehr für angestammte Freiheit»[296] mündet. Der szenische Aufbau entspricht der inneren Logik jener drei Fragen, mit denen Kants *Kritik der reinen Vernunft* den Kanon der spekulativen, praktischen und theoretischen Problemvorgaben umreißt, der den Intellekt des Menschen bestimmt: «1. Was kann ich wissen? 2. Was soll ich tun? 3. Was darf ich hoffen?»[297] Die Erörterung der Eidgenossen gilt zunächst der Bildung eines geschichtlichen Bewußtseins, das den eigenen Erwartungshorizont umreißt, greift auf praktische Perspektiven über, die den heiklen Punkt des Widerstands gegen die Tyrannenmacht betreffen, und berührt am Ende die Wunschvorstellungen, die sich an die geplante Umsturzaktion knüpfen.

Zeigt die Exposition mit dem Aufzug der drei Abordnungen sogleich die kollektive Macht der Versammlung (v. 1066 ff.), so erfolgt in der nächsten Phase die Festlegung der Rechtsform, auf deren Basis man sich zu verständigen sucht. Der Beschluß, daß «Schwytz im Rath, Uri im Felde führen» (v. 1138) solle, entspricht der Trennung zwischen judikativer und exekutiver Gewalt; die Wahl eines Vorsitzenden durch Akklamation bekräftigt wiederum die Bereitschaft zur demokratischen Praxis (Goethes antirevolutionäres Dramenfragment *Die Aufgeregten* hatte 1793 diese geschichtlich verbürgte Willenserklärung sarkastisch verspottet). Die Erzählung Stauffachers dient in der dritten Phase der Erneuerung des historischen Wissens, das den Nährboden für den politischen Widerstand bilden wird. Die Erinnerung an den Gründermythos und die rechtlichen Fundamente der Reichsunmittelbarkeit, die unter Albrecht I. in eine persönliche Abhängigkeit vom Kaiser umgewandelt worden ist, rufen die Verhältnisse der Vaterwelt wieder ins Gedächtnis, als man zwar dem Reich zins- und kriegsdienstpflichtig war, jedoch in internen Rechtsfragen souverän entscheiden und bei willkürlichen Forderungen der vom Herrscher eingesetzten Kleriker Einspruch erheben durfte. Stauffachers Rede mündet in das Plädoyer für den aktiven Protest, das sich auf eine Begründung im Geist des *ius naturale* stützt: «Nein, eine Grenze hat Tyrannenmacht, | Wenn der Gedrückte nirgends Recht kann finden, | Wenn unerträglich wird die Last – greift er | Hinauf getrosten Muthes in den Himmel, | Und hohlt herunter seine ewgen Rechte, | Die droben hangen unveräuserlich | Und unzerbrechlich wie die Sterne selbst –» (v. 1275 ff.). Die Metaphorik bezeichnet den Weg, der hier beschritten wird: die Aufkündigung des Gesellschaftsvertrags, wie er zwischen Volk und Kaiser existierte, führt in den (moralisch neu aufgewerteten) Naturzustand zurück. Es ist die Bahn von Hobbes zu Rousseau, die Stauffachers Rede mit festen Strichen skizziert.

In einem vierten Schritt durchleuchtet man die Rechtsgrundlage des hier umrissenen Widerstandsprogramms näher. Konrad Hunn berichtet über seinen gescheiterten Versuch, «zu Rheinfeld an des Kaisers Pfalz» (v. 1324 f.) die von Friedrich II. zuerkannten Freiheitsbriefe erneuern zu lassen, deren Geltung Albrechts Vorgänger stets bekräftigt hatten. Die letzte Phase der Beratung gilt der Diskussion eines geeigneten Aktionsplans: man beschließt, die Burgen der Vögte zur Weihnachtszeit, wenn die Landstände Geschenke abliefern, mit einem Überraschungsschlag zu stürmen und den Kaiser auf diese Weise zu zwingen, seine Schergen abzuziehen, damit das alte Recht wieder in Kraft treten kann (einer vergleichbaren List bedienen sich die – moralisch sinistren – Verschwörer in Andreas Gryphius' Trauerspiel *Leo Armenius* [1650]). Ausdrücklich betont wird der bewahrende Charakter der Revolution, die im Sinne einer *resti-*

tutio in integrum die Wiederherstellung der alten Freiheitsrechte mit ihren begrenzten Privilegien anstrebt. Daß dieser Gesichtspunkt der ursprünglich astronomischen Bedeutung des *Revolutio*-Begriffs als Bezeichnung der Planetenrotation entspricht, auf dessen naturgeschichtlichen Charakter zumal Herders Aufsätze zur französischen Staatsumwälzung immer wieder hingewiesen haben, scheint offenkundig: der Umsturz ist zunächst kein Sprung aus der bestehenden Ordnung, sondern führt im Rahmen einer zyklischen Bewegung an deren Ausgangspunkt zurück. Der ausdrückliche Wunsch nach Gewaltlosigkeit (v. 1369) und die Begrenzung der Ansprüche auf die «Schranken» des alten Rechts (v. 1373), in denen man dem Kaiser auch künftig zinspflichtig bleiben möchte, limitiert sogleich den Erwartungshorizont der geplanten Aktion. Neu tritt jedoch die egalitäre Ordnung des alten Bundes hinzu, die sich in der unisono gesprochenen Schlußformel bekundet: «– Wir wollen seyn ein einzig Volk von Brüdern, | In keiner Noth uns trennen und Gefahr. | – Wir wollen frey seyn wie die Väter waren, | Eher den Tod, als in der Knechtschaft leben.» (v. 1448 ff.) Erfaßt der Begriff der Freiheit die alten Rechte der Vorfahren, so ist im Moment der Brüderlichkeit jene Egalität bezeichnet, die zunächst durch den Ausschluß des Adels («was braucht's des Edelmanns?» [v. 692 f.]), später durch dessen freiwillige Mitwirkung und die von Rudenz verkündete Entlassung der Leibeigenen sichergestellt wird.

Der Bündnisschwur der Eidgenossen bildet das intellektuelle Zentrum des Dramas: die Rechtskonstruktion des Aufstands als konservative Revolution mit progressiven Elementen.[298] Bewahrenden Charakter trägt die Berufung auf die freiheitliche Struktur der Vaterordnung, die dazu führt, daß sich, wie Winkelried erklärt, «der neue Bund am alten stärke» (v. 1165). Gestützt wird dieser Rückgriff durch eine moderne naturrechtliche Argumentation, die die Idee der Egalität der Individuen mit Rousseau aus der Freiheit des ‹Urstands› abzuleiten sucht, «wo Mensch dem Menschen gegenüber steht» (v. 1282 f.).[299] Der Gedanke der sozialen Gleichheit findet sich durch das Bild der Sterne und die mit ihm verknüpfte Lichtmetaphorik illustriert. Es veranschaulicht die «ewgen Rechte» (v. 1279) auf Freiheit, enthält aber auch den Bezug zum Revolutionsbegriff im naturgeschichtlichen Sinn, den Herders Schrift *Tithon und Aurore* (1792) in die Formel von der «friedliche(n) Rückkehr der Begebenheiten in sich selbst»[300] gekleidet hat.

Die Sternmetaphorik spiegelt das facettenreiche Bild, das die gesamte Verschwörung vermittelt. Einerseits berührt sie die traditionelle Vorstellung des freiheitlichen Urzustands der Väter, zu der die Revolution zurückführt, andererseits erschließt sie den progressiven Gedanken der

Gleichheit, der über die patriarchalische Ordnung hinausweist, indem er die bestehenden sozialen Grenzen zwischen Adel und Bauern aufhebt. Nur das Verfahren, nicht das ganze Programm der Revolte umreißt Walter Fürsts Formel: «Die alten Rechte, wie wir sie ererbt | Von unsern Vätern, wollen wir bewahren, | Nicht ungezügelt nach dem Neuen greifen.» (v. 1355 f.) Zum Anspruch auf die Erhaltung der Reichsunmittelbarkeit und der daraus ableitbaren Verpflichtungen tritt jedoch die Forderung nach gesellschaftlicher Gleichheit, die, wie Melchtal erklärt, den Adel zunächst ausschließt: «Laßts uns allein vollenden.» (v. 693) Daß der Egalitätsgedanke die patriarchalische Ordnung nicht ergänzt, sondern ablöst, erfaßt der sterbende Attinghausen sehr genau, wenn er im ausdrücklichen Gegensatz zu Walter Fürst erklärt: «Das Alte stürzt, es ändert sich die Zeit, | Und neues Leben blüht aus den Ruinen.» (v. 2425 f.) An Posas Diktum über die Vereinigung zwischen «Fürstengröße» und «Bürgerglück» (NA 6, 189, v. 3792 f.) erinnert seine Vision gesellschaftlicher Gleichheit: «Der Adel steigt von seinen alten Burgen, | Und schwört den Städten seinen Bürgereid» (v. 2430 f.). In diesem Sinne ist die Revolution der Eidgenossen nicht nur ‹Rückkehr der Begebenheiten in sich selbst›, wie Herder formuliert hatte, sondern auch ein Sprung auf ein anderes Niveau der sozialen Selbstorganisation. Die Wiederherstellung der alten Verhältnisse erfolgt im Geist der französischen Staatsumwälzung.

Diese Kombination der Handlungsimpulse erinnert an Schillers Urteil über den Abfall der Niederlande von der spanischen Regierung. Anders als Goethes *Egmont*, der den ständisch-konservativen Charakter der Rebellion gegen eine zentralistische Fremdherrschaft hervorhob, betonte seine Darstellung, daß der politische Widerstand der Provinzen nicht allein die Restitution der Privilegien, sondern auch neues soziales Bewußtsein herbeizuführen gesucht habe. Wenn er die Niederländer als «friedfertiges Fischer-und Hirtenvolk» beschreibt, das durch den «Drang der Umstände» genötigt wurde, den eigenen «Mangel an heroischer Größe» zu überwinden und «Helden» aus politischem Zwang hervorzubringen (NA 17, 11 f.), so deckt sich dieses Bild bruchlos mit dem vom Drama gezeichneten Porträt der Schweizer als Rebellen wider Willen (die *Thalia*-Studie von 1790 hatte beim Religionsgründer Moses ähnliche Motive ausgemacht). In beiden Fällen avisiert die Revolution nicht ausschließlich die Wiederherstellung alter, sondern auch die Sicherung neuer Rechte; vertreten die Eidgenossen den Anspruch auf Gleichheit der Stände, so die Geusen die Forderung nach Gesetzgebungsvollmachten und uneingeschränkter Religionsfreiheit. An einem wesentlichen Punkt freilich sind die Gemeinsamkeiten der historischen Konstellationen erschöpft: während die Schweizer Rebellen die Einigkeit, die sie sich geschworen haben, bis zum Ende bewahren, zerreibt sich der niederländische Aufstand im Widerstreit der Interessen, der maßgeblich durch die fortdauernde Geltung sozialer Schranken verursacht wird. Attinghausens politische Vision schließt zwar die Phase des inneren Unfriedens ein («Die Fürsten seh ich und die edeln Herrn | In Harnischen heran gezogen kommen, | Ein harmlos Volk von Hirten zu bekriegen.» [v. 2438 ff.]), jedoch bezeichnet sie nur ein vorläufiges Zwischenstadium auf dem Weg zur endgültigen gesellschaftlichen Autonomie: «(...) des Adels Blüthe fällt, | Es hebt die Freiheit siegend ihre Fahne.» (v. 2445 f.)

Wenn Schiller zehn Jahre nach der Hinrichtung Ludwigs XVI. ein Befreiungsdrama vorlegt, das einen unüberhörbaren Appell zum Widerstand gegen politisches Unrecht formuliert, so drängt sich die Frage nach den aktuellen Bezügen auf, die hier berührt werden. Zu prüfen steht dabei die Rechtsposition, die der Text bezieht, aber auch die geschichtsphilosophische Perspektive, die das verklärte Idyll vom ‹harmlosen Hirtenvolk› eröffnet. Daß die Radikalität der politischen Diagnose durch die Entrückung der Handlung in ein mythisches Arkadien eingeschränkt wird, haben bereits zeitgenössische Rezensenten vermerkt. Die «Ideenverbindung von Nation und Freiheit»,[301] in der Thomas Mann das moderne Element des *Tell* erblickte, ruht unübersehbar auf dem zerbrechlichen Boden der geschichtlichen Verklärung.

Im Mittelpunkt der Rütli-Szene steht die Ableitung des Widerstandsrechts aus dem Gedanken der natürlichen Freiheit des Menschen: «Der Güter höchstes», so erklärt Stauffacher, «dürfen wir vertheid'gen | Gegen Gewalt» (v. 1286 f.). Daß Schillers Drama an diesem Punkt eine aktuelle juristische Debatte berührt, ist offenkundig.[302] 1793 hatte Kant in einem Aufsatz für die *Berlinische Monatsschrift* grundlegend zur juristischen Problematik politisch motivierter Umsturzhandlungen Stellung bezogen. In Übereinstimmung mit dem konsequenten Legalismus Edmund Burkes betonte Kant die Unantastbarkeit der staatlichen Ordnung als leitendes Prinzip: «Hieraus folgt: daß alle Widersetzlichkeit gegen die oberste gesetzgebende Macht, alle Aufwiegelung, um Unzufriedenheit der Untertanen tätlich werden zu lassen, aller Aufstand, der in Rebellion ausbricht, das höchste und strafbarste Verbrechen im gemeinen Wesen ist; weil es dessen Grundfeste zerstört.»[303] Bestimmend für diese Auffassung, die vier Jahre später in der *Metaphysik der Sitten* wiederholt wurde, blieb Kants Annahme, daß der Anspruch auf «Glückseligkeit»[304] vom System der juristischen Prinzipien, anders als dieses die amerikanische Verfassung von 1776 vorsah, grundsätzlich zu trennen sei (eine Position, die bereits Reinholds

Briefe von 1786/87 zu umreißen suchten). Ins Visier geriet damit auch die naturrechtliche Begründung des politischen Widerstands, wie sie Gottfried Achenwalls Abhandlung *Ius naturale* von 1755/56 vorlegt. Der Göttinger Jurist Achenwall hatte erklärt, daß das Volk seinen mit dem Souverän geschlossenen «Unterwerfungsvertrag»[305] (das Hobbessche Modell) aufkündigen dürfe, wenn dessen Erfüllung zur Stärkung despotischer Regierungsformen beitrage. Gegen Achenwalls Position betont Kant lakonisch, das «Prinzip des Rechts» könne mit dem individuellen Anspruch auf Glück (*pursuit of happiness*) nicht vermischt werden.[306] Im Hintergrund dieser systematischen Trennung steht die transzendentalphilosophisch begründete Annahme, daß der Mensch sich nur dort eine freie Rechtsordnung zu geben vermag, wo er unabhängig von sinnlichen Bedürfnissen bleibt, wie sie ins Streben nach Glückseligkeit notwendig einfließen.

Dieses Votum für einen strikten Legalismus, das die moralische Verurteilung der politischen Erhebungen in der Schweiz, den Niederlanden, England und Frankreich einschloß, stieß rasch auf Widerspruch. Der abtrünnige Kant-Schüler Friedrich Gentz, in späteren Jahren entschiedener Verfechter der Metternichschen Restaurationspolitik, und der niedersächsische Staatsbeamte August Wilhelm Rehberg nahmen in der *Berlinischen Monatsschrift* ausführlich zur Frage des Widerstandsrechts Stellung. Beide Kommentatoren bemängelten den methodisch bedingten Verzicht auf eine Theorie praktischer politischer Ethik, deren Geltungskreis bei Kant durch die erfahrungsjenseitige Bestimmung allgemeiner Grundlinien sozialen Handelns umrissen wird. Gentz, in jungen Jahren ein gemäßigter Verfechter des Naturrechtsgedankens, den er gegen die Angriffe Justus Mösers verteidigt hatte, zugleich aber begeisterter Leser der Schriften Burkes, beklagte grundsätzlich die fehlende Bereitschaft Kants, den Erfordernissen einer auch praxisrelevanten Staatsphilosophie zu genügen; Folge dieser Zurückhaltung sei ein intellektueller Optimismus, der auf die gleichsam organische Vervollkommnung des Staates setze, ohne die Werkzeuge zureichend zu bedenken, die sie herbeiführen könnten.[307] Daß Schiller mit Gentz' Gedanken vertraut war, steht außer Frage; im Herbst 1801 hatte man sich mehrfach im Rahmen der Weimarer Teegesellschaften getroffen und über Fragen der Staatstheorie ausgetauscht. Auch Christian Garve griff in einem 1800 postum veröffentlichten Vortrag die legalistische Perspektive Kants an und betonte vor dem Hintergrund der englischen Geschichte, nicht jede Revolution müsse zwangsläufig in Gesetzlosigkeit münden.[308] Mit Nachdruck vertrat Johann Benjamin Erhard in seiner 1794 entstandenen, in Kursachsen und Bayern durch die Zensur verbotenen Schrift *Über das Recht des Volks zu einer Revolution* die Ansicht, daß die durch tyrannische Staatsformen bedingte Unterdrückung des Individuums notwendig als Angelegenheit der gesamten Menschheit zu betrachten, Widerstand gegen den Despotismus folglich als moralisch legitimer Akt aufzufassen sei. Erhard unterstützte zwar Kants These von der Unvereinbarkeit zwischen individuellem Glücksstreben und staatlicher Ordnung, wendete sich jedoch gegen einen verengten Rechtsbegriff, der die Sicherung des Status quo zum ausschließlichen Ziel politischen Handelns bestimmte.[309] Im Tenor der Kant-Kritiker erklärte auch der junge Friedrich Schlegel 1796 in seinem *Versuch über den Begriff des Republikanismus*, die despotische Herrschaftsform bilde keinen «Quasistaat», sondern einen «Antistaat», so daß eine juristische Kritik revolutionärer Handlungen hier nicht verfangen könne.[310]

Ganz offenkundig widerspricht die von Stauffacher mit naturrechtlichen Argumenten verteidigte Option auf Widerstand den unter dem Einfluß der Pariser Schreckensherrschaft vorgetragenen Einlassungen Kants. Mit der positiven Darstellung des Umsturzes scheint Schillers Drama, denkt man an die zeitgenössische Debatte, eine überraschend fortschrittliche Position zu beziehen. Immerhin hatte auch die französische Menschenrechtserklärung vom August 1789 (*Déclaration des droits de l'Homme et du Citoyen*) im Artikel 33 den politischen Widerstandsanspruch als unveräußerliches Merkmal individueller Freiheit festgehalten. Mit Blick auf diese Bestimmung verkündete Kant in der *Monatsschrift* unwillig: «Auch kann nicht etwa ein Notrecht (ius in casu necessitatis), welches ohnehin, als ein vermeintes Recht, in der höchsten (physischen) Not Unrecht zu tun, ein Unding ist, hier eintreten, und zur Hebung des die Eigenmacht des Volkes einschränkenden Schlagbaums den Schlüssel hergeben.»[311] Kants Metaphorik legt eine Spur zum *Tell*, wo Attinghausen Rudenz gegenüber die Willkür der habsburgischen Besatzungspolitik beklagt: «Sie werden kommen, unsre Schaaf' und Rinder | Zu zählen, unsre Alpen abzumessen, | Den Hochflug und das Hochgewilde bannen | In unsern freien Wäldern, ihren Schlagbaum | An unsre Brücken, unsre Thore setzen (...)» (v. 898 ff.). Es ist gerade diese Beschränkung der Autonomie, die im *Tell* zur Rechtfertigung des politischen Widerstands ausreicht. Der ‹Schlagbaum›, den Kant für das Sinnbild unveränderlicher Ordnung hält, erscheint hier als Symbol einer zentralistischen Willkürherrschaft ohne jede Legitimität. Nicht auszuschließen ist, daß Schiller an diesem Punkt, wie Goethe im *Egmont*, die expansive Außenpolitik Josephs II. als aktuelles Beispiel für derartige Regelungszwänge vor Augen hatte.

Wie entschieden Schiller selbst die historischen Unterschiede wahrnahm, die den Widerstandsakt der Schweizer von der Französischen Revolution trennen, erweist der Text des Widmungsgedichts für Karl Theodor von Dalberg, in dem es heißt: «Doch wenn ein Volk, das fromm die Heerden weidet, | Sich selbst genug, nicht fremden Guts begehrt, | Den Zwang abwirft, den es unwürdig leidet, | Doch selbst im Zorn die Menschlichkeit noch ehrt, | Im Glücke selbst, im Siege sich bescheidet, | – Das ist unsterblich und des Liedes werth.» (NA 10, 468 f.) Deutlich wird, daß Schillers Drama die exemplarische Darstellung eines Umbruchvorgangs mit evolutionären Zügen anstrebt.[312] Der naturhafte Charakter unterscheidet den hier gespiegelten Prozeß von der Gewaltsamkeit der französischen Ereignisse und verschafft ihm den Umriß eines idealen historischen Entwicklungsmusters. In seinen *Untersuchungen über die französische Revolution* (1793) erklärt August Rehberg, daß einzig «Hirtenvölker» in der Lage seien, ihre gesellschaftliche Ordnung auf der Basis der Gleichheit zu organisieren. Nachdrücklich verweist Rehberg an diesem Punkt auf die Schweizer, deren Freiheitskampf ihm als Modell für eine friedliche soziale Umwandlung gilt, die sich nicht von den Abstraktionen der theoretischen Philosophie leiten lassen dürfe.[313] Der hier anklingende Vorbehalt gegen Rousseau und Kant, die Rehberg als geistige Väter der Französischen Revolution betrachtet, schließt die Sympathie für situationsgebundene Lösungen gesellschaftlicher Probleme ein.[314] Schillers Drama unterstützt eine solche Auffassung, indem es den glückenden Umsturz auf die pragmatische Entschlossenheit der Eidgenossen zurückführt, die sich ohne idealistische Überheblichkeit erreichbare Ziele setzen. Zugleich aber bildet das Strukturmuster der Idylle, in das die Ereignisse eingelegt sind, ein Indiz dafür, daß der Erfolg der politischen Aktion nicht selbstverständlich auf moderne Verhältnisse übertragbar scheint. Als «individuelles und einziges Phänomen» (so Schiller an Körner, NA 31, 160) ist der Sieg der Eidgenossen aus unterschiedlichen Gründen ein Lehrstück von eingeschränkter Geltung für die Gegenwart. Den komplizierten Formen der entfremdenden Arbeitsteilung, wie sie die Schrift zur ästhetischen Erziehung beschrieben hat, steht in der mittelalterlichen Gesellschaftsordnung der Schweizer ein archaisch anmutendes Modell menschlicher Lebenswelt entgegen. Indem das Drama den intakten Charakter dieser historisch entrückten Wirklichkeit mit ihren engen persönlichen Bindungen und organischen Familienverhältnissen nachdrücklich unterstreicht, hebt es den Stoff in die Ebene der Idylle, wo, wie Schiller es definiert hat, «der Begriff eines völlig aufgelösten Kampfes sowohl in dem einzelnen Menschen, als in der Gesellschaft» (NA 20, 472) praktisch werden kann.

Produkt der Schillerschen Dramaturgie ist zumal die Darstellung des Aufstands als erfolgreiche Erprobung moralischer Unschuld unter Bedingungen des Notstands. Die Anwendung von Gewalt, die die Legalitätsfrage am Nervenzentrum trifft, läßt sich im Schauspiel naturrechtlich mit dem Vorrang der Zwecke gegenüber der Beschaffenheit der Mittel begründen.[315] Bei Schiller ist sie auch deshalb unprekär, weil sie (gegen die geschichtlichen Zeugnisse) in fest umrissenen Grenzen bleibt: «Wohl euch», so erklärt Walter Fürst, «daß ihr den reinen Sieg | Mit Blute nicht geschändet!» (v. 2912 f.) Gestützt wird der makellose Charakter der Aktion nicht zuletzt durch die Bereitschaft der Eidgenossen, selbst unverzüglich für stabile Rechtsverhältnisse zu sorgen, die die Willkür der habsburgischen Fremdherrschaft wie die Gefahr der Anarchie zu bannen vermögen. Melchthals Verzicht auf den Vollzug der Blutrache am Vogt Landenberg, der seinen Vater geblendet hat, bezeichnet den Weg zu einer humanen Ordnung jenseits von Despotie und Gewalt (v. 2904 ff.). Der idyllische Charakter des Dramas entsteht nicht durch die Tatsache, daß es in Übereinstimmung mit der Geschichte den rechtskonformen Ausgang einer gewaltsamen Revolte zeigt, sondern durch das szenische Arrangement der näheren Umstände, die es gestatten, den Handelnden moralische Absolution zu erteilen. Zweideutig bleibt jedoch die Rolle, die Tell innerhalb dieses heiklen Gefüges spielt. Mehrere Indizien deuten darauf, daß ihn jener Streit der persönlichen «Freiheit im Subjekt» mit dem objektiv Notwendigen bestimmt, der laut Schelling Merkmal der tragischen Konfliktbildung ist.[316]

Der Familienvater als Attentäter.
Tell auf dem Weg nach Elysium?

In einem Brief an Iffland vom 5. Dezember 1803 schreibt Schiller über die disparate Führung der verschiedenen Handlungslinien, die das Drama durchziehen: «So z. B. steht der Tell selbst ziemlich für sich in dem Stück, seine Sache ist eine Privatsache, und bleibt es, bis sie am Schluss mit der öffentlichen Sache zusammengreift.» (NA 32, 89) Daß die persönliche Motivation des Familienvaters, der Geßler tötet, um Frau und Kinder vor weiteren Übergriffen des Despoten zu schützen, im letzten Akt den glücklichen Abschluß der eidgenössischen Erhebung gegen die Vögte unterstützt, steht außer Frage. Zu bedenken bleibt jedoch, welche individuellen Folgelasten das Attentat für Tell mit sich bringt. Das ‹Zusammengreifen› von privater und öffentlicher Ebene findet so reibungsfrei nicht statt, wie es die opernhaft gefaßte Schlußszene nahezulegen scheint.

Durchgängig wird Tell von den Eidgenossen zur Erlöserfigur mit Christuszügen stilisiert. Der religiöse Vorstellungshorizont zeigt sich bereits in der Exposition angedeutet, wenn Ruodi unter dem Eindruck der Plünde-

Tell auf dem Weg nach Elysium? 581

rung seiner Herde durch die Schergen des Vogts ausruft, das Land benötige einen «Retter» (v. 182), der die Gerechtigkeit wiederherstelle. Hedwig führt diese Metaphorik fort, indem sie betont, daß die Verhaftung ihres Mannes nach dem Apfelschuß dem Vorhaben der Eidgenossen abträglich sein müsse: «Solang | Der Tell noch frei war, ja da war noch Hofnung, | Da hatte noch die Unschuld einen Freund, | Da hatte einen Helfer der Verfolgte, | Euch alle rettete der Tell (...)» (v. 2365 ff.). Vollends sichtbar wird der Christus-Bezug am Ende, wenn Stauffacher im Pathos der selbstgenügsamen Überzeugung verkündet: «Das Größte | Hat er gethan, das Härteste erduldet, | Kommt alle, kommt, nach seinem Haus zu wallen, | Und rufet Heil dem Retter von uns allen.» (v. 3083 ff.)[317]

So bruchlos die Gleichsetzung des Helden mit Christus für die Eidgenossen aufgehen mag, so prekär bleibt doch das Rollenverständnis, das ihn selbst beherrscht. Maßgebliche Bedeutung besitzt der Konflikt, den Tells Monolog in der Szene IV,3 vor dem Attentat reflektiert. Schiller hat den Passus ausdrücklich hervorgehoben, indem er ihn Iffland gegenüber als «das beste im ganzen Stück» bezeichnete und sich gegen eine Kürzung entschieden verwahrte (NA 10, 457). Der derbe Selbsthelfer, der zuvor das Lob der Tat angestimmt und sich auf sentenziös gefärbte Wortkargheit verlegt hatte, findet hier Zug um Zug zur Sprache als Medium der Bewußtseinsreflexion. Daß auch der Attentäter Tell die freiwillig gewählte Rolle des Einzelgängers («Der Starke ist am mächtigsten allein», v. 437) nicht preisgibt, wird rasch offensichtlich. Er, der sich dem Bund der Eidgenossen entzogen hat, handelt als Familienvater auf eigene Rechnung: «Die armen Kindlein, die unschuldigen, | Das treue Weib muß ich vor deiner Wuth | Beschützen, Landvogt (...)» (2577 ff.). Noch im Gespräch mit Stauffacher, der ihn für das «Vaterland» (v. 438) zu werben suchte, hatte Tell die Überzeugung geäußert, daß familiäre und politische Angelegenheiten zu scheiden seien: «Ein jeder lebe still bei sich daheim, | Dem Friedlichen gewährt man gern den Frieden.» (v. 427 f.) Wo der Tyrann Geßler jedoch dem Bürger Tell die individuelle Freiheit raubt, sieht sich dieser zum Widerstand genötigt. Es gehört gemäß den Diagnosen Montesquieus und Rousseaus zu den besonderen Bedingungen des Despotismus, daß er die privaten Rechte des Menschen nicht anerkennt. Der Akt der persönlich motivierten Rebellion greift auch deshalb auf die öffentliche Ordnung über, weil deren Geltungsanspruch grenzenlos erscheint.

Ähnlich wie Johanna unter dem Eindruck der Geisterstimme ist Tell nach dem Apfelschuß nicht mehr in der Lage, souverän über seine Handlungsoptionen zu verfügen. Seine frühere Überzeugung, daß die Familie eine Schutzburg gegen den Despotismus bilde, scheint durch Geßlers Willkür widerlegt, Freiheit nur dort möglich, wo er sich den Notzwängen der Situation unterwirft und zum letzten Mittel des gewaltsamen Widerstands greift. Tell selbst erkennt diese Gemengelage sehr genau (was ihn deutlich von jener philiströsen Geisteshaltung abgrenzt, die Ludwig Börne hier unterstellte).[318] Im steten Wechsel der Perspektiven, dem das Strukturmuster einer Gerichtsrede mit verteilten Rollen zugrunde liegt, setzt er die verlorene Unschuld gegen den Argwohn, den die Begegnung mit Geßler in ihm entfachte: «Du hast aus meinem Frieden mich heraus | Geschreckt, in gährend Drachengift hast du | Die Milch der frommen Denkart mir verwandelt, | Zum Ungeheuren hast du mich gewöhnt –» (v. 2571 ff.). Daß Tell hier über den Verlust seiner naiven Gesinnung räsoniert, kennzeichnet die sentimentalische Bewußtseinslage, in die ihn der Konflikt mit Geßler getrieben hat. Im Medium der Sprache, das er sonst nur widerwillig zu nutzen scheint, vollzieht sich die elegische Reflexion über den Sturz ins Mißtrauen, der die Voraussetzung für das Attentat bildet.[319]

Eine von Johann Friedrich Schink, dem früheren Dramaturgen des Hamburger Nationaltheaters, verfaßte Rezension des Schauspiels, die 1805 in Nicolais *Neuer Allgemeiner Deutscher Bibliothek* erschien, bemängelt an der psychologischen Anlage der Szene IV,3, daß sie den räsonierenden Tell vom eigenen Naturell abrücken lasse: «Offenbar widerspricht daher der Monolog, den der Dichter seinem Helden vor der That in den Mund legt, dem ihm gegebenen Charakter.»[320] Die Einbuße der naiven Identität bildet jedoch, anders als der Kritiker es sah, nicht allein die Folge, sondern schon die Voraussetzung des Mordanschlags auf Geßler. Der Konflikt, dem sich Tell ausliefert, um seine Selbsthelferrolle zu erfüllen, ist bereits dem Moment entfaltet, da ihn der Apfelschuß in das Räderwerk des Argwohns und zur ‹Gewöhnung an das Ungeheure› drängen muß.

Tells Selbstgespräch reflektiert die Vertreibung aus Arkadien als Bedingung für den Entschluß zum Attentat und beleuchtet damit auch den Bewußtseinskonflikt, der ihn fortan begleiten wird. Auffällig bleibt, daß Tell sich wie die Eidgenossen einer naturrechtlichen Argumentation bedient, wenn er seinen Mordplan aus der Lage des bedrohten Familienvaters begründet, der Frau und Kind vor der Willkür des Despoten schützen muß. Der Anspruch auf Widerstand erscheint hier als Elementargut, das vitale Interessen sichert, ohne dabei Werkzeug einer politischen Programmatik zu sein. Die Annäherung zwischen den Eidgenossen und Tell, die Schillers Brief an Iffland hervorgehoben hat, vollzieht sich auf dem Boden des Naturrechts, das jedoch zu unterschiedlichen Zwecken genutzt wird: erstrebt der Bund die Etablierung einer dauerhaften Rechtsordnung, so der Selbst-

Tell auf dem Weg nach Elysium? 583

helfer allein die Sicherung der Familie im Wirkungskreis partikularer Interessen. Das Attentat wird auf diese Weise von politischen Motiven freigehalten, die Verschwörung wiederum moralisch entlastet.

Betrachtet man das Geschehen unter äußeren Gesichtspunkten, so gelingt die Abstimmung der Kräfte reibungsfrei, greift doch die kollektive Revolte mit dem individuellen Widerstandsakt Tells am günstigsten Zeitpunkt zusammen. Das Requisit des Geßlerhutes, der am Schluß vom Sinnbild der Unfreiheit zur Ikone der Revolution avanciert, spiegelt diesen Annäherungsprozeß deutlich wider. Kaum zufällig hat sich auch die helvetische Republik dieses Symbols bürgerlicher Freiheit zur öffentlichen Veranschaulichung ihrer demokratischen Errungenschaften bedient.[321] Daß Schiller die Bedeutung des seit der Antike bekannten Motivs vertraut war, erweist die von ihm ausgewählte Illustration auf dem Buchumschlag seiner niederländischen Geschichte, die den Hut über der Stange als Sinnbild des antifeudalen Geusenkampfes zeigt: «Dieses», so schreibt er am 17. April 1788 an Crusius, sei «ein bekanntes auch gefälliges Attribut der Freyheit» (NA 25, 43). Ein im Oktober 1792 während der Kampagne in Frankreich entstandenes Aquarell Goethes zeigt unter dem Titel *Luxemburger Landschaft mit Freiheitsbaum* dasselbe Symbol. Wenn man am Schluß des Dramas Geßlers Kopfbedeckung zum «ewig Zeichen» der Unabhängigkeit (v. 2922) erklärt, dann demonstriert das sinnfällig auch die Vereinigung, die sich zwischen Tells ‹Privatsache› und den öffentlichen Zielen der Revolution vollzieht. Veranschaulicht die Geschichte des Hutes die Demütigung des Titelhelden und damit den Ausgangspunkt seines Attentats, so belegt sie gleichzeitig die Unterdrückung der kollektiven Interessen, die den Ursprung des Bündnisses darstellt.

Es wäre jedoch falsch, am äußeren Erfolg des Umsturzes den geschichtlichen Widerschein eines reinen Ideals (Elysiums oder des ästhetischen Staates) abzulesen.[322] Das Tableau der versöhnten Naturordnung, in dessen theatralischer Darstellung Walter Muschgs Schiller-Rede von 1959 das Indiz für die Flucht vor den Forderungen des Tages gesehen hat,[323] zeigt Bruchlinien, die sich erst dem zweiten Blick offenbaren. Die eindeutige Verklärung der heroischen Tat, die den Titelhelden als ‹säkularisierten Heiligen›[324] zu profilieren scheint, dürfte kaum in Schillers Absicht gelegen haben. Wesentlich bleibt, daß die Freiheit der Eidgenossen erkauft wird mit dem Verlust der Unschuld, die Tell zu Beginn bestimmte. Das Leitmotiv des Opfers, nicht die Wirklichkeit eines von Schiller ohnehin nur theoretisch reflektierten Reichs des schönen Scheins in der elysischen Idylle beherrscht den Schluß des Dramas.[325] Die effektvolle Parricida-Szene, die den Tyrannenmörder mit dem habgierigen Attentäter zusammenführt, bietet in diesem Sinne auch einen Hinweis auf die Abgründe, in die Tell nach seiner Tat blickt. Zunächst erfüllt sie fraglos eine Entlastungsfunktion, indem sie den Anschlag des Familienvaters vom egoistisch motivierten Verbrechen des schwäbischen Herzogs abgrenzt und, wie es Schiller gegenüber Iffland formulierte, das «‹Rechtliche der Selbsthilfe in einem streng bestimmten Fall›» (NA 10, 458) erweist: «Gemordet | Hast du, ich hab mein theuerstes vertheidigt» (v. 3183 f.). Zugleich aber tritt eine psychologische Dimension zutage, die Tells Rolle im Gespräch zweideutiger erscheinen läßt. Schiller selbst betonte gegenüber Böttiger, daß er die Entwicklung des Helden vom «harmlos, einfach handelnden Charakter» zum Attentäter darzustellen gesucht habe (NA 42, 380). Diese Anmerkung erschließt die tiefere Schicht der Parricida-Szene. Weist Tell hier zunächst entrüstet jede Gemeinsamkeit zwischen Johannes' Verbrechen und seinem eigenen Anschlag von sich («Darfst du der Ehrsucht blutge Schuld vermengen | Mit der gerechten Nothwehr eines Vaters?» [v. 3175 f.]), so erfaßt ihn schließlich eine Welle des Mitleids, der er nicht mehr standhalten mag: «Kann ich euch helfen? Kanns ein Mensch der Sünde? | Doch stehet auf – Was ihr auch gräßliches | Verübt – Ihr seid ein Mensch – Ich bin es auch – Vom Tell soll keiner ungetröstet scheiden – (...)» (v. 3222 ff.). Das überraschende Wort, daß auch er ‹ein Mensch der Sünde› sei, dürfte sich kaum auf die lutherische Formel von der ererbten Doppelanlage des Sterblichen (‹simul iustus et peccator›) beziehen, sondern das Einbekenntnis individueller Verschuldung bedeuten. Daß Tell in dem Moment, da er erstmals Anteilnahme an Parricidas Gewissensnot zeigt, sein Gesicht «verhüllt», wie die Regieanweisung vermerkt, verrät seine wahren Empfindungen. Es ist nach der Zeichensprache des antiken Theaters die Bewegung des Schuldigen, die er hier vollführt. Wenn auch Johannes am Ende seine Züge zu verbergen sucht, so bezeugt das eine Verwandtschaft der Figuren, die im Dialog selbst nur angedeutet wird (NA 10, 273 ff.). Tell hat die Last seiner Tat zu tragen, ohne daß ihm die soziale Gemeinschaft, der er angehört, den Druck der Selbstrechtfertigung vollends nehmen könnte.[326] Anders als Goethes Götz von Berlichingen, der als Vertreter eines unbändigen Vitalismus Momente des Zweifels durch Tätigkeit zu überwinden weiß, empfängt Tell am Ende des Dramas die Züge eines sentimentalischen Charakters, der die Naivität seines Naturells dauerhaft eingebüßt hat, weil die ‹Gewöhnung an das Ungeheure› nicht aufzuheben ist.

Schiller entläßt seinen Helden ins Schweigen: wortlos nimmt er die Huldigungen der Landsleute entgegen, die ihn als «Erretter» (v. 3281) feiern. Die stumme Reaktion Tells ist hier nicht Merkmal der naiven Fähigkeit, das Glück still zu genießen, sondern ein Hinweis auf die Spannungen, die

Tell auf dem Weg nach Elysium? 585

ihn regieren. Der geschichtliche Sieger steht ohne Sprache vor den Abgründen, die sich in seinem Inneren öffnen («Das schwere Herz wird nicht durch Worte leicht», hatte er Stauffacher erklärt [v. 418]). Die Bahn zum verlorenen arkadischen Zustand scheint Tell ebenso versperrt wie der Weg zu einem neuen Refugium, das die Eidgenossen am Ende erreichen dürfen. Die «Hirtenunschuld» in «Subjekten der Kultur» (NA 20, 472), die Schiller 1795 als Merkmal des elysischen Idylls bezeichnet, bleibt für ihn eine unerfüllte Utopie, nachdem er die Sicherheit seiner Familie mit Blut erkaufen mußte. Als Individuum ist Tell das Opfer der (fast) gewaltfreien Revolution. Seine Tat bildet den Preis für die Anbahnung einer neuen Ordnung, der die Züge der wiederhergestellten Naturharmonie eingezeichnet sind. Die zutreffende Erkenntnis, daß für Schiller eine glückende Revolution einzig «auf dem Boden der Idylle»[327] denkbar sei, schließt die Einsicht in die Grenzen ein, denen das im *Tell* vorgeführte Geschichtsmodell unterliegt. Indem es das Gefüge des Bundes organisch mit der alten Ordnung der Väter zusammentreten läßt, entfaltet das Drama die Züge eines Idealbildes, dessen historischer Realismus aus guten Gründen, wie etwa Max Frisch gezeigt hat, bezweifelt werden kann.[328] Die Überführung des Stoffs in die (den Titelhelden ausschließende) Idylle ermöglicht es Schiller, den *Tell* als Revolutionsschauspiel von politischen Extrempositionen unterschiedlicher Observanz abzugrenzen. Der durch die Jakobiner vertretenen «speculativen Politik» (August Rehberg)[329] setzt er das Modell eines evolutionären Umbruchprozesses mit organischem Zuschnitt entgegen, der konservativen Revolutionskritik Burkes und Kants die Rechtfertigung des Widerstands aus moralischen Beweggründen.[330] Einbezogen ist in diese Position die eingeschränkte Verteidigung von Gewalt, deren praktische Anwendung statthaft scheint, sofern sie, wie dies Walter Benjamin in anderem Zusammenhang ausgeführt hat, «gerechten Zwecken»[331] gehorcht.

Die idyllische Überformung des Sujets vertieft zugleich die Grenzen, die den helvetischen Geschichtsmythos von modernen Zeitverhältnissen trennen. Problematisch bleiben daher Aktualisierungen, wie sie Max Frisch mit seiner satirisch gefärbten Kontrafaktur und Rolf Hochhuths Basler Rede im Blick auf das gescheiterte Hitler-Attentat des jungen Schweizers Maurice Bavaud versucht haben.[332] Als Muster der geglückten Revolte ist der Aufstand, den Schiller zeigt, ein geschichtsphilosophisches, kein politisches Lehrstück. An ihm läßt sich zeigen, daß die Erneuerung der Naturordnung nur dort möglich ist, wo die Moderne ihre Spur der Verwüstung noch nicht hinterlassen hat. Welchen Preis selbst die von Schiller humanisierte Revolution der Schweizer fordert, läßt das beredte Schweigen des gefeierten Volkshelden Tell am Ende immerhin ahnen. Daß der mühsam balancierten Idylle ein Akt der Gewalt vorausgehen muß, gehört zu den düsteren Aspekten einer märchenhaft wirkenden Ereignisfolge. Die erbauliche Perspektive des klassischen Geschichtsdramas enthält damit ein unvertilgbares archaisches Element, das nicht im harmonischen Schlußtableau aufgehoben werden kann. Tells Attentat bleiben jene Züge des ‹Ungeheuren› eingegraben, die den jungen Bismarck als Freund der Staatsautorität so stark verstörten, daß er den Titelhelden einzig für einen «Rebell und Mörder»[333] halten konnte. Schiller wußte, warum er den Retter der Eidgenossen am Ende zum Schweigen verdammte. Wortlosigkeit schien ihm die angemessene Haltung für einen Helden, der, zur mythischen Gestalt verklärt, zugleich auch als Opfer der Geschichte gelten muß. Hinter der klassischen Dramaturgie der Versöhnung steht die moderne Skepsis, die in die gefällige Orchestermusik des Opernschlusses ein elegisches Element mischt.

10. Kleine Dramen, Übersetzungen und späte Fragmente

Höfisches Theater für Feiertage.
Die Huldigung der Künste; Racine-Übertragungen (1804–1805)

Im November 1804 schließt sich Schiller für vier Tage von der Außenwelt ab und verfaßt das Festspiel *Die Huldigung der Künste*. Es ist die letzte selbständige Arbeit, die er noch beenden kann. Ihren äußeren Anlaß bildet die Feier zu Ehren der Vermählung zwischen dem weimarischen Erbprinzen Carl Friedrich und der russischen Großfürstin Maria Paulowna, der Schwester des Zaren Alexander I., der 1801, nach der Ermordung seines Vaters Paul I., den Thron bestiegen hatte. Die für den Weimarer Hof höchst bedeutsame Eheschließung stellte das Ergebnis der diplomatischen Bemühungen Wilhelm von Wolzogens dar, der seit dem Herbst 1799 in seiner Rolle als Kammerrat regelmäßig nach Petersburg gereist war, um dort Gespräche über eine familiäre Verbindung der politisch alliierten Herrscherhäuser zu führen. Die Verhandlungen des Schwagers dienten am Rande auch der Steigerung von Schillers auswärtigem Renommee. Am 27. September 1803 meldet er aus Petersburg, er versuche, den dortigen Theatern den *Don Karlos* und die *Braut von Messina* schmackhaft zu machen.[334] Im November 1804 überbringt er ihm als Geschenk der russischen Zarin einen kostbaren Brillantring, den der kühl rechnende Schiller freilich schon sechs Wochen später verkauft, um mit dem Erlös die auf seinem Weimarer Haus liegende Hypothekenlast weiter abzutragen. Am 3. August findet in Petersburg die Vermählung zwischen dem Erbprinzen und der Großfürstin statt, am 9. November trifft das Paar in Begleitung Wolzogens am Weimarer Hof ein. Dem öffentlichen Einzug folgt eine mehrwöchige Serie von Bällen mit Feuerwerk und Illumination, Komödien- und Opernvorführungen, Diners und Hofempfängen. Bereits einen Monat zuvor hatte man fieberhaft über eine angemessene künstlerische Darbietung zu Ehren der jungen Eheleute nachgedacht. Zunächst sollte Goethe, der Erfahrungen im Genre der höfischen Gelegenheitskunst besaß, eine Bühnenarbeit für das Hochzeitsfest beisteuern. Ihm gelang jedoch kein tauglicher Entwurf, so daß er den Freund kurz vor dem entscheidenden Termin um Hilfe bitten mußte. Am 4. November beginnt Schiller, wie ein Kalendereintrag zeigt, mit der Gliederung seines Plans, am 8. November erfolgt der Abschluß. Das Arbeitstempo mag auch dadurch gefördert worden sein, daß er sich bei der Niederschrift auf die Erfahrungen besann, die er als Karlsschüler im Genre der Huldigungspoesie sammeln konnte. Am 11. November begegnet er der Großfürstin erstmals bei einem offiziellen Empfang am Hof. «Sie ist äuserst liebenswürdig», so berichtet er Körner, «und weiß dabey mit dem verbindlichsten Wesen eine Dignität zu paaren, welche alle Vertraulichkeit entfernt.» (NA 32, 169 f.) Am Morgen des 12. November, dem Tag der Vorstellung, läßt Schiller das Manuskript durch Wolzogens Vermittlung Maria Paulowna überreichen. Trotz ihres nahezu improvisierten Charakters, der durch die knappe Probezeit bedingt ist, gelingt der Aufführung ein glänzender Erfolg. Obwohl das Dramolett nur als Vorspiel zur Inszenierung von Racines pathetischer *Mithridate*-Tragödie (1673) (in Bodes Übersetzung) gegeben wird, zieht es das Hauptinteresse der Gäste auf sich. «Es reußierte über alle meine Hofnung», schreibt Schiller am 22. November an Körner, «und ich hätte vielleicht Monate lang mich anstrengen können, ohne es dem ganzen Publicum so zu Dank zu machen, als es mir durch diese flüchtige Arbeit gelungen ist.» (NA 32, 170)

Das Festspiel zerfällt in drei Teile mit verschiedenen Repräsentationsaufgaben.[335] Es führt zunächst eine Landlebenszene in bukolischem Stil vor, die eine Hirtenfamilie beim Pflanzen eines Orangenbaums zeigt, dem man gutes Gedeihen im fremden Klima wünscht – Sinnbild für die Ankunft der aus dem fernen Rußland stammenden Großfürstin in Weimar. Ein anschließendes musikalisches Intermezzo kündigt einen Tonwechsel an, den die Regiebemerkung mit dem Hinweis auf «einen edleren Styl» (NA 10, 284) bekräftigt. Aus dem erhöhten Hintergrund der Bühne tritt ein Genius auf, dem sieben Göttinnen folgen. Die Szene erinnert an die Beschreibung der Epiphanie, die das *Bürgerlied* von 1795 bietet: «Und von ihren Thronen steigen | Alle Himmlischen herab (...)» (NA 1, 429, v. 113 f.). Als Personifikation der sieben Künste, deren Zahl die spätantike Ordnung der *septem artes liberales* widerspiegelt, stellen sich die Göttinnen zu beiden Seiten ihres Anführers auf: die drei bildenden Künste rechts, die vier sprachlich-musikalischen links, was formal der Gliederung der mittelalterlichen Artistenfakultät in die grundlegenden Fächer des *Trivium* (Grammatik, Rhetorik, Dialektik) und die höheren Disziplinen des *Quadrivium* (Geometrie, Arithmetik, Astronomie, Musik) entspricht. Das Arrangement der Szene verweist, wie man bemerkt hat, auf die Vision des 27. der Briefe *Ueber die ästhetische Erziehung*, wo es heißt: «Aus den Mysterien der Wissenschaft führt der Geschmack die Erkenntniß unter den offenen Himmel des Gemeinsinns heraus, und verwandelt das Eigenthum der Schulen in ein Gemeingut der ganzen menschlichen Gesellschaft. In seinem Gebiete muß auch der mächtigste Genius sich seiner Hoheit begeben, und zu dem Kindersinn vertraulich herniedersteigen.» (NA 20, 412)[336]

Gemäß der einschlägigen Bestimmung aus Hederichs mythologischem Lexikon, das Schiller sehr schätzte, wirkt die Geniusfigur als «Dolmetscher»[337] zwischen Mensch und Gott. In dieser Rolle wendet sie sich hier an die Hirten und erfährt von ihnen, daß sie ein Fest für eine ‹erhabene› Königin ausrichten, die aus «dem hohen Kaisersaal» in das entfernte Tal gewandert sei (v. 85 ff.). Der Genius kündigt an, er werde die Nähe der Menschen suchen, sofern sie «kindliche Sitten» (v. 64) bewahrt hätten. Bereits die Elegie *Natur und Schule* (1795) porträtierte in Übereinstimmung mit der Schiller vermutlich bekannten Definition aus Moritz' *Götterlehre* (1791) die Genius-Gestalt als Schutzpatron des naiven Menschen, der die von der Poesie gestiftete Erinnerung an «die goldene Zeit» (NA 1, 252, v. 15) wachhält.[338] *Das Glück* beschreibt 1798 die Neigung der ‹Himmlischen›, «der Einfalt kindliche Seele» (NA 1, 409, v. 21) mit Schönheitssinn zu begaben. Eine vergleichbare Verbindung zwischen Naivität und göttlicher Inspiration hebt auch das Festspiel hervor. Als Anführer der Künste offenbart sich der Genius vertraulich nur den unschuldigen Hirten, denen er sich zum Schutzgeist auf dem Weg ins Reich des guten Geschmacks bestimmt.

Im dritten Teil treten die sieben Begleiterinnen aus dem Gefolge vor, enthüllen sich und zeigen damit «ihre Attribute» (NA 10, 288), an denen man die von ihnen jeweils übernommene Rolle ablesen kann. Als «Göttinnen der freyen Künste» (Hederich)[339] gewinnen sie den Charakter der

Musen, die dem Publikum ihre besonderen Fähigkeiten vorzustellen suchen. Die Architektur erweist sich als Gebrauchskunst, die das gegenwärtige Rußland – die Gründung Petersburgs und die Militärmacht des Zarenreichs – spiegelt. Auch die Skulptur versieht die Aufgabe, ein Bild von der Heimat der Großfürstin zu entwerfen, wenn sie eine Siegesstatue präsentiert, die Zar Alexander in der Schlacht begleiten soll (fraglos eine Anspielung auf die russische Beteiligung an der antifranzösischen Allianz). Höher scheint der Standard der Malerei, die nicht nur Handwerk, sondern auch Inspiration verlangt, um das echte «Leben» (v. 179) zur Anschauung zu bringen. Die Poesie als erste Disziplin im *Quadrivium* ist vollends Werk der Imagination, mit deren Hilfe sie ein «unermeßlich Reich» (v. 189) durchquert. Musik und Tanz vereinigen sich im Vermögen, die Empfindungskraft des Menschen anzusprechen, die Schauspielkunst schließlich bewirkt die innere Balance des Betrachters, der unter dem Eindruck der vom Theater gestifteten Illusionen «den Sinn aufs Ganze» richten und damit den «Streit in seiner Brust» (v. 225 f.) schlichten kann. Zur fein unterschiedenen Abstufung der ästhetischen Gattungen mag Schiller auch durch Sulzers Artikel in der *Allgemeinen Theorie der schönen Künste* angeregt worden sein. Er betont den Ursprung der bildenden Formen aus dem menschlichen «Hang, die Dinge, die wir täglich brauchen, zu verschönern», von dem er die sprachlich-musikalischen Genres mit ihrer Neigung zur Stimulation der Einbildungskraft abgrenzt.[340]

Es gilt für sämtliche Personifikationen der Künste, daß sie die anthropologische Dimension der ästhetischen Erfahrung beleuchten, wie sie Schillers eigene Theorie umrissen hat. Je stärker sie zum Ausdruck kommt, desto höher ist auch die Schätzung, die das Dramolett den Künsten entgegenbringt. Einen weiteren Indikator für die Bewertung der Gattungen bildet, gemäß Schillers eigener Theorie, der Grad der Bewältigung des Stoffs in der Form. Muß die Bildhauerkunst den «Marmor» unter «Hammers Schlägen» gestalten, so bleibt es der Musik aufgetragen, den «Strom der Harmonien» zu bändigen (v. 237); allein in der «schönen Form» findet die Poesie die «Seele» (v. 196); der Tanz strebt danach, die «zarten Grenzen» (v. 212) der materiellen Welt zu überschreiten und in der graziösen Bewegung, wie es die Elegie von 1795 beschreibt, «den ätherischen Leib» als schwerelose Erscheinung in Szene zu setzen (NA 1, 228, v. 8).

Die höfische Aufführung erweist nicht nur der Großfürstin die Reverenz, sondern huldigt den Künsten selbst.[341] Ins Zentrum rückt die Idee der Vereinigung der den Menschen bewegenden Kräfte im Medium der ästhetischen Wahrnehmung, der Gedanke einer pädagogischen Anleitung zum Schönen, die unter dem Patronat Maria Paulownas in Weimar verwirklicht werden soll. Indem das öffentliche Festspiel im Medium der Allegorie an das herzögliche Mäzenatentum appelliert, verknüpft es die Idee der ästhetischen Erziehung mit einem handfesten kulturpolitischen Interesse. Diesen Gesichtspunkt unterstützt das Schlußwort des Genius, der die Adressatin des Spiels ersucht, die sieben Künste nach Kräften zu pflegen: «Gebiete Du, und schnell auf Dein Geheiß, | Wie Thebens Mauer bei der Leier Tönen, | Belebt sich der empfindungslose Stein, | Entfaltet sich Dir eine Welt des Schönen.» (v. 230 ff.) Wenn die Huldgöttinnen am Ende «sich anfassend» (NA 10, 292) einen Reigen bilden, so gilt diese gemeinschaftliche Bewegung auch der Beschwörung jener verbindenden Wirkung kultureller Erfahrung, die sie zuvor betont hatten. Die ästhetische Erziehung, die unter dem Mandat der künftigen Mäzenin ins Werk zu setzen ist, schließt die Verknüpfung sämtlicher Kunstgenres, nicht zuletzt aber die freie Allianz der Menschen ein, die sich mit ihrer Hilfe vereinen. In ganz ähnlicher Tendenz wie der Schlußreigen hatte dieses neun Jahre zuvor schon der 27. der *Briefe* formuliert: «Kein Vorzug, keine Alleinherrschaft wird geduldet, so weit der Geschmack regiert, und das Reich des schönen Scheins sich verbreitet.» (NA 20, 411) Daß Schiller der russischen Großfürstin zutraut, die kulturelle Vitalität des Herzogtums zu stärken, belegt sein Brief an Cotta vom 21. November: «Ich verspreche mir eine schöne Epoche für unser Weimar, wenn sie nur erst bei uns einheimisch wird geworden seyn.» (NA 32, 167) Diese Hoffnungen haben nicht getrogen: Maria Paulowna versuchte sich in der Tat nachdrücklich für die Förderung des künstlerischen Lebens und die Erhöhung des entsprechenden Etats einzusetzen. Mit besonderer Aufmerksamkeit widmete sie sich dem Bühnenleben und der Musik, darin ganz den Ambitionen des Theaterdirektors Goethe verbunden.

Gegen Ende der strapaziösen Festwochen treten bei Schiller erneut gesundheitliche Krisen in Gestalt von Katarrhen und akuter Atemnot auf. Angesichts der reduzierten Kräfte entschließt er sich, auch auf Wunsch des Herzogs, zu einem weiteren Übersetzungsprojekt. Am 17. Dezember 1804 beginnt er mit der Arbeit an der Tragödie *Phèdre et Hippolyte* (1677) aus der Feder Jean Racines, nachdem er wenige Wochen zuvor versucht hat, dessen *Britannicus* (1669) zu übertragen, ohne jedoch über die ersten 140 Verse hinauszugelangen. Die ‹Schönheit› des Phädra-Stoffs betont er bereits im März 1798 nach der Lektüre der euripideischen Fassung in Steinbrüchels Ausgabe (NA 29, 222); mit Racine wiederum hatte er sich erstmals im Spätsommer 1784 gründlicher befaßt, wie ein Brief an Dalberg vom 24. August 1784 bezeugt (NA 23, 155). Die Übersetzungsarbeit ist innerhalb eines knappen Monats vollendet; am 14. Januar übersendet Goe-

Die Huldigung der Künste; Racine-Übertragungen (1804–1805) 591

the abschließende Korrekturwünsche, die der Verbesserung des Sprechrhythmus dienen sollen. Die zügig einstudierte Uraufführung findet am 30. Januar 1805 zu Ehren des Geburtstags der Herzogin statt, aus dessen Anlaß Goethe schon in früheren Jahren wiederholt französische Dramen gezeigt hatte. Mit Enthusiasmus lobt Carl August kurz vor der Premiere das ihm zugegangene Manuskript als «meister werck», dem auch «Racine selbst» seinen «ganzen Beyfall» gegeben hätte (NA 40/I, 281). Auf Schillers Wunsch übersendet der Herzog am 5. Februar einen Katalog mit 50 vorwiegend metrischen Korrekturvorschlägen, die jedoch nicht umgesetzt werden. Die Publikation des Dramas, das ein Brief an Körner als «Paradepferd der französischen Bühnen» (NA 32, 187) bezeichnet, erfolgt postum 1806 im zweiten Band von Cottas *Theater*-Edition.

Bereits im Herbst 1799, während der Auseinandersetzung mit dem Weimarer *Mahomet*-Projekt, hatte Schiller die formalen Probleme, die eine Übertragung französischer Tragödien bewältigen mußte, kritisch durchleuchtet. Am 15. Oktober 1799 erläutert er Goethe die Gründe für seine Skepsis angesichts der abgeschlossenen deutschen Fassung von Voltaires Text: «Die Eigenschaft des Alexandriners sich in zwei gleiche Hälften zu trennen, und die Natur des Reims, aus zwey Alexandrinern ein Couplet zu machen, bestimmen nicht bloß die ganze Sprache, sie bestimmen auch den ganzen innern Geist dieser Stücke, die Charactere, die Gesinnungen, das Betragen der Personen.» (NA 30, 106f.) Die Malaise des Übersetzers sieht Schiller im Oktober 1799 darin, daß der Alexandriner zwar den natürlichen Sprachfluß unterbindet, aber ohne Einbuße der für die französische Tragödie bestimmenden Reflexionskultur kaum fortfallen kann. Als er sich Anfang Dezember 1804, kurz vor dem Beginn der *Phèdre*-Übersetzung, zunächst mit dem *Britannicus* befaßt, zieht er die Konsequenz aus seiner früheren Diagnose: er vermeidet den zwölfsilbigen Alexandriner, stattet jedoch den jambischen Blankvers im Gegenzug mit einer gleichwertigen Mittelzäsur aus. Dieses Experiment ist zum Scheitern verurteilt; die hier gewählte Versform läßt die intellektuelle Schärfe der Vorlage ebenso wie die Geschmeidigkeit von Schillers individueller Diktion vermissen. Das Projekt wird nach wenigen Tagen abgebrochen, der aus der römischen Geschichte stammende Stoff jedoch später im Rahmen eines eigenen Entwurfs neu durchdacht.

Aufgrund dieser Erfahrung umgeht Schiller im Fall der *Phèdre*, abweichend von der 1749 anonym publizierten ersten deutschen Übertragung, eine äquivalente Wiedergabe des Alexandriners und ersetzt ihn geschlossen durch freirhythmische Blankverse. Gelegentlich teilt er die kompakten Zeilen des Originals und verändert damit den Sprachduktus, der jetzt stärker dem natürlichen Redefluß angepaßt wird; wo die Vorlage mit 1654 Versen auskommt, benötigt Schiller 1798 Zeilen. Enjambements, Ausrufe und ironisch gefärbte Wendungen verleihen der Diktion größere Beweglichkeit. Der Verzicht auf die antithetische Struktur des Alexandriners ermöglicht Zwischentöne und fördert damit den dynamischen Charakter der Streitgespräche; im Monolog gewinnen persönliche Nuancen größere Bedeutung, was wiederum die psychologische Tiefenschärfe der Figuren steigert. Ähnlich wie später die Shakespeare-Übertragungen Schlegels und Tiecks oder die deutschen Calderón-Texte aus der Feder von Johann Diederich Gries bietet die Weimarer *Phädra* eine Fassung, die nicht sklavisch dem Original nachgestaltet ist, sondern eigene metrische und stilistische Akzente setzt.[342]

Der ‹innere Geist› der klassizistischen Tragödie weicht damit einer Psychologie der Leidenschaften, die es gestattet, die Anatomie des Konflikts stärker auf individuelle Gefühlslagen zurückzuführen. Hippolyt ist, anders als bei Racine, kein Stoiker, sondern ein zuweilen aufbrausender Charakter, der seine politisch heikle Neigung zu Aricia ohne Verletzung der Schicklichkeit auszuleben sucht. Phädra erscheint gegenüber der Vorlage emotional widerspruchsvoller, zwischen Hoffnung und Enttäuschung schwankend: eine aktive Frau, die durch das irrlichternde Spiel ihrer Affekte daran gehindert wird, vor dem Hintergrund der ihr aufgebürdeten Rollenerwartungen klaren Kurs zu halten (NA 15/II, 357f., v. 1285 ff.). Ihre Vertraute Oenone, deren Schuld bereits Racine gegenüber den Vorlagen von Euripides und Seneca stärker psychologisch motiviert hatte, trägt die Züge einer Stellvertreterin Phädras, die sich den verbotenen Abenteuern der Sinne in Gedanken und Phantasien hingibt (v. 1406 ff.). Theseus besitzt jetzt den Charakter eines Gefühlsmenschen mit gefährlich schwankenden Stimmungen, der nicht mehr Herr im eigenen Haus ist und gerade deshalb zu Willkürentscheidungen neigt. Indem Schiller, gestützt auf eine beweglichere Sprachform, die Zerrissenheit der Figuren betont und den stoischen Zuschnitt der von Racine zugrunde gelegten Affektpsychologie vernachlässigt, stattet er die Tragödie mit spannungsvolleren, oft auch ambivalenten Zügen aus.

Karl Theodor von Dalberg, dem Schiller am 12. April 1805 eine Abschrift der *Phädra* hat zukommen lassen, gießt sein Lob in die wohlwollende Formel: «Interessant ist das Meisterwerk des grosen französischen Dichters durch den großen teütschen Dichter übersetzt zu lesen (...)». So knapp wie bedeutend beschließt er seinen Brief mit einem kurzen Bericht über die Kaiserkrönung Napoleons, der er am 2. Dezember 1804 als Gast in Paris beigewohnt hatte: «Die Würkungen in der Zukunft sind unermesslich.» (NA 40/I, 324) Lob und Prophezeiung haben den Adressaten nicht mehr erreicht: der ahnungslose Dalberg schrieb seinen Brief am 17. Mai 1805, acht Tage nach Schillers Tod.

Blick in die Abgründe der Macht.
Die Prinzessin von Zelle und Agrippina (1804–1805)

Das Projekt einer *Agrippina*-Tragödie hat Schiller vermutlich schon zwischen 1797 und 1800 beschäftigt. Darauf deutet ein Brief an Goethe vom 28. November 1797, der unter dem Eindruck der Lektüre von Shakespeares *Richard III.* die Wahl eines geeigneten dramatischen Stoffs an ähnliche Kriterien bindet wie die nicht näher zu datierende Handschrift des *Agrippina*-Fragments. Besondere Bedeutung besitzt hier der Hinweis auf die «reine Form des tragisch furchtbaren», die aus dem abstoßenden Stoff gewonnen sei (NA 29, 162). Mit vergleichbaren Worten umreißt auch der *Agrippina*-Entwurf die Schwierigkeit, dem schockierenden Charakter des Sujets eine nicht nur emotionale Wirkung abzuringen. In beiden Fällen wird als Leistung der tragischen Form ihr Vermögen genannt, oberflächliche Sensationseffekte zu vermeiden und auch lasterhafte Charaktere so zu zeichnen, daß das Publikum ihrem Schicksal dauerhafteres Interesse entgegenbringen kann.

Die Geschichte der Mutter Neros, die von ihrem Sohn, weil sie seine Alleinherrschaft gefährdet, dem Machtkalkül geopfert wird, dürfte Schiller aus dem 13. und 14. Buch der *Annalen* des Tacitus bekannt gewesen sein. Als besonders reizvollen Gesichtspunkt bezeichnet die Skizze des Vorhabens den Umstand, daß Nero, ehe er Agrippina beseitigen läßt, die «Naturstimme» der Sohnesliebe zu unterdrücken habe. Nicht der moralische, sondern der «physische» Gehalt des Stoffs (NA 12, 152) fessele, so findet Schiller, das Interesse. Da Agrippina keinen einnehmenden Charakter besitze, müsse der Autor mit Hilfe seiner tragischen Kunst die Aufmerksamkeit des Zuschauers freisetzen. Bedenkt man, daß Schillers Briefe aus der intensiven Phase der Arbeit am *Wallenstein* vergleichbare Überlegungen zur dramatischen Form vortragen, so scheint eine nähere Beschäftigung mit dem römischen Sujet in dieser Zeit nicht ausgeschlossen (NA 12, 485 ff.).

Die Vorliebe für die Geschichte der Agrippina wird durch den *Britannicus*-Versuch neu geweckt. Es bleibt zu vermuten, daß Schiller sich im Winter 1804/05 während seiner *Phèdre*-Übersetzung auch mit dem *Agrippina*-Plan näher befaßt. Die geschichtlichen Bezüge – der von Nero beseitigte Britannicus ist ein Halbbruder des Kaisers – legen eine Spur zum früheren

Projekt. Im Zentrum steht die Frage, wie Agrippinas Schicksal, obwohl sie es selbst verschuldet hat, die Emotionen des Publikums hervorrufen könne. Nicht ‹sentimentalisches Mitleid›, sondern «tragische Furcht» steht an der Spitze der Wirkungsbegriffe, die hier in Anschlag kommen. Als förderliche Motive nennt Schiller Agrippinas Herkunft aus einer Cäsaren-Familie, ihren Stolz, der ihr im Moment des Untergangs eine gewisse Würde verleiht, ihre Isolation am Hof und die Demütigung, die der um seine Macht fürchtende Nero ihr zufügt. Daß sie durch die Opposition gegen die Tyrannei ihres Sohnes die «gute Sache» unterstützt, ohne dabei aus idealistischen Gründen zu handeln, nähert sie dem Strategen Wallenstein, von dem sie die Undurchsichtigkeit und Ambivalenz ihrer Motive erbt. Demgegenüber erscheint Nero in der Rolle des ‹monstre naissant›, wie ihn Racine nennt, als «gemeine Seele», «argwöhnisch», und «schwer zu versöhnen» – ein Verwandter Richards III. aus dem Schreckenskabinett der unbeugsamen Bühnenbösewichter (NA 12, 155).

Die 1665 veröffentlichte *Agrippina* Lohensteins dürfte Schiller kaum gekannt haben.[343] Eine entscheidende Differenz gegenüber dem Trauerspiel des Schlesiers verrät der Umstand, daß Schiller die inzestuöse Beziehung zwischen Nero und der Titelheldin nur am Rande berührt, ohne sie zum tragenden Element des Konflikts zu erheben.[344] Wenn Agrippina «Ehebruch, Blutschande und Mord» (NA 12, 153) verübt, so dient das Schiller nicht zur Charakterisierung der dekadenten spätrömischen Gesellschaft, sondern bezeichnet die im Stoff angelegte Vorgeschichte, die der Dramatiker so modellieren muß, daß die Titelheldin trotz ihrer negativen Eigenschaften das Interesse des Publikums auf sich zieht. Mehr als nur ein Gebot der klassischen Schicklichkeit ist es daher, wenn Schiller das Inzestmotiv mit der Forderung nach der «tragischen Würde» (NA 12, 154) in Übereinstimmung zu bringen sucht. Die gedämpfte Ausleuchtung der Konflikte, die Sinn für innere Widersprüche der Figuren zeigt, dient vornehmlich dem Anspruch, den provokativen Charakter des Stoffs zu entschärfen und den Blick auf seine psychologische Anlage zu öffnen.

Zu bemerken ist jedoch, daß das dramatische Individuum in Schillers Plan einem übergeordneten Demonstrationszweck unterworfen bleibt. Ins Zentrum rückt die Frage, ob der Mensch durch Naturgesetze sittliche Prinzipien empfange: «Die Tragödie hält sich also mehr innerhalb des Physischen Kreises als des Moralischen auf; oder sie behandelt dasjenige moralische, welches eine physische Macht ausübt.» (NA 12, 152)[345] Indem das Fragment, abweichend von Tacitus und Lohenstein, Neros inneren Konflikt zwischen Mutterliebe und Tötungsabsicht zeigt, gerät die Vorstellung vom *moral sense* des Individuums auf den Prüfstand. Die lateinische Quelle vermeidet dagegen jegliche Bemerkung über Gewissensnöte; im Trauerspiel des Schlesiers ist es weniger der eigene Mordplan als der Verführungsversuch der Mutter, der den Sohn an die ethischen Naturgesetze gemahnt. Wenn bei Schiller am Ende der Zerstörungstrieb die emotionale Bindung besiegt, so enthüllt das einen düsteren Befund. Politisches Handeln steht hier unter dem Gesetz einer wildwüchsigen Mechanik der Gewalt. Die ‹physische Macht›, die Nero bestimmt, erweist sich nicht als Medium der Sittlichkeit, sondern als Werkzeug der Inhumanität. Diese Gewichtung verrät auch eine Abkehr vom Naturbegriff der aufgeklärten Moralphilosophie, der noch die kritische Kant-Lektüre gelenkt hatte. Es wird eine geschichtliche Situation gezeichnet, in der «Böses dem Bösen» (NA 12, 155) entgegensteht; eine leitende Kraft, die aus dem Dunkel herausführt, scheint nicht in Sicht.

Im Sommer 1804 befaßt sich Schiller mit dem Entwurf einer politischen Familientragödie, der, in der Dramenliste zunächst als *Der Graf von Königsmark* notiert, später den Titel *Die Prinzessin von Zelle* erhält. Am 12. Juli vermerkt der Kalender den Beginn detaillierter Arbeit; kurz danach entstand vermutlich der heute vorliegende Dramenplan. Nach einer krankheitsbedingten Unterbrechung greift Schiller das Vorhaben Mitte Oktober auf. Im Anschluß an die Racine-Übersetzung hat er es Ende Januar 1805 fast zeitgleich mit dem Plan einer Komödie im Stil von Goethes *Bürgergeneral* nochmals erwogen, dann jedoch zugunsten des *Demetrius* zurückgestellt. Das Schicksal der Herzogin Sophie Dorothea zu Braunschweig und Lüneburg, die als Opfer der dynastischen Interessen des expandierenden hannoverschen Herrscherhauses unter einer unerfüllten Ehe mit dem Erbprinzen Georg (Englands späterem König) litt, fesselte schon die literarische Phantasie des frühen 18. Jahrhunderts. Schiller dürfte auf den Stoff durch die noch zu Lebzeiten der Herzogin veröffentlichte *Zugabe zum Beschluß Der Römischen Octavia* Anton Ulrichs von Braunschweig (1707), Pöllnitz' Novelle *Histoire secrette de la Duchesse d'Hanover* (1732) und die *Geschichte der Herzogin von Ahlen* (1786) verwiesen worden sein (NA 12, 600 f.).

Die Herzogin Sophie – das Manuskript nennt sie irrtümlich «Prinzessin» – ist am hannoverschen Hof unglücklich vermählt mit dem Erbprinzen, der seine Frau durch eine fatale Mätressenwirtschaft demütigt. Sophie, die der Mesalliance zwischen Georg Wilhelm von Celle-Lüneburg und einer nicht standesgemäßen Französin aus dem niedrigen Adel entstammt, hat man dem Thronfolger nur deshalb verbunden, weil sie das benachbarte Herzogtum erben wird, das man in einen künftigen Kurfürstenstaat Hannover einbringen möchte. Der vom Ehemann vernachlässigten und durch die ehrgeizigen Schwiegereltern gekränkten Sophie erscheint der junge Graf von Königsmark, der das Temperament Mortimers mit der Eitelkeit Leicesters verbindet, als Retter in der Not. Er verspricht ihr eine gemeinsame Flucht, schreitet aber als «chevaliereske» Natur, die sich in der «Rolle» des Helden gefällt, nur zögerlich zur Tat (NA 12, 339). Zum selben Zeitpunkt erwacht erstmals im Erbprinzen die Neigung zu seiner Frau, jedoch durchkreuzt seine Mätresse mit einer Intrige, die die Prinzessin beleidigen muß, eine Annäherung der Eheleute. Königsmark wird schließlich, ehe er seinen Fluchtplan vollziehen kann, entdeckt und wegen Hochverrats hingerichtet, die Prinzessin auf Anordnung des kühl reagierenden Thronfolgers in Haft genommen.

Schillers Skizze siedelt die makellose (und damit untragische) Heldin zwischen praktischer «Klugheit» und «Paßivität» an (NA 12, 342): weder vermag sie ihre Lage tätig zu ändern noch sich widerstandslos in sie zu fügen. Als «aufbrechende Knospe» treibt die Handlung, deren Einzelteile «in Correlation» stehen, mit organischer Folgerichtigkeit das in ihr wie ein Fruchtknoten angelegte Konfliktpotential zur Ausfaltung (NA 12, 331). Das Finale, das Sophie nach Königsmarks Tod einsam zurückläßt, zeigt die Heldin im Licht der Verklärung: «Das Edle siegt, auch unterliegend, über das Gemeine und Schlechte.» (NA 12, 340) Im Gegensatz zur *Agrippina* umreißt der Entwurf keine geschichtstheoretische Perspektive, sondern die Konturen eines Charakterdramas im Milieu der Hofpolitik.[346] Der unbedingten Schuldlosigkeit Sophies steht die dynastische Welt mit ihren inhumanen Herrschaftsinteressen entgegen.

Die Wahl des Stoffs dürfte nicht zuletzt durch die Berliner Pläne veranlaßt worden sein, die Schiller im Sommer 1804, als er noch auf die Unterstützung Beymes hoffte, verfolgt hat. Die emotional bewegende Darstellung des traurigen Schicksals, das Sophie Dorothea in Hannover durchlitt, hätte gewiß das Zeug zum repräsentativen preußischen Staatsdrama besessen, war doch die Heldin die Großmutter Friedrichs II. und folglich eine Zentralfigur der offiziellen Geschichtsbücher. Im Januar 1805, als der Schreibtisch nach dem Abschluß der *Phädra* neu geordnet wurde, lag Schiller jedoch unter dem Eindruck der Begegnung mit Maria Paulowna der russisch-polnische Stoff des *Demetrius* näher. Die Weichen für die letzten Arbeitsmonate waren damit gestellt.

Die letzte Arbeit.
Demetrius (1805) als Tragödie des Bewußtseins

Den Plan zum *Demetrius* faßt Schiller erstmals um 1802/03, als er das Projekt unter dem Titel *Bluthochzeit zu Moskau* in seiner Dramenliste anführt. Vermutlich ist es die in dieser Zeit aufgefrischte Neigung zum verwandten *Warbeck*-Stoff, die die Neugier hier lenkt. Kennengelernt hat Schiller das Sujet wohl schon im August 1786 durch die im Zusammenhang mit der geplanten Verschwörungsgeschichte stehende Lektüre der *Histoires des conjurations* François-Joachim Du Port du Tertres, in deren fünftem Band von 1756 sich das Schicksal des falschen Thronanwärters beschrieben fand (die deutsche Übersetzung erschien 1766). Erst nach dem Abschluß des *Tell*, am 10. März 1804, vermerkt der Kalender jedoch den Beginn der Arbeit am *Demetrius*-Entwurf. Die Reise nach Berlin unterbricht am 25. April für mehrere Wochen die Auseinandersetzung mit dem Stoff. Von Anfang Juni bis zum 11. Juli werden sporadisch Quellenstudien getrieben. Als Kenner der russischen Geschichte empfiehlt Wolzogen die grundlegende *Histoire de Russie* Pierre-Charles Levesques, die Schiller in der Neuausgabe von 1800 liest, ferner Adam Olearius' *Vermehrte Newe Beschreibung Der Muscowitischen und Persischen Reyse* (1663), die er am 28. November 1804 der Weimarer Bibliothek entleiht, und William Coxes *Voyage en Pologne, Russie, Suède, Dannemarc* (1786) (NA 11, 418f.). Zur intensiveren Arbeit kommt es erst nach der Rückkehr aus Jena und der sich anschließenden Rekonvaleszenz Mitte Oktober 1804. Im Vordergrund steht zunächst die nähere Bestimmung des geschichtlichen Horizonts; Schiller sammelt russische Sprichwörter und macht sich mit kulturhistorischen Details vertraut. Er entwirft ein Szenar, das eine Aufstellung zentraler Gliederungspunkte sowie einen Umriß der Exposition enthält. Die Niederschrift des höfischen Festspiels, die Hochzeitsfeierlichkeiten und strapaziösen Redouten verhindern jedoch im November die Fortführung der Skizzen.

Nach einer weiteren Studienphase, die Mitte Dezember durch die Racine-Übersetzungen unterbrochen wird, beginnt am 20. Januar 1805 der vertiefende Entwurf einzelner Abschnitte. Im März beschließt Schiller, die ursprünglich geplante Einführung des Titelhelden im Rahmen eines privat-familiären Umfeldes – den Sambor-Akt – durch die Krakauer Reichstagsszene zu ersetzen, die sofort das leitende politische Thema der Tragödie ausleuchtet: den Disput über unterschiedliche Formen der Legitimation von Macht in geschichtlichen Umbruchsituationen. Das nötige Detailwissen vermittelt hier Bernard Connors *Beschreibung des Königreichs Polen und Groß-Hertzogthums Litthauen* (1700). Neben die Ausarbeitung der Dialoge, die zunächst in Prosa verfaßt werden, treten Motivsammlungen (Kollektaneen), ein Abriß der Handlung im Studienheft und das Szenar, das Gesprächsskizzen und die Schilderung einzelner Tableaus enthält. Bis zum April schreibt Schiller an der umfangreichen Reichstagsszene. Noch in den ersten Tagen des Mai entstehen die heute vorliegenden Passagen des versifizierten Monologs der Marfa (II,1), ehe die Krankheit zum endgültigen Abbruch zwingt.

Ob Schiller andere dramatische Aneignungen des Sujets kannte, ist fraglich. Lope de Vega hatte bereits 1617, elf Jahre nach dem Tod des falschen Zarewitsch Dimitri, eine Adaption des Stoffs vorgelegt (*El gran duque de Moskovia*), die eine Reihe russischer und französischer Bearbeitungen anregte. Das Bild des Titelhelden schimmert dabei in unterschiedlichen Farben, changierend zwischen Betrügerfigur und charismatischem Hoffnungsträger. In Deutschland kam es vor Schiller nur zu einer sporadischen Auseinandersetzung mit dem Thema. 1710 legte Johann Matheson ein Opernlibretto vor, 1782 folgte Kotzebue mit einem Trauerspiel *Demetrii Iwanowitsch, Zar von Moskau*, das in Petersburg, wo der Autor zwischen 1781 und 1790 als hoher Verwaltungsbeamter tätig war, aufgeführt wurde. Das Publikum lehnte die hier versuchte Rehabilitierung des Helden freilich ab, weil sie gegen das verbreitete Bild vom Falschspieler Demetrius verstieß, das durch die offizielle Geschichtsschreibung unter der Romanow-Ägide befestigt worden war. Kotzebues Drama blieb ungedruckt, ebenso wie ein Anfang der 80er Jahre in Moskau entstandener Entwurf von Jakob Michael Reinhold Lenz, der sich als russischer Exilant intensiv mit der Geschichte des Landes befaßt hatte.

Schillers *Demetrius* stellt ähnlich wie der *Warbeck* die Entwicklung eines ‹betrogenen Betrügers› dar. Von den Quellen bestätigt ist die dubiose Gestalt des Gregori Otrjopjew, der 1604 in Polen auftauchte und sich als Zarensohn Dimitri ausgab. 1584 war Iwan IV. (*der Schreckliche*) verstorben und hatte das Regierungsamt seinem geistesschwachen Sohn Feodor vererbt. Mit Unterstützung der Reichsversammlung übernahm nach Feodors Tod im Jahr 1598 dessen machthungriger Schwager (und früherer Berater) Boris Godunow die Herrschaft, ohne dynastisch legitimiert zu sein. Da Michael Romanow aus der mütterlichen Familie Feodors keine eigenen Thronansprüche erhob, schien Boris' Position zunächst gesichert. Dimitri, der zehnjährige Sohn Iwans aus dessen Ehe mit Maria Nagoije (Marfa), kam 1591 unter nicht geklärten Umständen, vermutlich durch die Hände von Boris' Schergen, zu Tode. Das Erscheinen eines jungen Mannes, der sich als der wundersam gerettete Zarewitsch Dimitri ausgab, begründete in Polen jedoch rasch eine gegen Boris gerichtete Sammlungsbewegung. Der militärisch geschickte Prätendent besiegte scheinbar mühelos die schlecht organisierten russischen Truppen und nahm 1605 Moskau ein, wo er nach dem Selbstmord seines Widersachers Boris den Thron bestieg. Trotz der Heirat mit der einflußreichen Woiwodentochter Marina

Demetrius (1805) als Tragödie des Bewußtseins

blieb seine Position freilich gefährdet; zu den Gerüchten über eine dubiose Herkunft traten politische Fehlentscheidungen, die sein Ansehen bei den einflußreichen Bojaren beschädigten. Schon 1606 tötete das Volk im Zuge einer spontanen Erhebung den ungeliebten Usurpator und ebnete damit den Weg für einen politischen Neubeginn. Eine wesentliche Rolle spielte hier die Zarenwitwe Marfa, die die Identität ihres vermeintlichen Sohnes nicht eindeutig anerkannte, was die Zweifel gegenüber Gregoris Ansprüchen nährte. Nach Jahren der politischen Wirren bestieg Michael Romanow 1613 den Thron und begründete jene Dynastie, der noch die mit dem Weimarer Erbprinzen vermählte Maria Paulowna angehörte.

Das Drama beginnt nach dem Moratorium vom März 1805 mit dem Reichstagsakt. Er leistet jene Form der Exposition, die, wie Schiller am 25. April 1797 unter Bezug auf Shakespeares *Comedy of Errors* schrieb, bereits «Theil der Entwicklung» ist (NA 29, 68). Hebbel hat später, in der ersten Phase der Ausarbeitung eines eigenen *Demetrius* (ab 1857), den Unterschied zwischen diesem dynamischen Einstieg und der von ihm bevorzugten langsameren Eröffnung im Stil der Sambor-Szenen genauer angegeben: «Er läßt den Sturm elementarisch in seine Welt hineinbrausen, ich suche ihn aus Athemzügen entstehen zu lassen (...).»[347] Schillers Entscheidung für die temporeichere Exposition bleibt auch dem Interesse an der politischen Seite des Stoffs geschuldet, die Hebbel kaum beschäftigt hat. Vor dem großen Krakauer Staatsrat, der in der seit 1572 bestehenden Adelsrepublik den (gewählten) König kontrolliert, begründet Demetrius im trügerischen Glauben an seine Rolle den Anspruch auf den Zarenthron und verknüpft die wirksam angelegte Rede mit einer Darstellung seines bisherigen Lebensweges. In knapper Form kommen jetzt die Stationen der Vorgeschichte zur Sprache, die ursprünglich der Sambor-Akt veranschaulichen sollte (Anregungen zu dieser Szene empfing Schiller aus Jean Née de la Rochelles 1714 erschienenem Roman *Le Czar Demetrius*). Der Held berichtet von seinen Jugendjahren, die er zuerst im Kloster, dann bei Meischek, dem Woiwoden von Sendomir verbracht hat, der Liebe zu dessen Tochter Marina, seiner Gewalttat im Affekt, der der adlige Nebenbuhler zum Opfer fällt, und der überraschenden Rettung auf dem Richtplatz, wo man an ihm die Zeichen des totgeglaubten Zarewitsch – Kreuz und Psalter – findet. Entfallen sind im letzten Stadium die früher konzipierten Szenen mit dem Bauernmädchen Lodoiska, deren unglückliche Liebe zu Demetrius Schiller mit Nausikaas Leidenschaft für Odysseus vergleicht – einem Motiv, das auch Goethe in einem während der Italienreise entworfenen Trauerspielfragment unter Bezug auf die Episode im sechsten und siebenten Gesang von Homers Epos dargestellt hat (NA 11, 98). Nicht mehr szenisch vergegenwärtigt, sondern nur berichtet wird jetzt die öffentliche Entdeckung (Anagnorisis) des vermeintlichen Zarewitsch, die gut aristotelisch zur ersten Peripetie der Tragödie führt. Sie besitzt ihre eigene Widersprüchlichkeit, weil sie nicht die Wahrheit, sondern den Triumph der Lüge fördert. Wenn Demetrius erklärt, im Moment der Erkenntnis habe ihm «mit leuchtender Gewißheit» seine Identität als «des Czaren todtgeglaubter Sohn» vor Augen gestanden, so liegt die tragische Ironie darin, daß die traditionelle Wahrheitsmetapher des Lichts hier einen Akt der Selbsttäuschung bezeichnet (NA 11, 15, v. 250f.). Das naive Vertrauen in die neue Identität treibt den Helden ohne jegliches Schuldbewußtsein zum politischen Handeln.

Demetrius' Bitte um Unterstützung im Feldzug gegen Boris ruft zunächst unterschiedliche Antworten hervor. Stimmt die Mehrheit trotz bestehender Abkommen («Was kümmert eur Vertrag uns! Damals haben | Wir so gewollt und heute wollen wir anders?» [v. 405 f.]) für den Krieg, so betont der Woiwode Leo Sapieha, dessen Staatsvernunft an die Loyalität Octavio Piccolominis erinnert, die Bedeutung des Friedensabschlusses, den man nicht ignorieren dürfe. Ein Konsens scheitert am Veto Sapiehas, dessen so wütendes wie enttäuschtes Schlußwort von der «Mehrheit» ohne «Verstand» (v. 461 f.) in der Epoche Metternichs dem Zitatenschatz der politischen Reaktion eingefügt, damit aber seines psychologischen Zusammenhangs beraubt wurde. Der polnische König Sigismund (den Calderóns Drama *La vida es sueño* [1635] zum Exempel des sich trotz widriger Umstände bewährenden Herrschers erhebt) deutet schließlich an, daß er Demetrius' militärische Aktion gegen den Usurpator Boris im Hintergrund unterstützen, nicht aber sichtbar Partei ergreifen werde. An die Stelle eines praktischen Bündnisangebots läßt er eine Reihe von Ratschlägen aus dem Arsenal der frühneuzeitlichen Staatskunst treten; neben der geduldigen Klugheit empfiehlt er jene Toleranz gegenüber den russischen Sitten, die der spätere Usurpator gerade nicht aufbringen kann. Demetrius' inoffizielle Regierungserklärung verkündet wiederum die Aufhebung der Leibeigenschaft («Ich will nicht herrschen über Sklavenseelen» [v. 587]) und die Erweiterung persönlicher Freiheiten – ein Programm, das nach seiner Thronbesteigung der Willkür des Zentralismus ohne Sinn für kulturelle Individualität geopfert wird.

Der Fortgang der Tragödie führt zwei einander ähnliche, jedoch von verschiedenen Strategien geleitete Frauenfiguren vor. Marina, die Tochter des Woiwoden Meischek, erscheint in ihrem ungezügelten politischen Temperament als zweite Gräfin Terzky, die, wie es in den Notizen heißt, «auf das Reelle» dringt (NA 11, 164). Ossolinsky nennt sie unter Anspielung auf die sagenhafte polnische Fürstentochter eine «zweyte Vanda» (v. 758) (deren Schicksal Schiller 1804 in einer Ballade darzustellen plante), verkennt jedoch damit Marinas Machtstreben, das allein egoistischen Instinkten folgt.³⁴⁸ Dagegen verbirgt sich die Zarenwitwe Marfa im intimen Schutzraum der Einbildungskraft, wo sie nach dem Tod ihres Sohnes Dimitri den Gedanken der Rache an Boris Godunow nährt. Die Nachricht vom Feldzug des Demetrius, über dessen Legitimität sie in ihrer blinden Leidenschaft zunächst nicht nachsinnt, erzeugt in ihr die Hoffnung auf «Wiederherstellung» (v. 1099) früherer Verhältnisse im Sinne jener *restitutio in integrum*, die nach der römischen Rechtslehre infolge einer juristisch fehlerhaften Entscheidung erforderlich wird. Im Gegensatz zum Bund des *Tell* aber, wo diese Restitution die enthemmte Lust an der Vergeltung ausschließt, läßt sich Marfa allein von ihren Affekten leiten: «Doch wär er auch nicht meines Herzens Sohn, | Er soll der Sohn doch meiner Rache seyn» (v. 1163). Weniger begründete Überzeugung als Entschlossenheit bestimmt die förmliche Anerkennung des vermeintlichen Zarewitsch durch die Witwe Iwans: «(...) ich glaub an ihn, ich wills.» (v. 1181)

Die letzten ausformulierten Szenen stellen den militärisch siegreichen Demetrius dar, den unter dem Eindruck der Schönheit der weißrussischen Landschaft wie Karl Moor angesichts der frühlingshaften «Gegend an der Donau» (NA 3, 77) im Bewußtsein der eigenen Rolle eine schwermütige Stimmung erfaßt: «Auf diesen schönen Au'n wohnt noch der Friede, | Und mit des Krieges furchtbarem Geräth | Erschein ich jezt, sie feindlich zu verheeren!» (v. 1229 ff.). Erst das Studienheft Schillers umreißt jedoch die eigentliche Tragödie des Bewußtseins, in die der Held im Zuge der «mit einem kühnen Machtschritt» (NA 11, 171) vorantreibenden Handlung gerät: die Huldigung des russischen Volkes, Demetrius' Einsicht in die eigene Betrügerrolle (auf dem Höhepunkt seines Glücks in Tula vor Moskau), die Begegnung mit Marfa, die das Falschspiel zunächst wider besseres Wissen stützt (ein «Moment», der «zu den größten tragischen Situationen» gehört [NA 11, 217]), den Einzug des Siegers in die Hauptstadt nach dem Selbstmord des Zaren Boris, die verderblichen Ausschweifungen des gegen die ihm fremden Landessitten verstoßenden Thronfolgers, die neue Neigung des Titelhelden zu Boris' Tochter Axinia und deren Ermordung durch die ehrgeizige Marina, die vor diesem Hintergrund zur ‹Bluthochzeit› geratende Vermählung mit der Woiwodentochter in Moskau, Demetrius' Sturz, den am Ende auch Marfa fördert, indem sie dem Usurpator die öffentliche Unterstützung verweigert (NA 11, 87 ff.).

Die beiden maßgeblichen Widersacher scheinen dem Helden moralisch überlegen. Der regierende Zar Boris kann seine Macht zwar nicht durch die Erbfolge begründen, doch hat er sich in seiner Rolle als «schätzbarer Fürst» und «Vater des Volks» erwiesen, der «Gerechtigkeitspflege» und «Bewahrung des Friedens» als oberste Ziele seiner Staatsführung betrachtet. Ist er auch am Ende, wie Schiller bemerkt, in der strategisch verzweiflungsvollen Lage von Shakespeares Macbeth, so stirbt er gleichwohl mit ‹königlicher› Haltung, nachdem er, darin Maria Stuart vergleichbar, gegenüber dem Patriarchen sein Gewissen erleichtert und gestanden hat, daß er den Auftrag zur Ermordung des Zarewitsch Dimitri gab. Die Frage, ob «der gute Gebrauch nicht die verwerflichen Mittel entschuldigen» könne (NA 11, 210), läßt Schillers Szenar unbeantwortet. Ähnlich wie bei Posa und Octavio wird das Urteil über das handelnde Individuum durch den Prozeß der Geschichte gefällt, deren Verlaufsrichtung im *Demetrius* freilich nicht dem Telos eines vernünftigen Ordnungsprinzips, sondern dem zyklischen Charakter der Natur entspricht. Daran ändert auch die Figur des künftigen Zaren Romanow nichts, über den es heißt, er sei eine «loyale, edle Gestalt, eine schöne Seele.» (NA 11, 100) Weil er gewaltlos und besonnen vorgeht, avanciert der zunächst passive Romanow zum geschichtlichen Hoffnungsträger, ohne daß jedoch deutlich angegeben wird, worin seine politische Programmatik besteht.[349] Im Gegensatz zum integeren, aber illegitimen Herrscher Boris kann der mit Zar Feodors mütterlicher Familie verwandte Romanow seine späteren Thronansprüche dynastisch begründen. Die ‹traditionale Herrschaft› (Max Weber) gilt Schiller erneut, wie bereits zur Zeit der Arbeit am *Wallenstein*, als Inbegriff der rechtlich gestützten Ordnung.[350] Anders als in der Trilogie, die einen weiten politischen Ideenhimmel aufspannt, kommen jedoch im *Demetrius*-Entwurf detaillierte Vorstellungen über die geeignete Organisation des Staates kaum zur Sprache.

Die positive Färbung der historisch zweideutigen Romanow-Figur ist nicht zuletzt Ausdruck des Respekts, den Schiller der regierenden russischen Dynastie entgegenbrachte. Wie die *Prinzessin von Zelle*, so besaß der *Demetrius* die Anlage zum offiziellen Geschichtsdrama, ohne freilich von opportunistischem Kalkül getragen zu sein. Daß Schiller den Plan eines Festspiels für das Zarenhaus erwogen, am Ende aber mit Rücksicht auf seine künstlerische Unabhängigkeit verworfen hat, bezeugen die Erinnerungen Caroline von Wolzogens: «‹Ich hätte eine sehr passende Gelegenheit›, sagte er eines Abends, ‹in der Person des jungen Romanow, der eine edle Rolle im Demetrius spielt, der Kaiserfamilie viel Schönes zu sagen.› Am folgenden Tage sagte er: ‹Nein, ich thue es nicht; die Dichtung muß ganz rein bleiben.›»[351] Den szenischen Entwurf zur Vision einer glücklichen Erbfolge, die Romanow nach dem Tod Axinias ereilen sollte, mochte Schiller aus guten Gründen nicht umsetzen, hätte er doch den Charakter einer Verklärung des aktuellen russischen Herrscherhauses angenommen (NA 11, 214). Wenn Goethe im Jahr 1818 seinem Weimarer Maskenzug zu Ehren der Zarenfamilie Bruchstücke aus dem *Demetrius* einfügt, so ignoriert er die Bedenken Schillers, dessen künstlerischem Selbstverständnis es widerstreben mußte, ein politisches Huldigungsdrama für höfische Repräsentationszwecke zu verfassen.[352]

Anders als der scheiternde Boris und der zunächst ehrgeizlose Romanow ist Demetrius eine «tragische Person», die «durch fremde Leidenschaften, wie durch ein Verhängniß, dem Glück und dem Unglück zugeschleudert wird, und bei dieser Gelegenheit die mächtigsten Kräfte der Menschheit entwickelt, auch die menschliche Verderbniß zulezt erleidet.» (NA 11, 92) Demetrius gerät ahnungslos in den Betrug, als Opfer eines die Täuschungsaktion vorbereitenden Intriganten, des «Fabricator doli», wie es unter Bezug auf das – Schiller durch die eigene Übersetzung gut vertraute – zweite Buch von Vergils *Aeneis* (v. 264) heißt. Der Anstifter, den das Manuskript nur «X» nennt, hat Demetrius, um sich selbst an der Macht zu bereichern, mit den Insignien des Zarensohns ausgestattet und offenbart ihm nun, kurz vor dem Einzug in Moskau, seine wahre Identität (NA 11, 94). Anders als Warbeck, dessen moralische Größe in Schillers älterem Fragment durch eine spät erkannte königliche Abstammung formal nobilitiert wird, geht Demetrius den Weg des nunmehr vorsätzlichen Betrügers (was Hebbel in Verkennung der dramaturgischen Absicht als Manko des Entwurfs bezeichnet). Damit vollzieht sich für ihn der Sprung ins gespaltene Bewußtsein, das die Zeichen der Schuld trägt. Der Verlust der Naivität führt jedoch keineswegs zur Entfaltung eines ‹sentimentalischen Charakters›, wie man gern behauptet hat.[353] Der Held durchläuft eine psychologische Entwicklung, auf die sich Schillers theoretische Kategorie schwerlich übertragen läßt. Der innere Widerspruch, dem Demetrius ausgesetzt bleibt, ist durch die Spannung von Rolle und Bewußtsein gekennzeichnet, die zuvor für ihn nicht bestand. An die Stelle des naiven Gemüts tritt die Spaltung in eine vorgetäuschte und eine echte Identität, die mit dem Begriff des Sentimentalischen – trotz seiner anthropologischen Hintergründe – nicht erfaßt werden kann. Schiller hat diesen Übergang im Rahmen einer Monologskizze hervorgehoben, die die Krise des Helden deutlich umreißt: «In einer Lüge bin ich befangen, | Zerfallen bin ich mit mir selbst! | Ich bin ein Feind der Menschen und auf ewig von der Wahrheit geschieden!» (NA 11, 170)

In seinem letzten Brief an Körner hat Schiller am 25. April 1805 erklärt, der *Demetrius* sei «in gewissem Sinn das Gegenstück zu der Jungfrau von Orleans» (NA 32, 219). Dieser Befund entspricht der vom Monolog beleuchteten Gemengelage. Demetrius bleibt einem unbedingten Handlungswillen unterworfen, der aber keine moralisch legitime Begründung findet. Zum subjektiven Konflikt der Johanna, die sich als Werkzeug der nationalen Sendung selbst entfremden muß, tritt bei Demetrius der objektive Zwiespalt zwischen Rollenanmaßung und geschichtlicher Wahrheit. Unter den Argumenten, die für eine Ausarbeitung des Stoffs sprachen, notiert Schillers Studienheft: «Daß der falsche Demetrius lange Zeit de bonne foi handelt und die Entdeckung seiner Nullität seinen ganzen Charakter verändert, auch seine Catastrophe herbei führt ist wahrhaftig dramatisch (…)» (NA 11, 110).

Zu Schillers besonderer Inszenierungskunst gehört es erneut, daß er psychologische und politische Konflikte ineinander spiegelt. Erst nachdem Demetrius das Vertrauen in die eigene Sendung verloren hat, greift er zu despotischen Mitteln der Machtsicherung, was sein Ansehen beim russischen Volk rasch schwinden läßt. Das neu erwachte Schuldbewußtsein, das die frühere Einheit von Person, Rolle und Recht aufhebt, ruft eine tiefe Unsicherheit hervor, die bereits der *Don Karlos* als Ursprung diktatorischer Anmaßung analysiert hatte: «Schon ist er der alte nicht mehr, ein tyrannischer Geist ist in ihn gefahren, aber er erscheint jezt auch furchtbarer und mehr als Herrscher. Sein böses Gewißen zeigt sich gleich darinn, daß er mehr exigiert, daß er despotischer handelt. Der finstre Argwohn läßt sich schon auf ihn nieder, er zweifelt an den andern, weil er nicht mehr an sich selbst glaubt.» (NA 11, 171)[354] Über die Handlung nach dem zweiten Umschwung in der Tula-Szene, die die Peripetie der Sambor-Erzählung rückgängig macht, merkt Schiller an, sie dürfe «nicht stille stehen, noch zurückschreiten» (NA 11, 191). Der Held gerät in einen Identitätskonflikt, den er nicht bewältigen kann, weil ihn, nachdem er sich zum Betrug entschlossen hat, der Strom der Geschichte vorwärtstreibt, ohne daß er ihm zu entkommen vermag.[355] Der Zwang, dem Demetrius unterliegt, bleibt dem politischen Druck geschuldet, der auf ihm lastet, ist aber zugleich das Ergebnis seines unter dem Einfluß des Rollenkonflikts gesteigerten Ehrgeizes, dessen Folgen er nicht mehr ausweichen kann: «Das aufgezogene Uhrwerk», vermerkt das Studienheft lapidar, «geht ohne sein Zuthun.» (NA 11, 111)

Demetrius' Sturz wird durch die wechselseitige Verkettung psychischer und politischer Faktoren gefördert. Sehr deutlich tritt dieser Umstand im Verhältnis zu Marfa zutage. Bei der ersten Begegnung verfügt der Held, der kurz zuvor seine wahre Identität erfahren hat, noch über das notwendige Charisma, um die Zarenwitwe zur Komplizin seiner Pläne zu gewinnen: «Erkenne mich an vor dem Volk. Es steht draußen, mit gespannter Erwartung. Folge mir zu ihm. Gieb mir deinen Segen. Nenne mich deinen Sohn und alles ist entschieden. Ich führe dich in den Kremel ein zu Moskau.» (NA 11, 219) Während er die von Rachsucht gequälte Marfa an diesem Punkt zu überzeugen vermag, verweigert sie dem psychisch und politisch angeschlagenen Usurpator am Ende die Gefolgschaft. In einer effektvoll umrissenen Szene des Schlußakts sieht sich die Zarenwitwe aufgefordert, ihn öffentlich vor Bürgern und kirchlichen Würdenträgern unter dem Zeichen des Kreuzes als ihren Sohn anzuerkennen: «Anstatt zu antworten geht sie ab, oder wendet sich bloß ab, oder zieht ihre Hand zurück, welche Demetrius fest hielt.» (NA 11, 224) Die Geste der Verweigerung entspringt nicht allein dem religiösen Pflichtbewußtsein, auf das Schillers Szenar hinweist. Sie gilt fraglos auch dem Herrscher, der sein Charisma eingebüßt hat, weil er nicht mehr an den eigenen geschichtlichen Auftrag glauben kann. Die zurückgezogene Hand bezeichnet symbolisch auch die Einsamkeit des Usurpators, den das Glück in dem Moment verläßt, da er das Vertrauen in die eigene Identität verliert und aus Schwäche zum Tyrannen wird. Wo Macht nicht dynastisch, sondern allein persönlich begründet ist, bricht nach Schillers Überzeugung die soziale Ordnung mit dem Verlust des herrscherlichen Charismas zusammen. Das spätere Schicksal Napoleons hat diesen psychologischen Befund letzthin bestätigt. Daß sich konservative Ideologien, wie sie nach 1814 das System Metternichs prägten, vergleichbare Auffassungen zueigneten, spricht noch nicht gegen die politische Substanz von Schillers Diagnose.

Nachdem die wütende Menge Demetrius getötet hat, bleibt eine namenlose Gestalt aus der Menge auf dem Schauplatz zurück, nimmt das Zarensiegel an sich und beschließt, selbst die Rolle des vermeintlichen Thronfolgers zu übernehmen. Wenn durch den zweiten Betrüger das «Alte von neuem beginnt» (NA 11, 226), hat die Geschichte ihr wahres Gesicht offenbart: sie unterliegt einer zyklischen Prozeßlogik, in der es keinen Fortschritt, sondern nur die Wiederholung gibt.[356] Zwar ist zu bedenken, daß dieser Schluß Entwurf blieb und womöglich durch andere Lösungen noch verdrängt worden wäre.[357] Die generell gebotene Rücksicht auf den fragmentarischen Charakter des Dramas darf jedoch keinesfalls zum unverbindlichen Wertungspluralismus führen. Es ist kaum Zufall, wenn Schiller die ursprünglich für das Tragödienende vorgesehene Apotheose der Romanow-Figur nicht weiter ausgearbeitet und sich statt dessen für eine pessimistische Variante entschieden hat. Das bedrückende Finale entspricht aufs genaueste den illusionslosen Ansichten von der Politik, die das Fragment bietet. Bleibt Demetrius' Ankündigung einer sozial gerechteren Ordnung letzthin eine Farce, so eröffnet das Geschehen um den zaudernden Romanow «durch ein erhabenes Ahnden höherer Dinge» (NA 11, 214) einzig vage Perspektiven ohne festen Umriß. Der Untergang des Helden beglaubigt die Fortdauer der russischen Anarchie, «indem er in eine neue Reihe von Stürmen hinein blicken läßt» (NA 11, 226). Zur Hoffnung auf eine bessere Zukunft, die der *Wallenstein*-Prolog formuliert hatte, besteht im Licht des von Schiller erwogenen Schlusses vorerst kein Anlaß.

Wie der *Agrippina*-Entwurf vermittelt der *Demetrius* das düster gefärbte Bild eines politischen Prozesses, der sich als schwer zu durchbrechende Abfolge von Usurpation und Gewalt darstellt. Schiller avisierte dabei keine grundsätzliche Kritik des aufgeklärten Geschichtsdenkens, sondern eine historische Momentaufnahme, die Rückschlüsse auf die Verhältnisse des napoleonischen Zeitalters gestattete. In der Figur des Demetrius erkannte man zu Recht auch die Züge Bonapartes, wie sie Goethe in einer Tagebucheintragung vom 8. August 1806 knapp beleuchtet hat: «Unterwegs politisirt und neue Titel Napoleons ersonnen. Spaß von subjectiven Prinzen. Ferner Fichtes Lehre in Napoleons Thaten und Verfahren wiedergefunden.»[358] Ein ‹subjektiver Prinz›, der seine Macht durch Charisma, nicht aber legal erringt, ist auch Demetrius. Kaum zufällig hat sich Goethe im Sommer 1805 intensiv um eine Fortsetzung von Schillers Entwurf bemüht. In dessen Helden sah er wie im französischen Kaiser eine symptomatische Figur, die, gestützt auf zentralistische Konzepte, der politischen Willkür den Weg ebnet (das hat bei ihm den Respekt vor der persönlichen Leistung Napoleons nicht ausgeschlossen). Die deutliche Kritik am Denken Fichtes entsprach zudem Schillers eigenen Vorbehalten, wie er sie beispielhaft in seinem letzten Brief an Humboldt vom 2. April 1805 formuliert hat. Vor dem Hintergrund von Goethes Notiz gewinnt der *Demetrius*-Entwurf das Profil eines Zeitdramas, das die politischen Risiken einer Umbruchperiode ohne stabile staatliche Ordnung als fundamentale Herausforderungen der Moderne ausweist. Den Typus des ‹subjektiven Prinzen›, in dessen Psyche die Zerreißkräfte der Geschichte wirken, hat zur selben Zeit wie Schiller aus ähnlicher Perspektive Kleists *Guiskard*-Fragment (1802/03) vorgeführt. Auch hier spiegelt die charismatische Herrscherfigur mit ihren Anmaßungen und Widersprüchen die Jahrhundertgestalt Bonaparte, dessen europäischer Eroberungszug nach der Kaiserkrönung von 1804 machtvoll beginnt.

Als Drama der anbrechenden napoleonischen Epoche unternimmt der *Demetrius* den Versuch, die Tragödien der Politik und des Bewußtseins zu verbinden. Daher hat Schiller die psychologische Substanz des aus dem

«Fond» der Geschichte gewonnenen Stoffs ebenso wie dessen szenische Kraft gereizt. Zu den «sinnlichen und zum Theil prächtigen Darstellungen», die der Text ermöglicht, rechnet das Studienheft die Manifestation «brutaler Zaargewalt, Mordthaten, Schlachten, Siege, Ceremonien» (NA 11, 109 f.). Solche Hinweise verraten, daß Schiller ein politisches Trauerspiel im großen Stil geplant hat. Mit der dynamischen Folgerichtigkeit des Stationendramas, das den Helden von Krakau über Weißrußland nach Tula und Moskau führt, sollte die Tragödie eine Vielzahl von Ortswechseln, Ausblicke auf Landschaften und Städte, nicht zuletzt ein ständiges Changieren zwischen intimem Kammerspiel und Staatsaktion bieten, wie es selbst der *Wallenstein* nicht durchgehalten hatte. Der *Demetrius* verknüpft Wirkungskalkül und bühnentechnische Intelligenz, politisches Verständnis und psychologische Sensibilität auf souveräne Weise. Im Fragment steckt damit, paradox, die Summe von Schillers Dramenwerk.

Während Schiller in den ersten Monaten des Jahres 1805 am Expositionsakt des *Demetrius* arbeitet, vollziehen sich auf der Bühne der europäischen Politik zukunftsweisende Entscheidungsprozesse. Am 18. März läßt sich Napoleon unter Verletzung der Bestimmungen des Friedensvertrags von Lunéville zum König von Italien krönen und befestigt damit seine Macht jenseits der Alpen. Im April bildet sich die englisch-russische Allianz gegen Frankreich, die das langfristige Ziel verfolgt, einen *cordon sanitaire* aus kleinen Staaten zu errichten, der den mächtigen Nachbarn umschließen und auf seine alten Grenzen nach den Verhältnissen von 1789 zurückführen soll. Neun Monate später werden diese hochfliegenden Pläne unter dem militärischen Debakel der Koalitionsheere bei Austerlitz begraben. Napoleons Herrschaft dehnt sich künftig auf dem Kontinent unumschränkt bis an die Grenzen Rußlands aus. In Schillers Sterbejahr erhält Europa eine neue Ordnung, die erst nach 1815 durch die Restaurationsdiplomatie Metternichs ausgelöscht wird. Die Zeitgeschichte des Jahrhundertbeginns bekräftigt damit die unumstößliche Macht der Politik in der Welt der Moderne, deren Auswirkungen auf die einzelnen Menschen Schillers Dramenwerk seit dem *Wallenstein* in illusionsloser Klarheit vor Augen geführt hatte.

Schlußszenen.
Weimar, Mai 1805

Schillers bescheidene Hoffnung, er könne bei leidlicher Gesundheit das 50. Lebensjahr erreichen, bleibt unerfüllt. Am Abend des 1. Mai 1805 besucht er gemeinsam mit Caroline von Wolzogen eine Aufführung von

Friedrich Ludwig Schröders Lustspiel *Die unglückliche Ehe aus Delikatesse*. Vor der Haustür begegnet er dem von einer schweren Nierenerkrankung genesenen Goethe, der ihn auf seinem Weg bis zum Palais der Herzoginmutter begleitet. Da die Zeit drängt, findet sich keine Gelegenheit zum gründlichen Austausch; man verabschiedet sich in der Erwartung, das versäumte Gespräch bald nachholen zu können. Caroline von Wolzogen berichtet später, Schiller habe sich an diesem Abend verwundert gezeigt, daß er auf der sonst schmerzenden Brustseite erstmals seit Jahren keinen Druck mehr fühle; die von Starks Schüler Huschke und dem jungen Gottfried Herder durchgeführte Sektion wird später die totale Zersetzung des rechten und eine akute Entzündung des linken Lungenflügels nachweisen. Im Theater trifft Schiller den Schauspieler Anton Genast, den er jedoch nur kurz begrüßt. Die Aufführung verfolgt er in der von Goethe eigens für ihn eingerichteten Loge, die ihn vor zudringlichen Blicken schützt.

Als Voß Schiller nach der Vorstellung abholt, findet er ihn von Schüttelfrost geplagt. Zu Hause muß er sofort das Bett aufsuchen; ein rasch zubereiteter Punsch erzielt keine stabilisierende Wirkung, das Fieber steigt. Da Stark in Jena weilt, wird der jüngere Huschke zur Behandlung gerufen. Er hält die akute Lungenentzündung fälschlich für eine einfache Rippenfellreizung und verordnet Kampfer sowie Brustpflaster, um den schleimlösenden Husten zu aktivieren. Nach einer durchfieberten Nacht empfängt Schiller am nächsten Tag Genast, der sich über seinen verfallenen Zustand entsetzt zeigt. Am 3. Mai macht Cotta, der sich auf der Durchreise nach Leipzig befindet, eine kurze Visite bei ihm. Unter Aufbietung letzter Kräfte zwingt er sich an den Schreibtisch und treibt den Monolog der Marfa aus dem zweiten Akt des *Demetrius* voran. Nach dem 5. Mai treten jedoch immer häufiger Bewußtseinstrübungen auf; der Fiebernde phantasiert und nimmt seine Umwelt offenbar nur eingeschränkt wahr. Huschke verordnet strenge Bettruhe. Gegen die Atemnot und den gesenkten Puls – Symptome einer aufziehenden Herzbeutelentzündung – verschreibt er Kräuterbäder, die vorübergehend eine beruhigende Wirkung entfalten. In den Nächten steigt jedoch erneut das Fieber, die Atmung wird unregelmäßig.

In den letzten Tagen teilen sich Charlotte und Caroline von Wolzogen die Wachen am Krankenbett. Unterstützt werden sie dabei vom Kopisten Rudolph und Wolzogens Diener Johann Michael Färber. In den Morgenstunden des 9. Mai nimmt Schiller auf Anraten des besorgten Arztes ein Bad und trinkt danach ein Glas Champagner, um den matten Kreislauf zu aktivieren. Mehrfach wird er von Ohnmachten ereilt; die Sprache versagt, er kann sich nur noch durch Gesten verständlich machen. Nachmittags schläft er, erwacht ohne festen Puls; gegen 17.45 Uhr erleidet er einen

Nervenschlag, dem er wenige Minuten später, ohne zu Bewußtsein zu kommen, erliegt. Am 15. Mai 1805 meldet das *Weimarische Wochenblatt*: «Den 12ten May, des Nachts 1 Uhr, wurde der in seinem 46. Lebensjahr verstorbene Hochwohlgeb. Herr, Herr D. Carl Friedrich von Schiller, F. S. Meiningischer Hofrath, mit der ganzen Schule, erster Classe, in das Landschafts=Cassen Leichengewölbe beigesetzt und Nachmittags 3 Uhr des Vollendeten Todesfeyer mit einer Trauerrede von Sr. Hochwürd. Magnificenz, dem Herrn General=Superintendent Vogt, in der St. Jacobskirche begangen und von Fürstl. Capelle vor und nach der Rede eine Trauermusik aus Mozarts Requiem aufgeführt.»[359]

Am 26. Mai 1805 erhält Charlotte Schiller von Cotta 10000 Gulden als Honorarzahlung für die fünf Bände umfassende Ausgabe der gesammelten Dramen, die im Sommer unter dem Titel *Theater* zu erscheinen beginnt. Mit Hilfe dieser Summe kann sie die Restschuld von 1100 Talern, die das Anwesen an der Esplanade belastet, unverzüglich abtragen. Der fürsorgliche Familienvater Schiller hat, so scheint es, sein Haus gut bestellt. Noch kurz vor seinem Tod ist ein Vertrag mit Cotta zustande gekommen, der dem Verleger die Rechte für sein Werk auf die Dauer von 20 Jahren sichert. Charlotte und die vier Kinder vermögen von den Honoraren, die sich aus diesem Kontrakt ableiten, solide zu leben. Zwischen 1812 und 1825 fließen an die Witwe allein 30000 Taler Reingewinn, den insbesondere der Verkauf der *Theater*-Bände abwirft. Davon können die Studien der Söhne ebenso wie die alltäglichen Aufwendungen des Haushalts ohne Not bestritten werden. Die schmale Rente, die Carl August Charlotte aus alter Sympathie aussetzt, bietet eine angenehme, aber kaum erforderliche Aufstockung des Etats.

Schiller hat sein Haus bestellt: das mag nicht nur für die wirtschaftlichen Angelegenheiten des Nachlasses gelten. Gewiß war am Ende vieles Bruchstück geblieben; die seit 1797 geführte Dramenliste umfaßte zum Schluß 32 Projekte, von denen lediglich sieben realisiert werden konnten. Fragmente, Notizenkonvolute und Szenenentwürfe füllten die Schränke; auf dem Schreibtisch lagen Druckfahnen, Manuskripte und Gedächtnisprotokolle über neue Vorhaben. Andererseits aber drängt sich der Eindruck auf, daß Schiller, als er starb, an einen Punkt der zumindest vorläufigen Abrundung seines Œuvres gelangt war. Die Jahre seit dem Ausbruch der Krankheit zwangen ihn zur Konzentration auf das aus seiner Sicht Wesentliche; sie nötigten nicht zuletzt dazu, Ballast abzuwerfen, Alltagsroutinen zu umgehen, entschiedener als zuvor die zentralen Vorhaben auszuwählen. Blickt man zurück, so stellt man fest, daß Schiller sich mit wachsender Konsequenz von Projekten trennte, die ihn nicht hinreichend

*Friedrich Schiller.
Radierung nach der Kolossalbüste
von Johann Heinrich Dannecker, 1807*

anzogen. Ohne Kompromisse läßt er auf seinem Weg hinter sich, was für ihn intellektuell und künstlerisch erledigt ist. Nach 1789 schreibt er keine Erzählung mehr, 1792 beendet er die historischen Studien, 1796 schließt er die ‹philosophische Bude›, 1798 setzt er sich als Zeitschriftenherausgeber zur Ruhe, ab 1799 verfaßt er nur noch sehr sporadisch lyrische Texte. Der Abschied von Leben und Werk vollzieht sich in kleinen Schritten, unter dem Bann einer Krankheit, die zur Ökonomie der Kräfte zwingt. Bis zum Schluß aber bleibt, als Nervenzentrum von Schillers künstlerischer *vita activa*, die Begeisterung für das Theater. Hier bündeln sich sämtliche Energien wie die Lichtfiguren eines Kaleidoskops. Noch unter den Fieberschüben der letzten Lebensmonate fesseln ihn verschiedene Dramenvorhaben an den Schreibtisch – gegen jede Vernunft, wider besseres Wissen. Der Enthusiasmus des passionierten Bühnenautors wird damit zum Dämon, der die Physis untergräbt und den körperlichen Niedergang beschleunigt. Daß Schiller mit Leib und Seele dem Theater verfallen ist, bewahrheitet sich jetzt in fast tragischer Konsequenz.

Daß der Ruhm ihm nach den schwierigen Bewährungsjahren treu blieb, hat er durchaus genossen. Spätestens seit dem Beginn der Zusammenarbeit mit Cotta war ihm bewußt, wie hoch sein Werk in der Gunst der Verleger stand. Hinzu kam die wachsende Anerkennung, die er beim Publikum fand. Die feierliche Uraufführung von *Wallensteins Tod*, die am 20. April 1799 im Weimarer Hoftheater stattfand, bildete den Auftakt zu einer Serie festlicher Premieren, deren Glanz auch die Größe seines künstlerischen Erfolgs widerspiegelte. Unmittelbar gespürt hat er ihn im September 1801, als in Leipzig die begeisterten Zuschauer nach der Aufführung der *Jungfrau von Orleans* ein Spalier bildeten und ihm minutenlange Ovationen darboten. Kaum geringerer Enthusiasmus schlug ihm bei den Premieren in Weimar und den Gastspielen in Lauchstädt entgegen; das Publikum liebte sein Werk, genoß seine opernhafte Opulenz und den theatralischen Zauber, den es, trotz seines hohen Ernstes, stets ausstrahlte. Treu blieb ihm schließlich auch die Gunst der Fürsten. Nicht nur Carl August, sondern ebenso das preußische Königspaar, der schwedische Souverän Gustav IV., die russische Zarin Maria Feodorowna und die weimarische Erbprinzessin Maria Paulowna gehörten zu seinen Bewunderern. Die außerordentliche gesellschaftliche Anerkennung, die ihm während seiner letzten Lebensperiode in der Residenz zuteil wurde, erleichterte fraglos auch die Mühen des Arbeitsalltags, in dem der kategorische Imperativ eines unerbittlichen Leistungsethos regierte.

Trotz einer Flut von Unvollendetem bleibt also der Eindruck eines gerundeten Lebens. Nicht das Bruchstück, sondern die große Form steht für

Schillers künstlerischen Selbstanspruch. In ihr hat er seine Zeit und ihre spannungsvolle politische Geschichte auszulegen gesucht. Den Ehrgeiz, auf Geist und Gesellschaft der eigenen Epoche einzuwirken, hat er niemals preisgegeben. Schiller war kein weltferner Idealist, der sich in den Elfenbeinturm einer schönen Scheinwelt zurückzog. Pragmatismus und Entschlußkraft bestimmen sein Schreiben bis zuletzt. Zu ihnen gehört der Wille zur öffentlichen Wirkung, aber auch die Bereitschaft, sich in die literarischen Debatten der Zeit aktiv einzumischen. Obwohl sich im Mai 1805 auf dem Schreibtisch des früh Verstorbenen die unvollendeten Manuskripte häufen, steht die Bilanz, die er hinterläßt, im Zeichen des Gelingens; sie belegt die Erfüllung eines ästhetischen Programms, das aus der unbefriedigten Sehnsucht nach der Vervollkommnung des Menschen lebte. Daß Schiller selbst das Werk, das dieser Sehnsucht entsprang, nicht als klassisch empfinden konnte, bekundet wiederum sein besonderes Bewußtsein für das Provisorische jeder künstlerischen Arbeit. Darin steckt, nicht zuletzt, das Geheimnis seiner Modernität.

Am 16. Dezember 1827 verlegt man Schillers letzte Ruhestätte auf Anregung von König Ludwig I. von Bayern in die durch den großherzoglichen Oberbaumeister Clemens Wenzeslaus Coudray errichtete Weimarer Fürstengruft. Dort, auf dem seit 1818 bestehenden Neuen Friedhof, ist noch heute sein Grab. «Ein gebohrener Herrscher», schrieb er 1798 in der Elegie *Das Glück*, «ist alles Schöne und sieget | Durch sein ruhiges Nahn wie ein unsterblicher Gott.»

Anmerkungen

EINLEITUNG

1 II Hofmannsthal, 351 f. 2 I Koopmann Hg., 809 ff.

SECHSTES KAPITEL

1 VI Köster Hg., Bd.II, 175
2 I Herder, Bd.I, 412
3 VI Nietzsche, Bd.I, 144 f.
4 VI Nietzsche, Bd.I, 928
5 Vgl. V Borchmeyer, 13 ff.
6 Vosskamp, in: VI Simm Hg., 248 ff.
7 Fischer-Lichte, in: VI Conrady Hg., 114 ff.
8 VI Nietzsche, Bd.I, 929
9 V Borchmeyer, 25 ff.; vgl. IV Reed, 13 f.
10 I Mann, Bd.III, 105
11 VI Wölfflin, 22 ff.
12 Vgl. Malsch u. Mandelkow in: VI Conrady Hg., 381 ff., 423 ff., ferner VI G. Schulz, 59 ff., VI Grimm/Hermand Hgg.
13 II Goethe, Bd.XIV, 180; vgl. VI Boyle, 340 ff.
14 II Goethe, Bd.XIV, 180
15 II Goethe, Bd.XIV, 181
16 II Goethe, Bd.XIV, 182; vgl. V Borchmeyer, 34 f.
17 V Schlegel, Bd.II, 79 f.
18 V Schlegel, Bd.II, 80
19 III Novalis, Bd.II, 413
20 III Moritz, Bd.II, 558
21 III Moritz, Bd.II, 543
22 II Kant, Bd.X, 134 (§ 9)
23 II Kant, Bd.X, 115 (§ 17)
24 II Goethe, Bd.XIII, 71
25 II Goethe, Bd.XIII, 178
26 III Schmidt, 422
27 Luhmann, in: VI Gumbrecht/Pfeiffer Hgg., 620 ff.
28 VI Habermas, Bd.II, 584
29 II Jean Paul, Bd.I,5, 31
30 VI Winckelmann, 20
31 I Herder, Bd.VIII, 10
32 I Herder, Bd.VIII, 16
33 I Herder, Bd.VIII, 87
34 II Goethe, Bd.XIII, 70
35 II Goethe, Bd.XIII, 141 f.
36 II Goethe, Bd.XIII, 125
37 II Goethe, Bd.XIII, 164
38 Vgl. IV Müller-Seidel, 39
39 II Goethe, Bd.XIII, 415
40 II Goethe, Bd.XIII, 145
41 II Goethe, Bd.I, 429
42 I Herder, Bd.XVII, 119
43 II Goethe, Bd.I, 167
44 I Herder, Bd.XVIII, 502
45 IV Böttiger, I, 16
46 Vgl. III Schings I, 150 ff., 156 ff.
47 I Urlichs Hg., Bd.II, 277
48 VI Veil, 87, I Theopold, 152 ff.
49 I v. Wolzogen, II, 83
50 VI Veil, 90
51 FA VIII, 1194 f.
52 VI Hecker, 34; vgl. I Oellers, 12 ff.
53 Bd.II, Hft. 6, 124 f.
54 VI H. Schulz, 68 ff., II Zimmermann, 89
55 Zit. nach VI H. Schulz, 72
56 III Schings I, 196
57 VI H. Schulz Hg., 149
58 III Schings I, 202 ff.
59 Vgl. V Lecke Hg., Bd.I, 404 ff.
60 III Schings I, 206 f.
61 III Wilson, 165

62 I v.Wolzogen, II, 103
63 I v. Wolzogen, II, 102
64 I Biedermann Hg., 218 f.
65 I Urlichs Hg., Bd.II, 293
66 VI Spemann, Anhang, 64
67 Vgl. VI Lohrer, 90, Fröhlich, in: I Koopmann Hg., 87
68 III Moritz, Bd.II, 572
69 II Kant, Bd.X, 134 ff. (§§ 10 ff.)
70 V Reinhold, 96
71 VI Kant, Bd.X, 512 f.
72 II Kant, Bd.X, 137 ff., 319 ff. (§§ 12 ff.; 65)
73 II Kant, Bd.III, 111 ff.; II Kant, Bd.X, 115 ff.
74 II Kant, 132
75 III Kant, Bd.X, 157
76 II Kant, Bd.X, 155
77 II Kant, Bd.X, 124 f.
78 Vgl. VI Feger, 127 ff.
79 II Kant, Bd.VII, 140 (§ 7)
80 II Kant, Bd.X, 294
81 VI Kulenkampff Hg., 126 f.
82 V Reinhold, 326
83 VI v. Humboldt, Bd.II, 377 ff.
84 Berghahn, in: VI Wittkowski Hg., 226
85 Vgl. VI Szondi PG, Bd.II, 57 ff.
86 V Lecke Hg., Bd.I, 401
87 VI Ps.-Longin, 12, 3 f., 19, 1 f.
88 VI Dennis, 380
89 Vgl. VI Zelle, 3 f., 150 ff.
90 VI Ps. Longin, 15, 12
91 VI Aristoteles, 1449 b
92 VI Aristoteles, 1452b – 1453a
93 Vgl. hingegen VI Ueding R, 76
94 I Abel K, 230 ff.; vgl. Riedel, in: I Abel K, 439 f.
95 Vgl. VI Berghahn PE, 202 ff., VI Homann, 62 ff.
96 II Kant, Bd.VII, 144 (§ 8, Lehrsatz IV)
97 II Kant, Bd.X, 178 (§ 26)
98 Vgl. V Borchmeyer, 210 ff., VI Düsing, 150 ff., VI Puntel, 62 f.
99 VI Bloch, 14; vgl. VI Mayer B, 314 f.
100 II Hofmannsthal, 353
101 VI Jean Paul, Bd.III,2, 96
102 II Jean Paul, Bd.I,3, 37
103 I Adorno, 110
104 Vgl. VI Frank, 118
105 Vgl. Düsing, in: VI Bolten Hg., 197 f., VI Dod, 186 ff.
106 VI Frank, 112; vgl. VI Boyle, 84 ff.
107 Vgl. VI Strube, 120 f.
108 Vgl. VI P. Bürger, 60 f.
109 Vgl. III Hamburger, 384 f., VI Strube, 121 f.
110 I v. Humboldt Hg., 11
111 VI Home, Bd.III, 41
112 I Wieland, Supplemente IV, 163
113 II Sulzer, Bd.II, 524; vgl. Brittnacher, in: I Koopmann Hg., 590 f.
114 I Wieland, Bd.X, 10 ff.
115 III Lessing, Bd.IV, 249
116 Brandstetter, in: I Aurnhammer u. a. Hgg., 79 ff.
117 II Kant, Bd.VII, 133 ff. (Anmerkung II zu § 3, Lehrsatz II)
118 V Reinhold, 372 f.
119 II Kant, Bd.VIII, 669
120 Vgl. hier VI Riedel, 73 f.
121 VI G. Schulz Hg., 145
122 Vgl. Barnouw, in: VI Bolten Hg., 266 f., VI Zelle, 163 f.
123 Vgl. VI Wilkinson/Willoughby, 21 ff.
124 V Furet, 268
125 I Urlichs Hg., Bd.II, 293
126 Vgl. Wild, in: VI Zimmermann Hg., 47 ff.
127 II Klopstock, 66
128 II Goethe, Bd.XII, 368
129 II Goethe, Bd.XVI, 881
130 Vgl. IV Reed, 184 f.
131 III Wieland, 146
132 III Wieland, 147
133 III Wieland, 164
134 Vgl. Wild, in: VI Zimmermann Hg., 62; VI G. Schulz, 124 ff., VI Fink, 8 ff.
135 II Goethe, Bd. I, 233
136 III Träger Hg., 941
137 VI Bollacher, 137
138 I Herder, Bd.XIII, 15 ff.
139 I Herder, Bd.XVIII, 314, vgl. IV Wilson, 255 f.
140 I Herder, Bd.XVI, 117 f.
141 I Herder, Bd.XVIII, 332
142 III Novalis, Bd.II, 278
143 Vgl. IV Eke, 170 f.
144 V Fichte, 5

Anmerkungen

145 VI Fichte B, Bd.I, 449 f.
146 VI [Gentz], 178 f.; vgl. VI Borchmeyer R, 70 f.
147 VI Marx, Bd.I, 383
148 III Träger Hg., 192
149 VI Rehberg, I, 52 ff.
150 V Reinhold, 96
151 III Träger Hg., 354
152 II Kant, Bd.XI, 358
153 II Hegel, Bd.I, 234
154 II Hegel, Bd.XII, 529
155 Vgl. IV Eke, 12 f.
156 VI Mirabeau, 540 ff.
157 I Urlichs, Bd.II, 288
158 Vgl. VI High, 184 ff.
159 VI Burke, 8
160 Vgl. IV Eke, 144 ff.
161 VI Gleim, 157
162 II Kant, Bd.VIII, 443 (Anm.)
163 IV Wilson, 219 f.
164 I Biedermann Hg., 208, 226
165 Vgl. dazu Boerner, in: I Koopmann Hg., 795
166 VI Campe, 4 f.
167 III Schings I, 187 ff.
168 VI Hölderlin, Bd.III, 31
169 VI Zelle, 170 ff.
170 Vgl. Borchmeyer, in: VI Wittkowski Hg., 277 ff.
171 Vgl. Bräutigam, in: VI Wittkowski Hg., 248 f.
172 VI Mayer B, 299
173 Vgl. VI Berghahn AI, 147 ff.
174 FA VIII, 556
175 VI Weiss, 61
176 III Moritz, Bd.III, 187
177 VI Fichte, GA, Bd.III, 37
178 Vgl. VI Borchmeyer K, 122 f.
179 I v. Wolzogen, II, 71
180 V Reinhold, 436; vgl. VI Pott, 34
181 VI Reinhold, 567 ff.
182 VI Reinhold, 574
183 Vgl. V Ziolkowski, 131 f.
184 VI Fichte W, 51 f.
185 VI Fichte W, 58 f.
186 Vgl. Hogrebe, in: VI Bolten Hg., 284, V Ziolkowski, 134 ff., anders VI Pott, 22 ff.
187 Vgl. Janke, in: VI Bolten Hg., 240 ff.
188 VI Dod, 57
189 II Kant, Bd.X, 132
190 VI Luhmann, 391
191 III Benjamin, Bd.I,1, 261
192 VI Fichte W, 27 f.
193 Vgl. VI Tschierske, 204 ff., 276 ff.
194 Vgl. Bräutigam, in: VI Wittkowski Hg., 244 ff.
195 Vgl. VI Tschierske, 350 ff.; vgl. aber VI Ch. Bürger, 132 ff.
196 VI Hölderlin, Bd.VI, 1, 229
197 Vgl. Grimminger, in: VI Bolten Hg., 180 f.
198 Vgl. VI Bräutigam R, 153 f.
199 Vgl. IV Weissberg, 146 ff.
200 II Hegel, Bd.XIII, 151
201 Vgl. Barnouw, in: III Wittkowski Hg. FS, 147 f.
202 II Hegel, Bd.XIII, 202 ff.
203 II Hegel, Bd.XIII, 141
204 II Hegel, Bd.XIII, 142; vgl. VI Tschierske, 3 f.
205 Vgl. VI v. Wiese, 181 f.
206 Vgl. VI Berghahn AI, 129 f., VI Hinderer, 173 ff., VI Riecke-Niklewski, 107 ff.,
207 III Novalis, Bd.II, 303
208 VI [Garve-Weiße], Bd.II, 188
209 I Herder, Bd.XXII, 218
210 I Herder, Bd.XXII, 332
211 II Jean Paul, Bd.I,4, 26 f., I,5, 444 f.
212 Vgl. VI Rohrmoser, 360 ff., VI Lukács Ä, 17 ff.
213 VI Zelle, 174 ff.
214 Dazu VI Henrich, 544 f.
215 Vgl. VI Dod, 495 f.
216 VI Schelling, Bd.I, 697
217 II Hegel, Bd.XIII, 89
218 II Hegel, Bd.XIII, 91
219 Vgl. VI Wentzlaff-Eggebert, VI Mayer G, 57 ff., VI Böhler, 33 ff., VI Graham, 46 ff., I Oellers, 81 ff., VI Boyle, 282
220 VI Ueding KR, 75 f., Reed, in: I Koopmann Hg., 217 f.; vgl. VI Lukács B, 91 f.
221 VI Oellers Hg., Bd.I, 490
222 I Goethe, Abt.IV, Bd.2, 262 f.
223 Vgl. IV Boyle, 315 ff., VI Sengle, 64 ff.
224 I Goethe, Abt.IV, Bd.8, 105
225 II Goethe, Bd.XI, 170

226 I Goethe, Abt. IV, Bd.9, 213
227 I Goethe, Abt. IV, Bd.9, 197;
 II Goethe, Bd. I, 226
228 II Goethe, Bd.XII, 620
229 I Goethe, Abt.I, Bd.28, 374
230 II Goethe, Bd.XII, 621
231 VI Jean Paul, Bd.III, 2, 217
232 II Goethe, Bd.XVI, 868; vgl.
 VI Gerhard, 17 ff., VI Mayer G, 61 f.
233 II Goethe, Bd.XVI, 868
234 Vgl. VI Hahn, 48 ff.
235 V Schlegel, Bd.II, 8
236 VI G. Schulz, 143 ff., vgl. IV Müller-Seidel, 110 ff.
237 Vgl. Barner, in: I Barner u. a. Hgg., 385 f.
238 Vgl. VI Borchmeyer A, 303 ff., VI Boyle, 504 f.
239 II Goethe, Bd.XII, 623; vgl. VI Graham, 31 ff., IV Oellers/Steegers, 147 f.
240 I Goethe, Abt.IV, Bd.19, 8
241 V [v. Humboldt], Bd.I, 52
242 VI v. Humboldt, Bd.I, 78
243 VI [Möser], 67
244 VI v. Humboldt, Bd.I, 129; vgl. V Borchmeyer, 303 f., VI Scurla, 41 ff.
245 V [v. Humboldt], Bd.I, 61
246 VI Freese Hg., 262
247 I Geiger Hg., 107
248 VI Hölderlin, Bd.VI,1, 139
249 Vgl. IV Wilson, 177 ff.
250 I Goethe, Abt.IV, Bd.10, 250
251 VI Fichte G, 127 f.
252 VI Fichte G, 138 f.
253 II Goethe, Bd.XIII, 66 ff.
254 Vgl. Schulz, in: V Fichte G, 114 f.
255 VI Bräutigam GI, 157, VI Schaefer, 197 ff.; vgl. VI Meyer, 344 f.
256 III Heine, Bd.VIII/1, 102
257 I Biedermann Hg., 248
258 VI Schelling, Bd.I, 341
259 Vgl. V Ziolkowski, 71 ff.
260 II Zimmermann, M, 59
261 Jg. 1792, Stück 4, 95
262 Jg. 1792, Stück 4, 73
263 VI v. Humboldt, Bd.XIV, 337
264 I Mann, Bd.VI, 367
265 II Kant, Bd.XI, 268
266 Vgl. Weber, in: III Brandt Hg., 455 f.
267 Vgl. IV Sengle, 408
268 Vgl. Horn, in: V Strack Hg., 306 ff., VI G. Schulz, 37 ff.
269 I Geiger Hg., 111
270 III Fambach, 289 f.
271 Vgl. Heuer, in: V Strack Hg., 142 ff.
272 III Fambach, 142
273 III Fambach, 166
274 III Fambach, 225 ff.
275 I Nicolai, Bd.XX, III, 12, 294 f.
276 VI Hölderlin, Bd.VI, 1, 330
277 Vgl. Reed, in: I Barner u. a. Hgg., 40 ff.
278 Raabe, in: VI Schiller Hg., Bd.I, Einführung, 9
279 Köpke, in: III Wittkowski Hg. FS, 382
280 Dazu IV Pfotenhauer, 216 ff.
281 Vgl. VI Borchmeyer G, 222 ff.
282 VI Szondi S, Bd.II, 70
283 Vgl. VI Jauß, 96 f.
284 Vgl. Barner, in: VI Vosskamp Hg., 62 ff.
285 Dazu VI Zelle, 200 ff.; anders VI Bohrer, 338
286 VI [Diderot /d'Alembert], Bd.XI, 10; vgl. VI Zelle, 194
287 II Sulzer, Bd.II, 298
288 I Mendelssohn, 194
289 I Mendelssohn, 217
290 II Kant, Bd.X, 276
291 II Jean Paul, Bd.I,5, 86
292 III Garve, Bd.I, 43; vgl. VI Zelle, 194 f.
293 III Novalis, Bd.II, 413
294 III Garve, Bd.I, 197
295 Vgl. VI Szondi PG, Bd.II, 41 ff.
296 VI Schöne, 105
297 VI Schlegel, 765
298 VI Szondi S, Bd.II, 59 ff.; vgl. VI Japp, 180 ff.
299 II Kant, Bd.III, 122
300 VI Szondi S, Bd.II, 83 ff.; vgl. Barner; in: VI Vosskamp Hg., 67, VI Boyle, 346 f.
301 Vgl. VI Zelle, 202 f., VI Homann, 86 ff., VI Japp, 184
302 V Schlegel, Bd.II, 147 f.
303 V Schlegel, Bd.I, 209
304 V Schlegel, Bd.I, 276 ff.

Anmerkungen 617

305 V Schlegel, Bd.I, 315
306 V Schlegel, Bd.I, 211
307 Vgl. VI Brinkmann, 360f.
308 V Schlegel, Bd.I, 269 u.ö.
309 V Schlegel, Bd.I, 270
310 V Schlegel, Bd.I, 269
311 V Schlegel, Bd.I, 261
312 VI Hölderlin, Bd.VI, 1, 229
313 Vgl. VI Jauß, 103f.
314 V Schlegel, Bd.XVI, 85 [Nr. 2]
315 VI Schelling, Bd.I, 696
316 V Schlegel, Bd.I, 36f.
317 V Schlegel, Bd.I, 44
318 Vgl. VI Bräutigam L, 24ff., VI Feger, 336f., VI Schröder, 216f.
319 VI Schelling, Bd.II, 210ff.
320 III Novalis, Bd.II, 318
321 III Novalis, Bd.II, 323
322 V Schlegel, Bd.II, 248
323 III Novalis, Bd.II, 389, 391; vgl. VI Blumenberg, 254ff.
324 Vgl. V Janz, 25ff.

SIEBENTES KAPITEL

1 So VII Hamburger, 309ff.
2 VII Bürger, Bd.I, 9
3 IV Müller-Seidel, 87ff.; vgl. II Bernauer, 169ff.
4 VII Bürger, Bd.I, 15
5 VII Hinderer, 140ff.
6 Vgl. VI Berghahn AI, 104f.
7 I Mendelssohn, Bd.III,1, 337
8 I Herder, Bd.XXXII, 73
9 Vgl. IV Müller-Seidel, 92f.
10 I Herder, Bd.XXVII, 170ff.
11 II Sulzer, Bd.II, 189
12 II Kant, Bd.X, 296
13 II Kant, Bd.III, 173ff. (A 116f.); vgl. VI Dod, 64ff.
14 II Kant, Bd.XII, 480ff. (§§ 29f.)
15 I Oellers, 126f., I Kurscheidt, 804ff.
16 II Ortlepp, 376ff.
17 III [Schiller], 137
18 Vgl. I Oellers, 125f.
19 Dazu II Mix, 71ff.
20 II Goethe, Bd.XIV, 743
21 I Biedermann Hg., 190
22 Vgl. I Oellers, 21f.
23 I Biedermann Hg., 245
24 II Goethe, Bd.XII, 289
25 I Oellers, 141
26 III Braun Hg., Bd.I,3, 364
27 II Hegel, Bd.XIII, 90
28 So II Storz, 273, VI Wentzlaff-Eggebert, 240f., VI Berghahn AI, 157, vgl. VI Schlaffer, 519ff.
29 Vgl. VII Mayer, 89, Schwarz, in: I Koopmann Hg., 281f.
30 I v. Humboldt Hg., 26
31 VII Creuzer, 70
32 II Goethe, Bd.IX, 529
33 I Goethe, Abt.I, Bd.47, 91
34 V Schlegel, Bd.II, 318
35 III Novalis, Bd.II, 254
36 II Hegel, Bd.I, 236
37 Vgl. VII Frank, 153ff., Bohrer, in: VII Bohrer Hg., 52ff.
38 Vgl. I Friedl, 129ff.; vgl. Schwarz, in: I Koopmann Hg., 281f.
39 Dazu II Alt, 618ff.
40 Anders I v. Wiese, 437, Bartl, in: I Koopmann Hg., 132f.
41 Vgl. VI Bräutigam GI, 153f., VII Jolles, 119ff.
42 So auch II Kaiser, Bd.I, 52f.
43 Vgl. II Staiger, 213f., anders IV Kaiser, 12ff.
44 Dazu VII Ohlenroth, 118, Bartl, in: I Koopmann, 123ff.
45 III Fambach, 268
46 Vgl. VII Kurz, 43f.
47 Vgl. II Bernauer, 110f.
48 I Wieland, Bd.X, 13
49 VI Winckelmann, 4
50 III Schiller Hg., Hft.2, 11
51 II Hegel, Bd.I, 231
52 II Hegel, Bd.I, 232
53 II Hegel, Bd.III, 525ff.
54 Vgl. Demmer, in: VII Segebrecht Hg., 37ff., II Kaiser, Bd.II, 437
55 Vgl. VII Frühwald, 251ff.
56 III Fambach, 44ff.

57 Vgl. VII Frühwald, 251 ff.,
   VII Dahnke, 96 ff.
58 II Goethe, Bd.V, 311
59 VI Schelling, Bd.II, 227
60 II Hegel, Bd.XIV, 115; vgl. II Jean
   Paul, Bd.I/5, 84
61 III Heine, Bd.I/1, 417; vgl. Koopmann,
   in: II Oellers Hg., 81 f.
62 Anders I v. Wiese, 568 f.
63 Jg. 1792, 5.Stck., 242
64 Vgl. VII Dahnke, 113 f.
65 VII David, 50 ff., Koopmann, in:
   I Koopmann Hg., 313 f.
66 II Hegel, Bd.I, 235
67 III Fambach, 195 ff.
68 Vgl. VII Oellers RS, 44 ff., Koopmann,
   in: VII Segebrecht Hg., 83 ff.
69 II Kant, Bd.VIII, 141
70 II Kant, Bd.VII, 196
71 VII Schopenhauer, Bd.I, 98
72 VI Wentzlaff-Eggebert, 249 f., dagegen
   I Oellers, 168 f.
73 II Goethe, Bd.II, 141
74 III Moritz, Bd.II, 752; vgl. Hinderer,
   in: II Oellers Hg., 137
75 I Michelsen, 30 f., II Sträßner, 195
76 Vgl. I Oellers, 192 ff., VII Rüdiger,
   15 ff.
77 So auch VI Bräutigam L, 158,
   Anm. 77; vgl. dagegen IV Habel, 292 f.
78 II Sträßner, 215 ff.
79 Vgl. Golz, in: II Oellers Hg., 116 f.
80 VI Schiller Hg., Bd.I/II, Stück 5, 102
81 II Goethe, Bd.IV, 401
82 I Mendelssohn, Bd.I, 85, II Sulzer,
   Bd.II, 263
83 I Oellers, 179
84 II Goethe, Bd.I, 200; vgl. I Oellers, 184
85 VII Wohlleben, 65 f.
86 III Braun Hg., I,3, 370
87 VI Berghahn AI, 156
88 VII Walser, 165
89 Vgl. VI Riedel, 22, Anm. 15
90 III Fambach Hg., 192
91 Vgl. I Oellers, 192 ff.
92 VII Ziolkowski, 15 ff.
93 VI Schiller Hg., Bd.III, 1001 ff.; vgl.
   V Ziolkowski, 252 ff.
94 Dazu VI Riedel, 34 ff.; vgl. VII Curtius,
   202 ff.
95 V Ziolkowski, 299 f.
96 Vgl. dagegen VII Stenzel, 167 ff.
97 Vgl. Jeziorkowski, in: II Oellers Hg.,
   172 ff., V Ziolkowski, 283 f.
98 I Rousseau, 12
99 VII Kleist, 37 (v.204 f.); vgl.
   VI Riedel, 52 ff.
100 Zit. VII Jäger, 42
101 VI Schelling, Bd.II, 255
102 Vgl. Jamme, in: V Strack Hg., 585,
    VI Riedel, 115 ff.
103 Vgl. Stenzel, in: VII Segebrecht Hg.,
    69 ff., VII Anderegg, 44 ff., anders
    VI Riedel, 96 ff.
104 VII Foucault, 203 ff.
105 VI Hölderlin, Bd.III, 163
106 VI Hölderlin, Bd.IV,1, 282 ff.
107 Dazu II Kaiser, Bd.II, 448 f.,
    V Ziolkowski, 292
108 Vgl. VII Scherpe, 58 f.
109 I Geiger Hg., 112
110 Vgl. VII Bovenschen, 244 ff.
111 VI v. Humboldt, Bd.I, 322
112 VI v. Humboldt, Bd.I, 319
113 Vgl. VII Fuhrmann, 324 ff.
114 Anders VII Hörisch, 75
115 II Hegel, Bd.I, 230 f.; vgl. VII Frank,
    257 ff.
116 VI Hölderlin, Bd.II,1, 94, v.137 ff.
117 II Hegel, Bd.III, 91
118 Berghahn, in: II Oellers Hg., 276
119 I v. Humboldt Hg., 32 f.
120 I v. Wolzogen, II, 182
121 VI Oellers Hg., Bd.II, 469
122 VI Oellers Hg., Bd.I, 417, 450
123 Vgl. I v. Wiese, 572
124 VI Oellers Hg., Bd.II, 469 f.
125 Vgl. Berghahn, in: II Oellers Hg.,
    272; vgl. VII Albertsen, 263
126 II Goethe, Bd.IX, 185 (3.Gesang,
    v.19 f.)
127 VI Hölderlin, Bd.I,1, 130 ff.; vgl.
    VII Gaier, 28 f., 35 f.
128 VI Hölderlin, Bd.I,1, 160, v.113 ff.
129 VI Hölderlin, Bd.III, 163
130 Vgl. VII Strack, 238
131 Vgl. VII Strack, 239
132 VI Hölderlin, Bd.VI, 140 f.
133 VI Hölderlin, Bd.VI, 144
134 VI Hölderlin, Bd.VI, 169

Anmerkungen 619

135 Dazu VII Gaier, 154, Anm. 189
136 VI Hölderlin, Bd.I,1, 229
137 VI Weiss, 66
138 VI Hölderlin, Bd.I,1, 200; vgl. VII Mommsen, 213 ff.
139 Vgl. Kurz: in: VII Grimm, 126 f.
140 V Schlegel, Bd.XXIII, 51 f.
141 III Fambach, 266 f.
142 III Fambach, 267
143 III Fambach, 268
144 V Schlegel, Bd.XXIII, 51
145 V Schlegel, Bd.XXIII, 16
146 V Schlegel, Bd.XXXII, 266
147 V Schlegel, Bd.XXIII, 324
148 III Fambach, 341
149 III Fambach, 293
150 VII Schlegel, Bd.II, 172; vgl. VII Brandt, 113 f.
151 V Schlegel, Bd.II, 144
152 V Schlegel, Bd.II, 347
153 I Urlichs, Bd.III, 187, 269 f., 181 ff.; vgl. Oellers, in: VII v. Wiese Hg., 178 f.
154 VII Schmitt, 23 u. ö.
155 II Goethe, Bd.XIV, 740
156 I Goethe, Abt.IV, Bd.49, 119
157 I Goethe, Abt. IV, Bd.46, 213
158 II Jean Paul, Bd.III,2, 206
159 II Jean Paul, Bd.III,2, 217
160 VII Chézy, Bd.I, 150
161 I Biedermann Hg., 241
162 I Biedermann Hg., 208
163 II Jean Paul, Bd.I,5, 173
164 VI Schlegel, Bd.II, 246 f.
165 VII Jacobi, Bd.II, 108 f.
166 II Jean Paul, Bd.I,4, 26 f.
167 II Goethe, Bd.I, 353 f.
168 II Jean Paul, Bd.III,2, 271
169 II Jean Paul, Bd.I,5, 394 ff.
170 Vgl. VII Schwarzbauer, 169 ff.
171 Vgl. Reed, in: I Koopmann Hg., 19
172 VI Boyle, 497
173 II Goethe, Bd.XI, 660
174 V Boas Hg., Bd.II, 75
175 III Fambach, 373 f.
176 III Fambach, 318
177 III Fambach, 350
178 Zit. VII Schulz, 361
179 VII Grimm Hg., 187
180 Köpke, in: III Wittkowski Hg. FS, 382

181 III Heine, Bd.VIII/1, 70
182 Vgl. VII Schwarzbauer, 218 f.
183 Vgl. Sengle, in: I Barner u. a. Hgg., 70 f.
184 I Goethe, Abt.IV, Bd.9, 180 f.; vgl. III Conrady, 616 f.
185 Vgl. VII Schwarzbauer, 256 ff.
186 V Schlegel, Bd.I, 222
187 V Schlegel, Bd.I, 330 ff.
188 Vgl. VII Schwarzbauer, 240 ff., VII Leistner, 451 ff.
189 VII Fontane, 103
190 Vgl. VII Laufhütte, 53 ff.
191 Vgl. Kühlmann, in: I Aurnhammer u. a. Hgg., 291 f.
192 Vgl. VII Hinck, 32
193 I v. Wiese, 611 ff.
194 Mecklenburg, in: VI Conrady Hg., 162
195 IV Kaiser, 59 f.
196 VII Seeba, 287 f., 309 f.
197 Vgl. IV Kaiser, 70 f.
198 Dazu VII Seeba, 318 f.
199 Vgl. VII Seeba, 275 ff.
200 Mecklenburg, in: VI Conrady Hg., 162
201 I Goethe, Abt. II, Bd.2, 74; vgl. VII Segebrecht B, 194 ff.
202 Vgl. Oellers, in: I Barner u. a. Hgg., 514 ff.
203 Vgl. VII Oellers H, 389 ff.
204 I v. Wiese, 614
205 VII Laufhütte, 130, VII Segebrecht T, 128
206 Dagegen VII Segebrecht T, 113 ff.
207 Vgl. Kaiser, in: II Oellers Hg., 216
208 Mecklenburg, in: VI Conrady Hg., 162
209 V Schlegel, Bd.II, 24
210 VII Grillparzer, 326 f.
211 Vgl. VII Seeba, Bd.IX, 276
212 I Goethe, Abt.III, Bd.2, 69
213 VII Politzer 241 ff., VII Seeba, 315 f., Pestalozzi, in: II Oellers Hg., 231 f.
214 Vgl. FA I, 907 sowie VII Leitzmann, 11 ff.
215 III Benjamin, Bd.I, 308
216 Vgl. VII Politzer, 241 f.

217 Vgl. I v. Wiese, 623
218 Vgl. I Friedl, 202 ff.; anders VII Köhnke, 493 ff.
219 II Goethe, Bd.I, 76 ff.
220 V Novalis, Bd.I, 115
221 I v. Humboldt, 30

ACHTES KAPITEL

1 I Biedermann Hg., 245
2 VIII Genast, 147
3 Dazu I Bruford, 283
4 Fröhlich, in: I Koopmann Hg., 87
5 [Schiller-Cotta], 682 ff.
6 II Jean Paul, Bd.I,5, 397
7 III Böckmann, 411; vgl. Müller-Seidel, in: I Aurnhammer u. a. Hgg., 427
8 VIII Canetti, 86
9 VI Hölderlin, Bd.III, 31
10 VIII Koopmann, 273
11 IV Eke, 303 ff.
12 II Jean Paul, Bd.I,6, 343, 345
13 IV Eke, 235 ff.
14 II Goethe, Bd.XI, 699
15 I Urlichs Hg., Bd.II, 86
16 I v. Wolzogen, II, 197
17 I Eckermann, 132
18 I Eckermann, 133
19 So II Staiger, 312; dagegen VIII Glück, 235 ff.
20 Vgl. V Borchmeyer, 405
21 VIII Linder, 83
22 Vgl. VI Szondi PG, Bd.II, 63 ff.
23 Vgl. III [Diderot-Lessing], 97
24 VIII Singer, 293, VIII Pütz, 93
25 VI Oellers Hg., Bd.II, 13
26 VIII Utz A, 78
27 I Goethe, Abt.IV, Bd.9, 253
28 III Conrady, 556
29 III Schlegel, Bd.VI, 287
30 III Conrady, 553
31 VIII [Carl August-Goethe], 284
32 II Goethe, Bd.XI, 628 ff.
33 VIII [Carl August-Goethe], 203
34 IV Haferkorn, 694
35 I Eckermann, 167
36 II Goethe, Bd.XIV, 13
37 III Fambach, 401 ff.
38 II Goethe, Bd.XIV, 69
39 I v. Wolzogen II, 198
40 VIII [An.], 97
41 Vgl. Borchmeyer, in: I Barner u. a. Hgg. 360 ff., Hinck, in: I Aurnhammer u. a. Hgg., 275 ff.
42 Borchmeyer, in: III Bender Hg., 273 f., VI Borchmeyer G, 242 ff.
43 II Goethe, Bd.XIV, 83
44 Borchmeyer, in: III Bender Hg., 263 ff.
45 II Goethe, Bd.XIII, 317 f.
46 VIII Vaget, 135 ff.
47 II Goethe, Bd.XIV, 733
48 II Goethe, Bd.XV, 746
49 II Goethe, Bd.XV, 746
50 VIII Vaget, 154 ff.
51 II Goethe, Bd.III, 615, 601
52 VIII Tümmler, 12
53 Dazu IV Wilson, 287 ff.
54 III Conrady, 739, VIII Tümmler, 149 ff.
55 VIII [Carl August-Goethe], 310
56 VIII [Carl August-Goethe], 271
57 VIII [Carl August-Goethe], 289; vgl. VI Sengle, 215 ff.
58 VIII [Carl August-Goethe], 307 f.
59 VIII Plachta, 81
60 VIII Fromm, 23
61 VIII Glossy, 299
62 I v. Wolzogen II, 174
63 I Theopold, 176
64 VIII Kühn, 126
65 I Geiger Hg., 41
66 IV Bruford, 390 ff.
67 III [Schiller], 122
68 I Wilpert, 275
69 IV Oellers, 307 f.
70 III [Schiller], 31
71 VIII Borchmeyer M, 26 ff.
72 Vgl. VIII Garland, 152 ff.
73 VIII Oellers, 92 ff. vgl. auch VIII Lamport FW, 323 ff.
74 VIII [Carl August- Goethe] 271
75 Schulz, in: VIII Hinck, 120

Anmerkungen

76 VIII Sautermeister, 99 ff.
77 III Fambach, 435
78 II Goethe, Bd.XIV, 14
79 II Goethe, Bd.XIV, 51
80 III Fambach, 435
81 VI Oellers Hg., Bd.I, 163
82 VI Lukács B, 120
83 VIII Hinderer, 34 ff.
84 I Goethe, Abt.IV, Bd.12, 143
85 VI Oellers Hg., Bd.I, 399; vgl. IV Kaiser, 79
86 III Braun Hg., Bd.I,3, 22
87 IV Kaiser, 103
88 IV Kaiser, 79
89 Vgl. VIII Koopmann, 269 f.
90 II Hegel, Bd.XV, 523
91 VIII Borchmeyer M, 223 ff.
92 VI Oellers Hg., Bd.II, 269
93 VIII Steinmetz, 58 ff.
94 II Goethe, Bd.XIV, 56
95 III Schlegel, Bd.VI, 282
96 III Jean Paul, Bd.I,5, 248
97 III Mann, 283
98 VIII Maché/Meid Hgg., 198
99 VIII Helbig, 67, V Mann W, 94
100 I Goethe, Abt.IV, Bd.12, 143
101 II Goethe, Bd.XIV, 56
102 Vgl. III Sternberger, 322, dagegen II Staiger, 308
103 II Hegel, Bd.VII, 458 (§ 289)
104 VIII Turk, 306 ff.; vgl. dagegen Seidlin, in: VIII Heuer/Keller Hgg., 237 ff., III Graham, 128 ff., III Guthke, 165 ff.
105 III Kommerell, 152
106 III Machiavelli, 39
107 VIII Borchmeyer M, 120
108 I Mann, Bd.VI, 330
109 VIII Lethen, 52 f.
110 III Gracián, 30
111 VIII Schings, 292
112 VIII Borchmeyer M, 157 ff.
113 VIII Weber, 398; vgl. III Schmidt, 452 ff.
114 So IV Müller-Seidel, 131 ff., VIII Barnouw, 371, VIII Steinhagen, 96 ff.; vgl. dagegen VIII Wittkowski T 236 ff., Borchmeyer, in: Wittkowski Hg. VU, 265 f.
115 H. Reinhardt, in: III Wittkowski Hg. FS, 261; dagegen Dahnke, in: III Dahnke/Leistner Hgg., 147
116 I Goethe, Abt.IV, Bd.12, 143
117 V Diwald, 472, V Mann W, 749 ff.
118 VIII Maché/Meid Hgg., 55
119 VIII Borchmeyer M, 44 f.; vgl. VIII Gille, 103 ff.
120 I v. Wiese, 649, VIII Sautermeister, 71 ff.
121 II Goethe, Bd.XIV, 51
122 I v. Wiese, 649 f., VIII Borchmeyer M, 80 ff.
123 VIII Borchmeyer M, 33 ff.
124 VIII Borchmeyer M, 63 ff., VIII Ranke, 347 ff.
125 Vgl. VIII Borchmeyer M, 43 ff.
126 VIII Glück, 44 ff., VIII Ranke, 349 ff.
127 IV Müller-Seidel, 156
128 II Goethe, Bd.III, 743 f.
129 VIII Glück, 146, VIII Borchmeyer M, 116 ff.; vgl. aber VIII Graham, 78
130 I Mann, Bd.VI, 331
131 III Sternberger, 327, Jöns, in: VI Conrady Hg., 91
132 VI Rehberg, Bd.I, 55
133 II Kant, Bd.XI, 241
134 III Fambach, 435
135 III Sternberger, 326 f., III Schmidt, 453 ff., vgl. hingegen VIII Wittkowski P, 33 ff.
136 II Goethe, Bd.XIV, 40
137 II Kant, Bd.XI, 229; vgl. Schulz, in: VIII Hinck Hg., 126 f., VIII Schings, 304 ff.
138 II Kant, Bd.XI, 244
139 VIII Utz A, 71 ff.
140 Vgl. VIII Berghahn, 25 f.
141 Vgl. VIII Sautermeister, 73 f.
142 II Goethe, Bd.XIV, 37
143 II Hegel, Bd.I, 619
144 Vgl. VIII Weimar, 110 ff., VIII Borchmeyer A, 367 f.
145 II Goethe, Bd.XIV, 57
146 VIII Fontane, 137
147 I Dürrenmatt, 56
148 VIII Hornigk Hg., 103
149 I Herder, Bd.XV, 417
150 I Herder, Bd.XV, 419

151 VIII Schings, 304 f.; vgl. VIII Glück, 128 ff.
152 I Herder, Bd. XV, 426
153 I v. Wiese, 363, VIII Glück 134
154 Gegen VIII Wittkowski P, 13 ff., VIII Wittkowski T, 230 ff.; vgl. III Storz, 302 ff., VIII Heselhaus, 69 f., IV Müller-Seidel, 164 ff., VIII Schings, 289 f.
155 I Herder, Bd. XVIII, 405; vgl. VIII Borchmeyer M, 210 ff.
156 II Goethe, Bd. VII, 75; vgl. VIII Borchmeyer M, 212 f.
157 Vgl. VIII H. Reinhardt, 385 f.; Borchmeyer, in: VIII Bauer Hg., 107 f.
158 II Goethe, Bd. XII, 638; vgl. VIII Schings, 283 f., Heftrich, in: VIII Bauer Hg., 114 f.
159 III Kleist, Bd. I, 99 (III,1, v. 1340)
160 VI Oellers Hg., Bd. I, 72
161 II Hegel, Bd. I, 618 f.; vgl. VIII Pillau 92 f., 128 ff., V Middell, 314
162 II Hegel, Bd. I, 619
163 II Hegel, Bd. I, 618
164 II Hegel, Bd. III, 534 ff.
165 VI Oellers Hg., Bd. I, 76
166 Vgl. VIII Glück, 163 ff., VIII Pillau, 140 f., VIII Dwars, 176 f.
167 VIII Hinderer, 25 ff.
168 I Herder, Bd. XVII, 322
169 VI Oellers Hg., Bd. I, 72
170 Dazu VIII Thiergaard, 107 ff.
171 V Schiller, Bd. XV, 236
172 VIII Bauer, 137
173 V Schiller, Bd. XV, 236
174 VI Düsing, 206 ff.
175 Vgl. VIII Bauer, 116
176 VIII Prader, 37 ff.
177 VIII Mercier, Bd. I, 192
178 Zit. nach I Foucault, 274
179 VIII Mercier, Bd. I, 193
180 III Kraft, 287 ff.
181 Vgl. III Storz, 436 ff., III Kraft, 298 ff.
182 Vgl. Brusniak, in: I Koopmann Hg., 183
183 I Eckermann, 132 f.
184 I Eckermann, 300; vgl. III Storz, 389 ff.
185 II Goethe, Bd. XI, 668
186 II Goethe, Bd. XIV, 108
187 Vgl. I Bloch, 226 f.
188 VIII Borchmeyer, 222 f.
189 VII Schlegel, Bd. II, 211
190 Dazu VIII Guthke, 130 ff.
191 Vgl. Diecks, in: I Aurnhammer u. a. Hgg., 233 ff.
192 VIII Gutmann MS, 452 ff.
193 Vgl. VIII Clasen, 102
194 III Braun Hg., Bd. I,2, 384 f.
195 Vgl. van Ingen, in: II Fisher Hg., 250 f.
196 Vgl. V Sharpe, 107
197 VIII Grawe Hg., 142; vgl. III Braun Hg., Bd. I,3, 106 ff.
198 V Borchmeyer, 435 f.
199 Vgl. Pütz, in: I Barner u. a. Hgg., 299 f.
200 Sautermeister, in: III Hinderer Hg., 298 ff.
201 III Borchmeyer, 203
202 VIII Bodin, Bd. I, 214 (I, Kap. 8); vgl. van Ingen, in: III Wittkowski Hg. VU, 289
203 VIII Bodin, Bd. I, 222 (I, Kap. 8)
204 van Ingen, in: III Wittkowski Hg. VU, 288 f.
205 VIII Haugwitz, 24 (I, v. 286 f.)
206 VIII Haugwitz, 47 (III, v. 174)
207 Vgl. VIII Lamport MS, 144 f.
208 Dazu auch III Leibfried, 272 f.
209 Vgl. III Guthke, 231 ff.
210 VIII Grawe, 140
211 Vgl. VIII Beck, 167 ff.; anders VIII Lokke, 129 ff.
212 Vgl. I v. Wiese, 722 ff.
213 Sautermeister, in: III Hinderer Hg., 324, VIII Schäublin, 151 ff.
214 Leistner, in: III Dahnke/Leistner Hgg., 188
215 FA V, 645
216 V Lecke Hg., Bd. II, 437
217 VIII Houben, 558 ff.
218 I Mann, Bd. VI, 336
219 VIII Storz, 324 ff., VIII K. Reinhardt, 366 ff., VIII Gabriel, 125 ff.
220 VIII Shaw, 594
221 VIII Tieck, 498
222 VIII Tieck, 422

Anmerkungen

223 Pfaff, in: I Aurnhammer u.a. Hgg., 419
224 I v. Wiese, 735
225 VIII Ide, 83 ff., IV Kaiser, 127 ff.; vgl. auch Lange, in: III Brandt Hg., 317 f.
226 Anders Golz, in: III Dahnke/Leistner Hgg., 216
227 VIII Sautermeister, 142 f.
228 III Guthke, 252 ff.
229 VIII Kreuzer, 363 ff., VIII Prandi, 407 f., III Sharpe, 282
230 I Oellers, 255, Sauder, in: III Hinderer Hg., 373
231 VIII Stephan, 56
232 Pfaff, in: I Aurnhammer u.a. Hgg., 414 f., III Guthke, 245
233 VIII Sautermeister, 217 ff.
234 III Braun Hg., Bd.I,3, 319
235 VIII Gutmann W, 580
236 VIII Frey, 302 f.
237 VIII Herrmann, 163 ff.
238 VIII Harrison, 291 f.
239 Golz, in: III Dahnke/Leistner Hgg., 207 f., III Guthke, 251
240 Sauder, in: III Hinderer Hg., 358
241 I Goethe, Abt.III, Bd.3, 215
242 Vgl. dagegen IV Kaiser, 211
243 V Borchmeyer, 440
244 VIII Brecht, Bd.II, 783
245 Vgl. VIII Harrison, 280 ff.
246 Sauder, in: III Hinderer Hg., 361 ff.
247 III Braun Hg., Bd.I,3, 332
248 VIII Sergl, 170
249 Vgl. V Middell, 371 f.
250 V Schiller, Bd.XV, 127
251 VIII Albert, 271 ff.
252 Langner, in: V Dann u.a Hgg., 224 ff.
253 VIII Kasperowski, 79
254 VIII Sträßner, 103, Carl, in: VI Conrady Hg., 302
255 Vgl. VIII Schadewaldt, 298
256 VI Hölderlin, Bd.III, 164
257 VI Hölderlin, Bd.III, 160
258 Vgl. VIII Kluge, 244
259 II Hegel, Bd.XV, 527
260 VIII Thiergaard, 112 ff.
261 IV Kaiser, 150, VIII Kluge, 257 f.
262 Janz, in: I Barner u.a. Hgg., 334 ff.
263 III Benjamin, Bd.II,1, 175
264 III Benjamin, Bd.I,1, 301
265 IV Kaiser, 152, VIII Sengle, 112 f.
266 So VIII Schadewaldt, 287 ff., VIII Kluge, 263
267 So VI Homann, 123, Janz, in: I Barner u.a. Hgg., 341
268 Janz, in: I Barner u.a. Hgg., 345; vgl. III Guthke, 275
269 II Hegel, Bd.VII, 152 (§ 70)
270 Janz, in: I Barner u.a. Hgg., 345 ff.; vgl. dagegen VIII Schadewaldt, 304 ff.
271 VIII Wittkowski B, 127
272 IV Kaiser, 163 ff.
273 V Schlegel, Bd.XI, 208 f.
274 III Borchmeyer, 154 ff.
275 Vgl. VIII Brown, 245
276 III Borchmeyer, 169, VI Homann, 156, Janz, in: I Barner u.a. Hgg., 346 ff., III Sharpe, 282 ff., VIII Sergl, 193
277 VII Grillparzer, Bd.III, 324
278 Müller, in: III Brandt Hg., 433 ff.
279 III Fambach, 488 ff.
280 Böhler, in: III Wittkowski Hg. FS, 282 ff.
281 I Urlichs Hg., Bd.II, 403 f.
282 IV de Staël, 826
283 Vgl. Hamm, in: III Brandt Hg., 544 ff.
284 I Geiger Hg., 156
285 IV de Staël, 834
286 I v. Wolzogen, II, 182
287 VIII Kafka, 27
288 I v. Wolzogen, II, 272
289 Vgl. V Borchmeyer, 448
290 V Keller, Bd.I, 380 ff.; vgl. VIII Utz T, 79 ff.
291 Vgl. I v. Wiese, 769 f.
292 I Eckermann, 589
293 Vgl. Borchmeyer, in: III Wittkowski Hg. FS, 70 f.
294 VIII Labhardt, 109 ff.
295 VIII Zeller, 70 f.
296 III Fambach, 501 f.
297 II Kant, Bd.IV, 677
298 Borchmeyer, in: III Wittkowski Hg. FS, 69 ff., 92 ff.
299 Vgl. III Borchmeyer, 188, VIII Fink, 67 f.
300 Herder, Bd.XVI, 117; vgl. V Borchmeyer, 442
301 I Mann, Bd.VI, 343

302 Borchmeyer, in: III Wittkowski Hg. FS,92f., Müller-Seidel, in: I Aurnhammer u.a Hgg., 442
303 II Kant, Bd.XI, 156
304 II Kant, Bd.XI, 159; vgl. Bd.VIII, 439 ff.
305 Vgl. II Kant, Bd.XI, 158
306 II Kant, Bd.XI, 158
307 VIII [Kant, Gentz, Rehberg], 107 f.
308 VIII [Kant, Gentz, Rehberg], 148 f.
309 VIII Erhard, 40 ff.
310 V Schlegel, Bd.VII, 25
311 II Kant, Bd.XI, 156 f.
312 Vgl. VIII Fink, 77
313 VI Rehberg, Bd.I, 54 f.
314 VIII Epstein, 666 ff.
315 Vgl. VIII Thalheim T, 230 f.
316 VI Schelling, Bd.II, 321
317 Vgl. Ueding, in: III Hinderer Hg., 397 f.
318 VIII Börne, 397 ff.
319 Vgl. Ueding, in: III Hinderer Hg., 401, VIII Sautermeister, 126
320 Bd.103, I,2, 67 ff.
321 Borchmeyer, in: III Wittkowski Hg. FS,107
322 Vgl. IV Martini GD, 301 ff., VIII Sautermeister, 147 ff.
323 Muschg, in: VIII Zeller Hg., 237
324 III Kommerell, 188; vgl. auch IV Kaiser, 197, V Karthaus, 235, Hinderer, in: VIII Hinck, 137
325 VIII Guthke, 300 f.
326 III Guthke, 301
327 IV Kaiser, 200
328 VIII Frisch, 49 ff.
329 VI Rehberg, Bd.I, 55
330 VIII Fink, 80 f., VIII Fetscher, 146

331 VI Benjamin, Bd.II,1,179
332 VIII Hochhuth, 17
333 VIII Bismarck, 1
334 I Urlichs Hg., Bd.II, 125
335 Vgl. II Vaerst-Pfarr, 305
336 Vgl. v. Hofe, in: I Aurnhammer u.a. Hgg., 175
337 VIII Hederich, Sp. 1143
338 Vgl. III Moritz, Bd.II, 781
339 VIII Hederich, Sp. 1671
340 II Sulzer, Bd.II, 55 f.
341 v. Hofe, in: I Aurnhammer u.a. Hgg., 183
342 I Bloch, 301 ff.
343 Anders Gaede, in: I Aurnhammer u.a. Hgg., 219 f.
344 VIII Staiger, 150 ff.
345 III Kraft, 226 f.
346 III Kraft, 294 ff., VIII Christ, 148 f.
347 VIII Hebbel, Abt.III, Bd.6, 204 f.; vgl. VIII Wittkowski D,168 ff.
348 Manger, in: I Aurnhammer u.a. Hgg., 450
349 Vgl. VIII Hahn, 245
350 Vgl. III Schmidt, 450 ff.
351 I v. Wolzogen, II, 259 f.
352 IV Martini GD, 340; anders III Kraft, 276 f.
353 VIII Binder, 270 ff., I v. Wiese, 791 ff.
354 Vgl. IV Martini GD, 321, IV Pfotenhauer, 195
355 VI Szondi S, Bd.I, 239 ff.
356 III Leibfried, 440 f.
357 IV Martini GD, 340 ff.
358 I Goethe, Abt.III, Bd.3, 156; vgl. III Schmidt, Bd.I, 456 f., VIII Thalheim D, 40 ff.
359 III Braun Hg., Bd.I,3, 442

Bibliographie

Verzeichnis der Abkürzungen

DVjs Deutsche Vierteljahrsschrift für Literaturwissenschaft und Geistesgeschichte
FA   Friedrich Schiller: Werke und Briefe in zwölf Bänden. Im Deutschen Klassiker-Verlag hg. v. Otto Dann u. a., Frankfurt/M. 1988 ff.
GRM   Germanisch-Romanische Monatsschrift
JDSG Jahrbuch der deutschen Schillergesellschaft
NA   Schillers Werke. Nationalausgabe, begr. v. Julius Petersen, fortgeführt v. Lieselotte Blumenthal u. Benno v.Wiese, hg. im Auftrag der Stiftung Weimarer Klassik und des Schiller-Nationalmuseums Marbach v. Norbert Oellers, Weimar 1943 ff.
PMLA Publications of the Modern Language Association of America
SA   Schillers sämtliche Werke. Säkular-Ausgabe in 16 Bänden., hg. v. Eduard von der Hellen in Verbindung mit Richard Fester u. a., Stuttgart 1904–05
ZfdPh Zeitschrift für deutsche Philologie

Schiller-Werkausgaben (in chronologischer Folge)

Schillers sämmtliche Werke, hg. v. Christian Gottfried Körner. 12 Bde., Stuttgart, Tübingen 1812–1815
Schillers sämmtliche Schriften. Historisch-kritische Ausgabe. 15 Bände in 17 Tln., hg. v. Karl Goedeke im Verein mit A. Ellissen u. a., Stuttgart 1867–1876
Schillers Werke. 6 Bde., mit Lebensbeschreibung, Einleitung u. Anmerkungen hg. v. Robert Boxberger, Berlin 1877
Schillers Werke. Illustriert von ersten deutschen Künstlern. 4 Bde., hg. v. J. G. Fischer, Stuttgart 1879
Schillers sämtliche Werke in 16 Bänden, eingeleitet u. hg. v. Karl Goedecke, Stuttgart 1893 ff.
Schillers sämtliche Werke in 12 Bänden. Mit einer biographischen Einleitung hg. v. Gustav Karpeles, Leipzig 1895
Schillers Werke. Kritisch durchg. u. erl. Ausgabe. 14 Bde., hg. v. Ludwig Bellermann, Leipzig 1895–1897
Schillers sämtliche Werke in 12 Bänden. Mit einer biographischen Einleitung hg. v. Friedrich Düsel, Leipzig 1903
Schillers sämtliche Werke. Säkular-Ausgabe in 16 Bänden, hg. v. Eduard v. der Hellen in Verbindung mit Richard Fester u. a., Stuttgart 1904–05
Schillers Werke. Mit reich illustrierter Biographie. 4 Bde., hg. v. Hans Kraeger, Stuttgart 1905
Schillers sämtliche Werke in 6 Bänden, hg. v. Alfred Walter Heymel, Leipzig 1905 ff.
Schillers Werke. Auf Grund der Hempelschen Ausgabe neu hg. mit Einleitung und Anmerkungen und einer Lebensbeschreibung vers. v. Arthur Kutscher u. Heinrich Zisseler. 10 Teile, Berlin 1908
Schillers sämtliche Werke. Historisch-kritische Ausgabe in 20 Bänden, unter Mitwirkung v. Karl Berger u. a. hg. v. Otto Güntter u. Georg Wittkowski, Leipzig 1909–1911

Bibliographie

Schillers sämtliche Werke. Horenausgabe. 22 Bde., hg. v. Conrad Höser, Leipzig 1910
Schillers Werke in 10 Bänden. Mit einer biographischen Einleitung hg. v. Franz Mehring, Berlin 1910–1911
Schillers sämtliche Werke in 12 Bänden, hg. v. Fritz Strich u. a., Leipzig 1910–1912
Schillers sämtliche Werke in 12 Bänden, hg. v. Albert Ludwig, Leipzig 1911
Schillers sämtliche Werke in vier Hauptbänden und zwei Ergänzungsbänden, hg. v. Paul Merker, Leipzig 1911
Schillers sämtliche Werke. 14 Bde., hg. v. Alexander v. Gleichen-Rußwurm, München 1923
Schillers Werke. 14 Bde., hg. v. Philipp Witkopp in Verb. mit Eugen Kühnemann, Berlin 1924
Schillers Werke. Nationalausgabe, begr. v. Julius Petersen, fortgeführt v. Lieselotte Blumenthal u. Benno v. Wiese, hg. im Auftrag der Stiftung Weimarer Klassik und des Schiller-Nationalmuseums Marbach v. Norbert Oellers, Weimar 1943 ff.
Schillers Werke. 10 Bde., hg. v. Reinhard Buchwald u. Karl Franz Reinking, unter der Mitwirkung v. Alfred Gottwald, Hamburg 1952
Schillers sämtliche Werke. 5 Bde. Aufgrund der Originaldrucke hg. v. Gerhard Fricke u. Herbert G. Göpfert in Verb. mit Herbert Stubenrauch, München 1958–59
Friedrich Schiller: Werke. 20 Bde. Aufgrund der Originaldrucke hg. v. Gerhard Fricke u. Herbert Göpfert in Verb. mit Herbert Stubenrauch, München 1965–66
Friedrich Schiller: Sämtliche Werke. 5 Bde. Nach den Ausgaben letzter Hand unter Hinzuziehung der Erstdrucke und Handschriften mit einer Einführung v. Benno v. Wiese und Anmerkungen v. Helmut Koopmann, München 1968
Schiller: Sämtliche Werke. Berliner Ausgabe. 10 Bde., hg. v. Hans-Günther Thalheim u. a., Berlin 1980 ff.
Friedrich Schiller. Werke und Briefe in zwölf Bänden. Im Deutschen Klassiker-Verlag hg. v. Otto Dann u. a., Frankfurt/M. 1988 ff.

Briefausgaben (systematisch bzw. nach Briefpartnern)

Briefe. In: Schillers Werke. Nationalausgabe. Bd. 23 (1772–1785), Bd. 24 (1785–1787), Bd. 25 (1788–1790), Bd. 26 (1790–1794), Bd. 27 (1794–1795), Bd. 28 (1795–1796), Bd. 29 (1796–1798), Bd. 30 (1798–1800), Bd. 31 (1801–1802), Bd. 32 (1803–1805)
Briefe an Schiller. In: Schillers Werke. Nationalausgabe. Bd. 33/I (1781–1790), Bd. 34/I (1790–1794), Bd. 35 (1794–1795), Bd. 36/I (1795–1797), Bd. 37/I (1797–1798), Bd. 38/I (1798–1800), Bd. 39/I (1801–1802), Bd. 40/I (1803–1805)
Schillers Briefe. Kritische Ausgabe. 7 Bde., hg. v. Fritz Jonas, Stuttgart u. a. 1892–96
Geschäftsbriefe Schillers, hg. v. Karl Goedeke, Leipzig 1875
Schiller's Briefwechsel mit seiner Schwester Christophine und seinem Schwager Reinwald, hg. v. Wendelin v. Maltzahn, Leipzig 1875
Briefwechsel zwischen Schiller und Cotta, hg. v. Wilhelm Vollmer, Stuttgart 1876
Der Briefwechsel zwischen Schiller und Goethe. 3 Bde., im Auftrage der Nationalen Forschungs- und Gedenkstätten der klassischen deutschen Literatur in Weimar hg. v. Siegfried Seidel, Leipzig 1984
Briefwechsel zwischen Schiller und Wilhelm v. Humboldt, hg. v. Wilhelm v. Humboldt, Stuttgart 1876 (2. Aufl., zuerst 1830)
Friedrich Schiller – Wilhelm v. Humboldt, Briefwechsel, hg. v. Siegfried Seidel, Berlin 1962
Briefwechsel zwischen Schiller und Körner. Von 1784 bis zum Tode Schillers. Mit Einleitung v. Ludwig Geiger. 4 Bde., Stuttgart 1892–1896
Briefwechsel zwischen Schiller und Körner, hg. v. Klaus L. Berghahn, München 1973
Schiller und Lotte. Ein Briefwechsel, hg. v. Alexander v. Gleichen-Rußwurm. 2 Bde., Jena 1908

Bibliographie

August Wilhelm Schlegel und Friedrich Schlegel im Briefwechsel mit Schiller und Goethe, hg. v. Josef Körner u. Ernst Wieneke, Leipzig 1926
Johann Friedrich Unger im Verkehr mit Goethe und Schiller. Briefe und Nachrichten, hg. v. Flodoard Frhrn. v. Biedermann, Berlin 1927

Lebenszeugnisse, Chroniken und Erinnerungen

Biedermann, Flodoard Freiherr v. (Hg.): Schillers Gespräche, München 1961
Borcherdt, Hans Heinrich (Hg.): Schiller und die Romantiker. Briefe und Dokumente, Stuttgart 1948
Braun, Julius W. (Hg.): Schiller und Goethe im Urtheile ihrer Zeitgenossen. 3 Bde., Leipzig 1882
Conradi-Bleibtreu, Ellen: Im Schatten des Genius. Schillers Familie im Rheinland, Münster 1981
Conradi-Bleibtreu, Ellen: Die Schillers. Der Dichter und seine Familie. Leben, Lieben, Leiden in einer Epoche der Umwälzung, Münster 1986
Freiesleben, Hans: Aus Schillers sächsischem Freundeskreis. Neue Schriftstücke, in: JDSG 25 (1981), S. 1–8
Germann, Dietrich u. Haufe, Eberhard (unter Mitwirkung v. Lieselotte Blumenthal) (Hgg.): Schillers Gespräche, Weimar 1967 (= NA 42)
Germann, Dietrich: Andreas Streicher und sein Schillerbuch. Über den Nachlaß von Schillers Freund und Fluchtgefährten, in: Weimarer Beiträge 14 (1968), S. 1051–1059
Hahn, Karl-Heinz: Arbeits- und Finanzplan Friedrich Schillers für die Jahre 1802–1809, Weimar 1981 (3.Aufl., zuerst 1975)
Hecker, Max u. Petersen, Julius (Hg.): Schillers Persönlichkeit. Urtheile der Zeitgenossen und Documente. 3 Bde., Weimar 1904–09
Hecker, Max: Schillers Tod und Bestattung. Nach Zeugnissen der Zeit, im Auftrag der Goethe-Gesellschaft, Leipzig 1935
Hoven, Friedrich Wilhelm v.: Lebenserinnerungen, mit Anm. hg. v. Hans-Günther Thalheim u. Evelyn Laufer, Berlin 1984 (zuerst 1840)
Hoyer, Walter (Hg.): Schillers Leben. Dokumentarisch in Briefen, zeitgenössischen Berichten und Bildern, Köln, Berlin 1967
Kahn-Wallerstein, Carmen: Die Frau im Schatten. Schillers Schwägerin Karoline von Wolzogen, Bern, München 1970
Kretschmar, Eberhard: Schiller. Sein Leben in Selbstzeugnissen, Briefen und Berichten, Berlin 1938
Lecke, Bodo (Hg.): Friedrich Schiller. 2 Bde. (= Dichter über ihre Dichtungen), München 1969
Lotar, Peter: Schiller. Leben und Werk. Aus seiner Dichtung, aus Briefen und Zeugnissen seiner Zeitgenossen dargestellt, Bern, Stuttgart 1955
Müller, Ernst: Schiller. Intimes aus seinem Leben, nebst Einleitung über seine Bedeutung als Dichter und einer Geschichte der Schillerverehrung, Berlin 1905
Palleske, Emil (Hg.): Charlotte. (Für die Freunde der Verewigten.) Gedenkblätter von Charlotte von Kalb, Stuttgart 1879
Petersen, Julius (Hg.): Schillers Gespräche. Berichte seiner Zeitgenossen über ihn, Leipzig 1911
Streicher, [Johann] Andreas: Schillers Flucht [aus Stuttgart und Aufenthalt in Mannheim], hg. v. Paul Raabe, Stuttgart 1959 (zuerst 1836)
Urlichs, Ludwig (Hg.): Charlotte von Schiller und ihre Freunde. 3 Bde., Stuttgart 1860 ff.
Volke, Werner: Schillers erster Besuch in Weimar. Zu einer neuaufgefundenen Aufzeichnung von Johann Daniel Falk, in: Festschrift für Friedrich Beißner, hg. v. Ulrich Gaier u. Werner Volke, Stuttgart 1974, S. 465–477

Wilpert, Gero v.: Schiller-Chronik. Sein Leben und sein Schaffen, Stuttgart 1958
Wolzogen, Caroline v.: Schillers Leben. Verfaßt aus Erinnerungen der Familie, seinen eigenen Briefen und den Nachrichten seines Freundes Körner. Zwei Theile in einem Band (1830), in: Dies.: Gesammelte Schriften, hg. v. Peter Boerner, Bd.II, Hildesheim, Zürich, New York 1990
Wolzogen, Karoline v.: Schillers Jugendjahre in Schwaben, Lorch 1905
Wolzogen, Karoline v.: Aus Schillers letzten Tagen. Eine ungedruckte Aufzeichnung von Karoline v. Wolzogen. Zur Erinnerung an Schillers 100. Todestag, Weimar 1905
Zeller, Bernhard: Schiller. Eine Bildbiographie, München 1958
Zeller, Bernhard (Hg.): Schillers Leben und Werk in Daten und Bildern, Frankfurt/M. 1966
Zeller, Bernhard: Friedrich Schiller in Marbach, in: Ludwigsburger Geschichtsblätter 33 (1981), S. 41–54

Aspekte der Wirkungsgeschichte

Albert, Claudia (Hg.): Klassiker im Nationalsozialismus. Schiller. Hölderlin. Kleist, Stuttgart, Weimar 1994
Fambach, Oscar (Hg.): Schiller und sein Kreis in der Kritik ihrer Zeit. Die wesentlichen Rezensionen aus der periodischen Literatur bis zu Schillers Tod, begleitet von Schillers und seiner Freunde Äußerungen zu deren Gehalt. In Einzeldarstellungen mit einem Vorwort und Anhang: Bibliographie der Schiller-Kritik bis zu Schillers Tod, Berlin 1957 (Ein Jahrhundert deutscher Literaturkritik [1750–1850], Bd.II)
Gerhard, Ute: Schiller als «Religion». Literarische Signaturen des 19. Jahrhunderts, München 1994
Guthke, Karl S.: Lessing-, Goethe-, und Schiller-Rezensionen in den *Göttingischen Gelehrten Anzeigen* 1769–1836, in: Jahrbuch des Freien Deutschen Hochstifts 1965, S. 88–167
Mück, Hans-Dieter: Schiller-Forschung 1933–1945, in: Zeller, Bernhard (Hg.): Klassiker in finsteren Zeiten. 1933–1945, Bd.I, Marbach 1993, S. 299–318
Oellers, Norbert: Schiller. Geschichte seiner Wirkung bis zu Goethes Tod 1805–1832, Bonn 1967
Oellers, Norbert (Hg.): Schiller – Zeitgenosse aller Epochen. Dokumente zur Wirkungsgeschichte Schillers in Deutschland. Teil I 1782–1859, Frankfurt/M. 1970
Oellers, Norbert (Hg.): Schiller – Zeitgenosse aller Epochen. Dokumente zur Wirkungsgeschichte Schillers in Deutschland. Teil II 1860–1966, München 1976
Oellers, Norbert: Zur Schiller-Rezeption in Österreich um 1800, in: Die österreichische Literatur. Ihr Profil an der Wende vom 18. zum 19. Jahrhundert, hg. v. Herbert Zeman, Graz 1979, S. 677–696
Petersen, Julius: Schiller und die Bühne. Ein Beitrag zur Literatur- und Theatergeschichte in der klassischen Zeit, Berlin 1904
Piedmont, Ferdinand (Hg.): Schiller spielen: Stimmen der Theaterkritik 1946–1985. Eine Dokumentation, Darmstadt 1990
Rudloff-Hille, Gertrud: Schiller auf der deutschen Bühne seiner Zeit, Berlin, Weimar 1969
Ruppelt, Georg: Schiller im nationalsozialistischen Deutschland. Der Versuch einer Gleichschaltung, Stuttgart 1979
Utz, Peter: Die ausgehöhlte Gasse. Stationen der Wirkungsgeschichte von Schillers *Wilhelm Tell*, Königstein/Ts. 1984
Waldmann, Bernd: «Schiller ist gut – Schiller muß sein»: Grundlagen und Funktion der Schiller-Rezeption des deutschen Theaters in den fünfziger Jahren, Frankfurt/M. u. a. 1993

Biographien und Gesamtdarstellungen (in chronologischer Folge)

Carlyle, Thomas: The life of Friedrich Schiller, London 1825
Carlyle, Thomas: Leben Schillers. Aus dem Englischen durch M. v. Teubern, eingeleitet durch Goethe, Frankfurt/M. 1830
Hoffmeister, Karl: Schiller's Leben, Geistesentwicklung und Werke im Zusammenhang. 5 Bde., Stuttgart 1838-42
Döring, Heinrich: Friedrich von Schiller. Ein biographisches Denkmal, Jena 1839
Schwab, Gustav: Schiller's Leben in drei Büchern, Stuttgart 1840
Palleske, Emil: Schillers Leben und Werk. 2 Bde., Berlin 1858-59
Scherr, Johann: Schiller und seine Zeit, Leipzig 1859
Minor, Jakob: Schiller. Sein Leben und seine Werke. 2 Bde., Berlin 1890
Gottschall, Rudolf: Friedrich v. Schiller. Mit Schillers Bildnis, Leipzig 1898
Harnack, Otto: Schiller. 2 Bde., Berlin 1898
Weltrich, Richard: Schiller. Geschichte seines Lebens und Charakteristik seiner Werke. Bd.I, Stuttgart 1899
Bellermann, Ludwig: Friedrich Schiller, Leipzig 1901
Berger, Karl: Schiller. Sein Leben und seine Werke. 2 Bde., München 1905
Kühnemann, Eugen: Schiller, München 1905
Lienhard, Fritz: Schiller, Berlin, Leipzig 1905
Schmoller, Leo: Friedrich Schiller. Sein Leben und sein Werk, Wien 1905
Strich, Fritz: Schiller. Sein Leben und sein Werk, Leipzig 1912
Güntter, Otto: Friedrich Schiller. Sein Leben und seine Dichtungen, Leipzig 1925
Binder, Hermann: Friedrich Schiller. Wille und Werk, Stuttgart 1927
Schneider, Hermann: Friedrich Schiller: Werk und Erbe, Stuttgart, Berlin 1934
Cysarz, Herbert: Schiller, Halle 1934
Pongs, Hermann: Schillers Urbilder, Stuttgart 1935
Hohenstein, Lily: Schiller: Der Dichter – der Kämpfer, Berlin 1940
Buerkle, Veit: Schiller, Stuttgart 1941
Müller, Ernst: Der junge Schiller, Tübingen, Stuttgart 1947
Wentzlaff-Eggebert, Friedrich-Wilhelm: Schillers Weg zu Goethe, Tübingen, Stuttgart 1949
Gerhard, Melitta: Schiller, Bern 1950
Benfer, Heinrich: Friedrich v. Schiller. Leben und Werk, Bochum 1955
Hilty, Hans Rudolf: Friedrich Schiller. Abriß seines Lebens, Umriß seines Werks, Bern 1955
Kleinschmidt, Karl: Friedrich Schiller. Leben, Werk und Wirkung, Berlin 1955
Nohl, Hermann: Friedrich Schiller. Eine Vorlesung, Frankfurt/M. 1955
Wiese, Benno v.: Schiller. Eine Einführung in Leben und Werk, Stuttgart 1955
Burschell, Friedrich: Friedrich Schiller in Selbstzeugnissen und Bilddokumenten. Hamburg 1958
Buchwald, Reinhard: Schiller, Wiesbaden 1959 (4.Aufl., zuerst 1937)
Heiseler, Bernt v.: Schiller, Gütersloh 1959
Storz, Gerhard: Der Dichter Friedrich Schiller, Stuttgart 1959
Wiese, Benno v.: Friedrich Schiller, Stuttgart 1959
Koopmann, Helmut: Friedrich Schiller. I: 1759-1794; II: 1795-1805, Stuttgart 1966
Staiger, Emil: Friedrich Schiller, Zürich 1967
Burschell, Friedrich: Schiller, Reinbek b. Hamburg 1968
Middell, Eike: Friedrich Schiller. Leben und Werk, Leipzig 1976
Lahnstein, Peter: Schillers Leben, München 1981
Koopmann, Helmut: Friedrich Schiller. Eine Einführung, München, Zürich 1988
Oellers, Norbert: Schiller, Stuttgart 1989
Ueding, Gert: Friedrich Schiller, München 1990
Reed, Terence J.: Schiller, Oxford, New York 1991

Koopmann, Helmut (Hg.): Schiller-Handbuch, Stuttgart 1998
Gellhaus, Axel u. Oellers, Norbert (Hg.): Schiller. Bilder und Texte zu seinem Leben, Köln u. a. 1999

Chronologisch publizierte Bibliographien

Schiller-Bibliographie 1893–1958. Bearbeitet v. Wolfgang Vulpius, Weimar 1959
Schiller-Bibliographie 1959–1963. Bearbeitet v. Wolfgang Vulpius, Berlin, Weimar 1967
Schiller-Bibliographie 1964–1974. Bearbeitet v. Peter Wersig, Berlin, Weimar 1977
Schiller-Bibliographie 1975–1985. Bearbeitet v. Roland Bärwinkel u.a., Berlin, Weimar 1989
Schiller-Bibliographie 1959–1961. Bearbeitet v. Paul Raabe u. Ingrid Bode, in: JDSG 6 (1962), S. 465–553
Schiller-Bibliographie 1962–1965. Bearbeitet v. Ingrid Bode, in: JDSG 10 (1966), S. 465–502
Schiller-Bibliographie 1966–1969. Bearbeitet v. Ingrid Bode, in: JDSG 14 (1970), S. 584–636
Schiller-Bibliographie 1970–1973. Bearbeitet v. Ingrid Bode, in: JDSG 18 (1974), S. 642–701
Schiller-Bibliographie 1974–1978. Bearbeitet v. Ingrid Bode, in: JDSG 23 (1979), S. 549–612
Schiller-Bibliographie 1979–1982. Bearbeitet v. Ingrid Bode, in: JDSG 27 (1983), S. 493–551
Schiller-Bibliographie 1983–1986. Bearbeitet v. Ingrid Hannich-Bode, in: JDSG 31 (1987), S. 432–512
Schiller-Bibliographie 1987–1990. Bearbeitet v. Ingrid Hannich-Bode, in: JDSG 35 (1991), S. 387–459
Schiller-Bibliographie 1991–1994. Bearbeitet v. Ingrid Hannich-Bode, in: JDSG 39 (1995), S. 463–534

Teilbibliographien und Forschungsberichte in chronologischer Folge (seit 1945)

Müller-Seidel, Walter: Zum gegenwärtigen Stand der Schillerforschung, in: Der Deutschunterricht 4 (1952), Hft.5, S. 97–115
Wiese, Benno v.: Schiller-Forschung und Schiller-Deutung von 1937 bis 1953, in: DVjs 27 (1953), S. 452–483
Goerres, Karlheinz: Wege zu einem neuen Schillerbild, in: Die Schulwarte 12 (1959), S. 741–745
Vancsa, Kurt: Die Ernte der Schiller-Jahre 1955–1959, in: ZfdPh 79 (1960), S. 422–441
Paulsen, Wolfgang: Friedrich Schiller 1955–1959. Ein Literaturbericht, in: JDSG 6 (1962), S. 369–464
Wittkowski, Wolfgang: Friedrich Schiller 1962–1965. Ein Literaturbericht, in: JDSG 10 (1966), S. 414–464
Berghahn, Klaus L.: Aus der Schiller-Literatur des Jahres 1967, in: Monatshefte 60 (1968), S. 410–413
Berghahn, Klaus L.: Ästhetik und Politik im Werk Schillers. Zur jüngsten Forschung, in: Monatshefte 66 (1974), S. 401–421
Koopmann, Helmut: Schiller-Forschung 1970–1980. Ein Bericht, Marbach a.N. 1982
Leibfried, Erwin: 225 Jahre Schiller. Rückblicke auf Publikationen zum Schillerjahr, in: Wissenschaftlicher Literaturanzeiger 24 (1985), S. 45–46

Bibliographie 631

Steinberg, Heinz: Sekundärliteratur der letzten Jahre. Zum Beispiel Schiller, in: Buch und Bibliothek 37 (1985), S. 248-251
Martini, Fritz: Schiller-Forschung und Schiller-Kritik im Werke Käte Hamburgers, in: Ders.: Vom Sturm und Drang zur Gegenwart, Frankfurt/M. u.a. 1990 (zuerst 1986), S. 35-42
Koopmann, Helmut: Forschungsgeschichte, in: Schiller-Handbuch, hg. v. Helmut Koopmann, Stuttgart 1998, S. 809-932

Zu Einleitung und Kapitel I
Werke und Quellen

[Abel, Jacob Friedrich]: Eine Quellenedition zum Philosophieunterricht an der Stuttgarter Karlsschule (1773-1782). Mit Einleitung, Übersetzung, Kommentar und Bibliographie hg. v. Wolfgang Riedel, Würzburg 1995 (= K)
Abel, Jacob Friedrich: Einleitung in die Seelenlehre, Stuttgart 1786. Faksimile-Neudruck, Hildesheim u.a. 1985 (= E)
Adorno, Theodor W.: Minima Moralia, Frankfurt/M. 1981 (zuerst 1951)
Biedermann, Flodoard Freiherr v. (Hg.): Schillers Gespräche, München 1961
Büchner, Georg: Werke und Briefe, München 1988
Dürrenmatt, Friedrich: Gesammelte Werke. Bd.VII, Zürich 1996
Eckermann, Johann Peter: Gespräche mit Goethe in den letzten Jahren seines Lebens, hg. v. Fritz Bergmann, Frankfurt/M. 1987 (3.Aufl., zuerst 1955)
Eichendorff, Joseph von: Werke. 6 Bde., hg. v. Wolfgang Frühwald u.a., Frankfurt/M. 1985 ff.
Ferguson, Adam: Grundsätze der Moralphilosophie. Uebersetzt und mit einigen Anmerkungen versehen von Christian Garve, Leipzig 1772
Geiger, Ludwig (Hg.): Charlotte von Schiller und ihre Freunde. Auswahl aus ihrer Korrespondenz, Berlin 1908
Goethe, Johann Wolfgang: Werke, hg. im Auftrag der Großherzogin Sophie von Sachsen. Abt. 1-4. 133 Bde. (in 147 Tln.), Weimar 1887 ff.
Haller, Albrecht v.: Die Alpen und andere Gedichte, hg. v. Adalbert Elschenbroich, Stuttgart 1984
Hartmann, Julius: Schillers Jugendfreunde, Stuttgart, Berlin 1904
Haug, Balthasar (Hg.): Schwäbisches Magazin von gelehrten Sachen. Bd.I-VIII, Stuttgart 1774-1781 (1774 als *Gelehrte Ergötzlichkeiten*)
Helvétius, Claude-Adrien: Vom Menschen, von seinen geistigen Fähigkeiten und von seiner Erziehung. Aus dem Französischen übers. v. Theodor Lücke, Berlin, Weimar 1976 (= De l'homme, 1773)
Herder, Johann Gottfried: Sämmtliche Werke, hg. v. Bernhard Suphan, Berlin 1877 ff.
Holbach, Paul Thiry d': System der Natur oder von den Grenzen der physischen und der moralischen Welt (1770), Frankfurt/M. 1978
Hoven, Friedrich Wilhelm v.: Lebenserinnerungen, mit Anm. hg. v. Hans-Günther Thalheim u. Evelyn Laufer, Berlin 1984 (zuerst 1840)
Hoyer, Walter (Hg.): Schillers Leben. Dokumentarisch in Briefen, zeitgenössischen Berichten und Bildern, Köln, Berlin 1967
Humboldt, Wilhelm v. (Hg.): Briefwechsel zwischen Schiller und Wilhelm v. Humboldt, Stuttgart 1876 (2.Aufl., zuerst 1830)
Hutcheson, Francis: Untersuchung unserer Begriffe von Schönheit und Tugend in zwo Abhandlungen, Frankfurt, Leipzig 1762
Kerner, Justinus: Ausgewählte Werke, hg. v. Gunter E. Grimm, Stuttgart 1981
Knigge, Adolph Freiherr v.: Über den Umgang mit Menschen (1788), hg. v. Gert Ueding, Frankfurt/M. 1977

Lichtenberg, Georg Christoph: Schriften und Briefe, hg. v. Franz Mautner, Frankfurt/M. 1992
Mann, Thomas: Essays, hg. v. Hermann Kurzke u. Stephan Stachorski, Frankfurt/M. 1993 ff.
Mendelssohn, Moses: Gesammelte Schriften. Jubiläumsausgabe, hg. v. Fritz Bamberger u. a. Faksimile-Neudruck der Ausgabe Berlin 1929, Stuttgart-Bad Canstatt 1971
Nicolai, Friedrich: Gesammelte Werke, hg. v. Bernhard Fabian und Marie-Luise Spieckermann, Hildesheim, Zürich, New York 1985 ff.
Noverre, Jean-Georges: Briefe über die Tanzkunst und über die Ballette. Aus dem Französischen übersetzt von Gotthold Ephraim Lessing und Johann Joachim Christoph Bode, Hamburg, Bremen 1769. Reprint, hg. v. Kurt Petermann, München 1977
Platner, Ernst: Anthropologie für Aerzte und Weltweise. Erster Theil (1772). Faksimile-Neudruck, mit einem Nachwort hg. v. Alexander Košenina, Hildesheim u. a. 1998
Pufendorf, Samuel von: Die Verfassung des deutschen Reichs. Übersetzung, Anmerkungen und Nachwort v. Horst Denzer, Stuttgart 1976
Riesbeck, Johann Kaspar: Briefe eines reisenden Franzosen über Deutschland an seinen Bruder zu Paris, hg. u. bearbeitet v. Wolfgang Gerlach, Stuttgart 1967
Rousseau, Jean-Jacques: Schriften zur Kulturkritik. Französisch-Deutsch. Eingel., übers. u. hg. v. Kurt Weigand, Hamburg 1983
Schiller, Friedrich: Medizinische Schriften, Miesbach / Obb. 1959
Schiller, Johann Caspar: Meine Lebens-Geschichte (1789). Mit einem Nachwort hg. v. Ulrich Ott, Marbach a.N. 1993 (= L)
Schiller, Johann Caspar: Die Baumzucht im Grossen aus Zwanzigjährigen Erfahrungen im Kleinen in Rücksicht auf ihre Behandlung, Kosten, Nutzen und Ertrag beurtheilt (1795), hg. v. Gottfried Stolle, Marbach a.N. 1993 (= B)
Schubart, Christian Friedrich Daniel: Gedichte. Aus der *Deutschen Chronik*, hg. v. Ulrich Karthaus, Stuttgart 1978
[Schubart, Christian Friedrich Daniel]: Leben und Gesinnungen. Von ihm selbst im Kerker aufgesetzt. Erster Theil (1791), in: Schubarts gesammelte Schriften und Schicksale, Bd.I, Stuttgart 1839
Strauß, David Friedrich (Hg.): Christian Friedrich Daniel Schubarts Leben in seinen Briefen, Bd.I, Berlin 1849
Streicher, [Johann] Andreas: Schillers Flucht [aus Stuttgart und Aufenthalt in Mannheim], hg. v. Paul Raabe, Stuttgart 1959
Sulzer, Johann George: Vermischte philosophische Schriften. 2 Bde., Leipzig 1773/81
Tissot, S[imon] A[ndré]: Von der Gesundheit der Gelehrten, Zürich 1768
Urlichs, Ludwig (Hg.): Charlotte von Schiller und ihre Freunde. 3 Bde., Stuttgart 1860 ff.
Wieland, Christoph Martin: Sämmtliche Werke in 39 Bänden, Leipzig 1794–1811. Faksimile-Neudruck, Hamburg 1984
Wolzogen, Caroline v.: Schillers Leben. Verfaßt aus Erinnerungen der Familie, seinen eigenen Briefen und den Nachrichten seines Freundes Körner. Zwei Theile in einem Band (1830), in: Dies.: Gesammelte Schriften, hg. v. Peter Boerner, Bd.II, Hildesheim, Zürich, New York 1990
Zeller, Bernhard (Hg.): Schillers Leben und Werk in Daten und Bildern, Frankfurt/M. 1966

Forschung

[Adam, Eugen u. a.]: Herzog Karl Eugen von Württemberg und seine Zeit, hg. v. Württembergischen Geschichts- und Altertums-Verein. Bd.I, Eßlingen 1907
Aurnhammer, Achim u. a. (Hgg.): Schiller und die höfische Welt, Tübingen 1990
Barner, Wilfried u. a. (Hgg.): Unser Commercium. Goethes und Schillers Literaturpolitik, Stuttgart 1984

Barthes, Roland: Literatur oder Geschichte. Aus dem Französischen übers. v. Helmut Scheffel, Frankfurt/M. 1969
Biedermann, Karl: Deutschland im 18. Jahrhundert, hg. v. Wolfgang Emmerich, Frankfurt/M. u. a. 1979
Bloch, Peter André: Schiller und die französische klassische Tragödie, Düsseldorf 1968
Brecht, Martin (Hg.): Geschichte des Pietismus. Bd.II (Der Pietismus im achtzehnten Jahrhundert), Göttingen 1995
Bruford, Walter H.: Die gesellschaftlichen Grundlagen der Goethezeit, Weimar 1936
Buchwald, Reinhard: Schiller, Wiesbaden 1959 (4.Aufl, zuerst 1937)
Burschell, Friedrich: Schiller, Reinbek b. Hamburg 1968
Dewhurst, Kenneth u. Reeves, Nigel: Friedrich Schiller. Medicine, Psychology and Literature, Oxford 1978
Engelsing, Rolf: Wieviel verdienten die Klassiker? In: Neue Rundschau 87 (1976), S. 124–136
Foucault, Michel: Überwachen und Strafen. Die Geburt des Gefängnisses. Aus dem Französischen übers. v. Walter Seitter (= Surveiller et punir. La naissance de la prison, 1975), Frankfurt/M. 1994
Friedl, Gerhard: Verhüllte Wahrheit und entfesselte Phantasie. Die Mythologie in der vorklassischen und klassischen Lyrik Schillers, Würzburg 1987
Haug-Moritz, Gabriele: Württembergischer Ständekonflikt und deutscher Dualismus. Ein Beitrag zur Geschichte des Reichsverbands in der Mitte des 18. Jahrhunderts, Stuttgart 1992
Jamme, Christoph u. Pöggeler, Otto (Hgg.): «O Fürstin der Heimath! Glükliches Stutgard». Politik, Kultur und Gesellschaft im deutschen Südwesten um 1800, Stuttgart 1988
Kiesel, Hellmuth: ‹Bei Hof, bei Höll›. Untersuchungen zur literarischen Hofkritik von Sebastian Brant bis Friedrich Schiller, Tübingen 1979
Kittler, Friedrich A.: Dichter, Mutter, Kind, München 1991
Koopmann, Helmut (Hg.): Schiller-Handbuch, Stuttgart 1998
Košenina, Alexander: Ernst Platners Anthropologie und Philosophie. Der philosophische Arzt und seine Wirkung auf Johann Karl Wezel und Jean Paul, Würzburg 1989
Kreutz, Wilhelm: Die Illuminaten des rheinisch-pfälzischen Raums und anderer außerbayerischer Territorien. Eine ‹wiederentdeckte› Quelle zur Ausbreitung des radikal aufklärerischen Geheimordens in den Jahren 1781 und 1782, in: Francia 18 (1991), S. 115–149
Liepe, Wolfgang: Der junge Schiller und Rousseau. Eine Nachprüfung der Rousseaulegende um den *Räuber*-Dichter, in: ZfdPh 51 (1926), S. 299–328
Michelsen, Peter: Der Bruch mit der Vater-Welt. Studien zu Schillers *Räubern*, Heidelberg 1979
Müller, Ernst: Schillers Mutter. Ein Lebensbild, Leipzig 1890 (= M)
Müller, Ernst: Der Herzog und das Genie. Friedrich Schillers Jugendjahre, Stuttgart 1955 (= G)
Oellers, Norbert: Friedrich Schiller. Zur Modernität eines Klassikers, hg. v. Michael Hofmann, Frankfurt/M., Leipzig 1996
Perels, Christoph (Hg.): Sturm und Drang, Frankfurt/M. 1988
Riedel, Wolfgang: Die Anthropologie des jungen Schiller. Zur Ideengeschichte der medizinischen Schriften und der *Philosophischen Briefe*, Würzburg 1985
Roeder, Gustav: Württemberg. Vom Neckar bis zur Donau. Landschaft, Geschichte, Kultur, Kunst, Nürnberg 1972
Rosenbaum, Heidi: Formen der Familie. Untersuchungen zum Zusammenhang von Familienverhältnissen, Sozialstruktur und sozialem Wandel in der deutschen Gesellschaft des 19. Jahrhunderts, Frankfurt/M. 1982
Schings, Hans-Jürgen: Melancholie und Aufklärung. Melancholiker und ihre Kritiker in Erfahrungsseelenkunde und Literatur des 18. Jahrhunderts, Stuttgart 1977

Schings, Hans-Jürgen (Hg.): Der ganze Mensch. Anthropologie und Literatur im 18. Jahrhundert, Stuttgart 1994
Schuller, Marianne: Körper. Fieber. Räuber. Medizinischer Diskurs und literarische Figur beim jungen Schiller, in: Physiognomie und Pathognomie. Zur literarischen Darstellung von Individualität, in: Festschrift für Karl Pestalozzi, hg. v. Wolfram Groddeck u. Ulrich Stadler, Berlin, New York 1994, S. 153–168
Schulze-Bünte, Matthias: Die Religionskritik im Werk Friedrich Schillers, Frankfurt/M. u. a. 1993
Theopold, Wilhelm: Schiller. Sein Leben und die Medizin im 18. Jahrhundert, Stuttgart 1964
Uhland, Robert: Geschichte der Hohen Karlsschule in Stuttgart, Stuttgart 1953
Wehler, Hans-Ulrich: Deutsche Gesellschaftsgeschichte. Erster Band. Vom Feudalismus des Alten Reichs bis zur Defensiven Modernisierung der Reformära 1700–1815, München 1987
Weltrich, Richard: Schiller. Geschichte seines Lebens und Charakteristik seiner Werke. Bd.I, Stuttgart, 1899
Wiese, Benno v.: Friedrich Schiller, Stuttgart 1963 (3.Aufl., zuerst 1959)

Zu Kapitel II
Werke und Quellen

Campe, Joachim Heinrich: Briefe aus Paris (1790). Mit einem Vorwort hg. v. Helmut König, Berlin 1961
Claudius, Matthias: Der Wandsbecker Bote (1771–1775). Mit einem Vorwort v. Peter Suhrkamp und einem Nachwort v. Hermann Hesse, Frankfurt/M. 1975
Goethe, Johann Wolfgang: Sämtliche Werke. Artemis-Gedenkausgabe, hg. v. Ernst Beutler, Zürich 1977 (zuerst 1948–54)
Hagedorn, Friedrich v.: Poetische Werke. Dritter Theil, Hamburg 1757
Hegel, Georg Wilhelm Friedrich: Werke, hg. v. Eva Moldenhauer u. Karl Markus Michel, Frankfurt/M. 1986
Hofmannsthal, Hugo v.: Gesammelte Werke. Reden und Aufsätze I (1891–1913), hg. v. Bernd Schoeller, Frankfurt/M. 1979
Hume, David: Die Naturgeschichte der Religion (1757), übers. u. hg. v. Lothar Kreimendahl, Hamburg 1984
Kant, Immanuel: Werke, hg. v. Wilhelm Weischedel, Frankfurt/M. 1977
Klopstock, Friedrich Gottlieb: Ausgewählte Werke, hg. v. Karl August Schleiden, München 1962
Loewenthal, Erich (Hg.): Sturm und Drang. Kritische Schriften, Heidelberg 1972 (3.Aufl.)
[Obereit, Jakob Hermann]: Ursprünglicher Geister= und Körperzusammenhang nach Newtonischem Geist. An die Tiefdenker in der Philosophie, Augsburg 1776
[Paul], Jean Paul: Sämtliche Werke, hg. v. Norbert Miller, München 1959 ff.
Rebmann, Georg Friedrich: Kosmopolitische Wanderungen durch einen Teil Deutschlands (1793), hg. v. Hedwig Voegt, Frankfurt/M. 1968
Sauder, Gerhard (Hg.): Empfindsamkeit. Quellen und Dokumente, Stuttgart 1980
Stäudlin, Gotthold Friedrich: Vermischte poetische Stücke [Stuttgart 1782]
Sulzer, Johann George: Allgemeine Theorie der Schönen Künste. Erster/Zweyter Theil, Leipzig 1773–75 (verbesserte Ausgabe, zuerst 1771–74) (zweite, durch Zusätze von Friedrich von Blanckenburg vermehrte Aufl.: 1786–87; nochmals verbessert 1792–94)
Uz, Johann Peter: Sämmtliche poetische Werke. Zweiter Theil, Wien 1790
Zimmermann, Johann Georg: Ueber die Einsamkeit. 4 Theile, Leipzig 1784–85 (= E)
Zimmermann, Johann Georg: Memoire an Seine Kaiserlichkönigliche Majestät Leopold den Zweiten über den Wahnwitz unsers Zeitalters und die Mordbrenner, welche

Bibliographie 635

Deutschland und ganz Europa aufklären wollen (1791), mit einem Nachwort hg. v. Christoph Weiß, St. Ingbert 1995 (= M)

Forschung

Alt, Peter-André: Begriffsbilder. Studien zur literarischen Allegorie zwischen Opitz und Schiller, Tübingen 1995
Bernauer, Joachim: «Schöne Welt, wo bist du?» Über das Verhältnis von Lyrik und Poetik bei Schiller, Berlin 1995
Bolten, Jürgen: Friedrich Schiller. Poesie, Reflexion und gesellschaftliche Selbstdeutung, München 1985
Bruckmann, Christoph: «Freude! sangen wir in Thränen, Freude! in dem tiefsten Leid». Zur Interpretation und Rezeption des Gedichts *An die Freude* von Friedrich Schiller, in: JDSG 35 (1991), S. 96–112
Dau, Rudolf: Friedrich Schillers Hymne *An die Freude*. Zu einigen Problemen ihrer Interpretation und aktuellen Rezeption, in: Weimarer Beiträge 24 (1978), Hft.10, S. 38–60
Dülmen, Richard van: Kultur und Alltag in der Frühen Neuzeit. 3 Bde., München 1990ff.
Düsing, Wolfgang: Kosmos und Natur in Schillers Lyrik, in: JDSG 13 (1969), S. 196–221 (= K)
Düsing, Wolfgang: «Aufwärts durch die tausendfachen Stufen». Zu Schillers Gedicht *Die Freundschaft*, in: Gedichte und Interpretationen. Bd.II (Aufklärung und Sturm und Drang), hg. v. Karl Richter, Stuttgart 1983, S. 453–462 (= F)
Dyck, Martin: Die Gedichte Schillers. Figuren der Dynamik des Bildes, Bern, München 1967
Engelsing, Rolf: Der Bürger als Leser. Lesergeschichte in Deutschland 1500–1800, Stuttgart 1974
Fechner, Jörg-Ulrich: Schillers *Anthologie auf das Jahr 1782*. Drei kleine Beiträge, in: JDSG 17 (1973), S. 291–303
Fisher, Richard (Hg.): Ethik und Ästhetik. Werke und Werte in der Literatur vom 18. bis zum 20. Jahrhundert. Festschrift für Wolfgang Wittkowski, Frankfurt/M. 1995
Hinderer, Walter (Hg.): Codierungen von Liebe in der Kunstperiode, Würzburg 1997
Hinderer, Walter: Von der Idee des Menschen. Über Friedrich Schiller, Würzburg 1998
Inasaridse, Ethery: Schiller und die italienische Oper. Das Schillerdrama als Libretto des Belcanto, Frankfurt/M., Bern 1989
Kaiser, Gerhard: Geschichte der deutschen Lyrik von Goethe bis Heine. Ein Grundriß in Interpretationen. 3 Bde., Frankfurt/M. 1988
Keller, Werner: Das Pathos in Schillers Jugendlyrik, Berlin 1964
Kemper, Hans-Georg: Deutsche Lyrik der frühen Neuzeit. Bd. 6/I (Empfindsamkeit), Tübingen 1997
Kiesel, Helmuth u. Münch, Paul: Gesellschaft und Literatur im 18. Jahrhundert. Voraussetzungen und Entstehung des literarischen Markts in Deutschland, München 1977
Knobloch, Hans-Jörg u. Koopmann, Helmut (Hgg.): Schiller heute, Tübingen 1996
Koopmann, Helmut: Der Dichter als Kunstrichter. Zu Schillers Rezensionsstrategie, in: JDSG 20 (1976), S. 229–246
Luhmann, Niklas: Liebe als Passion. Zur Codierung von Intimität, Frankfurt/M. 1982
Luserke, Matthias: Sturm und Drang. Autoren – Texte – Themen, Stuttgart 1997
Mix, York-Gothart: Die deutschen Musen-Almanache des 18. Jahrhunderts, München 1987
Oellers, Norbert (Hg.): Gedichte von Friedrich Schiller. Interpretationen, Stuttgart 1996
Ortlepp, Paul: Schillers Bibliothek und Lektüre, in: Neue Jahrbücher für das klassische Altertum, Geschichte und deutsche Literatur 18 (1915), S. 375–406

Schings, Hans-Jürgen: Philosophie der Liebe und Tragödie des Universalhasses. *Die Räuber im Kontext von Schillers Jugendphilosophie I*, in: Jahrbuch des Wiener Goethe-Vereins 84/85 (1980–81), S. 71–95
Schmidt, Siegfried J.: Die Selbstorganisation des Sozialsystems Literatur im 18. Jahrhundert, Frankfurt/M. 1989
Schön, Erich: Der Verlust der Sinnlichkeit oder Die Verwandlungen des Lesers. Mentalitätswandel um 1800, Stuttgart 1987
Staiger, Emil: Friedrich Schiller, Zürich 1967
Storz, Gerhard: Gesichtspunkte für die Betrachtung von Schillers Lyrik, in: JDSG 12 (1968), S. 259–274
Sträßner, Matthias: Tanzmeister und Dichter. Literatur-Geschichte(n) im Umkreis von Jean Georges Noverre, Lessing, Wieland, Goethe, Schiller, Berlin 1994
Trumpke, Ulrike: Balladendichtung um 1770. Ihre soziale und religiöse Thematik, Stuttgart u. a. 1975
Vaerst-Pfarr, Christa: *Semele – Die Huldigung der Künste*, in: Schillers Dramen. Neue Interpretationen, hg. v. Walter Hinderer, Stuttgart 1979, S. 294–315
Vosskamp, Wilhelm: Emblematisches Zitat und emblematische Struktur in Schillers Gedichten, in: JDSG 18 (1974), S. 388–407

Zu Kapitel III
Werke und Quellen

Abbt, Thomas: Vom Tod fürs Vaterland (1761), in: Vermischte Werke. Zweyter Theil, Berlin, Stettin 1781 (= T)
Abbt, Thomas: Vom Verdienste (1762–64), in: Vermischte Werke. Erster Theil, Berlin, Stettin 1772 (= V)
Baumgarten, Alexander Gottlieb: Metaphysica. Halle 1779 (7.Aufl., zuerst 1739)
Benjamin, Walter: Gesammelte Schriften, hg. v. Rolf Tiedemann u. Hermann Schweppenhäuser, Frankfurt/M. 1972 ff.
Bloch, Ernst: Das Prinzip Hoffnung. 3 Bde., Frankfurt/M. 1976 (3.Aufl., zuerst 1959)
Braun, Julius W. (Hg.): Schiller und Goethe im Urtheile ihrer Zeitgenossen. 3 Bde., Leipzig 1882
[Diderot-Lessing]: Das Theater des Herrn Diderot. Aus dem Französischen übersetzt von Gotthold Ephraim Lessing, hg. v. Klaus-Detlef Müller, Stuttgart 1986
Fambach, Oscar (Hg.): Schiller und sein Kreis in der Kritik ihrer Zeit. Die wesentlichen Rezensionen aus der periodischen Literatur bis zu Schillers Tod, begleitet von Schillers und seiner Freunde Äußerungen zu deren Gehalt. In Einzeldarstellungen mit einem Vorwort und Anhang: Bibliographie der Schiller-Kritik bis zu Schillers Tod, Berlin 1957 (Ein Jahrhundert deutscher Literaturkritik [1750–1850], Bd.II)
Ferguson, Adam: Versuch über die Geschichte der bürgerlichen Gesellschaft (1767). Übers. v. Hans Medick, Frankfurt/M. 1986
Fichte, Johann Gottlieb: Schriften zur Revolution, hg. v. Bernard Willms, Köln, Opladen 1967
Flach, Willy u. Dahl, Helma (Hgg.): Goethes amtliche Schriften. 4 Bde., Weimar 1950 ff.
Garve, Christian: Popularphilosophische Schriften über literarische, aesthetische und gesellschaftliche Gegenstände (1792–1802). 2 Bde., Faksimile-Neudruck, hg. v. Kurt Wölfel, Stuttgart 1974
Gracián, Balthasar: Handorakel und Kunst der Weltklugheit (1647), mit einem Nachwort hg. v. Arthur Hübscher, Stuttgart 1990
Heine, Heinrich: Historisch-kritische Gesamtausgabe der Werke, in Verbindung mit dem Heinrich-Heine-Institut hg. v. Manfred Windfuhr, Hamburg 1973 ff.

Iffland, Wilhelm August: Fragmente über Menschendarstellung auf den deutschen Bühnen. Erste Sammlung, Gotha 1875 (= F)
Iffland, Wilhelm August: Meine theatralische Laufbahn (1798). Mit Anmerkungen und einer Zeittafel hg. v. Oscar Fambach, Stuttgart 1976 (= L)
Kleist, Heinrich v.: Sämtliche Werke und Briefe, hg. v. Helmut Sembdner, München 1965
Kraft, Herbert (Hg.): Schillers *Kabale und Liebe*. Das Mannheimer Soufflierbuch, Mannheim 1963
[La Roche, Sophie von]: «Ich bin mehr Herz als Kopf.» Ein Lebensbild in Briefen, hg. v. Michael Maurer, München 1973
Leisewitz, Johann Anton: Julius von Tarent. Ein Trauerspiel (1776), hg. v. Werner Keller, Stuttgart 1977
Lenz, Jakob Michael Reinhold: Werke und Briefe in drei Bänden, hg. v. Sigrid Damm, München 1987
Lessing, Gotthold Ephraim: Werke, hg. v. Herbert G. Göpfert u.a., München 1970ff.
Lichtwer, Magnus Gottfried: Fabeln in vier Büchern, Wien 1772
Löwen, Johann Friedrich: Geschichte des deutschen Theaters (1766). Mit den Flugschriften über das Hamburger Nationaltheater als Neudruck hg. v. Heinrich Stümcke, Berlin 1905
Machiavelli, Niccolò: Der Fürst (= Il principe, 1532). Übers. v. Rudolf Zorn, Stuttgart 1978
Mann, Thomas: Die Erzählungen. Bd.I, Frankfurt/M. 1979
Marx, Karl: Der achtzehnte Brumaire des Louis Bonaparte, in: Marx, Karl u. Engels, Friedrich: Werke, Berlin 1956ff., Bd.VIII, S. 111–207
Mendelssohn, Moses: Phädon oder über die Unsterblichkeit der Seele (1767), mit einem Nachwort hg. v. Dominique Bourel, Hamburg 1979
Mercier, Louis-Sébastien: Das Jahr 2440. Aus dem Französischen übertragen von Christian Felix Weiße (1772), hg. v. Herbert Jaumann, Frankfurt/M. 1989 (= J)
Mercier, Louis-Sébastien: Du Théatre ou Nouvelle Essai sur l'Art dramatique, Amsterdam 1773. Reimpression, Genève 1970 (= T)
[Mercier-Wagner]: Neuer Versuch über die Schauspielkunst. Aus dem Französischen. Mit einem Anhang aus Goethes Brieftasche, Leipzig 1776. Faksimile-Neudruck, mit einem Nachwort hg. v. Peter Pfaff, Heidelberg 1967
Montesquieu, Charles-Louis de Secondat: De l'esprit des lois (1748). 2 Bde., Paris 1961
Moritz, Karl Philipp: Werke. 3 Bde., hg. v. Horst Günther, Frankfurt/M. 1993 (2.Aufl., zuerst 1981)
Müller, Friedrich: Fausts Leben (1778), nach Handschriften und Erstdrucken hg. v. Johannes Mahr, Stuttgart 1979
Novalis (d.i.: Friedrich v. Hardenberg): Werke, Tagebücher und Briefe. 3 Bde., hg. v. Hans-Joachim Mähl u. Richard Samuel, München 1978
[Pfäfflin-Dambacher]: Schiller. Ständige Ausstellung des Schiller-Nationalmuseums und des Deutschen Literaturarchivs Marbach am Neckar. Katalog, hg. v. Friedrich Pfäfflin in Zusammenarbeit mit Eva Dambacher, Stuttgart 1990 (2.Aufl., zuerst 1980)
Pfeil, Johann Gottlob Benjamin: «Boni mores plus quam leges valent», in: Drei Preisschriften über die Frage: Welches sind die besten ausführbaren Mittel dem Kindermorde abzuhelfen, ohne die Unzucht zu begünstigen?, Mannheim 1784, S. 1–77
Piscator, Erwin: Das politische Theater. Faksimiledruck der Erstausgabe 1929, Berlin 1968
Quincey, Thomas De: Literarische Portraits. Schiller, Herder, Lessing, Goethe, hg., übers. u. komm. v. Peter Klandt, Hannover 1998
Rousseau, Jean-Jacques: Vom Gesellschaftsvertrag oder Grundsätze des Staatsrechts (= Du contrat social ou Principes du droit politique, 1762). In Zusammenarbeit mit Eva Piecker neu übers. u. hg. v. Hans Brockard, Stuttgart 1986 (= G)
Rousseau, Jean-Jacques: Emil oder Über die Erziehung (= Émile ou De l'éducation, 1762). In neuer deutscher Fassung besorgt v. Ludwig Schmidts, Paderborn u.a. 1993 (11.Aufl., zuerst 1971) (= E)

Schiller, Friedrich (Hg.): Thalia. Hft.1–4 (Bd.I), Leipzig 1787; Hft.5–8 (Bd.II), Leipzig 1789; Hft.9–12 (Bd.III), Leipzig 1790
[Schiller, Friedrich]: Schillers Calender, hg. v. Ernst Müller, Stuttgart 1893
Schlegel, August Wilhelm: Kritische Schriften und Briefe, hg. v. Edgar Lohner, Stuttgart u.a. 1962ff.
Shaftesbury, Anthony Ashley-Cooper, Earl of: Ein Brief über den Enthusiasmus. Die Moralisten, in der Übersetzung v. Max Frischeisen-Köhler hg. v. Wolfgang H. Schrader, Hamburg 1980
Sonnenfels, Joseph v.: Politische Abhandlungen (1777), Aalen 1964
[Stolberg-Klopstock]: Briefwechsel zwischen Klopstock und den Grafen Christian und Friedrich Leopold zu Stolberg, hg. v. Jürgen Behrens, Neumünster 1964
Sturz, Helfrich Peter: Denkwürdigkeiten von Johann Jakob Rousseau. Erste Sammlung, Leipzig 1779
[Thomasius, Christian]: Christian Thomas eröffnet der studirenden Jugend zu Leipzig in einem Discours welcher Gestalt man denen Frantzosen in gemeinem Leben und Wandel nachahmen solle? ein Collegium über des Gratians Grund=Reguln, vernünfftig, klug und artig zu leben, Leipzig 1687. Nachdruck, hg. v. August Sauer, Stuttgart 1894
Träger, Claus (Hg.): Die Französische Revolution im Spiegel der deutschen Literatur, Frankfurt/M. 1975
Walzel, Oskar (Hg.): Friedrich Schlegels Briefe an seinen Bruder August Wilhelm, Berlin 1890
Wieland, Christoph Martin: Aufsätze zu Literatur und Politik, hg. v. Dieter Lohmeier, Reinbek b. Hamburg 1970

Forschung

Auerbach, Erich: Mimesis. Dargestellte Wirklichkeit in der abendländischen Literatur, Bern, München 1982 (7.Aufl., zuerst 1946)
Beaujean, Marion: Zweimal Prinzenerziehung. *Don Carlos* und *Geisterseher*. Schillers Reaktion auf Illuminaten und Rosenkreuzer, in: Poetica 10 (1978), S. 217–235
Becker-Cantarino, Bärbel: Die «schwarze Legende». Ideal und Ideologie in Schillers *Don Carlos*, in: Jahrbuch des Freien Deutschen Hochstifts 1975, S. 153–173
Bender, Wolfgang (Hg.): Schauspielkunst im 18. Jahrhundert, Stuttgart 1992
Best, Otto F.: Gerechtigkeit für Spiegelberg, in: JDSG 22 (1978), S. 277–302
Beyer, Karen: «Schön wie ein Gott und männlich wie ein Held». Zur Rolle des weiblichen Geschlechtscharakters für die Konstituierung des männlichen Aufklärungshelden in den frühen Dramen Schillers, Stuttgart 1993
Blunden, Allan G.: Nature and Politics in Schiller's *Don Carlos*, in: DVjs 52 (1978), S. 241–256
Böckmann, Paul: Schillers *Don Karlos*. Edition der ursprünglichen Fassung und entstehungsgeschichtlicher Kommentar, Stuttgart 1974
Bohnen, Klaus: Politik im Drama. Anmerkungen in Schillers *Don Carlos*, in: JDSG 24 (1980), S. 15–32
Borchmeyer, Dieter: Tragödie und Öffentlichkeit. Schillers Dramaturgie im Zusammenhang seiner politisch-ästhetischen Theorie und die rhetorische Tradition, München 1973
Brandt, Helmut (Hg.): Friedrich Schiller. Angebot und Diskurs. Zugänge, Dichtung, Zeitgenossenschaft, Berlin, Weimar 1987
Brauneck, Manfred: Die Welt als Bühne. Geschichte des europäischen Theaters. Bd.II, Stuttgart, Weimar 1996
Cersowsky, Peter: Von Shakespeares Hamlet die Seele. Zur anthropologischen Shakespeare-Rezeption in Schillers *Don Karlos*, in: Euphorion 87 (1993), S. 408–419
Conrady, Karl Otto: Goethe. Leben und Werk, München, Zürich 1994 (zuerst 1982/85)

Dahnke, Hans-Dietrich u. Leistner, Bernd (Hgg.): Schiller. Das dramatische Werk in Einzelinterpretationen, Leipzig 1982
Delinière, Jean: Le personnage d'Andreas Doria dans Die Verschwörung des Fiesco zu Genua, in: Études Germaniques 40 (1985), S. 21–32
Dülmen, Richard van: Der Geheimbund der Illuminaten. Darstellung, Analyse, Dokumentation, Stuttgart-Bad Canstatt 1977 (2.Aufl., zuerst 1975)
Fischer-Lichte, Erika: Kurze Geschichte des deutschen Theaters, Tübingen, Basel 1993
Graham, Ilse: Schiller's Drama. Talent and Integrity, London 1974
Grawe, Christian: Zu Schillers *Fiesko*. Eine übersehene frühe Rezension, in: JDSG 26 (1982), S. 9–30
Greis, Jutta: Drama Liebe. Zur Entwicklungsgeschichte der modernen Liebe im Drama des 18. Jahrhunderts, Stuttgart 1991
Gruenter, Rainer: Despotismus und Empfindsamkeit. Zu Schillers *Kabale und Liebe*, in: Jahrbuch des Freien Deutschen Hochstifts 1981, S. 207–227
Guthke, Karl S.: Schillers Dramen. Idealismus und Skepsis, Tübingen, Basel 1994
Hamburger, Käte: Schillers Fragment *Der Menschenfeind* und die Idee der Kalokagathie, in: DVjs 30 (1956), S. 367–400
Hay, Gerhard: Darstellung des Menschenhasses in der deutschen Literatur des 18. und 19. Jahrhunderts, Frankfurt/M. 1970
Herrmann, Hans-Peter: Musikmeister Miller, die Emanzipation der Töchter und der dritte Ort der Liebenden. Schillers bürgerliches Trauerspiel im 18. Jahrhundert, in: JDSG 28 (1984), S. 223–247
Hiebel, Hans-Helmut: Mißverstehen und Sprachlosigkeit im «bürgerlichen Trauerspiel». Zum historischen Wandel dramatischer Motivationsformen, in: JDSG 27 (1983), S. 124–153
Hinderer, Walter: «Ein Augenblick Fürst hat das Mark des ganzen Daseins verschlungen.» Zum Problem der Person und der Existenz in Schillers *Die Verschwörung des Fiesco zu Genua*, in: JDSG 14 (1970), S. 230–274 (= F)
Hinderer, Walter: Beiträge Wielands zu Schillers ästhetischer Erziehung, in: JDSG 18 (1974), S. 348–388 (= W)
Hinderer, Walter (Hg.): Schillers Dramen. Interpretationen, Stuttgart 1992
Hofmann, Michael: Friedrich Schiller: *Die Räuber*. Interpretation, München 1996
Huyssen, Andreas: Drama des Sturm und Drang. Kommentar zu einer Epoche, München 1980
Jäckel, Günter (Hg.): Dresden zur Goethezeit. Die Elbestadt von 1760 bis 1815, Berlin 1990 (2.Aufl., zuerst 1988)
Janz, Rolf-Peter: Schillers *Kabale und Liebe* als bürgerliches Trauerspiel, in: JDSG 20 (1976), S. 208–228
Kemper, Dirk: *Die Räuber* als Seelengemälde der Amalia von Edelreich. Daniel Chodowieckies Interpretation des Schillerschen Dramas im Medium der Kupferstichillustration, in: JDSG 37 (1993), S. 221–247
Kluge, Gerhard.: Zwischen Seelenmechanik und Gefühlspathos. Umrisse zum Verständnis der Gestalt Amaliens in *Die Räuber* – Analyse der Szene I,3, in: JDSG 20 (1976), S. 184–207
Kommerell, Max: Schiller als Psychologe, in: Ders.: Geist und Buchstabe der Dichtung. Goethe, Schiller, Kleist, Hölderlin, Frankfurt/M. 1962 (5.Aufl., zuerst 1939), S. 175–242
Koopmann, Helmut: Joseph und sein Vater. Zu den biblischen Anspielungen in Schillers *Räubern*, in: Herkommen und Erneuerung. Essays für Oskar Seidlin, hg. v. Gerald Gillespie u. Edgar Lohner, Tübingen 1976, S. 150–167
Koselleck, Reinhart: Kritik und Krise. Eine Studie zur Pathogenese der bürgerlichen Welt, Frankfurt/M. 1989 (6.Aufl., zuerst 1973)
Košenina, Alexander: Anthropologie und Schauspielkunst. Studien zur ‹eloquentia corporis› im 18. Jahrhundert, Tübingen 1995

Kraft, Herbert: Um Schiller betrogen, Pfullingen 1978
Kurscheidt, Georg: «Als 4.Fraülens mir einen Lorbeerkranz schickten». Zum Entwurf eines Gedichts von Schiller und Reinwald, in: JDSG 34 (1990), S. 24-36
Leibfried, Erwin: Schiller. Notizen zum heutigen Verständnis seiner Dramen, Frankfurt/M. u. a. 1985
Luhmann, Niklas: Gesellschaftsstruktur und Semantik. Studien zur Wissenssoziologie der modernen Gesellschaft. Bd. 3, Frankfurt/M. 1989
Lützeler, Paul Michael: «Die große Linie zu einem Brutuskopfe»: Republikanismus und Cäsarismus in Schillers *Fiesco*, in: Monatshefte 70 (1978), S. 15-28
Maillard, Christine (Hg.): Friedrich Schiller: *Don Carlos*. Théâtre, psychologie et politique, Strasbourg 1998
Malsch, Wilfried: Der betrogene Deus iratus in Schillers Drama *Luise Millerin*, in: Collegium Philosophicum. Studien. Joachim Ritter zum 60. Geburtstag, Basel, Stuttgart 1965, S. 157-208 (= L)
Malsch, Wilfried: Robespierre ad portas? Zur Deutungsgeschichte der *Briefe über Don Karlos* von Schiller, in: The Age of Goethe Today. Critical Reexamination and Literary Reflection, hg. v. Gertrud Bauer Pickar, München 1990, S. 69-103 (= K)
Mann, Michael: Sturm-und-Drang-Drama: Studien und Vorstudien zu Schillers *Räubern*, Bern, München 1974
Marks, Hanna H.: *Der Menschenfeind*, in: Schillers Dramen. Neue Interpretationen, hg. v. Walter Hinderer, Stuttgart 1979, S. 109-125
Marquard, Odo: Schwierigkeiten mit der Geschichtsphilosophie. Aufsätze, Frankfurt/M. 1973
Martini, Fritz: Die Poetik des Dramas im Sturm und Drang. Versuch einer Zusammenfassung, in: Deutsche Dramentheorien, hg. v. Reinhold Grimm, Wiesbaden 1980 (3. Aufl., zuerst 1971), S. 123-156 (= D)
Martini, Fritz: Die feindlichen Brüder. Zum Problem des gesellschaftskritischen Dramas von J. A. Leisewitz, F. M. Klinger und F. Schiller, in: JDSG 16 (1972), S. 208-265 (= B)
Mattenklott, Gert: Melancholie in der Dramatik des Sturm und Drang, Königstein/Ts. 1985 (2.Aufl., zuerst 1968)
Maurer-Schmoock, Sybille: Deutsches Theater im 18. Jahrhundert, Tübingen 1982
May, Kurt: Schiller. Idee und Wirklichkeit im Drama, Göttingen 1948
Mayer, Hans: Der weise Nathan und der Räuber Spiegelberg. Antinomien der jüdischen Emanzipation in Deutschland, in: JDSG 17 (1973), S. 253-272 (= S)
Mayer, Hans: Exkurs über Schillers *Räuber*, in: Ders.: Das unglückliche Bewußtsein. Frankfurt 1986, S. 167-187 (= B)
Meier, Albert: Des Zuschauers Seele am Zügel. Die ästhetische Vermittlung des Republikanismus in Schillers *Die Verschwörung des Fiesko zu Genua*, in: JDSG 31 (1987), S. 117-136
Meyer, Reinhart: Das Nationaltheater in Deutschland als höfisches Institut. Versuch einer Funktionsbestimmung, in: Das Ende des Stegreifspiels – Die Geburt des Nationaltheaters. Ein Wendepunkt in der Geschichte des europäischen Dramas, hg. v. Roger Bauer u. Jürgen Wertheimer, München 1983, S. 124-152 (= N)
Meyer, Reinhart: Limitierte Aufklärung. Untersuchungen zum bürgerlichen Kulturbewußtsein im ausgehenden 18. und beginnenden 19. Jahrhundert, in: Über den Prozeß der Aufklärung in Deutschland im 18. Jahrhundert. Personen, Institutionen, Medien, hg. v. Hans Erich Bödeker u. Ulrich Herrmann, Göttingen 1987, S. 139-200 (= A)
Michelsen, Peter: Ordnung und Eigensinn. Über Schillers *Kabale und Liebe*, in: Jahrbuch des Freien Deutschen Hochstifts 1984, S. 198-222
Müller, Joachim: Die Figur des Mohren im *Fiesco*-Stück, in: Ders.: Von Schiller bis Heine, Halle/S. 1972, S. 116-132
Müller-Seidel, Walter: Das stumme Drama der Luise Millerin, in: Goethe-Jahrbuch 17 (Neue Folge) (1955), S. 91-103

Bibliographie 641

Naumann, Ursula: Charlotte von Kalb. Eine Lebensgeschichte (1761–1843), Stuttgart 1985
Otto, Regine: Schiller als Kommentator und Kritiker seiner Dichtungen von den *Räubern* bis zum *Don Carlos*, in: Weimarer Beiträge 22 (1976), Hft.6, S. 24–41
Pape, Walter: «Ein merkwürdiges Beispiel produktiver Kritik». Schillers *Kabale und Liebe* und das zeitgenössische Publikum, in: ZfdPh 107 (1988), S. 190–211
Pascal, Roy: Der Sturm und Drang. Autorisierte deutsche Ausgabe von Dieter Zeitz u. Kurt Mayer, Stuttgart 1977
Phelps, Reginald H.: Schiller's *Fiesco* – a republican tragedy?, in: PMLA 89 (1974), S. 429–453
Polheim, Karl Konrad: Von der Einheit des *Don Karlos*, in: Jahrbuch des Freien Deutschen Hochstifts 1985, S. 64–100
Riedel, Wolfgang: Die Aufklärung und das Unbewußte. Die Inversionen des Franz Moor, in: JDSG 37 (1993), S. 198–220
Rudloff-Hille, Gertrud: Schiller auf der deutschen Bühne seiner Zeit, Berlin, Weimar 1969
Saße, Günter: Die Ordnung der Gefühle. Das Drama der Liebesheirat im 18. Jahrhundert, Darmstadt 1996
Scherpe, Klaus R.: Poesie der Demokratie. Literarische Widersprüche zur deutschen Wirklichkeit vom 18. zum 20. Jahrhundert, Köln 1980
Schings, Hans-Jürgen: Freiheit in der Geschichte. Egmont und Marquis Posa im Vergleich, in: Goethe-Jahrbuch 110 (1993), S. 61–76 (= F)
Schings, Hans-Jürgen: Die Brüder des Marquis Posa. Schiller und der Geheimbund der Illuminaten, Tübingen 1996 (= I)
Schlunk, Jürgen E.: Vertrauen als Ursache und Überwindung tragischer Verstrickungen in Schillers *Räubern*. Zum Verständnis Karl Moors, in: JDSG 27 (1983), S. 185–201
Schmidt, Jochen: Die Geschichte des Genie-Gedankens in der deutschen Literatur, Philosophie und Politik. Bd.I, Darmstadt 1988 (2.Aufl., zuerst 1985)
Schröder, Jürgen: Geschichtsdramen. Die «deutsche Misere» – von Goethes *Götz* bis Heiner Müllers *Germania*, Tübingen 1994
Schunicht, Manfred: Intrigen und Intriganten in Schillers Dramen, in: ZfdPh 82 (1963), S. 271–292
Seidlin, Oskar: Schillers *Don Carlos* – nach 200 Jahren, in: JDSG 27 (1983), S. 477–492
Sharpe, Lesley: Friedrich Schiller: Drama, Thought and Politics, Cambridge 1991
Sørensen, Bengt Algot: Herrschaft und Zärtlichkeit. Der Patriarchalismus und das Drama im 18. Jahrhundert, München 1984
Steinhagen, Harald: Der junge Schiller zwischen Marquis de Sade und Kant. Aufklärung und Idealismus, in: DVjs 56 (1982), S. 135–157
Stephan, Inge: Frauenbild und Tugendbegriff im bürgerlichen Trauerspiel bei Lessing und Schiller, in: Lessing Yearbook 17 (1985), S. 1–20
Sternberger, Dolf: Macht und Herz oder der politische Held bei Schiller, in: Schiller. Reden im Gedenkjahr 1959, hg. v. Bernhard Zeller, Stuttgart 1961, S. 310–329
Storz, Gerhard: Der Dichter Friedrich Schiller, Stuttgart 1959
Veit, Philipp F.: Moritz Spiegelberg. Eine Charakterstudie zu Schillers *Räubern*, in: JDSG 17 (1973), S. 273–290
Wacker, Manfred: Schiller und der Sturm und Drang. Stilkritische und typologische Überprüfung eines Epochenbegriffs, Göppingen 1973
Wehler, Hans-Ulrich: Deutsche Gesellschaftsgeschichte. Zweiter Band. Von der Reformära bis zur industriellen und politischen ‹Deutschen Doppelrevolution› 1815–1845/49, München 1987
Weimar, Klaus: Vom Leben in Texten. Zu Schillers *Räubern*, in: Merkur 42 (1988), S. 461–471
Werber, Niels: Technologien der Macht. System- und medientheoretische Überlegungen zu Schillers Dramatik, in: JDSG 40 (1996), S. 210–243

Wiese, Benno v.: Die Religion Friedrich Schillers, in: Schiller. Reden im Gedenkjahr 1959, hg. v. Bernhard Zeller, Stuttgart 1961, S. 406-428
Wilke, Jürgen: Literarische Zeitschriften des 18. Jahrhunderts (1688-1789). Teil II: Repertorium, Stuttgart 1978
Wilson, Daniel W.: Geheimräte gegen Geheimbünde. Ein unbekanntes Kapitel der klassisch-romantischen Geschichte Weimars, Stuttgart 1991
Wittkowski, Wolfgang (Hg.): Friedrich Schiller. Kunst, Humanität und Politik in der späten Aufklärung. Ein Symposium, Tübingen 1980 (= FS)
Wittkowski, Wolfgang (Hg.): Verlorene Klassik. Ein Symposium, Tübingen 1986 (= VK)
Wittkowski, Wolfgang (Hg.): Verantwortung und Utopie. Zur Literatur der Goethezeit. Ein Symposium, Tübingen 1988 (= VU)
Wittmann, Reinhard: Ein Verlag und seine Geschichte. Dreihundert Jahre J. B. Metzler Stuttgart, Stuttgart 1982 (= M)
Wittmann, Reinhard: Geschichte des deutschen Buchhandels. Ein Überblick, München 1991 (= B)
Wölfel, Kurt: Pathos und Problem. Ein Beitrag zur Stilanalyse von Schillers *Fiesko*, in: GRM 7 (N. F.) (1957), S. 224-244

Zu Kapitel IV
Werke und Quellen

Blanckenburg, Friedrich v.: Versuch über den Roman. Faksimiledruck der Originalausgabe von 1774, mit einem Nachwort hg. v. Eberhard Lämmert, Stuttgart 1965 (= V)
Blanckenburg, Friedrich v.: Litterarische Zusätze zu Johann Georg Sulzers *Allgemeiner Theorie der schönen Künste* (zuerst 1786/87), Leipzig 1796 (= Z)
Bloch, Ernst: Literarische Aufsätze, Frankfurt/M. 1965 (= Gesamtausgabe, Bd.IX)
Böttiger, Karl August: Literarische Zustände und Zeitgenossen, hg. v. K. W. Böttiger (1838), Nachdruck, Frankfurt/M. 1972
Engel, Johann Jakob: Über Handlung, Gespräch und Erzählung. Faksimiledruck der ersten Fassung von 1774, hg. v. Ernst Theodor Voss, Stuttgart 1964
[Gedike-Biester]: Berlinische Monatsschrift, hg. v. Friedrich Gedike u. Johann Erich Biester, Berlin, Jena 1783-1796
Knigge, Adolph Freiherr v.: Beytrag zur neuesten Geschichte des Freymaurerordens in neun Gesprächen, mit Erlaubniß meiner Obern herausgegeben (1786), in: Sämtliche Werke, hg. v. Paul Raabe u.a., München u.a. 1978, Bd.XII
Staël, Anne Germaine de: Über Deutschland. Nach der deutschen Erstübertragung von 1814 hg. v. Monika Bosse, Frankfurt/M. 1985 (= De l' Allemagne, 1813)
Winckelmann, Johann [Joachim]: Geschichte der Kunst des Alterthums. Erster Theil, Dresden 1764

Forschung

Barth, Ilse-Marie: Literarisches Weimar, Stuttgart 1971
Biedrzynski, Effi: Goethes Weimar. Das Lexikon der Personen und Schauplätze, Zürich 1992
Boyle, Nicholas: Goethe. Der Dichter in seiner Zeit. Bd.I 1749-1790. Aus dem Englischen übersetzt v. Holger Fliessbach, München 1995
Bruford, Walter H.: Kultur und Gesellschaft im klassischen Weimar 1775-1806, Göttingen 1966
Dedert, Hartmut: Die Erzählung in Sturm und Drang. Studien zur Prosa des achtzehnten Jahrhunderts, Stuttgart 1990

Denneler, Iris: Die Kehrseite der Vernunft. Zur Widersetzlichkeit der Literatur in Spätaufklärung und Romantik, München 1996
Eke, Norbert Otto: Signaturen der Revolution. Frankreich – Deutschland: deutsche Zeitgenossenschaft und deutsches Drama zur Französischen Revolution um 1800, München 1997
Fasel, Christoph: Herder und das klassische Weimar. Kultur und Gesellschaft 1789–1803, Frankfurt/M. u. a. 1988
Freund, Winfried: Die deutsche Kriminalnovelle von Schiller bis Hauptmann, Paderborn 1975
Günther, Gitta u. a. (Hgg.): Weimar. Lexikon zur Stadtgeschichte, Weimar 1998
Habel, Reinhardt: Schiller und die Tradition des Herakles-Mythos, in: Terror und Spiel. Probleme der Mythenrezeption (= Poetik und Hermeneutik 4), hg. v. Manfred Fuhrmann, München 1971, S. 265–295
Haferkorn, Hans Jürgen: Der freie Schriftsteller. Eine literatursoziologische Studie über seine Entstehung und Lage in Deutschland zwischen 1750 und 1800, in: Archiv für Geschichte des Buchwesens V (1964), S. 523–711
Hansen, Uffe: Schiller und die Persönlichkeitspsychologie des animalischen Magnetismus. Überlegungen zum *Wallenstein*, in: JDSG 39 (1995), S. 195–230
Haslinger, Adolf: Friedrich Schiller und die Kriminalliteratur, in: Sprachkunst 2 (1971), S. 173–187
Herbst, Hildburg: Frühe Formen der deutschen Novelle im 18. Jahrhundert, Berlin 1985
Jacobs, Jürgen: Prosa der Aufklärung. Kommentar zu einer Epoche, München 1976
Kaiser, Gerhard: Von Arkadien nach Elysium. Schiller-Studien, Göttingen 1978
Karthaus, Ulrich: Friedrich Schiller, in: Genie und Geist. Vom Auskommen deutscher Schriftsteller, hg. v. Karl Corino, Nördlingen 1987, S. 151–164
Käuser, Andreas: Physiognomik und Roman im 18. Jahrhundert, Frankfurt/M. 1989
Kiefer, Klaus H.: Okkultismus und Aufklärung aus medienkritischer Sicht. Zur Cagliostro-Rezeption Goethes und Schillers im zeitgenössischen Kontext, in: Klassik und Moderne. Die Weimarer Klassik als historisches Ereignis und Herausforderung im kulturgeschichtlichen Prozeß. Walter Müller-Seidel zum 65. Geburtstag, hg. v. Karl Richter u. Jörg Schönert, Stuttgart 1983, S. 207–227
Koopmann, Helmut: Schillers *Philosophische Briefe* – ein Briefroman?, in: Wissen aus Erfahrungen. Festschrift für Hermann Meyer zum 65. Geburtstag, hg. v. Alexander von Bormann, Tübingen 1976, S. 192–216
Köpf, Gerhard: Friedrich Schiller, *Der Verbrecher aus verlorener Ehre*. Geschichtlichkeit, Erzählstrategie und «republikanische Freiheit» des Lesers, München 1978
Marsch, Edgar: Die Kriminalerzählung. Theorie – Geschichte – Analyse, München 1972
Martini, Fritz: Der Erzähler Friedrich Schiller, in: Schiller. Reden im Gedenkjahr 1959, hg. v. Bernhard Zeller, Stuttgart 1961, S. 124–158 (= E)
Martini, Fritz: Geschichte im Drama – Drama in der Geschichte. Spätbarock, Sturm und Drang, Klassik, Frührealismus, Stuttgart 1979 (= GD)
Mayer, Mathias: Nachwort zu: Friedrich Schiller, *Der Geisterseher. Aus den Memoires des Grafen von O***, hg. v. Mathias Mayer, Stuttgart 1996, S. 219–242
McCarthy, John A.: Die republikanische Freiheit des Lesers. Zum Lesepublikum von Schillers *Der Verbrecher aus verlorener Ehre*, in: Wirkendes Wort 29 (1979), S. 23–43
Meyer-Krentler, Eckhardt: Der Bürger als Freund. Ein sozialethisches Programm und seine Kritik in der neueren deutschen Erzählliteratur, München 1984
Müller-Seidel, Walter: Die Geschichtlichkeit der deutschen Klassik. Literatur und Denkformen um 1800, Stuttgart 1983
Nicolai-Haas, Rosemarie: Die Anfänge des deutschen Geheimbundromans, in: Geheime Gesellschaften, hg. v. Peter Christian Ludz, Heidelberg 1979, S. 267–292
Nutz, Thomas: Vergeltung oder Versöhnung? Strafvollzug und Ehre in Schillers *Verbrecher aus Infamie*, in: JDSG 42 (1998), S. 146–165

Oellers, Norbert u. Steegers, Robert: Treffpunkt Weimar. Literatur und Leben zur Zeit Goethes, Stuttgart 1999
Oesterle, Kurt: Taumeleien des Kopfes. Schillers Hemmungen, einen Roman zu beenden, und die Wiedergeburt der Kunst aus dem Geist der Theorie, in: Siegreiche Niederlagen. Scheitern: die Signatur der Moderne, hg. v. Martin Lüdke u. Delf Schmidt. (= Literaturmagazin 30), Reinbek b. Hamburg 1992, S. 42–61
Oettinger, Klaus: Schillers Erzählung *Der Verbrecher aus Infamie*. Ein Beitrag zur Rechtsaufklärung der Zeit, in: JDSG 16 (1972), S. 266–277
Pfotenhauer, Helmut: Um 1800. Konfigurationen der Literatur, Kunstliteratur und Ästhetik, Tübingen 1991
Polheim, Karl Konrad (Hg.): Handbuch der deutschen Erzählung, Düsseldorf 1981
Por, Peter: Schillers Spiel des Schicksals oder Spiel der Vernunft, in: Antipodische Aufklärung. Festschrift für Leslie Bodi, hg. v. Walter Veit, Frankfurt, Bern, New York 1987, S. 377–388
Rainer, Ulrike: Schillers Prosa. Poetologie und Praxis, Berlin 1988
Reed, Terence J.: Die klassische Mitte. Goethe und Weimar 1775–1832, Stuttgart u. a. 1982
Riedel, Wolfgang: Influxus physicus und Seelenstärke. Empirische Psychologie und moralische Erzählung in der deutschen Spätaufklärung und bei Jacob Friedrich Abel, in: Anthropologie und Literatur um 1800, hg. v. Jürgen Barkhoff u. Eda Sagarra, München 1992, S. 24–53
Sallmann, Klaus: Schillers Pathos und die poetische Funktion des Pathetischen, in: JDSG 27 (1983), S. 202–221
Schiering, Wolfgang: Der Mannheimer Antikensaal, in: Antikensammlungen im 18. Jahrhundert, hg. v. Herbert Beck u. a., Berlin 1981, S. 257–273
Schmitz-Emans, Monika: Zwischen wahrem und falschem Zauber: Magie und Illusionistik als metapoetische Gleichnisse. Eine Interpretation zu Schillers *Geisterseher*, in: ZfdPh 115 (1996). Sonderheft: Klassik, modern. Für Norbert Oellers zum 60. Geburtstag, hg. v. Georg Guntermann, Jutta Osinski u. Hartmut Steinecke, S. 33–43
Schönhaar, Rainer: Novelle und Kriminalschema. Ein Strukturmodell deutscher Erzählkunst um 1800, Bad Homburg u. a. 1969
Sengle, Friedrich: Wieland, Stuttgart 1949
Sharpe, Lesley: *Der Verbrecher aus verlorener Ehre*: an early exercise in Schillerian psychology, in: German Life & Letters 33 (1980), S. 102–110
Treder, Uta: Wundermann oder Scharlatan? Die Figur Cagliostros bei Schiller und Goethe, in: Monatshefte 79 (1987), S. 30–43
Ueding, Gert: Die Wahrheit lebt in der Täuschung fort. Historische Aspekte der Vor-Schein-Ästhetik, in: Ders. (Hg.): Literatur ist Utopie, Frankfurt/M. 1978, S. 81–102
Voges, Michael: Aufklärung und Geheimnis. Untersuchungen zur Vermittlung von Literatur- und Sozialgeschichte am Beispiel der Aneignung des Geheimbundmaterials im Roman des späten 18. Jahrhunderts, Tübingen 1987
Weissberg, Liliane: Geistersprache. Philosophischer und literarischer Diskurs im späten 18. Jahrhundert, Würzburg 1990
Weizmann, Ernst: Die Geisterbeschwörung in Schillers *Geisterseher*, in: Goethe-Jahrbuch 12 (1926), S. 174–193
Wilson, Daniel W.: Das Goethe-Tabu. Protest und Menschenrechte im klassischen Weimar, München 1999

# Bibliographie

Zu Kapitel V
Werke und Quellen

Boas, Eduard (Hg.): Schiller und Goethe im Xenienkampf. 2 Bde., Stuttgart, Tübingen 1851
Eberle, Friedrich u. Stammen, Theo (Hgg.): Die Französische Revolution in Deutschland.
Zeitgenössische Texte deutscher Autoren, Stuttgart 1989
Fichte, Johann Gottlieb: Beitrag zur Berichtigung der Urteile des Publikums über die französische Revolution (1793), hg. v. Richard Schottky, Hamburg 1973
Gatterer, Johann Christoph: Abriß der Universalhistorie. 2.Aufl., Göttingen 1773
Humboldt, Wilhelm v.: Briefe. Auswahl von Wilhelm Rößle. Mit einer Einleitung von Heinz Gollwitzer, München 1952
[v. Humboldt]: Wilhelm und Caroline v. Humboldt in ihren Briefen. 7 Bde., hg. v. Anna v. Sydow, Berlin 1906 ff.
Keller, Gottfried: Der grüne Heinrich. Erste Fassung (1854–55). 2 Bde., Frankfurt/M. 1978
Lecke, Bodo (Hg.): Friedrich Schiller. 2 Bde. (= Dichter über ihre Dichtungen), München 1969
Ranke, Leopold v.: Geschichte Wallensteins, Leipzig 1872 (3.Auflage, zuerst 1869)
[Rebmann, Georg Friedrich]: Briefe über Jena, hg. v. Werner Greiling, Jena 1984
Reinhold, Karl Leonhard: Briefe über die Kantische Philosophie (1790–92; zuerst 1786–87), hg. v. Raymund Schmidt, Leipzig 1923
[Reinhold, Karl Leonhard]: Die Hebräischen Mysterien oder die älteste religiöse Freymaurerey, Leipzig 1788 (recte: 1787)
Schelling, Friedrich Wilhelm Joseph: Vorlesungen über die Methode des academischen Studiums (1803), in: Ausgewählte Werke, Darmstadt 1968, S. 441–587
Schiller, Friedrich: Werke. 20 Bde. Aufgrund der Originaldrucke hg. v. Gerhard Fricke u. Herbert Göpfert in Verb. mit Herbert Stubenrauch, München 1965–66
Schlegel, Friedrich: Werke. Kritische Ausgabe, unter Mitwirkung v. Jean-Jacques Anstett u. Hans Eichner hg. v. Ernst Behler, Paderborn, München, Wien 1958 ff.
Schlözer, August Ludwig: Vorstellung seiner Universal-Historie (1772/73). Mit Beilagen hg., eingel. u. komm. v. Horst Walter Blanke, Hagen 1990

Forschung

Assmann, Jan: Moses der Ägypter. Entzifferung einer Gedächtnisspur, München, Wien 1998
Borchmeyer, Dieter: Weimarer Klassik. Portrait einer Epoche, Weinheim 1994
Bräutigam, Bernd: Szientifische, populäre und ästhetische Diktion. Schillers Überlegungen zum Verhältnis von ‹Begriff› und ‹Bild› in theoretischer Prosa, in: Offene Formen. Beiträge zur Literatur, Philosophie und Wissenschaft im 18. Jahrhundert, hg. v. Bernd Bräutigam u. Burghard Damerau, Frankfurt/M. u. a. 1997, S. 96–117
Dann, Otto u. a. (Hgg.): Schiller als Historiker, Stuttgart 1995
Diwald, Hellmut: Wallenstein. Eine Biographie, München, Esslingen 1969
Fulda, Daniel: Wissenschaft aus Kunst. Die Entstehung der modernen deutschen Geschichtsschreibung 1760–1860, Berlin, New York 1996
Furet, François u. Richet, Denis: Die Französische Revolution. Aus dem Französischen übers. v. Ulrich Friedrich Müller, Frankfurt/M. 1968
Hahn, Karl-Heinz: Schiller und die Geschichte, in: Weimarer Beiträge 16 (1970), S. 39–69 (= G)
Hahn, Karl-Heinz: Geschichtsschreibung als Literatur. Zur Theorie deutschsprachiger Historiographie im Zeitalter Goethes, in: Studien zur Goethezeit. Erich Trunz zum 75. Geburtstag, hg. v. Hans-Joachim Mähl u. Eberhard Mannack, Heidelberg 1981, S. 91–101 (= H)

Hart-Nibbrig, Christiaan L.: «Die Weltgeschichte ist das Weltgericht». Zur Aktualität von Schillers ästhetischer Geschichtsdeutung, in: JDSG 20 (1976), S. 255–277
Hartwich, Wolf-Daniel: Die Sendung Moses. Von der Aufklärung bis Thomas Mann, München 1997
Haupt, Johannes: Geschichtsperspektive und Griechenverständnis im ästhetischen Programm Schillers, in: JDSG 18 (1974), S. 407–430
Höyng, Peter: Kunst der Wahrheit oder Wahrheit der Kunst? Die Figur Wallenstein bei Schiller, Ranke und Golo Mann, in: Monatshefte 82 (1990), S. 142–156
Janz, Rolf-Peter: Autonomie und soziale Funktion der Kunst. Studien zur Ästhetik von Schiller und Novalis, Stuttgart 1973
Karthaus, Ulrich: Schiller und die Französische Revolution, in: JDSG 33 (1989), S. 210–239
Kiene, Hansjoachim: Schillers Lotte. Portrait einer Frau in ihrer Welt, Frankfurt/M. 1996
Koopmann, Helmut: Freiheitssonne und Revolutionsgewitter. Reflexe der Französischen Revolution im literarischen Deutschland zwischen 1789 und 1840, Tübingen 1989
Koselleck, Reinhart: Vergangene Zukunft. Zur Semantik geschichtlicher Zeiten, Frankfurt/M. 1979
Mann, Golo: Schiller als Historiker, in: JDSG 4 (1960), S. 98–109 (= S)
Mann, Golo: Wallenstein, Frankfurt/M. 1986 (zuerst 1971) (= W)
Middell, Eike: Friedrich Schiller. Leben und Werk, Leipzig 1980 (2.Aufl., zuerst 1976)
Muhlack, Ulrich: Geschichtswissenschaft in Humanismus und Aufklärung. Die Vorgeschichte des Historismus, München 1991
Müller, Harro: Einige Erzählverfahren in Edward Gibbons *The Decline and Fall of the Roman Empire*, in: Geschichtsdiskurs, hg. v. Wolfgang Küttler u.a., Bd.II, Frankfurt/M. 1994, S. 229–239
Roder, Florian: Novalis. Die Verwandlung des Menschen. Leben und Werk Friedrich von Hardenbergs, Stuttgart 1992
Rüsen, Jörn: Bürgerliche Identität zwischen Geschichtsbewußtsein und Utopie. Friedrich Schiller, in: Schiller. Vorträge aus Anlaß seines 225. Geburtstages, hg. v. Dirk Grathoff u. Erwin Leibfried, Frankfurt/M. 1991, S. 178–193
Schieder, Theodor: Begegnungen mit der Geschichte, Göttingen 1962
Sharpe, Lesley: Schiller and the Historical Character. Presentation and Interpretation in the Historiographical Works and in the Historical Dramas, Oxford 1982
Soboul, Albert: Die große Französische Revolution, Frankfurt/M. 1973
Strack, Friedrich (Hg.): Evolution des Geistes: Jena um 1800. Natur und Kunst, Philosophie und Wissenschaft im Spannungsfeld der Geschichte, Stuttgart 1994
Streisand, Joachim: Geschichtliches Denken von der Frühaufklärung bis zur Klassik, Berlin 1967
Volke, Werner: Schillers erster Besuch in Weimar. Zu einer neuaufgefundenen Aufzeichnung von Johann Daniel Falk, in: Festschrift für Friedrich Beißner, hg. v. Ulrich Gaier u. Werner Volke, Stuttgart 1974, S. 465–477
White, Hayden: Metahistory. Die historische Einbildungskraft im 19. Jahrhundert in Europa. Aus dem Amerikanischen v. Michael Kohlhaas, Frankfurt/M. 1994
Ziolkowski, Theodore: Das Wunderjahr in Jena. Geist und Gesellschaft 1794/95, Stuttgart 1998

Zu Kapitel VI
Werke und Quellen

Aristoteles: Poetik. Griechisch-Deutsch, übers. und hg. v. Manfred Fuhrmann, Stuttgart 1982
Bloch, Ernst: Naturrecht und menschliche Würde, Frankfurt/M. 1961 (= Gesamtausgabe, Bd.VI)

Burke, Edmund: Reflections on the Revolution in France (1790), London, New York 1971
Campe, Joachim Friedrich: Briefe aus Paris zur Zeit der Revolution geschrieben (1790). Faksimile-Neudruck, Hildesheim 1977
[Diderot-d'Alembert, Hgg.]: Encyclopédie ou Dictionnaire Raisonné Des Sciences, Des Arts, et Des Métiers, par une société de gens des lettres, Paris 1751–1780
Fichte, Johann Gottlieb: Ueber Geist und Buchstab in der Philosophie. In einer Reihe von Briefen (1794) (Abdruck der Erstfassung), in: Goethe-Jahrbuch 17 (Neue Folge) (1955), S. 121–141 (= G)
Fichte, Johann Gottlieb: Werke. Gesamtausgabe der Bayerischen Akademie der Wissenschaften, hg. v. Reinhard Lauth u. Hans Jacob, Stuttgart, Bad Cannstatt 1962ff. (= GA)
Fichte, Johann Gottlieb: Briefwechsel, hg. v. Hans Schulz. Reprografischer Nachdruck der zweiten Auflage 1930, Hildesheim 1967 (= B)
Fichte, Johann Gottlieb: Grundlage der gesamten Wissenschaftslehre (1794). Mit Einleitung und Register hg. v. Wilhelm G. Jacobs, Hamburg 1988 (= W)
Freese, Rudolf (Hg.): Wilhelm von Humboldt. Sein Leben und Wirken, dargestellt in Briefen, Tagebüchern und Dokumenten seiner Zeit, Berlin 1955
[Garve-Weiße]: Briefe von Christian Garve an Christian Felix Weiße und einige andere Freunde, Breslau 1803
[v. Gentz]: Briefe von und an Friedrich von Gentz, hg. v. Friedrich Carl Wittichen, München, Berlin 1909
Gleim, Johann Wilhelm Ludwig: Von und an Herder. Ungedruckte Briefe aus Herders Nachlaß, hg. v. Heinrich Düntzer u. Ferdinand Gottfried von Herder, Leipzig 1861–62, Bd.I
Habermas, Jürgen: Theorie des kommunikativen Handelns. 2 Bde., Frankfurt/M. 1981
Hecker, Max: Schillers Tod und Bestattung. Nach Zeugnissen der Zeit, im Auftrag der Goethe-Gesellschaft, Leipzig 1935
Hölderlin, Friedrich: Sämtliche Werke. Große Stuttgarter Ausgabe, hg. v. Friedrich Beißner, Stuttgart 1943ff.
Home, Henry: Grundsätze der Kritik. Übers. v. Nicolaus Meinhard. 5 Bde., Wien 1790 (zuerst 1763–66)
Humboldt, Wilhelm v.: Gesammelte Schriften, hg. v. Albert Leitzmann, Berlin 1903ff. Photomechanischer Nachdruck, Berlin 1968
Kant, Immanuel: Gesammelte Schriften, begonnen v. der Königlich Preußischen Akademie der Wissenschaften, Berlin 1900ff.
Köster, Albert (Hg.): Die Briefe der Frau Rätin Goethe. 2 Bde., Leipzig 1904
Kulenkampff, Jens (Hg.): Materialien zu Kants *Kritik der Urteilskraft*, Frankfurt/M. 1974
Ps.-Longinos: Vom Erhabenen. Griechisch und Deutsch, hg. u. übersetzt v. Reinhard Brandt, Darmstadt 1966
Marx, Karl: Zur Kritik der Hegelschen Rechtsphilosophie. Einleitung (1844), in: Marx, Karl u. Engels, Friedrich: Werke, Berlin 1956ff., Bd.I, S. 378–391
Mirabeau, Honoré Gabriel Victor Riquetti, Comte de: Travail sur l'éducation nationale (1790), in: Collection Complet des Traveaux de M. Mirabeau Lainé à L'Assembleé Nationale, Paris 1792, S. 536–563
[Möser, Justus]: Justus Mösers sämmtliche Werke, neu geordnet und aus dem Nachlasse desselben gemehrt durch B. R. Abeken. Dritter Theil, Berlin 1842
Nietzsche, Friedrich: Werke, hg. v. Karl Schlechta, München 1960
Oellers, Norbert (Hg.): Schiller – Zeitgenosse aller Epochen. Dokumente zur Wirkungsgeschichte Schillers in Deutschland. Teil I 1782–1859, Frankfurt/M. 1970
Oellers, Norbert (Hg.): Schiller – Zeitgenosse aller Epochen. Dokumente zur Wirkungsgeschichte Schillers in Deutschland. Teil II 1860–1966, München 1976
[Paul], Jean Paul: Sämtliche Werke. Historisch-kritische Ausgabe, hg. v. Eduard Berend, Weimar 1927ff.

Rehberg, August von: Untersuchungen über die französische Revolution nebst kritischen Nachrichten von den merkwürdigen Schriften welche darüber in Frankreich erschienen sind. Zwei Teile, Hannover, Osnabrück 1793
Reinhold, Karl Leonhard: Versuch einer neuen Theorie des menschlichen Vorstellungsvermögens (1789). Faksimile-Neudruck, Darmstadt 1963
Schelling, Friedrich Wilhelm Joseph: Ausgewählte Schriften in 6 Bänden, Frankfurt/M. 1985
Schiller, Friedrich (Hg.): Die Horen. Eine Monatsschrift (1795–1797). Fotomechanischer Nachdruck, mit Einführung und Kommentar hg. v. Paul Raabe, Darmstadt 1959
Schlegel, August Wilhelm: Vorlesungen über Ästhetik I (1798–1803), hg. v. Ernst Behler, Paderborn u. a. 1989
Schulz, Günter: [J.W. Goethe:] *In wiefern die Idee: Schönheit sey Vollkommenheit mit Freyheit, auf organische Naturen angewendet werden könne*, in: Goethe-Jahrbuch 14/15 (Neue Folge) (1952/53), S. 143–157
Schulz, Hans (Hg.): Aus dem Briefwechsel des Herzogs Friedrich Christian zu Schleswig-Holstein, Stuttgart, Leipzig 1913
Weiss, Peter: Hölderlin. Stück in zwei Akten. Neufassung, Frankfurt/M. 1971
Winckelmann, Johann Joachim: Gedanken über die Nachahmung der griechischen Werke in der Malerei und Bildhauerkunst (1755), hg. v. Ludwig Uhlig, Stuttgart 1991

Forschung

Berghahn, Klaus L.: Das «Pathetischerhabene». Schillers Dramentheorie, in: Deutsche Dramentheorien. Beiträge zu einer historischen Poetik des Dramas in Deutschland, hg. v. Reinhold Grimm, Frankfurt/M. 1980 (3.Aufl., zuerst 1971), Bd.I, S. 197–221 (= PE)
Berghahn, Klaus L.: Schiller. Ansichten eines Idealisten, Frankfurt/M. 1986 (= AI)
Blumenberg, Hans: Die Lesbarkeit der Welt, Frankfurt/M. 1986 (zuerst 1981)
Böhler, Michael: Die Freundschaft von Schiller und Goethe als literatursoziologisches Paradigma, in: Internationales Archiv für Sozialgeschichte der deutschen Literatur 5 (1980), S. 33–67
Bohrer, Karl Heinz: Der Abschied. Theorie der Trauer, Frankfurt/M. 1996
Bollacher, Martin: Nationale Barbarei oder Weltbürgertum. Herders Sicht des siècle des lumières in den frühen Schriften, in: Nationen und Kulturen: zum 250. Geburtstag J. G. Herders, hg. v. Regine Otto, Würzburg 1996, S. 131–138
Bolten, Jürgen (Hg.): Schillers Briefe über die ästhetische Erziehung, Frankfurt/M. 1984
Borchmeyer, Dieter: Über eine ästhetische Aporie in Schillers Theorie der modernen Dichtung. Zu seinen «sentimentalischen» Forderungen an Goethes *Wilhelm Meister* und *Faust*, in: JDSG 22 (1978), S. 303–354 (= A)
Borchmeyer, Dieter: Rhetorische und ästhetische Revolutionskritik. Edmund Burke und Schiller, in: Klassik und Moderne. Die Weimarer Klassik als historisches Ereignis und Herausforderung im kulturgeschichtlichen Prozeß. Walter Müller-Seidel zum 65. Geburtstag, hg. v. Karl Richter u. Jörg Schönert, Stuttgart 1983, S. 56–80 (= R)
Borchmeyer, Dieter: Aufklärung und praktische Kultur. Schillers Idee der ästhetischen Erziehung, in: Naturplan und Verfallskritik. Zu Begriff und Geschichte der Kultur, hg. v. Helmut Brackert u. Fritz Wefelmeyer, Frankfurt 1984, S. 122–147 (= K)
Borchmeyer, Dieter: Goethe. Der Zeitbürger, München 1999 (= G)
Boyle, Nicholas: Goethe. Der Dichter in seiner Zeit. Bd.II 1791–1803. Aus dem Englischen übersetzt v. Holger Fliessbach, München 1999
Bräutigam, Bernd: Leben wie im Roman. Untersuchungen zum ästhetischen Imperativ im Frühwerk Friedrich Schlegels (1794–1800), Paderborn u. a. 1986 (= L)
Bräutigam, Bernd: Rousseaus Kritik ästhetischer Versöhnung. Eine Problemvorgabe der Bildungsästhetik Schillers, in: JDSG 31 (1987), S. 137–155 (= R)

Bibliographie 649

Bräutigam, Bernd: «Generalisierte Individualität». Eine Formel für Schillers philosophische Prosa, in: «die in dem alten Haus der Sprache wohnen». Beiträge zum Sprachdenken in der Literaturgeschichte. Festschrift f. Helmut Arntzen, mit Thomas Althaus u. Burkhard Spinnen hg. v. Eckehard Czucka, Münster 1991, S. 147–158 (= GI)
Brinkmann, Richard: Romantische Dichtungstheorie in Friedrich Schlegels Frühschriften und Schillers Begriffe des Naiven und Sentimentalischen. Vorzeichen einer Emanzipation des Historischen, in: DVjs 32 (1958), S. 344–371
Bürger, Christa: Zur geschichtlichen Begründung der Autonomieästhetik Schillers, in: Dies.: Der Ursprung der bürgerlichen Institution Kunst im höfischen Weimar. Literatursoziologische Untersuchungen zum klassischen Goethe, Frankfurt/M. 1977, S. 130–139
Bürger, Peter: Zur Kritik der idealistischen Ästhetik, Frankfurt/M. 1983
Conrady, Karl Otto (Hg.): Deutsche Literatur zur Zeit der Klassik, Stuttgart 1977
Dod, Elmar: Die Vernünftigkeit der Imagination in Aufklärung und Romantik. Eine komparatistische Studie zu Schillers und Shelleys ästhetischen Theorien in ihrem europäischen Kontext, Tübingen 1985
Düsing, Wolfgang: Schillers Idee des Erhabenen, Köln 1967
Feger, Hans: Die Macht der Einbildungskraft in der Ästhetik Kants und Schillers, Heidelberg 1995
Fink, Gonthier-Louis: Wieland und die Französische Revolution, in: Brinkmann, Richard u. a.: Deutsche Literatur und Französische Revolution, Göttingen 1974, S. 5–39
Frank, Manfred: Einführung in die frühromantische Ästhetik, Frankfurt/M. 1989
Gerhard, Melitta: Wahrheit und Dichtung in der Überlieferung des Zusammentreffens von Goethe und Schiller im Jahr 1794, in: Jahrbuch des Freien Deutschen Hochstifts 1974, S. 17–25
Graham, Ilse: «Zweiheit im Einklang». Der Briefwechsel zwischen Schiller und Goethe, in: Goethe-Jahrbuch 95 (1978), S. 29–64
Grimm, Reinhold u. Hermand, Jost (Hgg.): Die Klassik-Legende. Second Wisconsin-Workshop, Frankfurt/M. 1971
Gumbrecht, Hans Ulrich u. Pfeiffer, K. Ludwig (Hgg.): Stil. Geschichten und Funktionen eines kulturwissenschaftlichen Diskurselementes, Frankfurt/M. 1986
Hahn, Karl-Heinz: Im Schatten der Revolution – Goethe und Jena im letzten Jahrzehnt des 18. Jahrhunderts, in: Jahrbuch des Wiener Goethe-Vereins 81–83 (1977–79), S. 37–58
Henrich, Dieter: Der Begriff der Schönheit in Schillers Ästhetik, in: Zeitschrift für philosophische Forschung 11 (1958), S 527–547
High, Jeffrey L.: Schillers Plan, Ludwig XVI. in Paris zu verteidigen, in: JDSG 39 (1995), S. 178–194
Hinderer, Walter: Utopische Elemente in Schillers ästhetischer Anthropologie, in: Literarische Utopie-Entwürfe, hg. v. Hiltrud Gnüg, Frankfurt/M. 1982, S. 173–186
Homann, Renate: Erhabenes und Satirisches. Zur Grundlegung einer Theorie ästhetischer Literatur bei Kant und Schiller, München 1977
Japp, Uwe: Literatur und Modernität, Frankfurt/M. 1987
Jauß, Hans Robert: Schlegels und Schillers Replik auf die ‹Querelle des Anciens et des Modernes›, in: Ders.: Literaturgeschichte als Provokation, Frankfurt/M. 1970, S. 67–106
Lohrer, Liselotte: Cotta. Geschichte eines Verlags. 1659–1959, Stuttgart 1959
Luhmann, Niklas: Die Kunst der Gesellschaft, Frankfurt/M. 1995
Lukács, Georg: Der Briefwechsel zwischen Schiller und Goethe, in: Gesammelte Werke. Bd. 7, Neuwied, Berlin 1964, S. 89–125 (= B)
Lukács, Georg: Zur Ästhetik Schillers, in: Gesammelte Werke. Bd. 10, Neuwied, Berlin 1969, S. 17–106 (= Ä)
Mayer, Hans: Goethe. Ein Versuch über den Erfolg, Frankfurt/M. 1973 (= G)
Mayer, Hans: Das unglückliche Bewußtsein. Zur deutschen Literaturgeschichte von Lessing bis Heine, Frankfurt/M. 1989 (= B)
Meyer, Hermann: Schillers philosophische Rhetorik, in: Euphorion 53 (1959), S. 313–350

Pott, Hans-Georg: Die schöne Freiheit. Eine Interpretation zu Schillers Schrift *Über die ästhetische Erziehung des Menschen in einer Reihe von Briefen*, München 1980
Puntel, Kai: Die Struktur künstlerischer Darstellung. Schillers Theorie der Versinnlichung in Kunst und Literatur, München 1986
Riecke-Niklewski, Rose: Die Metaphorik des Schönen. Eine kritische Lektüre der Versöhnung in Schillers *Über die ästhetische Erziehung des Menschen in einer Reihe von Briefen*, Tübingen 1986
Riedel, Wolfgang: *Der Spaziergang*. Ästhetik der Landschaft und Geschichtsphilosophie der Natur bei Schiller, Würzburg 1989
Rohrmoser, Günter: Zum Problem der ästhetischen Versöhnung. Schiller und Hegel, in: Euphorion 53 (1959), S. 351–366
Schaefer, Ulfried: Philosophie und Essayistik bei Friedrich Schiller, Würzburg 1996
Schöne, Albrecht: Götterzeichen, Liebeszauber, Satanskult. Neue Einblicke in alte Goethetexte, München 1993 (3.Aufl., zuerst 1982)
Schröder, Gert: Schillers Theorie ästhetischer Bildung zwischen neukantianischer Vereinnahmung und ideologiekritischer Verurteilung, Frankfurt/M. 1998
Schulz, Gerhard: Die deutsche Literatur zwischen Französischer Revolution und Restauration. Erster Teil: 1789–1806 (= Geschichte der deutschen Literatur, hg. v. Helmut de Boor u. Richard Newald, Bd.VII/1), München 1983
Schulz, Günter: Schillers *Horen*. Politik und Erziehung, Heidelberg 1960
Schulz, Hans: Friedrich Christian Herzog zu Schleswig-Holstein. Ein Lebenslauf, Stuttgart, Leipzig 1910
Scurla, Herbert: Wilhelm von Humboldt. Werden und Wirken, Berlin 1985 (3.Aufl., zuerst 1970)
Sengle, Friedrich: Das Genie und sein Fürst. Die Geschichte der Lebensgemeinschaft Goethes mit dem Herzog Carl August, Stuttgart, Weimar 1993
Simm, Hans Joachim (Hg.): Literarische Klassik, Frankfurt/M. 1988
Strube, Werner: Schillers *Kallias*-Briefe oder über die Objektivität des Schönen, in: Literaturwissenschaftliches Jahrbuch 18 (1977), S. 115–131
Spemann, Adolf: Dannecker, Berlin, Stuttgart 1909
Szondi, Peter: Poetik und Geschichtsphilosophie, hg. v. Wolfgang Fietkau. 2 Bde., Frankfurt/M. 1974 (= PG)
Szondi, Peter: Schriften. 2 Bde., Frankfurt/M. 1978 (= S)
Tschierske, Ulrich: Vernunftkritik und ästhetische Subjektivität. Studien zur Anthropologie Friedrich Schillers, Tübingen 1988
Ueding, Gert: Schillers Rhetorik. Idealistische Wirkungsästhetik und rhetorische Tradition, Tübingen 1971 (= R)
Ueding, Gert: Klassik und Romantik. Deutsche Literatur im Zeitalter der Französischen Revolution 1789–1815, München 1987 (= KR)
Veil, Wolfgang H.: Schillers Krankheit. Eine Studie über das Krankheitsgeschehen in Schillers Leben und über den natürlichen Todesausgang. Zweite erg. und erw. Ausgabe, Naumburg (Saale) 1945
Vosskamp, Wilhelm (Hg.): Klassik im Vergleich. Normativität und Historizität europäischer Klassiken, Stuttgart 1993
Wiese, Benno v.: Das Problem der ästhetischen Versöhnung bei Schiller und Hegel, in: JDSG 9 (1965), S. 169–188
Wilkinson, Elizabeth M. u. Willoughby, Leonard A.: Schillers Ästhetische Erziehung des Menschen. Eine Einführung, München 1977
Wittkowski, Wolfgang (Hg.): Revolution und Autonomie. Deutsche Autonomieästhetik im Zeitalter der Französischen Revolution. Ein Symposium, Tübingen 1990
Wölfflin, Heinrich: Kunstgeschichtliche Grundbegriffe, Dresden 1979 (zuerst 1915)
Zelle, Carsten: Die doppelte Ästhetik der Moderne. Revisionen des Schönen von Boileau bis Nietzsche, Stuttgart 1995

Zimmermann, Harro (Hg.): Die Französische Revolution in der deutschen Literatur, Frankfurt/M. 1989

Zu Kapitel VII
Werke und Quellen

Bürger, Gottfried August: Gedichte. Zwei Teile, Göttingen 1789
Chézy, Helmina v.: Denkwürdigkeiten aus dem Leben Helmina von Chézys. Von ihr selbst erzählt. Bd.I-II, Leipzig 1858
Creuzer, Friedrich: Symbolik und Mythologie der alten Völker, besonders der Griechen. Erster Theil, Leipzig, Darmstadt 1819 (2. Aufl., zuerst 1810)
Fontane, Theodor: Frau Jenny Treibel (1892). Mit einem Nachwort v. Richard Brinkmann, Frankfurt/M. 1984
Grillparzer, Franz: Sämtliche Werke, hg. v. Peter Frank u. Karl Pörnbacher, Bd.III, München 1963
Jacobi, Friedrich Heinrich: Werke, hg. v. Friedrich Roth u. Friedrich Köppen, Darmstadt 1968
Kleist, Ewald Christian v.: Sämtliche Werke, hg. v. Jürgen Stenzel, Stuttgart 1971
Schlegel, August Wilhelm: Sämmtliche Werke, hg. v. Eduard Böcking, Leipzig 1846-47
Schmitt, Carl: Politische Romantik, München, Leipzig 1925
Schopenhauer, Arthur: Werke in zehn Bänden. Zürcher Ausgabe, hg. v. Angelika Hübscher, Zürich 1977
Walser, Martin: Liebeserklärungen, Frankfurt/M. 1986

Forschung

Albertsen, Leif Ludwig: *Das Lied von der Glocke* oder die ästhetische Erziehung zweiter Klasse, in: Literatur als Dialog. Festschrift zum 50. Geburtstag von Karl Tober, hg. v. R. Nethersole, Johannesburg 1979, S. 249-263
Anderegg, Johannes: Friedrich Schiller. *Der Spaziergang*. Eine Interpretation, St. Gallen 1964
Bohrer, Karl Heinz (Hg.): Mythos und Moderne. Begriff und Bild einer Rekonstruktion, Frankfurt/M. 1983
Bovenschen, Silvia: Die imaginierte Weiblichkeit. Exemplarische Untersuchungen zu kulturgeschichtlichen und literarischen Präsentationsformen des Weiblichen, Frankfurt/M. 1979
Brandt, Helmut: Angriff auf den schwächsten Punkt. Friedrich Schlegels Kritik an Schillers *Würde der Frauen*, in: Aurora 53 (1993), S. 108-125
Curtius, Ernst Robert: Europäische Literatur und lateinisches Mittelalter, Bern, München 1984 (10.Aufl., zuerst 1948)
Dahnke, Hans-Dietrich: Schönheit und Wahrheit. Zum Thema Kunst und Wissenschaft in Schillers Konzeptionsbildung am Ende der achtziger Jahre des 18. Jahrhunderts, in: Ansichten der deutschen Klassik, hg. v. Helmut Brandt u. Manfred Beyer, Berlin, Weimar 1981, S. 84-119
David, Claude: Schillers Gedicht *Die Künstler*. Ein Kreuzweg der deutschen Literatur, in: Ordnung des Kunstwerks. Aufsätze zur deutschsprachigen Literatur zwischen Goethe und Kafka, hg. v. Theo Buck u. Etienne Mazingue, Göttingen 1983, S. 45-61
Foucault, Michel: Die Ordnung der Dinge. Aus dem Französischen v. Ulrich Köppen, Frankfurt/M. 1980 (= Les mots et les choses, 1966)
Frank, Manfred: Der kommende Gott. Vorlesungen über die Neue Mythologie. I. Teil, Frankfur/M. 1982
Frühwald, Wolfgang: Die Auseinandersetzung um Schillers Gedicht *Die Götter Griechenlands*, in: JDSG 13 (1969), S. 251-271

Fuhrmann, Helmut: Revision des Parisurteils. ‹Bild› und ‹Gestalt› der Frau im Werk Friedrich Schillers, in: JDSG 25 (1981), S. 316-367
Grimm, Gunter E. (Hg.): Metamorphosen des Dichters. Das Rollenverständnis deutscher Schriftsteller vom Barock bis zur Gegenwart, Frankfurt/M. 1992
Hamburger, Käte: Schiller und die Lyrik. In: JDSG 16 (1972), S. 299-329
Hinderer, Walter: Schiller und Bürger: Die ästhetische Kontroverse als Paradigma, in: Jahrbuch des Freien Deutschen Hochstifts 1986, S. 130-154
Hörisch, Jochen: Brot und Wein. Die Poesie des Abendmahls, Frankfurt/M. 1992
Jäger, Hans-Wolf: Politische Metaphorik im Jakobinismus und im Vormärz, Stuttgart 1971
Jolles, Matthijs: Dichtkunst und Lebenskunst. Studien zum Problem der Sprache bei Friedrich Schiller, hg. v. Arthur Groos, Bonn 1980
Köhnke, Klaus: «Des Schicksals dunkler Knäuel». Zu Schillers Ballade *Die Kraniche des Ibykus*, in: ZfdPh 108 (1989), S. 481-495
Kurscheidt, Georg: Schiller als Lyriker, in: Dann, Otto u. a. (Hgg.), Friedrich Schiller. Werke und Briefe in zwölf Bänden. Bd.I, Frankfurt/M. 1992, S. 749-803
Kurz, Gerhard: Mittelbarkeit und Vereinigung. Zum Verhältnis von Poesie, Reflexion und Revolution bei Hölderlin, Stuttgart 1975
Laufhütte, Hartmut: Die deutsche Kunstballade. Grundlegung einer Gattungsgeschichte, Heidelberg 1979
Leistner, Bernd: Der *Xenien*-Streit, in: Debatten und Kontroversen, hg. v. Hans-Dietrich Dahnke. Bd.I, Berlin, Weimar 1989, S. 451-539
Leitzmann, Albert: Die Quellen von Schillers und Goethes Balladen, Bonn 1911
Mayer, Hans: Schillers Gedichte und die Traditionen deutscher Lyrik, in: JDSG 4 (1960), S. 72-89
Mommsen, Momme: Hölderlins Lösung von Schiller. Zu Hölderlins Gedichten *An Herkules* und *Die Eichbäume* und den Übersetzungen aus Ovid, Vergil und Euripides, in: JDSG 9 (1965), S. 203-245
Oellers, Norbert: Der «umgekehrte Zweck» der ‹Erzählung› *Der Handschuh*, in: JDSG 20 (1976), S. 387-401 (= H)
Oellers, Norbert: *Das Reich der Schatten*, *Das Ideal und das Leben*, in: Edition und Interpretation. Jahrbuch für Internationale Germanistik, hg. v. Johannes Hay u. Winfried Woesler, Bern 1981, S. 44-57 (= RS)
Ohlenroth, Markus: Bilderschrift. Schillers Arbeit am Bild, Frankfurt/M. 1995
Politzer, Heinz: Szene und Tribunal. Schillers Theater der Grausamkeit, in: Ders.: Das Schweigen der Sirenen. Studien zur deutschen und österreichischen Literatur, Stuttgart 1968, S. 234-253
Rüdiger, Horst: Schiller und das Pastorale, in: Schiller. Zum 10. November 1959. Festschrift des Euphorion, Heidelberg 1959, S. 7-29
Scherpe, Klaus R.: Analogon actionis und lyrisches System. Aspekte normativer Lyriktheorie in der deutschen Poetik des 18. Jahrhunderts, in: Poetica 4 (1971), S. 32-59
Schlaffer, Hannelore: Die Ausweisung des Lyrischen aus der Lyrik. Schillers Gedichte, in: Das Subjekt der Dichtung, hg. v. Gerhard Buhr u. a., Würzburg 1990, S. 519-532
Schulz, Hans: Friedrich Christian von Schleswig-Holstein-Sonderburg-Augustenburg und Schiller. Eine Nachlese, in: Deutsche Rundschau 122 (1905), S. 342-365
Schwarzbauer, Franz: Die Xenien. Studien zur Vorgeschichte der Weimarer Klassik, Stuttgart 1993
Seeba, Hinrich C.: Das wirkende Wort in Schillers Balladen. In: JDSG 14 (1970), S. 275-322
Segebrecht, Wulf: Naturphänomene und Kunstidee. Goethe und Schiller in ihrer Zusammenarbeit als Balladendichter, dargestellt am Beispiel der *Kraniche des Ibykus*, in: Klassik und Moderne. Die Weimarer Klassik als historisches Ereignis und Herausforderung im kulturgeschichtlichen Prozeß. Walter Müller-Seidel zum 65. Geburtstag, hg. v. Karl Richter u. Jörg Schönert, Stuttgart 1983, S. 194-206 (= B)

Segebrecht, Wulf: Die tödliche Losung «Lang lebe der König». Zu Schillers Ballade *Der Taucher*, in: Gedichte und Interpretationen. Deutsche Balladen, hg. v. Gunter E. Grimm, Stuttgart 1988, S. 113–132 (= T)
Segebrecht, Wulf (Hg.): Gedichte und Interpretationen. Klassik und Romantik, Stuttgart 1984
Stenzel, Jürgen: «Zum Erhabenen tauglich». Spaziergang durch Schillers *Elegie*, in: JDSG 19 (1975), S. 167–191
Strack, Friedrich: Ästhetik und Freiheit. Hölderlins Idee von Schönheit, Sittlichkeit und Geschichte in der Frühzeit, Tübingen 1976
Wiese, Benno v. (Hg.): Deutsche Dichter der Romantik. Ihr Leben und Werk, Berlin 1983 (2.Aufl., zuerst 1971)
Wohlleben, Joachim: Ein Gedicht, ein Satz, ein Gedanke – Schillers *Nänie*, in: Deterding, Klaus (Hg.): Wahrnehmungen im poetischen All. Festschrift für Alfred Behrmann, Heidelberg 1993, S. 54–72
Ziolkowski, Theodore: The Classical German Elegy. 1795–1850, Princeton 1980

Zu Kapitel VIII
Werke und Quellen

[An.]: Einige Briefe über Schillers *Maria Stuart* und über die Aufführung derselben auf dem Weimarischen Hoftheater, Jena 1800
Bismarck, Otto v.: Gedanken und Erinnerungen. Bd.I, Stuttgart 1898
Bodin, Jean: Sechs Bücher über den Staat (= Six livres de la république, 1583). 2 Bde., übers. u. mit Anm. vers. v. Bernd Wimmer, eingel. und hg. v. P. C. Mayer-Tasch, München 1981 ff.
Börne, Ludwig: Sämtliche Schriften, neu bearb. u. hg. v. Peter Rippmann. Bd.I, Düsseldorf 1964
Brecht, Bertolt: Gesammelte Werke, hg. vom Suhrkamp-Verlag in Zusammenarbeit mit Elisabeth Hauptmann, Frankfurt/M. 1967
Canetti, Elias: Der andere Prozeß, München 1969
[Carl August-Goethe]: Briefwechsel des Herzogs-Großherzogs Carl August mit Goethe, hg. v. Hans Wahl. Bd.I (1775–1806), Berlin 1915
Erhard, Johann Benjamin: Über das Recht des Volks zu einer Revolution und andere Schriften, hg. v. Hellmut G. Haasis, Frankfurt/M. 1976
Fontane, Theodor: Cécile (1887), in: Werke in 15 Bänden, kommentiert v. Annemarie u. Kurt Schreinert. Bd.VIII, München 1969
Frisch, Max: Wilhelm Tell für die Schule, Frankfurt/M. 1981 (13.Aufl., zuerst 1971)
Genast, Eduard: Aus dem Tagebuch eines alten Schauspielers. Theil 1, Leipzig 1862
Grawe, Christian (Hg.): Friedrich Schiller. *Maria Stuart*. Erläuterungen und Dokumente, Stuttgart 1978
Haugwitz, August Adolph v.: Prodromus Poeticus, Oder: Poetischer Vortrab (1684), Faksimile-Neudruck, hg. v. Pierre Béhar, Tübingen 1984
Hederich, Benjamin: Gründliches mythologisches Lexicon, Leipzig 1770 (2.Aufl., zuerst 1724)
Helbig, Karl Gustav: Der Kaiser Ferdinand und der Herzog von Friedland während des Winters 1633–1634, Dresden 1852
Hochhuth, Rolf: Tell 38. Dankrede für den Basler Kunstpreis 1976. Anmerkungen und Dokumente, Reinbek b. Hamburg 1979
Hornigk, Frank (Hg.): Heiner Müller Material. Texte und Kommentare, Leipzig 1989
Houben, Heinrich Hubert: Verbotene Literatur von der klassischen Zeit bis zur Gegenwart, Hildesheim 1965 (zuerst 1924)
Kafka, Franz: Tagebücher 1910–1923, hg. v. Max Brod, Frankfurt/M. 1967

[Kant, Gentz, Rehberg]: ‹Über Theorie und Praxis›. Mit einer Einleitung v. Dieter Henrich, Frankfurt/M. 1967
Kühn, Adelbert: Schiller. Sein Leben und sein Sterben, sein Wirken und seine Werke. Zerstreutes als Bausteine zu einem Denkmal, Weimar 1882
Maché, Ulrich u. Meid, Volker (Hgg.): Gedichte des Barock, Stuttgart 1992
Mercier, Louis-Sébastien: Tableau de Paris. Nouvelle Edition, Amsterdam 1782–83
[Schiller-Cotta] Briefwechsel zwischen Schiller und Cotta, hg. v. Wilhelm Vollmer, Stuttgart 1876
Shaw, George Bernard: Prefaces, London 1934
Tieck, Ludwig: Werke in vier Bänden, hg. v. Marianne Thalmann. Bd.II, München 1964
Weber, Max: Politik als Beruf (1919), in: Ders.: Gesammelte politische Schriften, München 1921, S. 396–450

Forschung

Albert, Claudia: Sizilien als historischer Schauplatz in Schillers Drama *Die Braut von Messina*, in: Archiv für das Studium der neueren Sprachen und Literatur 226 (1989), S. 265–276
Barnouw, Jeffrey: Das ‹Problem der Aktion› und *Wallenstein*, in: JDSG 16 (1972), S. 330–408
Bauer, Barbara: Friedrich Schillers *Maltheser* im Lichte seiner Staatstheorie, in: JDSG 35 (1991), S. 113–149
Bauer, Roger (Hg.): Inevitabilis Vis Fatorum. Der Triumph des Schicksalsdramas auf der europäischen Bühne um 1800, Bern, Frankfurt/M.1990
Beck, Adolf: Schillers *Maria Stuart*, in: Ders.: Forschung und Deutung. Ausgewählte Aufsätze zur Literatur, hg. v. Ulrich Fülleborn, Frankfurt/M. 1966, S. 167–187
Berghahn, Klaus L.: «Doch eine Sprache braucht das Herz». Beobachtungen zu den Liebesdialogen in Schillers *Wallenstein*, in: Monatshefte 64 (1972), S. 25–32
Binder, Wolfgang: Schillers *Demetrius*, in: Euphorion 53 (1959), S. 252–280
Borchmeyer, Dieter: Macht und Melancholie. Schillers *Wallenstein*, Frankfurt/M. 1988 (= M)
Borchmeyer, Dieter: Kritik der Aufklärung im Geiste der Aufklärung: Friedrich Schiller, in: Aufklärung und Gegenaufklärung in der europäischen Literatur, Philosophie und Politik von der Antike bis zur Gegenwart, hg. v. Jochen Schmidt, Darmstadt 1989, S. 361–376 (= A)
Brown, Hilda M.: Der Chor und chorverwandte Elemente im deutschen Drama des 19. Jahrhunderts und bei Heinrich von Kleist, in: Kleist-Jahrbuch 1981/82, S. 240–261
Christ, Barbara: Die Splitter des Scheins. Friedrich Schiller und Heiner Müller. Zur Geschichte und Ästhetik des dramatischen Fragments, Paderborn 1996
Clasen, Thomas: «Nicht mein Geschlecht beschwöre! Nenne mich nicht Weib»? Zur Darstellung der Frau in Schillers «Frauen-Dramen», in: Schiller. Vorträge aus Anlaß seines 225. Geburtstages, hg. v. Dirk Grathoff u. Erwin Leibfried, Frankfurt/M. 1991, S. 89–111
Dwars, Jens-F.: Dichtung im Epochenumbruch. Schillers *Wallenstein* im Wandel von Alltag und Öffentlichkeit, in: JDSG 35 (1991), S. 150–179
Epstein, Klaus: Die Ursprünge des Konservativismus in Deutschland. Der Ausgangspunkt: Die Herausforderung durch die Französische Revolution 1770–1806, Frankfurt/M. 1973
Fetscher, Iring: Philister, Terrorist oder Reaktionär? Schillers *Tell* und seine linken Kritiker, in: Ders.: Die Wirksamkeit der Träume. Literarische Skizzen eines Sozialwissenschaftlers, Frankfurt/M. 1987, S. 141–164
Fink, Gonthier-Louis: Schillers *Wilhelm Tell*, ein antijakobinisches republikanisches Schauspiel, in: Aufklärung 1 (1986), Hft.2, S. 57–81
Frey, John R.: Schillers schwarzer Ritter, in: German Quarterly 32 (1959), S. 302–315
Fromm, Emil: Immanuel Kant und die preussische Censur. Nebst kleineren Beiträgen zur Lebensgeschichte Kants. Nach den Akten im Königl. Geheimen Staatsarchiv zu Berlin, Hamburg, Leipzig 1894

Gabriel, Norbert: «Furchtbar und sanft». Zum Trimeter in Schillers *Jungfrau von Orleans* (II, 6–8), in: JDSG 29 (1985), S. 125–141
Garland, H. B.: Schiller. The Dramatic Writer – A Study of Style in the Plays, Oxford 1969
Gille, Klaus F.: Das astrologische Motiv in Schillers *Wallenstein*, in: Amsterdamer Beiträge zur neueren Germanistik 1 (1972), S. 103–118
Glossy, Karl: Zur Geschichte der Wiener Theatercensur, in: Jahrbuch der Grillparzer-Gesellschaft 7 (1897), S. 238–340
Glück, Alfons: Schillers *Wallenstein*, München 1976
Graham, Ilse: Schiller, ein Meister der tragischen Form. Die Theorie in der Praxis, Darmstadt 1974
Guthke, Karl S.: Schillers *Turandot* als eigenständige dramatische Leistung, in: JDSG 3 (1959), S. 118–141
Gutmann, Anni: Schillers *Jungfrau von Orleans*: Das Wunderbare und die Schuldfrage, in: ZfdPh 88 (1969), S. 560–583 (= W)
Gutmann, Anni: Ein bisher unbeachtetes Vorbild zu Schillers *Maria Stuart*. *Mary Queen of Scots* von John St. John, 1747–1793, in: The German Quarterly 53 (1980), S. 452–457 (= MS)
Hahn, Karl-Heinz: Aus der Werkstatt deutscher Dichter, Halle a.S. 1963
Harrison, Robin: Heilige oder Hexe? Schillers *Jungfrau von Orleans* im Lichte der biblischen und griechischen Anspielungen, in: JDSG 30 (1986), S. 265–305
Herrmann, Gernot: Schillers Kritik der Verstandesaufklärung in der *Jungfrau von Orleans*. Eine Interpretation der Figuren des Talbot und des Schwarzen Ritters, in: Euphorion 84 (1990), S. 163–186
Heselhaus, Clemens: Wallensteinisches Welttheater, in: Der Deutschunterricht 12 (1960), Hft.2, S. 42–71
Heuer, Fritz u. Keller, Werner (Hgg.): Schillers *Wallenstein*, Darmstadt 1977
Hinck, Walter (Hg.): Geschichte als Schauspiel. Deutsche Geschichtsdramen. Interpretationen, Frankfurt/M. 1981
Hinderer, Walter: Der Mensch in der Geschichte. Ein Versuch über Schillers *Wallenstein*. Mit einer Bibliographie v. Helmut G. Hermann, Königstein/Ts. 1980
Hucke, Karl-Heinz: Jene «Scheu vor allem Mercantilischen». Schillers «Arbeits- und Finanzplan», Tübingen 1984
Ide, Heinz: Zur Problematik der Schiller-Interpretation. Überlegungen zur *Jungfrau von Orleans*, in: Jahrbuch der Wittheit zu Bremen 8 (1964), S. 41–91
Kasperowski, Ira: Karl Wilhelm Ferdinand von Funck. Portrait eines Mitarbeiters an Schillers *Horen* aus seinen unveröffentlichten Briefen an Christian Gottfried Körner, in: JDSG 34 (1990), S. 37–87
Kluge, Gerhard: *Die Braut von Messina*, in: Schillers Dramen. Neue Interpretationen, hg. v. Walter Hinderer, Stuttgart 1979, S. 242–270
Koopmann, Helmut: Schillers *Wallenstein*. Antiker Mythos und moderne Geschichte. Zur Begründung der klassischen Tragödie um 1800, in: Teilnahme und Spiegelung. Festschrift für Horst Rüdiger, hg. v. Beda Allemann, Berlin 1975, S. 263–274
Kreuzer, Helmut: Die Jungfrau in Waffen. *Judith* und ihre Geschwister von Schiller bis Sartre, in: Untersuchungen zur Literatur als Geschichte. Festschrift für Benno v. Wiese, hg. v. Vincent J. Günther u. a., Berlin 1973, S. 363–384
Labhardt, Rico: Wilhelm Tell als Patriot und Revolutionär 1700–1800. Wandlungen der Tell-Tradition im Zeitalter des Absolutismus und der französischen Revolution, Basel 1947
Lamport, Francis J.: «*Faust*-Vorspiel» und «*Wallenstein*-Prolog» oder Wirklichkeit und Ideal der weimarischen «Theaterunternehmung», in: Euphorion 83 (1989), S. 323–336 (= FW)
Lamport, Francis J.: Krise und Legitimitätsanspruch. *Maria Stuart* als Geschichtstragödie, in: ZfdPh 109 (1990). Sonderheft, S. 134–145 (= MS)

Lethen, Helmut: Verhaltenslehren der Kälte. Lebensversuche zwischen den Kriegen, Frankfurt/M. 1994
Linder, Jutta: Schillers Dramen. Bauprinzip und Wirkungsstrategie, Bonn 1989
Lokke, Kari: Schiller's *Maria Stuart*. The historical sublime and the aesthetics of gender, in: Monatshefte 82 (1990), S. 123-141
Oellers, Norbert: Die Heiterkeit der Kunst. Goethe variiert Schiller, in: Edition als Wissenschaft. Festschrift für Hans Zeller, hg. v. Gunter Martens u. Winfried Woesler, Tübingen 1991, S. 92-103
Pillau, Helmut: Die fortgedachte Dissonanz. Hegels Tragödientheorie und Schillers Tragödie, München 1981
Plachta, Bodo: Damnatur – Toleratur – Admittur. Studien und Dokumente zur literarischen Zensur im 18. Jahrhundert, Tübingen 1994
Prader, Florian: Schiller und Sophokles, Zürich 1954
Prandi, Julie D.: Woman warrior as hero: Schiller's *Jungfrau von Orleans* and Kleist's *Penthesilea*, in: Monatshefte 77 (1985), S. 403-414
Pütz, Peter: Die Zeit im Drama. Zur Technik dramatischer Spannung, Göttingen 1977 (2.Aufl., zuerst 1970)
Ranke, Wolfgang: Dichtung unter den Bedingungen der Reflexionen. Interpretationen zu Schillers philosophischer Poetik und ihren Auswirkungen im *Wallenstein*, Würzburg 1990
Reinhardt, Hartmut: Schillers *Wallenstein* und Aristoteles, in: JDSG 20 (1976), S. 278-337
Reinhardt, Karl: Sprachliches zu Schillers *Jungfrau von Orleans*. In: Ders.: Tradition und Geist, Göttingen 1960, S. 366-380 (zuerst 1955)
Sautermeister, Gert: Idyllik und Dramatik im Werk Friedrich Schillers. Zum geschichtlichen Ort seiner klassischen Dramen, Stuttgart u. a. 1971
Schadewaldt, Wolfgang: Antikes und Modernes in Schillers *Braut von Messina*, in: JDSG 13 (1969), S. 286-307
Schäublin, Peter: Der moralphilosophische Diskurs in Schillers *Maria Stuart*, in: Sprachkunst 17 (1986), S. 141-187
Schings, Hans-Jürgen: Das Haupt der Gorgone. Tragische Analysis und Politik in Schillers *Wallenstein*, in: Das Subjekt der Dichtung. Festschrift für Gerhard Kaiser, hg. v. Gerhard Buhr u. a., Würzburg 1990, S. 283-307
Sengle, Friedrich: *Die Braut von Messina*, in: Ders.: Arbeiten zur deutschen Literatur 1750-1850, Stuttgart 1965, S. 94-117
Sergl, Anton: Das Problem des Chors im deutschen Klassizismus. Schillers Verständnis der *Iphigenie auf Tauris* und seine *Braut von Messina*, in: JDSG 42 (1998), S. 165-195
Singer, Herbert: Dem *Fürsten* Piccolomini, in: Euphorion 53 (1959), S. 281-302
Staiger, Emil: Die Kunst der Interpretation. Studien zur deutschen Literaturgeschichte, Zürich 1955
Steinhagen, Harald: Schillers *Wallenstein* und die Französische Revolution, in: ZfdPh 109 (1990), Sonderheft, S. 77-98
Steinmetz, Horst: Die Trilogie. Entstehung und Struktur einer Großform des deutschen Dramas nach 1800, Heidelberg 1968
Stephan, Inge: «Hexe oder Heilige». Zur Geschichte der Jeanne d'Arc und ihrer literarischen Verbreitung, in: Die Verborgene Frau. Sechs Beiträge zu einer feministischen Literaturwissenschaft. Mit Beiträgen v. Inge Stephan und Sigrid Weigel, Berlin 1988, S. 15-35
Storz, Gerhard: Schiller, *Jungfrau von Orleans*, in: Das deutsche Drama vom Barock bis zur Gegenwart. Interpretationen, hg. v. Benno v. Wiese, Bd.I, Düsseldorf 1962, S. 322-338
Strähner, Mathias: Analytisches Drama, München 1980
Thalheim, Hans-Günther: Schillers *Demetrius* als klassische Tragödie, in: Weimarer Beiträge 1 (1955), S. 22-86 (= D)
Thalheim, Hans-Günther: Notwendigkeit und Rechtlichkeit der Selbsthilfe in Schillers *Wilhelm Tell*, in: Goethe-Jahrbuch 18 (Neue Folge) (1956), S. 216-257 (= T)

Thiergaard, Ulrich: Schiller und Walpole. Ein Beitrag zu Schillers Verhältnis zur Schauerliteratur, in: JDSG 3 (1959), S. 102–117
Tümmler, Hans: Carl August von Weimar, Goethes Freund. Eine vorwiegend politische Biographie, Stuttgart 1978
Turk, Horst: Die Kunst des Augenblicks. Zu Schillers *Wallenstein*, in: Augenblick und Zeitpunkt. Studien zur Zeitstruktur und Zeitmetaphorik in Kunst und Wissenschaften, hg. v. Christian W. Thomsen, Darmstadt 1984, S. 306–324
Utz, Peter: Die ausgehöhlte Gasse. Stationen der Wirkungsgeschichte von Schillers *Wilhelm Tell*, Königstein/Ts. 1984 (= T)
Utz, Peter: Das Auge und das Ohr im Text. Literarische Sinneswahrnehmung in der Goethezeit, München 1990 (= A)
Vaget, Hans Rudolf: Der Dilettant. Eine Skizze der Wort- und Bedeutungsgeschichte, in: JDSG 14 (1970), S. 131–158
Weimar, Klaus: Die Begründung der Normalität. Zu Schillers *Wallenstein*, in: ZfdPh 109 (1990), Sonderheft, S. 99–116
Wittkowski, Wolfgang: *Demetrius* – Schiller und Hebbel, in: JDSG 3 (1959), S. 142–179 (= D)
Wittkowski, Wolfgang: Octavio Piccolomini. Zur Schaffensweise des *Wallenstein*-Dichters, in: JDSG 5 (1961), S. 10–57 (= P)
Wittkowski, Wolfgang: Theodizee oder Nemesistragödie? Schillers *Wallenstein* zwischen Hegel und politischer Ethik, in: Jahrbuch des Freien Deutschen Hochstifts 1980, S. 177–237 (= T)
Wittkowski, Wolfgang: Tradition der Moderne als Tradition der Antike. Klassische Humanität in Goethes *Iphigenie* und Schillers *Braut von Messina*, in: Zur Geschichtlichkeit der Moderne. Der Begriff der literarischen Moderne in Theorie und Deutung. Ulrich Fülleborn zum 60. Geburtstag, hg. v. Theo Elm u. Gerd Hemmerich, München 1982, S. 113–134 (= B)
Zeller, Bernhard (Hg.): Schiller. Reden im Gedenkjahr 1959, Stuttgart 1961
Zeller, Rosmarie: Der Tell-Mythos und seine dramatische Gestaltung von Henzi bis Schiller, in: JDSG 38 (1994), S. 65–88

Abbildungsnachweis

Schiller-Nationalmuseum und Deutsches Literaturarchiv, Marbach: S. 57, 60, 68, 69, 75, 79, 98, 157, 175, 182, 189, 307, 324, 396, 416, 551, 555, 610

Archiv für Kunst und Geschichte, Berlin: S. 316, 404, 558

Kupferstichkabinett. Staatliche Museen zu Berlin – Preußischer Kulturbesitz: S. 317

Zeittafel

1759 Am 10. November Geburt von Johann Christoph Friedrich Schiller in Marbach am Neckar, als zweites Kind der Gastwirtstochter Elisabeth Dorothea Schiller geb. Kodweiß und des Wundarztes Johann Caspar Schiller, Leutnant im Regiment von Herzog Carl Eugen von Württemberg; die ältere Schwester Elisabeth Christophine Friederike am 4. September 1757 geboren
1762 Umsiedlung der Familie Schiller nach Ludwigsburg
1763 Schillers Vater übernimmt Ende Dezember die Stellung eines Werbeoffiziers in Schwäbisch Gmünd
1764 Zum Jahresanfang Umzug der Familie Schiller nach Lorch
1765 Im Frühjahr Beginn des Unterrichts in der Elementarschule und Aufnahme des Lateinunterrichts bei Pfarrer Moser
1766 Im Dezember Umzug nach Ludwigsburg
Geburt von Schillers Schwester Louise Dorothea Katharine
Geburt von Charlotte von Lengefeld, Schillers späterer Frau
1767 Zum Jahresbeginn Wechsel in die Lateinschule von Ludwigsburg zur Vorbereitung auf eine geistliche Laufbahn
1770 Gründung des Militärwaisenhauses durch Herzog Carl Eugen auf der Solitude bei Stuttgart; 1771 zur *Militär-Pflanzschule* mit Gymnasialbetrieb erweitert
1772 Entstehung erster Dramenskizzen
1773 Zum Jahresbeginn Eintritt in die Militärische Pflanzschule (sog. Karlsschule, später Militärakademie) auf Befehl von Herzog Carl Eugen und gegen den Widerstand von Schillers Eltern; Kasernierung auf der Solitude
Beginn der Freundschaft mit Friedrich Scharffenstein
1774 Anfang Januar Aufnahme des Jurastudiums
Ein schriftlicher Revers der Eltern bestätigt im September die lebenslange «Übereignung» ihres Sohnes Friedrich in die Verfügungsgewalt des Herzogs
Lektüre von Goethes *Werther*
1775 Im November Verlegung der Militärakademie nach Stuttgart auf das Gelände hinter dem Neuen Schloß
Schillers Vater übernimmt im Dezember die Leitung der herzöglichen Baumschule
1776 Anfang Januar Beginn des Medizinstudiums
Ab Ostern intensiver Philosophieunterricht bei Jakob Friedrich Abel
Im Herbst Bruch mit Scharffenstein
Lektüre von Wielands Shakespeare-Übersetzungen, Klingers *Zwillingen*, Leisewitz' *Julius von Tarent*
Erste Publikation: *Der Abend* (in Haugs *Schwäbischem Magazin*)
1777 Geburt der Schwester Karoline Christiane (Nanette)
1778 Freundschaft mit Lempp
1779 Festrede anläßlich des Geburtstages von Franziska von Hohenheim: *Gehört allzuviel Güte, Leutseeligkeit und grosse Freygebigkeit im engsten Verstande zur Tugend?*
Dissertation in lateinischer Sprache: *Philosophie der Physiologie*; von den Gutachtern im November abgelehnt
Lektüre von Wieland, Winckelmann, Rousseau, Plutarch, Lessings *Laokoon* und Herders *Auch eine Philosophie der Geschichte zur Bildung der Menschheit*

1780 Festrede anläßlich des Geburtstages von Franziska von Hohenheim (10. Januar) zum Thema *Die Tugend, in ihren Folgen betrachtet*
Im Juni Tod des Freundes August von Hoven
Berichte über die psychische Erkrankung seines Mitschülers Joseph Friedrich Grammont
Abschluß der Dissertationen *Ueber den Zusammenhang der thierischen Natur des Menschen mit seiner geistigen* und *De discrimine febrium inflammatoriarum et putridarum*
Nach erfolgreich bestandenem Examen Mitte Dezember Entlassung aus der Militärakademie und Aufnahme der Tätigkeit als Regimentsarzt in Stuttgart
1781 Im Februar Einmietung bei der Hauptmannswitwe Luise Dorothea Vischer
Im Sommer Bekanntschaft mit Andreas Streicher und Henriette von Wolzogen
Zum Jahresende Begegnung mit Schubart auf der Festung Hohenasperg
Die Räuber. Ein Schauspiel
1782 Am 13. Januar Uraufführung der *Räuber* in Mannheim
Im März Gründung einer Zeitschrift: *Wirtembergisches Repertorium der Litteratur* (mit Abel und Petersen)
Im Mai Reise nach Mannheim ohne Urlaubsantrag; darauf Ende Juni Verurteilung zu zweiwöchigem Arrest und Erteilung eines Schreibverbots durch Herzog Carl Eugen
Am 22. September Flucht aus Stuttgart nach Mannheim in Begleitung von Andreas Streicher
Im Oktober/November abschließende Arbeit an *Die Verschwörung des Fiesko zu Genua* in Oggersheim
Im Dezember Quartier in Bauerbach im Anwesen der Frau von Wolzogen unter dem Pseudonym «Dr. Ritter»
Bekanntschaft mit dem Bibliothekar Reinwald
Anthologie auf das Jahr 1782
1783 Seit Jahresbeginn Entwürfe zum *Don Karlos*
Ende Juli Rückkehr nach Mannheim
Ab September Anstellung als Theaterdichter durch Intendant Dalberg, zunächst für ein Jahr
Im Herbst Erkrankung an Malaria
Die Verschwörung des Fiesko zu Genua. Ein republikanisches Trauerspiel
1784 Uraufführung von *Fiesko* (11. Januar, Mannheim) und *Kabale und Liebe* (13. April, Frankfurt/M.)
Im Mai Bekanntschaft mit Charlotte von Kalb; am 10. Mai in ihrer Begleitung Besuch des Mannheimer Antikensaals
Am 26. Juni Rede *Vom Wirken der Schaubühne auf das Volk* vor der *Deutschen Gesellschaft* in Mannheim
Entwurf einer *Mannheimer Dramaturgie*, die Dalberg ablehnt
Ende August Ablauf des Vertrags als Theaterdichter, nicht verlängert
Ende Dezember in Darmstadt; Vorlesung des ersten *Karlos*-Akts vor dem dortigen Hof in Anwesenheit des weimarischen Herzogs Carl August
Carl August verleiht Schiller am folgenden Tag auf dessen Bitte den Titel eines *Weimarischen Rates*
Kabale und Liebe. Ein bürgerliches Trauerspiel; *Merkwürdiges Beispiel einer weiblichen Rache* (nach Diderot)
1785 Im März Erscheinen der einzigen Nummer der *Rheinischen Thalia* (zählt später als erstes Heft der *Thalia*). In der *Thalia* bis 1787 bruchstückhafte Publikation des *Don Karlos* (bis zur Mitte des dritten Akts)
Briefliche Werbung um Margaretha Schwan, Tochter des Verlegers Schwan
Im April Reise nach Leipzig; erste Begegnung mit Ludwig Ferdinand Huber und

den Schwestern Stock. Bekanntschaft mit dem Verleger Georg Joachim Göschen
Seit Anfang Mai Aufenthalt mit Göschen, Huber, Reinhart und (später) den Schwestern Stock in Gohlis bei Leipzig
Bekanntschaft mit Karl Philipp Moritz
Im Juli Beginn der Lebensfreundschaft mit Christian Gottfried Körner
Übersiedlung nach Dresden im Herbst
Bezug einer Wohnung in der Nähe Körners zusammen mit Huber
Finanzielle Notlage. Hilfe durch Körner
Was kann eine gute stehende Schaubühne eigentlich wirken? (Druckfassung der Rede *Vom Wirken der Schaubühne auf das Volk*); *Brief eines reisenden Dänen*
1786 Im Februar Erscheinen der *Thalia* (bis 1795; ab 1792 unter dem Titel *Neue Thalia*); im zweiten Heft: *An die Freude*; *Verbrecher aus Infamie* (späterer Titel: *Der Verbrecher aus verlorener Ehre*)
Im Juni Vermählung Christophines mit Reinwald
Historische Studien mit Huber
Philosophische Briefe (im dritten Heft der *Thalia*)
1787 Im Winter Neigung zu Henriette von Arnim
Auf Einladung von Charlotte von Kalb Ende Juli Reise nach Weimar
Treffen mit Wieland und Herder
Zu Gast bei der Herzoginmutter Anna Amalia
Bekanntschaft mit dem Freimaurer Bode, mit Reinhold in Jena
Seit Oktober Mitarbeit an der Jenaer *Allgemeinen Literatur-Zeitung*
Studium historischer Stoffe
Im Dezember erstes längeres Treffen mit Charlotte von Lengefeld und ihrer verheirateten Schwester Caroline von Beulwitz
Lektüre von Choderlos de Laclos' *Liaisons dangereuses* und Goethes *Iphigenie*
Don Karlos. Infant von Spanien (Uraufführung im Juli in Hamburg durch Schröder); Publikation des *Geistersehers* in der *Thalia* in Fortsetzungen bis Ende 1789
1788 Ab Februar Briefwechsel mit Charlotte von Lengefeld
Am 7. September Begegnung mit Goethe in Rudolstadt
Vorschlag Goethes, Schiller auf eine Professur in Jena zu berufen
Mitte Dezember Dankbesuch bei Goethe; regelmäßige Treffen mit Moritz
Die Götter Griechenlandes; *Geschichte des Abfalls der vereinigten Niederlande von der spanischen Regierung*; *Briefe über Don Karlos*
1789 Ende April Besuch von Gottfried August Bürger in Weimar
Im Mai Umzug nach Jena und Antritt der unbesoldeten Professur für Philosophie
Ende Mai Antrittsvorlesung: *Was heißt und zu welchem Ende studiert man Universalgeschichte?*
Ende Dezember Bekanntschaft mit Wilhelm von Humboldt in Weimar
Im Wintersemester Vorlesungen über Universalgeschichte
Die Künstler; *Spiel des Schicksals*; *Der Geisterseher*; *Allgemeine Sammlung historischer Memoires*. Erste Abteilung, erster Band; Rezension von Goethes *Egmont*
1790 Im Januar Gewährung eines Jahressalärs von 200 Talern durch Carl August; Ernennung zum Hofrat durch den Meininger Hof
Am 22. Februar Hochzeit mit Charlotte von Lengefeld
Fortsetzung der Vorlesungen über Universalgeschichte im Sommersemester
Beginn der Vorlesung über die Theorie der Tragödie
Im Winter Vorlesungen über europäische Staatengeschichte
Bekanntschaft mit dem jungen Friedrich von Hardenberg (Novalis)
Allgemeine Sammlung historischer Memoires. Erste Abteilung, dritter Band; *Der versöhnte Menschenfeind* (Fragment); *Geschichte des Dreyßigjährigen Krieges* (in drei Teilen bis 1792)

1791 Anfang Januar lebensgefährliche Erkrankung Schillers, von der er sich nie wieder ganz erholt; schwerer Rückfall im Mai
Ende November auf Anregung von Jens Baggesen Aussetzung einer Pension zur gesundheitlichen Erholung von 1000 Talern jährlich für drei Jahre durch den dänischen Herzog von Schleswig-Holstein-Augustenburg und Minister Graf Ernst von Schimmelmann
Arbeit an der Übersetzung von Vergils *Aeneis*
Seit Beginn des Jahres regelmäßiges Studium der Philosophie Kants (zumal der *Kritik der Urteilskraft*)
1792 Im Januar erneute Erkrankung
Im April/Mai für vier Wochen zu Gast bei Körner in Dresden
Bekanntschaft mit Friedrich Schlegel durch Vermittlung Körners
Ende August Ernennung zum Bürger Frankreichs durch Entscheidung der Pariser Nationalversammlung
Private Vorlesungen über Ästhetik im Wintersemester
Ueber den Grund des Vergnügens an tragischen Gegenständen im ersten Heft der *Neuen Thalia*; *Ueber die tragische Kunst* im zweiten Heft; *Kleinere prosaische Schriften*. Erster Band; Edition des Pitaval mit eigener Vorrede: *Merkwürdige Rechtsfälle als ein Beitrag zur Geschichte der Menschheit*
1793 Privatkolleg über Ästhetik im Sommersemester
Ende August Reise nach Württemberg mit der Familie; Aufenthalt in Heilbronn, ab September in Ludwigsburg
Am 14. September Geburt von Schillers erstem Sohn Karl Friedrich Ludwig
Ende September Bekanntschaft mit Hölderlin
Am 24. Oktober Tod des Herzogs Carl Eugen von Württemberg
Kallias oder über die Schönheit; *Ueber Anmuth und Würde*; *Vom Erhabenen*
1794 Wilhelm von Humboldt übersiedelt auf Schillers Vorschlag im Februar nach Jena
Im März erste Begegnung mit Cotta
Umzug nach Stuttgart; Verkehr mit dem Bankier Rapp, mit Dannecker und Zumsteeg
Anfang Mai Rückreise nach Jena
Einstellung der Vorlesungstätigkeit
Seit Sommer regelmäßiger Kontakt mit Humboldt und Fichte
Ende Juli Beginn der Annäherung an Goethe; im September bei ihm zu Gast in Weimar
1795 Im Januar Erscheinen des ersten Heftes der *Horen* (bis 1797); Mitarbeiter u. a.: Goethe, Fichte, Herder, Humboldt, A. W. Schlegel, Voß, Woltmann
Im April Umzug in das Griesbachsche Haus an der Schloßgasse
Ende Juni Streit mit Fichte über Probleme des philosophischen Darstellungsstils
Im Sommer häufige Krankheit
Im Dezember Erscheinen des ersten Jahrgangs des Musenalmanachs (bis 1799); Mitarbeiter u. a.: Goethe, Herder, Hölderlin, Sophie Mereau, A. W. Schlegel, Tieck
Ueber die ästhetische Erziehung des Menschen; *Ueber naive und sentimentalische Dichtung* in drei Folgen der *Horen* 1795/96
1796 Im April erste Visite Schellings
Im Juni Besuch Jean Pauls
Am 11. Juli Geburt des zweiten Sohnes Ernst Friedrich Wilhelm
Tod der Schwester Nanette (23. März) und des Vaters (7. September)
Publikation der gemeinschaftlich mit Goethe verfaßten *Xenien* und *Tabulae votivae* im Musenalmanach für das Jahr 1797
1797 Reger Austausch mit Goethe und Humboldt über das *Wallenstein*-Projekt
Anfang April Ernennung zum Mitglied der Akademie der Wissenschaften in Stockholm

Zeittafel

Im Mai Einweihung des Gartenhäuschens in Jena
Ende Mai Konflikt mit Friedrich Schlegel aufgrund seiner *Horen*-Kritik; Entlassung A. W. Schlegels als Mitarbeiter
Seit Frühsommer Balladenproduktion: u. a. *Der Handschuh, Der Ring des Polykrates, Der Taucher, Die Kraniche des Ibykus*
Musenalmanach für das Jahr 1798 («Balladenalmanach»)

1798 Im März Ernennung zum unbesoldeten Honorarprofessor der Universität Jena
Anfang Mai Einzug ins Jenaer Gartenhaus
Seit September intensive Arbeit am *Wallenstein*
Am 12. Oktober Neueröffnung des umgebauten Weimarer Theaters mit *Wallensteins Lager*
Im November längerer Besuch Goethes in Jena

1799 Uraufführung von *Die Piccolomini* (30. Januar) und *Wallensteins Tod* (20. April) in Weimar
Mehrfache Besuche bei Goethe
Anfang Juni Beginn der Arbeit an *Maria Stuart*
Ende Juli Besuch von Ludwig Tieck
Mitte September Verdopplung des Hofratssaläres auf 400 Taler jährlich
Am 11. Oktober Geburt der Tochter Caroline Luise Friederike; schweres Nervenfieber Charlottes infolge psychisch-physischer Belastung nach der Entbindung
Anfang Dezember Umzug nach Weimar; Wohnung in der Windischengasse
Das Lied von der Glocke im Musenalmanach für das Jahr 1800

1800 Im Februar Erkrankung an Nervenfieber
Im Mai Abschluß der *Maria Stuart* in Ettersburg; Uraufführung am 14. Juni in Weimar
Ende Juni Publikation der *Wallenstein*-Trilogie
Gedichte. Erster Teil; Kleinere prosaische Schriften. Zweiter Band

1801 Im März Rückzug ins Jenaer Gartenhaus; Arbeit an der *Jungfrau von Orleans*
Anfang August Reise nach Dresden; Wohnung bei Körners in Loschwitz
Am 11. September Uraufführung der *Jungfrau von Orleans* in Leipzig; am 17. September begeisterter Empfang durch das Publikum nach dem Besuch der dritten Leipziger Aufführung
Maria Stuart; Die Jungfrau von Orleans. Eine romantische Tragödie bei Unger in Berlin
Veröffentlichung der zwischen 1793 und 1795 entstandenen Abhandlung *Ueber das Erhabene* und weiterer älterer Aufsätze zur Ästhetik in den *Kleineren prosaischen Schriften* (dritter Band)

1802 Im März Kauf des Hauses an der Esplanade
Am Tag des Einzugs ins neue Haus (29. April) Tod der Mutter in Cleversulzbach
Im Sommer längere Krankheitsperiode
Mitte August Beginn der Arbeit an der *Braut von Messina*
Mitte November Empfang des Adelsdiploms aus Wien
Kleinere prosaische Schriften. Vierter Band. Darin als Erstdruck die Abhandlung *Ueber den Gebrauch des Gemeinen und Niedrigen in der Kunst; Turandot Prinzessin von China* (nach Gozzi)

1803 Seit Januar regelmäßig zu Gast am Hof
Am 19. März Uraufführung der *Braut von Messina* in Weimar
Im Juli Bekanntschaft mit Friedrich de la Motte-Fouqué in Lauchstädt
Seit September Arbeit am *Wilhelm Tell*
Mitte Dezember erste Begegnung mit Madame de Staël bei der Herzoginmutter
Die Braut von Messina oder Die feindlichen Brüder; Gedichte. Zweiter Teil

1804 Im Februar Treffen mit Johann Heinrich Voß bei Goethe; Bekanntschaft mit Voß' Sohn

Am 17. März Uraufführung des *Wilhelm Tell* in Weimar
Am 26. April Reise nach Berlin; bis Mitte Mai großes Besuchsprogramm (Iffland, Hufeland, Zelter, Bernhardi)
Am 13. Mai Audienz bei Königin Luise im Schloß Charlottenburg; Gespräch über eine mögliche Übersiedlung Schillers nach Berlin
Herzog Carl August gewährt Anfang Juni die Verdopplung des Gehalts auf 800 Taler pro Jahr
Am 25. Juli Geburt der Tochter Emilie Henriette Luise in Jena
Seit Spätsommer zunehmende Krankheitsanfälle
Am 9. November Einzug des Erbprinzen Karl Friedrich und seiner jungen Ehefrau, der Zarentochter Maria Paulowna, in Weimar; am 12. November Uraufführung der *Huldigung der Künste* zu Ehren des fürstlichen Paares
Wilhelm Tell

1805 Mitte Januar Abschluß der Übersetzung von Racines *Phèdre*
Seit Februar schwere Erkrankung
Bis Ende April Arbeit am *Demetrius*
Am 1. Mai letzte Begegnung mit Goethe auf dem Weg ins Theater
Am 9. Mai Tod aufgrund einer akuten Lungenentzündung

Inhaltsverzeichnis des ersten Bandes

Einleitung

ERSTES KAPITEL
In Spuren gehen. Bildungswege und Geistesabenteuer junger Jahre (1759–1780)

1. Württemberg im Zeitalter des aufgeklärten Absolutismus

   Zwischen Tradition und Erneuerung. Das politisch-soziale Profil Deutschlands im 18. Jahrhundert
   Ein zwiespältiger Despot. Der württembergische Herzog Carl Eugen
   Öffentlicher Glanz. Theater- und Festkultur am Stuttgarter Hof
   Religion und Kirche. Schwäbische Frömmigkeitsbewegungen in der Epoche der Aufklärung

2. Frühe Erziehung

   Bürgerliche Verhältnisse. Perspektiven des Elternhauses
   Arkadien am Neckar? Von Marbach nach Ludwigsburg
   Übungsstunden. Leseerfahrungen und Schreibversuche des Schülers

3. Die schwierigen Akademiejahre

   Sklavenplantage mit Reformanspruch. Aufbau der Karlsschule
   ‹Von feinerem Stoff als viele›. Studienbeginn unter gemischten Vorzeichen
   Verordnete Huldigungen. Die Festreden des Eleven
   Bildungshorizonte. Philosophieunterricht an der Karlsschule

4. Persönliche Prägungen. Stuttgart 1774–1780

   Ein mächtiger Ersatzvater. Schiller und der Herzog
   Anreger auf zahlreichen Feldern. Inspiration durch Jakob Friedrich Abel
   Anatomisch-physiologische Erkundungen. Die Mediziner Consbruch, Klein und Reuß

5. Die medizinischen Abhandlungen

   Spekulative Anthropologie. Philosophie der Physiologie (1779)
   Sektion der kranken Seele. Die Grammont-Berichte (1780)
   In den Gefilden der Fachdiszipin. Die Fieber-Schrift (1780)
   Nochmals über Körper und Geist. Die dritte Dissertation (1780)

ZWEITES KAPITEL
Probespiele. Frühe Lyrik und Jugendphilosophie (1776–1785)

1. Schillers poetische Anfänge im Rahmen ihrer Zeit

   Gängige Ware. Lyrik und literarischer Markt am Ende des 18. Jahrhunderts
   Klopstock und kein Ende. Von der Lektüre zum eigenen Entwurf
   Aufsteigende Bilder. Formale Techniken des lyrischen Frühwerks

2. Regimentsarzt mit literarischen Projekten. Stuttgart 1781–1782

   Männerfreundschaften, alte Beziehungen. Petersen und von Hoven
   Ein Begleiter für gute und schlechte Tage. Der Musiker Andreas Streicher
   Publizistische Konkurrenz. Der Streit mit Stäudlin

3. Die frühen Gedichte (1776–1782)

   «Ein Mund, der Großes singen wird.» Talentierte Versuche und
   Gelegenheitspoesie
   Vielfalt der Stimmen. Tendenzen der *Anthologie auf das Jahr 1782*
   Die lyrische Operette als Lehrstück. *Semele* (1782)

4. Bausteine des Weltbildes

   Gedankenexperimente. Philosophische Dialoge für das *Wirtembergische Repertorium* (1782)
   Metaphysik der Liebe. Die spekulativen Entwürfe der *Theosophie* (1780–1786)
   Enthusiasmus und Skepsis. Weltanschauungen in der Lyrik der mittleren 80er Jahre

DRITTES KAPITEL
Die Macht der Bühne. Frühe Dramen und Theaterschriften (1781–1787)

1. Drama und Schaubühne am Ende des 18. Jahrhunderts

   Auftritt der Natur. Grundzüge der Dramentheorie von Herder bis Lenz
   Eruptionen großer Geister. Das Drama der Genieperiode (1770–1780)
   Die Prosa der Verhältnisse. Theater im Deutschland des späten
   18. Jahrhunderts

2. Die Räuber (1781)

   «Kopie der wirklichen Welt»? Die Geburt eines Monstrums
   ‹Universalhaß› statt Liebe. Psychogramm zweier Außenseiter
   Beschädigte Autonomie. Finale mit überraschenden Lösungen

3. Der ruhelose Exilant. Bauerbach, Mannheim 1782–1784
   Ende einer Dienstzeit. Flucht aus Stuttgart
   Gebrochene Idylle. Auf dem Gut Henriette von Wolzogens
   Gesprächspartner in einsamen Tagen. Der Bibliothekar Reinwald
   Fremdes Milieu. Als Bühnenautor in Mannheim

4. Die Verschwörung des Fiesko zu Genua (1783)
   Schreiben im Schatten der Existenzkrise. Annäherung an einen historischen
   Stoff
   Vexierbilder des Staatsstreichs. Ästhetik und Politik
   Drama ohne Ende. Geschichte als Trauerspiel

5. Kabale und Liebe (1784)
   Neues in altem Gewand. Elemente eines Erfolgsstücks
   Kopf und Herz. Höfische Intrige gegen bürgerliche Moral
   Unbefriedigte Aufklärung. Der Fall Ferdinands

6. Dramentheoretische Entwürfe
   Skeptische Bilanz, verhaltener Optimismus. *Ueber das gegenwärtige teutsche Theater* (1782)
   Die Szene als Tribunal. Überlegungen der Schaubühnenrede (1784)
   Pläne und Projekte. *Mannheimer Dramaturgie* und *Repertorium* (1783–1785)

7. Wege aus der Krise. Mannheim, Leipzig, Dresden 1784–1787
   Am Theater gescheitert. Aktivitäten im Zeichen der Enttäuschung
   Eintritt in andere Lebenskreise. Huber, Körner und die Schwestern Stock
   Florenz an der Elbe. Arbeit und Müßiggang in ruhigen Zeiten
   Ertragreiche Verlagskontakte. Kooperation mit Göschen und Crusius

8. Kleine Dramen und Versuche
   Etüden der Freundschaft. *Körners Vormittag* (1787)
   Erziehung des Misanthropen. *Der versöhnte Menschenfeind* (1786–1790)

9. Don Karlos (1787)
   Vom Familienstück zur Tragödie der Macht. Fünf Arbeitsjahre für ein Drama neuen Typs
   «Schlangenbiß des Argwohns». Erscheinungsformen der Politik
   Der Tod des Helden. Marquis Posa und seine Strategien
   Freimaurer, Illuminaten und Despoten. Spuren der Zeitgeschichte

VIERTES KAPITEL
Ein freier Autor. Prosa, Erzählungen und Zeitschriftenbeiträge (1782–1791)

1. Zum historischen Standort von Schillers Erzählkunst

   Fallgeschichten. Eine neue Prosa im Bann der Psychologie
   Das geheimnisvolle Räderwerk der Seele. Schillers Erzählungen im Überblick (1782–1789)
   Dienst am Leser. Versuche mit wechselnden Formen

2. Publizistische Tätigkeit und Prosaschriften der 80er Jahre

   Wege des Journalisten. Vom *Wirtembergischen Repertorium* (1782) zur *Rheinischen Thalia* (1785)
   Das Publikum als Mäzen? Anspruch und Wirkung der *Thalia* (1786–1791)
   Erkundungen über Kunst und Welt. Literarische Briefe (1785–1786)
   Gelegenheitsarbeiten. Rezensionen und Anzeigen (1787–1789)

3. Verbrecher aus Infamie (1786) und Spiel des Schicksals (1789)

   Lebensgeschichten. Biographie als Medium
   Kriminalität und Gesellschaft. Irrwege eines Straftäters
   Württembergische Erinnerungen. Die merkwürdige Karriere des Generals von Rieger

4. Auf der Bahn des Ruhms. Dresden, Weimar 1786–1789

   Gefährliche Liebschaften. Verwicklungen in den letzten Dresdner Monaten
   Annäherung an die höfische Welt. Mit Charlotte von Kalb in Weimar
   Lehrstunden bei den Altmeistern. Kontakt zu Wieland und Herder
   Austausch unter freien Denkern. Reinhold, Bode, Moritz

5. Der Geisterseher (1789)

   Erfolgsschriftsteller wider Willen. Die Gesetze des Literaturbetriebs
   In düsteren Kulissen. Wunderheiler, Agenten und Verschwörer
   Der Prinz. Geschichte einer psychischen Manipulation

Inhalt 669

FÜNFTES KAPITEL

Der Geschichtsdenker.
Historische Studien und akademische Abhandlungen
(1786–1793)

1. Schillers geschichtliches Weltbild

   Das Magazin des Wissens. Historiker und außerordentlicher Professor
   Geballte Ordnungskraft. Die Jenaer Antrittsvorlesung über Universalgeschichte
   An Modellen lernen. Positionen der *Thalia*-Schriften

2. Geschichte des Abfalls der vereinigten Niederlande von der spanischen
   Regierung (1788)

   Das Arrangement des Erzählers. Formen der historischen Porträtkunst
   Rebellion und Staat. Bilder der Revolte, politische Logik des Aufstands

3. Private Veränderungen in unruhigen Zeiten. Weimar, Rudolstadt, Jena
   1788–1791

   Empfindsame Freundschaft. Begegnung mit den Lengefeld-Schwestern
   Bürgerliche Perspektiven. Hofrat und Ehemann
   Der begeisterte Schüler. Friedrich von Hardenberg (Novalis)
   Blick auf den Nachbarn. Frankreich im Prozeß der Revolution (1789–1792)

4. Geschichte des Dreyßigjährigen Kriegs (1790–1792)

   Regie des Historikers. Chronologische Gliederung und systematische Ordnung
   Wallenstein und Gustav Adolf. Konturen der Machthaber

ANHANG

Anmerkungen
Bibliographie
Abbildungsnachweis
Zeittafel
Inhaltsverzeichnis des zweiten Bandes
Register (Personen, Schillers Werke)

Personenregister

A

Abeken, Bernhard Rudolf 563 f.
Abel, Jakob Friedrich 9, 67, 85, 94, 179, 485, 519
Abraham a Sancta Clara 425
Achenwall, Gottfried 577
Addison, Joseph 88, 240
Adelung, Johann Christoph 337
Adorno, Theodor Wiesengrund 40, 99, 301
Agrippa von Nettesheim 422, 447
Aischylos 357, 538, 545
Albrecht I., Herzog von Österreich, deutscher Kaiser 567
Alembert, Jean Le Rond d' 210, 296, 549
Alexander der Große 31
Alexander I., Zar von Rußland 586, 589
Althusius, Johannes 503
Ambuehl, Johann Ludwig 568
Andreae, Johann Valentin 149
Anna Amalia, Herzogin von Sachsen-Weimar-Eisenach 477, 495, 530, 565
Anna Charlotte Dorothea, Herzogin von Kurland 530
Anton Ulrich, Herzog von Braunschweig-Lüneburg 595
Apel, Johann August 380
Archenholtz, Johann Wilhelm von 198, 200, 496, 520
Argenson, Marc-René d' 469
Ariost, Lodovico 195, 214, 477
Aristophanes 217
Aristoteles 78, 423, 429 f., 468
Arnaud, François Thomas Marie Baculard d' 472
Arnim, Henriette von 14, 16
Augé, Johann Abraham David von 9
Augustus, Gaius Octavianus 31
Averdy, Charles de l' 510

B

Baader, Franz Xaver von 229
Bachofen, Johann Jakob 267
Bacon, Francis 149
Baggesen, Jens Immanuel 55 f., 58 f., 61, 63–65, 117, 133 f., 271, 334
Barnes, Josua 480
Batsch, August Johann Georg Karl 65, 123
Batteux, Charles 231
Baumann, Katharina 10
Baumgarten, Alexander Gottlieb 37, 101, 241
Bavaud, Maurice 585
Becker, Christiane Luise (geb. Neumann) 282
Becker, Heinrich 39
Becker, Rudolf Zacharias 121
Becker, Wilhelm Gottlieb 361, 532
Bedacier, Catherine 510
Beethoven, Ludwig van 557
Behrens, Theodor Franz 252
Bell, John 427
Bellomo, Giuseppe 388 f., 484
Benjamin, Walter 140, 358, 539
Berkeley, George 337
Berling, Thomas 466
Bernhardi, August Ferdinand 557
Bertuch, Friedrich Justin 298, 474
Beulwitz, Caroline von, s. Wolzogen, Caroline von
Beulwitz, Friedrich Wilhelm Ludwig von 50, 112, 122, 172
Beyme, Karl Friedrich von 559, 561, 596
Bismarck, Otto von 586
Bleibtreu, Karl 446
Bloch, Ernst 97
Böck, Johann Michael 49
Bode, Johann Joachim Christoph 64, 106, 155, 470, 562, 587
Bodin, Jean 501 f.
Bodmer, Johann Jacob 88, 240, 568
Boie, Heinrich Christian 204, 244, 266
Boileau, Nicolas 32, 88
Borchmeyer, Dieter 30
Börne, Ludwig 582
Böttiger, Karl August 49, 357, 391, 398, 432, 443, 449 f., 495, 513, 522, 532 f., 538, 584

Bourdeille, Pierre de 496
Bourget, Paul 401
Bouterwek, Friedrich 31
Brachmann, Louise 202, 275
Brandes, Ernst 117f.
Brecht, Bertolt 206, 344, 499, 526
Breitinger, Johann Jacob 88f., 240
Brentano, Clemens 192, 346, 384, 395, 483, 522, 526, 532
Brentano, Sophie 494
Brockes, Barthold Heinrich 287, 568
Brumoy, Pierre 480
Brun, Friederike 202, 326
Buchanan, George 496
Büchner, Georg 464
Buffon, George Louis Leclerc Comte de 549
Burckhardt, Jacob 31, 301
Bürger, Gottfried August 21, 46f., 61, 107, 231–236, 239, 241, 244f., 289, 294, 303, 313, 320, 328, 339, 346, 348, 400
Buri, Ludwig Ysenburg von 376
Burke, Edmund 88, 95, 116f., 122, 174, 373, 449, 576f., 585

C

Calderón de la Barca, Pedro 456, 483, 533, 592, 600
Cambacérès, Jean Jacques Régis de, Duc de Parme 378
Camden, William 492, 496
Campanella, Tommaso 149
Campe, Joachim Heinrich 22, 114f., 124f., 173, 194, 296, 475
Canetti, Elias 375
Carl August, Herzog von Sachsen-Weimar-Eisenach 11, 14, 17, 34, 50, 52, 113, 158f., 180, 242, 390, 402f., 405–410, 413f., 427, 530, 560f., 591, 609f.
Carl Eugen, Herzog von Württemberg 9, 15, 65, 180, 286, 407
Carl Friedrich, Erbprinz von Sachsen-Weimar-Eisenach 586
Caroline Louise, Prinzessin von Sachsen-Weimar-Eisenach 413
Carpzov, Benedict 511
Cäsar, Gaius Julius 28
Chamisso, Adelbert von 346
Chénier, Marie Joseph 124
Chesne, André du 496
Chézy, Helmina von 326

Christiani, Wilhelm Ernst 510
Cicero, Marcus Tullius 28, 94
Cimarosa, Domenico 389
Claudius, Matthias 193, 337f.
Clavière, Etienne 124
Coleridge, Samuel 427
Colloredo-Mansfeld, Franz de Paula Gundaker Fürst von 415
Condorcet, Antoine Marquis de 296
Connor, Bernard 597
Constant, Henry Benjamin 550, 553, 570
Conz, Karl Philipp 66, 192, 196
Cook, James 475
Corday, Charlotte 372, 377
Corneille, Pierre 32, 85, 91, 94, 377, 387, 481
Cotta, Christoph Friedrich d. Ä. 72
Cotta, Christoph Friedrich d. J. 12, 71–74, 76–78, 196–198, 200, 202f., 205, 244–246, 251f., 286, 309, 331, 333, 336, 361, 367, 370f., 379, 395, 412, 415, 418f., 425, 427, 466, 480, 484, 495, 497, 512, 554, 556, 562–564, 567, 570, 590f., 608–610
Coudray, Clemens Wenzeslaus 612
Coxe, William 597
Creuzer, Georg Friedrich 254, 269
Cronegk, Johann Friedrich von 340, 542
Crusius, Siegfried Lebrecht 11f., 62, 72, 74, 77, 251f., 285, 556, 583
Curtius, Michael Conrad 423
Custine, Adam-Philippe Comte de 62, 405
Czepko, Daniel von 438

D

Dacheröden, Caroline von, s. Humboldt, Caroline von
Dalberg, Johann Friedrich Hugo Reichsfreiherr von 49–51, 53, 62f., 174, 405, 530, 579, 590, 592f.
Dalberg, Wolfgang Heribert Reichsfreiherr von 10, 464
Dannecker, Johann Heinrich 66f., 70
Dante Alighieri 201
Danton, Georges Jacques 120, 124, 131
Delamare, Nicolas 469
Delbrück, Ferdinand 540, 547
Dennis, John 89
Desmoulins, Lucie Simplice Camille Benoist 112

Personenregister

Destouches, Franz Seraph 478
Diderot, Denis 37, 210, 296, 383, 470, 503, 549, 564
Dieterich, Johann Christian 244
Donizetti, Gaetano 381
Dumouriez, Charles-François 443
Du Port du Tertre, François-Joachim 597
Dürrenmatt, Friedrich 455
Dyck, Johann Gottfried 203, 333

E

Ebel, Johann Gottfried 568
Ebreo, Leone 422, 447
Eckermann, Johann Peter 380, 399, 484, 567
Eduard IV., König von England 472 f.
Eduard V., Prinz von England 472 f.
Egloffstein, Caroline Gräfin von 360
Egloffstein, Wolfgang Gottlob Christoph Graf von 360
Egmont, Lamoral, Graf von, Fürst von Gavre 484
Eichendorff, Joseph von 346, 487
Eichhorn, Johann Gottfried 198, 477, 510
Einsiedel, Friedrich Hildebrand von 360, 530
Ekhof, Conrad 388
Elisabeth I., Königin von England 496
Engel, Johann Jakob 143, 173, 198, 201, 231
Enzensberger, Hans Magnus 301
Erhard, Johann Benjamin 145, 181, 192, 196, 198, 201, 577 f.
Erhard, Johann Philipp 11
Eschenburg, Johann Joachim 337, 486 f.
Esterházy von Galántha, Nikolaus Fürst von 478
Ettinger, Carl Wilhelm 158
Euripides 479–481, 535, 592

F

Färber, Johann Michael 608
Fäsi, Johann Conrad 568
Fernow, Carl Ludwig 192, 549
Fichte, Johann Gottlieb 21, 70–72, 116–119, 131 f., 135–138, 141 f., 147, 151, 180 f., 183–188, 192, 195, 197 f., 201, 206, 223, 259, 261, 297, 310, 340, 406 f., 557, 606

Fink, Anton Wilhelm Christian 196
Fischenich, Bartholomäus Ludwig 100, 564
Fontane, Theodor 344, 454
Fontenelle, Bernard le Bouyer de 469
Forberg, Friedrich Karl 186
Forster, Johann Georg 35, 62, 114 f., 124, 173, 176, 194, 226, 266, 320, 337, 475
Forster, Therese 176
Foucault, Michel 292
Fouqué, Friedrich de la Motte 531, 549
Franz II., deutscher Kaiser 496
Franziska, Reichsgräfin von Hohenheim 276
Friedrich August III., Kurfürst von Sachsen 187, 513
Friedrich Carl Joseph, Kurfürst von Mainz 62
Friedrich Christian, Herzog von Schleswig-Holstein-Augustenburg 55–58, 61, 63 f., 111, 117, 125, 128, 150, 199, 242, 335
Friedrich I. Barbarossa, Herzog von Schwaben, deutscher Kaiser 533
Friedrich II., König von Preußen 34, 405, 596
Friedrich II., König von Sizilien, deutscher Kaiser 351
Friedrich VI., König von Dänemark 58
Friedrich Wilhelm I., König von Preußen 173
Friedrich Wilhelm II., König von Preußen 199, 406, 411
Friedrich Wilhelm III., König von Preußen 496, 554, 610
Frisch, Max 585
Fritsch, Jacob Friedrich Freiherr von 155
Funck, Carl Wilhelm Ferdinand von 123, 192, 195, 250, 367, 534

G

Gabler, Christian Ernst 135
Garve, Christian 117, 140, 143, 150, 152, 197 f., 213–215, 270, 334 f., 337, 577
Genast, Anton 368 f., 392, 608
Genast, Eduard Franz 368
Gentz, Friedrich 117 f., 174, 198, 373, 377, 496, 520, 577
Gentz, Heinrich 397, 406
Georg Wilhelm, Erbprinz von Celle-Lüneburg 595

Gerber, Johann Friedrich 202
Gerstenberg, Heinrich Wilhelm von 59
Gervinus, Georg Gottfried 29
Geßler, Carl Friedrich Graf von 314
Geßner, Salomon 218
Gibbon, Edward 202
Girtanner, Christoph 289
Gleim, Johann Wilhelm Ludwig 198, 347
Glover, Richard 195
Gluck, Christoph Willibald Ritter von 345, 478, 557
Gmelin, Eberhard 62, 65
Goeckingk, Leopold Friedrich Günther von 244
Goethe, August Walther von 563
Goethe, Catharina Elisabeth 28
Goethe, Johann Wolfgang von 14 f., 19 f., 22, 28–30, 33–47, 52 f., 72, 74, 77, 80, 84–86, 107 f., 114 f., 131, 153–156, 158–172, 174, 177–179, 183, 185–188, 190, 197 f., 200 f., 203–209, 214 f., 217, 219–221, 223, 225, 241 f., 244–251, 253–257, 267, 275, 278 f., 281 f., 284, 290, 294, 298, 302 f., 309, 311 f., 318, 320 f., 323, 325 f., 328–333, 335–343, 345–347, 349, 351, 353, 355 f., 358–364, 366–369, 371, 375–378, 380–384, 386, 388–395, 397–401, 403, 405 f., 408–410, 412–416, 419 f., 422–429, 432–434, 437, 439 f., 444, 446 f., 449 f., 453, 456, 458 f., 461–463, 465–467, 471 f., 477–479, 481, 483–485, 487 f., 490 f., 493–495, 499 f., 508 f., 511 f., 524 f., 527, 529–531, 541 f., 548–550, 552–554, 556, 560, 562–564, 567, 569–571, 573, 575, 578, 583 f., 587, 590 f., 593, 595, 599, 603, 606, 608
Gontard, Jacob 310
Gontard, Susette 494
Göritz, Ludwig Friedrich 249
Göschen, Georg Joachim 12, 52, 61 f., 72–74, 76 f., 114, 158, 192–197, 246, 419, 510, 513, 556
Gotter, Friedrich Wilhelm 203
Gotter, Luise 321
Göttling, Johann Friedrich August 123
Gottsched, Johann Christoph 32, 37, 78, 89, 294, 335
Gozzi, Carlo 74, 248, 364, 369, 392, 484, 488–490, 529
Grabbe, Christian Dietrich 499
Gracián, Balthasar 442, 455
Graff, Anton 426 f., 491

Graß, Karl 192
Gries, Johann Diederich 483, 592
Griesbach, Jakob Friedrich 16, 180, 512
Grillparzer, Franz 258, 355, 545 f.
Grimm, Jacob 301
Grimm, Wilhelm 499
Grimm, Friedrich Melchior Baron von 549
Grüner, Franz Karl 399
Gryphius, Andreas 492, 573
Gryphius, Christian 338
Gubitz, Friedrich Wilhelm 531
Guglielmi, Pietro 389
Gustav I., Adolf Wasa, König von Schweden 195, 420, 459
Gustav IV., Adolf, König von Schweden 610

H

Habermas, Jürgen 40
Hagedorn, Friedrich von 154, 288
Hägelin, Franz von 411
Hagen, Wilhelm von 556
Haller, Albrecht von 217, 260, 288
Hallmann, Johann Christian 492
Hamann, Johann Georg 154
Hardenberg, Friedrich von (Novalis) 36, 80, 116, 144, 149, 152, 154, 190, 214, 216, 226–229, 256, 264, 266, 283, 362, 515, 564
Haug, Johann Christoph Friedrich 67, 71 f., 466
Haugwitz, August Adolph von 493, 503 f.
Hauptmann, Anton Georg 416
Hebbel, Friedrich 434, 438, 518, 525, 599, 603
Hébert, Jacques René 112
Hederich, Benjamin 257, 588
Hegel, Georg Wilhelm Friedrich 43 f., 72, 85, 111, 119, 143, 147 f., 151–154, 216, 222, 252 f., 256, 261, 264 f., 267 f., 293, 300 f., 306, 308, 436, 440, 453, 460 f., 525, 536, 540 f., 543, 563
Heine, Heinrich 29, 187, 268, 337
Heinrich IV., König von Navarra und Frankreich 195
Heinrich VII., König von England 472
Heinse, Wilhelm 43
Helvétius, Claude-Adrien 444
Hennings, August Adam Friedrich 334
Henzi, Samuel 568
Herchenhahn, Johann Christian 445, 447

Herder, Johann Gottfried 14, 28, 30f., 33, 36, 40–43, 46f., 53, 113–116, 122, 139f., 142, 150f., 154–156, 159f., 172, 176, 187, 198, 201f., 206, 209, 226, 234–236, 238, 246, 262, 270, 285, 292, 294, 298, 313, 327, 337, 346, 362, 409, 435, 456–459, 463, 486, 495, 508, 511, 572, 574f.
Herder, Wilhelm Christian Gottfried 608
Herwegh, Georg 565
Herzfeld, Jakob 394
Hesiod 457
Hetsch, Philipp Friedrich 70
Heyne, Christian Gottlob 173, 176, 313, 321
Hinze, Paul Friedrich 196
Hippel, Theodor Gottlieb von 296, 323
Hirt, Alois Ludwig 198
Hitler, Adolf 585
Hobbes, Thomas 116f., 132, 174, 448, 501f., 573
Hochhuth, Rolf 585
Hoffmann, Ernst Theodor Amadeus 515
Hoffmann, Johann Daniel 67
Hofmannsthal, Hugo von 24, 97, 258, 401
Holbach, Paul-Henri Thiry d' 213
Hölderlin, Friedrich 10, 21, 72, 80, 126, 144, 154, 181, 191f., 195f., 203, 205–207, 214, 216, 226, 256f., 261, 264f., 283, 292–294, 300, 304–306, 308–312, 375, 494, 536
Hölty, Ludwig Christoph Heinrich 346
Hölzel, Anton 11
Home, Henry 104
Homer 59, 201, 214, 263, 282, 285, 292f., 340, 363, 479, 518, 526, 599
Horaz, Quintus Flaccus 28, 31, 78, 209, 214, 285, 288, 363
Hornemann, Christian 61
Hoven, Friedrich Wilhelm David von 6, 123, 181, 420
Huber, Ludwig Ferdinand 11, 176, 264, 321, 361, 469, 497, 506, 540, 562
Hufeland, Christoph Wilhelm 177, 556f.
Hufeland, Gottlieb 16, 123, 194, 406, 418
Humboldt, Alexander von 173, 177
Humboldt, Caroline von 174, 177
Humboldt, Wilhelm von 19f., 31, 43, 63, 71f., 86, 104, 118, 121, 136, 150, 154, 163, 167, 171–174, 176–179, 181, 192, 195, 197f., 201, 204, 206, 210, 213, 219, 222f., 241, 245, 248, 254, 258, 272, 277f., 284, 292, 294, 298, 301, 309, 313, 330f., 336, 345, 347, 357f., 362, 364, 367, 388, 397, 402, 415, 420f., 428, 430, 432, 436, 439, 445, 452, 457, 470, 529, 533, 544f., 547, 556, 563f., 567, 606
Hume, David 327, 337, 474, 496, 510, 519
Huschke, Wilhelm Ernst Christian 608
Hutcheson, Francis 108

I

Iffland, August Wilhelm 10, 49, 122, 366, 370, 376, 383, 389–391, 394, 411, 420, 426f., 429, 437, 450, 454, 478, 482, 484, 487, 489, 491, 496, 510, 532, 553f., 556f., 559, 566, 569f., 580–582, 584
Imhoff, Anna Amalie von 202, 513, 549
Imhoff, Luise Franziska Sophie von 549
Israel (Bankier) 11
Iwan IV., Grosnyj (der Schreckliche), Zar von Rußland 598

J

Jacobi, Friedrich Heinrich 173, 178, 198f., 227, 320, 327, 355, 388, 532, 538
Jagemann, Henriette Caroline Friederike 392, 407–410, 495, 512
Jahn, Johann Friedrich 66
Jakob, Ludwig Heinrich von 204, 330
Jaucourt, Louis Chevalier de 210
Jeanne d' Arc 377, 510, 514, 517
Jenisch, Daniel 33, 335
Joseph II., König von Ungarn und Böhmen, Kaiser 411, 578
Jung-Stilling, Johann Heinrich 337

K

Kafka, Franz 375, 557
Kalb, Carl Alexander von 156
Kalb, Charlotte von 14, 99, 160, 305f., 308f., 323, 325, 328, 414
Kalb, Karl Friedrich (Fritz) Heinrich Alexander von 305, 309
Kant, Immanuel 18, 22, 24, 38, 40, 52, 61,

78, 80–89, 92, 94–96, 100–103, 105, 107–110, 117f., 122, 128f., 132–135, 138f., 141, 143–148, 150–153, 173, 178, 180f., 196, 198–200, 211f., 220, 228, 237, 240f., 270, 272, 274, 276, 305, 329, 337, 340, 355, 378, 390, 449, 451, 504, 509, 552, 566, 572, 576–579, 585, 595
Karl Martell 515
Karl V., König von Spanien 496
Karl VII., König von Frankreich 510
Karl, Erzherzog von Österreich 343
Keller, Gottfried 565
Kepler, Johannes 438, 445
Kerner, Georg 114
Kircher, Athanasius 351
Kirms, Franz 394
Kleist, Heinrich von 106, 217, 258, 288f., 460, 464, 490, 516, 518, 524f., 534, 542, 562, 606
Klettenberg, Susanna von 422
Klinger, Friedrich Maximilian 474, 488, 562
Klopstock, Friedrich Gottlieb 30, 47, 59, 113f., 124, 198, 217, 237, 260, 287, 289, 294, 337f., 542, 562
Knebel, Carl Ludwig von 156, 158, 160, 202, 375, 402
Knebel, Henriette von 530
Knigge, Adolf Freiherr von 59
Köhler, Johann Bernhard 480
Kommerell, Max 441
Koopmann, Helmut 25
Kormart, Christoph 492
Körner, Anna Maria (Minna) 62, 512
Körner, Christian Gottfried 11f., 16, 20, 36, 38, 43, 50–53, 62f., 70, 78, 83f., 100, 102, 114, 119f., 122f., 134, 136, 153, 155, 160, 162f., 171, 176f., 186, 195, 197, 205, 228, 232, 236, 246–249, 252, 257f., 261f., 264, 266, 268, 270, 272, 278, 280, 284, 294, 313–315, 318, 330, 332, 336, 351, 360f., 363, 365–369, 377f., 388, 395, 398, 402, 418–422, 428, 430f., 436, 445, 451, 455, 466, 477, 480, 482f., 486, 488f., 498, 509–513, 516, 519, 529, 531, 533f., 538, 542, 546, 548, 554, 559, 562, 564f., 569, 571, 579, 587, 591, 603
Körner, Emma 62
Körner, Theodor 62
Kotzebue, August von 202, 337, 361, 370, 376, 389, 392, 429, 478, 482f., 513, 550, 598
Krünitz, Johann Georg 302

L

La Paix de la Lizancour 472
La Roche, Sophie von 494
Laclos, Choderlos de 470
Lamarteliere, Jean Henri 124
Lanz, Josephine 556
Lavater, Johann Caspar 326, 337
Lebrun, Charles-François, Herzog von Piacenza 378
Lemierre, Antoine-Marin 569
Lempp, Albrecht Friedrich 10, 64
Lengefeld, Louise Antoinette Charlotte von, s. Schiller, Louise Antoinette Charlotte
Lenz, Jakob Michael Reinhold 203, 598
Leopold II., König von Ungarn und Böhmen, Kaiser 58, 411
Lessing, Gotthold Ephraim 30f., 37, 42, 78, 86, 89–91, 93, 103, 106, 154, 226, 320, 337, 375, 383, 392, 484, 487f., 544
Levesque, Pierre-Charles 597
Lichtenberg, Georg Christoph 335
Lips, Johann Heinrich 162
Lipsius, Justus 455, 501f.
Liscow, Christian Ludwig 335
Liszt, Franz 565
Livius, Titus 28, 31
Locke, John 116
Lohenstein, Daniel Casper von 456, 594
Longin 88f.
Louis Ferdinand, Prinz von Preußen 557
Louise Auguste, Herzogin von Sachsen-Weimar-Eisenach 403, 405, 424, 427, 565
Löwen, Johann Friedrich 347
Ludwig Eugen, Herzog von Württemberg 66
Ludwig Friedrich, Prinz von Schwarzburg-Rudolstadt 530
Ludwig I., König von Bayern 612
Ludwig XIV., König von Frankreich 372, 468f.
Ludwig XVI., König von Frankreich 112f., 120, 122, 379, 521, 549, 576
Ludwig, Otto 385, 446
Luhmann, Niklas 39, 139

Personenregister

Luise Auguste Wilhelmine Amalie, Königin von Preußen 554, 557–559, 610
Lukács, Georg 433
Lukian von Samosata 479

M

Machiavelli, Niccolò 441 f.
Mackensen, Wilhelm Friedrich August 204, 330
Magenau, Rudolf 306
Malcolmi, Anna Amalia 410, 531
Mann, Golo 439
Mann, Thomas 30, 199, 275, 401, 429, 438, 448, 513, 576
Manso, Johann Kaspar Friedrich 203 f., 328, 330, 333 f., 337 f.
Marat, Jean-Paul 372, 377
Marcuse, Herbert 40
Margarete von Parma 485
Maria Feodorowna, Zarin von Rußland 610
Maria Paulowna, Erbprinzessin von Sachsen-Weimar 243, 394, 565, 586 f., 589 f., 596, 599, 610
Marie Antoinette, Königin von Frankreich 112, 376, 496
Markovitch, Franz Xaver 422
Marmontel, Jean François 549
Martial 250, 329 f.
Marx, Karl 117
Mattheson, Johann 598
Matthisson, Friedrich von 165, 192, 196, 198, 202, 231, 237–241, 302, 322
Meier, Georg Friedrich 37, 101, 241
Meiners, Christoph 296
Mellish of Blythe, Joseph Charles 416, 496 f.
Mendelssohn, Moses 88, 90, 143, 154, 211, 231, 235, 294
Mengs, Raphael 512
Mercier, Louis-Sébastien 469 f., 520
Merck, Johann Heinrich 114
Mereau, Friedrich Ernst Carl 123, 192
Mereau, Sophie 192 f., 196, 202, 240, 286
Merkel, Garlieb 435, 497, 562, 572
Mesmer, Franz Anton 62
Metternich, Klemens Wenzel Lothar Fürst von 118, 605, 607
Meyer, Johann Heinrich 19, 201, 252, 255, 336, 434, 441, 444, 465, 525, 549
Meyern, Friedrich Wilhelm von 309
Michaelis, Salomo 74, 245, 320

Millot, Claude-François-Xavier 510
Mirabeau, Honoré-Gabriel de Riquetti Comte de 120
Moldenhawer, Daniel Gotthelf 58
Molière (Jean-Baptiste Poquelin) 482
Montesquieu, Charles-Louis de Secondat Baron de la Brède 116, 148, 444, 501, 503
Moritz, Karl Philipp 37 f., 78, 80, 103, 130, 144, 169, 172, 185, 276, 323, 400 f., 588
Morus, Thomas 149
Moser, Friedrich Carl von 520
Möser, Justus 174, 412, 577
Mozart, Wolfgang Amadeus 389, 401, 407, 477, 556, 609
Müller, Heiner 456
Müller, Johannes von 559, 567, 570
Münter, Frederik 58
Murr, Christoph Gottlieb von 447
Musäus, Carl August 14
Muschg, Walter 583

N

Napoleon I., Bonaparte 343, 378–380, 412, 459 f., 466, 520, 549, 552, 565, 568, 592, 605–607
Nast, Johann Jakob 480
Necker, Jacques 379, 549
Nelson, Horatio 378
Nero, römischer Kaiser 593
Neuffer, Christian Ludwig 181, 192, 195, 306
Newton, Isaac 343
Nicolai, Friedrich 40, 90, 97, 140, 204, 330, 334, 337 f., 528, 582
Niebuhr, Carsten 475
Niemeyer, August Hermann 548 f.
Niethammer, Friedrich Immanuel 186 f., 193, 466, 512, 562, 564
Nietzsche, Friedrich 28–30, 267, 359, 401
Nöhden, Georg Heinrich 427
Novalis, s. Hardenberg, Friedrich von
Noverre, Jean-Georges 106, 276

O

Oellers, Norbert 24, 281
Olearius, Adam 597
Opitz, Christian Wilhelm 371, 394, 489, 513

Otto, Christian 162, 325
Ovid 31, 281 f., 285, 309, 345, 363

P

Paisiello, Giovanni 389
Palffy, Ferdinand Graf 496
Paul, Jean 21, 40, 43, 72, 97, 99, 139, 151, 154, 162, 198, 206, 212, 267, 312, 323, 325–329, 337, 355, 372, 377, 438
Paul I., Zar von Rußland 586
Pauly, Michael Rudolph 478, 557, 559
Paulus, Heinrich Eberhard Gottlob 187, 194, 198, 406
Perrault, Charles 36, 210, 224
Pestalozzi, Johann Heinrich 124
Pétis de La Croix, François 488
Petrarca, Francesco 195
Pfeffel, Gottlieb Konrad 198
Picard, Louis-Benoît 369, 393, 481–483
Pindar 178
Pitaval, François Gayot de 470, 510
Plümicke, Karl Martin 376
Platen, August von 524
Platner, Ernst 58
Platon 195, 338
Plautus 217
Plotin 229
Ploucquet, Wilhelm Gottfried 67
Plutarch 475
Pöllnitz, Carl Ludwig Freiherr von 595
Pope, Alexander 37
Posselt, Ernst Ludwig 74
Prévost, Pierre 480
Properz 202, 209, 214, 285

R

Raabe, Wilhelm 271
Rabener, Gottlieb Wilhelm 335
Racine, Jean 74, 85, 368 f., 387, 394, 397, 481, 561, 586 f., 590–592, 594 f., 597
Rapin de Thoyras, Paul de 472, 494, 496, 510
Rapp, Gottlob Heinrich 70, 286
Raumer, Karl von 531
Rebmann, Andreas Georg Friedrich 114, 124, 194
Recke, Elisa von der 202
Rehberg, August Wilhelm 117 f., 174, 373, 449, 549, 577, 579, 585

Reichard, Hermann August 289
Reichardt, Johann Friedrich 22, 40, 114, 123 f., 204, 245, 252, 260, 283, 295, 314, 318 f., 332, 334 f., 337–339, 341, 373
Reichenbach, Karl Ludwig 70
Reimarus, Sophie 532
Reinhard, Karl Friedrich 114, 118, 244, 470
Reinhart, Johann Christian 207
Reinhold, Carl August Wilhelm 399
Reinhold, Karl Leonhard 16, 55 f., 59, 70 f., 78, 80, 85, 107, 111, 118, 123, 133–135, 137 f., 140, 142, 155, 172, 180, 198, 576
Reinwald, Wilhelm Friedrich Hermann 202, 415, 492
Reuß-Köstritz, Graf Heinrich 530, 563
Richard III., König von England 472
Richelieu, Armand-Jean du Plessis Herzog von, Cardinal de 502
Riemer, Johannes 492 f.
Rilke, Rainer Maria 207
Ritter, Johann Wilhelm 190
Robertson, William 492, 498, 500
Robespierre, Maximilien de 112, 125, 131, 549
Robortello, Francesco 88
Rochelle, Jean Née de la 599
Rochlitz, Johann Friedrich 223, 564, 567
Roland de la Platière, Jean Marie 124
Romanow, Michael 598 f.
Romberg, Bernhard 557
Rossini, Gioacchino 295, 381
Rouget de l' Isle, Claude-Joseph 521
Rousseau, Jean Jacques 9, 55, 116, 129, 138, 140, 146, 148, 213, 217 f., 270, 288–290, 296, 467 f., 503, 573 f., 579, 581
Rudolph, Georg Gottfried 243, 413, 426, 495, 608
Ruoff, Wilhelm Gottlieb 65

S

Sade, Donatien-Alphonse-François Marquis de 562
Saint-Beuve, Charles-Augustin de 29
Saint-Just, Louis de 112, 120
Saint-Réal, César-Vichard Abbé de 373
Salis-Marschlins, Ulysses von 567 f.
Schadow, Johann Gottfried 557
Scharffenstein, Georg Friedrich 11

Personenregister

Scheffauer, Philipp Jakob 70
Schelling, Friedrich Wilhelm Joseph 43 f.,
   80, 85, 119, 143, 152, 154, 180, 188,
   190 f., 194, 214, 216, 221, 226–229,
   264, 267, 290, 300, 306, 412, 508, 512,
   542, 580
Scheuchzer, Johann Jacob 568
Schiller, Caroline Henriette Louise 413
Schiller, Elisabetha Christophina
   (Christophine) Friederika 416
Schiller, Elisabetha Dorothea 84, 416, 513
Schiller, Emilie Henriette Louise 413, 562
Schiller, Ernst Friedrich Wilhelm 243, 414,
   424
Schiller, Johann Caspar 65, 71, 244
Schiller, Karl Friedrich Ludwig 66, 243,
   272, 531
Schiller, Karoline Christiane (Nanette) 63,
   66, 71, 84, 484
Schiller, Louise Antoinette Charlotte 16 f.,
   50, 52 f., 64–66, 70 f., 113, 160, 166,
   174, 179, 200, 232, 243, 252, 258, 272,
   291, 295, 360, 367, 403, 413–415,
   418 f., 492, 494, 512, 530–532, 549 f.,
   552, 556, 560, 562, 564, 567, 608 f.
Schiller, Louise Dorothea Katharina 63,
   65 f., 513
Schimmelmann, Charlotte Gräfin von 171,
   334, 550, 552
Schimmelmann, Ernst Heinrich Graf von
   55, 58
Schink, Johann Friedrich 582
Schirach, Gottlob Benedikt von 445
Schlabrendorf, Gustav Graf von 172
Schlegel, August Wilhelm 21 f., 31, 72,
   154, 198, 201–204, 219, 245, 272, 279,
   284, 295, 313–315, 318 f., 321, 323,
   328, 341, 346, 389, 395, 429, 437, 483,
   487, 517, 522, 533, 554, 592
Schlegel, Caroline 295, 301, 320 f., 344,
   487, 498
Schlegel, Dorothea 512
Schlegel, Friedrich 21 f., 30, 35 f., 43, 80,
   152, 154, 166, 191 f., 202, 224–230,
   256, 261, 295, 315, 318–323, 326, 328,
   332, 334 f., 337–341, 347, 355, 395,
   483, 494, 533, 541 f., 544, 578
Schlegel, Johann Elias 474
Schleiermacher, Friedrich Daniel Ernst 508
Schlömilch, Daniel 478
Schlözer, August Ludwig von 115, 194
Schmid, Siegfried 312
Schmidt, Erich 333, 335

Schmidt, Heinrich 506
Schmidt, Johann Christoph 416
Schmidt, Johann Ludwig 180
Schmitt, Carl 322
Schnauß, Christian Friedrich 155
Schopenhauer, Adele 323
Schopenhauer, Arthur 274
Schottus, Andreas 356
Schreyer, Johann Friedrich Moritz 97 f.
Schreyvogel, Joseph 196, 411
Schröder, Friedrich Ludwig 14, 389, 483,
   608
Schubart, Christian Friedrich Daniel 10
Schubert, Sophie, s. Mereau, Sophie
Schübler, Christian Ludwig 65
Schulz, Joachim Christoph Friedrich 112
Schütz, Christian Gottfried 16, 123, 198,
   203, 314, 380, 393, 406
Schwan, Christian Friedrich 12, 65, 72
Seconda, Franz Bartholomäus 489
Sedaine, Michel Jean 569
Seneca 592
Seume, Johann Gottfried 192, 196, 564
Seybold, David Christoph 180
Seyler, Abel 388
Shakespeare, William 9, 74, 85 f., 202,
   214, 339 f., 369, 372, 384, 394, 422 f.,
   429, 437, 442, 454, 458, 484–487, 491,
   500, 514, 569, 592 f., 599, 602
Shaw, George Bernard 510, 514
Simanowiz, Kunigunde Sophie Ludovike 70
Solger, Karl Wilhelm Ferdinand 532, 564
Sophie Dorothea, Herzogin zu
   Braunschweig und Lüneburg 595 f.
Sophokles 428–430, 535 f.
Sorel, Agnes 514
Spee, Friedrich von 511
St. John, John 493
Stadion-Warthausen, Johann Philipp
   Reichsgraf von 415
Staël, Germaine de 29, 31, 379, 548–550,
   552 f., 570
Stark, Johann Christian 53, 562, 564, 608
Städlin, Gotthold Friedrich 305 f.
Stein, Charlotte von 51, 67, 113, 120, 156,
   158 f., 179, 200, 295, 407, 424, 476 f.,
   486, 512, 549
Stein, Friedrich (Fritz) Konstantin von 512
Stein, Julius Wilhelm Freiherr von 564
Stein, Karl Reichsfreiherr vom und zum
   118, 520
Steinbrüchel, Johann Jacob 480, 590
Steinkopf, Friedrich 312

Sterne, Lawrence 59, 325, 328
Stock, Dora 97
Stolberg-Stolberg, Christian Graf zu 59, 338, 346
Stolberg-Stolberg, Friedrich Leopold Graf zu 59, 266, 337f., 346, 538
Streicher, Johann Andreas 10f.
Stumpff, Johann 568
Sulzer, Johann George 103, 105, 211, 238, 400, 589
Suphan, Bernhard 333, 335
Süvern, Johann Wilhelm 36, 461–463
Swift, Jonathan 325, 328
Szondi, Peter 209, 220f.

T

Tacitus, Cornelius 593f.
Talma, François-Joseph 397
Tell, Wilhelm 377
Theokrit 202, 288
Thibaut, Anton Friedrich 418
Thomasius, Christian 455, 511
Thouret, Nikolaus Friedrich 391, 425
Thoyras, Paul Rapin de 474
Thümmel, Moritz August von 59
Tieck, Ludwig 72, 384, 418, 433, 437f., 477, 483, 494, 515–517, 522, 525, 557, 592
Tressan, Louis-Elisabeth de la Vergne Comte de 477, 512
Tschaikowski, Peter 295, 381
Tschudi, Aegidius von 568

U

Ulrich, Johann August Heinrich 123
Unger, Johann Friedrich Gottlieb 74, 77, 169, 371, 512
Unzelmann, Friederike 398, 557
Usteri, Paul 271
Uz, Johann Peter 154

V

Vega Carpio, Lope Félix de 533, 598
Verdi, Giuseppe 381
Vergil 28, 31, 195, 209, 214, 288, 363, 479, 603
Vertot d'Aubœuf, René Aubert 466

Vinzac, Bertrand Baière de 112
Vohs, Friederike Margarete 392, 491
Vohs, Heinrich 391, 399, 425
Voigt, Christian Gottlieb 160, 183, 187, 375, 406, 413–415, 419, 549, 560
Voltaire (d.i. François-Marie Arouet) 387, 395, 397, 409, 481, 510, 512, 514, 517, 520, 542, 591
Vondel, Joost van den 492
Voß, Johann Heinrich d.Ä. 59, 201f., 218, 244, 337, 377, 563
Voß, Johann Heinrich d.J. 369, 394, 491, 541, 563f., 608
Vulpius, Christian August 392, 482
Vulpius, Johanna Christiana 155, 158, 370, 392, 408, 415f.

W

Wächter, Leonhard 567
Wackenroder, Wilhelm Heinrich 515, 517
Wagner, Richard 381, 565
Wallenstein, Albrecht Wenzel Eusebius Graf von, Herzog von Friedland 420, 422, 438, 445
Walpole, Horace 465, 471, 537, 543
Walser, Martin 284
Washington, George 124
Watson, Robert 466
Weber, Bernhard Anselm 478
Weber, Max 602
Weise, Christian 455
Weiss, Peter 130, 312
Weiße, Christian Felix 117, 150, 340
Weitsch, Friedrich Georg 557
Werthes, Friedrich August Clemens 364, 488–490
Werthing, F. (Pseudonym) 196
Westphalen, Christine 378
Wetzel, Christine 413
Wieland, Christoph Martin 14, 33, 42, 54, 58f., 85, 105, 112–116, 131, 133–155, 172, 198, 200, 211, 234, 247, 261–263, 266, 268f., 323, 333, 335, 337, 400, 479f., 486, 517, 552f., 564
Wieland, Sophie 552
Winckelmann, Johann Joachim 31, 36, 41f., 44–46, 93, 130, 145, 192, 215, 225, 262f.
Wolf, Friedrich August 176, 201, 222, 549
Wolf, Pius Alexander 399
Wolff, Christian 101

Wölfflin, Heinrich 31
Wolfskeel von Reichenberg, Henriette Albertine Antonie von 360, 513
Woltmann, Karl Ludwig 71, 177, 192, 195, 197f., 201f., 206, 336
Wolzogen, Caroline von 16, 50, 52f., 63, 65f., 121, 133, 161, 172, 192f., 196, 202, 270, 291, 301, 360, 379, 395, 407, 409f., 414f., 470, 512, 549, 554, 556, 563, 602, 607f.
Wolzogen, Henriette Freiin von 10f., 49
Wolzogen, Wilhelm Friedrich Ernst Freiherr von 77, 172f., 276, 360, 412, 419, 470, 549, 561, 569, 586f., 597, 608
Wurmb, Christiane von 367
Würzer, Heinrich 194

Y

Young, Edward 37, 268

Z

Zahn, Christian Jakob 72, 202
Zelter, Carl Friedrich 171, 245, 323, 531, 556f.
Zimmerman, Joseph Ignaz 568
Zimmermann, Johann Georg 58, 194
Zschokke, Heinrich 51, 376f., 389, 429, 568
Zumsteeg, Johann Rudolf 70, 478

Schillers Werke

A

Agrippina 369, 372, 593, 596, 606
Allgemeine Sammlung historischer Memoires 198, 351
Am Antritt des neuen Jahrhunderts 283
An die Freude 338
An die Freunde 248, 361 f.
An die Gesetzgeber 364
An Göthe 387, 397, 401
Anthologie auf das Jahr 1782 15, 236, 305, 348, 360

B

Berglied 248, 360, 363
Breite und Tiefe 275
Brief eines reisenden Dänen 262
Briefe über Don Karlos 99
Bürgerlied 248, 285, 294 f., 299–301, 588

D

Das eleusische Fest 257, 299
Das Geheimniss 248, 275, 294 f.
Das Glück 247, 275, 278, 453, 588, 612
Das Höchste 363
Das Kind in der Wiege 363
Das Lied von der Glocke 122, 246, 248, 253, 285, 294 f., 301
Das Mädchen aus der Fremde 248, 293–295, 298
Das Mädchen von Orleans 510, 519
Das Regiment 299
Das Reich der Schatten 18, 201, 219, 242, 247, 272–277, 280, 302, 314
Das Schiff 475 f.
Das Siegesfest 248, 360 f., 362 f.
Das Thor 364
Das Unwandelbare 363
Das verschleierte Bild zu Sais 242, 248
Das weibliche Ideal 299
Dem Erbprinzen von Weimar 361

Demetrius oder Die Bluthochzeit zu Moskau 369, 372, 375, 379, 473 f., 491, 564, 595–608
Der Alpenjäger 247, 349
Der beste Staat 363
Der Besuch 248, 293, 295
Der Gang nach dem Eisenhammer 247, 344, 347, 349
Der Geisterseher 15, 19, 147, 169, 242, 304, 309, 341
Der Graf von Habspurg 346 f., 349, 353
Der Graf von Königsmark 595
Der Handschuh 247, 252, 345 f., 349, 351, 353
Der Kampf mit dem Drachen 247, 347, 349, 468
Der Neffe als Onkel 393, 481–483
Der Obelisk 364
Der Parasit 393, 481–483
Der Pilgrim 360
Der Ring des Polykrates 247, 348, 354
Der Sämann 363
Der Spaziergang 20, 284 f., 293, 300
Der Tanz 242, 247, 253, 260, 278–280, 315
Der Taucher 247 f., 344 f., 347, 349, 351–355
Der Triumphbogen 364
Des Mädchens Klage 248, 294 f., 338, 452
Deutschland und seine Fürsten 363
Die Begegnung 203
Die berühmte Frau 298
Die Braut in Trauer 368, 464 f., 529
Die Braut von Messina 366 f., 370–372, 381 f., 384, 386, 393, 397, 410, 466, 473, 482, 528–547, 557, 569, 586
Die Bürgschaft 247 f., 347, 349, 354
Die Dichter der alten und neuen Welt 247
Die Erwartung 294 f., 298
Die Flibustiers 475 f.
Die Geschlechter 247, 298, 331
Die Götter Griechenlandes 64, 247, 249, 252, 257, 261–268, 270, 282, 338
Die Gräfin von Flandern 464, 476 f.
Die Gröse der Welt 360
Die Gunst des Augenblicks 361

Die Horen 33, 38, 40, 46f., 62, 73f., 108,
  111, 126, 129, 133, 145, 150, 155, 164,
  167, 177f., 181, 183–185, 193, 195–
  198, 200f., 204–206, 208, 224, 226,
  236, 246–248, 272, 275, 278f., 284,
  286, 298, 308f., 313f., 318f., 326,
  329f., 332, 336, 339, 341f., 348, 363,
  376, 424, 458, 534, 550
Die Huldigung der Künste 367, 369, 394,
  586–590
Die Ideale 242, 247, 278, 280, 293
Die Johanniter 466
Die Jungfrau von Orleans 74, 76, 191,
  367, 370–372, 381–383, 387, 409f.,
  412, 419, 428, 466, 472, 476, 478,
  510–528, 531, 557, 564, 567, 571, 604
Die Kinder des Hauses 468, 471, 478
Die Kraniche des Ibycus 247, 345–347,
  349, 351, 354, 356–359
Die Künstler 247, 268–272, 280f., 283, 306
Die Macht des Gesanges 247, 249, 278, 280
Die Maltheser 368f., 372, 430, 464–466,
  475f., 478, 480, 512, 529
Die Peterskirche 364
Die Phönizierinnen 479f.
Die Piccolomini 328, 384, 386, 392, 398,
  403, 408, 426f., 431f., 435–437, 450,
  453
Die Polizey 368, 372, 464f., 468, 471, 478
Die Prinzessin von Flandern 478
Die Prinzessin von Zelle 369, 372, 593,
  595f., 602
Die Räuber 10, 15, 124, 161, 212, 366,
  368, 382f., 387, 390, 407, 423, 464f.
Die schöne Brücke 364
Die Theilung der Erde 248, 336
Die Verschwörung des Fiesko zu Genua
  124, 367, 373, 382
Die vier Weltalter 361
Die Worte des Glaubens 247, 291
Die Worte des Wahns 247
Don Juan 345
Don Karlos 12–15, 84, 124, 161, 242,
  249, 366, 375, 427, 442, 460, 465f.,
  468, 496, 510, 512

E

Egmont (Bearbeitung) 368f., 380, 390,
  393, 484
Einer 331
Elegie 240, 242, 247, 283–293

Elfride 368, 474, 478
Etwas über die erste Menschengesellschaft
  nach dem Leitfaden der mosaischen
  Urkunde 212

F

Forum des Weibes 299

G

Gedanken über den Gebrauch des
  Gemeinen und Niedrigen in der Kunst 92
Geschichte des Dreyßigjährigen Kriegs 50,
  53, 301, 452
Griechisches Theater 73

H

Hero und Leander 346, 349, 354
Herzogin Vanda 347
Hofnung 203

I

Iphigenie auf Tauris (Bearbeitung) 369,
  392, 397, 484, 490
Iphigenie in Aulis 479–481

K

Kabale und Liebe 10, 63, 367
Kallias, oder Über die Schönheit 38, 100–
  104, 110f., 122, 141, 144, 166, 273,
  278f.
Kassandra 346, 349
Klage der Ceres 247, 257, 278
Kleinere prosaische Schriften 62, 74, 87,
  92, 96, 129, 185, 208, 252

M

Macbeth (Bearbeitung) 369, 392, 394,
  399, 464, 478, 484–487, 495
Macht des Weibes 109, 299
Maria Stuart 264, 281, 366–368, 370–
  373, 377, 381f., 385f., 392, 395, 408,

413, 468, 472, 486, 492–510
Musenalmanach 74, 167, 242, 299, 341, 424, 494
Musen-Almanach für das Jahr 1796 166, 260, 278, 310
Musen-Almanach für das Jahr 1797 109, 250, 328
Musen-Almanach für das Jahr 1798 351, 356
Musen-Almanach für das Jahr 1799 452

N

Nänie 247 f., 257, 261, 278, 281–283, 452
Nathan der Weise (Bearbeitung) 368 f., 392, 484
Natur und Schule 247, 264, 588
Neue Thalia 87, 92, 104, 191–197, 269, 308–310

O

Orpheus in der Unterwelt 345
Othello (Bearbeitung) 369, 394, 484, 491

P

Pegasus in der Dienstbarkeit 248
Phädra 590–593, 596
Philosophische Briefe 169, 239
Poesie des Lebens 247, 271
Politische Lehre 363
Pompeji und Herkulanum 247, 265
Punschlied 248, 362
Punschlied. Im Norden zu singen 362

R

Reiterlied 293 f.
Resignation 375
Rheinische Thalia 207 f.
Ritter Toggenburg 247, 349
Rosamund oder Die Braut der Hölle 476–478

S

Seestück 475 f.

Sehnsucht 360
Spiel des Schicksals 479
Spruch des Confucius 363
Stella (Bearbeitung) 369, 484, 491

T

Tabulae votivae 108, 250, 331, 336, 342–344
Theater 74, 480, 564, 591
Thekla. Eine Geisterstimme 360, 452
Themistokles 369, 372, 475
Theophanie 363
Theosophie des Julius 239, 297
Tugend des Weibes 299
Turandot, Prinzessin von China (Bearbeitung) 248, 364, 369, 371, 392, 394, 464, 472, 478, 484, 488, 529
Thalia 12, 15, 73 f., 104, 166, 192, 194, 196 f., 212, 221, 244, 266, 292, 300, 308, 466, 479, 536, 544, 563, 575

U

Ueber Anmuth und Würde 104–111, 141, 195, 274, 297, 508
Über Bürgers Gedichte 46 f., 107, 231–236, 303, 328, 348, 400
Ueber das Erhabene 87, 96–99, 445, 454, 541
Ueber das Pathetische 87, 92–95, 103, 384, 462
Ueber den Gebrauch des Chors in der Tragödie 530, 542–544
Ueber den Grund des Vergnügens an tragischen Gegenständen 87
Ueber den moralischen Nutzen ästhetischer Sitten 111, 201
Ueber die ästhetische Erziehung des Menschen in einer Reihe von Briefen 92, 96, 111, 129–153, 203 f., 207, 215, 222, 276, 279 f., 300, 303, 327 f., 330, 504, 524, 588, 590
Ueber die Gefahr ästhetischer Sitten 185
Ueber die nothwendigen Grenzen beim Gebrauch schöner Formen 280, 297, 400
Ueber die tragische Kunst 86 f., 89–92, 383, 385, 423, 430
Ueber epische und dramatische Dichtung 86, 383 f., 433, 447, 517, 571

Über Matthissons Gedichte 165, 237–241, 302, 322
Ueber naive und sentimentalische Dichtung 24, 162, 164, 208–224, 241 f., 259, 272, 282, 297, 439, 449
Universalhistorische Übersicht der merkwürdigsten Staatsbegebenheiten zu den Zeiten Kaiser Friedrichs I. 351, 533
Unsterblichkeit 363

V

Verteidigung des Rezensenten gegen obige Antikritik 232
Vom Erhabenen 87, 92, 166
Von den nothwendigen Grenzen des Schönen besonders im Vortrag philosophischer Wahrheiten 185

W

Wallenstein 77, 86, 95, 246, 249 f., 354, 367, 369–373, 375, 380–385, 392, 401 f., 408, 420, 423–425, 427 f., 437, 456, 461–464, 466, 468, 475, 478, 484, 486, 498, 509 f., 554, 593, 602, 606 f.
Wallensteins Lager 293, 391 f., 425, 432–434, 437, 441, 443, 456, 460, 478
Wallensteins Tod 95, 394, 403, 426 f., 432, 436, 492, 554, 557
Warbeck 368, 372, 464, 471–474, 478, 529, 597 f.
Weibliches Urtheil 299
Wilhelm Tell 247, 354, 360, 362, 367 f., 370–372, 377, 381–385, 393 f., 411, 426, 478, 530, 553 f., 565–586, 597, 601
Würde der Frauen 242, 248, 260, 293–295, 301, 315, 319, 338, 341
Würde des Menschen 364

X

Xenien 170, 205, 245 f., 250, 295, 310, 318, 328–343, 520

Z

Zerstreute Betrachtungen über verschiedene ästhetische Gegenstände 92, 195 f.
Zeus zu Herkules 363

Biographien bei C. H. Beck

Hanno Helbling
Katharina von Siena
Mystik und Politik
2000. 159 Seiten. Leinen

Eike Christian Hirsch
Der berühmte Herr Leibniz
Eine Biographie
2000. 646 Seiten mit 60 Abbildungen, davon 8 in Farbe

Herwig Wolfram
Konrad II. 990–1039
Kaiser dreier Reiche
2000. 464 Seiten mit 25 Abbildungen, 2 Karten und 1 Stammtafel

Ralf Dahrendorf
Liberal und unabhängig. Gerd Bucerius und seine Zeit
2000. Etwa 304 Seiten mit 47 Abbildungen auf 16 Tafeln. Leinen

Hermann Kurzke
Thomas Mann
Das Leben als Kunstwerk. Eine Biographie
1999. 672 Seiten mit 40 Abbildungen. Leinen

Günther Schiwy
Eichendorff
Eine Biographie
2000. Etwa 720 Seiten mit etwa 54 Abbildungen. Leinen

Verlag C. H. Beck München

Biographien bei C. H. Beck

Robert Service
Lenin
Eine Biographie
Aus dem Englischen von Holger Fliessbach
2000. Etwa 640 Seiten mit etwa 46 Abbildungen. Leinen

Volker Ullrich
Der ruhelose Rebell. Karl Plättner 1893–1945
Eine Biographie
2000. Etwa 272 Seiten mit 24 Abbildungen im Text. Gebunden

John Cornwell
Pius XII.
Der Papst, der geschwiegen hat
Aus dem Englischen von Klaus Kochmann
2. Auflage. 2000. 484 Seiten mit 17 Abbildungen. Leinen

Otto Pflanze
Bismarck
Band 1: Der Reichsgründer
Aus dem Englischen von Peter Hahlbrock
1997. 906 Seiten mit 87 Abbildungen und 2 Karten. Leinen
Band 2: Der Reichskanzler
Aus dem Englischen von Peter Hahlbrock
1998. 808 Seiten mit 79 Abbildungen und 1 Karte. Leinen

Zvi Yavetz
Tiberius
Der traurige Kaiser. Biographie
Aus dem Hebräischen von David Ajchenrand
1999. 197 Seiten. Leinen

Christoph Gann
Raoul Wallenberg
So viele Menschen retten wie möglich
1999. 274 Seiten mit 18 Abbildungen. Gebunden

Verlag C. H. Beck München